A REPÚBLICA QUE AINDA NÃO FOI

TRINTA ANOS DA CONSTITUIÇÃO DE 1988 NA VISÃO DA ESCOLA DE DIREITO CONSTITUCIONAL DA UERJ

LUÍS ROBERTO BARROSO

PATRÍCIA PERRONE CAMPOS MELLO

Coordenadores

A REPÚBLICA QUE AINDA NÃO FOI

TRINTA ANOS DA CONSTITUIÇÃO DE 1988 NA VISÃO DA ESCOLA DE DIREITO CONSTITUCIONAL DA UERJ

1ª reimpressão

Belo Horizonte

2024

© 2018 Editora Fórum Ltda.
2024 1ª reimpressão

É proibida a reprodução total ou parcial desta obra, por qualquer meio eletrônico, inclusive por processos xerográficos, sem autorização expressa do Editor.

Conselho Editorial

Adilson Abreu Dallari
Alécia Paolucci Nogueira Bicalho
Alexandre Coutinho Pagliarini
André Ramos Tavares
Carlos Ayres Britto
Carlos Mário da Silva Velloso
Cármen Lúcia Antunes Rocha
Cesar Augusto Guimarães Pereira
Clovis Beznos
Cristiana Fortini
Dinorá Adelaide Musetti Grotti
Diogo de Figueiredo Moreira Neto
Egon Bockmann Moreira
Emerson Gabardo
Fabrício Motta
Fernando Rossi
Flávio Henrique Unes Pereira
Floriano de Azevedo Marques Neto
Gustavo Justino de Oliveira
Inês Virgínia Prado Soares
Jorge Ulisses Jacoby Fernandes
Juarez Freitas
Luciano Ferraz
Lúcio Delfino
Marcia Carla Pereira Ribeiro
Márcio Cammarosano
Marcos Ehrhardt Jr.
Maria Sylvia Zanella Di Pietro
Ney José de Freitas
Oswaldo Othon de Pontes Saraiva Filho
Paulo Modesto
Romeu Felipe Bacellar Filho
Sérgio Guerra
Walber de Moura Agra

FÓRUM
CONHECIMENTO JURÍDICO

Luís Cláudio Rodrigues Ferreira
Presidente e Editor

Coordenação editorial: Leonardo Eustáquio Siqueira Araújo

Rua Paulo Ribeiro Bastos, 211 – Jardim Atlântico – CEP 31710-430
Belo Horizonte – Minas Gerais – Tel.: (31) 99412.0131
www.editoraforum.com.br – editoraforum@editoraforum.com.br

Dados Internacionais de Catalogação na Publicação (CIP) de acordo com a AACR2

R426 A República que ainda não foi: trinta anos da Constituição de 1988 na visão da Escola de Direito Constitucional da UERJ/ Luís Roberto Barroso, Patrícia Perrone Campos Mello (Coord.). 1. reimpressão. – Belo Horizonte : Fórum, 2018.

639p.; 17cm x 24cm
ISBN: 978-85-450-0582-7

1. Direito Constitucional. 2. Direito Público. 3. Processo Constitucional. I. Barroso, Luís Roberto. II. Mello, Patrícia Perrone Campos. III. Título.

CDD 341.2
CDU 342

Elaborado por Daniela Lopes Duarte - CRB-6/3500

Informação bibliográfica deste livro, conforme a NBR 6023:2002 da Associação Brasileira de Normas Técnicas (ABNT):

BARROSO, Luís Roberto; MELLO, Patrícia Perrone Campos (Coord.). *A República que ainda não foi*: trinta anos da Constituição de 1988 na visão da Escola de Direito Constitucional da UERJ. 1. reimpr Belo Horizonte: Fórum, 2018. 639p. ISBN 978-85-450-0582-7.

Luís Roberto Barroso dedica este livro a Tereza, Luna e Bernardo.

Patrícia Perrone Campos Mello dedica este livro a Carlos, Tiago e Luísa.

Ambos os autores dedicam o livro a Renata Saraiva.

SUMÁRIO

APRESENTAÇÃO
UM OLHAR SOBRE OS ÚLTIMOS TRINTA ANOS
LUÍS ROBERTO BARROSO 21
1   Sonhos de juventude 21
2   A refundação do Brasil 22
3   Iluminismo, idealismo e pragmatismo 23

INTRODUÇÃO
A FACULDADE DE DIREITO DA UERJ E SUA CONTRIBUIÇÃO PARA O DIREITO CONSTITUCIONAL
PATRÍCIA PERRONE CAMPOS MELLO 27
1   A Faculdade de Direito da UERJ 27
2   A contribuição da Escola de Direito Constitucional da UERJ para o direito constitucional brasileiro 28
3   Os trinta anos da Constituição de 1988 na visão da Escola de Direito Constitucional da UERJ 29
4   Palavras finais 31

Parte I
BALANÇO GERAL DOS 30 ANOS DA CONSTITUIÇÃO DE 1988

TRINTA ANOS DA CONSTITUIÇÃO: A REPÚBLICA QUE AINDA NÃO FOI
LUÍS ROBERTO BARROSO 35
1   Introdução 35
1.1   A comemoração dos dez anos 35
1.2   A comemoração dos vinte anos 36
1.3   A Constituição de trinta anos 38
2   Minha relação com a Constituição 39
3   Alguns pontos altos 41
3.1   Estabilidade institucional 41
3.2   Estabilidade monetária 42
3.3   Inclusão social 43
4   O destaque maior: o avanço dos direitos fundamentais 44
5   Os pontos fracos desses 30 anos 46

5.1	O sistema político	46
5.2	A corrupção sistêmica	49
6	Conclusão	51
	Referências	53

30 ANOS DA CONSTITUIÇÃO DE 1988: DIREITOS FUNDAMENTAIS, POLÍTICAS PÚBLICAS E NOVAS QUESTÕES
ANA PAULA DE BARCELLOS 55

1	Introdução	55
2	O desafio da transformação da realidade	57
3	30 anos da Constituição: levando a sério o direito à informação acerca das políticas públicas e sua execução	59
3.1	A questão da fixação e divulgação de metas concretas e mensuráveis para as políticas públicas	62
3.2	Exigibilidade de sistemas de monitoramento dos resultados desagregados das políticas públicas	63
4	Conclusão	66
	Referências	67

A ADMINISTRAÇÃO PÚBLICA NA CONSTITUIÇÃO DE 1988 – 30 ANOS DEPOIS: DISPUTAS, DERROTAS E CONQUISTAS
PATRÍCIA BAPTISTA, JOÃO PEDRO ACCIOLY 69

1	Três ciclos na vida da Constituição de 1988	69
2	A história do estatuto constitucional da Administração Pública	72
2.1	A Administração Pública brasileira antes da Constituição de 1988	72
2.2	O ingresso da Administração Pública na Constituição: reconstituição de uma história acidentada e pouco conhecida	75
2.2.1	Regramento para além do capítulo	78
2.3	O processo de constitucionalização do direito administrativo: as normas, as teorias e as instituições do Estado e da sociedade	78
3	Até que ponto a Constituição administrativa realmente importa? Uma crônica de disputas, retumbantes fracassos e suadas conquistas	79
3.1	Três exemplos que falam por si	82
4	Conclusão: a insuficiência da teoria normativa para os desafios da constitucionalização do direito administrativo no Brasil	87
	Referências	89

TRINTA ANOS, UMA CONSTITUIÇÃO, TRÊS SUPREMOS: AUTORRESTRIÇÃO, EXPANSÃO E AMBIVALÊNCIA
PATRÍCIA PERRONE CAMPOS MELLO 95

1	Introdução	95
2	Competências do STF: quadro normativo	96
3	Fase autorrestritiva: limitação de competências e autocontenção institucional	98

4	Fase expansiva: ampliação de competências e conquista de capital político	102
5	Fase reversa: combate à corrupção, ambivalência e consumo de capital político	109
6	Conclusão	117
	Referências	118

Parte II
PROCESSO CONSTITUINTE

TRINTA ANOS DEPOIS: UMA ANÁLISE DO PROCESSO CONSTITUINTE E DO DESEMPENHO DA CONSTITUIÇÃO FEDERAL DE 1988
ALONSO FREIRE 123

1	Introdução	123
2	A experiência da transição pacífica brasileira	125
2.1	O contexto	125
2.2	O processo constituinte	127
2.3	A Constituição resultante	134
3	A prolixidade constitucional: o caso brasileiro	137
4	A longevidade constitucional: o caso da Constituição Federal de 1988	142
5	Uma avaliação parcial do desempenho da Constituição Federal de 1988	148
5.1	Considerações metodológicas	148
5.2	Uma análise a partir dos objetivos fundamentais da República	151
6	Conclusões	154
	Referências	155

PODER CONSTITUINTE PARA ALÉM DOS PROCESSOS DE ELABORAÇÃO DE CONSTITUIÇÕES: CAMINHOS ALTERNATIVOS PARA A REFORMA DA CONSTITUIÇÃO DE 1988
ALINE OSORIO 159

	Introdução	159
1	O conceito de poder constituinte: teoria clássica, uma versão "retrospectiva" e o entendimento "dupla face" proposto	162
2	Como localizar o poder constituinte? Os processos constituintes dos EUA, Alemanha, Japão e Rússia	172
2.1	Estados Unidos e o "Nós, o Povo" em cada momento histórico	172
2.2	Alemanha, Japão e "Nós, o Povo" no contexto de constituições impostas	174
2.3	Rússia e "Nós, o Povo" em contextos não democráticos	176
3	Caminhos alternativos para a reforma da Constituição de 1988: os casos da Irlanda e da Islândia	178
3.1	Irlanda e a experiência da Assembleia Cidadã (*Citizens' Assembly*) ou "minipúblico"	180
3.2	Islândia e *crowd-sourcing*	184
	Conclusão	186
	Referências	187

Parte III
DIREITOS FUNDAMENTAIS

AS GARANTIAS CONSTITUCIONAIS ENTRE UTILIDADE E SUBSTÂNCIA: UMA CRÍTICA AO USO DE ARGUMENTOS PRAGMATISTAS EM DESFAVOR DOS DIREITOS FUNDAMENTAIS
JANE REIS GONÇALVES PEREIRA 193
1   Introdução: o direito entre utilidade e os valores constitucionalmente protegidos 193
2   O pragmatismo jurídico como tendência contemporânea. Um breve enquadramento 194
3   Os argumentos pragmatistas entre as exigências do cotidiano e as limitações do ideal do Estado de direito 200
4   Os direitos fundamentais entre metas coletivas e sua proteção substancial. O uso de argumentos pragmáticos em casos recentes no STF 205
5   Encerramento 210
    Referências 213

DIREITO À IGUALDADE DE GÊNERO: UMA PROPOSTA DE DENSIFICAÇÃO DO ART. 5º, I, DA CONSTITUIÇÃO DE 1988
CRISTINA TELLES 217
1   Introdução 217
2   Igualdade formal 223
3   Igualdade como redistribuição 228
4   Igualdade como reconhecimento 231
5   Igualdade como representação 235
6   Conclusão 240
    Referências 241

UM RAWLS À BRASILEIRA: O PATRIMONIALISMO NAS RELAÇÕES HORIZONTAIS
CIRO GRYNBERG 245
1   Introdução 245
2   O patrimonialismo como fato social 247
3   Os impactos do patrimonialismo sobre a distribuição de recursos sociais 250
3.1 Os condicionamentos impostos pelo patrimonialismo à justiça distributiva 250
3.2 O patrimonialismo como fator coercitivo na distribuição de bens sociais pelo Poder Judiciário brasileiro 253
4   Conclusão 256
    Referências 257

Parte IV
DEMOCRACIA, REPÚBLICA E FEDERAÇÃO

O PRINCÍPIO REPUBLICANO NOS 30 ANOS DA CONSTITUIÇÃO DE 88: POR UMA REPÚBLICA INCLUSIVA
DANIEL SARMENTO 261
1   Introdução 261
2   A República que não temos sido: patrimonialismo, cordialidade, jeitinho e desigualdade 262
3   O princípio republicano e seus componentes.. 264
3.1   Elegibilidade e temporariedade dos mandatos políticos............................... 266
3.2   Responsabilidade dos governantes e autoridades por seus atos...................267
3.3   Igualdade republicana: ninguém abaixo e ninguém acima das leis.............. 269
3.4   Liberdade contra a tirania e a sujeição: a não dominação 271
3.5   Separação entre o público e o privado: impessoalidade, transparência e controle na gestão da coisa pública.. 272
3.6   A participação do cidadão: direitos e responsabilidades perante a "coisa pública" 274
4   O que o princípio republicano não deve ser: não ao republicanismo seletivo, ao republicanismo dos heróis mascarados e ao jacobinismo republicano..........276
5   Conclusão 278
      Referências 278

O *IMPEACHMENT* DE 2016: RUPTURA CONSTITUCIONAL E CULTURA POLÍTICA DEMOCRÁTICA
CLÁUDIO PEREIRA DE SOUZA NETO 281
Referências.. 292

A CRISE DO PRESIDENCIALISMO DE COALIZÃO BRASILEIRO: O SEMIPRESIDENCIALISMO SERIA UMA BOA OPÇÃO?
MARCELO LEONARDO TAVARES.. 295
1   Introdução 295
2   Presidencialismo brasileiro: fábrica de crises 296
2.1   Presidente fraco em presidência hipertrofiada... 296
2.2   A caixa de pandora da separação entre os poderes.. 298
3   Uma proposta de semipresidencialismo para o Brasil...................................300
3.1   O Executivo bicéfalo 301
3.2   Nova relação entre os poderes... 302
4   Conclusão 305
      Referências 307

FEDERALISMO PARA QUEM? UM BALANÇO AOS 30 ANOS DA CONSTITUIÇÃO DE 1988
THIAGO MAGALHÃES PIRES 309
1. Introdução 309
2. A estrutura da federação 309
3. Sobre a repartição de competências 311
4. Federalismo e democracia 313
5. Algumas observações sobre a distribuição de receitas e encargos 318
6. Conclusão 324
   Referências 325

Parte V
JURISDIÇÃO CONSTITUCIONAL

MODELOS DE JURISDIÇÃO CONSTITUCIONAL E SUAS BASES TEÓRICAS
RODRIGO BRANDÃO 331
1. Introdução 331
2. A agonia do nascimento da jurisdição constitucional na Europa: o debate Kelsen *v.* Schmitt sobre o "guardião da Constituição" 333
3. O modelo positivista-liberal de jurisdição constitucional 338
4. O "neoconstitucionalismo" 341
   Referências 346

ESTADO DE COISAS INCONSTITUCIONAL
CARLOS ALEXANDRE DE AZEVEDO CAMPOS 349
1. Introdução 349
2. Apresentando o ECI 350
3. Fundamentos filosóficos e jurídicos do estado de coisas inconstitucional 352
4. Objeto principal: direitos sociais e econômicos e políticas públicas 352
5. Conceito e pressupostos do estado de coisas inconstitucional 353
6. As sentenças estruturais 357
7. Relevância do monitoramento 361
8. O ECI e o "ativismo judicial estrutural dialógico" 362
9. Conclusão: uma construção teórica para o Brasil? 363
   Referências 364

CRIATURA E/OU CRIADOR: TRANSFORMAÇÕES DO SUPREMO TRIBUNAL FEDERAL SOB A CONSTITUIÇÃO DE 1988
DIEGO WERNECK ARGUELHES, LEANDRO MOLHANO RIBEIRO 367
1. Um tribunal poderoso 367
2. O Supremo que a Constituição criou 370
2.1 Canais de acesso 371

2.2	Escopo do controle de constitucionalidade	376
2.3	Garantias perante os outros poderes	377
3	O Supremo recriado por seus ministros	378
3.1	Restrições	379
3.2	Transformando restrições em expansões	380
3.3	Expansões	381
3.4	Flexibilidade decisória?	383
4	Novas transformações à vista: de ponto de veto à primeira câmara?	384
	Referências	391

A FUNÇÃO PEDAGÓGICA DAS CORTES CONSTITUCIONAIS
FELIPE DE MELO FONTE 395

1	Introdução	395
2	A democracia e suas condições de existência	396
2.1	O problema da igualdade política	396
2.2	A cultura de tolerância como pressuposto democrático	401
2.3	A democracia como projeto educacional	404
3	O papel de reforço democrático das cortes constitucionais	406
3.1	Pedagogia com um *plus*	406
3.2	A difusão de uma gramática cívica	408
4	Conclusão	410
	Referências	410

STARE DECISIS HORIZONTAL E CONSTITUIÇÃO: CONCEBENDO UM SISTEMA DE PRECEDENTES A SERVIÇO DOS DIREITOS FUNDAMENTAIS
GABRIEL ACCIOLY GONÇALVES 415

1	Introdução	415
2	Experiências estrangeiras	418
2.1	Estados Unidos	418
2.2	Reino Unido	421
2.3	Apreciação crítica dos modelos estrangeiros	423
3	*Stare decisis* horizontal no Supremo Tribunal Federal: parâmetros de atuação	425
4	Conclusão: um *stare decisis* substantivado	430
	Referências	431

ACORDOS NÃO COMPLETAMENTE TEORIZADOS NA REPERCUSSÃO GERAL: A RAZÃO DE SER DO *QUORUM* DE DOIS TERÇOS PREVISTO NO ART. 102, §3º, DA CONSTITUIÇÃO
FREDERICO MONTEDONIO REGO 433

1	Introdução	433
2	A aparente falta de lógica do *quorum* de admissibilidade de dois terços	433
3	Dando sentido ao *quorum*: um olhar sobre experiências estrangeiras	436

4	Filtros de relevância como acordos não completamente teorizados	438
5	O *quorum* qualificado como contrapeso da impraticabilidade de motivação analítica de todas as decisões negativas de repercussão geral	439
6	Ausência de relação entre o *quorum* qualificado e os efeitos da decisão	444
7	Conclusão	447
	Referências	447

DIÁLOGOS SOCIAIS NO STF: O ART. 103, IX, DA CONSTITUIÇÃO E A PARTICIPAÇÃO DA SOCIEDADE CIVIL NO CONTROLE CONCENTRADO DE CONSTITUCIONALIDADE

CARINA LELLIS 451

1	Introdução	451
2	Breve registro histórico: o "pecado original" do controle de constitucionalidade, a participação da sociedade civil no processo de liberalização e as inspirações da Constituinte de 1988	452
3	A legitimidade ativa das entidades de classe de âmbito nacional	456
3.1	O art. 103, IX, CF e a interpretação restritiva do STF	456
3.2	A experiência do STF e a participação limitada da sociedade civil	459
3.3	Por uma nova interpretação a respeito das entidades de classe de âmbito nacional	462
4	Conclusão	465
	Referências	465

Parte VI
CONSTITUCIONALIZAÇÃO DO DIREITO
DIREITO CIVIL

DIREITO À VIDA EM 30 ANOS DA CONSTITUIÇÃO DA REPÚBLICA: ABORTO E EUTANÁSIA EM PERSPECTIVA CIVIL-CONSTITUCIONAL

ANDERSON SCHREIBER 471

1	Há um direito à vida na Constituição brasileira?	471
2	O extremo da vida: aborto e direitos da mulher	474
2.1	O início da descriminalização: aborto dos fetos anencefálicos	475
2.2	Situações semelhantes às quais se impõe a aplicação do entendimento do STF: microcefalia e outras hipóteses de risco à saúde da criança	475
2.3	O real fundamento jurídico da descriminalização do aborto: direito à saúde da mulher e direito à sua autodeterminação corporal	476
2.4	Um novo e corajoso passo do STF: descriminalização do aborto até o terceiro mês de gestação	479
2.5	Além do STF: a descriminalização do aborto em qualquer hipótese e a ausência de colisão com o direito à vida	480
3	O outro extremo da vida: eutanásia e o direito à morte digna	483
3.1	Ortotanásia ou eutanásia passiva	484
3.2	*Accanimento* terapêutico e o caso Lillian Boyes	486

3.3	O caso Downes e o direito de morrer por amor	487
3.4	O caso Eluana Englaro e a situação dos pacientes incapacitados	488
3.5	Testamentos biológicos, procurações de saúde e diretivas antecipadas de vontade	489
3.6	O extremo do extremo: o Doutor Morte e a assistência ao suicídio	491
4	À guisa de conclusão. Algumas propostas para tratamento do aborto e da eutanásia no Brasil	492
	Referências	494

DIREITO ADMINISTRATIVO

PODER DE POLÍCIA, DIREITOS FUNDAMENTAIS E INTERESSE PÚBLICO: 30 ANOS DE CONSTITUCIONALIZAÇÃO DO DIREITO ADMINISTRATIVO NO BRASIL
GUSTAVO BINENBOJM 499

1	Direitos fundamentais e democracia como elementos estruturantes do Estado Administrativo contemporâneo	499
2	Poder de polícia, direitos fundamentais e democracia	510
3	Limites impostos ao poder de polícia pelos direitos fundamentais	511
4	O papel do poder de polícia na proteção e promoção de direitos fundamentais	519
5	Poder de polícia, democracia e limites constitucionais: a ponderação proporcional entre objetivos coletivos e direitos fundamentais	526
6	Conclusões	531
	Referências	534

AS EMPRESAS ESTATAIS E OS PRINCÍPIOS CONSTITUCIONAIS DA ADMINISTRAÇÃO PÚBLICA
ALEXANDRE SANTOS DE ARAGÃO 539

1	Incidência adaptada dos princípios da Administração Pública	539
2	Princípio da legalidade	543
3	Princípios da impessoalidade, moralidade e eficiência e relações com a governança corporativa	545
4	Princípio da publicidade (acesso aos documentos e informações das estatais)	550
5	Conclusão: a necessária efetividade	553
	Referências	554

DIREITO ADMINISTRATIVO E INOVAÇÃO: LIMITES E POSSIBILIDADES
JOSÉ VICENTE SANTOS DE MENDONÇA 557

1	Introdução	557
2	O que pode ser a inovação no direito administrativo brasileiro. Três requisitos de cautela	558
3	A lei de direito administrativo: ponte experimental imperfeita	560
4	A doutrina de direito administrativo: entre o centralismo e a proposta	563
5	A jurisprudência de direito administrativo: laboratório ou museu?	567

6	Síntese objetiva e encerramento	569
	Referências	571

O PRINCÍPIO CONSTITUCIONAL DA EFICIÊNCIA: INTERDISCIPLINARIDADE, ANÁLISE ECONÔMICA E MÉTODO NO DIREITO ADMINISTRATIVO BRASILEIRO
ANDRÉ CYRINO 575

1	Introdução	575
2	Interdisciplinaridade inevitável, o medo do desconhecido e a cláusula da eficiência administrativa	578
3	Direitos, custos e eficiência	581
4	Eficiência, análise econômica do direito administrativo e metodologia jurídica	584
5	Conclusão	588
	Referências	588

OS TRINTA ANOS DA CONSTITUIÇÃO E O DESAFIO DO DESENCARCERAMENTO NO BRASIL
SIMONE SCHREIBER 591

1	Introdução	591
2	Estado de coisas inconstitucional	593
3	O descompromisso dos juízes e tribunais com a pauta do desencarceramento	597
4	Conclusão	602
	Referências	603

O PAPEL DO JUDICIÁRIO NA CONCRETIZAÇÃO DA POLÍTICA CRIMINAL: POR UM REPOSICIONAMENTO DA JURISDIÇÃO CONSTITUCIONAL BRASILEIRA NO CAMPO PENAL
ADEMAR BORGES 605

1	Introdução: a tragédia humana produzida pelo sistema de justiça criminal brasileiro	605
2	Superando o senso comum: os falsos dilemas e obstáculos à constitucionalização do direito penal no Brasil	610
3	A republicanização do sistema de justiça criminal brasileiro não deve abandonar o compromisso de proteção aos direitos e garantias fundamentais	615
4	Os desafios institucionais à constitucionalização do sistema de justiça criminal brasileiro e as potencialidades da atuação da jurisdição constitucional	618
5	A política criminal e a magistratura: jurisdição constitucional como catalizadora da constitucionalização do sistema de justiça criminal	620
6	A necessária superação da timidez judicial no processo de constitucionalização do sistema de justiça criminal	624
7	Conclusão: a identificação dos próximos passos do STF na direção da constitucionalização do direito penal brasileiro	628
	Referências	631

SOBRE OS AUTORES 637

APRESENTAÇÃO

UM OLHAR SOBRE OS ÚLTIMOS TRINTA ANOS

A atriz Ingrid Bergman declarou, certa vez, que felicidade consiste em ter boa saúde e má memória. A frase é uma delícia. Não ter problemas físicos ou mentais, assim como não guardar rancor ou maus sentimentos são, de fato, ingredientes relevantes para uma vida boa. Eu acrescentaria mais alguns. Ter amor pelo que se faz e pelas pessoas que nos cercam. Ter ideal para viver além e acima dos proveitos pessoais. Fazer de si próprio a pessoa que pode e gostaria de ser. E quando chegar a hora de as cortinas se fecharem, ter no coração a certeza de que, se preciso fosse, começaria tudo outra vez.

Essas são as ideias e os sentimentos que me vêm à mente ao iniciar a apresentação desse livro antológico, organizado com a parceria inestimável de Patrícia Perrone Campos Mello, que foi minha aluna e orientanda de mestrado e doutorado, e é minha assessora no Supremo Tribunal Federal. Discreta e docemente, Patrícia tornou-se indispensável. Nesta coletânea se contêm duas realizações imensas: uma pessoal e outra institucional. A realização pessoal é muito fácil de se identificar: todos os autores desta obra coletiva extraordinária foram meus alunos. De graduação, de mestrado ou de doutorado. Alguns, nos três casos. A realização institucional também salta aos olhos: poder celebrar trinta anos de vida de uma Constituição latino-americana, a despeito dos vendavais, tempestades e crises de todos esses anos.

1 Sonhos de juventude

A vida, generosamente, permitiu-me concretizar muitos dos meus sonhos de juventude. Os de natureza estritamente privada – família amorosa, amigos queridos e realizações profissionais – me enchem de felicidade e alegria, mas deixo de fora. Meus dois grandes sonhos, no espaço público, eram o de ser professor – sobretudo um professor – e de contribuir para fazer um país melhor e maior. Também fui advogado, no tempo que sobrou. Atuei em causas de interesse público e, igualmente, em causas privadas legítimas, que me proporcionaram uma vida materialmente confortável. Não gosto de minimizar, demagogicamente, esse fato.

Meu sonho de ser professor realizou-se extrema e profundamente. Ainda hoje dou aulas regularmente na graduação e na pós-graduação, oriento teses de doutorado, participo de boa parte das bancas de doutorado da UERJ, dou palestras pelo Brasil afora e participo de eventos em universidades em diferentes partes do mundo. Este livro, mais que tudo documenta a parte mais gratificante da minha vida acadêmica: contribuir para formar as novas gerações. Muitos dos maiores nomes do direito público brasileiro contemporâneo estão nestas páginas. Trata-se de um conjunto extraordinário de textos, capazes de mudar para sempre a vida de quem se disponha a lê-los. São artigos de pensadores originais, ousados e criativos, que não foram formados para seguirem os roteiros já existentes. Estamos falando de acadêmicos que percorreram caminhos novos, por onde pouca gente tinha andado.

Quanto a fazer um país melhor e maior, a realização é parcial, mas não menos importante. Para se ter uma ideia da trajetória que percorremos como país e como consciência cívica, gosto de lembrar as preocupações que me afligiam naquela segunda metade dos anos 70 do século passado, quando ingressei na Faculdade de Direito da Universidade do Estado do Rio de Janeiro. Eram elas: (i) como acabar com a tortura, que manchava de desonra a história do país; (ii) como acabar com a censura, que limitava a capacidade crítica das pessoas; (iii) como criar instituições democráticas, em um país e em um continente de tradição de quebras da legalidade constitucional. E, apesar de as pessoas estarem impressionadas com a fotografia sombria e devastadora do momento atual, gostaria de lembrar, não sem uma ponta de orgulho, que a nossa geração derrotou a ditadura militar, a hiperinflação e obteve resultados expressivos sobre a pobreza extrema. É preciso não se deixar hipnotizar pelo que aconteceu de ruim: as conquistas desses trinta anos foram muito expressivas. Temos andado na direção certa, ainda quando não na velocidade desejada.

2 A refundação do Brasil

Por evidente, não me passa despercebido o fato de que o país foi alcançado, já faz alguns anos, por uma tempestade perfeita. Há uma crise política, cujo ponto culminante foi o *impeachment* de 2016, que gerou ressentimento, polarização e déficit de representatividade democrática. Há uma crise econômica, decorrente, em larga medida, do descontrole fiscal, que gerou recessão, desemprego e desinvestimento. Há uma crise ética, que se evidenciou com o Mensalão e explodiu com a Operação Lava Jato, reveladora de um país feio e desonesto. O modo de se fazer política e de se fazerem negócios no Brasil envolve, numa extensão e profundidade abismantes, desvios de dinheiro público, propinas e achaques. A fotografia do momento atual faz tudo parecer sombrio, depressivo, decadente.

Mas, na verdade, não é assim. Sem fugir do lugar comum, crises são pontos de partida dos grandes projetos de transformação. Ao descobrir-se aquém do seu destino, devastado por uma corrupção desmoralizante, por um setor público contaminado pela mediocridade e um setor privado repleto de vícios civilizatórios, a sociedade brasileira, entre perplexa, indignada e cheia de autocrítica, vai desenvolvendo uma nova consciência. O Brasil vive um momento de refundação. Há uma Velha Ordem sendo empurrada para a margem da história e uma Nova Ordem chegando como luz ao final da madrugada. O dia começa a nascer quando a noite é mais profunda. A claridade, porém, não é imediata. Os resultados não são para semana que vem ou para as próximas eleições. Trata-se de um processo histórico que chega com atraso, mas não tarde demais, de elevação da ética pública e da ética privada no país. Não se devem ter ilusões: é trabalho para mais de uma geração. Assim é o ciclo da vida: plantam-se árvores para a posteridade, para que outros possam colher os frutos.

3 Iluminismo, idealismo e pragmatismo

O processo de transformação envolve um choque de iluminismo, idealismo e pragmatismo, conceitos bem distintos que, por vezes, podem ser antagônicos e, outras vezes – como é o caso brasileiro – complementares. Historicamente, iluminismo designa um abrangente movimento filosófico que revolucionou o mundo das ideias ao longo do século XVIII. Foi o ponto culminante de um ciclo iniciado com o Renascimento, no século XIV, e que teve como marcos a Reforma Protestante, a formação dos Estados nacionais, a chegada dos europeus à América e a Revolução Científica. Os ideais do iluminismo são, desde então, razão, ciência, humanismo e progresso.[1] Trata-se de uma mudança de paradigma civilizatório, pela qual a razão humanista passa para o centro do sistema de pensamento, de onde são afastados dogmas metafísicos e entronizados valores seculares, como limitação do poder, liberdade individual e igualdade entre as pessoas. A razão científica, por sua vez, fomenta o conhecimento ("Ouse saber"),[2] afastando preconceitos e superstições. O Estado é laico, mas a liberdade religiosa é assegurada, no seu pluralismo e diversidade. Iluminismo é um antídoto contra muitos dos males do nosso tempo: autoritarismo, fanatismo religioso, tribalismo, radicalismo e intolerância política, entre outros. O iluminismo mudou o patamar da condição humana e da convivência entre pessoas e entre os povos. Em relação a isso, cabe uma advertência importante: parte das nossas aflições contemporâneas não se devem a sinais de decadência, mas sim ao fato de que nossos padrões de exigência se elevaram.

Idealismo significa a capacidade de imaginar uma realidade diferente, maior e melhor, estabelecendo objetivos que estejam além do interesse imediato e dos projetos próprios de cada um.[3] Pensar o mundo como deve ser. O idealismo está para a vida pública como o amor está para a vida privada. Amar significa dar à vida uma dimensão transcendente, que faz com que ela seja mais do que a mera sobrevivência física, o acúmulo de bens, a satisfação de prazeres sensoriais ou conquistas pessoais. Ter ideal, da mesma forma, implica sair de dentro de si mesmo e viver também para o outro. O idealismo está ligado a valores éticos, à virtude, às conquistas do espírito.

---

[1] PINKER, Steven. *Enlightenment now*. Nova York: Viking, 2018.
[2] KANT, Immanuel. An answer to the question: what is enlightenment? In: SCHMIDT, James (Ed.). *What is enlightenment?*. Berkeley: University of California Press, 1996. p. 58; 62-63.
[3] O idealismo em sentido político, como empregado aqui, não se confunde com o idealismo como corrente filosófica, fundada na premissa de que a realidade somente existe na mente ou consciência de cada um. V. IDEALISM. *Stanford Encyclopedia of Philosophy*, 30 ago. 2015. Disponível em: <https://plato.stanford.edu/entries/idealism/>. Acesso em: 26 jul. 2018.

O pensamento e a vontade – acompanhados da ação necessária – são aptos a construir a realidade que se deseja. A vitória sobre o despotismo, a abolição da escravatura, a liberdade religiosa, bem como a igualdade entre raças ou entre homens e mulheres já foram ideais remotos, antes de percorrerem a longa trajetória que paulatinamente os foi transformando em realidade. O contrário do idealismo, no sentido aqui empregado, não é o realismo – ter senso de realidade e dos limites do possível a cada tempo faz parte do idealismo consequente –, mas o ceticismo, a descrença de que a pessoa humana possa ser um agente moral do progresso. Para deixar claro: idealismo não é moralismo, nem perfeccionismo. Ao contrário, é um projeto emancipatório, para que cada pessoa seja o melhor que de fato pode ser.

Por fim, pragmatismo significa, em essência, que o mérito de uma ideia, de uma política pública ou das ações em geral se mede pelos resultados práticos que são capazes de produzir. O significado das coisas e a verdade de qualquer proposição são determinados pela experiência e pelas consequências sobre o mundo real e a vida das pessoas, e não por dogmas ou teorias. Conforme uma sistematização de amplo curso,[4] o pragmatismo filosófico apresenta três características essenciais. A primeira é o antifundacionalismo, no sentido de não buscar um fundamento último, de ordem moral, para justificar uma decisão. A segunda é o contextualismo, a significar que a realidade concreta em que situada a questão a ser decidida tem peso destacado na determinação da solução adequada. E, por fim, e muito particularmente, o consequencialismo, na medida em que o resultado prático de uma decisão deve ser o elemento decisivo de sua prolação. Não é preciso aderir incondicionalmente ao pragmatismo para reconhecer a necessidade de superarmos o universo da retórica vazia e descompromissada da realidade que ainda caracteriza a ação política no Brasil, onde políticas públicas são praticadas por anos a fio sem qualquer monitoramento ou avaliação de resultados. Há muitas sutilezas e complexidades que não poderão ser exploradas aqui. Porém, não estando em jogo valores ou direitos fundamentais, o papel de qualquer agente público – seja o juiz, o legislador ou o administrador – é adotar o curso de ação que produza os melhores resultados para a sociedade, aferidos com base em pesquisa séria, dados concretos e informações.

Iluminismo, idealismo e pragmatismo contêm em si os valores de que o país precisa para furar o cerco, romper círculos viciosos e encontrar o seu destino.

Reitero, ao concluir esta Introdução, a minha confiança nas potencialidades do Brasil e nas instituições democráticas. E compartilho uma de minhas convicções mais profundas: a de que a história é um fluxo contínuo na direção do bem e do avanço civilizatório. E mesmo quando, olhando da superfície, tudo pareça cinzento e desanimador, ela flui como um rio subterrâneo no curso que lhe cabe seguir. Os países, como as pessoas, passam pelo que têm que passar, no aprendizado constante que leva ao aprimoramento existencial e ao progresso social.

---

[4] V. POSNER, Richard A. *Pragmatism and democracy*. Cambridge: Harvard University Press, 2003, e POSNER, Richard A. *How judges think*. Cambridge: Harvard University Press, 2008; POGREBINSCHI, Thamy. *Pragmatismo*: teoria social e política. São Paulo: Relume Dumara, 2005; ARGUELHES, Diego Werneck; LEAL, Fernando. Pragmatismo como (meta) teoria normativa da decisão judicial: caracterização, estratégias e implicações. In: SARMENTO, Daniel. *Filosofia e teoria constitucional contemporânea*. Rio de Janeiro: Lumen Juris, 2009. p. 171-211.

Na sequência, a Professora Patrícia Perrone Campos Mello faz a Apresentação da obra, na qual narra brevemente a história da Faculdade de Direito da UERJ, sua contribuição para o direito constitucional contemporâneo e expõe, de forma também sucinta, o conteúdo das diversas partes em que organizamos o livro.

Luís Roberto Barroso

INTRODUÇÃO

A FACULDADE DE DIREITO DA UERJ E SUA CONTRIBUIÇÃO PARA O DIREITO CONSTITUCIONAL

1 A Faculdade de Direito da UERJ

A Universidade do Estado do Rio de Janeiro – UERJ é o resultado do trabalho de muitas pessoas, de muitas gerações de professores e alunos. A história da Faculdade de Direito começa em 1935, quando um grupo de advogados decidiu criar um novo curso, no qual se pudesse ministrar um ensino livre, que não fosse expressão do poder governamental. Em 1951, a Faculdade foi incorporada à Universidade do Distrito Federal – UDF. Em 1961, com a transferência da capital para Brasília e com a criação do estado da Guanabara, passou a se chamar Universidade do Estado da Guanabara – UEG. Em 1975, com a fusão dos estados da Guanabara e do Rio de Janeiro, recebeu, finalmente, seu nome atual.[5]

Passaram pela UERJ ou ainda lecionam ali grandes nomes do Direito: Amauri Campinho, Antônio Celso Alves Pereira, Antônio Evaristo de Morais Filho, Arnoldo Wald, Caio Tácito, Célio Borja, Celso de Albuquerque Mello, Carmen Tibúrcio, Felipe Augusto de Miranda Rosa, Flávio Bauer Novelli, Gustavo Tepedino, Heleno Fragoso, Heloísa Helena Gomes Barboza, Jacob Dolinger, Joaquim Benedito Barbosa Gomes, José Carlos Barbosa Moreira, Luís Roberto Barroso, Luiz Fux, Regina Gondin, Ricardo Pereira Lira, Roberto Lyra, Roberto Paraíso Rocha, Oscar Dias Corrêa, Paulo Cezar Pinheiro Carneiro, Ricardo Lobo Torres, Simão Benjó, Theóphilo de Azeredo Santos, Weber Martins Batista, entre muitos outros. Gente de todos os matizes ideológicos, mas com um projeto em comum: construir uma universidade de ponta.[6]

Atravessaram-se, no princípio, tempos sombrios. Décadas de regime autoritário, estudantes retirados de sala pela polícia, gente que sumia, membros do Departamento de Ordem Política e Social – DOPS e do Serviço Nacional de Informações – SNI infiltrados e o fechamento do Centro Acadêmico Luiz Carpenter – CALC. Foram, todavia, tempos enfrentados com a altivez possível. Conta-se, por exemplo, que Heleno Fragoso iniciava suas aulas dizendo: "Boa noite, pessoal do DOPS. Boa noite, pessoal do SNI.

---

[5] SETENTA anos de história & memória: 1935 – 2005 – Apresentação. *Faculdade de Direito da UERJ*. Disponível em: <http://www.direitouerj.org.br/2005/fdir70/index.htm>.

[6] SETENTA anos de história & memória: 1935 – 2005 – Depoimentos – Ricardo Lira. *Faculdade de Direito da UERJ*. Disponível em: <http://www.direitouerj.org.br/2005/fdir70/depRL.htm>.

Vocês estão trabalhando, mas eu também estou. Vamos começar a aula";[7] que Barbosa Moreira, advertido por um aluno sobre os riscos de fazer certas conjecturas em sala, teria observado: "Olhem, disseram-me que é perigoso estar, de vez em quando, emitindo opiniões políticas. Então, para facilitar o trabalho do possível mensageiro, vou, hoje, começar a aula dizendo tudo que eu acho";[8] e que Célio Borja, então Deputado pela União Democrática Nacional – UDN, acompanhava os alunos levados ao DOPS "para evitar que a tentação de bater se consumasse".[9]

Quando os primeiros sinais de abertura vieram, aqueceu-se o movimento estudantil, o CALC foi reaberto e os temas mais relevantes para o país – e para seu processo de redemocratização – eram objeto de intensos debates na Faculdade. Tinha-se, então, o sentimento de que se estava fazendo o país mudar e de que parte da mudança era impulsionada por centros de saber como a UERJ. De fato, em 1979, foi promulgada a Lei da Anistia, que constituía um dos grandes objetivos do movimento estudantil, sinal importante de que o regime autoritário começava a ceder.[10]

2 A contribuição da Escola de Direito Constitucional da UERJ para o direito constitucional brasileiro

Em meados da década de 80 começa, então, um movimento de transformação do direito constitucional no Brasil. A escola tradicional na matéria fora, até aquele momento, dominada pela influência do direito francês. Não se compreendia a Constituição propriamente como uma norma, cujo descumprimento poderia dar ensejo à atuação judicial. A Carta era percebida como um documento político. Na prática brasileira, essa concepção era responsável por uma absoluta insinceridade constitucional: prometia-se o impossível e não havia compromisso com o cumprimento da Constituição.

Esse quadro começa a se modificar com o desenvolvimento de um conjunto de ideias que seria conhecido por doutrina da efetividade.[11] Alguns autores, entre eles o primeiro coordenador desta obra, valem-se de uma metodologia positivista para defender o que deveria ter sido o óbvio desde sempre: a Constituição é uma norma e, como toda norma, é dotada de imperatividade. Os direitos subjetivos nela previstos são direta e imediatamente exigíveis, e sua violação pode e deve ser sanada pelo Poder Judiciário. O desenvolvimento e a consolidação dessas ideias, que se tornaram pré-compreensão do tema, foram, em parte, obra da Escola de Direito Constitucional da UERJ.

---

[7] SETENTA anos de história & memória: 1935 – 2005 – Depoimentos – Luiz Fux. *Faculdade de Direito da UERJ.* Disponível em: < http://www.direitouerj.org.br/2005/fdir70/depLF.htm>.

[8] SETENTA anos de história & memória: 1935 – 2005 – Depoimentos – José Carlos Barbosa Moreira. *Faculdade de Direito da UERJ.* Disponível em: <http://www.direitouerj.org.br/2005/fdir70/depJM.htm>.

[9] SETENTA anos de história & memória: 1935 – 2005 – Depoimentos – Célio Borja. *Faculdade de Direito da UERJ.* Disponível em: <http://www.direitouerj.org.br/2005/fdir70/depCB.htm>.

[10] SETENTA anos de história & memória: 1935 – 2005 – Depoimentos – Luís Roberto Barroso. *Faculdade de Direito da UERJ.* Disponível em: <http://www.direitouerj.org.br/2005/fdir70/depLB.htm>.

[11] BARROSO, Luís Roberto. A efetividade das normas constitucionais: por que não uma Constituição para valer?. In: BARROSO, Luís Roberto et al. (Coord.). *Anais do XIII Congresso Nacional de Procuradores do Estado. Teses.* Brasília: [s.n.], 1987. p. 354 e ss. Esse artigo, mais adiante, foi desenvolvido e deu ensejo à tese de livre-docência do primeiro coordenador: BARROSO, Luís Roberto. *O direito constitucional e a efetividade das suas normas.* Rio de Janeiro: Renovar, 1990.

E é justamente essa mudança de paradigma o elemento responsável pelo deslocamento do direito constitucional para o centro formal, material e axiológico do sistema jurídico, que marcaria o direito brasileiro nas décadas seguintes.

Conquistado o *status* de norma e, portanto, criado um novo patamar para o constitucionalismo brasileiro, a década de 90 experimenta uma nova evolução do direito constitucional, também produto de uma intensa atuação da Escola de Direito Constitucional da UERJ. Reconhece-se que a mera equiparação entre direito e norma e a sua separação da ética não é capaz de atender a todas as demandas por justiça. Promove-se, assim, uma aproximação da disciplina com a filosofia moral e a filosofia política. Formula-se um amplo conjunto de ideias que passaria a ser identificado como pós-positivismo, envolvendo: o desenvolvimento de uma nova hermenêutica jurídica, a reabilitação da razão prática, o reconhecimento da normatividade dos princípios, a argumentação jurídica e a formulação de uma teoria dos direitos fundamentais, construída com base na ideia de dignidade da pessoa humana. Atribui-se, ainda, ao Poder Judiciário a missão de efetivar tais princípios sempre que as instâncias majoritárias falharem na sua realização.

O deslocamento da Constituição para o centro da ordem jurídica e o reconhecimento da Carta como paradigma de validade de todas as demais normas geram, ainda, um efeito expansivo do conteúdo axiológico das normas constitucionais para todo o ordenamento jurídico. A Constituição passa a condicionar a interpretação de todas as normas do sistema. Os diretos fundamentais, além de sua dimensão subjetiva de proteção de situações individuais, passam a desempenhar, ainda, a função de instituir uma ordem objetiva de valores, que se irradiam para a interpretação de todos os demais ramos do direito infraconstitucional. O novo fenômeno é designado constitucionalização do direito. Com base nessa concepção e na amplitude normativa da Constituição de 1988, que constitucionalizou uma série de temas, produziu-se uma releitura do direito civil, do direito administrativo e do direito penal, entre outras disciplinas, com base nos valores expressos na Carta.

A efetividade das normas constitucionais, a nova hermenêutica constitucional (pós-positivismo) e a constitucionalização do direito infraconstitucional são algumas das relevantes contribuições desenvolvidas e/ou consolidadas pela Escola de Direito Constitucional da UERJ, que se incorporaram à compreensão do direito constitucional brasileiro tal como hoje é praticado. Esses três importantes paradigmas estão expressos nos artigos que compõem essa obra e que são produto de uma nova geração de professores e de alunos, que compartilham dos mesmos marcos teóricos e que mantêm acesa a vocação da Faculdade de Direito para a inovação, o pensamento crítico e o debate de temas relevantes para o país.

3 Os trinta anos da Constituição de 1988 na visão da Escola de Direito Constitucional da UERJ

Este livro tem por propósito construir um panorama sobre o desenvolvimento do direito constitucional sob a vigência da Constituição de 1988, traçar um juízo crítico a respeito das suas conquistas e celebrar seus trinta anos de vida, que se completarão em outubro de 2018. A obra divide-se em seis partes. A primeira parte reúne trabalhos que produzem um balanço geral dos 30 anos da Constituição e é inaugurado pelo artigo que dá nome ao livro, de autoria do primeiro coordenador. O artigo apresenta uma retrospectiva das principais conquistas e vicissitudes da Constituição de 1988, percorrendo matérias como estabilidade monetária, direitos fundamentais, inclusão social e corrupção, e trazendo reflexões sobre o momento atual.

Os demais artigos da Parte I avaliam a concretização dos direitos sociais, propondo transformar o monitoramento das políticas públicas nessa matéria em um dever do Poder Público, exigível inclusive pela via judicial. Produzem uma reflexão sobre o capítulo constitucional dedicado à disciplina da Administração Pública, discorrendo sobre seus êxitos e fracassos, e indicando a necessidade de adoção de incentivos adequados para induzir seu cumprimento. Analisam as diferentes fases pelas quais passou o Supremo Tribunal Federal, no que respeita à interpretação do seu papel institucional, defendendo que a Corte experimentou: um período inicial de autorrestrição; um segundo momento de florescimento da jurisdição constitucional; e que, atualmente, apresenta um comportamento ambivalente, que é fruto dos embates travados com os demais poderes, sobretudo em temas relacionados à corrupção.

O objeto da segunda parte é o processo constituinte. O primeiro trabalho que o compõe apresenta uma rica pesquisa sobre o processo de elaboração da Constituição de 1988, avalia em que medida seus fins estão sendo cumpridos e procura estabelecer uma conexão entre a (in)efetividade das normas constitucionais, a prolixidade de seu texto e as características do processo pelo qual tais normas foram geradas. O segundo trabalho examina caminhos constituintes alternativos (*Citizens Assembly* e *crowd-sourcing*) para a adoção de reformas constitucionais parciais que se consideram imprescindíveis, a exemplo da reforma política.

A terceira parte tem por temática os direitos fundamentais. Os três artigos que a compõem apresentam reflexões críticas acerca da utilização de argumentos pragmatistas para a limitação de tais direitos, quando em conflito com metas coletivas. Propõem *standards* para a densificação do direito à igualdade de gênero, com base em quatro categorias complementares entre si: a igualdade formal, a igualdade como redistribuição, como reconhecimento e como representação. Estabelecem relações entre patrimonialismo e decisões judicias que determinam o sacrifício de recursos públicos de forma irrestrita (sem observar necessidade, custos ou consequência econômica).

A Parte IV versa sobre democracia, república e federação. Discute o conteúdo normativo do princípio republicano, procurando estabelecer os seus principais elementos constitutivos (elegibilidade, temporariedade dos mandatos, responsabilidade dos governantes, igualdade, liberdade, separação entre público e privado, participação e deveres do cidadão). Examina os impactos do recente processo de *impeachment* sobre os valores democráticos. Analisa a relação entre presidencialismo de coalizão, falta de transparência e clientelismo. Demonstra que as normas que regem a federação brasileira produzem desequilíbrio na representação da cidadania e na repartição de receitas, prejudicando os estados, os municípios mais pobres e, acima de tudo, a democracia.

A Parte V concentra os trabalhos sobre o exercício da jurisdição constitucional por parte do Supremo Tribunal Federal e as propostas para seu aperfeiçoamento. Analisam-se: os diferentes modelos de jurisdição constitucional e suas bases teóricas; o instituto do estado de coisas inconstitucional, de inspiração colombiana; as transformações no exercício da jurisdição constitucional pelo STF, bem como a assunção de um papel normativo e pedagógico pela Corte. Os artigos dessa seção propõem, ainda: *standards* para a superação de precedentes em tema de direitos fundamentais; uma reinterpretação na operacionalização do instituto da repercussão geral; e a ampliação na legitimidade ativa para deflagrar o controle concentrado da constitucionalidade, de forma a contemplar entidades voltadas à defesa de direitos fundamentais.

A Parte VI encerra o livro e traz ensaios sobre a constitucionalização do direito infraconstitucional. No que respeita ao direito civil, trata-se do direito à vida, de aborto e de eutanásia. Em matéria de direito administrativo, percorrem-se temas como: a releitura do poder de polícia à luz da Constituição; a aplicação dos princípios constitucionais da Administração Pública às empresas estatais; os limites e as possibilidades da inovação no direito administrativo; e a aplicabilidade da análise-econômica do direito, por meio do princípio da eficiência. No campo penal, abordam-se: o inquietante problema do sistema carcerário brasileiro, responsável por uma violação massiva de direitos fundamentais, bem como o papel do Judiciário na concretização da política criminal.

4 Palavras finais

Coerentemente com a visão de mundo que sempre professou e com a sua missão de vanguarda, a UERJ foi, em 2002, a primeira universidade brasileira a implementar um sistema de reserva de vagas para alunos da rede pública, negros, pessoas com deficiência e minorias étnicas, ampliando o acesso de tais grupos ao ensino superior de qualidade e promovendo a sua inclusão.

Além dos tempos de censura e repressão, a Universidade enfrentou e enfrenta ainda hoje as dificuldades tradicionalmente associadas ao ensino público no Brasil, agravadas pela grave situação econômica do estado do Rio de Janeiro: cortes de recursos, instalações precárias, não pagamento de bolsistas, de terceirizados e de professores e as greves decorrentes de tais fatores. A despeito de todas as dificuldades, a UERJ seguiu realizando concursos públicos conhecidos por sua seriedade. Assegurou a excelência de seu corpo docente. Foi um agente fundamental na construção do direito constitucional tal como se encontra hoje.

Produziu importantíssimos aportes para a efetividade da Constituição de 1988, para a hermenêutica constitucional e para a ascensão do Poder Judiciário. Foi a escola de formação de dois ministros do Supremo Tribunal Federal – Luís Roberto Barroso e Luiz Fux –, que ainda lecionam na Faculdade de Direito, e de inúmeros de seus assessores. É, ainda hoje, uma grande família, de gente que se admira, se respeita, se inspira e que tem um projeto acadêmico comum. É, em síntese, uma Pequena República, um patrimônio de todos os brasileiros, que precisa ser cuidado e reconhecido para que possa seguir contribuindo para a construção da grande República que buscamos ser.

Patrícia Perrone Campos Mello

PARTE I

BALANÇO GERAL DOS 30 ANOS DA CONSTITUIÇÃO DE 1988

TRINTA ANOS DA CONSTITUIÇÃO: A REPÚBLICA QUE AINDA NÃO FOI

LUÍS ROBERTO BARROSO

1 Introdução

A chegada de uma Constituição à sua terceira década, na América Latina, é um evento digno de comemoração efusiva. Sobretudo se ela, apesar de muitos percalços, tiver conseguido ser uma Carta verdadeiramente normativa, derrotando o passado de textos puramente semânticos ou nominais.[1] É certo que houve chuvas, trovoadas e tempestades. É inevitável em uma vida completa. No momento em que escrevo estas linhas, aliás, o céu continua bem escuro. A fotografia do quadro atual é devastadora. Porém, como se demonstrará ao longo do presente ensaio, o filme da democracia brasileira é bom. Temos andado, no geral, na direção certa, embora certamente não na velocidade desejada. É sempre bom relembrar: a história é um caminho que se escolhe, e não um destino que se cumpre. Ao longo dos anos, a Constituição tem sido uma boa bússola. Sobre o desencanto de uma República que ainda não foi, precisamos que ela nos oriente em um novo começo.

1.1 A comemoração dos dez anos

Quando a Constituição completou a sua primeira década, escrevi um artigo intitulado *Dez anos da Constituição de 1988: foi bom para você também?*. Logo ao início do artigo, eu voltava o relógio no tempo, há 20 anos antes, ao ano de 1978, quando começara o movimento pela convocação de uma Assembleia Constituinte. Escrevi, então:

---

[1] LOWEWENSTEIN, Karl. *Teoría de la Constitución*. Tradução de Alfredo Gallego Anabitarte. Barcelona: Ariel, 1965. p. 217 e s. A Constituição *normativa* é a que domina efetivamente o processo político. A Constituição *semântica* é mera formalização da situação de poder político existente, para o exclusivo benefício dos detentores do poder de fato. A Constituição *nominal* não controla efetivamente o processo político, mas desempenha um caráter educativo e prospectivo.

O País ainda se recuperava do trauma do fechamento do Congresso Nacional para outorga do *Pacote de Abril*, conjunto de reformas políticas que eliminava quaisquer riscos de acesso da oposição a alguma fatia de poder. Os atos institucionais que davam poderes ditatoriais ao Presidente da República continuavam em vigor. O bipartidarismo artificial, a cassação de mandatos parlamentares e casuísmos eleitorais diversos falseavam a representação política. A imprensa ainda enfrentava a censura. Havia presos políticos nos quartéis e brasileiros exilados pelo mundo afora.[2]

Em seguida, o texto dava um salto no tempo para o ano de 1998, ocasião da celebração dos dez anos, quando então anotei:

> Mova-se o relógio, agora, de volta para o presente. Estamos no final do ano de 1998. Refazendo-se da longa trajetória, o intrépido viajante intertemporal contempla a paisagem que o cerca, inebriado pelo marcante contraste com a aridez que deixara para trás: a Constituição vige com supremacia, há liberdade partidária, eleições livres em todos os níveis, liberdade de imprensa e uma sociedade politicamente reconciliada.
> [...] [É] inegável: sem embargo das dificuldades, dos avanços e dos recuos, das tristezas e decepções do caminho, a história que se vai aqui contar é uma história de sucesso. Um grande sucesso.
> Sorria. Você está em uma democracia.[3]

O tom moderadamente otimista, sem ignorar os múltiplos obstáculos e dificuldades, marcou, ao longo do tempo, minha percepção da Constituição e do avanço institucional brasileiro.

1.2 A comemoração dos vinte anos

Por ocasião do vigésimo aniversário da Constituição, voltei ao tema, escrevendo um longo artigo denominado *Vinte anos da Constituição brasileira de 1988: o Estado a que chegamos*. Na abertura do texto, consignei:

> "Percorremos um longo caminho. Duzentos anos separam a vinda da família real para o Brasil e a comemoração do vigésimo aniversário da Constituição de 1988. Nesse intervalo, a colônia exótica e semi-abandonada tornou-se uma das dez maiores economias do mundo. O Império de viés autoritário, fundado em uma Carta outorgada, converteu-se em um Estado constitucional democrático e estável, com alternância de poder e absorção institucional das crises políticas. [...] A Constituição de 1988 representa o ponto culminante dessa trajetória, catalizando o esforço de inúmeras gerações de brasileiros contra o autoritarismo, a exclusão social e o patrimonialismo,[4] estigmas da formação nacional.[5] Nem tudo foram flores, mas há muitas razões para celebrá-la.[6]

---

[2] BARROSO, Luís Roberto. Dez anos da Constituição de 1988: foi bom para você também? *Revista de Direito Administrativo*, v. 214, 1988. p. 1. Disponível em: <http://bibliotecadigital.fgv.br/ojs/index.php/rda/article/view/47263>. Acesso em: 24 abr. 2018.

[3] BARROSO, Luís Roberto. Dez anos da Constituição de 1988: foi bom para você também? *Revista de Direito Administrativo*, v. 214, 1988. p. 2. Disponível em: <http://bibliotecadigital.fgv.br/ojs/index.php/rda/article/view/47263>. Acesso em: 24 abr. 2018.

[4] V. TORRES, Ricardo Lobo. *A idéia de liberdade no Estado patrimonial e no Estado fiscal*. Rio de Janeiro: Renovar, 1991.

[5] Para uma densa análise da formação nacional, das origens portuguesas até a era Vargas, v. FAORO, Raymundo. *Os donos do poder*. São Paulo: Globo, 2001 (1. ed. de 1957). Embora sob perspectivas diferentes, são igualmente

Após análise detida das instituições e dos governos que se sucederam no período, assinalei na conclusão:

> O modelo vencedor chegou ao Brasil com atraso, mas não tarde demais, às vésperas da virada do milênio. Os últimos vinte anos representam, não a vitória de uma Constituição específica, concreta, mas de uma ideia, de uma atitude diante da vida. O constitucionalismo democrático, que se consolidou entre nós, traduz não apenas um modo de ver o Estado e o Direito, mas de desejar o mundo, em busca de um tempo de justiça, fraternidade e delicadeza. Com as dificuldades inerentes aos processos históricos complexos e dialéticos, temos nos libertado, paulatinamente, de um passado autoritário, excludente, de horizonte estreito. E vivido as contradições inevitáveis da procura do equilíbrio entre o mercado e a política, entre o privado e o público, entre os interesses individuais e o bem coletivo. Nos duzentos anos que separam a chegada da família real e o vigésimo aniversário da Constituição de 1988, passou-se uma eternidade.[7]

O futuro parecia ter chegado, com atraso mas não tarde demais, no final da primeira década dos anos 2000. Em sua edição de 12.11.2009, a revista *The Economist*, uma das mais influentes do mundo, estampou na capa uma foto do Cristo Redentor elevando-se como um foguete, sob o título *Brazil takes off* (*O Brasil decola*). Tendo escapado da crise de 2007 com poucas escoriações, o país voltara a crescer a taxas anuais superiores a 5%. Exibindo prestígio internacional, havia sido escolhido para sediar a Copa do Mundo de 2014, as Olimpíadas de 2016 e pleiteava uma vaga no Conselho de Segurança da Nações Unidas. Investimentos internacionais abundavam e o preço das *commodities* bombava.

O foguete, porém, aparentemente, não conseguiu sair da atmosfera e libertar-se da gravidade das muitas forças do atraso. Quatro anos depois, a mesma *The Economist*, em sua edição de 28.9.2013, foi portadora das más notícias. Na nova capa, o Cristo Redentor dava um *looping* e descia em queda livre. A aterrisagem não seria suave. O ciclo de prosperidade parecia ter chegado ao fim. Na sequência, veio o *impeachment*, que foi um trauma para o país. Uma vez mais, fomos do ufanismo à depressão. Não foi pequeno o tombo.

Apesar do desalento, procurei demonstrar, à época, que embora o futuro não tivesse chegado, como se supôs, ele continuava à espera. Em palestra na Universidade de Oxford, assim me manifestei para uma plateia que tinha muitos mestrandos e doutorandos brasileiros:

---

considerados marcos para a compreensão do Brasil: Gilberto Freyre, *Casa grande e senzala* (1. ed. de 1933); Sérgio Buarque de Holanda, *Raízes do Brasil* (1. ed. de 1936); e Caio Prado Júnior, *Formação do Brasil contemporâneo* (1. ed. de 1942). Sobre a importância dessas três últimas obras, v. CANDIDO, Antonio. O significado de raízes do Brasil. In: SANTIAGO, Silviano (Coord.). *Intérpretes do Brasil*. Rio de Janeiro: Nova Aguilar, 2002. Para uma anotação sobre a obra de Raymundo Faoro e de Sérgio Buarque de Holanda, que considera representantes de correntes opostas, v. CARDOSO, Fernando Henrique. *A arte da política*: a história que vivi. Rio de Janeiro: Civilização Brasileira, 2006. p. 55-6, em que também averbou: "Ancorado na tradição ibérica, o patrimonialismo transposto para as terras americanas confunde família e ordem pública, interesse privado e Estado".

[6] BARROSO, Luís Roberto. Vinte anos da Constituição de 1988: o Estado a que chegamos. *Cadernos da Escola de Direito e Relações Internacionais*, jan./jul. 2008. p. 185. Disponível em: <http://revistas.unibrasil.com.br/cadernosdireito/index.php/direito/article/view/699>. Acesso em: 24 abr. 2018.

[7] BARROSO, Luís Roberto. Vinte anos da Constituição de 1988: o Estado a que chegamos. *Cadernos da Escola de Direito e Relações Internacionais*, jan./jul. 2008. p. 225. Disponível em: <http://revistas.unibrasil.com.br/cadernosdireito/index.php/direito/article/view/699>. Acesso em: 24 abr. 2018.

E devo dizer, por implausível que possa parecer nessa hora, que avisto um horizonte promissor. Assim que começarmos a andar na direção certa, a confiança voltará e as perspectivas continuam favoráveis. Há múltiplos lados para onde crescer: estradas, aeroportos, portos, ferrovias, saneamento, habitação popular – não faltam demandas. Em outro *front*, precisamos investir em educação, pesquisa científica e tecnológica, incentivar a inovação, fazer parcerias com grandes centros. E, ainda, na lista dos problemas crônicos, precisamos de reforma política, reforma da previdência, reforma tributária. Há muito por fazer e muitas razões para ser moderadamente otimista.[8]

Parece que foi logo ali, na esquina do tempo, que tudo começou. Mas lá se vão três décadas.

1.3 A Constituição de trinta anos

O título do presente tópico baseia-se no livro do escritor francês Honoré de Balzac, escrito entre 1829 e 1842, chamado *A mulher de trinta anos* (*La femme de trente ans*). A obra ficou célebre, menos pela qualidade literária – não é considerada um dos pontos altos da produção literária do autor –, mas por ter consagrado o termo "balzaquiana" para se referir às mulheres na casa dos 30. O enredo conta a história de uma jovem que viveu um casamento infeliz por muitos anos, só vindo a encontrar o verdadeiro amor depois dos 30 anos. A narrativa valoriza a idade mais avançada – em uma época em que as protagonistas mal haviam chegado aos 20 anos –, enfatizando a maturidade em lugar do romantismo e a capacidade de se reinventar após sofrimentos diversos. Até aqui, o livro parecia oferecer uma boa alegoria para o momento brasileiro. Mas na verdade não é. Quem ler a história até o fim verá que ela acumula tristeza, tragédia e melancolia. Não há de ser o nosso caso nem o nosso destino.

Sem fechar os olhos às vicissitudes desses últimos trinta anos, o texto que se segue procura lançar um olhar crítico, positivo e construtivo sobre esse período da vida institucional brasileira. Após uma breve nota pessoal, destaco os pontos altos e os desencontros dessas últimas décadas, concluindo com uma reflexão sobre o momento atual. Pessoalmente, devo dizer que minhas expectativas continuam elevadas, inspiradas por uma passagem antológica atribuída a Michelangelo, que me anima nos momentos difíceis:

> O maior perigo, para a maioria de nós
> não é que o alvo seja muito alto
> E não se consiga alcançá-lo.
> É que ele seja muito baixo
> E a gente consiga.[9]

---

[8] BARROSO, Luís Roberto. *O legado de trinta anos de democracia, a crise atual e os desafios pela frente* (Brasil: o caminho longo e sinuoso). Texto-base de palestra proferida na Universidade de Oxford em 18 de jun. 2016. Disponível em: <http://www.luisrobertobarroso.com.br/wp-content/uploads/2016/06/Trinta-anos-de-democracia-a-crise-autal-e-os-desafios-pela-frente1.pdf>. Acesso em: 24 abr. 2016.

[9] A frase é generalizadamente atribuída a Michelangelo Buonarroti por mais de um autor e em sítios diversos. Todos sem remissão à fonte. Não há, portanto, certeza da autoria. Na *Wikipédia* americana consta a seguinte observação: "Attributed without citation in Ken Robinson, The Element (2009), p. 260. Widely attributed to

2 Minha relação com a Constituição

Minha relação com a Constituição de 1988 e com o direito constitucional é antiga, constante e fiel. Começou em 1978, quando eu estava no 3º ano da Faculdade de Direito e compareci a um ato público na Cinelândia, no Rio de Janeiro. Era a deflagração do movimento pela convocação de uma Assembleia Nacional Constituinte, *livre e soberana*, como exigiam as palavras de ordem da época. Não havia mais do que 200 pessoas na manifestação. Quase ninguém interrompera a sua rotina para aderir a uma reivindicação tão distante e abstrata. O futuro não parecia promissor.

Ainda assim, jamais me distanciei do rumo que ali se delineou. Desde então, tenho me dedicado ao direito constitucional, sem seguir inteiramente o conselho do meu pai, que me dizia: "Estuda processo civil". Aos poucos, fui acumulando informações e lendo os autores da época: Afonso Arinos de Mello Franco, Paulino Jacques, Manoel Gonçalves Ferreira Filho, Pinto Ferreira.[10] Logo à frente vieram os portugueses, na onda da redemocratização de Portugal: J. J. Gomes Canotilho e Jorge Miranda. Apesar da excelência de muita coisa que li, eu queria fazer algo diferente daquele direito constitucional que era essencialmente descritivo das instituições políticas – entremeado de reflexões históricas e sociológicas –, sem muita preocupação com a concretização dos mandamentos constitucionais. Vaguei algum tempo pelo deserto, até que um dia encontrei o meu caminho.

Após ter lido alguns textos seminais de José Afonso da Silva, Konrad Hesse, Celso Antonio Bandeira de Mello, Vezio Crisafulli, bem como Bernard Schwartz e outros americanos, descobri o que me pareceu ser a demanda mais premente do direito constitucional brasileiro naquela quadra histórica: o casamento com o processo civil. E, assim, de certa forma, pude seguir o conselho de meu pai. Para isso, foi de grande valia ter sido aluno de José Carlos Barbosa Moreira, um dos maiores juristas e processualistas que o país já teve, com quem aprendi muito. Passei então a refletir e a escrever sobre a concretização da Constituição perante o Poder Judiciário, defendendo a sindicabilidade judicial das normas constitucionais, inclusive e sobretudo, as que consagravam direitos fundamentais. Isso pode parecer óbvio nos dias de hoje, mas a ideia de que a Constituição era um documento jurídico, dotado de aplicabilidade direta e imediata, era revolucionária naqueles dias e enfrentava grande resistência. Muita gente olhava de banda para a novidade.

Meus primeiros trabalhos acadêmicos de maior expressão foram sobre a efetividade das normas constitucionais, isto é, os limites e possibilidades de concretização da Constituição.[11] Por quase uma década dediquei-me ao tema, viajando pelo país em eventos acadêmicos e congressos, pregando esse novo paradigma e tentando conquistar corações e mentes. Consolidada a ideia de normatividade e de cumprimento efetivo da Constituição, dediquei os anos seguintes ao estudo da intepretação constitucional,

---

Michelangelo since the late 1990s, this adage has not been found before 1980 when it appeared without attribution in E. C. McKenzie, Mac's giant book of quips & quotes".

[10] José Afonso da Silva e Paulo Bonavides, dois dos maiores de todos os tempos, só entraram no meu radar um pouco mais adiante.

[11] V. ANAIS DO XIII CONGRESSO NACIONAL DE PROCURADORES DO ESTADO. *Teses*. Brasília: [s.n.], 1987. p. 354 e s. V. também BARROSO, Luís Roberto. A efetividade das normas constitucionais revisitada. *Revista de Direito Administrativo*, v. 197, p. 30-60, 1994.

que passou a exigir uma dogmática mais sofisticada nesse novo cenário de aplicação ampla, em que ocorriam colisões de direitos, necessidade de ponderação e de resgate da argumentação jurídica.[12] Na sequência histórica, participei do processo de reaproximação do direito constitucional com a filosofia moral, o desenvolvimento de uma cultura pós-positivista e da leitura de todo o ordenamento jurídico à luz dos valores e princípios constitucionais.[13] O Judiciário se tornava um ator decisivo na realização dos direitos fundamentais. Surgia um novo direito constitucional.[14]

A efetividade da Constituição – *i.e.*, sua concretização perante os tribunais – avançou tanto que, ultimamente, tenho feito reflexões sobre os riscos da judicialização excessiva em determinadas áreas.[15] A esse propósito, judicialização e ativismo judicial se tornaram debates imprescindíveis na atualidade brasileira.[16] E, nos últimos tempos, tenho me dedicado ao estudo dos papéis das supremas cortes e tribunais constitucionais, que divido em contramajoritário, representativo e iluminista.[17] Este foi o tema do meu debate recente na Faculdade de Direito de Harvard, com o Professor Mark Tushnet,[18] e é o objeto de artigo que será publicado proximamente pelo *American Journal of Constitutional Law*, na versão em inglês, e pela *Revista Direito e Práxis*, na versão em português.[19]

Simultaneamente à minha carreira acadêmica, tive uma atuação relativamente intensa como advogado na área. Era um tempo em que os advogados nem tinham Constituição no escritório. Os civilistas usavam o Código Civil e o Código de Processo Civil. Os criminalistas, o Código Penal e o Código de Processo Penal. Os advogados trabalhistas utilizavam a CLT. O direito societário começava a se desenvolver, após a promulgação da Lei das Sociedades por Ações. Pois bem: em um dos meus primeiros casos, comecei a trabalhar com a Constituição. Postulei a anulação de um ato administrativo do diretor do Observatório Nacional, que criara obstáculo à pesquisa de seu principal astrônomo, com entraves burocráticos. Invoquei o art. 179, parágrafo único da Constituição de 1967-69, que previa que "O Poder Público incentivará a pesquisa e o ensino científico e tecnológico". Sustentei, então, que normas conhecidas como "programáticas", como esta, não permitiam que se exigisse um comportamento positivo.

---

[12] V. BARROSO, Luís Roberto. *Interpretação e aplicação da Constituição*. 1. ed. São Paulo: Saraiva, 1996.

[13] BARROSO, Luís Roberto. Fundamentos teóricos e filosóficos do novo direito constitucional brasileiro. *Revista de Direito Administrativo*, v. 225, 2001. Nesse processo, teve papel importante Ricardo Lobo Torres, meu colega no Programa de Pós-Graduação em Direito Público da UERJ, autor de obras importantes como *Teoria dos direitos fundamentais* (organizador), de 1999, e *O direito ao mínimo existencial*, de 2009.

[14] BARROSO, Luís Roberto. Neoconstitucionalismo e constitucionalização do direito: o triunfo tardio do direito constitucional no Brasil. *Revista de Direito Administrativo*, v. 240, 2005.

[15] BARROSO, Luís Roberto. Da falta de efetividade à judicialização excessiva: direito à saúde, fornecimento gratuito de medicamentos e parâmetros para a atuação judicial. *Interesse Público*, v. 46, 2007. Disponível em: <https://www.conjur.com.br/dl/estudobarroso.pdf>.

[16] BARROSO, Luís Roberto. Constituição, democracia e supremacia judicial: direito e política no Brasil contemporâneo. *Revista da Faculdade de Direito – UERJ*, v. 21, 2012.

[17] BARROSO, Luís Roberto. Contramajoritário, representativo e iluminista: os papeis dos tribunais constitucionais nas democracias. *Revista Direito e Práxis*, Rio de Janeiro, 2017. Disponível em: <http://www.e-publicacoes.uerj.br/index.php/revistaceaju/article/view/3 0806>.

[18] BARROSO, Luís Roberto. Em Harvard com Mark Tushnet. *Luís Roberto Barroso – Jurisdição Constitucional e Debates Públicos*, 2017. Disponível em: <https://luisrobertobarroso.com.br/2017/11/25/em-harvard-com-mark-tushnet/>.

[19] BARROSO, Luís Roberto. Counter majoritarian, representative and enlightened: the roles of constitutional courts in democracies. *SSRN*, 11 jan. 2018. Disponível em: <https://ssrn.com/abstract=3096203>; e também BARROSO, Luís Roberto. Contramajoritário, representativo e iluminista: os papeis dos tribunais constitucionais nas democracias. *Revista Direito e Práxis*, Rio de Janeiro, 2017. Disponível em: <http://www.e-publicacoes.uerj.br/index.php/revistaceaju/article/view/3 0806>.

Porém, serviam como fundamento para se exigir uma abstenção, isto é, que o Poder Público não embaraçasse a pesquisa. Deu certo e foi feito um acordo. Começava ali um novo ramo de atividade jurídica, que era a do advogado constitucionalista.

Com o tempo, a vida me propiciou testar muitas das ideias que havia desenvolvido academicamente em ações perante os tribunais, inclusive o Supremo Tribunal Federal. Entre os casos de mais visibilidade estiveram, por exemplo, (i) o direito de as mulheres interromperem a gestação no caso de gravidez de um feto anencefálico e, consequentemente, inviável; (ii) a proibição do nepotismo no Poder Judiciário (depois estendida aos três poderes); (iii) a equiparação das uniões homoafetivas às uniões estáveis convencionais; e (iv) a defesa das pesquisas com células-tronco embrionárias. Todos eles envolviam a aplicação direta e criativa da Constituição. E, mais à frente, já como ministro do Supremo Tribunal Federal, segui fiel às minhas ideias, em decisões envolvendo ações afirmativas para negros, direitos das mulheres, *gays* e transgêneros, liberdade de expressão, restrição ao foro privilegiado e direito à interrupção da gestação no primeiro trimestre, para citar algumas.

E assim se passaram os anos. Presto esse breve depoimento na primeira pessoa porque a minha vida acadêmica, de advogado e, agora, de juiz constitucional desenvolveu-se em conexão profunda com a Constituição. Uma convivência intensa, que me trouxe realizações intelectuais, proveitos materiais e algumas frustrações. Poucas, felizmente. Mesmo assim, trinta anos representam uma data emblemática e constituem um bom marco para discutir a relação. Uma DR básica. Aqui vai ela.

3 Alguns pontos altos

3.1 Estabilidade institucional

Desde o fim do regime militar e, sobretudo, tendo como marco histórico a Constituição de 1988, o Brasil vive o mais longo período de estabilidade institucional de sua história. E não foram tempos banais. Ao longo desse período, o país conviveu com a persistência da hiperinflação – de 1985 a 1994 –, com sucessivos planos econômicos que não deram certo – Cruzado I e II (1986), Bresser (1987), Collor I (1990) e Collor II (1991) – e com escândalos em série, que incluem o dos "Anões do Orçamento", o "Mensalão", a "Operação Lava-Jato" e duas denúncias criminais contra o presidente em exercício, para citar os de maior visibilidade. A tudo isso se soma o trauma de dois *impeachments* de presidentes da República eleitos pelo voto popular: o de Fernando de Collor, em 1992, com adesão majoritária da sociedade; e o de Dilma Rousseff, em 2016, que produziu um ressentimento político sem precedente na história do Brasil.

Todas essas crises foram enfrentadas dentro do quadro da legalidade constitucional.[20] É impossível exagerar a importância desse fato, que significa a superação de

---

[20] É certo que partidários da Presidente Dilma Rousseff e outros observadores caracterizam como "golpe" a sua destituição, mediante procedimento de *impeachment* em 2016. Do ponto de vista jurídico-constitucional, foi observada a Constituição e o rito estabelecido pelo próprio Supremo Tribunal Federal. Do ponto de vista político, porém, a ausência de comportamento moralmente reprovável por parte da presidente afastada sempre dará margem a uma leitura severamente crítica do episódio. Sua queda se deu, em verdade, por perda de sustentação política, em processo semelhante à moção de desconfiança dos sistemas parlamentaristas, em um país presidencialista.

muitos ciclos de atraso. O Brasil sempre fora o país do golpe de Estado, da quartelada, das mudanças autoritárias das regras do jogo. Desde que Floriano Peixoto deixou de convocar eleições presidenciais, ao suceder a Deodoro da Fonseca, até a Emenda Constitucional nº 1/1969, quando os ministros militares impediram a posse do Vice-Presidente Pedro Aleixo, o golpismo foi uma maldição da República. Pois tudo isso é passado. Na sucessão de crises recentes, o Supremo Tribunal Federal evitou mudanças casuísticas nas regras do *impeachment*, embora, lamentavelmente, em momentos subsequentes, tenha sido casuístico em outros pontos da sua própria jurisprudência. Já as Forças Armadas têm mantido o comportamento exemplar que adotaram desde a redemocratização do país. Em suma: trinta anos de estabilidade institucional, apesar de tudo. Nessa matéria, só quem não soube a sombra não reconhece a luz.

3.2 Estabilidade monetária

Todas as pessoas no Brasil que têm 40 anos ou mais viveram uma parte de sua vida adulta dentro de um contexto econômico de hiperinflação. A memória da inflação é um registro aterrador. Os preços oscilavam diariamente, quem tinha capital mantinha-o aplicado no *overnight* e quem vivia de salário via-o desvalorizar-se a cada hora. Generalizou-se o uso da *correção monetária* – reajuste periódico de preços, créditos e obrigações de acordo com determinado índice –, que realimentava drasticamente o processo inflacionário.[21] Até hoje, um percentual relevante de ações que tramitam perante a Justiça brasileira está relacionado a disputas acerca da correção monetária e de diferentes planos econômicos que interferiram em sua aplicação. Pois bem: com o Plano Real, implantado a partir de 1º.7.1994, quando Fernando Henrique Cardoso era ministro da Fazenda, a inflação foi finalmente domesticada, tendo início uma fase de estabilidade monetária, com desindexação da economia e busca de equilíbrio fiscal.

Este é outro marco histórico cuja importância é impossível de se exagerar. Para que se tenha uma ideia do tamanho do problema, a inflação acumulada no ano de 1994, até o início da circulação da nova moeda, o real, que se deu em 1º de julho, era de 763,12%. Nos 12 meses anteriores, fora de 5.153,50%. A inflação, como se sabe, é particularmente perversa com os pobres, por não terem como se proteger da perda do poder aquisitivo da moeda. Como consequência, ela agravava o abismo de desigualdade do país. Em uma década de democracia e de poder civil, iniciado em 1985, o país consolidou a vitória sobre a ditadura e sobre a inflação. Em desdobramento da estabilidade monetária, entrou na agenda da sociedade a percepção da importância da *responsabilidade fiscal*. Embora não seja uma batalha totalmente ganha, aos poucos foi se consolidando a crença de que se trata de uma premissa das economias saudáveis. Responsabilidade fiscal não tem ideologia, não é de direita ou de esquerda. A não observância da regra básica de não se gastar mais do que se arrecada traz como consequências o aumento de juros ou a volta da inflação, disfunções que penalizam drasticamente as pessoas mais pobres.

---

[21] Um herói anônimo do combate à correção monetária foi o jurista carioca Letácio Jansen, que escreveu diversos trabalhos sobre o tema, entre eles *Crítica da doutrina da correção monetária*, de 1983 e, mais recentemente, *Contra a correção monetária*, de 2017.

3.3 Inclusão social

A pobreza e a desigualdade extrema são marcas indeléveis da formação social brasileira. Apesar de subsistirem indicadores ainda muito insatisfatórios, os avanços obtidos desde a redemocratização são muito significativos. De acordo com o IPEA, de 1985 a 2012, cerca de 24,5 milhões de pessoas saíram da pobreza, e mais 13,5 milhões não estão mais em condições de pobreza extrema. Ainda segundo o IPEA, em 2012 havia cerca de 30 milhões de pessoas pobres no Brasil (15,93% da população), das quais aproximadamente 10 milhões em situação de extrema pobreza (5,29% da população). Infelizmente, a crise econômica dos últimos anos impactou de forma negativa esses números. Entre 2014 e 2015, o desemprego e a queda de renda levaram de volta à pobreza 4,1 milhões de brasileiros, dos quais 1,4 milhão estão em pobreza extrema.[22] A reversão de expectativas é, evidentemente, dramática, mas não elimina o saldo extremamente positivo obtido ao longo de muitos anos. E com a retomada do crescimento econômico no ano de 2018, espera-se a recuperação desses indicadores sociais.

Merece registro, também, o Programa Bolsa Família, implantado a partir do início do Governo Lula, em 2003, que unificou e ampliou diversos programas sociais existentes.[23] Conforme dados divulgados em 2014, retratando uma década de funcionamento, o programa atendia cerca de 13,8 milhões de famílias, o equivalente a 50 milhões de pessoas, quase um quarto da população brasileira. No início de 2018, os números eram essencialmente os mesmos. Apesar de enfrentar críticas e problemas administrativos, o Programa Bolsa Família recebeu apoio de diversos organismos das Nações Unidas.

Nas últimas três décadas, o Índice de Desenvolvimento Humano – IDH do Brasil, medido pelo Programa das Nações Unidas para o Desenvolvimento (PNUD), foi o que mais cresceu entre os países da América Latina e do Caribe. Nessas três décadas, os brasileiros ganharam 11,2 anos de expectativa de vida e viram a renda aumentar em 55,9%. Na educação, a expectativa de estudo para uma criança que entra para o ensino em idade escolar cresceu 53,5% (5,3 anos). Segundo dados do IBGE/PNAD, 98,4% das crianças em idade compatível com o ensino fundamental (6 a 14 anos) estão na escola. Os avanços, portanto, são notáveis. Porém, alguns dados ainda são muito ruins: o analfabetismo atinge ainda 13 milhões de pessoas a partir de 15 anos (8,5% da população) e o analfabetismo funcional (pessoas com menos de 4 anos de estudo) alcança 17,8% da população.

Também aqui, infelizmente, o impacto da crise econômica dos últimos anos trouxe estagnação. De acordo com os dados do Relatório de Desenvolvimento Humano (RDH) do Programa das Nações Unidas para o Desenvolvimento (PNUD), divulgado em 2017, com base em informações de 2015, o IDH brasileiro, pela primeira vez desde 2004, deixou de apresentar crescimento. Na verdade, houve pequenos avanços em termos de expectativa de vida e escolaridade, mas decréscimo na renda per capita. Também no tocante à desigualdade, houve avanços expressivos, mas esta continua a ser um estigma

---

[22] CRISE levou 1,4 milhão de brasileiros para a pobreza extrema, diz Ipea. *Carta Capital*, 16 ago. 2017. Disponível em: <https://www.cartacapital.com.br/sociedade/crise-levou-1-4-milhao-de-brasileiros-para-a-pobreza-extrema-diz-ipea>. Acesso em: 28 mar. 2018.

[23] Trata-se de um programa de transferência condicionada de renda, em que as condicionalidades são: crianças devem estar matriculadas nas escolas e ter frequência de no mínimo 85%; mulheres grávidas devem estar em dia com os exames pré-natal; crianças devem estar com as carteiras de vacinação igualmente atualizadas.

para o país, como atesta o coeficiente Gini, que mede a desigualdade de renda. Somos o décimo país mais desigual do mundo.[24] O Brasil ostenta uma incômoda 79ª posição em matéria de justa distribuição de riqueza. Em suma: apesar de algum retrocesso recente, o balanço da inclusão social no Brasil nos últimos 30 anos é extremamente positivo e merece ser celebrado.

4 O destaque maior: o avanço dos direitos fundamentais

Uma Constituição tem dois propósitos principais: (i) organizar e limitar o exercício do poder político, assegurando o governo da maioria e estabelecendo as regras do jogo democrático; e (ii) definir os direitos fundamentais do povo, instituindo mecanismos para a sua proteção. Os dois grandes papéis das supremas cortes e dos tribunais constitucionais são, precisamente, assegurar o respeito às regras da democracia e proteger os direitos fundamentais. Este foi um dos domínios em que a Constituição e o Supremo Tribunal Federal se saíram particularmente bem nos últimos 30 anos.

Este tópico destaca os direitos fundamentais, que correspondem aos direitos humanos incorporados aos ordenamentos jurídicos internos. Direitos humanos são uma combinação de conquistas históricas, valores morais e razão pública, fundados na dignidade humana, que visam à proteção da vida, da liberdade, da igualdade e da justiça. E – por que não – também a busca da felicidade? Embora tenham uma dimensão jusnaturalista, eles são normalmente incorporados aos ordenamentos jurídicos domésticos,[25] sendo rebatizados como direitos fundamentais. Significam a positivação pelo Estado dos direitos morais de cada indivíduo. Uma reserva mínima de justiça a ser assegurada a todas as pessoas.[26]

Veja-se, em enunciação esquemática, alguns marcos da jurisprudência do Supremo Tribunal Federal nessa área:

- *Liberdade individual*: (i) proibição da prisão por dívida no caso de depositário infiel, reconhecendo a eficácia e prevalência do Pacto de San Jose da Costa Rica em relação ao direito interno; (ii) declaração da inconstitucionalidade da proibição de progressão de regime, em caso de delitos associados a drogas; e (iii) o Tribunal sinaliza com a descriminalização da posse de drogas (ou ao menos maconha) para consumo pessoal.
- *Moralidade administrativa* (direito à boa governança): (i) proibição do nepotismo; (ii) inconstitucionalidade do modelo de financiamento eleitoral por empresas sem restrições mínimas que preservassem a decência política e evitasse a corrupção; (iii) validação ampla da Lei da Ficha Limpa.
- *Direito à saúde*: determinação de fornecimento gratuito de medicamentos necessários ao tratamento da AIDS em pacientes sem recursos financeiros.

---

[24] CORRÊA, Marcello. Brasil é o 10º país mais desigual do mundo. *O Globo*, 21 mar. 2017. Disponível em: <https://oglobo.globo.com/economia/brasil-o-10-pais-mais-desigual-do-mundo-21094828>. Acesso em: 28 mar. 2018.

[25] "Com a promulgação dos códigos, principalmente do napoleônico, o Jusnaturalismo exauria a sua função no momento mesmo em que celebrava o seu triunfo. Transposto o direito racional para o código, não se via nem admitia outro direito senão este. O recurso a princípios ou normas extrínsecos ao sistema do direito positivo foi considerado ilegítimo" (BOBBIO, Norberto; MATTEUCCI, Nicola; PASQUINO, Gianfranco. *Dicionário de política*. Tradução Luis Guerreiro Pinto Cacais *et al*. Brasília: Universidade de Brasília, 1986. p. 659).

[26] ALEXY, Robert. *La institucionalización de la justicia*. Granada: Comares, 2005. p. 76.

- *Direito à educação*: direito à educação infantil, aí incluídos o atendimento em creche e o acesso à pré-escola. Dever do Poder Público de dar efetividade a esse direito.
- *Direitos políticos*: proibição de livre mudança de partido após a eleição para cargo proporcional, sob pena de perda do mandato, por violação ao princípio democrático.
- *Direitos dos trabalhadores públicos*: regulamentação, por via de mandado de injunção, do direito de greve dos servidores e trabalhadores do serviço público.
- *Direito dos deficientes físicos*: direito de passe livre no sistema de transporte coletivo interestadual a pessoas portadoras de deficiência, comprovadamente carentes.
- *Proteção das minorias*: (i) judeus – a liberdade de expressão não inclui manifestações de racismo, aí incluído o antissemitismo; (ii) negros – (a) validação de ações afirmativas em favor de negros, pardos e índios para ingresso na universidade; (b) no acesso a cargos públicos e (c) proteção aos quilombolas; (iii) comunidade LGBT – equiparação das relações homoafetivas às uniões estáveis convencionais e direito ao casamento civil; (iv) comunidades indígenas – demarcação da reserva indígena Raposa Serra do Sol em área contínua; (v) transgêneros – direito à alteração do nome social, com ou sem cirurgia de redesignação de sexo.
- *Liberdade de pesquisa científica*: declaração da constitucionalidade das pesquisas com células-tronco embrionárias.
- *Liberdade de expressão*: inconstitucionalidade da exigência de autorização prévia da pessoa retratada ou de seus familiares para a divulgação de obras biográficas.
- *Direito das mulheres*: (i) direito à antecipação terapêutica do parto em caso de feto anencefálico; (ii) constitucionalidade da Lei Maria da Penha, que reprime a violência doméstica contra a mulher; (iii) direito à interrupção da gestação até o 3º mês de gestação (decisão da 1ª Turma).
- Ética animal: proibição da submissão de animais a tratamento cruel, como nos casos de (i) briga de galo, (ii) farra do boi e (iii) vaquejada.

Por evidente, nenhum tribunal do mundo acerta todas. Até porque a verdade não tem dono e há diferentes pontos de observação da vida. Pessoalmente, incluiria em qualquer futura antologia de equívocos jurídicos julgados como o que (i) deu permissão para o ensino religioso confessional em escolas públicas (*i.e.*, autorizou a doutrinação religiosa no espaço público), (ii) declarou inconstitucional a cláusula de barreira (dando causa à multiplicação descontrolada de partidos de aluguel) e (iii) manteve o monopólio (privilégio) postal da Empresa de Correios e Telégrafos (na era da internet!). Sem mencionar sustos como a defesa da distribuição compulsória de fosfoetanolamina (a "pílula do câncer"), sem pesquisa clínica ou registro na Anvisa, que teve medida cautelar deferida e quatro votos a favor.

Porém, também aqui, o saldo dos últimos trinta anos é extremamente positivo. Poucos países do mundo têm um número tão expressivo de decisões progressistas e civilizatórias em tema de direitos fundamentais.

5 Os pontos fracos desses 30 anos

5.1 O sistema político

Há exatos dez anos, em meu texto sobre os vinte anos da Constituição, abri um tópico específico para "as coisas que ficaram por fazer". Estampando a evidência, consignei, a propósito da reforma do sistema político:

> Nos vinte anos de sua vigência, o ponto baixo do modelo constitucional brasileiro e dos sucessivos governos democráticos foi a falta de disposição ou de capacidade para reformular o sistema político. No conjunto de desacertos das últimas duas décadas, a política passou a ser um fim em si mesma, um mundo à parte, desconectado da sociedade, visto ora com indiferença, ora com desconfiança. As repetidas crises produzidas pelas disfunções do financiamento eleitoral, pelas relações oblíquas entre Executivo e parlamentares e pelo exercício de cargos públicos para benefício próprio têm trazido, ao longo dos anos, uma onda de ceticismo que abate a cidadania e compromete sua capacidade de indignação e de reação. A verdade, contudo, é que não há Estado democrático sem atividade política intensa e saudável, nem tampouco sem parlamento atuante e investido de credibilidade. É preciso, portanto, reconstruir o conteúdo e a imagem dos partidos e do Congresso, assim como exaltar a dignidade da política. O sistema político brasileiro, por vicissitudes diversas, tem desempenhado um papel oposto ao que lhe cabe: exacerba os defeitos e não deixa florescer as virtudes.

Pouca coisa mudou de lá para cá. Todas as pessoas trazem em si o bem e o mal. O processo civilizatório existe para potencializar o bem e reprimir o mal. O sistema político brasileiro faz exatamente o contrário. O sistema político envolve o sistema de governo (presidencialismo ou parlamentarismo), o sistema eleitoral (proporcional, majoritário ou misto) e o sistema partidário (regras que regem a criação e o funcionamento dos partidos políticos). Temos problemas nos três. A grande dificuldade, nessa matéria, é que as reformas de que o país precisa dependem, para serem feitas democraticamente, como se impõe, da deliberação de pessoas cujos interesses são afetados pelas mudanças necessárias.

Como sistema de governo, eu proponho a atenuação do hiperpresidencialismo brasileiro com um modelo semipresidencialista, inspirado pelo que existe na França e em Portugal. Na minha proposta, o presidente da República seria eleito por voto direto e conservaria competências importantes, mas limitadas – como exemplo, a condução da política internacional, a indicação de embaixadores e de ministros de tribunais superiores, a nomeação dos comandantes militares –, inclusive a de nomear o primeiro ministro, que, todavia, dependeria de aprovação do Congresso. Já ao primeiro ministro caberia a condução do dia a dia da política, sujeito às turbulências próprias da função. Em caso de perda de sustentação política, poderia ser substituído pela vontade majoritária do Congresso, sem que isso importasse quebra da legalidade constitucional. Defendo esta ideia desde a proposta de reforma política que escrevi e publiquei em 2006. E penso que se esta fórmula estivesse em vigor, teríamos evitado o trauma do *impeachment* recente.

Mas não é o sistema de governo que está no centro das discussões atuais, mas sim o sistema eleitoral e o sistema partidário. A eles são dedicados os parágrafos que se seguem. Todos perdem com a persistência de um modelo que produziu um perigoso descolamento entre a classe política e a sociedade civil. A reforma política de que o Brasil precisa deverá ser capaz de atender a três objetivos: (i) baratear o custo das eleições; (ii) aumentar a representatividade democrática dos eleitos; e (iii) facilitar a governabilidade.

No tocante à necessidade de *barateamento*, a demonstração é singela e socorre-se de pura aritmética. Em valores calculados parcimoniosamente, um deputado federal precisa gastar, para ter chance de se eleger, entre 5 e 10 milhões de reais.[27] Ao longo de quatro anos de mandato, o máximo que conseguirá arrecadar, a título de subsídios, em valores líquidos, será 1,1 milhão de reais.[28] Não é difícil intuir que a diferença terá de ser buscada em algum lugar. Aí está uma das grandes fontes de corrupção no país. No tocante à necessidade *de incrementar a representatividade* dos parlamentares, tampouco é difícil ilustrar a disfunção existente. O sistema eleitoral, relativamente à eleição para a Câmara dos Deputados, é o proporcional em lista aberta. Nesse sistema, o eleitor vota em quem ele quer, mas elege quem ele não sabe, porque o voto vai, em última análise, para o partido. Os mais votados do partido obtêm as vagas, de acordo com o número de vezes que o partido preencha o quociente eleitoral. Na prática, menos de 10% dos deputados são eleitos com votação própria; mais de 90% são eleitos pela transferência de votos feita pelo partido. Tem-se, assim, uma fórmula em que o eleitor não sabe exatamente quem elegeu e o candidato não sabe exatamente a quem prestar contas. Não tem como funcionar.

Por fim, no tocante à *governabilidade*, o fato é que o sistema partidário impõe ao Executivo práticas reiteradas de fisiologismo e favorecimentos. As regras em vigor fomentam a multiplicação de partidos e a criação de legendas de aluguel. Disso resulta uma legião de agremiações irrelevantes para a sociedade, mas com atuação no Congresso, que vivem da apropriação privada do Fundo Partidário por seus dirigentes e da venda do tempo de televisão. Vale dizer: trata-se da institucionalização da desonestidade. Repleta de incentivos errados, a política deixa de ser a disputa pela melhor forma de realizar o interesse público e o bem comum, e passa a ser um negócio privado. A denominada "janela partidária", criada pelo Congresso Nacional por emenda à Constituição – permissão, por 30 dias, da troca de partido sem perda do mandato – gerou o que a imprensa e os próprios parlamentares denominaram de "leilão de deputados".[29] A própria expressão já denota a desmoralização do modelo.

A reforma precisa conciliar muitos interesses legítimos e encontrar um caminho do meio, com concessões recíprocas e consensos possíveis. Uma ideia que tem amplo curso é a adoção de um sistema distrital misto, inspirado no alemão, em que metade

---

[27] REIS, Guilherme. Eleger-se deputado federal pode custar até R$5 milhões. *O Tempo*, 21 out. 13. Disponível em: <http://www.otempo.com.br/capa/pol%C3% ADtica/eleger-se-deputado-federal-pode-custar-até-r-5-milhões -1.734350>. Estes números se referem à campanha de 2014. Outro levantamento, também referente à campanha de 2014, refere-se a R$6,4 milhões, em média, por candidato (MAAKAROUN, Bertha. Gasto para eleger um deputado federal alcança R$6,4 milhões. *em.com.br*, 2 ago. 2014. Disponível em: <https://www.em.com.br/app/noticia/politica/2014/08/02/interna_politica,554453/gasto-para-eleger-um-deputado-federal-alcanca-r-6-4-milhoes.shtml>). Com relação à campanha de 2018, R$10 milhões como custo de uma campanha na eleição proporcional é uma estimativa próxima da realidade.

[28] O teto de remuneração no serviço público é representado pelo subsídio de ministro do Supremo Tribunal Federal, que percebe em torno de R$23 mil líquidos. Multiplicando-se este valor pelos 48 meses de mandato, chega-se ao número referido no texto.

[29] ALENCASTRO, Catarina. Janela partidária: fundo público eleitoral financia leilão de deputados. *O Globo*, 15 mar. 2018. Disponível em: <https://oglobo.globo.com/brasil/janela-partidaria-fundo-publico-eleitoral-financia-leilao-de-deputados-22490956>. Acesso em: 1º abr. 2018.

das cadeiras da Câmara seria preenchida por voto distrital e a outra metade pelo voto no partido. O eleitor, assim, teria direito a dois votos: o primeiro para a escolha do representante do seu distrito, onde cada partido lançaria um candidato, sendo os distritos demarcados em função de quantitativos populacionais. O segundo voto seria no partido. O voto seria em lista, mas o eleitor teria a faculdade de mudar a ordem de preferência dos candidatos. O candidato que obtivesse individualmente o quociente eleitoral furaria a lista. Ao final do pleito, faz-se o ajuste necessário para preservar a proporcionalidade entre votação e número de cadeiras.

No tocante ao sistema partidário, a Emenda Constitucional nº 97, de 4.10.2017, instituiu cláusula de desempenho eleitoral para acesso dos partidos ao fundo partidário e ao tempo de rádio e TV[30] e proibiu coligações partidárias em eleições proporcionais a partir de 2020. A possibilidade de coligações e a ausência de cláusula de barreira contribuem para manter vivas legendas vazias de representatividade e conteúdo programático, produzindo uma fragmentação no Legislativo que acaba exigindo o "toma-lá-dá-cá" do fisiologismo.

Quanto ao financiamento eleitoral, o melhor modelo é o misto, que combina financiamento público, via propaganda eleitoral gratuita e fundo partidário, como já temos hoje, e financiamento privado, mas só por pessoas físicas e com limite máximo de contribuição. O modelo anterior que tínhamos, de financiamento por empresas, era contrário à moralidade administrativa e à decência política porque:

a) uma empresa podia tomar dinheiro emprestado no BNDES e utilizar para financiar os candidatos da sua escolha, isto é, usava o dinheiro que era de todos para bancar seus interesses privados;

b) uma empresa podia financiar, por exemplo, os três candidatos que tinham chance de vitória. Naturalmente, se financia candidatos concorrentes, não está exercendo direito político, para quem acha que empresa tem direito político. Quando isso ocorre, ou a empresa foi achacada ou está comprando favores futuros. Qualquer uma das duas opções é péssima;

c) uma empresa podia fazer doação de campanha e depois ser contratada pelo governo que ajudou a eleger. E, aí, o favor privado, que foi a doação de campanha, é pago com dinheiro público, que é o contrato com a Administração.

A reforma política é uma agenda inacabada no Brasil. Tal como no combate à inflação, em outras épocas, temos andado em círculos e feito opções equivocadas, tanto legislativa quanto jurisprudencialmente, aprofundando e realimentando problemas. O país precisa de um Plano Real para a política.

---

[30] A emenda deu nova redação ao art. 17, §3º da Constituição, que passou a ter a seguinte redação: "§3º Somente terão direito a recursos do fundo partidário e acesso gratuito ao rádio e à televisão, na forma da lei, os partidos políticos que alternativamente: I - obtiverem, nas eleições para a Câmara dos Deputados, no mínimo, 3% (três por cento) dos votos válidos, distribuídos em pelo menos um terço das unidades da Federação, com um mínimo de 2% (dois por cento) dos votos válidos em cada uma delas; ou II - tiverem elegido pelo menos quinze Deputados Federais distribuídos em pelo menos um terço das unidades da Federação". Esta regra, todavia, só valerá a partir de 2030, sendo implantada gradualmente. Na legislatura seguinte às eleições de 2018, valerá o seguinte: "Terão acesso aos recursos do fundo partidário e à propaganda gratuita no rádio e na televisão os partidos políticos que: I - na legislatura seguinte às eleições de 2018: a) obtiverem, nas eleições para a Câmara dos Deputados, no mínimo, 1,5% (um e meio por cento) dos votos válidos, distribuídos em pelo menos um terço das unidades da Federação, com um mínimo de 1% (um por cento) dos votos válidos em cada uma delas; ou b) tiverem elegido pelo menos nove Deputados Federais distribuídos em pelo menos um terço das unidades da Federação".

5.2 A corrupção sistêmica

É impossível não identificar as dificuldades em superar a corrupção sistêmica como um dos pontos baixos desses últimos trinta anos. O fenômeno vem em processo acumulativo desde muito longe e se disseminou, nos últimos tempos, em níveis espantosos e endêmicos. Não foram falhas pontuais, individuais. Foi um fenômeno generalizado, sistêmico e plural, que envolveu empresas estatais, empresas privadas, agentes públicos, agentes privados, partidos políticos, membros do Executivo e do Legislativo. Havia esquemas profissionais de arrecadação e distribuição de dinheiros desviados mediante superfaturamento e outros esquemas. Tornou-se o modo natural de se fazerem negócios e de se fazer política no país. A corrupção é fruto de um pacto oligárquico celebrado entre boa parte da classe política, do empresariado e da burocracia estatal para saque do Estado brasileiro.

A fotografia do momento atual é devastadora: a) o presidente da República foi denunciado duas vezes, por corrupção passiva e obstrução de justiça, e é investigado em dois outros inquéritos; b) um ex-presidente da República teve a condenação por corrupção passiva confirmada em segundo grau de jurisdição; c) outro ex-presidente da República foi denunciado criminalmente por corrupção passiva; d) dois ex-chefes da Casa Civil foram condenados criminalmente, um por corrupção ativa e outro por corrupção passiva; e) o ex-ministro da Secretaria de Governo da Presidência da República está preso, tendo sido encontrados em apartamento supostamente seu 51 milhões de reais; f) dois ex-presidentes da Câmara dos Deputados estão presos, um deles já condenado por corrupção passiva, lavagem de dinheiro e evasão de divisas; g) um presidente anterior da Câmara dos Deputados foi condenado por peculato e cumpriu pena; h) mais de um ex-governador de estado se encontra preso sob acusações de corrupção passiva e outros crimes; i) todos os conselheiros (menos um) de um Tribunal de Contas estadual foram presos por corrupção passiva; j) um senador, ex-candidato a presidente da República, foi denunciado por corrupção passiva.

Alguém poderia supor que há uma conspiração geral contra tudo e contra todos! O problema com esta versão são os *fatos*: os áudios, os vídeos, as malas de dinheiro, os apartamentos repletos, assim como as provas que saltam de cada compartimento que se abra. É impossível não sentir vergonha pelo que aconteceu no Brasil. Por outro lado, poucos países no mundo tiveram a coragem de abrir as suas entranhas e enfrentar o mal atávico da corrupção com a determinação que boa parte da sociedade brasileira e uma parte do Poder Judiciário têm demonstrado. Para isso têm contribuído mudanças de atitude das pessoas e das instituições, assim como alterações na legislação e na jurisprudência. Há uma imensa demanda por integridade, idealismo e patriotismo na sociedade brasileira, e esta é a energia que muda paradigmas e empurra a história.

Como seria de se esperar, o enfrentamento à corrupção tem encontrado resistências diversas, ostensivas e dissimuladas. A nova ordem que se está pretendendo criar atingiu pessoas que sempre se imaginaram imunes e impunes. Para combatê-la, uma enorme *operação abafa* foi deflagrada em várias frentes. Entre os representantes da velha ordem, há duas categorias bem visíveis: (i) a dos que não querem ser punidos pelos malfeitos cometidos ao longo de muitos anos; e um lote pior, (ii) que é o dos que não querem ficar honestos nem daqui para frente. Gente que tem aliados em toda parte: nos altos escalões, nos poderes da República, na imprensa e até onde menos seria de se esperar.

Mesmo no Judiciário ainda subsiste, em alguns espaços, a mentalidade de que rico não pode ser preso, não importa se corrupto, estuprador ou estelionatário. Parte da elite brasileira milita no tropicalismo equívoco de que corrupção ruim é a dos outros, mas não a dos que frequentam os mesmos salões que ela. Infelizmente, somos um país em que alguns ainda cultivam corruptos de estimação. Mas há um sentimento republicano e igualitário crescente, capaz de vencer essa triste realidade.

Naturalmente, é preciso tomar cuidado para evitar a criminalização da política. Em uma democracia, política é gênero de primeira necessidade. Seria um equívoco pretender demonizá-la e, mais ainda, criminalizá-la. A vida política nem sempre tem a racionalidade e a linearidade que certa ânsia por avanços sociais e civilizatórios exige. O mundo e o Brasil viveram experiências históricas devastadoras com tentativas de governar sem política, com a ajuda de militares, tecnocratas e da polícia política. Porém, assim como não se deve criminalizar a política, não se deve politizar o crime. Não há delito por opiniões, palavras e votos. Nessas matérias, a imunidade é plena. No entanto, o parlamentar que vende dispositivos em medidas provisórias, cobra participação em desonerações tributárias ou canaliza emendas orçamentárias para instituições fantasmas (e embolsa o dinheiro), comete um crime mesmo. Não há como "glamourizar" a desonestidade.

A corrupção tem custos elevados para o país. De acordo com a Transparência Internacional, em 2016 o Brasil foi o 96º colocado no *ranking* sobre percepção da corrupção no mundo, entre 168 países analisados. Em 2015, havíamos ocupado o 79º lugar. Em 2014, o 69º. Ou seja: pioramos.[31] Estatísticas como essas comprometem a imagem do país, o nível de investimento, a credibilidade das instituições e, em escala sutil e imensurável, a autoestima das pessoas. A corrupção acarreta custos financeiros, sociais e morais.

No tocante aos custos financeiros, apesar das dificuldades de levantamento de dados – subornos e propinas geralmente não vêm a público –, noticiou-se que apenas na Petrobras e em empresas estatais investigadas na Operação Lava-Jato os pagamentos de propina chegaram a 20 bilhões de reais. Levantamento feito pela Federação das Indústrias de São Paulo – FIESP projeta que até 2,3% do PIB são perdidos a cada ano com práticas corruptas, o que chegaria a 100 bilhões de reais por ano. Os custos sociais também são elevadíssimos. Como intuitivo, a corrupção é regressiva, pois só circula nas altas esferas e ali se encontram os seus grandes beneficiários. Porém, e muito mais grave, ela compromete a qualidade dos serviços públicos, em áreas de grande relevância como saúde, educação, segurança pública, estradas, transporte urbano etc. Nos anos de 2015 e 2016, ecoando escândalos de corrupção, o PIB brasileiro caiu 7,2%.[32]

O pior custo, todavia, é provavelmente o custo moral, com a criação de uma cultura de desonestidade e esperteza, que contamina as pessoas ou espalha letargia. O modo de fazer política e de fazer negócios no país passou a funcionar mais ou menos assim: (i) o agente político relevante indica o dirigente do órgão ou da empresa estatal, com metas de desvio de dinheiro; (ii) o dirigente indicado frauda a licitação para contratar empresa que seja parte no esquema; (iii) a empresa contratada superfatura o contrato para gerar

---

[31] É certo que uma percepção da corrupção nem sempre corresponde ao seu aumento efetivo. Na medida em que ela passa a ser exposta e combatida, esta percepção pode aumentar, sem que haja incremento na sua manifestação concreta.

[32] SARAIVA, Alessandra; SALES, Robson. PIB do Brasil cai 7,2%, pior recessão desde 1948. *Valor Econômico*, 7 mar. 2017.

o excedente do dinheiro que vai ser destinado ao agente político que fez a indicação, ao partido e aos correligionários. Note-se bem: este não foi um esquema isolado! Este é o modelo padrão. A ele se somam a cobrança de propinas em empréstimos públicos, a venda de dispositivos em medidas provisórias, leis ou decretos; e os achaques em comissões parlamentares de inquérito, para citar alguns exemplos mais visíveis. Nesse ambiente, faz pouca diferença saber se o dinheiro vai para a campanha, para o bolso ou um pouco para cada um. Porque o problema maior não é para onde o dinheiro vai, e sim de onde ele vem: de uma cultura de desonestidade que foi naturalizada e passou a ser a regra geral.

A cidadania, no Brasil, vive um momento de tristeza e de angústia. Uma fotografia do momento atual pode dar a impressão de que o crime compensa e o mal venceu. Mas seria uma imagem enganosa. O país já mudou e nada será como antes. A imensa demanda por integridade, idealismo e patriotismo que hoje existe na sociedade brasileira é uma realidade inescapável. Uma semente foi plantada. O trem já saiu da estação. Há muitas imagens para ilustrar a refundação do país sobre novas bases, tanto na ética pública quanto na ética privada. É preciso empurrar a história, mas ter a humildade de reconhecer que ela tem o seu próprio tempo. E não desistir antes de cumprida a missão. Li recentemente em um cartaz uma frase cuja autoria é disputada, mas que é uma boa alegoria para traduzir o espírito dessa hora: "Viver não é esperar a tempestade passar. Viver é aprender a dançar na chuva". E seguir em frente.

6 Conclusão

A seguir, algumas reflexões e proposições acerca desse momento em que a Constituição brasileira chega a uma idade mais madura, em um país com o ciclo de desenvolvimento econômico, social e civilizatório ainda incompleto. Ideias que aproveitem a experiência acumulada e que ajudem a retificar as escolhas que nos mantêm como um país de renda média, com o futuro constantemente adiado.

1. Apesar de muitos avanços e conquistas que merecem ser comemorados, ainda não fomos capazes de enfrentar algumas das causas importantes do atraso, da pobreza e da corrupção. Entre elas se inclui (i) um Estado que é grande demais – maior do que a sociedade pode e deseja sustentar –, extremamente ineficiente e apropriado privadamente; e (ii) um sistema político viciado, com incentivos equivocados, que extrai o pior das pessoas. Sem equacionarmos algumas das causas estruturais dos nossos problemas, eles se renovarão e se perpetuarão. A mera repressão criminal, ainda que fosse altamente eficaz – e está longe de ser –, jamais poderá ser vista como o melhor caminho para a transformação. É preciso desarmar os mecanismos que estimulam os comportamentos desviantes.

2. A referência ao tamanho do Estado não tem por alvo programas e redes de proteção social, a despeito dos problemas de gestão. A crítica volta-se contra estruturas onerosas, que transferem renda dos mais pobres para os mais ricos – como o sistema de previdência e o sistema tributário, por exemplo –, assim como o excesso de cargos em comissão, o clientelismo e a distribuição discricionária e seletiva de benesses. A tudo se soma uma cultura cartorial e burocrática,

sem controles mínimos de desempenho e de resultados das políticas públicas adotadas.

3. Algumas ideias desenvolvidas e demonstradas por Daron Acemoglu e James A. Robinson, em um livro notável intitulado *Why nations fail*, ajudam a compreender as razões que levam os países à pobreza e à prosperidade. Segundo os autores, essas razões não se encontram – ao menos na sua parcela mais relevante – na geografia, na cultura ou na ignorância do que seja a coisa certa a se fazer. Encontram-se, sobretudo, na existência ou não de instituições econômicas e políticas verdadeiramente inclusivas, capazes de dar a todos segurança, igualdade de oportunidades e confiança para inovar e investir. A análise e os diagnósticos desses dois autores estão refletidos nessas considerações finais.

4. Países que se tornaram prósperos são aqueles que conseguiram, progressivamente, distribuir adequadamente direitos políticos e oportunidades econômicas, com um Estado transparente e responsivo aos cidadãos. Países que se atrasaram na história foram os conduzidos por elites extrativistas, que controlam um Estado apropriado privadamente, que distribui por poucos os frutos do progresso econômico limitado que produzem. Os mecanismos para tanto incluem monopólios, concessões, empresas estatais e profusão de cargos públicos. A comparação que Acemoglu e Robinson fazem entre a experiência histórica da Inglaterra – com a quebra do absolutismo e a abertura econômica no século XVII – e da Espanha, que seguiu trajetória exatamente inversa, ilustra o argumento de maneira emblemática.

5. Elites extrativistas e autorreferentes organizam a sociedade para o seu próprio benefício, às expensas da massa da população. Ao procederem assim, não criam um país em que as pessoas se sintam efetivamente livres e iguais. Sem terem o nível de respeito e incentivos adequados, os cidadãos desenvolvem uma relação de desconfiança com o Estado e tornam-se menos seguros, menos solidários e menos ousados. Ou seja: não desenvolvem a plenitude do seu talento, ambição e inventividade.

6. Nesse contexto, a sociedade e seus empreendedores não são capazes de promover a destruição criativa da ordem vigente, substituindo-a com criatividade, inovações e avanços sociais. A estagnação se torna inevitável. A consequência de instituições econômicas e políticas extrativistas é a impossibilidade do desenvolvimento verdadeiramente sustentável. Pode haver ciclos de crescimento, mas ele será sempre limitado e seus frutos apropriados por poucos. Triste como possa parecer, a narrativa acima não se distancia de modo significativo da realidade brasileira.

7. A parte boa dessa história é que conjunturas críticas podem liberar a energia capaz de produzir grandes mudanças institucionais. Conjunturas críticas envolvem um conjunto de eventos relevantes que abalam o equilíbrio político e econômico da sociedade. É inegável que o Brasil vive um desses momentos, decorrente da tempestade ética, política e econômica que se abateu sobre o país nos últimos anos. É possível – apenas possível – que estejamos vivendo um momento de refundação, um novo começo.

8. Desenvolveu-se na sociedade, nos últimos tempos, um grau sem precedente de conscientização em relação à corrupção sistêmica, à deficiência nos serviços

públicos, à péssima governança e à má distribuição de riqueza, poder e bem-estar. Não é fora de propósito imaginar que essa possa ser a energia transformadora de instituições extrativistas em instituições inclusivas. Aos trinta anos de democracia, temos uma chance de nos repensarmos e nos reinventarmos como país, com uma revolução pacífica capaz de elevar a ética pública e a ética privada. Não é uma tarefa fácil, mas pode ser um bom projeto para quem não tenha optado por ir embora. Recentemente, ao saudar-me em um evento acadêmico, um jovem dirigente estudantil me disse: "Eu não quero viver em outro país. Eu quero viver em outro Brasil". Pareceu-me uma boa ideia.

Referências

ALENCASTRO, Catarina. Janela partidária: fundo público eleitoral financia leilão de deputados. *O Globo*, 15 mar. 2018. Disponível em: <https://oglobo.globo.com/brasil/janela-partidaria-fundo-publico-eleitoral-financia-leilao-de-deputados-22490956>. Acesso em: 1º abr. 2018.

ALEXY, Robert. *La institucionalización de la justicia*. Granada: Comares, 2005.

ANAIS DO XIII CONGRESSO NACIONAL DE PROCURADORES DO ESTADO. *Teses*. Brasília: [s.n.], 1987.

BARROSO, Luís Roberto. A efetividade das normas constitucionais revisitada. *Revista de Direito Administrativo*, v. 197, p. 30-60, 1994.

BARROSO, Luís Roberto. Constituição, democracia e supremacia judicial: direito e política no Brasil contemporâneo. *Revista da Faculdade de Direito – UERJ*, v. 21, 2012.

BARROSO, Luís Roberto. Contramajoritário, representativo e iluminista: os papeis dos tribunais constitucionais nas democracias. *Revista Direito e Práxis*, Rio de Janeiro, 2017. Disponível em: <http://www.e-publicacoes.uerj.br/index.php/revistaceaju/article/view/3 0806>.

BARROSO, Luís Roberto. Counter majoritarian, representative and enlightened: the roles of constitutional courts in democracies. *SSRN*, 11 jan. 2018. Disponível em: <https://ssrn.com/abstract=3096203>.

BARROSO, Luís Roberto. Da falta de efetividade à judicialização excessiva: direito à saúde, fornecimento gratuito de medicamentos e parâmetros para a atuação judicial. *Interesse Público*, v. 46, 2007. Disponível em: <https://www.conjur.com.br/dl/estudobarroso.pdf>.

BARROSO, Luís Roberto. Dez anos da Constituição de 1988: foi bom para você também? *Revista de Direito Administrativo*, v. 214, 1988. Disponível em: <http://bibliotecadigital.fgv.br/ojs/index.php/rda/article/view/47263>. Acesso em: 24 abr. 2018.

BARROSO, Luís Roberto. Em Harvard com Mark Tushnet. *Luís Roberto Barroso – Jurisdição Constitucional e Debates Públicos*, 2017. Disponível em: <https://luisrobertobarroso.com.br/2017/11/25/em-harvard-com-mark-tushnet/>.

BARROSO, Luís Roberto. Fundamentos teóricos e filosóficos do novo direito constitucional brasileiro. *Revista de Direito Administrativo*, v. 225, 2001.

BARROSO, Luís Roberto. *Interpretação e aplicação da Constituição*. 1. ed. São Paulo: Saraiva, 1996.

BARROSO, Luís Roberto. Neoconstitucionalismo e constitucionalização do direito: o triunfo tardio do direito constitucional no Brasil. *Revista de Direito Administrativo*, v. 240, 2005.

BARROSO, Luís Roberto. *O legado de trinta anos de democracia, a crise atual e os desafios pela frente* (Brasil: o caminho longo e sinuoso). Texto-base de palestra proferida na Universidade de Oxford em 18 de jun. 2016. Disponível em: <http://www.luisrobertobarroso.com.br/wp-content/uploads/2016/06/Trinta-anos-de-democracia-a-crise-autal-e-os-desafios-pela-frente1.pdf>. Acesso em: 24 abr. 2016.

BARROSO, Luís Roberto. Vinte anos da Constituição de 1988: o Estado a que chegamos. *Cadernos da Escola de Direito e Relações Internacionais*, jan./jul. 2008. Disponível em: <http://revistas.unibrasil.com.br/cadernosdireito/index.php/direito/article/view/699>. Acesso em: 24 abr. 2018.

BOBBIO, Norberto; MATTEUCCI, Nicola; PASQUINO, Gianfranco. *Dicionário de política*. Tradução Luis Guerreiro Pinto Cacais *et al*. Brasília: Universidade de Brasília, 1986.

CANDIDO, Antonio. O significado de raízes do Brasil. In: SANTIAGO, Silviano (Coord.). *Intérpretes do Brasil*. Rio de Janeiro: Nova Aguilar, 2002.

CARDOSO, Fernando Henrique. *A arte da política*: a história que vivi. Rio de Janeiro: Civilização Brasileira, 2006.

CORRÊA, Marcello. Brasil é o 10º país mais desigual do mundo. *O Globo*, 21 mar. 2017. Disponível em: <https://oglobo.globo.com/economia/brasil-o-10-pais-mais-desigual-do-mundo-21094828>. Acesso em: 28 mar. 2018.

CRISE levou 1,4 milhão de brasileiros para a pobreza extrema, diz Ipea. *Carta Capital*, 16 ago. 2017. Disponível em: <https://www.cartacapital.com.br/sociedade/crise-levou-1-4-milhao-de-brasileiros-para-a-pobreza-extrema-diz-ipea>. Acesso em: 28 mar. 2018.

FAORO, Raymundo. *Os donos do poder*. São Paulo: Globo, 2001.

FREYRE, Gilberto. *Casa grande e senzala*. 1. ed. [s.l.]: [s.n.], 1933.

HOLANDA, Sérgio Buarque de. *Raízes do Brasil*. 1. ed. [s.l.]: [s.n.], 1936.

LOWEWENSTEIN, Karl. *Teoría de la Constitución*. Tradução de Alfredo Gallego Anabitarte. Barcelona: Ariel, 1965.

MAAKAROUN, Bertha. Gasto para eleger um deputado federal alcança R$6,4 milhões. *em.com.br*, 2 ago. 2014. Disponível em: <https://www.em.com.br/app/noticia/politica/2014/08/02/interna_politica,554453/gasto-para-eleger-um-deputado-federal-alcanca-r-6-4-milhoes.shtml>.

PRADO JÚNIOR, Caio. *Formação do Brasil contemporâneo*. 1. ed. [s.l.]: [s.n.], 1942.

REIS, Guilherme. Eleger-se deputado federal pode custar até R$5 milhões. *O Tempo*, 21 out. 13. Disponível em: <http://www.otempo.com.br/capa/pol%C3% ADtica/eleger-se-deputado-federal-pode-custar-até-r-5-milhões-1.734350>.

SARAIVA, Alessandra; SALES, Robson. PIB do Brasil cai 7,2%, pior recessão desde 1948. *Valor Econômico*, 7 mar. 2017.

TORRES, Ricardo Lobo. *A idéia de liberdade no Estado patrimonial e no Estado fiscal*. Rio de Janeiro: Renovar, 1991.

Informação bibliográfica deste texto, conforme a NBR 6023:2002 da Associação Brasileira de Normas Técnicas (ABNT):

BARROSO, Luís Roberto. Trinta anos da Constituição: a República que ainda não foi. In: BARROSO, Luís Roberto; MELLO, Patrícia Perrone Campos (Coord.). *A República que ainda não foi*: trinta anos da Constituição de 1988 na visão da Escola de Direito Constitucional da UERJ. Belo Horizonte: Fórum, 2018. p. 35-54. ISBN 978-85-450-0582-7.

30 ANOS DA CONSTITUIÇÃO DE 1988: DIREITOS FUNDAMENTAIS, POLÍTICAS PÚBLICAS E NOVAS QUESTÕES

ANA PAULA DE BARCELLOS

1 Introdução

A Constituição de 1988 veiculou o compromisso do novo Estado brasileiro, reorganizado naquele momento, com a promoção dos direitos fundamentais. É certo que isso não implica que haja consenso acerca do que esse compromisso significa em todas as suas possibilidades, e mesmo a definição do sentido e alcance de muitos direitos envolve diferentes visões de mundo, concepções políticas, filosóficas, religiosas e ideológicas. Sem prejuízo dessa diversidade e complexidade próprias do pluralismo, parece correto afirmar que a Constituição de 1988 explicitou uma decisão majoritária no sentido do respeito, da garantia e da promoção dos direitos fundamentais.

Desde então, muitos esforços têm sido empreendidos – oriundos, *e.g.*, da esfera normativa, da doutrina e da jurisprudência – com fundamento nessa decisão constitucional e/ou com o propósito de desenvolvê-la. Cerca de dois anos após a promulgação da Constituição de 1988, foi editada a Lei nº 8.080/90, que organizou a estrutura básica do Sistema Único de Saúde, previsto constitucionalmente. Várias alterações foram introduzidas nessa lei ao longo do tempo para adaptar o sistema a novas necessidades e realidades. No plano infralegal, normas são constantemente expedidas dispondo sobre os serviços prestados pelo SUS, o relacionamento entre os entes federativos e com os parceiros privados, entre muitos outros temas. Atos concretos são praticados igualmente a fim de dar execução a esse conjunto normativo.

Percurso similar é observado, por exemplo, em relação ao direito à educação, igualmente previsto pelo texto constitucional de forma bastante analítica. Em 1996 foi editada a Lei nº 9.394, a chamada Lei de Diretrizes e Bases da Educação Nacional, que também tem sido objeto de reformas e atualizações ao longo do tempo. Outras leis foram editadas sobre o tema da educação, como, *e.g.*, a que criou o Programa Universidade para Todos – Prouni (Lei nº 11.096/05) e o Programa Nacional de Acesso ao Ensino Técnico e Emprego – Pronatec (Lei nº 12.513/11). Do mesmo modo, atos infralegais têm sido expedidos e atos concretos praticados com o propósito de dar execução a tais normas, com maior ou menor sucesso.

Vários outros exemplos poderiam ser dados da produção normativa do Estado brasileiro em relação a direitos fundamentais desde a edição da Constituição de 1988. O Programa Bolsa Família (Lei nº 10.836/04), independentemente das controvérsias políticas que o envolvem, se ocupa, não há dúvida, de direitos fundamentais. O Estatuto da Cidade (Lei nº 10.257/01) é considerado um documento da maior importância, inclusive no plano internacional, para o direito à moradia e demais direitos relacionados com o fenômeno da cidade. A Lei nº 13.146/15 instituiu o Estatuto da Pessoa com Deficiência, atualizando a legislação sobre a matéria no país.

Paralelamente às normas, a doutrina jurídica brasileira dedicou-se nas últimas décadas a desenvolver uma dogmática voltada para a expansão da eficácia jurídica e da efetividade da Constituição como um todo e dos direitos fundamentais de forma específica. O esforço doutrinário é notável e deve ser registrado, mesmo quando seu impacto efetivo na compreensão e aplicação do direito leve algum tempo para se verificar (como exemplo, no caso da interpretação acerca do mandado de injunção). A jurisprudência tem seguido na mesma linha, em todos os ramos do Poder Judiciário e graus de jurisdição, e sequer há necessidade de enumerar exemplos de decisões nesse sentido. O Supremo Tribunal Federal em múltiplas ocasiões tem destacado a centralidade dos direitos fundamentais e da dignidade humana no sistema jurídico-constitucional brasileiro.

Todos esses esforços – normativos, doutrinários e jurisprudenciais – pretendem, em última análise, garantir, proteger e promover os direitos fundamentais. E parece certo que eles são efetivamente necessários para a realização dos direitos nos Estados contemporâneos, embora não sejam suficientes. A edição de normas, a produção doutrinária e mesmo a prolação de decisões judiciais não garantem, por si, a realização de direitos. Passados 30 anos da Constituição, e embora o debate sobre a eficácia das normas de direitos fundamentais tenha sido e continue a ser fundamental, é fácil perceber que ele está longe de ser suficiente.

O fato de existirem múltiplas normas disciplinando o direito à saúde, doutrina tratando de sua fundamentalidade e eficácia, e decisões judiciais impondo obrigações nesse sentido, nada disso significa, a rigor, que as normas estejam sendo efetivamente executadas. E mesmo que a execução esteja em curso, isso não garante, nos termos do art. 196 da Constituição, que os riscos de doença e agravos estejam sendo reduzidos ou que a promoção, proteção e recuperação da saúde estejam se verificando. Mesmo quando se trata de decisões judiciais, nem sempre seu cumprimento se dá de forma tão rápida ou equitativa.

O mesmo pode acontecer com decisões judiciais. Nas últimas décadas multiplicaram-se decisões judiciais, ao redor do mundo e no Brasil, com o objetivo de promover a realização de direitos fundamentais. Os exemplos envolvendo direitos sociais são provavelmente os mais emblemáticos, mas não são únicos: demandas envolvendo direito à água, à alimentação, a prestações de saúde, à habitação, a saneamento básico etc. Mas o que aconteceu efetivamente com essas decisões? Elas foram executadas? Elas incrementaram a realização dos direitos fundamentais no mundo dos fatos? Esse é um tema que tem suscitado amplo debate entre acadêmicos e ativistas ao redor do mundo.[1]

---

[1] V. discutindo a questão os textos reunidos na coletânea de GAURI, Varun; BRINKS, Daniel M. *Courting social justice.* Judicial enforcement of social and economic rights in the developing world. Cambridge: Cambridge University

A conclusão preliminar a que já se chegou, não apenas no Brasil, mas também em outros países, é a de que as decisões judiciais são executadas de forma razoável quando se trate de bens privados postulados em demandas individuais, como, *e.g.*, a entrega de medicamentos. Entretanto, quando se cuida de ações coletivas e/ou de demandas que envolvem bens públicos, como alteração, correção ou implantação de uma política pública, a execução das decisões judiciais pode demorar décadas ou eventualmente nunca acontecer.[2] Aprofunda-se brevemente a questão.

2 O desafio da transformação da realidade

A edição de uma lei criando uma política pública de promoção de determinado direito será um ponto de partida: indispensável, sem dúvida, mas apenas um ponto de partida. Em boa medida o mesmo acontece com decisões judiciais mais complexas, que pretendem interferir em políticas públicas de forma coletiva. A transformação da realidade não se seguirá magicamente à expedição da norma e sequer a execução da própria lei e da política por ela delineada são automáticas.

Haverá, no mínimo, dois grandes processos no percurso que pode levar uma norma a produzir efetivamente a proteção, a promoção ou o respeito de direitos fundamentais no mundo real. Em primeiro lugar, a política pública prevista na norma – isto é: seu conteúdo, as medidas por ela delineadas – precisará de fato ser implementada. Esse primeiro momento dependerá de uma série de providências como, *e.g.*, a criação de estruturas administrativas, a contínua alocação orçamentária, a contratação de pessoal e infraestrutura suficientes para atender a todos os públicos-alvo da política, a compra de produtos e a contratação de serviços, a produção de relatórios, as pesquisas, o monitoramento etc.

Não é incomum, porém, que uma lei seja aprovada, prevendo determinada política, e não seja regulamentada; ou que anos se passem sem que haja previsão orçamentária para a execução da lei; ou que haja previsão orçamentária, mas ela não seja realmente executada. É possível, ainda, que a política seja implementada apenas em determinadas regiões (do país, do Estado, da cidade), ou apenas em benefício de determinados públicos; ou que os recursos (financeiros, humanos, técnicos) não sejam suficientes para sua execução, entre outras possibilidades. Enfim, um sem número de questões podem surgir, e efetivamente surgem, entre a norma e sua execução.

Apenas um exemplo ilustra o ponto. A lei que prevê a obrigatoriedade de que vias e espaços públicos sejam adaptados para garantir a acessibilidade de pessoas com mobilidade reduzida é de 2000 (Lei nº 10.098), mas até hoje não foi integralmente executada. Além disso, é muito provável que na maior parte das cidades os percentuais de sua execução não sejam os mesmos em todos os bairros. Em geral, os bairros considerados mais nobres, onde mora a população de maior renda, terão de forma consistente melhores percentuais de execução da política pública do que as regiões mais

---

Press, 2008. Disponível em: <http://www.cambridge.org/br/academic/subjects/law/human-rights/courting-social-justice-judicial-enforcement-social-and-economic-rights-developing-world#1H9DrVdOe8fODhXT.99>.

[2] Veja-se para ações tratando de saneamento no Brasil, BARCELLOS, Ana Paula de. Sanitation rights, public law litigation and inequality: a case study from Brazil. *Health and Human Rights*, v. 16/2, p. 35-46, 2014.

carentes da cidade: trata-se de uma tendência observada de forma ampla nas políticas públicas de caráter geral.[3]

Em segundo lugar, e uma vez que a norma esteja sendo implementada, será preciso verificar se os resultados que dela se esperavam estão se produzindo realmente, tanto em caráter geral, quanto, desagregando essa informação, tendo em conta as diferentes regiões e os diferentes grupos humanos no país. Esse processo é um pouco mais complexo, em primeiro lugar, porque nem sempre a política pública tinha/tem resultados ou metas claramente definidas. E, em segundo lugar, porque muitas vezes não há monitoramento acerca dos resultados que a política pública está ou não efetivamente produzindo e, portanto, não há informação sobre o assunto. Explica-se melhor com um exemplo.

O Programa Nacional de Acesso ao Ensino Técnico e Emprego – Pronatec (Lei nº 12.513/11), referido acima, tem como objetivo imediato "ampliar a oferta de educação técnica e tecnológica" e para isso prevê vários mecanismos, como a ampliação de vagas nos cursos existentes oferecidos no sistema público, criação de novos cursos e oferta de bolsas e financiamento para os cursos no sistema privado. A lei não é absolutamente explícita nesse sentido, mas parece evidente que o objetivo imediato da lei é ampliar a oferta de educação técnica e tecnológica, e seu objetivo mediato é aumentar a empregabilidade dessas pessoas, por meio da qualificação que essa espécie de curso pode proporcionar. Tem-se aqui, portanto, dois resultados esperados (embora ainda não haja metas concretas que possam ser avaliadas): o real aumento da oferta de vagas em cursos técnicos e tecnológicos e que esses alunos, após o curso, consigam empregos.

Nesse sentido, a primeira pergunta a ser feita à política pública do Pronatec seria a seguinte: quantas vagas em cursos técnicos e tecnológicos no país (e nas diferentes regiões deste) havia antes do início de sua implementação, e quantas há agora? Qual era a meta pretendida em relação ao incremento de vagas, por exemplo, nos primeiros 5 anos da vigência da lei? Essa meta foi atingida? Se não foi, por quais razões? Como superar tais óbices? É fácil perceber que se não havia uma meta fixada de forma clara inicialmente, será difícil acompanhar se a política pública está efetivamente promovendo os direitos que pretendia. Note-se que a informação sobre quanto dinheiro foi investido no programa, embora relevante, nada diz, a rigor, sobre quantas vagas adicionais foram efetivamente oferecidas nos cursos técnicos à população.

Mas há ainda uma segunda pergunta a ser feita. O objetivo pretendido pela política pública não é, apenas, que as pessoas tenham acesso aos cursos, mas que consigam empregar-se. Os cursos, a rigor, são um meio para esse fim último. Nessa linha, será fundamental saber que percentual dos alunos concluintes desses cursos conseguiram efetivamente empregos, para que se possa avaliar se a política pública está ou não produzindo os resultados esperados, onde e em que medida. E, se os resultados esperados não estão se produzindo, o que se pode fazer para rever a política pública.

Uma forma de obter essa informação, por exemplo, envolveria os cursos manterem algum contato com os alunos após a conclusão, acompanharem seu desenvolvimento profissional e reportarem essas informações a alguma espécie de banco de dados.

---

[3] VICTORA, Cesar G., VAUGHAN, J. Patrick., BARROS, Fernando C., SILVA, Anamaria C., e TOMASI, Elaine. 2000. *Explaining trends in inequities*: evidence from Brazilian child health studies, Lancet, v. 356, p. 1093-1098. HUMAN RIGHTS WATCH, 2012. Disponível em: <https://www.hrw.org/sites/default/files/world_report_download/wr2012.pdf>. Acesso em: 02 ago. 2018. Os dois trabalhos ilustram a chamada *inverse equity hypothesis* segundo a qual as populações mais favorecidas tendem a se beneficiar primeiro das políticas públicas gerais, aumentando ainda mais a desigualdade em um primeiro momento.

Com base nessas informações, tanto os gestores poderiam avaliar o desempenho da política – à luz dos resultados concretos produzidos na vida das pessoas, suas destinatárias – e introduzir eventuais correções que se considerasse necessárias, quanto a sociedade poderia igualmente examinar e discutir o tema. Essa dinâmica administrativo-burocrática envolvendo a coleta e armazenamento de dados pode parecer muito distante dos debates mais elevados em torno dos direitos fundamentais, mas sem algo similar parece difícil conseguir que esses direitos sejam de fato promovidos.

O monitoramento dos resultados das políticas públicas é fundamental para a promoção dos direitos de que cuida a Constituição por ao menos três razões principais. Em primeiro lugar, o conhecimento e a previsibilidade humana são falíveis e, mesmo quando implementadas como previsto, por vezes as normas não atingem os objetivos que pretendiam, ou não os atingem em todos os lugares ou relativamente a todos os grupos sociais. Diante desses eventuais fracassos iniciais, é necessário repensar os meios pelos quais se pode tentar promover o fim inicialmente pretendido. Um exemplo pitoresco que ilustra o insucesso de políticas públicas, mesmo quando efetivamente executadas, foi o pagamento por ratos mortos entregues pela própria população, como política de saúde pública para controle de doenças adotada por cidades na Europa medieval. Em muitos lugares, ao invés de eliminar os roedores, a medida acabou por estimular a criação dos transmissores da doença, em face da perspectiva do pagamento.

Isso é: mesmo que a política pública seja efetivamente executada tal como concebida, não existe qualquer garantia de que a intervenção estatal na realidade produzirá os efeitos desejados sempre. Apenas o monitoramento dos resultados permitirá saber o que de fato está acontecendo, considerando, novamente, os vários grupos sociais e as várias regiões, já que a mesma política pode produzir efeitos diversos dependendo dos elementos com os quais venha a interagir na realidade.

Em segundo lugar, o compromisso constitucional com os direitos fundamentais tem uma dimensão de realidade, a saber: que as pessoas efetivamente tenham seus direitos garantidos, protegidos e promovidos no dia a dia. Ora, se as normas e as decisões judiciais sozinhas não têm o condão de transformar magicamente a realidade, a que ponto somos conduzidos? Que o compromisso constitucional com os direitos fundamentais não é um compromisso propriamente com a existência de normas sobre o assunto, de políticas públicas de direitos fundamentais ou mesmo de decisões judiciais que determinem sua execução. Todos esses mecanismos serão meios para atingir um fim: a garantia efetiva, no dia a dia das pessoas, dos direitos fundamentais.

Em terceiro lugar, o monitoramento dos resultados das políticas públicas é uma atividade indispensável para que exista informação acerca dessas políticas, de modo a permitir o debate público sobre elas: informações sobre quais as metas que se pretende alcançar com cada política e informações sobre os resultados efetivamente produzidos pelas políticas públicas ao longo do tempo. Esse é o ponto que será aprofundado no tópico seguinte como uma questão a ser enfrentada pelo direito constitucional nesses 30 anos da Constituição de 1988.

3 30 anos da Constituição: levando a sério o direito à informação acerca das políticas públicas e sua execução

O tema das políticas públicas e sua complexidade tem se tornado cada vez mais central para o direito, 30 anos depois, na medida em que justamente se percebeu que, para boa parte das normas jurídicas, sua simples existência, por si só, pouco ou nenhum impacto produz na realidade. Será indispensável que uma série de outras providências sejam levadas a cabo para que a pretensão normativa se transforme em realidade: essas outras providências podem ser identificadas como "políticas públicas".

Ao longo desses 30 anos, a doutrina e a jurisprudência discutiram amplamente sobre a possibilidade, sobretudo, de o Judiciário intervir diretamente nas políticas públicas: seja determinando a entrega de prestações em caráter individual ou coletivo (por exemplo, medicamentos, procedimentos médicos, vagas em escolas etc.), seja alterando a política propriamente em caráter geral. Essas intervenções se tornaram bastante frequentes e há diferentes visões sobre o impacto que elas têm tido sob a perspectiva da promoção dos direitos de forma mais abrangente: não é o caso de examinar essas questões aqui. Um tema paralelo que se mostra hoje talvez mais relevante diz respeito a um outro tipo de intervenção jurídico-jurisdicional sobre as políticas públicas de direitos fundamentais: intervenções relacionadas com a produção e divulgação de informações que possam facilitar o controle social (e eventualmente jurídico) dessas políticas.

Como é corrente, a Constituição de 1988 consagrou de forma expressa o direito de acesso à informação (art. 5º, XIV e XXXIII), ao lado dos correspondentes deveres de publicidade e de prestação de contas, impostos aos agentes públicos em geral (art. 37, *caput*, §3º, II e §8º, II; art. 49, IX; art. 84, XI e XXIV; art. 74, I e II). Nos termos da Constituição, a publicidade será sempre a regra, e o sigilo dos atos do Poder Público apenas é admitido para preservação da intimidade e quando seja necessário à segurança da sociedade e do Estado. Além disso, a Constituição faz menção expressa a planos de governo, à avaliação do cumprimento das metas previstas e à execução dos programas de governo.

O direito de acesso à informação desdobra-se em duas direções. Em primeiro lugar, cada indivíduo tem o direito de ter acesso a informações acerca de si próprio, mas que estejam sob poder do Estado. Esse primeiro aspecto do tema se vincula a interesses como a privacidade, o poder do indivíduo de controlar suas informações pessoais e, eventualmente, a proteção contra discriminações. Em segundo lugar, o acesso à informação diz respeito ao direito de todos, e de cada um, de ter acesso em caráter permanente a informações sobre os atos públicos de interesse geral: esse é o ponto que interessa de forma direta aqui. O art. 5º, XXXIII, identifica como objeto desse aspecto do direito "informação de interesse coletivo ou geral". O art. 37, §3º, II, de forma mais específica, menciona o direito de ter acesso a registros administrativos e a informações sobre atos de governo.[4]

O direito de acesso à informação de interesse geral desencadeia ao menos dois efeitos. Em primeiro lugar, caso o Poder Público não dê publicidade a informações existentes de interesse público, surge para os indivíduos a pretensão de exigi-las. É possível identificar manifestações individuais, coletivas e difusas desse direito. Com efeito, após uma solicitação administrativa infrutífera, um indivíduo poderá ingressar com uma demanda postulando determinada informação. Também uma associação de moradores pode pretender obter informação, *e.g.*, sobre os níveis de salubridade da água distribuída no bairro e as ações estatais planejadas para garantir sua potabilidade.

---

[4] A Lei nº 12.527/11, chamada Lei de Acesso à Informação, trata deste segundo aspecto do direito à informação de forma específica, e seus arts. 7º e 8º indicam, exemplificativamente, o conteúdo do direito à informação.

Além dessa dimensão coletiva, não é difícil visualizar uma dimensão difusa desse direito. A coletividade tem o direito de exigir informações, por exemplo, sobre gastos públicos em geral, ou sobre a quantidade de mortos em decorrência da dengue, caso eles não sejam fornecidos. Em resumo, existe um direito de exigir que a informação de interesse geral existente seja fornecida.

Mas o que dizer de uma informação que não esteja disponível, seja porque não foi coletada, seja porque não foi processada? Como exemplo, a informação acerca dos resultados de determinada política pública que jamais foram coletados. É neste ponto que se manifesta um segundo efeito do direito de acesso à informação de interesse geral: é preciso que exista a informação de interesse geral, "existir" entendido no sentido de ter sido coletada e estar disponível. É certo que não existe um direito de ter acesso a qualquer informação que se deseje. Informações astronômicas são de interesse geral, mas dificilmente se poderá sustentar que o Estado está obrigado a produzi-las e difundi-las, a não ser que haja uma conexão de alguma delas com alguma espécie de ação estatal. Coletar informação, processá-la e colocá-la à disposição do público é uma atividade complexa, por vezes demorada e custosa. Por isso mesmo, o Estado não estará obrigado a produzir e colocar à disposição informações não relacionadas com sua atividade, ainda que se possa considerar determinada informação desse tipo de interesse geral.

O mesmo não se pode dizer, porém, sobre informações ligadas diretamente à realidade da garantia e da fruição dos direitos na vida das pessoas, bem como com o impacto das políticas públicas em matéria de direitos fundamentais sobre essa realidade. Como já referido, respeitar, proteger e promover os direitos fundamentais é o compromisso fundamental do Estado brasileiro e há, portanto, um direito constitucional à informação sobre se e como os direitos estão sendo garantidos para os diferentes grupos, nas diferentes regiões do país, a dimensão da realidade desagregada. Até porque será impossível avaliar a execução das políticas públicas e dos programas de governo em geral, como exigido pela própria Constituição, se o Poder Público não monitorar ao longo do tempo suas ações e seus resultados, a fim de coletar, processar e divulgar tais informações.

Pouco sentido haveria em se garantir acesso à informação de interesse geral relacionada com a atuação estatal se o Estado pudesse negar a informação sob o argumento de que não a possui, ainda que o argumento fosse verdadeiro. A ausência da informação, no caso, não afasta o direito difuso da coletividade de obtê-la, mas, ao contrário, gera para o Poder Público o dever-meio de tomar providências de modo a ser capaz de produzir e divulgar essa informação.

A questão é tão relevante que a Constituição comete de forma específica à União a coleta e divulgação de informações estatísticas de caráter nacional, particularmente dados geográficos, geológicos e cartográficos, dados que serão necessários para a compreensão da realidade brasileira de forma ampla e indispensável para a concepção de qualquer política pública por qualquer ente federativo.

O direito de acesso à informação acerca da realidade da promoção dos direitos fundamentais é, portanto, um tema profundamente constitucional e, passados 30 anos, parece ter chegado a hora de levá-lo mais a sério. Em primeiro lugar, por seu caráter potencialmente contramajoritário, a exigir o manejo do direito constitucional. Coletar informação, processá-la e colocá-la à disposição do público é uma atividade complexa, por vezes demorada e custosa, e provavelmente com pouco retorno eleitoral, já que ela pode demonstrar, por exemplo, que os resultados anunciados não foram alcançados. Por isso mesmo não seria contrafático assumir como premissa que o Poder Público preferirias, do ponto de vista político, gerar e divulgar apenas a informação que revele seus avanços e sucessos.

E, em segundo lugar, porque em uma democracia, além de um direito fundamental em si, o acesso à informação é indispensável para a promoção dos demais direitos, para além do papel. Se em uma república democrática todos são iguais e responsáveis como cidadãos por deliberar e levar a cabo as escolhas coletivas – escolhas essas que vão afinal promover ou não os direitos de que as normas tratam –, o acesso à informação acerca de um tema tão fundamental quanto o da realidade de respeito ou desrespeito aos direitos fundamentais será indispensável para que essas escolhas possam ser feitas de forma minimamente consciente. Pois bem: duas consequências concretas podem ser extraídas do que se acaba de expor: as políticas públicas (i) devem ter metas concretas e mensuráveis, a informação acerca delas poderá/deverá ser exigida e (ii) devem ter sistemas de monitoramento capazes de apurar e informar os resultados desagregados por elas produzidos.

3.1 A questão da fixação e divulgação de metas concretas e mensuráveis para as políticas públicas

A primeira informação que parece obviamente necessária para qualquer intervenção do Estado, e mais ainda para uma política pública que visa à promoção de direitos fundamentais, é onde se quer chegar. Qual a realidade atual e quais são as metas que se pretendem alcançar em quanto tempo. E, naturalmente, como vamos saber se chegamos lá? A questão não é apenas lógica, mas também jurídico-constitucional.

Como referido acima, a Constituição de 1988 dispõe que o presidente da República deve remeter ao Congresso Nacional plano de governo, do qual deveriam constar as metas que o Executivo visualiza para sua ação administrativa. Cabe-lhe também prestar, anualmente, as contas do exercício anterior (art. 84, XI e XXIV). Mais que isso, a Carta prevê que cada um dos três poderes deve manter sistema de controle interno com a finalidade de avaliar o cumprimento das metas que tenham sido estabelecidas (art. 74, I). Ainda que o texto constitucional nada houvesse falado sobre o ponto, a fixação de metas é uma exigência elementar de qualquer processo administrativo. E o controle do atingimento de metas vem a ser um corolário natural de sua própria fixação, como referido.

Note-se que o controle de que se cogita aqui não é propriamente do conteúdo das metas, mas de sua existência e divulgação pública: elas terão sido definidas pelas instâncias majoritárias. Também não se cuida aqui de punir o administrador pelo simples fato de que as metas por ele fixadas não foram atingidas. Muitos eventos imprevistos e imprevisíveis podem ocorrer ao longo da execução orçamentária, de modo que as metas previstas originariamente podem ter de sofrer adaptações. O controle que se pretende aqui é instrumental e, a rigor, seu objetivo central é obter informação e divulgá-la, de modo a fomentar o debate público e o controle social do tema. Trata-se de um pedido de prestação de contas, cabendo ao Poder Público explicitar a meta que havia estabelecido ou justificar suas opções.

Esse parece um ponto particularmente importante para o controle das políticas públicas como um todo. E isso porque, nada obstante o que prevê a Constituição brasileira acerca do plano de governo, esse documento contém tradicionalmente apenas uma peça retórica de propaganda política, da qual como regra não é possível extrair qualquer meta tangível no que diz respeito às políticas que o Governo pretende implementar, e é razoável dizer que a prática de estados, Distrito Federal e municípios segue a mesma linha. O mesmo se diga acerca dos planos plurianuais e até mesmo das leis orçamentárias.[5] Como regra, tais documentos descrevem fins e metas de forma tão genérica e dissociada de parâmetros concretos que será simplesmente inviável, depois, controlar, sob qualquer perspectiva, seu eventual cumprimento ou descumprimento.

E não se trata apenas do desrespeito às normas constitucionais que tratam do plano de governo ou do controle interno. Uma vez que o debate político se alimenta apenas de generalidades, chavões e frases de efeito, o controle social – tanto no momento das eleições, quanto durante os mandatos – tem grande dificuldade de se desenvolver. Em um Estado democrático, o natural seria que os candidatos apresentassem propostas concretas de metas para aquilo que identificam ser os problemas do país e os meios factíveis de realizá-las, oferecendo ao eleitor dados que pudessem ser avaliados racionalmente, e não apenas *slogans* e *jingles* emocionais.

Seria também natural – em um Estado republicano no qual a publicidade e a responsabilidade política são disposições constitucionais – que cada governo eleito divulgasse suas metas concretas por setor e, periodicamente, prestasse contas do que foi feito, do que não pôde ser feito e das razões para tanto, sobretudo em um sistema, como o brasileiro, que admite a reeleição dos chefes do Executivo. Caberia, é claro, à oposição formular as críticas pertinentes e à população avaliar concretamente e formular seus próprios juízos. É fácil perceber que, na ausência de elementos minimamente objetivos, a matéria-prima do debate público acaba por ser formada preponderantemente por acusações pessoais, promessas infactíveis, manipulações de dados e propaganda com foco nas emoções.

3.2 Exigibilidade de sistemas de monitoramento dos resultados desagregados das políticas públicas

Em segundo lugar, as políticas públicas em geral devem prever um sistema de monitoramento que ao longo do tempo gere informações acerca dos resultados por ela produzidos de forma desagregada, e esse dever deve poder ser exigido judicialmente se necessário. Não caberá ao Judiciário, por evidente, elaborar o sistema de monitoramento, mas exigir sua existência e a publicidade de seus resultados (dentro de um prazo razoável, caso o sistema não exista). O ponto já foi enunciado acima e cabe agora explicá-lo melhor.

---

[5] Esse foi um dos problemas apontados pelo relatório da auditoria realizada pela Secretaria de Macroavaliação Governamental (Semag) do TCU acerca do Plano Plurianual 2004/2007 (Processo nº 015271/2003-4), por exemplo: "49. Há que se registrar, nesse contexto, a generalidade e imprecisão da grande parte dos desafios de governo, que podem ser ligados aos objetivos de diversos programas, levando-se em consideração que não se encontram associados a referências objetivas que possam ser mensuradas, e sim a enunciados genéricos, do tipo: 'valorizar', 'implementar', 'promover', 'melhorar', 'garantir', etc. Em outros casos, fala-se em 'reduzir' ou 'aumentar', mas não se apresentam as situações-objetivo no horizonte de tempo".

Uma vez que o Legislativo promulga uma lei, cabe-lhe acompanhar sua execução pelo Executivo e monitorar os resultados das políticas públicas delineadas, de modo a avaliar a necessidade de eventuais ajustes e correções.[6] O mesmo se verifica quando outros órgãos ou entidades editam normas no âmbito de suas competências. A edição da norma não resolve magicamente o problema identificado. É preciso verificar ao longo do tempo se o resultado pretendido com a edição da norma efetivamente está se realizando. É claro que para isso é indispensável que se saiba qual era esse resultado pretendido, daí a necessidade de metas concretas e monitoráveis de que se tratou acima.

Não será suficiente, porém, saber quais metas a política pública pretende alcançar se não houver algum tipo de sistema que acompanhe o que efetivamente está acontecendo para avaliar, ao longo do tempo, que resultados estão se produzindo de modo a compará-los com as metas inicialmente previstas. Novamente, não se trata aqui de punir os encarregados pela condução da política pública caso o monitoramento revele resultados incoerentes ou insuficientes, em confronto com as metas originais. Trata-se de saber como a realidade, com toda a sua complexidade, está respondendo à intervenção da política pública, de modo a que se possa avaliar, bem como corrigir ou alterar essa intervenção, no esforço de tentar produzir o resultado desejado.

Assim, por exemplo, se a despeito da contínua prestação do serviço de educação pública, as crianças e adolescentes de determinada região não conseguem ler e interpretar um texto nem escrever uma redação de forma clara e concatenada, parece certo que a política pública não está produzindo os resultados desejados. *Não saber* o que está acontecendo com essas crianças e adolescentes não altera a realidade de que a política pública não funcionou para elas e seu direito à educação, apesar dos serviços prestados, não foi promovido de fato. *Saber*, por outro lado, permite repensar e rever a política pública, a fim de que ela produza melhores resultados. Para *saber*, porém, é preciso que existam sistemas de monitoramento que produzam esse tipo de informação. Uma última observação sobre a questão dos "resultados desagregados".

Há um antigo dito jocoso acerca das estatísticas que pretende afirmar que elas mais escondem que revelam, já que duas pessoas, uma comendo um frango por dia e outra não comendo nada, terão, ao fim de um mês, comido meio frango na média cada uma, mas uma delas provavelmente terá morrido e a outra estará a caminho da obesidade. De fato, sobretudo quando a realidade é muito desigual, dados médios podem esconder muito mais do que informar o que realmente se passa no mundo dos fatos. Daí a necessidade de que os sistemas de monitoramento produzam dados desagregados em função, por exemplo, da renda, da escolaridade, da região, do gênero, da raça, entre outros critérios que se considerem relevantes.

Apenas para que se tenha uma ideia, de acordo com dados do IBGE, em 2000, estimavam-se 29 mortes por 1000 nascidos, e em 2013 a estimativa é de 15 mortes. Esse número, porém, não reflete as desigualdades regionais que continuam a existir. Os números das regiões Nordeste (19,4), Norte (19,2) e Centro-Oeste (15,6) são maiores que os da média nacional, enquanto, Sudeste (11,6) e Sul (10,4) apresentavam valores inferiores. Os valores extremos na estimativa da taxa de mortalidade infantil foram

---

[6] Como referido, o Regimento Interno da Câmara dos Deputados prevê estruturas específicas para auxiliar a Casa nesse monitoramento (arts. 275 e 276), e o Regimento Interno do Senado Federal é expresso em determinar que as comissões devem fazer esse acompanhamento e avaliação das políticas públicas.

observados no Maranhão (24,7 mortes por 1000 nascidos vivos) e em Santa Catarina (10,1). A esperança de vida ao nascer também aumentou para 74 anos em 2013, mas também aqui há considerável diversidade regional.

Em 2004, 53,7% das crianças com até 14 anos de idade residiam em domicílios em que o esgotamento sanitário era inadequado, ou seja, não havia rede geral ou fossa séptica ligada à rede coletora. Em 2013, esse indicador passou a 44,5%, o que revela simultaneamente uma melhora e uma necessidade alarmante. Nas regiões Norte e Nordeste o percentual de domicílios urbanos com acesso simultâneo a serviços de saneamento foi de 21,2% e 51,1%, respectivamente. No Sudeste, este mesmo indicador alcançou 91,1% dos domicílios urbanos, enquanto as regiões Sul e Centro-Oeste (respectivamente) registraram 67,0% e 51,8% no indicador. No outro extremo, 97,6% dos domicílios urbanos no Amapá e 95,2% no Piauí não tinham saneamento adequado em 2013. Proporções menores, mas ainda significativas, ocorreram em Rondônia (86,1%), Pará (85,0%) e Maranhão (80,6%).

Quanto ao direito à educação (dados de 2013), o acesso à escola estava próximo da universalização (93,1%) para as crianças de 4 a 5 anos do quinto mais rico (os 20% com maiores rendimentos), ao passo que apenas 75,2% das crianças nessa faixa do quinto mais pobre (os 20% com menores rendimentos) são escolarizadas. Paralelamente às desigualdades sociais, há também desigualdades regionais e entre áreas urbanas e rurais. No mesmo ano de 2013, o Norte possuía a menor proporção de crianças de 4 e 5 anos na escola (67,9%), contra 87,0% no Nordeste e 85,0% no Sudeste. Além disso, 27,2% das crianças dessa faixa etária que viviam na área rural não frequentavam a escola.

Os dados registram um aumento da frequência escolar, mas os níveis de atraso escolar continuam altos. Mais de 25% dos jovens de 15 a 17 anos estavam no ensino fundamental em 2013, e as regiões Norte e Nordeste apresentaram as maiores taxas de distorção idade/série (55,2% e 52,2%, respectivamente). A proporção desses estudantes com atraso no ensino fundamental era mais elevada entre aqueles da rede de ensino pública, homens, residentes em área rural e de cor preta ou parda. Além disso, os 20% mais pobres possuíam taxa de distorção idade/série 3,3 vezes maior do que aquela observada entre os estudantes pertencentes aos 20% mais ricos (5º quinto), fazendo com que o atraso escolar afetasse mais da metade desses estudantes (54,0%). O abandono escolar também é alto no Brasil e vem crescendo. Em 2013, 31,0% dos jovens de 18 a 24 anos de idade não haviam concluído o ensino médio e não estavam estudando. Pior, o abandono escolar precoce atingia cerca de metade dos jovens de 18 a 24 anos de idade pertencentes ao quinto mais pobre (50,9%) enquanto no quinto mais rico essa proporção era de apenas 9,8%.

A realização dos direitos fundamentais, mesmo quando se observa ao longo do tempo, varia muitíssimo em um país desigual como o Brasil. Parece correto afirmar, porém, que o compromisso da Constituição é com a efetiva realização dos direitos de todos e de cada um, e não apenas com uma média global que pode esconder, como na história do meio frango per capita, obesos e esfomeados. A desigualdade não pode ser ignorada quando se trata da promoção de direitos. É preciso saber não apenas *quantos* têm efetivamente determinado direito garantido no país, mas quem são de fato esses "quantos", onde vivem etc., já que o que se observa é que a promoção dos direitos não se distribui de maneira uniforme pela população. Daí a importância da dimensão da realidade desagregada.

Ou seja: do ponto de vista do direito constitucional, a realidade desagregada é indispensável porque ela revela os grupos que estão sendo deixados para trás no esforço de garantia dos direitos. Há mais que isso, todavia. A própria Constituição previu de forma explícita que a redução das desigualdades é um dos objetivos fundamentais da República (art. 3º, III). Trata-se, portanto, de uma prioridade constitucional no contexto dos múltiplos esforços de realização dos direitos previstos pela própria Constituição. Mas se essas desigualdades sequer são explicitadas, como serão conhecidas? E se não são conhecidas, como serão discutidas? E se não forem discutidas, como se conseguirá reduzi-las? A necessidade de dados segregados acerca dos resultados que as políticas públicas estão de fato produzindo é essencial para que se possa visualizar a real dimensão das desigualdades e priorizar esforços para atender aos mais necessitados.

4 Conclusão

Passados 30 anos da Constituição de 1988, é possível afirmar que o discurso acerca da normatividade do texto constitucional e das normas de direitos fundamentais em particular tornou-se amplamente dominante, não apenas na doutrina como na jurisprudência. Também as últimas décadas assistiram à ampla produção normativa acerca da promoção dos mais diferentes direitos. A percepção, porém, é a de que, embora todos esses elementos sejam da maior importância, estão longe de ser suficientes para promover, no mundo real, os direitos das pessoas. É preciso aprofundar a reflexão sobre a estruturação das políticas públicas – mecanismos que vão afinal conduzir o percurso das normas até sua efetiva realização –, sobre o monitoramento de seus resultados e sobre a geração e divulgação de informações acerca de todo esse processo.

Nesse sentido, cogitou-se aqui de intervenções judiciais para garantir a existência de informações acerca das metas previstas para as políticas públicas, bem como para exigir que sistemas de monitoramento dos resultados desagregados das políticas públicas existam e que esses resultados sejam publicamente divulgados. Ocorre que essas intervenções, não há dúvida, envolvem igualmente políticas públicas em caráter geral: a elaboração e implantação de um sistema de monitoramento no âmbito de uma política pública é, em si, também uma política pública que pode ser bastante complexa. Inicialmente se registrou justamente a dificuldade de execução de decisões judiciais que pretendem interferir em políticas públicas de forma ampla. A pergunta que se coloca é evidente: intervenções como as sugeridas acima não teriam o mesmo destino? A resposta é provavelmente afirmativa.

Na realidade, e como referido, também as decisões judiciais são apenas um ponto de partida, não de chegada, quando se trata de políticas públicas, no que se inclui a estruturação de sistemas de monitoramento tal como descritos acima. Inevitavelmente as políticas públicas serão levadas a cabo por decisões do Legislativo e do Executivo e os mecanismos de sanção de que o direito dispõe dificilmente são capazes de compelir as instâncias majoritárias a agirem em determinado sentido caso elas não tenham interesse político de fazê-lo. Mas então qual o sentido da intervenção judicial? Nem tanto ao mar, nem tanto à terra, como diriam os antigos.

A despeito de suas prováveis limitações, as decisões judiciais podem ter um importante papel de desencadear o debate público e pautar a agenda política, colocando em discussão temas que, sem as decisões judiciais, talvez não atrairiam a atenção da mídia, dos grupos sociais e do público em geral. Ainda que a decisão judicial não seja capaz de, sozinha, produzir o resultado pretendido, ela pode ajudar a desencadear o processo e, em conjunto com outros elementos, gerar estímulos para a construção dos meios necessários à proteção e promoção dos direitos. Possivelmente isso é menos do que nós, os operadores do direito, desejaríamos: não somos os heróis solitários que resolvem sozinhos os problemas e, provavelmente, não somos os protagonistas, e sim coadjuvantes. Mas situar adequadamente nosso trabalho e suas potencialidades no contexto mais amplo, no qual ele se insere, decorre da percepção de que a promoção dos direitos fundamentais é complexa e exige mais do que apenas normas ou decisões judiciais, e de que a sociedade é mais do que o direito e o direito é mais do que o Judiciário. Continuamos a ter um papel importante a desempenhar e devemos fazê-lo da melhor forma possível.

Referências

BARCELLOS, Ana Paula de. Sanitation rights, public law litigation and inequality: a case study from Brazil. *Health and Human Rights*, v. 16/2, p. 35-46, 2014.

BRASIL. *Lei nº 12.527, de 18 de novembro de 2011*. Regula o acesso a informações previsto no inciso XXXIII do art. 5º, no inciso II do §3. do art. 37 e no §2. do art. 216 da Constituição Federal; altera a Lei no 8.112, de 11 de dezembro de 1990; revoga a Lei no 11.111, de 5 de maio de 2005, e dispositivos da Lei no 8.159, de 8 de janeiro de 1991; e dá outras providências. Disponível em: <http://www.planalto.gov.br/ccivil_03/_ato2011-2014/2011/lei/l12527.htm>.

GAURI, Varun; BRINKS, Daniel M. *Courting social justice*. Judicial enforcement of social and economic rights in the developing world. Cambridge: Cambridge University Press, 2008. Disponível em: <http://www.cambridge.org/br/academic/subjects/law/human-rights/courting-social-justice-judicial-enforcement-social-and-economic-rights-developing-world#1H9DrVdOe8fODhXT.99>.

HUMAN RIGHTS WATCH, 2012. Disponível em: <https://www.hrw.org/sites/default/files/world_report_download/wr2012.pdf>. Acesso em: 02 ago. 2018.

VICTORA, Cesar G., VAUGHAN, J. Patrick., BARROS, Fernando C., SILVA, Anamaria C., e TOMASI, Elaine. 2000. *Explaining trends in inequities*: evidence from Brazilian child health studies, Lancet, v. 356, p. 1093-1098.

Informação bibliográfica deste texto, conforme a NBR 6023:2002 da Associação Brasileira de Normas Técnicas (ABNT):

BARCELLOS, Ana Paula de. 30 anos da Constituição de 1988: direitos fundamentais, políticas públicas e novas questões. In: BARROSO, Luís Roberto; MELLO, Patrícia Perrone Campos (Coord.). *A República que ainda não foi*: trinta anos da Constituição de 1988 na visão da Escola de Direito Constitucional da UERJ. Belo Horizonte: Fórum, 2018. p. 55-67. ISBN 978-85-450-0582-7.

A ADMINISTRAÇÃO PÚBLICA NA CONSTITUIÇÃO DE 1988 – 30 ANOS DEPOIS: DISPUTAS, DERROTAS E CONQUISTAS

PATRÍCIA BAPTISTA

JOÃO PEDRO ACCIOLY

1 Três ciclos na vida da Constituição de 1988[1]

Nos primeiros dez anos de vigência da Constituição de 1988, todos os esforços se voltaram para torná-la efetiva. O que se queria, então, era afastar o risco de repetição da tragédia das Constituições brasileiras anteriores. Cada uma, a seu modo e a seu tempo, havia fracassado na missão de conformar o exercício real do poder e a vida das instituições às suas prescrições, contribuindo para a instabilidade institucional que marcou o Império e a República até aquele momento.[2]

No empenho para consolidar, entre nós, a força normativa da Constituição de 1988 –[3] que veio basicamente da academia, do Judiciário e das demais corporações jurídicas –, um dos mais importantes movimentos foi a atração de toda a normatividade infraconstitucional para a esfera de influência da ordem constitucional. De tal forma que o ordenamento jurídico existente no país, a partir daquele momento, precisava ser relido e reinterpretado para se ajustar aos mandamentos da nova Carta. Aquilo que não pudesse se adequar haveria de se descartar; em bom *juridiquês*, revogar.[4]

---

[1] Os autores são gratos, particularmente, ao auxílio de pesquisa prestado pelo acadêmico Carlos Anselmo Pereira da Costa Alves e ao de leitura dos originais e revisão, por Leonardo Silveira Antoun Netto.

[2] A respeito da trajetória constitucional brasileira, o leitor pode consultar: TÁCITO, Caio. *Constituições republicanas*. Brasília: Senado Federal, 1999; BARROSO, Luís Roberto. *O direito constitucional e a efetividade de suas normas*. 9. ed. Rio de Janeiro: Renovar, 2009. p. 7-45; SARMENTO, Daniel; PEREIRA NETO, Cláudio de Souza. *Direito constitucional*: teoria, história e métodos de trabalho. Belo Horizonte: Fórum, 2013. p. 95-154; VILLA, Marco Antônio. *A história das Constituições brasileiras*. São Paulo: Leya, 2012.

[3] Teoria que também era um carro-chefe algo recente da teoria do direito constitucional na Europa, notadamente na Alemanha, com farta literatura em que os estudiosos do direito constitucional brasileiro foram se apoiar.

[4] A categoria "revogação" é empregada aqui por ter sido acolhida reiteradas vezes pelo Supremo (*v.g.*, ADI nº 2 e ADI nº 7) e pela literatura. A rigor, a incompatibilidade de normas pré-constitucionais com a nova Carta seria

Essa, creia-nos o leitor, não foi missão fácil; demandou tempo, e, claro, encontrou resistências. Mas havia, àquela época, muita gente nova, ansiando por mudanças (na academia, nas instituições e nos Tribunais) e com disposição para brigar pelo projeto constitucional a tão duras penas conquistado.

A *filtragem* constitucional[5] alcançou praticamente todos os ramos do direito, público e privado, relevando-se, no entanto, mais forte em relação aos primeiros, já naturalmente próximos à matéria constitucional. Resultou daí um amplo e intenso processo de *constitucionalização* do direito no país, que, até hoje, é uma das marcas mais relevantes da ordem constitucional de 1988, sobretudo quando comparada às que lhe antecederam (em que esse movimento não se operou).

Para garantir o sucesso do projeto, pode-se assim dizer, a primeira década de vigência da Constituição de 1988 foi uma época de louvação das suas virtudes e de sua capacidade de transformação das instituições, da vida pública e, até, da privada. O direito constitucional, corporificado na Carta de 1988, continha os elementos necessários para ser a força motriz da mudança do país. Foi o período da Constituição cidadã; do ufanismo constitucional.

Nos dez anos seguintes, a consolidação dessas ideias resultou – em um processo circular que se autoalimentou – na grande expansão, numérica e qualitativa, da jurisdição constitucional.[6] Rápida consulta às estatísticas do Supremo Tribunal Federal mostra que, entre 1990-1998 (9 anos), foram propostas aproximadamente 1.080 ações diretas de inconstitucionalidade (ADIs).[7] Nos nove anos seguintes, entre 1999-2007, esse número praticamente dobrou: foram 2.037 ADIs, sem computar as ações declaratórias de constitucionalidade, as ações de inconstitucionalidade por omissão, as arguições de descumprimento de preceito fundamental, todas instrumentos de jurisdição constitucional surgidos ou concretizados já nessa segunda década e que sofisticaram as possibilidades de controle à disposição do Supremo Tribunal.[8]

O número mais eloquente da centralidade que a ordem constitucional adquiriu na vida jurídica do país, porém, vem dos recursos extraordinários (RE): instrumentos vocacionados à defesa da ordem constitucional nos processos comuns, veículos de exercício de controle de constitucionalidade difuso. De 1990-1998, foram distribuídos ao STF 12.642 recursos extraordinários. Entre 1998-2007, observa-se, porém, o espantoso número de 326.225 recursos. Um crescimento de cerca de 25 vezes em relação ao período

---

hipótese de inconstitucionalidade superveniente. Como o critério hierárquico prevalece sobre o cronológico, tecnicamente, as normas não seriam revogadas, mas invalidadas à luz da novel ordem constitucional.

[5] A expressão dá título a conhecido trabalho de Paulo Ricardo Schier: *Filtragem constitucional*: construindo uma nova dogmática jurídica. Porto Alegre: Sérgio Fabris, 1999.

[6] A edição das leis nºs 9.868/99 e 9.882/99, que dispuseram sobre o julgamento das ações diretas perante o Supremo, pode ser apontada como um marco nesse processo de aperfeiçoamento e incremento dos instrumentos de jurisdição constitucional.

[7] Os dados estatísticos disponíveis em rede partem de 1990.

[8] Entre 2008 e 2017, foram ajuizadas 1810 ADIs no STF, verificando-se assim um ligeiro declínio no número de ações quando comparado com a década anterior, o que pode ser consentâneo seja com uma leitura mais amadurecida do legislador federal e estadual em relação à Constituição, seja com certo desencanto dos legitimados diante da lentidão do exercício da jurisdição constitucional pela Suprema Corte (preferindo-se, dessa forma, o debate em outras instâncias) (STF. *Estatísticas do STF*. Disponível em: <http://www.stf.jus.br/portal/cms/verTexto.asp?servico=estatistica&pagina=adi>. Acesso em: 29 mar. 2018).

anterior. Apenas em 2006, foram distribuídos 60.020 REs (sem contar os agravos de despacho denegatório de RE, cujo quantitativo mostra-se ainda mais avassalador).[9] [10]

Os números são a face externa da presença e da força que o argumento constitucional ganhou no discurso jurídico do país no curso dos anos 2000. Ao ponto de se reconhecer, na feliz expressão de Daniel Sarmento, uma verdadeira *ubiquidade* constitucional.[11] Não apenas as grandes questões e os relevantes conflitos políticos e sociais estavam sendo enfrentados normativamente a partir da Constituição, mas também as pequenas controvérsias, cotidianas e até triviais, passaram a desafiar o debate constitucional. Era a Constituição se introjetando por todo o canto da vida nacional.[12]

Essa história, porém, tem um reverso. Não tardou para que esse expansivismo do discurso constitucional acabasse por trazer à tona seus defeitos e limites. É assim, com o desenvolvimento de uma perspectiva mais crítica em relação ao constitucionalismo praticado no país, que se ingressou na terceira década de vigência da Constituição. Saiu a Constituição "cidadã", entrou a Constituição "chapa-branca".[13]

Nesse novo contexto – contando já, então, a Carta de 1988 com quase duas décadas de vigência –, surgiram apontamentos sobre o risco do subjetivismo na interpretação e aplicação de um texto constitucional dilatado, que se notabiliza pela grande abertura de muitas de suas normas, especialmente as de natureza principiológica.[14] Risco que é amplificado pelo sistema difuso de controle de constitucionalidade, que transforma cada um dos mais de 18.000 juízes do país em um juiz constitucional em potencial.

---

[9] De 2008-2017, o número de recursos extraordinários distribuídos cai drasticamente para 126.778, em virtude da introdução de um pressuposto para a sua admissibilidade pela Emenda Constitucional nº 45/2004, a existência de repercussão geral na matéria que se pretende submeter, via recurso extraordinário, à apreciação da Suprema Corte. O preenchimento do requisito passou a ser exigido pelo STF a partir de maio de 2007, após a sua regulamentação pela Lei Federal nº 11.418/2006, requisito da repercussão geral (STF. *Estatísticas do STF*. Disponível em: <http://www.stf.jus.br/portal/cms/verTexto.asp?servico=estatistica&pagina=adi>. Acesso em: 29 mar. 2018).

[10] Parece cabível sugerir que o crescimento vertiginoso do número de recursos extraordinários ao longo dos anos 1990-2000 possa ter se dado muito mais pela explosão do contencioso em torno do funcionalismo e da previdência pública do que propriamente pela difusão do discurso constitucional aos litígios ordinários entre particulares (v., a propósito, o item 3, *infra*). Dessa forma, teria havido uma apropriação do discurso normativo da Constituição pelos estamentos corporativos. A comprovação empírica desse argumento – ao menos no que refere aos recursos extraordinários – dependeria da existência de uma indexação temática específica. Todavia, a base de dados do STF disponível para consulta pública em relação ao período não permite essa busca, de modo que a sugestão, embora plausível, carece de base de comprovação.

[11] SARMENTO, Daniel. Ubiqüidade constitucional: os dois lados da moeda. In: SARMENTO, Daniel; SOUZA NETO, Cláudio Pereira de (Org.). *A constitucionalização do direito*: fundamentos teóricos e aplicações específicas. 1. ed. Rio de Janeiro: Lumen Juris, 2007. p. 83-118.

[12] Examinando os reflexos dessa expansão no âmbito do direito administrativo, em texto escrito por ocasião do aniversário de 20 anos da Constituição, cf. BAPTISTA, Patrícia. Retrospectiva 2008: a crise econômica mundial e o papel da regulação estatal, os vinte anos da constitucionalização do direito administrativo no Brasil, a emergência do direito administrativo global e outras questões. *Revista de Direito do Estado*, v. 13, p. 31-45, 2009. p. 36-37.

[13] Essa é a expressão cunhada por Carlos Ari Sundfeld para sustentar que o conteúdo da Carta de 1988, mais do que garantir direitos dos cidadãos, voltou-se para assegurar a manutenção das posições de poder das corporações públicas e privadas que influenciaram na sua edição. Segundo Sundfeld, "isso fez da Constituição uma Lei Maior de organização administrativa, [...] de diretrizes orçamentárias [...] e de vantagens de servidores públicos [...]" (SUNDFELD, Carlos Ari. O fenômeno constitucional e suas três forças. *Revista de Direito do Estado*, v. 3, n. 11, p. 209-216, jul./set. 2008). Em sentido analogamente crítico, o apelido de Constituição panprincipiológica, de Lenio Streck, para referir-se à utilização exacerbada, atécnica e retórica dos princípios constitucionais. Sobre o assunto, consulte-se: STRECK, Lenio Luiz. *Verdade e consenso*: Constituição, hermenêutica e teorias discursivas da possibilidade à necessidade de respostas corretas em direito. Rio de Janeiro: Lumen Juris, 2009.

[14] SILVA, Virgílio Afonso da. Ponderação e objetividade na interpretação constitucional. In: MACEDO JR., Ronaldo Porto; BARBIERI, Catarina Helena (Org.). *Direito e interpretação*: racionalidade e instituições. São Paulo: Saraiva, 2011.

Na mesma toada, a conjunção de uma Constituição *para lá* de analítica com um discurso constitucional hipertrofiado acabou por sobrejuridicizar a vida, deixando pouco espaço para atuação dos mecanismos ordinários da democracia. Ao tempo em que se desenvolve uma inflamada retórica garantista, desconectada da realidade e das possibilidades de efetivação pelo Estado e pela sociedade, acaba-se por gerar uma permanente sensação de frustração constitucional.[15] A euforia, natural dos primeiros anos, portanto, vem cedendo um lugar cada vez maior à crítica.[16]

Sob tal ótica contemporânea – *mais de crítica que de aplauso* –, é que, avizinhando-se o aniversário de trinta anos da Constituição de 1988, o presente texto se propõe a passar em revista o seu Capítulo VII do Título III. Trata-se de capítulo inédito na história constitucional brasileira, dedicado à institucionalização da Administração Pública. Até ali tudo o que havia eram poucas e esparsas normas sobre o tema, cuidando sobretudo de funcionários públicos.[17] Todavia, embora configure marco relevante no desenvolvimento do direito administrativo brasileiro – profundamente afetado pela constitucionalização –, a história do art. 37 e dos que a ele se seguem é não apenas acidentada, como evidencia as fragilidades do discurso constitucional exclusivamente normativista.

Adverte-se o leitor que este estudo não pretende enfrentar o conteúdo do capítulo da Administração Pública sob o ângulo da dogmática: não quer delimitar o alcance, nem o sentido de suas disposições. O enfoque aqui será outro, um tanto histórico, sociológico e de ciência política, na tentativa de uma leitura interdisciplinar, bem ao gosto do que hoje se faz na Academia.

O que se busca, antes de tudo, é a compreensão de porque o Capítulo VII do Título III da Constituição, a par de ter impulsionado algumas conquistas relevantes para a vida da Administração Pública brasileira, contempla normas que, há trinta anos, teimam em não sair do papel (*v.g.* o inc. XI do art. 37, que fixa o limite remuneratório dos servidores públicos, já em sua terceira redação e, até aqui, sem perspectiva de se ver realmente observado).

Para esse diagnóstico – dos sucessos e fracassos de normas constitucionais –, o discurso normativista, predominante no direito brasileiro, pouco tem a contribuir. Daí porque vale uma breve retomada histórica do texto constitucional, passando-se, na sequência, ao exame e tentativa de diagnóstico de alguns dos problemas do capítulo sob a ótica mencionada acima.

2 A história do estatuto constitucional da Administração Pública

2.1 A Administração Pública brasileira antes da Constituição de 1988

Entre as disciplinas jurídicas, o direito administrativo talvez seja aquela que apresente as mais fluidas fronteiras entre norma, doutrina e prática institucional. Esse

---

[15] VILHENA, Oscar Vieira. Supremocracia. *Revista Direito GV*, São Paulo, v. 4, n. 2, p. 441-464, jul./dez. 2008. Disponível em: <http://www.scielo.br/pdf/rdgv/v4n2/a05v4n2.pdf>. Acesso em: 30 mar. 2018; VERISSIMO, Marcos Paulo. A Constituição de 1988, vinte anos depois: Suprema corte e ativismo judicial "à brasileira". *Revista Direito GV*, São Paulo, v. 4, n. 2, p. 407-440, jul./dez. 2008.

[16] Cf., nesse sentido, LYNCH, Christian; MENDONÇA, José Vicente. Por uma história constitucional brasileira: uma crítica pontual à doutrina da efetividade. *Revista Direito e Práxis*, v. 8, p. 957-1007, 2017.

[17] A Constituição de 1967, por exemplo, só continha uma seção sobre "funcionários públicos" (arts. 95 a 106). Cf. BAPTISTA, Patrícia. *Transformações do direito administrativo*. 1. ed. Rio de Janeiro: Renovar, 2003. p. 70-73.

fenômeno pode ser explicado não só pelo papel de destaque exercido pela literatura,[18] como também pela ocupação de altos postos na burocracia estatal, desde o Império, por administrativistas, do que resulta a sua influência tanto na produção normativa quanto nas práticas da Administração Pública.[19] Assim, doutrina, normas e práticas, partilhando formuladores comuns, andaram, com frequência, em notável consonância.

No período anterior à Constituição de 1988, o direito administrativo brasileiro tinha no autoritarismo o seu principal traço característico. Com poucas exceções e críticas, a matéria era dominada por uma visão organicista – que sobrepujava o Estado em detrimento do cidadão – e uma tradição (retoricamente) legalista, que concebia a lei como primeira e última fonte relevante da disciplina.[20]

No plano normativo, como já se disse, com exceção de algumas pouquíssimas disposições relacionadas aos servidores públicos,[21] as Constituições anteriores não se ocuparam da Administração. Na ordem jurídica infralegal, institutos como a "verdade sabida"[22] e a prisão civil do funcionário público[23] eram o espelho da fragilidade do Estado democrático de direito no país.

A prática administrativa, a seu turno, tinha acentos explicitamente antirrepublicanos: concursos públicos eram excepcionais; informações respeitantes à coisa pública eram largamente inacessíveis; a Administração não contava com instrumentos de consulta popular nem buscava meios menos intrusivos e verticais de atuação.

No que toca a seus teóricos no plano jurídico, a maior parte dos publicistas influentes manteve ligações com Governos autoritários. No Império, a figura mais notável foi a de Visconde do Uruguai – o autor de *Ensaio sobre o direito administrativo*

---

[18] Em direito administrativo, a doutrina não só se limita a exercer acentuado papel normogenético, chegando a reclamar a função de paradigma da produção legislativa formal: "Em vez de se interpretar o direito posto e, a partir dele, revelar-se o significado dos institutos, toma-se como fonte conceitual a própria doutrina, pondo-a como paradigma a ser observado pelo legislador (mesmo que seja o constituinte originário)" (CÂMARA, Jacintho Arruda. Autorizações administrativas vinculadas: o exemplo do setor de telecomunicações. In: ARAGÃO, Alexandre Santos de; MARQUES NETO, Floriano de Azevedo (Coord.). *Direito administrativo e seus novos paradigmas*. Belo Horizonte: Fórum, 2008. p. 622). Sobre o assunto, ver também: MENDONÇA, José Vicente Santos de. Direito administrativo e inovação: limites e possibilidades. *A&C – Revista de Direito Administrativo & Constitucional*, v. 17, p. 169-189, 2017.

[19] Para uma análise aprofundada desse fenômeno, veja-se: ENGELMANN, F.; BENTO, J. S.; PENNA, L. R. Doutrinadores, políticos e "direito administrativo" no Brasil. *Política & Sociedade*, v. 16, n. 37, p. 286-314, 2017. Disponível em: <https://periodicos.ufsc.br/index.php/politica/article/view/2175-7984.2017v16n37p286/35978>. Acesso em: 7 mar. 2018.

[20] Diante de sua origem jurisprudencial e do forte papel criativo exercido pela doutrina, o discurso do legalismo sempre foi falho ou insincero.

[21] Todas as Constituições brasileiras continham artigos dedicados aos funcionários públicos: Constituição de 1824, art. 179, XIV e XXIX; Constituição de 1891, arts. 73 a 75; Constituição de 1937, arts. 156 a 159 (seção inumerada); Constituição de 1946 (Título VIII), arts. 184 a 194; Constituição de 1967 (Capítulo VII, Seção VII), arts. 95 a 106.

[22] Os estatutos de funcionários públicos costumavam prever a possibilidade de sanções disciplinares a servidores públicos serem aplicadas sem a instauração de processo administrativo. As penas administrativas eram impostas unilateralmente pelo superior hierárquico ou autoridade competente, com base em "fatos" notórios ou do conhecimento pessoal de tais agentes (exemplo: Lei nº 10.261/1968, do estado de São Paulo, art. 271: "No caso dos artigos 253 e 254, poder-se-á aplicar a pena pela verdade sabida, salvo se, pelas circunstâncias da falta, for conveniente instaurar-se sindicância ou processo. Parágrafo único - Entende-se por verdade sabida o conhecimento pessoal e direto de falta por parte da autoridade competente para aplicar a pena").

[23] Esse instituto era admitido pela legislação federal vigente até a edição do novo Estatuto, em 1990. Confira-se o que dispunha a Lei nº 1.711/52: "Art. 214. Cabe ao Ministro de Estado, ao Diretor Geral da Fazenda Nacional e, nos Estados, aos diretores de repartições federais ordenar, fundamentalmente e por escrito, a prisão administrativa ao responsável por dinheiro e valores pertencentes à Fazenda Nacional ou que se acharem sob a guarda desta, no caso de alcance ou omissão em efetuar as entradas nos devidos prazos".

foi o principal formulador político do Partido Conservador e uma das figuras mais destacadas do Segundo Império. Entre outros cargos, foi presidente do Rio de Janeiro, senador, ministro das Relações Exteriores, ministro da Justiça e membro do Conselho de Estado. Na República Velha, destacaram-se o Ministro Viveiros de Castro, membro da associação nacionalista *Liga da Defesa Nacional*, e Alcides Cruz, jurista gaúcho que havia integrado a *Guarda Nacional*.

Do período Vargas ao início da Ditadura Militar, os expoentes do direito público brasileiro foram Themistocles Brandão Cavalcanti e Francisco Campos. Themistocles ocupou diversos cargos proeminentes, como o de Consultor-Geral da República (1945-1946) e o de Procurador-Geral da República (1946-1947), antes de ser nomeado Ministro do Supremo, pelo Presidente Costa e Silva (1967). Francisco Campos, jurista mineiro, foi ministro da Justiça de Vargas, autor intelectual da Constituição de 1937 e dos Códigos Penal e de Processo Penal,[24] inspirados na legislação italiana vigente à época de Benito Mussolini. Francisco Campos ajudou ainda a elaborar os textos dos dois primeiros atos institucionais baixados durante o regime militar (AI-1 e AI-2), além de ter influído na redação da Constituição de 1967.

O principal nome do direito administrativo brasileiro a partir da segunda metade dos anos 1960 até a sua morte (em 1990) foi Hely Lopes Meirelles, cujo manual representa um marco relevante na sistematização da matéria, até hoje referido. Após ter se aposentado da magistratura (onde ingressara em 1947), Hely foi, em São Paulo, Secretário de Estado da Justiça (1969-1971), de Segurança Pública (1968-1969) e do Interior (1967-1968) e ajudou a elaborar leis importantes do período (como o Decreto-Lei nº 2.300/1986, que dispunha sobre licitações e contratos administrativos antes da Lei nº 8.666/1993).[25]

Em linhas gerais, assim se mostrava o direito administrativo brasileiro antes da promulgação da Constituição de 1988: em boa parte formalista, afiançador de construções autoritárias, preocupado em afirmar poderes em favor de uma Administração autocentrada – dirigida a promover interesses nomeadamente coletivos, que eram, a seu turno, concebidos como necessariamente antagônicos aos direitos individuais.

---

[24] Na exposição de motivos do Código de Processo Penal, Francisco Campos sentencia: "Urge que seja abolida a injustificável primazia do interesse do indivíduo sobre o da tutela social. Não se pode continuar a contemporizar com pseudodireitos individuais em prejuízo do bem comum. O indivíduo, principalmente quando vem de se mostrar rebelde à disciplina jurídico-penal da vida em sociedade, não pode invocar, em face do Estado, outras franquias ou imunidades além daquelas que o assegurem contra o exercício do poder público fora da medida reclamada pelo interesse social" (BRASIL. Ministério da Justiça e Negócios Interiores. *Exposição de Motivos do Código de Processo Penal*. 1941. Disponível em: <http://honoriscausa.weebly.com/uploads/1/7/4/2/17427811/exmcpp_processo_penal.pdf>).

[25] Em conferência proferida na Escola Superior de Guerra, no dia 1º.7.1975, Hely sentenciava, bem em consonância com o discurso predominante na época: "o poder de polícia é o mecanismo de frenagem de que dispõe a Administração Pública, para conter os abusos do direito individual. Por esse mecanismo, que faz parte de toda Administração, o Estado detém a atividade dos particulares que se revelar contrária, nociva ou inconveniente ao bem-estar social, ao desenvolvimento e a segurança nacionais. [...] Toda atividade comprometedora ou atentatória contra a segurança nacional pode e deve ser contida pelo poder de polícia administrativa, embasado no poder nacional, que na doutrina desta escola 'é a expressão integrada dos meios de toda ordem, de que dispõe efetivamente a Nação, para alcançar e manter, interna e externamente, os objetivos nacionais' (Manual Básico, 1975, pág. 68)" (MEIRELLES, Hely Lopes. O poder de polícia, o desenvolvimento e a segurança nacional. *Revista de Direito Administrativo*, v. 125, p. 1-14, dez. 1976. Disponível em: <http://bibliotecadigital.fgv.br/ojs/index.php/rda/article/view/41826/40519>. Acesso em: 7 fev. 2018). Outro nome do período foi o de Marcelo Caetano, jurista português e sucessor político de Salazar, que se exilou no Brasil, após ter sido destituído de todos os cargos que ocupava pela Revolução dos Cravos, em 1974.

2.2 O ingresso da Administração Pública na Constituição: reconstituição de uma história acidentada e pouco conhecida

O Anteprojeto Afonso Arinos[26] não continha um capítulo dedicado à Administração Pública. Seguindo a tradição constitucional brasileira, apresentava apenas extensa seção, mais para o fim do texto, acerca dos servidores públicos, o que incluía ingresso e aposentadoria (arts. 252 a 266).

Abandonado aquele anteprojeto, o aparecimento do capítulo no texto elaborado pela Assembleia Constituinte parece ter sido de autoria intelectual de publicistas paulistas, notadamente dos ligados à Pontifícia Universidade Católica (PUC-SP), sob influência das Constituições de Portugal[27] e da Espanha.[28] Durante a constituinte, Celso Antônio Bandeira de Mello, Adilson Dallari, Geraldo Ataliba e Eros Grau foram convocados por Orestes Quércia para assessorar a bancada paulista. José Afonso da Silva era assessor de Mário Covas, que foi o líder do PMDB na Assembleia.[29]

Como bem nota Carlos Ari Sundfeld, discorrendo a respeito do capítulo inaugurado pelo art. 37, é "perceptível no texto da Constituição de 1988 a influência da terminologia dos publicistas, das ideias que vinham defendendo historicamente e dos debates em que se envolveram nas décadas anteriores".[30]

Formalmente, o capítulo originou-se de emendas apresentadas pelo então constituinte Fernando Henrique Cardoso. A primeira proposta (Emenda nº 300973-3), que foi rejeitada pela Subcomissão do Poder Executivo, continha a seguinte redação:

> Art. - A motivação suficiente é requisito de validade de quaisquer atos da administração direta ou indireta.
> Art. - A razoabilidade é requisito de legitimidade dos atos praticados no exercício de discrição administrativa.
> Art. - O administrado tem direito a publicidade e transparência dos atos da administração que estão sujeitos aos deveres de neutralidade, imparcialidade, lealdade e boa-fé.
> Art. - A outorga de concessões, autorizações, permissões, licenças ou privilégios econômicos de qualquer natureza a entidade privada, por parte do Poder Público, será sempre instruída por processo público, com a audiência de todas as partes direta ou indiretamente interessada.

---

[26] BRASIL. Despachos do Presidente da República. *Diário Oficial*, Brasília, n. 185, 26 set. 1986. Disponível em: <http://www.senado.leg.br/publicacoes/anais/constituinte/AfonsoArinos.pdf>. Acesso em: 2 fev. 2018.

[27] A Constituição portuguesa de 1974 dedica o seu Título IX, que compreende os arts. 226 a 272, ao regramento constitucional da Administração Pública.

[28] A Constituição espanhola de 1978 dedica o seu Título IV, que compreende os arts. 97 a 107, ao regramento constitucional "del Gobierno y de la Administración".

[29] Cf. ENGELMANN, F.; BENTO, J. S.; PENNA, L. R. Doutrinadores, políticos e "direito administrativo" no Brasil. *Política & Sociedade*, v. 16, n. 37, p. 286-314, 2017. p. 302. Disponível em: <https://periodicos.ufsc.br/index.php/politica/article/view/2175-7984.2017v16n37p286/35978>. Acesso em: 7 mar. 2018.

[30] SUNDFELD, Carlos Ari. *Direito administrativo para céticos*. 2. ed. São Paulo: Malheiros, 2014. p. 104. Na página seguinte, prossegue o autor: "Outro exemplo [da influência dos publicistas que atuaram como assessores na Constituinte] é o regime geral da Administração Pública, que seria desenhado no art. 37 da CF. O *caput* desse artigo previu os princípios da Administração Pública, entre os quais os de legalidade, publicidade e moralidade. Dispositivo semelhante, que nada tem do pragmatismo próprio das normas jurídicas, não existia nas Constituições anteriores e não é frequente na experiência internacional. Possivelmente o primeiro publicista brasileiro a assentar toda sua concepção de direito administrativo em torno da enunciação dos princípios havia sido um dos líderes das Perdizes, Celso Antônio Bandeira de Mello. Seus cursos na PUC/SP giravam basicamente em torno desses princípios, que em sua visão conduziam à solução de qualquer caso concreto. Na Constituição de 1988 a compreensão da Administração Pública a partir dos princípios se torna uma tendência normativa, certamente como reflexo da atuação dos publicistas na Constituinte".

Perante a Comissão de Organização dos Poderes e Sistema de Governo, Fernando Henrique apresentou proposta de emenda ao anteprojeto do relator – já agregando novas reflexões sobre a matéria. A Emenda nº 3S0679-7,[31] que acabou sendo acolhida pelo relator da comissão,[32] continha a seguinte redação:

> Inclua-se o Capítulo: "Da administração pública", com os seguintes artigos:
> Art. - A Administração Pública será organizada com obediência aos princípios da legalidade e da moralidade e atuará em estrito respeito aos direitos dos cidadãos.
> Art. - A motivação suficiente, ê requisito de validade de quaisquer atos da administração direta ou indireta.
> Art. - A razoabilidade é requisito de legitimidade dos atos praticados no exercício de discrição administrativa.
> Art. - O administrado tem direito à publicidade e à transparência dos atos da administração que estão sujeitos aos deveres de neutralidade, imparcialidade, lealdade e boa-fé.
> Art. - Nenhum ato da Administração imporá limitações, restrições ou constrangimentos mais intensos ou mais extensos que os indispensáveis para atender a finalidade legal a que deva servir.
> Art. - A outorga de concessões, autorizações, permissões, licenças ou privilégios econômicos de qualquer natureza à entidade privada, por parte do Poder Público, será sempre instruída por processo público, com a audiência de todas as partes direta ou indiretamente interessadas.

Durante a fase de sistematização, houve quatro versões diferentes para o capítulo: o Anteprojeto da Comissão de Sistematização;[33] o Projeto de Constituição da Comissão de Sistematização;[34] o Primeiro Substitutivo do Relator[35] e o Segundo Substitutivo do Relator.[36]

Nas fases preliminar, de subcomissões temáticas, de comissões temáticas e de sistematização, existem poucos registros quanto às discussões das emendas. Muitas propostas foram objeto de discussões informais, algumas vezes ocorridas na casa do Deputado Bernardo Cabral,[37] e diretamente incorporadas pelos relatores respectivos.

---

[31] BRASIL. Assembleia Nacional Constituinte. *Emendas oferecidas ao Substitutivo / III* – Comissão da Organização dos Poderes e Sistema de Governo. Brasília: Centro Gráfico do Senado Federal, 1987. v. 102. p. 179-180. Disponível em: <http://www.camara.gov.br/internet/constituicao20anos/DocumentosAvulsos/vol-102.pdf>.

[32] O parecer do relator foi o seguinte: "Aprovada, pela significância do objetivo" (BRASIL. Assembleia Nacional Constituinte. *III – Comissão da Organização dos Poderes e Sistema de Governo* – Parecer às Emendas Apresentadas ao Substitutivo. Brasília: Centro Gráfico do Senado Federal, 1987. v. 103. p. 26. Disponível em: <http://www.camara.gov.br/internet/constituicao20anos/DocumentosAvulsos/vol-103.pdf>).

[33] BRASIL. Assembleia Nacional Constituinte. *Anteprojeto de Constituição*. Brasília: Centro Gráfico do Senado Federal, 1987. v. 219. Disponível em: <http://www.camara.gov.br/internet/constituicao20anos/DocumentosAvulsos/vol-219.pdf>.

[34] BRASIL. Assembleia Nacional Constituinte. *Projeto de Constituição*. Brasília: Centro Gráfico do Senado Federal, 1987. v. 226. Disponível em: <http://www.camara.gov.br/internet/constituicao20anos/DocumentosAvulsos/vol-226.pdf>.

[35] BRASIL. Assembleia Nacional Constituinte. *Projeto de Constituição*. Brasília: Centro Gráfico do Senado Federal, 1987. v. 235. Disponível em: <http://www.camara.gov.br/internet/constituicao20anos/DocumentosAvulsos/vol-235.pdf>.

[36] BRASIL. Assembleia Nacional Constituinte. *Projeto de Constituição*. Brasília: Centro Gráfico do Senado Federal, 1987. v. 242. Disponível em: <http://www.camara.gov.br/internet/constituicao20anos/DocumentosAvulsos/vol-242.pdf>.

[37] CARVALHO, Luiz Maklouf. *1988*: segredos da Constituinte. Os vinte meses que agitaram e mudaram o Brasil. Rio de Janeiro: Record, 2017. p. 313-314.

Mudanças significativas foram implementadas na fase de Plenário, em que foram discutidos três projetos: Projeto A;[38] Projeto B[39] e Projeto C.[40] O texto promulgado equivale ao Projeto D,[41] no qual se incorporou apenas emendas redacionais.

Emendas apresentadas pelo "Centrão",[42] durante a fase de Plenário, excluíram do capítulo alguns dos seus dispositivos mais vanguardistas. Forneceremos dois exemplos ao leitor. Com a Emenda nº 2P02039-9,[43] que redesenhou boa parte do título sobre organização do Estado, subtraiu-se trecho relevante do embrião do nosso art. 37:

> Art. 44. A administração pública, direta ou indireta, de qualquer dos Poderes obedecerá aos princípios de legalidade, impessoalidade, moralidade publicidade, exigindo-se, como condição de validade dos atos administrativos, a motivação suficiente e, como requisito de sua legitimidade, a razoabilidade.
> §1º Nenhum ato da administração pública imporá limitação, restrição ou constrangimento, salvo se indispensável para atender a finalidade da lei.[44]

A Emenda nº 2P00225-1, apresentada pelo Constituinte Vinícius Cansanção (PFL-AL), suprimiu da Constituição dispositivo que, àquela altura, já vedava expressamente o nepotismo:

> §9º Salvo em virtude de concurso público, o cônjuge e o parente até segundo grau, em linha direta ou colateral, consanguíneo ou afim, de qualquer autoridade, não pode ocupar cargo ou função de confiança, ainda que sob contrato, em organismos a ela subordinados, na Administração Pública.

Na justificativa da emenda, o deputado alagoano argumentou: "Parece-nos iníqua a proibição. Não vemos nenhuma imoralidade ou aproveitamento [no fato de] parentes em linha direta ou colateral, consanguíneo ou afim, ocuparem cargos ou funções de confiança".[45]

---

[38] BRASIL. Assembleia Nacional Constituinte. *Projeto de Constituição (A)*. Brasília: Centro Gráfico do Senado Federal, 1988. v. 253. Disponível em: <http://www.camara.gov.br/internet/constituicao20anos/DocumentosAvulsos/vol-253.pdf>.

[39] BRASIL. Assembleia Nacional Constituinte. *Quadro comparativo*. Brasília: Centro Gráfico do Senado Federal, 1988. v. 298. Disponível em: <http://www.camara.gov.br/internet/constituicao20anos/DocumentosAvulsos/vol-298.pdf>.

[40] BRASIL. Assembleia Nacional Constituinte. *Projeto de Constituição* – Redação Final (C). Brasília: Centro Gráfico do Senado Federal, 1988. v. 314. Disponível em: <http://www.camara.gov.br/internet/constituicao20anos/DocumentosAvulsos/vol-314.pdf>.

[41] BRASIL. Assembleia Nacional Constituinte. *Projeto de Constituição* – Redação Final (D). Brasília: Centro Gráfico do Senado Federal, 1988. v. 316. Disponível em: <http://www.camara.gov.br/internet/constituicao20anos/DocumentosAvulsos/vol-316.pdf>.

[42] O "Centrão" foi um agrupamento parlamentar suprapartidário e circunstancial, essencialmente conservador, que introduziu significativas modificações no texto do projeto na fase plenária da Assembleia Nacional Constituinte. Sobre o tema, consulte-se: FREITAS, R.; MEDEIROS, D.; MOURA, S. Procurando o Centrão: direita e esquerda na Assembleia Nacional Constituinte (1987-1988). In: CARVALHO, Maria Alice Rezende; ARAÚJO, Cícero; SIMÕES, Júlio Assis (Org.). *A Constituição de 1988*: passado e futuro. São Paulo: ANPOCSG, 2009. p. 101-135.

[43] A referida proposta foi subscrita por 303 parlamentares e pode ser consultada em: BRASIL. *Emenda 2P02036-4*. Disponível em: <http://www2.camara.leg.br/atividade-legislativa/legislacao/Constituicoes_Brasileiras/constituicao-cidada/o-processo-constituinte/plenario/vol255_centrao_aprovadas.pdf>.

[44] Em que pese a mencionada emenda ter introduzido modificações diversas, não se apresentou qualquer justificativa para a subtração do trecho destacado.

[45] BRASIL. Assembleia Nacional Constituinte. *Projeto de Constituição (A)*. Brasília: Centro Gráfico do Senado Federal, 1988. v. 254. Disponível em: <http://www.camara.gov.br/internet/constituicao20anos/DocumentosAvulsos/vol-254.pdf>.

Os exemplos narrados mostram que o texto final, embora tenha preservado muitos avanços, acabou alijado de algumas das suas propostas mais modernas e incorporou dispositivos sobre funcionários públicos em excesso, muitos dos quais de nítido viés corporativista.

Assim, nasceu o estatuto constitucional da Administração Pública: uma concepção não planejada, que poderia ter sido mais do que foi, mas, que ainda assim, representou um marco para o processo de refundação do direito administrativo brasileiro.

2.2.1 Regramento para além do capítulo

A disciplina constitucional da Administração Pública não se esgota, contudo, no capítulo que lhe é dedicado. Há dispositivos pertinentes à matéria dispersos por todo o documento. Alguns dos quais dirigem-se especificamente a ela e outros que sobre ela repercutem de modo mais indireto, devido ao desenvolvimento da Teoria Constitucional.

Exemplo de norma constitucional que tem incidência específica sobre a Administração Pública é o inc. LV, do art. 5º: "aos litigantes, em processo judicial ou *administrativo*, e aos acusados em geral são assegurados o contraditório e ampla defesa, com os meios e recursos a ela inerentes". A menção aos processos administrativos – que permitiu o assentamento da teoria do devido processo legal administrativo no país – foi sugestão do Professor Sérgio Ferraz, que atuou na constituinte como assessor direto do relator, Deputado Bernardo Cabral.[46]

Outros exemplos relevantes, de normas *extraquadros* especificamente voltadas à Administração, podem ser encontrados nos arts. 173 a 178 da Constituição, que abordam temas como empresas estatais, planejamento econômico, serviços e monopólios públicos.[47]

Os direitos fundamentais, a seu turno, constituem exemplos de normas que repercutem indiretamente sobre a disciplina da Administração Pública, graças ao desenvolvimento dogmático do direito constitucional. Reconhecendo-se neles uma dimensão objetiva, o Estado passou a ser encarregado não apenas de se abster de violá-los, mas também de promovê-los – com leis, políticas públicas, ações administrativas específicas.

2.3 O processo de constitucionalização do direito administrativo: as normas, as teorias e as instituições do Estado e da sociedade

A relação entre normas e realidade é de condicionamento mútuo. Embora o papel tudo aceite, a realidade condiciona materialmente a elaboração normativa. Se o

---

[46] Em entrevista recente, Sérgio Ferraz declarara: "Tem um acréscimo que eu sugeri à garantia do devido processo legal, que foi uma emenda fundamental, do advogado Siqueira Castro. A dele dizia que 'no processo judicial observar-se-ão as garantias do contraditório, da ampla defesa e da ampla recorribilidade' [...]. Eu sugeri acrescentar 'no processo judicial e administrativo'. A referência à aplicação dessas garantias ao processo administrativo é absolutamente inédita, e de pouca registrabilidade nas constituições modernas" (CARVALHO, Luiz Maklouf. *1988*: segredos da Constituinte. Os vinte meses que agitaram e mudaram o Brasil. Rio de Janeiro: Record, 2017. p. 315).

[47] Há mais exemplos. Vários incisos do art. 7º, por disposição expressa do art. 37, aplicam-se aos servidores públicos, estendendo a eles proteção conferida aos trabalhadores em geral, de modo a ampliar a esfera de direitos que já lhes é especialmente deferida. É a lógica da Constituição *chapa branca* atuando.

legislador (inclusive constituinte) não está limitado a descrever, em artigos e parágrafos, a realidade que lhe é subjacente, não pode desvincular-se completamente dela; sob pena de condenar a sua produção normativa à ineficácia.[48]

O processo legislativo, mais ainda o constituinte, é um campo de batalhas – forças políticas antagônicas e movimentos sociais disputam o conteúdo da Carta. Ao serem editadas, as normas gozam somente de uma pretensão de vigência. Inicia-se, então, novo espaço de conflitualidade.

A concretização e o sentido das normas constitucionais são permanentemente disputados: por atores institucionais (Executivo, Legislativo, Judiciário), por atores sociais (sociedade civil organizada e imprensa) e por atores jurídicos (juristas, advogados e, sobretudo, constitucionalistas).

Em alguns casos, a burocracia estatal, muitas vezes a Administração do balcão, resiste às inovações constitucionais. Noutros, juízes ou juristas driblam as novas disposições, por meio de interpretações retrospectivas.[49] Em tantas outras circunstâncias, diante de normas de eficácia limitada,[50] é o legislador que se nega a concretizar o comando constitucional. A sociedade também desempenha papel relevante nesse jogo: ora tolera, ora festeja, ora se opõe ao descumprimento da Constituição.

O sentido das normas também é objeto de pelejas. Pela via hermenêutica, por meio de alterações formais e mesmo por mutações constitucionais induzidas, os diversos atores tentam emprestar ao texto da Constituição o sentido que julgam mais conveniente.

Nesse contexto de permanente disputa, vale examinar como, afinal, passados trinta anos, vem se saindo o texto constitucional de 1988, particularmente no que refere ao regramento conferido à Administração Pública. É do que se passará a cuidar na sequência.

3 Até que ponto a Constituição administrativa realmente importa? Uma crônica de disputas, retumbantes fracassos e suadas conquistas

Um olhar sobre o capítulo da Administração Pública na Constituição permite visualizar, talvez até com mais clareza do que em outros lados do texto constitucional, a distância existente – e que, nestes trinta anos, buscou-se reduzir – entre o otimismo normativo-constitucionalizante da Carta de 1988 e a realidade de um Estado patrimonialista, dominado por grupos políticos e corporações, e que ainda resiste à república e à democracia.

---

[48] Essa é, em essência, a tese defendida por Konrad Hesse, em oposição às ideias divulgadas por Ferdinand Lassalle sobre o papel exclusivamente sociológico da Constituição. Diz Hesse: "A Constituição jurídica vem condicionada pela realidade histórica. A Constituição não pode ignorar as circunstâncias concretas de sua época, de forma que a sua pretensão de vigência só pode se realizar quando toma em conta essas circunstâncias. Mas a Constituição jurídica não é somente a expressão da realidade de cada momento. Graças ao seu caráter normativo, ordena e conforma por sua vez a realidade social e política. Desta coordenação correlativa entre ser e dever se derivam as possibilidades e, ao mesmo tempo, os limites da força normativa de uma Constituição" (HESSE, Konrad. *Escritos de derecho constitucional* – Selección. Madrid: Centro de Estudios Constitucionales, 1983. p. 75. Tradução nossa).

[49] "Muitas vezes, põe-se ênfase nas semelhanças, corre-se um véu sobre as diferenças e conclui-se que, à luz daquelas, e a despeito destas, a disciplina da matéria, afinal de contas, mudou pouco, se é que na verdade mudou. É um tipo de interpretação em que o olhar do intérprete dirige-se antes ao passado que ao presente, e a imagem que ele capta é menos a representação da realidade que uma sombra fantasmagórica" (MOREIRA, José Carlos Barbosa. O Poder Judiciário e a efetividade da nova Constituição. *Revista Forense*, v. 304, 1988. p. 152).

[50] SILVA, José Afonso da. *Aplicabilidade das normas constitucionais*. 3. ed. São Paulo: Malheiros, 1999. p. 83-85.

Consoante se viu, a ideia de institucionalizar a Administração Pública como personagem constitucional veio de juristas. Seus autores intelectuais perseguiam a instituição e a racionalização de um Estado burocrático moderno.[51] Aqui, as normas editadas – ao menos as que conseguiram sobreviver entre as propostas iniciais mais avançadas – entraram no capítulo com a missão de atuar como catalisadoras (externas à realidade político-social vigente) do desenvolvimento de uma nova ordem constitucional administrativa.[52]

Outra leitura, porém, vislumbra, nesse processo de constitucionalização voltado à consolidação de um Estado burocrático moderno, um interesse próprio dos juristas de obter seu reposicionamento na nova ordem. A juridicização da Administração Pública assegura aos juristas uma inserção privilegiada na burocracia estatal, pela apropriação da expertise de aplicação e interpretação das normas. Sem precisar atuar, assim, diretamente no campo político, os juristas adquirem, nessa aproximação com o Estado burocrático (obtida pela via da constitucionalização), um capital político novo. Uma verdadeira reinvenção ou releitura contemporânea do velho bacharelismo novecentista.[53]

No entanto, o grande processo de disputa que, desde o início, instalou-se em torno de parte expressiva das normas do capítulo não apenas é evidência da desconexão do seu conteúdo normativo com a ordem fática dominante (que, portanto, a ele resistiu e resiste o quanto pode),[54] como foi o prenúncio do enorme desafio que seria assegurar a efetividade de seus dispositivos. Desafio esse, até aqui, não integralmente superado.

Ao final do processo constituinte originário, o Capítulo VII do Título III restou com 7 artigos, 5 dedicados exclusivamente aos servidores públicos, seu regime funcional e previdenciário (os arts. 38 a 42). Incorporou-se verdadeiro estatuto constitucional da função pública (sem paralelo, pela extensão e conteúdo, nos textos anteriores e em outras Constituições). O maior artigo, porém, foi o de número 37, hoje com 22 incisos e 12 parágrafos (muitos reformados ou incluídos posteriormente pela Emenda Constitucional nº 19/98). Nele, destaca-se seu *caput*, com caráter de pauta geral, positivando os principais valores com que se pretendia guiar toda a ação pública. No mais, são disposições sobre o acesso e exercício da função pública, ao menos seis incisos discorrendo sobre o regime remuneratório dos servidores e disposições sobre matérias esparsas de direito administrativo alçadas à condição constitucional.[55] Em comum a grande parte delas, a falta de um conteúdo materialmente constitucional.

---

[51] CORREIA, José Manuel Sérvulo. Os grandes traços do direito administrativo no século XXI. *A&C – Revista de Direito Administrativo & Constitucional*, Belo Horizonte, ano 16, n. 63, p. 45-66, jan./mar. 2016. p. 48. Disponível em: <http://www.revistaaec.com/index.php/revistaaec/article/viewFile/42/517>; SUNDFELD, Carlos Ari. *Direito administrativo para céticos*. 2. ed. São Paulo: Malheiros, 2014. p. 106.

[52] GOLDONI, Marco; WILKINSON, Michael A. The Material Constitution. *London School of Economics Working Papers*, n. 20, 2016. p. 22.

[53] Nesse sentido, v. ALMEIDA, Frederico de. Os juristas e a política no Brasil: permanências e reposicionamentos. *Lua Nova*, São Paulo, v. 97, p. 213-250, 2016. p. 214-217. Veja-se, ainda, ENGELMANN, F.; BENTO, J. S.; PENNA, L. R. Doutrinadores, políticos e "direito administrativo" no Brasil. *Política & Sociedade*, v. 16, n. 37, p. 286-314, 2017. p. 287. Disponível em: <https://periodicos.ufsc.br/index.php/politica/article/view/2175-7984.2017v16n37p286/35978>. Acesso em: 7 mar. 2018: "Ademais, a concorrência dos juristas pelo monopólio da autoridade de classificar algo como sendo ou não 'legal' ou 'lícito' traduz para o espaço jurídico o que, em realidade, são as lutas pela dominação social e apropriação dos espaços de poder".

[54] *Vide*, como exemplo eloquente do descompasso, a justificativa acima reproduzida do deputado alagoano para a exclusão, do Projeto da Constituição, da norma que expressamente vedava o nepotismo.

[55] O art. 43 parece destoar do conteúdo geral do capítulo e trata de medidas de desenvolvimento regional que podem ser adotadas pela União.

Por detrás da opção do constituinte (originário e derivado) em constitucionalizar o arsenal de miudezas do regime funcional e remuneratório dos servidores públicos, pode-se divisar, de um lado – sob a ótica da Constituição "chapa branca" –, uma tentativa de *entrincheiramento de privilégios de determinados setores do funcionalismo público*.[56] De outro, no que havia de pretensão de modernização e republicanismo, uma justificável desconfiança em relação ao legislador infraconstitucional, particularmente os legisladores locais, em regra mais permeáveis a pressões corporativas.

Sob qualquer dos dois ângulos, porém, a constitucionalização das questões atinentes ao funcionalismo e funcionamento da máquina pública teve como pretensão blindar tais matérias do jogo político ordinário e, de algum modo, assegurar um padrão nacional no seu trato. Daí decorreram, contudo, duas consequências negativas: (i) a vulgarização e o desprestígio da Constituição, cuja dignidade normativa é minada toda vez que a matéria conjuntural nela incluída sofre pressão de reforma e (ii) um déficit democrático e federativo relevante, já que o entrincheiramento constitucional de decisões políticas ordinárias e interesses corporativos obstruí injustificadamente os canais infraconstitucionais de deliberação política majoritária.[57]

Outra externalidade (negativa) relacionada à constitucionalização das normas referentes ao regime jurídico funcional dos servidores públicos foi alçar os conflitos decorrentes desse regime à natureza de conflitos constitucionais. Basta uma leitura despretensiosa dos informativos e demais repositórios de jurisprudência da Suprema Corte para se constatar a dominância que as matérias atinentes ao funcionalismo e à Administração Pública em geral têm na pauta de julgamentos do STF. O que, especialmente, no âmbito do controle concentrado, pode ser resultado do perfil dos legitimados à sua provocação,[58] das restrições jurisprudencialmente erigidas para o manejo das ações diretas e mesmo do *background* funcional dos ministros do Supremo – que, com frequência, já ocupavam cargos de relevo na burocracia jurídica do Estado.[59]

De janeiro de 2000 até 15.4.2018, o Supremo emitiu decisões finais em 3.160 ações de controle abstrato de constitucionalidade (ADI, ADPF, ADC e ADO). De acordo com a indexação temática do próprio Tribunal,[60] 1.878 dessas decisões (59,43% do total) diziam

---

[56] O diagnóstico e a expressão são de BINENBOJM, Gustavo. A constitucionalização do direito administrativo no Brasil: um inventário de avanços e retrocessos. *Revista Eletrônica sobre a Reforma do Estado (RERE)*, Salvador, n. 13, mar./maio 2008. p. 33. Disponível em: <http://www.direitodoestado.com>. Acesso em: 28 mar. 2018.
[57] SARMENTO, Daniel; PEREIRA NETO, Cláudio de Souza. *Direito constitucional*: teoria, história e métodos de trabalho. Belo Horizonte: Fórum, 2013. p. 43.
[58] Cf. COSTA, Alexandre; BENVINDO, Juliano Zaiden. A quem interessa o controle concentrado de constitucionalidade? – O descompasso entre teoria e prática na defesa dos direitos fundamentais. *SSRN*, 2014. p. 77. Disponível em: <http://ssrn.com/abstract=2509541>. Acesso em: 7 fev. 2018.
[59] Da atual composição da Corte, todos os ministros exerceram, pelo menos em algum momento de suas vidas profissionais, cargos na magistratura, no Ministério Público ou na Advocacia Pública.
[60] Em virtude da inexatidão de muitos dos registros do STF, é possível que o número de ações diretas referentes a matérias administrativas seja ainda maior. No levantamento realizado, foram considerados os seguintes indexadores de pesquisa: "Aposentadoria" (14); "Aposentadoria compulsória" (2); "Bens públicos" (3); "Concurso público" (7); "Conselhos profissionais" (2); "Contrato administrativo" (2); "Departamento Estadual de Trânsito" (2); "Desapropriação" (1); *"Direito administrativo e outras matérias de direito público"* (1358); "Direito previdenciário" (14); "Empresa pública" (2); "Energia elétrica" (2); "Energia nuclear" (1); "Estado-membro" (17); "Licitação pública" (7); "Loteria" (12); "Magistério" (7); "Magistrado" (26); "Militar" (1); "Mineração" (1); "Ministério Público" (23); "Município" (24); "Ordem dos Advogados do Brasil" (3); "Pensão especial" (1); "Plano Nacional de Desestatização" (4); "Poder de Polícia" (15); "Poder Executivo" (34); "Poder Judiciário" (13); "Poder Legislativo" (33); "Portos" (1); "Previdência Social" (14); "Registros públicos" (11); "Segurança pública" (44); "Serventia judicial" (2); "Serventuário da justiça" (9); "Serviço postal" (1); "Serviços notariais e de registro" (19); *"Servidor público"* (124); "Sindicato" (7) e "Transporte coletivo" (11) e "Telecomunicações" (4).

respeito a matérias tipicamente de direito administrativo, sendo a maioria concernente a interesses do funcionalismo público.[61] [62]

A dominância do contencioso constitucional por questões referentes ao regime da função pública é igualmente percebida por Carlos Ari Sundfeld e Henrique Motta Pinto. Nas palavras dos autores, "a atividade jurisdicional de resolução de demandas perante as normas constitucionais vem sendo praticada mais em torno de questões funcionais, ligadas às políticas cotidianas e à disputa por espaço de poder entre grupos estatais e paraestatais".[63]

Do processo de disputa instaurado em torno das normas do capítulo, tanto como do povoamento do texto com as miudezas e detalhes conjunturais mencionados, resultaram 9 emendas formais, alcançando, por vezes substancialmente, um número expressivo das normas ali contidas. Quase 10% do total das emendas constitucionais aprovadas teve como alvo o capítulo dedicado à Administração Pública.[64]

3.1 Três exemplos que falam por si

Como o capítulo da Administração Pública não resultou do consenso dos grupos dominantes, mas de uma aposta dos juristas na atuação catalisadora do texto constitucional, a resistência à efetividade da maioria de suas normas se revelou grande desde o início. Mesmo porque o acatamento dos comandos ali contidos implicaria a mudança de padrões arraigados na sociedade brasileira.

Mirando apenas nas disposições do art. 37 (um grupo variado de normas que inclui a enunciação de princípios e um amplo estatuto constitucional dos servidores públicos),[65] acham-se tanto casos de êxitos batalhados, como de fracassos retumbantes na realização do projeto constitucional. Coexistem, nesse capítulo, normas que, contrariando toda a euforia retórica dos primeiros anos de vigência da Carta, até aqui não *saíram do papel*,[66]

---

[61] O sistema a partir do qual os dados foram extraídos pode ser acessado em: STF. *Estatísticas de controle concentrado*. Disponível em: <http://www.stf.jus.br/arquivo/cms/publicacaoBOInternet/anexo/estatistica/ControleConcentradoGeral/CC_Geral.mhtml>.

[62] Partindo de dados diversos, esse diagnóstico também é feito por: FALCÃO, Joaquim; CERDEIRA; Pablo; ARGUELHES, Diego. *I Relatório Supremo em Números*: O Múltiplo Supremo. Rio de Janeiro: FGV Direito Rio, 2011. p. 21. Disponível em: <bibliotecadigital.fgv.br/dspace/bitstream/handle/10438/10312/I%20Relatório%20Supremo%20em%20Números%20-%20O%20Múltiplo%20Supremo.pdf?sequence=5&isAllowed=y>. Acesso em: 7 fev. 2018.

[63] SUNDFELD, Carlos Ari; PINTO, Henrique Motta. Três desafios para melhorar a jurisdição constitucional brasileira. In: VOJVODIC, Adriana et al. (Org.). *Jurisdição constitucional no Brasil*. São Paulo: Malheiros, 2012. p. 19-52 *apud* BRANDÃO, Rodrigo; NUNES, Daniel Capecchi. O STF e as entidades de classe de âmbito nacional: a sociedade civil e seu acesso ao controle concentrado de constitucionalidade. *Revista de Direito da Cidade*, v. 10, n. 1. p. 179. Disponível em: <http://www.e-publicacoes.uerj.br/index.php/rdc/article/view/29775>. Acesso em: 30 abr. 2018.

[64] EC nº 88/2015; EC nº 77/2014; EC nº 47/2005; EC nº 41/2003; EC nº 34/2001; EC nº 19/1998; EC nº 18/1998; EC nº 03/1993. Se forem computadas também outras emendas que, embora não tenham alterado o capítulo, alcançaram as disposições referentes à Administração Pública espalhadas pelo texto constitucional (como as que, por exemplo, modificaram o sistema de precatórios), a conta sobe para 20 modificações (mais de 20% do total).

[65] O exame, por exemplo, das normas dos arts. 40 e 41, sobre estabilidade e regime previdenciário dos servidores, aumentaria muito o alcance do texto, mas sem ganhos para o argumento deduzido.

[66] *V.g.*, o inc. V, com a redação da Emenda Constitucional nº 19/98, sobre as limitações quantitativas e no preenchimento de cargos em comissão e funções de confiança, que, até aqui, dependente de regulamentação infraconstitucional, não consta tenha efetividade mínima.

e outras que, após processos de disputa, alcançaram razoável sucesso em conformar a ordem jurídico-administrativa.⁶⁷ Há situações em que a inobservância da norma se dá com o beneplácito dos três poderes e das instâncias de controle, que, não raro, emprestam ao texto sentidos que permitem a manutenção do *status quo* anterior à Constituição, que a todos os atores interessa.⁶⁸

Nesse caso situam-se precisamente algumas das normas que dispõem sobre regime remuneratório. A regra que fixa o limite de remuneração (o chamado "teto") dos servidores é o exemplo mais eloquente da disputa que se estabelece entre o projeto constitucional e as forças que atuam na sociedade.⁶⁹ O art. 37, XI, jamais alcançou efetividade plena, mesmo após já ter sido duas vezes emendado, resultando em uma das piores redações do texto constitucional. A norma, tal como se acha, é quase ininteligível para não iniciados nos seus meandros e na sua história acidentada.

O primeiro a miná-la foi o próprio STF, que, logo no ano seguinte à promulgação da Carta, *interpretou* que, da expressão "valores percebidos como remuneração, em espécie, a qualquer título" (constante do texto publicado em 1988), excluíam-se as *vantagens de natureza pessoal*.⁷⁰ Portanto, tais vantagens – quase tudo o que, de fato, suplantava o teto – não se submetiam ao limite constitucional e, dessa forma, poderiam ser pagas sem qualquer corte ou redução.

A partir daí – a despeito de esforços, ao menos propagandeados, do Executivo e Legislativo –⁷¹ sucederam-se interpretações e argumentos jurídicos de toda sorte para

---

⁶⁷ Nesse polo oposto, situa-se o inc. II, que determinou a universalização do concurso público como instrumento de acesso aos postos de trabalho na Administração Pública, direta e indireta. Embora a aplicação da regra seja frequentemente judicializada, a atuação dos Tribunais assegurou o êxito do comando constitucional.

⁶⁸ "Às vésperas da promulgação, eram grandes as incertezas sobre a finalização dos trabalhos, os impactos das novas normas e a fidelidade dos dirigentes às inovações da nova Constituição. Os ministros do STF estavam no centro dessa incerteza, agentes da ordem constituída que participaram dos esforços para frear a Constituinte e que agora interpretariam o texto constitucional. Eles voltam a atuar como opinantes constitucionais, ao assumir o ponto de vista de juízes que examinam as dificuldades da aplicação do texto [...] Moreira Alves, Oscar Dias Corrêa e Djaci Falcão, adotando uma perspectiva de continuidade, retomavam a agenda anterior à Constituinte, a partir da qual viam como negativas as inovações, tanto no que foi criado quanto eliminado pela Constituição, e prognosticavam o aprofundamento da crise do tribunal" (KOERNER, Andrei; FREITAS, Lígia Barros de. O Supremo na Constituinte e a Constituinte no Supremo. *Lua Nova*, v. 88, p. 141-184, 2013).

⁶⁹ Embora os limites deste trabalho não permitam uma enunciação mais minuciosa, podemos apontar, no art. 37, os exemplos dos incs. XIII (vedação de vinculações e equiparações de remuneração de servidores públicos) e XIV (vedação de percepção de acréscimos remuneratórios *em cascata* pelos servidores públicos). Instaurou-se grande disputa em torno de sua aplicação, do que resulta seu alto grau de inefetividade. Da mesma forma, controverteu-se ao longo do tempo sobre a aplicação do inc. IX, que trata da possibilidade de contratação de pessoal, por prazo determinado, para atender às necessidades temporárias e excepcionais. Foram muitos os abusos na aplicação da norma pelas administrações públicas país afora. Entretanto, a atuação do Ministério Público e dos Tribunais acabou conduzindo a um grau razoável de sucesso dessa prescrição. Vejam-se, a propósito, as decisões do STF na ADI nº 3.237 (Tribunal Pleno. Rel. Min. Joaquim Barbosa. *DJe*, 19 ago. 2014); e na ADI nº 3.721 (Tribunal Pleno. Rel. Min. Teori Zawascki, j. 9.6.2016): "[o] artigo 37, IX, da Constituição exige complementação normativa criteriosa quanto aos casos de 'necessidade temporária de excepcional interesse público' que ensejam contratações sem concurso. Embora recrutamentos dessa espécie sejam admissíveis, em tese, mesmo para atividades permanentes da Administração, fica o legislador sujeito ao ônus de especificar, em cada caso, os traços de emergencialidade que justificam a medida atípica".

⁷⁰ Cf. STF, Tribunal Pleno. ADI nº 14. Rel. Min. Célio Borja. *DJ*, 1º dez. 1989.

⁷¹ As redações posteriores do dispositivo, dadas pelas emendas constitucionais nºs 19/1998 e 41/2003, foram ainda mais inequívocas e cuidadosas, passando a aludir expressamente às "vantagens pessoais ou de qualquer outra natureza". Não obstante, logrou-se excluir do alcance do teto as chamadas *verbas indenizatórias*. Em sessão administrativa, realizada em 24.6.1998, o STF entendeu que as disposições da EC nº 19/1998 relativas ao teto não seriam autoaplicáveis, dependendo de lei de iniciativa conjunta dos três poderes para produzir seus efeitos (o que nunca ocorreu, dadas as dificuldades políticas de fixação de um teto único para os três poderes). Com

bloquear a efetividade da norma (irredutibilidade de vencimentos, verbas indenizatórias, subtetos e todo o tipo de especiosidade que o direito é fértil em produzir). E nunca mais se conseguiu fixar um limite real de remuneração das carreiras públicas dos três poderes, com a cumplicidade (ainda que dissimulada) de todos os atores institucionais relevantes.

Na verdade, talvez nunca se consiga fazê-lo, porque falta ao trato do tema sinceridade normativa, realidade econômica e transparência. Prosseguir no exame do problema exclusivamente à luz do discurso retórico-normativo, que domina a teoria do direito constitucional, é deixar sobre ele uma permanente nuvem de fumaça. Sob o ângulo do discurso normativo, parece não haver mais o que se possa fazer na matéria. Não há mudança de redação ou de interpretação capaz de alterar o cenário. Até porque se o STF vier a fechar a(s) porta(s) hoje existente(s), certamente outra se abrirá logo adiante.

Qualquer avanço no tema, portanto, deve incorporar argumentos extrajurídicos como elementos de análise e decisão. Nesse sentido, em artigo recentemente publicado no jornal *Folha de S. Paulo*, o economista Bruno Carazza, valendo-se de contribuições da economia comportamental, aponta que os abusos remuneratórios no setor público brasileiro têm na sua gênese um processo de inveja, ciúme e competição institucional.[72] A existência de um teto remuneratório gera, na realidade, uma competição das categorias por essa meta, de modo que cada uma sempre almeja alcançar o limite máximo legal. E todas buscam sempre a maior proteção possível e, assim, quanto maior o poder de pressão, maior o reajuste. É, por isso, que, como se diz por aí, o "teto virou piso", ao menos para uma parte das carreiras jurídicas.

Extrai-se daqui, na realidade, que um diagnóstico mais apurado sobre as razões da baixa normatividade do limite remuneratório para os servidores públicos depende de uma compreensão interdisciplinar que o discurso jurídico não está habituado a incorporar. Nesse contexto, a argumentação tradicional que a teoria geral do direito e o próprio direito constitucional tem a oferecer, em torno de temas como eficácia e efetividade das normas constitucionais, contribui pouco para a compreensão de por que determinados comandos normativos contidos no art. 37 da Constituição simplesmente não se realizaram.[73]

Outro exemplo de disputa em torno do art. 37 que vale referir – aqui, justamente, porque resultou na derrota completa da norma, que acabou emendada – é o do seu inc. XVI, que dispõe sobre a acumulação de cargos e empregos públicos.

---

a edição da EC nº 41/2003, que previa expressamente a sua autoaplicabilidade quanto ao ponto, o Supremo, em mandado de segurança impetrado por ex-ministros da Corte, acolheu o entendimento de que a garantia da irredutibilidade de vencimentos consistia em modalidade qualificada de direito adquirido, de modo que os vencimentos que tenham se assentado em patamares nominais superiores ao teto, antes da promulgação da EC nº 41/2003, não poderiam sofrer o corte correspondente. Em decisão recente, o STF entendeu que o limite remuneratório não incide nos casos de acumulação lícita de empregos, aposentadorias ou pensões públicas (*vide* o julgamento dos recursos extraordinários nºs 602.043 e 612.975, *DJe*, 8 set. 2017). Sobre o ponto, veja-se também a análise de BRANDÃO, Rodrigo. *Supremacia judicial versus diálogos constitucionais*: a quem cabe a última palavra sobre o sentido da Constituição? Rio de Janeiro: Lumen Juris, 2011. p. 291-292.

[72] CARAZZA, Bruno. O auxílio-moradia, a inveja e outras mumunhas mais. *Folha de S. Paulo*, 9 fev. 2018. Disponível em: <http://oespiritodasleis.blogfolha.uol.com.br/2018/02/09/o-auxilio-moradia-a-inveja-e-outras-mumunhas-mais/?loggedpaywall>. Acesso em: 26 mar. 2018.

[73] A argumentação normativa habitual em torno da constituição formal, desacompanhada de evidências empíricas, não é suficiente para indicar se efetivamente há uma aproximação real entre o texto e a prática constitucionais. Nesse sentido, cf. LAW, David S. Constitutions. In: CANE, Peter; KRITZER, Herbert M. (Org.) *The Oxford Handbook of Empirical Legal Research*. Rep. Oxford: Oxford University Press, 2013. p. 380-384.

A Constituição de 1967/69 permitia que profissionais de saúde em geral acumulassem cargos públicos. A Carta de 1988 (no art. 37, XVI, "c"), pretendeu expressamente restringir essa acumulabilidade apenas aos médicos (deixando de fora as demais categorias de profissionais de saúde). Nas disposições transitórias, porém, assegurou a posição dos profissionais que já acumulassem cargos na ocasião da promulgação do texto. O alcance da norma, portanto, era claramente prospectivo, para evitar o estabelecimento de novas acumulações. Tratou-se, então, de uma opção política do legislador constituinte de restringir a acumulabilidade de cargos públicos, com o propósito, entre outros, de que mais profissionais pudessem obter colocações públicas.[74]

Pois bem. Vigente a Constituição, na vida real foi como se a norma jamais tivesse existido e nenhuma alteração foi, de fato, efetivada. Os profissionais de saúde (que não os médicos) continuavam a prestar concursos e a tomar posse em mais de um cargo, mesmo após a vigência do novo texto. A ignorância da norma nem sempre era de boa-fé, vale dizer.

No momento, porém, em que os órgãos de controle da Administração começaram a identificar as ilicitudes e a instar os servidores a abandonar os cargos, as respectivas corporações viabilizaram a aprovação de uma emenda constitucional para mudar a norma. A finalidade era retornar à regra pré-1988, permissiva às acumulações dos profissionais de saúde em geral. A Emenda nº 31, conhecida como Emenda Jandira Feghalli – parlamentar médica fluminense que a apresentou –, data de 2001 e veio após período de mais de dez anos de disputa em torno do tema.

Disputa tal que várias vezes chegou aos Tribunais Superiores. Em algumas administrações públicas, inclusive, conferiu-se efeito retroativo à norma da emenda para convalidarem-se acumulações que haviam se instituído ilicitamente à luz da redação constitucional anterior (em franca contrariedade ao argumento jurídico tradicional de que inconstitucionalidades não se convalidam). As forças corporativas que se mobilizaram contra o texto constitucional conseguiram, nesse caso, restaurar a disciplina do regime anterior. [75] O projeto constitucional, de ampliação e racionalização do acesso aos postos públicos, restou frustrado. Esse exemplo serve de evidência de que a aptidão da Constituição para efetivamente alterar a realidade depende de mais do que apenas as boas intenções do legislador constituinte.

Nem só de frustrações, todavia, vive o art. 37 da Constituição de 1988. Seu *caput*, a despeito da grande abertura dos preceitos que contêm, alcançou êxito razoável

---

[74] Embora não se deva menosprezar o *lobby* que, muito seguramente, as corporações dos médicos fizeram para preservar o seu *status* na matéria.

[75] Processo semelhante, porém, um pouco mais longo e demorado, se deu com as acumulações de cargos por médicos militares. Por vedação expressa do art. 142, §3º, o texto de 1988 proibiu os médicos militares de ocuparem cargos públicos civis (proibição essa, aliás, experimentada por todo militar, já que, afinal, podem eventualmente ser mandados a atuar em conflitos em que o país venha a tomar parte). Novamente o texto constitucional ressalvou as acumulações anteriores a 1988 (art. 17, §1º, do ADCT). Após longo processo de disputa e centenas de acumulações declaradas ilícitas, algumas idas e vindas da jurisprudência (do STJ), o Congresso promulgou a Emenda Constitucional nº 77, de 2014, excetuando os médicos militares da vedação geral de acumulação prevista para os militares e retornando à situação anterior a 1988. Eis a redação vigente, após a emenda, do texto do art. 142, II, da Constituição: "II - o militar em atividade que tomar posse em cargo ou emprego público civil permanente, ressalvada a hipótese prevista no art. 37, inciso XVI, alínea 'c', será transferido para a reserva, nos termos da lei; [...]".

na conformação da ação administrativa aos seus comandos.[76] Caso emblemático, justamente pela resistência que lhe foi (e, de certa forma, continua sendo) oposta, foi o do nepotismo. Em outubro de 2005, o CNJ editou a Resolução nº 7 proibindo a contratação de parentes de juízes e desembargadores para o exercício de cargos comissionados ou funções gratificadas no âmbito do Poder Judiciário. Seguiu-se daí praticamente um motim, que levou Tribunais e Associações de classe da magistratura e de servidores ao Supremo Tribunal Federal. A Corte Constitucional, porém, no julgamento, em fevereiro de 2006, da Medida Cautelar na Ação Direta de Constitucionalidade nº 12-6, reconheceu a força normativa e a aplicabilidade direta dos princípios constitucionais do *caput* do art. 37, notadamente o da impessoalidade. Declarou a constitucionalidade da norma do CNJ, que, antes de inovar na ordem jurídica, limitava-se a dar aplicação aos comandos constitucionais.[77] O tema rendeu, tempos depois, em agosto de 2008, a edição da Súmula Vinculante nº 13, em que a vedação ao nepotismo foi estendida ao âmbito dos três poderes.[78]

Aqui, diante do comprometimento e da incapacidade dos três poderes da República para repudiar as contratações amparadas em relações pessoais, coube, portanto, à Corte Constitucional a imposição direta da norma. O STF se valeu, para isso, justamente, de fundamentos da teoria normativa da Constituição. Uma vitória do constitucionalismo normativista, sem dúvida (ainda que com quase duas décadas de atraso).

É arraigado, todavia, como já dito, o patrimonialismo no país. A despeito da súmula vinculante, o assunto do nepotismo jamais deixou, nestes últimos dez anos, de figurar na pauta do Supremo Tribunal Federal. A Corte Constitucional continua sendo chamada a dirimir as mais diversas situações envolvendo a aplicação da Súmula Vinculante nº 13. A possibilidade de contratação de parente como agente político ou de nomeação de parente ocupante de cargo de provimento efetivo, a necessidade ou não de configuração objetiva do nepotismo (ou seja, se o parente teve ou não condição de influenciar a nomeação do seu) etc., tudo a evidenciar (i) que a impessoalidade não integra o padrão cultural nacional (contratar parentes parece ser algo naturalizado no país) e (ii) que a coercibilidade da norma demanda esforço e vigilância constantes. Em 2017, por exemplo, ganhou o noticiário a nomeação, pelo prefeito recém-empossado do Rio de Janeiro, Marcelo Crivella, de seu filho para ocupar o cargo de secretário da

---

[76] Não obstante, para uma importante perspectiva crítica sobre o papel dos princípios constitucionais do direito administrativo, cf. SUNDFELD, Carlos Ari. *Direito administrativo para céticos*. 2. ed. São Paulo: Malheiros, 2014. p. 179 e ss.

[77] Do voto do Ministro Joaquim Barbosa, exarado na ocasião, colhe-se a seguinte passagem, em que o ministro demonstrou uma aguda percepção quanto à natureza dos processos de disputa instaurados em torno do texto constitucional: "Por fim, Senhor Presidente, nesta ação declaratória, vejo claramente delinear-se uma das magnas funções de uma Corte Constitucional, qualificada por um grande jurista e magistrado israelense, Aaron Barak, como 'brindging the gap between law and society'. Ou seja, à Corte constitucional cabe o papel de estreitar, de eliminar o fosso que às vezes existe entre a sociedade e o microcosmo jurídico, o qual, como todos sabemos, às vezes forja as suas próprias realidades, fomenta as hipocrisias e, por que não dizê-lo, uma certa moralidade manca, como cotidianamente temos oportunidade de verificar" (STF. Medida Cautelar em Ação Declaratória de Constitucionalidade 12-6/DF. *DJ*, 1º set. 2006. Disponível em: <http://redir.stf.jus.br/paginadorpub/paginador.jsp?docTP=AC&docID=372910>).

[78] "Não é privativa do Chefe do Poder Executivo a competência para a iniciativa legislativa de lei sobre nepotismo na Administração Pública: leis com esse conteúdo normativo dão concretude aos princípios da moralidade e da impessoalidade do art. 37, caput, da Constituição da República, que, ademais, têm aplicabilidade imediata, ou seja, independente de lei. Precedentes. Súmula Vinculante n. 13" (STF, Tribunal Pleno. RE nº 570.392. Rel. Min. Cármen Lúcia, j. 11.12.2014).

Casa Civil, na Prefeitura carioca. A nomeação foi suspensa, logo em seguida, em caráter liminar, pelo STF, na Reclamação nº 26.303.[79]

A revisão de casos de disputa em torno do capítulo da Administração Pública, pinçados entre vários outros, mostra que, embora tenha havido frustrações quase completas, em quase todas as situações narradas o texto constitucional foi um ator relevante do processo. Os debates se travaram em torno do texto, não ao largo dele. Apenas por isso já se pode afirmar a existência de uma Constituição administrativa no país que – apesar de disputada – condiciona os debates, mesmo que, às vezes, saia materialmente derrotada. O texto constitucional importa, ainda que nem sempre com a força que a teoria normativa e a dogmática constitucional apregoam.

4 Conclusão: a insuficiência da teoria normativa para os desafios da constitucionalização do direito administrativo no Brasil

O panorama geral acima traçado acerca das disputas travadas em torno de normas do capítulo da Administração Pública nas últimas três décadas parece apontar para a insuficiência do discurso jurídico-normativo para determinar a efetividade, ou não, do texto constitucional.[80] De fato, a força obrigatória da Constituição nasce, segundo Chris Thornill, "de práticas que se situam fora do direito e não pode ser estabelecida por uma análise meramente jurídica".[81] O método jurídico, assim, não pode ser tido como autossustentável para a concretização das expectativas normativas do texto constitucional.[82]

O discurso normativo dominante desde 1988 no direito constitucional brasileiro dá sinais de fadiga (do que parece ser um sinal eloquente a inefetividade persistente de algumas normas, como visto acima).[83] Se o texto constitucional se revela um espaço

---

[79] Colhe-se da decisão do relator, Min. Marco Aurélio, a seguinte passagem: "Sinalizando o alcance da Constituição Federal, o enunciado contempla três vedações distintas relativamente à nomeação para cargo em comissão, de confiança ou função gratificada em qualquer dos Poderes de todos os entes integrantes da Federação. A primeira diz respeito à proibição de designar parente da autoridade nomeante. A segunda concerne a parente de servidor da mesma pessoa jurídica investido em cargo de direção, chefia ou assessoramento. A terceira refere-se ao nepotismo cruzado, mediante designações recíprocas. No mais, o teor do verbete não contém exceção quanto ao cargo de secretário municipal. 3. Defiro a liminar para suspender a eficácia do Decreto 'P' nº 483, de 1º de fevereiro de 2017, do Prefeito do Município do Rio de Janeiro". De toda sorte, a jurisprudência do STF tem sido tolerante à nomeação de parente para o exercício de cargo de natureza política. Cf. "Estou convencido de que, em linha de princípio, a restrição sumular não se aplica à nomeação para cargos políticos. Ressalvaria apenas as situações de inequívoca falta de razoabilidade, por ausência manifesta de qualificação técnica ou de inidoneidade moral" (STF. Rcl nº 17.627 MC. Rel. Min. Roberto Barroso, Decisão Monocrática, j. 8.5.2014. DJe, 15 maio 2014. Disponível em: <http://www.stf.jus.br/portal/jurisprudencia/menusumario.asp?sumula=1227>).

[80] Nesse sentido, cf. THORNHILL, Chris. The sociology of constitutions. Annual Review of Law and Social Science, v. 13, p. 493-513, Oct. 2017. Disponível em: <https://ssrn.com/abstract=3059656>. Acesso em: 10 mar. 2018.

[81] THORNHILL, Chris. The sociology of constitutions. Annual Review of Law and Social Science, v. 13, p. 493-513, Oct. 2017. Disponível em: <https://ssrn.com/abstract=3059656>. Acesso em: 10 mar. 2018.

[82] NEVES, Marcelo. Constitucionalização simbólica e desconstitucionalização fática: mudança simbólica da Constituição e permanência das estruturas reais de poder. Revista de Informação Legislativa, v. 33, n. 132, p. 321-330, out./dez. 1996; GOLDONI, Marco; WILKINSON, Michael A. The Material Constitution. London School of Economics Working Papers, n. 20, 2016. p. 2.

[83] NEVES, Marcelo. Constitucionalização simbólica e desconstitucionalização fática: mudança simbólica da Constituição e permanência das estruturas reais de poder. Revista de Informação Legislativa, v. 33, n. 132, p. 321-330, out./dez. 1996; GOLDONI, Marco; WILKINSON, Michael A. The Material Constitution. London School of Economics Working Papers, n. 20, 2016. p. 2.

de permanente disputa – o que é particularmente verdadeiro no que toca ao capítulo da Administração Pública –, a realização do projeto constitucional não pode se escorar apenas no normativismo. Dizendo de outra forma, a Constituição é importante demais para ser deixada só na mão dos juristas.

A teoria constitucional contemporânea, com o desenvolvimento de modernos estudos de sociologia constitucional e de política constitucional, tem apontado nessa direção. Há amplo reconhecimento de que a concretização do projeto constitucional depende de condições e compreensões que se encontram fora do direito: fatores políticos, econômicos, culturais e sociais.[84] Defende-se o emprego de métodos e modelos de análise para além das quatro linhas do campo jurídico, na compreensão das causas e consequências da efetividade ou não do texto constitucional.[85]

Nessa direção, destacam Goldoni e Wilkinson, "a teoria constitucional dominante (seja jurídica ou política) tem pouco a dizer sobre os mais importantes desafios aos ordenamentos constitucionais vigentes".[86] Segundo os autores, o fenômeno constitucional – a que chamam de constituição material, em oposição à constituição formal – somente pode ser adequadamente captado pela apreensão do contexto social profundo em que se insere.

Na defesa do seu argumento, Goldoni e Wilkinson identificam, analiticamente, quatro camadas sobre as quais deve se apoiar a ordem constitucional material: (i) a *unidade política*; (ii) as *instituições*, de governo e fora dele; (iii) as *relações sociais*, incluindo interesses de classe e movimentos sociais; e (iv) um *conjunto de objetivos políticos fundamentais*. Sem essa constituição material, *i.e.*, sem tração política e social, a constituição formal permanece letra morta, "uma lista de auspícios ou até uma farsa". A ordem constitucional contemporânea, portanto, deve ser compreendida como intrínseca à sociedade, como um elemento da ordem político-social, que se relaciona com a sociedade *por dentro*.

Em linha de convergência, mas sob o enfoque da análise econômica do direito, Albert Calsamiglia defendeu que o conceito de eficiência, tal como compreendido pela teoria econômica, poderia ser valioso auxílio na superação do que chama de *intuicionismo* dos métodos jurídicos. Para o aclamado jusfilósofo espanhol, morto precocemente, a ciência da legislação, a pretexto da realização de um ideal de justiça, não se dá conta de que, "muitas vezes, os resultados da lei – a conduta social – não se ajusta aos objetivos da lei". As reações do mundo real às leis podem ser distintas ou contraditórias àqueles objetivos: "às vezes parece que as leis não tiveram o objetivo de dirigir a conduta dos cidadãos, mas simplesmente assinalar-lhes objetivos morais".[87] E prossegue:

---

[84] THORNHILL, Chris. The sociology of constitutions. *Annual Review of Law and Social Science*, v. 13, p. 493-513, Oct. 2017. Disponível em: <https://ssrn.com/abstract=3059656>. Acesso em: 10 mar. 2018. p. 495.

[85] RODRIGUEZ, Daniel B. Administrative law. In: WHITTINGTON, Keith E.; KELEMEN, R. Daniel; CALDEIRA, Gregory A. (Org.). *The Oxford Handbook of Law and Politics*. rep. Oxford: Oxford University Press, 2013. p. 356. Segundo o autor, o direito administrativo tem evoluído nos anos recentes com o emprego de métodos de análise econômica, da teoria da política e das ciências sociais em geral (aí incluída uma análise empírica cuidadosa). Esses avanços metodológicos, diz, permitem uma conexão mais sustentável entre a compreensão positiva do que seja o papel dos processos decisórios da Administração e os esforços normativos para moldá-los e torná-los aptos a realizar os objetivos sociais relevantes.

[86] GOLDONI, Marco; WILKINSON, Michael A. The Material Constitution. *London School of Economics Working Papers*, n. 20, 2016. p. 3-4.

[87] CALSAMIGLIA, Albert. Eficiencia y derecho. *Doxa: Cuadernos de Filosofía del Derecho*, Alicante, n. 4, p. 267-87, 1987. p. 284.

Uma boa lei não é aquela que assinala objetivos justos, mas aquela que os consegue. A tarefa de direção social não se pode reduzir a declaração de boas intenções. A primeira condição que deve ter presente um bom legislador é a de que incentive os cidadãos a seu cumprimento e que na realidade social se cumpra.

A tradição normativista não considerou a eficiência como um dos valores fundamentais a ter em conta na hora de desenhar as instituições. A conduta social, a reação dos cidadãos pode invalidar as boas intenções do legislador. O importante de uma lei não é apenas o que pretende, mas o que consegue.[88]

A irrealidade ou irrelevância normativa mostra-se ainda mais grave quando se insere nos domínios da Constituição. Portanto, já passou da hora em que os juristas devam se ocupar também da criação dos incentivos corretos para que as normas se cumpram. Transcorridas três décadas de vigência da Constituição de 1988, está claro que não bastam as boas intenções do legislador constituinte e a retórica normativista para assegurar a efetividade do texto constitucional. O estudo do direito público precisa se (re)conectar com a política e com a economia.[89]

As Constituições, diz David S. Law, são fenômenos complexos, com múltiplas causas e efeitos. Sua compreensão, portanto, impõe desafios metodológicos que vão além dos aportes que a teoria normativa tem sido capaz de dar. O capítulo da Administração Pública na Constituição brasileira de 1988 fornece bons exemplos do tamanho desses desafios. A compreensão de sua evolução nestes últimos trinta anos e das perspectivas para o seu futuro pressupõe que intérpretes e aplicadores se abram a leituras que o normativismo não provê; leituras naturalmente multidisciplinares, que o discurso jurídico precisa incorporar, embora essa incorporação não seja isenta de riscos.[90] O amadurecimento do constitucionalismo no Brasil e a sobrevivência do projeto de 1988 dependem do desbravamento desses caminhos.

Referências

ALMEIDA, Frederico de. Os juristas e a política no Brasil: permanências e reposicionamentos. *Lua Nova*, São Paulo, v. 97, p. 213-250, 2016.

ARGÜELHES, D. W.; LEAL, Fernando A. R. O argumento das capacidades institucionais entre a banalidade, a redundância e o absurdo. *Direito, Estado e Sociedade* (Impresso), v. 38, p. 6-50, 2012.

BAPTISTA, Patrícia. Retrospectiva 2008: a crise econômica mundial e o papel da regulação estatal, os vinte anos da constitucionalização do direito administrativo no Brasil, a emergência do direito administrativo global e outras questões. *Revista de Direito do Estado*, v. 13, p. 31-45, 2009.

---

[88] CALSAMIGLIA, Albert. Eficiencia y derecho. *Doxa: Cuadernos de Filosofía del Derecho*, Alicante, n. 4, p. 267-87, 1987. p. 284.

[89] GOLDONI, Marco; WILKINSON, Michael A. The Material Constitution. *London School of Economics Working Papers*, n. 20, 2016. p. 9.

[90] A abertura do discurso jurídico a contribuições provenientes de outras ciências sociais, particularmente o seu emprego como critério de decisão judicial, conquanto pareça inevitável à luz dos estudos contemporâneos, na prática pode se mostrar bastante problemática. Os processos jurídicos, por limitações temporais e cognitivas, nem sempre permitem incorporar adequadamente os elementos dessas outras ciências. Os limites do presente estudo, porém, não nos permitem avançar na discussão. Exemplos desse tipo de debate podem ser encontrados, porém, entre muitos outros, em ARGÜELHES, D. W.; LEAL, Fernando A. R. O argumento das capacidades institucionais entre a banalidade, a redundância e o absurdo. *Direito, Estado e Sociedade* (Impresso), v. 38, p. 6-50, 2012; BUCHANAN, James M. Good economics, bad law. *Virginia Law Review*, v. 60, n. 3, p. 483-492, mar. 1974.

BAPTISTA, Patrícia. *Transformações do direito administrativo.* 1. ed. Rio de Janeiro: Renovar, 2003.

BARROSO, Luís Roberto. *O direito constitucional e a efetividade de suas normas.* 9. ed. Rio de Janeiro: Renovar, 2009.

BINENBOJM, Gustavo. A constitucionalização do direito administrativo no Brasil: um inventário de avanços e retrocessos. *Revista Eletrônica sobre a Reforma do Estado (RERE),* Salvador, n. 13, mar./maio 2008. Disponível em: <http://www.direitodoestado.com>. Acesso em: 28 mar. 2018.

BRANDÃO, Rodrigo. *Supremacia judicial versus diálogos constitucionais*: a quem cabe a última palavra sobre o sentido da Constituição? Rio de Janeiro: Lumen Juris, 2011.

BRANDÃO, Rodrigo; NUNES, Daniel Capecchi. O STF e as entidades de classe de âmbito nacional: a sociedade civil e seu acesso ao controle concentrado de constitucionalidade. *Revista de Direito da Cidade,* v. 10, n. 1. Disponível em: <http://www.e-publicacoes.uerj.br/index.php/rdc/article/view/29775>. Acesso em: 30 abr. 2018.

BRASIL. Assembleia Nacional Constituinte. *Anteprojeto de Constituição.* Brasília: Centro Gráfico do Senado Federal, 1987. v. 219. Disponível em: <http://www.camara.gov.br/internet/constituicao20anos/DocumentosAvulsos/vol-219.pdf>.

BRASIL. Assembleia Nacional Constituinte. *Emendas oferecidas ao Substitutivo / III* – Comissão da Organização dos Poderes e Sistema de Governo. Brasília: Centro Gráfico do Senado Federal, 1987. v. 102. Disponível em: <http://www.camara.gov.br/internet/constituicao20anos/DocumentosAvulsos/vol-102.pdf>.

BRASIL. Assembleia Nacional Constituinte. *III – Comissão da Organização dos Poderes e Sistema de Governo –* Parecer às Emendas Apresentadas ao Substitutivo. Brasília: Centro Gráfico do Senado Federal, 1987. v. 103 Disponível em: <http://www.camara.gov.br/internet/constituicao20anos/DocumentosAvulsos/vol-103.pdf>.

BRASIL. Assembleia Nacional Constituinte. *Projeto de Constituição.* Brasília: Centro Gráfico do Senado Federal, 1987. v. 226. Disponível em: <http://www.camara.gov.br/internet/constituicao20anos/DocumentosAvulsos/vol-226.pdf>.

BRASIL. Assembleia Nacional Constituinte. *Projeto de Constituição.* Brasília: Centro Gráfico do Senado Federal, 1987. v. 235. Disponível em: <http://www.camara.gov.br/internet/constituicao20anos/DocumentosAvulsos/vol-235.pdf>.

BRASIL. Assembleia Nacional Constituinte. *Projeto de Constituição (A).* Brasília: Centro Gráfico do Senado Federal, 1988. v. 253. Disponível em: <http://www.camara.gov.br/internet/constituicao20anos/DocumentosAvulsos/vol-253.pdf>.

BRASIL. Assembleia Nacional Constituinte. *Projeto de Constituição – Redação Final (C).* Brasília: Centro Gráfico do Senado Federal, 1988. v. 314. Disponível em: <http://www.camara.gov.br/internet/constituicao20anos/DocumentosAvulsos/vol-314.pdf>.

BRASIL. Assembleia Nacional Constituinte. *Projeto de Constituição – Redação Final (D).* Brasília: Centro Gráfico do Senado Federal, 1988. v. 316. Disponível em: <http://www.camara.gov.br/internet/constituicao20anos/DocumentosAvulsos/vol-316.pdf>.

BRASIL. Assembleia Nacional Constituinte. *Projeto de Constituição (A).* Brasília: Centro Gráfico do Senado Federal, 1988. v. 254. Disponível em: <http://www.camara.gov.br/internet/constituicao20anos/DocumentosAvulsos/vol-254.pdf>.

BRASIL. Assembleia Nacional Constituinte. *Projeto de Constituição.* Brasília: Centro Gráfico do Senado Federal, 1987. v. 242. Disponível em: <http://www.camara.gov.br/internet/constituicao20anos/DocumentosAvulsos/vol-242.pdf>.

BRASIL. Assembleia Nacional Constituinte. *Quadro comparativo.* Brasília: Centro Gráfico do Senado Federal, 1988. v. 298. Disponível em: <http://www.camara.gov.br/internet/constituicao20anos/DocumentosAvulsos/vol-298.pdf>.

BRASIL. Despachos do Presidente da República. *Diário Oficial,* Brasília, n. 185, 26 set. 1986. Disponível em: <http://www.senado.leg.br/publicacoes/anais/constituinte/AfonsoArinos.pdf>. Acesso em: 2 fev. 2018.

BRASIL. *Emenda 2P02036-4.* Disponível em: <http://www2.camara.leg.br/atividade-legislativa/legislacao/Constituicoes_Brasileiras/constituicao-cidada/o-processo-constituinte/plenario/vol255_centrao_aprovadas.pdf>.

BRASIL. Ministério da Justiça e Negócios Interiores. *Exposição de Motivos do Código de Processo Penal.* 1941. Disponível em: <http://honoriscausa.weebly.com/uploads/1/7/4/2/17427811/exmcpp_processo_penal.pdf>.

BUCHANAN, James M. Good economics, bad law. *Virginia Law Review*, v. 60, n. 3, p. 483-492, mar. 1974.

CALSAMIGLIA, Albert. Eficiencia y derecho. *Doxa: Cuadernos de Filosofía del Derecho*, Alicante, n. 4, p. 267-87, 1987.

CÂMARA, Jacintho Arruda. Autorizações administrativas vinculadas: o exemplo do setor de telecomunicações. In: ARAGÃO, Alexandre Santos de; MARQUES NETO, Floriano de Azevedo (Coord.). *Direito administrativo e seus novos paradigmas*. Belo Horizonte: Fórum, 2008.

CAMPOS, Francisco. *O Estado Nacional*: sua estrutura; seu conteúdo ideológico. Brasília: Senado Federal, 2001.

CANE, Peter; KRITZER, Herbert M. (Org.) *The Oxford Handbook of Empirical Legal Research*. Rep. Oxford: Oxford University Press, 2013.

CARAZZA, Bruno. O auxílio-moradia, a inveja e outras mumunhas mais. *Folha de S. Paulo*, 9 fev. 2018. Disponível em: <http://oespiritodasleis.blogfolha.uol.com.br/2018/02/09/o-auxilio-moradia-a-inveja-e-outras-mumunhas-mais/?loggedpaywall>. Acesso em: 26 mar. 2018.

CARVALHO, Luiz Maklouf. *1988*: segredos da Constituinte. Os vinte meses que agitaram e mudaram o Brasil. Rio de Janeiro: Record, 2017.

CORREIA, José Manuel Sérvulo. Os grandes traços do direito administrativo no século XXI. *A&C – Revista de Direito Administrativo & Constitucional*, Belo Horizonte, ano 16, n. 63, p. 45-66, jan./mar. 2016. Disponível em: <http://www.revistaaec.com/index.php/revistaaec/article/viewFile/42/517>.

COSTA, Alexandre; BENVINDO, Juliano Zaiden. A quem interessa o controle concentrado de constitucionalidade? – O descompasso entre teoria e prática na defesa dos direitos fundamentais. *SSRN*, 2014. Disponível em: <http://ssrn.com/abstract=2509541>. Acesso em: 7 fev. 2018.

ENGELMANN, F.; BENTO, J. S.; PENNA, L. R. Doutrinadores, políticos e "direito administrativo" no Brasil. *Política & Sociedade*, v. 16, n. 37, p. 286-314, 2017. Disponível em: <https://periodicos.ufsc.br/index.php/politica/article/view/2175-7984.2017v16n37p286/35978>. Acesso em: 7 mar. 2018.

FALCÃO, Joaquim; CERDEIRA; Pablo; ARGUELHES, Diego. *I Relatório Supremo em Números*: O Múltiplo Supremo. Rio de Janeiro: FGV Direito Rio, 2011. Disponível em: <bibliotecadigital.fgv.br/dspace/bitstream/handle/10438/10312/I%20Relatório%20Supremo%20em%20Números%20-%20O%20Múltiplo%20Supremo.pdf?sequence=5&isAllowed=y>. Acesso em: 7 fev. 2018.

FREITAS, R.; MEDEIROS, D.; MOURA, S. Procurando o Centrão: direita e esquerda na Assembleia Nacional Constituinte (1987-1988). In: CARVALHO, Maria Alice Rezende; ARAÚJO, Cícero; SIMÕES, Júlio Assis (Org.). *A Constituição de 1988*: passado e futuro. São Paulo: ANPOCSG, 2009.

GOLDONI, Marco; WILKINSON, Michael A. The Material Constitution. *London School of Economics Working Papers*, n. 20, 2016.

HESSE, Konrad. *Escritos de derecho constitucional* – Selección. Madrid: Centro de Estudios Constitucionales, 1983.

HESSE, Konrad. *La fuerza normativa de la Constitucion*. Escritos de derecho constitucional. Madrid: Centro de Estdios Constitucionales, 1983.

KOERNER, Andrei; FREITAS, Lígia Barros de. O Supremo na Constituinte e a Constituinte no Supremo. *Lua Nova*, v. 88, p. 141-184, 2013.

LAW, David S. Constitutions. In: CANE, Peter; KRITZER, Herbert M. (Org.) *The Oxford Handbook of Empirical Legal Research*. Rep. Oxford: Oxford University Press, 2013.

LYNCH, Christian; MENDONÇA, José Vicente. Por uma história constitucional brasileira: uma crítica pontual à doutrina da efetividade. *Revista Direito e Práxis*, v. 8, p. 957-1007, 2017.

MEIRELLES, Hely Lopes. O poder de polícia, o desenvolvimento e a segurança nacional. *Revista de Direito Administrativo*, v. 125, p. 1-14, dez. 1976. Disponível em: <http://bibliotecadigital.fgv.br/ojs/index.php/rda/article/view/41826/40519>. Acesso em: 7 fev. 2018.

MENDONÇA, José Vicente Santos de. Direito administrativo e inovação: limites e possibilidades. *A&C – Revista de Direito Administrativo & Constitucional*, v. 17, p. 169-189, 2017.

MOREIRA, José Carlos Barbosa. O Poder Judiciário e a efetividade da nova Constituição. *Revista Forense*, v. 304, 1988.

NEVES, Marcelo. Constitucionalização simbólica e desconstitucionalização fática: mudança simbólica da Constituição e permanência das estruturas reais de poder. *Revista de Informação Legislativa*, v. 33, n. 132, p. 321-330, out./dez. 1996.

RODRIGUEZ, Daniel B. Administrative law. In: WHITTINGTON, Keith E.; KELEMEN, R. Daniel; CALDEIRA, Gregory A. (Org.). *The Oxford Handbook of Law and Politics*. rep. Oxford: Oxford University Press, 2013.

SARMENTO, Daniel. Ubiqüidade constitucional: os dois lados da moeda. In: SARMENTO, Daniel; SOUZA NETO, Cláudio Pereira de (Org.). *A constitucionalização do direito*: fundamentos teóricos e aplicações específicas. 1. ed. Rio de Janeiro: Lumen Juris, 2007.

SARMENTO, Daniel; PEREIRA NETO, Cláudio de Souza. *Direito constitucional*: teoria, história e métodos de trabalho. Belo Horizonte: Fórum, 2013.

SCHIER, Paulo Ricardo. *Filtragem constitucional*: construindo uma nova dogmática jurídica. Porto Alegre: Sérgio Fabris, 1999.

SILVA, José Afonso da. *Aplicabilidade das normas constitucionais*. 3. ed. São Paulo: Malheiros, 1999.

SILVA, Virgílio Afonso da. Ponderação e objetividade na interpretação constitucional. In: MACEDO JR., Ronaldo Porto; BARBIERI, Catarina Helena (Org.). *Direito e interpretação*: racionalidade e instituições. São Paulo: Saraiva, 2011.

STF. *Estatísticas de controle concentrado*. Disponível em: <http://www.stf.jus.br/arquivo/cms/publicacaoBOInternet/anexo/estatistica/ControleConcentradoGeral/CC_Geral.mhtml>.

STF. *Estatísticas do STF*. Disponível em: <http://www.stf.jus.br/portal/cms/verTexto.asp?servico=estatistica&pagina=adi>. Acesso em: 29 mar. 2018.

STOPPINO, Mario. Autoritarismo. In: BOBBIO, Norberto; MATTEUCCI, Nicola; PASQUINO, Gianfranco (Org.). *Dicionário de política*. 8. ed. Tradução de João Ferreira. Brasília: EdUnB, 1995.

STRECK, Lenio Luiz. *Verdade e consenso*: Constituição, hermenêutica e teorias discursivas da possibilidade à necessidade de respostas corretas em direito. Rio de Janeiro: Lumen Juris, 2009.

SUNDFELD, Carlos Ari. *Direito administrativo para céticos*. 2. ed. São Paulo: Malheiros, 2014.

SUNDFELD, Carlos Ari. O fenômeno constitucional e suas três forças. *Revista de Direito do Estado*, v. 3, n. 11, p. 209-216, jul./set. 2008.

SUNDFELD, Carlos Ari; PINTO, Henrique Motta. Três desafios para melhorar a jurisdição constitucional brasileira. In: VOJVODIC, Adriana *et al.* (Org.). *Jurisdição constitucional no Brasil*. São Paulo: Malheiros, 2012.

SUNSTEIN, Cass. Deliberative democracy in the trenches. Daedalus, symposium on deliberative democracy. *SSRN*, 2016. Disponível em: <https://ssrn.com/abstract=2685195>. Acesso em: 7 fev. 2018.

TÁCITO, Caio. *Constituições republicanas*. Brasília: Senado Federal, 1999.

THORNHILL, Chris. The sociology of constitutions. *Annual Review of Law and Social Science*, v. 13, p. 493-513, Oct. 2017. Disponível em: <https://ssrn.com/abstract=3059656>. Acesso em: 10 mar. 2018.

VERISSIMO, Marcos Paulo. A Constituição de 1988, vinte anos depois: Suprema corte e ativismo judicial "à brasileira". *Revista Direito GV*, São Paulo, v. 4, n. 2, p. 407-440, jul./dez. 2008.

VILHENA, Oscar Vieira. *Supremo Tribunal Federal*: jurisprudência política. 2. ed. São Paulo: Malheiros, 2002.

VILHENA, Oscar Vieira. Supremocracia. *Revista Direito GV*, São Paulo, v. 4, n. 2, p. 441-464, jul./dez. 2008. Disponível em: <http://www.scielo.br/pdf/rdgv/v4n2/a05v4n2.pdf>. Acesso em: 30 mar. 2018.

VILLA, Marco Antônio. *A história das Constituições brasileiras*. São Paulo: Leya, 2012.

ZAGREBELSKY, Gustavo. *Historia y Constitución*. Tradução de Miguel Carbonell. Madrid: Trotta, 2005.

ZWICK, E. *et al.* Administração pública tupiniquim: reflexões a partir da Teoria N e da Teoria P de Guerreiro Ramos. *Cadernos EBAPE.BR (FGV)*, v. X, p. 1-19, 2012. Disponível em: <http://bibliotecadigital.fgv.br/ojs/index.php/cadernosebape/article/view/5264>. Acesso em: 7 fev. 2018.

Informação bibliográfica deste texto, conforme a NBR 6023:2002 da Associação Brasileira de Normas Técnicas (ABNT):

BAPTISTA, Patrícia; ACCIOLY, João Pedro. A Administração Pública na Constituição de 1988 – 30 anos depois: disputas, derrotas e conquistas. In: BARROSO, Luís Roberto; MELLO, Patrícia Perrone Campos (Coord.). *A República que ainda não foi*: trinta anos da Constituição de 1988 na visão da Escola de Direito Constitucional da UERJ. Belo Horizonte: Fórum, 2018. p. 69-93. ISBN 978-85-450-0582-7.

TRINTA ANOS, UMA CONSTITUIÇÃO, TRÊS SUPREMOS: AUTORRESTRIÇÃO, EXPANSÃO E AMBIVALÊNCIA

PATRÍCIA PERRONE CAMPOS MELLO

1 Introdução[1]

Ao longo dos trinta anos de vigência da Constituição de 1988, o Supremo Tribunal Federal (STF) adquiriu um considerável protagonismo na vida política do país. Foi chamado a se manifestar sobre questões de grande relevância, tais como o *impeachment* de dois presidentes da República, esquemas de corrupção envolvendo altas autoridades e o sistema de financiamento de campanhas eleitorais. Proferiu decisões importantes sobre temas controvertidos do ponto de vista moral, afirmando o direito de casais homoafetivos ao reconhecimento das suas uniões estáveis, a possibilidade de interrupção da gestação de fetos anencefálicos e o dever estatal de alterar o prenome do registro de nascimento de transexuais de forma a compatibilizá-lo com sua identidade de gênero. Na esfera social, assegurou direitos sociais, determinando, a título ilustrativo, o fornecimento de medicamentos, o direito à matrícula em instituições de ensino e ampliando o acesso de idosos e de pessoas com deficiência aos benefícios da assistência social.

A história do Supremo Tribunal Federal sob a vigência da Constituição de 1988 não é, todavia, uma história homogênea ou linear. Tampouco é uma história feita apenas de avanços e de acertos, como de resto não o são as histórias das instituições políticas. Ao longo dos trinta anos de vigência da Carta, a Corte variou em seu comportamento e em sua compreensão acerca de diversos temas. O objeto deste trabalho é analisar as distintas fases pelas quais passou o Tribunal, sob a vigência da atual Constituição, no que respeita ao alcance da sua própria posição institucional. Parece-nos possível identificar três momentos distintos sobre a questão.

Em uma primeira fase, entre a promulgação da Constituição e o final da década de noventa, o Tribunal limitou as suas competências e resistiu a desempenhá-las em

---

[1] Agradeço a Teresa Melo e a Lauren De La Corte, minhas colegas de assessoria no Supremo Tribunal Federal e de academia, pelos comentários e críticas que me ajudaram a aprimorar este trabalho.

sua inteireza. Com esse comportamento, possivelmente evitou alguns embates políticos importantes e escolheu não exercer todo o poder que lhe fora conferido. Em uma segunda fase, que tem início por volta dos anos 2000, o Supremo redesenhou parte das suas competências, recebeu novas atribuições do legislador e ampliou seu papel institucional, construindo um importante capital político. Em uma (possível) terceira fase, ou onda reversa, a partir de 2014, o Tribunal se mostra hesitante e vacilante quanto à sua própria posição institucional e começa a consumir o capital conquistado na fase anterior. Esses diferentes momentos do comportamento do STF são denominados neste trabalho: (i) fase autorrestritiva (1988 a 2000), (ii) fase expansiva (2000 a 2014) e (iii) fase reversa (a partir de meados de 2014).

Tais variações, é importante salientar, ocorreram em um ambiente normativo que sempre favoreceu a ascensão institucional da Corte. O texto original da Constituição, as emendas que a alteraram e as normas infraconstitucionais que tratavam do tema favoreciam, invariavelmente, o empoderamento do Tribunal. Estabelecidas essas premissas, passa-se ao exame das três fases de desempenho institucional do Supremo e das suas explicações.

2 Competências do STF: quadro normativo

A Constituição de 1988 operou a transição do país dos longos anos de regime autoritário para o regime democrático. Contou com uma ampla mobilização popular durante a sua elaboração. Contemplou um longo rol de direitos individuais, políticos e sociais. Dispôs sobre federação, sobre a organização do Estado, sobre a separação de poderes, sobre os deveres de legalidade, moralidade e impessoalidade da administração pública e sobre um extenso universo de matérias. Valeu-se, em muitos casos, de cláusulas gerais cujo alcance e concretização favoreceria, nos anos seguintes, uma ampla judicialização, capaz de cobrir quase todos os domínios da vida.[2]

No que respeita especificamente ao Judiciário, a Constituição de 1988 restabeleceu o equilíbrio entre os poderes, previu uma série de garantias em favor da magistratura e atribuiu considerável relevância ao Supremo Tribunal Federal, ampliando substancialmente as suas competências. A Carta de 1988 manteve o controle difuso e o controle concentrado da constitucionalidade. O controle difuso, perante o STF, continuaria a ser provocado por meio do recurso extraordinário. Nessa modalidade de controle, o Tribunal exerceria o papel de última instância em matéria constitucional, proferindo decisões que, inicialmente, produziam apenas efeitos *inter partes*. No controle concentrado da constitucionalidade, a Corte desempenharia o papel de instância originária e única, cabendo-lhe julgar, segundo o texto constitucional de então: a ação direta de inconstitucionalidade e a ação direta de inconstitucionalidade por omissão.[3] Os julgados proferidos pela Corte nesse âmbito geravam efeitos vinculantes e gerais (*erga omnes*) para o Judiciário e

---

[2] BARROSO, Luís Roberto. *A judicialização da vida e o papel do Supremo Tribunal Federal*. Belo Horizonte: Fórum, 2018.

[3] Além dessas ações, compete ao STF, no âmbito do controle concentrado, o processo e o julgamento das ações diretas interventivas (CF/1988, art. 36, III). O objeto do presente artigo prescinde, contudo, do seu exame, razão pela qual não serão mencionadas.

para a Administração Pública. Constava, ainda, no texto da Constituição a arguição de descumprimento de preceito fundamental, embora sem contornos definidos.

O controle concentrado da constitucionalidade foi ampliado no que respeita à Constituição anterior. Previram-se novos legitimados ativos e instrumentos para deflagrá-lo. Na ordem constitucional pretérita, essa modalidade de controle era atribuída exclusivamente ao procurador-geral da República, cargo, então, de livre nomeação e exoneração do presidente da República. A nova ordem constitucional estende a legitimidade para provocar o controle concentrado a um conjunto amplo de atores. Passam a poder propor ações diretas, além do procurador-geral da República, o Conselho Federal da Ordem dos Advogados do Brasil (OAB), os partidos políticos com representação no Congresso Nacional, as confederações sindicais e as entidades de classe de âmbito nacional, entre outros atores políticos.[4] A ampliação dos legitimados aumenta as perspectivas de utilização do controle concentrado e, portanto, o empoderamento do Tribunal.

A Constituição de 1988 cria, ainda, o mandado de injunção, ação cabível sempre que a falta de norma regulamentadora federal puder frustrar o exercício de direitos e liberdades constitucionais. E atribui ao Supremo a competência para seu julgamento, quando a edição da norma regulamentadora faltante for de responsabilidade do presidente da República, do Congresso Nacional e dos Tribunais Superiores, entre outros.[5] A Carta de 1988 determina, por fim, entre diversas outras competências, que cabe ao STF processar e julgar um amplo conjunto de altas autoridades em matéria penal, como, mais uma vez: o presidente da República, os membros do Congresso e seus próprios ministros.[6]

Alguns anos mais tarde, a Emenda Constitucional nº 3/1993 acrescenta ao universo de competências exercidas pelo STF em âmbito concentrado a ação declaratória de constitucionalidade.[7] A Lei nº 9.868/1999 dispõe sobre o processo e o julgamento das ações diretas. A Lei nº 9.882/1999 confere à arguição de descumprimento de preceito fundamental as características de uma ação direta residual, cabível quando inexistente outro instrumento apto a deflagrar o controle concentrado.[8] A EC nº 45/2004 cria a súmula vinculante, abrindo caminho à atribuição de efeitos vinculantes e gerais às decisões reiteradas sobre a inconstitucionalidade das normas, inclusive em sede difusa.

A mesma emenda cria, ainda, o requisito da repercussão geral para a admissão do recurso extraordinário, operando o que se designou "objetivação" do controle difuso da constitucionalidade. Para fins de admissão do recurso extraordinário, deixa de bastar a alegação de violação à Constituição. Passa a ser preciso demonstrar que a apreciação da questão de direito objeto do recurso transcende os interesses subjetivos das partes e importa à comunidade como um todo, por veicular questão relevante do ponto de vista jurídico, político, econômico ou social.

---

[4] O procurador-geral da República, antes, mero detentor de cargo em comissão, torna-se titular de mandato com a Constituição de 1988 e, juntamente com outras garantias asseguradas ao Ministério Público, ganha considerável independência inclusive para judicializar questões por meio de ações diretas.

[5] CF/1988, art. 102, I, "q".

[6] CF/1988, art. 102, I, "b" e "c".

[7] CF/1988, art. 102, I, "a".

[8] O aspecto residual impõe que se demonstre não apenas que não há outra ação cabível, na via concentrada, mas igualmente que essa modalidade de controle é necessária para sanar determinada inconstitucionalidade, em virtude dos efeitos gerais produzidos pelas decisões nela proferidas.

Por fim, o Novo Código de Processo Civil (CPC/2015) determina que as decisões proferidas pelo Supremo Tribunal Federal, em sede de recurso extraordinário com repercussão geral, passam a produzir efeitos vinculantes e gerais para os demais órgãos judiciais, independentemente da atuação do Senado Federal, prevista no art. 52, X. É dizer: as decisões proferidas pelo STF acerca da (in)constitucionalidade das normas, que tiveram efeitos *inter partes* desde sempre, com o Novo CPC, passam a produzir efeitos gerais, para além das partes, vinculando todo o Judiciário, independentemente da edição de súmula vinculante.

O CPC/2015 passa, ainda, a prever o cabimento de reclamação caso o entendimento firmado pelo STF, em controle concentrado ou difuso, seja desrespeitado.[9] Em ambas as hipóteses passa a haver um instrumento eficaz para impor a observância da interpretação firmada pelo Tribunal. O Novo Código estabelece, portanto, a reclamação como um mecanismo voltado a assegurar o respeito às teses jurídicas, à *ratio decidendi* firmada nas decisões da Corte. Com isso, completa-se um ciclo de ampla expansão da jurisdição do Supremo Tribunal Federal e dos efeitos vinculantes e gerais das suas decisões. E afirma-se o papel do STF como Corte de Precedentes.[10]

Assim, no plano normativo, o Supremo Tribunal Federal experimentou, durante os trinta anos de vigência da Constituição de 1988, um crescente empoderamento. Esse empoderamento foi produto do texto original da Constituição, bem como de emendas constitucionais e de leis cuja elaboração contou com a manifestação e a adesão dos demais poderes. No plano fático, todavia, o empoderamento normativo não necessariamente resultou, automaticamente e sempre, no exercício de todos os poderes que lhe foram conferidos. De fato, no que respeita ao efetivo exercício da jurisdição em toda a extensão que lhe foi permitida, o Supremo Tribunal Federal passou por fases bastante distintas.

3 Fase autorrestritiva: limitação de competências e autocontenção institucional

A primeira fase de atuação do Supremo Tribunal Federal após a promulgação da Constituição de 1988 caracteriza-se pela interpretação restritiva de parte das competências recebidas pela nova ordem e pela manifesta resistência em exercê-las. No que respeita ao cabimento de ações diretas, o Supremo firmou o entendimento de que normas anteriores à Constituição não eram passíveis de exame em controle concentrado.[11] O argumento utilizado era de que essa modalidade de controle era abstrata e voltava-se à proteção da

---

[9] A legislação anterior ao CPC/2015 não admitia o cabimento de reclamação por desrespeito à *tese* firmada em recurso extraordinário com repercussão geral. Admitia apenas reclamação contra o desrespeito ao *dispositivo da decisão* proferida em controle concentrado. O dispositivo, nas ações diretas, versava sobre (in)constitucionalidade de uma lei específica. Uma decisão que interpretasse lei diversa de conteúdo idêntico de forma oposta não podia ser atacada por meio de reclamação, nem mesmo se o precedente tivesse sido proferido em sede concentrada, porque não se admitia reclamação contra o desrespeito da tese ou da interpretação firmada pelo STF. O Tribunal recusava, em ambas as modalidades de controle (difuso ou concentrado), a ideia da eficácia transcendente da fundamentação dos seus julgados. O CPC/2015 encerrou esse debate, possibilitando a reclamação pela violação da tese, tanto daquela afirmada no controle concentrado, quanto daquela afirmada no controle difuso.

[10] MARINONI, Luiz Guilherme. *Precedentes obrigatórios*. 4. ed. São Paulo: Revista dos Tribunais, 2016; BARROSO, Luís Roberto; MELLO, Patrícia Perrone Campos. Trabalhando com uma nova lógica: a ascensão dos precedentes no direito brasileiro. *Revista da AGU*, Brasília, v. 15, n. 3, p. 9-52, jul./set. 2016.

[11] STF, Pleno. ADI nº 2. Rel. Min. Paulo Brossard. *DJ*, 21 nov. 1997.

higidez da ordem jurídica (e não à tutela de direitos subjetivos), pressupondo, portanto, um ataque atual à Constituição. Alegava-se, contudo, que norma anterior materialmente incompatível com a nova Carta constituiria norma revogada pela própria. Tratava-se, por isso, de questão cronológica e não propriamente de hierarquia constitucional.

Obviamente, nos primeiros anos de vigência da Constituição, a maior parte das normas infraconstitucionais fora produzida à luz do ordenamento anterior. Tal interpretação restritiva sobre o alcance do controle concentrado reduzia imensamente o escopo imediato das ações diretas e suprimia a possibilidade de exercício dessa modalidade de controle sobre toda a legislação produzida no período autoritário.[12]

No que se refere ao rol de legitimados para provocar o controle concentrado, o Supremo estabeleceu uma diferenciação, sem lastro no texto da Constituição, entre legitimados universais e legitimados especiais. Os legitimados universais, segundo tal entendimento, podiam propor ações diretas de inconstitucionalidade a respeito de qualquer tema. Já os legitimados especiais só poderiam debater a constitucionalidade das normas, se demonstrassem que a questão tinha relação com os interesses institucionais que estavam autorizados defender, requisito a que se denominou pertinência temática. A Corte atribuiu, então, por meio da sua jurisprudência, a condição de legitimado especial aos atores que pareciam capazes de produzir o maior nível de judicialização (ou a menos desejada): os governadores (são vinte e seis estados no país mais o Distrito Federal), as confederações sindicais e as entidades de classes de âmbito nacional.[13]

Ainda quanto aos legitimados, o Tribunal estabeleceu que, para a caracterização como confederação sindical, uma entidade deveria comprovar a filiação de três federações de distintos estados.[14] E, para a configuração como associação de classe de âmbito nacional, determinou que deveria restar demonstrada a existência de filiados em nove estados da Federação.[15] Além disso, a associação deveria representar uma classe profissional ou econômica homogênea, não podendo constituir "associação de associações".[16]

Nos primeiros anos de vigência da Constituição de 1988, o Supremo Tribunal Federal restringiu, portanto, o objeto sobre o qual os legitimados para a propositura de ações diretas poderiam litigar e criou diversos requisitos para o reconhecimento da legitimidade desses atores. A exigência de que a associação de caráter nacional representasse uma categoria profissional ou econômica era particularmente adversa à veiculação de discussões sobre direitos fundamentais por parte de entidades da sociedade civil. Associações voltadas à proteção desses direitos dificilmente configuravam-se como categoria em tais perspectivas. Portanto, a jurisprudência não apenas evitava o enfrentamento de normas do período autoritário em sede concentrada, mas igualmente retirava desse controle o exame de violações a direitos fundamentais, ao menos, no que respeita aos legitimados especiais.

---

[12] ARGUELHES, Diego Werneck. Poder não é querer: preferências restritivas e redesenho institucional no Supremo Tribunal Federal pós-democratização. In: SARMENTO, Daniel (Coord.). *Jurisdição constitucional e política*. Rio de Janeiro: Forense, 2015. p. 211-244.
[13] STF, Pleno. ADI nº 902 MC. Rel. Min. Marco Aurélio. *DJ*, 22 abr. 1994; STF, Pleno. ADI nº 1151. Rel. Min. Marco Aurélio. *DJU*, 19 maio 1995.
[14] STF, Pleno. ADI nº 505. Rel. Min. Moreira Alves. *DJ*, 2 ago. 1991.
[15] STF, Pleno. ADI nº 386. Rel. Min. Sydney Sanches. *DJ*, 28 jun. 1991.
[16] STF, Pleno. ADI nº 108. Rel. Min. Celso de Mello. *DJ*, 5 jun. 1992.

A Corte firmou, ainda, o dogma do legislador negativo. Segundo ele, na condição de intérprete da Constituição, o STF poderia, quando muito, declarar a inconstitucionalidade da norma e, portanto, suprimir a sua aplicação. Não podia, todavia, produzir qualquer tipo de interpretação que acrescentasse conteúdo ao ordenamento constitucional ou infraconstitucional.

Quanto ao ponto, é de se notar que a Constituição previra uma série de direitos que dependiam de regulamentação, como: o direito à indenização de perseguidos políticos, o direito à aposentadoria especial e o direito de greve dos servidores públicos. Em virtude dessa circunstância, previu dois instrumentos voltados a sanar as omissões inconstitucionais do Poder Público na regulamentação de tais direitos: a ação direta de inconstitucionalidade por omissão e o mandado de injunção. Ambas receberam, contudo, a mesma interpretação restritiva, que, em verdade, os esvaziava de qualquer utilidade. Tanto na ação de inconstitucionalidade por omissão, quanto no mandado de injunção, o STF entendia caber-lhe tão somente reconhecer a mora da autoridade omissa e instá-la a agir.[17]

O entendimento inicial da Corte, em mandado de injunção, não se propunha sequer a produzir norma que viabilizasse o exercício do direito provisoriamente, até que lei fosse editada. O acórdão que constituiu o *leading case* sobre a matéria, relatado pelo Ministro Moreira Alves, afirmava que não cabia ao Supremo Tribunal Federal atuar como legislador positivo, uma vez que seus ministros não foram eleitos pelo voto popular e que a questão não havia sido excepcionada pela Constituição nem mesmo no que respeita à apreciação da ação direta de inconstitucionalidade por omissão. Se, nas ADOs, instrumento do controle abstrato, em que estava em questão a higidez do ordenamento como um todo, o STF deveria se ater a constituir o legislador em mora e instá-lo a agir, medida mais ousada não poderia ser deferida no mandado de injunção. É que o mandado de injunção era uma ação passível de exame por diversas instâncias, na qual estavam em jogo interesses subjetivos. Segundo o raciocínio, seria uma incoerência sistêmica autorizar uma decisão mais ousada nesse segundo instrumento do que na ADO. Em síntese, portanto, a Constituição previra dois institutos com o mesmo propósito – combate a omissões inconstitucionais –, e a interpretação inicial dada a ambos pelo STF frustrava a superação da omissão.[18]

Com a interpretação restritiva de suas próprias competências e a escolha por não exercer o poder que lhe foi conferido, o Supremo postergou, por mais de uma década, o exame da validade das normas do período autoritário, bem como o controle célere de violações a direitos fundamentais e a implementação de um sem número de direitos e demandas sociais, evitando um protagonismo que o novo desenho institucional não apenas permitia, mas o chamava a exercer. Por quê?

---

[17] STF, Pleno. MI nº 707. Rel. Min. Moreira Alves. *DJ*, 21 set. 1990.
[18] STF, Pleno. MI nº 707. Rel. Min. Moreira Alves. *DJ*, 21 set. 1990. Mais adiante, a Corte avançou para determinar que, na ausência de norma regulamentadora e já tendo sido instado o legislador a suprir a omissão sem que tampouco houvesse atuado, o direito à reparação econômica dos perseguidos políticos (art. 8º, §3º, ADCT) e o direito à isenção de contribuição para a seguridade social das entidades beneficentes de assistência social (art. 195, §7º, CF/1988) poderiam ser imediatamente fruídos como se constituíssem normas de eficácia plena. As decisões não avançavam, contudo, para suprir a norma faltante, muito embora possibilitassem a fruição do direito. Persistia a adesão, no ponto, ao dogma do legislador negativo. V., nesse sentido: STF, Pleno. MI nº 283. Rel. Min. Sepúlveda Pertence. *DJ*, 20 mar. 1991.

Algumas explicações são propostas pela literatura sobre a Corte.[19] Em primeiro lugar, o Supremo Tribunal Federal Pós-Constituição de 1988 é composto pelos mesmos membros que já integravam o Tribunal durante o período autoritário e cuja indicação ocorreu no curso deste. Não há solução de continuidade. A ordem normativa era nova, mas os atores eram os mesmos e deviam sua investidura à antiga ordem.[20]

Uma segunda explicação dá conta de que, embora a atuação do STF não tenha sido sempre marcada por uma postura de resistência ao autoritarismo, o Tribunal teve seus momentos de oposição e de coragem e reúne, em sua história, diversos episódios de ataques institucionais por parte do Executivo, incluindo a aposentadoria compulsória de ministros e a ameaça à continuidade do seu funcionamento. Alguma cautela nos primeiros momentos da transição democrática era compreensível, tanto para evitar embates que poderiam comprometer a estabilidade da Corte e a consolidação da democracia, quanto para compreender as suas reais possibilidades de atuação.[21]

Uma terceira explicação, sobretudo relacionada ao cabimento de ações diretas de inconstitucionalidade, sugere que o Supremo Tribunal Federal temia a banalização do controle concentrado da constitucionalidade e uma explosão desse tipo de demanda, o que agravaria a sobrecarga de processos já sentida pela Corte. Essa seria a justificativa para a construção de filtros e limites ao cabimento das ações diretas que não se encontravam no texto propriamente e que, por essa razão, acabaram apelidados de "jurisprudência defensiva".[22]

Além disso, eram outros tempos, então, quer quanto à compreensão da função dos juízes, quer quanto ao papel institucional da Corte. O papel do juiz tinha uma conotação mais formalista. O Supremo era compreendido com um olhar mais tradicional, como uma instituição do Poder Judiciário que deveria permanecer distanciada de embates políticos. Tanto é assim que alguns membros da Corte manifestaram oposição à ampliação do controle concentrado no curso do processo constituinte.[23] Havia a percepção de que essa modalidade de controle favorecia um tipo de atuação que uma corte não deveria ter.

Provavelmente, o comportamento do STF nesta primeira fase não é resultado de uma única dessas causas, mas da sua interação e eventualmente de outras não identificadas. Ele demonstra, contudo, que, embora o ambiente normativo e o desenho institucional sejam relevantes para determinar o comportamento de um tribunal e dos seus juízes, eles não são suficientes para explicá-lo. O poder de conformação das normas pode encontrar resistência em um saber institucional pretérito e consolidado que só com o tempo cede ao novo. Pode encontrar obstáculo nas convicções individuais e na

---

[19] ARGUELHES, Diego Werneck. Poder não é querer: preferências restritivas e redesenho institucional no Supremo Tribunal Federal pós-democratização. In: SARMENTO, Daniel (Coord.). *Jurisdição constitucional e política*. Rio de Janeiro: Forense, 2015. p. 211-244.

[20] BARROSO, Luís Roberto. Doze anos da Constituição brasileira de 1988. In: BARROSO, Luís Roberto. *Temas de direito constitucional*. Rio de Janeiro: Renovar, 2001. t. I. p. 24.

[21] ARGUELHES, Diego Werneck. Poder não é querer: preferências restritivas e redesenho institucional no Supremo Tribunal Federal pós-democratização. In: SARMENTO, Daniel (Coord.). *Jurisdição constitucional e política*. Rio de Janeiro: Forense, 2015. p. 211-244.

[22] BARROSO, Luís Roberto. *O controle de constitucionalidade no direito brasileiro*. 7. ed. São Paulo: Saraiva, 2015. p. 195 e ss.

[23] ARGUELHES, Diego Werneck. Poder não é querer: preferências restritivas e redesenho institucional no Supremo Tribunal Federal pós-democratização. In: SARMENTO, Daniel (Coord.). *Jurisdição constitucional e política*. Rio de Janeiro: Forense, 2015. p. 211-241.

vontade dos magistrados, em parte, conformadas pelas instituições. Depende, em síntese, da interação entre norma e realidade.[24] O fato é que, durante pouco mais da primeira década de vigência da Constituição de 1988, o Supremo não quis exercer todo o poder que a Carta lhe conferiu, demonstrando que "poder não é querer".[25]

4 Fase expansiva: ampliação de competências e conquista de capital político

A segunda fase da atuação do Supremo Tribunal Federal sob a vigência da Constituição de 1988 é marcada por uma substancial mudança de comportamento quanto às suas próprias competências e ao seu papel institucional. Não há propriamente uma alteração da jurisprudência defensiva quanto ao escopo da ação direta de inconstitucionalidade. Entretanto, a Lei nº 9.882/1999 regulamenta a arguição de descumprimento de preceito fundamental (ADPF), com caráter residual e subsidiário quanto às demais ações diretas e com um diferencial de peso: cabimento em face de normas anteriores à Constituição de 1988. Quando as demais ações diretas não forem cabíveis, passa a caber a ADPF, desde que se demonstre a necessidade de uma decisão com efeitos vinculantes e gerais para solucionar a violação constitucional.[26] Com isso, abre-se caminho à apreciação das leis do período autoritário também em sede concentrada.

A diferenciação entre legitimados universais e especiais persistiu, tanto quanto a exigência de pertinência temática. Entretanto, a jurisprudência que vedava que associações de associações configurassem entidade de classe de âmbito nacional foi sendo progressivamente flexibilizada.[27] O mesmo ocorreu com a exigência de que a associação fosse composta da mesma categoria profissional e econômica em termos absolutos e estritos. Passou-se a admitir a reunião de grupos com alguma heterogeneidade como entidades de classe.[28] Da mesma forma, a exigência da filiação do mínimo de três federações para a legitimação ativa da confederação sindical foi superada, desde que demonstrada a sua representatividade nacional.[29]

No que respeita ao dogma do legislador negativo, grandes avanços se operaram. Em abril de 2002, o Supremo Tribunal Federal admitiu uma arguição de descumprimento de preceito fundamental que tinha por objeto a omissão parcial da norma que dispusera sobre o salário mínimo. Alegava-se que, a despeito de haver sido elaborada uma lei dispondo sobre a questão, a omissão (parcial) estaria presente porque a lei não dava

---

[24] HESSE, Konrad. La interpretación constitucional. In: HESSE, Konrad et al. Escritos de derecho constitucional. Madri: Centro de Estudios Constitucionales, 1983.

[25] A expressão é de Diego Werneck Arguelhes (ARGUELHES, Diego Werneck. Poder não é querer: preferências restritivas e redesenho institucional no Supremo Tribunal Federal pós-democratização. In: SARMENTO, Daniel (Coord.). *Jurisdição constitucional e política*. Rio de Janeiro: Forense, 2015. p. 211-241).

[26] BARROSO, Luís Roberto. *O controle de constitucionalidade no direito brasileiro*. 7. ed. São Paulo: Saraiva, 2015. p. 335-340.

[27] STF, Pleno. ADI nº 3.153 AgR. Rel. p/ o acórdão Min. Sepúlveda Pertence, j. 12.08.2004. DJU, 9 set. 2005.

[28] STF, Pleno. ADI nº 3.702. Rel. Min. Dias Toffoli, j. 1.06.2011. DJe, 30 ago. 2011; STF, Pleno. Rel. Min. Marco Aurélio, j. 1º.6.2011. DJe, 1º ago. 2011.

[29] STF, Pleno. ADPF nº 4. Rel. Min. Ellen Gracie. DJU, 17 abr. 2002. Não se chegou a lavrar acórdão do julgamento quanto à admissibilidade da ação, tomada por um *quorum* apertado de 6 x 5. Posteriormente, a ação seria julgada prejudicada, por perda do objeto, tendo em vista nova alteração, por lei, no valor do salário mínimo (STF, Pleno. Rel. Min. Ellen Gracie, j. 2.8.2006. DJU, 22 set. 2006).

plena efetividade ao que dispunha o art. 7º, IV, CF/1988, uma vez que estipulava como valor do salário mínimo uma importância que era insuficiente diante das necessidades essenciais do trabalhador, tal como determinado pelo dispositivo constitucional.

A ADPF foi admitida ao fundamento de que a hipótese atendia ao requisito da subsidiariedade. Alegou-se, nessa linha, que a ação de inconstitucionalidade por omissão não se prestava a dar solução adequada à questão, já que a jurisprudência da própria Corte não admitia que, por meio da ADO, se suprisse eventual omissão. Ainda que o mérito da ADPF não tenha chegado a ser apreciado, a decisão já sinalizava a disposição da Corte de buscar um instrumento apto à superação de omissões inconstitucionais.[30]

Meses mais tarde, o Supremo apreciaria um recurso extraordinário em que se discutia o número de vereadores de determinada câmara municipal. O quantitativo de vereadores respeitava os limites mínimos e máximos previstos na Constituição, mas alegava-se que era excessivo, comparativamente à população do município. Havia uma percepção geral de excesso de cargos políticos em pequenos municípios, com população diminuta e parcos recursos. O Tribunal acolheu, então, as alegações e criou um critério aritmético para cálculo da proporcionalidade entre número de vereadores e população, estabelecendo, por interpretação, subfaixas entre os limites máximo e mínimo previstos na Carta. A decisão acrescia conteúdo à própria norma constitucional, constituía inequívoca atuação normativa da Corte[31] e causou tamanho impacto junto aos demais poderes que acabou superada por emenda constitucional.[32]

Em 2004, no âmbito do julgamento conjunto de três mandados de segurança, o STF supera precedente anterior e afirma o dever de fidelidade partidária por parte de parlamentares eleitos pelo sistema de votação proporcional, estabelecendo uma nova hipótese de perda de mandato, decorrente da troca injustificada de partido pelo parlamentar. O dever de fidelidade partidária havia sido suprimido do regime constitucional anterior pela EC nº 25/1985 e não voltara a ser inserido, de forma expressa, na Constituição de 1988. Por tal razão, o STF já havia firmado entendimento pela inexistência de tal dever.[33] Entretanto, o Tribunal verificou que a maior parte dos eleitos pelo sistema proporcional não obtinha quantitativo individual de votos suficiente para sua eleição, elegendo-se com base na votação obtida pelo partido. Constatou, igualmente, que havia se consolidado na Câmara dos Deputados uma prática de trocas de partidos posteriormente às eleições, que ensejava intensa migração de parlamentares para partidos maiores.

À luz desse contexto, o STF concluiu que a inexistência de fidelidade partidária implicava a distorção da vontade do eleitor, a frustração da representação de minorias políticas e, portanto, a deformação do adequado funcionamento do processo democrático, e passou a entender que o dever de fidelidade decorria implicitamente da Constituição.[34] Mais uma vez, a interpretação da Corte acrescentava normas à Carta.

Em 2007, o Supremo Tribunal Federal abandona o entendimento anterior sobre o alcance das decisões em mandado de injunção e passa a reconhecer a possibilidade

---

[30] STF, Pleno. ADPF nº 4. Rel. Min. Ellen Gracie, j. 17.4.2002.
[31] STF, Pleno. RE nº 197.917. Rel. Min. Maurício Correa. *DJU*, 7 maio 2004.
[32] Emenda Constitucional nº 58, de 23.9.2009.
[33] STF, Pleno. MS nº 20.927. Rel. Min. Moreira Alves. *DJ*, 15 abr. 1994.
[34] STF, Pleno. MS nº 26.602. Rel. Min. Eros Grau. *DJe*, 17 out. 2008; MS nº 26.603. Rel. Min. Celso de Mello. *DJe*, 19 dez. 2008; MS nº 26.604. Rel. Min. Cármen Lúcia. *DJe*, 3 out. 2008.

de produzir a norma faltante, que deveria vigorar em caráter temporário, enquanto não sobreviesse lei sobre o tema. A decisão ocorreu quando da apreciação de mandado de injunção, decorrente da falta de regulamentação do direito de greve dos servidores públicos.[35] Na oportunidade, o Tribunal dispôs sobre as condições a serem observadas pela greve, com base em aplicação analógica da lei que regulava o exercício do direito na iniciativa privada. Explicitou os tribunais competentes para conhecer dos respectivos dissídios. E determinou, ainda, que a decisão se aplicaria a todas as categorias de servidores e não apenas àquelas representadas nas ações apreciadas, conferindo à decisão proferida em mandado de injunção efeitos vinculantes e gerais.[36] A decisão produzia não apenas normas sobre o exercício do direito de greve por parte dos servidores, mas igualmente sobre competência judicial em matéria de dissídio e atribuía, ainda, efeitos vinculantes e gerais às decisões proferidas em mandados de injunção.

Entre 2008 e 2012, o avanço do Supremo Tribunal Federal na afirmação das possibilidades da jurisdição constitucional e na expansão de seu papel institucional prossegue, com o julgamento de casos de enorme relevo e de grande repercussão, em que a discussão sobre a atividade construtiva e normativa do Tribunal esteve bastante presente. No julgamento da constitucionalidade das pesquisas com células-tronco embrionárias, ainda que a validade da norma tenha restado afirmada na sua integralidade, os ministros que ficaram vencidos procuraram produzir uma decisão aditiva, que acrescentava à lei condicionantes restritivas para o alcance da pesquisa. A pretensão não foi acolhida pela maioria, não porque não era possível acrescentar conteúdos à norma, por meio da atividade interpretativa, mas porque se entendeu que a lei dava tratamento adequado à questão e que não demandava reparos.[37]

No caso sobre a demarcação da reserva indígena Raposa Serra do Sol, a maioria estipulou dezenove condicionantes concernentes à validade e ao alcance da demarcação, bem como ao acesso à reserva, ao uso de seus recursos e a preocupações de defesa nacional, condicionantes que tampouco estavam explícitas na Constituição.[38] Na decisão sobre uniões homoafetivas, o Tribunal reconheceu as uniões estáveis entre pessoas do mesmo sexo, muito embora a Constituição e o Código Civil vinculassem o instituto a uniões entre homem e mulher, acrescendo ao texto hipótese não contemplada em sua literalidade.[39] Por fim, no julgamento que tratou da interrupção da gestação de fetos anencefálicos, o STF invocou a inviabilidade da vida extrauterina de tais crianças, a dignidade e autonomia das mulheres para construir, por interpretação, uma exceção à incidência do tipo penal de aborto.[40]

O Tribunal declarou, ainda, a não recepção da Lei de Imprensa produzida durante o período autoritário, em longo acórdão que assegurava a ampla liberdade de imprensa e

---

[35] STF, Pleno. MI nº 670. Rel. p/ acórdão Min. Gilmar Mendes. *DJe*, 31 out. 2008; MI nº 708. Rel. Min. Gilmar Mendes; e MI nº 712. Rel. Min. Eros Grau.

[36] A mesma abordagem se reproduziria nos casos subsequentes, a exemplo do mandado de injunção que apreciou o direito à aposentadoria especial dos servidores e no qual se aplicou, por analogia, a lei que regulava a matéria em relação aos trabalhadores em geral. V. STF, Pleno. MI nº 758. Rel. Min. Marco Aurélio. *DJe*, 26 set. 2008.

[37] STF, Pleno. Rel. Min. Ayres Britto, j. 29.5.2008. *DJe*, 28 maio 2010.

[38] STF, Pleno. Pet nº 3.388. Rel. Min. Ayres Britto, j. 19.3.2009. *DJe*, 25 set. 2009.

[39] STF, Pleno. ADI nº 4.277, j. 5.5.2011. *DJe*, 14 out. 2011 e ADPF nº 132. Rel. Min. Ayres Britto. V. CF/1988, art. 226, §3º; CC/2002, art. 1723.

[40] STF, Pleno. ADPF nº 54. Rel. Min. Marco Aurélio, j. 12.4.2012. *DJe*, 30 abr. 2013.

que construía uma narrativa de superação do período político que precedera a transição democrática.[41]

No início de 2012, o Supremo concluiu o julgamento que afirmou a constitucionalidade da Lei da Ficha Limpa (Lei Complementar nº 135/2010). A norma previu a inelegibilidade, por oito anos, nos casos de: confirmação da condenação do candidato em segunda instância, condenação por colegiado no exercício da competência de foro por prerrogativa de função, rejeição de contas públicas, perda de cargo público ou impedimento do exercício de profissão por violação de dever ético-profissional. A Corte entendeu que, em tais circunstâncias, o benefício gerado pela inelegibilidade, em termos de moralização da política, justificaria a restrição incidente sobre o direito de se candidatar. Afirmou, ainda, que a impossibilidade de candidatura, no caso, não constitui sanção, mas não atendimento da condição de elegibilidade de deter uma "ficha limpa", que se verifica no momento do registro da candidatura. Por essa razão, a norma incidiria inclusive para regular a elegibilidade daqueles que praticaram delitos anteriormente à sua edição, sem que se pudesse alegar violação ao princípio da irretroatividade.[42]

Em meados do mesmo ano, tem início o julgamento da primeira fase do Mensalão, um escândalo que envolveu o desvio de recursos públicos para a compra de votos do Legislativo, com vistas à aprovação de medidas de interesse do Executivo. O caso implicou o processo, o julgamento e a condenação de inúmeras autoridades de alto escalão, pelos mais diversos delitos, tais como corrupção, peculato e lavagem de dinheiro. As sessões de julgamento foram acompanhadas de perto pela nação, por meio dos noticiários e da TV Justiça, que transmitia ao vivo e em tempo real tudo quanto ocorria no Plenário do Supremo.

Nunca se falou, leu ou observou tanto o que fazia o Supremo Tribunal Federal.[43] O país "parou" para acompanhar, em detalhes, os debates travados na Corte. A primeira fase do julgamento encerrou-se com diversas condenações de autoridades.[44] Tratava-se de um dos maiores escândalos políticos da história do país e as condenações eram compreendidas, pela população, como um momento inédito de superação da cultura de impunidade que se entendia ter predominado até então.[45] Havia uma demanda popular pela moralização da política e pela submissão de todos à lei, em igualdade de condições. A decisão proferida no Mensalão atendia a essa demanda.

O relator do caso, Ministro Joaquim Barbosa, que teve uma atuação extremamente aguerrida pelas condenações, foi homenageado por diversas instituições da sociedade civil. *O Supremo mudara de posição no imaginário popular: de um órgão distanciado e de difícil acesso, para um Tribunal que encarnava os anseios de justiça dos brasileiros.* A capa da última edição da revista *Veja* de 2012 trazia o expressivo título: "Retrospectiva 2012. O ano da

---

[41] STF, Pleno. ADPF nº 130. Rel. Min. Carlos Ayres Britto. *DJe*, 6 nov. 2009.

[42] STF, Pleno. ADC nº 29, ADC nº 30, ADI nº 4.578. Rel. Min. Fux. *DJe*, 29 jun. 2012. Uma maioria de 7 x 4 concluiu pela constitucionalidade parcial ou total da norma. A mesma maioria entendeu que a lei poderia ser aplicada a fatos ocorridos anteriormente ao início de sua vigência.

[43] DAMATTA, Roberto. Nunca lemos tanto. *O Globo*, Rio de Janeiro, p. 23, 5 dez. 2012.

[44] BASILE, Juliano; MAGRO, Maíra; COSTA, Raimundo. O Supremo em seu momento. *Valor*, São Paulo, p. 5-9, jul. 2012. Eu & fim de semana.

[45] DINIZ, Laura; MARQUES, Hugo. O triunfo da justiça. Os ministros do Supremo Tribunal Federal condenam os mensaleiros, denunciam a corrupção e caem nas graças dos brasileiros, carentes de referências éticas. *Veja*, ano 45, n. 41, p. 71, 10 out. 2012.

justiça. A histórica condenação à prisão de corruptos. Os ministros do Supremo foram os heróis do Brasil".[46] [47]

Em 2013, a Corte começa a apreciar a (in)constitucionalidade do financiamento privado de campanhas eleitorais por pessoas jurídicas. Segundo dados colhidos então, os candidatos teriam gasto, nas eleições de 2002, 798 milhões de reais em suas campanhas; ao passo que, em 2012, os valores superavam 4,5 bilhões de reais. A Corte concluiria, ao final do julgamento, que o país vinha sofrendo uma crescente influência do poder econômico sobre o processo político. Essa situação, em seu entendimento, comprometia a igualdade de chances nas eleições e deformava a representatividade dos candidatos, que se tornavam responsivos aos seus financiadores e não aos eleitores. Esses argumentos levaram à declaração da inconstitucionalidade do financiamento privado, tal como vinha sendo praticado. Subjacente à decisão estava, ainda, a percepção de que o financiamento em tais termos constituía um incentivo à corrupção, na medida em que os candidatos, uma vez eleitos, poderiam tender a retribuir às empresas que os financiaram.[48]

Os casos antes narrados ilustram a mudança que se operara no STF quanto à interpretação dada às suas competências e, portanto, quanto à sua missão institucional. Ainda que a jurisprudência defensiva da primeira fase não tivesse sido plenamente superada, o acesso ao controle concentrado se ampliou. O tratamento dado ao mandado de injunção avançou para permitir que o Tribunal suprisse a omissão regulamentadora que inviabilizava a fruição do direito constitucional. O dogma do legislador negativo foi relativizado por inúmeras decisões por meio das quais o Tribunal, em sua atividade interpretativa, acresceu conteúdos a normas constitucionais e infraconstitucionais.

Por fim, o STF não se furtou a interferir nos demais poderes, a enfrentar o julgamento de altas autoridades ou o próprio sistema de financiamento eleitoral, a despeito do embate político que tal atuação poderia gerar. Quais eram as causas que explicavam uma mudança tão extrema no comportamento do Tribunal quanto ao alcance da sua jurisdição e à sua missão institucional?

É fato que, entre o final da década de noventa e a primeira fase do julgamento do Mensalão, no plano normativo, havia sido criada a ADPF, cujo propósito era superar a jurisprudência defensiva produzida pelo próprio Supremo Tribunal Federal quanto ao cabimento de ações diretas. A EC nº 45/2004 previra, ainda, as súmulas vinculantes e o requisito da repercussão geral como condição de admissibilidade do recurso extraordinário. O Legislativo sinalizava, portanto, positivamente ao avanço da Corte e até oferecia novas condições para isso no plano normativo (embora parte delas já estivesse presente na primeira fase, como já demonstrado). Quais outras causas poderiam se prestar a explicar a mudança de atitude da Corte?

Em primeiro lugar, o Tribunal passou por uma importante mudança em sua composição. Entre outubro de 1988 e 2002, 82% da composição do Tribunal havia sido alterada. Nove ministros foram substituídos. Permaneciam apenas dois ministros da

---

[46] A VITÓRIA do bem. *Veja*, ano 45, n. 52, p. 95, 26 dez. 2012.
[47] O julgamento da segunda fase do Mensalão, iniciado em 2013, em sede de embargos infringentes, não teria o mesmo impacto positivo, em virtude da redução de pena de alguns condenados. V. julgamentos dos múltiplos embargos infringentes interpostos na AP nº 470 (Rel. Min. Joaquim Barbosa).
[48] STF, Pleno. ADI nº 4.650. Rel. Min. Luiz Fux, j. 17.9.2015. *DJe*, 24 fev. 2016.

composição original.⁴⁹ Em outubro de 2006, o STF já tinha uma renovação de 100% dos seus membros em relação à composição de 1988. Em outubro de 2012, constatava-se uma alteração de 27% em relação ao ano de 2006.⁵⁰ A Corte passara, portanto, por um considerável processo de renovação.

Em 2002, o Brasil já contava com catorze anos de estabilidade democrática. Incluía, em sua história, o *impeachment* de um presidente da República, ocorrido em 1992, sem ruptura com a ordem constitucional.⁵¹ Em 2012, ano de julgamento da primeira fase do Mensalão, o país vivia sob regime democrático há mais de vinte anos. A independência e as garantias da magistratura estavam consolidadas. O Supremo gozava de uma autoridade em crescente aceitação. Essas condições favoreciam uma postura mais expansiva da Corte.

Jamais se experimentou uma explosão de ações diretas, ao contrário do que se cogitou originalmente. O quantitativo dessas ações nunca ultrapassou 3% do acervo do Tribunal. A principal razão de ser da sobrecarga da Corte seguia sendo o controle difuso da constitucionalidade exercido por meio de recurso extraordinário.⁵²

Houve uma mudança de paradigmas na dogmática jurídica. As concepções mais formalistas deram lugar ao reconhecimento do papel criativo dos magistrados nos casos difíceis e a um conjunto de novas concepções hermenêuticas.⁵³ O debate sobre a legitimidade democrática da jurisdição constitucional oferecia argumentos legitimantes da atuação de uma corte constitucional na proteção de direitos fundamentais e do adequado funcionamento do jogo democrático.⁵⁴ Passou-se a ver, com alguma naturalidade, certo nível de interferência do Tribunal no jogo político. A visão mais tradicional sobre o Judiciário neutro, imparcial e distanciado da vida política estava bastante mitigada.⁵⁵

---

[49] Permaneceram os ministros Moreira Alves e Sidney Sanches (BRASIL.. Supremo Tribunal Federal. *Linha sucessória dos ministros*. Disponível em: <http://www.stf.jus.br/arquivo/cms/sobreStfComposicaoMinistroApresentacao/anexo/linha_sucessoria_tabela_atual_mar_2017.pdf>. Acesso em: 13 abr. 2018).

[50] BRASIL. Supremo Tribunal Federal. *Linha sucessória dos ministros*. Disponível em: <http://www.stf.jus.br/arquivo/cms/sobreStfComposicaoMinistroApresentacao/anexo/linha_sucessoria_tabela_atual_mar_2017.pdf>. Acesso em: 13 abr. 2018.

[51] Trata-se do *impeachment* do Presidente Collor de Mello (CÂMARA DOS DEPUTADOS. *Vinte anos do impeachment*. Disponível em: <http://www2.camara.leg.br/atividade-legislativa/plenario/discursos/escrevendohistoria/20-anos-do-impeachment/20-anos-do-impeachment-do-presidente-fernando-collor>. Acesso em: 5 maio 2018).

[52] FALCÃO, Joaquim; CERDEIRA, Pablo de Camargo; ARGUELHES, Diego Werneck. *I relatório Supremo em números*: o múltiplo Supremo. Rio de Janeiro: Escola de Direito do Rio de Janeiro da Fundação Getúlio Vargas, abr. 2011.

[53] BARROSO, Luís Roberto. *Curso de direito constitucional contemporâneo*: os conceitos fundamentais e a construção do novo modelo. São Paulo: Saraiva, 2009. p. 306-350; BARCELLOS, Ana Paula de. *Ponderação, racionalidade e atividade jurisdicional*. Rio de Janeiro: Renovar, 2005; SOUZA NETO, Cláudio Pereira de; SARMENTO, Daniel. *Direito constitucional*: teoria, história e métodos de trabalho. Belo Horizonte: Fórum, 2013. p. 391-464.

[54] ALEXY, Robert. Direitos fundamentais no Estado constitucional democrático. Para a relação entre direitos do homem, direitos fundamentais, democracia e jurisdição constitucional. *Revista de Direito Administrativo*, n. 217, p. 55-66, jul./set. 1999; DWORKIN, Ronald. *Império do direito*. Tradução de Jefferson Luiz Camargo. São Paulo: Martins Fontes, 2003. p. 271-331; DWORKIN, Ronald. *Uma questão de princípio*. São Paulo: Martins Fontes, 2000. p. 80-103; ELY, John Hart. *Democracy and distrust*. A theory of judicial review. Cambridge: Harvard University Press, [s.d.]. p. 73-183.

[55] Para uma abordagem crítica dessa visão: v. VILHENA, Oscar Vieira. Supremocracia. *Revista Direito GV*, São Paulo, v. 4, n. 2, p. 441-464, jul./dez. 2008; SARMENTO, Daniel. O neoconstitucionalismo no Brasil: riscos e possibilidades. In: SARMENTO, Daniel (Coord.). *Filosofia e teoria constitucional contemporânea*. Rio de Janeiro, 2009. p. 113-146; SARMENTO, Daniel. Ubiquidade constitucional: os dois lados da moeda. In: SARMENTO, Daniel. *Livres e iguais*: estudos de direito constitucional. Rio de Janeiro: Lumen Juris, 2006. p. 167-206.

Por fim, um elemento relevante não deve ser desconsiderado na explicação sobre a mudança de atitude do Tribunal: em maio de 2002, previu-se a criação da TV Justiça, um canal gratuito de televisão destinado ao Supremo Tribunal Federal, por meio do qual, em agosto do mesmo ano, todas as sessões plenárias do STF passaram a ser transmitidas ao vivo e tornaram-se acessíveis à população em geral. Dois anos antes, a Corte criara a Central do Cidadão, que possibilitava o contato de qualquer cidadão, por meio de telefone, carta ou *e-mail*, para a apresentação de críticas e sugestões. E, em 2004, teve início o funcionamento da Rádio Justiça.[56]

A TV Justiça deu enorme visibilidade ao STF, aproximou a Corte da população, tornou seus ministros conhecidos e possivelmente mais preocupados com a sua imagem e com a comunicação estabelecida com o público, consequência do aumento de exposição provocado pelas sessões plenárias.[57] O comportamento judicial formalista e a linguagem técnica, que marcaram a primeira fase de funcionamento do Tribunal Pós-Constituição de 1988, foram mitigados, nessa segunda fase,[58] por uma linguagem mais acessível aos membros da comunidade. Os votos passaram a ser ilustrados com metáforas, com referências a provérbios populares e a obras de conhecimento geral, que favoreciam a compreensão das questões debatidas pela Corte. As decisões produzidas em plenário se tornaram mais longas.[59] Nos casos de maior repercussão, os votos passaram a apresentar indícios de que os ministros, em suas decisões, dialogavam com diversos interlocutores que lhes eram caros, como exemplo, a opinião pública, a imprensa, os movimentos sociais, grupos religiosos e até a população da sua terra natal.[60] A prestação da tutela jurisdicional se humanizou e correu até mesmo o risco de se personificar excessivamente.[61]

Não se pretende afirmar que a impressionante mudança comportamental experimentada pelo Supremo nessa nova fase se deveu apenas à TV Justiça. Decisões ousadas, como aquela que dispôs sobre limites de vereadores e que admitiu a ADPF para debater omissão parcial normativa quanto ao salário mínimo, foram proferidas antes do início do funcionamento da TV Justiça e já sinalizavam uma mudança de paradigma na Corte, no que respeita à interação com os demais poderes. Durante a segunda fase da atuação do STF, os tempos eram realmente outros. A própria interação crescente entre a população e as instituições, por meio das redes sociais, deflagrou um processo de mudança na atuação de tais instituições, na sua abertura para a comunidade e na experiência democrática.[62]

---

[56] MELLO, Patrícia Perrone Campos. *Nos bastidores do STF*. Rio de Janeiro: Forense, 2015. p. 342-347.

[57] MELLO, Patrícia Perrone Campos. *Nos bastidores do STF*. Rio de Janeiro: Forense, 2015. p. 293-371.

[58] Não se diz que foram substituídos porque os termos técnicos são minimamente necessários e o formalismo em alguma dimensão persiste, ainda que como estratégia argumentativa.

[59] FONTE, Felipe de Melo. Jurisdição constitucional e participação popular: o Supremo Tribunal Federal na era da TV Justiça. Rio de Janeiro: Lumen Juris, 2016. p. 119-177.

[60] MELLO, Patrícia Perrone Campos. *Nos bastidores do STF*. Rio de Janeiro: Forense, 2015. p. 123-147 e 337 a 378; FONTE, Felipe de Melo. *Jurisdição constitucional e participação popular*: o Supremo Tribunal Federal na era da TV Justiça. Rio de Janeiro: Lumen Juris, 2016. p. 119-177; NOVELINO, Marcelo. O STF e a opinião pública. In: SARMENTO, Daniel. *Jurisdição constitucional e política*. Rio de Janeiro: Forense, 2015. p. 243-273.

[61] A título ilustrativo, o Ministro Joaquim Barbosa parecia encarnar o ideal do herói disposto a enfrentar a corrupção, ao passo que outros ministros que lhe opunham resistência eram percebidos como anti-heróis e hostilizados pela população, em uma reação a estereótipos que não favoreciam a justiça e que não tardariam a colocar a própria imagem do STF em questão.

[62] V. FONTE, Felipe de Melo. *Jurisdição constitucional e participação popular*: o Supremo Tribunal Federal na era da TV Justiça. Rio de Janeiro: Lumen Juris, 2016. p. 119-177.

Não há dúvida, contudo, de que a TV Justiça retirou o Supremo da penumbra e potencializou os efeitos da sua mudança comportamental, ao levar a Corte para dentro dos lares de toda a população. Durante esse período, o STF rompeu com os estereótipos de complacência, indiferença e impunidade e construiu um importante capital político. O Mensalão não encerra a segunda fase comportamental da Corte, mas seguramente constituiu seu clímax.

5 Fase reversa: combate à corrupção, ambivalência e consumo de capital político

A terceira fase da atuação do Supremo Tribunal Federal corresponde ao momento atual da Corte. É descrita sem distanciamento, no calor dos acontecimentos. Pode ser efetivamente uma terceira fase ou representar apenas um momento de transição. O fato é que o papel institucional do Tribunal se altera, não por conta da modificação das suas competências ou em razão de sua releitura, mas em consequência de uma importante alteração do contexto político.

De fato, em 2014, tem início a primeira fase ostensiva da Operação Lava Jato.[63] As investigações deflagradas pela operação apontam para a existência de um esquema de desvio de dinheiro público envolvendo a Petrobras, empreiteiras contratadas pelo Poder Público, altas autoridades e políticos. Por meio desse esquema, contratações públicas teriam sido superfaturadas e parte dos recursos desviada em favor de autoridades e/ou partidos. O avanço da operação revela uma situação de corrupção sistêmica, atingindo de forma ampla as principais agremiações partidárias de diversos espectros ideológicos, altas autoridades, executivos de grandes empresas e figuras de projeção pública.

Em 2015, tem início a linha de investigação desenvolvida no âmbito do próprio Supremo, em virtude da instauração de inquéritos criminais destinados a apurar fatos atribuídos a autoridades detentoras de foro por prerrogativa de função.[64] As descobertas da operação e seus desdobramentos afetam profundamente o ambiente político e o próprio Supremo, a quem competiria o julgamento das autoridades de maior hierarquia, em razão do foro especial por prerrogativa de função.

De 2015 em diante, o STF passa a julgar um número cada vez maior de questões de grande repercussão que interferem sobre os demais poderes e/ou sobre o interesse de seus membros e de autoridades processadas criminalmente. Entre as questões apreciadas estão: (i) o rito do segundo processo de *impeachment* de um presidente da República durante a vigência da Constituição de 1988 (impactando sobre o Executivo); (ii) duas denúncias oferecidas pelo Ministério Público Federal contra o vice-presidente que o substituiu, bem como contra ministros e aliados políticos dessa segunda autoridade; (iii) a prisão de um senador, por tentativa de obstrução da justiça (processo que interferia,

---

[63] As investigações relacionadas à operação tiveram início no ano de 2009. As primeiras interceptações telefônicas ocorreram em julho de 2013. A fase ostensiva ocorre com o cumprimento de mandados de busca e apreensão, de prisão temporária e de prisão preventiva. V. MINISTÉRIO PÚBLICO FEDERAL. *Caso Lava Jato*. Disponível em: <http://www.mpf.mp.br/para-o-cidadao/caso-lava-jato/atuacao-na-1a-instancia/investigacao/historico>. Acesso em: 7 maio 2018.

[64] V. MINISTÉRIO PÚBLICO FEDERAL. *Caso Lava Jato*. Disponível em: <http://www.mpf.mp.br/para-o-cidadao/caso-lava-jato/atuacao-na-1a-instancia/investigacao/historico>. Acesso em: 7 maio 2018.

portanto, sobre o Senado); (iv) o afastamento do presidente da Câmara dos Deputados, da Presidência da Casa e do mandato, também por tentativa de obstrução da justiça (feito que impactava a Câmara dos Deputados); (v) o recebimento de denúncia contra o presidente do Senado, por peculato; (vi) o afastamento do presidente do Senado da Presidência da Casa (ação que novamente impactava o Senado); (vii) a redução do alcance do foro especial por prerrogativa de função por meio de interpretação da Corte (decisão que alteraria a autoridade competente para processar e julgar inúmeras altas autoridades, tornando os respectivos processos mais céleres e as condenações mais prováveis); (viii) a possibilidade de execução provisória da pena após a decisão confirmatória da condenação em segundo grau (o que reduziria a sensação de impunidade de altas autoridades); (ix) a aplicabilidade da inelegibilidade de oito anos, constante da Lei da Ficha Limpa, a eventos anteriores à norma, quando já fossem objeto de decisão transitada em julgado (afastando ou reinserindo candidatos "ficha suja" no sistema eleitoral); (x) o cabimento do recurso de embargos infringentes contra toda e qualquer decisão não unânime das Turmas do STF em matéria penal (o que possivelmente ensejaria a prescrição de diversas ações penais); (xi) o cabimento de *habeas corpus* contra ministro do Supremo Tribunal Federal (com a possibilidade de, na prática, deslocar a relatoria de algumas decisões no interesse dos réus).

Em um ambiente político cada vez mais aquecido e desestabilizado, o Supremo Tribunal Federal passa a apresentar um comportamento ambivalente e contraditório, que expõe a polarização da Corte, a fragmentação e a divergência entre os seus ministros. Para ilustrar esse momento, optou-se por examinar a trajetória de três temas apreciados durante o período. São eles: (i) a execução provisória da pena; (ii) o afastamento de autoridade da linha sucessória da Presidência da República; e (iii) o afastamento de parlamentares do mandato.

i) *Execução provisória da pena*

Em fevereiro de 2016, o Pleno do Supremo Tribunal Federal, em sede de *habeas corpus*, afirma a possibilidade de execução provisória da pena em processo-crime, após a decisão condenatória proferida em segundo grau de jurisdição.[65] O Tribunal conclui que a decisão em segunda instância encerra o debate sobre fatos e provas e afirma a materialidade e a autoria do delito. Por essa razão, a presunção da inocência, nessa etapa, estaria substancialmente mitigada e não seria violada pelo início do cumprimento da pena. Observa-se, ainda, que os casos de reversão da decisão condenatória, nos Tribunais Superiores, são raríssimos e que, em circunstâncias extraordinárias, a execução provisória pode ser evitada por meio de *habeas corpus*. A decisão era extremamente relevante para o combate à impunidade, uma vez que a exigência de trânsito em julgado como condição para o início da execução penal dava ensejo à interposição de múltiplos recursos e a expedientes protelatórios e, não raro, ensejava a prescrição da pretensão punitiva. *A decisão foi tomada pelo quórum de 7 x 4.*

O novo entendimento foi fortemente criticado pela advocacia criminal, ao fundamento de que a Constituição seria expressa quanto à necessidade do trânsito em julgado da decisão, para o início do cumprimento da pena.[66] Entretanto, a posição que admitia

---

[65] STF, Pleno. HC nº 126.292. Rel. Min. Teori Zavascki. *DJe*, 17 fev. 2016.
[66] CF/1988, art. 5º, LVII: "ninguém será considerado culpado até o trânsito em julgado de sentença penal condenatória".

a execução provisória não era novidade na jurisprudência do STF, que fora favorável ao cumprimento antecipado da pena até o ano de 2009.[67]

Em outubro de 2016, a discussão retorna ao Plenário, por meio de duas novas ações declaratórias da constitucionalidade.[68] A Corte mantém seu precedente no sentido da possibilidade de prisão após a confirmação da condenação em segundo grau. *Dessa vez, contudo, a decisão é proferida por um quórum mais apertado, de 6 x 5*.[69] Em novembro de 2016, o mesmo entendimento é reafirmado, ainda, em recurso extraordinário com repercussão geral, julgado no âmbito do Plenário virtual, *por quórum de 6 x 4*.[70]

A Operação Lava Jato continua a avançar. Na proporção em que as investigações e condenações por corrupção se desenvolvem, a perspectiva da efetividade da persecução penal passa a integrar o horizonte de grupos que estiveram fora do alcance dessa jurisdição até então. Em um contexto de extrema conflagração, parte dos ministros começa a proferir decisões monocráticas, em sede de *habeas corpus*, afastando o cumprimento provisório da pena, *em frontal desrespeito ao entendimento firmado no Plenário*.[71] A situação não passa despercebida pela opinião pública.[72] A imagem de um Tribunal fragmentado, composto por juízes que não se comunicam ou, pior ainda, que se contradizem e que decidem contra o próprio Plenário, após reiteradas decisões colegiadas proferidas em um mesmo sentido, se reforça no imaginário da população.[73]

No início de 2018, chega ao Pleno do Supremo Tribunal Federal o *habeas corpus* do Ex-Presidente Lula,[74] cuja condenação criminal fora confirmada em segunda instância, pelos crimes de corrupção passiva e lavagem de dinheiro.[75] O contexto em que a questão seria novamente apreciada reunia os seguintes componentes: (i) a existência de três

---

[67] V. STF. HC nº 68.726. Rel. Min. Néri da Silveira. *DJ*, 20 nov. 1992; STF. HC nº 74.983. Rel. Min. Carlos Velloso. *DJ*, 29 ago. 1997. Esse entendimento foi superado no HC nº 84.078, julgado em 5.2.2009, quando se passou a entender que o princípio da presunção de inocência impedia o cumprimento antecipado da pena. A questão sofreu nova reversão no julgado indicado acima. V. STF, Pleno. Rel. Min. Eros Grau. *DJe*, 26 fev. 2010.

[68] STF, Pleno. ADC nº 43 MC e ADC nº 44 MC. Rel. Min. Edson Fachin, j. 5.10.2016. *DJe*, 7 mar. 2010.

[69] Vencidos os ministros Marco Aurélio, Rosa Weber, Ricardo Lewandowski, Celso de Mello, e, em parte, o Ministro Dias Toffoli.

[70] Decisão tomada por maioria, vencidos os ministros Celso de Mello, Dias Toffoli, Marco Aurélio e Ricardo Lewandowski. Não se manifestou a Ministra Rosa Weber.

[71] A título ilustrativo, cf. as seguintes decisões monocráticas: STF. HC nº 154.146. Rel. Min. Marco Aurélio. *DJe*, 20 abr. 2018; STF. HC nº 147.981. Rel. Min. Gilmar Mendes, j. 6.10.2017; STF. HC nº 153.466. Rel. Min. Gilmar Mendes. *DJe*, 13 mar. 2018; STF. HC nº 135.951. Rel. Min. Lewandowski. *DJe*, 31 mar. 2017; STF. HC nº 145.953. Rel. Min. Lewandowski. *DJe*, 25 ago. 2017; STF. HC nº 146.006. *DJe*, 24 ago. 2017; STF. HC nº 147.452. Rel. Min. Celso de Mello. *DJe*, 3 out. 2017. Vale ressaltar que as decisões dos ministros Celso de Mello e Lewandowski procuram fazer alguma distinção entre os casos apreciados e o precedente do Pleno, concedendo ordem de *habeas corpus* em caso de execução provisória da pena, quando: (i) as decisões determinam a prisão remetendo ao precedente apenas, sem maior fundamentação; (ii) a jurisdição ordinária não foi plenamente esgotada, em virtude da pendência de embargos de declaração ou de embargos infringentes e de nulidade; (iii) a ordem de prisão é proferida em recurso interposto unicamente pelo réu, a quem se garantiu o direito de recorrer em liberdade, sem impugnação do Ministério Público. A análise da (in)adequação de tais argumentos para a distinção extrapola o objeto do trabalho.

[72] BALTHAZAR, Ricardo; MARIANI, Daniel. Ministros do STF contrariam decisão da Corte sobre prisão: em dois anos, 23% dos condenados em 2ª instância que recorreram ao Supremo tiveram êxito. *Folha de S. Paulo*, 4 mar. 2018. Disponível em: <https://www1.folha.uol.com.br/poder/2018/03/ministros-do-stf-contrariam-decisao-da-corte-sobre-prisao.shtml>. Acesso em: 30 abr. 2018.

[73] FALCÃO, Joaquim; ARGUELHES, Diego Werneck; RECONDO, Felipe (Org.). *Onze Supremos*: o Supremo em 2016. Belo Horizonte: Letramento, Casa do Direito, Supra, Jota, FGV Direito Rio, 2017.

[74] STF, Pleno. HC nº 152.752. Rel. Min. Edson Fachin. *DJe*, j. 5 abr. 2018.

[75] TRF-4, 8ª Turma. Apelação Criminal nº 5046512-94.2016.4.04.7000/PR. Rel. Des. Federal João Pedro Gebran Neto, j. 24.1.2018.

precedentes da Corte pela possibilidade de prisão antes do trânsito em julgado da decisão condenatória, dois deles com efeitos vinculantes e gerais (produzidos em controle concentrado e em repercussão geral); (ii) múltiplas decisões monocráticas dos ministros vencidos em tais precedentes, deferindo cautelares para obstar a execução provisória da pena, contra entendimento do Plenário do próprio Tribunal que integravam; (iii) declarações de um dos ministros integrantes da maioria que apoiara a execução provisória nos precedentes anteriores, indicando a intenção de mudar de entendimento (o que por si só provocaria a superação dos precedentes anteriores);[76] (iv) o julgamento de um dos políticos mais populares do país, com capacidade de mobilização da militância política e com significativas intenções de voto para as eleições que ocorreriam no mesmo ano.[77]

A possibilidade de prisão do ex-presidente dividia o país. A reversão dos precedentes do STF, a seu turno, significaria a superação de um entendimento afirmado pelo Tribunal, por três vezes, em 2016. Seria, portanto, um recuo dramático para o Supremo.

A decisão da Corte surpreendeu. A Ministra Rosa Weber, que sempre se manifestara contra o cumprimento provisório da pena, votou pelo indeferimento da ordem. Ressalvou que agia contra o seu entendimento pessoal, mas que entendia ser hora de votar pela "razão institucional". No entendimento da ministra, havendo precedentes do plenário, proferidos em cautelar de ação direta e em recurso com repercussão geral, ambos com efeitos vinculantes e gerais, tais precedentes deveriam ser seguidos no âmbito de um processo puramente subjetivo como o *habeas corpus*, sob pena de transmitir a impressão de que a Corte mudava de entendimento conforme o réu em questão. Assim, por um *quórum* de 6 x 5, o *habeas corpus* foi indeferido e o precedente, mantido.[78]

Seja como for, a discussão sobre a possibilidade de prisão, após a confirmação da condenação em segundo grau, segue em aberto, uma vez que ainda está pendente o julgamento do mérito das ações diretas e que, neste âmbito, o precedente vinculante poderá ser revisto, a depender da posição adotada pela ministra. Persiste, portanto, o *sentimento de provisoriedade*.

ii) *Afastamento de autoridade da linha sucessória da Presidência da República*

Em maio de 2016, o presidente da Câmara dos Deputados é afastado da Presidência da Câmara e do exercício do mandato, *por decisão unânime do Supremo Tribunal Federal*. A decisão tem por base evidências de que a autoridade estaria se valendo da sua posição institucional para interferir no curso de processo penal a que respondia. Adicionalmente, apontava-se que o parlamentar havia tido denúncia recebida contra si e que, nesta

---

[76] BRANDINO, Géssica. Favorável à mudança no STF, Gilmar defendia a prisão em 2ª instância. *Folha de S. Paulo*, 22 mar. 2018. Disponível em: <https://www1.folha.uol.com.br/poder/2018/03/favoravel-a-mudanca-no-stf-gilmar-defendia-prisao-em-2a-instancia-veja-video.shtml>. Acesso em: 30 abr. 2018.

[77] WETERMAN, Daniel. Lula tem 37%, Bolsonaro 16%, Marina 8% e Alckmin 6%, diz pesquisa. *O Estado de São Paulo*, 31 jan. 2018. Disponível em: <http://politica.estadao.com.br/noticias/geral,lula-mantem-indices-de-intencao-de-voto-para-presidente-segundo-datafolha,70002172156>. Acesso em: 30 abr. 2018.

[78] Merece registro, ainda, no que respeita ao julgamento do *habeas corpus*, a veiculação de uma mensagem, pelo Comandante do Exército brasileiro, por meio do Twitter, na véspera do julgamento, afirmando que o Exército "julga compartilhar o anseio de todos os cidadãos de bem de repúdio à impunidade e de respeito à Constituição, à paz social e à Democracia". A mensagem foi interpretada como uma tentativa de influenciar o julgamento do Supremo em desfavor do deferimento do *habeas corpus* e soou, para alguns, como uma ameaça das Forças Armadas ao Tribunal. Cf. VALENTE, Rubens; FERNANDES, Thalita; BALLOUSSIER, Anna Virginia. Na véspera de julgamento sobre Lula, comandante do Exército diz repudiar impunidade. *Folha de S. Paulo*, 3 abr. 2018. Disponível em: <https://www1.folha.uol.com.br/poder/2018/04/na-vespera-de-julgamento-sobre-lula-comandante-do-exercito-diz-repudiar-impunidade.shtml>. Acesso em: 30 abr. 2018.

condição, não poderia ocupar cargo na linha sucessória da Presidência da República. O Tribunal conclui pela necessidade de seu afastamento cautelar para garantir a utilidade do processo e assegurar a finalidade pública do cargo, ameaçada pela captura de competências em favor de interesses pessoais.[79]

Em novembro de 2016, o Supremo Tribunal Federal começa a examinar uma arguição de descumprimento de preceito fundamental, por meio da qual se requereu que a Corte declarasse que a pendência de ação penal já recebida pelo STF é incompatível com o exercício de cargos em cujas atribuições figure a substituição do(a) presidente da República. Pediu-se, ainda, que autoridades nessa situação fossem afastadas de tais cargos. *Uma maioria de seis ministros votou pela procedência da ação.* O julgamento não se concluiu, todavia, em virtude pedido de vista formulado por um dos ministros.[80]

Em dezembro de 2016, o relator da ADPF antes referida, com base no entendimento já manifestado pela maioria de seis ministros, defere cautelar para determinar o afastamento do presidente do Senado da Presidência da respectiva Casa. A autoridade havia tido uma denúncia recebida contra si, por peculato, e encontrava-se na linha de sucessão presidencial. O senador dá sinais, então, de que resistirá ao cumprimento da decisão. A Mesa Diretora do Senado declara que só cumprirá a ordem de afastamento após a sua confirmação pelo Plenário do STF. Rumores sugerem que, em caso de confirmação da liminar, o Senado poderia desautorizar o Tribunal e se recusar a cumprir a decisão.

Dias mais tarde, quando o Pleno foi chamado a ratificar a cautelar, o afastamento do mandato foi rejeitado e a autoridade manteve-se à frente do Senado. Assentou-se apenas que, estando em curso processo criminal, essa autoridade não poderia substituir o(a) presidente da República. Nessa hipótese, operar-se-ia a substituição *per saltum*,[81] pela autoridade seguinte, nos termos do art. 80 da Constituição.[82] O episódio foi altamente desgastante para a Corte. Uma liminar havia sido abertamente descumprida pelo Senado, sem maiores consequências no plano prático. *Aparentemente, o Tribunal havia tido a sua autoridade desafiada e recuara.*

iii) *Afastamento de parlamentar do mandato*

Mais adiante, a Primeira Turma do STF determina a suspensão cautelar do exercício do mandato de um senador, diante de fortes evidências do uso de cargo para fins de corrupção. Tais evidências envolviam gravações telefônicas em que a autoridade e um familiar eram interlocutores, com pedidos de recursos a particulares e, alega-se, suposto favorecimento à empresa no Congresso, bem como a filmagem do recebimento de valores.[83] O afastamento do parlamentar do mandato, determinado pela Primeira

---

[79] STF, Pleno. AC nº 4.070. Rel. Min. Teoria Zavascki. *DJe*, 5 maio 2016. V. *Informativo STF*, n. 59, maio 2016. p. 20.
[80] STF, Pleno. ADPF nº 402. Rel. Min. Marco Aurélio. *DJe*, 7 dez. 2016. V. *Informativo STF*, n. 846. Votaram pela procedência, na ocasião, o Ministro Marco Aurélio (relator) e, ainda, os ministros Edson Fachin, Teori Zavascki, Rosa Weber, Luiz Fux e Celso de Mello. O Ministro Barroso indicou impedimento. Mais tarde, os ministros Dias Toffoli e Ricardo Lewandowski votariam pela procedência parcial e o julgamento seria interrompido mais uma vez, por pedido de vista do Ministro Gilmar Mendes. Também o Ministro Celso de Mello decidiu ajustar a parte dispositiva de seu voto de mérito, para julgar parcialmente procedente o pedido.
[81] STF, Pleno. ADPF nº 402 MC. Redator p/ o referendo de liminar Min. Celso de Mello, pendente. *DJe*, 1º fev. 2017.
[82] CF/1988, art. 80: "Em caso de impedimento do Presidente e do Vice-Presidente, ou vacância dos respectivos cargos, serão sucessivamente chamados ao exercício da Presidência o Presidente da Câmara dos Deputados, o do Senado Federal e o do Supremo Tribunal Federal".
[83] STF, Primeira Turma. AgR no Terceiro AgR na AC nº 4.327, Red. p/ acórdão Min. Luís Roberto Barroso, j. 27.9.2017. *DJe*, 27 out. 2017.

Turma do STF, gerou grande clamor no Senado e novas ameaças de descumprimento da decisão.

Semanas mais tarde, levou-se ao Plenário da Corte uma ação direta, em que se postulava que o Supremo conferisse interpretação conforme a Constituição aos arts. 312 e 319 do Código de Processo Penal,[84] para explicitar que a aplicação de quaisquer medidas cautelares, quando impostas a parlamentares, deveriam ser submetidas à deliberação da respectiva Casa Legislativa, no prazo de 24 horas.

Alegava-se que a Constituição de 1988 determinara a impossibilidade de prisão do parlamentar, salvo em caso de flagrante, desde que confirmada por sua Casa Legislativa (art. 53, §2º).[85] Ponderava-se que o propósito dessa norma era tutelar o princípio da separação dos poderes e assegurar o desempenho do mandato pelo congressista eleito pelo voto popular. Por isso, qualquer cautelar deferida contra parlamentar – e não apenas a prisão, tal como explicitado no texto constitucional – deveria se submeter à deliberação da Casa Legislativa. O Supremo Tribunal Federal decide, então, *por um quórum de 6 x 5*,[86] *recuar e afirmar que qualquer cautelar do próprio STF que interferisse sobre o cumprimento do mandato parlamentar deveria ser ratificada pela respectiva Casa Legislativa*.

Veja-se que a nova decisão se colocava em evidente conflito com precedente do mesmo Tribunal que, *no mesmo ano*, afastara o presidente da Câmara dos Deputados, por decisão exclusiva da Corte e *unânime*.[87] A decisão tinha consequências sistêmicas gravíssimas. Significava que a última decisão acerca do afastamento de parlamentares deixava de ser do Supremo e passava a ser dos próprios congressistas, em um contexto em que grande parte dos membros do Congresso estava envolvida em investigações e em processos penais. Como não é de surpreender, na sequência da decisão do STF, a cautelar de afastamento do senador foi rejeitada pelo Senado e a autoridade retomou o exercício do mandato.[88]

---

[84] CPP: "Art. 312. A prisão preventiva poderá ser decretada como garantia da ordem pública, da ordem econômica, por conveniência da instrução criminal, ou para assegurar a aplicação da lei penal, quando houver prova da existência do crime e indício suficiente de autoria. Parágrafo único. A prisão preventiva também poderá ser decretada em caso de descumprimento de qualquer das obrigações impostas por força de outras medidas cautelares (art. 282, §4º). [...] Art. 319. São medidas cautelares diversas da prisão: I - comparecimento periódico em juízo, no prazo e nas condições fixadas pelo juiz, para informar e justificar atividades; II - proibição de acesso ou frequência a determinados lugares quando, por circunstâncias relacionadas ao fato, deva o indiciado ou acusado permanecer distante desses locais para evitar o risco de novas infrações; III - proibição de manter contato com pessoa determinada quando, por circunstâncias relacionadas ao fato, deva o indiciado ou acusado dela permanecer distante; IV - proibição de ausentar-se da Comarca quando a permanência seja conveniente ou necessária para a investigação ou instrução; V - recolhimento domiciliar no período noturno e nos dias de folga quando o investigado ou acusado tenha residência e trabalho fixos; VI - suspensão do exercício de função pública ou de atividade de natureza econômica ou financeira quando houver justo receio de sua utilização para a prática de infrações penais; VII - internação provisória do acusado nas hipóteses de crimes praticados com violência ou grave ameaça, quando os peritos concluírem ser inimputável ou semi-imputável (art. 26 do Código Penal) e houver risco de reiteração; VIII - fiança, nas infrações que a admitem, para assegurar o comparecimento a atos do processo, evitar a obstrução do seu andamento ou em caso de resistência injustificada à ordem judicial; IX - monitoração eletrônica".

[85] CF/1988: "Art. 53. [...] §2º Desde a expedição do diploma, os membros do Congresso Nacional não poderão ser presos, salvo em flagrante de crime inafiançável. Nesse caso, os autos serão remetidos dentro de vinte e quatro horas à Casa respectiva, para que, pelo voto da maioria de seus membros, resolva sobre a prisão".

[86] STF, Pleno. ADI nº 5.526. Rel. Min. Edson Fachin, Red. p/ acórdão Min. Alexandre de Moraes. *DJe*, 11 out. 2017.

[87] STF, Pleno. AC nº 4.070. Rel. Min. Teori Zavascki. *DJe*, 5 maio 2016.

[88] STF, Pleno. ADI nº 5.823 MC. Rel. Min. Marco Aurélio; ADIs nºs 5.824 e 5.825 MC. Rel. Min. Edson Fachin, j. 7.12.2017, julgamento não concluído.

Em seguida e com base nesse precedente, as assembleias legislativas passaram a entender que também lhes competiria deliberar sobre o afastamento de deputados estaduais determinados por decisões judiciais. Três ações diretas de inconstitucionalidade, com pedido de cautelar, foram ajuizadas, então, contra dispositivos das Constituições do estado do Rio de Janeiro, do estado do Rio Grande do Norte e do estado do Mato Grosso, que estendiam aos deputados estaduais as imunidades formais previstas para deputados federais e senadores.

Nas ações, indicava-se, ainda, que as assembleias legislativas dos estados do Rio de Janeiro e do Mato Grosso haviam editado resoluções que revogavam prisões cautelares de deputados estaduais e determinavam o seu retorno aos respectivos mandatos. Cinco ministros manifestaram-se pelo deferimento da cautelar e quatro ministros pelo indeferimento.[89] Ao que tudo indica, portanto, a maioria recusará a aplicação do precedente sobre deputados federais aos deputados estaduais, muito embora o texto constitucional não tenha diferenciado as situações expressamente. O tratamento distinto, no caso, pode sugerir certo casuísmo. O processo aguarda, contudo, os votos dos ministros Luís Roberto Barroso e Ricardo Lewandowski.

De todo modo, constata-se, pela narrativa acima, que, por volta de 2016 e 2017, o comportamento do Supremo Tribunal Federal e de seus ministros começa a oscilar. Não seria correto afirmar que não havia decisões monocráticas dissonantes na Corte ou alguma instabilidade de precedentes. Mas divergências internas se polarizam e se tornam mais evidentes. A divisão do Tribunal torna-se mais aguda. As decisões acabam proferidas por quóruns apertadíssimos, com um voto apenas de diferença. O sentimento de provisoriedade toma conta do espaço público.

O que pode explicar o fato? A partir de 2013, o Supremo Tribunal Federal passa por um novo ciclo de renovação. Saem os ministros Ayres Britto[90] e Joaquim Barbosa.[91] Falece o Ministro Teori Zavascki, então relator da Lava Jato, em um acidente aéreo.[92] Ingressam no STF, sucessivamente, o Ministro Luís Roberto Barroso, em 2013; o Ministro Edson Fachin, em junho de 2015; e o Ministro Alexandre de Moraes, em março de 2017. O Ministro Fachin assume a relatoria da Lava Jato. Os ministros Barroso e Fachin, assim como os ministros a que sucederam, não têm tendências garantistas em matéria penal. Mas a mudança de composição, como é natural, estabelece uma nova dinâmica na interação entre os membros da Corte.

O que muda, contudo, substancialmente, é o ambiente político e, com ele, se altera parte dos temas que a Corte é chamada a apreciar. Os casos narrados acima, julgados nesse terceiro momento institucional do STF, envolvem uma situação de corrupção sistêmica e colocam em questão práticas patrimonialistas e clientelistas presentes na realidade brasileira desde a sua colonização. A falta de fronteiras definidas entre o público e o privado, a apropriação de cargos públicos para atender a interesses pessoais, o uso da máquina para favorecer parceiros políticos, amigos e familiares são condutas

---

[89] Votaram pelo deferimento da cautelar os ministros Edson Fachin, Rosa Weber, Luiz Fux, Cármen Lúcia e Dias Toffoli (o último em menor extensão). Votaram pelo indeferimento da cautelar os ministros Marco Aurélio, Alexandre de Moraes, Gilmar Mendes e Celso de Mello.
[90] O Ministro Ayres Britto deixa a Corte em 18.11.2012.
[91] O Ministro Joaquim Barbosa deixa a Corte em 31.7.2014.
[92] O Ministro Teori Zavascki falece em 19.1.2017.

naturalizadas na experiência brasileira e estão expressas em tais casos. Até o Mensalão, essas práticas não produziam grandes consequências.[93]

De modo geral, os crimes de altas autoridades não eram apurados ou prescreviam. A lei penal não parecia ser para todos. A apreciação de tais casos é, portanto, carregada de uma dimensão simbólica. Nessa dimensão, se a Corte condena ou produz decisões que favoreçam a persecução penal, ela rompe com o estado de coisas que prevaleceu até então. Se a Corte faz o inverso, ela favorece a permanência de tal estado de coisas.

Nessas circunstâncias, o mero cumprimento do papel institucional do STF (de julgar os casos que lhe são submetidos) ameaça interferir ou efetivamente interfere sobre o funcionamento dos demais poderes, sobre os interesses dos seus membros ou sobre estruturas sociais e políticas profundamente enraizadas. Aqueles que perdem posição, *status* ou poder, reagem. A força normativa do direito encontra a resistência dos fatores reais de poder.[94] O não cumprimento de tal papel institucional pelo STF ou, eventualmente, até mesmo o cumprimento moderado, provoca, a seu turno, a desconfiança da opinião pública e reforça os estereótipos de impunidade. Nessa medida, o Tribunal se sujeita à pressão de forças antagônicas e extremamente poderosas.

Uma suprema corte não pode tudo. Não detém o uso da força. Não detém a chave do cofre.[95] Depende da adesão dos demais poderes para ter suas decisões cumpridas e precisa efetivamente tê-las observadas, para não se desautorizar. Depende do Executivo para o uso da força e para a seleção dos seus ministros. Depende do Legislativo para aprovar seu orçamento e para não ter ministros impedidos. Depende da opinião pública para ter prestígio e força perante os demais poderes. Depende de um equilíbrio entre todos esses agentes para preservar a sua estabilidade institucional.[96]

O Supremo Tribunal Federal é, portanto, um agente dependente do comportamento dos demais atores com os quais divide os espaços de Poder. A atuação entre agentes em tais condições se dá com base na teoria dos jogos: procurando antecipar o movimento dos demais atores, moldando a própria ação à luz das reações esperadas, medindo até que ponto é possível atuar com sucesso.[97] Quando há perspectiva de descumprimento de uma decisão ou de grave ameaça institucional, opta-se por uma espécie de *second*

---

[93] FAORO, Raymundo. *Os donos do poder*: formação do patronato político brasileiro. São Paulo: Globo, 2012; HOLANDA, Sérgio Buarque de. *Raízes do Brasil*. 26. ed. São Paulo: Companhia das Letras, 1995; BARROSO, Luís Roberto. Ética e jeitinho brasileiro: por que a gente é assim? In: BARROSO, Luís Roberto. *Um outro país*: transformações no direito, na ética e na agenda do Brasil. Belo Horizonte: Fórum, 2018. p. 243-254; BARROSO, Luís Roberto; OSÓRIO, Aline. "Sabe com quem está falando?": Notas sobre o princípio da igualdade no Brasil contemporâneo. *Direito e Práxis*, v. 7, n. 1, p. 204-232, 2016.

[94] LASSALLE, Ferdinand. *A essência da Constituição*. 4. ed. Rio de Janeiro: Líber Juris, 1998.

[95] BICKEL, Alexander M. *The least dangerous branch*: the Supreme Court at the bar of politics. New Haven: Yale University, 1986.

[96] MELLO, Patrícia Perrone Campos. *Nos bastidores do STF*. Rio de Janeiro: Forense, 2015. p. 221-379; BARROSO, Luís Roberto. *Constituição, democracia e supremacia judicial*: direito e política no Brasil contemporâneo. p. 33. Disponível em: <http://www.luisrobertobarroso.com.br/wp-content/uploads/2017/09/constituicao_democracia_e_supremacia_judicial.pdf>. Acesso em: 7 maio 2018; PEREIRA, Jane Reis Gonçalves. O Judiciário e a opinião pública: riscos e dificuldades de decidir sob aplausos e vaias. *Os Constitucionalistas*, 30 out. 2012. Disponível em: <http://www.osconstitucionalistas.com.br/o-judiciario-e-a-opiniao-publica-riscos-e-dificuldades-de-decidir-sob-aplausos-e-vaias>. Acesso em: 7 maio 2018; BRANDÃO, Rodrigo. *Supremacia judicial versus diálogos constitucionais*: a quem cabe a última palavra sobre o sentido da Constituição?. Rio de Janeiro: Lumen Juris, 2012.

[97] ELSTER, Jon. Introduction. In: ELSTER, Jon. *Rational choice*. Nova York: New York University Press, 1986. p. 1-33; EPSTEIN, Lee; KNIGHT, Jack. *The choices justices make*. Washington: CQ Press, 1998; PETTIT, Philip. Institutional design and rational choice. In: GOODIN, Robert E. *The theory of institutional design*. Nova York: Cambridge University Press, 1996. p. 62 e ss.

best decision: aquela que mais aproxime o Tribunal ou seus juízes das suas convicções, mas que evite uma reação que coloque sua estabilidade institucional em risco.[98] Ao atuar segundo essas premissas, a Corte oscila e emite sinais contraditórios. Em alguns momentos, parece avançar. Em outros momentos, parece recuar. Possivelmente, erra seus cálculos em certas circunstâncias.

Embora o comportamento judicial estratégico seja uma realidade da vida, presente em outras cortes e produto do próprio sistema de freios e contrapesos entre os poderes, espera-se dos tribunais que decidam minimamente com base em normas e princípios e, portanto, que respeitem os próprios precedentes. Essa é ao menos a compreensão convencional do direito.[99] O comportamento excessivamente ambivalente, contraditório, corrói a legitimidade e a credibilidade das cortes e, no caso do Supremo Tribunal Federal, consome o capital político e a reputação conquistados perante a opinião pública na fase anterior.[100] Nenhuma instituição sobrevive sem apoio popular. Dificilmente uma instituição sobrevive em permanente embate com os demais poderes de que depende. Esse é o dilema e o paradoxo que o momento atual coloca ao Supremo Tribunal Federal.

6 Conclusão

Nos trinta anos de vigência da Constituição de 1988, o exercício da jurisdição por parte do Supremo Tribunal Federal e a atitude do Tribunal quanto às suas competências passou por momentos distintos. A primeira fase, iniciada com a promulgação da Constituição, foi marcada pela resistência em exercer todas as atribuições que lhe foram conferidas. O Supremo evitava interferir sobre os demais poderes, relutava em se pronunciar sobre a validade das normas do período autoritário e negava a aplicabilidade de instrumentos capazes de sanar, de forma célere, a violação a direitos fundamentais ou a implementar direitos sociais. Nessa primeira fase, embora o direito autorizasse o Supremo a atuar, nem sempre o Supremo quis atuar. A permanência de ministros do período autoritário na Corte, o processo de transição democrática, os fantasmas de um retrocesso autoritário, uma visão mais conservadora do papel do Judiciário e do direito são possíveis explicações para a constatação de que "poder não é querer".

Na fase seguinte, iniciada no início dos anos 2000, o STF muda de comportamento quanto a seu papel institucional. Passa a exercer de forma ampla as suas competências e até mesmo a expandi-las por meio da interpretação. Relativiza o dogma do legislador negativo. Aceita suprir normas cuja omissão sacrificava direitos assegurados pela Constituição. Produz decisões que abertamente acrescentam significado às leis e até mesmo à própria Carta. Enfrenta um primeiro grande caso de corrupção, condenando autoridades e interferindo sobre o funcionamento dos demais poderes. Acumula importantíssimo capital político.

Alguns fatores podem explicar essa segunda fase. A composição do Tribunal muda substancialmente. Os ministros do período autoritário deixam a Corte. A democracia se

---

[98] MELLO, Patrícia Perrone Campos. *Nos bastidores do STF*. Rio de Janeiro: Forense, 2015. p. 152-155.
[99] MELLO, Patrícia Perrone Campos. *Nos bastidores do STF*. Rio de Janeiro: Forense, 2015. p. 1-56.
[100] MENDES, Conrado Hübner. Na prática, ministros do STF agridem a democracia, escreve professor da USP. *Folha de S. Paulo*. São Paulo, 28 jan. 2018. Ilustríssima.

consolida. A compreensão do papel modificador do direito e da força construtiva dos juízes avança. A TV Justiça expõe a atuação do Supremo e dos seus ministros para a população. O clímax desse ciclo se dá com o fim da primeira fase do Mensalão, apresenta uma Corte com enorme apoio popular e parece indicar que "querer é poder".

Entretanto, a partir de então, em uma possível terceira fase de sua história institucional Pós-Constituição de 1988, o Supremo Tribunal Federal é sistematicamente confrontado com casos de corrupção, com a apreciação de questões penais e com julgamentos que interferem no funcionamento dos demais poderes. O país se depara com a revelação de uma situação de corrupção endêmica que expõe as estruturas de poder dominantes. Tais estruturas resistem e pressionam a Corte. Os demais poderes resistem e pressionam a Corte. A opinião pública acompanha e pressiona a Corte. A Corte avança, recua, vacila, se divide. Ao tentar se preservar institucionalmente, arrisca-se institucionalmente. Precisa compor com forças antagônicas igualmente poderosas. Consome capital político. É posta em xeque. Parece não saber mais *o que quer nem o que pode*. A história das instituições não é, contudo, linear. As crises proporcionam aprendizados e crescimento. É o que se espera dessa "grande balzaquiana": que volte a ser grande novamente.

Referências

ALEXY, Robert. Direitos fundamentais no Estado constitucional democrático. Para a relação entre direitos do homem, direitos fundamentais, democracia e jurisdição constitucional. *Revista de Direito Administrativo*, n. 217, p. 55-66, jul./set. 1999.

ARGUELHES, Diego Werneck. Poder não é querer: preferências restritivas e redesenho institucional no Supremo Tribunal Federal pós-democratização. In: SARMENTO, Daniel (Coord.). *Jurisdição constitucional e política*. Rio de Janeiro: Forense, 2015.

BALTHAZAR, Ricardo; MARIANI, Daniel. Ministros do STF contrariam decisão da Corte sobre prisão: em dois anos, 23% dos condenados em 2ª instância que recorreram ao Supremo tiveram êxito. *Folha de S. Paulo*, 4 mar. 2018. Disponível em: <https://www1.folha.uol.com.br/poder/2018/03/ministros-do-stf-contrariam-decisao-da-corte-sobre-prisao.shtml>. Acesso em: 30 abr. 2018.

BARCELLOS, Ana Paula de. *Ponderação, racionalidade e atividade jurisdicional*. Rio de Janeiro: Renovar, 2005.

BARROSO, Luís Roberto. *A judicialização da vida e o papel do Supremo Tribunal Federal*. Belo Horizonte: Fórum, 2018.

BARROSO, Luís Roberto. *Constituição, democracia e supremacia judicial*: direito e política no Brasil contemporâneo. Disponível em: <http://www.luisrobertobarroso.com.br/wp-content/uploads/2017/09/constituicao_democracia_e_supremacia_judicial.pdf>. Acesso em: 7 maio 2018.

BARROSO, Luís Roberto. *Curso de direito constitucional contemporâneo*: os conceitos fundamentais e a construção do novo modelo. São Paulo: Saraiva, 2009.

BARROSO, Luís Roberto. Doze anos da Constituição brasileira de 1988. In: BARROSO, Luís Roberto. *Temas de direito constitucional*. Rio de Janeiro: Renovar, 2001. t. I.

BARROSO, Luís Roberto. Ética e jeitinho brasileiro: por que a gente é assim? In: BARROSO, Luís Roberto. *Um outro país*: transformações no direito, na ética e na agenda do Brasil. Belo Horizonte: Fórum, 2018.

BARROSO, Luís Roberto. *O controle de constitucionalidade no direito brasileiro*. 7. ed. São Paulo: Saraiva, 2015.

BARROSO, Luís Roberto; MELLO, Patrícia Perrone Campos. Trabalhando com uma nova lógica: a ascensão dos precedentes no direito brasileiro. *Revista da AGU*, Brasília, v. 15, n. 3, p. 9-52, jul./set. 2016.

BARROSO, Luís Roberto; OSÓRIO, Aline. "Sabe com quem está falando?": Notas sobre o princípio da igualdade no Brasil contemporâneo. *Direito e Práxis*, v. 7, n. 1, p. 204-232, 2016.

BASILE, Juliano; MAGRO, Maíra; COSTA, Raimundo. O Supremo em seu momento. *Valor*, São Paulo, p. 5-9, jul. 2012. Eu & fim de semana.

BICKEL, Alexander M. *The least dangerous branch*: the Supreme Court at the bar of politics. New Haven: Yale University, 1986.

BRANDÃO, Rodrigo. *Supremacia judicial versus diálogos constitucionais*: a quem cabe a última palavra sobre o sentido da Constituição?. Rio de Janeiro: Lumen Juris, 2012.

BRANDINO, Géssica. Favorável à mudança no STF, Gilmar defendia a prisão em 2ª instância. *Folha de S. Paulo*, 22 mar. 2018. Disponível em: <https://www1.folha.uol.com.br/poder/2018/03/favoravel-a-mudanca-no-stf-gilmar-defendia-prisao-em-2a-instancia-veja-video.shtml>. Acesso em: 30 abr. 2018.

BRASIL. Supremo Tribunal Federal. *Linha sucessória dos ministros*. Disponível em: <http://www.stf.jus.br/arquivo/cms/sobreStfComposicaoMinistroApresentacao/anexo/linha_sucessoria_tabela_atual_mar_2017.pdf>. Acesso em: 13 abr. 2018.

CÂMARA DOS DEPUTADOS. *Vinte anos do impeachment*. Disponível em: <http://www2.camara.leg.br/atividade-legislativa/plenario/discursos/escrevendohistoria/20-anos-do-impeachment/20-anos-do-impeachment-do-presidente-fernando-collor>. Acesso em: 5 maio 2018.

DAMATTA, Roberto. Nunca lemos tanto. *O Globo*, Rio de Janeiro, p. 23, 5 dez. 2012.

DINIZ, Laura; MARQUES, Hugo. O triunfo da justiça. Os ministros do Supremo Tribunal Federal condenam os mensaleiros, denunciam a corrupção e caem nas graças dos brasileiros, carentes de referências éticas. *Veja*, ano 45, n. 41, p. 71, 10 out. 2012.

DWORKIN, Ronald. *Império do direito*. Tradução de Jefferson Luiz Camargo. São Paulo: Martins Fontes, 2003.

DWORKIN, Ronald. *Uma questão de princípio*. São Paulo: Martins Fontes, 2000.

ELSTER, Jon. Introduction. In: ELSTER, Jon. *Rational choice*. Nova York: New York University Press, 1986.

ELY, John Hart. *Democracy and distrust*. A theory of judicial review. Cambridge: Harvard University Press, [s.d.].

EPSTEIN, Lee; KNIGHT, Jack. *The choices justices make*. Washington: CQ Press, 1998.

FALCÃO, Joaquim; ARGUELHES, Diego Werneck; RECONDO, Felipe (Org.). *Onze Supremos*: o Supremo em 2016. Belo Horizonte: Letramento, Casa do Direito, Supra, Jota, FGV Direito Rio, 2017.

FALCÃO, Joaquim; CERDEIRA, Pablo de Camargo; ARGUELHES, Diego Werneck. *I relatório Supremo em números*: o múltiplo Supremo. Rio de Janeiro: Escola de Direito do Rio de Janeiro da Fundação Getúlio Vargas, abr. 2011.

FAORO, Raymundo. *Os donos do poder*: formação do patronato político brasileiro. São Paulo: Globo, 2012.

FONTE, Felipe de Melo. *Jurisdição constitucional e participação popular*: o Supremo Tribunal Federal na era da TV Justiça. Rio de Janeiro: Lumen Juris, 2016.

HESSE, Konrad. La interpretación constitucional. In: HESSE, Konrad *et al*. *Escritos de derecho constitucional*. Madri: Centro de Estudios Constitucionales, 1983.

HOLANDA, Sérgio Buarque de. *Raízes do Brasil*. 26. ed. São Paulo: Companhia das Letras, 1995.

LASSALLE, Ferdinand. *A essência da Constituição*. 4. ed. Rio de Janeiro: Líber Juris, 1998.

MARINONI, Luiz Guilherme. *Precedentes obrigatórios*. 4. ed. São Paulo: Revista dos Tribunais, 2016.

MELLO, Patrícia Perrone Campos. *Nos bastidores do STF*. Rio de Janeiro: Forense, 2015.

MENDES, Conrado Hübner. Na prática, ministros do STF agridem a democracia, escreve professor da USP. *Folha de S. Paulo*. São Paulo, 28 jan. 2018. Ilustríssima.

MINISTÉRIO PÚBLICO FEDERAL. *Caso Lava Jato*. Disponível em: <http://www.mpf.mp.br/para-o-cidadao/caso-lava-jato/atuacao-na-1a-instancia/investigacao/historico>. Acesso em: 7 maio 2018.

NOVELINO, Marcelo. O STF e a opinião pública. In: SARMENTO, Daniel. *Jurisdição constitucional e política*. Rio de Janeiro: Forense, 2015.

PEREIRA, Jane Reis Gonçalves. O Judiciário e a opinião pública: riscos e dificuldades de decidir sob aplausos e vaias. *Os Constitucionalistas*, 30 out. 2012. Disponível em: <http://www.osconstitucionalistas.com.br/o-judiciario-e-a-opiniao-publica-riscos-e-dificuldades-de-decidir-sob-aplausos-e-vaias>. Acesso em: 7 maio 2018.

PETTIT, Philip. Institutional design and rational choice. In: GOODIN, Robert E. *The theory of institutional design*. Nova York: Cambridge University Press, 1996.

SARMENTO, Daniel. O neoconstitucionalismo no Brasil: riscos e possibilidades. In: SARMENTO, Daniel (Coord.). *Filosofia e teoria constitucional contemporânea*. Rio de Janeiro, 2009.

SARMENTO, Daniel. Ubiquidade constitucional: os dois lados da moeda. In: SARMENTO, Daniel. *Livres e iguais*: estudos de direito constitucional. Rio de Janeiro: Lumen Juris, 2006.

SOUZA NETO, Cláudio Pereira de; SARMENTO, Daniel. *Direito constitucional*: teoria, história e métodos de trabalho. Belo Horizonte: Fórum, 2013.

VALENTE, Rubens; FERNANDES, Thalita; BALLOUSSIER, Anna Virginia. Na véspera de julgamento sobre Lula, comandante do Exército diz repudiar impunidade. *Folha de S. Paulo*, 3 abr. 2018. Disponível em: <https://www1.folha.uol.com.br/poder/2018/04/na-vespera-de-julgamento-sobre-lula-comandante-do-exercito-diz-repudiar-impunidade.shtml>. Acesso em: 30 abr. 2018.

VILHENA, Oscar Vieira. Supremocracia. *Revista Direito GV*, São Paulo, v. 4, n. 2, p. 441-464, jul./dez. 2008.

WETERMAN, Daniel. Lula tem 37%, Bolsonaro 16%, Marina 8% e Alckmin 6%, diz pesquisa. *O Estado de São Paulo*, 31 jan. 2018. Disponível em: <http://politica.estadao.com.br/noticias/geral,lula-mantem-indices-de-intencao-de-voto-para-presidente-segundo-datafolha,70002172156>. Acesso em: 30 abr. 2018.

Informação bibliográfica deste texto, conforme a NBR 6023:2002 da Associação Brasileira de Normas Técnicas (ABNT):

MELLO, Patrícia Perrone Campos. Trinta anos, uma Constituição, três Supremos: autorrestrição, expansão e ambivalência. In: BARROSO, Luís Roberto; MELLO, Patrícia Perrone Campos (Coord.). *A República que ainda não foi*: trinta anos da Constituição de 1988 na visão da Escola de Direito Constitucional da UERJ. Belo Horizonte: Fórum, 2018. p. 95-120. ISBN 978-85-450-0582-7.

PARTE II

PROCESSO CONSTITUINTE

TRINTA ANOS DEPOIS: UMA ANÁLISE DO PROCESSO CONSTITUINTE E DO DESEMPENHO DA CONSTITUIÇÃO FEDERAL DE 1988

ALONSO FREIRE

1 Introdução

Quando o projeto da atual Constituição brasileira foi finalizado, em dezembro de 1987, Ulysses Guimarães, presidente da Assembleia Constituinte, procurou o então presidente da República, José Sarney, e disse-lhe: "Sarney, olhe, passaram 12 milhões de pessoas aqui durante a Constituinte. Isso mostra a participação". Sarney, então, respondeu-lhe: "Ulysses, você está me preocupando mais ainda com a Constituição. Porque a única que sobreviveu até nós, até hoje, é a Constituição americana, que foi feita por 32 pessoas". "Achei logo que a Constituição era péssima. Mal redigida, não tinha uma estrutura, não tinha uma unidade", acrescentou Sarney em entrevista recente. No dia seguinte, o presidente da República foi à imprensa e disse: "A Constituição tornará o país ingovernável".[1] Aquele projeto, discutido e aprovado em 1988, tornou-se a Constituição Federal, promulgada com 245 artigos e mais 70 no Ato das Disposições Constitucionais Transitórias. Com uma revisão realizada em 1993 e com mais de cem emendas ao longo de quase trinta anos, a Constituição brasileira é hoje considerada uma das mais longevas do mundo. Dada nossa história constitucional anterior a 1988, era compreensível a satisfação de Ulysses Guimarães com uma ampla participação pública no processo de elaboração da Constituição. Ele queria que a nova Constituição refletisse os valores e anseios da sociedade brasileira. Mas a preocupação de José Sarney também era pertinente. É que o produto da constituinte de 1987-1988 seria a nossa sétima Constituição em menos de cem anos de história republicana. Era, portanto, também compreensível que se desejasse uma boa Constituição, uma que fosse capaz não apenas de governar o país e superar os dramas vividos pela nação, mas que também durasse no tempo.

---

[1] CARVALHO, Luiz M. *1988*: segredos da Constituinte. Rio de Janeiro: Record, 2017. p. 49.

Neste artigo, busco analisar, após trinta anos de vigência da Constituição Federal brasileira, o processo constituinte que lhe deu origem. Meu propósito é demonstrar que, apesar da boa intenção de Ulysses Guimarães, esse processo não foi democraticamente inclusivo o que, bem sei, contraria a convicção de muitos dos seus analistas. Busco também examinar os efeitos de uma das consequências desse processo constituinte, a saber, a prolixidade da Constituição que ele produziu. Faço isso com base em achados quantitativos e correlações encontradas por importantes estudos de pesquisadores da ciência política e da economia política constitucional positiva.[2] Em seguida, explico também as razões pelas quais essa Constituição, a despeito de seus defeitos, segue contrariando um dos receios de José Sarney, a saber, o de que ela não seria duradoura. Na sequência, analiso parcialmente o desempenho da Constituição, baseando-me no cumprimento dos objetivos fundamentais que ela própria reconhece como prescrições aos poderes constituídos.

Antes, porém, de avançar, convém explicitar uma distinção pressuposta neste artigo e importante para a conclusão a qual chego a propósito do caráter não inclusivo do último processo constituinte brasileiro. Considero que as normas democráticas exigem a inclusão como critério da legitimidade política dos resultados, e não mera participação na deliberação. Para se assegurar não apenas participação, mas verdadeira inclusão, é preciso que as opiniões, razões e interesses dos participantes de um processo de tomada de decisão sejam verdadeiramente considerados e levados a sério. Importa, então, considerar aqui duas formas de exclusão da discussão política e da tomada de decisões. A primeira, chamada de exclusão externa, é aquela que "mantém alguns indivíduos ou grupos fora dos fóruns de debate ou processos de tomada de decisão, ou que permitem que alguns indivíduos ou grupos dominem o controle sobre o que acontece neles".[3] Essa é a forma mais conhecida de exclusão. Ela ocorre em quase todos os ambientes e fóruns de deliberação, inclusive, é claro, no processo constituinte. Mas há outra forma menos conhecida e falada, todavia mais perigosa, por ser sutil e permitir um resultado farsesco com inclusão externa. É que a exclusão muitas vezes ocorre mesmo quando indivíduos e grupos estão incluídos no processo de discussão. Essa exclusão interna se dá quando, a despeito de uma ampla participação popular, portanto, de inclusão externa, as contribuições públicas não são consideradas, processadas e levadas a sério. A preocupação com essa inclusão interna é comumente negligenciada em processos deliberativos como o constituinte.[4]

Convém, ainda, um esclarecimento preliminar. Esse trabalho se baseia em várias pesquisas quantitativas que envolvem "constituições", muito especialmente nas seções 3 e 4. Mas o que conta como *constituição*? A pesquisa empírica sobre constituições pode

---

[2] Existem duas amplas linhas de investigação na economia política constitucional: (1) o ramo normativo, que busca legitimar o estado e as ações de seus representantes, ou seja, busca identificar condições em que os resultados das escolhas coletivas podem ser julgados como "justos" ou "eficientes"; e (2) o ramo positivo, que busca explicar (a) os efeitos (econômicos) das possíveis normas constitucionais e (b) o surgimento e modificação das regras constitucionais. Para uma visão panorâmica, cf. VOIGT, Stefan. Constitutional political economy: analyzing formal institutions at the most elementary level. In: BROSSEAU, Éric; GLACHANT, Jean-Michel. *New institutional economics*: a guide book. Cambridge: Cambridge University Press, [s.d.]. p. 363-388.

[3] YOUNG, Iris M. *Inclusion and democracy*. Oxford: Oxford University Press, 2000. p. 54.

[4] Cf. FREIRE, Alonso. *O processo constituinte inclusivo*: fundamentos teóricos, evidências empíricas e dinâmicas governantes. Tese (Doutorado) – Programa de Pós-Graduação em Direito, Universidade do Estado do Rio de Janeiro – UERJ, Rio de Janeiro, 2018.

envolver dois objetos diferentes de estudo. A distinção em questão tem sido feita de várias maneiras. A mais comum é entre constituições *de jure*, escritas, codificadas ou formais, também chamadas de *large-C*, de um lado, e, de outro, constituições *de facto*, não escritas, não codificadas ou informais, também denominadas constituições *small-c*.[5] Os estudos aqui considerados envolvem apenas, em regra, as constituições *large-C*. Portanto, eles excluem as interpretações judiciais e as convenções e práticas constitucionais não escritas, mesmo que estas possam ser parte integrante da constituição *small-c* de um país.

O artigo adota, então, a seguinte estratégia. Na primeira seção, exponho a experiência da transição política brasileira que teve como marco fundamental a promulgação da Constituição Federal de 1988. Após expor o contexto em que se deu essa transição, destaco os aspectos que me conduzem à conclusão de que o processo constituinte brasileiro de 1987-1988 pode até ser considerado participativo, mas não inclusivo – pelo menos não internamente. Além disso, os aspectos destacados evidenciam o quão disfuncional foi esse processo. Uma de suas consequências foi a alta prolixidade do texto constitucional. Na segunda seção, analiso, então, a correlação entre essa característica da Constituição Federal de 1988 e o PIB *per capita*, o índice de confiança social e a corrupção. Na seção seguinte, exponho as causas da longevidade da Constituição Federal, isso porque, como se verá, sua vigência está bem acima da "expectativa de vida" das constituições nacionais, considerando todas aquelas promulgadas desde 1787. Por fim, realizo uma análise parcial do desempenho da Constituição Federal de 1988, a partir de aspectos metodológicos e critérios avaliativos esclarecidos e justificados. Antecipo que o que é feito nesta última seção faz parte de um estudo mais amplo em desenvolvimento por este autor e representa apenas um breve esforço de síntese de ideias e questões metodológicas centrais. Ao final, uma avaliação sumária é feita a título de conclusão.

2 A experiência da transição pacífica brasileira

2.1 O contexto

A história constitucional do Brasil não é de poucos dramas. Foram, até o momento, oito constituições, sendo uma imposta e pelo menos duas outras ditatoriais. A descontinuidade constitucional foi a triste regra do país, pelo menos até a segunda metade da década de 1980, quando, então, já na chamada terceira onda de democratização,[6] o país consegue realizar uma transição pacífica de um regime autoritário para uma democracia livre. O que lhe antecedeu foi, no entanto, longo e dramático. O movimento militar, iniciado em março de 1964, não manteve sua promessa de realizar eleições presidenciais no ano seguinte. Rapidamente, atos institucionais dissolveram partidos

---

[5] LAW, David S. Constitutions. In: CANE, Peter; KRITZER, Herbert (Ed.). *The Oxford Handbook of Empirical Legal Research*. Oxford: Oxford University Press, 2010. p. 377.

[6] Para Samuel P. Huntington, que cunhou essa expressão, "uma onda de democratização é um grupo de transições de regimes não democráticos a democráticos que ocorrem dentro de um período de tempo especificado e que superam significativamente as transições na direção oposta durante esse período de tempo. Uma onda geralmente também envolve liberalização ou democratização parcial em sistemas políticos que não se tornam plenamente democráticos" (HUNTINGTON, Samuel P. *The third wave*: democratization in the last twentieth century. Oklahoma: University of Oklahoma Press, 1991. p. 15).

políticos e prorrogaram o mandato do Marechal Castelo Branco, o primeiro presidente do regime militar deflagrado.

Em 1967, uma constituição foi aprovada por um congresso destituído de suas principais lideranças políticas, que tiveram seus direitos políticos cassados pelo regime. Mas, como afirma Luís Roberto Barroso, "a Constituição de 1967 não resistiu à ascensão da linha dura nas Forças Armadas e ao curso ditatorial inexorável, cuja força se impôs sobre a resistência esboçada em diferentes capitais".[7] Logo em 1968, foi decretado o Ato Institucional nº 5, dando poderes quase imperiais ao presidente da República. Em um "golpe dentro do golpe", uma Junta Militar impediu a posse do Vice-Presidente Pedro Aleixo, que assumiria a chefia do Executivo em razão da morte do Marechal Costa e Silva, e outorgou uma verdadeira constituição travestida de emenda constitucional. Os próximos "anos de chumbo" foram sob a presidência de um general. Emílio Médici, indicado para a Presidência da República, censurou a imprensa e incentivou direta e indiretamente a repressão policial nas ruas. A perseguição a opositores foi constante e quase implacável, com episódios vergonhosos de tortura e assassinatos.

A abertura que se dizia ter sido "lenta, gradual e segura", teve início apenas em 1974. Geisel, que chega à Presidência por meio de uma eleição cujo resultado era bastante previsível, teve a mão menos pesada. João Baptista Figueiredo, que chega à chefia do Executivo em 1979, inicia seu mandato sem os tristes atos institucionais, revogados anos antes. Logo promoveu uma anistia e a liberdade partidária. Esses e outros sinais de abertura democrática fizeram com que muitos brasileiros exilados durante a fase mais nefasta do regime militar retornassem ao país. Carros-bombas e sequestros continuaram, no entanto, evidenciado a todos que o regime ainda respirava. Entretanto, os grupos que seguiam patrocinando atrocidades estavam cada mais isolados e em menor número.

A transição para a democracia ocorreu muito por uma coalizão de forças moderadas, tanto da parte do próprio regime, como também de opositores. Portanto, no Brasil, a transição foi conduzida por elementos do próprio regime que se desejava superar. Como chamam a atenção dois importantes constitucionalistas brasileiros, "[a]s forças do regime autoritário, mesmo depois de perderem o protagonismo no processo histórico de redemocratização, mantiveram um amplo poder de barganha e até mesmo de veto".[8]

Após algumas tentativas de incentivar a convocação de uma assembleia constituinte por meio de manifestos, especialmente o liderado pela Ordem dos Advogados do Brasil, aprovando a "Declaração de Manaus", vieram as Diretas Já, representando uma intensa mobilização nos anos de 1983 e 1984. Além disso, houve uma tentativa formal de iniciar um processo constituinte, feita por meio de uma proposta de emenda constitucional, que, porém, foi rejeitada. A onda constituinte voltou a ganhar força apenas após a eleição indireta de Tancredo Neves e José Sarney. A chapa que compunham havia, inclusive, assumido o compromisso público de convocar uma assembleia constituinte. Com o falecimento inesperado de Tancredo Neves e vindo Sarney a ocupar a Presidência, havia o receio de que o compromisso não seria honrado. Mas Sarney, de fato, enviou

---

[7] BARROSO, Luís Roberto. Vinte anos da Constituição brasileira: o Estado a que chegamos. In: SOUZA NETO, Cláudio Pereira de; SARMENTO, Daniel; BINENBOJM, Gustavo (Coord.). *Vinte anos da Constituição Federal de 1988*. Rio de Janeiro: Lumen Juris, 2009. p. 29.

[8] SARMENTO, Daniel; SOUZA NETO, Cláudio Pereira de. *Direito constitucional*: teoria, história e métodos de trabalho. Belo Horizonte: Fórum, 2014. p. 257.

uma proposta de emenda constitucional, por meio da qual se atribuía ao Congresso Nacional o exercício do poder constituinte em nome do povo. Sem dúvida, as pressões nas ruas revelam uma nítida mobilização popular e o momento era, de fato, claramente constitucional.

2.2 O processo constituinte

Tentando seguir um dos dois modelos constituintes já adotados no Brasil,[9] Sarney nomeou logo uma comissão de especialistas, chamada de Comissão Provisória de Estudos Constitucionais, composta de cinquenta membros, com visões ideológicas bastante diversas. Ela foi presidida pelo jurista Affonso Arinos, daí ser chamada, posteriormente, de "Comissão Affonso Arinos". O resultado dos trabalhos foi um projeto com 460 artigos. Segundo alguns autores, o conteúdo era de "teor avançado e democrático", prevendo o sistema de governo parlamentarista. Mas esse "detalhe" desagradou Sarney e, por essa razão, ele não enviou o projeto à Assembleia Constituinte para servir de base para a elaboração da nova constituição. Mas o projeto, que recebeu ampla divulgação, exerceu influência durante o processo constituinte.[10]

Como disse recentemente o constituinte Antonio Britto:

> sem um projeto preliminar, a Constituinte se tornou um jogo de futebol sem bola. Tinha uma movimentação inacreditável: torcedores, invasão de campo, narração do jogo, tudo. Só faltava ser objetivo. "O que é que a gente está discutindo, afinal"? Como o livro estava totalmente em branco, aconteceu outro problema: ficou liberado que cada um tomasse as suas iniciativas. Então, eram 559 livros em branco – o que levou a uma produção de ideia um pouco descolada da realidade.[11]

"A saída", portanto, "foi entregar o papel em branco para cada constituinte", como disse Nelson Jobim.[12] A falta de um projeto somada à grande quantidade de comissões e subcomissões, segundo opina o próprio Nelson Jobim, tornaram os trabalhos da constituinte bastante disfuncionais:

> A constituinte desenhou um Brasil sem maquete, sem definição de nenhum pressuposto. Vinha uma comissão e desenhava uma parte do prédio, a outra comissão desenhava outra parte do prédio. Essas partes só se encontravam no Plenário. E no Plenário elas não

---

[9] "Até ali, o Brasil teve dois modelos de fazer Constituição. Um previa um Executivo forte, que mandava um anteprojeto para os constituintes. Foi o que aconteceu em 1891, o [marechal] Deodoro [da Fonseca] mandou o projeto. Aconteceu com Getúlio Vargas, em 1934, que mandou o projeto. E ainda em 1967, no regime militar, quando o [general] Castelo [Branco] também mandou. Quando tinha governo fraco, como o de 1946, começou do zero. Caiu o Getúlio; o [José] Linhares assumiu, sem força política nenhuma. Ele não tinha como mandar um projeto de Constituinte, não tinha autoridade. Aí a Câmara elegeu uma grande comissão, chamada Comissão Nereu Ramos, para elaborar o anteprojeto de Constituição. Tinha [sic] lá uns trinta ou quarenta membros, que fariam um projeto de Constituição, que o Plenário decidiria". Cf. entrevista a Nelson Jobim em CARVALHO, Luiz M. *1988*: segredos da Constituinte. Rio de Janeiro: Record, 2017. p. 202.
[10] SARMENTO, Daniel; SOUZA NETO, Cláudio Pereira de. *Direito constitucional*: teoria, história e métodos de trabalho. Belo Horizonte: Fórum, 2014. p. 158.
[11] CARVALHO, Luiz M. *1988*: segredos da Constituinte. Rio de Janeiro: Record, 2017. p. 210-211.
[12] CARVALHO, Luiz M. *1988*: segredos da Constituinte. Rio de Janeiro: Record, 2017. p. 204.

encaixavam. Pegava a tesoura e eliminava 90% [das propostas]. Os 10% que eram, digamos, duzentos artigos. Então a gente passava madrugadas e dias tentando fazer acordos, os famosos acordos de líderes, para dar um pouquinho de objetividade, um pouquinho de consistência.[13]

A escolha do órgão constituinte, o próprio Congresso Nacional, portanto uma legislatura constituinte, foi bastante criticada. O modelo foi resultado de um compromisso firmado antes entre forças do regime autoritário que "temiam que uma Assembleia Constituinte exclusiva pudesse resvalar para o 'radicalismo', ou até para o 'revanchismo', contra os militares".[14] O receio era a responsabilização dos militares e outros envolvidos em graves crimes e violações de direitos humanos durante o regime anterior, evitando-se a realização de uma necessária justiça de transição.[15] Embora uma eleição tenha sido feita antes para a constituinte, vinte e três senadores, vindo de mandatos anteriores, não tinham, expressamente, um mandato para elaborar a Constituição, e isso logo foi contestado, com a solução de que eles poderiam participar.

A composição da "Constituinte Congressual" era de 487 deputados federais e 72 senadores, totalizando 559 constituintes. Mas é possível dizer que apenas cinquenta a cem constituintes participaram efetivamente do processo.[16] Havia o chamado "colégio de cardeais", formado por cerca de cinquenta constituintes, e havia o restante, chamado de "baixo clero", formado por parlamentares que participavam do processo, eram ouvidos, aceitavam os acordos de liderança, mas não tinham peso em decisões e acordos. "A verdade é que quem fez a Constituição foram os acordos de lideranças. Por isso que demorou tanto".[17] Na constituinte, portanto, os acordos eram de liderança. Nem todos participavam e eles não eram feitos, pelo menos não inteiramente, nas dependências do Congresso Nacional, mas nas casas dos membros do "colégio de cardeais", especialmente de Ulysses Guimarães.

O PMDB era o partido com maior número de parlamentares – um total de 306. Embora o órgão constituinte tenha sido ideologicamente plural,[18] era clara a predominância do centro. Como bem se ressalta:

> [é] curioso que, embora a Constituição de 1988 seja normalmente tachada de "progressista", os partidos então identificados com a esquerda – PDT, PT, PCB, PC do B e PSB – tinham

---

[13] CARVALHO, Luiz M. *1988*: segredos da Constituinte. Rio de Janeiro: Record, 2017. p. 173.

[14] SARMENTO, Daniel; SOUZA NETO, Cláudio Pereira de. *Direito constitucional*: teoria, história e métodos de trabalho. Belo Horizonte: Fórum, 2014. p. 157.

[15] Cf., por todos, MEYER, Emílio Peluso Neder. *Ditadura e responsabilização*: elementos para uma justiça de transição no Brasil. Belo Horizonte: Arraes, 2012.

[16] "Nunca cheguei a somar isso. Mas diria que uns cinquenta. Basicamente aqueles primeiros escolhidos para a Comissão de Sistematização. Esse era o grupo formado, que a gente chamava de 'colégio de cardeais', mais o dr. Ulysses e alguns integrantes da Mesa". O resto era chamado de "baixo clero", afirma Nelson Jobim; "Uns cem", diz José Lourenço. "Cinquenta", falou José Fogaça (CARVALHO, Luiz M. *1988*: segredos da Constituinte. Rio de Janeiro: Record, 2017. p. 212; 149; 193).

[17] CARVALHO, Luiz M. *1988*: segredos da Constituinte. Rio de Janeiro: Record, 2017. p. 219.

[18] Como afirmam Daniel Sarmento e Cláudio Pereira de Souza Neto: "[T]ais números não devem induzir à apressada conclusão de que teria havido uma força absolutamente hegemônica na Constituinte – o PMDB – capaz de impor suas convicções sobre as demais agremiações políticas. O PMDB não representava uma única força política. A bancada incluía parlamentares de inclinações absolutamente heterogêneas, que percorriam quase todo o arco ideológico" (SARMENTO, Daniel; SOUZA NETO, Cláudio Pereira de. *Direito constitucional*: teoria, história e métodos de trabalho. Belo Horizonte: Fórum, 2014. p. 219).

bancadas que, somadas, totalizavam não mais que 50 constituintes, ou seja, cerca de 9% da Assembleia.[19]

Entretanto, do ponto de vista regional, havia clara desproporção. A maioria era de estados do Norte e do Centro-Oeste. Com isso, os demais estados ficaram subrepresentados. Essa sub-representação ocorreu com afrodescentes e indígenas, já que "havia apenas 11 constituintes negros – pretos ou mulatos – (2%) e nenhum indígena [!]".[20] A maior parte dos constituintes tinha curso superior. E a maioria destes tinha formação em direito, um total de 243 parlamentares.[21]

As mulheres também estavam especialmente subrepresentadas. Havia apenas 26. Relata-se que sofriam enorme preconceito. "Quando nós chegamos, aquelas 26 constituintes, era como se fôssemos ETs... Eu estranhava muito os empurrões e cotoveladas que a gente recebia quando queria aparecer, entende?", relata Maria de Lourdes Abadia, uma das poucas constituintes.[22] Entre as mulheres, havia duas filhas de presidentes da República – Márcia Kubitscheck e Tutu Quadro –, além de ex-mulheres de governadores – Myriam Portela, Wilma Maia, Maria Lúcia e Lucia Braga. Mas isso não bastava. Em síntese, a "bancada do batom", como era tristemente chamada, praticamente não teve nenhuma voz no processo. Nenhuma mulher foi presidente de comissões ou subcomissões. Apenas uma foi relatora, Cristina Tavares, da Subcomissão da Ciência e da Tecnologia e da Comunicação. Entre elas, dizem muitos, se destacaram Sandra Cavalcanti e Benedita da Silva.

Uma das primeiras grandes discussões após instalada a Constituinte foi a definição do Regimento Interno. Ela se estendeu por mais de dois meses. Dois foram os temas mais controvertidos. O primeiro deles dizia respeito à soberania da assembleia para adotar decisões modificadoras da ordem constitucional vigente durante seu funcionamento. A segunda, por sua vez, se relacionava à forma de tramitação e votação do texto a ser elaborado. Para a primeira questão, a solução foi o reconhecimento, não sem resistência, de que à Assembleia não teriam sido conferidos poderes além do constituinte. De fato, durante os vinte meses de processo constituinte, não ocorreu nenhuma deliberação para a reforma da Constituição vigente à época. Já para a segunda questão, como já foi dito antes, prevaleceu a ideia disfuncional de não se partir de nenhum anteprojeto.

Portanto, no processo constituinte brasileiro, optou-se, erradamente, em não iniciar o processo com um projeto prévio. O Regimento Interno da Assembleia Constituinte estabelecia que os trabalhos iriam iniciar sem um projeto-base. Como disse em entrevista recente Fernando Henrique Cardoso, à época relator do regimento interno:

> a Constituinte não tinha ponto de partida, era uma loucura. Não queriam o modelo da Constituição de 1946 – que criou uma comissão para fazer um anteprojeto – e também não queriam o projeto feito pela Comissão de Notáveis, que foi presidida pelo Affonso Arinos. Não aceitavam nada.

---

[19] CARVALHO, Luiz M. *1988*: segredos da Constituinte. Rio de Janeiro: Record, 2017. p. 157.
[20] CARVALHO, Luiz M. *1988*: segredos da Constituinte. Rio de Janeiro: Record, 2017. p. 161.
[21] CARVALHO, Luiz M. *1988*: segredos da Constituinte. Rio de Janeiro: Record, 2017. p. 161.
[22] CARVALHO, Luiz M. *1988*: segredos da Constituinte. Rio de Janeiro: Record, 2017. p. 270.

Perguntado se, acaso se tivesse partido de um anteprojeto, a Constituição de 1988 seria melhor, respondeu ele categoricamente: "Sim, muito melhor. Aquilo foi um arranjo". E mais: "Aquilo foi difícil de gerir, aquela confusão toda". Mas à frente, perguntado sobre se a nossa Constituição, por essa razão, seria ambígua, disse: "É campeã".[23]

José Fogaça, relator da Subcomissão do Poder Executivo e sub-relator da Comissão de Sistematização, tendo sido questionado sobre com que espírito a Constituinte começou, respondeu: "Com radicalismo. Não se aceitava nenhum texto-base – nem o da Comissão dos Notáveis, por exemplo, ou mesmo um outro elaborado pela própria Constituinte. Era um livro branco, começando por 24 comissões em estado absolutamente original". Igualmente perguntado sobre se seria melhor se os constituintes tivessem aceitado algum projeto, disse: "Acho que sim. Até do ponto de vista da eficiência do trabalho, e da serenidade". "O projeto que chegou à Comissão de Sistematização, como resultado do trabalho das comissões e subcomissões", recorda crítico o constituinte, "tinha 501 artigos". Isso comprometeu a qualidade da Constituição de 1988. A Constituinte acabou tendo grupos paralelos trabalhando em projetos distintos. Como o próprio José Fogaça acrescenta, isso "[r]esultou numa Constituição poliédrica".[24] A opinião também é expressada pelo constituinte Antônio Britto que disse, a propósito da sensação que teve quando a constituinte iniciou: "[Era] mais uma sensação de escrever um livro novo do que saber o que colocar no livro novo. Hoje, pensando, eu acho que o maior erro que se cometeu foi não ter havido um projeto preliminar".[25] Essa é uma evidência de que se deve evitar que as tarefas de redação e estruturação do texto fiquem a cargo unicamente do órgão constituinte.

Para o hercúleo trabalho de elaborar uma constituição a partir de uma folha em branco, foram criadas 8 comissões temáticas, cada uma com 3 subcomissões, totalizando 24. A ideia era a de que todos os constituintes fossem titulares de uma comissão temática e suplentes de outras. Sua composição era feita por indicações partidárias. Tais comissões tinham a tarefa de redigir o que lhe cabia e depois enviar para a Comissão de Sistematização, que deveria consolidar as partes e organizar o texto integral. O resultado disso seria o projeto, que deveria ser submetido a Plenário, em dois turnos de votação.

Muitos grupos tiveram a oportunidade de participar do processo, especialmente nessas subcomissões e comissões. Como relatam Daniel Sarmento e Claudio Pereira de Souza Netto:

> [Nas subcomissões], os grupos mais variados foram ouvidos nas audiências públicas – Ministros de Estado, lideranças empresariais e sindicais, intelectuais, associação de moradores, entidades feministas e de defesa dos homossexuais, representantes do movimento negro, ONGs ambientalistas, indígenas, empregadas domésticas, meninos de rua etc. O contraditório foi intenso.

De modo geral, no processo, "foram ouvidos Deus e o mundo", como disse o constituinte José Fogaça, para quem a "utilidade disso foi simplesmente dizer que havia um texto democrático, originalíssimo, não baseado em nenhum texto anterior".

---

[23] CARVALHO, Luiz M. *1988*: segredos da Constituinte. Rio de Janeiro: Record, 2017. p. 112-113; 118, respectivamente.

[24] CARVALHO, Luiz M. *1988*: segredos da Constituinte. Rio de Janeiro: Record, 2017. p. 145-146; 150.

[25] CARVALHO, Luiz M. *1988*: segredos da Constituinte. Rio de Janeiro: Record, 2017. p. 172.

Mas acrescenta: "Foi bom do ponto de vista ideológico, mas não do ponto de vista prático, de fazer a Constituição".[26] Embora a participação popular no processo constituinte brasileiro seja vista por inúmeros estudiosos como particularmente ampla, pelo menos na opinião de vários constituintes, ela não foi aproveitada, de modo que é possível considerar que, de fato, não houve, pelo menos como deveria e era esperado ou considerado, verdadeira inclusão popular.

O tratamento dado às festejadas emendas populares também evidencia a exclusão interna. Primeiramente, elas só entraram no processo por vontade de um dos seus constituintes.[27] Como conta Fernando Henrique Cardoso, na história dos processos constituintes brasileiros "[n]unca tinha havido emendas populares – que eu botei no regimento. Eu que pus esse negócio. A demanda era da Igreja, mas quem botou lá fui eu".[28] Referindo-se à reação dos demais colegas constituintes, disse ele: "Ficaram loucos". Portanto, essa novidade na história constituinte brasileira gerou indignação de muitos constituintes.[29] Foram 122 emendas populares. E é considerando essas emendas que se fala de 12 milhões de assinaturas. Mas apenas 83 dessas emendas foram aceitas. As demais foram barradas por questões formais: cada eleitor poderia submeter, no máximo, três emendas; exigia-se assinatura de 30 mil eleitores e o apoio de pelo menos três entidades associativas ou de instituições públicas. Embora elas versassem sobre os mais distintos temas, "ninguém deu muita importância para as emendas populares. Aquilo foi uma concessão ao povo para satisfazer egos: 'Assinei a emenda popular e tal'", como revela o constituinte José Lourenço em entrevista recente.[30]

Na verdade, a Constituição foi elaborada por alguns poucos constituintes, influenciados por grupos de interesses de todo tipo. "Tinha *lobby* em tudo", confirma Fernando Henrique Cardoso.[31] "A atuação dos lobistas era um negócio impressionante", conta o constituinte Francisco Rossi.[32] Tais *lobbies* eram feitos à luz do dia, dentro do Congresso Nacional, mas havia aqueles que eram secretos e disfarçados.[33] E, com isso, "as coisas mudavam do dia para a noite".[34] A transparência foi insuficiente. As decisões eram acordos de líderes, muitas vezes com trocas de favores e negociatas obscuras. A disputa pelo tempo de mandato do Presidente Sarney, que praticamente dominou o processo,

---

[26] CARVALHO, Luiz M. *1988*: segredos da Constituinte. Rio de Janeiro: Record, 2017. p. 146.
[27] Cf., a respeito, entrevista a Fernando Henrique Cardoso, em CARVALHO, Luiz M. *1988*: segredos da Constituinte. Rio de Janeiro: Record, 2017. p. 127.
[28] CARVALHO, Luiz M. *1988*: segredos da Constituinte. Rio de Janeiro: Record, 2017. p. 172.
[29] "Ficaram loucos. Porque de fato era uma coisa revolucionária. Uma abertura para a sociedade. Os representantes iam defender, no Plenário, sem ser parlamentares. O Brasil sonhou, delirou, teve pesadelo, tudo naquele momento. O nosso papel era peneirar, para sobrar alguma coisa que ficasse de pé e que fosse duradoura", disse Fernando Henrique Cardoso em entrevista a respeito da novidade das emendas populares. Cf. CARVALHO, Luiz M. *1988*: segredos da Constituinte. Rio de Janeiro: Record, 2017. p. 127.
[30] CARVALHO, Luiz M. *1988*: segredos da Constituinte. Rio de Janeiro: Record, 2017. p. 194.
[31] CARVALHO, Luiz M. *1988*: segredos da Constituinte. Rio de Janeiro: Record, 2017. p. 143.
[32] CARVALHO, Luiz M. *1988*: segredos da Constituinte. Rio de Janeiro: Record, 2017. p. 142.
[33] "Teve o do SNI [Serviço Nacional de Informações], de péssima fama, comandado pelo general Ivan de Souza Mendes. Aí eles convidavam alguns constituintes para ir lá, fica no Parque da Cidade. Eu fui convidado. Era meio esquisito. Tinha que seguir um carro deles, sem saber aonde ia. Só sabia lá. Um general e um coronel me receberam. Queriam saber o que eu pensava da SNI, o que a Constituinte achava. Eu disse que minha impressão era a pior possível. Foi aí que começou a reforma do SNI. Porque tinha emenda propondo extinguir, mas não entrou", relata um episódio o constituinte Benedito Gama (CARVALHO, Luiz M. *1988*: segredos da Constituinte. Rio de Janeiro: Record, 2017. p. 229).
[34] CARVALHO, Luiz M. *1988*: segredos da Constituinte. Rio de Janeiro: Record, 2017. p. 142.

gerou até mesmo agressão física.[35] Muitas votações não foram feitas com seriedade.[36] A pressão da mídia era imensa, evidenciada com telefonemas constrangedores, por parte, por exemplo, do presidente do Grupo Globo.[37] Constituintes hoje revelam que as decisões eram tomadas com base nos interesses privados e econômicos que surgiam na cena e entravam no jogo. Muitas disposições constitucionais foram incluídas no texto sem qualquer deliberação e secretamente.

Como testemunha Adriano Pilatti, "ali aconteceu um processo decisório caracterizado pelo dissenso".[38] Na constituinte impasses ganharam o apelido de "buracos negros". Uma das saídas adotadas foi a transformação do dispositivo em uma norma de aplicabilidade mediata, por meio da inclusão da cláusula "na forma da lei".[39] Como relata Nelson Jobim em entrevista recente, "quando não se conseguia um acordo, e não tinha solução num texto ambíguo, eu usava a técnica de jogar para a lei complementar ou lei ordinária".[40]

José Lourenço, quando perguntado sobre como eles resolviam os impasses, respondeu: "Ah, isso foi uma costura política. Acho que dei uns cinquenta jantares".[41] Mas a moeda de troca também vinha do Executivo e eram canais de televisão e rádio.

Relata o constituinte Benedito Gama:

> Antônio Carlos [Magalhães] articulava isso, ele era o ministro das Comunicações. Tinha poder político, por ser amigo e muito bem relacionado com Sarney, e também foi muito amigo do poder militar. E aí entrou essa parte da barganha política de rádio e televisão, aquele negócio todo.[42]

Isso demonstra a influência que o Executivo exerceu no processo constituinte brasileiro.[43] Nos debates, havia inclusive armação. A frase de Ulysses Guimarães que dizia que "em política, até a raiva é combinada" se concretizava na constituinte. Como diz Nelson Jobim, "[a] gente combinava tudo... se combinava que tipo de briga que ia ter na votação da matéria, se ia ser uma coisa violenta, ou tranquila. Tudo era acertado antes".[44]

---

[35] Francisco Dorneles relata ter sido agredido pelo Ministro das Comunicações Antônio Carlos Magalhães, no gabinete ministerial, por ele ter se recusado a votar pelo mandato de quatro anos. Cf. CARVALHO, Luiz M. *1988*: segredos da Constituinte. Rio de Janeiro: Record, 2017. p. 242.

[36] Francisco Dornelles relata um episódio revelador: "Botei em votação [o tema da iniciativa privada], na parte da tarde. Faltavam dois votos para ganhar. Entra no plenário o Valmir Campelo, que me deu um voto. Entra o Lula: 'Ô Lula, me dá um voto'. Ele disse: 'Se a emenda é sua, deve ser contra a pátria ou contra o povo'. Eu falei: 'Não, essa é a favor da pátria e do povo'. Ele respondeu: 'Vou dar, mas estou certo que é contra'. E me deu o voto" (CARVALHO, Luiz M. *1988*: segredos da Constituinte. Rio de Janeiro: Record, 2017. p. 244).

[37] Cf. CARVALHO, Luiz M. *1988*: segredos da Constituinte. Rio de Janeiro: Record, 2017. p. 241-242.

[38] PILATTI, Adriano. *A Constituinte de 1987-1988*: progressistas, conservadores, ordem econômica e regras do jogo. 2. ed. Rio de Janeiro: Lumen Juris, 2016. p. 1.

[39] CARVALHO, Luiz M. *1988*: segredos da Constituinte. Rio de Janeiro: Record, 2017. p. 102; 112-113.

[40] Cf., entrevista a Fernando Henrique Cardoso em CARVALHO, Luiz M. *1988*: segredos da Constituinte. Rio de Janeiro: Record, 2017. p. 121.

[41] CARVALHO, Luiz M. *1988*: segredos da Constituinte. Rio de Janeiro: Record, 2017. p. 188.

[42] CARVALHO, Luiz M. *1988*: segredos da Constituinte. Rio de Janeiro: Record, 2017. p. 226.

[43] "'Agora, presidente, a partir de amanhã, é pagar essa conta. Eu não quero ver um deputado dizendo que a gente não honrou a palavra'", diria ao Presidente Sarney, Antônio Carlos Magalhães em reuniões que ocorriam no Palácio do Planalto para comemorar uma votação. Cf. CARVALHO, Luiz M. *1988*: segredos da Constituinte. Rio de Janeiro: Record, 2017. p. 227.

[44] CARVALHO, Luiz M. *1988*: segredos da Constituinte. Rio de Janeiro: Record, 2017. p. 219.

Em processos políticos como o constituinte, uma forma de se decidir é não decidir, adotando-se uma disposição controversa, mas de forma ambígua e indeterminada,[45] assumindo compromissos dilatórios ou dando à norma um caráter não binário. Esse foi um expediente bastante utilizado no processo constituinte brasileiro. No que diz respeito aos compromissos dilatórios, o constituinte Antonio Brito faz um relato do uso desse método:

> Como é que se resolve um impasse? Usando palavras neutras ou estéreis, e depois, no futuro, se identificará o que elas são. Essa é uma bela saída para resolver problema de texto. Se eu disser que a finalidade de uma coisa é promover o equilíbrio e o desenvolvimento, você não sabe de que coisa estou falando e concorda com a minha frase. Do ponto de vista político era bonito, porque nós não tínhamos como sair daquele impasse e a Constituição tinha que ser feita. Ninguém tinha maioria, ou era isso ou era nada. E nada era um negócio muito ruim naquele momento.[46]

Nelson Jobim, que participou da constituinte ajudando na redação de dispositivos, contou, em entrevista recente, que lhe era pedido para introduzir ambiguidades até conseguir o voto da maioria. Disse ele: "Era um negócio genial". Ele, inclusive, dá um exemplo de como se resolvia impasses dando aos dispositivos um caráter não binário:

> Em determinado momento surgiu um impasse complicado quanto ao repouso semanal remunerado. O pessoal da esquerda era coordenado pelo Plínio de Arruda Sampaio, que era líder do PT. Naquela época, o Plínio não era o radical que veio a ser. Era um sujeito que negociava, um cara ótimo. O texto da esquerda era "repouso semanal remunerada obrigatoriamente aos domingos". A direita queria "repouso semanal remunerado, na forma de convenção ou contrato coletivo de trabalho". A direita tinha razão, alguns trabalhos não podiam parar no domingo. E deu-se o impasse. Ninguém tinha votos para aprovar nenhuma delas. [...] Conversa com um, conversa com outro. Ninguém abria mão. Então, eu fiz uma redação, aprovada pela direita e pela esquerda, que está na Constituição: "[...] repouso semanal remunerado, preferencialmente ao domingo".[47]

Outro problema do processo foi sua duração excessiva. O processo constituinte levou muito tempo, possivelmente por dois fatores: a ausência de um projeto inicial e o fato de as decisões serem tomadas por acordos de liderança. Sem um projeto, se gerou um "Frankenstein", e trabalhar nele tomou muito tempo. Os acordos demoravam para ser formados e muitos precisavam ser refeitos, diante da "traição" de alguns, que fazia com que não se alcançasse a maioria necessária. A longa duração, embora tenha possibilitado a realização de acordos necessários, deu margem a também longas barganhas.

Duas questões talvez tenham sido as mais controversas na constituinte. A primeira delas dizia respeito ao sistema de governo. Como é dito, "[a] Constituinte era parlamentarista e por quatro anos".[48] Muitos institutos foram pensados para esse sistema.

---

[45] DIXON, Rosalind; GINSBURG, Tom. Deciding not to decide: deferral in constitutional design. *International Journal of Constitutional Law*, v. 9, n. 3-4, p. 636-672.
[46] CARVALHO, Luiz M. *1988*: segredos da Constituinte. Rio de Janeiro: Record, 2017. p. 175.
[47] CARVALHO, Luiz M. *1988*: segredos da Constituinte. Rio de Janeiro: Record, 2017. p. 210-211.
[48] Cf., entrevista a Fernando Henrique Cardoso em CARVALHO, Luiz M. *1988*: segredos da Constituinte. Rio de Janeiro: Record, 2017. p. 123.

Por exemplo, a previsão de medidas provisórias foi algo discutido como uma ideia relacionada e mais adequada ao parlamentarismo. Outro exemplo é a competência do Congresso para fiscalizar o Executivo, algo também tipicamente parlamentarista. Ocorre que, ao final da constituinte, José Sarney, então presidente do país, e avesso ao sistema parlamentarista, manobrou de toda forma e ao final conseguiu a aprovação no texto de um sistema presidencialista. Embora a questão tenha sido deixada para o povo referendar cinco anos depois, por meio de uma disposição transitória, o que acabou ocorrendo foi sua confirmação, talvez muito devido ao fato de isso ter ocorrido fora do momento constituinte.

Houve também mudanças suspeitas na Comissão de Redação. Relata-se que muitas disposições constitucionais foram incluídas no texto sem qualquer deliberação e secretamente. Bernardo Cabral, que foi relator da constituinte, conta o seguinte, a título ilustrativo:

> Toda noite nós íamos para o Prodasen [Secretaria Especial de Informática], onde eu me instalei, com os sub-relatores. Nós tínhamos um assessor que era um craque em informática – então ainda uma novidade. Tinha dias que ele descobria que tinham introduzido outras coisas no texto da Constituinte. Coisas terríveis: negócio de navegação, cabotagem, empresas, capital estrangeiro. Mas a gente descobria e revisava. [49]

Ao final, a Constituição foi aprovada, em 22 de setembro, por 474 votos contra 15, havendo 6 abstenções. Sem ter havido um referendo, foi ela promulgada em 5.10.1988.

2.3 A Constituição resultante

A Constituição Federal de 1988 é inegavelmente o marco jurídico do processo de redemocratização do país.[50] Há quem a considere "o símbolo maior de uma história de sucesso".[51] Desde sua promulgação, como se diz, o país tem vivido um longo período de normalidade institucional, apesar de esta opinião não ser unânime, diante do que tem ocorrido nos últimos anos. De qualquer modo, eleições foram realizadas, não houve fortes ameaças de golpe militar, a liberdade foi restaurada e muitos direitos nela previstos foram, de fato, concretizados, por meio ou não das instituições políticas ordinárias. De modo geral, realmente, superamos alguns ciclos de atraso, já que eleições têm sido periódicas, o Congresso tem funcionado sem interrupções, o Judiciário tem sido atuante e as Forças Armadas não saíram mais dos quartéis para golpes.[52] Como

---

[49] CARVALHO, Luiz M. *1988*: segredos da Constituinte. Rio de Janeiro: Record, 2017. p. 103.

[50] Como afirma Rodrigo Brandão, "[a] Constituição Federal de 1988 foi o principal marco jurídico do processo de redemocratização do país, simbolizando a transição de um Estado autoritário, que se guiava pela legalidade paralela dos atos institucionais e por reiteradas violações aos direitos fundamentais dos cidadãos, para um Estado Democrático de Direito, que vem avançando na consolidação da separação de poderes, da democracia e dos direitos fundamentais" (BRANDÃO, Rodrigo. *Supremacia judicial versus diálogos constitucionais*. Rio de Janeiro: Lumen Juris, 2011. p. 117).

[51] BARROSO, Luís Roberto. Vinte anos da Constituição brasileira: o Estado a que chegamos. In: SOUZA NETO, Cláudio Pereira de; SARMENTO, Daniel; BINENBOJM, Gustavo (Coord.). *Vinte anos da Constituição Federal de 1988*. Rio de Janeiro: Lumen Juris, 2009. p. 36.

[52] Cf., especialmente, SARMENTO, Daniel; SOUZA NETO, Cláudio Pereira de. *Direito constitucional*: teoria, história e métodos de trabalho. Belo Horizonte: Fórum, 2014. p. 182; e BRANDÃO, Rodrigo. *Supremacia judicial versus diálogos constitucionais*. Rio de Janeiro: Lumen Juris, 2011. p. 118 e ss.

afirma Luís Roberto Barroso, "só quem não soube a sombra não reconhece a luz".[53] Sobre a Constituição resultante, merece destaque a opinião de outros dois importantes constitucionalistas brasileiros:

> Aumentou, na sociedade, a consciência sobre os direitos e os movimentos reivindicatórios incorporaram a gramática constitucional à sua estratégia de luta. A Constituição passou a ser encarada como autêntica norma jurídica, e não mera anunciação de princípios retóricos, e tem sido cada vez mais frequentemente invocada na Justiça, inclusive contra os atos ou omissões inconstitucionais dos poderes majoritários.[54]

Do ponto de vista dos próprios constituintes, em regra, a Constituição é considerada "razoável", tendo pontos positivos e negativos. Por exemplo, perguntado sobre se da constituinte teria saído "coisa boa ou ruim", a resposta de Fernando Henrique foi a seguinte: "No que diz respeito a direitos e a liberdades democráticas, boa. No que diz respeito ao sonho social, bom. No que diz respeito a funcionamento efetivo do Estado, não. Não tínhamos meios para fazer o que se projetava lá".[55] E completa:

> A Constituição é atrasada. O mundo estava entrando em globalização e nós estávamos pensando num Brasil autárquico. É uma Constituição boa na democracia, tem aspirações sociais positivas, mas não tem realismo, nem na economia nem no funcionamento do Estado. Sem contar que foi planejada para um regime parlamentarista.[56]

De fato, a Constituição tem vários defeitos. A prolixidade talvez seja o mais evidente. Em boa medida, ela decorreu muito dos trabalhos na constituinte. As comissões temáticas contaram com muitos especialistas, mas isso, segundo se relata, não foi, como se poderia pensar, uma boa estratégia, pois "algumas questões consideradas prioritárias pelos especialistas não eram necessariamente essenciais para o país".[57] Há outro fator: o excessivo *lobby*. O funcionamento disfuncional e a pressão de interesses de toda ordem fizeram com que se aprovasse de tudo, da dignidade da pessoa humana à colocação do Colégio Dom Pedro, no Rio de Janeiro, na órbita federal. O caráter analítico da Constituição não é devido ao interesse de detalhar assuntos, mas sim o resultado da disfuncional divisão de tarefas entre subcomissões. Na opinião estrangeira, um grande defeito da Constituição brasileira é sua incoerência.[58] Outros a consideram excessivamente extensa. Como dizem Tom Ginsburg e outros, "a atual constituição brasileira, com 65.000 palavras em seu nascimento em 1988, é famosa por ter constitucionalizado quase todos os aspectos da vida pública".[59] E acrescentam:

---

[53] BARROSO, Luís Roberto. Vinte anos da Constituição brasileira: o Estado a que chegamos. In: SOUZA NETO, Cláudio Pereira de; SARMENTO, Daniel; BINENBOJM, Gustavo (Coord.). *Vinte anos da Constituição Federal de 1988*. Rio de Janeiro: Lumen Juris, 2009. p. 36.
[54] SARMENTO, Daniel; SOUZA NETO, Cláudio Pereira de. *Direito constitucional*: teoria, história e métodos de trabalho. Belo Horizonte: Fórum, 2014. p. 182.
[55] CARVALHO, Luiz M. *1988*: segredos da Constituinte. Rio de Janeiro: Record, 2017. p. 128.
[56] CARVALHO, Luiz M. *1988*: segredos da Constituinte. Rio de Janeiro: Record, 2017. p. 128.
[57] CARVALHO, Luiz M. *1988*: segredos da Constituinte. Rio de Janeiro: Record, 2017. p. 175.
[58] Cf. ROSSEN, Keith S. Conflict resolution and constitutionalism: the making of Brazilian Constitution of 1988. In: MILLER, Laurel E. (Ed.). *Framing the state in times of transition*: cases studies in constitution making. Washington: USIP, 2010. p. 441 e ss.
[59] ELKINS, Zachary; GINSBURG, Tom; MELTON, James. *The endurance of national constitutions*. New York: Cambridge University Press, 2009. p. 105.

O processo brasileiro, tão ridicularizado por muitos comentaristas, [...] contou com mais de 500 legisladores com inúmeros direitos sendo reconhecidos e um extenso processo de comentários públicos. Ele gerou uma constituição enormemente detalhada, com muitas disposições que pareciam orientadas para grupos de interesse específicos. Teve amplo escopo em termos de tópicos e muitos detalhes que se poderia pensar ser melhor deixa-los para os processos políticos ordinários.[60]

A constituinte gerou uma constituição enganosa,[61] em parte pela euforia naqueles vinte meses em Brasília. Como disse Antonio Britto:

> o momento do Brasil era de conferir poderes divinos à Constituição. A sociedade ia para dentro do Congresso propor e pleitear absolutamente tudo. Era uma atitude um pouco romântica – própria de quem sai da ditadura. O lema da sociedade com a Constituição era "o que a gente escrever, acontecerá". Até hoje estamos descobrindo que grande parte do que a gente escreveu não acontece.[62]

Continua ele:

> Nós corremos para a Constituição como um sujeito famélico em estado crônico corre para uma gôndola no supermercado. Uns com interesses concretos e outros que que eu chamo de românticos. E isso foi potencializado pela questão metodológica. Se o livro está em branco...[63]

De fato, em muitos aspectos, a Constituição é bastante enganosa. Por exemplo, muitos direitos sociais não são garantidos na prática, o imposto sobre grandes fortunas nunca foi implementado, a redução da desigualdade social, como se verá adiante, não pode ser ainda comemorada, a proteção ao meio ambiente não se concretizou como pensado etc. Outro defeito é a ausência de verdadeira inclusão por meio de mecanismos de participação direta. Apesar de previstos no texto, foram poucas oportunidades de participação popular até aqui. Sua reforma, também, não permite a participação popular.[64] O Supremo Tribunal Federal, declarado guardião da Constituição, segue sendo elitista e seletivo,[65] mesmo diante de suas amplas competências.[66]

Ela tem, porém, vantagens destacáveis. Apesar de seu procedimento de reforma não contar com a possibilidade de proposta popular, ele não é tão rígido a ponto de inviabilizar novos arranjos e acordos como meio de se evitar uma completa renegociação.

---

[60] ELKINS, Zachary; GINSBURG, Tom; MELTON, James. *The endurance of national constitutions*. New York: Cambridge University Press, 2009. p. 8. Esse processo de constitucionalização da vida continuou ao longo dos anos. Cf., a respeito, SARMENTO, Daniel. *Ubiquidade constitucional*: os dois lados da moeda. *Revista de Direito do Estado*, v. 2, p. 83-118, 2006.

[61] Cf., sobre essa ideia, LAW, David S.; VERSTEEG, Mila. Sham Constitutions. *California Law Review*, v. 101, n. 4, p. 863-952, 2013.

[62] CARVALHO, Luiz M. *1988*: segredos da Constituinte. Rio de Janeiro: Record, 2017. p. 172-173.

[63] CARVALHO, Luiz M. *1988*: segredos da Constituinte. Rio de Janeiro: Record, 2017. p. 172-173.

[64] Cf. PEREIRA, Jane Reis Gonçalves. A iniciativa popular no sistema constitucional brasileiro: fundamentos teóricos, configurações e propostas de mudança. *Revista de Direito da Cidade*, v. 8, n. 4, p. 1707-1756.

[65] Cf., a respeito, FREIRE, Alonso. Desbloqueando os canais de acesso à jurisdição constitucional do STF: por que não também aqui uma revolução de direitos? In: SARMENTO, Daniel. *Jurisdição constitucional e política*. Rio de Janeiro: Gen Forense, 2015. p. 591-640.

[66] Cf., especialmente, PEREIRA, Jane Reis Gonçalves. O Judiciário como impulsionador dos direitos fundamentais: entre fraquezas e possibilidades. *Revista da Faculdade de Direito da UERJ*, n. 29, p. 127-157, 2016. p. 127-157.

Talvez seja esse o elemento mais importante a justificar sua resistência até aqui. Porém, "nossa cultura política é impregnada pela síndrome do 'pai fundador'. Os que assumem o poder costumam encarar tudo que foi edificado antes de sua chegada como obsoleto e descartável". Portanto, no Brasil, há sempre a chance de um "constitucionalismo oportunista", na apropriada expressão de Jane Reis.[67]

3 A prolixidade constitucional: o caso brasileiro

A Constituição de Nauru – um país insular do hemisfério Sul, localizado na Oceania, que compreende uma área de 21 quilômetros quadrados – possui cerca 13 mil palavras para 10 mil habitantes. Mas, em termos de prolixidade, nenhuma supera a Constituição de Tuvalu, um estado da Polinésia formado por um grupo de nove ilhas e atóis, antigamente chamado Ilhas Ellice. O documento do país possui cerca de 35 mil palavras para os aproximadamente 12 mil habitantes da ilha, o que equivale a cerca de três palavras por habitante. Por outro lado, as contas de Tom Ginsburg, a Constituição de 1908 de Butão – um país localizado no sul da Ásia – teria sido a Constituição nacional mais curta já produzida, com escassas 865 palavras, não fornecendo praticamente nenhum detalhe sobre o funcionamento do governo.[68]

O tamanho ideal de uma constituição é objeto de debates desde a Convenção Constitucional dos Estados Unidos de 1787. Como constituinte, James Madison defendia que constituições nacionais curtas e orientadas para a estruturação do governo, como o próprio documento que estavam produzindo, durariam mais.[69] Ele argumentava que as únicas leis necessárias eram aquelas que "delimitavam com precisão os deveres" dos cidadãos e "limitavam o poder" e transportou essa crença para a ideia de constituição.[70] Em contrapartida, os antifederalistas, que foram chamados, à época, de "homens de pouca fé", por não estarem certos do futuro seguro que os federalistas previam sob a Constituição, temiam que a brevidade do texto deixasse importantes direitos desprotegidos, o que provocou a posterior promulgação de uma Declaração de Direitos.[71] Apesar das raízes históricas deste debate, estudiosos da economia política constitucional, da ciência política e do direito constitucional comparado começaram a avaliar o impacto da prolixidade ou verbosidade constitucional sobre os resultados da governança em nível nacional, graças ao advento de *softwares* de estatística e de novas bases de dados, como o Projeto de Constituições Comparadas.[72]

---

[67] PEREIRA, Jane Reis Gonçalves. Um constitucionalismo oportunista. *Estado de Direitos*, abr. 2017. Disponível em: <https://estadodedireitos.com/2017/04/01/um-constitucionalismo-oportunista/>. Acesso em: 15 dez. 2017.

[68] GINSBURG, Tom. Constitutional specificity, unwritten understandings and constitutional agreement. In: SAJÓ, András; UITZ, Renaita (Ed.). *Constitutional topography*: values and constitutions. The Hague: Eleven International Publishing, 2010. p. 70.

[69] Cf. HAMMONS, Christopher W. Was James Madison wrong? Rethinking the American preference for short, framework-oriented constitutions. *The American Political Science Review*, v. 93, n. 4, 1999. p. 837.

[70] . HAMMONS, Christopher W. Was James Madison wrong? Rethinking the American preference for short, framework-oriented constitutions. *The American Political Science Review*, v. 93, n. 4, 1999. p. 837.

[71] "Mas, no contexto da grande massa de documentos de ratificação", esclarece Bernard Bailyn, "os antifederalistas emergem como aqueles que mantinham a fé – a antiga fé era uma parte tão fundamental das origens ideológicas da Revolução, da qual, argumentavam, a Constituição partia" (BAILYN, Bernard. *The ideological origins of the American revolution*. Cambridge: Belknap Press, 1990. p. 331 e ss.).

[72] Para uma descrição do projeto e suas potencialidades, cf. ELKINS, Zachary *et al.* Constitute: The world's constitutions to read, search, and compare. *Journal of Web Semantics*, v. 27, p. 10-18, 2014.

Em relação ao tamanho, as constituições do mundo diferem significativamente. Algumas têm menos de 5.000 palavras, aproximadamente uma dúzia de páginas médias. As constituições da Tunísia, da Islândia e dos Estados Unidos se enquadram bem nesta categoria. Outras, entretanto, têm a extensão de um romance médio. A Constituição da Índia, a mais longa do mundo, foi aprovada com 79 mil palavras, quase vinte vezes maior que a constituição mais curta do mundo em vigor, a da Tunísia.[73] Frequentemente emendada, a Constituição da Índia, até 2010, continha 117.820 palavras, o que equivale a mais de duzentas páginas. Em sua tradução para o inglês, a Constituição anterior da Tailândia, embora um pouco menor, contava com 45 mil palavras. Por outro lado, a Constituição dos EUA foi promulgada com apenas 4.600 palavras. Em síntese, analisando todas as constituições desde 1789, estudiosos concluíram que as constituições têm em média 14 mil palavras.

A brevidade de uma constituição pode estar relacionada a uma questão de estilo. Por exemplo, a Constituição da China de 1975, que continha cerca de 2.932 palavras, e do Camboja de 1976, com aproximadamente 1.559 palavras, eram curtas, porém programáticas. Constituições comunistas antigas e curtas, como a da Mongólia de 1960, eram vistas como documentos transitórios, que seriam abolidos quando o Estado não fosse mais necessário. Por outro lado, os países socialistas tendem a dedicar mais atenção ao preâmbulo do que à descrição dos órgãos do governo ou ao reconhecimento de direitos.[74] Há constituições com mais de mil palavras em seus preâmbulos. Por exemplo, a Constituição da Iugoslávia de 1974 tinha um preâmbulo formado por mais de 6 mil palavras, sendo, assim, maior do que muitas constituições ao redor do mundo. Embora o tamanho médio de um preâmbulo seja de 175 palavras, sendo que setenta e cinco deles contêm menos de trezentas palavras, há outros exemplos de extensão significativa.[75]

A despeito de as constituições ainda variarem em tamanho, o fato é que elas estão ficando maiores a cada dia. Tanto constituições *estatistas* como constituições *libertárias* seguem crescendo.[76] Os preâmbulos, ao que parece, não estão ficando mais extensos. Talvez esse seja um sinal de que as constituições ideológicas estejam diminuindo pelo mundo. Mas as seções sobre direitos e organização do Estado estão se estendendo significativamente. Como era esperado, as seções que tratam de direitos constitucionais

---

[73] VOIGT, Stefan. Explaini... onstitutional garrulity. *International Review of Law and Economics*, v. 29, n. 4, 2009.

[74] Até 2014, os maiores e m... ideológicos preâmbulos foram encontrados nas constituições dos seguintes países, em ordem decrescente: Iugoslávia (1975), Jamaica (1974), Irã (1979), Papua Nova Guiné (1991), Cuba (1952), Libéria (1955), China (1982), Vietnã (1960), República Central da África (1962), Etiópia (1987), Japão (1889), Serra Leoa (1974), Madagascar (1962) e Síria (2000). Cf. GINSBURG, Tom; FOTI, Nick; ROCKMORE, Daniel. "We the peoples": the global origins of constitutional preambles. *The George Washington International Law Review*, v. 46, 2014. O preâmbulo da Constituição brasileira atual tem 81 palavras.

[75] GINSBURG, Tom. Constitutional specificity, unwritten understandings and constitutional agreement. In: SAJÓ, András; UITZ, Renaita (Ed.). *Constitutional topography*: values and constitutions. The Hague: Eleven International Publishing, 2010. p. 71.

[76] Um importante e muito influente estudo envolvendo constituições escritas de 188 países promulgadas entre 1946 e 2006 revelou que, do ponto de vista ideológico, as constituições, na atualidade, mesmo aquelas surgidas antes da Segunda Guerra Mundial, podem ser colocadas em apenas dois grupos, conquanto bastantes distintos. O primeiro deles é formado por constituições *libertárias*. Estas representam uma tradição de liberdade negativa, exigindo, caracteristicamente, uma abstenção do Estado em relação a muitos direitos de natureza notadamente privada. O segundo grupo, por sua vez, é formado por constituições *estatistas*, assim chamadas por exigirem a intervenção do Estado na concretização e realização de direitos, especialmente os de natureza eminentemente social. Cf. LAW, David S.; VERSTEEG, Mila. The evolution and ideology of global constitutionalism. *California Law Review*, v. 99, n. 5, 2011.

estão cada vez mais parecidas, muito mais do que as que dizem respeito à organização e distribuições de competência no Estado.[77]

Há dois aspectos de uma constituição diretamente relacionados ao seu tamanho. O primeiro deles é a *abrangência*, que se refere ao campo de cobertura temática da constituição, revelado pela quantidade de assuntos que ela aborda. Estudos quantitativos revelam que os constituintes estão cada vez mais propensos a criar constituições de amplo alcance, enxertando temas e mais temas a cada oportunidade. Tom Ginsburg e seus colegas realizaram uma pesquisa quantitativa reveladora da abrangência das constituições. Como medida, eles elencaram os noventa e dois assuntos que encontraram em constituições de 148 países escolhidos aleatoriamente. Assim, eles descobriram que, em média, as constituições incluem quarenta e cinco dos noventa e dois assuntos dessa lista (49%). A Constituição colombiana de 1991 e a Constituição tailandesa de 1997, conforme seus achados, são as mais abrangentes nesta medida, incluindo ambas 78% dos assuntos da referida lista. Ainda quanto a esse aspecto, estudiosos identificaram que a tendência geral está aumentando ao longo do tempo e o valor médio identificado no ano 2000 é maior do que de qualquer constituição escrita antes de 1885. Embora existam algumas constituições pós-guerra de alcance muito pequeno, a maioria parece abranger um conjunto relativamente minucioso de tópicos. Em outros termos, as Constituições estão prevendo assuntos cada vez menos materialmente constitucionais.

O segundo aspecto é o *detalhe* constitucional, que, por sua vez, diz respeito a quão minuciosas são as disposições da constituição quanto a cada assunto tratado. A medida de detalhe foi estabelecida dividindo a extensão (em palavras) do texto constitucional pelo número de assuntos em cada constituição examinada. A medida equivale, portanto, ao número de palavras por assunto em determinada constituição. Há constituições bastante sucintas, como a Constituição chinesa de 1982, com 26 palavras por assunto, e constituições bastante detalhistas, como a Constituição do Quênia de 1963, com uma média de 1.690 palavras por assunto. Entre todas as constituições, a média por assunto varia de 306 a 1690 palavras.[78]

Foi revelado também que não apenas as constituições que cobrem uma grande quantidade de assuntos tendem a ser mais longas, mas aquelas que cobrem um número menor de assuntos também tendem a incluir mais palavras por assunto. As constituições que cobrem menos de 40 assuntos incluem 260 palavras por assunto, enquanto que aquelas com mais de 40 assuntos usam 320 palavras por assunto. Em média, as constituições de maior abrangência também incluem mais detalhes. Mas, independentemente do número de assuntos, todas elas usam muitas palavras. Existem, no entanto, contrastes significativos. Por exemplo, tanto a Constituição da China quanto a do Quênia agregam 46 por cento dos assuntos presentes na lista de Tom Ginsburg e seus colegas pesquisadores. Entretanto, a China possui por volta de 1.200 palavras, enquanto o documento do Quênia envolve cerca de 75 mil palavras.[79]

---

[77] LAW, David S.; VERSTEEG, Mila. The evolution and ideology of global constitutionalism. *California Law Review*, v. 99, n. 5, 2011. p. 71.
[78] ELKINS, Zachary; GINSBURG, Tom; MELTON, James. *The endurance of national constitutions*. New York: Cambridge University Press, 2009. p. 105.
[79] ELKINS, Zachary; GINSBURG, Tom; MELTON, James. *The endurance of national constitutions*. New York: Cambridge University Press, 2009. p. 106.

As constituições mais recentes tendem a ser mais longas e a cobrir mais assuntos. Talvez gere certa estranheza o fato de os países de *common law* tenderem a ter constituições mais longas. Stefan Voit concluiu em seu levantamento que ter sido uma colônia britânica ou (e) ter uma origem legal de direito consuetudinário faz com que as constituições sejam substancialmente maiores – entre 16.000 e mais de 22.000 palavras.[80] Mas isso é explicado pelo legado da legislação britânica e pelo processo de descolonização, no qual a adoção de constituições particularmente extensas foi imposta como condição para a independência. Além disso, muitas constituições pós-colonização britânica possuem calendários de implementação como anexos, embora algumas pesquisas tenham excluído essas partes. Por outro lado, ser uma sociedade predominantemente muçulmana ou estar localizado no Oriente Médio ou na África do Norte faz com que uma constituição seja significativamente mais curta – entre 4.000 e quase 11.000 palavras.[81]

Estudiosos têm relacionado o tamanho das constituições com questões importantes. No que diz respeito às reformas constitucionais, Donald S. Lutz prevê que as constituições mais longas serão alteradas com mais frequência porque são mais propensas a conter disposições detalhadas que correm o risco de se tornarem obsoletas ao longo do tempo.[82] Quando tais disposições restringirem as ações da maioria governante, diz ele, elas serão alteradas ou removidas completamente. Em um estudo aprofundado envolvendo constituições da América Latina, Gabriel L. Negretto foi capaz de confirmar as previsões de Donald L. Lutz, oferecendo evidência de que, nesta região, as constituições mais longas tendem a ser sujeitas a alterações mais frequentes.[83]

O tamanho das constituições parece se relacionar com os níveis de confiança social. Em comparações de extensão e detalhes constitucionais em 110 países, os economistas políticos Bjørnskov e Voigt descobriram que baixos níveis de confiança social estariam relacionados a constituições longas e detalhadas. Considera-se também que constituições mais longas estão associadas a um menor PIB *per capita*. Comparando o número de artigos na constituição de um país, como *proxy* para o tamanho, falta de simplicidade e desempenho econômico, conforme medido pelo PIB *per capita*, o autor sugere que nenhum país com alto PIB *per capita* tem uma constituição longa.[84] Em uma pesquisa mais recente, dois investigadores limitaram a amostra de suas pesquisas a constituições de países da OCDE e ainda assim confirmaram que longas constituições estão associadas a um menor PIB *per capita*. Além disso, encontraram sinais de que esse tipo de constituição está associado a níveis mais altos de corrupção. E mais: mesmo que a corrupção seja controlada, o efeito negativo de constituições longas sobre o PIB *per capita* persiste. Tudo isso sugere que uma constituição mais curta proporciona mais oportunidades para o crescimento econômico.

---

[80] VOIGT, Stefan. Explaining constitutional garrulity. *International Review of Law and Economics*, v. 29, n. 4, 2009. p. 290-303.

[81] VOIGT, Stefan. Explaining constitutional garrulity. *International Review of Law and Economics*, v. 29, n. 4, 2009. p. 290-303.

[82] LUTZ, Donald S. *Principles of constitutional design*. Cambridge: Cambridge University Press, 2006. p. 155.

[83] NEGRETTO, Gabriel L. Replacing and amending constitutions: the logic of constitutional change in Latin America. *Law and Society Review*, v. 46, n. 4, 2012. p. 762.

[84] MONTENEGRO, Alvaro A. Constitutional Design and Economic Performance. *Constitutional Political Economy*, v. 6, n. 2, 1995.

É claro que um resultado mais preciso exigiria saber mais sobre a correlação das constituições longas com a estabilidade política ou social, a presença de violência e outros fenômenos sociais relevantes. Mas, de qualquer modo, as correlações são valiosas para chamar atenção de constituintes para possíveis efeitos negativos de uma prolixidade constitucional.

A Constituição Federal brasileira de 1988 é inegavelmente abrangente e detalhista. Ela foi promulgada com cerca de 42.473 mil palavras. Hoje, com mais de cem emendas constitucionais de revisão e reforma, o número é muito maior. Seu campo de cobertura temática é bastante amplo, tratando de assuntos que vão dos direitos fundamentais à ciência e tecnologia. Esse foi um resultado de seu disfuncional processo constituinte, que fez com que ela cobrisse uma quantidade significativa de temas, muitos indubitavelmente apenas formalmente constitucionais. Além de sua abrangência significativa, a Constituição brasileira também surgiu como um documento bastante detalhista. No que tange aos direitos fundamentais e à repartição de competência, por exemplo, procedeu ela a um tratamento bastante esmiuçado. Essas duas características – abrangência e detalhe – apenas aumentaram ao longo desses trinta anos. A Constituição Federal brasileira de 1988 confirma, assim, a tese de Donald L. Lutz de que as constituições mais longas são alteradas com mais frequência. Em média, nossa Constituição foi emendada pelo menos 3,5 vezes a cada ano.

É possível que o tamanho da nossa Constituição esteja relacionado ao baixo índice de confiança social, como evidenciam os mencionados estudos. Ao longo dos anos, as instituições políticas brasileiras têm passado por uma crise de confiança no país. É o que mostra o Índice de Confiança Social (ICS), levantado desde 2009, pelo Ibope Inteligência. Nos últimos anos, segundo o instituto, que mede a confiança dos brasileiros em 18 instituições e quatro grupos sociais, partidos políticos (7%), Congresso Nacional (7%), presidente da República (6%) e Governo Federal (6%) são as instituições que mais perderam a confiança da população. Curiosamente, apesar de a Constituição Federal brasileira ter sido aprovada tendo como um de seus principais propósitos a superação do regime militar, as Forças Armadas (57%) são a instituição em que a população mais deposita confiança no país, conforme pesquisa realizada no ano de 2017. O discurso favorável à intervenção militar tem sido, inclusive, ouvido novamente nas ruas do país.

Também segundo o IBGE, o PIB *per capita* do Brasil em 1988 era, em dólares americanos, de USD 2.2294,40. Em 2017, esse PIB subiu para USD 9.689,00. A diferença é, entretanto, enganosa. Na verdade, segundo um levantamento da revista britânica *The Spectator*, com relação ao PIB *per capita*, o Brasil teve um crescimento de 0% nos últimos anos. Além de o aumento ter sido lento e com retrocessos, o cenário foi praticamente de estagnação entre muitos anos durante as três últimas décadas. Portanto, de modo geral, apesar de ele ter aumentado ao longo desses trinta anos, o índice brasileiro segue sendo baixo, considerado o aumento em outros países. Por exemplo, o indicador mostra que a riqueza aumentou em países do Oriente Médio e da Ásia, e não teve mudança significativa no Brasil. Embora seja contestável a relação entre prolixidade constitucional e menor PIB *per capita*, os números parecem confirmar a tese.

Quanto à sua relação com a corrupção, os últimos anos têm oferecido evidências quase incontestáveis. De fato, o Índice de Percepção da Corrupção, o mais utilizado no mundo, revela que o país caiu muito no *ranking*. Segundo o último levantamento, divulgado pela Transparência Internacional, em fevereiro deste ano, o país passou a ocupar a 96ª colocação no *ranking* global, contra a posição de número 79 da pesquisa anterior. O índice brasileiro declinou três pontos, de 40 para 37 numa escala que vai de 0 a 100, em que zero significa alta percepção de corrupção e 100, elevada percepção de integridade. Com o índice dessa última pesquisa, o Brasil se encontra na pior situação dos últimos cinco anos.

4 A longevidade constitucional: o caso da Constituição Federal de 1988

Jeanne Calment fumou cigarros dos 21 até os 120 anos de idade. Passou praticamente sua vida inteira comendo pelo menos um quilo de chocolate por semana e bebendo vinho do porto, uma dieta hoje nada recomendável, especialmente às pessoas senis. Mas Calment, que era francesa, morreu apenas aos 122 anos e 164 dias de idade, em agosto de 1997. Atualmente, ela é considerada o ser humano que mais viveu, pelo menos entre os documentados. Seu curioso caso é hoje lembrado por importantes cientistas políticos quando são perguntados sobre a sobrevivência da Constituição dos Estados Unidos, o exemplar mais antigo de sua espécie, cuja longa vida é tida como igualmente inexplicável quando comparada à vida da imensa maioria das constituições promulgadas desde o seu nascimento, em 1787. Evidentemente, não teria sentido sugerir que a vida da senhora Calment tem alguma relação com as constituições ao redor do mundo. Aliás, se sua sobrevivência dependesse delas, ela provavelmente teria vivido muito pouco. O mesmo valeria se quiséssemos traçar alguma relação entre sua vida e as das constituições de seu próprio país – como se sabe, a França, oficialmente, já está em sua décima quinta Constituição. Mas, como essa impressionante senhora francesa, a Constituição norte-americana desafia as expectativas, pelo menos segundo estudiosos dedicados ao estudo da longevidade constitucional.

Em um estudo bastante influente, Tom Ginsburg e seus colegas americanos descobriram que as constituições nacionais duram em média apenas 19 anos, sendo que a maioria das que ultrapassam essa idade dificilmente se tornam cinquentenárias.[85] De acordo com a estimativa desses pesquisadores, a cada ano, até cinco constituições serão substituídas, quinze constituições serão alteradas e outras vinte emendas serão apreciadas por parlamentos ao redor do mundo. No mesmo estudo, eles foram capazes de perceber que a longevidade constitucional está relacionada a três características básicas: flexibilidade, inclusão e especificidade. Nenhum desses atributos explicados adiante é percebido na Constituição dos Estados Unidos. Segundo a chamada teoria da renegociação, defendida por eles, "pode haver boas razões para se adotar o modelo da Filadélfia – o equivalente constitucional de cigarros, chocolate e vinhos –, mas a resistência constitucional não é um deles".[86]

Por resistência constitucional, entenda-se a capacidade de as constituições sobreviverem ao tempo e aos desafios políticos aos quais podem se submeter em diferentes contextos ao longo de sua vida, ou vigência. De acordo com a teoria que defendem,

---

[85] ELKINS, Zachary; GINSBURG, Tom; MELTON, James. *The endurance of national constitutions*. New York: Cambridge University Press, 2009. p. 129.
[86] ELKINS, Zachary; GINSBURG, Tom; MELTON, James. *The endurance of national constitutions*. New York: Cambridge University Press, 2009. p. 65.

esses três fatores estruturais – flexibilidade, inclusão e especificidade – são críticos para a duração das constituições. Há, entretanto, um pressuposto básico para essa teoria que precisa ser antecipado: seus autores consideram as constituições como acordos ou contratos que envolvem interesses de partes relevantes na vida política. Naturalmente, as crises constitucionais podem abalar esses acordos, modificando o cálculo dos benefícios e custos envolvidos em sua manutenção. Isso, portanto, é inegável.

Para os autores, "as Constituições funcionam como estruturas de governança que permitem a coordenação entre atores políticos para a realização de resultados cooperativos". Mas elas também seriam "instrumentos de poder que os políticos usam para obter vantagens políticas e satisfazer seus interesses partidários de curto prazo". Por isso, o risco de uma renegociação do acordo também é levado em conta. Afinal, um processo constituinte pode ser desastroso, a depender do ponto de vista. Reconhecendo isso, em situações de crises constitucionais, as partes irão considerar a sua posição na negociação atual, comparando-a com os resultados esperados de uma renegociação constitucional, deduzindo os custos de adaptação ou de substituição da nova negociação e os riscos de um processo constituinte falhar. Como dizem:

> o peso relativo dos cálculos partidários e do poder de negociação depende dos eventos que desencadeiam mudanças constitucionais e da espessura do véu de ignorância que as partes enfrentam em relação aos efeitos do processo constituinte sobre suas posições políticas futuras.

Entretanto, aquelas características básicas – inclusão, flexibilidade e especificidade –, embora não suficientes, representam importantes pilares para a manutenção do edifício constitucional. A ideia é de que, dependendo da presença ou ausência desses fatores, o tempo terá um efeito estabilizador ou desestabilizador sobre as constituições nacionais.[87]

A *inclusão* constitucional refere-se à amplitude da participação na formulação do acordo constitucional, na sua atualização e na sua execução corrente. É de se esperar que uma constituição elaborada com ampla participação popular, além de ter maior probabilidade de corresponder às expectativas das sociedades, muito possivelmente gere mais identificação e adesão de seus destinatários, aqui entendidos elites, grupos conflituosos, minorias e a população em geral. Mas a inclusão não pode se restringir ao momento constituinte. É recomendável que uma participação mais ampla se dê de alguma maneira em seus processos de reforma ou revisão, especialmente em relação às constituições mais antigas, que permanecem em vigor por sucessivas gerações. Mesmo uma constituição extremamente popular em seu nascedouro pode, no entanto, correr severo risco de morte se as gerações futuras às quais ela for aplicável não puderem percebê-la como um projeto adaptável às suas realidades e circunstâncias. Em síntese, a durabilidade constitucional é diretamente proporcional ao nível de inclusão constitucional. A ideia central é esta: quanto mais grupos puderem influenciar a construção e manutenção do projeto constitucional, mais interesse haverá quanto à sua sobrevivência. Consequentemente, quanto mais interesse houver na manutenção da

---

[87] ELKINS, Zachary; GINSBURG, Tom; MELTON, James. *The endurance of national constitutions*. New York: Cambridge University Press, 2009. p. 70.

constituição, menos crises ocorrerão, visto que menos grupos terão interesse em violar suas normas.[88]

A *flexibilidade* é um fator estrutural polêmico, devido à sua associação com a estabilidade constitucional. Embora, de fato, ela seja geralmente vista como uma qualidade ou característica do constitucionalismo moderno, a flexibilidade, quando bem calibrada, pode permitir ajustes necessários de modo a tornar duradoura a constituição, já que ela permite que a constituição se adapte mais facilmente à emergência de novas questões sociais e possibilita reajustes de poderes e competências. Em outras palavras, esse atributo fornece uma saída mais eficaz e menos dramática a impasses políticos e crises constitucionais, permitindo que soluções sejam encontradas dentro do marco constitucional, sem ruptura constitucional e evitando os custos e riscos de uma renegociação política em um processo constituinte. A flexibilidade, inclusive, se relaciona com a ideia anterior de inclusão constitucional, visto que de nada adiantaria se ter uma constituição inclusiva, todavia excessivamente rígida. O que importa aqui é que a possibilidade de ajuste da constituição às condições políticas e sociais mutáveis evita a pressão para uma renegociação completa.[89]

A *especificidade* constitucional refere-se ao nível de detalhe na constituição e à amplitude de assuntos que o documento abrange. Embora muitos acreditem que a Constituição norte-americana tem durado precisamente em razão de seu caráter não analítico, a teoria da renegociação sugere que a clareza e a especificidade do texto constitucional podem ser úteis para incentivar e facilitar a sua execução. A ideia é a de que um documento mais claro e mais específico gerará mais facilmente entendimentos compartilhados acerca dos seus termos, produzindo, assim, um nível mais profundo de adesão. A especificidade também seria responsável em resolver questões relacionadas com informações ocultas no momento da negociação constitucional, possivelmente omitidas no processo constituinte. Assim, uma constituição mais específica anteciparia e resolveria fontes relevantes de controvérsia política que podem levar à morte constitucional quando deixadas sem solução. Como dizem:

> a visão um pouco contra intuitiva sugerida por nossa teoria parte do pressuposto de que negociar detalhes textuais e incorporar um grande número de tópicos é oneroso. A especificidade requer uma elaboração cuidadosa e negociações difíceis, ambas levando tempo e recursos políticos.[90]

Para alguns grupos, a especificidade de uma constituição escrita representa um investimento que não pode ser recuperado se a Constituição falhar. Mas aqui é preciso também encontrar um ponto ótimo. É que uma constituição muito minuciosa pode sacrificar a clareza e a coerência e, portanto, prejudicará, em vez de facilitar, a coordenação, ameaçando a duração constitucional. Por essa razão, o texto constitucional deve resolver questões com alta probabilidade de surgirem ao longo da vida constitucional.

---

[88] ELKINS, Zachary; GINSBURG, Tom; MELTON, James. *The endurance of national constitutions*. New York: Cambridge University Press, 2009. p. 97 e ss.
[89] ELKINS, Zachary; GINSBURG, Tom; MELTON, James. *The endurance of national constitutions*. New York: Cambridge University Press, 2009. p. 99 e ss.
[90] ELKINS, Zachary; GINSBURG, Tom; MELTON, James. *The endurance of national constitutions*. New York: Cambridge University Press, 2009. p. 84.

Em alguns aspectos, a amplitude da constituição será muito dependente do contexto e das necessidades da comunidade política. Portanto, na medida certa, a especificidade tenderá a aumentar, em vez de dificultar a resistência e, assim, a longevidade constitucional.

Os dados apresentados pelos autores sugerem que a duração constitucional está positivamente associada ao PIB de um país, à democracia e à estabilidade política.[91] Em média, quando as constituições possuem maior longevidade, os países são mais ricos, mais democráticos, politicamente mais estáveis e passam por menos crises institucionais. Por outro lado, os autores destacam que, quando uma sociedade cresce fora de sincronia com as suas disposições constitucionais, pode haver a necessidade de uma substituição. Assim, quando a Constituição não mais representa os anseios da sociedade, é necessário que ela seja substituída. Contudo, é preferível que tais alterações não sejam realizadas com grande periodicidade, visto que as constituições duradouras permitem que as instituições de um país se desenvolvam, contribuem para uma maior unidade nacional e fornecem uma base mais sólida para a prosperidade econômica e para estabilidade democrática.

A Constituição Federal brasileira de 1988 está, portanto, acima da expectativa de vida das constituições mundo afora. Ela possui características que podem conferir veracidade à teoria desses autores, embora não seja possível afirmar que todas elas estejam presentes em sua forma plena. É bem verdade que o processo constituinte foi inclusivo – embora apenas externamente, e não internamente.[92] De fato, é inegável que a constituição foi criada com significativa abertura à população, conquanto o processo em si tenha sido dramaticamente disfuncional. Mas como esses autores afirmam, inclusão constitucional não pode se restringir ao momento constituinte. É preciso que sua atualização também possa ser movida pelos seus destinatários, devendo eles ter um papel importante em processos de reforma e revisão. No caso brasileiro, esse aspecto não está presente. Primeiro, a revisão ocorrida não contou com a iniciativa e participação popular como era esperado e desejado por alguns. Quanto ao processo de reforma, não há em nossa Constituição a previsão de proposta popular de emenda constitucional, apesar de alguns importantes estudiosos defenderem essa possibilidade por meio de uma interpretação generosa da Constituição.

A Constituição brasileira, entretanto, possui mais claramente as duas outras características identificadas por esses estudiosos – a especificidade e a flexibilidade. Nosso documento constitucional é não só abrangente, como também bastante detalhista, sendo particularmente específica em muitos assuntos. Embora a maioria dos estudiosos brasileiros classifique a Constituição Federal brasileira de 1988 como rígida, a verdade é que, na prática, ela não tem se mostrado tão difícil de alterar como pode parecer em teoria. Afinal, temos uma média de 3,5 emendas por ano de vigência. Se contarmos as emendas de revisão, temos, nesse momento, um conjunto de mais de cem emendas constitucionais, e outras centenas de propostas tramitando no Congresso Nacional. Em síntese, para a Constituição Federal brasileira de 1988, parece fazer sentido a teoria de Tom Ginsburg

---

[91] ELKINS, Zachary; GINSBURG, Tom; MELTON, James. *The endurance of national constitutions*. New York: Cambridge University Press, 2009. p. 48.
[92] Cf., a respeito, FREIRE, Alonso. *O processo constituinte inclusivo*: fundamentos teóricos, evidências empíricas e dinâmicas governantes. Tese (Doutorado) – Programa de Pós-Graduação em Direito, Universidade do Estado do Rio de Janeiro – UERJ, Rio de Janeiro, 2018.

e seus colegas pesquisadores. De fato, muitas questões que poderiam ensejar uma renegociação constitucional foram resolvidas por meio de emendas constitucionais, como foi o caso da reeleição para a Presidência da República, uma questão que já motivou renegociações e golpes políticos em muitos países. Evidentemente, no caso brasileiro, há a particularidade do "presidencialismo de coalizão".

Portanto, é possível afirmar que a relativa inclusão, sua especificidade e a facilidade prática de sua reforma são componentes que ajudam a manter a atual Constituição brasileira em vigor, impedindo uma custosa e arriscada renegociação constitucional no país. Embora haja plausibilidade na teoria da renegociação, considerado o caso da Constituição Federal de 1988, há outras particularidades em nosso sistema e em nossas práticas constitucionais nesses últimos trinta anos que também influenciam, direta ou indiretamente, a longevidade de nossa Constituição. Menciono aqui quatro delas.

A primeira envolve a amenização no Brasil de uma postura interpretativa excessivamente formalista do texto constitucional que marcou a vigência das constituições anteriores. Ao longo das últimas décadas, especialmente das duas últimas, o Supremo Tribunal Federal decidiu, como nunca, questões constitucionais particularmente difíceis. Muitas das suas decisões resultaram em inegável ampliação do disciplinamento constitucional, como foram os casos de quase todas aquelas que trataram do funcionamento das Comissões Parlamentares de Inquérito e a decisão a propósito da fidelidade partidária, para citar apenas dois exemplos representativos. Se por um lado uma Corte menos formalista é necessária para a atualização e atribuição de sentido às normas constitucionais – o que enseja maior plasticidade à Constituição e, com isso, a desnecessidade de rediscussão formal de seus termos –, por outro, uma Corte com poderes desmedidos pode encerrar o risco de uma renegociação constitucional profunda, inclusive com retrocessos e revogação de suas decisões. O caso da Hungria representa, talvez, o melhor exemplo desse perigo.

A segunda particularidade diz respeito ao manuseio do Ato das Disposições Constitucionais Transitórias por parte do Congresso Nacional. No Brasil, como se sabe, a transitoriedade dessas disposições não impede a alteração das normas que as compõem ou a inclusão de novas. De fato, as alterações no ADCT, mediante emendas constitucionais, são bastante consideráveis. Além de substanciais modificações em diversos artigos, há o vultoso acréscimo de mais de quarenta dispositivos: enquanto a redação original possuía setenta artigos, hoje já possui cento e quatorze. As modificações nesse ordenamento, que também compõem o bloco de constitucionalidade brasileiro, promovendo alterações diante de demandas de maior ou menor complexidade, demonstram a percepção do próprio Congresso Nacional de que há certa possibilidade paralela, uma *válvula de escape*, além das emendas à parte principal da Constituição, para a implementação de transformações sem prejuízo à manutenção da ordem constitucional vigente. Portanto, o ato das disposições constitucionais transitórias não é mais considerado apenas um conjunto de normas voltadas a disciplinar a transição de uma ordem jurídica. Na verdade, há muitas disposições hoje que não têm caráter nitidamente provisório. Algumas delas, inclusive, foram acrescentadas para superar decisões de outros poderes, como foi o caso do art. 96, incluído pela EC nº 57.

Já a terceira decorre do fato de, não obstante seu teor particularmente analítico, a Constituição reservar um conjunto extenso e relevante de matérias deixadas a cargo do legislador ordinário. Assim, uma série de matérias cuja inflexibilidade poderia provocar estímulos à renegociação, inclusive devido a uma possível dificuldade de inclusão posterior no texto constitucional por meio de emendas – em razão dos estritos limites ao poder de reforma e dos custos de negociação política – foi deixada à política legislativa ordinária, de modo que há aqui também um relevante fator de longevidade. De fato, desde 1988, cerca de seis mil leis ordinárias e mais cem complementares foram aprovadas no país, muitas delas regulamentando questões expressamente deixadas pela Constituição ao legislador.

Uma quarta particularidade diz respeito ao estabelecimento da separação de poderes como cláusula pétrea. Embora tais cláusulas não sejam imutáveis, elas impedem a violação de seus núcleos fundamentais. No que diz respeito especificamente à separação de poderes, é possível considerar que essa cláusula pétrea é a mais importante para se evitar uma renegociação. Por meio dela, impede-se que a Constituição seja alterada com o propósito de se reduzir ou aumentar excessivamente as competências de um ou mais dos poderes. Em tese, sua previsão no art. 60, §4º, III, faz com que o Congresso Nacional evite correr o risco de produzir atritos institucionais de maior magnitude. Na forma de cláusula pétrea, ficam ainda mais protegidos os freios e contrapesos próprios da ideia de separação de poderes. Com isso, há uma rédea às tentativas de desequilíbrio entre os poderes, o que já ensejou e tem ensejado renegociações constitucionais em muitos países. Obviamente, isso não impossibilita rearranjos institucionais. Mas, inegavelmente, permite a contenção de poder, o que diminui o incentivo a uma nova negociação.

A última característica possível diz respeito à considerável liberdade do presidente da República para edição de medidas provisórias, cujo controle tende a ser limitado, especialmente por parte do Supremo Tribunal Federal. Em paralelo ao juízo eminentemente político das medidas no Congresso Nacional, a regra é que o Supremo Tribunal Federal não avalia o mérito desses atos normativos e, quanto aos requisitos constitucionais de urgência e relevância, ainda segue jurisprudência sedimentada no sentido de um controle judicial a ser exercido apenas em caráter excepcional. No Brasil, como se sabe, tais medidas permitem que o presidente da República resolva, de forma imediata, inúmeras questões de governo. Evidentemente, um Executivo saciado e desimpedido tende a manter no sistema constitucional quadros de estabilidade, perdendo interesse em uma renegociação. Sem dúvida, essa tranquilidade dependerá da habilidade do presidente em lidar com o Congresso Nacional, de modo a permitir a conversão de medidas provisórias em leis de seu interesse.

Antes de concluir, convém fazer duas últimas considerações aparentemente óbvias. A longevidade constitucional não é apenas um atributo, é uma missão em muitos sistemas constitucionais, inclusive nos autoritários, nos quais esses documentos cumprem, pelo menos, a função de servirem como "vasos sagrados", no sentido de que, ainda que seu conteúdo não seja bom, algum papel relevante elas têm, mesmo que seja apenas o de disciplinar o funcionamento do governo.[93] Cada constituição, geralmente, já vem ao mundo com inúmeros propósitos, mas sua vida também é moldada pelas dinâmicas governantes dos ambientes político e econômico.

---

[93] Sobre essa ideia, cf. GINSBURG; Tom; SIMPSER, Alberto (Ed.). *Constitutions in authoritarian regimes*. Cambridge: Cambridge University Press, 2014.

5 Uma avaliação parcial do desempenho da Constituição Federal de 1988

5.1 Considerações metodológicas

Acaso é possível avaliar o desempenho de uma constituição? Ou seria essa uma análise insuscetível de ser realizada, dado seu caráter idiossincrático? Caso se entenda possível, o que deveria ser considerado nessa avaliação? O que contaria como sucesso constitucional? Em outros termos, quando uma constituição poderia ser considerada bem-sucedida? Em síntese, quando seria possível elogiar ou culpar uma constituição por estar ou ficar aquém do que é esperado dela? Essas são questões que precisam ser respondidas por aqueles que são convidados a avaliar uma constituição em vigor e por constituintes em atividade. Mas elas também são importantes para o público em geral, especialmente em processos constituintes abertos a aconselhamentos internacionais. São essas questões igualmente de interesse acadêmico, muito em especial àqueles estudiosos interessados em análise constitucional comparativa normativa. Essa também é uma questão importante para todos aqueles que queiram saber se vale a pena não apenas adotar uma constituição, mas continuar com uma já em vigor.

Em uma obra recente e particularmente instigante, vários estudiosos buscaram responder a essas perguntas, a partir das mais variadas propostas e perspectivas.[94] As contribuições oferecem pontos de partida e provocações importantes nesse debate, ao invés de uma resposta singular e definitiva. Há entre elas discordâncias algumas vezes profundas e inconciliáveis sobre como proceder à analise da performance constitucional e sobre os critérios avaliativos empregados. Tudo isso, entretanto, não significa que a pergunta não é de interesse ou de importância para os estudiosos interessados em questões constitucionais normativas e para os constituintes atuais e futuros. A questão a propósito do desempenho e sucesso constitucionais esteve e está sempre implicitamente em jogo em ideias práticas e acadêmicas sobre como deve ser uma constituição digna de adesão por parte de determinada comunidade política.

Antes, porém, de escolher os critérios avaliativos, convém primeiramente discutir uma questão prévia importante. Trata-se de uma distinção entre referências avaliativas. Na verdade, essa distinção traduz-se em um ponto de primeira ordem, pois envolve a sensível questão de determinar qual perspectiva de avaliação deve ser tomada, se interna ou externa. Assim, numa perspectiva interna, pergunta-se se a constituição conseguiu que os termos da comunidade fossem regulados por esse instrumento. Aqui, tomam-se os objetivos da constituição como dados, quer pelo próprio documento, quer pela opinião da comunidade política em questão. Portanto, esse exercício exige, no mínimo, que sejamos capazes de enxergar com clareza objetivos relevantes no texto de uma constituição, extrair tais objetivos das circunstâncias de sua adoção ou deduzi-los dos anais da constituinte. Obviamente, essa é uma tarefa que apenas pode parecer simples. É que ela pressupõe que as preferências relevantes dos constituintes foram expressas de forma legível no texto constitucional ou que elas podem ser inferidas a partir dele. Pressupõe igualmente que as preferências dos constituintes foram agregadas de forma coerente e podem ser

---

[94] Cf. GINSBURG, Tom; HUQ, Aziz (Ed.). *Assessing constitutional performance*. Cambridge: Cambridge University Press, 2016.

identificadas objetivamente pelo avaliador. Em síntese, parte do pressuposto de que é possível identificar um conjunto coerente de ambições constitucionais. Além disso, sua adoção exige que se restrinja a análise a perspectivas e experiências nacionais particulares, já que os critérios internos podem variar dramaticamente de um país para outro. Não há dúvidas de que a identificação e aplicação de critérios internos pode levantar uma série de questões normativas e analíticas desafiadoras, muito em especial quando o texto constitucional não os explicita.

Alternativamente, um avaliador da performance constitucional pode adotar um ponto de vista externo. Isso significa que é possível considerar a questão do sucesso constitucional não da perspectiva dos constituintes, de uma geração fundadora ou de algum objetivo específico da constituição a ser avaliada. De uma perspectiva externa, a avaliação do desempenho constitucional não dependerá das circunstâncias particulares locais ou mesmo das preferências dos constituintes e membros da respectiva comunidade política. Nesse sentido, não se busca analisar o desempenho segundo os propósitos particulares e específicos de cada constituição. Pelo contrário, de uma perspectiva externa, pergunta-se o que torna uma constituição um sucesso, independentemente de qual seja a constituição a ser avaliada. Assim, a consideração a propósito do que significaria um sucesso constitucional ou uma constituição bem-sucedida parte de conteúdos e aspectos padronizados e geralmente presentes em constituições mundo afora. Portanto, essa análise consideraria os aspectos e conteúdos constitucionais desejáveis – por exemplo, igualdade, liberdade, governo democrático, clareza, coerência etc. Isso não significaria, pelo menos não necessariamente, que a resposta da análise externa seria sempre diferente da interna. Como afirmam Tom Ginsburg e Aziz Hug, "um observador externo pode convergir no mesmo ponto de referência ou norma com um observador interno, mas ele ou ela provavelmente o fará por razões completamente diferentes".[95]

Concordo que cada um desses dois tipos básicos de abordagem, interna e externa, tem seus méritos, bem como suas limitações. De fato, cada um deles pode desempenhar um papel importante na avaliação que se deseja fazer. Por um lado, uma avaliação interna considera seriamente os valores, intenções e aspirações dos redatores e dos atores políticos locais. Isso permite uma análise mais localizada e particularizada do desempenho constitucional. Esse tipo de avaliação pode conduzir a métricas mais precisas, adaptadas ao contexto específico. Mas essa particularização, quando excessiva, pode ser enganosa. Afinal, é insensato celebrar a perfeita implementação de uma constituição quando todos aqueles que são externos a esse projeto constitucional a condenariam como prejudicial e perversa. Afinal, nenhuma constituição é inquestionavelmente louvável se os seus autores pretendem que ela não tenha nenhum bom efeito sobre o mundo.

Por outro lado, uma perspectiva externa, ao recorrer a critérios padronizados, incorre no sério risco de enxergar apenas a floresta. A propósito, acaso existe um ponto de referência universal a partir do qual todas as constituições, independentemente das circunstâncias locais, possam ser avaliadas? Essa é uma questão absolutamente sensível. Quaisquer que sejam eles, critérios externos pressupõem necessariamente que determinados objetivos são categoricamente mais importantes do que outros, sem, contudo, levar em conta as aspirações dos constituintes e de uma comunidade

---

[95] GINSBURG, Tom; HUQ, Aziz. Assessing constitutional performance. In: GINSBURG, Tom; HUQ, Aziz (Ed.). *Assessing constitutional performance*. Cambridge: Cambridge University Press, 2016. Capítulo 1.

política. Com isso, aqueles que assumem essa perspectiva podem adotar critérios que incorporam na sua concepção uma suposição de que as ambições e aspirações distintivas de dada comunidade política são irrelevantes. Obviamente, isso pode significar uma desconsideração das reais preocupações locais. Com efeito, o resultado da avaliação pode ser significativamente inconsistente com a identidade constitucional da comunidade à qual se destina a constituição sob análise.

Portanto, a avaliação do desempenho ou sucesso constitucional pode ser feita a partir de pontos de vista distintos, mas cada um deles pode ser a um só tempo vantajoso ou problemático, haja vista o risco de uma particularização ou de uma neutralidade excessiva e enganosa. Por essa razão, para começar, é necessário escolher entre uma perspectiva externa e uma interna, assumindo-se seus riscos e potencialidades. Aqui, adoto uma perspectiva interna. Como outros autores, pelo menos neste artigo, assumo uma abordagem de análise de desempenho constitucional contextual e sensível às particularidades locais. Aplico aqui uma versão particular do teste proposto pelo famoso jurista argentino Juan Bautista Alberdi, para quem uma boa constituição seria aquela capaz de identificar e enfrentar os principais dramas do seu tempo e, ao mesmo tempo, fornecer meios legais adequados para enfrentar esses problemas.[96] Esse teste exigiria um segundo passo teórico, portanto, já que é necessário analisar quais seriam os melhores meios para o enfrentamento dos dramas constitucionais. Em síntese, para Alberdi, a problemas constitucionais particulares, se deveriam dar respostas constitucionais também particulares. Pelo menos, aqui, o teste que emprego é apenas parcial. Ou seja: não avalia os meios legais apropriados para os dramas enfrentados. Antes, considera que a comunidade política pode fazer uso de todos os meios constitucionais e legítimos disponíveis.

Portanto, parto do pressuposto – sujeito a críticas – segundo o qual uma constituição adequada é aquela que reconhece quais são as principais necessidades políticas, sociais ou econômicas de seu tempo e comunidade, o que também chamo de dramas constitucionais. Portanto, uma constituição bem-sucedida seria aquela que reconhece e ajuda a sociedade a resolver problemas fundamentais ou alcançar os objetivos desejados. Esses objetivos, sem dúvida, podem ser alterados à medida que são alcançados. São eles, portanto, dinâmicos. De fato, em distintos momentos históricos, uma única comunidade política pode enfrentar diferentes dramas ao longo de sua existência, como pobreza, desigualdade, escravidão, violação dos direitos humanos, ditaduras, discriminação etc. O enfrentamento deles não precisa ocorrer substituindo-se as constituições. Como foi visto, para que uma constituição dure e seja estável – o que, inclusive, pode ser um critério de sucesso – é preciso que ela seja flexível o suficiente para impedir a renegociação de seus termos.

Uma observação é importante aqui: devemos considerar que as sociedades muitas vezes não conseguem ou não têm a chance de resolver todas aquelas situações dramáticas ao mesmo tempo. Por essa razão, esse teste não pode ser excessivamente exigente. Penso, com Gargarella,[97] que uma constituição bem-sucedida é aquela que

---

[96] A ideia é explorada sobretudo em ALBERDI, Juan. *Bases y puntos de partida para la organización política de la República Argentina*. Buenos Aires: Plus Ultra, 1981.
[97] Cf. GARGARELLA, Roberto. When is a constitution doing well? The Alberdian Test in the Americas. In: GINSBURG, Tom; HUQ, Aziz (Ed.). *Assessing constitutional performance*. Cambridge: Cambridge University Press, 2016. p. 99-133.

enfrentou pelo menos um de seus dramas e o superou com algum sucesso, ainda que parcialmente. Uma análise não tão ambiciosa ou pretensiosa pode fornecer alguma ajuda para a compreensão do desempenho constitucional, ainda que parcial ou pontual. É o que considero adiante.

5.2 Uma análise a partir dos objetivos fundamentais da República

A Constituição Federal brasileira de 1988 buscou enfrentar inúmeros dramas e realizar vários objetivos. Dado o curto espaço neste artigo, limitarei minha análise aos objetivos fundamentais previstos no art. 3º da nossa Constituição. Adoto, portanto, aqui, uma perspectiva interna, nos moldes expostos anteriormente. Essa delimitação tem a vantagem de ser mais objetiva no que diz respeito à determinação de quais seriam os dramas constitucionais, embora alguns dramas e objetivos claramente considerados pelos constituintes não estejam expressamente previstos no art. 3º, como é o caso da estabilidade democrática. É bem verdade que o preâmbulo da Constituição também traz um conjunto de objetivos. Eles até poderiam ser considerados em nossa análise, mas nossa escolha do art. 3º também tem a vantagem de se basear em uma disposição constitucional com caráter normativo, o que falta ao preâmbulo. Ademais, as constituições federais brasileiras anteriores não elencavam os objetivos da República de modo especificado tal como a Constituição atual o faz. Isso evidencia a importância dada a eles pelo constituinte.

Os objetivos fundamentais não são objetivos de governo, mas, sim, do Estado brasileiro, a República Federativa do Brasil, o que significa dizer que sua realização deve ser a meta de qualquer governo, indecentemente de sua ideologia. Obviamente, cada governo pode tomar suas próprias ações e aprovar as políticas públicas que julgar mais apropriadas. O que, todavia, não pode é ignorar esses objetivos. Isso significa que essas ações e políticas públicas governamentais serão inconstitucionais caso sejam contrárias ou omissas em relação aos objetivos determinados pelo constituinte no art. 3º da nossa Constituição. Além disso, esses objetivos devem pautar a ações de todas as esferas de Poder – Executivo, Legislativo e Judiciário –, já que esses são os poderes da República. Tais diretrizes finalísticas decorrem do constitucionalismo compromissório assumido, indubitavelmente, pela Constituição Federal de 1988. Em outros termos, tais objetivos estabelecem metas e propósitos em uma direção a ser seguida pelo Estado em sua mais ampla acepção.

A declaração expressa desses objetivos não significa que outros objetivos constitucionais não sejam importantes. Quer apenas dizer que os considerados expressamente fundamentais pelo constituinte devem ser aqueles pelos quais o governo deve ter maior preocupação em razão do contexto, história e drama vividos pelo país. Consistem, talvez, num núcleo básico constitucional, sendo, no caso brasileiro, expressão de opções constituintes ideológicas sobre as finalidades sociais e econômicas do Estado. Constituem consensos na comunidade em virtude dos dramas vividos no passado e no presente e, em conjunto, representam verdadeiro programa de ação prescrito aos poderes constituídos.

O primeiro objetivo – *construir uma sociedade livre, justa e solidária* – tem um sentido contextual preciso. É que o constituinte reconheceu no texto constitucional que a sociedade existente à época não era nem justa, nem livre nem solidária. Com isso, impôs ao Estado brasileiro a tarefa de construir a liberdade, a justiça e a solidariedade na comunidade política. Como afirma José Afonso da Silva:

o que a Constituição quer, com esse objetivo fundamental, é que a República Federativa do Brasil construa uma ordem de homens livres, em que a justiça distributiva e redistributiva seja um fator de dignificação da pessoa e em que o sentimento de responsabilidade e apoio recíprocos solidifique a ideia de comunidade fundada no bem comum.[98]

O segundo objetivo – *garantir o desenvolvimento nacional* – já não mais se liga apenas à ordem econômica, como ocorria na Constituição brasileira anterior. Essa relação direta foi responsável, aliás, por uma visão excessivamente estreita do desenvolvimento nacional como desenvolvimento econômico. Com a Constituição Federal de 1988, quando lido em conjunto com outros princípios, tal objetivo fundamental passa a ter seu sentido sensivelmente alargado. A propósito, consoante o disposto no art. 21, IX, da Constituição, "compete à União elaborar e executar planos nacionais e regionais de desenvolvimento econômico e *social*". Desse modo, a ideia de desenvolvimento nacional agora envolve também uma importante dimensão social. Parece claro, portanto, que o constituinte não mais quis reduzir essa ideia à visão econômica. Está agora em questão uma ambição maior: o desenvolvimento social da nação e das regiões. Com isso, não se trata mais de meta quantitativa, mas qualitativa também. Afinal, uma potência econômica pode muito bem ser uma vergonha em termos sociais. Desenvolvimento nacional, portanto, não é simples crescimento. É preciso garantir as condições mínimas e adequadas para que uma nação seja digna desse nome. Isso inclui, entre outras coisas, distribuição de renda, ampliação de canais de participação e políticas igualitárias que visem a melhorar a qualidade de vida das pessoas.

O terceiro objetivo – *erradicar a pobreza e a marginalização e reduzir as desigualdades sociais e regionais* – é absolutamente ambicioso, já que visa não apenas à redução, mas à erradicação de dois dos três dramas constitucionais reconhecidos. A intenção do constituinte aqui foi absolutamente nobre. Visou ele a acabar com a miséria e a consequente marginalidade social, assim como reduzir aqueles que talvez sejam os maiores dramas brasileiros: as desigualdades social e regional. Conforme o previsto no art. 23, X, da Constituição Federal, combater as causas da pobreza e os fatores de marginalização, promovendo a integração social dos setores desfavorecidos, constitui competência comum da União, dos estados, do Distrito Federal e dos municípios. Além disso, dispõe o art. 165, §7º, que os orçamentos fiscal e de investimento terão, entre suas funções, a de reduzir desigualdades inter-regionais, enquanto o art. 170, VII, estabelece que a redução das desigualdades sociais e regionais é princípio geral da atividade econômica. Evidentemente, a erradicação e redução pensadas pelo constituinte não são possíveis de realização do dia para a noite, com a mera promulgação de uma constituição, por mais bem elaborada e notável que ela seja. Trata-se de uma busca progressiva e contínua, mas que deve ser monitorada.

O quarto e último objetivo fundamental expresso – *promover o bem de todos, sem preconceitos de origem, raça, sexo, cor, idade e quaisquer outras formas de discriminação* – representa talvez o mais globalizado e, de certo modo, sintetiza os demais. Isso porque todos os anteriores visam ao bem de todos. Além disso, é quase indiscutível que, para que uma sociedade seja justa e solidária, é preciso, antes, que todo e qualquer preconceito

---

[98] SILVA, José Afonso. *Comentário contextual à Constituição*. 9. ed. São Paulo: Malheiros, 2014. p. 48.

de origem, raça, sexo, cor, idade ou de qualquer outra forma de discriminação seja enfrentado. Promover o bem de todos e enfrentar todos os tipos de preconceitos são, portanto, os fins primordiais do Estado e do constitucionalismo, especialmente em sociedades profundamente desiguais e com históricos de preconceitos como a nossa.

Tendo em vista que o espaço neste artigo não me permite uma análise mais minuciosa desses objetivos, penso ser apropriado averiguar pelo menos os dados relacionados a este último objetivo, já que, como pensamos, ele representa a síntese dos demais ou pelo menos é pressuposto deles. Desde logo, importa dizer que, quanto a esse objetivo fundamental, os dados atuais não confirmam a superação dos seus dramas constitucionais. Em 1988, de acordo com a Pesquisa Nacional por Amostra de Domicílios, a PNAD, os indicadores de condição de atividade para pessoas de 10 anos ou mais apontavam que, do total de 56,8% brasileiros, 75,9% eram homens, e apenas 38,7% eram mulheres. Naquele ano, a taxa de ocupação era de 65,1% de homens e apenas 34,9% de mulheres. As porcentagens de pessoas economicamente ativas era a seguinte: 64,9% eram homens e apenas 35,1% eram mulheres.

Segundo o IBGE, a desigualdade de raça e gênero no Brasil, embora tenha diminuído ao longo dos últimos trinta anos, ainda perdura. Hoje, há mais dados reveladores desse quadro. Por exemplo, por semana, as mulheres trabalham em média 7,5 horas a mais que os homens. Em 2015, a jornada total média das mulheres era de 53,6 horas, enquanto a dos homens era apenas de 46,1 horas. Em relação às atividades não remuneradas, mais de 90% das mulheres entrevistadas pelo IBGE declararam realizar atividades domésticas, enquanto entre os homens o índice ficou em torno de 50%. Essa proporção se manteve quase inalterada ao longo dos últimos 20 anos, ou seja, em dois terços do tempo de vigência da Constituição Federal.[99] Apesar de, proporcionalmente, o rendimento das mulheres negras ter sido o que mais se valorizou até 2015 (80%), e o dos homens brancos ter sido o que menos cresceu (11%), a escala de remuneração manteve-se praticamente inalterada. Homens brancos seguem tendo os melhores rendimentos. Na sequência, vêm as mulheres brancas, homens negros e mulheres negras. Outro dado importante é a diferença da taxa de desocupação entre sexos, que hoje segue um índice diferente. Em 2015, a feminina era de 11,6%, enquanto a dos homens atingiu 7,8%. No caso das mulheres negras, a mesma taxa alcançou o índice de 13,3%. No que diz respeito aos homens negros, a desocupação era de 8,5%.

Em 1988, os achados da Pesquisa Nacional por Amostra de Domicílios apontavam que, enquanto 13,3% dos homens brancos e 10,7% das mulheres brancas chegavam ao nível superior, apenas 2,8% dos homens negros e 2,6% das mulheres negras alcançam esse mesmo nível do ensino. É verdade que, nos últimos anos, mais brasileiros e brasileiras tiveram acesso à educação. Entre 1995 e 2015, por exemplo, a população adulta negra com 12 anos ou mais de estudo passou de 3,3% para 12%. Entretanto, o patamar alcançado em 2015 pelos negros era o mesmo que os brancos tinham em 1995. Já a população branca, quando considerado o mesmo tempo de estudo, praticamente dobrou nesses 20 anos, variando de 12,5% para 25,9%.

---

[99] Esses são alguns dos dados destacados no estudo *Retrato das desigualdades de gênero e raça* com base em séries históricas de 1995 a 2015 da Pesquisa Nacional por Amostra de Domicílios (Pnad), do IBGE.

Os números do Brasil no relatório sobre desenvolvimento humano preparado pelas Nações Unidas repetem a situação de desigualdade. O relatório traz dois índices para avaliar as desigualdades de gênero. O Índice de Desigualdade de Gênero (IDG), por exemplo, retrata as diferenças de oportunidades no acesso à saúde reprodutiva, ao empoderamento e à atividade econômica. Quando esse índice é levado em conta, o Brasil é derrubado para a 92ª posição em uma lista de 159 países. O mesmo relatório aponta que que 56,3% das mulheres acima de 15 anos estão no mercado de trabalho. Entre o grupo masculino, esse percentual é elevado para 78,5%. Embora a escolaridade das mulheres seja mais elevada, a renda *per capita* é maior entre homens. A renda das mulheres é de 10,672 ppp – paridade de poder de compra, uma medida internacional usada para permitir comparação entre diferentes moedas. Para homens, o indicador salta para 17.736 ppp.

Desde a adoção, há 15 anos, de cotas raciais para o ingresso nas universidades, a proporção de negros e miscigenados que entram no ensino superior passou de 8% para 27%. Um salto significativo, é bem verdade. Entretanto, o componente racial da desigualdade continua acentuado em nosso país. Os números da Pesquisa Nacional por Amostra de Domicílios divulgados pelo IBGE são os seguintes: em 2015, os negros e pardos representavam 54% da população brasileira, mas sua participação no grupo dos 10% mais pobres era muito maior: 75%. No grupo do 1% mais rico da população, a porcentagem de negros e pardos é de apenas 17,8%. Uma das chaves para isso seria a própria educação. Em 2015, 53,2% dos estudantes negros ou pardos de 18 a 24 anos de idade cursavam níveis de ensino anteriores ao superior, como o fundamental e o médio, enquanto apenas 29,1% dos estudantes brancos estavam nessa mesma situação. A outra causa principal é a informalidade, que atinge 48,3% da população negra contra 34,2% da população branca. E a desigualdade não é apenas de renda. Pretos ou pardos estavam 73,5% mais expostos a viver em um domicílio com condições precárias do que brancos.

Apesar disso, é preciso reconhecer que as condições sociais melhoraram nos últimos anos. A porcentagem de lares negros atendidos por saneamento subiu de 44,2% para 55,3%, enquanto o atendimento em lares brancos aumentou de 64,8% para 71,9% no mesmo período. A desigualdade de modo geral tem caído de forma ininterrupta. A medida disso é o índice de Gini, que vai de 0 a 1: quanto mais alto, mais desigual é o país. No Brasil, ele foi de 0,555 em 2004 para 0,491 em 2015, por exemplo. Ainda assim, a concentração de renda segue muito acentuada. Por exemplo, os 10% mais ricos do país capturam 40,5% de todos os rendimentos. Ainda assim, houve melhora, pois, há dez anos, essa a proporção era de 45,3%. Outros dados são reveladores da presença do componente racial no quadro geral de desigualdade. Entre os 10% brasileiros mais pobres, 74% são negros. E na faixa dos 10% mais pobres, 74% são negros, ainda segundo o IBGE.

6 Conclusões

O processo constituinte brasileiro evidencia o risco de se iniciar a elaboração de uma constituição sem um projeto preliminar. Esse, talvez, tenha sido o erro mais severo no episódio brasileiro. Mas há outros tantos problemas. A influência do Poder Executivo e a falta de transparência se destacam. O desenho do processo, que contou com várias comissões e submissões, foi especialmente disfuncional. Promoveu, entre outras coisas, disputas políticas e incoerência no texto da Constituição.[100] A maior parte da Constituição foi fruto de acordos entre poucos constituintes. A natureza do órgão de tomada de decisão tornava-o vulnerável a *lobbying* por grupos de interesses especiais, o que distorceu o resultado. A transparência não foi suficiente, tendo permitido inclusive inserções de última hora ou secretas sem deliberação dos representantes constituintes. A representação, aliás, não foi satisfatoriamente inclusiva. Mulheres, índios e negros foram subrepresentados. O mesmo pode ser dito quanto à representação por regiões. Enfim, com tantos segredos sujos revelados por constituintes, é difícil aceitar que o processo brasileiro tenha sido inclusivo, como muitos ainda hoje insistem em considerá-lo. Na verdade, ao que tudo indica, foi ele comandado por alguns poucos constituintes e orientado por interesses econômicos e privados de várias ordens. A participação foi ampla, mas a inclusão, no sentido adotado neste trabalho, não ocorreu a contento.

A prolixidade constitucional é uma consequência desse processo disfuncional. Como foi exposto, essa característica parece estar relacionada a fatores como menor PIB *per capita*, baixa confiança social nas instituições do Estado e maior índice de corrupção no país. O cenário do Brasil nesses últimos trinta anos parece confirmar esses achados empíricos. Quanto à longevidade da Constituição Federal de 1988, é possível afirmar que a relativa inclusão, sua especificidade e a facilidade prática de sua reforma são componentes que ajudam a mantê-la em vigor, impedindo uma custosa e arriscada renegociação constitucional no país. Evidentemente, é possível identificar outros fatores, mas aqui se buscou evidenciar a plausibilidade da teoria de alguns cientistas políticos também para o caso brasileiro.

Avaliar o desempenho constitucional, como foi assumido, é uma tarefa particularmente difícil. Muitas variáveis podem estar em jogo e, por isso, os resultados podem ser contestados. Contudo, é possível torná-la mais objetiva e sensível às particularidades da Constituição a ser analisada. Foi o que se buscou fazer aqui, ao se adotar uma perspectiva interna e critérios mais objetivos de análise. Quanto a um dos objetivos fundamentais, é possível dizer que o saldo é bastante positivo. Então, pelo critério de sucesso constitucional aqui adotado, pode-se dizer que a Constituição Federal de 1988 tem logrado êxito ao buscar promover o bem de todos, sem preconceitos de origem, raça, sexo, cor, idade e quaisquer outras formas de discriminação, embora ainda haja muito a ser feito.

Referências

ALBERDI, Juan. *Bases y puntos de partida para la organización política de la República Argentina*. Buenos Aires: Plus Ultra, 1981.

BAILYN, Bernard. *The ideological origins of the American revolution*. Cambridge: Belknap Press, 1990.

---

[100] Essa também é a opinião de MILLER, Laurel E. Designing constitution-making processes: lessons from the past, questions for the future. In: MILLER, Laurel E. (Ed.). *Framing the state in times of transition*: cases studies in constitution making. Washington: USIP, 2010. p. 646. Cf., também, ROSENN, Keith S. Brazil's new constitution: an exercise in transient constitutionalism for a transitional society. *American Journal of Comparative Law*, v. 38, p. 773-802, 1990.

BARROSO, Luís Roberto. Vinte anos da Constituição brasileira: o Estado a que chegamos. In: SOUZA NETO, Cláudio Pereira de; SARMENTO, Daniel; BINENBOJM, Gustavo (Coord.). *Vinte anos da Constituição Federal de 1988*. Rio de Janeiro: Lumen Juris, 2009.

BRANDÃO, Rodrigo. *Supremacia judicial versus diálogos constitucionais*. Rio de Janeiro: Lumen Juris, 2011.

CARVALHO, Luiz M. *1988*: segredos da Constituinte. Rio de Janeiro: Record, 2017.

DIXON, Rosalind; GINSBURG, Tom. Deciding not to decide: deferral in constitutional design. *International Journal of Constitutional Law*, v. 9, n. 3-4, p. 636-672.

ELKINS, Zachary et al. Constitute: The world's constitutions to read, search, and compare. *Journal of Web Semantics*, v. 27, p. 10-18, 2014.

ELKINS, Zachary; GINSBURG, Tom; MELTON, James. *The endurance of national constitutions*. New York: Cambridge University Press, 2009.

FREIRE, Alonso. Desbloqueando os canais de acesso à jurisdição constitucional do STF: por que não também aqui uma revolução de direitos? In: SARMENTO, Daniel. *Jurisdição constitucional e política*. Rio de Janeiro: Gen Forense, 2015.

FREIRE, Alonso. *O processo constituinte inclusivo*: fundamentos teóricos, evidências empíricas e dinâmicas governantes. Tese (Doutorado) – Programa de Pós-Graduação em Direito, Universidade do Estado do Rio de Janeiro – UERJ, Rio de Janeiro, 2018.

GARGARELLA, Roberto. When is a constitution doing well? The Alberdian Test in the Americas. In: GINSBURG, Tom; HUQ, Aziz (Ed.). *Assessing constitutional performance*. Cambridge: Cambridge University Press, 2016.

GINSBURG, Tom. Constitutional specificity, unwritten understandings and constitutional agreement. In: SAJÓ, András; UITZ, Renaita (Ed.). *Constitutional topography*: values and constitutions. The Hague: Eleven International Publishing, 2010.

GINSBURG, Tom; FOTI, Nick; ROCKMORE, Daniel. "We the peoples": the global origins of constitutional preambles. *The George Washington International Law Review*, v. 46, 2014.

GINSBURG, Tom; HUQ, Aziz (Ed.). *Assessing constitutional performance*. Cambridge: Cambridge University Press, 2016.

GINSBURG, Tom; HUQ, Aziz. Assessing constitutional performance. In: GINSBURG, Tom; HUQ, Aziz (Ed.). *Assessing constitutional performance*. Cambridge: Cambridge University Press, 2016.

GINSBURG; Tom; SIMPSER, Alberto (Ed.). *Constitutions in authoritarian regimes*. Cambridge: Cambridge University Press, 2014.

HAMMONS, Christopher W. Was James Madison wrong? Rethinking the American preference for short, framework-oriented constitutions. *The American Political Science Review*, v. 93, n. 4, 1999.

HUNTINGTON, Samuel P. *The third wave*: democratization in the last twentieth century. Oklahoma: University of Oklahoma Press, 1991.

LAW, David S. Constitutions. In: CANE, Peter; KRITZER, Herbert (Ed.). *The Oxford Handbook of Empirical Legal Research*. Oxford: Oxford University Press, 2010.

LAW, David S.; VERSTEEG, Mila. Sham Constitutions. *California Law Review*, v. 101, n. 4, p. 863-952, 2013.

LAW, David S.; VERSTEEG, Mila. The evolution and ideology of global constitutionalism. *California Law Review*, v. 99, n. 5, 2011.

LUTZ, Donald S. *Principles of constitutional design*. Cambridge: Cambridge University Press, 2006.

MEYER, Emílio Peluso Neder. *Ditadura e responsabilização*: elementos para uma justiça de transição no Brasil. Belo Horizonte: Arraes, 2012.

MILLER, Laurel E. Designing constitution-making processes: lessons from the past, questions for the future. In: MILLER, Laurel E. (Ed.). *Framing the state in times of transition*: cases studies in constitution making. Washington: USIP, 2010.

MONTENEGRO, Alvaro A. Constitutional design and economic performance. *Constitutional Political Economy*, v. 6, n. 2, 1995.

NEGRETTO, Gabriel L. Replacing and amending constitutions: the logic of constitutional change in Latin America. *Law and Society Review*, v. 46, n. 4, 2012.

PEREIRA, Jane Reis Gonçalves. A iniciativa popular no sistema constitucional brasileiro: fundamentos teóricos, configurações e propostas de mudança. *Revista de Direito da Cidade*, v. 8, n. 4, p. 1707-1756.

PEREIRA, Jane Reis Gonçalves. O Judiciário como impulsionador dos direitos fundamentais: entre fraquezas e possibilidades. *Revista da Faculdade de Direito da UERJ*, n. 29, p. 127-157, 2016.

PEREIRA, Jane Reis Gonçalves. Um constitucionalismo oportunista. *Estado de Direitos*, abr. 2017. Disponível em: <https://estadodedireitos.com/2017/04/01/um-constitucionalismo-oportunista/>. Acesso em: 15 dez. 2017.

PILATTI, Adriano. *A Constituinte de 1987-1988*: progressistas, conservadores, ordem econômica e regras do jogo. 2. ed. Rio de Janeiro: Lumen Juris, 2016.

ROSENN, Keith S. Brazil's new constitution: an exercise in transient constitutionalism for a transitional society. *American Journal of Comparative Law*, v. 38, p. 773-802, 1990.

ROSSEN, Keith S. Conflict resolution and constitutionalism: the making of Brazilian Constitution of 1988. In: MILLER, Laurel E. (Ed.). *Framing the state in times of transition*: cases studies in constitution making. Washington: USIP, 2010.

SARMENTO, Daniel. *Ubiqüidade constitucional*: os dois lados da moeda. *Revista de Direito do Estado*, v. 2, p. 83-118, 2006.

SARMENTO, Daniel; SOUZA NETO, Cláudio Pereira de. *Direito constitucional*: teoria, história e métodos de trabalho. Belo Horizonte: Fórum, 2014.

SILVA, José Afonso. *Comentário contextual à Constituição*. 9. ed. São Paulo: Malheiros, 2014.

VOIGT, Stefan. Constitutional political economy: analyzing formal institutions at the most elementary level. In: BROSSEAU, Éric; GLACHANT, Jean-Michel. *New institutional economics*: a guide book. Cambridge: Cambridge University Press, [s.d.].

VOIGT, Stefan. Explaining constitutional garrulity. *International Review of Law and Economics*, v. 29, n. 4, 2009.

YOUNG, Iris M. *Inclusion and democracy*. Oxford: Oxford University Press, 2000.

Informação bibliográfica deste texto, conforme a NBR 6023:2002 da Associação Brasileira de Normas Técnicas (ABNT):

FREIRE, Alonso. Trinta anos depois: uma análise do processo constituinte e do desempenho da Constituição Federal de 1988. In: BARROSO, Luís Roberto; MELLO, Patrícia Perrone Campos (Coord.). *A República que ainda não foi*: trinta anos da Constituição de 1988 na visão da Escola de Direito Constitucional da UERJ. Belo Horizonte: Fórum, 2018. p. 123-157. ISBN 978-85-450-0582-7.

PODER CONSTITUINTE PARA ALÉM DOS PROCESSOS DE ELABORAÇÃO DE CONSTITUIÇÕES: CAMINHOS ALTERNATIVOS PARA A REFORMA DA CONSTITUIÇÃO DE 1988

ALINE OSORIO

Introdução

> *El problema de la relación entre derecho y democracia en América Latina no reside tanto en la promulgación de nuevas Constituciones sino más bien en la aplicación efectiva de las ya existentes.*[1]

A Constituição de 1988 completa 30 anos de vigência em meio a uma grave crise. Em períodos de graves turbulências política, econômica e social, é comum que haja mobilização para que um novo texto constitucional seja aprovado. No entanto, a substituição integral da Constituição nem sempre é necessária ou desejável. No contexto brasileiro, é inegável que a Carta de 88 promoveu significativos avanços, especialmente no que diz respeito à proteção e ampliação dos direitos fundamentais. E ela certamente ainda não esgotou o seu potencial de condicionar a realidade social e promover o aprofundamento da democracia, da dignidade humana, da igualdade e da liberdade. Por outro lado, há claras imperfeições que precisam ser corrigidas. A mais grave delas é, sem dúvida, a regulação do sistema político-partidário. Ficam cada vez mais evidentes os problemas enfrentados pelas instituições políticas e o déficit de representatividade dos nossos representantes eleitos.

Afinal, qual seria o melhor caminho para reformar a Constituição de 1988, sem abrir mão das suas conquistas e avanços civilizatórios? Em resposta à onda de manifestações populares de junho de 2013, a Presidente Dilma Rousseff propôs um plebiscito

---

[1] VALDÉS, Ernesto Garzon. Derecho y democracia en América Latina. *Revista de la Facultad de Derecho y Ciencias Sociales de la Universidad Nacional de Córdoba*, v. 7, n. I-II, 2000.

para decidir sobre a convocação de uma "Assembleia Constituinte exclusiva" para tratar apenas do tema da reforma política.[2] Rapidamente, diversos especialistas rejeitaram a proposta, alegando que a solução seria incompatível com a teoria do poder constituinte.[3] Seguindo essa teoria, o poder constituinte é apenas o poder de criar a Constituição. As reformas constitucionais, por sua vez, seriam a manifestação de um poder constituído – também chamado de poder constituinte derivado – cuja validade pressuporia a obediência aos limites formais e materiais do art. 60 da Constituição Federal (instituídos, assim, pelo poder constituinte originário). Portanto, o conhecimento convencional sobre o tema entende o poder constituinte como uma manifestação temporalmente limitada, adstrita ao processo de elaboração e adoção da constituição e que se exaure com a promulgação do texto constitucional.

O conceito de poder constituinte nasceu da Revolução Francesa. Na sua formulação clássica, criada por Emmanuel Joseph Sieyès, em seu texto *O que é o Terceiro Estado?*, o poder constituinte é o poder da Nação (do povo) de fundar um novo regime constitucional, sem as limitações de qualquer norma (processual ou substantiva) preexistente.[4] O poder constituinte seria, então, um poder necessariamente *inicial*, *onipotente* e *ilimitado*.[5] Desde que o conceito foi articulado, constituições passaram a ser concebidas como o produto do poder constituinte, ou seja, das "pessoas das quais emana a autoridade da constituição",[6] e sua supremacia na ordem legal tem sido frequentemente atribuída a esse DNA popular.

O problema é que esse conceito não consegue explicar inteiramente as experiências reais de nascimento das constituições. Historicamente, as pessoas não participaram efetivamente de todos os processos de elaboração de constituições, mesmo daqueles que originaram democracias plenas e vibrantes. A título exemplificativo, tanto a Lei Fundamental da República Federal Alemã (*Grundgesetz*) de 1949 quanto a Constituição do Japão de 1946 são típicos casos de "constituições impostas", redigidas sob pressão e direta interferência dos Aliados Ocidentais, e sem qualquer participação popular significativa. No Canadá, a Constituição de 1867, quando editada, sequer conferiu ao povo o poder de emendar o seu texto, mas sim ao Parlamento britânico – o que também seria incompatível com a teoria clássica do poder constituinte.[7]

Inversamente, em uma tendência mais recente, mecanismos supostamente democráticos (como referendos e plebiscitos) estão sendo usados como ferramenta para fabricar a aquiescência do povo para "cumprir" o requisito de origem popular de uma nova ordem constitucional, que inaugura ou consolida um processo de mudança em

---

[2] DILMA propõe Constituinte exclusiva para reforma política. *Consultor Jurídico*, 24 jun. 2013. Disponível em: <https://www.conjur.com.br/2013-jun-24/dilma-rousseff-propoe-constituinte-exclusiva-reforma-politica>.
[3] BRÍGIDO, Carolina. Constituinte específica para reforma política é contestada por ministros do STF e especialistas. *O Globo*, 24 jun. 2013. Disponível em: <https://oglobo.globo.com/brasil/constituinte-especifica-para-reforma-politica-contestada-por-ministros-do-stf-especialistas-8800461>.
[4] SIEYÈS, Emmanuel Joseph. What is the third estate? In: SONENSCHER, Michael (Ed.). *Political writings*: including the debate between Sieyès and Tom Paine in 1791. Indianapolis: Hackett Publishing, 2003.
[5] SARMENTO, Daniel; SOUZA NETO, Cláudio Pereira de. *Direito constitucional*: teoria, história e métodos de trabalho. 2. ed. Belo Horizonte: Fórum, 2014. p. 252.
[6] TUSHNET, Mark. Constitution-making: an introduction. *Texas L. Rev.*, v. 91, 1996. p. 1985-1986.
[7] RUSSEL, Peter H. Can the Canadians be a sovereign people? The question revisited. In: NEWMAN, Stephen L. *Constitutional politics in Canada and the United States*. Nova York: Suny Press, 2004.

direção a um "regime híbrido" ou "autoritário competitivo".[8] A Constituição da Rússia de 1993 e a Constituição da Hungria de 2011-2012 são dois exemplos dessa tendência.[9]

Todos esses casos nos convidam a reconsiderar a ideia de que o exercício do poder constituinte deva ser limitado ao momento de produção e adoção de um novo texto constitucional. Neste artigo, argumento que a principal instância de manifestação do poder constituinte não é o processo temporalmente limitado de sua elaboração, mas sim o processo sequencial e contínuo de reconhecimento de sua legitimidade por meio do funcionamento eficaz de uma ordem constitucional e política que seja simultaneamente capaz de: (i) obter aderência por todos os segmentos da sociedade (o "povo"); (ii) ser continuamente responsiva aos *inputs* dos seus cidadãos (à "vontade do povo"). Isso não quer dizer que os processos constituintes não importam. Eles importam, mas principalmente na medida em que são capazes de criar as condições para esse reconhecimento subsequente.

Ao reformular o poder constituinte em termos de confirmação sequencial e adesão contínua do povo a um sistema constitucional aberto aos seus *inputs*, pretendo enfrentar dois paradoxos da teoria constitucional. Primeiro, não há desacordo sobre o fato de que a norma constitucional é diferente e não redutível ao seu texto: as normas surgem de um processo de interpretação, que considera não apenas o texto, mas também um conjunto de outros elementos, incluindo o contexto sobre o qual a norma se aplica e as práticas e convenções não escritas aceitas como parte da constituição.[10] Por que, então, nós insistimos em localizar o poder constituinte apenas nos processos formais e temporalmente limitados de elaboração de uma nova constituição? Segundo, como classificar constituições elaboradas e promulgadas por regimes iliberais ou autoritários com amplo apoio popular como produto do poder constituinte?

A releitura do conceito do poder constituinte que proponho tem uma utilidade adicional na atual conjuntura brasileira. Ao nos libertarmos de uma concepção rígida e temporalmente limitada de poder constituinte, torna-se possível pensar em caminhos alternativos para resolver gargalos institucionais cristalizados na Constituição de 1988. Hoje, parece haver apenas duas rotas possíveis. A primeira é a da aprovação de uma emenda constitucional. Nas últimas duas décadas, porém, nossos representantes discutiram inúmeras propostas de reforma política abrangente, mas foram incapazes de chegar a um consenso multipartidário necessário para sua aprovação. A segunda rota seria uma assembleia constituinte para substituição da Constituição de 1988. Nessa via, com a crescente polarização política da sociedade brasileira e a onda conservadora e autoritária que ameaça o nosso e diversos outros países no mundo, o perigo é de retrocessos democráticos e de abandono do compromisso, firmado em 1988, de construção de uma sociedade mais justa, igualitária e democrática.

---

[8] Regimes híbridos são aqueles que combinam elementos autoritários e democráticos. Na nomenclatura de Levitsky e Way, são regimes "competitivos autoritários" aqueles em que há instituições democráticas formais, que são utilizadas como principal meio de ascensão aos cargos políticos. No entanto, tais regimes deixam de cumprir com os *standards* mínimos para caracterizarem-se uma democracia porque as regras do jogo democrático são frequente e amplamente violadas por ocupantes dos cargos eletivos. Cf. LEVITSKY, Steven; WAY, Lucan A. The rise of competitive authoritarianism. *Journal of Democracy*, v. 13, n. 2, 2002.

[9] HUQ, Aziz Z.; GINSBURG, Tom. How to lose a Constitutional Democracy. *UCLA Law Review*, v. 65, 2018.

[10] Sobre o tema, v. BARROSO, Luís Roberto. *Interpretação e aplicação da Constituição*. 5. ed. rev., atual. e ampl. São Paulo: Saraiva, 2003. p. 127.

Neste artigo, argumento que, com alguma dose de imaginação institucional e uma visão crítica sobre o conceito de poder constituinte, é possível superar o atual imobilismo, sem abandonar o marco constitucional vigente. Para tanto, o artigo está organizado em três partes. A Parte 1 primeiro analisa a doutrina clássica do poder constituinte resultante da Revolução Francesa, bem como a distinção entre "duas versões" desse conceito formulada pelo Professor Mark Tushnet. Na sequência, apresenta a ideia de que o poder constituinte deve ser entendido "para além" dos processos de elaboração de constituições. A Parte 2 examina os casos dos EUA, da Alemanha, do Japão e da Rússia, a fim de demonstrar que a formulação clássica do poder constituinte requer uma reformulação e que a exigência de uma confirmação contínua da ordem constitucional pelo povo pode nos ajudar a entender melhor esses momentos fundacionais e as condições necessárias para que o poder constituinte se manifeste. Por fim, a Parte 3 apresenta *designs* inovadores de processos constituintes, parciais ou totais, como os da Irlanda (*Citizens' Assembly*) e da Islândia (*crowd-sourcing*), que podem servir de inspiração para propostas alternativas de reforma da Constituição de 1988.

1 O conceito de poder constituinte: teoria clássica, uma versão "retrospectiva" e o entendimento "dupla face" proposto

A teoria clássica do poder constituinte deriva do contexto revolucionário do processo constituinte francês de 1789/1791. Na França pré-revolucionária, a decisão de Luís XIV de convocar os Estados Gerais representou um esforço da Coroa para administrar a grave crise econômica e social dentro das estruturas e limites do Antigo Regime.[11] Seu objetivo era alcançar o fim dos privilégios fiscais, mas não a abolição das hierarquias e distinções sociais.[12] Como se sabe, os Estados Gerais tinham como premissa a existência de três ordens muito distintas na sociedade francesa – a Nobreza, o Clero e o Terceiro Estado (os "comuns", ou seja, a maioria da população privada de privilégios) –, cada uma com um voto nas deliberações. O voto por ordem era fundamental para o Antigo Regime, porque significava que o Clero e a Nobreza deteriam o poder e que 4% da população governaria sobre 96%.[13] Para o Terceiro Estado, porém, obter o direito de "voto por cabeça" era vital, já que de outro modo a Nobreza teria poder de veto sobre qualquer reforma proposta.

Quando os Estados Gerais se reuniram, a Nobreza estava pronta para ceder seus privilégios fiscais, mas declarou que não aceitaria o "voto por cabeça".[14] Ficou, então, evidente que a controvérsia "voto por cabeça v. voto por ordem" não era apenas uma discussão sobre a adoção de regras procedimentais, mas uma questão de fundamental

---

[11] FITZSIMMONS, Michael P. *The remaking of France*: The National Assembly and the Constitution of 1791. Cambridge: Cambridge University Press, 1994.

[12] FITZSIMMONS, Michael P. *The remaking of France*: The National Assembly and the Constitution of 1791. Cambridge: Cambridge University Press, 1994.

[13] FITZSIMMONS, Michael P. *The remaking of France*: The National Assembly and the Constitution of 1791. Cambridge: Cambridge University Press, 1994.

[14] FITZSIMMONS, Michael P. *The remaking of France*: The National Assembly and the Constitution of 1791. Cambridge: Cambridge University Press, 1994. p. 39.

importância constitucional. Como resultado do impasse, sob a influência do Abade Sieyès, em 17.6.1789, o Terceiro Estado declarou que passava a constituir a "Assembleia Nacional" um novo órgão encarregado de redigir uma constituição, que não derivava sua autoridade do rei, nem do Antigo Regime, mas da Nação, e, portanto, teria sido libertado de quaisquer restrições até então vigentes, incluindo o voto por ordem e os privilégios.

Esta ruptura com as regras preexistentes dos Estados Gerais e, mais profundamente, com o Antigo Regime foi teorizada pelo Abade Emmanuel Joseph Sieyès em seu panfleto *O que é o Terceiro Estado*.[15] Na sua formulação, "uma constituição não é o produto de um poder constituído, mas de um poder constituinte".[16] Segundo Sieyès, a Nação – isto é, "todos os habitantes [nas] quarenta mil paróquias que cobrem todo o território" –[17] era a legítima autoridade constituinte e, portanto, não poderia ser comandada por quaisquer "restrições de uma forma positiva", já que "seria ridículo supor que a própria nação estaria limitada pelas formalidades da constituição que havia subjugado seus mandatários".[18] Para Sieyès, a Nação seria a "origem de tudo" (como se estivesse em permanente estado de natureza), o que lhe autorizaria a criar a constituição e todas as instituições políticas (os poderes constituídos), bem como estabelecer seus limites: "nenhum tipo de poder delegado pode modificar as condições de sua delegação".[19] Da Revolução Francesa surgiu, portanto, uma dicotomia rígida entre o poder constituinte, não limitado pelas regras e laços legais anteriores, e os poderes constituídos, instituídos e balizados pelo poder constituinte.

O mesmo conceito de poder constituinte foi articulado no contexto do nascimento da Constituição dos EUA de 1789, mas com o emprego do "Povo", em vez da "Nação", como sujeito constitucional. Os constituintes norte-americanos (chamados de *Framers*) extraíram da Revolução Americana e da Declaração de Independência a ideia de que o governo "deriva seus justos poderes do consentimento dos governados", e que, desse modo, o povo tem o direito de "alterar ou abolir [q]ualquer Forma de Governo [que] se torne destrutiva [da] Vida, Liberdade e a busca da Felicidade".[20] Essas ideias foram invocadas por eles como justificativa para elaborarem e adotarem uma nova constituição em violação tanto aos procedimentos de emenda previstos nos Artigos da Confederação, como também às instruções fornecidas pelo Congresso Continental.[21]

A Convenção da Filadélfia, de 1787, foi convocada para emendar os Artigos da Confederação de modo a suprir suas falhas.[22] Ao final dos trabalhos, porém, os *Framers*

---

[15] SIEYÈS, Emmanuel Joseph. What is the third estate? In: SONENSCHER, Michael (Ed.). *Political writings*: including the debate between Sieyès and Tom Paine in 1791. Indianapolis: Hackett Publishing, 2003.

[16] SIEYÈS, Emmanuel Joseph. What is the third estate? In: SONENSCHER, Michael (Ed.). *Political writings*: including the debate between Sieyès and Tom Paine in 1791. Indianapolis: Hackett Publishing, 2003.

[17] SIEYÈS, Emmanuel Joseph. What is the third estate? In: SONENSCHER, Michael (Ed.). *Political writings*: including the debate between Sieyès and Tom Paine in 1791. Indianapolis: Hackett Publishing, 2003. at 140.

[18] SIEYÈS, Emmanuel Joseph. What is the third estate? In: SONENSCHER, Michael (Ed.). *Political writings*: including the debate between Sieyès and Tom Paine in 1791. Indianapolis: Hackett Publishing, 2003. at 136.

[19] SIEYÈS, Emmanuel Joseph. What is the third estate? In: SONENSCHER, Michael (Ed.). *Political writings*: including the debate between Sieyès and Tom Paine in 1791. Indianapolis: Hackett Publishing, 2003. at 136.

[20] *The Declaration of Independence* (US, 1776).

[21] KLARMAN, Michael J. *The Framers' Coup*: the making of the United States Constitution. Nova York: OUP USA, 2016.

[22] KLARMAN, Michael J. *The Framers' Coup*: the making of the United States Constitution. Nova York: OUP USA, 2016.

não apenas propuseram uma constituição inteiramente nova, mas também definiram um novo procedimento para sua ratificação.²³ Porém, os constituintes norte-americanos, além de eliminarem o requisito da unanimidade para a emenda dos Artigos da Confederação, substituindo-o pela exigência de ratificação por nove Estados, definiram que a ratificação não se daria pelas assembleias legislativas estaduais, mas por convenções estaduais de ratificação especialmente convocadas para esse fim e compostas majoritariamente por cidadãos comuns.²⁴ Segundo Madison, era fundamental que a constituição fosse ratificada pela "autoridade suprema do próprio povo".²⁵

Algumas passagens da coleção de ensaios *O Federalista* (*Federalist Papers*) ilustram como a mesma noção de poder constituinte – o poder de criar uma nova constituição, que emana da autoridade popular, é superior a todas as formas constituídas e não está limitado pela ordem jurídica anterior – estava presente na fundação da Constituição dos EUA. Confira-se:

> O tecido do império Americano deve se basear na sólida base do consentimento do povo. As correntes do poder nacional devem fluir imediatamente daquela fonte pura e original de toda autoridade legítima. (*O Federalista* # 22)²⁶
>
> Eles [a Convenção] devem ter refletido que, em todas as grandes mudanças dos governos estabelecidos, as formas devem dar lugar à substância; que uma adesão rígida às formas em tais casos, tornaria nominal e ineficaz o direito transcendente e precioso do povo de "abolir ou alterar o seu governo conforme lhe parecer necessário para melhor efetivar sua segurança e felicidade", uma vez que é impossível para as pessoas, espontânea e universalmente, se moverem concertadamente em direção a esse objeto; e, portanto, é essencial que tais mudanças sejam instituídas por algumas proposições informais e não autorizadas, feitas por algum cidadão patriótico e respeitável ou por um número de cidadãos. [Eles] devem ter tido em mente que, como o plano a ser elaborado e proposto deveria ser submetido ao próprio Povo, a desaprovação desta autoridade suprema iria destruí-lo para sempre; sua aprovação, eliminaria erros e irregularidades antecedentes. (*O Federalista* # 40)²⁷
>
> Não há proposição que dependa de princípios mais claros do que a de que todo ato de uma autoridade delegada contrária ao teor da delegação sob a qual ela é exercida, é nulo. Nenhum ato legislativo, portanto, contrário à Constituição, pode ser válido. Negar isso, seria afirmar que o mandatário é maior que seu mandante; que o servo está acima de seu mestre;

---

²³ THE ARTICLES of Confederation and Perpetual Union — 1777. *UShistory.org*. Artigo XIII. Disponível em: <http://www.ushistory.org/documents/confederation.htm>.

²⁴ KLARMAN, Michael J. *The Framers' Coup*: the making of the United States Constitution. Nova York: OUP USA, 2016. p. 412 e ss.

²⁵ KLARMAN, Michael J. *The Framers' Coup*: the making of the United States Constitution. Nova York: OUP USA, 2016. p. 416.

²⁶ Tradução livre. No original: "The fabric of American empire ought to rest on the solid basis of the consent of the people. The streams of national power ought to flow immediately from that pure, original fountain of all legitimate authority" (The Federalist #22).

²⁷ Tradução livre. No original: "They [the Convention] must have reflected, that in all great changes of established governments, forms ought to give way to substance; that a rigid adherence in such cases to the former, would render nominal and nugatory the transcendent and precious right of the people to "abolish or alter their governments as to them shall seem most likely to effect their safety and happiness," since it is impossible for the people spontaneously and universally to move in concert towards their object; and it is therefore essential that such changes be instituted by some informal and unauthorized propositions, made by some patriotic and respectable citizen or number of citizens. [...] They must have borne in mind, that as the plan to be framed and proposed was to be submitted to the people themselves, the disapprobation of this supreme authority would destroy it forever; its approbation blot out antecedent errors and irregularities" (The Federalist #40).

que os representantes do povo são superiores ao próprio povo; que indivíduos agindo em virtude de poderes, podem exercer não apenas o que seus poderes não autorizam, mas também o que eles proíbem. (*O Federalista* # 78)[28]

A teoria clássica do poder constituinte vinculou a supremacia das constituições principalmente à origem do ato de criação do texto constitucional: à vontade do povo ou da Nação. Contudo, isso diz muito pouco sobre as condições suficientes e necessárias para que esse povo – muitas vezes concebido como uma entidade unitária e transcendental – se manifeste, especialmente quando a nova constituição é editada de forma flagrantemente inconstitucional (ou "inconvencional", como no caso da Constituição norte-americana). Muitas teorias sobre o poder constituinte foram desenvolvidas para responder a essa questão.[29] Hannah Arendt, por exemplo, rejeitou a formulação unitária do poder constituinte, argumentando que a legitimidade da autoridade constituinte depende de múltiplos atores e grupos políticos que devem participar do processo de elaboração de constituição e deliberar sobre ele, e, finalmente, concordar em se vincular a um novo pacto, sem excluir "as minorias opositoras".[30]

Mais recentemente, o Professor Mark Tushnet propôs uma intrigante "versão" do poder constituinte.[31] Tushnet entende que o poder constituinte deve ser tratado como um "mero conceito", e não como um "conceito relativo a um corpo real de pessoas", como Arendt e outros teóricos sugerem.[32] Para Mark Tushnet, caso o poder constituinte seja entendido como um "fenômeno do mundo real em que as pessoas se organizam para elaborar e mudar as constituições",[33] surgem diversas dificuldades práticas. Em primeiro lugar, seria necessário considerar exatamente *quem* está compreendido na noção de povo/nação. Em segundo lugar, uma vez que o povo todo não pode *efetivamente* elaborar a constituição, formas de representação seriam sempre exigidas, criando lacunas inevitáveis: "assembleias constituintes são órgãos representativos, e até referendos

---

[28] Tradução livre. No original: "There is no position which depends on clearer principles, than that every act of a delegated authority, contrary to the tenor of the commission under which it is exercised, is void. No legislative act, therefore, contrary to the Constitution, can be valid. To deny this, would be to affirm, that the deputy is greater than his principal; that the servant is above his master; that the representatives of the people are superior to the people themselves; that men acting by virtue of powers, may do not only what their powers do not authorize, but what they forbid" (The Federalist #78).

[29] Infelizmente, a análise dessas teorias não está no escopo deste trabalho. Para referência, confira-se: SCHMITT, Carl. *Constitutional theory*. Durham: Duke University Press, 2008; NEGRI, Antonio. *Insurgencies*: constituent power and the modern state. Minnesota: University of Minnesota Press, 1999; ACKERMAN, Bruce. *We the people*: foundations. Cambridge: Harvard University Press, 1991; PREUSS, Ulrich K. Constitutional powermaking for the new polity: some deliberations on the relations between constituent power and the constitution. *Cardozo L. Rev.*, v. 14, 1992-1993. p. 639; LOUGHLIN, Martin; WALKER, Neil (Ed.). *The paradox of constitutionalism*: constituent power and constitutional form. Oxford: Oxford University Press, 2007.

[30] Comparando as revoluções Francesa e Americana, Arendt afirmou: "The men of the American Revolution [...] understood by power the very opposite of a pre-political natural violence. To them, power came into being when and where people would get together and bind themselves through promises, covenants, and mutual pledges; only such a power, which rested on reciprocity and mutuality, was real power and legitimate" (ARENDT, Hannah. *On revolution*. [s.l.]: [s.n.], 1992. p. 181).

[31] TUSHNET, Mark. Peasants with Pitchforks, and Toilers with Twitter: Constitutional Revolutions and the Constituent Power. *Int'l J. Const. L.*, v. 13, n. 3, 2015. p 639.

[32] TUSHNET, Mark. Peasants with Pitchforks, and Toilers with Twitter: Constitutional Revolutions and the Constituent Power. *Int'l J. Const. L.*, v. 13, n. 3, 2015. p. 644.

[33] TUSHNET, Mark. Peasants with Pitchforks, and Toilers with Twitter: Constitutional Revolutions and the Constituent Power. *Int'l J. Const. L.*, v. 13, n. 3, 2015. p 645.

não envolvem ações tomadas por todos no território".[34] Em terceiro lugar, mesmo que sejam formulados critérios para definir quando um processo constituinte pode ser razoavelmente considerado *representativo* da vontade do povo, essa moldura teórica teria um valor analítico limitado nos processos de transformação constitucional. Finalmente, a unidade que parece inerente à noção de poder constituinte pode ser uma fonte de preocupação em sociedades heterogêneas e "divididas sobre questões fundamentais da identidade constitucional".[35]

Diante dessas dificuldades, Tushnet propõe que o poder constituinte seja entendido como um puro (ou mero) conceito.[36] Segundo ele, quando formulada em termos meramente conceituais, a ideia de poder constituinte estabelece "o fundamento conceitual para uma ordem constitucional" e pode ajudar a compreender processos constituintes que atuam fora do marco da legalidade: "[esse conceito] nos diz que quando o poder constituinte é exercido, não podemos usar a palavra 'inconstitucional' para descrever qualquer de suas ações".[37] O argumento de Tushnet vai além: como um puro conceito, a única maneira de identificar se o poder constituinte foi efetivamente exercido é por um "critério retrospectivo de sucesso": "podemos saber que o poder constituinte foi exercido quando uma transformação constitucional bem-sucedida tiver ocorrido. Isto é, somente é possível identificar exercícios do poder constituinte em retrospecto".[38]

Essa definição do poder constituinte tem algumas virtudes relevantes. Como Tushnet estipula que o poder constituinte só pode ser "invocado" retrospectivamente, tal definição impede usos retóricos da ideia de poder constituinte como parte da política ordinária ou como tentativa de subverter a democracia. Nenhuma pessoa ou grupo deve poder legitimamente reivindicar a "corporificação" da vontade do povo. Além disso, o conceito nos força a analisar o poder constituinte para além dos processos de elaboração de constituições. O poder constituinte deixa, assim, de representar apenas um sujeito histórico que se manifesta no momento da redação e adoção do texto constitucional.

No entanto, esse entendimento retrospectivo do poder constituinte articulado pelo Professor Mark Tushnet também é problemático (e incompleto). Em *primeiro lugar*, o sucesso da transformação constitucional só pode ser medido pela análise de processos políticos reais. E, assim, será necessário estabelecer critérios para avaliar tal sucesso (*e.g.*, quem tem que aquiescer, qual grau de resistência é permitido e por quanto tempo a constituição tem que durar).[39] É, portanto, difícil manter o conceito de poder constituinte como um *puro/mero* conceito. Em *segundo lugar*, esta versão parece depreciar demasiadamente o valor do processo de elaboração da constituição: *qualquer* processo constituinte parece admissível desde que triunfe ao final. Em última análise,

---

[34] TUSHNET, Mark. Peasants with Pitchforks, and Toilers with Twitter: Constitutional Revolutions and the Constituent Power. *Int'l J. Const. L.*, v. 13, n. 3, 2015. p. 652.
[35] TUSHNET, Mark. Peasants with Pitchforks, and Toilers with Twitter: Constitutional Revolutions and the Constituent Power. *Int'l J. Const. L.*, v. 13, n. 3, 2015. p. 653.
[36] TUSHNET, Mark. Peasants with Pitchforks, and Toilers with Twitter: Constitutional Revolutions and the Constituent Power. *Int'l J. Const. L.*, v. 13, n. 3, 2015.
[37] TUSHNET, Mark. Peasants with Pitchforks, and Toilers with Twitter: Constitutional Revolutions and the Constituent Power. *Int'l J. Const. L.*, v. 13, n. 3, 2015. p. 646.
[38] TUSHNET, Mark. Peasants with Pitchforks, and Toilers with Twitter: Constitutional Revolutions and the Constituent Power. *Int'l J. Const. L.*, v. 13, n. 3, 2015. p. 647.
[39] KOMÁREK, Jan. Constitutional revolutions and the constituent power: a reply to Mark Tushnet, *Int'l J. Const. L.*, v. 13, n. 4, 2015. p. 1054-1058.

essa definição do poder constituinte confere pouca importância ao conteúdo do texto, bem como à inclusividade, ao *design* e às demais características do processo de elaboração da constituição.

Em *terceiro lugar*, embora definir o poder constituinte em termos meramente conceituais seja, de fato, útil para analisar processos constituintes realizados por meios inconstitucionais ou ilegais, essa definição em nada contribui para examinar a sua legitimidade em processos constituintes reais. De acordo com esse "mero conceito", a Lei Fundamental Alemã de 1949, apesar de "imposta", teria sido produto do poder constituinte (porque teve sucesso), mas não a breve Constituição francesa de 1791, já que esta, como argumentou Hannah Arendt, "permaneceu um pedaço de papel [e] foi seguida em rápida sucessão por uma constituição após a outra".[40] Na análise de Tushnet, potencialmente, todas as constituições promulgadas por regimes não liberais ou autoritários poderiam também ser consideradas uma criação (bem-sucedida) do poder constituinte.

A versão conceitual do poder constituinte apresentada por Mark Tushnet, suas deficiências apontadas acima e suas diferenças em relação à teoria clássica podem ser um ponto de partida para uma tentativa de reformular o conceito de poder constituinte, associando-o mutuamente a dois processos. De um lado, o processo de produção e adoção de um texto constitucional, já considerado pela teoria clássica do poder constituinte. E, de outro, o processo sequencial e contínuo de reconhecimento da legitimidade da constituição, que chamo de prática viva do constitucionalismo. Na versão que defendo, o poder constituinte não deve se limitar a nenhum desses processos, embora eu proponha conferir-se uma maior ênfase ao segundo deles.

Por um lado, ao circunscrever o poder constituinte ao momento de produção e adoção de um texto constitucional, a teoria clássica perde seu valor explicativo em relação a muitas experiências reais de elaboração de constituições. Historicamente, diversos processos constituintes, incluindo alguns que criaram democracias vibrantes, não tiveram participação popular significativa. A Lei Fundamental da Alemanha de 1949 e a Constituição do Japão de 1946 são exemplos típicos de "constituições impostas". Em ambos os casos, os Aliados Ocidentais determinaram que as nações derrotadas teriam que redigir uma nova constituição e interferiram, em diferentes graus, no conteúdo do documento. Ainda assim, o preâmbulo da Constituição da Alemanha proclama: "o povo alemão, no exercício do seu poder constituinte, outorgou-se a presente Lei Fundamental".

Da mesma forma, "Nós, o povo japonês" é a primeira expressão recitada pelo Preâmbulo da Constituição do Japão.[41] No Canadá, a Constituição de 1867 sequer pretendia expressar a vontade de um povo soberano, uma vez que conferiu ao Parlamento britânico o poder de emendar o seu texto: como os seus autores explicaram, a Constituição "não professa ser derivada do povo, mas sim a constituição provida pelo parlamento imperial".[42] Na Argentina, a Constituição de 1853 desafia a compreensão clássica do

---

[40] ARENDT, Hannah. *On revolution*. [s.l.]: [s.n.], 1992. p. 125. Em contrapartida, pode-se argumentar que a Constituição de 1791, juntamente com a Declaração dos Direitos do Homem e do Cidadão (que está em vigor na França até hoje), na verdade promoveu transformações constitucionais bem-sucedidas e duradouras.

[41] O Preâmbulo da Constituição japonesa também afirma que: "O governo é de confiança sagrada do povo e possui os poderes que são exercidos por seus representantes e com os benefícios que são gozados pelo povo. Este é um princípio universal da raça humana sobre o qual esta constituição é fundada. Nós rejeitamos e revogamos todas as constituições, leis, ordenanças e editos que entrem em conflito com esta verdade".

[42] RUSSEL, Peter H. Can the Canadians be a sovereign people? The question revisited. In: NEWMAN, Stephen L. (Ed.). *Constitutional politics in Canada and the United States*. Nova York: Suny Press, 2004.

poder constituinte de duas maneiras. Primeiro, ela foi redigida por elites políticas, que simplesmente copiaram um número significativo de provisões da Constituição dos Estados Unidos, e sem participação popular relevante.[43] Em segundo lugar, ela foi produzida com a intenção de impulsionar a economia e fornecer amplas liberdades civis para um "povo" futuro, que ainda não havia sido formado, já que o país precisava atrair imigrantes para povoar o território.[44] Em todos esses casos, o baixo grau de inclusividade dos processos constituintes torna difícil afirmar que a constituição foi, de fato, o produto de um poder constituinte relativo a um "corpo real de pessoas".

O problema oposto pode ser encontrado em países que experimentaram mais recentes momentos de transformação constitucional, que consolidaram ou iniciaram a transição para um regime político híbrido (ou um regime competitivo autoritário, para usar a expressão cunhada por Levitsky e Way),[45] com características autoritárias manifestas. Nesses países, mecanismos supostamente democráticos (como referendos e plebiscitos) estão sendo usados como uma ferramenta para engajar as pessoas no processo constituinte e "fabricar" a aquiescência do povo de forma a cumprir o requisito de origem popular de uma nova ordem constitucional.

A Constituição Russa de 1993 é um exemplo. Referendos populares foram usados tanto para a convocação da assembleia constituinte, quanto para a adoção do texto constitucional, elaborado por pessoas escolhidas diretamente pelo presidente.[46] O preâmbulo da Constituição é também inaugurado com uma referência ao povo: "Nós, o povo multinacional da Federação Russa". Também no processo de elaboração da Constituição da Hungria de 2011-2012, apelos retóricos ao poder constituinte e à vontade do povo foram utilizados para a aprovação da Constituição, que aprofundou o processo de retrocesso democrático no país.[47]

Se nos atentarmos apenas para o momento da elaboração e adoção da constituição, pode parecer mais fácil localizar o poder constituinte nas constituições da Rússia e da Hungria, editadas por regimes híbridos e autoritários, do que nas constituições de países muito mais democráticos como a Alemanha. Entendido unicamente em termos retrospectivos e de mero sucesso, o poder constituinte torna-se um "pó mágico", capaz de perdoar todos os pecados, incluindo o de ser *antidemocrático*. No entanto, tal como concebido pela teoria constitucional francesa e norte-americana do século XVIII, o poder constituinte é necessariamente um conceito democrático, ligado ao consentimento do povo como fonte de autoridade e legitimidade da ordem constitucional.[48] Em outras

---

[43] MILLER, Jonathan. The authority of a foreign talisman: a study of U.S. Constitutional practice as authority in nineteenth century Argentina and the Argentine elite's leap of faith. *Am. U. L. Rev*, v. 46, 1996-1997. p. 1483 e ss.

[44] GARGARELLA, Roberto. *Too much "Old" in the "New" Latin American Constitutionalism*. 2015. Disponível em: <https://law.yale.edu/system/files/documents/pdf/SELA15_Gargarella_CV_Eng_20150512.pdf>; MILLER, Jonathan. The authority of a foreign talisman: a study of U.S. Constitutional practice as authority in nineteenth century Argentina and the Argentine elite's leap of faith. *Am. U. L. Rev*, v. 46, 1996-1997. p. 1483 e ss.

[45] LEVITSKY, Steven; WAY, Lucan A. *Competitive authoritarianism*: hybrid regimes after the Cold War. Cambridge: Cambridge University Press, 2010.

[46] AHDIEH, Robert B. *Russia's Constitutional Revolution*: legal consciousness and the transition to democracy 1985-1996. Pensilvânia: Penn State University Press, 1997.

[47] SCHEPPELE, Kim Lane. *Unconstitutional constituent power*. Revision of a paper originally prepared for the Penn Program on Democracy, Citizenship, and Constitutionalism, 2012-2013 Faculty Workshop Series. Unpublished work.

[48] SCHEPPELE, Kim Lane. *Unconstitutional constituent power*. Revision of a paper originally prepared for the Penn Program on Democracy, Citizenship, and Constitutionalism, 2012-2013 Faculty Workshop Series. Unpublished work.

palavras, o poder constituinte não é o *simples* poder de criar a constituição e (re)fundar a ordem jurídica. Trata-se do poder atribuído a um sujeito específico: o povo (que pode ser concebido de várias maneiras, *e.g.*, como um sujeito unitário, como um corpo real de pessoas, ou como multidão).[49] No coração do poder constituinte está, assim, a ideia da autodeterminação democrática.

Esse elemento democrático do poder constituinte, tal como eu o entendo, não vai tão longe a ponto de sugerir que, quando se passa de uma constituição democrática para outra, o poder constituinte encontra-se limitado pelo nível de democracia garantido pelo texto constitucional anterior e, portanto, só pode ser invocado para permitir a expansão e o aprofundamento da ordem democrática, como argumenta Kim Lane Scheppele.[50] É certo que o conteúdo de uma constituição produzida com ampla participação popular pode ter características menos democráticas. Como Tushnet enfatiza, "nada na teoria do poder constituinte sustenta a conclusão de que as revoluções constitucionais são sempre substantivamente boas".[51]

O meu argumento é que, porque o poder constituinte só pode ser concebido como uma força democrática, é necessário reformular esse conceito de modo que ele não seja reduzido nem ao processo de elaboração da constituição, nem à prática viva do constitucionalismo. Na verdade, eu entendo que um possível "déficit" de poder constituinte (de participação e consentimento popular) durante a elaboração do texto constitucional pode, sob certas condições, ser compensado e contrabalanceado na fase subsequente de aderência pelas pessoas à constituição. Essa, porém, é uma via de mão única: se não há o processo sequencial e contínuo de reconhecimento da legitimidade da constituição pelos sujeitos aos quais ela se aplica, pouco importa se a constituição foi produzida com enorme participação popular. Portanto, embora reconheça a importância da manifestação do poder constituinte durante o processo de elaboração da constituição, defendo que é necessário dar uma ênfase especial ao processo subsequente de reconhecimento da legitimidade da constituição pelo povo por meio do funcionamento efetivo de uma ordem constitucional e política que seja capaz de (i) engendrar a adesão de todos os segmentos da sociedade, e (ii) ser responsiva às preferências de seus cidadãos.

O principal elemento dessa compreensão "dupla face" do poder constituinte é a ideia de inclusividade.[52] Em processos constituintes, inclusividade refere-se à amplitude, intensidade e qualidade de participação durante todas as etapas do processo.[53] Idealmente, um poder constituinte legítimo, que busque refletir a "vontade do povo", deve obter o consenso de *todos* os cidadãos e envolver a participação, inclusão e representação de todos os atores sociais e políticos relevantes na elaboração da constituição.[54] Inclusividade deve

---

[49] Para cada uma dessas definições de sujeito constituinte, confira-se SCHMITT, Carl. *Constitutional theory*. Durham: Duke University Press, 2008; ARENDT, Hannah. *On revolution*. [s.l.]: [s.n.], 1992; NEGRI, Antonio. *Insurgencies*: constituent power and the modern state. Minnesota: University of Minnesota Press, 1999.

[50] SCHEPPELE, Kim Lane. *Unconstitutional constituent power*. Revision of a paper originally prepared for the Penn Program on Democracy, Citizenship, and Constitutionalism, 2012-2013 Faculty Workshop Series. Unpublished work.

[51] TUSHNET, Mark. Peasants with Pitchforks, and Toilers with Twitter: Constitutional Revolutions and the Constituent Power. *Int'l J. Const. L.*, v. 13, n. 3, 2015.

[52] ELKINS, Zachary; GINSBURG, Tom; MELTON, James. *The endurance of National Constitutions*. [s.l.]: [s.n.], 2009.

[53] ELKINS, Zachary; GINSBURG, Tom; MELTON, James. *The endurance of National Constitutions*. [s.l.]: [s.n.], 2009.

[54] ELKINS, Zachary; GINSBURG, Tom; MELTON, James. *The endurance of National Constitutions*. [s.l.]: [s.n.], 2009. p. 8.

ser entendida como um ideal regulativo, ou seja, um estado ideal de coisas, que, embora utópico, deva ser perseguido, por ser considerado normativamente bom e desejável. Algumas qualificações para este ideal são, no entanto, necessárias.

Esse requisito deve ser avaliado em perspectiva histórica e contextual. O nível de inclusividade assumido como necessário para que o poder constituinte "se manifeste" (para dar legitimidade ao processo) evolui com o tempo. "Quem" era necessário para elaborar uma constituição na época da Convenção de 1787 nos Estados Unidos – isto é, homens brancos proprietários de terras – é certamente muito diferente do "quem" considerado indispensável em processos constituintes no presente. Além disso, a possibilidade real de envolvimento de múltiplos atores no processo dependerá do contexto. Por exemplo, em situações de pós-conflito ou em sociedades profundamente divididas, nas quais não é possível obter consenso sobre quem é (ou deveria ser) "o Povo", pode ser mais difícil de alcançar um nível elevado de inclusividade desde o início e abordagens incrementais podem ser mais eficazes.[55]

Ademais, como a possibilidade de ter todos os cidadãos envolvidos no processo constituinte ainda não é realista ou praticável, é preciso definir quais atores tomarão parte desse processo e de que forma. Os principais atores institucionais de processos de elaboração de constituições são: Assembleia Constituinte eleita exclusivamente para elaborar a constituição, Congresso com poderes constituintes, mesa redonda, Poder Executivo e referendo (público em geral).[56] Em diversos casos, esses atores são combinados em modelos híbridos, e outros atores também podem desempenhar algum papel no processo, como o Poder Judiciário, especialistas locais e estrangeiros, grupos de interesse, ONGs, acadêmicos e atores internacionais.[57] Não há, porém, acordo a respeito de um único *design* ou conjunto de atores que seja normativamente preferível para a elaboração de constituições *inclusivas*. Tampouco há clareza sobre até que ponto o aumento da participação de cidadãos comuns na elaboração de constituições e o uso de referendos para a ratificação do texto são capazes de afetar os resultados substantivos.

A título exemplificativo, Ginsburg, Elkins e Blount analisaram a participação de cidadãos em processos de elaboração de 460 constituições nacionais promulgadas de 1789 a 2005, bem como examinaram as hipóteses formuladas pela literatura quanto à relevância do envolvimento popular nesses processos.[58] Esses autores notaram um amplo consenso doutrinário quanto à importância de participação de cidadãos, bem como uma tendência marcante no uso de referendos desde o início do século XX. Entretanto, apontaram a ausência de comprovação de uma correlação efetiva entre participação popular e resultados substantivos desejáveis.[59] Em geral, a percepção deles

---

[55] LERNER, Hanna. *Making constitutions in deeply divided societies*. Cambridge: Cambridge University Press, 2011.

[56] WORKSHOP ON CONSTITUTION BUILDING PROCESSES. *Proceedings...* Princeton University, May 17-20, 2007. Bobst Center for Peace & Justice, Princeton University; Interpeace and International IDEA. Disponível em: <https://www.princeton.edu/~pcwcr/papers/Proceedings2007.pdf>. Confira-se, ainda, GINSBURG, Tom; MELTON, James; BLOUNT, Justin. Does the Process of Constitution-Making Matter? *Annu. Rev. Law Soc. Sci.*, v. 5, 2009.

[57] GINSBURG, Tom; MELTON, James; BLOUNT, Justin. Does the Process of Constitution-Making Matter? *Annu. Rev. Law Soc. Sci.*, v. 5, 2009.

[58] GINSBURG, Tom; MELTON, James; BLOUNT, Justin. Does the Process of Constitution-Making Matter? *Annu. Rev. Law Soc. Sci.*, v. 5, 2009. p. 206.

[59] GINSBURG, Tom; MELTON, James; BLOUNT, Justin. Does the Process of Constitution-Making Matter? *Annu. Rev. Law Soc. Sci.*, v. 5, 2009. p. 209.

é que "processos reais de *design* constitucional empregam formas de participação e supervisão popular que são esparsas e normalmente bastante anêmicas em substituição ao consentimento efetivo".[60]

Por sua vez, John Carey usou um conjunto de dados relacionados a momentos constitucionais entre 1990 e 2005 para testar três hipóteses: se a inclusividade do momento de criação da constituição (medida pelo número de atores institucionais, incluindo o público por meio de referendos) promove (i) "níveis mais elevados de democracia" na sequência, (ii) maiores limitações aos poderes estatais; e (iii) "estabilidade constitucional".[61] Sua análise apontou que, nos processos em que mais atores participam e, especialmente, quando pelo menos um deles é democraticamente eleito, "a política subsequente é muito mais democrática".[62] No entanto, o autor não observou uma relação clara entre a realização de referendos e qualquer desses resultados desejáveis.[63]

Após a adoção da constituição, *inclusividade* refere-se à possibilidade de que o texto constitucional seja traduzido em normas que tanto (i) procedimentalmente (*i.e.*, por meio de mecanismos que permitam *inputs* contínuos dos cidadãos e ampla participação popular), quanto (ii) substancialmente (*i.e.*, o conteúdo da constituição) sejam capazes de produzir a adesão de todos os atores e grupos relevantes a cada quadra histórica, incluindo os perdedores relativos do pacto constitucional.

É intuitivo que um processo constituinte altamente participativo e inclusivo seja mais propenso a produzir uma constituição efetiva, capaz de "mudar o comportamento de atores legais relevantes"[64] e criar limitações ao governo. No entanto, a possibilidade de reconhecimento posterior da legitimidade da constituição é, em maior extensão, determinada pelo conteúdo da constituição, e pela maneira que o seu texto, os direitos que estabelece e as instituições que cria interagem e traduzem-se em prática efetiva. Como Elkins, Ginsburg e Melton observaram, "as constituições bem-sucedidas produzem lealdade das gerações posteriores que inicialmente não consentiram com elas, muito menos participam da redação dos textos".[65] Em outras palavras, o processo de criação de constituições *importa*, mas, principalmente, na medida em que ele é capaz de criar condições que permitam o subsequente reconhecimento e adesão das pessoas ao regime constitucional criado.

Essa concepção "dupla face" do poder constituinte também pode ser identificada pela metáfora de um espelho. Para o poder constituinte "existir", é necessário que, a todo momento e continuamente, os atores e grupos sociais relevantes, mesmo aqueles que não tiveram voz ativa na redação do texto, possam ver suas imagens (suas demandas, opiniões, *inputs*) de alguma maneira refletidas no funcionamento da ordem constitucional. Se o regime político deixa de ser capaz de refletir as preferências (em

---

[60] GINSBURG, Tom; MELTON, James; BLOUNT, Justin. Does the Process of Constitution-Making Matter? *Annu. Rev. Law Soc. Sci.*, v. 5, 2009.

[61] CAREY, John M. Does it matter how a Constitution is created? In: BARANY, Zoltan; MOSER, Robert G. *Is democracy exportable*. Cambridge: Cambridge University Press, 2009. p. 155 e ss.

[62] CAREY, John M. Does it matter how a Constitution is created? In: BARANY, Zoltan; MOSER, Robert G. *Is democracy exportable*. Cambridge: Cambridge University Press, 2009. p. 176.

[63] CAREY, John M. Does it matter how a Constitution is created? In: BARANY, Zoltan; MOSER, Robert G. *Is democracy exportable*. Cambridge: Cambridge University Press, 2009. p. 176.

[64] TUSHNET, Mark. Peasants with Pitchforks, and Toilers with Twitter: Constitutional Revolutions and the Constituent Power. *Int'l J. Const. L.*, v. 13, n. 3, 2015.

[65] ELKINS, Zachary; GINSBURG, Tom; MELTON, James. *The endurance of National Constitutions*. [s.l.]: [s.n.], 2009.

um sentido mais amplo) de seus constituintes (ou seja, se as instituições criadas pela constituição não são mais capazes de canalizar os interesses do povo), não podemos mais atribuir a constituição ao poder constituinte.

2 Como localizar o poder constituinte? Os processos constituintes dos EUA, Alemanha, Japão e Rússia

Processos reais de elaboração de constituições demonstram que a formulação clássica do poder constituinte exige uma reavaliação. Ao (re)formular o conceito de poder constituinte para conferir a ele uma "dupla face", exigindo-se uma confirmação subsequente e contínua do texto constitucional após o processo de redação e aprovação da constituição, entendo que é possível melhor compreender esses momentos fundacionais e identificar de forma mais precisa o poder constituinte. Neste capítulo, analiso brevemente processos de elaboração da constituição de quatro países – Estados Unidos, Alemanha, Japão e Rússia – de modo a demonstrar a aplicabilidade da teoria dupla face do poder constituinte.

2.1 Estados Unidos e o "Nós, o Povo" em cada momento histórico

O "perigo de algum mal"[66] tende a ser uma boa fórmula para o sucesso da constituição.[67] No caso da Constituição dos EUA, como o Professor Michael Klarman demonstrou, o "mal" que permitiu que a elite chegasse a um consenso em torno da necessidade de sua elaboração foi o medo da anarquia e do populismo, desencadeado pela Rebelião de Shay e pela legislação em benefício de devedores aprovada em diversos estados.[68] O governo federal, concebido pelos Artigos da Confederação, era muito fraco e incapaz de regular o comércio e conter os excessos da política populista local, o que levou muitos homens públicos a defenderem a modificação dos Artigos da Confederação.[69]

Em 1787, as diferentes assembleias estaduais, com o apoio do Congresso Continental, enviaram seus delegados à Convenção da Filadélfia com o propósito de "elaborar provisões adicionais que tornem o [governo federal] adequado às exigências da união".[70] A Convenção da Filadélfia foi, no entanto, uma "reunião extralegal" nos termos dos Artigos da Confederação.[71] O procedimento previsto para a alteração dos Artigos da

---

[66] KLARMAN, Michael J. *The Framers' Coup*: the making of the United States Constitution. Nova York: OUP USA, 2016. p. 39.

[67] ELSTER, Jon. Forces and mechanisms in Constitution-making process. *Duke L. J.*, v. 45, 1995. p 364.

[68] A Rebelião de Shay foi, em suma, um levante armado de agricultores em protesto às políticas econômicas do governo local, impulsionada por uma crise da dívida. A rebelião expôs as fragilidades do governo sob os artigos da Confederação (KLARMAN, Michael J. *The Framers' Coup*: the making of the United States Constitution. Nova York: OUP USA, 2016).

[69] KLARMAN, Michael J. *The Framers' Coup*: the making of the United States Constitution. Nova York: OUP USA, 2016. p. 118.

[70] KLARMAN, Michael J. *The Framers' Coup*: the making of the United States Constitution. Nova York: OUP USA, 2016.

[71] KLARMAN, Michael J. *The Framers' Coup*: the making of the United States Constitution. Nova York: OUP USA, 2016. p. 112.

Confederação, que exigia o consentimento unânime dos estados, tornava praticamente impossível a aprovação de qualquer emenda para corrigir suas imperfeições e adaptar o documento às novas circunstâncias. Assim, o caminho institucional para absorver os interesses da elite foi bloqueado e um caminho alternativo teve que ser encontrado.

Os 55 delegados que se reuniram na Convenção da Filadélfia, presidida por George Washington e liderada principalmente por James Madison, deliberaram por meses fora dos olhares do público. Eles se reuniram atrás de portas fechadas e assumiram um compromisso de sigilo quanto a tudo que era discutido na Convenção.[72] O produto final do encontro não foi apenas uma emenda aos Artigos da Confederação, mas uma nova constituição. Seus autores não eram propriamente representantes do povo: eles foram selecionados pelas assembleias estaduais e, como o Professor Klarman notou, a maioria deles tinha "visões nacionalistas e antipopulistas".[73] Todos eram homens brancos, ricos e proprietários de terras. A maioria deles tinha, inclusive, diploma universitário, o que era raríssimo na época.[74]

Embora eles não alegassem que estavam falando em nome do povo, os *Framers* perceberam que a única maneira de ratificar a constituição que redigiram fora dos limites dos Artigos da Confederação era mediante a obtenção do consentimento popular, por meio de convenções estaduais de ratificação, eleitas pelo povo nos estados para este fim.[75] Por isso, eles argumentaram que o documento que estavam produzindo era uma mera "proposta" que deveria ser submetida ao "Povo" para entrar em vigor. No entanto, em vez de exigir unanimidade, conforme estabelecido nos Artigos, os delegados da Convenção da Filadélfia decidiram que, se ratificada por nove estados, a Constituição entraria em vigor, embora só vinculasse os estados ratificantes.[76]

Ao contrário da convenção da Filadélfia, o processo de ratificação nos Estados gerou um massivo debate público em todo o país: a constituição foi reimpressa por todos os jornais, revistas e diversos panfletos, seja criticando ou elogiando o documento, e foi discutida não só nos legislativos locais, mas nas ruas, praças e tavernas.[77] Os mais famosos exemplares distribuídos nesse período foram as coletâneas de ensaios *O Federalista* e *O Antifederalista*, que continuam sendo lidos e discutidos até hoje. No final desse processo, a Constituição foi ratificada e entrou em vigor em 1789. Se quiséssemos localizar o poder constituinte em algum momento no processo norte-americano, seria certamente na fase de ratificação nos Estados. Foram a participação, o consentimento e o apoio da maioria do povo nas convenções estaduais de ratificação que transformaram o trabalho da Convenção no produto de um poder constituinte, e, assim, não sujeito aos procedimentos e limites legais do antigo contrato social.

---

[72] KLARMAN, Michael J. *The Framers' Coup*: the making of the United States Constitution. Nova York: OUP USA, 2016. p. 136.

[73] KLARMAN, Michael J. *The Framers' Coup*: the making of the United States Constitution. Nova York: OUP USA, 2016. p. 246-7.

[74] KLARMAN, Michael J. *The Framers' Coup*: the making of the United States Constitution. Nova York: OUP USA, 2016. p. 246-7.

[75] KLARMAN, Michael J. *The Framers' Coup*: the making of the United States Constitution. Nova York: OUP USA, 2016. p. 243.

[76] KLARMAN, Michael J. *The Framers' Coup*: the making of the United States Constitution. Nova York: OUP USA, 2016. p. 413.

[77] KLARMAN, Michael J. *The Framers' Coup*: the making of the United States Constitution. Nova York: OUP USA, 2016. p. 399.

As ideias de *We the People* e o direito das pessoas de abolir governos foram certamente invocados pelos constituintes norte-americanos como "forças legitimadoras" de seu trabalho. No entanto, o que era considerado "povo" naquele momento é muito diferente daquilo que entendemos como "povo" hoje. Por exemplo, negros e mulheres foram completamente excluídos do pacto constitucional. Ainda assim, considerando-se o significado da democracia naquele momento histórico, a campanha de ratificação altamente participativa certamente atendeu (e ultrapassou) as expectativas culturais acerca do nível de inclusividade que era necessário para qualificar um processo como democrático e para atribuir credivelmente seu produto ao povo. Mais importante ainda, a Constituição norte-americana permaneceu aberta à expansão do significado de "povo", permitindo o processo sequencial de reconhecimento da sua legitimidade e adesão por novos segmentos da sociedade, gradualmente incluídos no pacto constitucional com a abolição da escravatura e a expansão do sufrágio.

2.2 Alemanha, Japão e "Nós, o Povo" no contexto de constituições impostas

A história da edição da Lei Básica Alemã de 1949 e da Constituição do Japão de 1946 foi muito diferente da elaboração da Constituição dos Estados Unidos. Derrotados na Segunda Guerra Mundial, Alemanha e Japão adotaram suas novas constituições sob pressão e interferência, em diferentes graus, dos Aliados Ocidentais. São, portanto, considerados casos de "constituições impostas", isto é, de constituições elaboradas com "intervenção substancial e pressão externa para produzir resultados preferidos pelos atores internacionais".[78] A ideia de constituições impostas parece implicar a falta de consentimento (total) do povo, a ausência de normas autônomas e, portanto, um problema intrínseco de legitimidade democrática.[79] Nesses contextos, será que é possível afirmar que tais constituições foram produzidas pelo poder constituinte?

Em ambos os casos – Japão e Alemanha –, os Aliados Ocidentais determinaram que a nação derrotada deveria redigir uma nova constituição. O processo de elaboração da constituição foi então imposto externamente. No entanto, somente no caso japonês houve a imposição direta do próprio texto constitucional.[80] No Japão, a nova constituição baseou-se quase inteiramente num projeto preparado pelos norte-americanos (pelo grupo de MacArthur, Comandante Supremo das Potências Aliadas – SCAP), que foi introduzido pelo Primeiro Ministro no Congresso (Dieta Nacional) como se fosse de sua autoria, com mínimas alterações.[81] A Dieta então deliberou sobre o projeto e o aprovou, com algumas emendas, mas todo o processo de discussão e adoção foi controlado pela potência estrangeira.[82]

---

[78] FELDMAN, Noah. Imposed constitutions. *Conn. L. Rev.*, v. 37, 2004-2005. p. 858.

[79] A respeito, v.: ALBERT, Richard. Constitutions imposed with consent? In: ALBERT, Richard; CONTIADES, Xenophon; FOTIADOU, Alkmene. *Imposed constitutions*: theory, forms & applications. Londres: Routledge, 2018.

[80] BEER, Lawrence W. Constitutionalism and rights in Japan and Korea. In: HENKIN, Louis; ROSENTHAL, Albert J. (Ed.). *Constitutionalism and rights*: the influence of the United States Constitution Abroad. Nova York: Columbia University Press, 1990. p. 225.

[81] LAW, David S. The myth of the imposed constitution. In: GALLIGAN, Denis; VERSTEEG, Mila. *Social and political foundations of Constitutions*. Cambridge: Cambridge University Press, 2013. p. 239 e ss.

[82] LAW, David S. The myth of the imposed constitution. In: GALLIGAN, Denis; VERSTEEG, Mila. *Social and political foundations of Constitutions*. Cambridge: Cambridge University Press, 2013. p. 243-244.

Diversamente, na Alemanha, doutrinadores discordam quanto ao nível de interferência dos Aliados Ocidentais na redação do próprio texto constitucional.[83] Edmund Spevack, por exemplo, acredita que "a ordem constitucional pós-1945 da Alemanha Ocidental foi baseada em grande parte, até principalmente, nas preferências constitucionais dos aliados ocidentais, e não nas ideias que circulavam na Alemanha na época".[84] Por sua vez, Frederick Schauer enfatiza que "embora o processo de elaboração da constituição tenha sido impulsionado pelas potências aliadas ocupantes, e embora o produto final tenha estado sujeito à aprovação dos Aliados, a elaboração de fato do documento [foi] essencialmente um processo alemão".[85] É possível dizer, no mínimo, que as limitações diretas sobre o texto, impostas pelos "Documentos de Frankfurt" e pela Conferência das Seis Potências, em Londres, foram mais gerais e sutis (*e.g.*, imposição do federalismo e da proteção de direitos individuais) em comparação com o caso do Japão.[86]

Ainda assim, todo o processo de redação da Lei Fundamental pelo Conselho Parlamentar, composto por 65 membros (incluindo quatro mulheres), foi monitorado de perto pelos Aliados (inclusive pelo uso de grampos telefônicos).[87] E, após a promulgação da Lei Fundamental e sua ratificação por quase todas as assembleias legislativas dos Länder (estados) alemães (apenas o Estado Livre da Baviera se recusou a ratificá-la), os interventores militares das Potências Aliadas tiveram de dar parecer favorável ao texto.[88] Como resultado, o conteúdo da Lei Fundamental – a definição dos direitos, princípios e a organização do Estado e dos poderes – foi de alguma forma influenciado por pressões indiretas e pela exigência de "ratificação" por parte de atores estrangeiros.

Independentemente do grau de interferência dos aliados ocidentais sobre os processos de elaboração das constituições alemã e japonesa, não há dúvida de que os documentos constitucionais aprovados dessa maneira não podem ser considerados um ato de pura autodeterminação democrática no *momento da adoção da constituição*. Tais constituições claramente não são produto de um poder constituinte, tal como o conceito é entendido classicamente. No entanto, essa origem "contaminada" não prejudicou a futura legitimidade democrática de tais textos constitucionais. Tanto a Alemanha quanto o Japão ainda vivem sob a égide dessas constituições "impostas". A Alemanha pretendia redigir um documento meramente provisório (chamado, por isso, de Lei Fundamental, e não de Constituição), que seria futuramente substituído por uma constituição, devidamente adotada pelo povo, mas isso nunca ocorreu.[89] Como assinalado por Donald Kommers

---

[83] Para uma análise aprofundada das diferentes visões sobre o processo de elaboração da Lei Fundamental alemã, ver: SPEVACK, Edmund. *Allied control and German freedom*. Münster: LIT Verlag, 2001.

[84] SPEVACK, Edmund. German drafts for a postwar federal constitution versus allied decisions of the London Six-Power Conference. *Conference Papers on the Web*, Washington, March 1999. Disponível em: <http://webdoc.sub.gwdg.de/ebook/p/2005/ghi_12/www.ghi-dc.org/conpotweb/westernpapers/spevack.pdf>.

[85] SCHAUER, Frederick. On the migration of constitutional ideas. *Conn. L. Rev.*, v. 907, n. 37, 2005. at 908.

[86] SPEVACK, Edmund. American pressures on the German constitutional tradition: basic rights in the West German Constitution of 1949. *International Journal of Politics, Culture, and Society*, v. 10, n. 3, 1997. p. 425.

[87] SPEVACK, Edmund. American pressures on the German constitutional tradition: basic rights in the West German Constitution of 1949. *International Journal of Politics, Culture, and Society*, v. 10, n. 3, 1997.

[88] SPEVACK, Edmund. American pressures on the German constitutional tradition: basic rights in the West German Constitution of 1949. *International Journal of Politics, Culture, and Society*, v. 10, n. 3, 1997. p. 426.

[89] Donald Kommers esclarece que a nomenclatura Lei Fundamental foi escolhida para reforçar o caráter provisório do documento. No original: "They called it the Basic Law (Grundgesetz) to highlight its provisional character. The more dignified term 'constitution' (Verfassung) would be reserved for the time when Germany as a whole would determine its own future" (KOMMERS, Donald P. The basic law: a fifty year assessment. *SMU L. Rev.*, v. 53, 2000. p. 477 e ss. Disponível em: <http://scholarship.law.nd.edu/law_faculty_scholarship/829>).

quando da comemoração dos 50 anos da Lei Fundamental, "uma tradição constitucional crescente e vibrante tinha sido criada, imprimindo na Lei Fundamental o caráter de um documento elaborado para durar perpetuamente".[90]

O que pode explicar a "durabilidade" dessas constituições? Conforme defendo neste artigo, em um regime democrático, a eficácia de qualquer constituição – imposta ou não – depende do comprometimento e da identificação subsequentes do povo com as normas constitucionais. Pressupõe, assim, um processo contínuo de reconhecimento e autogoverno, bem como o desenvolvimento de um regime político aberto a absorver os interesses de seus cidadãos. Desse modo, a duração e a legitimidade contínua das constituições do Japão e da Alemanha sugerem que essas constituições foram capazes de gerar processos democráticos, e que adquiriram progressivamente o consentimento do povo. Como David Law argumentou, "os japoneses fizeram *sua* a constituição e a moldaram para atender às suas necessidades"; é, então, "uma simplificação grosseira, se não um erro absoluto, dizer que a Constituição do Japão foi imposta".[91]

Portanto, o conceito de "constituições impostas" designa um processo menos inclusivo (ou não inclusivo) de elaboração e adoção de constituições. Ao contrário do que se poderia imaginar, a imposição não necessariamente impede a futura legitimidade da constituição, a qual pode ser adquirida *a posteriori* pela progressiva adesão popular ao seu texto. No entanto, é importante ressaltar, como já mencionado, que o que é considerado *necessário* para o poder constituinte "se manifestar" evolui ao longo do tempo, juntamente com as concepções de democracia. Portanto, constituições impostas tendem a ser cada vez menos aceitáveis. Atualmente, é possível justificá-las apenas em situações extremamente excepcionais, quando as instituições políticas de determinado país estiverem devastadas ou muitíssimo frágeis e a mobilização popular for improvável, como ocorreu nos casos da Alemanha e do Japão no Pós-Segunda Guerra Mundial.

2.3 Rússia e "Nós, o Povo" em contextos não democráticos

Diversamente dos contextos alemão e japonês, o processo de elaboração da Constituição russa de 1993, embora tenha contado com um elevado grau de participação popular, não deu origem a uma experiência democrática. Após a queda do comunismo, a necessidade de redigir uma nova constituição surgiu nos debates públicos. No entanto, uma briga política entre o Congresso, que tinha o poder de promover qualquer mudança constitucional, e o presidente eleito, Boris Yeltsin, atrasou a realização desse objetivo.[92] O Congresso defendia um processo gradual por meio da aprovação de emendas à Constituição da Rússia de 1978.[93] Em 1992, mais de 400 emendas já haviam

---

[90] KOMMERS, Donald P. The basic law: a fifty year assessment. *SMU L. Rev.*, v. 53, 2000. p. 477 e ss. Disponível em: <http://scholarship.law.nd.edu/law_faculty_scholarship/829>
[91] LAW, David S. The myth of the imposed constitution. In: GALLIGAN, Denis; VERSTEEG, Mila. *Social and political foundations of Constitutions*. Cambridge: Cambridge University Press, 2013. at. 241-242.
[92] AHDIEH, Robert B. *Russia's Constitutional Revolution*: legal consciousness and the transition to democracy 1985-1996. Pensilvânia: Penn State University Press, 1997.
[93] AHDIEH, Robert B. *Russia's Constitutional Revolution*: legal consciousness and the transition to democracy 1985-1996. Pensilvânia: Penn State University Press, 1997.

sido adotadas.[94] Em pé de guerra com o Congresso, Yeltsin, eleito popularmente em 1991, começou a empreender esforços para adotar uma nova constituição, o que só foi possível após ele dissolver o Congresso e convocar um referendo.[95]

As diversas quebras da legalidade durante esse processo constituinte foram justificadas pelo Presidente Yeltsin com referência à ideia de vontade do povo e ao conceito de poder constituinte. Como observou William Partlett, "[Yeltsin] afirmou repetidamente que a verdadeira pedra angular da democracia russa era o poder constituinte ilimitado do povo"[96] e, quando convocou o referendo popular, reafirmou que sua "proposta baseia-se no princípio constitucional do poder constituinte, e no direito constitucional do Presidente de recorrer ao povo".[97]

Resumindo-se o processo constituinte russo, é possível dizer que a Constituição de 1993 nasceu de cinco eventos principais.[98] *Primeiramente*, organizou-se um referendo popular, no qual a maioria dos eleitores votou no sentido de expressar sua confiança no presidente Yeltsin. Essa manifestação genérica de apoio foi utilizada como fundamento para a convocação de uma assembleia constituinte. Em *segundo lugar*, a "Conferência Constitucional", órgão supostamente representativo, composto por membros de diferentes grupos políticos na Rússia, elaborou um projeto de nova constituição. No entanto, na prática, esse órgão era ilegítimo, uma vez que seus participantes foram escolhidos a dedo pelo presidente Yeltsin, em vez de eleitos. Na verdade, todo o processo constituinte foi marcadamente falho: não foram franqueadas oportunidades suficientes para o debate; a constituinte tinha um período muito curto de tempo para concluir os seus trabalhos; e os opositores de Yeltsin foram excluídos do órgão. Apesar da insistência de Yeltsin, as tentativas de aprovar o projeto, pela ratificação de 2/3 dos cidadãos e depois pelo Conselho da Federação, falharam. Após essa derrota, em *terceiro lugar*, o crescente conflito entre o Congresso e o presidente culminou com a edição de decreto presidencial que suspendeu a Constituição e dissolveu o Congresso, seguido pelo violento bombardeio militar da "Casa Branca" (parlamento russo), após deputados terem se recusado a deixar seus gabinetes. O *quarto* evento foi a revisão do projeto de constituição pela Conferência Constitucional, alterando-o de modo a ampliar os poderes do presidente. Finalmente, a Constituição foi adotada por meio de um referendo popular nacional, com resultados oficiais mostrando um comparecimento de 55% do eleitorado e 58,7% de votos favoráveis à ratificação.[99] A votação foi, porém, considerada fraudulenta por muitos observadores.[100]

Apesar da participação popular via referendo, o momento fundador da Constituição de 1993 dificilmente pode ser descrito como democrático. Da mesma forma, a *polis* que resultou desse processo constituinte tampouco pode ser classificada como uma

---

[94] AHDIEH, Robert B. *Russia's Constitutional Revolution*: legal consciousness and the transition to democracy 1985-1996. Pensilvânia: Penn State University Press, 1997.

[95] AHDIEH, Robert B. *Russia's Constitutional Revolution*: legal consciousness and the transition to democracy 1985-1996. Pensilvânia: Penn State University Press, 1997.

[96] PARTLETT, William. The legality of liberal revolution. *Rev. of Central & Eastern European Law*, v. 38, 2013. p. 222.

[97] PARTLETT, William. The legality of liberal revolution. *Rev. of Central & Eastern European Law*, v. 38, 2013. p. 222.

[98] Esses eventos são descritos minuciosamente em: AHDIEH, Robert B. *Russia's Constitutional Revolution*: legal consciousness and the transition to democracy 1985-1996. Pensilvânia: Penn State University Press, 1997; e PARTLETT, William. The legality of liberal revolution. *Rev. of Central & Eastern European Law*, v. 38, 2013.

[99] PARTLETT, William. The legality of liberal revolution. *Rev. of Central & Eastern European Law*, v. 38, 2013. p. 222.

[100] PARTLETT, William. The legality of liberal revolution. *Rev. of Central & Eastern European Law*, v. 38, 2013. p. 222.

democracia. Como Ahdieh corretamente aponta, o problema na Rússia não é tanto o conteúdo da constituição que foi promulgada, mas o subdesenvolvimento das ideias de constitucionalismo e de Estado de direito.[101] Até hoje, a Rússia é descrita como um regime "competitivo autoritário", no qual as eleições são realizadas e as instituições democráticas existem, mas as regras do jogo são tão frequentemente violadas que o regime acaba por não cumprir padrões democráticos *mínimos*.[102] David Law e Mila Versteeg, em um importante trabalho sobre "constituições-fachada" (*sham constitutions*), isto é, "constituições que não conseguem limitar ou mesmo descrever os poderes do Estado", usaram análise estatística e indicadores quantitativos para classificar os países de acordo com o grau de violação dos direitos previstos em suas constituições.[103] Em um *ranking* das piores "constituições-fachada" em 2010, a Rússia foi a 5ª colocada no mundo em termos de baixo desempenho constitucional e ausência de proteção dos direitos constitucionais.[104] A Rússia também foi classificada em 5º lugar entre os piores violadores das liberdades civis e políticas em 2010, atrás apenas da Eritreia, Myanmar, Nigéria e Coréia do Norte.[105]

O processo constituinte russo e o regime político inaugurado a partir da nova constituição ilustram porque o poder constituinte não deve ser concebido simplesmente em termos de participação popular na época da sua promulgação, ou puramente em termos de sucesso posterior. Por um lado, o exemplo da Rússia comprova os perigos de invocar o conceito de poder constituinte para legitimar *ex ante* processos ilegais, inconstitucionais ou inconvencionais de transformação constitucional. Por outro lado, esse caso corrobora a ideia de que o mero sucesso subsequente não é suficiente. Sem dúvida, pode-se dizer que a Constituição Russa de 1993 foi bem-sucedida. Não houve grande resistência à sua adoção e a Constituição conseguiu mudar o comportamento dos atores e regulamentar o funcionamento do aparato governamental, apesar da pouca efetividade das suas disposições sobre direitos.

Portanto, o exemplo da atual Constituição da Rússia nos força a concluir que as instituições elaboradas e promulgadas por regimes não liberais ou autoritários com amplo apoio popular (pelo menos aparente) não podem ser consideradas *fruto* do poder constituinte. São necessárias a confirmação sequencial e a adesão contínua do povo a um sistema constitucional aberto aos seus *inputs*. E, em um sistema político em que o povo não é verdadeiramente livre para participar e não tem direitos civis e políticos minimamente efetivados, simplesmente não há possibilidade de adesão contínua.

3 Caminhos alternativos para a reforma da Constituição de 1988: os casos da Irlanda e da Islândia

Até agora, propus uma concepção "dupla face" do poder constituinte, na qual o poder constituinte não é "confinado" ao momento de produção do texto constitucional,

---

[101] AHDIEH, Robert B. *Russia's Constitutional Revolution*: legal consciousness and the transition to democracy 1985-1996. Pensilvânia: Penn State University Press, 1997.
[102] LEVITSKY, Steven; WAY, Lucan A. *Competitive authoritarianism*: hybrid regimes after the Cold War. Cambridge: Cambridge University Press, 2010.
[103] LAW, David S.; VERSTEEG, Mila. Sham Constitutions. *Cal. L. Rev.*, 863, v. 101, n. 4, 2013.
[104] LAW, David S.; VERSTEEG, Mila. Sham Constitutions. *Cal. L. Rev.*, 863, v. 101, n. 4, 2013. p. 899.
[105] LAW, David S.; VERSTEEG, Mila. Sham Constitutions. *Cal. L. Rev.*, 863, v. 101, n. 4, 2013. p. 905.

abrangendo também um processo subsequente e contínuo de reconhecimento da legitimidade da constituição por meio do funcionamento de uma ordem constitucional inclusiva e responsiva. Segundo essa concepção, para que seja *legítimo*, o poder constituinte deve ser uma força *democrática*, referindo-se à abrangência, intensidade e qualidade da participação na elaboração do texto constitucional, ou da aderência popular subsequente. Ora, se o poder constituinte não está aprisionado na fase de elaboração do texto constitucional, é possível refletir sobre a proposta de uma assembleia constituinte exclusiva (*i.e.*, um órgão independente da atual legislatura, convocado especificamente para fins constituintes) como uma nova manifestação do poder constituinte. E não me parece haver nenhum impedimento à convocação da constituinte para reformar apenas parte do texto da Constituição de 1988. Afinal, quem pode o mais (substituir integralmente a constituição), certamente pode o menos (reformá-la parcialmente).

O conceito "dupla face" proposto também fornece um critério para definir quando é legítimo realizar um processo de reforma constitucional que não respeite os limites instituídos no próprio texto constitucional. É que, como se disse, nesta formulação, exige-se que os atores e grupos sociais relevantes, mesmo aqueles que não participaram originalmente da redação e adoção da constituição, possam sentir-se incluídos no funcionamento da ordem constitucional e política. Pois bem. No momento em que as instituições criadas pela constituição deixam de ser minimamente responsivas às demandas e interesses da população, caracterizando-se um bloqueio à canalização da vontade popular, está legitimada uma nova manifestação do poder constituinte, ainda que para fazer alterações pontuais que atuem sobre os gargalos institucionais identificados. Essa hipótese parece amoldar-se ao atual contexto brasileiro, de profundo e crescente descolamento entre representantes e representados, e de patente incapacidade do Congresso em aprovar determinadas reformas que contrariam interesses dos atuais detentores de poder.

Considerando-se, assim, que é possível defender uma nova manifestação do poder constituinte limitada a alguns pontos sensíveis sobre os quais há um impasse relevante e duradouro, é preciso pensar nos formatos que poderiam ser adotados. Mais recentemente, tem-se verificado uma tendência em envolver cidadãos comuns na tomada de decisões políticas fundamentais, como a reforma de constituições.[106] Há, no direito comparado, alguns *designs* inovadores de processos constituintes, parciais ou totais, que podem servir de inspiração para a reforma da Constituição de 1988. A Irlanda criou um modelo de Assembleias Cidadãs (ou *Citizens' Assembly*) em que cidadãos comuns escolhidos aleatoriamente deliberam sobre reformas constitucionais, que são posteriormente submetidas ao parlamento. Modelo semelhante foi adotado na Bélgica no chamado *G1000 – Platform for Democratic Innovation*, que foi, porém, uma iniciativa promovida pelos próprios cidadãos e sem interlocução direta com o parlamento.[107] Na Islândia, cidadãos comuns foram eleitos para compor o Conselho Constitucional e escrever uma nova constituição, sem a participação de políticos, e

---

[106] V. CAROLAN, Eoin. Ireland's Constitutional Convention: Behind the hype about citizen-led constitutional change. *Int'l J. Const. L.*, v. 13, n. 3, 2015. p. 733-748.

[107] CALUWAERTS, Didier; REUCHAMPS, Min. *The G1000, facts, figures and some lessons from an experience of deliberative democracy in Belgium*. Disponível em: <https://orbi.uliege.be/bitstream/2268/144027/1/Caluwaerts%20 D%2C%20Reuchamps%20M%2C%20G1000%2C%202012_Re-Bel.pdf>.

adotaram o instrumento de *crowd-sourcing*, pelo qual o projeto de constituição era postado na internet e no Facebook para receber sugestões de todo o país. Mecanismos de *crowd-sourcing* via internet foram também utilizados durante processos constituintes no Egito e no Quênia.[108]

A seguir, exploro de forma mais detalhada os processos da Irlanda e da Islândia, de modo a refletir sobre as alternativas que podem ser implementadas no Brasil.

3.1 Irlanda e a experiência da Assembleia Cidadã (*Citizens' Assembly*) ou "minipúblico"

A Convenção Constitucional da Irlanda de 2013 é um exemplo da experiência de "minipúblico", também denominada "Assembleia de Cidadãos" (*Citizens' assembly*) ou "randomocracia" (democracia aleatória), um mecanismo inovador de tomada de decisão democrática integrando as concepções deliberativas e participativas de democracia.[109] Nele, um grupo de indivíduos é selecionado aleatoriamente de acordo com determinados critérios para que representem demograficamente a população. Esses indivíduos são chamados a participar de um fórum para aprender, deliberar e votar sobre determinados tópicos.

No caso da Irlanda, a Convenção Constitucional foi convocada como um desdobramento da crise econômica de 2008, que afetou gravemente o país e colocou em xeque as formas de relacionamento existentes entre as instituições políticas e os cidadãos.[110] A partir de então, os cidadãos passaram a questionar a possibilidade de o meio político dar conta de suas reivindicações, bem como a clamar por seu envolvimento mais direto nas reformas constitucionais.[111] Após a crise repercutir nas eleições de 2011 e provocar a derrota eleitoral do maior partido do país, os dois partidos que passaram a formar a coalizão governante se comprometeram a criar um órgão deliberativo, composto primariamente por cidadãos comuns, que seria responsável por discutir reformas constitucionais sobre inúmeros temas.[112]

A convocação da Convenção e a definição do seu formato foram facilitadas pelo fato de cientistas políticos terem desenvolvido em 2011 um projeto-piloto de "minipúblico", o *We the Citizens*. O projeto objetivava demonstrar aos representantes políticos que é viável adotar na Irlanda um modelo de fórum cidadão e que cidadãos

---

[108] V. MABOUDI, Tofigh; NADI, Ghazal P. Crowdsourcing the Egyptian Constitution: social media, elites, and the populace. *Political Research Quarterly*, v. 69, n. 4, 2016; e GLUCK, Jason; BALLOU, Brendan. *New technologies in Constitution making*. [s.l.]: [s.n.], 2014.

[109] Sobre o tema, v.: SUITER, Jane; FARRELL, David M.; HARRIS, Clodagh. The Irish Constitutional Convention: a case of high legitimacy. In: REUCHAMPS, Min; SUITER, Jane (Coord.). *Constitutional deliberative democracy in Europe*. Colchester: ECPR Press, 2016; LANG, Amy. But is it for real? The British Columbia Citizens' Assembly as a model of state-sponsored citizen empowerment. *Politics & Society*, v. 35, n. 1, p. 35-70, 2007.

[110] SUITER, Jane; FARRELL, David M.; HARRIS, Clodagh. The Irish Constitutional Convention: a case of high legitimacy. In: REUCHAMPS, Min; SUITER, Jane (Coord.). *Constitutional deliberative democracy in Europe*. Colchester: ECPR Press, 2016 p. 33.

[111] SUITER, Jane; FARRELL, David M.; HARRIS, Clodagh. The Irish Constitutional Convention: a case of high legitimacy. In: REUCHAMPS, Min; SUITER, Jane (Coord.). *Constitutional deliberative democracy in Europe*. Colchester: ECPR Press, 2016 p. 33-34.

[112] SUITER, Jane; FARRELL, David M.; HARRIS, Clodagh. The Irish Constitutional Convention: a case of high legitimacy. In: REUCHAMPS, Min; SUITER, Jane (Coord.). *Constitutional deliberative democracy in Europe*. Colchester: ECPR Press, 2016. p. 33.

comuns são, sim, capazes de deliberar sobre temas relevantes e complexos.[113] Optou-se, ao final, pelo seguinte *design*: a Convenção compreendia 100 indivíduos, incluindo: (i) 33 parlamentares proporcionalmente à representação de cada partido político no parlamento, nomeados de acordo com critérios estabelecidos internamente por cada legenda; (ii) 66 cidadãos comuns escolhidos aleatoriamente por uma instituição independente para serem demograficamente (de acordo com sexo, idade, região, classe social e educação) representativos do povo da Irlanda; e (iii) o presidente, escolhido pelo governo (no caso, Tom Arnold, um conhecido economista e consultor de políticas públicas).[114] Os membros da Convenção não recebiam nenhuma remuneração para desempenhar o trabalho, mas tinham os seus gastos de deslocamento, hospedagem e alimentação reembolsados.[115]

A Convenção foi incumbida da tarefa de aprender, deliberar e votar sobre um conjunto de tópicos previamente determinados, e de fazer recomendações ao parlamento sobre emendas constitucionais, que deveriam ser analisadas no prazo de 4 meses e eventualmente submetidas a referendo popular. Seu papel era, assim, consultivo, tendo em vista que as decisões da Convenção não vinculavam o Congresso. A agenda foi previamente determinada pelo Congresso, que estabeleceu que os seguintes tópicos deveriam ser objeto de deliberação: (i) redução do mandato presidencial para cinco anos; (ii) redução da idade mínima para votar para 17 anos; (iii) revisão do sistema eleitoral adotado para a Câmara dos Deputados (Dáil); (iv) direito de cidadãos residentes no estrangeiro de votarem nas embaixadas irlandesas; (v) revisão da disposição constitucional que reforça o papel da mulher na casa e a relevância da atuação do Estado para que as mães não fossem obrigadas a negligenciar suas tarefas domésticas; (vi) autorização para casamento de pessoas do mesmo sexo; (vii) aumento da participação das mulheres na política; (viii) remoção da ofensa de blasfêmia da Constituição; e (ix) outras emendas constitucionais que venham a ser recomendadas pela Convenção, após a deliberação sobre os tópicos anteriores.[116]

A Convenção durou 14 meses, reunindo-se uma vez por mês no fim de semana. Os trabalhos eram organizados de forma a garantir amplo acesso à informação e completude epistêmica.[117] Com apoio de um grupo de cientistas políticos e juristas, a Convenção selecionava especialistas e grupos de pressão para defender as diversas posições em jogo. Os *experts* preparavam um material de leitura que era disponibilizado com antecedência aos membros e também pela internet. Nas reuniões, em primeiro lugar, os especialistas faziam apresentações sobre o tópico da agenda em discussão, e respondiam a perguntas dos membros. Essas exposições eram televisionadas e transmitidas ao vivo na internet.

---

[113] V. FARRELL, David M.; O'MALLEY, Eoin; SUITER, Jane. Deliberative democracy in action Irish-style: the 2011 we the citizens pilot citizens' assembly. *Irish Political Studies*, v. 28, n. 1, 2013.

[114] FARRELL, David M.; O'MALLEY, Eoin; SUITER, Jane. Deliberative democracy in action Irish-style: the 2011 we the citizens pilot citizens' assembly. *Irish Political Studies*, v. 28, n. 1, 2013. p. 34-35.

[115] FARRELL, David M.; O'MALLEY, Eoin; SUITER, Jane. Deliberative democracy in action Irish-style: the 2011 we the citizens pilot citizens' assembly. *Irish Political Studies*, v. 28, n. 1, 2013. p. 34-35.

[116] SUITER, Jane; FARRELL, David M.; HARRIS, Clodagh. The Irish Constitutional Convention: a case of high legitimacy. In: REUCHAMPS, Min; SUITER, Jane (Coord.). *Constitutional deliberative democracy in Europe*. Colchester: ECPR Press, 2016. p. 36.

[117] SUITER, Jane; FARRELL, David M.; HARRIS, Clodagh. The Irish Constitutional Convention: a case of high legitimacy. In: REUCHAMPS, Min; SUITER, Jane (Coord.). *Constitutional deliberative democracy in Europe*. Colchester: ECPR Press, 2016. p. 41.

Na sequência, iniciava-se um processo de deliberação em grupos menores, que não era gravado para garantir maior liberdade para a discussão. Nesse processo, os membros se dividiam em mesas de 8 pessoas, sempre compostas por políticos e cidadãos comuns, para discutir entre si suas posições. Em cada mesa, havia também um facilitador das discussões e um tomador de notas, ambos responsáveis por garantir que todos tivessem oportunidades para falar, assegurar um debate respeitoso, e impedir que um ou mais indivíduos dominassem a discussão. Foi realizado um esforço para que as mesas fossem compostas por número igual de homens e mulheres, de modo que as mulheres tivessem condições ideais para participar da deliberação. O objetivo, porém, não foi plenamente alcançado, tanto pelo menor número de mulheres na cota dos parlamentares, quanto pelo não oferecimento de creches às mães durante as reuniões.[118] Após as discussões em grupos, as entidades representativas e grupos de pressão faziam novas exposições, e os membros voltavam a deliberar.

Ao final de cada reunião, normalmente no domingo, os membros votavam, por voto secreto e por maioria, sobre quais recomendações dariam ao Congresso. O relatório da votação era então encaminhado ao Congresso, que havia se comprometido a dar uma resposta em até quatro meses.[119] Em muitos casos, as recomendações iam além dos limites inicialmente fixados pelo Congresso.[120] Por exemplo: o Congresso determinou que a Convenção deveria se pronunciar sobre a redução da idade mínima para votar para 17 anos, mas a Convenção ao final votou favoravelmente a uma redução ainda maior, para 16 anos.

Paralelamente, foram adotadas medidas para engajar o "maxipúblico" no processo. Alguns exemplos são: a admissão de petições públicas com propostas; o uso intensivo dos meios de comunicação para cobrir os trabalhos da Convenção; o estímulo à participação de organizações não governamentais no envio de propostas; a transmissão ao vivo (*live streaming*) das votações; e o uso das redes sociais para tornar os conteúdos disponíveis *on-line*.[121]

Quais foram os resultados da Convenção Constitucional? Embora o parlamento nem sempre tenha respondido adequada e prontamente às recomendações da Convenção, em muitos casos, o Governo convocou referendos sobre os temas em discussão e efetivamente promoveu as mudanças sugeridas. A título ilustrativo, a proposta de autorização do casamento homoafetivo foi aprovada em referendo com 62% dos votos e a proposta de reduzir a idade mínima para candidatos à Presidência foi rejeitada em referendo.[122] Estão previstos outros dois referendos para outubro de 2018 para decidir

---

[118] SUITER, Jane; FARRELL, David M.; HARRIS, Clodagh. The Irish Constitutional Convention: a case of high legitimacy. In: REUCHAMPS, Min; SUITER, Jane (Coord.). *Constitutional deliberative democracy in Europe*. Colchester: ECPR Press, 2016. p. 43.

[119] SUITER, Jane; FARRELL, David M.; HARRIS, Clodagh. The Irish Constitutional Convention: a case of high legitimacy. In: REUCHAMPS, Min; SUITER, Jane (Coord.). *Constitutional deliberative democracy in Europe*. Colchester: ECPR Press, 2016. p. 44.

[120] SUITER, Jane; FARRELL, David M.; HARRIS, Clodagh. The Irish Constitutional Convention: a case of high legitimacy. In: REUCHAMPS, Min; SUITER, Jane (Coord.). *Constitutional deliberative democracy in Europe*. Colchester: ECPR Press, 2016. p. 37.

[121] SUITER, Jane; FARRELL, David M.; HARRIS, Clodagh. The Irish Constitutional Convention: a case of high legitimacy. In: REUCHAMPS, Min; SUITER, Jane (Coord.). *Constitutional deliberative democracy in Europe*. Colchester: ECPR Press, 2016. p. 35.

[122] SUITER, Jane; FARRELL, David M.; HARRIS, Clodagh. The Irish Constitutional Convention: a case of high legitimacy. In: REUCHAMPS, Min; SUITER, Jane (Coord.). *Constitutional deliberative democracy in Europe*. Colchester: ECPR Press, 2016. p. 48.

sobre a exclusão da ofensa de blasfêmia da Constituição e sobre a revogação da disposição constitucional que trata sobre o papel da mulher no lar.

Mais do que isso, a Irlanda reconheceu a legitimidade do mecanismo de deliberação cidadã e, no final de 2016, decidiu repetir a experiência, estabelecendo uma nova Assembleia Cidadã.[123] O principal tópico da agenda era a revogação da Oitava Emenda à Constituição, que dava o mesmo peso ao direito à vida da mãe e do feto e, assim, na prática, proibia o aborto no país em quase todos os casos.[124] Após a recomendação da nova Assembleia Cidadã de abolir a Oitava Emenda, de modo a autorizar o parlamento a adotar uma legislação autorizando o aborto em diversas hipóteses, a proposta foi submetida a referendo e 66,4% do eleitorado votou pela revogação da emenda, na linha sugerida pela convenção.

A experiência da Convenção Constitucional da Irlanda levanta questões interessantes a serem consideradas, caso se deseje replicar o modelo de minipúblico para a reforma da Constituição brasileira de 1988. Primeiro, os resultados obtidos no caso irlandês sugerem que esse mecanismo pode ser, sim, capaz de viabilizar a representação dos interesses "informados" de cidadãos comuns, desde que: (i) os cidadãos recebam informação de qualidade sobre os diferentes pontos de vista sobre um tema; (ii) haja tempo e recursos necessários para que os cidadãos possam se engajar em um processo deliberativo racional; e (iii) haja garantia de que todos os pontos de vista sejam expressos no debate e nenhuma voz seja silenciada. Os resultados da experiência irlandesa com a questão do aborto provam que há razões para ser otimista. Antes da deliberação da Convenção, pesquisas demonstraram que se os cidadãos fossem perguntados diretamente, chegariam a resultados menos liberais do que os obtidos na Convenção e com o posterior referendo.

Em segundo lugar, é possível questionar se a seleção aleatória de cidadãos é a melhor maneira de representar o "povo" e se essa técnica pode ser adotada com sucesso em países em desenvolvimento, com tamanha pobreza e desigualdade como o Brasil. O modelo "minipúblico" alega que sua legitimidade deriva do fato de que os membros do órgão decisório são representantes descritivos do povo, *i.e.*, conferem uma espécie de representação baseada em características sociodemográficas, em que o representante é entendido como "sendo típico, ou assemelhando-se" a uma parte do eleitorado.[125] No entanto, os cidadãos dificilmente são escolhidos de forma totalmente aleatória. No caso irlandês, diversos críticos apontaram que fatores práticos interferiram diretamente na definição dos membros, levando a um tipo de autosseleção, como o fato de o trabalho não ser remunerado e os escolhidos poderem se recusar a participar. Além disso, esse mecanismo não cria uma relação de representação formal: isto é, os cidadãos não se engajam em um processo para escolher seus representantes e estabelecer (mesmo que de forma fraca) uma relação de autorização e consentimento (concepção de mandato). Uma

---

[123] Sobre a nova Assembleia, ver: WELCOME to the Citizens' Assembly. *The Citizens' Assembly*. Disponível em: <https://www.citizensassembly.ie/en/> e FARRELL, David. The Irish Citizens' Assembly: yet another Irish mini-public on constitutional reform. *Irish Politics Forum*, 17 out. 2016. Disponível em: <https://politicalreform.ie/2016/10/17/the-irish-citizens-assembly-yet-another-irish-mini-public-on-constitutional-reform/>.

[124] CAROLAN, Eoin. Considering the first phase of Ireland's citizen assembly. *Int'l J. Const. L. Blog*, 29 abr. 2017. Disponível em: <http://www.iconnectblog.com/2017/04/considering-the-first-phase-of-irelandscitizen-Assembly>.

[125] PITKIN, Hanna F. *The concept of representation*. Berkeley: University of California Press, 1967.

alternativa possível seria, por exemplo, realizar eleições para definir os representantes considerando variáveis sociodemográficas semelhantes às utilizadas na seleção aleatória (*e.g.*, idade, gênero, região, classe social).

Em terceiro lugar, deve-se refletir sobre as consequências de incluir políticos na Assembleia Cidadã. Na Convenção Constitucional irlandesa, o fato de os políticos terem participado ao lado de cidadãos comuns foi altamente positiva. A inclusão de parlamentares não prejudicou a deliberação, nem a possibilidade de a Convenção propor mudanças significativas à ordem constitucional. Além disso, considerando-se que a Convenção irlandesa tinha uma função meramente consultiva, é provável que a participação dos políticos tenha, ao menos, criado maior incentivo à análise das recomendações pelo parlamento. Ainda assim, o Parlamento irlandês rejeitou ou ignorou parte relevante das recomendações da Convenção Constitucional.[126]

3.2 Islândia e *crowd-sourcing*

Na Islândia, a crise financeira de 2008 também causou um terremoto político e desencadeou enormes protestos contra as elites políticas, tidas como principais responsáveis pela situação crítica da economia islandesa e pelo elevado desemprego.[127] Cidadãos comuns tomaram as ruas, no episódio que ficou conhecido como "revolução das panelas e frigideiras", demandando que o governo atuasse para restaurar a economia e promover a reforma da Constituição de 1944.

A Constituição de 1944 havia sido editada em caráter provisório, após a independência da Islândia em relação à Dinamarca e a proclamação da República, mas o Parlamento (Althing) não tinha sido capaz de produzir uma nova constituição. Com o impulso dado pela crise, o novo governo eleito em 2009 tomou medidas concretas para iniciar o processo constituinte, determinando a criação de um Conselho Constitucional, composto por cidadãos comuns, responsável por elaborar um projeto de constituição, que então seria submetido ao Parlamento, que poderia aceitá-lo ou rejeitá-lo.

A característica mais marcante do processo constituinte islandês de 2010-2011 foi a combinação de múltiplos (e alguns inovadores) canais de participação popular.[128] Em primeiro lugar, em 2010, o parlamento constituiu o Fórum Nacional, composto por 950 islandeses selecionados aleatoriamente, que se reuniram por um dia, sob a supervisão de especialistas em inteligência coletiva, para deliberar sobre os princípios que deveriam guiar a nova constituição, em caráter não vinculativo.[129] A conclusão dos participantes do Fórum Nacional foi a de que era preciso editar uma nova constituição, que disponha, entre outros, sobre direito de voto igual para todos e propriedade dos recursos naturais.

---

[126] SUITER, Jane; FARRELL, David M.; HARRIS, Clodagh. The Irish Constitutional Convention: a case of high legitimacy. In: REUCHAMPS, Min; SUITER, Jane (Coord.). *Constitutional deliberative democracy in Europe*. Colchester: ECPR Press, 2016.

[127] GYLFASON, Thorvaldur. From collapse to Constitution: the case of Iceland. In: PAGANETTO, Luigi (Coord.). *Public debt, global governance and economic dynamism*. Nova York: Springer, 2013.

[128] ELKINS, Zachary; GINSBURG, Tom; MELTON, James. *A review of Iceland's draft Constitution*. [s.l.]: [s.n.], 2012.

[129] GYLFASON, Thorvaldur. The anatomy of Constitution making: from Denmark in 1849 to Iceland in 2017. *CESifo Working Papers*, 2017.

Em segundo lugar, em 2011, realizou-se uma eleição direta para o Conselho Constitucional, órgão composto por 25 cidadãos comuns, que seria responsável por redigir o novo texto constitucional. Na ocasião, definiu-se que parlamentares não poderiam participar da eleição. A Suprema Corte chegou a anular a eleição por questões procedimentais, mas o parlamento nomeou os mesmos cidadãos eleitos para comporem o Conselho.[130] Em terceiro lugar, o Conselho Constitucional adotou o mecanismo do *crowdsourcing* durante os seus trabalhos, no qual as versões preliminares do texto constitucional eram postadas *on-line* no Facebook e no Twitter, permitindo que os cidadãos em geral participassem da elaboração do texto por meio do envio de comentários e sugestões. O Conselho teve quatro meses para realizar o trabalho, contando com total autonomia. Ao final desse período, os membros do Conselho aprovaram, por 25 votos a 0, o projeto de texto constitucional. Por fim, em 2012, foi convocado um referendo nacional, no qual 67% dos eleitores expressaram sua aprovação à constituição proposta como um todo e 83% declararam apoio específico à norma que declara que os recursos naturais são "propriedade do povo da Islândia".

Apesar do formato altamente participativo e democrático, até hoje o parlamento não deliberou sobre a nova Constituição da Islândia. É preciso, então, analisar, as possíveis razões do insucesso do experimento. O seu fracasso pode ser atribuído à excessiva desconfiança do povo em relação aos políticos tradicionais. Ao excluir os representantes eleitos da deliberação, é verdade que o Conselho Constitucional foi capaz de propor mudanças mais revolucionárias, que talvez tivessem sido bloqueadas caso políticos tivessem sido incluídos no conselho (a exemplo da propriedade dos recursos naturais). No entanto, essa escolha pode ter dificultado a aprovação parlamentar, já que os poderes constituídos não tinham incentivos relevantes à promulgação da nova constituição.

É possível, ainda, que o problema tenha sido justamente o oposto: a grande confiança que o povo depositou no parlamento quando aceitou que este tivesse poder de veto sobre a nova constituição. A lei que disciplinou o Conselho Constitucional previa o direito do parlamento de aceitar ou rejeitar o projeto de texto constitucional produzido e este procedimento não levantou objeções à época, à luz do aparente clima de cooperação do parlamento.[131]

Muito provavelmente, porém, o fracasso do experimento de elaboração da Constituição da Islândia se deu por conta da desmobilização popular. Como o governo conseguiu debelar a crise financeiramente rapidamente e, em 2011, o país já havia voltado a crescer, a energia popular em apoio à nova constituição se dissipou. Isso é evidenciado pelo comparecimento relativamente baixo de eleitores no referendo (apenas 49%) e pela ausência de protestos populares exigindo a adoção do novo texto pelo parlamento. Apesar disso, ainda há um movimento na Islândia que busca pressionar o parlamento a adotar a constituição proposta pelo Conselho Constitucional.

---

[130] GYLFASON, Thorvaldur. The anatomy of Constitution making: from Denmark in 1849 to Iceland in 2017. *CESifo Working Papers*, 2017. p. 26.

[131] GYLFASON, Thorvaldur. The anatomy of Constitution making: from Denmark in 1849 to Iceland in 2017. *CESifo Working Papers*, 2017.

Conclusão

Este artigo propôs a superação do conceito clássico de poder constituinte, defendendo uma concepção "dupla face". Segundo essa concepção, o poder constituinte não deve ser confinado ao processo temporalmente limitado de produção e adoção de um novo texto constitucional. O poder constituinte também se manifesta no processo sequencial e contínuo de reconhecimento da legitimidade da constituição por meio do funcionamento de uma ordem constitucional que seja simultaneamente capaz de: (i) obter aderência por todos os segmentos da sociedade; e (ii) ser continuamente responsiva aos *inputs* dos seus cidadãos.

O conceito proposto de poder constituinte abre espaço para a imaginação institucional e para a adoção de modelos híbridos e participativos de alteração da Constituição brasileira de 1988. É que, nesta formulação, exige-se que os atores e grupos sociais, mesmo aqueles que não participaram originalmente da redação e adoção da constituição, sejam incluídos no funcionamento da ordem constitucional. Pois bem. No momento em que as instituições criadas pela constituição deixam de ser minimamente responsivas às demandas e interesses da população, caracterizando-se um bloqueio à canalização da vontade popular, está legitimada uma nova manifestação do poder constituinte, ainda que para fazer alterações pontuais que atuem sobre os gargalos institucionais identificados.

Nesse contexto, é possível refletir sobre a proposta de uma assembleia constituinte exclusiva para deliberar apenas sobre determinados temas. Como a Carta de 88 é plural e não revela um projeto monolítico e indivisível, é possível preservar a maior parte do texto constitucional brasileiro e defender uma nova manifestação do poder constituinte limitada a alguns pontos sensíveis sobre os quais há um impasse relevante e duradouro, que frustra as tentativas de aprovação de emendas constitucionais. Esse é precisamente o caso da reforma do sistema partidário e eleitoral.

Experiências de intensificação da participação popular em reformas constitucionais, como as da Irlanda (Assembleia Cidadã) e da Islândia (*crowd-sourcing*), podem servir de inspiração para a o *design* da nova assembleia constituinte. É possível, por exemplo, replicar o Fórum Nacional na Islândia, em que cidadãos escolhidos aleatoriamente se reúnem para pensar em alguns princípios que devem guiar a reforma da Constituição, ainda que em caráter não vinculativo. Também é interessante e viável a instituição de uma Assembleia Constituinte exclusiva, composta por políticos e cidadãos comuns, que adote mecanismos de democracia deliberativa semelhantes aos adotados na Convenção Constitucional irlandesa. O *crowd-sourcing* para colher sugestões e propostas da população via internet e redes sociais também pode ser um interessante instrumento de engajamento dos cidadãos no processo. Esses mecanismos de energização da democracia em processos constituintes pode ter alto potencial transformador, podendo servir tanto para reaproximar os cidadãos da política, quanto para conferir maior legitimidade democrática às reformas constitucionais sobre temas controvertidos e de grande complexidade.

Referências

ACKERMAN, Bruce. *We the people*: foundations. Cambridge: Harvard University Press, 1991.

AHDIEH, Robert B. *Russia's Constitutional Revolution*: legal consciousness and the transition to democracy 1985-1996. Pensilvânia: Penn State University Press, 1997.

ALBERT, Richard. Constitutions imposed with consent? In: ALBERT, Richard; CONTIADES, Xenophon; FOTIADOU, Alkmene. *Imposed constitutions*: theory, forms & applications. Londres: Routledge, 2018.

ARENDT, Hannah. *On revolution*. [s.l.]: [s.n.], 1992.

BARROSO, Luís Roberto. *Interpretação e aplicação da Constituição*. 5. ed. rev., atual. e ampl. São Paulo: Saraiva, 2003.

BEER, Lawrence W. Constitutionalism and rights in Japan and Korea. In: HENKIN, Louis; ROSENTHAL, Albert J. (Ed.). *Constitutionalism and rights*: the influence of the United States Constitution Abroad. Nova York: Columbia University Press, 1990.

BRÍGIDO, Carolina. Constituinte específica para reforma política é contestada por ministros do STF e especialistas. *O Globo*, 24 jun. 2013. Disponível em: <https://oglobo.globo.com/brasil/constituinte-especifica-para-reforma-politica-contestada-por-ministros-do-stf-especialistas-8800461>.

CALUWAERTS, Didier; REUCHAMPS, Min. *The G1000, facts, figures and some lessons from an experience of deliberative democracy in Belgium*. Disponível em: <https://orbi.uliege.be/bitstream/2268/144027/1/Caluwaerts%20D%2C%20Reuchamps%20M%2C%20G1000%2C%202012_Re-Bel.pdf>.

CAREY, John M. Does it matter how a Constitution is created? In: BARANY, Zoltan; MOSER, Robert G. *Is democracy exportable*. Cambridge: Cambridge University Press, 2009.

CAROLAN, Eoin. Considering the first phase of Ireland's citizen assembly. *Int'l J. Const. L. Blog*, 29 abr. 2017. Disponível em: <http://www.iconnectblog.com/2017/04/considering-the-first-phase-of-irelandscitizen-Assembly>.

CAROLAN, Eoin. Ireland's Constitutional Convention: Behind the hype about citizen-led constitutional change. *Int'l J. Const. L.*, v. 13, n. 3, 2015.

DILMA propõe Constituinte exclusiva para reforma política. *Consultor Jurídico*, 24 jun. 2013. Disponível em: <https://www.conjur.com.br/2013-jun-24/dilma-rousseff-propoe-constituinte-exclusiva-reforma-politica>.

ELKINS, Zachary; GINSBURG, Tom; MELTON, James. *A review of Iceland's draft Constitution*. [s.l.]: [s.n.], 2012.

ELKINS, Zachary; GINSBURG, Tom; MELTON, James. *The endurance of National Constitutions*. [s.l.]: [s.n.], 2009.

ELSTER, Jon. Forces and mechanisms in Constitution-making process. *Duke L. J.*, v. 45, 1995.

FARRELL, David M.; O'MALLEY, Eoin; SUITER, Jane. Deliberative democracy in action Irish-style: the 2011 we the citizens pilot citizens' assembly. *Irish Political Studies*, v. 28, n. 1, 2013.

FARRELL, David. The Irish Citizens' Assembly: yet another Irish mini-public on constitutional reform. *Irish Politics Forum*, 17 out. 2016. Disponível em: <https://politicalreform.ie/2016/10/17/the-irish-citizens-assembly-yet-another-irish-mini-public-on-constitutional-reform/>.

FELDMAN, Noah. Imposed constitutions. *Conn. L. Rev.*, v. 37, 2004-2005.

FITZSIMMONS, Michael P. *The remaking of France*: The National Assembly and the Constitution of 1791. Cambridge: Cambridge University Press, 1994.

GARGARELLA, Roberto. *Too much "Old" in the "New" Latin American Constitutionalism*. 2015. Disponível em: <https://law.yale.edu/system/files/documents/pdf/SELA15_Gargarella_CV_Eng_20150512.pdf>.

GINSBURG, Tom; MELTON, James; BLOUNT, Justin. Does the Process of Constitution-Making Matter? *Annu. Rev. Law Soc. Sci.*, v. 5, 2009.

GLUCK, Jason; BALLOU, Brendan. *New technologies in Constitution making*. [s.l.]: [s.n.], 2014.

GYLFASON, Thorvaldur. From collapse to Constitution: the case of Iceland. In: PAGANETTO, Luigi (Coord.). *Public debt, global governance and economic dynamism*. Nova York: Springer, 2013.

GYLFASON, Thorvaldur. The anatomy of Constitution making: from Denmark in 1849 to Iceland in 2017. *CESifo Working Papers*, 2017.

HUQ, Aziz Z.; GINSBURG, Tom. How to lose a Constitutional Democracy. *UCLA Law Review*, v. 65, 2018.

KLARMAN, Michael J. *The Framers' Coup*: the making of the United States Constitution. Nova York: OUP USA, 2016.

KOMÁREK, Jan. Constitutional revolutions and the constituent power: a reply to Mark Tushnet, *Int'l J. Const. L.*, v. 13, n. 4, 2015.

KOMMERS, Donald P. The basic law: a fifty year assessment. *SMU L. Rev.*, v. 53, 2000. Disponível em: <http://scholarship.law.nd.edu/law_faculty_scholarship/829>.

LANG, Amy. But is it for real? The British Columbia Citizens' Assembly as a model of state-sponsored citizen empowerment. *Politics & Society*, v. 35, n. 1, 2007.

LAW, David S. The myth of the imposed constitution. In: GALLIGAN, Denis; VERSTEEG, Mila. *Social and political foundations of Constitutions*. Cambridge: Cambridge University Press, 2013.

LAW, David S.; VERSTEEG, Mila. Sham Constitutions. *Cal. L. Rev.*, 863, v. 101, n. 4, 2013.

LERNER, Hanna. *Making constitutions in deeply divided societies*. Cambridge: Cambridge University Press, 2011.

LEVITSKY, Steven; WAY, Lucan A. *Competitive authoritarianism*: hybrid regimes after the Cold War. Cambridge: Cambridge University Press, 2010.

LEVITSKY, Steven; WAY, Lucan A. The rise of competitive authoritarianism. *Journal of Democracy*, v. 13, n. 2, 2002.

LOUGHLIN, Martin; WALKER, Neil (Ed.). *The paradox of constitutionalism*: constituent power and constitutional form. Oxford: Oxford University Press, 2007.

MABOUDI, Tofigh; NADI, Ghazal P. Crowdsourcing the Egyptian Constitution: social media, elites, and the populace. *Political Research Quarterly*, v. 69, n. 4, 2016.

MILLER, Jonathan. The authority of a foreign talisman: a study of U.S. Constitutional practice as authority in nineteenth century Argentina and the Argentine elite's leap of faith. *Am. U. L. Rev*, v. 46, 1996-1997.

NEGRI, Antonio. *Insurgencies*: constituent power and the modern state. Minnesota: University of Minnesota Press, 1999.

PARTLETT, William. The legality of liberal revolution. *Rev. of Central & Eastern European Law*, v. 38, 2013.

PITKIN, Hanna F. *The concept of representation*. Berkeley: University of California Press, 1967.

PREUSS, Ulrich K. Constitutional powermaking for the new polity: some deliberations on the relations between constituent power and the constitution. *Cardozo L. Rev.*, v. 14, 1992-1993.

RUSSEL, Peter H. Can the Canadians be a sovereign people? The question revisited. In: NEWMAN, Stephen L. (Ed.). *Constitutional politics in Canada and the United States*. Nova York: Suny Press, 2004.

SARMENTO, Daniel; SOUZA NETO, Cláudio Pereira de. *Direito constitucional*: teoria, história e métodos de trabalho. 2. ed. Belo Horizonte: Fórum, 2014.

SCHAUER, Frederick. On the migration of constitutional ideas. *Conn. L. Rev.*, v. 907, n. 37, 2005.

SCHEPPELE, Kim Lane. *Unconstitutional constituent power*. Revision of a paper originally prepared for the Penn Program on Democracy, Citizenship, and Constitutionalism, 2012-2013 Faculty Workshop Series. Unpublished work.

SCHMITT, Carl. *Constitutional theory*. Durham: Duke University Press, 2008.

SIEYÈS, Emmanuel Joseph. What is the third estate? In: SONENSCHER, Michael (Ed.). *Political writings*: including the debate between Sieyès and Tom Paine in 1791. Indianapolis: Hackett Publishing, 2003.

SPEVACK, Edmund. *Allied control and German freedom*. Münster: LIT Verlag, 2001.

SPEVACK, Edmund. American pressures on the German constitutional tradition: basic rights in the West German Constitution of 1949. *International Journal of Politics, Culture, and Society*, v. 10, n. 3, 1997.

SPEVACK, Edmund. German drafts for a postwar federal constitution versus allied decisions of the London Six-Power Conference. *Conference Papers on the Web*, Washington, March 1999. Disponível em: <http://webdoc.sub.gwdg.de/ebook/p/2005/ghi_12/www.ghi-dc.org/conpotweb/westernpapers/spevack.pdf>.

SUITER, Jane; FARRELL, David M.; HARRIS, Clodagh. The Irish Constitutional Convention: a case of high legitimacy. In: REUCHAMPS, Min; SUITER, Jane (Coord.). *Constitutional deliberative democracy in Europe*. Colchester: ECPR Press, 2016.

THE ARTICLES of Confederation and Perpetual Union — 1777. *UShistory.org*. Disponível em: <http://www.ushistory.org/documents/confederation.htm>.

TUSHNET, Mark. Constitution-making: an introduction. *Texas L. Rev.*, v. 91, 1996.

TUSHNET, Mark. Peasants with Pitchforks, and Toilers with Twitter: Constitutional Revolutions and the Constituent Power. *Int'l J. Const. L.*, v. 13, n. 3, 2015.

VALDÉS, Ernesto Garzon. Derecho y democracia en América Latina. *Revista de la Facultad de Derecho y Ciencias Sociales de la Universidad Nacional de Córdoba*, v. 7, n. I-II, 2000.

WELCOME to the Citizens' Assembly. *The Citizens' Assembly*. Disponível em: <https://www.citizensassembly.ie/en/>.

WORKSHOP ON CONSTITUTION BUILDING PROCESSES. *Proceedings...* Princeton University, May 17-20, 2007. Bobst Center for Peace & Justice, Princeton University; Interpeace and International IDEA. Disponível em: <https://www.princeton.edu/~pcwcr/papers/Proceedings2007.pdf>.

Informação bibliográfica deste texto, conforme a NBR 6023:2002 da Associação Brasileira de Normas Técnicas (ABNT):

OSORIO, Aline. Poder constituinte para além dos processos de elaboração de constituições: caminhos alternativos para a reforma da Constituição de 1988. In: BARROSO, Luís Roberto; MELLO, Patrícia Perrone Campos (Coord.). *A República que ainda não foi*: trinta anos da Constituição de 1988 na visão da Escola de Direito Constitucional da UERJ. Belo Horizonte: Fórum, 2018. p. 159-189. ISBN 978-85-450-0582-7.

PARTE III

DIREITOS FUNDAMENTAIS

AS GARANTIAS CONSTITUCIONAIS ENTRE UTILIDADE E SUBSTÂNCIA: UMA CRÍTICA AO USO DE ARGUMENTOS PRAGMATISTAS EM DESFAVOR DOS DIREITOS FUNDAMENTAIS

JANE REIS GONÇALVES PEREIRA

1 Introdução: o direito entre utilidade e os valores constitucionalmente protegidos[1]

Não é incomum, no discurso jurídico, descrever metaforicamente os métodos de interpretação, o poder de julgar e os próprios direitos fundamentais como ferramentas empregadas para o atendimento de certas finalidades. Nesse sentido, podemos dizer que o princípio da proporcionalidade é uma *ferramenta* de interpretação da constituição; que a função judicial é uma *ferramenta* que permite solucionar conflitos; até mesmo que os direitos são *ferramentas* que visam a proteger o indivíduo contra a opressão estatal. Por que isso acontece? Essa maneira de pensar sobre os conceitos com os quais trabalhamos na atividade jurídica emerge de um enfoque que lhe é inerente. A atividade de interpretar o direito normalmente aparece como parte de um ofício, de uma incumbência atribuída a agentes públicos e privados que devem resolver problemas que lhes são postos, idealmente, de forma eficaz, rápida e orientada ao bem comum. Mas essa face instrumental da atividade jurídica convive com outra. Nas constituições contemporâneas, o direito não é desenhado apenas para ser eficiente e produzir resultados socialmente positivos. Os catálogos de direitos fundamentais buscam entrincheirar juridicamente certas escolhas éticas, protegendo-as por meio da enunciação de direitos fundamentais. Interpretar os direitos fundamentais, nesse contexto, encerra um grande desafio: dar conta da aspiração de eficiência do sistema jurídico sem que isso signifique esvaziar as decisões éticas constitucionalmente estabelecidas nos catálogos de direitos. Não é raro, portanto, que as duas abordagens mencionadas entrem em choque. Muitas vezes a forma

---

[1] Agradeço a ajuda prestada por Renan Medeiros de Oliveira na pesquisa e edição deste artigo.

mais eficiente e prudente, sob o ângulo prático, de solucionar um problema entra em conflito com os direitos fundamentais enunciados na Constituição. Um exemplo ajuda a ilustrar a questão: quando os juízes foram chamados a decidir sobre o direito dos presos à indenização pelo tratamento degradante recebido nas prisões brasileiras, deu-se destaque aos argumentos de cunho consequencialista e pragmatista, relacionados ao risco de que a reparação integral dos lesados pudesse gerar despesas importantes aos cofres públicos, bem como assoberbar o Judiciário com ações semelhantes. Como lidar com esse dilema, que, nos cenários de crise econômica e instabilidade política, tende a aparecer com maior intensidade?

O presente artigo pretende discutir criticamente a existência de limites quanto ao uso de argumentos pragmáticos em decisões que promovem restrições a direitos fundamentais em conflito com metas coletivas. O texto está dividido em três partes. Na primeira, examino brevemente as tendências antiformalistas na interpretação contemporânea, tentando situar a emergência do pragmatismo jurídico como escola dotada de relativa autonomia e prestígio. Em sequência, busco avaliar de que maneira o uso judicial de argumentos pragmáticos e contextuais interage com as várias concepções do Estado de direito. Por fim, a partir do exame de algumas decisões recentes do STF, procuro estruturar a ideia de que argumentos de ordem pragmática e consequencialista, apesar de inexpugnáveis da interpretação jurídica, não devem ser protagonistas nos cenários em que os direitos entram em conflito com bens ou metas coletivas. O argumento central é o de que o uso de argumentos pragmatistas, embora parte inerente da argumentação jurídica, encontra uma barreira constitucional nesses contextos. O uso da argumentação pragmatista para restringir direitos fundamentais positivados em favor de bens coletivos não apenas é incompatível com as premissas do constitucionalismo brasileiro, bem como corrói os próprios fundamentos que conferem legitimidade ao uso de métodos criativos pelo Poder Judiciário.

Friso que não é meu objetivo, nos estreitos limites deste artigo, equacionar as inúmeras complexidades que envolvem o uso de métodos antiformalistas pelo judiciário, tampouco, elaborar uma teoria geral sobre o pragmatismo nas cortes constitucionais. Esses temas são abordados apenas com o propósito de apresentar o cenário teórico e conceitual no qual se insere o argumento central do artigo, que diz respeito às implicações do uso de argumentos com viés pragmático nas decisões que restringem direitos fundamentais em face de metas coletivas.

2 O pragmatismo jurídico como tendência contemporânea. Um breve enquadramento

As constituições não costumam fornecer instruções detalhadas sobre como interpretar suas disposições e os direitos fundamentais que consagram. A questão sobre quais são os métodos e argumentos aceitáveis ou desejáveis na interpretação judicial é um problema ancestral do direito, que permanece em aberto nas ordens constitucionais contemporâneas. Essa dificuldade emerge com particular vigor nos cenários de crise e enfretamento institucional. Quando as borradas fronteiras que separam direito e política ficam mais apagadas que o habitual, o momento jurisprudencial do direito ganha mais destaque e suscita maiores preocupações.

A criatividade judicial é um fenômeno que desperta cada vez mais atenção e inquietação. Uma série de fatores coopera para esse fenômeno. Primeiramente, o exponencial crescimento da quantidade e da complexidade da produção legislativa, que aumenta a margem de ação dos juízes. Em segundo lugar, a expansão, na doutrina e entre os juízes, das leituras antiformalistas do direito, especialmente ao longo do século XX. Em terceiro lugar, o movimento cultural rotulado como constitucionalização do direito, que entende que todo o aparato legal é impregnado pelos efeitos que irradiam de normas constitucionais de caráter aberto e elevada carga valorativa. Por fim, é cada vez mais aceita a ideia de que dispositivos e normas são coisas distintas. O significado não é algo que desponta naturalmente nas frases contidas nas leis, mas é produto da atividade interpretativa dos juízes, que assume um papel de colaboração com o legislador na produção normativa. Seguindo essa linha de raciocínio, hoje predominante, a interpretação traz naturalmente uma dimensão criativa.

O embate que opõe formalismo e antiformalismo é o que mais bem explicita as controvérsias e preocupações que gravitam em torno da criação jurisprudencial de normas. O antiformalismo ganha força entre o final do século XIX e o início do século XX, a partir do aparecimento, tanto na Europa como nos Estados Unidos, de uma série de obras críticas às visões legalistas da interpretação jurídica.[2] De uma forma geral, esses autores rejeitavam o formalismo e os métodos tradicionais de interpretação.[3] Em termos amplos, o antiformalismo pode ser identificado com a noção de que as prescrições legais não condicionam ou não devem cercear integralmente a interpretação jurídica. Essa designação abarca um conjunto heterogêneo de linhas de pensamento que guardam diferenças importantes entre si. Abstraídas tais diferenças, esse movimento não perfilha uma descrença total em relação ao poder do direito de ordenar a realidade, mas chama atenção para o fato de que a influência do direito positivo no agir dos juízes é muito menor do que estimava a corrente formalista.[4] Nas variadas escolas e teses que, ao longo do século XX, rejeitaram o formalismo oitocentista,[5] surgem também as chamadas leituras realistas[6] do direito, eixo de pensamento que abrange autores como Karl Llewellyn,[7] cuja

---

[2] LÓPEZ MEDINA, Diego. Los conceptos de "formalismo" y "antiformalismo" en teoría del Derecho. Ámbito Jurídico. Disponível em: <http://diegolopezmedina.net/wp-content/uploads/2014/07/Ámbito-181.pdf>. Acesso em: 3 nov. 2016.

[3] Um bom panorama dessas escolas pode ser encontrado em WHITE, Morton G. The revolt against formalism in American social thought of the twentieth century. *Journal of the History of Ideas*, v. 8, n. 2, p. 131-152, Apr. 1947.

[4] Muitas descrições conceituais do formalismo jurídico, assim como as do realismo, partem de grandes generalizações e simplificações. Não é incomum associá-lo ao raciocínio mecânico e à dinâmica do silogismo, bem como à segurança e previsibilidade. Sob essa ótica, afirma-se que o formalismo "permite que o sistema legal opere como uma máquina tecnicamente racional. Nesse sentido, garante aos grupos e indivíduos maior previsibilidade das consequências legais para as suas ações. O procedimento e os comandos legais funcionam como uma forma de pacificar as disputas, que ficam adstritas às regras do jogo preestabelecidas" (WHIMSTER, Sam (Ed.). *The essential weber*: a reader. London and New York: Routledge Taylor & Francis Group, 2004. p. 250 e ss.). Uma abordagem mais dilatada, que alcança as correntes neoformalistas, encerra a ideia de que o ato de julgar é cerceado por regras, ainda que não opere sempre de forma dedutiva ou lógica, ou que um elemento essencial em sua configuração é a coerência principiológica e sistemática em todo o sistema.

[5] Vejam-se, por exemplo, SUMMERS, Robert. *Instrumentalism and American legal theory*. Nova York: Cornell University Press, 1982; WHITE, Edward D. From sociological jurisprudence to realism: jurisprudence and social change in early twentieth-century America. *Virginia Law Review*, v. 58, n. 6, p. 999-1028, Sep. 1972.

[6] Na literatura norte-americana emprega-se habitualmente a dicotomia formalismo *versus* realismo jurídico, abarcando sob os dois rótulos um conjunto amplo e heterogêneo de escolas. Aqui, prefiro adotar a terminologia empregada por autores hispânicos e franceses, que opõem formalismo *e* antiformalismo. Neste último, incluo tanto as escolas realistas, como aquelas que, de forma geral, são críticas ao formalismo oitocentista e não creem na possibilidade de um controle racional pleno das decisões judiciais.

[7] LLEWELLYN, Karl N. A realistic jurisprudence – The next step. *Columbia Law Review*, v. 30, n. 4, p. 431-465, Apr. 1930.

principal contribuição é analisar o direito sob uma perspectiva funcionalista, e Jerome Frank,[8] que apontava aspectos não racionalmente controláveis no direito, especialmente no que tange à descoberta e interpretação dos fatos. Sob as lentes dos realistas, como destaca Vittorio Villa, "as técnicas interpretativas são, muitas vezes, consideradas justificativas *ex post* para decisões já tomadas, mais do que regras que guiam as próprias decisões".[9] A oposição entre formalismo e antiformalismo, porém, não é binária. Muitos formalistas clássicos não correspondem à representação pejorativa construída nas fórmulas críticas, enquanto a maior parte dos antiformalistas não preconiza a ausência de constrições legais.[10] Em verdade, a dicotomia em questão pode ser descrita como um *continuum* "entre dois polos teóricos e intelectuais do Direito".[11]

A questão decisiva na teoria jurídica contemporânea refere-se a *se* e *como* é possível controlar racionalmente os espaços de decisão. O formalismo clássico operava com a fórmula dedutiva em que o controle da racionalidade da interpretação é feito a partir do silogismo jurídico. Nas leituras contemporâneas, a ideia de que esse controle de racionalidade é viável é um ponto que une escolas com premissas muito distintas, englobando visões como as dos formalistas recentes, as dos originalistas e a tese do *direito como integridade* de Ronald Dworkin.[12] Por sua vez, a vertente antiformalista abarca leituras que também derivam de movimentos muito diversos, como a tópica, a teoria crítica do direito (*critical legal studies*), a interpretação "intencional" (*purposive interpretation*) e o movimento *Law and Economics*.[13] É interessante notar que a linha fundamental que afasta o formalismo e o antiformalismo não diz respeito à aceitação de uma conexão necessária entre direito e moral, mas, sim, à crença sobre se é possível e desejável que as normas jurídicas fixem estruturas racionais que dificultem a entrada de elementos externos ao direito na interpretação judicial.

Esse panorama visa a situar a questão dos limites que o ideal do Estado de direito e a proteção de direitos fundamentais impõem ao uso de argumentos pragmatistas. Ainda com esse propósito, é preciso contextualizar, de forma concisa, o surgimento do pragmatismo jurídico no debate contemporâneo.

O pragmatismo jurídico preconiza uma série de critérios de julgamento que são, em boa medida, tributários do realismo jurídico e da rejeição ao formalismo clássico.[14]

---

[8] FRANK, Jerome. *Law and the modern mind*. New Brunswick: Transaction Publishers, 2009.

[9] VILLA, Vittorio. A pragmatically oriented theory of legal interpretation. *Journal for Constitutional Theory and Philosophy of Law*, v. 12, p. 89-120, 2010. p. 99.

[10] TAMANAHA, Brian Z. *Beyond the formalist-realist divide*: the role of politics in judging. Princeton: Princeton University Press, 2009.

[11] LÓPEZ MEDINA, Diego. Los conceptos de "formalismo" y "antiformalismo" en teoría del Derecho. Ámbito Jurídico. Disponível em: <http://diegolopezmedina.net/wp-content/uploads/2014/07/Ámbito-181.pdf>. Acesso em: 3 nov. 2016.

[12] DWORKIN, Ronald. *A matter of principle*. Oxford: Oxford University Press, 1985. p. 146 e ss.; DWORKIN, Ronald. *Law's empire*. Cambridge: Harvard University Press, 1986. p. 95-96.

[13] Vejam-se, sobre as referidas escolas de pensamento: DUXBURY, Neil. *Patterns of American jurisprudence*. Oxford: Clarendon Press, 1995 e TAMANAHA, Brian Z. *On the rule of law*: history, politics, theory. Cambridge: Cambridge University Press, 2004.

[14] Thamy Pogrebinschi e José Eisenberg assim definem o pragmatismo jurídico: "O pragmatismo jurídico é, portanto, uma teoria sobre como usar a teoria. Ao perguntar-se 'como funciona o direito', o pragmatismo responde apontando para a heterogeneidade de recursos utilizados pelo direito a fim de produzir resoluções políticas para disputas que precisam ser formatadas em termos apolíticos e abstratos. Um juiz pragmatista será então, antes de tudo, um criador do direito. Ao decidir, ele se torna servo das necessidades humanas e sociais, dando primazia às possíveis conseqüências de seu julgamento. O pragmatismo jurídico implica assim que aquele

Sob o ângulo filosófico, essa forma de encarar a interpretação do direito descende do movimento pragmatista que despontou a partir do final do século XIX nos Estados Unidos. Em 1872, um grupo de homens de elite em Cambridge, Massachusetts, reuniu-se por alguns meses para debater ideias, autodenominando-se, de forma sarcástica, de Clube Metafísico. O eixo comum que os aproximava era justamente uma crítica à metafísica clássica, com o resgate da pragmática. Participaram dessas discussões, entre outros, William James, Charles Peirce e Oliver Holmes, que vieram, mais adiante, a influenciar largamente o ideário daquele país. Desde a origem, o pragmatismo não adquire o *status* de teoria homogênea, agrupando uma série de variantes que compartilham alguns pontos comuns, como a rejeição ao dogmatismo e a valorização da experiência concreta na busca de respostas aos problemas. James foi o primeiro a utilizar a designação "pragmatismo" em suas conferências, destacando tratar-se de "um termo novo para antigas formas de pensar" (e deixando claro que a expressão fora cunhada, anos antes, por seu amigo Peirce).[15] Outro pensador que contribuiu para a construção do ideário pragmatista foi John Dewey, que exerceu significativa influência na produção intelectual de sua época. Nas últimas décadas, apareceram autores controvertidamente qualificados como neopragmatistas, como Richard Rorty.[16] Não é também incomum que se identifiquem traços pragmatistas no pensamento de filósofos contemporâneos importantes, como Karl-Otto Apel e Jürgen Habermas.[17]

Qualificar o pragmatismo não é uma tarefa simples, pois há diferenças importantes entre os diversos autores.[18] As variadas concepções pragmatistas possuem, como referencial comum, a noção de que a melhor forma de testar as hipóteses construídas é identificar suas consequências práticas e compará-las com os efeitos concretos das teses adversárias.[19] Nesse sentido, a utilidade de uma teoria é avaliada a partir da sua aptidão para resolver os problemas, que pode ser verificada a partir da passagem do tempo e da experimentação. Está também presente no ideário pragmatista a demonstração do falibilismo e da importância de buscar o progresso, rejeitando-se os dogmas preestabelecidos e alertando para a intolerância e para os prejuízos que podem provocar. Não há, portanto, fundamentos inquestionáveis para o conhecimento. Outro aspecto importante dessa linhagem filosófica é a peculiar conexão que estabelece entre verdade, utilidade e experiência. William James, por exemplo, destacava que "a verdade é o

---

que opera com a aplicação do direito adote um ponto de vista experimental, secular, instrumental e progressivo, isto é, orientado para o futuro. Decerto, o pragmatismo opõe-se à hermenêutica tradicional e até mesmo a certos representantes do paradigma pós-positivista, como tentaremos demonstrar aqui" (POGREBINSCHI, Thamy; EISENBERG, José. Pragmatismo, direito e política. *Revista Novos Estudos Cebrap*, n. 62, p. 107-121, mar. 2002).

[15] JAMES, William. *Pragmatism*: a new name for some old ways of thinking. Londres, 1907. p. 201. Disponível em: <http://iws.collin.edu/amiller/William%20James%20-%20Pragmatism.pdf>. Acesso em: 17 out. 2016.

[16] POGREBINSCHI, Thamy. Será o neopragmatismo pragmatista? Interpelando Richard Rorty. *Novos Estudos*, n. 74, p. 125-139, mar. 2006.

[17] Em entrevista a Mitchel Abulafaia, Habermas comenta em que domínios o pensamento pragmatista o influenciou: HABERMAS, Jürgen. Reflexões sobre o pragmatismo (Respostas de Habermas a perguntas formuladas por Mitchel Aboulafia). In: SOUZA, José Crisóstomo de (Org.). *Filosofia, racionalidade, democracia*: os debates Rorty & Habermas. São Paulo: Editora Unesp, 2005. p. 233-240. Veja-se sobre o tema, ainda: HERDY, Rachel. Habermas, pragmatismo e direito. *Kriterion*, Belo Horizonte, n. 119, p. 43-61, jun. 2009.

[18] POGREBINSCHI, Thamy; EISENBERG, José. Pragmatismo, direito e política. *Revista Novos Estudos Cebrap*, n. 62, p. 107-121, mar. 2002; POGREBINSCHI, Thamy. Pragmatismo: Teoria Social e Política. Rio de Janeiro: Relume Demará, 2005.

[19] BUTLER, Brian Edgar. Legal pragmatism. *Internet Encyclopedia of Philosophy*, 2005. Disponível em: <http://www.iep.utm.edu/leglprag/>. Acesso em: 3 nov. 2016.

nome de qualquer coisa que prove em si mesma ser boa no caminho da crença".[20] Já Peirce afirma que opiniões verdadeiras são aquelas que os interrogantes aceitarão ao final da investigação. É interessante notar que essa percepção de verdade como algo que resulta de um processo construtivo viria, anos depois, a inspirar pensadores como Apel e Habermas, que aproximam da noção de verdade as teses que são aceitas em uma situação ideal de fala.[21]

Outro elemento que aparece no pragmatismo é a não sujeição a fundamentos morais.[22] William James, no seu único ensaio dedicado ao tema dos valores, observou que não há moralidade na natureza das coisas.[23] Por ser a moralidade um aspecto da vida social, "não há males absolutos". Dewey, por sua vez, preconizava uma visão instrumental do direito, afirmando que "a questão dos limites dos poderes individuais, ou liberdades, ou direitos, é afinal uma questão de maior eficiência no uso de meios orientados aos fins",[24] e destacando, também, a necessidade social e intelectual de que a atividade jurídica seja impregnada por uma lógica mais experimental e flexível.[25]

O pragmatismo jurídico, assim como o pragmatismo filosófico, não é uma escola homogênea. Em leitura retrospectiva, as sementes do pragmatismo judicial podem ser identificadas no pensamento e na prática do juiz da Suprema Corte Oliver Wendell Holmes, que participara dos debates de Cambridge. Embora ele jamais tenha se qualificado como adepto do pragmatismo, diversas frases de sua autoria que se tornaram aforismos, como a que afirma que "proposições gerais não decidem casos concretos"[26] e que a vida do direito não tem sido "lógica, mas experiência",[27] expressam ideias que compõem o DNA do pragmatismo judicial. Também a jurisprudência sociológica de Roscoe Pound[28] e o realismo jurídico são associados ao pensamento pragmatista. Outro

---

[20] Seu argumento central é que "[a] verdade de uma ideia não é uma propriedade estática inerente a ela. A verdade acontece a uma ideia. Ela se torna verdade, é transformada em verdade pelos eventos. Sua veracidade é de fato um evento, um processo: o de verificar-se, sua verificação. Sua validade é o processo de sua validação" (JAMES, William. *Pragmatism*: a new name for some old ways of thinking. Londres, 1907. p. 201. Disponível em: <http://iws.collin.edu/amiller/William%20James%20-%20Pragmatism.pdf>. Acesso em: 17 out. 2016).

[21] HABERMAS, Jürgen. *Teoría de la acción comunicativa I*: racionalidad de la acción y racionalización social. Madrid: Taurus, 1987. p. 65.

[22] Um teórico dedicado ao tema poderia objetar que há diversos refinamentos distintivos no pensamento dos autores pragmatistas que não são aqui abordados. Não obstante, o enfrentamento dessas distinções não é decisivo para o ponto desenvolvido neste artigo, desbordando de seus propósitos centrais.

[23] JAMES, William. *The moral philosopher and the moral life*. Essays in pragmatism. New York: Hafner Press, 1948.

[24] Citações extraídas de TAMANAHA, Brian Z. *Law as a means to an end*: threat to the rule of law. Oxford: Cambridge University Press, 2006. Veja-se, também, sobre o tema: TAMANAHA, Brian Z. Pragmatism in U.S. legal theory: its application to normative jurisprudence, sociolegal studies, and the fact-value distinction. *The American Journal of Jurisprudence*, v. 41, n. 1, p. 315-355, 1996.

[25] DEWEY, John. Logical method and law. *Cornell Law Review*, v. 10, n. 1, p. 17-27, Dec. 1924.

[26] Foi o que afirmou o juiz em seu voto dissidente no caso Lochner *v.* New York, 198 U.S. 45, 76 (1905).

[27] "A vida do direito não tem sido lógica, mas experiência. As necessidades sentidas na época, a moral e as teorias políticas predominantes, as intenções da política pública confessadas ou inconscientes, e até os preconceitos que os juízes compartilham com os seus concidadãos têm tido muito mais influência do que o silogismo ao determinar as regras pelas quais os homens devem ser governados" (HOLMES JR., Oliver Wendell. *The common law*. New York: Dover, 1991. p. 1).

[28] Para o autor, "como um meio para um fim, [o Direito] deve ser julgado pelos resultados alcançados, e não pelas sutilezas de sua estrutura interna". Além disso, "não baseamos instituições sobre a dedução a partir de princípios assumidos da natureza humana; nós exigimos que apresentem utilidade prática e descansem sobre uma base política e adaptação estabelecida às necessidades humanas" (POUND, Roscoe. Mechanical jurisprudence. *Columbia Law Review*, n. 8, p. 608-609, 1908).

ícone é o Juiz Benjamin Cardozo,[29] cujas teses sobre o direito e os métodos de julgamento costumam ser apresentadas como a quintessência do pragmatismo judicial.

Entre o final da década de oitenta e início da de noventa foram produzidos diversos trabalhos defendendo o pragmatismo jurídico.[30] É certo que as abordagens pragmáticas sempre estiveram presentes no discurso jurídico, mas, naquele momento, elas passam a ser discutidas como uma autêntica teoria da interpretação jurídica. Como destaca Brian Tamanaha, é interessante notar que, nessa fase, o pragmatismo judicial foi defendido por pensadores com matrizes ideológicas muito distintas, reunindo desde leituras economicistas, como a de Richard Posner, até abordagens da teoria jurídica crítica e feminista, como as de Martha Minow e de Margareth Radin. Essa diversidade coloca uma reflexão interessante. Como é possível que juristas com visões políticas e substantivas tão distintas tenham defendido teses semelhantes sobre o pragmatismo na aplicação do direito? De um lado, isso ocorre porque o pragmatismo encerra elementos que desde sempre estiveram imbricados na atividade jurídica: consideração do contexto fático, preocupação com os impactos sociais, busca de soluções que promovam o bem-estar coletivo. E, de outro, porque é uma teoria materialmente "vazia", que não estabelece os fins a serem buscados, tampouco orienta quanto aos valores relevantes. Isso faz, inclusive, que alguns a definam como uma antiteoria. Em seus escritos, John Dewey chegou a comparar o pragmatismo à democracia, porquanto se trata de um procedimento, de um método de busca da verdade (o que explica, também, a influência que a teoria exerceu em filósofos procedimentalistas, como Habermas). Ocorre que, como explica Brian Tamanaha, precisamente em função desse traço, a intensidade do interesse pelo pragmatismo diminui substancialmente após aquela proliferação de trabalhos. Como ele pondera, "[o] instrumentalismo na teoria do pragmatismo jurídico no direito hoje é 'banal' porque seus insights foram há muito tempo absorvidos na cultura legal".[31]

De fato, muitas das definições e máximas que expressam o pensamento encerram truísmos dificilmente refutáveis nas leituras contemporâneas da interpretação. Todavia, como destaca Tamanaha, foi a leitura mais recente e conhecida dessa teoria que a tornou desconfortável para o campo progressista. Nos últimos anos, o pragmatismo foi amplamente difundido pelo Juiz Richard Posner,[32] destacado representante do movimento do direito e economia, que, repetidas vezes, sustentou que o objetivo central do direito deve ser a maximização da riqueza. A identificação dessa linha de pensamento com o pragmatismo gerou uma dificuldade especial. Como os progressistas poderiam conciliar uma defesa geral do pragmatismo com o fato de o juiz pragmático, que toma a decisão que "será a melhor de acordo com as necessidades presentes e futuras", aquele que define os meios para atingir metas valiosas, ser alguém como Richard Posner, para quem a finalidade do direito é maximizar a riqueza? Vale notar que o pensamento deste autor evoluiu para um modelo antiformalista ainda mais radical, que ele qualificou como "pragmatismo jurídico cotidiano".[33] Essa abordagem é mais extremada, porquanto

---

[29] CARDOZO, Benjamim. *The nature of the judicial process.* New York: Dover, 1921.
[30] Uma enumeração pode ser encontrada em TAMANAHA, Brian Z. *Law as a means to an end*: threat to the rule of law. Oxford: Cambridge University Press, 2006.
[31] TAMANAHA, Brian Z. *Law as a means to an end*: threat to the rule of law. Oxford: Cambridge University Press, 2006. p. 127-128.
[32] POSNER, Richard A. *Law, pragmatism and democracy.* Cambridge: Harvard University Press, 2010.
[33] POSNER, Richard A. *Direito, pragmatismo e democracia.* Rio de Janeiro: Forense, 2010. cap. 1 e 2.

vê a ampliação da riqueza como apenas um dos vários potenciais fundamentos do pragmatismo. O pragmatismo cotidiano de Posner é desprovido de quaisquer limites morais ou referenciais teóricos.³⁴

Não são poucos os exemplos que mostram como o uso de argumentos pragmáticos pode produzir resultados incômodos do ponto de vista moral e constitucional. Uma decisão de Oliver Holmes – tido como um dos heróis da Suprema Corte dos Estados Unidos – ilustra esse ponto. Holmes decidiu, no caso *Blick versus Bell*, que era legítima a determinação de esterilização compulsória de pessoas com deficiência mental, adotando, no caso, o fundamento de que "três gerações de imbecis são o suficiente".³⁵ De fato, as fórmulas pragmatistas podem funcionar como estratégias de argumentação nas quais pode ser encaixada a persecução de quaisquer fins que o juiz julgue relevantes de acordo com sua ideologia e orientação política, servindo como uma ferramenta metodológica que potencializa variadas formas de ativismo. E é possível até mesmo, na eventualidade de o juiz avaliar que a aplicação mecânica das regras, pela certeza e previsibilidade que gera, promoverá melhores resultados, que o pragmatismo leve ao uso de métodos formalistas.³⁶

3 Os argumentos pragmatistas entre as exigências do cotidiano e as limitações do ideal do Estado de direito

A potência persuasiva do pragmatismo está ligada ao fato de que ele defende e justifica o uso de argumentos que resolvem dilemas e dificuldades que os operadores do direito vivenciam em seu dia a dia e conhecem bem. Como pontuou Mark Tushnet, a palavra *pragmatismo* aparenta ter se transformado em um "rótulo multiuso e quase sem sentido para decisões bastante tradicionais". Afinal, "os juízes tentam desenvolver regras jurídicas que em seus julgamentos farão a sociedade e o governo 'funcionar' o melhor que puderem".³⁷

Paralelamente, os elementos habitualmente associados ao pragmatismo – uso da experiência, avaliação das consequências, busca da solução que promova o bem comum – estão tão imbricados na dinâmica jurídica que muitas vezes são incorporados aos próprios textos legais ou em teorias estabelecidas. No direito brasileiro, os exemplos são muitos e diversificados. Quanto ao uso da experiência, tanto o Código de Processo Civil de 1973 (art. 335), como o mais recente, aprovado em 2015 (art. 375), estabelecem

---

³⁴ "É bem verdade que o pragmatismo, do tipo filosófico ou cotidiano, e seja o primeiro ortodoxo ou não ortodoxo, não possui limites morais. Mas vejo isso não como uma crítica, mas como um passo essencial para reenfocar a teoria legal e política. O pragmatismo nos ajuda a ver que o sonho de usar a teoria para guiar e restringir a ação política, inclusive judicial, é só isso – um sonho" (POSNER, Richard A. *Direito, pragmatismo e democracia*. Rio de Janeiro: Forense, 2010. p. 43). Uma detalhada abordagem da evolução do pensamento pragmático de Posner pode ser encontrada em FREIRE, Alonso. O pêndulo de Posner. *Revista Pensamento Jurídico da FADISP*, São Paulo, v. 8, n. 2, p. 225-248, 2015.

³⁵ Buck *v.* Bell (n. 292), 274 U.S. 200 (1927).

³⁶ TAMANAHA, Brian Z. *Law as a means to an end*: threat to the rule of law. Oxford: Cambridge University Press, 2006. p. 129-130; WERNECK, Diego Arguelhes; LEAL, Fernando. Pragmatismo como [meta] teoria normativa da decisão judicial: caracterização, estratégia e implicações. In: SARMENTO, Daniel (Coord.). *Filosofia e teoria constitucional contemporânea*. Rio de Janeiro: Lumen Juris, 2009. p. 203.

³⁷ TUSHNET, Mark V. Pragmatism and judgment: a comment on Lund. *Georgetown University Law Center*, v. 99, n. 1, p. 289-296, 2004.

que o juiz deve aplicar as "regras de experiência comum subministradas pela observação do que ordinariamente acontece". No que se refere à avaliação das consequências da decisão, pode-se mencionar como exemplo a previsão de que o STF possa fazer a modulação temporal dos efeitos da declaração de inconstitucionalidade "tendo em vista razões de segurança jurídica ou de excepcional interesse social" (Lei nº 9.886/1999, art. 27). No campo doutrinário e jurisprudencial, os exemplos também são variados e antigos. Conceitos como o do abuso de direito, a teoria da imprevisão e o instituto da lesão foram inicialmente construídos a partir da verificação empírica de insuficiência das normas formais para lidar com as consequências dos atos jurídicos. Mais recentemente, podem-se mencionar técnicas de decisão como a declaração de inconstitucionalidade sem a pronúncia de nulidade[38] e as sentenças manipulativas.[39] Em relação à busca do bem comum, é emblemática a previsão, na Lei de Introdução às Normas do Direito Brasileiro (LINDB), de que, "na aplicação da lei, o juiz atenderá aos fins sociais a que ela se dirige e às exigências do bem comum" (Decreto-Lei nº 4.657/1942 c/c a Lei nº 12.376/2010, art. 5º). Ideias como a boa-fé objetiva e a proteção da confiança também foram edificadas a partir da noção de salvaguarda de referenciais éticos nos negócios privados e nas relações estatais que promovem o bem comum. Recentemente, a Lei nº 13.655/2018[40] incluiu na LINDB o art. 20, prevendo que "[n]as esferas administrativa, controladora e judicial, não se decidirá com base em valores jurídicos abstratos sem que sejam consideradas as consequências práticas da decisão".[41]

---

[38] MENDES, Gilmar Ferreira. A declaração de inconstitucionalidade sem pronúncia da nulidade – Unvereinbarkeitserklärung – na jurisprudência da Corte Constitucional Alemã. *Revista dos Tribunais*, São Paulo, v. 5, p. 155-171, 1993.

[39] GONÇALVES, Gabriel Accioly. *O desenvolvimento judicial do direito*: construções, interpretação criativa e técnicas manipulativas. Rio de Janeiro: Lumen Juris, 2016.

[40] O projeto de lei foi alvo de intensos debates na doutrina. Os que se posicionavam de forma contrária à sua aprovação argumentavam, sob a ótica procedimental, que o PL não havia passado por debate no Congresso e, sob a ótica material, pontuavam, entre outras coisas, que a norma poderia servir de base para a impunidade, que criaria um desrespeito à autoridade administrativa e que comprometeria a segurança jurídica, uma vez que os dispositivos não trazem conceitos objetivos e claros. Sobre o tema, v. PÁDUA, Luciano. Associações pedem veto de Temer a projeto que altera LINDB. *Jota*, abr. 2018. Disponível em: <https://www.jota.info/justica/associacoes-veto-temer-lindb-12042018>. Acesso em: 2 maio 2018; MARTINS, Gilberto Valente. PL 7.448/2017, em sua integralidade, caminha na contramão de 1988. *Consultor Jurídico*, abr. 2018. Disponível em: <https://www.conjur.com.br/2018-abr-23/gilberto-martins-veto-presidencial-pl-74482017>. Acesso em: abr. 2018; OLIVEIRA, Júlio Marcelo de. Projeto de lei ameaça o controle da administração pública. *Consultor Jurídico*, abr. 2018. Disponível em: <https://www.conjur.com.br/2018-abr-10/projeto-lei-ameaca-controle-administracao-publica>. Acesso em: 2 maio 2018. De outro lado, os que eram a favor da aprovação do PL defendiam que ele traria maior segurança jurídica e sustentavam que o art. 20, de forma específica, não teria viés consequencialista, pois não obrigaria o administrador a decidir dessa maneira, exigindo apenas o dever de motivar a decisão. Nesse sentido, e mostrando aspectos positivos e negativos do PL, cf. SCAFF, Fernando Facury. Quem controla o controlador? Considerações sobre as alterações na LINDB. *Consultor Jurídico*, abr. 2018. Disponível em: <https://www.conjur.com.br/2018-abr-17/quem-controla-controlador-notas-alteracoes-lindb>. Acesso em: 2 maio 2018; ARAGÃO, Alexandre Santos de. Alterações na LINDB modernizam relações dos cidadãos com Estado. *Consultor Jurídico*, abr. 2018. Disponível em: <https://www.conjur.com.br/2018-abr-13/alexandre-aragao-alteracoes-lindb-modernizam-relacoes-estado>. Acesso em: 2 maio 2018; POMPEU, Ana. Polêmicas, mudanças na LINDB só aguardam análise presidencial. *Consultor Jurídico*, abr. 2018. Disponível em: <https://www.conjur.com.br/2018-abr-15/polemicas-mudancas-lindb-aguardam-analise-presidencial>. Acesso em: 2 maio 2018; FERRAZ, Sérgio; SAAD, Amauri Feres. Controle externo não está ameaçado pelo PL 7.448/2017. *Consultor Jurídico*, abr. 2018. Disponível em: <https://www.conjur.com.br/2018-abr-13/opiniao-controle-externo-nao-ameacado-pl-74482017>. Acesso em: 2 maio 2018. Após os intensos debates doutrinários, o projeto foi sancionado com vetos, em 25.4.2018, pelo Presidente Michel Temer.

[41] Além disso, o parágrafo único dispõe: "A motivação demonstrará a necessidade e a adequação da medida imposta ou da invalidação de ato, contrato, ajuste, processo ou norma administrativa, inclusive em face das possíveis alternativas".

Essa breve enumeração indica que os referenciais usados pelo pragmatismo são intrinsecamente conectados com a ideia contemporânea de que o direito não é uma mera abstração, mas uma instituição voltada para solucionar os problemas concretos das pessoas. Entretanto, admitir isso não resolve várias questões. Há limites quantitativos ou qualitativos para o emprego de argumentos de viés pragmático? O uso disseminado desses argumentos pode ser conciliado com o ideal regulativo do Estado de direito e com a positivação constitucional de direitos fundamentais? Que tipo de barreiras podem ou devem cercear o uso do arsenal argumentativo pragmatista na interpretação jurídica?

Tentar responder a essas perguntas pressupõe uma breve aproximação ao controvertido conceito de Estado de direito. A noção de Estado de direito (aqui tomado como *rule of law*) enquadra-se na categoria dos "conceitos essencialmente contestados",[42] aqueles tidos como complexos o suficiente para gerar controvérsias contínuas e irresolvíveis.

A noção mais intuitiva acerca do Estado de direito, disseminada na cultura jurídica, é a de que ele constitui um ideal regulador da atividade estatal que limita a arbitrariedade e o subjetivismo no exercício do poder. Nesse contexto, os poderes estatais são comprimidos pela necessidade de a autoridade ser exercida de acordo com leis claras, preexistentes e gerais. Com efeito, a tradição do constitucionalismo liberal guarda intensa afinidade com dois elementos habitualmente relacionados à ideia de Estado de direito: a contenção do arbítrio e racionalização no exercício do poder. Essa fórmula tem raízes na concepção de Aristóteles de que o ideal é um governo de leis, não de homens.[43] Outra noção associada ao *rule of law* é a de que todos estão subordinados à lei, inclusive aqueles que a produzem.[44] Também o referencial de segurança e previsibilidade está embutido no conceito. Em uma conhecida passagem, Friedrich Hayek afirma que o Estado de direito, afastadas todas as tecnicidades,

> significa que todas as ações do governo são regidas por normas previamente estabelecidas e divulgadas – as quais tornam possível prever com razoável grau de certeza de que modo a autoridade usará seus poderes coercitivos em dadas circunstâncias, permitindo a cada um planejar suas atividades individuais.[45]

No entanto, uma questão que se coloca é se a noção de Estado de direito impõe algo além de clareza, objetividade, imparcialidade e previsibilidade. O Estado de direito é apenas um Estado legal, ou também pressupõe a garantia de certos direitos substantivos? Em que medida o Estado de direito deve ser um *Estado de direitos*? Essa questão suscita uma série respostas, que podem ser agrupadas em dois conjuntos de teorias:

---

[42] A expressão é aqui utilizada no sentido atribuído por Gallie, isto é, trata-se de conceito sujeito a inúmeras disputas e divergências de pensamento, que podem ser sustentadas por argumentos coerentes. V. GALLIE, W. B. Essentially contested concepts. *Proceedings of the Aristotelian Society*, New Series, v. 56, p. 167-198, 1955-1956.

[43] "é preferível que seja a lei a governar e não um dos cidadãos" (ARISTÓTELES. *A política*. Lisboa: Vega, 1998. p 257).

[44] Para Dicey, a chave para o Estado de direito era a igualdade: "[W]ith us no man is above the law [and] every man, whatever be his rank or condition, is subject to the ordinary law of the realm and amenable to the jurisdiction of the ordinary tribunals" (DICEY, A. V. *Introduction to the study of the law of the constitution*. Indianapolis: Liberty Classics, 1982. p. 114).

[45] HAYEK, Friedrich A. *The road to Serfdom*: text and documents – The definitive edition. Chicago: The University of Chicago Press Books, 2007. p. 80

as que preconizam um modelo formal e as que defendem um modelo substantivo de estado de direito.

As *compreensões formais* do estado de direito o associam à existência de uma ordem jurídica neutra e constritora do arbítrio, em que estão presentes certos pressupostos procedimentais e institucionais necessários para que seu funcionamento seja adequado. Não está em questão, para os que perfilham essa tese, se as leis são boas ou más, se são justas ou injustas, desde que algumas premissas estruturais estejam atendidas. Uma influente e conhecida defesa do Estado de direito formal é feita por Lon Fuller,[46] que enumera os seguintes requisitos na produção das leis e do direito: i) generalidade; ii) publicidade; iii) irretroatividade; iv) clareza e inteligibilidade; v) coerência e consistência lógica; vi) exequibilidade; vii) estabilidade e viii) congruência entre o previsto nas leis e sua aplicação. Outro adepto do enfoque formal é Joseph Raz,[47] que vê o Estado de direito essencialmente como um valor negativo, que atua para conter o arbítrio e garantir a liberdade. Além de elementos pressupostos por Fuller (irretroatividade, clareza, estabilidade), Raz menciona: i) a necessidade de haver regras claras que estabeleçam o procedimento de elaboração das leis, ii) um Judiciário independente para resolver os conflitos sem pressões, a fim de promover princípios de direito natural, como o acesso a um procedimento justo, iii) que as cortes devem ter o poder de revisar a forma pela qual os outros princípios são aplicados a fim de garantir que estão sendo aplicados de acordo com as premissas do estado de direito, de forma rápida e acessível.

As leituras formais não entendem que a configuração de um Estado de direito dependa da promoção da justiça ou dos direitos humanos, mas apenas da observância de certos critérios procedimentais. Lon Fuller sustenta essa ideia a partir de um referencial antipositivista, já que entende que tais elementos integram o que chama de moralidade interna do direito, e que dizem respeito a critérios de justiça procedimental. Já autores de matriz positivista veem tais elementos apenas como um conjunto de regras que tornam o sistema jurídico mais operativo e eficiente. Joseph Raz, por exemplo, afirma que o Estado de direito habilita a ordem jurídica a servir a maus propósitos. O direito, em sua visão, é como uma faca cortante afiada, que pode ser empregada para o bem e para o mal.[48]

Diversamente das concepções formais, as concepções substantivas pontuam que, além dos pressupostos formais, é essencial avaliar o conteúdo das normas jurídicas para qualificar o Estado de direito. Segundo essa perspectiva, Estado de direito é um Estado no qual o direito é justo e alguns direitos morais básicos são assegurados. Em última análise, o Estado de direito é um *Estado de direitos*.

Ronald Dworkin é o mais conhecido expoente da concepção substantiva. Ele distingue duas concepções do Estado de direito. De um lado, a concepção centrada no entendimento do direito como um conjunto de regras (*rulebook conception*), que corresponde às versões formais tratadas anteriormente. E, de outro lado, a sua concepção de direitos (*rights conception*), muito mais ambiciosa, que assume "que os cidadãos têm direitos morais e deveres recíprocos, e direitos políticos contra o estado como um

---

[46] FULLER, Lon L. *The morality of law*. New Haven: Yale University Press, 1964. p. 30 e ss.
[47] RAZ, Joseph. The rule of law and its virtues. In: RAZ, Joseph. *The authority of law*: Essays on law and morality. Oxford: Oxford University Press, 1979. p. 211-229.
[48] RAZ, Joseph. The rule of law and its virtues. In: RAZ, Joseph. *The authority of law*: Essays on law and morality. Oxford: Oxford University Press, 1979. p. 223.

todo". Na sua leitura, esses direitos morais e políticos devem ser reconhecidos no direito positivo, e podem ter sua aplicação forçada "a partir da demanda por meio de cortes ou outras instituições judiciais".[49] Dworkin estabelece uma associação forte entre Estado de direito e justiça substantiva, bem como com a aplicação consistente, pelos juízes, da moralidade política prevista nas normas jurídicas.

Uma questão relevante para debater o uso de argumentos pragmatistas pelos tribunais é avaliar *se* e *até que ponto* o ideal regulativo do Estado de direito os admite. Considerado o objetivo deste artigo, essa questão só pode ser aqui abordada de forma esquemática. Abstraindo outros problemas analíticos que decorrem da oposição das duas concepções do Estado de direito, é visível que ambas impõem limites ao uso, pelos juízes, das fórmulas e métodos de solução calcados em argumentos pragmatistas. Com efeito, isso ocorre, em primeiro lugar, porque a lógica interna do direito é a tal ponto forte que inviabiliza uma "redução pragmatista total".[50] Assim, se é certo que o recurso aos argumentos pragmáticos é parte inerente da dinâmica jurídica, há limites que decorrem da própria funcionalidade das normas jurídicas. Esses limites podem ser enfocados sob o prisma quantitativo e qualitativo. Sob o ângulo quantitativo, é possível prever que se os juízes julgarem reiteradamente com base em argumentos pragmáticos restarão comprometidos elementos basilares que caracterizam o Estado de direito em sentido formal. Um emprego extensivo e corriqueiro de julgamentos que se afastem das prescrições normativas para prestigiar o contexto, as consequências práticas e a promoção do bem comum (ou, em verdade, do que o juiz entende ser o bem comum) danifica a clareza, a previsibilidade e a estabilidade da ordem jurídica, elementos que tanto as visões formais como as substantivas do Estado de direito valorizam. Ademais, o predomínio de argumentos de cunho pragmático em decisões judiciais compromete o ideal normativo de divisão funcional do poder, por atribuir aos juízes funções que em nada diferem daquelas atribuídas ao legislador. Sob o ângulo qualitativo, o uso disseminado de argumentos pragmatistas esbarra na pretensão normativa de que os juízes julguem de forma consistente com o conteúdo das normas constitucionais, bem como colide com a ideia de que certos direitos individuais não estão sujeitos ao cálculo de custo-benefício, especialmente quando se trata de debilitá-los para atender a metas coletivas ou subordiná-los a leituras contextuais do que o bem comum representa para o intérprete.

No entanto, o emprego de argumentos pragmatistas, por sua afinidade natural com as exigências da prática jurídica, precisa ser adaptado e conciliado com as premissas do Estado de direito, tanto sob o ângulo formal como substantivo. Essa conciliação é viável se o uso dos argumentos de cunho pragmático for quantitativamente moderado e qualitativamente reverente à relevância axiológica dos direitos fundamentais. Esse último ponto é inafastável em sistemas que, como o brasileiro, tenham atribuído aos direitos fundamentais caráter vinculante e centralidade valorativa, fundada em sua qualificação como cláusulas pétreas.

Sob o ângulo quantitativo, é certo que, em escala moderada, o pragmatismo jurídico é até mesmo desejável, especialmente quando se trata de suprir lacunas e decidir

---

[49] DWORKIN, Ronald. *A matter of principle*. Oxford: Oxford University Press, 1985. p. 9 e ss.
[50] BERTEN, André. Habermas, direito e pragmatismo. *Revista Eletrônica do Curso de Direito – PUC Minas Serro*, n. 3, p. 46-67, 2011. p. 49.

sobre normas dotadas de inconsistências. Sob o ângulo qualitativo, o uso de argumentos pragmáticos pode ser útil para desenvolver a eficácia dos direitos fundamentais e embasar decisões que visem a promovê-los. Todavia, como dito antes, sistemas constitucionais rígidos com catálogos de direitos fundamentais vinculantes impõem barreiras importantes ao uso de argumentos pragmáticos. Na interpretação dos direitos fundamentais, o uso abusivo de argumentos relacionados às consequências sociais e à promoção do bem comum pode resultar na prevalência de metas coletivas genéricas sobre garantias constitucionais claramente enunciadas, numa inversão da lógica que embasa sua proteção constitucional. Essa prática, se adotada pelos tribunais, é nociva em dois níveis. Primeiro, compromete a higidez do sistema constitucional, minando a confiança da sociedade na força vinculante do direito. Segundo, corrói os próprios fundamentos de legitimação da atuação criativa dos juízes, seja por tornar muito apagadas as fronteiras que separam direito e política, seja por debilitar a ideia de que seus poderes e insulamento visam a fortalecer a proteção de direitos.

4 Os direitos fundamentais entre metas coletivas e sua proteção substancial. O uso de argumentos pragmáticos em casos recentes no STF

Como já foi dito, o uso de argumentos pragmáticos é inexpugnável da vida jurídica, especialmente nas hipóteses em que são colocados problemas relacionados à incompletude e às inconsistências normativas, ou nos quais não seja possível extrair diretamente do ordenamento uma resposta objetiva ou persuasiva. Em vista desse panorama, qualquer tribunal tenderá a utilizar eventualmente, em seus julgados, argumentos pragmáticos. São exemplares, nesse sentido, as decisões cautelares e provisórias, que por sua própria natureza e utilidade envolvem avaliação de consequências e cálculos de custo e benefício.

Assim, é natural que, ao longo dos anos, razões pragmáticas tenham aparecido em diversas decisões do STF. Esse tipo de argumento tem potencial para surgir, de forma explícita ou indireta, em julgados sobre servidores públicos e sobre questões tributárias, assuntos que ocupam largo espaço na pauta do tribunal e possuem relevantes repercussões econômicas e sistêmicas. A modulação temporal dos efeitos das decisões é também um domínio prolífico para o uso de argumentos pragmáticos, dada sua própria finalidade. Não há, aqui, como fazer um amplo inventário desses casos. Mas vale a pena pontuar, a título ilustrativo, algumas situações em que ministros explicitamente admitiram ou rejeitaram o uso desses argumentos.

Na década de noventa, quando a modulação temporal da declaração de inconstitucionalidade ainda era recusada pela jurisprudência, a discussão sobre a avaliação das consequências econômicas das decisões apareceu de forma clara. No julgamento da ADI nº 1.102,[51] que versava sobre constitucionalidade da cobrança da contribuição social sobre folha de salários dos autônomos, avulsos e administradores, o Ministro Relator Maurício Correa, ao votar pela procedência do pedido, sugeriu que a decisão tivesse efeitos meramente prospectivos, com base na afirmação de que "os resultados

---

[51] BRASIL. Supremo Tribunal Federal. Ação Direta de Inconstitucionalidade nº 1.102. Rel. Min. Maurício Corrêa, j. 5.10.1995. *DJ*, 17 nov. 1995.

consequenciais da decisão impõem drásticas restrições ao orçamento da seguridade social, abalada por notória insuficiência de caixa". O Ministro Sepúlveda Pertence, ao rejeitar a tese, usou dois argumentos – o primeiro, de que a modulação só seria cabível se a inconstitucionalidade em pauta não fosse controvertida desde a aprovação da lei – e, o segundo, de ordem também pragmática, de que a declaração de inconstitucionalidade com efeitos prospectivos deve ser excepcional, sob pena de estimular a edição pelo Estado de leis manifestamente inconstitucionais.

Em outros cenários, alguns ministros destacaram firmemente que argumentos relacionados às consequências econômicas e à governabilidade não deveriam determinar os entendimentos da corte.[52] Nesse sentido, ao decidir sobre o dever do estado de São Paulo de indenizar servidores cujos vencimentos não foram reajustados na forma que determina o art. 37, X, da Constituição, o Ministro Marco Aurélio destacou que "a prevalência das consequências sobre o direito legislado resulta na inversão da lógica jurídica", bem como que o "Supremo não deve ser um filtro pragmático quanto a disposições constitucionais cuja eficácia depende de recursos para que seja concretamente observada".[53]

O Ministro Celso de Mello, em julgamentos relacionados à ordem econômica, pontuou argumentos semelhantes, asseverando que a "defesa da Constituição não se expõe, nem deve submeter-se, a qualquer juízo de oportunidade ou de conveniência, muito menos a avaliações discricionárias fundadas em razões de pragmatismo governamental",[54] bem como:

> razões de Estado – que muitas vezes configuram fundamentos políticos destinados a justificar, pragmaticamente, *ex parte principis*, a inaceitável adoção de medidas de caráter normativo – não podem ser invocadas para viabilizar o descumprimento da própria Constituição.[55]

Em julgamento relacionado ao direito à educação, o ministro destacou:

> a educação infantil, por qualificar-se como direito fundamental de toda criança, não se expõe, em seu processo de concretização, a avaliações meramente discricionárias da administração pública nem se subordina a razões de puro pragmatismo governamental.[56]

---

[52] Também é interessante notar que os ministros manifestam sua opinião sobre o grau de interferência de fatores consequencialistas como economia e governabilidade em entrevistas. Uma boa coleção dessas declarações pode ser encontrada em ANDRADE, Fábio Martins. Posições de ministros oscilam em matéria tributária. *Consultor Jurídico*, 20 jan. 2016. Disponível em: <http://www.conjur.com.br/2010-jan-20/poder-judiciario-governabilidade-comprometimento-ou-independencia?imprimir=1>. Acesso em: 5 out. 2016.

[53] Trata-se do Recurso Extraordinário nº 565.089. O ministro acrescentou, ainda: "Esclareço não preconizar, com isso, ignorar-se no processo a quadra vivida. Não perco de vista o horizonte social quando busco a solução dos problemas jurídicos com que me defronto. Aliás, qualquer interpretação jurídica parte da consideração de elementos fáticos, ainda que seja uma interpretação em abstrato, pois, mesmo em casos tais, o magistrado não deixa de formular a hipótese e alcançar conclusões com base na realidade conhecida. O que não posso aceitar é que, presente a obrigação jurídica sob todos os cânones interpretativos – extraída da literalidade, historicidade, sistematicidade e teleologia da Constituição –, simplesmente se deixe de reconhecê-la ante razões de índole pragmática. Impõe-se o contorcionismo técnico para salvar as finanças públicas, mas este é o papel do Tribunal Constitucional?".

[54] BRASIL. Supremo Tribunal Federal. Ação Direta de Inconstitucionalidade nº 2.010 MC. Rel. Min. Celso de Mello, j. 30.9.1999. *DJ*, 12 abr. 2002.

[55] BRASIL. Supremo Tribunal Federal. Recurso Extraordinário nº 205.193. Rel. Min. Celso de Mello. Primeira Turma, j. 25.2.1997. *DJ*, 6 jun. 1997.

[56] BRASIL. Supremo Tribunal Federal. Agravo em Recurso Extraordinário nº 639.337. Rel. Min. Celso de Mello, j. 23.8.2011. *DJe*, 15 set. 2011.

Em matéria de direitos fundamentais, é interessante observar um julgado que, avaliando os impactos econômicos de uma emenda à Constituição sobre a igualdade de gênero no mercado de trabalho, veio a declará-la inconstitucional.

Ao julgar a ADI nº 1.946,[57] o STF deu interpretação conforme a Constituição ao art. 14 da EC nº 20/98, que estabelecia o teto de R$1.200 para o custeio pela Previdência dos benefícios previdenciários, cabendo ao empregador arcar com o restante. O tribunal decidiu que tal limite não deveria ser aplicado ao salário maternidade previsto no art. 7º, XVIII, pois estimularia a opção dos empregadores por trabalhadores do sexo masculino, o que acarretaria violação ao princípio da igualdade. Esse efeito importaria na discriminação que a Constituição visa a combater por meio do art. 7º, inc. XXX, que prevê a "proibição de diferença de salários, de exercício de funções e de critério de admissão por motivo de sexo, idade, cor ou estado civil".

Todavia, em outro precedente, o tribunal empregou uma fundamentação centrada em razões pragmáticas e consequencialistas em desfavor do direito à proteção do bem de família, explicitado textualmente na Constituição. No julgamento do RE nº 407.688,[58] de relatoria do Ministro Cezar Peluso, discutia-se a possibilidade de penhorar imóvel de propriedade do fiador que constitua bem de família, tal qual previsto no art. 3º, inc. VII, da Lei nº 8.009/1990, com a redação da Lei nº 8.245/1991. O Tribunal decidiu, por maioria, pela penhorabilidade, por não verificar afronta ao direito constitucional de moradia. O relator, destacando que um dos fatores de maior dificuldade no acesso ao mercado de locação de imóveis é a constituição de garantias, pontuou que a penhorabilidade do imóvel do fiador apenas seria hostil ao direito à moradia no caso de haver outros meios de assegurar o pagamento do débito. Afirmou o ministro:

> castrar essa técnica legislativa, que não pré-exclui ações estatais concorrentes doutra ordem, romperia equilíbrio do mercado, despertando exigência sistemática de garantias mais custosas para as locações residenciais, com conseqüente desfalque do campo de abrangência do próprio direito constitucional à moradia.

Por verificar violação ao princípio da isonomia, o Ministro Eros Grau divergiu do relator, afirmando que não se apegaria à "lógica do mercado" em seu voto, "mas, sim, ao que diz a Constituição". Para ele, haveria uma "situação absurda", qual seja, "o locatário que não cumprisse a obrigação de pagar aluguéis, com o fito de poupar para pagar prestações devidas em razão de aquisição de casa própria, gozaria da proteção da impenhorabilidade", ainda que houvesse "execução procedida pelo fiador cujo imóvel resultou penhorado por conta do inadimplemento das suas obrigações". E concluiu: "creio que a nós não cabe senão aplicar a Constituição. E o Poder Público que desenvolva políticas públicas sempre adequadas aos preceitos constitucionais".

Recentemente, pode-se observar uma tendência de invocação de razões pragmáticas e instrumentais com o escopo de restringir direitos fundamentais. Três julgamentos ilustram essa percepção.

---

[57] A decisão foi dada em sede de medida cautelar (BRASIL. Supremo Tribunal Federal. Ação Direta de Inconstitucionalidade nº 1.946 MC. Rel. Min. Sydney Sanches. Tribunal Pleno, j. 29.4.1999. *DJ*, 14 set. 2001) e, posteriormente, confirmada pelo Plenário (BRASIL. Supremo Tribunal Federal. Ação Direta de Inconstitucionalidade nº 1.946. Rel. Min. Sydney Sanches. Tribunal Pleno, j. 3.4.2003. *DJ*, 16 maio 2003).

[58] BRASIL. Supremo Tribunal Federal. Recurso Extraordinário nº 407.688. Tribunal Pleno. Rel. Min. Cezar Peluso, j. 8.2.2006. *DJ*, 6 out. 2006.

O Supremo, ao denegar o HC nº 126.292,[59] afirmou que é possível proceder à execução provisória da pena quando for proferido acórdão penal condenatório em segundo grau de apelação, ainda que sujeito a recurso especial ou a recurso extraordinário. Tal condenação não feriria o princípio constitucional da presunção de inocência. Além de argumentos jurídicos,[60] para chegar a esta conclusão, o Ministro Luís Roberto Barroso valeu-se, expressamente, de argumentos pragmáticos,[61] pois este entendimento (i) permitiria tornar o sistema de justiça criminal mais funcional e equilibrado, uma vez que "reduz-se o estímulo à infindável interposição de recursos inadmissíveis" com o intuito protelatório, "reestabelece-se o prestígio e a autoridade das instâncias ordinárias" e prestigia-se a Suprema Corte, cujo acesso deve ser extraordinário; (ii) diminuiria o grau de seletividade do sistema punitivo brasileiro, uma vez que, atualmente, "permite-se que as pessoas com mais recursos financeiros, mesmo que condenadas, não cumpram a pena ou possam procrastinar a sua execução por mais de 20 anos". Haveria, segundo o ministro, "dificuldade em dar execução às condenações por crimes que causem lesão ao erário ou à administração pública [...] ou crimes de natureza econômica ou tributária [...] estimula a criminalidade de colarinho branco e dá incentivo a piores"; e (iii) promoveria a quebra do paradigma da impunidade do sistema criminal, já que "[a]o evitar que a punição penal possa ser retardada por anos e mesmo décadas, restaura-se o sentimento social de eficácia da lei penal". A execução da pena desde a condenação em segundo grau evitaria a prescrição dos delitos, bem como inibiria a impunidade.[62]

---

[59] BRASIL.. Supremo Tribunal Federal. Habeas Corpus nº 126.292. Rel. Min. Teori Zavascki. Tribunal Pleno, j. 17.2.2016. *DJe*, 16 maio 2016.

[60] Como foi sintetizado na ementa do voto do Ministro Barroso, "A prisão, neste caso, justifica-se pela conjugação de três fundamentos jurídicos: (i) a Constituição brasileira não condiciona a prisão – mas sim a culpabilidade – ao trânsito em julgado da sentença penal condenatória. O pressuposto para a privação de liberdade é a ordem escrita e fundamentada da autoridade judiciária competente, e não sua irrecorribilidade. Leitura sistemática dos incisos LVII e LXI do art. 5º da Carta de 1988; (ii) a presunção de inocência é princípio (e não regra) e, como tal, pode ser aplicada com maior ou menor intensidade, quando ponderada com outros princípios ou bens jurídicos constitucionais colidentes. No caso específico da condenação em segundo grau de jurisdição, na medida em que já houve demonstração segura da responsabilidade penal do réu e finalizou-se a apreciação de fatos e provas, o princípio da presunção de inocência adquire menor peso ao ser ponderado com o interesse constitucional na efetividade da lei penal (CF/1988, arts. 5º, *caput* e LXXVIII e 144); (iii) com o acórdão penal condenatório proferido em grau de apelação esgotam-se as instâncias ordinárias e a execução da pena passa a constituir, em regra, exigência de ordem pública, necessária para assegurar a credibilidade do Poder Judiciário e do sistema penal. A mesma lógica se aplica ao julgamento por órgão colegiado, nos casos de foro por prerrogativa".

[61] Segundo o ministro, a natureza dos órgãos judiciais é jurídica, mas também abarca a dimensão política. "Assim é devido ao fato de o intérprete desempenhar uma atuação criativa – pela atribuição de sentido a cláusulas abertas e pela realização de escolhas entre soluções alternativas possíveis –, e também em razão das consequências práticas de suas decisões".

[62] Interessante notar que a Ministra Rosa Weber e o Ministro Ricardo Lewandowski, ao julgarem pela concessão da ordem, também fizeram alusão a considerações pragmáticas. Para a ministra, "Há questões pragmáticas envolvidas, não tenho a menor dúvida, mas penso que o melhor caminho para solucioná-las não passa pela alteração, por esta Corte, de sua compreensão sobre o texto constitucional no aspecto". O ministro, por sua vez, afirmou: "Eu queria, também, finalizar e dizer o seguinte: eu tenho trazido sempre a esta egrégia Corte alguns números que são muito impressionantes relativos ao nosso sistema prisional, dizendo que nós temos hoje no Brasil a quarta população de presos, em termos mundiais, logo depois dos Estados Unidos, da China e da Rússia, nós temos seiscentos mil presos. Desses seiscentos mil presos, 40%, ou seja, duzentos e quarenta mil presos são presos provisórios. Com essa nossa decisão, ou seja, na medida que nós agora autorizamos, depois de uma decisão de segundo grau, que as pessoas sejam presas, certamente, a esses duzentos e quarenta mil presos provisórios, nós vamos acrescer dezenas ou centenas de milhares de novos presos. [...] nós vamos trocar seis por meia dúzia, nós vamos trocar duzentos e quarenta mil presos provisórios por duzentos e quarenta mil presos condenados em segundo grau".

O tema da execução provisória da pena após decisão condenatória em segunda instância voltou ao centro dos debates jurídicos recentemente, quando foi julgado o *habeas corpus* impetrado pelo Ex-Presidente Luís Inácio Lula da Silva.[63] Por apertada maioria, o Tribunal negou o pedido. Na ocasião, o Ministro Luís Roberto Barroso[64] fez, mais uma vez, referência a argumentos pragmáticos. Para Barroso, "não estando em jogo valores ou direitos fundamentais, será legítimo – quando não exigível – que o intérprete construa como solução mais adequada a que produza as melhores consequências para a sociedade". Contudo, defendeu "a manutenção da linha adotada por este Tribunal, em virada jurisprudencial que contribui para desfazer a exacerbada disfuncionalidade do sistema penal brasileiro", ou seja, adotou uma posição que busca corrigir os problemas do sistema penal em caso que tratava sobre o direito fundamental à presunção de inocência de um indivíduo. Para o ministro, o sistema induziria à prescrição caso não houvesse a execução da pena após a condenação em segunda instância, o que beneficiaria os que "têm dinheiro para manipular o sistema com recursos procrastinatórios sem fim".

Em outro caso, o STF decidiu que os dias em que servidores deixem de trabalhar por greve devem ser descontados do salário, exceto se houver acordo de compensação ou se o movimento grevista tiver sido motivado por conduta ilícita do próprio Poder Público. O RE nº 693.456,[65] de relatoria do Ministro Dias Toffoli, foi apresentado pela Fundação de Apoio à Escola Técnica do Estado do Rio de Janeiro (Faetec) e teve o julgamento concluso em 27.10.2016. Em voto-vista, Ministro Luís Roberto Barroso valeu-se de argumentos pragmatistas para decidir pela possibilidade de corte de pagamento: "O corte de ponto é *necessário* para a adequada distribuição dos ônus inerentes à instauração da greve e para que a paralisação – que gera sacrifício à população – não seja adotada pelos servidores sem maiores consequências" (grifos no original). O Ministro Fux, por sua vez, afirmou a importância da decisão do Tribunal no contexto de crise enfrentado pelo país:

> Agora o que ocorre numa visão, infelizmente, prospectiva e numa visão realista? Nós estamos num momento muito difícil, um momento em que se avizinham deflagrações de greve. Então é preciso estabelecer aqui alguns critérios para que nós não permitamos que se possa parar o Brasil.

Em sentido diverso entendeu o Ministro Edson Fachin, para quem "[p]ermitir o desconto imediato no salário dos servidores públicos significa que os prejuízos do movimento paredista serão suportados apenas por uma das partes em litígio. Essa lógica praticamente aniquilaria o direito de greve no setor público".

Também há referências a argumentos pragmáticos, pela prevalência de metas coletivas sobre direitos fundamentais, no RE nº 580.252,[66] em que se discutiu a responsabilidade civil do Estado em pagar indenização por danos morais a presos submetidos

---

[63] Trata-se do HC nº 152.752, julgado no dia 5.4.2018. Até a finalização deste artigo, o acórdão ainda estava pendente de publicação.

[64] O voto do ministro ainda não está disponível, mas suas anotações para manifestação oral podem ser conferidas em <https://www.conjur.com.br/dl/anotacoes-manifestacao-oral-barroso.pdf>. Além disso, é possível assistir ao julgamento através do canal de YouTube da TV Justiça.

[65] BRASIL. Supremo Tribunal Federal. Recurso Extraordinário nº 693.456. Rel. Min. Dias Toffoli. Tribunal Pleno, j. 27.10.2016. *DJe*, 19 out. 2017.

[66] BRASIL. Supremo Tribunal Federal. Recurso Extraordinário nº 580.252. Rel. Min. Teori Zavascki. Rel. p/ Acórdão Min. Gilmar Mendes. Tribunal Pleno, j. 16.2.2017. *DJe*, 11 set. 2017.

a tratamentos sub-humanos, degradantes, insalubres ou de superlotação carcerária. Para o Ministro Relator Teori Zavascki, ainda que o Executivo pontue não ter condições de arcar com inúmeras reparações por danos morais, a ação deve ser julgada procedente, já que o Estado deveria oferecer condições mínimas de humanidade para cumprimento da pena nos estabelecimentos prisionais. Apesar de concordar com a responsabilidade do Estado, o Ministro Luís Roberto Barroso, em voto-vista, propôs a remição de dias de pena no lugar da indenização, quando esta for cabível. Para o ministro, que divergiu do relator não "quanto aos fundamentos, mas quanto à consequência", "a entrega de uma indenização pecuniária confere uma resposta pouco efetiva aos danos morais suportados pelos presos", pois "o detento que postular a indenização continuará submetido às mesmas condições desumanas e degradantes após a condenação do Estado. O dinheiro que lhe será entregue terá pouca serventia para minorar as lesões existenciais sofridas". Acrescentou que "a reparação monetária muito provavelmente acarretará a multiplicação de demandas idênticas e de condenações dos Estados" e que os recursos "drenados para as indenizações individuais" poderiam ser aplicados na melhora do sistema. Ao fim, a questão foi decidida, de acordo com o voto do relator para acórdão Ministro Gilmar Mendes, no sentido de pagar indenização ao autor da ação para reparar os danos extrapatrimoniais.

5 Encerramento

Dessa enumeração de casos, pode-se verificar que aparecem na jurisprudência do STF duas fórmulas de uso de argumentos pragmáticos e consequencialistas como ferramenta para restringir direitos fundamentais em favor de metas coletivas.

Uma primeira, mais óbvia, em que as metas coletivas ou argumentos relacionados ao bem-estar social genericamente considerado são diretamente colocados como fundamento da restrição.

Uma segunda fórmula, mais sofisticada, emprega o argumento de que a restrição a determinados direitos promove direitos fundamentais de outros grupos de indivíduos (como quando se argumenta que a penhorabilidade do bem de família do fiador em contrato de locação promove o direito à moradia ao aumentar a oferta, ou que a execução provisória da pena protege o "direito das vítimas"). Nessa segunda construção, entra em cena um artifício retórico ao qual é preciso dar atenção.

A afirmação de que há direitos fundamentais de terceiros em jogo, quando usada de forma genérica, para lastrear restrições amplas e não especificadas, opera como um sucedâneo argumentativo artificial da antiga ideia de *interesse público* ou de bem comum. Afinal, todas as metas coletivas encerram agrupamentos de direitos e benefícios, com a particularidade de que, sob esses conceitos, eles não precisam estar claramente delineados e identificados. Nesse contexto, uma ponderação entre direitos fundamentais e metas coletivas pode ser tratada como se fora ponderação entre um direito fundamental restringido e um conjunto de direitos individuais de terceiros. Essa estratégia argumentativa, ao valer-se da gramática dos direitos fundamentais, maquia a velha ideia de supremacia do interesse público sobre o privado.

Esse aspecto merece atenção. Vários argumentos pragmatistas usados nas decisões do STF examinadas neste estudo embasam orientações que acabam por prestigiar interesses públicos em detrimento de direitos individuais. Nesse contexto, é possível afirmar que o arsenal retórico do pragmatismo tem sido empregado como avatar contemporâneo do clássico princípio da supremacia do interesse público sobre o particular. O referido cânone, que por muito tempo integrou a espinha dorsal do direito público brasileiro, passou por um processo de questionamento e desgaste dogmático com a ascensão do modelo da normatividade dos direitos fundamentais.[67] Nesse cenário, elementos que integram o cerne dessa ideia começam a aparecer na interpretação jurídica sob a roupagem de argumentos pragmáticos.

Os dois usos de argumentos pragmáticos contra direitos fundamentais que mencionei são problemáticos sob o ângulo da normatividade da Constituição. A questão pode também ser avaliada sob o ângulo da controvérsia sobre a possibilidade de invocação de metas coletivas para restringir direitos fundamentais. Com efeito, a subordinação dos direitos fundamentais à lógica do proveito coletivo contraria sua própria arquitetura normativa. É possível que críticos ao constitucionalismo de direitos repliquem que muitas fórmulas de composição desse antagonismo são possíveis. Todavia, a questão aqui em pauta não é se as constituições devem idealmente atribuir caráter vinculante aos direitos, mas se, nos sistemas que se apoiam em catálogos de direitos fundamentais – como o brasileiro –, é aceitável que estes cedam em face de argumentos pragmáticos construídos por juízes.

A adoção da ideia de que os direitos fundamentais são vinculantes serviu para conferir força e legitimação à ascensão institucional do Poder Judiciário, dando espaço para as teses que justificam o poder dos juízes a partir da lógica de proteção dos indivíduos contra as maiorias. Essa forma de pensar os direitos fundamentais é tributária do entendimento destes como *trunfos* contra os interesses majoritários, que implica entendê-los como garantias excluídas do cálculo de interesses sociais e da negociação política.[68] Ainda que não se adote a noção puramente liberal de que os direitos devem ser entendidos como grandezas insuscetíveis de ponderação com bens coletivos,[69] o seu

---

[67] Sobre o tema, cf. AVILA, Humberto. B. Repensando o princípio da supremacia do interesse público sobre o privado. *Revista Trimestral de direito Público*, São Paulo, v. 24, p. 159-180, 1998; NEGREIROS, Teresa. A dicotomia público-privado frente ao problema da colisão de princípios. In: TORRES, Ricardo Lobo (Org.). *Teoria dos direitos fundamentais*. 2. ed. Rio de Janeiro: Renovar, 2004; SARMENTO, Daniel (Org.). *Interesses públicos versus interesses privados*: descontruindo o princípio da supremacia do interesse público. Rio de Janeiro: Lumen Juris, 2005.

[68] PRIETO SANCHÍS, Luis. La limitación de los derechos fundamentales y la norma de clausura del sistema de libertades. In: PRIETO SANCHÍS, Luis. *Estudios sobre derechos fundamentales*. Madrid: Debate, 1990. p. 236. Em sentido análogo ao aqui exposto, este autor fala no conteúdo essencial como "contraponto aos argumentos econômicos ou consequencialistas presentes na ponderação".

[69] A noção de que os direitos fundamentais são trunfos contra a maioria relaciona-se às concepções liberais em seus variados matizes. A metáfora em questão tornou-se célebre a partir da obra de Ronald Dworkin, que afirma que *os* direitos são *como trunfos* nas mãos dos indivíduos, pois devem preponderar sobre outras justificativas que fundamentam decisões políticas e sobre metas a serem atingidas pela sociedade (DWORKIN, Ronald. *Taking rights seriously*. Cambridge: Harvard University, 1978. p. 364-366). Também John Rawls sustenta que os direitos "têm um peso absoluto com respeito às razões do bem público e dos valores perfeccionistas", e "a prioridade da liberdade implica, na prática, que uma liberdade fundamental só pode ser limitada ou negada em nome de uma ou de outras liberdades fundamentais, [...] e nunca por razões de bem-estar geral ou de valores perfeccionistas" (RAWLS, John. *O liberalismo político*. São Paulo: Ática, 2000. p. 348-349). Na mesma linha, Carlos Santiago Nino sustenta que a "noção de direitos individuais inclui [...] a de pôr limites à perseguição de bens coletivos e do bem comum, pelo que invocar estas considerações para restringir direitos implica claramente negar a função limitadora dos direitos" (NINO, Carlos Santiago. *Fundamentos de derecho constitucional*. Buenos Aires: Astrea, 1992. p. 481). Diversamente desses autores, o caráter de trunfos de tais direitos é aqui compreendido como uma presunção de prevalência ética destes em face dos bens coletivos protegidos pelo sistema jurídico, que implica atribuir-lhes prioridade *prima facie* no processo de ponderação, estabelecendo-se cargas de argumentação mais

entendimento como normas vinculantes dotadas de alta carga ética fundamenta a ideia de que estes, no mínimo, desfrutam de prioridade *prima facie* sobre as metas comuns.⁷⁰ E tais metas comuns, quando em colisão com os direitos, devem estar claramente explicitadas no texto constitucional. Intepretações que envolvam razões pragmáticas a fim de inverter essa prioridade, colocando as metas coletivas acima dos direitos, não levam a Constituição a sério, danificando sua normatividade.

Não questiono que o recurso a argumentos pragmatistas é inerente ao ofício de interpretar, pois, como destaquei antes, resulta do liame entre o direito e a realidade, bem como da necessidade de que os juízes não sejam indiferentes ao contexto que os circunda e às implicações de suas decisões. Todavia, considerando a natureza da função jurisdicional, supor que esse tipo de avaliação possa ser empregado para negar efetividade às garantias constitucionais representa uma inversão não apenas da lógica normativa da supremacia constitucional, mas da própria funcionalidade embutida na noção de separação de poderes.

É certo que há muitas conjunturas nas quais o próprio sistema jurídico impõe o uso de argumentos pragmáticos e consequencialistas, bem como há situações em que eles poderão servir para conferir eficácia e normatividade aos próprios direitos fundamentais. As repercussões no campo da justificação das decisões judiciais, todavia, são muito diferentes quando os argumentos pragmáticos são usados para incrementar a proteção a direitos e quando são invocados para subjugá-los a metas coletivas.

Uma das mais convincentes justificativas para o poder atribuído ao Judiciário é de que seu insulamento e suas garantias visam a preservar direitos fundamentais constitucionalmente entrincheirados. Quando os juízes empregam argumentos consequencialistas e pragmáticos para enfraquecer direitos constitucionalmente estabelecidos, a própria legitimidade da função judicial é debilitada.

---

acentuadas em seu favor. Nesse sentido, confira-se ALEXY, Robert. Individual rights and collective goods. In: NINO, Carlos. *Rights*. New York: New York University Press, 1992. p. 178-179.

⁷⁰ É válido conjecturar sobre se há correlação entre o emprego de argumentos pragmáticos e o uso da metodologia da ponderação ou dos princípios da proporcionalidade e da razoabilidade. Sob o ângulo descritivo, essa associação só poderia ser feita mediante levantamentos estatísticos que enfocassem a quantidade de vezes em que tais argumentos aparecem em decisões com variadas metodologias. Sob um viés teórico, caberia aprofundar a reflexão a respeito das relações entre a metodologia da ponderação e o pragmatismo. Em vista dos limites estabelecidos no recorte do objeto deste artigo, vale consignar apenas duas observações. Uma primeira, que emerge da análise dos casos aqui estudados, no sentido de que ausência de uniformidade metodológica, nos julgamentos pelo STF de casos que envolvem direitos fundamentais, não permite estabelecer qualquer ligação entre o método empregado e o uso desse tipo de argumentos. Aliás, mesmo que essa correlação quantitativa fosse estabelecida, ela não teria como desdobramento necessário inferir uma relação de causalidade lógica entre os dois elementos. A segunda observação, de ordem mais teórica, é de que a associação entre pragmatismo e ponderação é apenas contingente, pois que, de um lado, a falta de compromisso do pragmatismo jurídico com referenciais metodológicos não permite associá-lo às versões mais racionalizadas dessa fórmula interpretativa e, de outro, porque argumentos pragmáticos podem surgir também para embasar exceções à incidência de regras e para redesenhar conceitos, que são estratégias próprias das escolas que são críticas à ponderação e ao princípio da proporcionalidade. Por fim, vale destacar que a multiplicidade de origens teóricas e funcionalidades que a ponderação e a proporcionalidade tiveram em vários países dificulta o estabelecimento de tais causalidades, que não podem ser inferidas de correlações pontuais contingentes. Sobre a variação histórica na emergência da proporcionalidade e da ponderação vejam-se: COHEN-ELIYA, Moshe; PORAT, Iddo. American balancing and German proportionality: the historical origins. *International Journal of Constitutional Law*, v. 8, n. 2, p. 263-286, 2010 e BOMHOFF, Jacco. *Balancing constitutional rights*: the origins and meanings of postwar legal discourse. Cambridge: Cambridge University Press, 2013.

Referências

ALEXY, Robert. Individual rights and collective goods. In: NINO, Carlos. *Rights*. New York: New York University Press, 1992.

ANDRADE, Fábio Martins. Posições de ministros oscilam em matéria tributária. *Consultor Jurídico*, 20 jan. 2016. Disponível em: <http://www.conjur.com.br/2010-jan-20/poder-judiciario-governabilidade-comprometimento-ou-independencia?imprimir=1>. Acesso em: 5 out. 2016.

ARAGÃO, Alexandre Santos de. Alterações na LINDB modernizam relações dos cidadãos com Estado. *Consultor Jurídico*, abr. 2018. Disponível em: <https://www.conjur.com.br/2018-abr-13/alexandre-aragao-alteracoes-lindb-modernizam-relacoes-estado>. Acesso em: 2 maio 2018.

ARISTÓTELES. *A política*. Lisboa: Vega, 1998.

AVILA, Humberto. B. Repensando o princípio da supremacia do interesse público sobre o privado. *Revista Trimestral de direito Público*, São Paulo, v. 24, p. 159-180, 1998.

BERTEN, André. Habermas, direito e pragmatismo. *Revista Eletrônica do Curso de Direito – PUC Minas Serro*, n. 3, p. 46-67, 2011.

BOMHOFF, Jacco. *Balancing constitutional rights*: the origins and meanings of postwar legal discourse. Cambridge: Cambridge University Press, 2013.

BUTLER, Brian Edgar. Legal pragmatism. *Internet Encyclopedia of Philosophy*, 2005. Disponível em: <http://www.iep.utm.edu/leglprag/>. Acesso em: 3 nov. 2016.

CARDOZO, Benjamim. *The nature of the judicial process*. New York: Dover, 1921.

COHEN-ELIYA, Moshe; PORAT, Iddo. American balancing and German proportionality: the historical origins. *International Journal of Constitutional Law*, v. 8, n. 2, p. 263-286, 2010.

DEWEY, John. Logical method and law. *Cornell Law Review*, v. 10, n. 1, p. 17-27, Dec. 1924.

DICEY, A. V. *Introduction to the study of the law of the constitution*. Indianapolis: Liberty Classics, 1982.

DUXBURY, Neil. *Patterns of American jurisprudence*. Oxford: Clarendon Press, 1995.

DWORKIN, Ronald. *A matter of principle*. Oxford: Oxford University Press, 1985.

DWORKIN, Ronald. *Law's empire*. Cambridge: Harvard University Press, 1986.

DWORKIN, Ronald. *Taking rights seriously*. Cambridge: Harvard University, 1978.

FERRAZ, Sérgio; SAAD, Amauri Feres. Controle externo não está ameaçado pelo PL 7.448/2017. *Consultor Jurídico*, abr. 2018. Disponível em: <https://www.conjur.com.br/2018-abr-13/opiniao-controle-externo-nao-ameacado-pl-74482017>. Acesso em: 2 maio 2018.

FRANK, Jerome. *Law and the modern mind*. New Brunswick: Transaction Publishers, 2009.

FREIRE, Alonso. O pêndulo de Posner. *Revista Pensamento Jurídico da FADISP*, São Paulo, v. 8, n. 2, p. 225-248, 2015.

FULLER, Lon L. *The morality of law*. New Haven: Yale University Press, 1964.

GALLIE, W. B. Essentially contested concepts. *Proceedings of the Aristotelian Society*, New Series, v. 56, p. 167-198, 1955-1956.

GONÇALVES, Gabriel Accioly. *O desenvolvimento judicial do direito*: construções, interpretação criativa e técnicas manipulativas. Rio de Janeiro: Lumen Juris, 2016.

HABERMAS, Jürgen. Reflexões sobre o pragmatismo (Respostas de Habermas a perguntas formuladas por Mitchel Aboulafia). In: SOUZA, José Crisóstomo de (Org.). *Filosofia, racionalidade, democracia*: os debates Rorty & Habermas. São Paulo: Editora Unesp, 2005.

HABERMAS, Jürgen. *Teoría de la acción comunicativa I*: racionalidad de la acción y racionalización social. Madrid: Taurus, 1987.

HAYEK, Friedrich A. *The road to Serfdom*: text and documents – The definitive edition. Chicago: The University of Chicago Press Books, 2007.

HERDY, Rachel. Habermas, pragmatismo e direito. *Kriterion*, Belo Horizonte, n. 119, p. 43-61, jun. 2009.

HOLMES JR., Oliver Wendell. *The common law*. New York: Dover, 1991.

JAMES, William. *Pragmatism*: a new name for some old ways of thinking. Londres, 1907. Disponível em: <http://iws.collin.edu/amiller/William%20James%20-%20Pragmatism.pdf>. Acesso em: 17 out. 2016.

JAMES, William. *The moral philosopher and the moral life*. Essays in pragmatism. New York: Hafner Press, 1948.

LLEWELLYN, Karl N. A realistic jurisprudence – The next step. *Columbia Law Review*, v. 30, n. 4, p. 431-465, Apr. 1930.

LÓPEZ MEDINA, Diego. Los conceptos de "formalismo" y "antiformalismo" en teoría del Derecho. *Ámbito Jurídico*. Disponível em: <http://diegolopezmedina.net/wp-content/uploads/2014/07/Ámbito-181.pdf>. Acesso em: 3 nov. 2016.

MARTINS, Gilberto Valente. PL 7.448/2017, em sua integralidade, caminha na contramão de 1988. *Consultor Jurídico*, abr. 2018. Disponível em: <https://www.conjur.com.br/2018-abr-23/gilberto-martins-veto-presidencial-pl-74482017>. Acesso em: abr. 2018.

MCDERMID, Douglas. Pragmatism. *Internet Encyclopedia of Philosophy*, 2005. Disponível em: <http://www.iep.utm.edu/pragmati/>. Acesso em: 3 nov. 2016.

MENDES, Gilmar Ferreira. A declaração de inconstitucionalidade sem pronúncia da nulidade – Unvereinbarkeitserklärung – na jurisprudência da Corte Constitucional Alemã. *Revista dos Tribunais*, São Paulo, v. 5, p. 155-171, 1993.

NEGREIROS, Teresa. A dicotomia público-privado frente ao problema da colisão de princípios. In: TORRES, Ricardo Lobo (Org.). *Teoria dos direitos fundamentais*. 2. ed. Rio de Janeiro: Renovar, 2004.

NINO, Carlos Santiago. *Fundamentos de derecho constitucional*. Buenos Aires: Astrea, 1992.

OLIVEIRA, Júlio Marcelo de. Projeto de lei ameaça o controle da administração pública. *Consultor Jurídico*, abr. 2018. Disponível em: <https://www.conjur.com.br/2018-abr-10/projeto-lei-ameaca-controle-administracao-publica>. Acesso em: 2 maio 2018.

PÁDUA, Luciano. Associações pedem veto de Temer a projeto que altera LINDB. *Jota*, abr. 2018. Disponível em: <https://www.jota.info/justica/associacoes-veto-temer-lindb-12042018>. Acesso em: 2 maio 2018.

POGREBINSCHI, Thamy. *Pragmatismo*: teoria social e política. Rio de Janeiro: Relume Demará, 2005.

POGREBINSCHI, Thamy. Será o neopragmatismo pragmatista? Interpelando Richard Rorty. *Novos Estudos*, n. 74, p. 125-139, mar. 2006.

POGREBINSCHI, Thamy; EISENBERG, José. Pragmatismo, direito e política. *Revista Novos Estudos Cebrap*, n. 62, p. 107-121, mar. 2002.

POMPEU, Ana. Polêmicas, mudanças na LINDB só aguardam análise presidencial. *Consultor Jurídico*, abr. 2018. Disponível em: <https://www.conjur.com.br/2018-abr-15/polemicas-mudancas-lindb-aguardam-analise-presidencial>. Acesso em: 2 maio 2018.

POSNER, Richard A. *Direito, pragmatismo e democracia*. Rio de Janeiro: Forense, 2010.

POSNER, Richard A. *Law, pragmatism and democracy*. Cambridge: Harvard University Press, 2010.

POUND, Roscoe. Mechanical jurisprudence. *Columbia Law Review*, n. 8, p. 608-609, 1908.

PRIETO SANCHÍS, Luis. La limitación de los derechos fundamentales y la norma de clausura del sistema de libertades. In: PRIETO SANCHÍS, Luis. *Estudios sobre derechos fundamentales*. Madrid: Debate, 1990.

RAWLS, John. *O liberalismo político*. São Paulo: Ática, 2000.

RAZ, Joseph. The rule of law and its virtues. In: RAZ, Joseph. *The authority of law*: Essays on law and morality. Oxford: Oxford University Press, 1979.

SARMENTO, Daniel (Org.). *Interesses públicos versus interesses privados*: descontruindo o princípio da supremacia do interesse público. Rio de Janeiro: Lumen Juris, 2005.

SCAFF, Fernando Facury. Quem controla o controlador? Considerações sobre as alterações na LINDB. *Consultor Jurídico*, abr. 2018. Disponível em: <https://www.conjur.com.br/2018-abr-17/quem-controla-controlador-notas-alteracoes-lindb>. Acesso em: 2 maio 2018.

SUMMERS, Robert. *Instrumentalism and American legal theory*. Nova York: Cornell University Press, 1982.

TAMANAHA, Brian Z. *Beyond the formalist-realist divide*: the role of politics in judging. Princeton: Princeton University Press, 2009.

TAMANAHA, Brian Z. *Law as a means to an end*: threat to the rule of law. Oxford: Cambridge University Press, 2006.

TAMANAHA, Brian Z. *On the rule of law*: history, politics, theory. Cambridge: Cambridge University Press, 2004.

TAMANAHA, Brian Z. Pragmatism in U.S. legal theory: its application to normative jurisprudence, sociolegal studies, and the fact-value distinction. *The American Journal of Jurisprudence*, v. 41, n. 1, p. 315-355, 1996.

TUSHNET, Mark V. Pragmatism and judgment: a comment on Lund. *Georgetown University Law Center*, v. 99, n. 1, p. 289-296, 2004.

VILLA, Vittorio. A pragmatically oriented theory of legal interpretation. *Journal for Constitutional Theory and Philosophy of Law*, v. 12, p. 89-120, 2010.

WERNECK, Diego Arguelhes; LEAL, Fernando. Pragmatismo como [meta] teoria normativa da decisão judicial: caracterização, estratégia e implicações. In: SARMENTO, Daniel (Coord.). *Filosofia e teoria constitucional contemporânea*. Rio de Janeiro: Lumen Juris, 2009.

WHIMSTER, Sam (Ed.). *The essential weber*: a reader. London and New York: Routledge Taylor & Francis Group, 2004.

WHITE, Edward D. From sociological jurisprudence to realism: jurisprudence and social change in early twentieth-century America. *Virginia Law Review*, v. 58, n. 6, p. 999-1028, Sep. 1972.

WHITE, Morton G. The revolt against formalism in American social thought of the twentieth century. *Journal of the History of Ideas*, v. 8, n. 2, p. 131-152, Apr. 1947.

Informação bibliográfica deste texto, conforme a NBR 6023:2002 da Associação Brasileira de Normas Técnicas (ABNT):

PEREIRA, Jane Reis Gonçalves. As garantias constitucionais entre utilidade e substância: uma crítica ao uso de argumentos pragmatistas em desfavor dos direitos fundamentais. In: BARROSO, Luís Roberto; MELLO, Patrícia Perrone Campos (Coord.). *A República que ainda não foi*: trinta anos da Constituição de 1988 na visão da Escola de Direito Constitucional da UERJ. Belo Horizonte: Fórum, 2018. p. 193-215. ISBN 978-85-450-0582-7.

DIREITO À IGUALDADE DE GÊNERO: UMA PROPOSTA DE DENSIFICAÇÃO DO ART. 5º, I, DA CONSTITUIÇÃO DE 1988

CRISTINA TELLES

1 Introdução[1]

A desigualdade de gênero é a mais extensa, complexa e persistente forma de desigualdade social que existe no mundo.[2] São, atualmente, cerca de 3,62 bilhões de pessoas – 49,6% da população –[3] que têm seu pleno desenvolvimento limitado pelo simples fato de serem mulheres; 3,62 bilhões de pessoas que têm seus direitos fundamentais diminuídos ou dificultados; que deixam de contribuir como poderiam para a política, a economia e a sociedade de maneira geral. Quase metade do planeta que tem intensificados os preconceitos, as discriminações e as formas de violência que por outros motivos já poderia sofrer. Se o mundo pode ser perverso para um homem pobre, pode ser ainda pior para uma mulher pobre; e o mesmo vale para uma negra, uma homossexual, uma integrante de minoria religiosa ou cultural, uma imigrante ou uma mulher com deficiência.

A "ordem de gênero"[4] existente nas sociedades contemporâneas também atinge diretamente os homens, ainda que em intensidade bastante inferior. São também eles

---

[1] Esse artigo é uma síntese de alguns capítulos da dissertação de mestrado defendida em 2016, no Programa de Pós-Graduação em Direito da UERJ, sob a orientação do Prof. Daniel Sarmento e coorientação da Prof. Jane Reis, com o título *Por um constitucionalismo feminista: reflexões sobre o direito à igualdade de gênero*.

[2] De maneira similar, o historiador Yuval Noah Harari qualifica o gênero como "a hierarquia social mais influente e estável da história" e reconhece que, até hoje, simplesmente não sabemos porque ela existe, o que corrobora a aqui denominada "complexidade" do fenômeno. Como Harari afirma, "há muitas teorias [a respeito da hierarquia social entre mulheres e homens], nenhuma delas convincente" (HARARI, Yuval Noah. *Sapiens* – Uma breve história da humanidade. 9. ed. Tradução de Janaína Marcoantonio. Porto Alegre: L&PM, 2016. p. 156-168).

[3] Esses são o número e o percentual de mulheres segundo estimativa da ONU publicada no relatório World Population 2015. Não há informação sobre como foram computadas no relatório as pessoas transgênero (UNITED NATIONS. Department of Economic and Social Affairs. *World Population 2015*. Disponível em: <http://esa.un.org/unpd/wpp/Publications/Files/World_Population_2015_Wallchart.pdf>. Acesso em: 10 jun. 2018).

[4] A expressão foi difundida a partir dos trabalhos de Raewyn Connell e é autoexplicativa: designa, de maneira ampla, os arranjos que *ordenam*, ou seja, criam padrões e dão sentido às distinções de gênero nas sociedades (CONNELL, Raewyn; PEARSE, Rebecca. *Gênero*: uma perspectiva global. Compreendendo o gênero – da esfera pessoal à política – no mundo contemporâneo. Tradução de Marília Moschkovich. São Paulo: nVersos, 2015).

pressionados a assumir papéis sociais por vezes não condizentes com seus reais desejos e suas aspirações de vida, enfrentam preconceitos caso desviem dos estereótipos criados em torno da masculinidade, e são vítimas da própria cultura de violência em que criados.[5]

Como sociedade, todos somos prejudicados. Temos de arcar com o elevadíssimo custo humanitário, político, econômico e social de viver em um mundo caracterizado pela desigualdade entre mulheres e homens. Apenas como exemplo, por ano, mais de 43 mil mulheres são assassinadas, vítimas da violência doméstica;[6] incontáveis ideias brilhantes de líderes em potencial permanecem silenciadas, em decorrência dos obstáculos que ainda se impõem para a efetiva participação das mulheres na política e nos centros de poder de maneira geral;[7] mais de 27 trilhões de dólares deixam de ser adicionados à economia global;[8] e incalculáveis perdas sociais advêm da subutilização da mais eficaz ação de desenvolvimento humano do planeta, qual seja, a educação de meninas.[9] [10]

A essa extensão da desigualdade de gênero soma-se, como visto, a característica da complexidade. O tratamento diferenciado entre mulheres e homens costuma ser

---

[5] CONNELL, Raewyn; PEARSE, Rebecca. *Gênero*: uma perspectiva global. Compreendendo o gênero – da esfera pessoal à política – no mundo contemporâneo. Tradução de Marília Moschkovich. São Paulo: nVersos, 2015. p. 35-36.

[6] Cf. UNODC RESEARCH. Global *Study on Homicide 2013*. Disponível em: <https://www.unodc.org/documents/gsh/pdfs/2014_GLOBAL_HOMICIDE_BOOK_web.pdf>. Acesso em: 10 jun. 2018.

[7] Conforme será explorado neste artigo, "[m]ulheres são subrepresentadas como eleitoras, assim como em posições de liderança, quer seja em cargos eletivos, no serviço público, no setor privado ou na academia" e, com isso, perde-se a oportunidade de se estabelecer um ambiente deliberativo mais promissor, não apenas para os direitos e interesses das próprias mulheres, mas para o surgimento de novas ideias e a tomada de melhores decisões de modo geral (WOMEN'S leadership and political participation. *UN Women*. Disponível em: <http://www.unwomen.org/en/what-we-do/leadership-and-political-participation#sthash.vN1BrF51.dpuf>. Acesso em: 10 jun. 2018).

[8] Estimativa de acréscimo no PIB anual dos países em 2025 se todos atingissem o nível máximo de igualdade de gênero hoje existente (2015). Se cada país atingisse apenas o nível máximo da sua região, o ganho em 2025 seria menor, mas ainda bastante significativo: 12 trilhões de dólares. Cf. cálculos do Instituto McKinsey, divulgados no relatório *The Power of Parity*, em setembro de 2015 (WOETZEL, Jonathan *et al*. How advancing women's equality can add $12 trillion to global growth. *McKinsey Global Institute*, set. 2015. Disponível em: <http://www.mckinsey.com/insights/growth/how_advancing_womens_equality_can_add_12_trillion_to_global_growth>. Acesso em: 10 jun. 2018). Dados semelhantes já haviam sido obtidos pela Booz & Company em 2012, quando se calculou que, especificamente no Brasil, apenas a equiparação das taxas de empregos entre mulheres e homens já representaria um impulso na economia nacional de 9% do PIB (AGUIRRE, DeAnne *et al*. *Empowering the Third Billion* – Women and the world of work in 2012. Nova York: Booz & Company, 2012. Disponível em: http://www.strategyand.pwc.com/media/file/Strategyand_Empowering-the-Third-Billion_Full-Report.pdf>. Acesso em: 10 jun. 2018). Também o Banco Mundial qualifica o combate à desigualdade de gênero como uma medida inteligente de economia (THE WORLD BANK. *World Bank Report 2012* – Gender equality and development. Washington: The World Bank, 2011. Disponível em: <https://siteresources.worldbank.org/INTWDR2012/Resources/7778105-1299699968583/7786210-1315936222006/Complete-Report.pdf>. Acesso em: 10 jun. 2018).

[9] A afirmação é recorrente entre estudiosos de desenvolvimento humano, já tendo sido feita, por exemplo, por dois ex-integrantes das Nações Unidas: o Ex-Subsecretário-Geral Sashi Tharoor e o Ex-Secretário-Geral Kofi Annan (*vide*: EXAME CEO. *Ideias para quem decide*. Edição especial "Mulheres – a nova força da economia". São Paulo: Abril, 2013). O efeito catalisador de bem-estar social advindo da educação de meninas também já foi apontado pelo Banco Mundial, no relatório citado na nota anterior.

[10] Atualmente, 63 milhões delas estariam fora das escolas e, apesar dos esforços mundiais, a disparidade entre meninas e meninos no acesso à educação básica tem aumentado, conforme Relatório da Unesco (UNESCO. *Unesco eAtlas of Gender Inequality in Education*. Disponível em: <http://www.tellmaps.com/uis/gender/>. Acesso em: 10 maio 2018). No Brasil, especificamente, os problemas de acesso à educação têm se concentrado nas faixas pré-escolar e do ensino médio, e, embora não se verifique distinção significativa entre a quantidade de meninas e meninos não matriculados nas escolas, há dificuldades específicas aplicáveis a elas. Estima-se que a gravidez precoce seja a principal causa para evasão das mais de 769.000 adolescentes de 15 a 17 anos que estão fora das escolas no Brasil (cf. UNICEF. *Todas as crianças na escola em 2015* – Iniciativa global pelas crianças fora da escola. ago. 2012. Disponível em: <http://www.unicef.org/brazil/pt/resources_24118.htm>. Acesso em: 10 jun. 2018).

justificado[11] (i) pela natureza ou (ii) por dogmas religiosos.[12] Lidar com a desigualdade em questão envolve, portanto, em grande medida, discutir (i) um suposto conhecimento de ciências naturais, enraizado nas tradições de praticamente todos os povos e aplicado a cada indivíduo desde o primeiro dia de vida,[13] ou (ii) a fé das pessoas.[14] De um jeito ou de outro, consegue-se entender porque é uma tarefa tão difícil. É como se fosse questionado quem está acima de qualquer questionamento, seja a natureza seja Deus.[15]

Para agravar o quadro, há, de fato, razões naturais ou biológicas que justificam e até impõem o tratamento diferenciado entre mulheres e homens em determinadas hipóteses. Desse modo, identificar a "verdadeira" desigualdade de gênero, aquela que é preconceituosa e discriminatória, depende de um conhecimento de ciências naturais[16] relativamente profundo, que, em geral, as pessoas não têm.

Mesmo os estudiosos de ciências humanas dedicados ao assunto da desigualdade precisam de dados externos à sua área de especialização para enfrentar as questões de gênero. Daí surgem alguns riscos, como: falhas no entendimento de elementos das ciências naturais por parte desses estudiosos e da sociedade em geral; falta de diálogo entre os diferentes campos de saber, e entre a academia e o povo; e equívocos na própria produção das ciências naturais, que acabam sendo acolhidos acriticamente por outras ciências ou pelo senso comum. Sobre este último ponto, vale destacar que as ciências naturais não são objetivas e neutras como já se imaginou, e muito menos imunes a erros.

---

[11] O fato de as justificativas usuais para desigualar homens e mulheres serem a natureza humana e a religião não significa que estas sejam as causas da desigualdade. Há diversas teorias que defendem que os discursos científico e religioso para diferenciação entre homens e mulheres são instrumentos ou decorrências de outros fenômenos sociais, os quais, estes sim, estariam na base da desigualdade de gênero. Além disso, conforme já comentado, há quem entenda que simplesmente não sabemos ainda as causas dessa desigualação (*vide* nota de rodapé 2 *supra*).

[12] Cf. FREEDMAN, Estelle B. *No turning back* – The history of feminism and the future of women. Nova York: Ballantine Books, 2002. p. 18-19.

[13] Na verdade, já antes do nascimento, a desigualdade de gênero começa a moldar a vida do futuro bebê. Perguntas sobre o sexo da criança costumam ser as primeiras a serem feitas aos pais e pautam a decoração do ambiente em que a criança viverá, os presentes que ganhará, o imaginário familiar e social sobre o seu futuro e a forma como será educada. Não por outra razão, o gênero é uma das primeiras categorias sociais que as crianças assimilam: estima-se que entre 2 e 3 anos de idade já saibam perceber as diferenças de gênero e, até os 4 anos, se identifiquem como pertencentes a algum deles. *Vide*, entre outros, (i) estudos da Associação Americana de Pediatria (GENDER identity development in children. *Healthychildren.org*. Disponível em: <https://www.healthychildren.org/English/ages-stages/gradeschool/Pages/Gender-Identity-and-Gender-Confusion-In-Children.aspx>. Acesso em: 10 jun. 2018); e (ii) o verbete "gênero" na *Enciclopédia de Desenvolvimento da Primeira Infância*, organizada por institutos vinculados à Universidade de Montreal e de Laval, no Canadá (HALIM, May Ling; LINDNER, Natasha C. Gender self-socialization in early childhood. *Encyclopedia on Early Childhood Development*, dez. 2013. Disponível em: <http://www.child-encyclopedia.com/gender-early-socialization/according-experts/gender-self-socialization-early-childhood>. Acesso em: 10 jun. 2018).

[14] Quase todas as religiões do mundo estabelecem distinções entre mulheres e homens que conferem a estes maior prestígio social. Além do cristianismo e do islamismo, que, somados, congregam mais da metade da população adulta do planeta, hinduísmo, budismo e judaísmo são alguns exemplos de religiões de grande e médio alcance que reproduzem essa desigualação em suas crenças. Cf. FREEDMAN, Estelle B. *No turning back* – The history of feminism and the future of women. Nova York: Ballantine Books, 2002. p. 20.

[15] É certo que outras formas de desigualdade já foram respaldadas por discursos científicos ou religiosos, mas nenhuma delas com a força e a persistência da desigualdade de gênero. *Vide*: ALVES, Branca Moreira; PITANGUY, Jacqueline. *O que é feminismo*. 8. ed. São Paulo: Brasiliense, 2003. p. 56.

[16] Embora controversa, a distinção entre ciências naturais e ciências humanas permanece amplamente difundida, tomando por base sobretudo (supostas) diferenças de objetos de estudo e metodologias de pesquisa entre esses dois grandes grupos do conhecimento. Para uma caracterização moderna dessa dicotomia científica, veja-se: SNOW, Charles Percy. *The two cultures*. 18. reprint. Cambridge: Cambridge University Press, 2014.

Atuam, tal qual as ciências humanas, influenciadas pelas pré-compreensões dos seus agentes e limitadas pelo conhecimento e tecnologia disponíveis em cada momento.[17]

Mas a complexidade da desigualdade de gênero não para por aí. Até a segunda justificativa comumente apontada para diferenciarem-se mulheres e homens – os dogmas religiosos – tem algum espaço legítimo de atuação, o que agrega controvérsias na identificação daquilo que deve ou não ser tolerado em matéria de gênero. Com efeito, o princípio moderno da laicidade estatal não impede que as pessoas pautem suas vidas por valores religiosos; ele apenas impede que o Estado o faça.[18] Portanto, há uma margem dentro da qual as religiões podem atuar na sociedade, inclusive defendendo diferenciações de gênero.

Definir essa margem é, no entanto, um enorme desafio, entre outros motivos, porque a laicidade não foi construída em um papel em branco. Ela surgiu – como todas as ideias surgem – historicamente condicionada e acabou cedendo à incorporação de diversas razões das religiões majoritárias pelo Estado, sob um falso manto de neutralidade. Assim, não se pode pensar apenas no tanto que, aberta e diretamente, as religiões devem poder influenciar o tratamento estatal voltado à temática de gênero. É preciso investigar, também, o quanto elas já influenciam através do próprio Estado e debater a legitimidade desse espaço de atuação, conquistado no passado e que muitos tentam manter invisível.

As considerações acima, a propósito da complexidade da desigualdade de gênero, ajudam a entender, também, a sua terceira característica: a persistência. Embora não tenha existido em todos os tempos e lugares,[19] a mencionada desigualdade se espalhou pelo mundo e tem se mantido firme há séculos. Grande parte da força para tanto vem, exatamente, das justificativas utilizadas para diferenciar mulheres e homens.

Os sensos comuns construídos a respeito da natureza humana e os dogmas religiosos permitiram, especialmente se tomados como fenômenos históricos não excludentes, que a desigualdade de gênero se reproduzisse ao longo da história em praticamente qualquer grupo e ambiente (*e.g.*, entre ateus e pessoas de fé, progressistas e conservadores, intelectuais e analfabetos; em instituições públicas e privadas, grandes cidades e vilarejos rurais, ruas e casas). Revelaram-se, além disso, bem mais adaptáveis do que se poderia imaginar. Em suma, ciência e religião conseguiram manter hegemônica a regra de desigualação social entre mulheres e homens, modificando ou ressignificando pontualmente suas verdades e crenças, de forma a acolher demandas, também pontuais,

---

[17] O feminismo, inclusive, foi um dos principais responsáveis por desmistificar a objetividade e a neutralidade das ciências naturais. Sobre a denominada *filosofia feminista das ciências*, vide: HONDERICH, Ted (Ed.). *The Oxford companion to philosophy*. Nova York: Oxford University Press, 2005. p. 849.

[18] Nas palavras do Professor Daniel Sarmento, "[a] laicidade não significa a adoção pelo Estado de uma perspectiva ateísta ou refratária à religiosidade. [...] Pelo contrário, a laicidade impõe que o Estado se mantenha neutro em relação às diferentes concepções religiosas presentes na sociedade, sendo-lhe vedado tomar partido em questões de fé, bem como buscar o favorecimento ou o embaraço de qualquer crença" (SARMENTO, Daniel. O crucifixo nos tribunais e a laicidade do Estado. *RDE*, Rio de Janeiro, n. 8, p. 75-90, out./dez. 2007).

[19] Cf. FREEDMAN, Estelle B. *No turning back* – The history of feminism and the future of women. Nova York: Ballantine Books, 2002. p. 20. Em geral, reconhece-se que todos os povos até hoje estudados dividiram-se, em algum grau, entre mulheres e homens. Nem sempre, porém, essa divisão teve o peso social, cultural e político que passou a ostentar, pelo menos, desde a Revolução Agrícola (HARARI, Yuval Noah. *Sapiens* – Uma breve história da humanidade. 9. ed. Tradução de Janaína Marcoantonio. Porto Alegre: L&PM, 2016. p. 152).

de igualdade que conquistaram maior adesão social e política, ou que simplesmente fizeram-se prevalecer em bases racionais (científicas)[20] ou sentimentais (espirituais).[21]

A boa notícia diante do quadro acima descrito é que uma análise retrospectiva dos últimos cem anos revela significativos avanços no enfrentamento da desigualdade de gênero. Sobretudo por iniciativa e atuação de mulheres que tiveram a coragem de se opor às amarras sociais e políticas que lhes eram impostas, o mundo em 2018 é um lugar melhor para o gênero feminino. Cem anos atrás, em regra, as mulheres não votavam; tinham acesso reduzido à educação; eram dependentes juridicamente de seus pais, maridos ou filhos; não tinham direito à propriedade; e enfrentavam severas restrições para ou no exercício de trabalho remunerado.[22] Hoje, a igualdade de gênero é um direito humano assegurado em tratados internacionais[23] e pelos sistemas constitucionais de praticamente todos os países do mundo[24] e, em geral, vigora um regime oposto ao do início do século XX: mulheres votam; não encaram barreiras formais para acesso à educação; são autônomas juridicamente; podem ser proprietárias; e têm o mercado de trabalho, também formalmente, à sua disposição.[25] Não é à toa, portanto, que o feminismo é

---

[20] O declínio da categoria médica da histeria exemplifica essas adaptações ou correções de rumo da ciência motivadas por demandas em prol da igualdade de gênero. Bastante utilizada até meados do século XX, a histeria foi concebida em um contexto de propagação de inúmeros estudos, no século XIX, que supostamente comprovavam a origem biológica das distinções entre mulheres e homens na sociedade. Foi empregada para repreender as lutas feministas por igualdade de direitos, categorizando as mulheres que as defendiam como portadoras de comportamentos desviantes, "não saudáveis"; bem como para difundir, por contraste, padrões de comportamento desejáveis. Uma das formas de tratamento da histeria, adotada até a década de 1960 na Europa e nos Estados Unidos, foi, inclusive, a mutilação genital, hoje, felizmente, inaceitável nessas regiões do planeta, assim como a própria categoria médica da histeria – maleável em significado e restrita às mulheres em alcance (ROHDEN, Fabíola. *Uma ciência da diferença*: sexo e gênero na medicina da mulher. 2. ed. Rio de Janeiro: Editora Fiocruz, 2001. p. 30-67).

[21] A adaptabilidade das crenças religiosas, presente nos processos de aceitação do divórcio em diversas crenças, pode ser ilustrada, também, por mudanças mais sutis, como a atinente aos padrões de vestimenta, por parte da Igreja católica apostólica romana. Veja-se, nesse sentido, a "Notificação concernente às mulheres que vestem roupas de homem", emitida pelo Cardeal Siri, recriminando, em 1960, o uso de calças pelas fiéis, o que acabou, todavia, vindo a ser admitido pela aludida instituição religiosa ainda no final do século passado (SIRI, Giuseppe Cardinal. *Notification concerning men's dress worn by women*. Genova, jun. 1960 Disponível em: <http://www.national-coalition.org/modesty/modsiri.html>. Acesso em: 10 jun. 2018). A "Carta às Mulheres", emitida pelo Papa João Paulo II em 1995, por ocasião da IV Conferência Mundial sobre a Mulher (Conferência de Pequim), da ONU, expressa outras pontuais modificações na postura da Igreja católica em relação às mulheres, deixando clara, porém, a manutenção da lógica central de diferenciação de papéis (desígnios divinos) entre elas e os homens (JOÃO PAULO PP. II. *Carta do Papa João Paulo II às mulheres*. Vaticano: Libreria Editrice Vaticana, 1995. Disponível em: <https://w2.vatican.va/content/john-paul-ii/pt/letters/1995/documents/hf_jp-ii_let_29061995_women.html>. Acesso em: 10 jun. 2018).

[22] Cf. FREEDMAN, Estelle B. *No turning back* – The history of feminism and the future of women. Nova York: Ballantine Books, 2002. p. 58; e DOEPKE, Matthias; TERTILT, Michele; VOENA, Alessandra. The Economics and Politics of Women's Rights. *Annual Review of Economics, Annual Reviews*, v. 4, n. 1, p. 339-372, 2012.

[23] A Carta das Nações Unidas, aprovada em 1948 e que conta, atualmente, com 193 Estados signatários, veda, por quatro vezes, a discriminação baseada em sexo (arts. 1º, 3º; 13, "b"; 55, "c"; e 76, "c"). Por sua vez, a Convenção Internacional sobre a Eliminação de Todas as Formas de Discriminação contra a Mulher, de 1979, já assinada por 189 países, detalha essa vedação e reforça a tutela dos direitos das mulheres. Estes dois são os principais documentos de alcance global sobre o assunto, mas há inúmeros outros. Para um compêndio dos principais tratados adotados pelo Brasil sobre a matéria, *vide*: BRASIL. Câmara dos Deputados. *Legislação da mulher*. 6. ed. Brasília: Edições Câmara, 2014.

[24] Segundo levantamento feito por Catharine MacKinnon, dos cerca de 200 países com Constituição escrita, 184 garantem a igualdade de gênero expressamente, embora as formas de fazê-lo variem (MACKINNON, Catharine. Gender in constitutions. In: ROSENFELD, Michael; SAJÓ, András. *The Oxford Handbook of Comparative Constitutional Law*. Nova York: Oxford University Press, 2012. p. 404).

[25] Cf. FREEDMAN, Estelle B. *No turning back* – The history of feminism and the future of women. Nova York: Ballantine Books, 2002. p. 67; 164; 319; 353.

considerado o movimento social mais importante do último século ou, pelo menos, o que mais transformações sociais produziu em escala global.[26]

Tamanho sucesso levou, contudo, de maneira um tanto paradoxal, ao esfriamento do feminismo a partir de meados dos anos 1980, em especial em países desenvolvidos.[27] Passou-se a imaginar, em suma, que o caminho para a igualdade de gênero já estava traçado e que, para atingi-la, bastaria seguir em linha reta por mais algum tempo. Assim, uma nova geração de mulheres, nascida em um mundo já radicalmente transformado pelo feminismo, acreditou que não precisaria mais dele.[28] Atingiriam a idade adulta e teriam uma vida repleta de oportunidades pela frente.

No Brasil, esse otimismo em relação à igualdade de gênero coincidiu com o período de vigência inicial da Constituição de 1988,[29] contribuindo para a incipiente produção doutrinária acerca da matéria no país. Apenas nos últimos anos, as discussões sociais e políticas sobre gênero retomaram força, expondo velhas e novas facetas da *des*igualdade entre mulheres e homens e dando forma a uma nova geração de feministas – na qual esta autora se inclui – que ainda não sabe ao certo como enfrentar o problema. Uma geração que tem muito a aprender com as anteriores, mas que também precisa desenvolver suas próprias ferramentas e abordagens, inclusive jurídicas, de combate a uma desigualdade que, de muitas maneiras, se reinventou.

O objetivo deste artigo é colaborar para essa necessária e contemporânea reflexão, analisando como o direito consagrado no art. 5º, I, da Constituição de 1988, pode ser densificado e interpretado de modo a contribuir para as atuais demandas por igualdade de gênero. A fim de conferir maior respaldo ao trabalho, adota-se como base a consagrada teoria de justiça da filósofa e feminista norte-americana Nancy Fraser.[30] Nesse sentido, defende-se que o direito à igualdade de gênero seja encarado de forma multidimensional, contemplando garantias não hierarquizadas de igualdade como redistribuição, como

---

[26] Cf. BUCHANAN, Ian. *A dictionary of critical theory*. Nova York: Oxford, 2010. p. 166.

[27] No Brasil, esse esfriamento do feminismo iniciou-se um pouco depois, tornando-se mais evidente a partir da segunda metade da década de 1990. Sobre o tema, veja-se: TELLES, Cristina. *Por um constitucionalismo feminista*: reflexões sobre o direito à igualdade de gênero. 2016. 290 f. Dissertação (Mestrado em Direito Público) – Faculdade de Direito, Universidade do Estado do Rio de Janeiro, Rio de Janeiro, 2016.

[28] Naturalmente, houve exceções: pessoas, grupos sociais e instituições que se mantiveram alertas e mobilizados em torno da igualdade de gênero. Além de poucos e dispersos, tinham, em geral, reduzida visibilidade e apelo político, o que explica porque, infelizmente, não foram capazes de manter a força do feminismo dos anos 1970.

[29] Comentando a difusão desse entendimento no Brasil, sobretudo a partir de um discurso jornalístico que caracterizou o feminismo no país, a partir dos anos 1990, como uma demanda "superada", veja-se: BIROLI, Flávia; MIGUEL, Luís Felipe. Introdução: teoria política feminista hoje. In: BIROLI, Flávia; MIGUEL, Luís Felipe. *Teoria política feminista*: textos centrais. Vinhedo: Horizonte, 2013. p. 8.

[30] Sobre a aludida teoria de justiça e a evolução do pensamento de Fraser a seu respeito, confira-se: (i) FRASER, Nancy. *Unruly practices* – Power, discourse and gender in contemporary social theory. Minneapolis: University of Minnesota Press, 1989; (ii) FRASER, Nancy. Rethinking the public sphere: a contribution to the critique of actually existing democracy. In: CALHOUN, Craig. *Habermas and the public sphere*. Cambridge: MIT Press, 1992; (iii) FRASER, Nancy. Pragmastim, feminism and the linguistic turn. In: BUTLER, Judith; CORNELL, Drucilla; FRASER, Nancy (Org.). *Feminist contentions*. Nova York: Routledge, 1995; (iv) FRASER, Nancy. *Justice interrupts* – Critical reflection on the "Postsocialist" condition. Nova York: Routledge, 1997; (v) FRASER, Nancy; HONNETH, Axel. *Redistribution or recognition?* A political-philosophical exchange. Tradução de Joel Gob, James Ingram, Christiane Wilke. Nova York: Verso, 2003; (vi) FRASER, Nancy. *Scales of Justice* – Reimagining political space in a globalizing world. Nova York: Columbia University Press, 2010; (vii) FRASER, Nancy. Redistribuição, reconhecimento e participação: por uma concepção integrada de justiça. Tradução de Bruno Ribeiro Guedes e Letícia de Campos Velho Martel. In: IKAWA, Daniela; PIOVESAN, Flávia; SARMENTO, Daniel. *Igualdade, diferença e direitos humanos*. Rio de Janeiro: Lumen Juris, 2010. p. 167-189; (viii) FRASER, Nancy. *Fortunes of feminism* – From state-managed capitalism to neoliberal crisis. Nova York: Verso, 2013.

reconhecimento e como representação. Em adição a essas três facetas reconhecidas na teoria da autora norte-americana, sugere-se, ainda, o reconhecimento de uma dimensão formal do direito à igualdade de gênero, não apenas como decorrência de uma leitura, em si também formalista, do direito previsto no art. 5º, I, da CF/1988, mas também como garantia ainda relevante no país para promoção dos direitos das mulheres.[31]

2 Igualdade formal

A igualdade formal constitui a faceta mais evidente do direito fundamental consagrado no art. 5º, I, da CF/1988, e remonta historicamente à origem do feminismo. Com efeito, durante a primeira onda do movimento, tanto nos Estados Unidos e na Europa como no Brasil, buscava-se, principalmente, a igualdade das mulheres perante a lei, sendo a participação no sufrágio o exemplo maior disso.[32] Com o passar do tempo, no entanto, o feminismo foi se tornando cada vez mais crítico dessa compreensão formal de igualdade. Mais do que insuficiente para atender às demandas das mulheres, ela passou a ser tida como uma ferramenta de manutenção, escamoteada, de uma ordem político-social eminentemente masculina e discriminatória.[33]

A crítica acima referida, embora extremamente importante, não deve levar, contudo, ao repúdio da igualdade em sua dimensão formal. Há razões político-filosóficas para se continuar a crer na igualdade perante a lei como garantia necessária, ainda que não única ou suficiente, para a construção de uma sociedade mais justa em termos de gênero, bem como razões pragmáticas para a sua defesa.

Do ponto de vista *político-filosófico*, pode-se ressignificar e complementar a dimensão formal da igualdade de gênero, evitando-se, assim, que ela sirva à reiteração de padrões normativos de origem discriminatória. Nesse sentido, a igualdade formal seria compreendida não como uma extensão dos direitos dos homens às mulheres; mas como uma garantia de tratamento igualitário a partir de um ordenamento que seja, ele próprio, constantemente questionado quanto à sua formatação potencialmente desigual ou mesmo impeditiva do pleno desenvolvimento das mulheres. Haveria, portanto, igualdade perante a lei, mas também um exercício constante de problematização do conteúdo da lei, de modo a se combater a perpetuação de padrões normativos ofensivos às mulheres.

Mesmo, todavia, que se discorde da viabilidade da conciliação acima proposta e, por conseguinte, do acerto dogmático da dimensão formal da igualdade de gênero, há, conforme assinalado, motivos *pragmáticos* para sustentá-la. Os paradigmas e as instituições político-sociais da modernidade, masculinos e preconceituosos como possam ser,

---

[31] Cf. TELLES, Cristina. *Por um constitucionalismo feminista*: reflexões sobre o direito à igualdade de gênero. 2016. 290 f. Dissertação (Mestrado em Direito Público) – Faculdade de Direito, Universidade do Estado do Rio de Janeiro, Rio de Janeiro, 2016. cap. 3.

[32] Cf. FREEDMAN, Estelle B. *No turning back* – The history of feminism and the future of women. Nova York: Ballantine Books, 2002. p. 128. Confira-se, em complementação: ALVES, Branca Moreira; PITANGUY, Jacqueline. *O que é feminismo*. 8. ed. São Paulo: Brasiliense, 2003. p. 38.

[33] Cf.: "a igualdade [...] não pode ser alcançada permitindo que os homens construam instituições sociais segundo seus interesses e, depois, ignorando o gênero dos candidatos ao decidir quem preenche os papéis nestas instituições" (KYMLINCKA, Will. *Filosofia política contemporânea* – Uma introdução. Tradução de Luís Carlos Borges. Revisão de tradução de Marylene Pinto Michael. São Paulo: Martins Fontes, 2006. p. 307).

permanecem em vigor; e as chances de serem transformados pelas mulheres aumentam quando estas têm, ao menos, um conjunto básico de direitos assegurado a partir de uma concepção formal de igualdade.

Há, ainda hoje, uma quantidade significativa de direitos passíveis de conquista pelas brasileiras a partir da invocação à igualdade formal, o que, aliado à literalidade do art. 5º, I, da CF/1988, corrobora a vantagem pragmática de se trabalhar a aludida dimensão do direito. Em suma, o que se quer dizer é que o desenvolvimento, relativamente simples, de uma compreensão firme de igualdade perante a lei ainda pode ser bastante útil ao enfrentamento de antigas e renovadas violações aos direitos as mulheres.

A fim de exemplificar esse emprego ressignificado e pragmaticamente vantajoso da igualdade formal, veja-se, inicialmente, o disposto em dois artigos do Código Civil (arts. 1.523 e 1.736) que, sem terem ensejado, até hoje, a devida discussão, distinguem o tratamento dado a mulheres e homens.

O art. 1.523 do Código estabelece que não deve se casar, entre outras pessoas, "a viúva ou a mulher cujo casamento se desfez por ser nulo ou ter sido anulado, até dez meses depois do começo da viuvez, ou da dissolução da sociedade conjugal" (inc. II). Não há regra semelhante para o viúvo ou o homem cujo casamento tenha se desfeito por invalidade. O preceito limita, assim, a liberdade da mulher com base em uma compreensão moral de que ela, e apenas ela, deve guardar um período de intervalo entre a viuvez e a dissolução da sociedade conjugal até poder se casar novamente.

Poderia se alegar que a regra protege as mulheres – delas próprias, ou de homens interessados em se aproveitar de sua viuvez ou recente separação. Mas cabe perguntar por qual razão a intervenção estatal, mesmo se tida como protetiva, deveria prevalecer sobre a autonomia da mulher na hipótese. A verdade é que não há razão legítima que justifique a medida.[34] Tal como ocorre em relação a outras supostas vantagens legais concedidas às mulheres, tem-se no art. 1.523 do CC uma ingerência estatal de viés paternalista, que poderia ser percebida ou revelada como tal mediante um simples exercício hipotético de extensão do direito ou "benefício" ali previsto aos homens, amparado em uma compreensão minimamente séria da igualdade formal.

Por sua vez, o art. 1.736 do CC dispensa as mulheres casadas do exercício da tutela, tal como faz com os maiores de 60 anos e os impossibilitados por enfermidade, por exemplo. Outra vez, em uma leitura inicial – que não considerasse adequadamente a dimensão formal do direito estudado neste artigo –, seria possível imaginar que o dispositivo institui um benefício às mulheres, talvez até para compensá-las pela dupla jornada de trabalho. Examinado, todavia, com a devida atenção e sob a premissa da igualdade perante a lei como regra geral entre mulheres e homens, a "vantagem" prevista pelo CC teria sua inadequação evidenciada, com relativa facilidade até.

Com efeito, mesmo se a suposta compensação das mulheres pela dupla jornada de trabalho fosse pertinente na regulação da tutela civil, teria, para fazer algum sentido, de se estender ao gênero feminino como um todo, e não apenas às mulheres casadas.

---

[34] Apenas para que não haja dúvida: o critério de presunção de paternidade previsto no art. 1.597 do CC certamente não pode ser considerado apto a justificar a restrição à autonomia da mulher, prevista no ora comentado art. 1.523. Fosse esse o propósito da limitação matrimonial no caso, não passaria pelo crivo da proporcionalidade, senão já pelo subprincípio da adequação, certamente pelo subprincípio da necessidade.

A aplicação específica a estas parece expressar o intuito ou, ao menos, o simbolismo da norma em reiterar o estereótipo segundo o qual a função principal da mulher é ser servil ao marido. Sendo ela casada, fica, por força do referido art. 1.736 do CC, liberada do dever de tutela, a fim de bem atender aos propósitos domésticos para os quais supostamente se destina.

Complementando a exemplificação extraída do Código Civil, a análise da jurisprudência brasileira confirma a importância e a utilidade pragmática de se defender e robustecer a dimensão formal da igualdade de gênero no país. Nesse sentido, merece destaque, seja porque oriunda do órgão de cúpula do Judiciário, seja porque ilustrativa de uma série de equívocos usuais na interpretação do art. 5º, I, da CF/1988, a decisão proferida pelo STF em 24.11.2014 no RE nº 658.312 (rel. Min. Dias Toffoli).

Esclarece-se, desde já, que o acórdão em questão restou invalidado por um vício processual, a saber: a falta de intimação de uma das partes quanto à data de julgamento do recurso. Mais recentemente, o próprio dispositivo legal avaliado pelo Supremo (art. 384 da CLT) e que concedia, apenas às mulheres, o "benefício" de descanso por 15 minutos entre a jornada ordinária e a extraordinária de trabalho foi revogado (art. 5º, I, "i", da Lei nº 13.467/2017). Nada obstante, a manutenção em vigor do preceito até pouquíssimo tempo atrás e a prolação, também recente, de decisão pelo STF reconhecendo a sua constitucionalidade constituem dados alarmantes, aptos a endossar e exemplificar, conforme mencionado acima, a necessidade de valorização no Brasil da igualdade de gênero perante a lei.

Pontuam-se, nesse sentido, três falhas cometidas pelo STF no trajeto interpretativo do art. 384 da CLT à luz da Constituição. *Em primeiro lugar*, a Corte reconheceu três critérios legitimadores, *prima facie*, da concessão de tratamento diferenciado às mulheres (biológico, histórico e social), mas nenhum deles foi seriamente enfrentado. Tem-se a impressão, da leitura do acórdão, que as razões para diferenciação normativa entre mulheres e homens foram simplesmente assumidas como autoevidentes. Seria, nesse sentido, óbvio que as mulheres necessitam de maior descanso entre as jornadas de trabalho, seja porque mais fracas biologicamente, seja porque já sobrecarregadas com os usuais afazeres domésticos.

Acontece que juízes não são *experts* em biologia, história e sociologia. E a transformação dos elementos histórico, biológico e sociológico em cheque em branco na argumentação jurídica pode levar, como ocorreu no caso, à legitimação da diferenciação entre mulheres e homens sem o efetivo respaldo dessas outras ciências, como uma mera reprodução de estereótipos que a Constituição de 1988 quis combater. Não se nega, com isso, que em realidades de flagrante desigualdade, como a brasileira, a legitimação de tratamento diferenciado possa se dar com maior frequência, levando à construção de critérios jurídicos menos rígidos de desigualação. Mas critérios menos rígidos não são nem podem ser critérios completamente vazios, que invertam a lógica básica do princípio da igualdade, como ocorrido no RE nº 658.312.

Em segundo lugar, o Tribunal tratou a diferenciação legal entre mulheres e homens como algo tolerável diante da impossibilidade de o Judiciário estender o benefício de 15 minutos de descanso intrajornada aos homens. Citou, nesse sentido, o Enunciado nº 339 de sua súmula, que veda a extensão de vencimentos com base no princípio à igualdade. Ocorre, no entanto, que certas manifestações da igualdade – como a igualdade de gênero – são mais relevantes do que outras –; aproximam-se do que se costuma denominar núcleo essencial do direito fundamental,[35] devendo, em virtude disso, ser tuteladas de maneira mais incisiva.

Uma categoria de servidores que não receba aumento de vencimentos concedido à outra, por exemplo, até pode se considerar discriminada. A discriminação sofrida na hipótese, contudo, não merece o mesmo grau de proteção do ordenamento jurídico daquela que uma mulher venha a sofrer, pelo simples fato de ser mulher, no mercado de trabalho. Levada ao extremo a lógica exposta no RE nº 658.312, teria de se admitir válida, também, lei que elevasse somente para os homens o salário mínimo para R$2.000,00. Afinal, mesmo não havendo critério razoável de diferenciação entre o salário mínimo de homens e de mulheres, o salário superior obtido pelos primeiros representaria uma conquista a ser preservada, carecendo, por outro lado, legitimidade ao Judiciário para estender o benefício às mulheres.

Em terceiro e último lugar, em conexão com o equívoco interpretativo anterior, o STF considerou que o art. 384 da CLT seria uma conquista social; uma medida de proteção à saúde do trabalhador que não poderia ser excluída da esfera de direitos das mulheres, à luz da diretriz de vedação ao retrocesso social. Essa leitura do art. 384 da CLT ignora, todavia, a origem paternalista – e nada louvável – do dispositivo. Com efeito, o art. 384 era norma originária da CLT. Editado em 1943, visava a desestimular o trabalho "extrajornada" das mulheres, sobretudo para que estas pudessem priorizar suas funções privadas ou domésticas. Em tese, até seria possível realizar uma refundamentação do preceito, de maneira a extirpar ou sanar seu paternalismo congênito, mas não houve um esforço minimamente adequado por parte do STF nesse sentido, tampouco se poderia afirmar, à época, que já tivesse ocorrido uma dissipação social do viés discriminatório inicial da norma. Ao contrário, conforme argumentado nos autos, o art. 384 da CLT era encarado pelas próprias trabalhadoras como uma regra ofensiva à sua autonomia e prejudicial à sua participação no mercado de trabalho.

Ainda assim, o exemplo judicial em questão, tal como os legislativos antes citados, constitui, em nosso entendimento, um "caso fácil" de igualdade perante a lei; isto é, um caso que poderia ser solucionado com a mera internalização, pelos operadores do direito, de uma regra geral de tratamento legal igualitário entre mulheres e homens. Mas há situações mais complexas, em que a dimensão ora analisada do direito se choca com outras vertentes da própria igualdade ou com padrões sociais e normativos mais enraizados.

O campo em que, possivelmente, maior dificuldade se coloca diz respeito às regras sobre maternidade e paternidade. Há todo um imaginário social em torno da figura da mãe, distinto daquele associado ao pai, que acaba por embasar diferenças significativas de tratamento jurídico entre mulheres e homens no cuidado de seus filhos e em outros aspectos de suas vidas. Não se nega, por óbvio, a existência de distinções naturais entre ser mãe e ser pai. Até onde a ciência sabe, porém, elas se limitam à gestação, à amamentação e a uma pré-disposição comportamental distinta nos primeiros meses após o nascimento da criança.[36]

---

[35] *Vide*: PEREIRA, Jane Reis Gonçalves. *Interpretação constitucional e direitos fundamentais*. Rio de Janeiro: Renovar, 2006. cap. III.

[36] Entre muitos outros estudos nesse sentido, veja-se: (i) BADINTER, Elizabeth. *The myth of motherhood*: a historical view of the maternal instinct. Nova York: Souvenir Press, 1982; (ii) O'REILLY, Andrea. *Maternal theory*: essential

Do ponto de vista científico, portanto, não se pode afirmar que haja um impositivo e constante instinto materno, a determinar uma diferenciação significativa, durante toda a vida, do comportamento das mulheres, em comparação ao dos homens, diante de um filho ou filha.[37] O que mulheres e homens fazem ou tendem a fazer em nossa sociedade é *criar, desenvolver* reações distintas diante da experiência parental. Não se trata, assim, de um fenômeno inerente ou mesmo decorrente da biologia ou do sexo de cada indivíduo,[38] mas que advém, isto sim, da observância de padrões sociais de comportamento, que são reforçados pelo direito, quando, à luz da igualdade formal, poderiam e deveriam ser questionados.[39] [40]

Nessa linha, mais até do que problematizar as premissas biológicas para diferenciação entre mães e pais, parece relevante reconhecer ao direito o papel de valorização e indução social de experiências parentais mais plenas e igualitárias, em que os casais pudessem partilhar os prazeres e as dificuldades da criação de um filho ou uma filha. Haveria, assim, uma profunda transformação no modelo de licenças maternidade e paternidade adotado no Brasil,[41] dissipando-se a aura quase sagrada em torno da experiência materna que tanto sobrecarrega diversas mulheres e, por outro lado, tanto prejudica os homens que desejam exercer a paternidade de maneira mais intensa.

---

readings. Toronto: Demeter Press, 2007; (iii) DOUGLAS, Susan; MICHAELS, Meredith. *The mommy myth* – The idealization of motherhood and how it has undermined all women. Nova York: Free Press, 2005.

[37] Cf. CHRISLER, J. C.; MCHUGH, M. C. Waves of feminist psychology in the United States: Politics and perspectives. In: RUTHERFORD, A. et al. (Org.). *Handbook of International Perspectives on Feminism*. Nova York: Springer, 2011. p. 37-54.

[38] Adota-se aqui, por simplificação, o conceito ainda majoritário de sexo como algo biológico, orgânico ou natural, que distingue os seres humanos em categorias tradicionalmente denominadas "mulheres" e "homens", mas que, hoje em dia, entendem-se melhor designadas como "pessoas do sexo feminino" (fêmeas) e "pessoas do sexo masculino" (machos). Sexo não seria, assim, sinônimo de gênero: enquanto o primeiro decorreria do órgão genital, dos hormônios e dos cromossomas (XX ou XY) de nascimento de um indivíduo, o segundo resultaria da valoração sociocultural dada a esses elementos. Para maiores considerações sobre o tema, veja-se: TELLES, Cristina. *Por um constitucionalismo feminista*: reflexões sobre o direito à igualdade de gênero. 2016. 290 f. Dissertação (Mestrado em Direito Público) – Faculdade de Direito, Universidade do Estado do Rio de Janeiro, Rio de Janeiro, 2016.

[39] Análises comparativas indicam que, na maioria dos países membros da OCDE (Organização para a Cooperação e Desenvolvimento Econômico), os pais empregados despendem menos de metade do tempo que elas no cuidado com seus filhos e filhas (GORNICK, Janet C.; MEYERS, Marcia K. *The real utopias project*: gender equality – Transforming family divisions of labor. Londres: Verso, 2009. p. 10).

[40] Tanto que casais homossexuais também assumiriam papéis cerebrais distintos, de "mãe" e de "pai", haja vista a usual adoção, por cada membro da relação, de um padrão típico de comportamento, materno ou paterno (cf. pesquisa realizada pela Academia Nacional de Ciências dos Estados Unidos, noticiada, entre outros em CASAIS gays com filhos assumem 'papeis cerebrais' de mãe e pai. O Globo, 27 maio 2014. Disponível em: <http://oglobo.globo.com/sociedade/casais-gays-com-filhos-assumem-papeis-cerebrais-de-mae-pai-12615247>. Acesso em: 10 jun. 2018).

[41] O modelo brasileiro está bem longe do adequado. Não apenas para o atingimento da igualdade de gênero, mas para o próprio bem-estar da criança, dever-se-ia adotar uma sistemática de licenças maternidade e paternidade mais próximas em termos de duração. Examinando a fundo as políticas adotadas em 6 países (Dinamarca, Finlândia, Noruega, Suécia, Bélgica e França), as autoras sugerem regimes em que os tempos totais de licença sejam somados e possam ser utilizados com alguma liberdade pelo casal, ressalvando-se, somente, um período inicial mínimo às mulheres e um período também mínimo exclusivo para os pais (GORNICK, Janet C.; MEYERS, Marcia K. *The real utopias project*: gender equality – Transforming family divisions of labor. Londres: Verso, 2009. p. 18-26).

3 Igualdade como redistribuição

A dimensão redistributiva da igualdade de gênero foi a primeira a ser, historicamente, percebida como necessária para complementação da feição formal do aludido direito. Identificou-se, em síntese, que a desigualdade econômica funcionava, muitas vezes, como causa adicional ou até mesmo central para a subordinação e subvalorização das mulheres na sociedade. Não podendo trabalhar fora de casa e, assim, obter remuneração própria, ou fazendo-o por um salário diminuto, as mulheres dependiam dos pais ou maridos para subsistir. Para fugir de violações de direitos cometidas dentro de casa, teriam, então, de enfrentar, além do estigma sociocultural, o risco da fome, da ausência de moradia, entre outros.

Com o passar do tempo e a conquista pelas mulheres – ao menos em países como o Brasil – do acesso formal à educação e ao mercado de trabalho de maneira geral,[42] a dimensão redistributiva da igualdade de gênero passou a ser encarada, sobretudo, como uma exigência de igual remuneração pelo trabalho prestado,[43] à qual se agregou, mais recentemente, a ideia de igual oportunidade de ascensão profissional.[44] [45] Debate-se,

---

[42] Isso não significa que não haja, ainda, empecilhos à ocupação efetiva do mercado de trabalho pelas mulheres. Em 2012, pelo menos de 5 em cada 10 mulheres da população economicamente ativa trabalhava ou procurava emprego. Na mesma situação, contudo, eram 7 em cada 10 homens (Plano Nacional de Políticas para as Mulheres 2013-2015, p. 14) A geração "nem nem", de jovens que não estudam nem trabalham, afetada significativamente pela crise econômica evidenciada em 2015, tem, nas meninas, suas principais representantes, sendo a gravidez precoce um dos elementos centrais a dificultar a formação e a inserção profissional dessas mulheres, cf. relatório elaborado pelo Banco Mundial (CASAL JR., Marcello. Jovens que não estudam nem trabalham: escolha ou falta de opções? *The World Bank*, 17 mar. 2018. Disponível em: <http://www.worldbank.org/pt/news/feature/2018/03/17/brasil-estudio-jovenes-no-estudian-ni-trabajan-ninis-genero-pobreza>. Acesso em: 10 jun. 2018).

[43] Muitos fatores explicam a continuidade da menor participação das mulheres no mercado de trabalho e, enquanto não forem devidamente enfrentados, a economia continuará a funcionar como ferramenta de opressão de gênero e deixará de se beneficiar pelos ganhos que as mulheres poderiam trazer. Apenas a título de exemplo, há três desestímulos graves à inserção e à permanência das brasileiras no mercado de trabalho: (i) mulheres recebem menos pelo mesmo serviço prestado – a estimativa é que ganhem 73,8% dos rendimentos dos homens para as mesmas funções; (ii) as profissões por elas tradicionalmente exercidas são menos valorizados, política, social e economicamente – 17% das mulheres economicamente ativas são empregadas domésticas e, entre estas, a maioria não possui sequer registro em carteira de trabalho; e (iii) mulheres assumem mais tarefas domésticas, que as impedem muitas vezes de permanecer ou avançar no mercado de trabalho – a média de tempo gasto em atividades domésticas pelas brasileiras é de 24 horas por semana, bem superior às menos de 10 horas semanais estimadas para os homens brasileiros (Informações obtidas no Plano Nacional de Políticas para as Mulheres 2013-2015, p. 14).

[44] Veja-se, nesse sentido, matéria divulgada na revista *The Economist*: WHY politicians are asking the wrong questions about gender inequality. *The Economist*, 5 nov. 2015. Disponível em: <http://www.economist.com/blogs/freeexchange/2015/11/women-workplace> Acesso em: 10 jun. 2018.

[45] "[A] maioria dos trabalhos 'exigem que a pessoa, neutra quanto ao gênero, que esteja qualificada para eles seja alguém que não é o guardião primário de uma criança em idade pré-escolar (Mackinnon, 1987:37). Dado que ainda se espera que as mulheres tomem conta dos filhos em nossa sociedade, os homens tenderão a se sair melhor do que as mulheres ao competir por tais trabalhos. Isso não acontece porque haja discriminação contra as mulheres candidatas. Os empregadores podem não dar atenção ao gênero dos candidatos ou podem, na verdade, desejar contratar mais mulheres. O problema é que muitas mulheres carecem de qualificação relevante para o trabalho – isto é, serem livres de responsabilidades pelo cuidado dos filhos. Há neutralidade quanto ao gênero no fato de que os empregadores não atentam para o gênero dos candidatos, mas não há igualdade sexual, pois o trabalho foi definido sob o pressuposto de que seria preenchido por homens que tivessem mulheres em casa, cuidando dos filhos. [...] '[O] dia um no processo de levar em conta o sexo foi o dia em que as funções do cargo foram estruturadas em torno da expectativa de que seu ocupante não teria responsabilidades pelo cuidados dos filhos' (MacKinnon, 1987:37). [...] O resultado é não apenas que as posições mais valorizadas da sociedade são ocupadas por homens, enquanto as mulheres encontram-se desproporcionalmente concentradas no trabalho de meio período e com salario mais baixo, mas também que muitas mulheres tornam-se economicamente dependentes dos homens. [...] As consequências desta dependência tornaram-se mais evidentes com o aumento da taxa de divórcios. [...] Na Califórnia, o padrão de vida médio dos homens sobe 42 por cento depois do divórcio, o das

também, cada vez mais, a lógica de não remuneração do serviço doméstico (*lato sensu*) prestado em âmbito familiar, sugerindo-se, nesse sentido, a criação de modelos em que o Estado e, por conseguinte, a sociedade pague pelo tempo despendido por determinada pessoa cuidando de crianças e idosos, ainda que da própria família.[46]

Somam-se a tais questões – centrais no contexto norte-americano e europeu – algumas outras de especial urgência e relevância no Brasil e que serão, por isso mesmo, analisadas a seguir com profundidade um pouco maior. É o caso, *em primeiro lugar*, da desvalorização do serviço doméstico não familiar, que, nada obstante remunerado e bastante utilizado no país, situa-se, ainda hoje, em uma espécie de gueto trabalhista, especialmente discriminatório e violador de direitos das mulheres negras.

Como se sabe, cem anos após o fim da escravidão, a Constituição de 1988 – em cláusula sintomática da nossa desigualdade de gênero e de raça – deixou de estender aos trabalhadores domésticos uma série de direitos trabalhistas (art. 7º, parágrafo único). Foram necessários mais de 20 anos para que, com a aprovação da Emenda Constitucional nº 72/2013, finalmente garantias como a jornada máxima de 8 horas de trabalho por dia, o repouso semanal remunerado, o pagamento de horas "extras" e as férias anuais remuneradas fossem asseguradas a eles – ou melhor, a elas, já que estamos a tratar de um grupo eminentemente feminino e negro.[47]

Ainda assim, as senzalas contemporâneas, atenuadas como sejam, não deixaram de existir nas casas brasileiras. Há, ainda hoje, grande resistência à mudança de paradigma no tratamento das trabalhadoras domésticas e, o que é ainda pior, uma resistência promovida, em grande medida, pelas próprias mulheres que as contratam – em geral, brancas e de classe média e alta. A oposição entre empregadas e "patroas" evidencia, para além do racismo e classismo brasileiros, o caráter estrutural da própria desigualdade de gênero e os equívocos de se pensar em soluções parciais a um problema que é de todas elas. Afinal, se é certo que inúmeras "patroas" conseguiram emancipar-se à custa da manutenção das empregadas domésticas em posições de subvalorização econômica,[48]

---

mulheres cai 73 por cento e resultados similares foram encontrados em outros estados (Okin, 1989b: 161) [...]" (KYMLINCKA, Will. *Filosofia política contemporânea* – Uma introdução. Tradução de Luís Carlos Borges. Revisão de tradução de Marylene Pinto Michael. São Paulo: Martins Fontes, 2006. p. 308-309).

[46] Em que pese ter sido incorporado como algo sem mais valia, o trabalho doméstico nunca foi indiferente para a economia capitalista. Ao contrário, ele teve um papel histórico fundamental no processo de industrialização econômica, tendo possibilitado que os homens trabalhassem por períodos maiores de tempo nas fábricas, bem como levado as próprias mulheres a encararem uma dupla jornada de serviços, útil ao sistema. A ausência de remuneração das tarefas domésticas, seja de cuidados com o lar ou com as pessoas da família, possibilitou, ademais, que o capitalismo demandasse menor giro de dinheiro para funcionar – o que foi importante em determinados momentos e pode ter, ainda hoje, utilidade econômica. Nesse sentido, destaca-se que, em 1993, por exemplo, a economia realizada por uma família dos Estados Unidos ao não pagar pelos serviços feitos pela mãe, "dona de casa", era de aproximadamente US$50.000 por ano (FREEDMAN, Estelle B. *No turning back* – The history of feminism and the future of women. Nova York: Ballantine Books, 2002. cap. 7).

[47] Em 2011, estima-se que havia no país 6,6 milhões de trabalhadores domésticos, sendo 92,6% desse total mulheres e, entre estas, 61% eram negras (cf. DIEESE. O emprego doméstico no Brasil. *Estudos e Pesquisas*, n. 68, ago. 2013. Disponível em: <http://www.dieese.org.br/estudosetorial/2013/estPesq68empregoDomestico.pdf>. Acesso em: 10 jun. 2018).

[48] "Uma das explicações para a ausência de um verdadeiro combate nos discursos feministas pela defesa das trabalhadoras domésticas é que a emancipação da mulher de classe média e classe média-alta dependa da contratação de uma outra mulher para assumir o governo e o cuidado da casa. Nem sempre essa classe média esteve disponível para renegociar formas de exploração, até porque os seus recursos eram escassos e, em contraponto, muito altas (e legítimas) as aspirações de mobilidade social. [...] Para que não se tornem seres fantasmáticos, é imperativo conferir às trabalhadoras domésticas o direito à existência e à história, escavado na

é igualmente certo que não conseguiram, e jamais conseguirão, atingir igualdade em relação aos homens enquanto não enfrentarem a lógica econômica de desprestígio e feminização do trabalho doméstico em sentido amplo.[49]

Em segundo lugar, como questão especialmente relevante no Brasil a ser enfrentada a partir da faceta redistributiva da igualdade de gênero, tem-se o que se poderia designar, genericamente, de falhas de política orçamentária. Em suma, a alocação e a execução do orçamento no país ocorrem de modo não equitativo, contribuindo para a manutenção da disparidade socioeconômica entre mulheres e homens.[50] Agravando o quadro, o orçamento em si não é um tema que desperte, ainda, a devida atenção na sociedade brasileira, ficando a cargo, quase que exclusivamente, de instituições e atores políticos majoritariamente masculinos.

Como contraponto a essa realidade, entende-se que o ideal normativo na matéria, a ser perseguido à luz do art. 5º, I, da CF/1988, seria de estabelecimento e execução orçamentários voltados a mitigar ou, ao menos, não aumentar a desigualdade econômica entre mulheres e homens.[51] Nesse sentido, deveria se atentar para que a política orçamentária (i) não esvaziasse as medidas destinadas especificamente à tutela de direitos das mulheres; e, (ii) em contextos de crise, não as atingisse desproporcionalmente. Para tanto, deveriam ser examinadas as receitas e despesas direta e especificamente vinculadas às mulheres, mas também investigadas, transversalmente, diversas outras, perquirindo-se se e como afetam a igualdade de gênero.[52]

Em *terceiro e* último *lugar*, a igualdade em seu viés redistributivo demanda, no Brasil, o combate à chamada "feminização da pobreza". Originária da década de 1970, a expressão alude a um processo em que "as carências implícitas no conceito de pobreza se tornam mais comuns ou intensas entre as mulheres ou nos lares por elas chefiados".[53] Remete, assim, a um conjunto de fatores que leva mulheres (e famílias por elas chefiadas) a tornarem-se mais pobres do que homens ao longo do tempo ou que tenham sua esfera de direitos mais afetada em decorrência da queda nas condições econômicas de vida.

---

memória e no cotidiano mais próximo" (BRASÃO, Inês. Da porta para dentro – Servilismo doméstico é uma dominação oculta, que subjuga e desumaniza a mulher. *Revista de História da Biblioteca Nacional*, Rio de Janeiro, ano 10, n. 113, p. 46-49, fev. 2015. p. 48).

[49] "Tanto no trabalho como na educação, os progressos das mulheres não devem fazer esquecer os avanços correspondentes dos homens, que fazem com que, numa corrida de obstáculos, a estrutura das distâncias se mantenha. O exemplo mais surpreendente desta permanência na (e pela) mudança é o facto de os postos de trabalho que se feminizam estarem já desvalorizados (os operários especializados são na sua maioria mulheres ou imigrantes), ou em declínio, sendo a sua desvalorização redobrada, por um efeito de bola de neve, em consequência da deserção dos homens que essa feminização ajudou a provocar" (BOURDIEU, Pierre. *A dominação masculina*. Tradução de Julia Ferreira. Lisboa: Relógio D'Água, 2013. p. 111).

[50] Cf. ELSON, Diane. Iniciativas orçamentárias sensíveis ao gênero: dimensões chave e exemplos práticos. *Revista do Serviço Público*, Brasília, v. 56, n. 2, p. 161-179, abr./jun. 2005.

[51] Cf. GOETZ, A. M. Gender and accountability. In: DROBOWOLSKY, A.; HART, V. (Org.). *Women making constitutions*: new politics and comparative perspectives. Nova York: Palgrave Macmillan, 2003. p. 52-67.

[52] Para exemplificar as análises orçamentárias aqui sugeridas, poderia se cogitar de (i) preocupações específicas com a alocação de verbas em políticas públicas destinadas à saúde da gestante; (ii) cautelas para que cortes nos gastos com segurança pública não recaíssem mais acentuada e injustificadamente sobre programas de combate à violência doméstica; e (iii) estudos sobre o impacto de medidas de ampliação da oferta de ensino público integral de nível básico na empregabilidade das mães dos alunos; ou sobre a tributação de bens e serviços consumidos majoritariamente por mulheres.

[53] *Vide*, entre outros, a definição exposta no *site* do Programa das Nações Unidas para o Desenvolvimento (PNUD) (Disponível em: <http://www.pnud.org.br/Noticia.aspx?id=1301>. Acesso em: 10 jun. 2018).

Com a crise internacional de 2008, o tema reassumiu posição de destaque na esfera global.⁵⁴ No Brasil, contudo, parece ainda não ter recebido atenção proporcional à gravidade com que apresenta. Como se sabe, a economia do país experimentou, há relativamente pouco tempo, uma das maiores retrações da sua história,⁵⁵ e diversas propostas apresentadas para reverter o quadro comprovaram o elevado risco de vulnerabilização das mulheres, que já vêm ocupando desproporcionalmente a maior parte da faixa de trabalhadores desempregados no país.⁵⁶

4 Igualdade como reconhecimento

Nos dizeres da filósofa Nancy Fraser, o reconhecimento proclama "um mundo amigo da diferença, onde a assimilação à maioria ou às normas culturais dominantes não é mais o preço do igual respeito".⁵⁷ Com o intuito de transpor essa ideia para o campo da igualdade de gênero, passa-se a expor (a) algumas particularidades que tornam a desvalorização sociocultural das mulheres distinta, por exemplo, da sofrida por negros e homossexuais; e (b) uma proposta de classificação das políticas de reconhecimento conforme o tipo de falha em questão.

Iniciando-se pelas peculiaridades da desvalorização sociocultural sofrida pelas mulheres, ressalta-se que ela (a.i) não costuma ser percebida como tal e, por isso, (a.ii) tende a, mais do que qualquer outra, envolver as vítimas em uma posição paradoxal de agentes da própria discriminação, (a.iii) dificultando, por vezes, a estratégica oposição delas aos beneficiados pelo modelo sociocultural vigente – *i.e.*, aos homens.

Com efeito, as falhas de reconhecimento sofridas pelas mulheres decorrem, em geral, da atribuição a elas de um papel social distinto daquele estabelecido para os homens. Essa distinção de papéis, por sua vez, é associada a diferenças biológicas entre os sexos ou a desígnios divinos, e – este é o ponto central – não costuma ser percebida como um desvalor. Não se identifica, propriamente, inferiorização, mas o exercício de uma missão social diferente, que seria tão ou mais importante do que a dos homens. Mesmo quando se afirma a superioridade masculina em algum campo ou para alguma tarefa, notadamente na esfera pública, tende a se minimizar a relevância do fato com a alegação de que há, também, campos e tarefas – usualmente ligados à esfera privada – em que a superioridade seria feminina. E, dessa forma, os dois gêneros partilhariam de prestígio social, sendo partes complementares e igualmente vitais da sociedade.

Da circunstância de as falhas de reconhecimento contra as mulheres por vezes não serem fruto de um discurso expresso de desvalorização sociocultural, ficando

---

⁵⁴ Cf. ALVARENGA, Lúcia Barros Freitas de. *Discriminación y violência contra la mujer* – Una cuestión de género. Porto Alegre: Núria Fabris, 2011. p. 264-269.
⁵⁵ A retração foi de 3,8% do PIB nacional, conforme noticiado, entre outros, pelo jornal *Valor Econômico*: MOTA, Camila Veras *et al*. PIB cai 3,8% em 2015, pior retração desde 1990. *Valor Econômico*, 3 mar. 2016. Disponível em: <http://www.valor.com.br/brasil/4464366/pib-cai-38-em-2015-pior-retracao-desde-1990>. Acesso em: 10 jun. 2018.
⁵⁶ Cf. IBGE. *Pesquisa Nacional por Amostra de Domicílios*. Disponível em <https://sidra.ibge.gov.br/pesquisa/pnadct/tabelas>. Acesso em: 10 jun. 2018.
⁵⁷ Cf. FRASER, Nancy. Redistribuição, reconhecimento e participação: por uma concepção integrada de justiça. Tradução de Bruno Ribeiro Guedes e Letícia de Campos Velho Martel. In: IKAWA, Daniela; PIOVESAN, Flávia; SARMENTO, Daniel. *Igualdade, diferença e direitos humanos*. Rio de Janeiro: Lumen Juris, 2010. p. 167.

escamoteadas em falas e práticas aparentemente apreciadoras da "feminilidade", decorrem as outras duas particularidades acima mencionadas. Há, nesse sentido, uma incidência maior de falhas de reconhecimento cometidas pelas próprias vítimas,[58] ou seja, são, em grande medida, as próprias mulheres que reproduzem e alimentam as referidas falhas, exigindo, cada qual de si própria e das demais mulheres, o cumprimento de estereótipos femininos que lhes são impostos. E isso ocorre de maneira quase inconsciente, sem queixas imediatas, inclusive porque as mulheres acabam aprendendo a vivenciar o papel social feminino, em algum grau, com felicidade e prazer.[59]

Correlacionando-se à paradoxal posição das mulheres no sistema de desvalorização sociocultural que as oprime, a figura dos homens nesse mesmo sistema mostra-se, também, contraditória. Se os negros têm "inimigos" dos quais, em geral, podem se desvencilhar estrategicamente nas lutas por reconhecimento; os homossexuais já lidam com isso de maneira mais complicada, uma vez que são, com frequência, os próprios pais que os oprimem. No caso das mulheres, todavia, a proximidade com o "inimigo" costuma ser potencializada de tal forma que praticamente inviabiliza uma oposição estratégica em relação aos homens – a qual poderia, no entanto, ser proveitosa em determinadas circunstâncias ou estratégias políticas.

Passando, então, à proposta de classificação das políticas públicas de reconhecimento em matéria de gênero, sugere-se, didaticamente, sua divisão em três grandes grupos: (b.i) políticas de respeito às diferenças biológicas, (b.ii) políticas de respeito às diferenças socioculturais, e (b.iii) políticas de nomeação e combate à discriminação.

As políticas de *respeito* às *diferenças biológicas* das mulheres procuram evitar ou combater a transformação de distinções naturais em instrumentos de marginalização ou inferiorização social. Em outras palavras, procuram garantir que as diferenças biológicas das mulheres possam ser por elas vividas sem qualquer tipo de vulnerabilização de *status* social. Seria o caso, por exemplo, de ações voltadas à saúde da gestante e o direito ao aborto.

Como as diferenças biológicas entre mulheres e homens são de caráter contínuo e permanente, os remédios adotados para lidar com sua possível incorporação social atentatória aos direitos das mulheres são, também, de uso possivelmente contínuo e permanente. Constituem políticas públicas sem data certa para terminar, que podem se revelar sempre necessárias.

Já as aqui denominadas políticas de *respeito* às *diferenças socioculturais* visam a evitar que tais diferenças, enquanto ainda se impuserem, levem a uma marginalização

---

[58] Sobre o tema, veja-se a observação de Pierre Bordieu: "[M]ais surpreendente é ainda que a ordem estabelecida, com as suas relações de dominação, com os seus direitos e os seus atropelos, com os seus privilégios e as suas injustiças, se perpetue infinitamente com tanta facilidade [...] Encarei sempre a dominação masculina, e o modo como ela é imposta e suportada, como o melhor exemplo dessa submissão paradoxal, resultante daquilo a que chamo a violência simbólica, violência suave, insensível e invisível para as suas próprias vítimas que, no essencial, se exerce pelas vias puramente simbólicas da comunicação e do conhecimento ou, mais concretamente, do desconhecimento, do reconhecimento ou, em última instância, do sentimento" (BOURDIEU, Pierre. *A dominação masculina*. Tradução de Julia Ferreira. Lisboa: Relógio D'Água, 2013. p. 13-14).

[59] O gênero não traz apenas experiências ruins. Há muitas mulheres que, verdadeiramente, gostam de passar a maior parte de seus dias cuidando do lar e de seus familiares, que apreciam quando os homens abrem a porta do carro para elas, ou que se sentem bem cumprindo rituais de beleza. Como afirmou Stuart Mill, "as mulheres não são criadas apenas para servirem aos homens, mas para desejarem servi-los"; e assim se dá (MILL, Stuart. *The subjection of women*. 1869. Disponível em: <http://www.constitution.org/jsm/women.htm>. Acesso em: 10 jun. 2018).

(ainda maior) das mulheres. A persistência, por exemplo, de um modelo sociocultural que demanda das mães responsabilidade quase integral pelos filhos em seus primeiros meses e anos de vida justifica a adoção, pelo Estado, de ações que permitam o cumprimento desse papel sem prejuízos adicionais ao *status* social das mulheres. Seria legítimo, sob essa ótica, o modelo brasileiro de licença parental, que confere prazo de afastamento remunerado do trabalho bem mais extenso às mães, em comparação ao assegurado aos pais.

Do mesmo modo, o modelo sociocultural que leva as mulheres a terem uma dupla jornada de trabalho legitimaria a adoção, pelo Estado, de medidas compensatórias, a fim de minimizar os danos pessoais, econômicos e sociopolíticos gerados às trabalhadoras por uma vida inteira de sobrecarga de trabalho. A garantia da aposentadoria em idade e com tempo de contribuição menores do que os exigidos para os homens seria um exemplo de política compensatória destinada a esse fim. Em uma última e mais extrema hipótese, o modelo sociocultural que coloca as mulheres como objeto sexual, contribuindo para a perpetuação do assédio em meios de transporte público, justificaria o estabelecimento de vagões de trem ou metrô segregados, voltados a garantir, em curto prazo, que elas possam exercer seu direito de locomoção sem tantos transtornos.

Se, por um lado, os exemplos acima tornam compreensível o segundo grupo de políticas de reconhecimento aqui delineado, por outro lado, ilustram uma grande dificuldade por elas suscitada: até que ponto a proteção dada às mulheres para minimizar os impactos de uma diferença sociocultural que lhes é imposta não acaba por reiterar o próprio modelo originário, e geralmente injusto, de diferenciação? Até quando e sob quais condições deve-se respeitar uma diferença sociocultural em si discutível, a fim de mitigar os efeitos danosos que ela ocasiona em curto prazo?

Não parece haver resposta universal para essas questões. Apesar disso, há uma cautela básica que se pode considerar sempre devida: políticas de respeito a uma diferença sociocultural que seja de discutível legitimidade ou, até, sabidamente injusta devem se fazer acompanhar de ações educacionais que ataquem, diretamente, o modelo desigual de origem. Deve haver, portanto, em paralelo às políticas de reconhecimento do grupo ora analisado, campanhas que exponham o caráter duvidoso ou até mesmo equivocado da diferenciação social que está na raiz das medidas adotadas.

Assim, no caso dos prazos diferenciados de licença parental, por exemplo, é fundamental que o Estado se empenhe em adotar medidas que estimulem uma mudança no padrão sociocultural de assunção, quase que exclusiva, pelas mães da responsabilidade por cuidado dos filhos recém-nascidos. Igualmente, no que tange aos prazos diferenciados para aposentadoria, o Estado deve criar políticas que, por um lado, incentivem a participação dos homens nas tarefas domésticas; e, por outro, facilitem a atuação das mulheres, em igualdade de condições, no mercado de trabalho e na esfera política. Quanto ao assédio nos meios de transporte público, é preciso que haja campanhas educacionais sobre o tema e o estabelecimento de mecanismos efetivos de repressão, transmitindo-se a mensagem de que cabe aos homens não assediar – e não, propriamente, às mulheres, segregarem-se.

Em síntese, deve-se complementar a política de respeito às diferenças socioculturais das mulheres com medidas que exponham e combatam o modelo original e, possivelmente, injusto de diferenciação sociocultural. Com o passar do tempo, vindo a se verificar que tal modelo está sendo, finalmente, superado pela sociedade, a política originalmente adotada poderia ser revogada.[60]

Como terceiro e último grupo de políticas de reconhecimento, na divisão aqui proposta, haveria as ações de *nomeação e combate de práticas discriminatórias*, fundadas na desvalorização sociocultural das mulheres. Trata-se de um grupo de ações eminentemente repressivas, voltadas a falhas de valorização advindas da perpetuação de um modelo que, ao contrário do que se dá no segundo grupo aqui categorizado, já se revela sabidamente injusto e, mais até do que isso, intolerável. Por tal razão, as políticas ora abordadas são mais severas do que as anteriores: não buscam apenas proteger as mulheres de impactos negativos gerados por um estereótipo; demandam a qualificação ou nomeação da prática sociocultural como intolerável e ilícita,[61] com a punição daqueles que a perpetuam.

A título ilustrativo, pode-se pensar nas hipóteses de violência doméstica e de abuso sexual. Existe um modelo sociocultural histórico que visualiza as mulheres como carne, como objeto sexual à disposição, sobretudo, mas não somente, de seus maridos. Esse modelo, felizmente, não é mais considerado tolerável ou compatível com a ordem de valores morais consagrada na CF/1988. Daí porque, para lidar com a desvalorização sociocultural por ele expressada, não se pode apenas minimizar os impactos sofridos pela mulher. É preciso qualificar-se a prática como discriminatória e repreendê-la diretamente, tal como, em outra frente, o tipo penal do feminicídio[62] (art. 121, §2º, VI, do CP), recentemente incluído no Código Penal, fez.

---

[60] Precisar o *timing* da revogação é, certamente, difícil. Uma revogação precipitada pode se mostrar pouco democrática. Por outro lado, a demora do Estado pode contribuir para a prorrogação excessiva do modelo injusto de diferenciação social; e, mais até, pode dar tempo para um rearranjo de forças conservadoras que impeçam a sua extinção.

[61] Sobre a importância da nomeação de condutas discriminatórias, esclarecendo que se trata de medida que pode ocorrer, em uma escala cumulativa de efeitos, (i) para gerar o conhecimento da prática discriminatória, (ii) para simbolizar o seu combate pelo Estado, e (iii) para punir, veja-se: DINIZ, Debora; COSTA, Bruna Santos; GUMIERI, Sinara. Nomear feminicídio: conhecer, simbolizar e punir. *Revista Brasileira de Ciências Criminais*, v. 114, p 225-239, maio/jun. 2015.

[62] Sobre o histórico da expressão *feminicídio*, leia-se: "O termo 'femicídio' (femicide) é atribuído a Diana Russel, pesquisadora feminista sul-africana que o teria criado na década de 1970 para falar do extremo letal do 'continuum de terror antifeminino'. A geografia do termo remete ao Tribunal Internacional de Crimes Contra Mulheres, um tribunal popular organizado por militantes feministas em Bruxelas, em 1976, que queria tornar pública a variedade de crimes cometidos contra mulheres em diferentes países e culturas, fosse na forma de agressões diretas, fosse na de discriminações letais. Nesse marco, femicídio não se reduziria a homicídio: é qualquer morte que decorra do gênero, seja na violência doméstica, seja na violência sexual anônima, no aborto clandestino, na mutilação genital, na mortalidade materna, no tráfico de mulheres. Na década de 1990, o termo foi apropriado para descrever o que se passa em Ciudad Juarez, no México, onde centenas de mulheres jovens e trabalhadoras têm desaparecido, sido violentadas, torturadas e assassinadas sem que as autoridades respondam ao terror – nem protegendo, nem punindo. A antropóloga e deputada mexicana Marcela Lagarde considerou que femicídio, homólogo de homicídio, seria insuficiente; apenas arranhava a neutralidade da vitimação para a lei penal. Preferiu "feminicídio", que poderia perturbar o regime da nomenclatura: designaria o conjunto de violações a direitos humanos das mulheres e denunciaria o Estado desprotetor, omisso, negligente ou cúmplice. A disputa quanto à sinonímia entre feminicídio e femicídio segue atual" (DINIZ, Debora; COSTA, Bruna Santos; GUMIERI, Sinara. Nomear feminicídio: conhecer, simbolizar e punir. *Revista Brasileira de Ciências Criminais*, v. 114, p 225-239, maio/jun. 2015.

5 Igualdade como representação

Em praticamente todos os países do mundo,[63] mesmo naqueles em que o direito de votar e ser votada já foi há muito assegurado às mulheres, a participação efetiva destas na esfera política não é sequer próxima à representatividade que possuem na população. Estatísticas apuradas em 2013 pela União Interparlamentar indicam que homens são 79,1% dos membros dos parlamentos em todo o mundo.[64] Entre primeiros-ministros, a predominância masculina é ainda maior: em 2012, eram apenas 4 mulheres (Noruega, Suécia, Finlândia e Islândia).[65]

No Judiciário, embora a presença feminina tenha aumentado nos últimos anos em diversos países, persiste a sub-representação em tribunais superiores em cargos de maior poder.[66] Quadro semelhante é encontrado em ambientes não estatais de poder, como grandes empresas que, por vezes, possuem base profissional já igualitária em termos de gênero, mas ainda são, em suas hierarquias gerenciais e cúpulas diretivas, comandadas quase que inteiramente por homens.[67]

Esses e outros dados exemplificativos da *des*igualdade de gênero na ocupação de postos de poder suscitam questões de duas ordens centrais: (i) por que essa representação

---

[63] A única exceção é Ruanda, em que, desde 2008, as mulheres ocupam mais da metade das vagas na Câmara dos Deputados (cf. MACKINNON, Catharine. Gender in constitutions. In: ROSENFELD, Michael; SAJÓ, András. *The Oxford Handbook of Comparative Constitutional Law*. Nova York: Oxford University Press, 2012. p. 410). Nas últimas eleições, ocorridas em 2013, os percentuais alcançados foram de 64% de mulheres na Câmara dos Deputados e de 40% no Senado, totalizando uma média de 58% no Parlamento (cf. MUNYANEZA, James. Rwanda: Women Take 64 Percent Seats in Parliament. *All Africa*, 19 set. 2013. Disponível em: <http://allafrica.com/stories/201309190110.html>. Acesso em: 10 jun. 2018).

[64] Cf. CONNELL, Raewyn; PEARSE, Rebecca. *Gênero*: uma perspectiva global. Compreendendo o gênero – da esfera pessoal à política – no mundo contemporâneo. Tradução de Marília Moschkovich. São Paulo: nVersos, 2015. p. 31. No mesmo sentido, é a estatística apurada pelo Quota Project, elaborado e mantido por organizações intergovernamentais com apoio da Universidade de Estocolmo (Disponível em: <http://www.quotaproject.org>. Acesso em: 10 jun. 2018).

[65] CONNELL, Raewyn; PEARSE, Rebecca. *Gênero*: uma perspectiva global. Compreendendo o gênero – da esfera pessoal à política – no mundo contemporâneo. Tradução de Marília Moschkovich. São Paulo: nVersos, 2015. p. 31.

[66] *Vide* relatório da OCDE, divulgado e março de 2017 (BROOKS, Kate. Women in the Judiciary: what solutions to advance gender-responsive and gender-diverse justice systems? *OCDE Insights*, 10 mar. 2017. Disponível em: <http://oecdinsights.org/2017/03/10/gender-responsive-and-diverse-justice-systems/>. Acesso em: 10 jun. 2018).

[67] A título ilustrativo, vale registrar que, entre as quinhentas maiores empresas do mundo, listadas na "edição Global 500" da revista *Fortune* em 2013, somente 22 tinham uma mulher como CEO. Em levantamento mais recente, apurou-se que as mulheres seriam apenas 4,4% das mais poderosas lideranças de negócios no mundo (CONNELL, Raewyn; PEARSE, Rebecca. *Gênero*: uma perspectiva global. Compreendendo o gênero – da esfera pessoal à política – no mundo contemporâneo. Tradução de Marília Moschkovich. São Paulo: nVersos, 2015. p. 32). Esse cenário, aliado a um contexto global de diminuição do tamanho do Estado, de crescimento do espaço de atuação dos agentes econômicos, e de emergência de novos atores políticos, tem ensejado a defesa da adoção de ações afirmativas junto a determinadas organizações privadas, notadamente grandes empresas que atuem em setores de significativa importância econômica ou social. Há, nesse sentido, projeto de lei em curso no Parlamento europeu, segundo o qual 40% dos assentos disponíveis nos conselhos de administração de companhias de capital aberto teriam de ser reservados a mulheres (40% OF SEATS on company boards for women. *News European Parliament*, 20 nov. 2013. Disponível em: <http://www.europarl.europa.eu/news/en/news-room/content/20131118IPR25532/html/40-of-seats-on-company-boards-for-women>. Acesso em: 10 jun. 2018). Paralelamente, e sem que haja propriamente imposição estatal, organizações privadas têm, por iniciativa própria, estabelecido, em âmbito interno, regras para reserva de vagas de seus órgãos deliberativos e/ou de administração. A ONU estabeleceu programa nesse sentido; e, no Brasil, a título de exemplo, algumas seccionais da OAB firmaram compromisso para aumento do número de mulheres em suas comissões e postos de direção (OAB aprova, à unanimidade, cota de 30% de mulheres em chapas internas. *OAB*, 3 de novembro de 2014. Disponível em: <http://www.oab.org.br/noticia/27775/oab-aprova-a-unanimidade-cota-de-30-de-mulheres-em-chapas-internas>. Acesso em: 10 jun. 2018).

desigual existe; e (ii) por que a sua existência deve ser considerada um problema. Em outras palavras, o que leva, descritivamente, as mulheres a ocuparem menos cargos de poder; e por que, prescritivamente, deve se defender a reversão desse cenário?

Não haverá espaço, aqui, para aprofundamento da matéria, mas, em termos resumidos, pode-se dizer, quanto à primeira questão, que as mulheres não conseguem disputar mais e maiores espaços de poder porque há falhas estruturais de redistribuição e de reconhecimento que as prejudicam – falhas que abalam o desenvolvimento e a manutenção do próprio interesse prático das mulheres pelos postos de poder de maneira geral, além de minarem suas chances de êxito na disputa política (eleitoral ou não). Assim, em grande medida, o incremento da representação feminina passa pela reversão dessas falhas estruturais, relacionadas a dimensões próprias da igualdade de gênero.

Acontece, porém, que não há perspectiva de resolução célere dos mencionados problemas de redistribuição e reconhecimento; e mais, parece inviável obter-se tal reversão sem a atuação das próprias mulheres em cargos decisórios. Existe, portanto, um círculo vicioso extremamente limitador da igualdade de gênero, em que problemas de redistribuição e de reconhecimento dificultam a participação das mulheres em cargos de poder, e essa sub-representação feminina contribui para a não adoção das medidas, estatais ou sociais, necessárias para reversão do presente quadro de falhas estruturais.

Nesse sentido, já adentrando na segunda grande questão mencionada no início deste capítulo, destaca-se que diversos estudos têm demonstrado, empiricamente, a correlação entre a presença de mulheres em cargos de poder e o desenvolvimento de ações voltadas ao combate à desigualdade de gênero,[68] além de ganhos de diversas outras naturezas. Esses resultados práticos positivos são corroborados, ainda, por teorias que explicam como e por que a presença de mulheres – mesmo quando não diretamente ligadas a causas feministas – aprimoraria a tutela à igualdade de gênero[69] e a qualidade democrática de modo geral.[70]

Em especial, as denominadas "teorias da perspectiva", originadas no campo da psicologia, ajudam a compreender como a história, os valores e os preconceitos dos agentes sociais influenciam as investigações, os argumentos e as decisões por eles tomadas.[71]

---

[68] Com efeito, a Dinamarca é o único país do mundo em que se obtiveram avanços significativos na promoção da igualdade de gênero por meio de medidas que não envolviam ações afirmativas para incremento direto e imediato da quantidade de mulheres na política ordinária. Os demais países europeus, notadamente os escandinavos, conhecidos por serem os que mais se aproximaram, até hoje, da igualdade entre mulheres e homens, adotaram cotas para promover o aumento, em curto prazo, da participação política feminina (*e.g.*, Suécia) (IRVING, Helen. *Gender and the constitution*: equity and agency in comparative constitutional design. Cambridge: Cambridge University Press, 2008. p. 119).

[69] PASCUAL, Alejandra. Dominação masculina e desigualdade de gênero nas relações de trabalho: problemas, desafios atuais e políticas de cotas para mulheres. In: LOPES, Ana Maria D'Ávila; MAUÉS, Antonio Moreira (Org.). *A eficácia nacional e internacional dos direitos humanos*. Rio de Janeiro: Lumen Juris, 2013. p. 11.

[70] Na Índia e na África do Sul, por exemplo, a adoção de medidas que promoveram a participação de um quantitativo mínimo de mulheres em órgãos políticos locais costuma ser atrelada à melhoria das condições de saneamento básico. Isso porque, embora fosse um problema de todos, gerando doenças e mortes, inclusive, a falta de saneamento adequado era bem mais visível ou importante cotidianamente para as mulheres, por serem elas tradicionalmente encarregadas das tarefas domésticas que demandam a coleta quase que diária de água limpa, muitas vezes rara e distante quilômetros de suas residências (WILLIAMS, Susan H. Equality, representation, and challenge to hierarchy: justifying electoral quotas for women. In: WILLIAMS, Susan H. (Ed.). *Constituting equality* – Gender equality and comparative constitutional law. Nova York: Cambridge University Press, 2009. p. 62-63).

[71] A análise das teorias da perspectiva a seguir apresentadas tomou como referência principal o seguinte trabalho: CHRISLER, J. C.; MCHUGH, M. C. Waves of feminist psychology in the United States: Politics and perspectives. In: RUTHERFORD, A. et al. (Org.). *Handbook of International Perspectives on Feminism*. Nova York: Springer, 2011. p. 37-54.

O que se sabe sobre um tema depende, em grande parte, do ponto de vista em que se está situado. Assim, os representantes de determinada visão de mundo, ou de determinado lugar de fala – para empregar a expressão difundida nos últimos anos –, por mais bem-intencionados que estejam, dificilmente, conseguem representar adequadamente os interesses de pessoas que partem de outra perspectiva social; teriam uma dificuldade (quase) irrevogável de perceber quais são esses interesses e não os deturpar no processo de incorporação às suas próprias manifestações.

Naturalmente, críticas podem ser feitas às teorias da perspectiva. Há quem alegue, por exemplo, que elas subjetivam e polarizam excessivamente as ciências, a política e a sociedade de modo geral. Como contra-argumento, porém, pode-se sustentar que o subjetivismo e a parcialidade enfatizados por tais teorias são inevitáveis. Apontá-los apenas em manifestações que procuram questionar o *status quo* seria, portanto, uma tentativa de manter a dominação exercida pelos representantes da perspectiva social dominante.

Em termos mais persuasivos, a partir de meados dos anos 1990, segmentos do próprio feminismo passaram a questionar que as teorias da perspectiva trabalhariam, em geral, com visões demasiadamente uniformizadoras de grupos heterogêneos, como o próprio grupo das mulheres. Em vista disso, sob o rótulo da "perspectiva feminina", estariam sendo defendidas causas muitas vezes direcionadas à apenas parte das mulheres – usualmente, a parte menos discriminada, formada por mulheres brancas, de classe média e alta, heterossexuais e cisgênero.

Seja como for, o que se deseja acentuar neste artigo é o relevante papel que as teorias da perspectiva – mesmo com suas falhas – exerceram para quebrar a ideia de perfeição e neutralidade do regime democrático tal como vinha sendo praticado e defendido desde o final da Segunda Guerra Mundial pelo menos. Elas foram fundamentais para consolidar a preocupação, atualmente acolhida por diversos organismos internacionais[72] e ordenamentos jurídicos estatais, com a quantidade de mulheres efetivamente atuantes na política ordinária, indicando a insuficiência da garantia do direito ao sufrágio para fins de promoção da igualdade de gênero.

Nesse sentido, destaca-se que as cotas para participação de mulheres no Poder Legislativo ganharam o mundo,[73] estando presentes em pelo menos 104 países.[74] Os modelos adotados são, contudo, bastante diferentes entre si. Em um esforço de sistematização, as cotas poderiam ser classificadas como: (i) constitucionais, legais ou meramente estatutárias;[75] (ii) aplicáveis às pré-candidaturas (*aspirant quotas*), às candidaturas

---

[72] Além dos atos já citados nesta dissertação, vale mencionar a Resolução nº 1.325 do Conselho de Segurança da ONU.

[73] Em 2006, 50% dos países democráticos, 47% dos semidemocráticos e 38% dos não democráticos adotavam alguma política de cotas de gênero para eleições políticas (DRUDE, Dahlerup; FREIDENVALL, Lenita Freidenvall. Gender quotas in politics – A constitutional challenge. In: WILLIAMS, Susan H. (Ed.). *Constituting equality – Gender equality and comparative constitutional law*. Nova York: Cambridge University Press, 2009. p. 39).

[74] Cf. MACKINNON, Catharine. Gender in constitutions. In: ROSENFELD, Michael; SAJÓ, András. *The Oxford Handbook of Comparative Constitutional Law*. Nova York: Oxford University Press, 2012. p. 410.

[75] Conforme o levantamento feito pela autora, cerca de 104 países adotariam algum sistema de cotas para incentivar a participação de mulheres na política, sendo que 40 deles trariam garantia constitucional nesse sentido (MACKINNON, Catharine. Gender in constitutions. In: ROSENFELD, Michael; SAJÓ, András. *The Oxford Handbook of Comparative Constitutional Law*. Nova York: Oxford University Press, 2012. p. 118). Cruzando-se tal dado com o apurado por Helen Irving, chega-se ao número estimado de 64 países que teriam política de cotas prevista exclusivamente em lei ou outro ato infraconstitucional. Por fim, contrastando o dado com a pesquisa de

(*candidate quotas*)⁷⁶ ou à efetiva ocupação dos cargos (*reserved seats*);⁷⁷ (iii) prescritivas ou permissivas;⁷⁸ (iv) transitórias ou permanentes. São, ademais, fortemente influenciadas pelo sistema eleitoral adotado em cada país e costumam seguir percentual de 30% a 40%, visando, assim, ao atingimento, pelo menos, de uma "minoria decisiva" de mulheres na política.⁷⁹

De toda forma, como era de se esperar diante de tantas variáveis, o desempenho do sistema de cotas na efetiva promoção da participação feminina no Legislativo tem sido bastante distinto em cada país. Novamente em um esforço de síntese, pode-se afirmar que os principais motivos para um desempenho fraco ou acanhado da política de cotas têm sido: (i) a não observância pelos partidos políticos, aliada à inexistente ou baixa sindicabilidade judicial delas –⁸⁰ problema que teria se observado com muita força no Brasil até as últimas eleições; (ii) o sistema majoritário de eleição –⁸¹ adotado entre nós para as eleições para o Senado; (iii) a ausência de regras que vinculem, no sistema proporcional de lista fechada, a ordenação dos candidatos pelos partidos políticos –⁸² o que não se aplica, ao menos por enquanto, ao Brasil, que segue o modelo de lista aberta; e (iv) manipulação, por outros modos, das cotas pelas lideranças partidárias – no Brasil, é comum a indicação de candidatas de fachada, selecionadas pelo partido apenas para cumprir a exigência legal e que chegam, algumas vezes, a desistir da candidatura logo após o registro, numa tentativa do partido de legitimar a posterior ocupação por um homem.

Drude Dahlerup e Lenita Freidenvall, conclui-se que, em 50 desses 64 países, o sistema de cotas seria originário de estatutos de partidos políticos (DRUDE, Dahlerup; FREIDENVALL, Lenita Freidenvall. Gender quotas in politics – A constitutional challenge. In: WILLIAMS, Susan H. (Ed.). *Constituting equality* – Gender equality and comparative constitutional law. Nova York: Cambridge University Press, 2009. p. 29). Por fim, destaca-se que, segundo os últimos autores, o modelo estatutário prevaleceria nos países democráticos, sendo mais comum o modelo constitucional ou o legal nos países semidemocráticos (DRUDE, Dahlerup; FREIDENVALL, Lenita Freidenvall. Gender quotas in politics – A constitutional challenge. In: WILLIAMS, Susan H. (Ed.). *Constituting equality* – Gender equality and comparative constitutional law. Nova York: Cambridge University Press, 2009. p. 40).

76 Cerca de 50 países teriam cotas aplicáveis aos partidos políticos, na definição de suas pré-candidaturas ou candidaturas (IRVING, Helen. *Gender and the constitution*: equity and agency in comparative constitutional design. Cambridge: Cambridge University Press, 2008. p. 119).

77 Uma tendência nesse tipo de sistema de cotas é a realização de eleições apartadas para os cargos reservados, em que a disputa se trava exclusivamente entre mulheres, como vem ocorrendo em Ruanda, Marrocos e Uganda.

78 Em geral, as cotas previstas apenas em estatutos de partidos políticos, mesmo quando estabelecidas como obrigatórias, são de mais difícil imposição judicial, adquirindo, na prática, contornos de simples recomendação.

79 Cf. PASCUAL, Alejandra. Dominação masculina e desigualdade de gênero nas relações de trabalho: problemas, desafios atuais e políticas de cotas para mulheres. In: LOPES, Ana Maria D'Ávila; MAUÉS, Antonio Moreira (Org.). *A eficácia nacional e internacional dos direitos humanos*. Rio de Janeiro: Lumen Juris, 2013. p. 11.

80 Cf. IRVING, Helen. *Gender and the constitution*: equity and agency in comparative constitutional design. Cambridge: Cambridge University Press, 2008. p. 120.

81 Estudos de direito constitucional comparado indicam que a adoção do sistema proporcional é, por si só – ou seja, independentemente de haver conjugação ou não com ações afirmativas –, mais propenso à eleição de mulheres. Nessa esteira, assinala-se que, em média, países com sistema proporcional para definição dos cargos do Poder Legislativo têm 19,6% deles ocupados por mulheres, ao passo que países de sistema majoritário atingiriam representação feminina de 10,5%, e aqueles que seguem sistemas mistos, como o Brasil, elegeriam, também em média, 13,6% de mulheres para o Legislativo (DRUDE, Dahlerup; FREIDENVALL, Lenita Freidenvall. Gender quotas in politics – A constitutional challenge. In: WILLIAMS, Susan H. (Ed.). *Constituting equality* – Gender equality and comparative constitutional law. Nova York: Cambridge University Press, 2009. p. 30).

82 DRUDE, Dahlerup; FREIDENVALL, Lenita Freidenvall. Gender quotas in politics – A constitutional challenge. In: WILLIAMS, Susan H. (Ed.). *Constituting equality* – Gender equality and comparative constitutional law. Nova York: Cambridge University Press, 2009. p. 37.

Em vista da conjugação de uma série de fatores acima destacados, no Brasil, em que pese haver, desde 1995, regras visando a facilitar a candidatura de mulheres a cargos legislativos, ainda hoje, os percentuais mínimos previstos em lei não são cumpridos.[83] E, quando se encaram os resultados eleitorais, a discrepância entre mulheres e homens mostra-se ainda maior.[84]

Analisando-se, por sua vez, o *Poder Executivo*, em termos globais, a participação feminina também se mantém aquém do que seria esperado sob a ótica da igualdade de gênero. Nada obstante, por meio do denominado feminismo de Estado, alguns avanços conseguiram ser obtidos, sobretudo no cenário europeu.[85] Em suma, parte das agências estatais criadas para promoção dos direitos das mulheres passou a pleitear – e obter –, a partir dos anos 1990, uma ampliação de suas competências, de modo a exercer prerrogativas de exame transversal de diversas políticas de governo, não vinculadas diretamente à temática de gênero. A estratégia, também conhecida como *gender mainstreaming*,[86] chegou a ser adotada no Brasil pela Secretaria Nacional de Políticas para as Mulheres, conforme se infere dos três Planos Nacionais de Políticas para as Mulheres elaborados desde 2004; mas parece ter sido substancialmente esvaziada nos últimos anos, sendo certo que, desde 2015, não há sequer PNPM em vigor no país.

Já no que tange ao *Poder Judiciário*, nada obstante a natureza supostamente objetiva e neutra de sua atuação, há cada vez mais estudos e práticas internacionais que reforçam a importância de se promover maior participação feminina.[87] [88] A África do Sul, por exemplo, no art. 174(2) de sua Constituição, estabelece que "a necessidade de o Judiciário refletir amplamente a composição racial e de gênero [...] deve ser considerada na indicação dos membros do Judiciário". A Bélgica, a seu turno, já havia estabelecido em 2003 a exigência de sua Suprema Corte possuir integrantes de ambos os sexos e fixou, em 2014, o quantitativo mínimo de 1/3 para cada um deles.[89]

---

[83] Nas eleições de 2014, chegou-se, pela primeira vez na história, próximo ao percentual de 30% de candidaturas de mulheres para os cargos de deputado(a) federal (29,15%) e deputado(a) estadual (29,11%). Para o cargo de senador(a), a quantidade de candidaturas permaneceu consideravelmente abaixo do previsto na Lei nº 9.504/1997 (20,6% do total). Cf. relatório *As Mulheres nas Eleições de 2014*, elaborado em dezembro de 2014, pela SNPM.

[84] Entre os candidatos eleitos em 2014 para o cargo de deputado(a) estadual, 11,3% são mulheres; para o cargo de deputado(a) federal, 9,9%; e, para o cargo de senador(a), 13,6% (cf. relatório *As Mulheres nas Eleições de 2014*, elaborado em dezembro de 2014, pela SNPM).

[85] Sobre o tema, confira-se: LOMBARDO, Emanuela; MEIER, Petra; VERLOO, Mieke (Ed.). *The discursive politics of gender equality* – Stretching, bending and policymaking. Abingdon: Routledge, 2009; BUSTELO, María. Three decades of state feminism and gender equality policies in multi-governed Spain. *Sex Roles*, Nova York, v. 70, n. 9-10, 2014; MONTEIRO, Rosa. *Feminismo de Estado em Portugal*: mecanismos, estratégias, políticas e metamorfoses. 2011. 503 f. Tese (Doutorado em Sociologia) – Faculdade de Economia, Universidade de Coimbra, Coimbra, 2011.

[86] Termo utilizado, entre outros, em: CONNELL, Raewyn; PEARSE, Rebecca. *Gênero*: uma perspectiva global. Compreendendo o gênero – da esfera pessoal à política – no mundo contemporâneo. Tradução de Marília Moschkovich. São Paulo: nVersos, 2015. p. 265.

[87] Por todos, confira-se: DIXON, Rosalind. Female justices, feminism and the politics of judicial appointment: a re-examination. *Yale Journal of Law and Feminism*, n. 21, 2, p. 297-338, 2010.

[88] Em estudo das realidades australiana e canadense, Reg Graycar e Jenny Morgan constataram, por outro lado, que ainda é comum se utilizar o gênero como elemento questionador da autoridade de juízas, como se estas tivessem uma visão necessariamente parcial e enviesada – no mau sentido – sobre certos temas. Mesmo em questões não vinculadas a estereótipos femininos, as magistradas seriam mais frequentemente acusadas de subjetivismo e de consideração a aspectos ligados à sua identidade do que juízes homens (GRAYCAR, Reg; MORGAN, Jenny. Feminist legal theory and understandings of equality: one step forward or two steps back? In: GOLDSCHEID, Julie (Org.). *Gender and equality laW*. Nova York: Ashgate Publishing, 2013. p. 51-73).

[89] Cf. site da própria Corte Constitucional (WELCOME to the website of the Constitutional Court of Belgium! *Constitutional Court*. Disponível em: <http://www.const-court.be/en/common/home.html/>. Acesso em: 10 jun.

No Brasil, como se sabe, a seleção para a maior parte dos cargos do Poder Judiciário é feita por concurso público, o que tem, já há alguns anos, facilitado o crescimento do número de mulheres atuantes na magistratura, sobretudo desde que as provas passaram a não conter qualquer tipo de identificação do gênero do candidato.[90] Permanece, todavia, a haver significativo desequilíbrio entre mulheres e homens nos cargos superiores da carreira: segundo censo realizado pelo CNJ, as mulheres seriam 43% dos juízes substitutos, 37% entre os juízes titulares, 22% dos desembargadores e 18% dos ministros de tribunais superiores.[91]

6 Conclusão

> *O Direito ainda falha com as mulheres, mesmo no mundo democrático e desenvolvido, e bem mais frequentemente do que deveria. Entender como isso ocorre, e como uma Constituição – a lei suprema de um país – pode ser melhor ou pior em atender os interesses das mulheres, é extremamente valioso para nossa compreensão sobre como trabalhar, de um lado, com uma agenda feminista, e, de outro, com uma Constituição.*[92]

A Constituição brasileira de 1988 é um marco na história do Brasil, representando a transição de um Estado autoritário para um Estado Democrático de Direito. A participação de diversos setores da sociedade civil no processo de elaboração do texto constitucional, inclusive de mulheres, contribuiu para a consagração de um extenso rol de direitos fundamentais, que constitui a maior e mais clara manifestação do propósito transformador da Carta.

Ao longo de sua vigência, a Constituição de 1988 deu provas de sua força. Nos últimos trinta anos, consolidou-se a ideia de normatividade e efetividade das regras e princípios constitucionais, destacando-se, nesse sentido, a atuação do Poder Judiciário, como agente central para a garantia e concretização de diversos direitos.

O constitucionalismo inaugurado pela Carta de 1988 ainda apresenta, no entanto, pontos falhos, sendo a manutenção da desigualdade, em sentido amplo, possivelmente o mais grave deles. O Brasil continua a ser um país em que a dignidade humana é medida conforme o *status* político, econômico ou sociocultural das pessoas. Nesse contexto, ser mulher continua a representar uma diminuição de dignidade; continua a ser causa para que se confira menor respeito e consideração pessoais, para que se reduza a autonomia, e para que sujeite a pessoa a violências e discriminações que a impedem de buscar seu

---

2018) e matéria veiculada pela ONG Oxford Human Rights Hub (REMICHE, Adelaide. Belgian Parliament Introduces Sex Quota in Constitutional Court. *Oxford Human Rights Hub*, 21 abr. 2014. Disponível em: <http://ohrh.law.ox.ac.uk/belgian-parliament-introduces-sex-quota-in-constitutional-court/>. Acesso em: 10 jun. 2018).

[90] Cf. BONELLI, Maria Glória. Profissionalismo, gênero e significados da diferença entre juízes e juízas estaduais e federais. *Contemporânea*, n. 1, jan./jul. 2011. p. 105.

[91] Informações compiladas em: PENALVA, Janaína. Agora quem julga são elas? As juízas brasileiras. *Jota*, 8 nov. 2015. Disponível em: <http://jota.info/agora-quem-julga-sao-elas-as-juizas-brasileiras>. Acesso em: 10 jun. 2018.

[92] IRVING, Helen. *Gender and the constitution*: equity and agency in comparative constitutional design. Cambridge: Cambridge University Press, 2008. p. 37.

pleno desenvolvimento humano. E o direito constitucional não tem contribuído como poderia para reverter esse quadro.

É preciso, portanto, que se debata como melhorar o constitucionalismo brasileiro, para que seu potencial emancipatório e humanista passe a alcançar, de fato, tanto homens como mulheres. O presente trabalho foi apenas uma tentativa de contribuir para o referido e necessário debate, analisando, especificamente, o conteúdo do direito à igualdade de gênero. Que venham muitos outros trabalhos, fazendo com o que o recente crescimento de manifestações feministas na sociedade brasileira reflita-se também no direito, de modo a quebrar a falsa neutralidade que este aparenta possuir em matéria de gênero e transformando-o, verdadeiramente, em um instrumento de promoção da igualdade.

Referências

40% OF SEATS on company boards for women. *News European Parliament*, 20 nov. 2013. Disponível em: <http://www.europarl.europa.eu/news/en/news-room/content/20131118IPR25532/html/40-of-seats-on-company-boards-for-women>. Acesso em: 10 jun. 2018.

AGUIRRE, DeAnne *et al*. *Empowering the Third Billion* – Women and the world of work in 2012. Nova York: Booz & Company, 2012. Disponível em: http://www.strategyand.pwc.com/media/file/Strategyand_Empowering-the-Third-Billion_Full-Report.pdf>. Acesso em: 10 jun. 2018.

ALVES, Branca Moreira; PITANGUY, Jacqueline. *O que é feminismo*. 8. ed. São Paulo: Brasiliense, 2003.

BADINTER, Elizabeth. *The myth of motherhood*: a historical view of the maternal instinct. Nova York: Souvenir Press, 1982.

BEAUVOIR, Simone. *O segundo sexo*. 2. ed. Tradução de Sérgio Milliet. Rio de Janeiro: Nova Fronteira, 2009.

BIROLI, Flávia; MIGUEL, Luís Felipe. *Feminismo e política*. São Paulo: Boitempo, 2014.

BIROLI, Flávia; MIGUEL, Luís Felipe. Introdução: teoria política feminista hoje. In: BIROLI, Flávia; MIGUEL, Luís Felipe. *Teoria política feminista*: textos centrais. Vinhedo: Horizonte, 2013.

BONELLI, Maria Glória. Profissionalismo, gênero e significados da diferença entre juízes e juízas estaduais e federais. *Contemporânea*, n. 1, jan./jul. 2011.

BOURDIEU, Pierre. *A dominação masculina*. Tradução de Julia Ferreira. Lisboa: Relógio D'Água, 2013.

BRASÃO, Inês. Da porta para dentro – Servilismo doméstico é uma dominação oculta, que subjuga e desumaniza a mulher. *Revista de História da Biblioteca Nacional*, Rio de Janeiro, ano 10, n. 113, p. 46-49, fev. 2015.

BRASIL. Câmara dos Deputados. *Legislação da mulher*. 6. ed. Brasília: Edições Câmara, 2014.

BROOKS, Kate. Women in the Judiciary: what solutions to advance gender-responsive and gender-diverse justice systems? *OCDE Insights*, 10 mar. 2017. Disponível em: <http://oecdinsights.org/2017/03/10/gender-responsive-and-diverse-justice-systems/>. Acesso em: 10 jun. 2018.

BUCHANAN, Ian. *A dictionary of critical theory*. Nova York: Oxford, 2010.

BUSTELO, María. Three decades of state feminism and gender equality policies in multi-governed Spain. *Sex Roles*, Nova York, v. 70, n. 9-10, 2014.

CASAIS gays com filhos assumem 'papéis cerebrais' de mãe e pai. *O Globo*, 27 maio 2014. Disponível em: <http://oglobo.globo.com/sociedade/casais-gays-com-filhos-assumem-papeis-cerebrais-de-mae-pai-12615247>. Acesso em: 10 jun. 2018.

CASAL JR., Marcello. Jovens que não estudam nem trabalham: escolha ou falta de opções? *The World Bank*, 17 mar. 2018. Disponível em: <http://www.worldbank.org/pt/news/feature/2018/03/17/brasil-estudio-jovenes-no-estudian-ni-trabajan-ninis-genero-pobreza>. Acesso em: 10 jun. 2018.

CONNELL, Raewyn; PEARSE, Rebecca. *Gênero*: uma perspectiva global. Compreendendo o gênero – da esfera pessoal à política – no mundo contemporâneo. Tradução de Marília Moschkovich. São Paulo: nVersos, 2015.

DIEESE. O emprego doméstico no Brasil. *Estudos e Pesquisas*, n. 68, ago. 2013. Disponível em: <http://www.dieese.org.br/estudosetorial/2013/estPesq68empregoDomestico.pdf>. Acesso em: 10 jun. 2018.

DINIZ, Debora; COSTA, Bruna Santos; GUMIERI, Sinara. Nomear feminicídio: conhecer, simbolizar e punir. *Revista Brasileira de Ciências Criminais*, v. 114, p 225-239, maio/jun. 2015.

DIXON, Rosalind. Female justices, feminism and the politics of judicial appointment: a re-examination. *Yale Journal of Law and Feminism*, n. 21, 2, p. 297-338, 2010.

DOBROWOLSKY, Alexandra; HART, Vivien (Ed.). *Women making constitutions* – New politics and comparative perspectives. Nova York: Palgrave Macmillan, 2003.

DOEPKE, Matthias; TERTILT, Michele; VOENA, Alessandra. The Economics and Politics of Women's Rights. *Annual Review of Economics, Annual Reviews*, v. 4, n. 1, p. 339-372, 2012.

DOUGLAS, Susan; MICHAELS, Meredith. *The mommy myth* – The idealization of motherhood and how it has undermined all women. Nova York: Free Press, 2005.

DRUDE, Dahlerup; FREIDENVALL, Lenita Freidenvall. Gender quotas in politics – A constitutional challenge. In: WILLIAMS, Susan H. (Ed.). *Constituting equality* – Gender equality and comparative constitutional law. Nova York: Cambridge University Press, 2009.

FRASER, Nancy. *Fortunes of feminism* – From state-managed capitalism to neoliberal crisis. Nova York: Verso, 2013.

FRASER, Nancy. *Justice interrupts* – Critical reflection on the "Postsocialist" condition. Nova York: Routledge, 1997.

FRASER, Nancy. Redistribuição, reconhecimento e participação: por uma concepção integrada de justiça. Tradução de Bruno Ribeiro Guedes e Letícia de Campos Velho Martel. In: IKAWA, Daniela; PIOVESAN, Flávia; SARMENTO, Daniel. *Igualdade, diferença e direitos humanos*. Rio de Janeiro: Lumen Juris, 2010.

FRASER, Nancy. Rethinking the public sphere: a contribution to the critique of actually existing democracy. In: CALHOUN, Craig. *Habermas and the public sphere*. Cambridge: MIT Press, 1992.

FRASER, Nancy. *Scales of Justice* – Reimagining political space in a globalizing world. Nova York: Columbia University Press, 2010.

FRASER, Nancy. *Unruly practices* – Power, discourse and gender in contemporary social theory. Minneapolis: University of Minnesota Press, 1989.

FREEDMAN, Estelle B. *No turning back* – The history of feminism and the future of women. Nova York: Ballantine Books, 2002.

GENDER identity development in children. *Healthychildren.org*. Disponível em: <https://www.healthychildren.org/English/ages-stages/gradeschool/Pages/Gender-Identity-and-Gender-Confusion-In-Children.aspx>. Acesso em: 10 jun. 2018.

GOETZ, A. M. Gender and accountability. In: DROBOWOLSKY, A.; HART, V. (Org.). *Women making constitutions*: new politics and comparative perspectives. Nova York: Palgrave Macmillan, 2003.

GOLDSCHEID, Julie (Org.). *Gender and equality law*. Nova York: Ashgate Publishing, 2013.

GORNICK, Janet C.; MEYERS, Marcia K. *The real utopias project*: gender equality – Transforming family divisions of labor. Londres: Verso, 2009.

HALIM, May Ling; LINDNER, Natasha C. Gender self-socialization in early childhood. *Encyclopedia on Early Childhood Development*, dez. 2013. Disponível em: <http://www.child-encyclopedia.com/gender-early-socialization/according-experts/gender-self-socialization-early-childhood>. Acesso em: 10 jun. 2018.

HARARI, Yuval Noah. *Sapiens* – Uma breve história da humanidade. 9. ed. Tradução de Janaína Marcoantonio. Porto Alegre: L&PM, 2016.

HONDERICH, Ted (Ed.). *The Oxford companion to philosophy*. Nova York: Oxford University Press, 2005.

IRVING, Helen. *Gender and the constitution*: equity and agency in comparative constitutional design. Cambridge: Cambridge University Press, 2008.

JOÃO PAULO PP. II. *Carta do Papa João Paulo II às mulheres*. Vaticano: Libreria Editrice Vaticana, 1995. Disponível em: <https://w2.vatican.va/content/john-paul-ii/pt/letters/1995/documents/hf_jp-ii_let_29061995_women.html>. Acesso em: 10 jun. 2018.

KYMLINCKA, Will. *Filosofia política contemporânea* – Uma introdução. Tradução de Luís Carlos Borges. Revisão de tradução de Marylene Pinto Michael. São Paulo: Martins Fontes, 2006.

LOMBARDO, Emanuela; MEIER, Petra; VERLOO, Mieke (Ed.). *The discursive politics of gender equality* – Stretching, bending and policymaking. Abingdon: Routledge, 2009.

MACKINNON, Catharine. Gender in constitutions. In: ROSENFELD, Michael; SAJÓ, András. *The Oxford Handbook of Comparative Constitutional Law*. Nova York: Oxford University Press, 2012.

MILL, Stuart. *The subjection of women*. 1869. Disponível em: <http://www.constitution.org/jsm/women.htm>. Acesso em: 10 jun. 2018.

MONTECINOS, Veronica. Feministas e tecnocratas na democratização da América Latina. *Revista Estudos Feministas*, Florianópolis, v. 11, n. 2, p. 351-380, dez. 2003.

MONTEIRO, Rosa. *Feminismo de Estado em Portugal*: mecanismos, estratégias, políticas e metamorfoses. 2011. 503 f. Tese (Doutorado em Sociologia) – Faculdade de Economia, Universidade de Coimbra, Coimbra, 2011.

MOTA, Camila Veras *et al*. PIB cai 3,8% em 2015, pior retração desde 1990. *Valor Econômico*, 3 mar. 2016. Disponível em: <http://www.valor.com.br/brasil/4464366/pib-cai-38-em-2015-pior-retracao-desde-1990>. Acesso em: 10 jun. 2018.

MUNYANEZA, James. Rwanda: Women Take 64 Percent Seats in Parliament. *All Africa*, 19 set. 2013. Disponível em: <http://allafrica.com/stories/201309190110.html>. Acesso em: 10 jun. 2018.

PASCUAL, Alejandra. Dominação masculina e desigualdade de gênero nas relações de trabalho: problemas, desafios atuais e políticas de cotas para mulheres. In: LOPES, Ana Maria D'Ávila; MAUÉS, Antonio Moreira (Org.). *A eficácia nacional e internacional dos direitos humanos*. Rio de Janeiro: Lumen Juris, 2013.

PENALVA, Janaína. Agora quem julga são elas? As juízas brasileiras. *Jota*, 8 nov. 2015. Disponível em: <http://jota.info/agora-quem-julga-sao-elas-as-juizas-brasileiras>. Acesso em: 10 jun. 2018.

PEREIRA, Jane Reis Gonçalves. A aplicação de regras religiosas de acordo com a lei do Estado: um panorama do caso brasileiro. *Revista da AGU*, v. 41, p. 9-42, 2014.

PEREIRA, Jane Reis Gonçalves. *Interpretação constitucional e direitos fundamentais*. Rio de Janeiro: Renovar, 2006.

PIOVESAN, Flávia. Igualdade, diferença e direitos humanos: perspectivas global e regional. In: SARMENTO, Daniel; IKAWA, Daniela; PIOVESAN, Flávia. *Igualdade, diferença e direitos humanos*. Rio de Janeiro: Lumen Juris, 2010.

REMICHE, Adelaide. Belgian Parliament Introduces Sex Quota in Constitutional Court. *Oxford Human Rights Hub*, 21 abr. 2014. Disponível em: <http://ohrh.law.ox.ac.uk/belgian-parliament-introduces-sex-quota-in-constitutional-court/>. Acesso em: 10 jun. 2018.

ROHDEN, Fabíola. *Uma ciência da diferença*: sexo e gênero na medicina da mulher. 2. ed. Rio de Janeiro: Editora Fiocruz, 2001.

RUTHERFORD, Alexandra *et al*. (Org.). *Handbook of International Perspectives on Feminism*. Nova York: Springer, 2011.

SAJÓ, András; UITZ, Renáta. Freedom of religion. In: ROSENFELD, Michel; SAJÓ, András (Ed.). *The Oxford Handbook of Comparative Constitutional Law*. Nova York: Oxford University Press, 2012.

SARMENTO, Daniel. O crucifixo nos tribunais e a laicidade do Estado. *RDE*, Rio de Janeiro, n. 8, p. 75-90, out./dez. 2007.

SIRI, Giuseppe Cardinal. *Notification concerning men's dress worn by women*. Genova, jun. 1960 Disponível em: <http://www.national-coalition.org/modesty/modsiri.html>. Acesso em: 10 jun. 2018.

SNOW, Charles Percy. *The two cultures*. 18. reprint. Cambridge: Cambridge University Press, 2014.

TELLES, Cristina. *Por um constitucionalismo feminista*: reflexões sobre o direito à igualdade de gênero. 2016. 290 f. Dissertação (Mestrado em Direito Público) – Faculdade de Direito, Universidade do Estado do Rio de Janeiro, Rio de Janeiro, 2016.

THE WORLD BANK. *World Bank Report 2012* – Gender equality and development. Washington: The World Bank, 2011. Disponível em: <https://siteresources.worldbank.org/INTWDR2012/Resources/7778105-1299699968583/7786210-1315936222006/Complete-Report.pdf>. Acesso em: 10 jun. 2018.

UNESCO. *Unesco eAtlas of Gender Inequality in Education*. Disponível em: <http://www.tellmaps.com/uis/gender/>. Acesso em: 10 maio 2018.

UNICEF. *Todas as crianças na escola em 2015* – Iniciativa global pelas crianças fora da escola. ago. 2012. Disponível em: <http://www.unicef.org/brazil/pt/resources_24118.htm>. Acesso em: 10 jun. 2018.

UNITED NATIONS. Department of Economic and Social Affairs. *World Population 2015*. Disponível em: <http://esa.un.org/unpd/wpp/Publications/Files/World_Population_2015_Wallchart.pdf>. Acesso em: 10 jun. 2018.

UNODC RESEARCH. Global *Study on Homicide 2013*. Disponível em: <https://www.unodc.org/documents/gsh/pdfs/2014_GLOBAL_HOMICIDE_BOOK_web.pdf>. Acesso em: 10 jun. 2018.

WELCOME to the website of the Constitutional Court of Belgium! *Constitutional Court*. Disponível em: <http://www.const-court.be/en/common/home.html/>. Acesso em: 10 jun. 2018.

WHY politicians are asking the wrong questions about gender inequality. *The Economist*, 5 nov. 2015. Disponível em: <http://www.economist.com/blogs/freeexchange/2015/11/women-workplace> Acesso em: 10 jun. 2018.

WILLIAMS, Susan H. (Ed.). *Constituting equality* – Gender equality and comparative constitutional law. Nova York: Cambridge University Press, 2009.

WOETZEL, Jonathan *et al*. How advancing women's equality can add $12 trillion to global growth. *McKinsey Global Institute*, set. 2015. Disponível em: <http://www.mckinsey.com/insights/growth/how_advancing_womens_equality_can_add_12_trillion_to_global_growth>. Acesso em: 10 jun. 2018.

WOMEN'S leadership and political participation. *UN Women*. Disponível em: <http://www.unwomen.org/en/what-we-do/leadership-and-political-participation#sthash.vN1BrF51.dpuf>. Acesso em: 10 jun. 2018.

Informação bibliográfica deste texto, conforme a NBR 6023:2002 da Associação Brasileira de Normas Técnicas (ABNT):

TELLES, Cristina. Direito à igualdade de gênero: uma proposta de densificação do art. 5º, I, da Constituição de 1988. In: BARROSO, Luís Roberto; MELLO, Patrícia Perrone Campos (Coord.). *A República que ainda não foi*: trinta anos da Constituição de 1988 na visão da Escola de Direito Constitucional da UERJ. Belo Horizonte: Fórum, 2018. p. 217-244. ISBN 978-85-450-0582-7.

UM RAWLS À BRASILEIRA:
O PATRIMONIALISMO NAS RELAÇÕES HORIZONTAIS

CIRO GRYNBERG

1 Introdução

Todo final de ano no Rio de Janeiro é comum ver, por toda a orla carioca, uma infinidade de pessoas montando tendas e barracas para celebração da passagem de ano, levando com elas cadeiras, aparelhos de som, comida e uma enormidade de utensílios para a garantia da festa. Não custou muito, o mercado logo percebeu que seria uma oportunidade ímpar a realização de eventos pagos, garantindo aos festeiros a possibilidade de usufruírem do *réveillon* carioca na praia e com a máxima comodidade de não carregar a casa para a areia.

A partir de então, o que se viu foi uma ascendente demarcação de áreas, delimitadas por cercadinhos, e, dentro delas, os afortunados com pulseirinhas coloridas que puderam pagar pelo conforto da festa na praia.[1] A ocupação privada de área pública, contida no exemplo, seguindo a lógica do "quem chega primeiro, aproveita primeiro", em nítido desnível quanto às relações de poder entre diferentes pessoas – pressupostamente merecedoras de igual consideração e respeito –[2] revela um aspecto fundamental do modo como a distribuição – e, implicitamente, a redistribuição – dos bens sociais é feita no Brasil.

---

[1] Idêntico exemplo de expediente social do patrimonialismo pode ser dado com a notícia veiculada no jornal *O Globo*, de 27.2.2013, em que se retratou a criação do clube privado Aqueloo Beach Club, na praia localizada junto ao Forte de Copacabana (BRASIL, Cristina Indio do. MP Militar pede detalhes de contrato de clube no Forte de Copacabana. *O Globo*, 27 fev. 2013. Disponível em: <http://g1.globo.com/rio-de-janeiro/noticia/2013/02/mp-militar-pede-detalhes-de-contrato-de-clube-no-forte-de-copacabana.html>).

[2] O ideal político de igualdade referido é aquele sustentado por Ronald Dworkin: "We must distinguish between two different principals that take equality to be a political ideal. The first requires that the government treat all those in its charge as equals, that is, as entitled to its equal concern and respect. That is not an empty requirement: most of us do not suppose that we must, as individuals, treat our neighbor's children with the same concern as our own, or treat everyone we meet with the same respect. It is nevertheless plausible to think that any government should treat all citizens as equals in that way. The second principle requires that the government treat all those in its charge equally in the distribution of some resource of opportunity, or at least work to secure the state of affairs inn which they all are equal or more nearly equal in that respect. [...] I say that the first principle is more fundamental because I assume that, for both liberals and conservatives, the first is constitutive and the second derivative. Sometimes treating people equally is the only way o treat them as equals; but sometimes not" (DWORKIN, Ronald. Liberalism. In: HAMPSHIRE, Stuart *et al.* (Org.). *Public and private morality*. Cambridge: Cambridge University Press, 1978).

Longe de desconsiderar as políticas efetivamente redistributivas que foram desenvolvidas no Brasil nas últimas décadas,[3] a naturalidade como a sociedade encara as condutas sociais que restringem o uso coletivo de bens públicos, ou mesmo chancela a apropriação de recursos sociais sem o respeito a critérios de equidade, são elementos que compõem o consciente coletivo nacional[4] e, portanto, moldam as escolhas e decisões daqueles inseridos nesse contexto social.

Na medida em que os agentes políticos, inclusive os juízes, não são alienígenas sociais[5] e, em consequência, também têm internalizado esse traço distintivo da sociedade brasileira, é importante refletir sobre como as políticas redistributivas e a adjudicação de bens sociais são afetadas por esse fato social.[6] Essa maneira de agir, de pensar e de sentir que exerce poder de coerção sobre cada brasileiro é identificada, segundo a teoria weberiana, como patrimonialismo. São, justamente, as consequências do patrimonialismo sobre a redistribuição de bens que se buscará enfrentar neste estudo, demonstrando-se que o fundamento igualitário propulsor da criação do Estado de bem-estar social brasileiro[7] acaba restringido pela realidade sociológica.

Não é outra a razão do provocativo título atribuído a este artigo (*Um Rawls à brasileira*), porque o fato social citado põe em xeque a distribuição equitativa dos bens e serviços sociais.[8] Em outras palavras, embora a teoria de justiça de Rawls seja a matriz

---

[3] Citem-se, por exemplo, a universalização dos serviços públicos de saúde, com a criação do Sistema Único de Saúde brasileiro, o Programa dos Centros Integrados de Educação Pública – CIEPs e o Programa Bolsa Família.

[4] Emile Durkheim, na obra *Da divisão do trabalho social*, alcança o conceito de consciente coletivo, como sendo o "conjunto das crenças e dos sentimentos comuns à média dos membros de uma mesma sociedade" que "forma um sistema determinado com vida própria" (DURKHEIM, Emile. *Da divisão do trabalho social*. 2. ed. São Paulo: Martins Fontes, 1999).

[5] Luís Roberto Barroso, abordando os novos paradigmas e metodologias da interpretação constitucional, aponta o intérprete como coparticipante do processo de criação do direito, na complementação do trabalho do constituinte ou do legislador, expondo que, nesse processo, "é influenciado não apenas pela maior ou menor complexidade das normas e dos fatos envolvidos, como também pela pré-compreensão do interprete e pelos valores morais e políticos da sociedade" (BARROSO, Luís Roberto. *Curso de direito constitucional contemporâneo*: os conceitos fundamentais e a construção do novo modelo. 4. ed. São Paulo: Saraiva, 2013. p. 330-377).

[6] Segundo Durkheim, "para que exista o fato social é preciso que pelo menos vários indivíduos tenham misturado suas ações e que dessa combinação tenha surgido um produto novo" (DURKHEIM, Emile. *Da divisão do trabalho social*. 2. ed. São Paulo: Martins Fontes, 1999).

[7] A reflexão sobre o Brasil como Estado de bem-estar social pode ser encontrada em RAGAZZO, Carlos Emanuel Joppert. *Regulação jurídica, racionalidade econômica e saneamento básico*. Rio de Janeiro: Renovar, 2011. p. 39: "Considero que essa alteração de função para o suposto Estado Regulador foi parcial e, mais ainda, insuficiente para que se altere o modelo de Estado vigente, que ainda é o Estado de Bem-Estar Social, embora numa versão mais adaptada às reformas administrativas que foram implementadas na década de 1990. A garantia dos direitos sociais, inseridos dentro do contexto de efetividade dos direitos fundamentais previstos na Constituição Federal Brasileira, continua sendo o principal pilar do hodierno modelo de Estado. Atualmente, não haveria como pensar o Estado Brasileiro sem essa função". No mesmo sentido, concentram-se as reflexões contidas em BRANDÃO, Rodrigo. Entre a anarquia e o Estado do Bem-Estar Social: aplicações do libertarianismo à filosofia constitucional. *Revista de Direito do Estado*, ano 4. n. 14, abr./jun. 2009: "A propósito, duas considerações devem ser feitas: (i) as referidas emendas constitucionais [ECs 5, 6, 7, 8, 9, 19, 20 e 41], apesar de reduzirem o 'tamanho do Estado', não desnaturaram a dimensão social do Estado delineado pela Constituição de 1988, pois permanecem em vigor cláusulas transformadoras (busca da justiça social, da redução das desigualdades sociais, etc), os direitos sociais prestacionais, os deveres de o Estado implementar políticas públicas em diversas áreas (v.g. educação, saúde, previdência e assistência social, habitação, cultura), etc. Assim, o Estado brasileiro distancia-se bastante do Estado mínimo preconizado pelos libertarianos, permanecendo pertinente a afirmação de que um 'libertarianismo puro' é incompatível com o direito constitucional positivo pátrio. Ademais, (ii) a total substituição do Estado de Bem-Estar Social por um Estado Mínimo somente seria possível caso o povo brasileiro derrubasse a Constituição de 1988 e editasse uma nova com o perfil proposto pelos libertarianistas, vez que o os direitos sociais, ao menos no que toca à garantia do mínimo existencial, foram erigidos à condição de cláusula pétrea (art. 60, §4º, IV)".

[8] É importante registrar que, embora a sua teoria de justiça seja a mais relevante matriz filosófica de políticas distributivas de bens sociais, as quais alcançaram o seu ápice no Estado de bem-estar social, John Rawls refuta

filosófica de políticas distributivas, a justiça distributiva guiada pela equidade acaba tolhida pela influência do patrimonialismo na definição dos critérios de entrega e apropriação das prestações sociais.

O enfoque que se dará não está na atávica apropriação do Estado e do espaço público pelo interesse privado dos segmentos sociais dominantes. Está, sim, no desenvolvimento de um fato social que, partindo do traço marcante da nossa cultura política, disseminou-se por toda a sociedade brasileira, nos fazendo agir e pensar com uma lógica patrimonialista, condicionando, em consequência, aquilo que entendemos integrar o nosso patrimônio jurídico e a nossa ideia de justiça. Trata-se do que chamarei aqui de patrimonialismo nas relações horizontais.

2 O patrimonialismo como fato social

O termo patrimonialismo foi incorporado ao vocabulário político e sociológico nacional e abarca um modelo de organização política em que as relações de poder são determinadas por dependência econômica e por sentimentos tradicionais de lealdade e respeito dos governados pelos governantes. No Brasil, contudo, o significado linguístico imediato associado ao patrimonialismo revela *o trato da coisa pública como se privada fosse*, o que, em realidade, cuida apenas de um dos elementos desse modelo de dominação política.[9]

É fora de dúvida que o tema do patrimonialismo está inserido nas bases da formação do Brasil. O conceito ibérico de Estado, deixado como herança do período colonial, moldou a cultura política brasileira. Muitas das noções e práticas da metrópole portuguesa, em especial o exercício do poder com um sentido de propriedade sobre os fatores produtivos e sobre os indivíduos, foram incorporadas às relações de poder no Brasil. Essa acepção ibérica de propriedade, como adverte Raymundo Faoro,[10] abarca o território, os bens e as pessoas, que são todos vistos como servos do Estado. Nesse cenário, não é difícil compreender o fundamento da confusão patrimonial que se instalou no patrimonialismo nacional.

A administração das terras do Brasil colonial seguia um modelo de ordem familiar e patriarcal. No entanto, diante do crescimento das áreas de dominação portuguesa, esse modelo de administração precisou se racionalizar. Para isso, desenvolveu-se um

---

explicitamente o *Welfare State*, na obra *Justice as fairness: a restatement*. De acordo com o autor, o capitalismo do *Welfare State* coloca o controle da economia nas mãos de um grupo de ricos atores privados e, por isso, falha em assegurar recursos suficientes para que se tenham iguais chances de influência política, ou oportunidades equânimes em educação e emprego. O Estado de bem-estar social tenderia, assim, a constituir uma desmoralizada subclasse (RAWLS, John. *Justice as fairness*: a restatement. Cambridge: Belknap Press, 2001).

[9] Nesse sentido, são os esclarecimentos de Luís Roberto Barroso: "O Dicionário Houaiss da língua portuguesa, de 2001, registra o termo patrimonialismo, mas não propriamente na acepção aqui empregada, embora esta seja de uso relativamente difundido. Em síntese, trata-se da apropriação da coisa pública como se fosse uma possessão privada, passível de uso em benefício próprio ou dos amigos, ou ainda em detrimento dos inimigos. O agente público que se vale da sua posição ou do patrimônio estatal para obter vantagens, praticar ou cobrar favores e prejudicar terceiros, de forma personalista, viola o princípio republicano" (BARROSO, Luís Roberto. *Curso de direito constitucional contemporâneo*: os conceitos fundamentais e a construção do novo modelo. 4. ed. São Paulo: Saraiva, 2013. p. 66).

[10] FAORO, Raymundo. *Os donos do Poder* – Formação do patronato político brasileiro. 7. ed. Rio de Janeiro: Globo, 1987. v. 1.

aparato administrativo que, nada obstante, manteve as suas origens de gestão familiar. O recrutamento de pessoas e a seleção de bens e serviços não se desvencilharam dos elementos típicos de mando tradicional e familiar. Em razão disso, a sobreposição das esferas privada e oficial tornou-se um dos elementos característicos do modelo nacional de organização política. Desde a sua origem, portanto, a administração política é vista como uma matéria pessoal, em que não se distingue o patrimônio público dos bens privados do governante.

É fora de dúvida que o sucesso da tese do patrimonialismo na formação do Brasil se deve à já citada obra de Raymundo Faoro. Embora controvertidas as conclusões alcançadas por Faoro,[11] não sendo o foco deste estudo o exame das complexas discussões sobre a formação da sociedade brasileira e a correspondente adequação aos conceitos weberianos,[12] é seguro assumir como premissa, com respaldo também nas obras *Raízes do Brasil, Os donos do poder, Instituições políticas brasileiras* e *A arte da política: a história que vivi*,[13] que o patrimonialismo foi transposto para as terras brasileiras, como herança das tradições ibéricas e se distinguiu aqui por criar uma zona de promiscuidade entre os bens públicos e o interesse privado.

A "cultura do jeitinho",[14] o "clã político",[15] o "estamento burocrático"[16] e o "homem cordial",[17] embora se pautem em premissas distintas e alcancem conclusões díspares sobre as influências históricas na formação política do Brasil, convergem ao estabelecer o patrimonialismo como um traço distintivo da cultura política[18] brasileira.

---

[11] Conforme alerta Antonio Paim, Raymundo Faoro teria se ofuscado pela magnitude da própria descoberta, tendo em vista que traçou o patrimonialismo sob um juízo negativo e decorrente de um determinismo histórico inafastável (PAIM, Antonio. *A querela do estatismo*. Brasília: Senado Federal, 1998).

[12] Sobre o tema, confira-se a obra CAMPANTE, Rubens Goyata. Patrimonialismo em Faoro e Weber. *DADOS – Revista de Ciências Sociais*, Rio de Janeiro, v. 46, n. 1, p. 153-193, 2003.

[13] As obras citadas são, em sequência, dos seguintes autores: Sergio Buarque de Holanda, Raymundo Faoro, Oliveira Vianna e Fernando Henrique Cardoso.

[14] A expressão cultura do jeitinho foi celebrizada por Roberto Damatta, no livro *O que faz o brasil, Brasil* (DAMATTA, Roberto. *O que faz o brasil, Brasil*. São Paulo: Rocco, 1986).

[15] Na obra *Instituições políticas brasileiras*, Oliveira Vianna retrata que o direito imposto pelas elites não corresponde às noções de regras e de justiça que prevalecem nas relações sociais da massa, como reflexo do processo colonizador, em que a metrópole portuguesa impôs a fundação da população brasileira, que não se seguiu da livre agregação do povo. Ao invés de possuir um senso de união, a população colonial vivia dispersa, em vilas pouco habitadas, submetidas ao império da metrópole, o que gerou uma tendência de fortalecimento de unidades familiares, constituindo um povo extremamente individualista e isolado da vida social. Nesse contexto, surgiram os "clãs políticos", como pequenos grupos que articulavam as decisões políticas segundo critérios de conveniência particular (VIANNA, Francisco José Oliveira. *Instituições políticas brasileiras*. Brasília: Senado Federal, 1999).

[16] Raymundo Faoro sustentou, referindo-se sobre a colonização portuguesa, que "a coroa conseguiu formar, desde os primeiros golpes da reconquista, imenso patrimônio rural (bens 'requengos', 'regalengos', 'regoengos', 'regeengos'), cuja propriedade se confundia com o domínio da casa real, aplicado o produto nas necessidades coletivas ou pessoais, sob as circunstâncias que distinguiam mal o bem público do bem particular, privativo do príncipe". Assim, sustenta que a organização política do Brasil tinha por traço um patrimonialismo guiado pela vontade individual do príncipe, com o aparato de uma ordem administrativa leal, que se apropriava do Estado em benefício próprio. Essa ordem administrativa constituía, na visão de Faoro, o estamento burocrático.

[17] Conforme expôs Sergio Buarque de Holanda, não há uma relação de gradação entre a ordem familiar e o Estado, de modo que jamais se poderia considerar o Estado uma ampliação do círculo familiar. Contudo, aduz o autor, no Brasil o perfil de homem público foi constituído com valores de núcleo familiar patriarcal, que levou para o exercício das funções públicas as características do seu patrimonialismo individualista e patriarcal.

[18] Norberto Bobbio define cultura política como o "conjunto de atividades, normas, crenças, mais ou menos largamente partilhados pelos membros de uma determinada unidade social e tendo como objetos fenômenos políticos" (BOBBIO, Norberto. *Dicionário de política*. 5. ed. Brasília: UNB, 2000. p. 306).

Dessa unidade de pensamento sobre a formação social e política do Brasil se extrai que o patrimonialismo, como modelo de organização política e de legitimação de poder enraizou-se no consciente coletivo nacional, desempenhando papel determinante nas escolhas políticas e sociais realizadas. Transformou-se, então, em um padrão cultural.

A formação de um padrão cultural caracteriza-se por uma relação sinérgica entre Estado e sociedade. Por um lado, o padrão cultural se conforma por uma indução reiterada do Estado, realizada por meio de suas instituições e normas, para orientar o comportamento daqueles que estão sob a sua soberania. Por outro lado, como o conteúdo dos atos do Estado não é apreendido em um vácuo, as atitudes e comportamentos preexistentes na sociedade fecham a moldura em que as escolhas normativas do Estado se realizam.[19] Essa retroalimentação faz como que os traços de um modelo de organização política acabem transpostos às relações sociais, da mesma forma como os elementos da vida social são levados ao arranjo institucional e político do Estado. Por essa razão, embora o patrimonialismo fosse inicialmente um aspecto próprio do domínio estatal e das relações políticas (apropriação pelo governante ou pelas classes dominantes do bem público), ele acabou transferido às situações mais triviais da vida social. Com isso, a disseminada e histórica associação entre patrimônio e poder e, logicamente, a ausência de limites claros sobre a utilização do patrimônio social se naturalizaram também em condutas individuais e privadas.

Esse comportamento social indiferente aos limites do público e do privado, em que os recursos e bens sociais são apropriados sem a observância de critérios de justiça distributiva pode ser denominado *patrimonialismo horizontal*. Na medida em que os expedientes patrimonialistas são verificados nas relações horizontais e não estão mais restritos às condutas do governante para com o patrimônio público, reforça-se a noção de que, mais do que um traço da cultura política brasileira, *o patrimonialismo é um fato social*.

Veja-se, como exemplo de *patrimonialismo horizontal*, o caso retratado pelo jornal *O Globo*, de 16.7.2013. Na reportagem, com a manchete *Homem tenta pagar prostituta na Bahia com cartão do Bolsa Família*,[20] noticiou-se que a Delegacia de Polícia de Itapetinga, a 316 km da capital baiana, está investigando um caso de uso incomum do cartão do Bolsa Família. Um homem, identificado apenas pelo prenome de "João", teria tentado pagar os serviços de uma prostituta e o motel em que pretendia realizar o programa sexual com o cartão do principal programa social do governo. Só o valor devido à prostituta equivalia a 71% do benefício básico pago à época (R$70,00). O caso retrata, assim como o que inaugura esse estudo, um exemplo típico de apropriação dos recursos sociais em lógica patrimonialista. Antes que se argumente que o exemplo é utilizado em razão de um moralismo recriminável, é importante esclarecer que a lógica patrimonialista não está em buscar prazer com a prostituição. Encontra-se, sim, no reconhecimento de que a destinação de recursos sociais a quem não se encontra em situação de miserabilidade, porque pode despender o saldo do benefício assistencial em finalidades outras que

---

[19] Sobre essa relação sinérgica na formação da cultura política são precisos os ensinamentos constantes em BAQUERO, Marcello; PRÁ, Jussara Reis. *A democracia brasileira e a cultura política no Rio Grande do Sul*. Porto Alegre: UFRGS, 2007. p 22-23: "A cultura política é produto tanto da história coletiva do sistema político como da história de vida dos membros desse sistema. Sendo assim, está enraizada nos acontecimentos públicos e nas orientações privadas".

[20] HOMEM tenta pagar prostituta na Bahia com cartão do Bolsa Família. *O Globo*, 16 jul. 2013. Disponível em: <https://oglobo.globo.com/brasil/homem-tenta-pagar-prostituta-na-bahia-com-cartao-do-bolsa-familia-9057916>.

não a própria subsistência, revela o descompromisso do próprio beneficiário para com o "outro". Afinal, se apoderar dos recursos sociais, mesmo sem deles precisar, priva a destinação a quem, de fato, deles não pode prescindir.

Outros exemplos de patrimonialismo nas relações horizontais podem ser encontrados na obra de Frederico Lustosa da Costa.[21] O autor, embora indique casos que ilustram o mercado pulverizado de violência, de proteção contra a violência e de violação da lei no Brasil, talha situações marcantes do que aqui se denominou *patrimonialismo horizontal*:

> esse modelo está presente nas relações que se estabelecem com o guardador de carros que privatiza o estacionamento público, estabelece o seu preço e ainda destrói o carro que diz proteger, com o funcionário que cobra uma propina para "acelerar o processo", com a dona de casa que não paga o salário mínimo ou o 13º à empregada doméstica, com o médico que não dá recibo, com o bêbado que atira para o alto num dia de vitória de seu time de futebol, com o comerciante que cobra preços aviltantes e não paga impostos, com o patrão que se apropria da contribuição previdenciária do empregado, com o deputado que só representa interesses particularistas.

A incansável busca pela apropriação de recursos sociais sem o respeito a critérios de equidade já se verifica como um comportamento estabelecido pela sociedade, com coercitividade sobre as vontades individuais. Como esse fato social do patrimonialismo influencia as políticas redistributivas no Brasil é o que se pretende refletir com este trabalho.

3 Os impactos do patrimonialismo sobre a distribuição de recursos sociais

3.1 Os condicionamentos impostos pelo patrimonialismo à justiça distributiva

O liberalismo igualitário rawlsiano foi determinante ao incremento de políticas distributivas e à consolidação da noção de justiça social e distributiva[22]. Em realidade, a teoria de justiça de Rawls afirmou-se como a matriz filosófica de políticas (re)distributivas no liberalismo democrático. Até então, como expressão do pensamento de Friedrich A. Hayek, fundado em uma máxima primazia da liberdade como ausência de coerção, a justiça de uma sociedade dependeria apenas de uma equitativa oferta das condições de vida que são determinadas pelo governo. Isso porque toda tentativa de controle do padrão de propriedades alcançado por cada pessoa estaria fadada a criar novos controles. Afinal, a igualdade inicial sempre conduziria a uma desigualdade de resultados. Por essa razão, defendia-se que uma sociedade pautada em princípios de justiça distributiva

---

[21] COSTA, Frederico Lustosa da. *Reforma do Estado e contexto brasileiro* – Crítica do paradigma gerencialista. Rio de Janeiro: Editora FGV, 2010.

[22] A justiça distributiva envolve a relação entre a sociedade, intermediada pelo Estado, para com cada um de seus membros, buscando distribuir de forma equânime os bens e encargos sociais, conforme as necessidades individuais. Por sua vez, a justiça social envolve a relação inversa, tomando-se como ponto referencial o indivíduo, examinando-se os deveres desse indivíduo para com a sociedade.

seria o oposto de uma sociedade livre – "uma sociedade em que a autoridade decidiria o que cada indivíduo deveria fazer e como deveria fazê-lo".[23]

A grande virada rawlsiana com *Uma teoria da justiça* consistiu na robusta demonstração de que a igualdade material e a liberdade são conciliáveis e, mais do que isso, se colocam em uma relação de complementação. As políticas redistributivas surgem, assim, com o propósito de igualar socialmente as pessoas, de maneira que sejam assegurados os meios materiais necessários para que todos, em um patamar de igualdade de circunstâncias, possam usufruir plenamente das liberdades básicas e desenvolver os seus projetos de vida boa.[24]

Diante disso, com base nas escolhas constitucionais e legislativas, são desenvolvidas políticas públicas destinadas a assegurar um nível mínimo de segurança social aos mais carentes (segundo princípio de justiça de Rawls), diminuindo-se os custos (obstáculos) impostos pela desigualdade econômica e social ao gozo das liberdades básicas[25] e tornando possível a igual fruição dos direitos consagrados no ordenamento. As restrições às liberdades econômicas, sejam elas fiscais ou extrafiscais, surgem, assim, como um instrumento para a concretização de liberdades básicas. No entanto, a justiça distributiva guiada pela equidade acaba tolhida pela influência do patrimonialismo na definição dos critérios de entrega e apropriação das prestações sociais.

Em contextos como o brasileiro, em que o patrimonialismo se disseminou e assumiu contornos de um fato social, as políticas públicas sociais desenvolvidas e as restrições impostas às liberdades econômicas não conseguem, ao menos plenamente, incrementar a liberdade daqueles mais carentes. A fluidez nacional entre a fronteira do público e do privado transforma as restrições às liberdades econômicas, instituídas

---

[23] HAYEK, Friedrich August Von. *Os fundamentos da liberdade*. São Paulo: Visão, 1983. p. 108-109.

[24] Sobre a redistribuição em Rawls, são oportunos os esclarecimentos expostos em SOUZA NETO, Claudio Pereira de; SARMENTO, Daniel. *Direito constitucional*: teoria, história e métodos de trabalho. Belo Horizonte: Fórum, 2013. p. 208: "Para Rawls, o primeiro princípio de justiça acima teria prioridade sobre o segundo. Mas, no conceito de liberdades básicas, garantidas pelo primeiro princípio de justiça, não se inserem as liberdades econômicas, como a propriedade dos meios de produção. Daí porque, para Rawls é possível e até necessário que o Estado adote medidas redistributivas, que atinjam a titularidade dos bens econômicos, no intuito de promover a igualdade social entre os cidadãos".

[25] Sobre os custos impostos na fruição de direitos em cenário de desigualdade social e econômica, demonstrando que a simples igualdade formal se converte em nenhuma igualdade, são relevantes as considerações lançadas por VILHENA, Oscar. A desigualdade e a subversão do Estado de Direito. In: SARMENTO, Daniel; IKAWA, Daniela; PIOVESAN, Flávia (Org.). *Igualdade, diferença e direitos humanos*. Rio de Janeiro: Lumen Juris, 2008. p. 199: "Nos regimes democráticos contemporâneos, nos quais a legitimidade/cooperação depende de um alto grau de inclusão, os direitos tendem a ser distribuídos mais generosamente. No entanto, mesmo em um regime democrático, o governo não necessita de cooperação de todos os grupos em termos iguais, o que faz com que não haja incentivo para tratar todos igualmente perante a lei o tempo todo. Mais do que isso, tendo em vista que os grupos possuem recursos sociais, econômicos e políticos desproporcionalmente distribuídos dentre da sociedade, o custo para que eles cooperem também é desproporcional, o que significa que a leu e sua aplicação serão moldadas conforme diferentes camadas de privilégios. Isso significa que qualquer aproximação com a ideia do Estado de Direito depende não apenas da expansão de direitos no papel, mas também, e talvez de maneira mais crítica, de como esses direitos são consistentemente implementados pelo Estado. Aqui está o paradoxo enfrentado por muitos regimes democráticos com altos níveis de desigualdade social. Embora direitos iguais sejam reconhecidos nos livros, como uma medida simbólica para obter cooperação, os governos não se sentem compelidos a respeitar as obrigações correlatas a esses direitos iguais, nos mesmos termos para todos os membros da sociedade. A partir do momento em que os custos para exigir a implementação dos direitos através do Estado de Direito são desproporcionalmente maiores para alguns membros da sociedade do que para outros, ele se torna um bem parcial, favorecendo essencialmente aqueles que possuem poder e recursos para conseguir vantagens com isso. Em outras palavras, a igualdade formal proporcionada pela linguagem dos direitos não se converte em acesso igualitário ao Estado de Direito ou à aplicação imparcial das leis e dos direitos".

com o propósito de redistribuir recursos e promover a igualdade social, em mais uma oportunidade de apropriação indiscriminada. Pense-se, como exemplo, na seguinte situação. Com o propósito de ampliar as condições sanitárias de determinada localidade, o Poder Público constrói um centro de referência em cirurgia ortopédica, utilizando, para tanto, a receita de contribuições sociais da seguridade social. Após a inauguração da unidade, um vereador, valendo-se de suas relações de poder, se apropria dos leitos e passa a ditar a ordem de atendimento, independentemente dos critérios clínicos que guiariam o acesso ao serviço público. Com isso, as internações passam a ser autorizadas como "favores" e garantem a manutenção de poder político ao vereador. A população local, ciente da prática, começa, então, a buscar o atendimento, pedindo para que os "favores" sejam franqueados, utilizando-se de relações de amizade e influência para obter tratamentos médicos, sem sequer considerar o fato de existirem pessoas há mais tempo na fila e em situação clínica mais grave.

O caso, embora hipotético, ilustra uma triste realidade brasileira. O patrimonialismo como prática de dominação política, se transfere do domínio de relação do governante com os bens públicos e se enraíza nas relações sociais até se naturalizar como uma prática social. Assim, a política redistributiva, que permitiu instituir a contribuição social e representou uma restrição à liberdade econômica, com o escopo de realizar justiça social, serve apenas para gerar um ambiente de apropriação em que as liberdades plenas transitam e permitem que a lógica do "quem chega primeiro, aproveita primeiro", ou do "quem conhece alguém, se dá melhor" imperem como diretrizes de distribuição social.

Em um cenário de patrimonialismo político e social, as restrições às titularidades dos bens econômicos, em vez de promoverem a igualdade entre os cidadãos, acabam servindo de palco à diminuição das liberdades básicas, ao incremento de relações clientelistas, à consolidação de desigualdades sociais e ao desenvolvimento de uma sociedade altamente individualista e descompromissada com o reconhecimento do "outro" como merecedor da mesma consideração e respeito.

A justiça social, assim, acaba sequestrada e a constituição de um patrimônio social, idealizado para diminuir as desigualdades sociais, não serve à justiça distributiva, mas apenas aos interesses privados e anti-isonômicos da sociedade patrimonial. Em outras palavras, o liberalismo igualitário de Rawls justificou a criação de políticas sociais para assegurar igualdade material, mas o patrimonialismo, a todo custo, boicota a distribuição de recursos e bens públicos em conformidade com os critérios de equidade, que beneficiariam aqueles mais carentes. A injustiça distributiva e a desigualdade social, incentivadas pelas práticas patrimonialistas, permanecem, assim, assombrando o ideal igualitário de recursos e de liberdade.

A correção desses desvios pelo processo político majoritário mostra-se improvável, senão impossível. Não há, afinal, incentivos para que se comprometa o capital político amealhado com a manutenção de práticas patrimonialistas, mantidas como modo de dominação política. Nesse aspecto, repousaria sobre um árbitro neutro a expectativa de correção dessa patologia social, efetivando-se os comandos constitucionais voltados à superação dessa persistente apropriação privada de bens públicos.[26]

---

[26] A Constituição de 1988 conta com diversos dispositivos que demonstram o esforço do constituinte de vencer a herança patrimonialista do Estado brasileiro. Pode-se citar a exigência de concurso público para provimento de cargos ou empregos públicos, a vedação ao uso de verbas públicas para promoção pessoal de autoridades

De toda sorte, embora o Poder Judiciário funcione como um importante ator na tutela dos direitos fundamentais sociais, suplantando as omissões inconstitucionais dos demais poderes e garantindo a diminuição das desigualdades sociais,[27] a lógica patrimonialista, imersa no consciente social, também influencia o resultado das decisões judiciais e frustra a instauração de uma sociedade verdadeiramente livre e igualitária.

3.2 O patrimonialismo como fator coercitivo na distribuição de bens sociais pelo Poder Judiciário brasileiro

A partir de sua observação das crônicas sociais, Nelson Rodrigues, na obra *Asfalto selvagem: engraçadinha, seus pecados e seus amores*,[28] constrói o seguinte diálogo entre um juiz e um motorista de táxi:

> Dr. Odorico sentara-se, maciçamente, como se fosse, não um juiz isolado, mas todo o Poder Judiciário. Depois de piscar o olho para a menina, puxa uma carteirinha e só falta enfiá-la na cara do chofer: – Meu amigo, o senhor vai me levar, sim! O senhor está falando com uma autoridade! – e pergunta, com sarcasmo: – Sabe ler? Então, lê! Lê, rapaz! Juiz, compreendeu? Podia lhe prender! E nem mais uma palavra! [...] Houve um momento em que o Dr. Odorico desesperou-se. Perguntou a si mesmo, de olho no taxímetro: "Mas será que não chegamos nunca?" O preço da corrida devia ser uma dessas coisas astronômicas. Finalmente, Silene apontou: – Ali. O relógio marcava 150 cruzeiros (ladrões!). [...] Dirige-se ao chofer com uma surda irritação de pagador: – Rapaz, podia ter te metido na cadeia! – pausa e faz menção de puxar a carteira: – Quanto é? O outro, com as orelhas incendiadas, fez um gesto: – Doutor, paga quanto quiser! Dr. Odorico larga a carteira no bolso: – Obrigado, amigo! Até a vista! E olha: não faça mais isso! Desgovernado, o chofer arrancou, sem levar-lhe um tostão.

---

ou servidores públicos, a previsão de sanção por improbidade administrativa, a necessidade de licitação para celebração de contratos com a Administração Pública e de prestação de contas daqueles que administram dinheiro público.

[27] Não se ingressará, nesse trabalho, nas discussões que questionam se o Judiciário é uma arena de Justiça Social, tendo em vista que os pontos de reflexão que se quer consignar dizem respeito aos condicionamentos impostos pelo patrimonialismo à realização de justiça distributiva. Saliente-se, apenas, que não divirjo da possibilidade de o Judiciário funcionar como importante fórum de tutela de direitos sociais, mas a insistência em desconsiderar as informações que podem ser obtidas no diálogo com os demais poderes, mais qualificados para a formulação de políticas públicas, não permite que a possibilidade se concretize. Em visão crítica sobre o papel do Judiciário nesse tema são pertinentes os esclarecimentos de Virgílio Afonso da Silva: "There is a widespread belief among Brazilian legal scholars, lawyers and judges that citizens are always better protected if judges can always interfere and have the last word when it comes to public policies issues. The argument is very simple: since the Brazilian constitution guarantees social rights, if someone does not have full access to a social benefit (education, health etc.), this means that the government and legislators have not done their job properly; only judges can correct this state of affairs, granting individuals access to benefits they did not receive directly from the government, such as medicine or medical treatments etc. Most important: in doing this, judges would be an instrument of social and distributive justice. Even though many authors make an effort to demonstrate 'stories of success' in the implementation, through the Judiciary, of social rights in developing countries (see for instance Sunstein 2001, 221-237 and Abramovich & Courtis 2002, 132-248), it seems clear to me that such stories are as overestimated as the role that the Judiciary can play in this area. Just as the conquest of civil and political rights was a conquest of civil society, historically implemented with political means, the implementation of social and economic rights will not take place in a different way" (SILVA, Virgílio Afonso da. *Taking from the poor to give to the rich*: the individualistic enforcement of social rights. Disponível em: <http://www.enelsyn.gr/papers/w13/Paper%20by%20Prof.%20Virgilio%20Afonso%20da%20Silva.pdf>).

[28] RODRIGUES, Nelson. *Asfalto selvagem*: engraçadinha, seus pecados e seus amores. Rio de Janeiro: Agir, 2008.

A cena ilustra a prática do magistrado, que, embaralhando os limites entre os espaços público e privado, vale-se de sua autoridade para obtenção de benefícios privados. Infelizmente, a ficção romanceada pela obra literária não permaneceu nos livros e o patrimonialismo também vitimou o Poder Judiciário.[29] A arraigada crença de que a ocupação do cargo público assegura privilégios pessoais pode ser facilmente verificada: (i) na busca por tratamentos diferenciados em aeroportos;[30] (ii) na crença de isenção às leis de trânsito;[31] (iii) ou mesmo na nomeação de parentes em cargos em comissão (prática comum até a edição da Súmula Vinculante nº 13,[32] após o julgamento da ADC nº 12, em que o Tribunal de Justiça do Estado do Rio de Janeiro, em petição assinada por 30 magistrados, solicitou o seu ingresso como *amicus curiae*, para oficialmente defender o nepotismo).

É certo que não se pode generalizar esses comportamentos como se representassem toda a magistratura nacional. No entanto, os exemplos confirmam que o patrimonialismo também está presente no Poder Judiciário, muito mais como um traço da cultura de seus membros. Os juízes, por óbvio, não estão imunes aos valores que permeiam toda a sociedade. Assim, por vezes, ao se depararem com a injustiça distributiva e com o esbulho do patrimônio público, os juízes acabam adotando postura cordial,[33] de forma que a naturalização do patrimonialismo impede repreensões mais enfáticas ao vício social.[34]

Além disso, nas demandas judiciais por prestações sociais, a lógica patrimonialista opera tanto na formatação do que cada brasileiro julga como integrante de seu patrimônio jurídico, como na definição, pelo Judiciário, dos limites da condenação. Em regra, tendemos a acreditar que a parcela de participação na fruição do patrimônio social

---

[29] Saliente-se que o enfoque dado ao Poder Judiciário se dá, exclusivamente, em razão da necessidade de se demonstrar que, também no âmbito desse poder, a lógica patrimonialista dita o processo decisório. De todo modo, o patrimonialismo não poupou nenhum espaço público no Brasil, podendo-se reconhecer os seus traços em todos os poderes da República e em todas as funções essenciais à justiça.

[30] A revista *Veja* publicou reportagem em 5.5.2009, com o título *A boa vida dos dignitários de araque*, relatando solicitações de magistrados para ingresso em "sala VIP", recebimento de atendimento especial e *check-in* em assento especial, o auxílio de servidor público para acompanhá-los no embarque e a liberação de revistas de bagagem no desembarque (NUNES, Augusto. A boa vida dos dignitários de araque. *Veja*, 5 maio 2009. Disponível em: <https://veja.abril.com.br/blog/augusto-nunes/a-boa-vida-dos-dignitarios-de-araque/>).

[31] A reportagem com a manchete *Juiz que dirigia carro sem placa dá voz de prisão para agente da Lei Seca*, veiculada no jornal O Globo, de 13.2.2011, noticiou que um magistrado, sem carteira de habilitação e com o automóvel em situação irregular, ao ser repreendido pelo agente de trânsito, lhe deu ordem de prisão (MEROLA, Ediane. Juiz que dirigia carro sem placa dá voz de prisão para agente da Lei Seca. O Globo, 13 fev. 2011. Disponível em: <https://oglobo.globo.com/rio/transito/juiz-que-dirigia-carro-sem-placa-da-voz-de-prisao-para-agente-da-lei-seca-2823920>).

[32] "Súmula Vinculante nº 13 - A nomeação de cônjuge, companheiro ou parente em linha reta, colateral ou por afinidade, até o terceiro grau, inclusive, da autoridade nomeante ou de servidor da mesma pessoa jurídica, investido em cargo de direção, chefia ou assessoramento, para o exercício de cargo em comissão ou de confiança, ou, ainda, de função gratificada na Administração Pública direta e indireta, em qualquer dos Poderes da União, dos Estados, do Distrito Federal e dos municípios, compreendido o ajuste mediante designações recíprocas, viola a Constituição Federal".

[33] A expressão *cordial* é utilizada nos termos empregados por Sergio Buarque de Holanda, na obra *Raízes do Brasil* (HOLANDA, Sergio Buarque de. *Raízes do Brasil*. 12. ed. Rio de Janeiro: Livraria José Olympio, 1978).

[34] São exemplos desse padrão cordial de julgamento decisões: (i) permissivas quanto à concessão de gratificações a servidores; (ii) benevolentes quanto ao pagamento de benefícios previdenciários; e (iii) deferentes ao ingresso e permanência em cargo público de candidatos não aprovados regularmente em concurso público. Além disso, segundo dados do CNJ, a Meta nº 18/2013, consistente em identificar e julgar, até 31.12.2013, as ações de improbidade administrativa e ações penais relacionadas a crimes contra a administração pública, distribuídas até 31.12.2011, foi cumprida em apenas 37,2% (CNJ. *Meta nº 18/2013*. Disponível em: <http://www.cnj.jus.br/images/manuais/Meta_18_de_2013_detalhamento.pdf>).

é ilimitada e incondicionada. Assim, quem ajuíza uma ação buscando determinada prestação social confia que a decisão justa será a que chancela a sua pretensão de modo irrestrito, independentemente da necessidade, das consequências econômicas e distributivas e dos custos de oportunidade (efetivação de direitos com usos alternativos dos mesmos recursos). A inexistência de uma cultura de limites entre o patrimônio público e o privado desconstrói qualquer espécie de autocontenção na formulação da pretensão. E como o magistrado que aprecia essas demandas também compartilha dos códigos sociais que moldam os valores e ideologias da sociedade, a sua concepção sobre os limites e a justiça da apropriação do patrimônio social não é diversa daquela enraizada no consciente coletivo.[35]

Diante disso, o que se verifica nos Tribunais brasileiros é um cenário de chancela de esbulho de patrimônio social, descompromissado com os efeitos sistêmicos de decisões judiciais (des)alocativas de recursos. Com isso, o próprio fundamento de existência de direitos sociais e de políticas redistributivas – a promoção de igualdade social/material – acaba encoberto pela fumaça do patrimonialismo inserido no processo decisório judicial. Os pedidos por prestações sociais acabam julgados apenas sob o enfoque da liberdade individual, conformando resultados de apropriação ilimitada e incondicionada de bens públicos. Não se avalia se a tutela judicial assegurada está funcionalizada ao incremento de igualdade material.

A contradição é evidente. O ordenamento constitucional se organizou pautado pelos ideais igualitários e de construção de uma sociedade justa e solidária, comprometida com a diminuição da desigualdade social. Nada obstante, no momento da adjudicação das prestações sociais se adota uma lógica libertária que interpreta o patrimônio social como "coisa de ninguém", disponível à apropriação daqueles que primeiro chegarem, nos moldes sustentados pela teoria nozickiana das titularidades.[36]

De fato, o patrimonialismo intensifica a tendência de considerar os direitos às prestações sociais como direitos subjetivos absolutos, em nítida concepção individualista-liberal, que atribui aos seus titulares um poder para a realização de um interesse próprio mediante a sujeição de um terceiro.[37] Tal como expressou o princípio da diferença de Rawls,[38] não há como admitir a tutela de um interesse pelo ordenamento como se ele

---

[35] Sobre o tema da influência de fatores extrajurídicos no processo decisório judicial são precisos os esclarecimentos de Luís Roberto Barroso: "O modelo real, como não é difícil de intuir, terá uma dose razoável de cada uma das visões extremas descritas acima. O direito pode e deve ter uma vigorosa pretensão de autonomia em relação à política. Isso é essencial para a subsistência do conceito de Estado de direito e para a confiança da sociedade nas instituições judiciais. A realidade, contudo, revela que essa autonomia será sempre relativa. Existem razões institucionais, funcionais e humanas para que seja assim. Decisões judiciais, com frequência, refletirão fatores extrajurídicos. Dentre eles incluem-se os valores pessoais e ideológicos do juiz, assim como outros elementos de natureza política e institucional. Por longo tempo, a teoria do direito procurou negar esse fato, a despeito das muitas evidências" (BARROSO, Luís Roberto. Constituição, democracia e supremacia judicial: direito e política no Brasil contemporâneo. *Revista de Direito do Estado*, v. 16, 2009).

[36] Nozick, na obra *Anarquia, Estado e utopia*, defende que a justiça sobre a distribuição depende do exame do meio de aquisição, de acordo com a sua estipulação da condição lockeana. Se a aquisição se der por meio legítimo, a distribuição será justa. Assim, se decidirmos transferir um bem e não incorrermos na violação dos direitos de nossos semelhantes, estaremos respeitando o princípio da teoria das titularidades, que estipula que toda transação que se produza sem coerção é justa (NOZICK, Robert. *Anarquia, Estado e utopia*. Rio de Janeiro: Jorge Zahar Editor, 1991).

[37] Sobre a crise do direito subjetivo, vale a leitura da PERLINGIERI, Pietro. *O direito civil na legalidade constitucional*. Rio de Janeiro: Renovar, 2008. p. 667-725.

[38] De acordo com o princípio da diferença de Rawls, as desigualdades sociais e econômicas devem ser ordenadas

bastasse em si – sem que essa tutela propicie o maior benefício possível aos membros menos privilegiados da sociedade.

Fica claro, assim, que a lógica patrimonial de entrega judicial de direitos subjetivos sociais aniquila a tentativa de se produzir um resultado mais amplo de diminuição de desigualdades. Enquanto não se realizar a importância da funcionalização das tutelas jurídicas sociais ao seu fundamento de existência (a igualdade material), não será possível desvencilhar-se do patrimonialismo que insiste em indicar que a apropriação do patrimônio público pelo privado basta em si.

4 Conclusão

Os exemplos de apropriação privada do patrimônio social, expostos ao longo do texto, demonstram que o patrimonialismo weberiano, como subespécie de modelo de dominação tradicional, se enraizou na cultura política nacional e acabou transposto ao domínio de relações sociais. Dessa forma, embora fosse inicialmente um aspecto próprio do domínio estatal e das relações políticas (apropriação pelo governante ou pelas classes dominantes do bem público), o patrimonialismo se transferiu às situações mais triviais da vida social. Essa disseminada e histórica associação entre patrimônio e poder e, logicamente, a ausência de limites claros sobre a utilização do patrimônio social se naturalizaram também em condutas individuais e privadas – o que se chamou de *patrimonialismo nas relações horizontais*.

O direito, como sistema aberto e permeável à realidade social, não ficou imune ao patrimonialismo, que passou a influenciar os critérios de distribuição dos bens sociais, destinados à promoção de justiça distributiva. Com isso, as limitações à liberdade econômica servem, apenas, para constituir uma poupança social, em que as liberdades plenas transitam e permitem que a lógica do "quem chega primeiro, aproveita primeiro" ou do "quem conhece alguém, se dá melhor" impere como diretriz de distribuição dos recursos sociais.

Cria-se, assim, uma máxima contradição na filosofia política, porque o ordenamento constitucional se organizou pautado pelos ideais igualitários e de construção de uma sociedade justa e solidária, comprometida com a diminuição da desigualdade social, mas no momento da adjudicação das prestações sociais se adota uma lógica patrimonialista que interpreta o patrimônio social como "coisa de ninguém", disponível à apropriação daqueles que primeiro chegarem.

O fato social do patrimonialismo faz com que a concepção de justiça não se abale com práticas já naturalizadas de absorção privilegiada de bens públicos. Faz, inclusive, com que se internalize essa lógica na definição sobre o que é fazer a coisa certa. A superação de um traço cultural não é tarefa simples nem rápida. Isso não impede, no entanto, que se inicie a caminhada. O primeiro passo pode ser comedido: assumir a influência da lógica patrimonial sobre as decisões políticas e sociais, sejam elas privadas ou públicas. Daí em diante, deve-se confiar que esse exercício de autoconhecimento

---

de tal modo que, ao mesmo tempo (a) tragam o maior benefício possível aos membros menos privilegiados da sociedade; e (b) sejam vinculadas a cargos e posições abertos a todos, em condições de igualdade equitativa de oportunidades.

levará à superação do patrimonialismo como um traço marcante e determinante da forma como vivemos no Brasil.

Referências

BAQUERO, Marcello; PRÁ, Jussara Reis. *A democracia brasileira e a cultura política no Rio Grande do Sul*. Porto Alegre: UFRGS, 2007.

BARCELLOS, Ana Paula. *A eficácia jurídica dos princípios constitucionais*. O princípio da dignidade da pessoa humana. 3. ed. Rio de Janeiro: Renovar, 2011.

BARROSO, Luís Roberto. Constituição, democracia e supremacia judicial: direito e política no Brasil contemporâneo. *Revista de Direito do Estado*, v. 16, 2009.

BARROSO, Luís Roberto. *Curso de direito constitucional contemporâneo*: os conceitos fundamentais e a construção do novo modelo. 4. ed. São Paulo: Saraiva, 2013.

BARROSO, Luís Roberto. Da falta de efetividade à judicialização excessiva: direito à saúde, fornecimento gratuito de medicamentos e parâmetros para a atuação judicial. In: SOUZA NETO, Cláudio Pereira de; SARMENTO, Daniel (Org.). *Direitos sociais*. Fundamentos, judicialização e direitos sociais em espécie. Rio de Janeiro: Lumen Juris, 2008.

BARROSO, Luís Roberto. Judicialização, ativismo judicial e legitimidade democrática. *Revista de Direito do Estado*, n. 13, 2009.

BARROSO, Luís Roberto. *O direito constitucional e a efetividade de suas normas*. 7. ed. Rio de Janeiro: Renovar, 2003.

BOBBIO, Norberto. *Dicionário de política*. 5. ed. Brasília: UNB, 2000.

BRANDÃO, Rodrigo. Entre a anarquia e o Estado do Bem-Estar Social: aplicações do libertarianismo à filosofia constitucional. *Revista de Direito do Estado*, ano 4. n. 14, abr./jun. 2009.

BRASIL, Cristina Indio do. MP Militar pede detalhes de contrato de clube no Forte de Copacabana. *O Globo*, 27 fev. 2013. Disponível em: <http://g1.globo.com/rio-de-janeiro/noticia/2013/02/mp-militar-pede-detalhes-de-contrato-de-clube-no-forte-de-copacabana.html>.

CAMPANTE, Rubens Goyata. Patrimonialismo em Faoro e Weber. *DADOS – Revista de Ciências Sociais*, Rio de Janeiro, v. 46, n. 1, p. 153-193, 2003.

CARDOSO, Fernando Henrique. *A arte da política*: a história que vivi. São Paulo: Record, 2006.

COSTA, Frederico Lustosa da. *Reforma do Estado e contexto brasileiro* – Crítica do paradigma gerencialista. Rio de Janeiro: Editora FGV, 2010.

DAMATTA, Roberto. *O que faz o brasil, Brasil*. São Paulo: Rocco, 1986.

DURKHEIM, Emile. *Da divisão do trabalho social*. 2. ed. São Paulo: Martins Fontes, 1999.

DWORKIN, Ronald. Liberalism. In: HAMPSHIRE, Stuart et al. (Org.). *Public and private morality*. Cambridge: Cambridge University Press, 1978.

FAORO, Raymundo. *Os donos do Poder* – Formação do patronato político brasileiro. 7. ed. Rio de Janeiro: Globo, 1987. v. 1.

FREYRE, Gilberto. *Casa-grande & senzala*: formação da família sob a economia patriarcal. 51. ed. São Paulo: Global, 2006.

GARGARELLA, Roberto. *As teorias da justiça depois de Rawls* – Um breve manual de filosofia política. São Paulo: Martins Fontes, 2008.

HAYEK, Friedrich August Von. *Os fundamentos da liberdade*. São Paulo: Visão, 1983.

HOLANDA, Sergio Buarque de. *Raízes do Brasil*. 12. ed. Rio de Janeiro: Livraria José Olympio, 1978.

HOMEM tenta pagar prostituta na Bahia com cartão do Bolsa Família. *O Globo*, 16 jul. 2013. Disponível em: <https://oglobo.globo.com/brasil/homem-tenta-pagar-prostituta-na-bahia-com-cartao-do-bolsa-familia-9057916>.

KLIGERMAN, Jacob. Bioética e política de saúde pública. *Revista Brasileira de Cancerologia*, v. 45, n. 1, 1999.

MEROLA, Ediane. Juiz que dirigia carro sem placa dá voz de prisão para agente da Lei Seca. *O Globo*, 13 fev. 2011. Disponível em: <https://oglobo.globo.com/rio/transito/juiz-que-dirigia-carro-sem-placa-da-voz-de-prisao-para-agente-da-lei-seca-2823920>.

NOZICK, Robert. *Anarquia, Estado e utopia*. Rio de Janeiro: Jorge Zahar Editor, 1991.

NUNES, Augusto. A boa vida dos dignitários de araque. *Veja*, 5 maio 2009. Disponível em: <https://veja.abril.com.br/blog/augusto-nunes/a-boa-vida-dos-dignitarios-de-araque/>

PAIM, Antonio. *A querela do estatismo*. Brasília: Senado Federal, 1998.

PERLINGIERI, Pietro. *O direito civil na legalidade constitucional*. Rio de Janeiro: Renovar, 2008.

PRADO JR., Caio. *Formação do Brasil contemporâneo*. São Paulo: Companhia das Letras, 2011.

RAGAZZO, Carlos Emanuel Joppert. *Regulação jurídica, racionalidade econômica e saneamento básico*. Rio de Janeiro: Renovar, 2011.

RAWLS, John. *Justice as fairness*: a restatement. Cambridge: Belknap Press, 2001.

RAWLS, John. *Liberalismo político*. Barcelona: Crítica, 1996.

RAWLS, John. *Uma teoria da justiça*. São Paulo: Martins Fontes, 2000.

RIBEIRO, Darcy. *O povo brasileiro*: a formação e o sentido do Brasil. São Paulo: Companhia das Letras, 1995.

RODRIGUES, Nelson. *Asfalto selvagem*: engraçadinha, seus pecados e seus amores. Rio de Janeiro: Agir, 2008.

SANDEL, Michael J. *Justiça*: o que é fazer a coisa certa. 6. ed. Rio de Janeiro: Civilização Brasileira, 2012.

SANDEL, Michael J. *O que o dinheiro não compra*: os limites morais do mercado. Rio de Janeiro: Civilização Brasileira, 2012.

SARMENTO, Daniel. *Por um constitucionalismo inclusivo*: história constitucional brasileira, teoria da Constituição e direitos fundamentais. Rio de Janeiro: Lumen Juris, 2010.

SILVA, Virgílio Afonso da. *Taking from the poor to give to the rich*: the individualistic enforcement of social rights. Disponível em: <http://www.enelsyn.gr/papers/w13/Paper%20by%20Prof.%20Virgilio%20Afonso%20da%20Silva.pdf>.

SOUZA NETO, Claudio Pereira de; SARMENTO, Daniel. *Direito constitucional*: teoria, história e métodos de trabalho. Belo Horizonte: Fórum, 2013.

TORRES, Ricardo Lobo. *A ideia de liberdade no Estado patrimonial e no Estado fiscal*. Rio de Janeiro: Renovar, 1991.

VIANNA, Francisco José Oliveira. *Instituições políticas brasileiras*. Brasília: Senado Federal, 1999.

VILHENA, Oscar. A desigualdade e a subversão do Estado de Direito. In: SARMENTO, Daniel; IKAWA, Daniela; PIOVESAN, Flávia (Org.). *Igualdade, diferença e direitos humanos*. Rio de Janeiro: Lumen Juris, 2008.

Informação bibliográfica deste texto, conforme a NBR 6023:2002 da Associação Brasileira de Normas Técnicas (ABNT):

GRYNBERG, Ciro. Um Rawls à brasileira: o patrimonialismo nas relações horizontais. In: BARROSO, Luís Roberto; MELLO, Patrícia Perrone Campos (Coord.). *A República que ainda não foi*: trinta anos da Constituição de 1988 na visão da Escola de Direito Constitucional da UERJ. Belo Horizonte: Fórum, 2018. p. 245-258. ISBN 978-85-450-0582-7.

PARTE IV

DEMOCRACIA, REPÚBLICA E FEDERAÇÃO

O PRINCÍPIO REPUBLICANO NOS 30 ANOS DA CONSTITUIÇÃO DE 88: POR UMA REPÚBLICA INCLUSIVA

DANIEL SARMENTO

1 Introdução

A alusão ao princípio republicano tornou-se extremamente frequente no país, não só nos textos acadêmicos e decisões judiciais, como também nos debates travados na sociedade por pessoas alheias ao mundo do direito. O tema tem vindo à baila, por exemplo, em discussões sobre a corrupção e seu combate; sobre privilégios concedidos a autoridades públicas e poderosos de todo tipo; sobre a persistência no país de cultura patrimonialista e desigualitária, que não separa o público do privado, e não trata a todos com o mesmo respeito e consideração. Existe na sociedade a difusa percepção, infelizmente correta, de que, embora nossa forma de governo seja a república e não a monarquia, falta República – com "r" maiúsculo – às nossas relações políticas e sociais.

A Constituição de 88 consagrou o princípio republicano em seu art. 1º, e acolheu diversos elementos e institutos que guardam estreita relação com o ideário republicano: o direito à igualdade (art. 5º, *caput*); a legitimidade de todo cidadão para propor ação popular visando à tutela da *res publica* (art. 5º, LXXIII); os princípios da moralidade, publicidade e impessoalidade administrativa (art. 37, *caput*); as exigências constitucionais de concurso público e licitação (art. 37, II e XXI), entre tantos outros. A "forma republicana" foi arrolada no elenco dos princípios constitucionais sensíveis (art. 34, VII, "a"), cuja inobservância pelos Estados enseja a intervenção federal. O próprio nome atribuído ao país – *República* Federativa do Brasil – sinaliza a centralidade do princípio republicano entre nós. Essa centralidade foi reforçada pelo povo brasileiro no plebiscito ocorrido em 1993, quando, por expressiva maioria, optamos pela manutenção da forma republicana de governo, em detrimento da monarquia.[1] Porém, entre a proclamação do princípio e a realidade há um abismo, que ainda não fomos capazes de transpor nestes trinta anos de vigência da Carta de 88.

---

[1] A realização do plebiscito foi prevista pelo art. 2º do ADCT. No resultado, a república contou com 66,06% dos votos, contra 10,21% da monarquia (houve também 10,49% de voto brancos e 13,24% de votos nulos).

No presente artigo, discuto brevemente alguns déficits relacionados à efetivação da ideia de república no Brasil. Em seguida, busco definir o conteúdo básico do princípio republicano na ordem constitucional brasileira, delineando seus contornos normativos e principais componentes. No final, descrevo três desvios em que a invocação desse princípio vem incorrendo nos últimos tempos. Pelos limites de tamanho impostos ao artigo, as questões tratadas neste texto – todas elas, complexas e multifacetadas – serão abordadas de forma bastante abreviada.

2 A República que não temos sido: patrimonialismo, cordialidade, jeitinho e desigualdade

O começo não foi promissor. Na primeira carta escrita no país, em que Pero Vaz de Caminha comunica a D. Manoel, rei de Portugal, a "descoberta" do Brasil, a aversão aos valores republicanos já se revelava. Na missiva, Caminha solicita o favor real para a libertação de seu genro, que fora banido para a ilha africana de São Tomé.[2] Essa aversão foi também registrada no primeiro livro sobre a história nacional, de Frei Vicente de Salvador, publicado em 1627: "Nenhum homem nesta terra é público, nem zela ou trata do bem público, senão cada um do bem particular".[3]

O nosso sistema político tardou a adotar o regime republicano. As demais nações sul-americanas tornaram-se repúblicas tão logo conquistaram a independência. No Brasil, como se sabe, demoramos mais: em solução singularíssima, proclamou-se a independência de Portugal, mas se optou pela monarquia, com a manutenção da própria dinastia que reinava em nossa antiga metrópole – os Bragança. Décadas depois, quando a República foi finalmente instituída, ela não resultou de revolução popular, ou de movimento insurgente respaldado pela população. Na verdade, o povo não passou de espectador passivo dos acontecimentos de novembro de 1889. É conhecida a afirmação de Aristides Lobo, insuspeito por se tratar de republicano histórico e integrante do Governo Provisório formado após a proclamação: "O povo assistiu aquilo tudo bestializado, atônito, surpreso, sem conhecer o que se passava. Muitos acreditavam, sinceramente, que se tratava de uma parada".[4]

Vários fatores históricos contribuíram para o não enraizamento dos valores republicanos nos padrões de sociabilidade vigentes no país. Na nossa organização política, desde o início, o patrimônio público e o das autoridades com frequência se interpenetraram e confundiram. O regime colonial que se instaurou no país representou a antítese do ideário republicano, marcado que foi "pela doação de terras públicas aos senhores privados, e pela mercantilização dos cargos públicos".[5] Desde então, a confusão

---

[2] No último parágrafo da histórica carta, datada de 1º.5.1500, Caminha pediu: "E por que, Senhor, é certo que neste cargo que levo como em outra qualquer coisa que de Vosso serviço for, Vossa Alteza há de ser de mim muito bem servida, a Ela peço que, por me fazer singular mercê, mande vir da Ilha de São Tomé a Jorge de Osório, meu genro – o que d'Ela receberei em muita mercê".

[3] Veja-se SALVADOR, Frei Vicente do. História do Brasil. Domínio Público, 1627. Disponível em: <http://www.dominiopublico.gov.br/download/texto/bn000138.pdf>.

[4] Cf. CARVALHO, José Murilo de. Os bestializados: o Rio de Janeiro e a República que não foi. São Paulo: Companhia das Letras, 1990.

[5] COMPARATO, Fábio Konder. As oligarquias brasileiras: visão histórica. São Paulo: Contracorrente, 2017. p. 18.

entre o público e o privado tem sido a tônica, das capitanias hereditárias, passando pelo coronelismo da República Velha,[6] até chegar, na contemporaneidade, aos "feudos" dentro do Estado, atribuídos pelos governos a partidos e lideranças políticas como contrapartida pelo seu apoio legislativo, na lógica do nosso degenerado presidencialismo de coalizão.[7]

Nesse cenário, tem vicejado o *patrimonialismo*,[8] que se caracteriza pela circunstância de governantes e agentes públicos tratarem o Estado como se fosse sua propriedade privada, submetendo a coisa pública às suas preferências e interesses. O patrimonialismo tem subsistido ao longo da história, a despeito de profundas mudanças políticas, econômicas e jurídicas vividas pelo país, e continua presente nas nossas práticas e mentalidades,[9] conquanto venha sendo cada vez mais questionado e combatido.

Associada a esse fenômeno está a predominância da lógica da *cordialidade*, destacada em obra clássica por Sérgio Buarque de Holanda.[10] Tal cordialidade não reside na propalada simpatia do brasileiro, mas na nossa conhecida dificuldade em orientar comportamentos por normas impessoais de conduta, com a tendência à priorização das relações pessoais e afetivas em detrimento das razões objetivas, inclusive no trato da coisa pública. A cordialidade tem relação direta com o *jeitinho*,[11] que, no campo jurídico,

---

[6] Sobre o tema, veja-se a obra insuperável de LEAL, Vitor Nunes. *Coronelismo, enxada e voto*: o município e o regime representativo no Brasil. 6. ed. São Paulo: Alfa-Ômega, 1993.

[7] A expressão "presidencialismo de coalizão" é frequentemente empregada para retratar a dinâmica real de funcionamento do sistema político brasileiro. O presidencialismo de coalizão decorre da necessidade de obtenção de apoio legislativo para o presidente, para que este consiga governar. No presidencialismo, tal apoio não é uma exigência jurídica para que os governos se mantenham, diferentemente do que ocorre no parlamentarismo. Porém, sem o apoio, na prática, os governos ficam paralisados, pois as suas iniciativas mais importantes dependem da aprovação do Congresso. Nesse contexto, o governo busca atrair partidos e grupos políticos para a sua base de sustentação parlamentar, visando a garantir a governabilidade. Tal dinâmica, em si mesma, não é necessariamente patológica. A patologia surge quando os partidos e lideranças políticas passam a aderir ao governo não pela perspectiva de participar da administração e de influenciar na formulação da sua agenda, mas no afã de conseguir ganhos econômicos, visando a viabilizar o financiamento de campanhas eleitorais, ou mesmo obter o puro enriquecimento pessoal dos agentes envolvidos. Nesse segundo cenário – infelizmente tão comum no Brasil –, partidos e grupos políticos trocam o apoio ao governo por posições estratégicas na Administração Pública, que abrem espaço para criação de relações promíscuas com empresas e para a prática da corrupção. A expressão "presidencialismo de coalizão" fui cunhada por Sérgio Abranches, em texto que se tornou um clássico das ciências políticas no Brasil (ABRANCHES, Sérgio. Presidencialismo de coalizão. O dilema institucional brasileiro. *Dados – Revista de Ciências Sociais*, v. 31, n. 1, p. 5-34, 1988). Veja-se também, LIMONGI, Fernando. A democracia no Brasil. Presidencialismo, coalizão partidária e processo decisório. *Novos Estudos Cebrap*, n. 76, 2006.

[8] "Patrimonialismo" é categoria empregada por Max Weber para descrever uma das formas de dominação política tradicional (cf. WEBER, Max. *Economia y sociedad*. México: Fondo de Cultura Econômica, 1998. p. 180-193). No pensamento social brasileiro, o tratamento canônico da matéria encontra-se em FAORO, Raymundo. *Os donos do poder*: formação do patronato político brasileiro. 9. ed. Rio de Janeiro: Globo, 1991. 2 v.

[9] Nesse sentido, as palavras de Raymundo Faoro: "A longa caminhada dos séculos na história de Portugal e do Brasil mostra que a independência sobranceira do Estado sobre a nação não é a exceção de certos períodos, nem o estágio ou degrau para alcançar outro degrau, previamente visualizado. [...] A pressão da ideologia liberal e democrática não quebrou, nem diluiu, nem desfez, o patronato político sobre a nação, impenetrável ao poder majoritário, mesmo na transição aristocrático-plebéia do elitismo moderno. O patriciado, despido de brasões, de vestimentas ornamentais, de casacas ostensivas, governa e impera, tutela e curatela. O poder – a soberania nominalmente popular – tem donos que não emanam da nação, da plebe ignara e pobre. O chefe não é um delegatário, mas um gestor de negócios, gestor de negócios e não mandatário" (FAORO, Raymundo. *Os donos do poder*: formação do patronato político brasileiro. 9. ed. Rio de Janeiro: Globo, 1991. 2 v. p. 748).

[10] HOLANDA, Sérgio Buarque de. *Raízes do Brasil*. 26. ed. São Paulo: Companhia das Letras, 2004. p. 139-152.

[11] De acordo com Luís Roberto Barroso, "jeitinho identifica os comportamentos de um indivíduo voltados à resolução de problemas por via informal, valendo-se de diferentes recursos, que podem variar do uso do charme e da simpatia até a corrupção pura e simples" (BARROSO, Luís Roberto. *Um outro país*: transformações no direito e na ética na agenda do Brasil. Belo Horizonte: Fórum, 2018. p. 246-247). Veja-se também ROSENN, Keith N. *O jeito na cultura jurídica brasileira*. Rio de Janeiro: Renovar, 1998.

corresponde à patológica propensão ao excesso de flexibilidade na aplicação de normas jurídicas. Trata-se de buscar a solução para problemas com esperteza e "malemolência", o que normalmente significa a burla ao direito vigente.

Em tal contexto, o brasileiro médio até fica indignado diante de malfeitos antirrepublicanos praticados pelos governantes e autoridades. Mas pratica desvios no seu cotidiano, e nem chega a enxergá-los como problemas éticos: "paga uma cerveja" ao guarda para evitar a multa de trânsito; falsifica a carteira de estudante para obter a meia-entrada no cinema; sonega seus impostos sempre que pode.

Outro gravíssimo problema sob a perspectiva republicana é a desigualdade. Nossa cultura desigualitária, cujas raízes mergulham no passado escravocrata do país, enseja a sobrevivência de compreensão pré-moderna, hierárquica e estamental das relações sociais, em que direitos e deveres são concebidos não em bases universalistas, mas a partir da posição de cada indivíduo na estrutura social. No mundo real, a classe, a cor e o acesso a "amigos importantes", por exemplo, valem muito mais do que a simples condição de cidadão ou cidadã.

Desde a mais tenra infância, os brasileiros são socializados para perceber as relações sociais como naturalmente desiguais. Compreende-se como natural que os ricos e brancos utilizem o elevador social, e que os pobres e negros só possam usar o de serviço. Natural que só haja pobres na prisão; e que os ricos fiquem impunes, não importa a gravidade do crime cometido. Natural que as autoridades públicas tratem com deferência os poderosos e com prepotência os humildes. Natural que a inviolabilidade de domicílio se aplique às residências das "pessoas de bem", mas que nas moradias localizadas em favelas a polícia ingresse quando bem entender. Nossas práticas sociais ensinam "a cada um o seu lugar". Uma frase bem sintetiza essa cultura: "você sabe com quem está falando?"[12]

Esse *ethos* problemático ajuda a compreender o déficit de efetividade do princípio republicano no Brasil. Mas ele não justifica qualquer tipo de capitulação fatalista, como se estivéssemos irremediavelmente condenados ao atraso. Nosso quadro sociocultural não é imutável e já vem se alterando na direção certa. Prosseguir nessa mudança é um dos maiores desafios para o Brasil contemporâneo.

3 O princípio republicano e seus componentes

O princípio republicano é pilar fundamental da nossa ordem jurídica. Além da inequívoca importância no sistema constitucional, ele possui amplo raio de abrangência, pois se projeta sobre inúmeros domínios e questões. Tal princípio pode incidir diretamente sobre as relações sociais, independentemente de mediação legislativa. E tem relevante função hermenêutica, por traduzir diretriz fundamental para a interpretação e aplicação de outras normas constitucionais e infraconstitucionais.

Tradicionalmente, a república é concebida como forma de governo, em oposição à monarquia. Nessa compreensão, o princípio trata da organização do Estado. Nada

---

[12] Cf. DAMATTA, Roberto. Sabe com quem está falando?: ensaio sobre a distinção entre indivíduo e pessoa no Brasil. In: DAMATTA, Roberto. *Carnavais, malandros e heróis*: para uma sociologia do dilema brasileiro. 6. ed. Rio de Janeiro: Rocco, 1996. p. 181-248.

obstante, ele não se esgota nisso, sendo também fonte de direitos e deveres para cidadãos e autoridades. Não bastasse, o princípio republicano apresenta forte dimensão aspiracional: ele desenha um "horizonte de sentido", a ser perseguido pelo Estado e pela sociedade brasileira. Portanto, tal princípio desafia classificações das normas constitucionais pelo seu objeto: *e.g*, "normas de organização", "normas definidoras de direitos" e "normas programáticas".[13] O princípio republicano, como se verá, desempenha simultaneamente todos esses papéis.

Tema instigante é o da estatura hierárquica do princípio republicano na Constituição de 88. Evidentemente, pela sua natureza constitucional, o princípio prevalece sobre as decisões de todos os poderes do Estado, ensejando a invalidade dos atos e normas que com ele não se compatibilizem. Mas o que dizer das emendas constitucionais? O princípio é cláusula pétrea na Constituição de 88?

Diferentemente do que ocorreu em outras constituições brasileiras – as cartas de 1891, 1934, 1946, 1967 e 1969 –, a atual não inseriu a república no elenco das cláusulas pétreas (art. 60, §4º, CF). Além disso, previu a realização de plebiscito em 1993, em que atribuiu ao povo a possibilidade de optar pela forma monárquica de governo (art. 2º, ADCT). Por tal razão, entendo que, em si mesmo, o regime republicano não configura cláusula pétrea, mas que a sua eventual modificação dependeria de nova deliberação popular, por meio de outro plebiscito.[14] O Congresso, sem decisão popular direta, não poderia fazê-lo, nem mesmo por meio de emenda constitucional. Afinal, a decisão dos representantes do povo não pode se sobrepor à vontade do próprio povo, titular último da soberania.

Porém, como em nossa ordem constitucional os direitos fundamentais representam limitações materiais ao poder de reforma (art. 60, §4º, IV CF), há aspectos do regime republicano, como a igualdade, que não podem ser suprimidos nem mesmo por plebiscito. Ademais, considero o Estado Democrático de Direito uma cláusula pétrea implícita, que pode ser claramente inferida da inserção, no respectivo elenco, do "voto direto, secreto, universal e periódico" (art. 60, §4º, II, CF). Daí porque tampouco me parece possível introduzir no Brasil, por qualquer procedimento, uma monarquia nos moldes tradicionais, em que o monarca detenha poderes políticos reais e significativos, já que tal regime está longe de ser democrático. Esse quadro, porém, não corresponde ao das monarquias constitucionais contemporâneas, como Reino Unido, Suécia, Espanha e Japão, em que o rei (ou a rainha) "reina mas não governa". Assim, sem ruptura da Constituição de 88, apenas monarquias deste último tipo poderiam ser instituídas no país, o que, como visto, dependeria não só de emenda constitucional, como também de uma implausível decisão plebiscitária do próprio povo brasileiro.

Assentadas essas premissas, apresento, a seguir, os principais componentes do princípio republicano na ordem constitucional brasileira.

---

[13] Tal classificação, de grande penetração na academia brasileira, foi elaborada por Luís Roberto Barroso. Cf. BARROSO, Luís Roberto. *O direito constitucional e a efetividade de suas normas*. 4. ed. Rio de Janeiro: Renovar, 2000. p. 93-120.

[14] Tratei do tema em SOUZA NETO, Cláudio Pereira de; SARMENTO, Daniel. *Direito constitucional*: teoria, história e métodos de trabalho. 2. ed. Belo Horizonte: Fórum, 2014. p. 318-319.

3.1 Elegibilidade e temporariedade dos mandatos políticos

Na monarquia tradicional, a investidura dos governantes era hereditária e vitalícia.[15] Os reis e rainhas ascendiam ao trono, em regra por estarem na linha de sucessão de uma dinastia, e governavam até a morte. Na república é muito diferente: os governantes são eleitos pelo povo, e governam temporariamente. Nas repúblicas presidencialistas, como a brasileira, essa exigência de temporariedade traduz-se na existência de mandatos eletivos para os integrantes do Poder Legislativo e para os chefes do Poder Executivo. Contudo, nas repúblicas parlamentaristas, como se sabe, os governos, em geral, não têm mandato fixo, mas desempenham suas funções enquanto contarem com a confiança do respectivo parlamento – este sim, composto por representantes do povo periodicamente eleitos para mandatos preestabelecidos.

No Brasil, as exigências republicanas de elegibilidade e temporariedade dos mandatos não suscitam maiores controvérsias. Elas dão fundamento, por exemplo, às limitações à reeleição para cargos no Poder Executivo (art. 14, §§5º e 7º), que visam a impedir que pessoas ou mesmo grupos familiares se perpetuem no poder, ao molde das antigas monarquias. Até a aprovação da Emenda Constitucional nº 16, em 1997, a reeleição era vedada no Executivo. Com a mudança, ela passou a ser permitida para um único mandato sucessivo (não há limitação para o exercício de mandatos intercalados). Felizmente, o Brasil não incorreu no grave equívoco cometido por outros países do continente, de eliminar o limite para o número de reeleições, o que criaria o risco de perpetuação de líderes políticos no poder, em detrimento da república e da democracia. Entendo que qualquer tentativa dessa natureza violaria a Constituição.[16]

O princípio republicano já foi invocado pelo STF inclusive para sustentar interpretação extensiva – e ousada – da proibição de mais de uma reeleição para a chefia do Executivo (art. 14, §5º, CF), de modo a interditar a possibilidade da existência do chamado "prefeito itinerante", que é aquele que, depois de cumprir dois mandatos sucessivos em determinado município, elege-se em seguida em outro, normalmente contíguo.[17]

Sob a égide da Constituição de 1969 – que, como salientado, consagrava a república como cláusula pétrea –, foi aprovada emenda constitucional prorrogando por dois anos os mandatos de prefeitos e vereadores então em exercício. A emenda foi impugnada durante a sua tramitação, mas o STF considerou-a válida, conquanto tenha concordado com a tese de que "a república [...] pressupõe a temporariedade dos mandatos eletivos". A Corte entendeu que:

---

[15] Como visto, nas monarquias constitucionais contemporâneas os reis e rainhas não governam verdadeiramente, exercendo papel quase exclusivamente simbólico. Por isso, pode-se dizer que nelas, embora a ascensão ao trono continue sendo hereditária e vitalícia, tais características não se aplicam em relação aos *governantes*.

[16] Nessa linha, na Colômbia, a Corte Constitucional considerou válida a emenda que permitira a reeleição presidencial imediata, uma única vez (*Sentencia C – 1040*, de 19.10.2005). Contudo, quando no governo de Álvaro Uribe foi editada lei convocando referendo para autorizar a segunda reeleição imediata, a norma foi invalidada (*Sentencia C – 141*, de 26.10.2010), sob o argumento de que a possibilidade favoreceria "a tirania e a opressão", que ela violaria a separação de poderes, por fortalecer em excesso à presidência da república, e que atingiria a democracia, desvirtuando o princípio de alternância no poder que lhe é correlato.

[17] Na ementa do acórdão, consignou-se: "O instituto da reeleição tem fundamento não somente no postulado da continuidade administrativa, mas também no princípio republicano, que impede a perpetuação de uma mesma pessoa ou grupo no poder. O princípio republicano condiciona a interpretação e a aplicação do próprio comando da norma constitucional, de modo que a reeleição é permitida por uma única vez. Esse princípio impede a terceira eleição não apenas no mesmo município, mas em relação a qualquer outro município da federação" (BRASIL. Supremo Tribunal Federal. RE 637.485, Tribunal Pleno, Rel. Min. Gilmar Mendes, j. 01.08.2012).

prorrogar mandato de dois para quatro anos, tendo em vista a conveniência da coincidência de mandatos nos vários níveis da Federação, não implica introdução do princípio de que os mandatos não mais são temporários, nem envolve, indiretamente, a sua adoção de fato.[18]

Deve-se recordar, todavia, que a decisão foi tomada ainda na ditadura, em cenário político e jurídico radicalmente diferente do nosso.

3.2 Responsabilidade dos governantes e autoridades por seus atos

Nas monarquias absolutas do passado, os reis estavam acima das leis e não respondiam jurídica ou politicamente pelos próprios atos. *The king can do no wrong*, era brocardo invocado tanto para negar a responsabilidade civil do Estado, como para isentar os governantes da submissão a mecanismos de responsabilização pessoal por atos ilícitos praticados.

Na República, deve se dar o oposto. Os governantes respondem plenamente pelos seus atos e devem ser passíveis de responsabilização pelas irregularidades que cometam. O poder de que desfrutam não é razão para isentá-los de responsabilidade, mas, ao contrário, justifica a plena incidência dos instrumentos competentes de responsabilização.[19] Afinal, se a *res publica* pertence à coletividade e não aos governantes e autoridades, a responsabilidade desses deve ser reforçada pelo fato de que cuidam do que não é deles próprios, mas de todo o povo.

Além disso, a responsabilidade dos governantes e agentes públicos significa também que eles não devem desfrutar de privilégios no tocante à responsabilização pelos atos ilícitos que porventura perpetrem, e que não guardem relação com o poder que exercem. O fundamento aqui se liga à igualdade e ao Estado de Direito. As autoridades, na república, não são "sagradas" e "invioláveis", como os reis nas monarquias. Portanto, não há, via de regra, razão para imunizá-las diante dos instrumentos de responsabilização que atingem a todos os demais cidadãos. Como assentou o STF, em voto do Min. Celso de Mello, "a responsabilidade dos governantes tipifica-se como uma das pedras angulares essenciais à configuração mesma da ideia republicana".[20]

É certo que o próprio texto constitucional prevê, por vezes, exceções a esse princípio, criando certos temperamentos à responsabilização de determinadas autoridades. Nessas hipóteses, o princípio republicano impõe que se adote interpretação restritiva de tais exceções, que não devem exceder o estritamente necessário à promoção das finalidades a que se destinam.

---

[18] BRASIL. Supremo Tribunal Federal. MS 20.257, Tribunal Pleno, Rel. Min. Moreira Alves. *DJ*, 27 fev. 1981.
[19] Nessa linha, a doutrina é farta: *e.g.*, ATALIBA, Geraldo. *República e Constituição*. 2. ed. São Paulo: Malheiros, 1998. p. 65-69; LEWANDOWSKI, Enrique Ricardo. Reflexões em torno do princípio republicano. *Revista da Faculdade de Direito da Universidade de São Paulo*, v. 100, 2005. p. 193-194; PILATTI, Adriano. O princípio republicano na Constituição de 1988. In: PEIXINHO, Manoel Messias; GUERRA, Isabela Franco; NASCIMENTO FILHO, Firly (Org.). *Princípios da Constituição de 1988*. Rio de Janeiro: Lumen Juris, 2001. p. 129-136; BARROSO, Luís Roberto; OSÓRIO, Aline. O Supremo Tribunal Federal em 2017: a República que ainda não foi. *Os constitucionalistas*, 16 jan. 2018. p. 8-9. Disponível em: <www.osconstitucionalistas.com.br/o-stf-em-2017-a-republica-que-ainda-nao-foi>.
[20] BRASIL. Supremo Tribunal Federal. ADI 978, Tribunal Pleno, Rel. Min. Celso de Mello. *DJ*, 17 nov. 1995.

Tal orientação foi adotada pelo STF em alguns casos importantes. Assim, o Supremo já decidiu, por exemplo, que a imunidade penal relativa concedida pelo art. 86, §4º, da Constituição, segundo o qual "o Presidente da República, na vigência de seu mandato, não pode ser responsabilizado por atos estranhos ao exercício de suas funções": (a) sendo norma excepcionalíssima, não pode ser estendida aos governadores de estado;[21] e (b) não impede que os fatos sobre os quais recai a imunidade presidencial sejam investigados em inquérito, até para evitar que as provas pereçam pela passagem do tempo.[22] Também nessa trilha, a Suprema Corte assentou o entendimento de que a exigência de prévia autorização legislativa para instauração de ação penal por crime comum contra o presidente da República (art. 86, *caput*, CF) não pode ser estendida aos governadores de estado, nem mesmo por decisão das constituições estaduais.[23]

A mesma lógica vem sendo adotada pelo Supremo em decisões relativas ao foro por prerrogativa de função – também conhecido como foro privilegiado. Como se sabe, no Brasil, o constituinte foi pródigo no reconhecimento de hipóteses de foro por prerrogativa de função, alcançando milhares de pessoas ocupantes de funções públicas – em número muito maior, pelo que consta, do que o de qualquer outra democracia constitucional. Na prática, o foro privilegiado se converteu em causa de impunidade, pois os tribunais, especialmente o próprio STF, costumam ser muitíssimo mais lentos do que os juízes monocráticos na instrução e julgamento das ações penais. Com isso, torna-se comum a prescrição ou o grave retardamento da imposição da pena, gerando, em ambos os casos, a sensação de impunidade.

Ademais, o foro privilegiado compromete o adequado funcionamento das cortes, que se tornam juízos de 1º grau em causas criminais, para o que não são vocacionadas. O STF, por exemplo, acaba sendo desviado do seu papel institucional maior de guardião da Constituição, para gastar boa parte do seu tempo e de sua energia atuando como corte penal de políticos, com claro prejuízo para a funcionalidade do sistema constitucional. Nesse cenário, o ideal seria a aprovação de reforma constitucional que eliminasse ou restringisse drasticamente as hipóteses de foro privilegiado. Contudo, enquanto isso não ocorre, o Supremo vem, ao longo do tempo, adotando interpretações restritivas do instituto, alicerçadas, entre outros argumentos, no princípio republicano.

Com efeito, o STF já decidiu que o foro privilegiado cessa quando o agente público deixa de exercer o cargo que o justificava, invalidando lei que determinara o contrário.[24] Mais recentemente, a Corte, seguindo proposta do Ministro Luís Roberto Barroso, decidiu que o foro privilegiado de parlamentares federais só se aplica aos crimes praticados no exercício do mandato e em função dele.[25]

---

[21] BRASIL. Supremo Tribunal Federal. ADI 978, Tribunal Pleno, Rel. Min. Celso de Mello. *DJ*, 17 nov. 1995.

[22] BRASIL. Supremo Tribunal Federal. Inq. 672-QO, Tribunal Pleno, Rel. Min. Celso de Mello, j. 16.09.92.

[23] BRASIL. Supremo Tribunal Federal. ADI 4.764, Tribunal Pleno, Rel. Min. Celso de Mello, Red. do. ac. Min. Roberto Barroso, j. 04.05.2017. Nesse julgamento, firmou-se a seguinte tese: "É vedado às unidades federativas instituírem normas que condicionem a instauração de ação penal contra o Governador, por crime comum, à prévia autorização da casa legislativa, cabendo ao Superior Tribunal de Justiça dispor, fundamentadamente, sobre a aplicação de medidas cautelares penais, inclusive o afastamento do cargo".

[24] BRASIL. Supremo Tribunal Federal. ADI 2.797, Tribunal Pleno, Rel. Min. Sepúlveda Pertence. *DJ*, 19 dez. 2006.

[25] BRASIL. Supremo Tribunal Federal. AP 937-QO, Tribunal Pleno, Rel. Min. Roberto Barroso, j. 03.05.2018. A decisão tratou apenas do foro por prerrogativa de parlamentares federais, mas a *ratio* parece aplicável a qualquer hipótese de foro privilegiado: este só deve se aplicar aos crimes praticados no exercício da função pública que justifica o foro, e em razão desse exercício.

Porém, nem tudo são flores na jurisprudência do STF sobre o tema da responsabilização dos agentes políticos. Em outro caso, por apertada maioria de 6 votos contra 5, a Corte reverteu orientação recente sobre a matéria, assentando que a exigência de aprovação legislativa para a prisão em flagrante delito de parlamentares, prevista no art. 53, §2º, da Constituição, também se estende à concessão de medidas cautelares penais diferentes da prisão, que possam embaraçar o livre exercício do mandato.[26] Penso que seria mais consentânea com o princípio republicano a tese oposta, acolhida pelo relator do feito, Min. Edson Fachin, segundo a qual:

> ao Poder Legislativo, a Constituição outorgou, pela regra de seu art. 53, §2º, apenas o poder de relaxar a prisão em flagrante, forte num juízo político. Estender essa competência para permitir a revisão, por parte do Poder Legislativo, das decisões jurisdicionais sobre medidas cautelares penais, significa ampliar a referida imunidade [...] em ofensa ao postulado republicano e à própria independência do Poder Judiciário.

Sem embargo, o STF não estendeu para os deputados estaduais o entendimento firmado em tal julgamento – que teve como pano de fundo o afastamento do senador Aécio Neves (PSDB/MG) das suas funções congressuais. Isso apesar do disposto no art. 27, §1º, da Constituição, que prevê a aplicação aos deputados estaduais do mesmo regime sobre imunidades estabelecido para os parlamentares federais. O tema encontra-se em discussão no STF no momento de finalização deste texto, mas já se formou maioria na Corte no sentido de que as medidas cautelares diferentes da prisão em flagrante podem ser impostas pelo Judiciário aos deputados estaduais, sem necessidade de submissão do decidido às assembleias legislativas.[27] Diante do teor expresso do art. 27, §1º, da Constituição, tenho dificuldade em compreender a diferença de entendimento nos dois casos. Para mim, em ambos, não cabe a deliberação legislativa sobre a decisão judicial, que não se compatibiliza nem com o princípio republicano, nem com a cláusula da separação de poderes, a qual preserva a independência das decisões judiciais diante dos poderes políticos.

3.3 Igualdade republicana: ninguém abaixo e ninguém acima das leis

A igualdade é outro componente fundamental do princípio republicano, que não se compatibiliza nem com a instituição de privilégios aos governantes e às elites, nem com a denegação sistemática de direitos aos segmentos excluídos da população. Trata-se, como já salientado, de componente bastante problemático na sociedade brasileira, por razões históricas, econômicas e culturais.

Afinal, o Brasil tem níveis de desigualdade social absurdos e inaceitáveis. Entre nós, a desigualdade tem também forte componente racial, resultado não só de quase quatro

---

[26] BRASIL. Supremo Tribunal Federal. ADI 5.526, Tribunal Pleno, Rel. Min. Edson Fachin, Red. do ac. Min. Alexandre de Moraes, j. 11.10.2017. A orientação então revertida formara-se no julgamento unânime da AC nº 4.070 (Tribunal Pleno, Rel. Min. Teori Zavascki, j. 05.05.2016), a qual resultou no afastamento de Eduardo Cunha das suas funções parlamentares.

[27] BRASIL. Supremo Tribunal Federal. ADI 5.823-MC, Rel. Min. Marco Aurélio; BRASIL. Supremo Tribunal Federal. ADI 5.824-MC. Rel. Min. Edson Fachin e BRASIL. Supremo Tribunal Federal. ADI 5.825-MC, Rel. Min. Edson Fachin, julgamentos em curso.

séculos de escravidão negra e do genocídio indígena, como também da persistência do racismo nas nossas relações sociais. E a desigualdade ainda atinge gravemente outros grupos, diante da existência de discriminação social fundada em critérios como gênero, deficiência, orientação sexual e religião.

A desigualdade no Brasil não é apenas material. Nem mesmo a igualdade formal, que se alicerça na compreensão de que as pessoas devem ter os mesmos direitos, chegou a ser plenamente absorvida pela nossa cultura. Esta ainda se vale, por vezes, de categorias estamentais para a distribuição de direitos e deveres, se não na letra da lei, pelo menos no mundo real. Como salientou Jessé de Souza, "para que haja eficácia da regra da igualdade é necessário que a percepção da igualdade na dimensão da vida cotidiana seja efetivamente internalizada",[28] o que ainda não ocorre plenamente entre nós.

Evidentemente, o regime republicano vê-se comprometido diante de tamanha desigualdade. Em uma república, as relações travadas em sociedade devem ser horizontais, entre pessoas que se reconheçam e se tratem como iguais. Nas palavras de Philip Pettit, a república está intimamente ligada à capacidade de cada cidadão "de olhar os demais no olho, sem ter que se curvar ou que temer".[29] Essa horizontalidade é gravemente prejudicada no país tanto pela persistência da lógica estamental, como pelas abissais diferenças socioeconômicas. E ela também é comprometida pela falta de reconhecimento adequado das diferenças identitárias, que estigmatiza e humilha os integrantes de determinados grupos sociais não hegemônicos.[30]

O princípio da isonomia abarca tanto a *igualdade perante a lei*, voltada a impedir discriminações e favoritismos no processo de aplicação das normas jurídicas, como a *igualdade na lei*, que veda a edição de normas jurídicas discriminatórias. O ideário republicano abrange essas duas dimensões, e ambas geram problemas no Brasil.

No campo da igualdade perante a lei, existe amplo contingente de pessoas que simplesmente não consegue exercer, na prática, os direitos garantidos pela ordem jurídica.[31] São os presos, os favelados, a população de rua, entre outros grupos de excluídos. Eles normalmente não se beneficiam das normas jurídicas vigentes, como se estivessem fora do contrato social. Relacionam-se com o Estado sobretudo pelo contato com o seu aparelho repressivo-punitivo: são as vítimas das execuções sumárias; os favelados "esculachados" pela polícia em suas operações; as pessoas que lotam as nossas "masmorras medievais".

Um claro exemplo de violação antirrepublicana da igualdade perante a lei se dá na aplicação da Lei de Entorpecentes.[32] Quando a polícia flagra jovens negros e pobres

---

[28] SOUZA, Jessé de. A gramática social da desigualdade brasileira. In: SOUZA, Jessé de (Org.). *A invisibilidade da desigualdade brasileira*. Belo Horizonte: UFMG, 2006. p. 31.

[29] PETTIT, Philip. The republican ideal of freedom. In: MILLER, David (Ed.). *The liberty reader*. Boulder: Pardigm Publishers, 2006. p. 231.

[30] Tratei do direito ao reconhecimento em SARMENTO, Daniel. *Dignidade da pessoa humana*: conteúdo, trajetórias e metodologia. 2. ed. Belo Horizonte: Fórum, 2016. p. 241-298. Sobre o tema, veja-se também FRASER, Nancy; HONNETH, Axel. *From distribution to recognition*: a political-philosophical Exchange. London: Verso, 2003.

[31] Veja-se, a propósito, NEVES, Marcelo. Entre subintegração e sobreintegração: a cidadania inexistente. *Dados – Revista de Ciências Sociais*, v. 37, n. 2, 1994; e VIEIRA, Oscar Vilhena. A desigualdade e a subversão do Estado de Direito. In: SARMENTO, Daniel; IKAWA, Daniela; PIOVESAN, Flávia (Org.). *Igualdade, diferença e direitos humanos*. Rio de Janeiro: Lumen Juris, 2008.

[32] Cf., *e.g.*, BOITEUX, Luciana. *A desproporcionalidade da lei de drogas*: os custos humanos e econômicos da atual política no Brasil. Rio de Janeiro: TNI, 2003.

na posse de pequenas quantidades de droga, enquadra-os como traficantes e eles são presos. Mas quando as mesmas quantidades são encontradas com pessoas de classe social mais elevada, essas são tratadas como consumidoras e não se sujeitam ao cárcere.

Já um nítido exemplo de ofensa à república pela violação da igualdade na lei consiste na previsão de prisão especial para pessoas com curso superior.[33] Não há qualquer razão plausível que justifique o melhor tratamento no cárcere, antes da condenação definitiva, das pessoas mais cultas – quase sempre também as mais ricas e mais brancas. Pela sua instrução, até se pode presumir que tais pessoas tiveram mais chance do que os demais presos de seguir outros caminhos de vida, longe da criminalidade. Nada obstante, o privilégio, que tem o sabor do Antigo Regime, vigora entre nós, quase sem contestações.[34]

3.4 Liberdade contra a tirania e a sujeição: a não dominação

Na história das ideias, a república sempre foi associada à liberdade política. O republicanismo valoriza os governos limitados, rejeitando todas as formas de despotismo, ao mesmo tempo em que estimula a participação popular no exercício do poder, como será visto adiante.

Na filosofia política,[35] o republicanismo desenvolveu compreensão própria de liberdade, a qual não se confunde com aquela tradicionalmente sustentada pelo liberalismo, que a enxerga como ausência de constrangimento externo à ação do agente.[36] A liberdade, para o republicanismo, é concebida como "não dominação".[37] Nessa perspectiva, a submissão a leis gerais e abstratas, compatíveis com a lógica do Estado de direito (*rule of law*), não é vista como problema para a liberdade. Mas a sujeição dos cidadãos aos caprichos e preferências das autoridades e governantes, sim.

Por isso, o republicanismo demanda o emprego de técnicas de controle do poder estatal: separação de poderes, sistema de freios e contrapesos (*checks and balances*), submissão das autoridades ao princípio da legalidade, garantia de liberdades individuais etc. Em outras palavras, a liberdade republicana não é compatível com

---

[33] A prisão especial encontra-se prevista e disciplinada no art. 295 do Código de Processo Penal.

[34] Veja-se, a propósito, PADILHA, Valquíria. A distinção por trás das grades: reflexões sobre a prisão especial. *Revista de Sociologia Jurídica*, n. 4, 2007. Saliente-se, por oportuno, que a prisão especial foi questionada no STF por meio da ADPF nº 334, ajuizada pela Procuradoria-Geral da República.

[35] Não será objeto de análise aprofundada neste estudo a corrente filosófica conhecida como republicanismo. Vale, porém, consignar que, na contemporaneidade, o republicanismo é uma linha importante do pensamento que critica o liberalismo político, acusando-o de endossar visão excessivamente atomizada e individualista da sociedade. Sem abandonar a defesa dos direitos fundamentais, que marca o liberalismo, o republicanismo incorpora outras preocupações centrais à sua agenda, como a valorização da participação do cidadão na coisa pública e o cultivo de virtudes cívicas. Veja-se, a propósito, VIROLLI, Maurizio. *Republicanism*. New York: Hill and Wang, 2002; PETTIT, Philip. *Republicanism*: a theory of freedom and government. Oxford: Oxford University Press, 1996; MICHELMAN, Frank. Law's Republic. *Yale Law Journal*, v. 97, n. 8, 1998. p. 1493-1537; GARGARELLA, Roberto. *Las teorias de la justicia desde Rawls*. Barcelona: Paidós, 1999. p. 181-186.

[36] A visão liberal clássica da liberdade como ausência de interferência externa foi canonicamente exposta por Hobbes: "Liberdade significa, em sentido próprio, a ausência de oposição (entendendo por oposição os movimentos externos do movimento)" (HOBBES, Thomas. *O leviatã*. 2. ed. São Paulo: Abril Cultural, 1979. p. 29).

[37] Cf., e.g., PETTIT, Philip. *Republicanism*: a theory of freedom and government. Oxford: Oxford University Press, 1996. p. 51-79; SKINNER, Quentin. A third concept of liberty. In: MILLER, David (Ed.). *The liberty reader*. Boulder: Pardigm Publishers, 2006. p. 243-254.

arranjos institucionais, formais ou informais, que confiram poderes incontrastáveis a determinados agentes.

Nessa linha, uma das graves ameaças à república que paira atualmente sobre o país é o processo que Diego Werneck Arguelles e Leandro Molhano Ribeiro, em texto instigante, designaram de "ministocracia":[38] o poder sem balizas jurídicas que, na prática, cada ministro do STF tem para tomar, individualmente, decisões que interferem de modo profundo na vida do país, por meio, por exemplo, da concessão de liminares monocráticas que vigem por vários anos em temas de grande importância, de pedidos de vista obstrutivos que impedem decisões sobre questões fundamentais etc.

Por outro lado, é igualmente problemática para o republicanismo a inserção dos indivíduos em relações políticas, sociais e econômicas caracterizadas pela dependência e pela subordinação, que, na prática, sufoquem a sua liberdade. O ideário republicano visa também a assegurar a cada cidadão as condições necessárias para o exercício da sua liberdade, não só perante o Estado, como também diante dos poderes sociais privados. Essa pretensão requer, muitas vezes, a intervenção estatal nas relações sociais. Portanto, a república não se concilia com o absenteísmo do Estado diante de fortes assimetrias de poder e opressão das partes mais vulneráveis. Republicanos normalmente endossam a conhecida máxima de Lacordaire: "entre o forte e o fraco, entre o rico e o pobre, entre o mestre e o senhor, é a liberdade que oprime e a lei que liberta".[39]

3.5 Separação entre o público e o privado: impessoalidade, transparência e controle na gestão da coisa pública

A república exige clara separação entre a coisa pública e o domínio privado, com a garantia de impessoalidade, transparência e controle na gestão da *res publica*. Os agentes do Estado não cuidam do que é seu, mas de toda a coletividade. Por isso, não podem se relacionar com a coisa pública do mesmo modo como lidam com seus assuntos e interesses particulares, submetendo-os aos seus desejos e preferências pessoais.

O texto constitucional é pródigo em normas voltadas a assegurar essas ideias: os princípios da impessoalidade, moralidade e publicidade administrativas (art. 37, *caput*); a obrigatoriedade de realização de concursos públicos para investidura em cargo ou emprego público (art. 37, II), e de licitações para a celebração de contratos administrativos (art. 37, XXI); o dever de prestação de contas de todos os que utilizem, guardem, gerenciem ou administrem bens e recursos públicos (art. 70, parágrafo único). Algumas são tão óbvias, como a vedação de que a publicidade dos órgãos públicos se volte à promoção pessoal de autoridades (art. 37, §1º, CF), que só se explicam pelo temor – fundado, diga-se de passagem – diante da persistência das nossas tradições patrimonialistas.

A impessoalidade envolve o dever estatal de atuar de forma imparcial na gestão da coisa pública, sem que as autoridades favoreçam seus asseclas ou os poderosos, ou prejudiquem desafetos ou grupos vulneráveis. Apesar da plena vigência do princípio,

---

[38] ARGUELLES, Diego Werneck; RIBEIRO, Leandro Molhano. Ministocracia: o Supremo Tribunal individual e o processo democrático brasileiro. *Novos Estudos Cebrap*, v. 37, n. 1, 2018. p. 13-32.
[39] LACORDAIRE, Jean-Baptiste-Henri Dominique. *Conferénces de Notre-Dame de Paris*. Paris: Sagnier et Bray, 1848. p. 246.

a prática do nepotismo, com ele francamente incompatível, persistiu no Brasil por bastante tempo após a promulgação da Carta de 88. Em boa hora, o STF reconheceu que o nepotismo não se compatibiliza com a Constituição, e que a sua proibição pode ser diretamente extraída de princípios constitucionais como a impessoalidade, a moralidade administrativa e a própria república.[40]

A ideia de separação do público e do privado alimentou também uma das mais importantes decisões da história do Supremo, que envolveu a proibição do financiamento empresarial de campanhas políticas.[41] Na prática, essas doações permitiam a infiltração excessiva do poder econômico na política brasileira, gerando relações altamente promíscuas entre empresas e candidatos, amplamente documentadas. Além disso, elas contribuíam para tornar mais desigual a nossa esfera eleitoral, por favorecerem o poder dos eleitores e das forças políticas com mais recursos, em detrimento da maioria da população. Em boa hora, tais doações foram proibidas pelo STF, no julgamento da ADI nº 4.650.[42]

A exigência de transparência na gestão da coisa pública também é central no regime republicano. Além de decorrente do princípio da publicidade, ela está diretamente associada ao direito à informação, positivado no art. 5º, incs. XIV e XXXIII, da Constituição. A transparência proporcionada pelo acesso à informação talvez seja o melhor antídoto para a corrupção, para as violações de direitos humanos e para a ineficiência governamental. Na conhecida frase de Louis Brandeis, "a luz solar é o melhor dos desinfetantes".[43] Não por outra razão, os regimes autoritários têm ojeriza à transparência, buscando criar redoma de opacidade ao redor das suas atividades, o que frequentemente envolve a censura da imprensa e a perseguição dos críticos.[44]

A imposição de transparência no trato da coisa pública tem sido respaldada por algumas decisões importantes do STF, como a que reconheceu a constitucionalidade de regra que previra a divulgação na internet do contracheque de servidores públicos,[45] a que afirmou o dever da Justiça Militar de dar aos interessados o pleno acesso aos registros dos seus antigos julgamentos,[46] e a que exigiu que as votações fossem abertas no processo de *impeachment*, assentando o caráter excepcional do voto secreto dos parlamentares, "de modo a permitir maior transparência, controle dos representantes e

---

[40] BRASIL. Supremo Tribunal Federal. ADC 12, Tribunal Pleno, Rel. Min. Ayres Britto. *DJe*, 18 dez. 2009. Tal decisão voltou-se contra o nepotismo no âmbito do Poder Judiciário. Posteriormente, o STF explicitou a vedação dessa prática em todos os poderes e entidade federativas, por meio da edição da Súmula Vinculante nº 12.

[41] Em conjunto com Cláudio Pereira de Souza Neto, fui o autor da representação ao Conselho Federal da OAB que resultou no ajuizamento da ADI nº 4.650, que tratou da matéria. O texto da representação, reproduzido integralmente na petição inicial da OAB, encontra-se em SARMENTO, Daniel. Representação ao Conselho Federal da OAB visando ao ajuizamento de ADI contra o financiamento empresarial de campanhas eleitorais. In: SARMENTO, Daniel. *Direitos, democracia e república*: escritos de direito constitucional. Belo Horizonte: Fórum, 2018. p. 497-518. Tratei também do tema em SARMENTO, Daniel; OSÓRIO, Aline. Uma mistura tóxica: política, dinheiro e o financiamento das eleições. In: SARMENTO, Daniel. *Direitos, democracia e república*: escritos de direito constitucional. Belo Horizonte: Fórum, 2018. p. 113-138.

[42] BRASIL. Supremo Tribunal Federal. ADI 4.650, Tribunal Pleno, Rel. Min. Luiz Fux, j. 17.09.2015.

[43] BRANDEIS, Louis. What publicity can do. *Harpers Weekly*, 20 dez. 1913.

[44] Norberto Bobbio desenvolveu o mesmo argumento com foco na democracia. Nas suas palavras, "a opacidade é a negação da democracia", que pode ser concebida como "o governo do poder visível, ou o governo cujos atos se desenvolvem em público, sob o controle da opinião pública" (BOBBIO, Norberto. O poder invisível. In: BOBBIO, Norberto. *A democracia e o poder em crise*. Brasília: UnB, 1990. p. 211).

[45] BRASIL. Supremo Tribunal Federal. ARE 652.777, Tribunal Pleno, Relator Min. Teori Zavaski. *DJe*, 1º jul. 2015.

[46] BRASIL. Supremo Tribunal Federal. RMS 23.036, 2ª Turma, Rel. Min. Nelson Jobim. *DJ*, 28 ago. 2006.

a legitimação do processo".⁴⁷ E essa exigência de transparência não se aplica apenas aos Estados, estendendo-se também aos partidos e candidatos nos pleitos eleitorais. Nessa linha, o STF suspendeu a eficácia de norma jurídica que comprometia a transparência das doações de campanha eleitoral, ao permitir a ocultação dos doadores originários, quando fizessem contribuições diretamente aos partidos e não a candidatos.⁴⁸

A Constituição também fortaleceu o controle sobre a gestão da coisa pública. Além de impor rigorosos limites substantivos aos gestores, ela ampliou os mecanismos de controle jurisdicional da administração. Ademais, robusteceu instituições controladoras, notadamente o Ministério Público (arts. 127 a 130-A) e os Tribunais de Contas (arts. 71 a 75), conferindo-lhes novas competências e maior autonomia. E vários outros órgãos de controle foram instituídos no plano infraconstitucional, nas três esferas federativas. Tudo isso reflete a centralidade do princípio republicano na nossa ordem jurídica.

Sem embargo, cabe aqui uma rápida advertência. A hipertrofia do controle pode gerar problemas, como o excesso de burocratização da Administração Pública. Ou mesmo a inibição da inovação no setor público, pelo temor dos gestores à punição. Esse último problema se agrava, quando existe multiplicidade de órgãos controladores, com competências redundantes e entendimentos não necessariamente convergentes sobre a mesma matéria, atuando, por vezes, com base em parâmetros vagos, tais como os princípios da moralidade e da eficiência administrativas. Isso vem ocorrendo no Brasil. A república certamente carece de controle eficaz da gestão da coisa pública, mas não pode prescindir da agilidade da ação estatal.

3.6 A participação do cidadão: direitos e responsabilidades perante a "coisa pública"

O ideário republicano envolve a ideia de que os cidadãos devem participar ativamente na gestão da *res publica*. A compreensão contemporânea de república tem, portanto, muitos pontos de contato com a democracia.⁴⁹

Valoriza-se a autonomia pública do cidadão, partindo-se da premissa de que cada pessoa deve poder fazer as suas escolhas políticas e levá-las à arena pública, seja pelo voto, seja por outros mecanismos, como o exercício da liberdade de expressão, a participação em movimentos sociais e em reuniões públicas etc. Em outras palavras, na república o cidadão não pode ser tratado como dócil ovelha de um rebanho, a ser conduzida por algum "governante-pastor", que supostamente conheça os caminhos certos para a coletividade.

O republicanismo projeta um ideal ambicioso para a política. Deseja-se que a política – compreendida em sentido amplo – tenha importância para as pessoas, que não devem limitar as suas atividades e atenção aos seus interesses e negócios privados.⁵⁰

---

⁴⁷ BRASIL. Supremo Tribunal Federal. RMS 23.036, 2ª Turma, Rel. Min. Nelson Jobim. *DJ*, 28 ago. 2006.
⁴⁸ BRASIL. Supremo Tribunal Federal. ADI 5394-MC, Tribunal Pleno, Rel. Min. Teori Zavascki, j. 12.11.2015.
⁴⁹ Cf. CANOTILHO, José Joaquim Gomes. O círculo e a linha: da 'liberdade dos antigos' à 'liberdade dos modernos' na teoria republicana dos direitos fundamentais'. In: CANOTILHO, José Joaquim Gomes. *Estudos sobre direitos fundamentais*. Coimbra: Coimbra, 2004. p. 7-34.
⁵⁰ Cf., *e.g.*, ARENDT, Hannah. Freedom and politics. In: MILLER, David (Ed.). *The liberty reader*. Boulder: Pardigm Publishers, 2006. p. 58-80.

Ademais, espera-se que a política não se resuma à disputa entre forças movidas por interesses egoísticos, mas se volte à busca coletiva do bem comum. Nessa chave, a esfera pública é idealmente concebida não como algo similar ao mercado – em que os agentes visam apenas a defender os próprios interesses –, mas como um fórum, em que existe disputa, mas também troca de razões e argumentos objetivando a identificação e persecução do interesse público.[51] Não se afirma que essa seja a realidade da política nas sociedades contemporâneas. Trata-se, isso sim, do ideal normativo a ser perseguido para a construção do Estado republicano.

Por isso, a lógica republicana não se contenta com a garantia de liberdades e de direitos políticos, que o cidadão pode exercer se quiser. Ela é mais exigente, pois almeja fomentar o engajamento político-social das pessoas e o desenvolvimento de virtudes cívicas entre cidadãos.[52] Sem descurar dos direitos, a república também enfatiza o papel dos deveres. Entre eles, destaca a obrigação política do cidadão de se interessar pela construção dos destinos de sua comunidade e de participar dessa empreitada coletiva. Como salientou Bresser-Pereira "o Estado republicano é um sistema de governo que conta com cidadãos engajados que participam do governo juntamente com políticos e servidores públicos".[53]

Essa lógica republicana foi em boa parte acolhida pela Constituição de 88. Daí, por exemplo, a decisão do constituinte de, além de garantir a todo cidadão o direito à propositura de ação popular para a tutela da coisa pública, isentar o autor dessas demandas das custas judiciais e dos ônus da sucumbência, salvo o caso de comprovada má-fé (art. 5º, LXXIII). A previsão indica a clara intenção constitucional de estimular o uso dessa ação, que representa típico instrumento processual de participação republicana. Daí também a opção pelo voto obrigatório (art. 14, §3º), que desvela a compreensão de que o voto não é apenas um direito subjetivo – como prefere o pensamento liberal – mas também um dever cívico. Daí, ainda, a previsão de instrumentos de democracia participativa no texto constitucional – plebiscito, referendo e iniciativa popular de leis (art. 14, I, II e III) –, infelizmente tão pouco utilizados nestes trinta anos de vigência da Carta de 88. Daí, finalmente, a definição de que o direito à educação não se presta apenas para formar pessoas para a o mercado de trabalho e para a vida privada, mas visa também a prepará-las "para o exercício da cidadania" (art. 212).

O olhar republicano sobre deveres e virtudes cívicas é importante, por temperar os excessos de individualismo que muitas vezes caracterizam o discurso constitucional do liberalismo. Nada obstante, esse condimento deve ser usado com moderação. O republicanismo pode assumir viés autoritário, se alentar a pretensão de criar "um novo homem", ou de erguer uma "religião civil" em torno do Estado, de suas normas e instituições.

---

[51] Cf., *e.g.*, FORST, Rainer. The rule of reasons: three models of deliberative democracy. *Ratio Juris*, v. 4, n. 4, 2001.
[52] Cf. CUNHA, Paulo Ferreira da. Da constituição antiga à constituição moderna: república e virtude. *Revista Brasileira de Estudos Constitucionais*, v. 2, n. 5, 2008.
[53] BRESSER-PEREIRA, Luiz Carlos. *Construindo o estado republicano*: democracia e reforma da gestão pública. Rio de Janeiro: FGV, 2009. p. 165.

4 O que o princípio republicano não deve ser: não ao republicanismo seletivo, ao republicanismo dos heróis mascarados e ao jacobinismo republicano

Como já ressaltado, a "república" vem sendo invocada com frequência cada vez maior no Brasil, geralmente para criticar práticas que se desviam do seu ideário. Trata-se de bom sinal, de que condutas erradas, contrárias aos valores republicanos, estão deixando de ser toleradas pela sociedade. Há, porém, alguns abusos nessa invocação, que devem ser denunciados e combatidos. Explico, a seguir, os três que me parecem mais graves e salientes no cenário brasileiro contemporâneo.

O primeiro é o *republicanismo seletivo*. O republicano seletivo é duro e rigoroso na crítica e no combate aos desvios éticos dos adversários políticos. Mas é manso e complacente quando se depara com práticas similares envolvendo pessoas próximas ou do mesmo campo ideológico. É o "republicanismo" daqueles que, nos dizeres irônicos de Luís Roberto Barroso, "têm corruptos de estimação". Evidentemente, não se trata de verdadeiro republicanismo, o qual pressupõe o respeito irrestrito à igualdade.

Na esfera da política partidária, esse é um vício comum, certamente condenável, mas quase natural de tão disseminado: os que estão de um lado, apressam-se em condenar os adversários por qualquer falha moral, real ou imaginada; porém, são cegos ou excessivamente "benévolos" quando problemas similares ocorrem no seu campo. Muito mais preocupante é quando tal desvio atinge instituições que deveriam se manter politicamente neutras. As oscilações injustificadas na jurisprudência do STF sobre temas ligados à responsabilização de políticos parecem representativas desse grave problema.

Outro desvio é o *republicanismo dos heróis mascarados*. Ele ocorre quando setores da sociedade, cansados diante de graves problemas que parecem invencíveis, como a corrupção, deixam-se seduzir pela ideia de que a república só pode ser construída pela ação voluntarista de alguns "heróis", e passam a tolerar, quando não a aplaudir, seus excessos e arbitrariedades. No Brasil atual, esses heróis mascarados são sobretudo juízes, integrantes do Ministério Público e delegados envolvidos na persecução e jurisdição penal.

A Operação Lava-Jato tem dado, certamente, grande contribuição ao país, por revelar as entranhas da corrupção na máquina pública, e levar o direito penal ao andar de cima da pirâmide social, desafiando a sua histórica seletividade. Mas ela tem também produzido em grande escala esse republicanismo dos heróis mascarados, muito danoso para o Estado de Direito e para os próprios valores republicanos.

A crença na salvação nacional pela ação de vingadores mascarados gera vários problemas. Nessa lógica, a república deixa de ser concebida como uma construção da cidadania, dependente do funcionamento adequado das instituições e do engajamento cívico das pessoas, para se converter em dádiva concedida por heróis, e deles dependente. O povo não é visto como agente de transformação, mas como mero espectador de um filme de faroeste, cabendo-lhe apenas torcer para que os *cowboys* derrotem os bandidos.

Pior ainda, cria-se ambiente de tolerância em relação a excessos e violações de direitos cometidos pelos "heróis". Esses excessos são muitas vezes aplaudidos pela sociedade, e qualquer crítica contra eles, ou tentativa institucional de limitá-los, é logo vista como manifestação de apoio e de cumplicidade diante de práticas corruptas. Contudo, o republicanismo não rima com a tirania ou com o culto à personalidade.

A república é a antítese do despotismo. Por isso, o *republicanismo dos heróis mascarados* tampouco é compatível com o princípio da república, nos termos em que está consagrado em nossa ordem constitucional.

Há ainda o *jacobinismo republicano*, que aceita sacrificar direitos fundamentais no "altar da república". A defesa dos valores republicanos – especialmente, o combate à corrupção – é vista como fim maior, que legitima graves restrições aos direitos humanos. O objetivo é promover a "salvação pública" e a nobreza do fim justifica qualquer meio empregado. O jacobinismo republicano tem pontos de contato com o republicanismo dos heróis mascarados, mas dele se diferencia por não envolver necessariamente a veneração personalista dos supostos salvadores da pátria.

O jacobinismo republicano é também perigosíssimo. Ao longo da história, ideias e movimentos similares já eliminaram milhões de vidas. Direitos fundamentais são "trunfos",[54] que não devem ser sacrificados, mesmo que para a promoção de objetivos muito relevantes, tais como a luta contra a corrupção. O republicanismo que vale à pena não é avesso ou indiferente aos direitos fundamentais. Pelo contrário, ele toma a proteção e promoção desses direitos, em bases equânimes e igualitárias, como uma das suas maiores missões. Ele não concebe a existência de um "bem superior" cuja preservação justifique o generalizado atropelo a direitos fundamentais. Muito menos aceita a instituição, em seu nome, de um estado de exceção,[55] em que tudo se torne aceitável, desde que voltado ao objetivo maior de "purificar" a sociedade dos seus vícios.

Esse tema provoca discussões candentes no campo penal. De um lado, há os que se opõem a qualquer mudança no *status quo*, que é de uma justiça penal seletiva, que pune os pobres e negros, mas não alcança os ricos e poderosos. Criticam de forma generalizada a criminalização da política, como que defendendo nossa arcaica tradição de impunidade dos políticos que cometem crimes. Do outro, há aqueles que, evocando ideias republicanas de combate à corrupção e à impunidade, pretendem trocar direitos e garantias pela maior facilidade na aplicação de punições e de restrições à liberdade.

As duas lógicas estão erradas. Nessa matéria, é fundamental separar o joio do trigo, para diferenciar os privilégios injustificáveis em uma república – que devem ser banidos –, das garantias indispensáveis para um processo justo, as quais devem valer de modo igual para todos, pobres ou ricos, amigos ou adversários dos governantes da ocasião. Inclusive porque a relativização de garantias constitucionais, mesmo que concebida para viabilizar a responsabilização "dos poderosos", acaba fatalmente atingindo a clientela tradicional da justiça penal, tirando mais direitos dos excluídos.

---

[54] A ideia de que os direitos fundamentais representam "trunfos", que devem prevalecer sobre outros objetivos políticos, inclusive os ligados à promoção do bem-estar da comunidade, foi desenvolvida com densidade por Ronald Dworkin. Veja-se, a propósito, DWORKIN, Ronald. Rights as Trumps. In: WALDRON, Jeremy (Ed.). *Theories of rights*. Cambridge: Oxford University Press, 1984.

[55] A teoria do estado de exceção foi explicitamente invocada em acórdão do TRF da 4ª Região, para justificar e validar medidas heterodoxas impostas pelo Juiz Sério Moro no âmbito da Operação Lava-Jato (cf. BRASIL. Tribunal Regional Federal da 4ª Região. P.A. nº 003021-32.2016.4.04.8000/RS, Corte Especial, Relator Des. Federal Rômulo Pizzolati, j. 23.09.2016. Disponível em: <https://www.conjur.com.br/dl/lava-jato-nao-seguir-regas-casos.pdf>).

5 Conclusão

Nesses trinta anos de vigência da Constituição de 88, houve avanços no que concerne à efetivação do princípio republicano. Estamos ainda muito longe de superar o patrimonialismo, a desigualdade e a corrupção, mas certas práticas e situações que antes eram toleradas e naturalizadas – como o nepotismo, a "carteirada" e a imunidade penal dos ricos e poderosos – já são rejeitadas ou pelo menos questionadas.

É verdade que nossos problemas nessa área não são somente jurídicos, mas sobretudo culturais, econômicos e políticos. Eles não se localizam apenas no Estado, mas igualmente na própria sociedade. O seu combate enfrenta fortes resistências dos que sempre se beneficiaram do *status quo*. Por isso, superar tais déficits republicanos é tarefa tão difícil.

A Constituição não é onipotente, mas é possível utilizá-la como instrumento de luta nesse *front*, não só nos tribunais – em que, aliás, o desrespeito aos valores republicanos também se manifesta com frequência –, como também nas instâncias políticas e administrativas, e, sobretudo, nas mobilizações da cidadania no espaço público. Fazê-lo é das mais importantes tarefas para o constitucionalismo brasileiro para os próximos trinta anos.

A missão é edificar uma república que combata, sim, a corrupção – que tanto mal faz ao povo brasileiro –, sem seletividade e com respeito incondicional aos direitos fundamentais. Mas, além e acima disso, uma república que se devote à inclusão no contrato social dos que sempre foram tratados como subcidadãos. Uma República inclusiva.

Referências

ABRANCHES, Sérgio. Presidencialismo de coalizão. O dilema institucional brasileiro. *Dados – Revista de Ciências Sociais*, v. 31, n. 1, p. 5-34, 1988.

ARENDT, Hannah. Freedom and politics. In: MILLER, David (Ed.). *The liberty reader*. Boulder: Pardigm Publishers, 2006.

ARGUELLES, Diego Werneck; RIBEIRO, Leandro Molhano. Ministocracia: o Supremo Tribunal individual e o processo democrático brasileiro. *Novos Estudos Cebrap*, v. 37, n. 1, 2018.

ATALIBA, Geraldo. *República e Constituição*. 2. ed. São Paulo: Malheiros, 1998.

BARROSO, Luís Roberto. *O direito constitucional e a efetividade de suas normas*. 4. ed. Rio de Janeiro: Renovar, 2000.

BARROSO, Luís Roberto. *Um outro país*: transformações no direito e na ética na agenda do Brasil. Belo Horizonte: Fórum, 2018.

BARROSO, Luís Roberto; OSÓRIO, Aline. O Supremo Tribunal Federal em 2017: a República que ainda não foi. *Os constitucionalistas*, 16 jan. 2018. Disponível em: <www.osconstitucionalistas.com.br/o-stf-em-2017-a-republica-que-ainda-nao-foi>.

BOBBIO, Norberto. O poder invisível. In: BOBBIO, Norberto. *A democracia e o poder em crise*. Brasília: UnB, 1990.

BOITEUX, Luciana. *A desproporcionalidade da lei de drogas*: os custos humanos e econômicos da atual política no Brasil. Rio de Janeiro: TNI, 2003.

BRANDEIS, Louis. What publicity can do. *Harpers Weekly*, 20 dez. 1913.

BRASIL. Supremo Tribunal Federal. AC 4070, Tribunal Pleno, Rel. Min. Teori Zavascki, j. 05.05.2016.

BRASIL. Supremo Tribunal Federal. ADC 12, Tribunal Pleno, Rel. Min. Ayres Britto. *DJe*, 18 dez. 2009.

BRASIL. Supremo Tribunal Federal. ADI 2.797, Tribunal Pleno, Rel. Min. Sepúlveda Pertence. *DJ*, 19 dez. 2006.

BRASIL. Supremo Tribunal Federal. ADI 4.650, Tribunal Pleno, Rel. Min. Luiz Fux, j. 17.09.2015.

BRASIL. Supremo Tribunal Federal. ADI 4.764, Tribunal Pleno, Rel. Min. Celso de Mello, Red. do. ac. Min. Roberto Barroso, j. 04.05.2017.

BRASIL. Supremo Tribunal Federal. ADI 5.526, Tribunal Pleno, Rel. Min. Edson Fachin, Red. do ac. Min. Alexandre de Moraes, j. 11.10.2017.

BRASIL. Supremo Tribunal Federal. ADI 5.823-MC, Rel. Min. Marco Aurélio.

BRASIL. Supremo Tribunal Federal. ADI 5.824-MC. Rel. Min. Edson Fachin, julgamento em curso.

BRASIL. Supremo Tribunal Federal. ADI 5.825-MC, Rel. Min. Edson Fachin, julgamento em curso.

BRASIL. Supremo Tribunal Federal. ADI 5394-MC, Tribunal Pleno, Rel. Min. Teori Zavascki, j. 12.11.2015.

BRASIL. Supremo Tribunal Federal. ADI 978, Tribunal Pleno, Rel. Min. Celso de Mello. *DJ*, 17 nov. 1995.

BRASIL. Supremo Tribunal Federal. ADPF 378-MC, Tribunal Pleno, Rel. Min. Roberto Barroso. *DJe*, 8 mar. 2016.

BRASIL. Supremo Tribunal Federal. AP 937-QO, Tribunal Pleno, Rel. Min. Roberto Barroso, j. 03.05.2018.

BRASIL. Supremo Tribunal Federal. ARE 652.777, Tribunal Pleno, Relator Min. Teori Zavaski. *DJe*, 1º jul. 2015.

BRASIL. Supremo Tribunal Federal. Inq. 672-QO, Tribunal Pleno, Rel. Min. Celso de Mello, j. 16.09.92.

BRASIL. Supremo Tribunal Federal. MS 20.257, Tribunal Pleno, Rel. Min. Moreira Alves. *DJ*, 27 fev. 1981.

BRASIL. Supremo Tribunal Federal. RE 637.485, Tribunal Pleno, Rel. Min. Gilmar Mendes, j. 01.08.2012.

BRASIL. Supremo Tribunal Federal. RMS 23.036, 2ª Turma, Rel. Min. Nelson Jobim. *DJ*, 28 ago. 2006.

BRASIL. Tribunal Regional Federal da 4ª Região. P.A. nº 003021-32.2016.4.04.8000/RS, Corte Especial, Relator Des. Federal Rômulo Pizzolati, j. 23.09.2016. Disponível em: <https://www.conjur.com.br/dl/lava-jato-nao-seguir-regas-casos.pdf>.

BRESSER-PEREIRA, Luiz Carlos. *Construindo o estado republicano*: democracia e reforma da gestão pública. Rio de Janeiro: FGV, 2009.

CANOTILHO, José Joaquim Gomes. O círculo e a linha: da 'liberdade dos antigos' à 'liberdade dos modernos' na teoria republicana dos direitos fundamentais'. In: CANOTILHO, José Joaquim Gomes. *Estudos sobre direitos fundamentais*. Coimbra: Coimbra, 2004.

CARVALHO, José Murilo de. *Os bestializados*: o Rio de Janeiro e a República que não foi. São Paulo: Companhia das Letras, 1990.

COMPARATO, Fábio Konder. *As oligarquias brasileiras*: visão histórica. São Paulo: Contracorrente, 2017.

CUNHA, Paulo Ferreira da. Da constituição antiga à constituição moderna: república e virtude. *Revista Brasileira de Estudos Constitucionais*, v. 2, n. 5, 2008.

DAMATTA, Roberto. Sabe com quem está falando?: ensaio sobre a distinção entre indivíduo e pessoa no Brasil. In: DAMATTA, Roberto. *Carnavais, malandros e heróis*: para uma sociologia do dilema brasileiro. 6. ed. Rio de Janeiro: Rocco, 1996.

DWORKIN, Ronald. Rights as Trumps. In: WALDRON, Jeremy (Ed.). *Theories of rights*. Cambridge: Oxford University Press, 1984.

FAORO, Raymundo. *Os donos do poder*: formação do patronato político brasileiro. 9. ed. Rio de Janeiro: Globo, 1991. 2 v.

FORST, Rainer. The rule of reasons: three models of deliberative democracy. *Ratio Juris*, v. 4, n. 4, 2001.

FRASER, Nancy; HONNETH, Axel. *From distribution to recognition*: a political-philosophical Exchange. London: Verso, 2003.

GARGARELLA, Roberto. *Las teorias de la justicia desde Rawls*. Barcelona: Paidós, 1999.

HOBBES, Thomas. *O leviatã*. 2. ed. São Paulo: Abril Cultural, 1979.

HOLANDA, Sérgio Buarque de. *Raízes do Brasil*. 26. ed. São Paulo: Companhia das Letras, 2004.

LACORDAIRE, Jean-Baptiste-Henri Dominique. *Conferénces de Notre-Dame de Paris*. Paris: Sagnier et Bray, 1848.

LEAL, Vitor Nunes. *Coronelismo, enxada e voto*: o município e o regime representativo no Brasil. 6. ed. São Paulo: Alfa-Ômega, 1993.

LEWANDOWSKI, Enrique Ricardo. Reflexões em torno do princípio republicano. *Revista da Faculdade de Direito da Universidade de São Paulo*, v. 100, 2005.

LIMONGI, Fernando. A democracia no Brasil. Presidencialismo, coalizão partidária e processo decisório. *Novos Estudos Cebrap*, n. 76, 2006.

MICHELMAN, Frank. Law's Republic. *Yale Law Journal*, v. 97, n. 8, 1998.

NEVES, Marcelo. Entre subintegração e sobreintegração: a cidadania inexistente. *Dados – Revista de Ciências Sociais*, v. 37, n. 2, 1994.

PADILHA, Valquíria. A distinção por trás das grades: reflexões sobre a prisão especial. *Revista de Sociologia Jurídica*, n. 4, 2007.

PETTIT, Philip. *Republicanism*: a theory of freedom and government. Oxford: Oxford University Press, 1996.

PILATTI, Adriano. O princípio republicano na Constituição de 1988. In: PEIXINHO, Manoel Messias; GUERRA, Isabela Franco; NASCIMENTO FILHO, Firly (Org.). *Princípios da Constituição de 1988*. Rio de Janeiro: Lumen Juris, 2001.

ROSENN, Keith N. *O jeito na cultura jurídica brasileira*. Rio de Janeiro: Renovar, 1998.

SALVADOR, Frei Vicente do. História do Brasil. *Domínio Público*, 1627. Disponível em: <http://www.dominiopublico.gov.br/download/texto/bn000138.pdf>.

SARMENTO, Daniel. *Dignidade da pessoa humana*: conteúdo, trajetórias e metodologia. 2. ed. Belo Horizonte: Fórum, 2016.

SARMENTO, Daniel. Representação ao Conselho Federal da OAB visando ao ajuizamento de ADI contra o financiamento empresarial de campanhas eleitorais. In: SARMENTO, Daniel. *Direitos, democracia e república*: escritos de direito constitucional. Belo Horizonte: Fórum, 2018.

SARMENTO, Daniel; OSÓRIO, Aline. Uma mistura tóxica: política, dinheiro e o financiamento das eleições. In: SARMENTO, Daniel. *Direitos, democracia e república*: escritos de direito constitucional. Belo Horizonte: Fórum, 2018.

SKINNER, Quentin. A third concept of liberty. In: MILLER, David (Ed.). *The liberty reader*. Boulder: Pardigm Publishers, 2006.

SOUZA NETO, Cláudio Pereira de; SARMENTO, Daniel. *Direito constitucional*: teoria, história e métodos de trabalho. 2. ed. Belo Horizonte: Fórum, 2014.

SOUZA, Jessé de. A gramática social da desigualdade brasileira. In: SOUZA, Jessé de (Org.). *A invisibilidade da desigualdade brasileira*. Belo Horizonte: UFMG, 2006.

VIEIRA, Oscar Vilhena. A desigualdade e a subversão do Estado de Direito. In: SARMENTO, Daniel; IKAWA, Daniela; PIOVESAN, Flávia (Org.). *Igualdade, diferença e direitos humanos*. Rio de Janeiro: Lumen Juris, 2008.

VIROLLI, Maurizio. *Republicanism*. New York: Hill and Wang, 2002.

WEBER, Max. *Economia y sociedad*. México: Fondo de Cultura Econômica, 1998.

Informação bibliográfica deste texto, conforme a NBR 6023:2002 da Associação Brasileira de Normas Técnicas (ABNT):

SARMENTO, Daniel. O princípio republicano nos 30 anos da Constituição de 88: por uma República inclusiva. In: BARROSO, Luís Roberto; MELLO, Patrícia Perrone Campos (Coord.). *A República que ainda não foi*: trinta anos da Constituição de 1988 na visão da Escola de Direito Constitucional da UERJ. Belo Horizonte: Fórum, 2018. p. 261-280. ISBN 978-85-450-0582-7.

O *IMPEACHMENT* DE 2016: RUPTURA CONSTITUCIONAL E CULTURA POLÍTICA DEMOCRÁTICA

CLÁUDIO PEREIRA DE SOUZA NETO

I

Durante quase três décadas, celebramos a Constituição de 1988 como nossa primeira "Constituição pra valer" – esse é a melhor forma de designá-la, empregando a inspiradora expressão do Professor Luís Roberto Barroso.[1] Hoje, não há mais o que celebrar. O *impeachment*, ao ser decretado fora dos limites materiais estabelecidos pela Constituição, converteu-a, ainda que temporariamente, em mera "folha de papel".[2] Quando a crise política se tornou aguda, as instituições desenhadas pelo constituinte de 1988 não foram capazes de preservar a democracia política e a integridade do sistema constitucional.[3] Embora os procedimentos tenham sido, em grande parte, observados, os limites materiais ao exercício do poder deixaram de operar no momento em que a nação mais precisou da supremacia constitucional.[4]

---

[1] BARROSO, Luís Roberto. A efetividade das normas constitucionais: por que não uma constituição para valer? In: BARROSO, Luís Roberto. *O novo direito constitucional brasileiro*: contribuições para a construção teórica e prática da jurisdição constitucional no Brasil. Belo Horizonte: Fórum, 2013.

[2] LASSALLE, Ferdinand. *A essência da constituição*. Rio de Janeiro: Lumen Juris, 1998.

[3] É importante fazer ressalva quanto ao *procedimento* de *impeachment*, que foi adequadamente harmonizado com a Constituição Federal, por meio de decisão do STF. Trata-se de importantíssimo precedente, proferido pelo Supremo Tribunal Federal, em contexto de grande complexidade política e agitação social. O STF promoveu ampla filtragem constitucional da Lei nº 1.079, que, aprovada em 1950, precisava ser adequada à Constituição Federal de 1988. Cf.: BRASIL. Supremo Tribunal Federal. ADPF 378 MC, Relator Min. Edson Fachin, Relator p/ Acórdão: Min. Roberto Barroso, Tribunal Pleno, julgado em 17/12/2015. *DJe*, n. 43, 8 mar. 2016. Quanto aos limites materiais impostos pela Constituição à decisão do Senado, o STF não se manifestou, embora provocado por meio de mandados de segurança impetrados pela presidente da República. A tese da insindicabilidade do mérito da decretação do *impeachment* pelo Senado prevaleceu na Corte, ainda que não tenha sido objeto de um exame formal em Plenário.

[4] A supremacia constitucional é notadamente útil nos momentos em que a irracionalidade política e o faccionismo prevalecem. O ponto é esclarecido por meio do argumento do pré-compromisso: o povo, no momento constituinte, estabelece um pré-compromisso para impedir que, em momentos futuros de irracionalidade política, destrua os princípios fundamentais antes estabelecidos. Cf.: HOLMES, Stephen. Precommitment and the paradox of

A Constituição de 1988 hoje vigora, ao completar 30 anos, sob um governo que chegou ao poder ilegitimamente e que aplica um programa divergente do que foi aprovado nas urnas em 2014.[5] O que sobrou do *impeachment* foi um país desunido por relações de inimizade política e pelo sentimento generalizado de desconfiança nas instituições – uma sombra pálida da nação que, anos antes, reduzia a desigualdade social em um ambiente de democracia e liberdade, e exercia liderança no concerto das nações. O momento não é de celebração, mas de reflexão crítica.

O contexto em que o *impeachment* foi decretado envolve uma multiplicidade de circunstâncias. Os fatos que integram esse processo vêm sendo historiados. Pude acompanhar alguns desses fatos de perto, como um dos advogados que auxiliou na defesa do mandato presidencial. Este pequeno estudo, porém, não veicula interpretação de fatos específicos vivenciados. O seu objetivo é alertar, com base em razões colhidas na filosofia política liberal e na tradição democrática do constitucionalismo de 1988, para os efeitos de longo prazo que o *impeachment* tende a produzir em nossa cultura política.

Como Brasil é república democrática e pluralista, diversas concepções sobre a melhor forma de organizar a vida social e econômica devem poder conviver em nosso meio e disputar, em igualdade de condições, a adesão das maiorias. A Constituição de 1988 legitima a defesa de doutrinas liberais e sociais, cristãs e seculares, conservadoras e libertárias. Como, além de pluralista, nossa república é democrática, a definição de quais ideias devem prover conteúdo às leis e à administração é cominada aos representantes eleitos ou submetida à deliberação direta do povo. É o que determina o parágrafo único do art. 1º da Constituição Federal: "Todo o poder emana do povo, que o exerce por meio de representantes eleitos ou diretamente, nos termos desta Constituição".[6]

Para que uma república democrática e pluralista funcione de modo estável, legítimo e eficaz ao longo do tempo, é necessário que a cultura política compartilhada na sociedade (a) dê suporte a um consenso em torno da estrutura básica do Estado democrático de direito – tal estrutura básica é integrada pelos procedimentos democráticos e pelo sistema de direitos fundamentais; (b) e abrigue um sentimento de "amizade cívica" entre cidadãos que defendem diferentes orientações ideológicas e religiosas. Esses elementos são necessários para se manter a *unidade* da comunidade política, a despeito da divergência de opiniões que, naturalmente, tem lugar em uma sociedade diversa e plural, como a brasileira.[7]

---

democracy. In: ELSTER, Jon; SLAGSTAD, Rune (Org.). *Constitutionalism and democracy*: studies in rationality and social change. Cambridge: Cambridge University Press, 1988.

[5] Governo e programa são carentes de "respaldo eleitoral". A expressão foi utilizada pelo Presidente Donald Trump, em abril de 2018, para justificar a rejeição à admissão do Brasil na OCDE.

[6] O dispositivo substituiu o antigo §1º da Emenda Constitucional nº 1, de 1969: "Todo o poder emana do povo e em seu nome é exercido". Na vigência da ordem constitucional autoritária, o poder não era exercido pelo povo, por meio de seus representantes eleitos ou diretamente: o poder era exercido "em nome do povo". O texto constitucional anterior abria espaço para que, em nome do povo, o poder fosse exercido por uma elite política: os militares. O texto constitucional de 1988 não dá lugar à apropriação do poder por elites: exige que o poder seja exercido por representantes eleitos pelo povo ou pelo próprio povo, diretamente. São os representantes eleitos pelo povo que devem conferir a substância política e econômica à atuação estatal, observados os limites fixados pela Constituição Federal. Ainda que, de modo realista, se reconheça que o poder é, em grande parte, exercido por elites, para que isso ocorra de modo compatível com a democracia, tais elites não podem senão ser escolhidas pelo voto popular, em eleições livres, periódicas e regulares. Mesmo as teorias elitistas da democracia estabelecem como exigência mínima para a legitimação do sistema a escolha da elite governante pelo povo.

[7] O tema da unidade na diversidade é objeto de especial atenção na filosofia política contemporânea. Cf.: RAWLS, John. *O liberalismo político*. Tradução de Dinah de Abreu Azevedo. 2. ed. São Paulo: Ática, 2000. Mas, nos EUA,

O *impeachment*, decretado fora das hipóteses previstas na Constituição Federal, significou uma traumática ruptura com o constitucionalismo democrático de 1988, e fez com que as crises política e econômica, vivenciadas desde 2013, se degenerassem em crise constitucional, na qual ainda estamos enredados. O objeto deste breve estudo é apresentar os principais elementos, relacionados à cultura política, que integram essa crise constitucional. Ao final, enfatiza-se a necessidade do engajamento patriótico em um esforço de recomposição da estrutura básica da democracia constitucional e de resgate de um ambiente de diálogo cooperativo entre cidadãos que cultivam diferentes visões de mundo.

II

A democracia pluralista abarca, além da divergência política e ideológica, o consenso em torno dos procedimentos democráticos e do catálogo de direitos e liberdades básicas. Para que se formem democracias estáveis em sociedades plurais, é imperativo que sejam objeto de amplo reconhecimento os procedimentos por meio dos quais as divergências serão processadas. Há valores religiosos e ideológicos particulares – valores que diferenciam cada grupo social dos demais –, e valores políticos comuns, que dão unidade à comunidade política. Sem um grau razoável de adesão a estes últimos, o regime democrático perde estabilidade no longo prazo, sucumbindo a interesses políticos de ocasião.

A integridade da estrutura básica da democracia constitucional é preservada por meio de instituições imparciais. Nas repúblicas contemporâneas, a função é atribuída, sobretudo, às cortes constitucionais, as quais se incumbem de guardar a Constituição vis-à-vis as maiorias parlamentares e o governo em exercício. Ao atuarem com imparcialidade, na proteção dos procedimentos democráticos e dos direitos fundamentais, afastando-se dos conflitos ideológicos e das disputas partidárias, as cortes constitucionais exercem o papel essencial de "motivar a continuidade da cooperação democrática".[8] As cortes constitucionais, porém, são necessárias, mas insuficientes. A sobrevivência, no tempo, do constitucionalismo democrático está associada também, e fundamentalmente, à presença de uma cultura política democrática, cultivada pela cidadania para além dos conflitos ideológicos e orientações partidárias.

O Brasil se engajou em um esforço de mais de um século para consolidar a cultura constitucional democrática. Apenas na vigência da Constituição Federal de 1988, a estabilidade constitucional foi capaz de prevalecer sobre os interesses facciosos dos grupos políticos em disputa. Sob a vigência da Constituição Federal de 1988, parecia consensual o reconhecimento de que a única via legítima para se chegar ao poder era a

---

proteger a unidade da República, contra a ação das "facções", é a preocupação principal desde os *founding fathers* (MADISON, James. N. 10. In: HAMILTON, A., MADISON, J.; JAY, J. *The federalist*. Indianapolis: Liberty Fund, 2001).

[8] BOHMANN, James. *Public deliberation*: pluralism, complexity and democracy. Cambridge: The MIT Press, 1996. p. 23 ss. Em termos realistas, Stephenson sustenta que "an independent judiciary is a mechanism through which these political competitors can enforce mutual restraint. But support for independent judicial review is sustainable only when (1) the political system is sufficiently competitive, (2) judicial doctrine is sufficiently moderate, and (3) parties are both sufficiently risk averse and forward looking" (STEPHENSON, Matthew C. "When the devil turns...": the political foundations of independent judicial review. *The Journal of Legal Studies*, v. 32, n. 1, 2003).

das eleições periódicas. No Brasil, até 2014, nenhuma força política de relevância punha em questão o resultado das eleições. Aparentemente, florescia entre nós um vigoroso "patriotismo constitucional".[9]

Com o *impeachment* da presidente da República, porém, as regras da interação democrática deixam de ser intangíveis, e passam a ser objeto de manipulação estratégica no plano da política ordinária.[10] Respeitar o resultado das eleições deixou de ser uma obrigação consolidada na esfera da moralidade política, para passar a ser uma opção estratégica a ser considerada, entre outras, na disputa entre as correntes partidárias antagônicas. Cassar o mandato presidencial, ou ameaçar o presidente de fazê-lo, se converte em artifício para barganhar o acesso a posições de poder, no contexto da formação de coalizões governamentais. Com a legitimação do emprego estratégico do *impeachment*, as disfunções do presidencialismo de coalizão chegam ao paroxismo.

O *impeachment* é um instituto típico do presidencialismo. O presidente – eleito, nas grandes repúblicas, por milhões de votos – é afastado do poder, perdendo o cargo e se tornando inelegível. Deve ter praticado conduta grave: no Brasil, conduta *atentatória contra a própria Constituição Federal*.[11] Não justifica a decretação do *impeachment* a circunstância de o presidente perder apoio parlamentar. Como o presidente da República, no presidencialismo, é eleito diretamente pelo povo, a perda do mandato, por decisão não tomada pelo próprio povo, mas por representantes eleitos, apenas se justifica em hipóteses excepcionalmente graves, de atentado contra a Constituição.[12]

O instituto do *impeachment* é bem diferente do da "moção de desconfiança", próprio do parlamentarismo. No parlamentarismo, o chefe de governo é escolhido pelos

---

[9] HABERMAS, Jürgen. O estado-nação europeu frente aos desafios da globalização: o passado e o futuro da soberania e da cidadania. *Novos Estudos Cebrap*, n. 43, nov. 1995. p. 96.

[10] John Rawls esclarece que a adesão moral aos princípios que informam a estrutura básica da democracia constitucional é um processo progressivo, que se inicia com o apoio apenas instrumental às regras do jogo democrático. "No primeiro estágio do consenso constitucional, os princípios liberais de justiça, inicialmente aceitos com relutância como um *modus vivendi* e adotados numa constituição, tendem a alterar as doutrinas abrangentes dos cidadãos, de modo que estes aceitem pelo menos os princípios de uma constituição liberal. Esses princípios garantem certas liberdades e direitos políticos fundamentais, e estabelecem procedimentos democráticos para moderar a rivalidade política e para resolver as questões de política social. Nessa medida, as visões abrangentes dos cidadãos são razoáveis, se não o eram antes: o simples pluralismo passa a ser um pluralismo razoável e assim se alcança o consenso constitucional" (RAWLS, John. *O liberalismo político*. Tradução de Dinah de Abreu Azevedo. 2. ed. São Paulo: Ática, 2000. p. 210-211). Por seu turno, essa adesão ao consenso constitucional "leva as pessoas a agirem com intenção evidente de acordo com os arranjos constitucionais, desde que tenham uma garantia razoável (baseada na experiência passada) de que as outras pessoas farão o mesmo. Gradualmente, à medida que o sucesso da cooperação política se mantém, os cidadãos ganham uma confiança cada vez maior uns nos outros" (RAWLS, John. *O liberalismo político*. Tradução de Dinah de Abreu Azevedo. 2. ed. São Paulo: Ática, 2000. p. 215-216). Um *impeachment*, decretado fora das hipóteses constitucionais, interrompe esse processo de adesão moral progressiva à democracia constitucional.

[11] CF, art. 85: "são crimes de responsabilidade os atos do Presidente da República que atentem contra a Constituição Federal".

[12] Quem quer que tenha observado o transcurso do processo de *impeachment* reconhecerá que a sua decretação teve pouco ou nada a ver com as condutas formalmente imputadas à presidente da República. O *impeachment* foi decretado por dois fatos: (a) atraso no pagamento ao Banco do Brasil de valores adiantados pelo banco a agricultores, a título de fomento à agricultura – conduta equiparada, na representação e nos relatórios produzidos na Câmara e no Senado, a empréstimo contraído pelo Governo junto a bancos públicos; (b) edição de decretos abrindo créditos suplementares, para fazer frente a despesas da Justiça Eleitoral e do Ministério da Educação, antes de a meta fiscal ser alterada – antes do final do exercício, porém, ocorreu a alteração e a meta fiscal foi plenamente cumprida. Tais condutas, reiteradamente praticadas por todos os governos anteriores, a partir de 1988, ainda que possam ser consideradas irregulares, nem de longe se equiparam a "atentados contra a Constituição".

próprios parlamentares. É coerente que possam substitui-lo sempre que sua atuação não corresponda ao que consideram conveniente. Para substituir o primeiro-ministro, basta aprovar uma "moção de desconfiança". As razões para fazê-lo são políticas, inexistindo qualquer parâmetro jurídico previamente estabelecido em que se deva fundar a reprovação.[13] No presidencialismo, para que se decrete o *impeachment*, é necessária a prática de falta grave contra a Constituição, definida em lei específica.

No Brasil, integra o núcleo intangível do princípio democrático a eleição direta do presidente da República. A campanha das *Diretas Já* é o movimento que está na origem do constitucionalismo de 1988. O voto direto, secreto, universal e periódico é cláusula pétrea, prevista no art. 60, §4º, II, da Constituição Federal. Converter o *impeachment* em instrumento da política ordinária, apto a servir para se promover a substituição de governantes que perderam apoio parlamentar – como a moção de desconfiança do parlamentarismo –, é desnaturar não só o instituto,[14] mas o próprio regime político instituído pela Constituição Federal de 1988. Por duas vezes, o povo rejeitou, em plebiscito, a adoção do parlamentarismo no Brasil: em 1963 e 1993.[15] Converter o instituto do *impeachment* em moção de desconfiança não é mutação constitucional: é ruptura com o cerne democrático da Constituição Federal de 1988.[16]

Em um Estado democrático de direito, os atos editados pelos poderes constituídos retiram seu fundamento de legitimidade das normas anteriores em vigor. Ainda que se entenda que cabe ao Senado Federal, no julgamento do *impeachment*, ponderar razões de cunho político, não se legitimam decisões evidentemente contrárias aos preceitos constitucionais. Há razões sustentáveis para que a decisão do Senado prevaleça nos casos de dúvida razoável quanto à pertinência da aplicação dos preceitos incriminadores. Porém, se os fatos imputados ao mandatário se encontram em uma "zona de certeza negativa" quanto à aplicação dos preceitos legais incriminadores, a decretação do

---

[13] Convém, a propósito da moção de desconfiança, típica do parlamentarismo, lembrar o que dispunha a Emenda Constitucional nº 4, de 1961, que instituiu entre nós o parlamentarismo. De acordo com o seu art. 11, "Os Ministros dependem da confiança da Câmara dos Deputados e serão exonerados quando êste lhe fôr negada". Já de acordo com o art. 12, "A moção de desconfiança contra o Conselho de Ministros, ou de censura a qualquer de seus membros, só poderá ser apresentada por cinquenta deputados no mínimo, e será discutida e votada, salvo circunstância excepcional regulada em lei, cinco dias depois de proposta, dependendo sua aprovação do voto da maioria absoluta da Câmara dos Deputados". Como se observa, o que estava em questão era a confiança política. O presidente, por seu turno, não podia ser afastado mediante a aprovação de moção de desconfiança. De acordo com o art. 4º, era necessária a instauração de processo de *impeachment*, e isso só se justificava quando ocorresse a prática de "crimes funcionais".

[14] Há quem sustente que o instituto do *impeachment* passaria por mutação e toda América Latina, convertendo-se em instrumento de resolução de crises políticas. Seria uma alteração bem-vinda por tornar o presidencialismo mais flexível. Porém, mesmo quem defende essa tese, sustenta a necessidade de introduzir alterações no sistema que evitem a excessiva desestabilização do sistema presidencialista e o emprego ilegítimo do instituto no âmbito de movimentos apenas estratégicos, protagonizados por parlamentares e por vice-presidentes. Kasahara e Marsteintredet, por exemplo, propõem que (1) a decretação do *impeachment*, por razões políticas, levaria também à dissolução do Congresso, com a convocação de novas eleições gerais; (2) a decretação do *impeachment* do presidente implicaria também a destituição do vice, e a convocação de novas eleições (KASAHARA, Yuri; MARSTEINTREDET, Leiv. Presidencialismo em crise ou parlamentarismo por outros meios? Impeachments presidenciais no Brasil e na América Latina. *Revista de Ciências Sociais*, v. 49, n. 1, p. 30-54, mar./jun. 2018).

[15] Há relevante controvérsia sobre a possibilidade de alteração do sistema de governo por meio de emenda constitucional. Não é o momento de enfrentá-la. Entendo que, se o sistema foi objeto de plebiscito, em 1993, apenas novo plebiscito, na vigência da atual Constituição, poderia alterá-lo.

[16] A tese contrária foi sustentada em MARTINS, Ives Gandra da Silva. *Responsabilidade dos agentes públicos por atos de lesão à sociedade* – Inteligência dos §§5º e 6º do artigo 37 da CF – improbidade administrativa por culpa ou dolo – Disciplina jurídica do "impeachment" presidencial (artigo 85 inciso V da CF). Parecer, jan. 2015. Mimeo.

impeachment pelo Senado é absolutamente ilegítima.[17] Os senadores estão decidindo – como, de fato, decidiram em 2016 –, sem fundamento em qualquer norma anterior, a propósito da continuidade de mandato presidencial concedido pelo povo.[18]

III

No Brasil, a jurisprudência tradicional do STF afirmava que o processo de *impeachment* tinha natureza híbrida, jurídica e política, como consignado pioneiramente no Habeas Corpus nº 4.116, em decisão proferida em 1918.[19] A jurisprudência da Corte se justificava. Por diversas razões, a recepção acrítica da afirmação de que o julgamento do *impeachment* é simplesmente "político", característica do sistema norte-americano,[20] é o que se denomina "ideia fora do lugar".[21] Quando da promulgação da Constituição norte-americana, o Senado foi escolhido como órgão julgador do *impeachment* tendo em vista a preocupação dos *fouding fathers* com a independência que seria requerida de um tribunal para decretar o *impeachment* de um presidente.[22] O Senado reuniria maior aptidão que a Suprema Corte para exercer, com independência, essa importante atribuição justamente em razão de ser composto por um número maior de membros. O que se buscava não era priorizar o juízo de conveniência política, mas garantir a imparcialidade do julgamento.[23]

---

[17] Gustavo Binenbojm esclarece que "quando é possível identificar os fatos que, com certeza, se enquadram no conceito (zona de certeza positiva) e aqueles que, com igual convicção, não se enquadram no enunciado (zona de certeza negativa), o controle jurisdicional é pleno. Entretanto, na zona de penumbra ou incerteza, em que remanesce uma série de situações duvidosas, sobre as quais não há certeza sobre se se ajustam à hipótese abstrata, somente se admite controle jurisdicional parcial" (BINENBOJM, Gustavo. *Uma teoria do direito administrativo*. Rio de Janeiro: Renovar, 2006).

[18] No *impeachment* do Presidente Collor, essas particularidades do sistema brasileiro não se apresentaram de modo claro. Naquela ocasião, todas as forças políticas de relevância no Brasil apoiavam o *impeachment* do presidente. O *impeachment* foi objeto de consenso. Apenas apoiadores muito próximos, fieis ao presidente por vínculos pessoais, permaneceram ao lado de Sua Excelência. Essa consensualidade garantiu que o julgamento abarcasse grau razoável de juridicidade, e as disfunções do *impeachment* em um sistema pluripartidário e excessivamente pragmático, como o brasileiro, não se revelaram.

[19] O precedente é examinado em: PINTO, Paulo Brossard de Souza. *O impeachment*. Porto Alegre: Oficinas Gráficas da Livraria do Globo, 1965. p. 80.

[20] Mesmo nos EUA o caráter político e insindicável do processo de *impeachment* é objeto de polêmicas relevantes. Cf.: GERHARDT, Michael J. Rediscovering nonjusticiability: judicial review of impeachments after Nixon. *Duke Law Journal*, v. 44, n. 2, 1994.

[21] SCHWARZ, Roberto. As ideias fora do lugar. In: SCHWARZ, Roberto. *Ao vencedor as batatas*. São Paulo: Duas Cidades, 1992.

[22] Em *O federalista*, n. 65, Hamilton já revelava o facciosismo que poderia predominar no processo de *impeachment*: "A well-constituted court for the trial of impeachments is an object not more to be desired than difficult to be obtained in a government wholly elective. The subjects of its jurisdiction are those offenses which proceed from the misconduct of public men, or, in other words, from the abuse or violation of some public trust. They are of a nature which may with peculiar propriety be denominated political, as they relate chiefly to injuries done immediately to the society itself. The prosecution of them, for this reason, will seldom fail to agitate the passions of the whole community, and to divide it into parties more or less friendly or inimical to the accused. In many cases it will connect itself with the pre-existing factions, and will enlist all their animosities, partialities, influence, and interest on one side or on the other; and in such cases there will always be the greatest danger that the decision will be regulated more by the comparative strength of parties, than by the real demonstrations of innocence or guilt" (HAMILTON, Alexander. N. 65. In: HAMILTON, A., MADISON, J.; JAY, J. *The federalist*. Indianapolis: Liberty Fund, 2001).

[23] Hamilton esclarece o ponto, em *O federalista*, n. 65: "Where else than in the Senate could have been found a tribunal sufficiently dignified, or sufficiently independent? What other body would be likely to feel confidence enough

Diferentemente do que ocorre nos Estados Unidos, aqui, o texto constitucional define, com alguma precisão, quais são as hipóteses de "atentados contra a Constituição" que justificam a decretação do *impeachment*. O art. 85 da Constituição Federal possui um elenco de 7 hipóteses de crime de responsabilidade, a serem regulamentadas pelo legislador por meio da edição de normas tipificadoras.[24] Nos EUA, a Constituição não as prevê, nem exige que sejam tipificadas por meio de lei. Apenas menciona, genericamente, a possibilidade da decretação do *impeachment* diante da prática de "traição, suborno ou outros crimes graves e contravenções".[25] Ao estabelecer esses parâmetros jurídicos abertos, a Constituição norte-americana não circunscreve, com precisão, o julgamento a ser proferido pelo Senado, nem delega ao legislador a competência para fazê-lo.

Nos EUA, são as condições institucionais que garantem que a decisão de decretar o *impeachment* não seja apenas decorrência da disputa partidária.[26] Lá, como aqui, exige-se a manifestação de uma maioria qualificada de 2/3 para que seja decretado o *impeachment*.[27] Mas, nos EUA, vigora o bipartidarismo. O partido do presidente costuma ser majoritário, pelo menos, em uma das casas legislativas, senão em ambas. O partido do presidente da República nunca tem menos de 1/3 das cadeiras nas duas casas. Por isso, o *impeachment* só é possível se o apoiarem também partidários do presidente acusado, o que só ocorrerá

---

in its own situation, to preserve, unawed and uninfluenced, the necessary impartiality between an individual accused, and the representatives of the people, his accusers? Could the Supreme Court have been relied upon as answering this description? It is much to be doubted, whether the members of that tribunal would at all times be endowed with so eminent a portion of fortitude, as would be called for in the execution of so difficult a task; and it is still more to be doubted, whether they would possess the degree of credit and authority, which might, on certain occasions, be indispensable towards reconciling the people to a decision that should happen to clash with an accusation brought by their immediate representatives. A deficiency in the first, would be fatal to the accused; in the last, dangerous to the public tranquility. The hazard in both these respects, could only be avoided, if at all, by rendering that tribunal more numerous than would consist with a reasonable attention to economy. The necessity of a numerous court for the trial of impeachments, is equally dictated by the nature of the proceeding. This can never be tied down by such strict rules, either in the delineation of the offense by the prosecutors, or in the construction of it by the judges, as in common cases serve to limit the discretion of courts in favor of personal security. There will be no jury to stand between the judges who are to pronounce the sentence of the law, and the party who is to receive or suffer it. The awful discretion which a court of impeachments must necessarily have, to doom to honor or to infamy the most confidential and the most distinguished characters of the community, forbids the commitment of the trust to a small number of persons" (HAMILTON, Alexander. N. 65. In: HAMILTON, A., MADISON, J.; JAY, J. *The federalist*. Indianapolis: Liberty Fund, 2001).

[24] O preceito possui a seguinte redação: "São crimes de responsabilidade os atos do Presidente da República que atentem contra a Constituição Federal e, especialmente, contra: I - a existência da União; II - o livre exercício do Poder Legislativo, do Poder Judiciário, do Ministério Público e dos Poderes constitucionais das unidades da Federação; III - o exercício dos direitos políticos, individuais e sociais; IV - a segurança interna do País; V - a probidade na administração; VI - a lei orçamentária; VII - o cumprimento das leis e das decisões judiciais".

[25] Segundo o art. II, seção 4, da Constituição norte-americana: "The President, Vice President and all civil Officers of the United States, shall be removed from Office on Impeachment for, and Conviction of, Treason, Bribery, or other high Crimes and Misdemeanors". Sobre a controvérsia a respeito da interpretação desses preceitos, cf.: ISENBERGH Joseph. Impeachment and presidential immunity from judicial process. *Yale Law and Policy Review*, n. 18, 1999.

[26] Como esclarece Neumann Jr, "Impeachment - the procedure through which the House of Representatives accuses and then prosecutes a federal official in the Senate with the aim of removing him or her from office - has historically had either of two purposes. One has been to oust in a nonpartisan or bipartisan manner a corrupt official who abuses power and thereby damages the country. The other has been to inflict, for partisan reasons, a political blow on an official whose conduct the impeaching Representatives simply dislike. Because the second purpose is much less acceptable, the impeaching Representatives attempt to disguise their purpose even when voting on strictly party lines. Together, these two purposes represent the dual personality of impeachment" (NEUMANN JR., Richard K. The revival of impeachment as a partisan political weapon. *Hastings Const. L.Q.*, n. 161, 2007).

[27] Constituição dos EUA, art. I, seção 3.

quando efetivamente houver praticado condutas criminosas graves. É revelador o caso do processo de *impeachment* instaurado contra o Presidente Clinton:[28] o *impeachment* foi apoiado, na Câmara dos Representantes, por 223 deputados republicanos, de um total de 228 (98%); mas por apenas 5 democratas, de um total de 206 (2%). Já, no Senado, o apoio ao *impeachment* de Clinton contou com 51 votos, de 55 senadores republicanos (93%); e com nenhum voto, entre os dos 54 de senadores democratas (0%).[29]

Nos EUA, em razão do sistema bipartidário, o vice-presidente da República é escolhido nos quadros do mesmo partido do presidente, razão pela qual não se envolve em conspirações para tomar o poder. Isso seria estranho às tradições políticas daquele país. O vice-presidente, por ser do mesmo partido do presidente, tampouco está aberto à cooptação, pelo partido de oposição, para a execução de um programa de governo derrotado nas urnas. Não há, naquele país, a possibilidade de o processo de *impeachment* transformar a cassação do mandato de governantes legítimos em instrumento de eleição congressual de um novo presidente da República. Nunca se cogitou da decretação de *impeachment* de presidente dos EUA como subterfúgio para se conferir poder ao vice-presidente.

No Brasil, vigora um pluripartidarismo dotado de grande complexidade. Dezenas de partidos possuem representação no parlamento, e grande parte dessas agremiações não têm orientação ideológica definida. Sua atuação é predominantemente dirigida à busca de espaços de poder junto à Administração Federal. Como os partidos dos presidentes eleitos, isoladamente, não alcançam maioria para governar, para garantir a governabilidade, coligam-se com os partidos de viés pragmático. Esse arranjo institucional tem sido denominado "presidencialismo de coalizão" —[30] do qual não se cogita

---

[28] O *impeachment* do Presidente Clinton foi dominado por intensa polêmica entre liberais e conservadores, situando em lados opostos os principais juristas dos EUA. Posner, por exemplo, dirigia a seguinte crítica aos apoiadores de Clinton, entre os quais Ronald Dworkin: "I also expressed surprise that moral and legal theorists who are constantly urging the injection of this or that moral principle into our public policy, and who think there is too much pragmatism and too little moral principle in our law, had nothing to say about the lack of moral principle demonstrated by President Clinton in his struggle to escape from the legal flypaper on which he had landed" (POSNER, Richard A. Dworkin, polemics, and the Clinton impeachment controversy. *Northwestern University Law Review*, n. 94, 1999).

[29] A propósito da deliberação ocorrida no processo de *impeachment* de Clinton, Sunstein observa que "The overwhelming majority of Republicans – representatives and citizens alike – enthusiastically supported the impeachment of President Clinton. The overwhelming majority of Democrats, inside and outside of Congress, opposed impeachment. Republicans generally believed that the constitutional standards for impeachment had clearly been met, whereas Democrats mostly believed that President Clinton's misconduct did not come close to being a 'high crime or misdemeanor.' The legal issues involved are highly technical, and there is no reason to think that Republicans and Democrats would disagree on the legal standard. Yet the disagreement fell strictly along partisan lines—and again was accompanied by great mutual suspicion" (SUNSTEIN, Cass. *Echo chambers*: Bush v. Gore, impeachment, and beyond. Princeton: Princeton University Press, 2001).

[30] Cf. ABRANCHES, Sérgio Henrique Hudson. Presidencialismo de coalizão: o dilema institucional brasileiro. *Dados*, v. 31, n. 1, 1988. A prática teve lugar em todos os governos desde a promulgação da Constituição Federal de 1988. Para completar a coalizão governamental é necessário agregar outros partidos que não possuem identidade ideológica tão marcada, seja por serem integrados por lideranças de orientação ideológica heterogênea, seja por abrigarem políticos interessados apenas no poder. Ao apoiar o governo, o parlamentar "pragmático" pode, por exemplo, obter recursos para o seu município, agradando sua base eleitoral e ganhando força para disputar as eleições seguintes. Pode ainda indicar pessoa de sua confiança para exercer cargo público. O exercício do poder põe o político em contato também com os detentores de poder econômico, que precisam se relacionar com o Estado, o que, muitas vezes, leva à formação de esquemas ilícitos de financiamento eleitoral. O que os políticos mais temem é deixar de participar do jogo político. Fora os que são efetivamente conhecidos pela população por suas ideias e história, os políticos dependem efetivamente da proximidade com o poder político e econômico para dar continuidade ao ciclo eleitoral. Quando se afastam, perdem a capacidade de disputar eleições, e o

nos EUA. Diferentemente do que ocorre nos EUA, no Brasil, não são necessários votos do partido do próprio presidente para que o *impeachment* seja decretado. Pelo contrário, basta que os partidos pragmáticos se unam, por conveniência, para que se forme a maioria necessária para o *impeachment*. O *impeachment*, se puder ser decretado apenas por razões políticas, sem limites jurídicos, tende a se tornar um instrumento de barganha apto a degenerar ainda mais o já disfuncional presidencialismo de coalizão em vigor no Brasil.

A necessidade de formação de maiorias parlamentares, não só para ganhar eleições, mas também para governar, faz com que as eleições, no Brasil, sejam disputadas por chapas integradas por um candidato a presidente, de um partido, e um candidato a vice-presidente, de outro partido. Com a possibilidade de decretação do *impeachment* apenas por razões políticas, o vice-presidente passa a ser um elemento de desestabilização institucional. Ao invés de cooperar com o presidente no sentido da garantia da governabilidade, o vice-presidente tem fortes estímulos institucionais para se engajar em conspirações. A Constituição de 1988, para evitar disputas entre presidente e vice, determina que a eleição do primeiro importa a do segundo (CF, art. 77, §1º).[31] Mas a possibilidade de decretação do *impeachment* sem crime de responsabilidade converte a vice-presidência em alternativa concreta de poder, a ser acionada no âmbito dos arranjos de nosso distorcido presidencialismo de coalizão.

A possibilidade de o *impeachment* ser decretado por razões apenas políticas tende a fazer com que o instituto se converta em grave elemento de desestabilização institucional. Apenas a limitação do *impeachment* às hipóteses constitucionais é capaz de evitar que isso ocorra. A participação do Judiciário, em especial do Supremo Tribunal Federal, no diálogo institucional a propósito da interpretação das cláusulas constitucionais sobre o *impeachment* é fundamental para delimitar a moldura dentro da qual deverá se situar o juízo simultaneamente político e jurídico das casas legislativas. A Constituição Federal define como crimes de responsabilidade os "atos que atentem contra a Constituição" (art. 85, *caput*). O Supremo Tribunal Federal, como guardião da Constituição (art. 102, *caput*), não tem como deixar de participar de diálogo a respeito do significado desse importante preceito constitucional.[32] A simples observância das normas procedimentais não é suficiente para garantir a juridicidade do julgamento do *impeachment*.

IV

A decretação do *impeachment*, sem a prática de crime de responsabilidade, não seria possível, porém, em contextos em que predominasse uma cultura política

---

destino inexorável é o ostracismo. Os políticos temem muito esse destino e estão dispostos a lutar com todas as suas forças para que isso não ocorra. Parte considerável do Congresso Nacional é integrado por parlamentares com esse perfil.

[31] Na Constituição de 1946, o vice-presidente podia integrar chapa diferente da do presidente. Foi o que ocorreu, por exemplo, na eleição de Jânio Quadros e João Goulart.

[32] No direito comparado, há um importante precedente de anulação, por corte suprema, da decisão do legislativo, que decretou *impeachment* de presidente. Foi o que ocorreu, pioneiramente, na Coreia do Sul. Em março de 2004, a Assembleia Nacional da Coreia decretou o *impeachment* do Presidente Roh Moo-hyun. Dois meses depois, a Corte Constitucional da Coreia reestabeleceu o mandato de Roh Moo-hyun. Ao fazê-lo, a Corte examinou aspectos materiais, não processuais, relativos, por exemplo, à proporcionalidade da pena em face das condutas praticadas. Cf. LEE, Youngjae. Law, politics, and impeachment: the impeachment of Roh Moo-hyun from a comparative constitutional perspective. *The American Journal of Comparative Law*, v. 53, 2005.

democrática consolidada. Para que o *impeachment* fosse aceito pela população, era necessário criar um ambiente cultural que deslegitimasse o exercício do poder pelas autoridades constituídas. As facções políticas interessadas na cassação do mandato presidencial passam então a caracterizar os adversários como inimigos públicos.[33] Um anticomunismo extemporâneo ressurge no Brasil, ao lado da oposição às políticas de gênero, etnia e diversidade sexual. A rejeição às políticas igualitárias e de reconhecimento das diferenças integram a constelação de ideias que mobilizam multidões em comícios e passeatas. Candidaturas de extrema direita passam a ter viabilidade eleitoral, mesmo para disputar a Presidência da República.

Na sessão da Câmara dos Deputados em que se autorizou a instauração do processo de *impeachment*, o Deputado Jair Bolsonaro deixou claro, em sua manifestação, que, no Brasil, se gestava o "ovo da serpente":

> Parabéns Presidente Eduardo Cunha! Perderam em 64! Perderam agora em 2016! Pela família e pela inocência das crianças em sala de aula, que o PT nunca teve! Contra o comunismo! Pela nossa liberdade! Contra o Fórum de São Paulo! Pela memória do coronel Carlos Alberto Brilhante Ulstra, o pavor de Dilma Rousseff! [...] O meu voto é sim!

Em março de 2018, a 7 meses das eleições, Bolsonaro disputa as primeiras posições na preferência do eleitorado, chegando, em alguns cenários, a 20% das intenções de voto. Ainda que o candidato não seja vitorioso, a sua atual expressão eleitoral é significativa de como ódio tem se disseminado na cultura política brasileira.

Em um regime democrático, o conflito político é levado a termo entre "adversários", não entre "inimigos". Adversário é alguém de quem divergimos, por vezes gravemente, mas que respeitamos como detentor do mesmo *status* de cidadão. Discordamos do adversário, mas reconhecemos o seu direito de defender suas ideias. Os inimigos não se reconhecem como iguais – aos "outros" é negada a condição de membros da mesma comunidade política. É certo que a política não pode ser desprovida de sua dimensão conflitiva – "agonística".[34] Sem a divergência de opiniões, a política acaba por se reduzir à mera gestão técnica dos negócios públicos. Mas nem todo conflito é compatível com o regime democrático. A política democrática não pode se processar na forma de uma relação "amigo-inimigo", ser dominada pela hostilidade radical dirigida ao "outro".[35] A política democrática envolve justamente um "fundamento comum para a discussão", que dá lugar ao surgimento da "unidade na multiplicidade de opiniões".[36] Apenas para quem concebe a política como relação amigo-inimigo faz sentido a conhecida sentença de Clausewitz: "a guerra não é somente um ato político, mas um verdadeiro

---

[33] Entre outros estudos, cf.: SAMPAIO, Rafael Cardoso; SILVA, Luiz Rogério Lopes. Impeachment, Facebook e discurso de ódio: a incivilidade e o desrespeito nas fanpages das senadoras da república. *Esferas*, n. 10, 2017; LERNER, Celina; RIBEIRO, Francine. Afetos comuns: estudo comparativo das mobilizações pró e contra o impeachment de Dilma Rousseff no Facebook. *Aurora: Revista de Arte, Mídia e Política*, São Paulo, v. 10, n. 29, p. 33-51, jun./set. 2017; AMARAL, Muriel Emídio Pessoa do; ARIAS NETO, José Miguel. Perversão e política no impeachment de Dilma Rousseff. *Chasqui: Revista Latinoamericana de Comunicación*, n. 135, 2017.
[34] MOUFFE, Chantal. *Deliberative democracy or agonistic pluralism*. Vienna: Institute for Advanced Studies, 2000. Political Science Series, n. 72.
[35] SCHMITT, Carl. *O conceito do político*. Tradução de Álvaro L. M. Valls. Petrópolis: Vozes, 1992.
[36] HELLER, Hermann. Démocratie politique et homogénéité sociale. *Revue Cités*, n. 6, maio, 2001.

instrumento político, uma continuação das relações políticas, uma realização destas por outros meios".[37]

Em uma democracia pluralista, os cidadãos, embora divirjam profundamente entre si, se reconhecem como dignos de igual respeito, como adversários cujas teses devem ser superadas pela força do melhor argumento, submetido ao escrutínio da cidadania em eleições livres, justas e periódicas. O respeito entre os cidadãos que pensam diferente é o elemento que distingue mais fortemente as sociedades nas quais a cultura política democrática está enraizada. Trata-se de dever de civilidade – dever moral, não jurídico – que orienta a interação democrática entre os diversos grupos que assumem posições públicas em sociedades pluralistas. Esse é o fundamento, por exemplo, do dever governamental de prestar contas, de justificar as decisões políticas, não só para as maiorias que lhe dão suporte político e eleitoral, mas para todos os cidadãos. Tal atitude leva a que se forme entre os concidadãos, os que professam ideologias e religiões diferentes, uma relação de *amizade cívica*.[38]

Desde de 2013, as relações políticas e sociais no Brasil vêm se degenerando em relações de hostilidade política. Sob o prisma democrático, merecem grave reprovação as manifestações veiculadas, não só nas redes sociais, mas nas ruas e no parlamento, que negam reconhecimento pleno aos concidadãos por circunstâncias relativas a cor da sua pele, origem social, origem regional, orientação ideológica. Tais manifestações, orientadas pelo ódio, crescente no Brasil, são a semente de tudo o que a humanidade produziu de pior: racismo, guerras, tortura e genocídio. Não foi senão o ódio político que motivou a eclosão dos conflitos radicais no início do século XX. É o que está na origem do nazismo, do fascismo, da violência racial nos EUA, da Guerra Civil espanhola, do golpe militar de 1964, no Brasil. As divergências políticas se convertem em inimizade política, o que envolve deixar de conferir reconhecimento e consideração a quem pensa diferente. Atentados políticos já começam a ser praticados no Brasil, como os que atingiram a caravana realizada por Lula no sul do país, nos primeiros meses de 2018, bem como o acampamento montado em Curitiba por ocasião de sua prisão.

Pode-se objetar que o que se verifica hoje é um sentimento de rejeição à corrupção e que é natural que essa rejeição se dirija a governantes que foram, no mínimo, coniventes com a sua prática em larga escala. Tal sentimento seria especialmente compreensível considerando o contexto de crise econômica, que produz desemprego e desestrutura a vida concreta das pessoas. Não há como discordar que, de fato, a eclosão do ódio não aconteceria em um ambiente econômico e social favorável. Porém, não é possível tampouco desconsiderar que a radicalização política à direita não tem sua origem apenas na rejeição à corrupção. As mesmas passeatas e manifestações organizadas para pedir o *impeachment* da presidente, acusada de praticar irregularidades orçamentárias, não se repetiram por ocasião das denúncias, formalizadas pelo procurador-geral da República, contra Temer, pela prática de corrupção. As manifestações contra Dilma tinham como pauta não só o apoio a investigações policiais, mas também propostas como a escola sem partido, o fim das cotas étnicas e sociais, a crítica às políticas de renda mínima e, até mesmo, a defesa de uma intervenção militar.

---

[37] CLAUSEWITZ, Carl von. *Da guerra*. São Paulo: Martins Fontes, 1996. p. 27.
[38] RAWLS, John. A idéia de razão pública revista. In: RAWLS, John. *O direito dos povos*. Tradução de Luis Carlos Borges. Revisão de Sérgio Sérvulo da Cunha. São Paulo: Martins Fontes, 2001.

A superação do ambiente de inimizade política é condição necessária para que o Brasil possa seguir adiante e novamente estabilizar suas instituições. É fundamental, para a consistência do regime democrático, o compartilhamento da cultura da paz e do respeito pela diferença. A predisposição para a guerra deve ser substituída pelo diálogo; o preconceito, pela abertura ao diferente; o ódio, pela racionalidade. Em uma democracia, só não se tolera a intolerância.

V

As eleições, muitas vezes, produzem resultados com os quais não concordamos, e temos que nos sujeitar, por 4 anos, às políticas concebidas pelos representantes escolhidos pelo povo. Quem disputa eleições só tem boas razões para respeitar a vitória dos adversários se acredita que a sua vitória será igualmente respeitada no futuro. Com a prática democrática e o respeito aos resultados das eleições, ao longo do tempo, passamos a legitimar a democracia não só por razões estratégicas, mas também por razões morais. Após reiteradas eleições livres, a preservação do regime democrático passa a possuir, para os cidadãos de uma democracia, prioridade léxica sobre suas preferências ideológicas particulares.[39]

Após o *impeachment* de 2016, teremos que começar de novo. As eleições 2018, conduzidas de acordo com as regras do jogo democrático, poderão ser o início virtuoso de um novo ciclo de democratização. Hoje, sob um governo que não foi eleito, ainda vivemos a fase aguda da ruptura constitucional. A instabilidade vivenciada após a decretação do *impeachment*, porém, já serve de alerta, para muitos que o apoiaram por razões meramente político-estratégicas. Governos ostensivamente ilegítimos não são aptos para produzir estabilidade política e econômica, nem para conduzir grandes reformas. A dramática desorganização das instituições brasileiras, hoje vivenciada, deve servir-nos de alerta para os efeitos que podem ser produzidos por rupturas institucionais. A prática reiterada de eleições livres ao longo do tempo é o único caminho para o progresso político, social e econômico do Brasil.

Referências

ABRANCHES, Sérgio Henrique Hudson. Presidencialismo de coalizão: o dilema institucional brasileiro. *Dados*, v. 31, n. 1, 1988.

AMARAL, Muriel Emídio Pessoa do; ARIAS NETO, José Miguel. Perversão e política no impeachment de Dilma Rousseff. *Chasqui: Revista Latinoamericana de Comunicación*, n. 135, 2017.

BARROSO, Luís Roberto. A efetividade das normas constitucionais: por que não uma constituição para valer? In: BARROSO, Luís Roberto. *O novo direito constitucional brasileiro*: contribuições para a construção teórica e prática da jurisdição constitucional no Brasil. Belo Horizonte: Fórum, 2013.

BINENBOJM, Gustavo. *Uma teoria do direito administrativo*. Rio de Janeiro: Renovar, 2006.

BOHMANN, James. *Public deliberation*: pluralism, complexity and democracy. Cambridge: The MIT Press, 1996.

---

[39] A prioridade léxica do "justo" sobre o "bem" é característica central das "sociedades bem ordenadas". Cf. RAWLS, John. *O liberalismo político*. Tradução de Dinah de Abreu Azevedo. 2. ed. São Paulo: Ática, 2000. p. 221 e ss.

BRASIL. Supremo Tribunal Federal. ADPF 378 MC, Relator Min. Edson Fachin, Relator p/ Acórdão: Min. Roberto Barroso, Tribunal Pleno, julgado em 17/12/2015. *DJe*, n. 43, 8 mar. 2016.

CLAUSEWITZ, Carl von. *Da guerra*. São Paulo: Martins Fontes, 1996.

GERHARDT, Michael J. Rediscovering nonjusticiability: judicial review of impeachments after Nixon. *Duke Law Journal*, v. 44, n. 2, 1994.

HABERMAS, Jürgen. O estado-nação europeu frente aos desafios da globalização: o passado e o futuro da soberania e da cidadania. *Novos Estudos Cebrap*, n. 43, nov. 1995.

HAMILTON, Alexander. N. 65. In: HAMILTON, A., MADISON, J.; JAY, J. *The federalist*. Indianapolis: Liberty Fund, 2001.

HELLER, Hermann. Démocratie politique et homogénéité sociale. *Revue Cités*, n. 6, maio, 2001.

HOLMES, Stephen. Precommitment and the paradox of democracy. In: ELSTER, Jon; SLAGSTAD, Rune (Org.). *Constitutionalism and democracy*: studies in rationality and social change. Cambridge: Cambridge University Press, 1988.

ISENBERGH Joseph. Impeachment and presidential immunity from judicial process. *Yale Law and Policy Review*, n. 18, 1999.

KASAHARA, Yuri; MARSTEINTREDET, Leiv. Presidencialismo em crise ou parlamentarismo por outros meios? Impeachments presidenciais no Brasil e na América Latina. *Revista de Ciências Sociais*, v. 49, n. 1, p. 30-54, mar./jun. 2018.

LASSALLE, Ferdinand. *A essência da constituição*. Rio de Janeiro: Lumen Juris, 1998.

LEE, Youngjae. Law, politics, and impeachment: the impeachment of Roh Moo-hyun from a comparative constitutional perspective. *The American Journal of Comparative Law*, v. 53, 2005.

LERNER, Celina; RIBEIRO, Francine. Afetos comuns: estudo comparativo das mobilizações pró e contra o impeachment de Dilma Rousseff no Facebook. *Aurora: Revista de Arte, Mídia e Política*, São Paulo, v. 10, n. 29, p. 33-51, jun./set. 2017.

MADISON, James. N. 10. In: HAMILTON, A., MADISON, J.; JAY, J. *The federalist*. Indianapolis: Liberty Fund, 2001.

MARTINS, Ives Gandra da Silva. *Responsabilidade dos agentes públicos por atos de lesão à sociedade* – Inteligência dos §§5º e 6º do artigo 37 da CF – improbidade administrativa por culpa ou dolo – Disciplina jurídica do "impeachment" presidencial (artigo 85 inciso V da CF). Parecer, jan. 2015. Mimeo.

MOUFFE, Chantal. *Deliberative democracy or agonistic pluralism*. Vienna: Institute for Advanced Studies, 2000. Political Science Series, n. 72.

NEUMANN JR., Richard K. The revival of impeachment as a partisan political weapon. *Hastings Const. L.Q.*, n. 161, 2007.

PINTO, Paulo Brossard de Souza. *O impeachment*. Porto Alegre: Oficinas Gráficas da Livraria do Globo, 1965.

POSNER, Richard A. Dworkin, polemics, and the Clinton impeachment controversy. *Northwestern University Law Review*, n. 94, 1999.

RAWLS, John. A idéia de razão pública revista. In: RAWLS, John. *O direito dos povos*. Tradução de Luis Carlos Borges. Revisão de Sérgio Sérvulo da Cunha. São Paulo: Martins Fontes, 2001.

RAWLS, John. *O liberalismo político*. Tradução de Dinah de Abreu Azevedo. 2. ed. São Paulo: Ática, 2000.

SAMPAIO, Rafael Cardoso; SILVA, Luiz Rogério Lopes. Impeachment, Facebook e discurso de ódio: a incivilidade e o desrespeito nas fanpages das senadoras da república. *Esferas*, n. 10, 2017.

SCHMITT, Carl. *O conceito do político*. Tradução de Álvaro L. M. Valls. Petrópolis: Vozes, 1992.

SCHWARZ, Roberto. As ideias fora do lugar. In: SCHWARZ, Roberto. *Ao vencedor as batatas*. São Paulo: Duas Cidades, 1992.

STEPHENSON, Matthew C. "When the devil turns...": the political foundations of independent judicial review. *The Journal of Legal Studies*, v. 32, n. 1, 2003.

SUNSTEIN, Cass. *Echo chambers*: Bush v. Gore, impeachment, and beyond. Princeton: Princeton University Press, 2001.

Informação bibliográfica deste texto, conforme a NBR 6023:2002 da Associação Brasileira de Normas Técnicas (ABNT):

SOUZA NETO, Cláudio Pereira de. O impeachment de 2016: ruptura constitucional e cultura política democrática. In: BARROSO, Luís Roberto; MELLO, Patrícia Perrone Campos (Coord.). *A República que ainda não foi*: trinta anos da Constituição de 1988 na visão da Escola de Direito Constitucional da UERJ. Belo Horizonte: Fórum, 2018. p. 281-294. ISBN 978-85-450-0582-7.

A CRISE DO PRESIDENCIALISMO DE COALIZÃO BRASILEIRO: O SEMIPRESIDENCIALISMO SERIA UMA BOA OPÇÃO?

MARCELO LEONARDO TAVARES

1 Introdução

Já em 1893, menos de quatro anos após a implantação do presidencialismo no Brasil, o jurista Silvio Romero escrevia carta aberta a Rui Barbosa, jamais respondida, em que, entre doze defeitos, apontava que o regime é chegado ao militarismo em países da América Latina; não possui a flexibilidade necessária ao jogo democrático; desprestigia o Poder Legislativo; não favorece o controle político do Executivo, e não possui mecanismos adequados para evitar a corrupção (ROMERO, 1979, p. 74-75).

Promulgada a Constituição de 1988, deu-se início ao mais longo período de prática democrática na República, mas não sem percalços. Em que pese possuir muitas virtudes, a atual Constituição não conseguiu organizar uma engenharia política virtuosa que garantisse equilíbrio adequado entre o Executivo e o Legislativo e estimulasse o exercício do poder com base na ideologia e na decência.

Admita-se que não haja normalidade em se destituir por *impeachment* dois presidentes no intervalo de vinte e cinco anos e observar, no início do século XXI, o descrédito das instituições políticas, o que inclui a Presidência da República, a Câmara de Deputados e o Senado.

Não se afirma aqui que o presidencialismo seja um mal em si ou que existam regimes de governo absolutamente bons ou ruins. Cada sociedade possui história e cultura próprias e as instituições podem ser melhores ou piores de acordo com a aplicação a cada realidade. Da mesma forma, os padrões políticos sofrem variações não irrelevantes de país para país e essas diferenças são fundamentais para definir a adaptação do modelo a determinada cultura.

Contudo, isso não impede a verificação de que o sistema brasileiro desestimula o diálogo institucional e personaliza excessivamente o poder.

Pretende-se demonstrar que o regime possui problemas estruturais e que se utiliza de mecanismos políticos que estimulam o clientelismo para obtenção de apoio no Congresso. A partir daí, propõe-se a modificação do sistema de governo para adoção do semipresidencialismo, capaz de melhorar o padrão ético da relação entre os poderes.

2 Presidencialismo brasileiro: fábrica de crises

O regime parlamentar implica a existência de um Poder Executivo dual, com chefe de Estado (monarca ou presidente da República) sem responsabilidade política e um Governo colegiado que presta contas solidariamente ao Legislativo. Além disso, o regime se caracteriza pela colaboração entre o Executivo e o Legislativo (ARDANT, 2016-2017, p. 227-234). Nos sistemas parlamentares atuais, em geral, o presidente ou monarca não pratica atos sem ratificação do primeiro-ministro, que elabora e executa o programa de governo, chefia a Administração e toma iniciativa legislativa (DE BAECQUE, 1976, p. 11).

Por outro lado, o regime presidencial baseia-se em estrutura unitária do Executivo e em rígida separação de poderes (RUFIA, 1996, p. 168-305; DUHAMEL, 2016, p. 230-495). O presidente, legitimado pelo povo, é o chefe e tem a decisão de política externa e interna, acumulando as funções de estado e de governo (TURPIN, 2007, p. 266-269). No presidencialismo, ainda, não se põe a responsabilidade do presidente em relação ao Parlamento, uma vez que o chefe do Executivo exerce mandato com prazo certo. Sua retirada forçada no curso do mandato pode decorrer de *recall* ou de julgamento formal com enquadramento em crime de responsabilidade ou eventualmente em crime comum. Por fim, no presidencialismo há nítida separação entre os poderes Executivo e Legislativo, podendo ser previstos mecanismos de freios e contrapesos de maior ou de menor intensidade.

Como terceira via, o semipresidencialismo possui dinâmica própria e estabelece relações peculiares entre o chefe de Estado, o Governo e o Legislativo. De um lado, combina traços do presidencialismo (como o exercício de algumas atribuições de política interna pelo presidente e seu poder de organizar o governo) e do parlamentarismo (como a responsabilidade colegiada do Governo perante o Parlamento e a dualidade do Executivo). De outro lado, sua base normativa estimula relações dinâmicas próprias na atuação preventiva em eventuais choques entre o Executivo e o Legislativo, além de dar respaldo a saídas menos traumáticas em caso de crise (SARTORI, 2005, p. 141-149; DUVERGER, 1993, p. 45; ELGIE, 1999, p. 13-14; GICQUEL; GICQUEL, 2015; LUCENA, 1996; PACTET, 1993; ROSSETO, 1992).

O regime presidencial brasileiro tem permitido que o presidente governe, apesar das restrições que possam ser feitas sobre "como" governa. Não tem criado obstáculos à implantação de uma cultura de defesa de direitos humanos e ao revezamento de partidos no acesso ao cargo de chefe de Estado. Entretanto, comporta-se como uma fábrica de crises: não estimula relações políticas transparentes; personaliza demais o poder na figura do presidente e não mantém abertos canais formais de relacionamento democrático entre os poderes.

2.1 Presidente fraco em presidência hipertrofiada

Há uma percepção geral de que o presidente no Brasil seja forte.

Isso nem sempre é verdade e, em geral quando acontece, é resultado de traços de personalidade, de perigosa demagogia ou de uso de instrumentos pouco republicanos para captação de maioria no Congresso.

Com efeito, pode-se afirmar que a instituição da presidência seja forte, mas se constata haver dificuldade para o livre exercício das atribuições pelo ocupante do cargo (SARTORI, 2005, p. 109).

No que consistiriam então a força e a fraqueza do Poder Executivo no Brasil?

Reunindo funções de chefia de Estado e de chefia de governo (art. 84, da Constituição), na Presidência da República ainda se acumulam atribuições legislativas (elaboração de medidas provisórias, aprovação de leis delegadas, iniciativa privativa em matérias referentes à Administração Pública e ao orçamento, solicitação de regime de urgência e apresentação de propostas de emenda constitucional) e a escolha de ministros de tribunais superiores no Judiciário.

O quadro não deixa dúvida de que, para a presidência, são direcionadas todas as demandas da República, não apenas no âmbito da União, mas também das outras entidades federativas (MODERNE, 2001, p. 68). A presidência tende a captar as atenções, diante da percepção de que seja o único órgão do Estado que verdadeiramente importa, que tem condições reais de resolver os problemas.

A força da presidência, sua capacidade de influenciar outros poderes e a irrelevância que a Constituição dá ao vice-presidente e aos ministros contribuem sobremaneira para a personalização do poder e para a centralização das ações executivas.

Como consequência, também acorrem para ela todas as crises.

A começar que a falta de compromisso ideológico da maioria dos partidos brasileiros faz com se alinhem, no apoio ao candidato vencedor, forças que não têm afinidade de ideias. Elas serão acomodadas com dificuldade para a execução do projeto de poder e, se o apoio eleitoral for fragmentado em vários partidos, o problema será mais grave.[1]

Assim, em que pese a instituição da presidência ser teoricamente forte, o presidente logo se depara com a dificuldade de ter que aceitar a ingerência de partidos que não compartilham sua forma de ver o mundo. Os ministros, formalmente meros auxiliares do presidente, tendem a cumprir compromissos de agendas diferentes dos que constam nas prioridades presidenciais, sob a sensação de que titularizam de fato, em nome do partido em coalizão, o nicho que lhe cabia por direito.

O butim partidário decorrente da coalizão estimula o aumento do número de ministérios. No Brasil, o inchaço do número de pastas é uma decorrência natural da necessidade de haver ministérios de acomodação partidária, o que submete a prioridade pública de eficiência administrativa e econômica ao interesse privado das agremiações.[2]

Não bastasse isso, o acúmulo das atribuições de chefia de Estado e de chefia de governo impõe ao presidente a adoção de posição ambígua: de um lado, precisa se distanciar um pouco das áreas de conflito institucional para assumir a posição de estadista; de outro, não tem como deixar de se inserir em questões de política ordinária, que causam desgaste institucional, a fim de conseguir administrar (LINZ, 1990, p. 61).

---

[1] Por exemplo, a base do primeiro Governo Lula era formada por PT, PL, PC do B, PSB, PMDB, PTB, PDT, PPS e PV, partidos que não comungam a forma de ver o bem comum. O PMDB, por outro lado, sustentou na Câmara os governos Collor, Itamar, Fernando Henrique, Lula e Dilma. Mesmo que mude a orientação ideológica do partido do presidente, é uma agremiação que tende sempre a integrar o governo, podendo-se afirmar, atualmente, que tem sido impossível administrar sem ele.

[2] Entre o governo Collor e o segundo governo Dilma, o número de ministérios subiu de 12 para 39 (LIMA, 2012).

Como, no fim, tudo diz respeito ao Executivo, qualquer crise na Administração é problema do presidente, submetendo-o à hiperexposição pública, que causa erosão do cacife eleitoral conquistado democraticamente (LAMOUNIER, 1993, p. 51).

Para piorar, se o presidente for eleito com pouca margem de votos de vantagem, aos problemas oriundos de eventual coalizão multipartidária ainda será somada a dificuldade de união de uma sociedade polarizada.

Combinado a isso, o presidente, detentor de poder praticamente imperial e personalizado, não se submete a controle político do Congresso. Mesmo como chefe de governo, como alguém que cuida da política comum, não responde aos representantes do povo.

2.2 A caixa de pandora da separação entre os poderes

A concepção da relação entre o Poder Executivo e o Poder Legislativo no presidencialismo deveria ser formalmente a de separação estrita, o que pressupõe que caberia ao Executivo administrar o país, enquanto caberia ao Legislativo a elaboração da lei.

Na prática, contudo, o presidente brasileiro precisa encontrar caminhos informais para influenciar o Congresso.

Como não há previsão normativa para o governo participar da fase de discussão da lei, o presidente aciona a liderança dos partidos que lhe dão sustentação no Parlamento para aprovar atos normativos de seu interesse. A Constituição brasileira, ao não dispor sobre a atuação do Executivo no Congresso, torna complexas e obscuras relações que poderiam ser mais simples e transparentes.

Institucionalmente, esse é o "calcanhar de Aquiles" do regime.

O arranjo pode funcionar, mas cobra seu preço.

Inegavelmente, o sistema tem sido eficiente. No Brasil, a partir de 1988, ao contrário do que possa parecer, os chefes do Executivo não têm encontrado dificuldade de fazer prevalecer seu interesse no Legislativo. Mesmo presidentes que tiveram base de sustentação mais fragmentada conseguiram obter eficiência na aprovação de leis (LIMONGI; FIGUEIREDO, 2007).

O problema é como se obtém a eficiência.

Se o presidente consegue, tão somente com a eleição, uma base parlamentar consistente, com poucos partidos, que lhe dê maioria folgada na Câmara, ótimo.

Pior é quando isso não acontece.

Se a base parlamentar partidária está pulverizada, o chefe de governo precisará lançar mão de instrumentos políticos informais para conseguir governar com eficiência.

A estratégia para se obter maioria sob o desconforto do apoio partidário atomizado é o que se denomina de "presidencialismo de coalizão" (ABRANCHES, 1988, p. 21).

Estudos recentes vêm tentando mapear os mecanismos utilizados por sistemas de presidencialismo de coalizão para garantir governabilidade no Congresso. Um dos mais importantes foi realizado pela Universidade de Oxford que, em relatório produzido a partir da colheita de informações fornecidas por parlamentares de nove países, indicou a variedade de técnicas empregadas por presidentes: a alocação ministerial, o poder de agenda legislativa, o uso de clientelismo orçamentário, o controle sobre partidos da coalizão e a troca de favores (CHAISTY; CHEESEMAN; POWER, 2015a).

Seu uso varia de país a país e de governo a governo. Parlamentares entrevistados nos nove países concordaram que os cinco instrumentos são utilizados efetivamente para se conseguir coalizão governamental. No geral, a maioria afirmou que o mecanismo mais utilizado é o da alocação ministerial, seguido do uso de poderes legislativos.

A pesquisa chama a atenção para o fato de que Dilma Rousseff, desde o início de seu primeiro mandato (2011), tinha elevada taxa de necessidade de coalizão (85,88%), o que indicava a dificuldade enfrentada para organizar o governo. Apesar de os parlamentares brasileiros concordarem que o principal mecanismo para a obtenção da coalizão seja a alocação ministerial (61% das opiniões), destacam a relevância do uso da troca de favores (10%), a sugerir a péssima qualidade da relação entre os poderes.

A pesquisa também confirma a importância do controle clientelista do orçamento público como instrumento de coesão dos partidos da base. Verbas relativas a emendas são liberadas como forma de premiação, não necessariamente para atender a prioridades públicas, em prática de *pork barrel*.[3]

No Brasil, menos da metade dos parlamentares achou que a coalizão acentuasse a qualidade das políticas públicas (43%) e que reforçasse a democracia (29%). De um lado, há percepção de que o uso dos mecanismos de coalizão traz estabilidade política (78%), mas o custo fica evidente para os parlamentares consultados, pois declaram que isso incentiva a política de troca de favores (92%), fragiliza os mecanismos de controle do Executivo pelo Legislativo (92%) e conduz ao apoio oportunista (98%). Contudo, prevalece a visão pragmática, pois 73% não estariam de acordo em apoiar um presidente se seu partido não fosse agraciado com pastas ministeriais.

O resultado destaca a consciência dos políticos brasileiros sobre efeitos colaterais daninhos do presidencialismo de coalizão e como a prática contribui para a degradação política no país. Seu uso contínuo gera a sensação de que realmente não haja outra forma de "fazer política", cria ambiente institucional corrompido e forma uma geração de políticos que não conhece outra realidade que não seja a das relações institucionais do toma-lá-dá-cá.

A situação no Brasil evidenciava, no início de 2015, tal estado de dificuldade para governar com a Câmara de Deputados integrada por 28 partidos (considerada a mais fragmentada democracia do mundo), que os pesquisadores da Universidade de Oxford produziram um resumo político específico para o país (CHAISTY; CHEESEMAN; POWER, 2015b).

O resultado indicou que a Presidente Dilma Rousseff teria sérias dificuldades para governar em seu segundo mandato, em especial, diante da conjuntura negativa na área econômica, da forte oposição no Legislativo, dos escândalos de corrupção e de sua carência de apoio popular. O estudo fez o prognóstico de que o governo provavelmente teria que usar de maior clientelismo para impor sua agenda legislativa, com implicações para os gastos públicos.

O que aconteceu foi pior. Meses depois de ser eleita, Dilma Rousseff não possuía mais agenda legislativa, foi abandonada por seu partido (PT), traída pelo maior partido de sua coligação (PMDB) e destituída em 2016 através de processo de *impeachment* de duvidosa legitimidade.

---

[3] O termo é utilizado na língua inglesa para indicar fisiologismo, gasto público com o fim de atender à demanda não propriamente de interesse público, mas sim para favorecer alguém ou um grupo específico, mediante clientelismo.

A fragilidade da relação institucional entre o Executivo e o Legislativo ainda faz acorrer para o Judiciário demandas que deveriam ser resolvidas na seara política, o que contribui para o enfraquecimento do Congresso como fórum de discussão de importantes questões.

O presidencialismo brasileiro, portanto, por não possuir mecanismos adequados de controle político das ações do Executivo no Congresso e por estimular relações políticas informais de baixo nível, encontra-se com problemas de difícil solução.

3 Uma proposta de semipresidencialismo para o Brasil

No Brasil, a arquitetura de qualquer reforma política deveria começar pelo aprimoramento partidário e eleitoral.

Com efeito, dificilmente um regime político conseguiria funcionar adequadamente com partidos políticos "de aluguel", sem democracia interna e sem linha ideológica (FRANCO, 1975, p. 66).

Não é objetivo deste trabalho tratar das questões partidárias e eleitorais, mas se assume que seu aperfeiçoamento é fundamental para o sucesso de qualquer empreendimento que pretenda tornar o sistema político mais racional.

Sugere-se que a eleição para a Câmara dos Deputados passe a usar o escrutínio majoritário em dois turnos combinado com o proporcional em lista fechada em número menor de cadeiras, desde que haja condições para funcionamento democrático dos partidos.

A eleição sob critério majoritário em dois turnos tende a estimular as coligações partidárias nos distritos, reduzindo o número de partidos políticos com chance de sucesso para a formação de maioria e não premia o pensamento político radical. Além disso, melhora a relação entre o povo e os representantes, com criação de vínculo democrático mais direto. Os efeitos colaterais do critério majoritário, como a sub-representação de minorias e o enfraquecimento do papel do partido político na organização do debate de ideias, podem ser atenuados com a seleção de parte das cadeiras pelo sistema proporcional (CINTRA, 1993, p. 215).

Espera-se que essas alterações deem condições para a formação estável do governo mediante incentivo de práticas políticas mais transparentes.

O que se propõe, a partir daí, é a adoção do semipresidencialismo como regime de governo.

Ao contrário do que alguns sustentam (GRILLO, 2017), não há evidências de que o semipresidencialismo não possa funcionar bem em democracias latino-americanas (BARROSO, 2006, p. 309-310). Por outro lado, a introdução do parlamentarismo, cuja fórmula tem sido rejeitada há mais de cem anos na República, inclusive de forma expressa por duas vezes através de consulta popular plebiscitária em 1963 e em 1993, exigiria reforma mais radical no sistema eleitoral, a fim de consolidar maiorias claras, e verdadeira revolução no sistema partidário, para não consagrar a ingovernabilidade (SARTORI, 1993, p. 12).

O semipresidencialismo tem capacidade de combinar estabilidade, flexibilidade e controle dos órgãos políticos no Brasil.

Para adaptá-lo à nossa realidade é necessário reestruturar o Poder Executivo e estabelecer novos parâmetros de relacionamento entre os poderes.

3.1 O Executivo bicéfalo

O Poder Executivo no Brasil deveria ser dual, com presidente da República eleito diretamente pelo povo em sistema majoritário em dois turnos para mandato de aproximadamente seis anos, admitida uma reeleição, e governo composto por primeiro-ministro nomeado pelo presidente da República, além de ministros também nomeados pelo presidente a partir de indicação do primeiro-ministro.

Caberia ao presidente demitir o governo ou algum dos ministros, a pedido do primeiro-ministro. A negativa de voto de investidura pela Câmara, no início do governo, ou a aprovação de moção de censura seriam vinculantes para a destituição governamental.

O mandato presidencial de seis anos faz com que o presidente atue em questões de médio e de longo prazo, afastando-se do embate político ordinário e permitindo que o governo se incumba da execução do dia a dia dos projetos. Como a legislatura tem quatro anos, a cada doze anos a eleição será combinada, permitindo-se ao povo, nas demais eleições, que faça democraticamente os ajustes na relação entre os poderes.

Sob a responsabilidade do presidente deveriam ficar as atribuições de chefia de Estado e a orientação geral de governo, através da chefia do Conselho de Ministros, cabendo-lhe a garantia da independência nacional, da indissolubilidade da União, da defesa nacional, além de velar pela Constituição e pelo funcionamento regular dos poderes públicos.

Como chefe de Estado, caber-lhe-ia a atribuição exclusiva da política externa, o acreditamento de embaixadores e relacionamento com nações estrangeiras, o comando supremo das forças armadas, a responsabilidade da segurança externa, a decretação de intervenção, de estado de defesa e de estado de sítio, além da nomeação dos servidores correspondentes.

Os atos exclusivos praticados pelo presidente poderiam ser submetidos, a pedido do governo, a um voto de desaprovação por dois terços do Congresso, dando-se ao presidente a possibilidade de invocar consulta popular. Com isso, o presidente teria algumas atribuições exclusivas, mas haveria controle residual do Congresso, com possibilidade de manifestação popular em casos extremos. Mesmo que os mecanismos de desaprovação e de consulta popular não sejam exercitados na prática, as respectivas previsões têm grande poder dissuasório contra abusos.

O Governo ficará submetido à dupla responsabilidade, perante o presidente e perante a Câmara de Deputados. Durante os períodos de concordância, o Governo responderá mais diretamente ao presidente. A responsabilidade pendula, contudo, se o presidente e o primeiro-ministro encontram-se em lados opostos do espectro político, na chamada coabitação. O Governo responde, então, à Assembleia. Neste caso, vai prevalecer o modelo de responsabilidade do parlamentarismo.

O regime deve prever também a consequência política de destituição do governo em caso de rejeição de medida provisória por falta de relevância e urgência. Publicada a medida provisória, se em prazo exíguo (quarenta e oito horas, por exemplo) houver pedido formulado por, no mínimo, um terço dos deputados de rejeição da medida por falta dos pressupostos, aprovado por dois terços da Câmara, a consequência deve ser a queda coletiva dos ministros.

A disposição estaria de acordo com a engenharia institucional do regime. Como o governo tem protagonismo na condução do processo legislativo, espera-se que governe através da lei, no espaço do Congresso, e respeitando o Legislativo, em que tem maioria para apoiá-lo. A apresentação de medida provisória é algo excepcional nesse sistema e sua rejeição por falta dos pressupostos significa o reconhecimento de que o governo tentou desbordar o uso da arena política legítima da legislação. De qualquer sorte, mesmo que não seja iniciado o procedimento referido, o Congresso poderia ainda rejeitar a medida provisória quanto ao mérito ou deixar decorrer seu prazo de vigência sem apreciação, sem que com isso haja consequência política de derrubada do Governo.

Pode-se pensar ainda em instituir a moção de censura individual de ministros, para o caso de avaliação parlamentar de que a condução das ações de determinadas pastas não seja adequada, mesmo que avaliação global do governo seja positiva. Aprovada essa moção de censura individual, ou o primeiro-ministro apresenta ao presidente o pedido de demissão do ocupante da pasta ou engaja a responsabilidade coletiva do Governo, do que pode resultar a aprovação de moção de censura coletiva.

São muitas as vantagens da diarquia do Poder Executivo: manter a legitimidade popular do presidente dando-lhe importantes atribuições na chefia de Estado e de orientação geral do governo; permitir que o presidente possa atuar como árbitro institucional; colocar o governo na importante função de dialogar constantemente com o Legislativo e de ser responsável politicamente pelas decisões adotadas pelo Conselho de Ministros; além de permitir que eventuais crises de governo sejam resolvidas mais facilmente, preservando-se a imagem presidencial.

Por fim, a estrutura dual do Executivo trará aprimoramento político para o país. Estimulará o relacionamento institucional às claras, com base normativa, reconhecendo oficialmente ao Governo papel importante na atuação legislativa para a implementação do programa. Ela é a base para um sistema dinâmico de freios e contrapesos proporcional que evita a hiperpresidencialização, ao mesmo tempo que cria um anteparo institucional no Executivo.

Não se propõe aqui que o regime de governo semipresidencialista seja seguido por estados e municípios, uma vez que governadores e prefeitos não exercem chefia de Estado, devendo ficar diretamente responsáveis pelos atos de seus governos. O ambiente político estadual e municipal também é menos complexo, o que torna desnecessária a simetria.

3.2 Nova relação entre os poderes

Pode-se ter expectativa de que, na maior parte do tempo, o Executivo funcione mediante a concordância do apoio majoritário do presidente e da Câmara, o que dará ao chefe de Estado liberdade para liderar a política nacional, ao mesmo tempo em que mantém margem de preservação institucional da presidência, deixando ao Governo a importante tarefa de execução do programa e de relacionamento político com o Congresso.

A eleição popular do presidente, a eleição dos deputados por critério preponderantemente majoritário e a possibilidade de o presidente dissolver a Câmara tendem a gerar a presidencialização do sistema baseada na concordância entre as maiorias desta Casa e a que respalda o presidente, com a proeminência do chefe de Estado sobre o governo.

Mas os contornos do regime proposto também possibilitam faticamente que a maioria formada na Câmara não corresponda à coligação que dá suporte ao presidente.

Nesse caso, o presidente teria três saídas: a renúncia; a dissolução da Câmara ou a coabitação. A renúncia do presidente da República ensejaria outra eleição para o Executivo. A dissolução da Câmara, que não poderia ocorrer no primeiro ano da legislatura, tenderia a alinhar a composição da Casa à maioria presidencial. A coabitação também seria uma solução institucional razoável e de respeito democrático pela manifestação popular que decidiu pela formação de maiorias distintas na Presidência e na Câmara.

O que se espera é que o presidente, nesses momentos de coabitação, passe a exercer suas atribuições de forma mais restrita e tão somente aquilo que consta expressamente na Constituição, deixando ao governo margem maior para atuação na política interna. O presidente exercerá papel de limitação aos atos do governo e de arbitragem institucional. O sistema, assim, tende a se parlamentarizar, dando proeminência ao Legislativo e ao governo sobre a ação do presidente.

Essa engenharia institucional pode reunir as vantagens do pêndulo político da presidencialização para a parlamentarização, ao mesmo tempo que serve de recurso para se prevenir a existência de crises. Além disso, caso o embate entre o Legislativo e o Executivo se acirre, haverá sempre o recurso excepcional à destituição do governo ou à dissolução da Câmara como soluções que não envolvam a catarse do *impeachment*.

A mecânica do semipresidencialismo tem todas as condições para atenuar a rigidez da separação de poderes, fazendo com que os órgãos atuem de forma mais colaborativa a partir da Constituição, e não mediante procedimentos informais que acabam se degenerando para a prática de atos pouco republicanos.

O semipresidencialismo respeita a tradição brasileira de eleição direta para a presidência (que continua com poderes importantes na República), ao mesmo tempo em que evita a concentração excessiva de poder nas mãos do chefe de Estado.

Na proposta de semipresidencialismo, assume-se que a atividade governamental envolve a de legislar no Congresso, liderando a maioria para a aprovação dos projetos de lei, mediante atuação com base na Constituição. O regime institui a colaboração entre os poderes no processo legislativo e dá atribuições oficiais ao Governo para executar seu programa e responsabilizar-se por ele, em contrapartida.

A partir do momento em que o primeiro-ministro tem a liderança no processo legislativo, através da atuação da maioria parlamentar, o insucesso na ação governamental deve-lhe ser atribuído. O Executivo terá muitos poderes para influenciar formalmente a agenda. O governo terá iniciativa geral, e também iniciativa exclusiva para os projetos que cuidam da Administração, de finanças e do orçamento; os ministros poderão usar da palavra em comissões e no plenário para defender as posições do governo oficialmente e poderão solicitar urgência na apreciação dos projetos, além de apresentar emendas durante o processo legislativo para aperfeiçoá-los e, ao final, o presidente terá o poder de veto. Sem embargo, deve-se resguardar o poder da oposição e das minorias para apresentar projetos de lei, além de um estatuto de proteção no processo legislativo para que tenham condições de aperfeiçoá-lo. Apesar disso, assume-se que, antes de mais nada, a liderança no processo, em princípio, caiba ao governo e à maioria.

O principal papel da oposição no regime é o de controle das ações do Executivo e das políticas públicas. A oposição deve ter garantias institucionais para o bom desempenho da função de controle, a fim de conseguir que não haja desrespeito aos direitos fundamentais das minorias e para esclarecer à população as consequências dos atos da maioria. Por isso, seu estatuto deve prever acesso à informação, possibilidade de manifestação e de publicidade dos atos, sessões de perguntas e interpelações; além de preservação de mecanismos de investigação através de comissões com poderes judiciais para inquirição de membros do governo.

Pode-se imaginar, no estatuto da oposição, a conformação de um modelo de *ghost government* à inglesa, com relacionamento direto com os ministros que ocupam as pastas correspondentes no governo.

Enfim, que o Executivo governe através da lei e da Administração e que a oposição o controle de forma eficaz, critique-o, contribua para o aperfeiçoamento dos projetos, defenda o interesse das minorias e se prepare para, em médio prazo, colocar em execução seu próprio programa, ao vencer as eleições.

Todas essas alterações serão benéficas também para o Supremo Tribunal Federal (STF). Aliviado pelo aperfeiçoamento das relações entre o Executivo e o Legislativo, a Corte poderá deixar que a solução de muitas questões sobre as quais tem sido chamada a se pronunciar ocorra na arena própria, entre os demais poderes.

Alguns autores defendem, ao invés da modificação do regime de governo, a adoção isolada de institutos parlamentaristas para atenuar o presidencialismo. São favoráveis ao manuseio mais frequente da participação democrática direta (MODERNE, 2001, p. 83); à possibilidade de moção de censura individual de ministros e à criação de cargo de ministro-coordenador ou ministro-chefe, com nome aprovado pela maioria legislativa (BORGES, 2016).

De fato, outros países possuem instrumentos de atenuação da face imperial dos poderes presidenciais, que estimulam o diálogo institucional entre o Executivo e o Legislativo.

Pode-se destacar, apenas como exemplo, que na Argentina o chefe de gabinete e os demais ministros referendam obrigatoriamente os atos presidenciais, sem os quais estes ficam carentes de eficácia, e têm responsabilidade política perante o Congresso, podendo ser removidos pelo voto da maioria absoluta de qualquer das Casas Legislativas (REPÚBLICA ARGENTINA, [s.d.]). No Chile, o presidente pode encarregar um ministro (ou alguns ministros) do relacionamento com o Congresso, cabendo-lhe (ou lhes) prestar informações solicitadas (REPÚBLICA DE CHILE, [s.d.]). No Uruguai, a moção de censura pode levar à renúncia individual, plural ou coletiva do Conselho de Ministros, do qual não integra o presidente. O Conselho, contudo, não é permanente. O chefe de Estado poderá também dissolver as Câmaras, sob determinadas condições (URUGUAY, [s.d.]).

A atenuação do presidencialismo em vários países da América Latina é um indicador importante de duas constatações. A primeira é a de que existem variados padrões de presidencialismo, em especial, após a onda democrática que percorreu o continente na década de oitenta do século XX, confirmando a diversidade da classificação apresentada por Karl Loewenstein ainda em 1949 (p. 453-454). A segunda constatação é a de que o regime brasileiro é um dos mais rígidos ao ser comparado com o de países vizinhos.

Não há dúvida de que a introdução desses instrumentos de controle parlamentar seja capaz de melhorar o relacionamento institucional entre os poderes.

Contudo, não me parece que tenham a mesma força para operar verdadeiras modificações na engenharia política como teria a adoção do semipresidencialismo, que funciona como um sistema integrado de normas e de institutos que se entrelaçam.

O presidencialismo atenuado não torna o Executivo dual; não tem grande capacidade de flexibilizar as relações políticas, a depender da realidade da formação de maiorias de apoio ao presidente e à Câmara; não prevê atribuições próprias do governo e do primeiro-ministro; em geral não possibilita a dissolução da Câmara e muitas vezes não dá ao governo papel de liderança no processo legislativo, com a correspondente responsabilidade.

A simples tentativa de adaptação isolada de mecanismos próprios de outra engenharia política não funcionará da mesma forma como a adoção sistemática de uma nova forma de estabelecer a relação entre os poderes.

Creio que um presidencialismo atenuado, de acordo com os exemplos apresentados pelo Uruguai e Chile, seja melhor para a harmonia entre os poderes do que o presidencialismo puro à brasileira. Mas essa sugestão deveria ser guardada para implementação como "plano B", caso a sociedade entenda não ser o caso de se dar o passo maior na direção do semipresidencialismo.

Os institutos parlamentaristas empregados de forma não muito sistemática no presidencialismo atenuado também podem gerar problemas, diante da natureza diversa do regime para o qual foram pensados e testados. Assim é que o questionamento isolado de ministros pode não ser muito eficaz, se não existir capacidade de se colocar em prática um ato decorrente da discordância da posição do governo. Da mesma forma, a derrubada parlamentar de um ministro pode servir para indicar a insatisfação com a condução das questões em determinada pasta, mas talvez não modifique a execução do programa de governo (PULIDO, 2015, p. 19-20).

A atenuação do presidencialismo, pois, não tem o mesmo potencial de aprimoramento das relações entre o Executivo e o Legislativo que possui a implementação do semipresidencialismo, que é um regime institucional original e trabalha seus institutos de forma coordenada.

Por certo, a modificação do regime não prescinde da consulta popular para ser legitimada. O povo optou diretamente pelo presidencialismo em 1993 e as modificações propostas não são de pequena monta. Elas alteram de fato a forma de relacionamento entre o Executivo e o Legislativo e retiram do presidente a prática isolada de determinadas atribuições. Como o semipresidencialismo não é mera atenuação do presidencialismo, faz-se necessária a realização de novo plebiscito para adoção da reforma do regime político.[4]

4 Conclusão

O regime brasileiro de presidencialismo puro de coalizão não estimula o diálogo institucional formal, personaliza demais o Poder Executivo e não possui instrumentos adequados para evitar e superar crises políticas. A situação é mais grave quando o presidente precisa obter maioria em um Congresso de fragmentação partidária, pois acaba lançando mão de mecanismos pouco transparentes e que estimulam o clientelismo e o patrimonialismo, além de dificultar o controle dos atos da Administração.

---

[4] Por outro lado, a depender do teor dos mecanismos introduzidos no caso da escolha pelo presidencialismo atenuado, não haveria necessidade de nova consulta popular.

Não há dúvida de que os presidentes, depois da promulgação da Constituição de 1988, conseguiram eficiência na aprovação de seus projetos de lei, mas a alocação de ministérios, o *pork barrel* orçamentário e a troca de favores têm contribuído para o baixo nível das relações institucionais. Com isso, o sistema de separação de poderes, que deveria ser rígido no presidencialismo, torna-se fluido e desorganizado. O Executivo subjuga o Legislativo com utilização de práticas imorais e às vezes mediante corrupção.

O presidencialismo brasileiro, portanto, encontra-se com problemas estruturais de difícil solução, se mantida a concepção atual do regime.

Propõe-se então a formatação de um regime com as seguintes características:
(i) Executivo dual, dividido entre o presidente e o Governo (chefiado pelo primeiro-ministro);
(ii) flexibilidade de estabelecimento de relações políticas, a depender da realidade da formação de maiorias (períodos de concordância e de coabitação);
(iii) irresponsabilidade política do chefe de Estado diante do Legislativo, com possibilidade de sua destituição através de *impeachment*;
(iv) existência de atribuições constitucionais próprias do presidente, sem necessidade de ratificação pelo Governo, que possam ser desaprovadas por ampla maioria do Congresso;
(v) formação do Governo por escolha do presidente;
(vi) dupla responsabilidade política colegiada do Governo, perante o presidente e perante o parlamento;
(vii) possibilidade de dissolução do Parlamento pelo chefe de Estado;
(viii) influência do Executivo nos trabalhos legislativos;
(ix) relevante papel da oposição no controle de políticas públicas.

A estrutura diárquica do Poder Executivo trará aprimoramento político para o país e estimulará o relacionamento institucional às claras, com base normativa, além de estabelecer um sistema dinâmico de freios e contrapesos proporcional e que evita a hiperpresidencialização, colocando o Governo como fusível político do Executivo.

Espera-se que o regime funcione na maior parte do tempo como um presidencialismo racionalizado. O importante é que se implante a divisão no seio do Executivo, conservando-se o presidente da República como responsável político pelas grandes linhas de ação de médio e de longo prazo, garantindo estabilidade; enquanto o governo dialoga institucionalmente com o Legislativo para a implementação, através de leis e dos atos administrativos, das políticas públicas escolhidas. Acredita-se que a possibilidade de destituição do governo e a dissolução da Câmara tenham efeito importante para evitar o isolamento das duas instituições.

Mesmo que haja coabitação (e espera-se que isso possa ocorrer eventualmente, não sendo a regra de funcionamento do sistema), pode-se extrair utilidade em uma maioria dividida, que fará com que a presidência tenha que dialogar com o governo apoiado pela Câmara. Se eventualmente houver impasse, existirá sempre a possibilidade de recurso ao povo, o que seria uma medida rara. A coabitação é uma saída flexível para enquadrar os ocupantes dos cargos em seus estritos espaços institucionais, mediante respeito à legitimidade do presidente como agente garantidor dos valores permanentes da República, enquanto o Governo executa a política da nação.

O Poder Executivo tem muito a ganhar se houver investimento na formação de uma burocracia permanente a partir do segundo escalão do governo, com ocupantes formados em escolas de alto nível de administração pública e que garantam a continuidade do serviço público, em modelo distinto da atual fragilidade dos cargos comissionados de indicação política.

A implantação do semipresidencialismo no Brasil é capaz de contribuir para a estabilidade governamental e melhorar o padrão de diálogo e de controle entre o Executivo e o Congresso. Além disso, é uma estrutura que visa a evitar crises de governo e a resolvê-las tal como são, crises de governo; organizando as relações entre os poderes a partir de base normativa adequada e estimulando práticas políticas decentes e éticas.

É uma proposta, por óbvio, sujeita a críticas, mas que tem compromisso com o país.

Referências

ABRANCHES, Sérgio Henrique. O presidencialismo de coalizão: o dilema institucional brasileiro. *Dados*, v. 31, n. 1, p. 5-34, 1988.

ARDANT, Philippe; MATHIEU, Bertrand. *Droit constitutionnel et institutions politiques*. Paris: LGDJ, 2016-2017.

BARROSO, Luís Roberto. A reforma política: uma proposta de sistema de governo, eleitoral e partidário para o Brasil. *Revista de Direito do Estado*, n. 3, p. 287-360, jul./set. 2006.

BORGES, Ademar. Presidencialismo atenuado: uma possível saída para crises de governabilidade no Brasil. *Jota*, 4 out. 2016. Disponível em: <https://jota.info/colunas/constituicao-e-sociedade/constituicao-e-sociedade-presidencialismo-atenuado-04102016>. Acesso em: 11 nov. 2016.

CHAISTY, Paul; CHEESEMAN, Nick; Timothy POWER, Timothy. The coalitional presidencialism project. *Research Report*: How MPs Understand Coalitional Politics in Presidential Systems, Jan. 2015a. Disponível em: <https://www.politics.ox.ac.uk/materials/publications/15239/ccp-research-report.pdf>. Acesso em: 12 jan. 2017.

CHAISTY, Paul; CHEESEMAN, Nick; Timothy POWER, Timothy. *The prospects for President Rousseff's Coalition Government in Brazil*. Jan. 2015b. Disponível em: <https://www.politics.ox.ac.uk/materials/policy_briefings/Policy_Brief_CH001.pdf>. Acesso em: 12 jan. 2017.

CINTRA, Antonio Octavio. Idéias para a engenharia institucional da consolidação democrática. In: LAMOUNIER, Bolívar; NOHLEN, Dieter (Org.). *Presidencialismo ou parlamentarismo* – Perspectivas sobre a reorganização institucional brasileira. São Paulo: Edições Loyola, 1993.

DE BAECQUE, Francis. *Qui gouverne la France?* Paris: PUF, 1976.

DUHAMEL, Olivier. *Droit constitutionnel et institutions politiques*. Paris: Éditions du Seul, 2016.

DUVERGER, Maurice. *O regime semi-presidencialista (échec au roi)*. São Paulo: Sumaré, 1993.

ELGIE, Robert. *Semi-presidencialism in Europe*. New York: Oxford University Press, 1999.

FRANCO, Afonso Arinos. *Problemas políticos brasileiros*. Rio de Janeiro: José Olympio Editora, 1975.

GICQUEL, Jean; GICQUEL, Jean-Éric. *Droit constitutionnel et institutions politiques*. Issy-les-Moulineaux: LGDJ, 2015.

GRILLO, Brenno. "Supremo não tem hesitado em derrogar tacitamente a Constituição Federal". *Conjur*, 2 abr. 2017. Disponível em: <http://www.conjur.com.br/2017-abr-02/entrevista-carlos-blanco-morais-professor-universidade-lisboa>. Acesso em: 14 abr. 2017.

LAMOUNIER, Bolivar. A questão institucional brasileira In: LAMOUNIER, Bolívar; NOHLEN, Dieter (Org.). *Presidencialismo ou parlamentarismo* – Perspectivas sobre a reorganização institucional brasileira. São Paulo: Edições Loyola, 1993.

LIMA, Maria. Em dez anos, total de ministérios quase dobrou. *O Globo*, 17 nov. 2012. Disponível em: <http://oglobo.globo.com/brasil/em-dez-anos-total-de-ministerios-quase-dobrou-6760144>. Acesso em: 8 abr. 2017.

LIMONGI, Fernando; FIGUEIREDO, Argelina. Instituições políticas e governabilidade – desempenho do governo e apoio legislativo na democracia brasileira. In: ALCÁNTARA, Manuel; MELO, Carlos Ranulfo. *A democracia brasileira*: balanço e perspectivas para o século XXI. Belo Horizonte: Editora UFMG, 2007.

LINZ, Juan. L. The perils of presidencialism. *Journal of Democracy*, v. 1, n. 1, p. 51-69, Winter 1990.

LOEWENSTEIN, Karl. The presidency outside the United States: a study in comparative political institutions. *The Journal of Politics*, v. 11, p. 447-496, 1949.

LUCENA, Manoel de. Semipresidencialismo: teoria geral e práticas portuguesas (I). *Análise Social*, v. 138, p. 831-892, 1996. Disponível em: <http://analisesocial.ics.ul.pt/documentos/1223395988T5cQZ6tf3Uu36ZX3.pdf>. Acesso em: 3 fev. 2017.

MODERNE, Franck. Les avatars du presidentialisme dans les états latino-américains. *Pouvoirs*, n. 98, p. 63-87, 2001.

PACTET, Pierre. *Institutions politiques*. Droit constitutionnel. Paris: Masson, 1993.

PULIDO, Carlos Libardo Bernal. Direitos fundamentais, juristocracia constitucional e hiperpresidencialismo na América Latina. *Revista Jurídica da Presidência*, Brasília, v. 17, n. 111, p. 15-54, fev./maio 2015.

REPÚBLICA ARGENTINA. Presidencia de la Nación. *Constitución de la Nación Argentina*. [s.d.]. Disponível em: <http://servicios.infoleg.gob.ar/infolegInternet/anexos/0-4999/804/norma.htm>. Acesso em: 14 abr. 2017.

REPÚBLICA DE CHILE. Camara. *Constitución de la Republica de Chile*. [s.d.]. Disponível em: <https://www.camara.cl/camara/media/docs/constitucion_politica.pdf>. Acesso em: 14 abr. 2017.

ROMERO, Sylvio. *Parlamentarismo e presidencialismo*. Petrópolis: Vozes, 1979.

ROSSETO, Jean. *Les institutions politiques de la France*. Paris: Armand Colin, 1992.

RUFIA, Paolo Biscaretti di. *Introducción al derecho costitucional comparado*. México: FCE, 1996.

SARTORI, Giovanni. *Ingeniería constitucional comparada*. Cidade do México: FCE, 2005.

SARTORI, Giovanni. Nem presidencialismo, nem parlamentarismo. *Novos Estudos Cebrap*, n. 35, p. 3-14, mar. 1993.

TURPIN, Dominique. *Droit Constitutionnel*. Paris: PUF, 2007.

URUGUAY. Parlamento del Uruguay. *Constitución de la Republica*. [s.d.]. Disponível em: <https://parlamento.gub.uy/documentosyleyes/constitucion>. Acesso em: 14 abr. 2017.

Informação bibliográfica deste texto, conforme a NBR 6023:2002 da Associação Brasileira de Normas Técnicas (ABNT):

TAVARES, Marcelo Leonardo. A crise do presidencialismo de coalizão brasileiro: o semipresidencialismo seria uma boa opção?. In: BARROSO, Luís Roberto; MELLO, Patrícia Perrone Campos (Coord.). *A República que ainda não foi*: trinta anos da Constituição de 1988 na visão da Escola de Direito Constitucional da UERJ. Belo Horizonte: Fórum, 2018. p. 295-308. ISBN 978-85-450-0582-7.

FEDERALISMO PARA QUEM? UM BALANÇO AOS 30 ANOS DA CONSTITUIÇÃO DE 1988

THIAGO MAGALHÃES PIRES

1 Introdução[1]

Nos livros, o federalismo é um dos elementos centrais da tradição constitucional brasileira. Na vida real, porém, o que se vê é algo de pouca monta: as decisões mais relevantes são tomadas pela União e inspira suspeitas à mera sugestão de que um estado ou município tenha inovado em algo. A própria Constituição, por via das dúvidas, prevê um recurso ao Supremo Tribunal Federal (STF) contra decisões que afirmem a *validade* de leis locais.[2] Em outras palavras: presume-se a sua inconstitucionalidade.

Diante disso, a pergunta que se coloca é: por que insistimos na federação? A que ou a quem ela serve no fim das contas? Quem se beneficia do pacto federativo? É à investigação desse ponto que se dedica este artigo. Aproveitando a comemoração dos 30 anos da Carta de 1988, ele procurará examinar a operação do federalismo conformado por ela. Isso será feito por quatro ângulos: (a) a estrutura do Estado; (b) a repartição de competências; (c) a relação com o princípio democrático; e (d) o federalismo fiscal. Ao final, espera-se construir um diagnóstico panorâmico da federação instituída em 1988.

2 A estrutura da federação

O que caracteriza os Estados federais é a distribuição do exercício do poder político por entes territoriais dotados de autonomia constitucional. Em geral, isso se traduz na coexistência de duas esferas federativas: uma, encarregada das questões de interesse comum a todo o país (o ente central, chamado aqui de *União*); e outra, dedicada

---

[1] Agradeço a Ana Paula de Barcellos, Felipe Terra, Gabriel Accioly e Marjorie Pardini a leitura atenta do texto e os comentários que fizeram. A escolha do tema deste artigo foi tudo menos fortuita. Para uma obra que procura retratar o olhar da Escola de Direito Constitucional da UERJ, a opção pelo federalismo foi uma forma de render homenagem à faculdade que me recebeu na graduação e que só deixei após o doutorado. Foi lá, como bacharelando e, depois, como mestre, que publiquei, respectivamente, meu primeiro artigo e meu primeiro livro – ambos sobre a federação. Por isso, foi apenas natural que minha contribuição para esta obra voltasse ao tema.

[2] CF/1988, art. 102, III, "c".

às demais matérias (entes periféricos, denominados, em geral, *estados*). Em que pese a sua relevância, os entes de governo local (no Brasil, *municípios*) e a sede dos poderes da União (*Distrito Federal*) até dispõem de alguma proteção, mas, como regra, não têm a autonomia de que fruem a União e os estados. Assim se passou também no Brasil – até a Carta de 1988. Em inovações dignas de destaque, ela atribuiu ao Distrito Federal e aos municípios o *status* de entes federativos plenos, conferindo-lhes uma autonomia semelhante à dos estados.

A preocupação com o Distrito Federal ocupou o centro dos debates na Subcomissão da União, Distrito Federal e Territórios na Assembleia Nacional Constituinte.[3] O Distrito, cujo governador era indicado e nomeado pelo presidente da República após aprovação pelo Senado, nem mesmo dispunha de um órgão legislativo próprio, cabendo esse papel ao Senado.[4] A partir de 1988, o governador passou a ser eleito diretamente, tendo-se criado, ainda, uma Câmara Legislativa. Mesmo assim, não se pode dizer que se trate de um estado: o distrito é um ente político *sui generis*, que se assemelha, algumas vezes, aos estados e, outras, aos municípios, acumulando competências de ambas as esferas, ao mesmo tempo em que se submete a uma "tutela parcial" da União.[5]

Já os municípios deixaram de se subordinar inteiramente aos estados para se tornarem entes dotados de plena autonomia: têm competências administrativas, legislativas e tributárias, além de editarem suas próprias leis orgânicas.[6] A nova importância dos municípios pode ser extraída até da retórica constitucional: eles foram incluídos no art. 1º da Carta como partes do pacto federativo, ao lado da União, dos estados e do Distrito Federal.

Outro tema que ocupou a Constituinte foi a criação de novos estados e a situação dos territórios federais então existentes. Várias alterações foram discutidas, mas, ao final, só quatro foram acolhidas: o Ato das Disposições Constitucionais Transitórias (ADCT) desmembrou a porção norte de Goiás para criar o Tocantins (art. 13), elevou Roraima e Amapá à condição de estados (art. 14) e extinguiu o Território de Fernando de Noronha, incorporando sua área a Pernambuco (art. 15). Como resultado, embora a parte permanente da Carta continue a mencionar os territórios, hoje não há nenhum.

Mas o fato mais notório do Brasil pós-1988 talvez tenha sido a proliferação de municípios. Do ponto de vista jurídico, isso foi viabilizado pelas regras introduzidas pela Carta vigente. No regime anterior, cabia a uma lei complementar federal definir requisitos mínimos de população e renda pública para a emancipação de municípios.[7] A Constituição de 1988 transferiu aos estados o poder de fixar os requisitos necessários à criação de municípios, exigindo apenas que se preservassem a "continuidade e [da] unidade histórico-cultural do ambiente urbano" e a consulta às populações interessadas (art. 18, §4º). Resultado: de 1991 a 2000 criaram-se 1.016 novos municípios, em um

---

[3] SOUZA, Celina. Federalismo e descentralização na Constituição de 1988: processo decisório, conflitos e alianças. *Dados – Revista de Ciências Sociais*, v. 44, n. 3, p. 513-560, 2001. p. 521. Como aponta a autora, três dos quatro membros diretores da Subcomissão foram eleitos pelo Distrito Federal.

[4] CF/1969, arts. 17, §§1º e 2º; 42, III; e 81, VI.

[5] CF/1988, arts. 21, XIII e XIV, 32, §1º, e 147.

[6] CF/1988, art. 29, *caput*.

[7] CF/1969, art. 14, *caput*. Este previa, em dispositivo com a mesma numeração, a Constituição de 1967. O tema foi regulamentado pela Lei Complementar (LC) nº 1/1967.

aumento de 18%.⁸ Como eram ínfimos os requisitos populacionais estaduais – que chegavam a apenas 948 pessoas no Amapá –, nos 18 anos que se seguiram à promulgação da Carta, mais da metade dos municípios criados tinha menos de 5 mil pessoas, e 95% deles não superavam a marca dos 20 mil.⁹

Na tentativa de conter essa fragmentação, a EC nº 15/1996 alterou a redação do art. 18, §4º, da Constituição para limitar a criação¹⁰ de municípios a um período a ser definido por lei complementar federal,¹¹ exigindo, ainda, que isso só ocorresse depois de divulgados estudos de viabilidade municipal. Esses comandos, porém, foram desrespeitados pelos estados, que continuaram criando municípios. A invalidade dessas medidas foi reconhecida pelo STF, mas este optou por preservar as emancipações.¹² Posteriormente, a EC nº 57/2008 convalidou os atos de criação de município realizados até 31.12.2006, desde que tivessem observado os requisitos previstos na legislação estadual.¹³ A febre foi contida, mas as emancipações continuaram, notadamente em Tocantins e no Rio Grande do Sul. Entre 2000 e 2010, 58 municípios foram criados, em um acréscimo de 1%.¹⁴ Enquanto outros temas demoram anos em tramitação no Congresso, a preocupação com a viabilidade das emancipações já levou à aprovação de dois projetos de lei complementar – ambos vetados pela Presidência da República.¹⁵ Um terceiro aguarda votação na Câmara, depois de aprovado pelo Senado.¹⁶

3 Sobre a repartição de competências

Bastar ler a Carta de 1988 para ver que ela não se ocupou de qualquer descentralização relevante. Uma comparação entre as atribuições federais previstas nas Constituições de 1969 e 1988 revela poucas mudanças nesse sentido: (a) deixou de caber à União legislar sobre "cumprimento da Constituição",¹⁷ sendo hoje dever comum a todos os entes "zelar pela guarda da Constituição, das leis e das instituições democráticas";¹⁸

---

[8] LIMA, Maria Helena Palmer; SILVA, Jorge Kleber Teixeira. Evolução do marco legal da criação de municípios no Brasil. In: IBGE. *Atlas Nacional do Brasil Milton Santos*: 2010. p. 17. Disponível em: <https://ww2.ibge.gov.br/apps/atlas_nacional/>. Acesso em: 20 fev. 2018.

[9] BRANDT, Cristina Thedim. A criação de municípios após a Constituição de 1988: o impacto sobre a repartição do FPM e a Emenda Constitucional nº 15, de 1996. *Revista de Informação Legislativa*, v. 47, n. 187, jul./set. 2010. p. 62-65.

[10] Em rigor, o dispositivo trata de criação, incorporação, fusão e desmembramento. Neste estudo, apenas se falará em "criação" e "emancipação" por simplicidade e porque o ponto a ser destacado é a multiplicação de municípios.

[11] A validade da emenda foi reconhecida pelo STF em ADI nº 2.395/DF. Rel. Min. Gilmar Mendes. *DJ*, 23 maio 2008.

[12] V. STF. ADI nº 2.240/BA. Rel. Min. Eros Grau. *DJ*, 3 ago. 2007; STF. ADI nº 3.316/MT. Rel. Min. Eros Grau. *DJ*, 29 jun. 2007. A mora legislativa na edição da lei complementar federal já foi declarada, v. STF. ADI nº 3.982/MT. Rel. Min. Gilmar Mendes. *DJ*, 6 set. 2007.

[13] ADCT/1988, art. 96 (incluído pela EC nº 57/2008).

[14] LIMA, Maria Helena Palmer; SILVA, Jorge Kleber Teixeira. Evolução do marco legal da criação de municípios no Brasil. In: IBGE. *Atlas Nacional do Brasil Milton Santos*: 2010. p. 17-18. Disponível em: <https://ww2.ibge.gov.br/apps/atlas_nacional/>. Acesso em: 20 fev. 2018.

[15] Os dois projetos (PLS nº 98/2002 – Comp. e PLS nº 104/2014 – Comp.) foram vetados por contrariedade ao interesse público. A criação de novos municípios sem capacidade de geração de receitas geraria desequilíbrios no rateio do FPM dentro de cada estado.

[16] Trata-se do PLS nº 199/2015, de autoria do Senador Flexa Ribeiro. Na Câmara, ele tramita como PLP nº 137/2015.

[17] CF/1969, art. 8º, XVII, "a", primeira parte.

[18] CF/1988, art. 23, I.

(b) atribuiu-se aos estados, em vez de à União, o poder de instituir regiões metropolitanas;[19] e (c) passaram a se submeter à competência concorrente (i) questões ambientais, (ii) proteção ao patrimônio artístico, histórico, paisagístico, cultural, artístico e turístico, (iii) responsabilidade por danos ao consumidor, (iv) criação, funcionamento e processo dos juizados de pequenas causas, (v) procedimentos em matéria processual, (vi) proteção e integração das pessoas com deficiência, e (vii) proteção à infância e à juventude.[20]

De outra parte, certos temas foram objeto de efetiva *centralização*, com o fim da possibilidade formal de concorrência legislativa e sua submissão à competência privativa da União. Isso ocorreu, *e.g.*, com: (a) trânsito; e (b) registros públicos.[21] Além disso, passou a ser privativa a competência da União para tratar de matérias que admitiam concorrência formal ou não eram textualmente mencionadas na Constituição de 1969, como: (a) navegação marítima; (b) informática; (c) propaganda comercial;[22] e (d) instituições financeiras e suas operações.[23] Por fim, admitiu-se a concorrência da União em temas que, em princípio, caberiam aos estados, como edição de normas gerais em tema de: (a) assistência jurídica e Defensoria Pública; e (b) organização, garantias, direitos e deveres das Polícias Civis.[24]

Como se observa, se houve incremento da descentralização política, ele se deu por meio da ampliação das competências concorrentes. Mas aqui a alteração mais relevante não está nas alíneas – nos temas abertos à concorrência –, mas nos parágrafos do art. 24 da Carta, que regulam a atuação e a interação de cada ente político. No regime anterior, a concorrência se processava sob a supremacia da lei federal – a legislação estadual deveria sempre observá-la.[25] A Constituição de 1988 rompeu com esse modelo: exigiu que a lei federal se ativesse à edição de normas gerais, cabendo aos estados e ao Distrito Federal[26] complementar a regulação do tema; além disso, no silêncio da União, as leis estaduais e distritais poderiam disciplinar integralmente a matéria.[27] Como se extrai do texto constitucional, as normas gerais não podem esgotar a disciplina desses temas, sob pena de sufocar o (já rarefeito) espaço aberto aos estados e ao Distrito Federal – que se reduz, na prática, às competências concorrentes.[28] Em que pese certa falta de clareza quanto aos critérios utilizados, o STF parece tentar prestigiar aqui a competência estadual e distrital, evitando construções que limitem seu campo de atuação.[29]

---

[19] CF/1969, art. 164; CF/1988, art. 25, §3º.
[20] CF/1969, art. 8º, "h"; CF/1988, art. 24, VI, VII, VIII, X, XI, XIV e XV.
[21] CF/1969, art. 8º, XVII, "e" e "n", e parágrafo único; CRBF/1988, art. 22, XI e XXV.
[22] V. CF/1988, art. 22, IV, X e XXIX. O art. 8º, "m", da Carta de 1969 mencionava apenas a "navegação de cabotagem, fluvial e lacustre", quando o art. 22, X, da Carta de 1988 inclui textualmente a navegação marítima. Pode se tratar de mera explicitação do que já se inferia, mas, ainda assim, a referência parece relevante.
[23] CF/1988, art. 48, XIII.
[24] CF/1988, art. 24, XIII e XVI.
[25] CF/1969, art. 8º, parágrafo único.
[26] E aos municípios, por força do art. 30, II, da Constituição.
[27] V. CF/1988, art. 24, §§1º a 4º.
[28] Defendendo que a União deve se limitar a fixar "uma moldura dentro da qual deve poder se mover o legislador estadual e distrital", deixando "aos entes periféricos a discricionariedade de optar por diversas soluções, procedimentos e meios, formulando uma política local autônoma, mas desenvolvida nos quadros da legislação federal", v. PIRES, Thiago Magalhães. *As competências legislativas na Constituição de 1988*: uma releitura de sua intepretação e da solução de seus conflitos à luz do direito constitucional contemporâneo. Belo Horizonte: Fórum, 2015. p. 203.
[29] STF. ADI nº 2.030/SC. Rel. Min. Gilmar Mendes. *Inf.*, n. 872; STF. ADI nº 4.912/DF. Rel. Min. Edson Fachin. *DJ*, 24 maio 2016; STF. ADI nº 2.663/RS. Rel. Min. Luiz Fux. *DJ*, 29 maio 2017; STF. ADI nº 4.952 AgR/PB. Rel. Min. Luiz Fux. *DJ*, 21 nov. 2014.

No entanto, um ponto em que o Tribunal contribuiu de forma decisiva para a centralização diz respeito à auto-organização dos estados, do Distrito Federal e dos municípios. Embora a Carta de 1988 tenha praticamente eliminado as disposições do regime anterior que os obrigavam a reproduzir normas de organização da União, o STF as ressuscitou, valendo-se do chamado "princípio da simetria": como resultado, a regra geral se inverteu; não se presume a autonomia, mas o oposto – em princípio, deve-se copiar o modelo federal.[30] Isso é grave, porque nega a própria base do pacto federativo (art. 18). E o "princípio da simetria" ainda soa ilógico no sistema da Carta; afinal, se ele existisse, disposições como os arts. 75, 27, §1º, e 28 da Constituição seriam apenas redundâncias em série.

Tudo isso afeta a auto-organização de todas as esferas subnacionais. Mas, ao menos em um aspecto, as constituições estaduais saíram perdendo mais. A Carta impõe aos municípios o respeito a normas da Constituição do seu estado, prevendo, ainda, um meio de controle judicial e abstrato de sua validade apenas para esse fim.[31] Apesar disso, o STF esvaziou essa limitação ao afirmar que os estados afrontariam a autonomia dos municípios se suas cartas dispusessem sobre a organização destes. Com isso, as cartas estaduais – que mal podem inovar quanto ao próprio estado – são também impedidas de tratar dos municípios, contrariando norma constitucional expressa. Aqui, novamente, o sistema se mostra ilógico: como pode caber ação direta para verificar se as leis municipais cumprem a Constituição estadual se esta não pode tratar de temas afetos aos municípios?

O cuidado especial com os entes locais também se reflete na interpretação expansiva que o Tribunal tem conferido ao art. 30, I, da Constituição, e que já foi usada para abarcar, *e.g.*, (a) fixação de horário de funcionamento de estabelecimentos comerciais; (b) instalação de sanitários, de bebedouros e de equipamentos de conforto em agências bancárias; (c) licenciamento de obras; e (d) autorização para a ocupação de edifícios e funcionamento de estabelecimentos comerciais.[32]

4 Federalismo e democracia

Não há democracia sem igualdade: todos são chamados a participar, como pares, porque não há autoridade que emane, naturalmente, de um ou de poucos. Por isso é que a Carta faz questão de sublinhar que o voto de cada um deve ter igual peso: *one person, one vote*[33] (art. 14). No entanto, para implementar essa ideia, é preciso atentar para a forma do Estado – algo que muitas vezes se ignora.

---

[30] O raciocínio pode ser assim resumido: a estrutura dos órgãos da União e as relações entre eles refletiriam a concepção de separação de poderes preferida pelo poder constituinte nacional e, por isso, deveriam ser reproduzidas pelas demais esferas. Sobre o tema, v. REIS, José Carlos Vasconcellos dos. O princípio da simetria: verdade ou mito? *Fórum Administrativo*, v. 15, n. 167, p. 53-65, jan. 2015; ARAÚJO, Marcelo Labanca Corrêa de. Federalismo e princípio da simetria: entre unidade e diversidade. In: TAVARES, André Ramos; LEITE, George Salomão; SARLET, Ingo Wolfgang (Org.). *Estado constitucional e organização do poder*. São Paulo: Saraiva, 2010.

[31] CF/1988, arts. 29, *caput*, e 125, §2º.

[32] V. PIRES, Thiago Magalhães. *As competências legislativas na Constituição de 1988*: uma releitura de sua intepretação e da solução de seus conflitos à luz do direito constitucional contemporâneo. Belo Horizonte: Fórum, 2015. p. 174.

[33] A locução tradicional é *one man, one vote*. Mas, afirmada a igualdade entre mulheres e homens, convém evitar que as expressões – ainda quando tradicionais ou correntes – sugiram uma reprodução da desigualdade.

A relação entre democracia e federação é direta: a descentralização política multiplica os fóruns de deliberação e os órgãos de representação popular, dos quais participam (e que são responsivos a) pessoas de coletividades territoriais diversas. Cada um exerce a sua cidadania em vários contextos, em grupos diferentes, conforme se trate de assuntos de interesse nacional, estadual ou local. Em todos, a igualdade política é imperativa: o sujeito deve estar sempre em condição de paridade diante de todos os cidadãos do Brasil, do estado ou do município, a depender do fórum em que se trave a discussão. Deve-se assegurar a *representatividade* em cada uma das esferas, de modo que a deliberação caiba a instituições responsivas e sujeitas ao controle por parte das populações a que se referem. Em outras palavras, os órgãos da União devem ser representativos em relação à população do país e o mesmo deve se passar com os dos estados, do Distrito Federal e dos municípios quanto a seus respectivos habitantes.

Naturalmente, não há como exigir perfeição; limitações, em alguma medida, serão inevitáveis. É preciso, contudo, que o sistema seja justo de uma forma geral – e, lamentavelmente, não é esse o caso do Brasil sob a Carta de 1988. Há aqui dois problemas que atingem gravemente a representatividade do processo político. O primeiro diz respeito à composição da Câmara dos Deputados e repercute sobre os Legislativos dos estados e do Distrito Federal. Ele combina um erro de projeto com uma omissão inconstitucional deliberada e contínua. Já o segundo, de certa forma, corresponde a uma falha teórica, de concepção, e está relacionado ao papel do Senado.

Inicie-se com a Câmara. Se os votos dos cidadãos têm pesos iguais e essa deve representar todos, então ela deveria ser uma impressão da sociedade brasileira como um todo. Como o Brasil optou por um modelo em que cada unidade federativa forma uma circunscrição eleitoral e as vagas são distribuídas entre elas (bancadas estaduais), para manter a igualdade dos cidadãos e a representatividade da Câmara é preciso garantir a *proporcionalidade* das bancadas: a Casa só será uma imagem do Brasil se o espaço que tiverem nela os deputados de cada unidade corresponder ao peso de suas populações no conjunto do povo brasileiro; os mais populosos devem ter mais assentos que os menos populosos. Não por acaso, é isso o que exige o art. 45, §1º, da Constituição – lamentavelmente, em vão.

Em rigor, sempre houve distorções: em média, tem sido de 10% o número de assentos atribuídos de forma desproporcional.[34] Salvo na legislatura de 1890, o Sudeste foi sempre sub-representado, em um problema que só fez se agravar de meados da década de 1960 até 1990, sendo levemente amenizado em 1994, com o acréscimo de 10 deputados à bancada de São Paulo – o mais prejudicado. Já o Norte e o Centro-Oeste sempre foram super-representados, o que piorou muito a partir da década de 1980, com a transformação de Rondônia, Roraima e Amapá em estados, o aumento do mínimo de deputados por bancada e a criação do Tocantins. Por fim, o Sul e o Nordeste oscilaram entre sub-representação e super-representação, mas de 1974 a 1994 tiveram mais assentos do que deveriam.

---

[34] As informações deste parágrafo (legislaturas de 1870 a 1994) foram extraídas de: NICOLAU, Jairo Marconi. As distorções na representação dos estados na Câmara dos Deputados brasileira. *Dados – Revista de Ciências Sociais*, v. 40, n. 3, 1997. DOI: <http://dx.doi.org/10.1590/S0011-52581997000300006>. Disponível em: <http://www.scielo.br/scielo.php?script=sci_arttext&pid=S0011-52581997000300006&lng=en&nrm=iso>. Acesso em: 20 fev. 2018.

Partindo para uma comparação individual, os números são ainda mais surpreendentes.[35] Em uma das pontas, Roraima tem pouco mais de 0,24% da população brasileira e 0,21% dos eleitores, mas 1,56% da Câmara. Dessa forma, há pouco *mais de 56 mil* pessoas por deputado e a representação do estado é quase 7 *vezes* maior do que deveria. Já São Paulo, na outra ponta, tem 21,63% dos habitantes e 22,46% dos eleitores do Brasil, mas ocupa 13,65% da Câmara. Isto é: há *quase 590 mil* pessoas para cada deputado paulista. Sua representação só chega a cerca de 63% do que deveria ser. Assim, um voto para deputado em Roraima vale cerca de *12 vezes* mais que um em São Paulo – o que contraria a igualdade política dos cidadãos e o princípio *one person, one vote*.

Mas o que gera todos esses problemas? Há duas causas aqui. A primeira está na Carta, que define um número alto (8 deputados) como piso e um número baixo (70 deputados) como teto para as bancadas estaduais. Como resultado, o estado mais populoso (São Paulo) tem quase 476 vezes mais habitantes que o menos populoso (Roraima), enquanto o máximo de deputados não chega a ser 9 vezes maior que o mínimo. Assim, a proporção prevista no art. 45, §1º, da Carta é simplesmente incapaz de abarcar a realidade brasileira. No entanto, como se trata de uma injustiça do texto da Constituição e ele não admite uma interpretação alternativa, é preciso uma emenda para resolver a questão.

O segundo problema, porém, poderia ter sido facilmente resolvido, mas não foi. O ponto é simples: *nunca* sequer se tentou seguir a proporcionalidade exigida pelo art. 45, §1º. Salvo pelos efeitos da criação dos estados do Tocantins, Amapá e Roraima – que só agravaram a super-representação da região Norte –, e pelo aumento da bancada de São Paulo – que passou de 60 para 70 deputados por força da LC nº 78/1993 –, até hoje a representação das unidades federativas é exatamente como era em 1986. Resultado: o Piauí, por exemplo, tem menos habitantes que Alagoas, Rio Grande do Norte e Amazonas, mas dispõe de 10 deputados, enquanto os demais têm 8, com exceção de Alagoas, que tem 9. Aliás, 10 também é o número de deputados do Espírito Santo – com a diferença de que a população capixaba é quase 13% maior que a piauiense. As alterações demográficas foram inteiramente ignoradas.

A própria LC nº 78/1993 tentou dar uma solução para isso: atribuiu ao TSE, no ano anterior a cada eleição, a tarefa de calcular o tamanho das bancadas dos estados e do Distrito Federal, a partir de informações repassadas pelo IBGE. Contudo, para a 50ª legislatura (1995-1999), o Tribunal apenas somou os 10 deputados obtidos por São Paulo; as outras bancadas continuaram como estavam porque se entendeu que o art. 4º, §2º, do ADCT impediria a sua redução na primeira legislatura subsequente à referida lei.[36] Depois, provocado a reexaminar a matéria, o TSE se recusou a interferir na distribuição dos assentos na Câmara com base em estimativas do IBGE – em sua avaliação, apenas um censo o autorizaria a dar efetividade ao art. 45, §1º, da Constituição e à LC nº 78/1993.[37] Pois bem: depois do Censo 2010, quando a questão lhe foi novamente submetida, o Tribunal finalmente se encarregou de garantir que as populações estaduais fossem

---

[35] V. IBGE. *Censo 2010*. Disponível em: <https://cidades.ibge.gov.br/brasil/ap/panorama>. Acesso em: 17 jan. 2018; BRASIL. Tribunal Superior Eleitoral. *Estatísticas do eleitorado*. 2014. Disponível em: <https://goo.gl/p1Ug9J>. Acesso em: 17 jan. 2018.

[36] V. Resolução/TSE nº 14.235/1994. Rel. Min. José Bonifácio Diniz de Andrada. *DJ*, 18 abr. 1994.

[37] TSE. Pet nº 1.642 – Manaus/AM. Rel. p/ acórdão Min. Marco Aurélio Mendes de Farias Mello. *DJ*, 17 maio 2006.

proporcionalmente representadas na Câmara.³⁸ Então foi a vez do STF de impedir a efetividade do art. 45, §1º, da Carta: segundo a maioria que se formou na Corte, só o Congresso, por leis complementares, poderia dar cumprimento à mencionada norma.³⁹

Essa conclusão, embora possível à luz do texto, não é a melhor. Além de ser curioso exigir uma renovação periódica de leis complementares – que sugerem uma maior permanência ao demandarem maioria absoluta para sua aprovação –, garantir aos beneficiários das distorções (*i.e.*, as atuais bancadas) a exclusividade da atribuição de corrigi-las é incompatível com o fim mais básico do constitucionalismo, que é limitar o poder exatamente de quem se favorece dele. Sem mencionar que a solução afastada pelo STF havia sido decidida por ninguém menos que o próprio Congresso, por nada menos que uma lei complementar – a qual, como é próprio, poderia sempre ser revista pelo próprio Legislativo. É estranho ver o controle judicial de constitucionalidade ser usado para invalidar uma decisão majoritária a pretexto de proteger o próprio órgão que a proferiu, e que, além de não restringir direitos ou valores relevantes, promove a justiça do sistema político e dá efetividade a uma disposição da Carta. A quem serve, nesses casos, o caráter contramajoritário da *judicial review*? A LC nº 78/1993 incorporou um acordo político-partidário que, no entanto, teve sua aplicação paralisada logo na primeira oportunidade, por meio da invocação do Judiciário. E o resultado disso foi a preservação do estado de inconstitucionalidade que vigorava no país. Repita-se: ainda hoje, aos 30 anos da Constituição, quase todos os assentos da Câmara estão distribuídos segundo as regras de 1986.

Tudo isso gera um efeito cascata em termos de representação e até mesmo de gastos públicos. Isso porque o número de parlamentares nas Assembleias estaduais e na Câmara do Distrito Federal é definido em função do conjunto de deputados federais de cada unidade (CRFB, art. 27, *caput*). Assim, a desproporcionalidade da Câmara dos Deputados repercute negativamente também na representação política nos planos estadual e distrital, podendo fazer com que alguns entes tenham menos deputados do que o adequado ou, ao revés, tenham de custear um Legislativo maior do que o necessário.

Mas, como adiantado, os problemas não se limitam à Câmara. Por força do hábito, supõe-se que o bicameralismo seria indispensável à federação, por dar aos estados uma voz no processo de formação da vontade da União. E seria o Senado o espaço para isso:⁴⁰ ele representaria os estados, enquanto a Câmara representaria o povo. Ademais, o fato de contarem com igual número de Senadores evitaria a opressão dos estados menores pelos maiores, já que os mais populosos dominariam as votações na Câmara. Tudo isso decorre do modelo adotado nos EUA – mas não em outras federações –,⁴¹ em que a garantia de dois senadores por estado compensava o fato de que certas unidades teriam (e, de fato, têm) só um representante na Câmara, quando, *e.g.*, a Califórnia, sozinha,

---

[38] Resolução/TSE nº 23.389/2013. Rel. Min. Fátima Nancy Andrighi. *DJ*, 27 maio 2013.
[39] STF. ADI nº 4.947/DF. Rel. p/ acórdão Min. Rosa Weber. *DJ*, 30 out. 2014; STF. ADI nº 4.965/PB. Rel. Min. Rosa Weber. *DJ*, 30 out. 2014; STF. ADI nº 5.028/DF. Rel. p/ acórdão Min. Rosa Weber. *DJ*, 30 out. 2014; STF. ADI nº 5.020/DF. Rel. p/ acórdão Min. Rosa Weber. *DJ*, 30 out. 2014.
[40] Senado é um nome comum, mas não é o único. Por simplicidade, serão empregadas as designações adotadas no Brasil.
[41] Na Alemanha, na Suíça e na Áustria, por exemplo, os Estados (*Länder*, Cantões) não têm o mesmo número de representantes na segunda Câmara do Legislativo federal.

elege 53.⁴² Em um compromisso entre a democracia e a federação, o Senado limitaria a representatividade popular para garantir igual participação aos estados.⁴³

Quanto ao ponto, há três notas a se fazer. Em primeiro lugar, há tanta diversidade na composição do Senado em cada federação que é – no mínimo – forçado sustentar que se trata de uma mesma instituição, compartilhada por todas elas.⁴⁴ Em segundo lugar, e ainda mais importante, as diferenças entre a Câmara e o Senado, na prática, são mais tênues do que se poderia imaginar. Aqui e nos EUA (desde 1913), os senadores são eleitos diretamente, como os deputados. Não são, assim, representantes de órgãos políticos estaduais, mas mandatários do povo, eleitos com plataformas próprias, sem alinhamento necessário aos poderes do seu estado. Estudos mostram que o comportamento dos senadores é determinado, não por sua circunscrição eleitoral, mas pela orientação de seus partidos⁴⁵ e, em particular, pelo ingresso ou saída da base do governo ou da oposição.⁴⁶ O mesmo ocorre na Câmara, na qual a coesão das bancadas estaduais é exceção; a lealdade dos deputados é com os partidos.⁴⁷

Nada do que se acaba de dizer sugere que o Senado seja irrelevante. O ponto é que a força da Casa não é usada para tutelar os estados ou o pacto federativo em si, mas os interesses dos partidos ou da coalizão, tal como na Câmara. É até difícil supor por que os senadores agiriam de outra forma, já que a ampliação do poder da União também favorece os senadores, que são, afinal, agentes federais. A questão que se põe, então, é: se a representação paritária no Senado não serve para promover a federação, o que justifica a restrição que ela gera à igualdade do voto e à representação proporcional no Congresso?

Aqui se apresenta o terceiro ponto. Como adiantado, nenhum estado tem menos de 8 deputados no Brasil – o que, para um piso, é bem expressivo. Nessas condições, não há necessidade de oferecer uma proteção adicional contra sua eventual opressão por estados mais populosos. Mais que isso: a sobreposição das distorções da Câmara com a figura do Senado gera um quadro de absoluta ausência de representatividade do Congresso. Com efeito, em 2010,⁴⁸ as 15 unidades menos populosas reuniam cerca de 18,4% dos habitantes do Brasil e só 17,64% dos eleitores. Apesar disso, ocupavam 55,56% dos assentos no Senado e mais de um quarto (25,15%) dos da Câmara. Já os 7 estados mais populosos tinham 63,33% da população e 64,71% dos eleitores, mas 25,93% dos

---

⁴² UNITED STATES. House of Representatives. *Representatives apportioned to each state (1st to 23rd Census, 1790–2010)*. Disponível em: <https://goo.gl/St1Cbv>. Acesso em: 23 fev. 2018.

⁴³ MADISON, James. The federalist no. 62. In: HAMILTON, Alexander; MADISON, James; JAY, John. *The federalist papers*. New York: Pocket Books, 2004. p. 442-443.

⁴⁴ PIRES, Thiago Magalhães. *As competências legislativas na Constituição de 1988*: uma releitura de sua intepretação e da solução de seus conflitos à luz do direito constitucional contemporâneo. Belo Horizonte: Fórum, 2015. p. 51 e ss.

⁴⁵ ARRETCHE, Marta. Federalism, bicameralism, and institutional change: general trends and one case-study. *Brazilian Political Science Review*, v. 4, n. 2, p. 10-31, 2010.

⁴⁶ IZUMI, Maurício Yoshida. *Os determinantes do comportamento parlamentar no Senado brasileiro (1989-2010)*. 2013. Tese (Doutorado) – Departamento de Ciência Política, Faculdade de Filosofia, Letras e Ciências Humanas, Universidade de São Paulo, São Paulo, 2013. p. 57.

⁴⁷ ARRETCHE, Marta. The veto power of sub-national governments in Brazil: political institutions and parliamentary behaviour in the post-1988 period. *Brazilian Political Science Review*, v. 1, p. 40-73, 2007. p. 67.

⁴⁸ Novamente, v. IBGE. *Censo 2010*. Disponível em: <https://cidades.ibge.gov.br/brasil/ap/panorama>. Acesso em: 17 jan. 2018; BRASIL. Tribunal Superior Eleitoral. *Estatísticas do eleitorado*. 2014. Disponível em: <https://goo.gl/p1Ug9J>. Acesso em: 17 jan. 2018.

votos no Senado e 57,31% na Câmara. Ou seja, menos de 18% dos eleitores controlavam quase 30% dos votos do Congresso.

Esse desvio pode ser medido por um coeficiente de super-representação, que expõe em que medida o país se afasta do *one person, one vote*: se o coeficiente for de 1 (um), é proporcional a relação entre os representantes de um estado e sua população; mas, se o coeficiente for maior do que 1 (um), há uma disparidade no peso dos votos colhidos em certas regiões. E no Brasil o desvio é gritante: em 1995, os graus de super-representação na Câmara e no Senado chegavam, respectivamente, a 1,92 e 3,94.[49] Isso insere o federalismo brasileiro entre os de maior restrição ao princípio democrático, sendo situado na extremidade dos sistemas que mais restringem o poder do povo (*demos-constraining*).[50]

Assim, se o sistema político brasileiro sofre de uma crise de legitimidade, boa parte disso decorre do modo como o federalismo foi usado para conformar o Congresso. Como os deputados e os senadores não servem (nem têm incentivos institucionais para servirem) como representantes formais das unidades federativas, o que se vê é o uso retórico da federação como pretexto para reproduzir um sistema iníquo, além de caro. Os supostos reflexos do federalismo sobre a composição do Legislativo são apenas um arremedo de justificativa para que uns tenham mais poder que outros. Nada mais.

5 Algumas observações sobre a distribuição de receitas e encargos

De nada adianta ter autonomia para agir quando não se dispõe dos meios necessários a tanto. Isso é particularmente óbvio em matéria financeira: sem dinheiro, o Poder Público não pode dar conta da gama de tarefas que lhe cabe executar. Essa constatação já basta para sublinhar a importância da autonomia financeira dos entes federativos – afinal, quem não tem recursos, ou bem nada faz – o que não é uma opção para o Estado –, ou passa a depender da boa vontade de terceiros, notadamente de outras entidades, esvaziando sua autonomia. Dada a essencialidade dos tributos como fonte de renda pública, a autonomia financeira se traduz na estruturação de um sistema tributário em que as necessidades de gastos de cada esfera sejam contempladas por meio da repartição, entre elas, das bases tributárias – *i.e.*, atribuindo-se a cada uma, no todo ou em parte, a possibilidade de impor tributos sobre fatos e operações que manifestem a riqueza (capacidade contributiva) das pessoas.

A complexidade envolvida aqui é tremenda. Além de ser difícil, em si, organizar um sistema justo e eficiente de tributação, outros fatores entram em cena, como as disparidades regionais, a conjuntura econômica e até a necessidade de atender a outros fins relevantes. Com efeito, cada lugar, em cada momento, tem sua própria demanda por serviços públicos e uma economia mais ou menos forte, além de uma estrutura administrativa mais ou menos eficiente – tudo isso faz com que se tenha maior ou menor

---

[49] FALLETI, Tulia. Efeitos da descentralização nas relações intergovernamentais: o Brasil em perspectiva comparada. *Sociologias*, v. 8, n. 16, p. 46-85, jul./dez. 2006. p. 55-56.

[50] STEPAN, Alfred. Para uma nova análise comparativa do federalismo e da democracia: federações que restringem ou ampliam o poder do demos. *Dados – Revista de Ciências Sociais*, v. 42, n. 2, 1999. Disponível em: <http://www.scielo.br/scielo.php?script=sci_arttext&pid=S0011-525819990002 00001&lng=en&nrm=iso>. Acesso em: 10 jan. 2018.

capacidade de arrecadação. Ademais, o Estado é um só, com um só mercado de bens e serviços e um só povo, que merece condições de vida minimamente uniformes por toda a parte. Assim, é preciso cuidado com a imposição de entraves à circulação da riqueza, a guerra fiscal e o *dumping* social. Da mesma forma, embora a descentralização fiscal seja necessária para que todas as esferas tenham recursos próprios, a tributação tem finalidades e efeitos extrafiscais – *e.g.*, controlar a inflação –, cujo manejo pode justificar algum grau de centralização.

Uma forma de conciliar essas demandas é combinar certa concentração da arrecadação com a repartição de parte das receitas que ela gera. Fazendo-se isso por *transferências obrigatórias*, os entes que as recebem continuam tendo autonomia para geri-las e são aliviados dos custos de sua cobrança e fiscalização. Além disso, podem-se usar as transferências para reduzir desigualdades, na medida em que parte da receita produzida no país pode ser voltada às regiões mais pobres, que têm menor capacidade de arrecadação, mas grandes demandas em termos de investimento e até de custeio. Mas não se trata de uma panaceia: as transferências também têm consequências negativas, como a ilusão fiscal,[51] o efeito *flypaper*[52] e, com eles, o incentivo à ineficiência. Dinheiro que entra fácil, sai fácil, e a percepção que se tem do custo da máquina pública é distorcida. Por isso, é bom associar arrecadação e transferências, mas sem dependência excessiva dessas últimas.

Considerando que a obtenção de recursos pelo Estado não é um fim em si mesmo – mas um meio para que dê cabo das tarefas que lhe cabem –, era de se esperar que as despesas estivessem no centro das preocupações da Constituinte. No entanto, o lado dos encargos e das despesas talvez tenha sido o mais negligenciado pela Carta de 1988 e pelo desenvolvimento do tema, na prática e na academia. Para isso contribuiu uma concepção exageradamente discricionária dos gastos, que destoa da forte limitação à tributação.[53] Mas o maior problema está no próprio desenho da repartição de atribuições.

Para começar, foram travados em separado, como se nada tivessem a ver, os debates relativos às rendas e aos gastos na Assembleia Constituinte: de um lado, distribuíram-se tarefas sem que se soubesse exatamente qual das esferas políticas teria melhores condições de executá-las; de outro, lutou-se por mais e mais recursos, sem mínima noção de quanto se precisaria gastar. O foco dos interesses era a Subcomissão do Sistema Tributário e da Divisão e Distribuição de Receitas, que contou com forte *lobby* dos estados e municípios.[54] Nas subcomissões dedicadas às atribuições dos estados e

---

[51] A ideia é que a política fiscal pode induzir os cidadãos a subdimensionar o custo dos serviços prestados pelo Estado. Como resultado, o governo aumenta os gastos sem que isso seja adequadamente percebido pela sociedade como um custo. V., *e.g.*, ARAUJO, Jevuks Matheus; SIQUEIRA, Rozane Bezerra. Demanda por gastos públicos locais: evidências dos efeitos de ilusão fiscal no Brasil. *Estudos Econômicos*, v. 46, n. 1, p. 189-219, jan./mar. 2016. p. 190. DOI: <http://dx.doi.org/10.1590/0101-416146116jar>.

[52] O efeito *flypaper* corresponde à ideia de que "os recursos recebidos via transferências seriam capturados pelo governo, tendendo a ser usado para aumentar as despesas públicas em vez de serem repassados para os cidadãos, por exemplo, por meio de uma redução de impostos" (ALMEIDA, Renata Neri de. Os efeitos das transferências intergovernamentais nas finanças públicas municipais brasileiras. *Revista do Tribunal de Contas do Estado de Minas Gerais*, v. 33, n. 4, p. 52-72, out./dez. 2015. p. 53). Assim, as transferências estimulariam o aumento desproporcional dos gastos e ainda inibiriam a arrecadação.

[53] MENDONÇA, Eduardo Bastos Furtado de. *A constitucionalização das políticas públicas no Brasil*: devido processo orçamentário e democracia. Rio de Janeiro: Renovar, 2010. Especialmente p. 245 e ss.

[54] SOUZA, Celina. Federalismo e descentralização na Constituição de 1988: processo decisório, conflitos e alianças. *Dados – Revista de Ciências Sociais*, v. 44, n. 3, p. 513-560, 2001. p. 525-526.

dos municípios, a opção pela descentralização se sustentou em preferências normativas e teóricas, sem qualquer amparo em dados ou preocupação com a operacionalização do modelo.[55]

O resultado – que é autoevidente para qualquer cidadão – foi uma distribuição de competências confusa, insegura e descoordenada, que leva ora à sobreposição de iniciativas (redundância), ora à negligência de certas áreas (omissão).[56] A descentralização administrativa se fez principalmente por via de competências concorrentes, sem delinear fronteiras e responsabilidades. Toda essa indefinição favorece o "jogo de empurra" entre as esferas federativas[57] e dificulta o controle social – o povo não sabe de quem cobrar o quê.[58] No fim, "[a] Constituição de 1988 piorou as coisas ao descentralizar receitas [...] sem, ao mesmo tempo, descentralizar clara e ordenadamente encargos e despesas".[59]

Aliado a uma ideologia de municipalismo, isso fez com que boa parte das responsabilidades estatais recaísse sobre os entes locais –[60] em uma tendência que se consolidou ainda mais ao longo da década de 1990.[61] No entanto, embora tenham sido bem contemplados, coletivamente, na repartição da receita, os municípios nem sempre têm condições de assumir todos esses encargos. Enquanto isso, os estados permanecem como o "elo perdido" da federação:[62] não sabem bem qual é o seu papel[63] e têm sérias restrições financeiras, quando poderiam substituir ou complementar a União na coordenação de políticas públicas e na redução das desigualdades regionais e intrarregionais.[64]

Esse quadro se torna ainda mais delicado quando se leva em conta o caráter altamente rígido e simétrico da federação brasileira do ponto de vista jurídico. Isto é: estados e municípios com perfis muito diversos entre si – que enfrentam problemas diferentes e não têm acesso às mesmas soluções – são cobrados pelas mesmas responsabilidades, às quais devem atender usando os mesmos instrumentos e recursos. A

---

[55] SOUZA, Celina. Federalismo e descentralização na Constituição de 1988: processo decisório, conflitos e alianças. *Dados – Revista de Ciências Sociais*, v. 44, n. 3, p. 513-560, 2001. p. 525; 547.

[56] AFFONSO, Rui. Os municípios e os desafios da federação no Brasil. *São Paulo em Perspectiva*, v. 10, n. 3, p. 3-10, 1996. p. 4-5; 9; ALMEIDA, Maria Hermínia Tavares de. Recentralizando a federação?, Revista de Sociologia e Política, v. 24, p. 29-40, jun. 2005, p. 36; FALLETI, Tulia. Efeitos da descentralização nas relações intergovernamentais: o Brasil em perspectiva comparada. *Sociologias*, v. 8, n. 16, p. 46-85, jul./dez. 2006. p. 77-78.

[57] FRANZESE, Cibele; ABRUCIO, Fernando Luiz. A combinação entre federalismo e políticas públicas no Brasil pós-1988: os resultados nas áreas de saúde, assistência social e educação. In: FRANZESE, Cibele et al. *Reflexões para Ibero-América*: avaliação de programas sociais. Brasília: Enap, 2009. p. 32-33.

[58] Apontando o problema e sugerindo uma solução, v. BARCELLOS, Ana Paula de. Controle social, informação e Estado federal. A interpretação das competências político-administrativas comuns. In: SOUZA NETO, Cláudio Pereira de; SARMENTO, Daniel; BINENBOJM, Gustavo. *Vinte anos da Constituição Federal de 1988*. Rio de Janeiro: Lumen Juris, 2009. p. 629 e ss.

[59] SERRA, José. As vicissitudes do orçamento. *Revista de Economia Política*, v. 13, n. 4 (52), p. 143-149, out./dez. 1993. p. 148.

[60] ALMEIDA, Maria Hermínia Tavares de. Recentralizando a federação? *Revista de Sociologia e Política*, v. 24, p. 29-40, jun. 2005. p. 36.

[61] FRANZESE, Cibele; ABRUCIO, Fernando Luiz. A combinação entre federalismo e políticas públicas no Brasil pós-1988: os resultados nas áreas de saúde, assistência social e educação. In: FRANZESE, Cibele et al. *Reflexões para Ibero-América*: avaliação de programas sociais. Brasília: Enap, 2009. p. 32-33.

[62] A expressão é de SOUZA, Celina. Os municípios foram os grandes vencedores da cadeia federativa a partir da Constituição de 1988. *Revista do Serviço Público*, v. 62, n. 4, p. 473-479, out./dez. 2011. p. 478.

[63] ALMEIDA, Maria Hermínia Tavares de. Recentralizando a federação? *Revista de Sociologia e Política*, v. 24, p. 29-40, jun. 2005. p. 36.

[64] SOUZA, Celina. Os municípios foram os grandes vencedores da cadeia federativa a partir da Constituição de 1988. *Revista do Serviço Público*, v. 62, n. 4, p. 473-479, out./dez. 2011. p. 476.

possibilidade de experiências – especialmente no nível estadual –,[65] uma das grandes vantagens de uma federação,[66] fica prejudicada diante de um arranjo institucional que aprisiona todas as entidades políticas em um único regime. A Constituição até prevê mecanismos para dar flexibilidade ao sistema, como os agrupamentos municipais (*e.g.*, regiões metropolitanas), os consórcios públicos e os convênios de cooperação,[67] mas seu uso não é tão difundido ou feito de forma apropriada, de modo que, apesar do seu potencial, pouco benefício prático se tem extraído delas.

Se as despesas foram ignoradas, as receitas tiveram bastante atenção. Mas o resultado não foi melhor. No Brasil, a preferência não tem sido pela arrecadação própria. Aliás, historicamente a federação não verificou grandes alterações quanto à repartição das bases tributárias entre os entes políticos:[68] o desenho iniciado em 1891 e que, em 1934, passou a incluir os municípios, foi sempre mantido em suas linhas gerais. Isso se explica por que o grande debate na Constituinte se concentrou nas transferências – em particular, no incremento das fatias devidas pela União aos estados e municípios[69] e no aumento da discricionariedade no uso desses recursos. Nesse ponto, a Constituição, longe de instituir uma ruptura, seguiu com um movimento que já havia se iniciado no regime autoritário: os percentuais dos Fundos de Participação dos Estados (FPE) e dos Municípios (FPM) haviam sido aumentados em 1983 e 1984[70] e tornaram a crescer sob a Constituição de 1988.[71]

O grande interesse político na repartição de rendas foi visível na Constituinte. Na Subcomissão do Sistema Tributário e da Divisão e Distribuição de Receitas, as negociações foram tão intensas que o resultado foi um jogo de soma positiva, em que cada região prejudicada com alguma decisão ganhou algo em troca. Como resultado, todas acabaram com um aumento de 0,9% de recursos, mantendo as distorções regionais observadas até então.[72] O acordo foi o seguinte: as regiões mais ricas ganharam um ICMS reforçado e as demais, maiores percentuais de transferências. Como o dinheiro não se multiplica sozinho, quem arcou com isso foi a União, que perdeu recursos, e a sociedade civil, que teve de sustentar o aumento da arrecadação pública.

---

[65] SOUZA, Celina. Os municípios foram os grandes vencedores da cadeia federativa a partir da Constituição de 1988. *Revista do Serviço Público*, v. 62, n. 4, p. 473-479, out./dez. 2011. p. 478.

[66] A referência aos Estados como "laboratórios" da democracia se tornou célebre no voto divergente do *Justice* Brandeis da Suprema Corte dos EUA em New State Ice Co. *v.* Liebmann, 285 U.S. 262, 311 (1932).

[67] V. PIRES, Thiago Magalhães. Federalismo, flexibilidade e assimetria no direito brasileiro: agrupamentos municipais, convênios de cooperação e consórcios públicos. *Revista de Direito Administrativo*, v. 275, p. 125-154, maio/ago. 2017.

[68] Para todo este parágrafo, v. ARRETCHE, Marta. Quem taxa e quem gasta: a barganha federativa na federação brasileira. *Revista de Sociologia e Política*, v. 24, p. 69-85, jun. 2005.

[69] Como aponta Marta Arretche, a Constituição de 1988 não promoveu uma grande alteração nas transferências dos estados para os municípios em relação ao que ocorrera no período anterior (ARRETCHE, Marta. Quem taxa e quem gasta: a barganha federativa na federação brasileira. *Revista de Sociologia e Política*, v. 24, p. 69-85, jun. 2005. p. 79, nota nº 14).

[70] AFFONSO, Rui. Os municípios e os desafios da federação no Brasil. *São Paulo em Perspectiva*, v. 10, n. 3, p. 3-10, 1996. p. 3.

[71] O FPE e o FPM, que recebiam 14% e 16% das receitas de impostos federais, passaram a ter 21,5% e 22,5%, e instituiu-se um fundo de desenvolvimento regional em favor dos estados das regiões Norte, Nordeste e Centro-Oeste. V. ALMEIDA, Maria Hermínia Tavares de. Recentralizando a federação? *Revista de Sociologia e Política*, v. 24, p. 29-40, jun. 2005. p. 32.

[72] SOUZA, Celina. Federalismo e descentralização na Constituição de 1988: processo decisório, conflitos e alianças. *Dados – Revista de Ciências Sociais*, v. 44, n. 3, p. 513-560, 2001. p. 528; 534.

Os números comprovam o ponto: comparando o ano de 1985 com o de 1990,[73] a União viu sua fatia das receitas disponíveis[74] reduzida em 11,7%, enquanto os estados tiveram um aumento de 13,5%. Já os municípios se beneficiaram de um incrível crescimento de 39,2%. Como também cresceram as transferências do plano estadual para o local, pode-se dizer que a situação dos estados foi praticamente mantida, enquanto os municípios tiveram um acréscimo efetivamente expressivo.[75] Para ficar com o ano de 1990, a arrecadação própria dos entes locais correspondeu a cerca de 3,4% de tudo o que foi recolhido a título de impostos e contribuições, mas lhes coube, depois das transferências, 14,9% de toda a renda tributária nacional. E a tendência prosseguiu: em 2002, só 17,8% da renda municipal vinha de seus tributos, contra 68,4% oriundos de transferências.[76] Não à toa se diz que foram os municípios os grandes vitoriosos da partilha feita pela Carta de 1988.[77]

Mas é preciso cuidado com a generalização. Quando se fala em "estados" ou "municípios", no plural, não se pode perder de vista a enorme disparidade entre eles. Somando-se as receitas primárias de todos os estados e do Distrito Federal,[78] só cerca de 25% delas são obtidas por transferências. No entanto, 9 unidades da federação têm de 50% a 80%, aproximadamente, de suas receitas dependentes da repartição de rendas.[79] Só em 2016, os estados do Sudeste responderam por mais de 50% de toda a arrecadação própria das unidades federativas – sendo que São Paulo concentrou 30% de tudo o que os estados e o Distrito Federal arrecadaram. Quanto aos municípios, em 2002, as transferências respondiam por mais de 80% da renda pública no Norte, Nordeste e Centro-Oeste, ficando em cerca de 66,6% e 59,9% no Sul e no Sudeste, respectivamente.[80] Além disso, é preciso ter em conta a febre de emancipações municipais observada depois da Constituição de 1988: os novos entes políticos passaram a dividir os recursos repassados pelos estados e pela União, reduzindo o que cabia aos demais.

Esse quadro poderia se justificar se as transferências gerassem a correção de desigualdades. Mas não é isso o que se observa na prática – muito ao revés. Confiram-se algumas observações pontuais:[81]

---

[73] A partir dos dados apresentados por ALMEIDA, Maria Hermínia Tavares de. Recentralizando a federação? *Revista de Sociologia e Política*, v. 24, p. 29-40, jun. 2005. p. 33.

[74] Trata-se da soma da arrecadação própria com o que entra ou sai a título de transferências obrigatórias.

[75] AFFONSO, Rui. Os municípios e os desafios da federação no Brasil. *São Paulo em Perspectiva*, v. 10, n. 3, p. 3-10, 1996. p. 3.

[76] GUEDES, Kelly Pereira; GASPARINI, Carlos Eduardo. Descentralização fiscal e tamanho do governo no Brasil. *Economia Aplicada*, v. 11, n. 2, p. 303-323, abr./jun. 2007. p. 304.

[77] SOUZA, Celina. Os municípios foram os grandes vencedores da cadeia federativa a partir da Constituição de 1988. *Revista do Serviço Público*, v. 62, n. 4, p. 473-479, out./dez. 2011. p. 475. Entrevista concedida a Marco Acco. V. também ALMEIDA, Maria Hermínia Tavares de. Recentralizando a federação? *Revista de Sociologia e Política*, v. 24, p. 29-40, jun. 2005. p. 33.

[78] BRASIL. Secretaria do Tesouro Nacional. *Boletim das finanças dos entes subnacionais*: 2016. Versão final – dez. 2017. Disponível em: <https://goo.gl/jLQdXA>. Acesso em: 26 dez. 2017.

[79] Piauí, Paraíba, Alagoas, Sergipe, Maranhão, Tocantins, Roraima, Acre e Amapá.

[80] GUEDES, Kelly Pereira; GASPARINI, Carlos Eduardo. Descentralização fiscal e tamanho do governo no Brasil. *Economia Aplicada*, v. 11, n. 2, p. 303-323, abr./jun. 2007. p. 305.

[81] Salvo quando indicado em outras notas, as informações abaixo foram extraídas de MENDES, Marcos; MIRANDA, Rogério Boueri; COSIO, Fernando Blanco. Transferências intergovernamentais no Brasil: diagnóstico e proposta de reforma. *Textos para Discussão*, Brasília, n. 40, abr. 2008. Disponível em: <http://www.senado.gov.br/conleg/textos_discussao.htm>. Acesso em: 15 jan. 2018.

- *FPE*: passou os primeiros 27 anos de vigência da Carta sendo distribuído com base em critérios políticos, nos termos da LC nº 62/1989, sem atenção às condições socioeconômicas dos estados. Ademais, a garantia de que 85% dos seus recursos fossem distribuídos no Norte, Nordeste e Centro-Oeste também gerava distorções porque, embora as duas primeiras regiões fossem relativamente homogêneas e com baixo desenvolvimento, a terceira incluía estados com grande crescimento econômico, além do Distrito Federal, que é a unidade com maior renda *per capita* do Brasil, sendo ainda destinatária de um fundo próprio (v. *infra*). O cenário só mudou depois que o STF declarou a invalidade da situação[82] e, em 2016, entraram em vigor as alterações promovidas pela LC nº 143/2013. Ainda assim, a lei definiu coeficientes fixos por unidade, a serem corrigidos pelo IPCA e por um fator correspondente a 75% da variação do PIB nacional no ano anterior ao da base de cálculo. Só o que resta depois dessa conta é que segue uma *ratio* redistributiva, combinando fatores relativos à população e ao inverso da renda domiciliar *per capita*.[83]
- *FPM*: sua regulamentação gera um viés favorável a municípios com menor população, quaisquer que sejam suas condições socioeconômicas. Isso foi um grande estímulo à febre de emancipações mencionada acima – em alguns estados, os novos municípios com menos de 10.800 habitantes tomaram para si parcelas muito significativas do FPM. Isso chegou a 53,2% no Tocantins, a 36,5% no Piauí e a 19,9% no Rio Grande do Sul.[84] Como os municípios menores não são os mais pobres, e os maiores, muitas vezes, compensam a situação com uma boa arrecadação, os municípios médios são os grandes prejudicados. Ademais, o peso proporcional das despesas fixas do Poder Público nos entes menores é maior, gerando ineficiências. Também saem perdendo as cidades das periferias metropolitanas, que não têm uma economia forte e, por isso, apresentam base tributária e capacidade de arrecadação baixas, mas uma alta demanda por serviços públicos.
- *Fundo Constitucional do Distrito Federal (FCDF)*: a pretexto de compensar o Distrito pelos custos de infraestrutura necessários à sede dos poderes da União, a Carta exige que esta preste assistência financeira àquele por meio de um fundo próprio (art. 21, XIV). O FCDF – que, em 2006, respondeu por nada menos que 41% da receita corrente do Distrito – se alia à absorção da Justiça e do Ministério Público distritais pela União para tornar essa unidade um *outlier* em tema de receita *per capita*: no Distrito Federal, em 2006, ela chegou a R$5,4 mil/habitante, quando Roraima, o segundo lugar, tinha pouco mais da metade disso (R$3,2 mil/habitante). Como o Distrito também é o campeão na arrecadação *per capita*, não há justificativa para transferências federais tão altas. Em comparação, o entorno do Distrito Federal sofre os efeitos populacionais da proximidade com a capital, mas tem uma arrecadação irrisória, assim como

---

[82] STF. ADI nº 875/DF; ADI nº 1.987/DF; ADI nº 2.727/DF. Rel. Min. Gilmar Mendes. *DJ*, 30 abr. 2010; e STF. ADI nº 3.243/MT. Rel. Min. Gilmar Mendes. *DJ*, 7 maio 2010.

[83] V. LC nº 62/1989, art. 2º (na redação dada pela LC nº 143/2013).

[84] BRANDT, Cristina Thedim. A criação de municípios após a Constituição de 1988: o impacto sobre a repartição do FPM e a Emenda Constitucional nº 15, de 1996. *Revista de Informação Legislativa*, v. 47, n. 187, jul./set. 2010. p. 68-70.

baixas transferências (inclusive do FPM), sendo uma das regiões mais violentas e pobres do país. A disparidade entre o PIB *per capita* do Distrito e o do entorno era a maior do Brasil em 2011 e saltou de 607,2% em 1999 para 802,1% em 2009.[85] E quem recebe cuidado especial (e desnecessário) é o Distrito Federal? Não faz sentido.

- *Transferências diretas*: a transferência do ICMS para os municípios – que é a mais expressiva, superando o FPM – não tem propósito ou efeito redistributivo; como ela é repartida principalmente com base no valor adicionado, no território de cada município, nas operações de circulação de mercadorias e nas prestações de serviços (fatos geradores do ICMS),[86] trata-se de uma transferência que reflete a força econômica dos municípios e, na prática, beneficia os mais desenvolvidos. Algo semelhante ocorre com o IPVA, ITR, o IRRF e o IOF-Ouro que, no entanto, respondem por valores médios baixos (cerca de R$14,00 *per capita*), que nem justificam os custos de sua distribuição.
- *Sobreposição de distorções*: pequenos municípios com uma atividade geradora de grande receita de ICMS receberão boas parcelas desse tributo e ainda elevadas quantias do FPM. Curiosamente, portanto, os entes menores e desenvolvidos acabam sendo beneficiados pelas duas transferências, sendo que não há lógica em atribuir maior parcela do FPM aos municípios com grande geração de ICMS.

Tudo isso justifica uma reflexão geral sobre o financiamento dos entes políticos no Brasil, com as transferências constitucionais no centro do debate. Ao contrário do que se supõe, elas não têm – em tese ou na prática – um papel redistributivo. Ademais, como se observou em estudos recentes, seu uso em grande proporção no país efetivamente estimula o aumento da máquina pública,[87] ao mesmo tempo em que incrementa a ilusão fiscal e o efeito *flypaper*.[88] Quando o dinheiro entra sem esforço, não há por que se ocupar de fortalecer a capacidade de arrecadação. Mas nem por isso o sistema se reverte em benefício da população – em vez de serem "repassadas" à população local na forma de uma desoneração fiscal, essas transferências geram um incentivo para que se gaste ainda mais.

6 Conclusão

O presente estudo buscou fazer um diagnóstico panorâmico da federação brasileira aos 30 anos da Carta de 1988. A pergunta que se pretendia responder era: a quem

---

[85] BRASÍLIA sustenta maior renda per capita e tem periferia mais pobre do país. *Correio Braziliense*, 18 dez. 2011. Disponível em: <https://goo.gl/3U7Tt4>. Acesso em: 3 mar. 2018.

[86] CF/88, art. 158, parágrafo único, I. Nos termos do art. 3º, §1º, da LC nº 63/1990, o "valor adicionado" corresponde, em geral, ao valor das mercadorias saídas, somado ao das prestações de serviços, no território do município, subtraído o valor das mercadorias entradas, em cada ano civil; quanto à tributação simplificada das microempresas e empresas de pequeno porte, e nas situações em que os controles de entrada sejam dispensados, o "valor adicionado" corresponde a 32% da receita bruta.

[87] Sobre o tema, v. GUEDES, Kelly Pereira; GASPARINI, Carlos Eduardo. Descentralização fiscal e tamanho do governo no Brasil. *Economia Aplicada*, v. 11, n. 2, p. 303-323, abr./jun. 2007. Especialmente p. 318-319.

[88] ARAUJO, Jevuks Matheus; SIQUEIRA, Rozane Bezerra. Demanda por gastos públicos locais: evidências dos efeitos de ilusão fiscal no Brasil. *Estudos Econômicos*, v. 46, n. 1, p. 189-219, jan./mar. 2016. p. 212 e ss. DOI: <http://dx.doi.org/10.1590/0101-416146116jar>.

serve um federalismo em que teoria e prática andam tão divorciadas? A resposta parece bem clara: os grandes beneficiários do sistema são o Distrito Federal e os municípios – principalmente os menores, localizados nas regiões Norte, Nordeste e Centro-Oeste. Além de super-representadas no Congresso, essas áreas são favorecidas por aportes elevados e praticamente aleatórios de recursos, e dispõem de uma autonomia constitucional bastante relevante. Essa conclusão deveria – ao menos – acender um sinal amarelo: em um país que se construiu sobre relações clientelistas, baseadas no poder de base municipal dos coronéis, o excesso de competências, de força política e de recursos discricionários voltado aos municípios menores pode ser uma forma de reproduzir esses problemas – que, tudo indica, continuam a ser determinantes no Brasil.[89]

Mas, e do outro lado, quem perde na federação? Em um primeiro momento, a União teve prejuízo, mas soube encontrar saídas (nem sempre constitucionais) para dar a volta por cima. Já os estados, presos entre a centralização do poder na União e a progressiva autonomia dos municípios, e sem poder contar com um fundo como FCDF, são os grandes perdedores do sistema. Prejudicados também foram os municípios mais pobres – que nem sempre são os menores ou menos populosos –, principalmente os situados nas periferias metropolitanas: no seu caso, a enorme responsabilidade que recai sobre os entes locais é potencializada pela violência e por uma grande demanda por serviços públicos, mas eles não têm um afluxo de recursos minimamente compatível com a sua condição. Outros grandes perdedores são: a democracia, já que as principais decisões do país são tomadas por um Congresso com baixíssima representatividade; e a eficiência na gestão pública, diante do estímulo ao crescimento desnecessário dos gastos e sua desvinculação da qualidade dos serviços prestados.

Referências

AFFONSO, Rui. Os municípios e os desafios da federação no Brasil. *São Paulo em Perspectiva*, v. 10, n. 3, p. 3-10, 1996.

ALMEIDA, Maria Hermínia Tavares de. Recentralizando a federação? *Revista de Sociologia e Política*, v. 24, p. 29-40, jun. 2005.

ALMEIDA, Renata Neri de. Os efeitos das transferências intergovernamentais nas finanças públicas municipais brasileiras. *Revista do Tribunal de Contas do Estado de Minas Gerais*, v. 33, n. 4, p. 52-72, out./dez. 2015.

ARAUJO, Jevuks Matheus; SIQUEIRA, Rozane Bezerra. Demanda por gastos públicos locais: evidências dos efeitos de ilusão fiscal no Brasil. *Estudos Econômicos*, v. 46, n. 1, p. 189-219, jan./mar. 2016. DOI: <http://dx.doi.org/10.1590/0101-416146116jar>.

ARAÚJO, Marcelo Labanca Corrêa de. Federalismo e princípio da simetria: entre unidade e diversidade. In: TAVARES, André Ramos; LEITE, George Salomão; SARLET, Ingo Wolfgang (Org.). *Estado constitucional e organização do poder*. São Paulo: Saraiva, 2010.

ARRETCHE, Marta. Federalism, bicameralism, and institutional change: general trends and one case-study. *Brazilian Political Science Review*, v. 4, n. 2, p. 10-31, 2010.

ARRETCHE, Marta. Quem taxa e quem gasta: a barganha federativa na federação brasileira. *Revista de Sociologia e Política*, v. 24, p. 69-85, jun. 2005.

---

[89] AVELAR, Lúcia. Lentas mudanças: o voto e a política tradicional. *Lua Nova*, n. 49, p. 195-224, 2000.

ARRETCHE, Marta. The veto power of sub-national governments in Brazil: political institutions and parliamentary behaviour in the post-1988 period. *Brazilian Political Science Review*, v. 1, p. 40-73, 2007.

AVELAR, Lúcia. Lentas mudanças: o voto e a política tradicional. *Lua Nova*, n. 49, p. 195-224, 2000.

BARCELLOS, Ana Paula de. Controle social, informação e Estado federal. A interpretação das competências político-administrativas comuns. In: SOUZA NETO, Cláudio Pereira de; SARMENTO, Daniel; BINENBOJM, Gustavo. *Vinte anos da Constituição Federal de 1988*. Rio de Janeiro: Lumen Juris, 2009.

BRANDT, Cristina Thedim. A criação de municípios após a Constituição de 1988: o impacto sobre a repartição do FPM e a Emenda Constitucional nº 15, de 1996. *Revista de Informação Legislativa*, v. 47, n. 187, jul./set. 2010.

BRASIL. Secretaria do Tesouro Nacional. *Boletim das finanças dos entes subnacionais*: 2016. Versão final – dez. 2017. Disponível em: <https://goo.gl/jLQdXA>. Acesso em: 26 dez. 2017.

BRASIL. Tribunal Superior Eleitoral. *Estatísticas do eleitorado*. 2014. Disponível em: <https://goo.gl/p1Ug9J>. Acesso em: 17 jan. 2018.

BRASÍLIA sustenta maior renda per capita e tem periferia mais pobre do país. *Correio Braziliense*, 18 dez. 2011. Disponível em: <https://goo.gl/3U7Tt4>. Acesso em: 3 mar. 2018.

FALLETI, Tulia. Efeitos da descentralização nas relações intergovernamentais: o Brasil em perspectiva comparada. *Sociologias*, v. 8, n. 16, p. 46-85, jul./dez. 2006.

FRANZESE, Cibele; ABRUCIO, Fernando Luiz. A combinação entre federalismo e políticas públicas no Brasil pós-1988: os resultados nas áreas de saúde, assistência social e educação. In: FRANZESE, Cibele *et al*. *Reflexões para Ibero-América*: avaliação de programas sociais. Brasília: Enap, 2009.

GUEDES, Kelly Pereira; GASPARINI, Carlos Eduardo. Descentralização fiscal e tamanho do governo no Brasil. *Economia Aplicada*, v. 11, n. 2, p. 303-323, abr./jun. 2007.

IBGE. *Censo 2010*. Disponível em: <https://cidades.ibge.gov.br/brasil/ap/panorama>. Acesso em: 17 jan. 2018.

IZUMI, Maurício Yoshida. *Os determinantes do comportamento parlamentar no Senado brasileiro (1989-2010)*. 2013. Tese (Doutorado) – Departamento de Ciência Política, Faculdade de Filosofia, Letras e Ciências Humanas, Universidade de São Paulo, São Paulo, 2013.

LIMA, Maria Helena Palmer; SILVA, Jorge Kleber Teixeira. Evolução do marco legal da criação de municípios no Brasil. In: IBGE. *Atlas Nacional do Brasil Milton Santos*: 2010. Disponível em: <https://ww2.ibge.gov.br/apps/atlas_nacional/>. Acesso em: 20 fev. 2018.

MADISON, James. The federalist no. 62. In: HAMILTON, Alexander; MADISON, James; JAY, John. *The federalist papers*. New York: Pocket Books, 2004.

MENDES, Marcos; MIRANDA, Rogério Boueri; COSIO, Fernando Blanco. Transferências intergovernamentais no Brasil: diagnóstico e proposta de reforma. *Textos para Discussão*, Brasília, n. 40, abr. 2008. Disponível em: <http://www.senado.gov.br/conleg/textos_discussao.htm>. Acesso em: 15 jan. 2018.

MENDONÇA, Eduardo Bastos Furtado de. *A constitucionalização das políticas públicas no Brasil*: devido processo orçamentário e democracia. Rio de Janeiro: Renovar, 2010.

NICOLAU, Jairo Marconi. As distorções na representação dos estados na Câmara dos Deputados brasileira. *Dados – Revista de Ciências Sociais*, v. 40, n. 3, 1997. DOI: <http://dx.doi.org/10.1590/S0011-52581997000300006>. Disponível em: <http://www.scielo.br/scielo.php?script=sci_arttext&pid=S0011-52581997000300006&lng=en&nrm=iso>. Acesso em: 20 fev. 2018.

PIRES, Thiago Magalhães. *As competências legislativas na Constituição de 1988*: uma releitura de sua intepretação e da solução de seus conflitos à luz do direito constitucional contemporâneo. Belo Horizonte: Fórum, 2015.

PIRES, Thiago Magalhães. Federalismo, flexibilidade e assimetria no direito brasileiro: agrupamentos municipais, convênios de cooperação e consórcios públicos. *Revista de Direito Administrativo*, v. 275, p. 125-154, maio/ago. 2017.

REIS, José Carlos Vasconcellos dos. O princípio da simetria: verdade ou mito? *Fórum Administrativo*, v. 15, n. 167, p. 53-65, jan. 2015.

SERRA, José. As vicissitudes do orçamento. *Revista de Economia Política*, v. 13, n. 4 (52), p. 143-149, out./dez. 1993.

SOUZA, Celina. Federalismo e descentralização na Constituição de 1988: processo decisório, conflitos e alianças. *Dados – Revista de Ciências Sociais*, v. 44, n. 3, p. 513-560, 2001.

SOUZA, Celina. Os municípios foram os grandes vencedores da cadeia federativa a partir da Constituição de 1988. *Revista do Serviço Público*, v. 62, n. 4, p. 473-479, out./dez. 2011.

STEPAN, Alfred. Para uma nova análise comparativa do federalismo e da democracia: federações que restringem ou ampliam o poder do demos. *Dados – Revista de Ciências Sociais*, v. 42, n. 2, 1999. Disponível em: <http://www.scielo.br/scielo.php?script=sci_arttext&pid=S0011-52581999000200001&lng=en&nrm=iso>. Acesso em: 10 jan. 2018.

UNITED STATES. House of Representatives. *Representatives apportioned to each state (1st to 23rd Census, 1790–2010)*. Disponível em: <https://goo.gl/St1Cbv>. Acesso em: 23 fev. 2018.

Informação bibliográfica deste texto, conforme a NBR 6023:2002 da Associação Brasileira de Normas Técnicas (ABNT):

PIRES, Thiago Magalhães. Federalismo para quem? Um balanço aos 30 anos da Constituição de 1988. In: BARROSO, Luís Roberto; MELLO, Patrícia Perrone Campos (Coord.). *A República que ainda não foi: trinta anos da Constituição de 1988 na visão da Escola de Direito Constitucional da UERJ*. Belo Horizonte: Fórum, 2018. p. 309-327. ISBN 978-85-450-0582-7.

PARTE V

JURISDIÇÃO CONSTITUCIONAL

MODELOS DE JURISDIÇÃO CONSTITUCIONAL E SUAS BASES TEÓRICAS

RODRIGO BRANDÃO

1 Introdução

Em seu aniversário de trinta anos, a Constituição Federal de 1988 se consolidou como um marco fundamental na história constitucional brasileira. Proporcionou o mais longo período de estabilidade democrática em nosso país, com eleições regulares e transições democráticas nos três entes federativos. Porém, nos últimos anos o país tem sofrido crises constitucionais sucessivas, que naturalmente têm desembocado no Supremo Tribunal Federal.

Era esperado que a mídia e a própria sociedade civil voltassem as suas atenções para o STF, como, de fato, tem ocorrido. Hoje boa parte dos brasileiros conhece os ministros do Supremo pelo nome e tem os seus preferidos. Algumas votações emblemáticas reúnem grande quantidade de pessoas em torno de televisões nos centros urbanos brasileiros, em cenário parecido com o que se vê quando a seleção brasileira de futebol entra em campo. As questões constitucionais, cuja discussão antes era reservada aos profissionais do direito, ganharam as ruas, os almoços das famílias, os bares, as redes sociais.

Embora esta superexposição apresente riscos ao Tribunal, o STF tem desempenhado um papel essencialmente positivo nestes trinta anos de vigência da Constituição de 1988. Primeiro, pelo fato de o Supremo, especialmente a partir da virada de milênio, ter se afirmado como o árbitro das grandes questões constitucionais brasileiras, passo fundamental à consolidação da nossa democracia constitucional. O Tribunal e os seus membros têm cumprido, portanto, um papel destacado para a afirmação de um sentimento constitucional genuíno no Brasil, o que é louvável.

Além disso a penetração das questões constitucionais na sociedade civil consiste em novidade relevante. Diante da transcendental importância que as Constituições contemporâneas têm desempenhado, restringir a sua interpretação à Suprema Corte acarreta sérios problemas de legitimidade democrática. Ao contrário, a interpretação constitucional se dá sobretudo fora do Supremo Tribunal Federal: nos poderes Legislativo e Executivo federais, nos estados, nos municípios, nas empresas, na sociedade civil, no terceiro setor, nas ruas.[1]

Todavia, a significativa expansão da jurisdição constitucional no Brasil tem gerado intensos e relevantes debates, como os relativos à ampliação dos poderes monocráticos dos ministros e as alegações de falta de aderência das decisões judiciais ao texto constitucional e de interferência em competências políticas dos outros poderes (em matérias como a nomeação de ministros de Estado, processo legislativo, aprovação de emendas constitucionais etc.).

Nesse contexto de expansão do poder político do Supremo Tribunal Federal e das discussões sobre o seu papel, é fundamental compreender a evolução da justiça constitucional e os seus pressupostos teóricos. Este é o objetivo central do presente artigo, que se inicia pelo estudo da gênese da jurisdição constitucional na Europa: o debate travado entre Hans Kelsen e Carl Schmitt a respeito de qual instituição deveria ser a guardiã da Constituição.

Com a derrocada das monarquias e a afirmação das repúblicas europeias, a questão relativa sobre saber a quem deveria ser atribuída a última palavra para a solução dos grandes conflitos constitucionais entra em cena. E o debate é aquecido com a decisão proferida em 1925 pelo Tribunal do Estado alemão (*Reichsgericht*), quando, em razão da crise causada pela vertiginosa desvalorização da moeda alemã, o Tribunal, apesar de ter proclamado a validade de norma que estabelecera distinção de índices de correção da moeda em razão do tipo de débito, afirmou, em tese, a sua competência para controlar a constitucionalidade de leis federais.

Este debate é bastante fecundo não apenas pelo momento histórico e pelo *pedigree* dos juristas, mas especialmente por descortinar os pressupostos teóricos em que se assentou a justiça constitucional na Europa, a qual desempenhou marcante influência no Brasil. E a sua atualidade chama atenção: impressiona perceber que já na década de 20 do século passado, quando a justiça constitucional era apenas uma possibilidade teórica em boa parte da Europa, já se debatia o risco de uma indevida absorção de poderes políticos pelo Judiciário e de a sua atuação pautar-se por princípios ambíguos, esmaecendo a referibilidade das decisões judiciais à lei.

Em seguida, o modelo kelseniano será cotejado com o perfil da jurisdição constitucional concebida após o segundo pós-guerra. Há relevante mudança de perspectiva, em razão da percepção de que as democracias não poderiam se limitar ao princípio majoritário, devendo incorporar um intenso conteúdo moral às Constituições – particularmente no catálogo de direitos fundamentais –, cujo respeito pelos poderes Executivo e Legislativo deveria ser fiscalizado por um órgão judicial insulado da política. Para além da vinculação material do legislador à Constituição, desenvolve-se na teoria do direito a noção de que os princípios constitucionais são normas jurídicas, imperativas aos três poderes e judicialmente sindicáveis, e que se aplicam mediante ponderação.

---

[1] Dados os limites do presente artigo, não abordarei a questão relativa a saber a qual instituição é atribuída a última palavra em matéria de interpretação constitucional. Pude dedicar-me detidamente ao tema em BRANDÃO, Rodrigo. *Supremacia judicial v. diálogos constitucionais*: a quem cabe a última palavra sobre a Constituição. 2. ed. Rio de Janeiro: Lumen Juris, 2018.

A vinculação material do legislador à Constituição, com o consequente fortalecimento do Judiciário e a incorporação de princípios de intenso conteúdo moral às Constituições, representou notável avanço do constitucionalismo. Esse fenômeno se fez sentir no Brasil após a Constituição de 1988 e especialmente após a virada de milênio, quando ministros majoritariamente nomeados após o regime militar mudaram o perfil da jurisprudência do Supremo.

Todavia, a incorporação da premissa de que princípios incorporam um estado ideal de coisas que deve ser otimizado pela técnica da ponderação, quando dissociada de um rigor metodológico e da preocupação em preservar um razoável espaço de liberdade de conformação legislativa, pode causar graves problemas. Com efeito, a noção de que a ponderação é um critério geral de aplicação do direito, de maneira que os princípios, tal como interpretados pelos Tribunais, podem ser aplicados por cima e sem consideração às regras que o concretizam, acaba por conferir um amplo espaço de atuação aos Tribunais, em compressão àquele que cabe aos demais poderes. Além disso, a Constituição passa a ser compreendida como uma espécie de "ordem jurídica fundamental da comunidade", do qual todos os atos legislativos são meras concretizações, especificações. Esta noção representa indevida colonização da política pelo direito, com o esvaziamento do espaço de deliberação parlamentar.

Todavia, há circunstâncias políticas que desdramatizam esse problema. Ao contrário do que o conhecimento convencional supõe, um acórdão da Suprema Corte sobre uma questão constitucional controvertida raramente representa a última palavra sobre a matéria, ou, em outras palavras, dificilmente veta a possibilidade da sua rediscussão. A definição do sentido futuro da Constituição resulta de uma complexa dança institucional, na qual a Suprema Corte, o Congresso Nacional, o Poder Executivo, os demais entes federativos, a sociedade civil e a opinião pública interagem de forma complexa.

2 A agonia do nascimento da jurisdição constitucional na Europa: o debate Kelsen *v.* Schmitt sobre o "guardião da Constituição"

Com o aceleramento da queda das monarquias no primeiro pós-guerra, o princípio democrático, enfim, se afirma em solo europeu como único fundamento de validade das Constituições nacionais. Nesse período é editada a Constituição austríaca de 1920 que, fortemente influenciada por Hans Kelsen, consiste em marco fundamental para a implantação do controle de constitucionalidade na Europa.[2]

Apesar de a afirmação da soberania popular como fundamento último de legitimidade do poder político ser essencial ao florescimento da jurisdição constitucional, o que efetivamente se verificou na Europa no período entre guerras foi o avanço de movimentos antiliberais. A grande depressão econômica das décadas de 20 e 30 sepultou

---

[2] Há experiências anteriores de controle de constitucionalidade na Europa; contudo, nenhuma produziu impacto sequer parecido com o gerado pela proposta de controle de constitucionalidade abstrato e concentrado de Kelsen. Cite-se, a propósito, a Constituição suíça de 29.5.1874, que previa expressamente, em seu art. 118, 2, uma espécie de controle incidental e concentrado de constitucionalidade, senão vejamos: "Art. 118. O Tribunal federal conhece, ademais: [...] 2. As reclamações pela violação dos direitos constitucionais dos cidadãos". Ver TAVARES, André Ramos. *Teoria da justiça constitucional.* São Paulo: Saraiva, 2005. p. 121.

o modelo do "Estado Guarda-Noturno" que prevaleceu no século XIX, pois as ortodoxias do liberalismo econômico – em uma época em que o capitalismo já se caracterizava pela grande concentração do capital – não se mostravam aptas a resolver os graves problemas sociais e econômicos do período (desemprego em massa, superprodução, inflação, estagnação econômica etc.). A crescente direção da economia pelo Estado – sufragada pelo influentíssimo magistério de John Maynard Keynes – gerou uma profunda alteração institucional mesmo nos países imunes ao avanço do fascismo (p. ex., EUA, Inglaterra e França), pois os Parlamentos perderam espaço para o Executivo no exercício dessa nova função estatal.[3] Com efeito, o Legislativo não se mostrava apto a prover as respostas céleres, técnicas e casuísticas que os referidos problemas econômicos demandavam.

Exemplo típico do exposto ocorreu na República de Weimar, pois a "crise da desvalorização da moeda" – que reduziu a praticamente zero o valor do marco – foi gerida pelo presidente da República, através de decretos emergenciais. Em importantíssimo julgado de 1925, o Tribunal do Estado (*Reichsgericht*), embora tenha reconhecido a validade da norma que estabelecera distinção de índices de correção da moeda em razão do tipo de débito, afirmara, em tese, a sua competência para controlar a constitucionalidade de leis federais.[4]

Tal decisão suscitou intenso debate acadêmico sobre a pertinência da introdução da jurisdição constitucional na Europa,[5] e ensejou o profícuo debate entre Carl Schmitt e Hans Kelsen sobre quem deveria ser o "guardião da Constituição".[6] Nada obstante, a jurisdição constitucional não logrou se desenvolver na Europa, pois a premissa do "governo limitado" se erodia em compasso acelerado. Com efeito, nas décadas de 1920 e 1930 o liberalismo político vivenciou a sua maior crise, pois a combinação entre a ineficiência da doutrina do *laisser-faire* e das instituições liberais para debelar a crise econômica, a massa de desempregados, a ameaça comunista etc., formou um cenário propício para o triunfo da direita antiliberal na Europa.[7]

Carl Schmitt foi um dos principais teóricos do antiliberalismo europeu. É conhecida a fundação do seu *conceito de político na dissociação-chave entre amigo e inimigo,*

---

[3] HOBSBAWM, Eric. *A era dos extremos*: o breve século XX: 1914-1991. Tradução de Marcos Santarrita. São Paulo: Companhia das Letras, 1995. p. 90-113.

[4] Ver CALDWELL, Peter. *Popular sovereignty and the crisis of German constitutional law* – The theory and the practice of Weimar constitutionalism. Durham: Duke University Press, 1997.

[5] Ver KELSEN, Hans. A garantia jurisdicional da Constituição. In: KELSEN, Hans. *Jurisdição constitucional*. São Paulo: Martins Fontes, 2003 e KELSEN, Hans. Debate no Instituto Internacional de Direito Público. In: KELSEN, Hans. *Jurisdição constitucional*. São Paulo: Martins Fontes, 2003. p. 121-195. Como salienta Schmitt, a jurisdição constitucional se tornara à época um dos temas mais recorrentes das teses de doutorado na Alemanha (SCHMITT, Carl. *O guardião da Constituição*. Tradução de Geraldo de Carvalho. Belo Horizonte: Del Rey, 2007. p. 6-8).

[6] SCHMITT, Carl. *O guardião da Constituição*. Tradução de Geraldo de Carvalho. Belo Horizonte: Del Rey, 2007; KELSEN, Hans. A garantia jurisdicional da Constituição. In: KELSEN, Hans. *Jurisdição constitucional*. São Paulo: Martins Fontes, 2003.

[7] HOBSBAWM, Eric. *A era dos extremos*: o breve século XX: 1914-1991. Tradução de Marcos Santarrita. São Paulo: Companhia das Letras, 1995. p. 130. O impacto do antiliberalismo foi notável na América Latina – onde os levantes autoritários ocorreram quase em seguida à quebra da Bolsa de Nova York –, sobretudo por sua economia depender da exportação de poucos produtos primários cujos preços caíram vertiginosamente. Esse foi o caso brasileiro, no qual o Estado Novo de Getúlio Vargas sofreu clara influência do antiliberalismo alemão, e o seu principal jurista, Francisco Campos, se alinhava não menos nitidamente às lições de Carl Schmitt, o principal jurista do nacional-socialismo. Ver SANTOS, Rogério Dultra dos. Francisco Campos e os fundamentos do constitucionalismo antiliberal no Brasil. *Revista de Ciências Sociais*, Rio de Janeiro, v. 50, n. 2, p. 281-323, 2007.

considerando-se o inimigo a negação da própria existência da comunidade política, devendo ser repelido por uma questão de autopreservação.[8]

Assim, a lógica da guerra resgataria a unidade originária do Estado, cumprindo ao líder defendê-la em face das ameaças de dissolução que são apresentadas pelas instituições liberais (p. ex., separação de poderes, direitos fundamentais etc.). Schmitt considera que tais instituições permitiriam que os grupos que aparelham os partidos políticos e os órgãos públicos se mobilizem para "capturar" a vontade do Estado, em uma espécie de *decomposição pluralista do Estado* que se assemelharia às Constituições mistas medievais.

Assim, não haveria incompatibilidade entre democracia e ditadura,[9] mas entre democracia e liberalismo, pois as instituições liberais desconsiderariam a superação da rígida divisão Estado-Sociedade pelo Estado-Total, no qual não mais existiriam áreas imunes à atuação estatal,[10] e acabariam por produzir um fracionamento do poder que é incompatível com a sua versão de democracia, vinculada à *identidade entre governantes e governados*.[11]

Segundo Schmitt, a *democracia pura em seu mais alto grau possível de identidade* não se revela nas eleições, mas quando o povo se encontra reunido, e se manifesta através da aclamação, ou seja, quando as massas *expressam por simples gritos a sua aquiescência ou a sua rejeição*.[12] Essa vontade popular inorgânica e inapreensível pelo direito tem a sua forma moderna na *opinião pública*, qualificando-se as democracias modernas como *império da opinião pública, government by public opinion*.[13] Todavia, como alguma forma de representação institucional é necessária nas democracias de massas, a solução é ver o presidente da República como um terceiro neutro e imparcial que, por se situar acima dos partidos, poderia proteger a unidade do povo alemão da ameaça pluralista presente no Parlamento.

Tais considerações levam Schmitt a concluir que a função de "guardião da Constituição", assim entendida a autoridade responsável por solucionar, em caráter final, as divergências de interpretação da Constituição, deveria ser conferida ao presidente da República. Com efeito, o Professor da Universidade de Colônia toma de empréstimo de Benjamin Constant o conceito de poder moderador, para atribuir ao presidente a condição de um "monarca republicanizado", pois, tal qual um rei em uma monarquia constitucional, competir-lhe-ia exercer um poder neutro, intermediário e regulador em face dos grupos políticos que se digladiam no Parlamento.[14]

---

[8] Assim, a "real constituição de um Estado está baseada em princípios que distinguem amigos de inimigos, [...] que constituem a integração orgânica de um povo através de uma vontade solidária ou da sua representação por um líder". Ver CALDWELL, Peter. *Popular sovereignty and the crisis of German constitutional law* – The theory and the practice of Weimar constitutionalism. Durham: Duke University Press, 1997. p. 102.

[9] Ver SCHMITT, Carl. *Sobre el parlamentarismo*. Madrid: Tecnos, 1990.

[10] Veja-se a definição que Schmitt dá para o Estado-Total, a sua versão de Estado do Bem-Estar Social: "A sociedade transformada em Estado torna-se um Estado de economia, de cultura, de assistência, de bem-estar, previdenciário; o Estado transformado em auto-organização da sociedade, e, portanto, não mais separável desta, abarca todo o social, ou seja, tudo o que diz respeito à convivência entre os seres humanos; não existe mais nenhum setor a respeito do qual o Estado possa observar uma neutralidade incondicional, no sentido de uma não intervenção". Ver SCHMITT, Carl. *O guardião da Constituição*. Tradução de Geraldo de Carvalho. Belo Horizonte: Del Rey, 2007.

[11] SCHMITT, Carl. *Teoría de la Constitución*. [s.l.]: [s.n.], [s.d.]. p. 230.

[12] SCHMITT, Carl. *Teoría de la Constitución*. [s.l.]: [s.n.], [s.d.]. p. 238.

[13] SCHMITT, Carl. *Teoría de la Constitución*. [s.l.]: [s.n.], [s.d.]. p. 241.

[14] SCHMITT, Carl. *O guardião da Constituição*. Tradução de Geraldo de Carvalho. Belo Horizonte: Del Rey, 2007. p. 193-207.

Enquanto Schmitt se utilizava de uma abordagem do direito público que enfatizava os seus aspectos políticos e históricos, o objetivo fundamental do edifício teórico de Kelsen foi o de elevar o direito à *altura de uma genuína ciência*, refundando a teoria do direito para estabelecer um estatuto próprio a essa peculiar *ciência do espírito*. Para tal finalidade, buscava excluir *raciocínios de política jurídica* dirigidos à *formação do direito*, enfatizando critérios objetivos e exatos para o conhecimento do sistema jurídico.[15]

Não por acaso a principal crítica que Kelsen formula à Schmitt se refere ao caráter ideológico da sua tese, já que, ao misturar direito com política, despiria os seus argumentos de cientificidade. De fato, consiste em *abuso jusnaturalista* a tentativa de Schmitt de sobrepor o seu conceito positivo de Constituição – "unidade do povo alemão na luta contra o inimigo" – à Constituição de determinado país.[16]

Ademais, ver o presidente como um órgão produtor de uma vontade nacional homogênea consiste em mito que mascara o inarredável conflito de interesses entre os grupos sociais que atuam perante os partidos e o Parlamento.[17] É, de fato, um mistério saber como o presidente, cuja eleição depende do apoio dos partidos, tem um acesso especial *ao interesse objetivo do Estado*. Trata-se, ao ver de Kelsen, de uma nova versão da velha *ficção democrática*, que confunde, na melhor das hipóteses, a vontade da maioria com a vontade geral.[18]

A tese de Schmitt também apresenta clara índole autoritária, na medida em que, em um contexto de ascensão institucional do presidente da República, confere suporte teórico à enorme concentração de poderes na sua figura, chegando a afirmar que, caso o presidente desconsiderasse os *direitos das minorias*, a minoria não seria *violentada ou forçada, mas apenas conduzida* à *sua vontade real*. Inversamente, Kelsen considera a jurisdição constitucional um instrumento fundamental para a proteção de direitos de minorias.[19]

É curioso notar que Kelsen, ao defender que se conceda a um Tribunal Constitucional a função de guardião da Constituição, segue itinerário que remonta, claramente, à fundamentação engendrada por Marshall no caso *Marbury v. Madison*. Com efeito, considera que a limitação constitucional dos "poderes" somente pode ser realizada, de

---

[15] KELSEN, Hans. Prefácio à primeira edição. In: KELSEN, Hans. *Teoria pura do direito*. São Paulo: Martins Fontes, 2003. p. XI.

[16] Notadamente a Constituição de Weimar, que concedia amplos poderes ao Parlamento, V. KELSEN, Hans. *Quem deve ser o guardião da Constituição*. [s.l.]: [s.n.], [s.d.]. p. 294.

[17] KELSEN, Hans. *Quem deve ser o guardião da Constituição*. [s.l.]: [s.n.], [s.d.]. p. 281-282.

[18] Note-se, por outro lado, o caráter conservador da tentativa de limitação dos poderes do Parlamento precisamente no momento em que se expandia o sufrágio, e, que, portanto, grupos anteriormente alijados do processo político passaram a ter representação partidária. A ampliação do direito de voto revela que a defesa da supremacia da lei e do parlamento assume contornos radicalmente distintos nos séculos XIX e XX: enquanto no primeiro a lei era, em geral, fruto de um acordo entre burguesia e rei, no segundo a lei resulta de consensos bem mais amplos e complexos, por abrangerem grupos anteriormente segregados do processo político. Ver CALDWELL, Peter. *Popular sovereignty and the crisis of German constitutional law* – The theory and the practice of Weimar constitutionalism. Durham: Duke University Press, 1997. p. 63-85, especialmente o Capítulo 3, *The radicalism of constitutional revolution: Legal positivism and the Weimar Constitution*.

[19] KELSEN, Hans. *Jurisdição constitucional*. São Paulo: Martins Fontes, 2003. p. 182-183. Kelsen rejeita frontalmente tal perspectiva antiliberal, deixando clara a importância da supremacia da Constituição para a tutela de direitos das minorias, como se vê da seguinte passagem: "A forma constitucional especial, que consiste de ordinário em que a reforma da Constituição depende de uma maioria qualificada, significa que certas questões fundamentais só podem ser solucionadas de acordo com a minoria: a maioria simples não tem, pelo menos em certas matérias, o direito de impor a sua vontade a minorias. [...]. Toda minoria – de classe, nacional ou religiosa – cujos interesses são protegidos de uma maneira qualquer pela Constituição, tem, pois, um interesse eminente na constitucionalidade das leis".

forma efetiva, caso se atribua a terceiro independente e imparcial o poder de anular a lei ou ato do governo inconstitucional. Na hipótese de atribuir-se aos próprios "poderes políticos" a função de controle (Legislativo e Executivo), a anulação do ato irregular sujeitar-se-ia unicamente à discricionariedade do órgão que o produziu, desconsiderando o axioma de que ninguém é bom juiz em causa própria, e, sobretudo, afastando mecanismos de efetivo controle – que, assim, só serão efetivos se forem externos e resultarem na invalidação do ato.[20]

Apesar da consistência dos argumentos de Kelsen, Schmitt nem se dignou a respondê-los, pois o debate foi encerrado pela "força normativa dos fatos". A experiência de "absolutismo presidencial", sobretudo na Alemanha após Hitler se tornar chanceler em janeiro de 1933, fustigou as instituições liberais, fazendo ruir o sistema constitucional de proteção das liberdades, e inviabilizou a consolidação da jurisdição constitucional na Europa até o segundo pós-guerra.

O liberalismo europeu se mostrou indefeso diante do avanço do autoritarismo, pois se somaram aos fatores políticos e econômicos descritos anteriormente algumas características que lhe são peculiares, sobretudo a doutrina do *laisser-faire* e a falta de preocupações institucionais.[21] O *laisser-faire* permitia ao titular das liberdades um exercício absoluto, inclusive no sentido da sua autoanulação, de maneira a tolerar-se a intolerância. Tal circunstância tornava a democracia um regime suicida, já que mantinha neutralidade não entre dois princípios legítimos, mas entre direito e força.

Por outro lado, a dimensão moral do liberalismo europeu superava, em muito, a institucional; dessa forma, os liberais europeus visavam impregnar as mentes das pessoas com os ideais que lhe são caros, não dispensando tanta atenção, como os americanos, ao desenho das instituições de forma especialmente propícia a realizá-los.[22] Todavia, em um regime como o nacional-socialista, a confiança apenas na consciência moral dos governantes e em uma heroica reação dos governados a atos arbitrários parecia uma quimera, pois os princípios morais dos governantes se embasavam na doutrina nazista, e os dissidentes eram condenados à morte.[23]

Assim, a principal lição que deve ser tirada da tragédia do nazismo consiste na íntima relação entre desenho institucional e tutela das liberdades fundamentais, vale dizer: a ausência da estrutura típica das democracias constitucionais contemporâneas[24] e a falta de consciência de um povo acerca da sua importância facilitam o caminho para totalitarismos que, embora sujeitos a diversos rótulos, apresentam como elemento comum uma forte concentração do poder estatal com efeitos deletérios às liberdades fundamentais.[25]

---

[20] KELSEN, Hans. *Quem deve ser o guardião da Constituição*. [s.l.]: [s.n.], [s.d.]. p. 240.
[21] KRIELE, Martin. *Introdução à teoria do Estado* – os fundamentos históricos da legitimidade do estado constitucional de direito. Tradução de Urbano Carvelli. Porto Alegre: Sergio Antonio Fabris Editor, 2009. p. 443-447.
[22] KRIELE, Martin. *Introdução à teoria do Estado* – os fundamentos históricos da legitimidade do estado constitucional de direito. Tradução de Urbano Carvelli. Porto Alegre: Sergio Antonio Fabris Editor, 2009. p. 447-453.
[23] KRIELE, Martin. *Introdução à teoria do Estado* – os fundamentos históricos da legitimidade do estado constitucional de direito. Tradução de Urbano Carvelli. Porto Alegre: Sergio Antonio Fabris Editor, 2009.
[24] Por exemplo, a jurisdição constitucional, a separação dos poderes como freios e contrapesos, catálogo constitucional de direitos fundamentais, eleições livres e periódicas etc.
[25] KRIELE, Martin. *Introdução à teoria do Estado* – os fundamentos históricos da legitimidade do estado constitucional de direito. Tradução de Urbano Carvelli. Porto Alegre: Sergio Antonio Fabris Editor, 2009. p. 452-453.

Se os revolucionários burgueses consideravam que os grandes inimigos dos direitos fundamentais eram o monarca, o *ancién regime* e a Igreja – vendo as autoridades eleitas como cultoras, por excelência, das liberdades –, a geração europeia pós-segunda guerra mundial teme também as instituições democraticamente legitimadas e as manifestações diretas do próprio povo. Isso porque, via de regra, os movimentos antiliberais que tiveram lugar na primeira metade do século XX ora contaram com o apoio dos "poderes majoritários", ora foram placitados pelo povo através de plebiscitos e referendos conduzidos por líderes carismáticos. Constatou-se, então, que os direitos fundamentais podem ser colocados em risco pela própria "democracia".

Nesta esteira, verificou-se uma dupla tendência nas Constituições do pós-guerra: (i) uma "moralização" dos textos constitucionais, que pode ser ilustrada pela Lei Fundamental de Bonn ter erigido a dignidade da pessoa humana como conceito fundador da nova ordem constitucional, estabelecido limites materiais ao poder de reforma constitucional e submetido o Judiciário à "lei e ao direito";[26] (ii) uma confiança na tutela de direitos fundamentais por instituições contramajoritárias.

Enfim, a jurisdição constitucional encontrará condições propícias para a sua afirmação e expansão na Europa. Diante das radicais mudanças acima referidas, o objetivo do próximo item é o de analisar as características desse novo constitucionalismo *vis-à-vis* o modelo positivista-liberal de jurisdição constitucional.

3 O modelo positivista-liberal de jurisdição constitucional

Uma das críticas mais poderosas veiculadas por Schmitt à proposta de jurisdição constitucional de Kelsen consiste no fato de ela implicar uma "politização da justiça",[27] na qual a *política não tem nada a ganhar e a justiça nada a perder*.[28] Schmitt considera que se um Tribunal não se limitar à sua típica função de aplicar a lei a um caso concreto, antes atuando no controle de constitucionalidade, notadamente sob a égide de Constituição repleta de princípios ambíguos e contraditórios, como a de Weimar, não exercerá atividade judicial, mas legislativa.

Isso porque competirá ao Tribunal Constitucional a *eliminação autoritária da dúvida*, com a imposição "autêntica" de determinada forma de concretizar a Constituição em substituição àquela eleita pela autoridade que produziu a norma proclamada inconstitucional. Nas palavras do publicista alemão: "toda instância que coloca, autenticamente, um conteúdo normativo duvidoso fora de dúvida, atua no caso como legislador. Caso ela coloque o conteúdo duvidoso de uma norma constitucional fora de dúvida, então ela atua como legislador constitucional".[29]

---

[26] Este cenário suscitou um "renascimento do jusnaturalismo", com a proposta de legitimação da nova ordem constitucional em princípios materiais suprapositivos, e não apenas na autoridade ou na efetividade da Constituição. São referências fundamentais dessa tendência as obras de BACHOF, Otto. *Normas constitucionais inconstitucionais*. Tradução de José Manuel M. Cardoso da Costa. Coimbra: Livraria Almedina, 1994, e RADBRUCH, Gustav. *Filosofia do direito*. Tradução de Marlene Holzhausen. São Paulo: Martins Fontes, 2004.

[27] SCHMITT, Carl. *O guardião da Constituição*. Tradução de Geraldo de Carvalho. Belo Horizonte: Del Rey, 2007. p. 33.

[28] GUIZOT. Des conspirations et de la justice politique *apud* SCHMITT, Carl. *O guardião da Constituição*. Tradução de Geraldo de Carvalho. Belo Horizonte: Del Rey, 2007. p. 51.

[29] SCHMITT, Carl. *O guardião da Constituição*. Tradução de Geraldo de Carvalho. Belo Horizonte: Del Rey, 2007. p. 67.

Salienta Schmitt que a independência judicial não é um fim em si mesmo (não autorizando, por exemplo, que o juiz dela se utilize em prol das suas idiossincrasias), mas, ao contrário, tem um sentido instrumental, na medida em que se destina a prover condições para que o juiz aplique o direito imparcialmente. Assim, a independência judicial se baseia na vinculação do juiz à lei, ou, em suas palavras, no fato de a decisão judicial ser, "em seu conteúdo, derivada de uma outra decisão, de modo mensurável e calculável, já contida na lei".[30] Dessa feita, o controle da compatibilidade de lei com princípios constitucionais abstratos significaria uma primazia da vinculação da lei à Constituição em detrimento da vinculação da decisão judicial à lei, descurando que a última é pressuposto da independência judicial. Ausente o seu suporte de legitimidade, a "independência judicial não poderá protegê-lo mais (o juiz) da responsabilidade política, se ainda tiver que existir, afinal de contas, uma responsabilidade política",[31] redundando na instituição de "uma aristocracia de toga".[32]

Kelsen concorda com Schmitt no sentido de que a "judicialização da política" seria um mal à democracia; todavia não considera que tal fenômeno seja um consectário natural da instituição de um Tribunal Constitucional. Assim, para evitar este "deslocamento de poder" dos poderes políticos ao Judiciário, Kelsen configura o seu modelo de controle de constitucionalidade de forma extremamente reverente ao legislador.

Citem-se as seguintes atenuações: (i) enquanto no constitucionalismo norte-americano à decisão de inconstitucionalidade tradicionalmente se atribuiu natureza declaratória e efeitos retroativos, Kelsen lhe confere natureza constitutivo-negativa e efeitos prospectivos, preservando-se os efeitos produzidos pela norma antes do reconhecimento da sua inconstitucionalidade; (ii) ao invés de seguir o modelo difuso dos EUA, opta pelo modelo concentrado em que só o Tribunal Constitucional pode invalidar uma lei.[33]

Além disso, Kelsen (iii) restringia a atuação do Tribunal Constitucional a uma tarefa de "legislador negativo", em cujos processos lhe caberia uma análise exclusivamente da questão de direito afeta à incompatibilidade em tese entre normas precisas (regras infraconstitucional e constitucional), excluindo-se o conhecimento de fatos e interesses concretos, o que seria inevitável caso o Tribunal usasse como parâmetros princípios constitucionais abertos.[34]

Na verdade, Kelsen não negava a importância da análise fática para a concretização de princípios abertos, apenas considerava que neste âmbito se colocava, em boa medida, a dimensão criativa da concretização da Constituição (atuação como "legislador

---

[30] SCHMITT, Carl. *O guardião da Constituição*. Tradução de Geraldo de Carvalho. Belo Horizonte: Del Rey, 2007. p. 56.
[31] SCHMITT, Carl. *O guardião da Constituição*. Tradução de Geraldo de Carvalho. Belo Horizonte: Del Rey, 2007. p. 47.
[32] SCHMITT, Carl. *O guardião da Constituição*. Tradução de Geraldo de Carvalho. Belo Horizonte: Del Rey, 2007. p. 228.
[33] Ao contrário da cultura jurídica norte-americana, que deposita forte confiança no Judiciário e vê com naturalidade a criatividade judicial – traço típico da *commom law* –, Kelsen não comunga desta visão a respeito dos juízes ordinários. Na verdade, a insegurança causada pelo antiformalismo preconizado pelos adeptos da Escola do Direito Livre, o ativismo judicial conservador que se verificou em Weimar para a proteção da propriedade privada em face de tentativas mais radicais de redistribuição da riqueza, entre outros fatores, nutriam a sua desconfiança em face dos juízes ordinários.
[34] KELSEN, Hans. A garantia jurisdicional da Constituição. In: KELSEN, Hans. *Jurisdição constitucional*. São Paulo: Martins Fontes, 2003.

positivo"), de maneira que o Tribunal Constitucional deveria deixar esse espaço livre para o exercício da discricionariedade do legislador.[35] Dessa forma, se evidencia a razão pela qual Kelsen considera que a atuação do Tribunal Constitucional como "legislador negativo" (vale dizer, tendo como parâmetro norma constitucional precisa) consiste em atividade, no essencial, vinculada à Constituição – e assim legítima à luz da separação entre os poderes –, enquanto a sua atuação como legislador positivo seria eminentemente criativa, e, portanto, ilegítima.[36]

Do exposto, percebe-se que *Kelsen vincula a sua proposta de jurisdição constitucional a uma associação entre um conceito concreto de Constituição e um modelo específico de interpretação constitucional, ambos caracterizados pelo "minimalismo"*. Quanto ao primeiro aspecto, Kelsen não cansa de repetir que a Constituição deve ser uma norma basicamente procedimental, e apenas até certo ponto material, ou seja, uma *norma normarum*, que regule essencialmente a estrutura do Estado e a produção de normas jurídicas, admitindo-se um restrito conteúdo material, vinculado, em regra, a poucos direitos fundamentais de primeira geração. Este é, precisamente, o conteúdo básico da Constituição como norma fundamental de garantia, cujo exemplo maior é a Constituição dos Estados Unidos.

Todavia, o modelo de Constituição kelseniano se situa num ponto intermediário entre as tradições constitucionais norte-americana e europeia: aproxima-se da primeira, pois a Constituição não mais se limita a um repositório de princípios políticos despidos de imperatividade, pois a sua força normativa é assegurada pela jurisdição constitucional. Por outro lado, a Constituição ainda não é concebida como fonte de direitos e obrigações instituídos pela vontade constituinte do povo e exigíveis em face do Estado através do Judiciário, mas como norma de organização interna do Estado (diferenciando-se, neste ponto, da tradição norte-americana e aproximando-se da europeia – Constituição como estrutura de governo).[37]

A sua proposta de interpretação constitucional se insere na tradição positivista, na medida em que considera que o Tribunal Constitucional deve se mover no campo determinado da Constituição, isto é, zelar pela adequação das leis a regras constitucionais. Já o juízo de compatibilidade das leis aos princípios constitucionais – a esfera indeterminada da Constituição – deve ser relegado à discricionariedade do legislador. Com efeito, viu-se que, caso o Tribunal Constitucional se utilizasse de princípios como

---

[35] PRIETO SANCHÍS, Luís. *Justicia constitucional y derechos fundamentales*. Madrid: Trotta, 2003. p. 85-86.

[36] Veja-se eloquente manifestação de Kelsen: "Mas, precisamente no domínio da jurisdição constitucional, elas (ver disposições constitucionais a seguir citadas) podem desempenhar um papel extremamente perigoso. As disposições constitucionais que convidam o legislador a se conformar à justiça, à equidade, à igualdade, à liberdade, à moralidade etc. poderiam ser interpretadas como diretivas concernentes ao conteúdo das leis. Equivocadamente é claro, porque só assim seria se a Constituição estabelecesse uma direção precisa, se ela própria indicasse um critério objetivo qualquer. [...] Para evitar tal deslocamento de poder – que ela (a Constituição) com certeza não deseja e que é totalmente contraindicado do ponto de vista político – do Parlamento para uma instância estranha, e que pode se tornar representante de forças políticas diferentes das que se exprimem no Parlamento, a Constituição deve, sobretudo se criar um Tribunal Constitucional, abster-se desse gênero de fraseologia, e se quiser estabelecer princípios relativos ao conteúdo das leis, formulá-los da forma mais precisa possível". Ver KELSEN, Hans. A garantia jurisdicional da Constituição. In: KELSEN, Hans. *Jurisdição constitucional*. São Paulo: Martins Fontes, 2003. p. 126.

[37] Aliás, a impossibilidade de Kelsen ver a Constituição como "decisão constituinte da soberania popular sobre o Estado", antes a vislumbrando como "ordem do Estado", decorre do fato de vincular a soberania à ordem jurídica – como corolário da norma fundamental pressuposta –, e não ao poder constituinte do povo, pois a sua análise, dado seu caráter supraestatal, estaria além dos limites da teoria pura do direito. As citações são da obra de PRIETO SANCHÍS, Luís. *Justicia constitucional y derechos fundamentales*. Madrid: Trotta, 2003. p. 91.

parâmetros para o controle de constitucionalidade das leis, atuaria como "legislador positivo", em "deslocamento de poder [...] totalmente contraindicado do ponto de vista político".

À vista de todas essas cautelas, Kelsen delineou o modelo de jurisdição constitucional típico do positivismo jurídico, que – reitere-se – se caracteriza por um "minimalismo constitucional":[38] ao lado de uma Constituição de reduzido conteúdo material, propôs uma série de medidas visando restringir a atividade a cargo do Tribunal Constitucional. Embora não reconhecesse uma liberdade total ao Parlamento (como na tradição europeia), a sua limitação apenas ao aspecto formal – e, excepcionalmente ao aspecto material –, preservou, na prática, a supremacia do legislador, pois a lei remanescia como o principal instrumento para a resolução de conflitos políticos, sociais, econômicos etc. Neste modelo, questionamentos a propósito da compatibilidade de leis com princípios abstratos tendiam a ser automaticamente descartados pelo órgão responsável pelo controle de constitucionalidade, através de um uso mecânico do princípio da separação dos poderes e dos seus corolários: discricionariedade legislativa, presunção de constitucionalidade e a doutrina da insindicabilidade judicial das questões políticas.[39]

Dessa forma, Kelsen buscou equilibrar as noções contraditórias de supremacia da Constituição e da lei, ou, em outras palavras, cuidou de defender a criação de um Tribunal Constitucional, atribuindo força normativa à Constituição, sem abrir mão da tradição europeia de supremacia do Parlamento, pois as principais questões político-constitucionais continuavam a ser decididas pelo Legislativo. Parece, portanto, correto Prieto Sanchís ao afirmar que, com Kelsen, o constitucionalismo europeu atingiu os limites da sua possibilidade de desenvolvimento sem mudança de paradigma,[40] algo que só ocorrerá com o constitucionalismo do segundo pós-guerra.

4 O "neoconstitucionalismo"

O constitucionalismo do segundo pós-guerra é radicalmente diferente do modelo positivista-liberal. O primeiro aspecto que salta aos olhos é institucional: as Constituições editadas nesse período costumam fundir as tradições constitucionais norte-americana e europeia, na medida em que incorporam da primeira a supremacia da Constituição e o controle de constitucionalidade, e da segunda um conteúdo constitucional mais amplo do que o presente na Constituição de 1787.[41]

A par desta "rematerialização" da Constituição, há uma transformação mais profunda, que afeta a própria ideia de Constituição, já que ela passa a ser vista

> como fonte direta de direitos e obrigações que nascem não de um Estado que se autolimita, mas da soberania popular ou do poder constituinte que, como no velho contratualismo, desenha uma organização política limitada. A partir daí, a justiça constitucional dos nossos

---

[38] MELLO, Cláudio Ari. *Democracia constitucional e direitos fundamentais*. Porto Alegre: Livraria do Advogado, 2004. p. 25-35.
[39] MELLO, Cláudio Ari. *Democracia constitucional e direitos fundamentais*. Porto Alegre: Livraria do Advogado, 2004. p. 229-266.
[40] PRIETO SANCHÍS, Luís. *Justicia constitucional y derechos fundamentales*. Madrid: Trotta, 2003. p. 110-111.
[41] PRIETO SANCHÍS, Luís. Neoconstitucionalismo y ponderación judicial. In: CARBONELL, Miguel. *Neoconstitucionalismo(s)*. Madrid: Trotta, 2003. p. 126.

dias se afasta definitivamente da tradição legalista e do absoluto e incondicionado respeito à discricionariedade do Parlamento que inspirou a primeira construção europeia de um Tribunal Constitucional.[42]

Assim, embora os Tribunais Constitucionais do segundo pós-guerra tenham herdado o figurino do modelo kelseniano (modelo abstrato e concentrado de controle de constitucionalidade), em seu espírito se aproximam do constitucionalismo norte-americano, ao preconizarem não a soberania do Estado e uma quase ilimitada discricionariedade legislativa, mas a supremacia da Constituição e a vinculação material do legislador às normas constitucionais. *Enfim, estão presentes em solo europeu os pressupostos teóricos para a expansão do controle de constitucionalidade.*

O neoconstitucionalismo trouxe também mudanças significativas no plano da teoria do direito.[43] Particularmente neste âmbito, o uso do termo tem dado azo a ambiguidades, vez que são considerados neoconstitucionalistas autores que, além de nunca terem assim se intitulado, defendem concepções incompatíveis.[44] Todavia, uma característica parece ser essencial ao "neoconstitucionalismo teórico": a atribuição de força normativa aos princípios jurídicos, ou seja, a ideia de que os princípios constitucionais são normas jurídicas, imperativas aos três poderes e judicialmente sindicáveis, e que se aplicam mediante ponderação.[45]

Todavia, os princípios têm um rosto de Jânus: se, por um lado, visam a reduzir a discricionariedade judicial nos casos difíceis;[46] por outro, podem servir de base para uma atuação judicial sujeita a parâmetros jurídicos muito tênues. Isso porque os princípios se caracterizam por apresentar grau de densidade normativa bem inferior ao das regras, de maneira que na sua aplicação é comum não se verificar clara "predeterminação" pelo legislador dos critérios da decisão judicial; antes tais critérios podem ser determinados pelo próprio aplicador do direito. Há, portanto, um enfraquecimento da vinculação do juiz à norma jurídica (à "decisão programadora" do legislador), há muito considerado pressuposto da independência judicial.

Veja-se, a propósito, a clássica conceituação de Alexy de princípios como mandados de otimização:

---

[42] PRIETO SANCHÍS, Luís. *Justicia constitucional y derechos fundamentales*. Madrid: Trotta, 2003. p. 92.
[43] Sobre o tema, ver MOREIRA, Eduardo Ribeiro. *Neoconstitucionalismo*: a invasão da Constituição. São Paulo: Método, 2008. v. 7. p. 41-71. Coleção Professor Gilmar Mendes.
[44] Cite-se Ronald Dworkin, Robert Alexy, Carlos Santiago Nino, Jürgen Habermas, Luigi Ferrajoli, Luis Prieto Sanchís, Gustavo Zagrebelsky etc. Cf. PULIDO, Carlos Bernal. Refutación y defensa del neoconstitucionalismo. In: CARBONELL, Miguel (Ed.). *Teoría del neoconstitucionalismo* – Ensayos escogidos. Madrid: Trotta, 2007. p. 301; SARMENTO, Daniel. O neoconstitucionalismo no Brasil: riscos e possibilidades. In: SARMENTO, Daniel. *Filosofia e teoria constitucional contemporânea*. Rio de Janeiro: Lumen Juris, 2009. p. 113-147.
[45] PULIDO, Carlos Bernal. Refutación y defensa del neoconstitucionalismo. In: CARBONELL, Miguel (Ed.). *Teoría del neoconstitucionalismo* – Ensayos escogidos. Madrid: Trotta, 2007. p. 301. Um inequívoco marco nesse sentido foi o célebre caso Luth, no qual o Tribunal Constitucional alemão fixou ideias fundamentais ao constitucionalismo contemporâneo, ao reconhecer que os direitos fundamentais não assumem apenas o caráter de regras, mas também de princípios, os quais tendem a colidir, de maneira que a ponderação se revela necessária. Cf. CARBONELL, Miguel (Ed.). *Teoría del neoconstitucionalismo* – Ensayos escogidos. Madrid: Trotta, 2007. p. 361 e ss.
[46] Sobre o potencial da teoria dos princípios para suprir os déficits da teoria do direito positivista para a solução de casos difíceis, ver CALSAMIGLIA, Albert. Ensayo sobre Dworkin. In: DWORKIN, Ronald. *Los derechos en serio*. Barcelona: Ariel, 1997.

[são)] normas que ordenam que algo seja feito na maior medida possível dentro das possibilidades fáticas e jurídicas existentes. Uma das teses centrais da "Teoria dos Direitos Fundamentais" é a de que essa definição implica a máxima da proporcionalidade, com as suas três máximas parciais – as máximas da adequação, da necessidade e da proporcionalidade em sentido estrito [...].[47]

Portanto, a aplicação dos princípios se dá através do princípio da proporcionalidade, assim decomposto:

(i) adequação: aptidão do meio eleito em fomentar a promoção da finalidade pretendida; (ii) necessidade: aferição da impossibilidade de o objetivo pretendido ser promovido, com a mesma intensidade, por intermédio de outro ato que limite, em menor medida, o direito fundamental atingido; (iii) proporcionalidade em sentido estrito: sopesamento entre a intensidade da restrição ao direito fundamental atingido e a importância da realização do direito fundamental que com ele colide e que fundamenta a adoção da medida restritiva.[48]

Atualmente, a proporcionalidade é o principal instrumento metodológico usado pelas Cortes Constitucionais para a aplicação de princípios, apresentando-se como uma das características fundamentais do "novo constitucionalismo".[49]

É evidente que a aplicação dos princípios, mediante a proporcionalidade, apresenta maior tendência à subjetividade do que a aplicação de regras, que se dá, normalmente, pela subsunção de fatos concretos à sua hipótese de incidência. Os subprincípios da "adequação" e da "necessidade" encerram, aliás, o típico juízo fático que Kelsen excluíra da jurisdição constitucional para evitar um "deslocamento de poder" em favor do Judiciário.[50]

Assim, caso a adoção desse modelo não seja acompanhada da construção de uma sólida doutrina de autorrestrição judicial, corre-se o risco de permitir que o juiz, ao reconduzir a regra legal a princípios constitucionais, refaça livremente a valoração empreendida pelo legislador, aferindo se ela representa *o melhor meio de otimizar princípios constitucionais*.[51] Veja-se que tal consequência não decorre naturalmente da ponderação em si, mas de considerá-la o *critério geral de aplicação da ordem jurídica*, do que resultaria que *os princípios devem ser usados sempre que eles puderem servir de fundamento para a decisão*,

---

[47] ALEXY, Robert. Posfácio. In: ALEXY, Robert. *Teoria dos direitos fundamentais*. Tradução de Virgílio Afonso da Silva. São Paulo: Malheiros, 2008. p. 588.

[48] SILVA, Luís Virgílio Afonso. O proporcional e o razoável. *Revista dos Tribunais*, n. 798, p. 23-50, abr. 2002.

[49] SWEET, Alec Stone; MATHEWS, Jud. Proportionality balancing and global constitutionalism. *Columbia Journal of Transnational Law*, v. 47, 2008. p. 74-75. Na literatura brasileira, ver BRANCO, Paulo Gustavo Gonet. *Juízo de ponderação na jurisdição constitucional*. São Paulo: Saraiva, 2009; PEREIRA, Jane Reis Gonçalves. *Interpretação constitucional e direitos fundamentais*. Rio de Janeiro: Renovar, 2006; SILVA, Luís Virgílio Afonso. O proporcional e o razoável. *Revista dos Tribunais*, n. 798, p. 23-50, abr. 2002.

[50] Habermas, por sua vez, considera que a compreensão dos princípios como mandados de otimização geraria uma metodologia "frouxa", que inclusive colocaria em risco a proteção dos direitos fundamentais, já que eles poderiam ser sacrificados em favor de finalidades coletivas (HABERMAS, Jürgen. *Direito e democracia*: entre facticidade e validade. 2. ed. Tradução de Flávio Beno Siebeneichler. Rio de Janeiro: Tempo Brasileiro, 2003. v. I. p. 314-323).

[51] ÁVILA, Humberto. Neoconstitucionalismo: entre a "ciência do direito" e o "direito da ciência". In: SARMENTO, Daniel. *Filosofia e teoria constitucional contemporânea*. Rio de Janeiro: Lumen Juris, 2009. p. 195.

independentemente e por cima das regras, constitucionais e legais, existentes, e de critérios objetivos para a sua utilização.[52] [53]

Caso a ponderação seja compreendida, de fato, como *critério geral de aplicação da ordem jurídica*, afigurar-se-ia correta a clássica conceituação de neoconstitucionalismo formulada por Luís Prieto Sanchís:

> Mais princípios que regras; mais ponderação que subsunção; onipresença da Constituição em todas as áreas jurídicas e em todos os conflitos minimamente relevantes, em lugar de espaços imunes em favor da opção legislativa ou regulamentar; onipotência judicial em lugar da autonomia do legislador ordinário; e, por último, coexistência de uma constelação plural de valores, às vezes tendencialmente contraditórios, em lugar da homogeneidade ideológica em torno de um punhado de princípios coerentes entre si e em torno, sobretudo, das sucessivas opções legislativas.[54]

Todavia, considerar que a Constituição está *presente em todas as áreas jurídicas e em todos os conflitos minimamente relevantes* sugere um conceito de Constituição como *ordem jurídica fundamental de toda a comunidade*, na qual *todos os princípios jurídicos e possibilidades de harmonização para a conformação do ordenamento jurídico já estão in nuce contidos na própria Constituição.*[55] Assim, toda a ordem jurídica estaria contida na Constituição, concebida como *sistema fechado de princípios,*[56] de maneira que caberia ao legislador meramente a sua execução, não havendo espaço para a discricionariedade legislativa. A Constituição se convolaria em "genoma jurídico [...] do qual tudo deriva, do Código Penal até a lei sobre a fabricação de termômetros para a febre",[57] ou, em outras palavras, em uma

---

[52] ÁVILA, Humberto. Neoconstitucionalismo: entre a "ciência do direito" e o "direito da ciência". In: SARMENTO, Daniel. *Filosofia e teoria constitucional contemporânea*. Rio de Janeiro: Lumen Juris, 2009. p. 194.

[53] Entre importantes autores considerados "neoconstitucionalistas", percebe-se a preocupação em evitar a referida disfunção, sobretudo através dos mecanismos de autorrestrição judicial. Dworkin, através da metáfora do romance em cadeia, enfatiza a necessidade de a decisão judicial aplicadora de princípios morais abstratos se inserir na tradição jurídica do país, buscando, assim, conferir coerência e integridade ao sistema jurídico. Ver DWORKIN, Ronald. *O império do direito*. Tradução de Jefferson Juiz Camargo. São Paulo: Martins Fontes, 1999. p. 276. Também com vistas a equilibrar os papéis do Judiciário e do Legislativo na concretização da Constituição, Robert Alexy desenvolveu denso estudo da Constituição como "ordem-moldura". Tal modelo se situa em um ponto intermediário entre uma Constituição puramente procedimental, cujo exemplo típico é a kelseniana, na qual a discricionariedade legislativa é, basicamente, limitada por princípios formais de competência e de procedimento; e uma "Constituição puramente material", na qual a discricionariedade legislativa é aniquilada por uma determinação holística de deveres e proibições para toda e qualquer decisão legislativa imaginável (Constituição como ordem fundamental da comunidade). A Constituição como "ordem-moldura" é um modelo material-procedimental, pois considera que há coisas facultadas e não facultadas ao legislador pela Constituição. Por sua vez, a discricionariedade legislativa, que se situa no âmbito daquilo que é facultado ao legislador, pode decorrer da estrutura das normas constitucionais (discricionariedade estrutural) ou "dos limites da possibilidade de conhecer os limites da Constituição" (discricionariedade epistêmica) (ALEXY, Robert. *Teoria dos direitos fundamentais*. Tradução de Virgílio Afonso da Silva. São Paulo: Malheiros, 2008). Ver, no direito brasileiro, por todos, SILVA, Luís Virgílio Afonso. *A constitucionalização do direito*: os direitos fundamentais nas relações entre particulares. São Paulo: Malheiros, 2005. p. 107-117.

[54] PRIETO SANCHÍS, Luís. Neoconstitucionalismo y ponderación judicial. In: CARBONELL, Miguel. *Neoconstitucionalismo(s)*. Madrid: Trotta, 2003. p. 131-132.

[55] BÖKENFÖRDE, Ernst-Wolfgang. Grundrechte als grundsatznormen, p. 197 *apud* ALEXY, Robert. Posfácio. In: ALEXY, Robert. *Teoria dos direitos fundamentais*. Tradução de Virgílio Afonso da Silva. São Paulo: Malheiros, 2008. p. 579.

[56] ZAGREBELSKY, Gustavo. *El derecho dúctil*. Madrid: Trotta, 1999. p. 152.

[57] FORSTHOFF, Ernst. Der staat der industriegesellschaft, p. 144 *apud* ALEXY, Robert. *Teoria dos direitos fundamentais*. Tradução de Virgílio Afonso da Silva. São Paulo: Malheiros, 2008. p. 578.

"espécie de Al Corão, onde se encontram preceitos normativos para todas as ações da vida política, social e privada da comunidade".[58]

Evidentemente que essa "hiperconstitucionalização", para além das diversas outras vicissitudes que apresenta,[59] sufocaria o pluralismo político e as competências do Parlamento, sendo incompatível com a democracia. Com efeito, tendo em vista competir ao Judiciário a fiscalização do cumprimento pelo legislador do seu dever de otimizar a concretização de princípios constitucionais *em todas as* áreas *jurídicas e em todos os conflitos minimamente relevantes*, tal conceito "holístico" de Constituição implicaria uma supremacia judicial em substituição à supremacia parlamentar.

Considerando-se, ademais, que o neoconstitucionalismo não se apoia em valores homogêneos, senão em uma *constelação plural de valores*, às *vezes tendencialmente contraditórios*, competiria ao Judiciário dirimir autoritariamente conflitos concretos entre tais valores no âmbito do controle da constitucionalidade. O resultado inexorável parece ser, de fato, uma "soberba dos juristas" com o efeito prático de gerar uma *asfixia política por saturação jurídica*,[60] já que a visão judicial sobre conflitos políticos e morais profundos prevalecerá sobre a do legislador.

A propósito, Mark Tushnet parece correto em afirmar que uma cultura jurídica que acredite na existência de direitos objetivos, ou ao menos em um núcleo essencial racionalmente cognoscível, e que acredite que o Judiciário tenha uma vantagem em acessá-los quando comparado aos demais "poderes", apoiará a supremacia judicial. Inversamente, uma tradição jurídica que admita a existência de múltiplas interpretações razoáveis de princípios jurídicos, e que não vislumbre razoável vantagem comparativa do Judiciário em face dos demais poderes, contestará a supremacia judicial.[61]

De uma forma geral, acreditamos que o neoconstitucionalismo, especialmente quando ausente uma sólida teoria de autocontenção judicial, está mais próximo da primeira opção, assumindo um "viés judicialista" que deposita elevadíssimas expectativas sobre a capacidade de o Judiciário tirar do papel as promessas ainda não cumpridas da Constituição de 1988. O risco aqui é de o Judiciário se tornar o *guardião das promessas* não cumpridas da modernidade,[62] verdadeiro *muro de lamentações jurídicas*.[63]

Além disto, este foco na interpretação judicial da Constituição minimiza o papel dos demais poderes e da sociedade civil na definição do sentido concreto da Constituição. Essa premissa "juriscêntrica" se evidencia pelo fato de que, mesmo teorias neoconstitucionalistas que despendem consideráveis esforços em delimitar um espaço razoável para a livre conformação legislativa, aludem apenas aos mecanismos de autorrestrição judicial, como se o juiz encontrasse limites ao seu poder de decisão apenas no direito positivo e na sua consciência (ou boa vontade) em não avançar sobre o domínio constitucionalmente reservado aos demais poderes.

---

[58] MELLO, Cláudio Ari. *Democracia constitucional e direitos fundamentais*. Porto Alegre: Livraria do Advogado, 2004. p. 277.

[59] A propósito, ver SARMENTO, Daniel. O neoconstitucionalismo no Brasil: riscos e possibilidades. In: SARMENTO, Daniel. *Filosofia e teoria constitucional contemporânea*. Rio de Janeiro: Lumen Juris, 2009.

[60] ZAGREBELSKY, Gustavo. *El derecho dúctil*. Madrid: Trotta, 1999. p. 152.

[61] TUSHNET, Mark. *Weak courts, strong rights*: judicial review and social welfare rights in comparative constitutional law. Princeton: Princeton University Press, 2009. p. 50-51.

[62] GARAPON, Antoine. *O juiz e a democracia*: o guardião das promessas. 2. ed. Rio de Janeiro: Revan, 2001.

[63] VIANNA, Luiz Werneck; BURGOS, Marcelo Baumann; SALLES, Paula Martins. Dezessete anos de judicialização da política. *Tempo Social – Revista de Sociologia da USP*, v. 19, n. 2.

São, portanto, absolutamente desconsiderados os limites "externos" à atuação do Judiciário (também denominados políticos ou institucionais), notadamente a possibilidade de reação dos demais "poderes" a decisões judiciais indesejadas. Por outro lado, essa "paixão obsessiva" pelo Poder Judiciário deposita nele uma enorme confiança na realização de complexos juízos de ponderação, que talvez o juiz de carne e osso (ou mesmo qualquer agente público) nem sempre tenha condições de exercer, dadas as suas limitações de conhecimento e de tempo.

Além de normativamente questionável,[64] este cenário, em uma análise empírica, parece uma ilusão. Efetivamente, tal perspectiva ignora o fato de o Judiciário não ter a "chave do cofre nem a espada", dependendo da atuação dos demais "poderes" para fazer valer a sua decisão, sendo, aliás, bastante raros os casos de linhas jurisprudenciais que se mantiveram sólidas ao longo de anos a fio, apesar de contrárias à sólida opinião pública e ao consenso estabelecido nos demais "poderes". Portanto, após o Judiciário dar a sua "palavra" sobre o sentido da Constituição, ao invés de ser encerrada a discussão, normalmente se verifica o desencadeamento de um processo de interação entre diversos atores: o Congresso Nacional, o presidente, órgãos administrativos, associações civis e corporativas, a comunidade jurídica e o público em geral.[65] Em poucas palavras: há condicionantes políticas à expansão do Poder Judiciário, assim como há limites políticos à sua atividade, que são completamente ignoradas por essas concepções.

Referências

ALEXY, Robert. Constitutional rights, balancing, and rationality. *Ratio Iuris*, v. 16, n. 2, p. 134, jun. 2003.

ALEXY, Robert. Posfácio. In: ALEXY, Robert. *Teoria dos direitos fundamentais*. Tradução de Virgílio Afonso da Silva. São Paulo: Malheiros, 2008.

ALEXY, Robert. *Teoria dos direitos fundamentais*. Tradução de Virgílio Afonso da Silva. São Paulo: Malheiros, 2008.

ÁVILA, Humberto. Neoconstitucionalismo: entre a "ciência do direito" e o "direito da ciência". In: SARMENTO, Daniel. *Filosofia e teoria constitucional contemporânea*. Rio de Janeiro: Lumen Juris, 2009.

BACHOF, Otto. *Normas constitucionais inconstitucionais*. Tradução de José Manuel M. Cardoso da Costa. Coimbra: Livraria Almedina, 1994.

BRANCO, Paulo Gustavo Gonet. *Juízo de ponderação na jurisdição constitucional*. São Paulo: Saraiva, 2009.

BRANDÃO, Rodrigo. *Supremacia judicial v. diálogos constitucionais*: a quem cabe a última palavra sobre a Constituição. 2. ed. Rio de Janeiro: Lumen Juris, 2018.

CALDWELL, Peter. *Popular sovereignty and the crisis of German constitutional law* – The theory and the practice of Weimar constitutionalism. Durham: Duke University Press, 1997.

CALSAMIGLIA, Albert. Ensayo sobre Dworkin. In: DWORKIN, Ronald. *Los derechos en serio*. Barcelona: Ariel, 1997.

DWORKIN, Ronald. *O império do direito*. Tradução de Jefferson Juiz Camargo. São Paulo: Martins Fontes, 1999.

FISHER, Louis. *Constitutional dialogues* – Interpretation as a political process. Oxford: Princeton University Press, 1988.

---

[64] Ver, a propósito, o BRANDÃO, Rodrigo. *Supremacia judicial v. diálogos constitucionais*: a quem cabe a última palavra sobre a Constituição. 2. ed. Rio de Janeiro: Lumen Juris, 2018.

[65] FISHER, Louis. *Constitutional dialogues* – Interpretation as a political process. Oxford: Princeton University Press, 1988. p. 200.

GARAPON, Antoine. *O juiz e a democracia*: o guardião das promessas. 2. ed. Rio de Janeiro: Revan, 2001.

HABERMAS, Jürgen. *Direito e democracia*: entre facticidade e validade. 2. ed. Tradução de Flávio Beno Siebeneichler. Rio de Janeiro: Tempo Brasileiro, 2003. v. I.

HOBSBAWM, Eric. *A era dos extremos*: o breve século XX: 1914-1991. Tradução de Marcos Santarrita. São Paulo: Companhia das Letras, 1995.

KELSEN, Hans. A garantia jurisdicional da Constituição. In: KELSEN, Hans. *Jurisdição constitucional*. São Paulo: Martins Fontes, 2003.

KELSEN, Hans. Debate no Instituto Internacional de Direito Público. In: KELSEN, Hans. *Jurisdição constitucional*. São Paulo: Martins Fontes, 2003.

KELSEN, Hans. *Jurisdição constitucional*. São Paulo: Martins Fontes, 2003.

KELSEN, Hans. Prefácio à primeira edição. In: KELSEN, Hans. *Teoria pura do direito*. São Paulo: Martins Fontes, 2003.

KELSEN, Hans. *Quem deve ser o guardião da Constituição*. [s.l.]: [s.n.], [s.d.].

KELSEN, Hans. *Teoria pura do direito*. São Paulo: Martins Fontes, 2003.

KOMMERS. Donald. P. *The constitutional jurisprudence of the Federal Republic of Germany*. London: Duke University Press, 1997.

KRIELE, Martin. *Introdução à teoria do Estado* – os fundamentos históricos da legitimidade do estado constitucional de direito. Tradução de Urbano Carvelli. Porto Alegre: Sergio Antonio Fabris Editor, 2009.

MELLO, Cláudio Ari. *Democracia constitucional e direitos fundamentais*. Porto Alegre: Livraria do Advogado, 2004.

MOREIRA, Eduardo Ribeiro. *Neoconstitucionalismo*: a invasão da Constituição. São Paulo: Método, 2008. v. 7. Coleção Professor Gilmar Mendes.

PEREIRA, Jane Reis Gonçalves. *Interpretação constitucional e direitos fundamentais*. Rio de Janeiro: Renovar, 2006.

PRIETO SANCHÍS, Luís. *Justicia constitucional y derechos fundamentales*. Madrid: Trotta, 2003.

PRIETO SANCHÍS, Luís. Neoconstitucionalismo y ponderación judicial. In: CARBONELL, Miguel. *Neoconstitucionalismo(s)*. Madrid: Trotta, 2003.

PULIDO, Carlos Bernal. Refutación y defensa del neoconstitucionalismo. In: CARBONELL, Miguel (Ed.). *Teoría del neoconstitucionalismo* – Ensayos escogidos. Madrid: Trotta, 2007.

RADBRUCH, Gustav. *Filosofia do direito*. Tradução de Marlene Holzhausen. São Paulo: Martins Fontes, 2004.

SANTOS, Rogério Dultra dos. Francisco Campos e os fundamentos do constitucionalismo antiliberal no Brasil. *Revista de Ciências Sociais*, Rio de Janeiro, v. 50, n. 2, p. 281-323, 2007.

SARMENTO, Daniel. O neoconstitucionalismo no Brasil: riscos e possibilidades. In: SARMENTO, Daniel. *Filosofia e teoria constitucional contemporânea*. Rio de Janeiro: Lumen Juris, 2009.

SCHMITT, Carl. *O guardião da Constituição*. Tradução de Geraldo de Carvalho. Belo Horizonte: Del Rey, 2007.

SCHMITT, Carl. *Sobre el parlamentarismo*. Madrid: Tecnos, 1990.

SCHMITT, Carl. *Teoría de la Constitución*. [s.l.]: [s.n.], [s.d.].

SILVA, Luís Virgílio Afonso. *A constitucionalização do direito*: os direitos fundamentais nas relações entre particulares. São Paulo: Malheiros, 2005.

SILVA, Luís Virgílio Afonso. O proporcional e o razoável. *Revista dos Tribunais*, n. 798, p. 23-50, abr. 2002.

SWEET, Alec Stone; MATHEWS, Jud. Proportionality balancing and global constitutionalism. *Columbia Journal of Transnational Law*, v. 47, 2008.

TAVARES, André Ramos. *Teoria da justiça constitucional*. São Paulo: Saraiva, 2005.

TUSHNET, Mark. *Weak courts, strong rights*: judicial review and social welfare rights in comparative constitutional law. Princeton: Princeton University Press, 2009.

VIANNA, Luiz Werneck; BURGOS, Marcelo Baumann; SALLES, Paula Martins. Dezessete anos de judicialização da política. *Tempo Social – Revista de Sociologia da USP*, v. 19, n. 2.

ZAGREBELSKY, Gustavo. *El derecho dúctil*. Madrid: Trotta, 1999.

Informação bibliográfica deste texto, conforme a NBR 6023:2002 da Associação Brasileira de Normas Técnicas (ABNT):

BRANDÃO, Rodrigo. Modelos de jurisdição constitucional e suas bases teóricas. In: BARROSO, Luís Roberto; MELLO, Patrícia Perrone Campos (Coord.). *A República que ainda não foi*: trinta anos da Constituição de 1988 na visão da Escola de Direito Constitucional da UERJ. Belo Horizonte: Fórum, 2018. p. 331-348. ISBN 978-85-450-0582-7.

ESTADO DE COISAS INCONSTITUCIONAL

CARLOS ALEXANDRE DE AZEVEDO CAMPOS

1 Introdução

Em palestra proferida no ano de 2015, no Centro Universitário de Brasília – Uniceub, o Ministro e Professor Titular de Direito Constitucional da UERJ Luís Roberto Barroso foi questionado sobre quais casos legitimariam "o agir proativo" ou "expansivo" do Poder Judiciário.[1] Respondeu quando houvesse, sobretudo, omissão dos outros poderes, dando destaque maior às hipóteses de omissões sistêmicas, de falhas estruturais. Barroso referiu-se a tal quadro extremo de inércia estatal como um "estado de coisas inconstitucional" (ECI).

Este conceito, criado pela Corte Constitucional da Colômbia (CCC), vinha sendo na mesma época objeto de estudo, sob a liderança de outro Professor Titular de Direito Constitucional da UERJ, Daniel Sarmento, na Clínica de Direitos Fundamentais da Faculdade de Direito da UERJ, e foi o tema de minha tese de doutorado desenvolvida no Programa de Pós-Graduação da UERJ no mesmo ano.[2] Logo depois, o ECI foi objeto de intenso debate no Supremo quando da apreciação da ADPF nº 347/DF. Aos poucos, o ECI adquiriu espaço em nossos debates e trabalhos jurídicos. Pode-se dizer, ante os envolvidos ora citados, que o instituto é uma contribuição da Escola de Direito Constitucional da UERJ. Se boa ou ruim, a história ainda vai contar.

Este artigo faz uma síntese da aludida tese de doutoramento, voltado para compor a obra coletiva *A Constituição na visão da Escola de Direito Constitucional da UERJ*. O texto tem a seguinte divisão: para além desta introdução (1), apresento, no próximo item, (2) as principais decisões do ECI; depois, abordo (3) fundamentos, (4) objeto, (5) conceito e

---

[1] A palestra pode ser assistida em PALESTRA com Ministro Luís Roberto Barroso. *UniCEUB*, 17 mar. 2015. Disponível em: <http://www.uniceub.br/noticias/noticias-por-curso/1o-semestre-2015/palestra-com-ministro-luis-roberto-barroso.aspx>.

[2] A tese, intitulada *Da inconstitucionalidade por omissão ao Estado de coisas inconstitucional*, foi defendida em 20.3.2015, e ganhou uma versão comercial: CAMPOS, Carlos Alexandre de Azevedo. *Estado de coisas inconstitucional*. Salvador: JusPodivm, 2016.

pressupostos do ECI. Na sequência, trato das (6) sentenças estruturais e (7) da relevância do monitoramento. Então, (8) problematizo o ECI como manifestação de ativismo judicial estrutural dialógico. Ao final (9), conclusões.

2 Apresentando o ECI

Foi na *Sentencia de Unificación* (SU) – 559, de 1997,[3] quando a CCC declarou, em primeira oportunidade, o ECI. Na espécie, 45 professores dos municípios de *María La Baja* e *Zambrano* tiveram os direitos previdenciários recusados pelas autoridades locais. A CCC voltou-se a investigar as falhas estatais por trás das violações dos direitos. Constatou que o descumprimento da obrigação era generalizado, alcançando um número amplo e indeterminado de professores além dos que instauraram a demanda, e que a falha não poderia ser atribuível a um único órgão, e sim que seria estrutural. Havia, segundo os juízes, uma deficiência da política geral de educação com origem na distribuição desigual dos subsídios educativos, feita pelo governo central, em favor das entidades territoriais.

Ante o reconhecimento da complexidade da situação, além de assegurar os direitos específicos dos demandantes nos respectivos fundos previdenciários locais, a CCC dirigiu-se a proteger a dimensão objetiva dos direitos fundamentais em jogo. Cumprindo o que afirmou ser um "dever de colaboração" com os outros poderes, tomou decisão que não se limitou às partes do processo: declarou o ECI; determinou aos municípios, que se encontrassem em situação similar, a correção da inconstitucionalidade em prazo razoável; e ordenou o envio de cópias da sentença aos ministros da Educação e da Fazenda e do Crédito Público, ao diretor do Departamento Nacional de Planejamento, aos governadores e assembleias, aos prefeitos e aos conselhos municipais para providências práticas e orçamentárias.

A CCC também declarou o ECI para reduzir a mora da Caixa Nacional de Previdência em responder petições de aposentados e pensionistas dirigidas a obter recálculos e pagamentos de diferenças das verbas previdenciárias;[4] determinar a realização, em âmbito nacional, de concurso público para notário ante a omissão do Estado em organizar o certame;[5] ordenar a confecção de políticas públicas eficientes de proteção dos defensores de direitos humanos no país;[6] e remediar o atraso sistemático no pagamento, por entidades territoriais, das verbas de aposentadoria.[7] Em todos esses casos, verificando a violação generalizada de direitos e a existência de falhas estruturais, a CCC decidiu em favor não apenas dos demandantes nem contra somente as autoridades demandadas. Ao declarar o ECI, procurou beneficiar todos aqueles em situações similares, dirigindo ordens em face de todas as autoridades públicas cujas ações seriam necessárias para corrigir as falhas sistêmicas e estruturais.

Sem embargo, são dois os casos mais espetaculares de declaração do ECI: o do sistema carcerário e o do "deslocamento" de pessoas em razão da violência interna.

---

[3] *Sentencia* SU-559, de 6.11.1997.
[4] *Sentencia* T-068, de 5.3.1998.
[5] *Sentencia* SU-250, de 26.5.1998.
[6] *Sentencia* T-590, de 20.10.1998.
[7] *Sentencia* T-525, de 23.7.1999.

Em uma de suas mais importantes decisões, a CCC declarou o ECI relativo ao quadro de superlotação das penitenciárias do país. Na *Sentencia de Tutela* (T) – 153, de 1998,[8] esteve em jogo o problema da superlotação e das condições desumanas das penitenciárias nacionais de *Bogotá* e de *Bellavista de Medellín*. A Corte, todavia, apoiada em dados e estudos empíricos, constatou que o quadro de violação de direitos era generalizado na Colômbia, presente nas demais instituições carcerárias do país. Os juízes enfatizaram que a superlotação e o império da violência no sistema carcerário eram problemas nacionais, de responsabilidade de um conjunto de autoridades.

A CCC acusou a violação massiva dos direitos dos presos à dignidade humana e a um amplo conjunto de direitos fundamentais, o que chamou de "tragédia diária dos cárceres". Ante a mais absoluta ausência de políticas públicas voltadas, ao menos, a minimizar a situação, a CCC: declarou o ECI; ordenou a elaboração de um plano de construção e reparação das unidades carcerárias; determinou que o Governo nacional providenciasse os recursos orçamentários necessários; exigiu dos governadores que criassem e mantivessem presídios próprios; e requereu ao presidente da República medidas necessárias para assegurar o respeito dos direitos dos internos nos presídios do país. A execução dessas ordens não alcançou, todavia, grande sucesso ante a falta de monitoramento, pela própria CCC, da fase de implementação da decisão. Ao fim, o papel da Corte foi, principalmente, o de chamar a atenção para o tema.[9]

O caso do deslocamento forçado de pessoas em decorrência do contexto de violência na Colômbia, decidido na Sentencia T-025, de 2004,[10] é o caso mais importante do gênero. O deslocamento interno forçado de pessoas é um fenômeno típico de países mergulhados em violência, como é o caso da Colômbia. As pessoas são forçadas a migrar dentro do território colombiano, obrigadas a abandonar seus lares e suas atividades econômicas porque as ações violentas de grupos como as FARC ameaçam suas vidas, a integridade física das famílias, não havendo segurança ou liberdade nesses contextos. Todavia, a sociedade civil e as autoridades públicas colombianas, por muitos anos, simplesmente ignoraram as condições às quais se submetiam essas pessoas durante e depois dos deslocamentos.

Na *Sentencia* T-025, de 2004, a CCC examinou, de uma vez, 108 pedidos de tutelas formulados por 1.150 núcleos familiares deslocados. A maior parte dessa população era composta por vulneráveis como mulheres cabeças de família, menores, minorias étnicas e idosos. Argumentaram que os direitos à moradia, saúde, educação e trabalho eram absolutamente inexistentes, carecendo as vítimas do mínimo para sobreviver. A Corte concluiu estarem presentes os principais fatores que caracterizam o ECI: a permanente e massiva violação de direitos fundamentais, a omissão de diferentes atores estatais, que tanto implica essa violação como a mantém, o envolvimento de um número elevado de pessoas afetadas e a necessidade de a solução ser alcançada pela ação conjunta e coordenada de vários órgãos.

---

[8] *Sentencia* T-153, de 28.4.1998.

[9] Sobre falhas dos remédios propostos pela Corte, cf. ARIZA, Libardo José. The economic and social rights of prisoners and constitutional court intervention in the penitentiary system in Colombia. In: MALDONADO, Daniel Bonilla. *Constitutionalism of the Global South*. The activist tribunals of India, South Africa and Colombia. York: Cambridge University Press, 2013. p. 129-159.

[10] *Sentencia* T-025, de 22.1.2004.

A CCC formulou remédios não só em favor dos que pleitearam as tutelas, senão também das outras pessoas que se encontravam na mesma situação. A Corte acusou a precária capacidade institucional dos outros poderes para o desenvolvimento, implementação e coordenação das políticas públicas necessárias. Sem exercer diretamente as competências desses poderes, a CCC: declarou o ECI; exigiu atenção orçamentária especial ao problema; determinou fossem formuladas novas políticas públicas, leis e um marco regulatório eficientes para proteger, para além dos direitos individuais dos demandantes, a dimensão objetiva dos direitos envolvidos. As ordens foram dirigidas a um número elevado de autoridades públicas e, desta vez, surtiram bons efeitos práticos, principalmente, porque a CCC monitorou a fase de implementação. A manutenção da jurisdição sobre o caso fez toda a diferença.

3 Fundamentos filosóficos e jurídicos do estado de coisas inconstitucional

A doutrina do ECI não surgiu em um vácuo filosófico ou jurídico, e sim possui raiz em importantes transformações culturais contemporâneas. Sob o ângulo filosófico, a doutrina encontra fundamento na filosofia política liberal-igualitária, por exemplo, na teoria da justiça de John Rawls, mais precisamente em sua noção de mínimo social (*social minimum*).[11] Do ponto de vista teórico, a CCC explicitamente se apoia em princípios do Estado social de direito. Para a CCC, no Estado social do século XXI, os direitos fundamentais deixaram de ser limites externos e passaram a ser condição de legitimidade da atuação do Poder Público.

Com efeito, sob a perspectiva da teoria constitucional, a CCC funda-se em elementos essenciais do constitucionalismo contemporâneo, como a limitação do poder político majoritário em prol dos direitos das minorias e a proteção prioritária dos direitos fundamentais. Por fim, sob o viés metodológico, o ECI é uma crítica antiformalista ao direito.[12] Como afirma Blanca Raquel, no ECI "a interpretação constitucional não se restringe ao plano normativo (texto), senão que abarca também os comportamentos ou acontecimentos que guardem relação com" a norma constitucional.[13]

4 Objeto principal: direitos sociais e econômicos e políticas públicas

Os casos nos quais a CCC declarou o ECI revelam que a atuação é realizada, principalmente, no campo dos direitos sociais e econômicos. A CCC depara-se com a ausência ou falta de coordenação entre medidas legislativas, administrativas e orçamentárias, implicando a ausência de efetividade do cumprimento, pelo Estado, de suas prestações positivas em favor dos ditos direitos sociais. Direitos que incluem acesso à comida, água, moradia, saúde preventiva e curativa, segurança social, educação,

---

[11] Cf. RAWLS, John. *Political liberalism*. New York: Columbia University Press, 1993. p. 229-230.
[12] GÓMEZ PINTO, Luis Ricardo. *El juez de las políticas públicas*. Bogotá: Ibáñez, 2012. p. 29.
[13] RAQUEL CÁRDENAS, Blanca. *Contornos jurídico-fáticos del estado de cosas inconstitucional*. Bogotá: Universidad Externado de Colombia, 2011. p. 25-26.

trabalho, saneamento básico. Mais do que garantias aspiracionais, esses direitos foram reconhecidos nos textos constitucionais contemporâneos como normas jurídicas, impondo aos Estado o dever de torná-los realidade concreta.

Em relação aos direitos sociais e econômicos, não há desacordos morais propriamente ditos, mas institucional: a grande questão é relativa à qual instituição pode ou tem o papel de assegurar a sua efetividade. Nesse sentido, pode-se dizer que a declaração do ECI é uma censura institucional contra o ciclo das políticas públicas correspondentes: suas fases de formulação, implementação e avaliação.[14] A CCC interfere nas políticas públicas, cuidando da dimensão objetiva dos direitos, o que representa solucionar o estado de inconstitucionalidades em favor de todos, igualmente. Essa técnica foi aprimorada com o tempo pela Corte Constitucional colombiana.

5 Conceito e pressupostos do estado de coisas inconstitucional

Tanto o conceito como o conjunto de pressupostos do ECI evoluíram conforme as fases das decisões da CCC. Sem exaurir sua fundamentação em dispositivos constitucionais específicos, em ordens constitucionais expressas de legislar, a CCC dirige-se contra a "realidade inconstitucional" decorrente da omissão estatal, acusando falhas estruturais que implicam violação massiva ao sistema de direitos fundamentais. O juiz constitucional faz censura à omissão estatal e decide agir ativamente para transformar a realidade social contrária à Constituição. A CCC utiliza remédios processuais que escapam ao esquema tradicional de controle de constitucionalidade.

Daí a importância de uma sistematização clara e objetiva dos pressupostos autorizadores do reconhecimento do ECI de forma a assegurar que, até mesmo em razão da dramaticidade das medidas, essas sejam excepcionais. Tal rigor evita excessos, como o da CCC no caso do concurso para notários e os da maioria das decisões do Tribunal peruano declaratórias do ECI. A rigidez na identificação desses pressupostos é condição essencial para que o uso do ECI seja racional e objetivo, evitando-se sua ubiquidade.

Sem embargo, por mexer na estrutura e na dinâmica de atuação dos outros poderes, as cortes devem ser não apenas cautelosas, mas rígidas quanto à configuração e identificação desses pressupostos. Desse modo, a fim de tornar mais clara e objetiva a tarefa de identificação e afirmação do ECI, penso ser melhor falar-se na presença de *quatro pressupostos* em vez dos seis elencados na *Sentencia* T-125, de 2004. Não se trata de ignorar dois dos fatores apontados pela CCC, e sim de diluí-los, para melhor compreensão do fenômeno, nos quatro pressupostos que reputo essenciais.

O *primeiro pressuposto* é o da constatação de um quadro não simplesmente de proteção deficiente, e sim de violação massiva e contínua de diferentes direitos fundamentais, que afeta a um número amplo de pessoas. Além de verificar a transgressão ao direito individual do demandante ou dos demandantes em determinado processo, a investigação revela quadro de violação sistemática, grave e contínua de direitos fundamentais que alcança um número elevado e indeterminado de pessoas. A violação se apresenta como grave problema não apenas jurídico, mas social. Nesse estágio de coisas,

---

[14] Cf. FONTE, Felipe de Melo. *Políticas públicas e direitos fundamentais*. São Paulo: Saraiva, 2013. p. 57-63.

a restrição em atuar em favor exclusivamente dos demandantes implicaria omissão da própria corte, que fecharia os olhos para a vulneração da Constituição como um todo, do projeto constitucional de garantia e gozo de direitos fundamentais. As cortes devem conectar-se com a dimensão objetiva dos direitos fundamentais, e não apenas com aspectos subjetivos ou vinculados a tipos específicos de enunciados constitucionais.

Para que seja racional a identificação desse primeiro fator, é necessário que três aspectos estejam presentes: violação massiva e contínua de direitos; variedade de direitos fundamentais violados; e o número amplo e expressivo de pessoas e grupos afetados.[15] Portanto, para configuração desse primeiro pressuposto, (i) não se trata de violação a qualquer norma constitucional, mas apenas àquelas relativas, direta ou indiretamente, a direitos fundamentais, e não basta qualquer violação de direitos, mas apenas aquela espacial e qualitativamente massiva, sistemática e contínua; (ii) não basta o envolvimento de um direito fundamental específico, e sim de uma variedade desses (liberdades fundamentais, direitos sociais e econômicos, dignidade humana, mínimo existencial); (iii) não se trata de violações que alcancem populações locais ou restritas, e sim número elevado e amplo de pessoas e grupos, máxime, minorias e grupos vulneráveis.[16]

O *segundo pressuposto* é o da omissão reiterada e persistente das autoridades públicas no cumprimento de suas obrigações de defesa e promoção dos direitos fundamentais. Em todos os casos nos quais a CCC afirmou o ECI, a origem da configuração estava na omissão das autoridades. A ausência de medidas legislativas, administrativas e orçamentárias representaria uma "falha estrutural" que gera tanto a violação sistemática dos direitos, quanto a perpetuação e o agravamento da situação. Não seria a inércia de uma única autoridade pública, mas o funcionamento deficiente do Estado como um todo que resulta na violação desses direitos. Além do mais, os poderes, órgãos e entidades em conjunto se manteriam omissos em buscar superar ou reduzir o quadro objetivo de inconstitucionalidade. Trata-se, em suma, de mau funcionamento estrutural e histórico do Estado como fator do primeiro pressuposto, o da violação massiva de direitos.

Nesse pressuposto, pode inserir-se a omissão estatal inconstitucional sob a perspectiva material. A falha estatal estrutural pode ter início na omissão legislativa ou na falta de regulamentação normativa independentemente das tipologias dos enunciados normativos constitucionais,[17] na falta de vontade política ou na ausência de coordenação entre leis e medidas administrativas de execução. Leis e regulamentações defeituosas, insuficientes, que promovem proteção deficiente de direitos fundamentais podem ser o ponto de partida de falhas estruturais, mesmo se ausente disposição constitucional expressa do dever de legislar ou regulamentar. Na realidade, o ECI acaba sendo um estado avançado de violação ou proteção deficiente de direitos fundamentais decorrente de falhas estruturais iniciadas em omissões normativas inconstitucionais.

---

[15] RAQUEL CÁRDENAS, Blanca. *Contornos jurídico-fáticos del estado de cosas inconstitucional*. Bogotá: Universidad Externado de Colombia, 2011. p. 35.

[16] Sobre as circunstâncias de vulnerabilidade manifesta como fator do ECI e sua conexão com o princípio da igualdade, cf. RAQUEL CÁRDENAS, Blanca. *Contornos jurídico-fáticos del estado de cosas inconstitucional*. Bogotá: Universidad Externado de Colombia, 2011. p. 56-61.

[17] "Os valores que repousam no coração da maior parte dos litígios estruturais – igualdade, devido processo, liberdade, segurança individual, vedação a penas cruéis e incomuns – não são encorpados em proibições textualmente específicas. [...] A ausência de especificidade textual não faz os valores menos reais, nem menos importantes" (FISS, Owen M. *The law as it could be*. New York: New York University Press, 2003. p. 10).

A falha estrutural configura-se, normalmente, como ausência ou deficiência de políticas públicas. Consideradas a falta de medidas legislativas e regulamentares, a ineficiência administrativa, a precária estrutura ou dinâmica defeituosa das instituições, o ECI pode originar-se, especificamente, de problemas com o ciclo das políticas públicas – suas fases de formulação, implementação e avaliação.[18] Há a necessidade de as cortes darem respostas que aproveitem a todos que estejam alcançados pelo quadro de violação massiva e contínua de direitos. Interferir nas políticas públicas necessárias, cuidando da dimensão objetiva desses direitos, significa proferir decisões que, em vez de imporem obrigações ao Estado em favor de determinados indivíduos, buscam solucionar o estado de inconstitucionalidade em favor de todos, igualmente.

O *terceiro pressuposto*, relacionado de perto com o segundo, tem a ver com as medidas necessárias à superação das inconstitucionalidades, especialmente se considerarmos falhas estruturais como deficiências no ciclo das políticas públicas. No plano das soluções, haverá o ECI quando a superação dos problemas de violação de direitos exigir a expedição de remédios e ordens dirigidas não apenas a um órgão, mas a um conjunto desses. A responsabilidade deve ser atribuída a uma pluralidade de atores públicos. O mesmo fator estrutural que se faz presente na origem e manutenção das violações existe quanto à busca por soluções. Como disse Libardo José Arida, ao mau funcionamento estrutural e histórico do Estado conecta-se a adoção de remédios de "igual ou similar alcance".[19] Para a solução do ECI, são necessárias novas políticas públicas ou correção das defeituosas, alocação de recursos orçamentários, ajustes nos arranjos institucionais e nas próprias instituições, enfim, mudanças estruturais.

Esses pressupostos revelam a conexão entre o ECI e a figura do "litígio estrutural", próprio dos problemas policêntricos. Esse tipo especial de litígio caracteriza-se por:

> 1) afetar um número amplo de pessoas que alegam, diretamente ou através de organizações, a violação de seus direitos; 2) envolver várias entidades estatais como demandadas por serem responsáveis pelas falhas sistemáticas de políticas públicas; e 3) implicar ordens de execução complexa, mediante as quais o juiz instrui várias entidades públicas a empreender ações coordenadas para proteger toda a população afetada (não somente os demandantes do caso concreto).[20]

A ideia de "litígio estrutural" vincula o ECI à fixação de "remédios estruturais" para sua superação.

Os remédios estruturais serão apresentados no tópico seguinte. Por ora, cumpre dizer que a declaração do ECI, segundo penso, se apresenta como verdadeira *senha de acesso* às tutelas estruturais. Com efeito, os pressupostos principais do ECI – a identificação de violações sistemáticas e generalizadas de direitos e a existência de falhas estruturais e problemas policêntricos que as implicam – justificam e legitimam o engajamento de

---

[18] Cf. FONTE, Felipe de Melo. *Políticas públicas e direitos fundamentais*. São Paulo: Saraiva, 2013. p. 57-63.

[19] Cf. ARIZA, Libardo José. The economic and social rights of prisoners and constitutional court intervention in the penitentiary system in Colombia. In: MALDONADO, Daniel Bonilla. *Constitutionalism of the Global South*. The activist tribunals of India, South Africa and Colombia. York: Cambridge University Press, 2013. p. 142.

[20] RODRÍGUEZ GARAVITO, César; RODRÍGUEZ FRANCO, Diana. *Cortes y cambio social*. Cómo la Corte Constitucional transformó el desplazamiento forzado en Colombia. Bogotá: Dejusticia, 2010. p. 16.

cortes e juízes na produção de "remédios estruturais".[21] Na realidade, as condições para a concessão de remédios estruturais se confundem com os pressupostos do ECI: "um juiz profere tais decisões apenas depois de sérias violações constitucionais terem sido provadas, e os acusados terem falhado em tomar os passos remediais adequados ou em formular um plano aceitável para remediar as violações".[22]

O *quarto e último pressuposto* diz respeito à potencialidade de um número elevado de afetados transformarem a violação de direitos em demandas judiciais, que se somariam às já existentes, produzindo grave congestionamento da máquina judiciária. Preocupada com sua funcionalidade, a CCC buscou resolver a situação de uma única vez, alcançando o maior número de afetados possível. Tratar a questão como litígio estrutural e tomar medidas que alcançam ampla população de afetados não possui apenas a vantagem de favorecer a isonomia na solução tomada, mas também de servir como estratégia para prevenir problemas de congestionamento judicial. A corte acaba atuando, também, em favor de si mesma, o que não deixa de retornar à sociedade na forma de melhores serviços jurisdicionais.

Pois bem. Fixados esses pressupostos, é chegada a hora de buscar uma definição do ECI. Trata-se de técnica decisória por meio da qual se declara uma "realidade inconstitucional". Não é uma ação judicial propriamente dita,[23] e sim uma ferramenta processual pela qual cortes produzem uma norma declaratória da contradição insuportável entre texto constitucional e realidade social. Como expressa Garcia Jaramillo, "a Corte estruturou a doutrina para julgar não um ato do Estado ou de algum de seus órgãos, e sim uma realidade. A doutrina do ECI confronta a realidade com um juízo normativo e conclui estar-se diante de situações que não são compatíveis com a Constituição".[24]

Apoiado nas decisões da CCC e nos comentaristas colombianos, defino o ECI como a *técnica de decisão por meio da qual cortes e juízes constitucionais, quando rigorosamente identificam um quadro de violação massiva e sistemática de direitos fundamentais decorrente de falhas estruturais do Estado, declaram a absoluta contradição entre os comandos normativos constitucionais e a realidade social, e expedem ordens estruturais dirigidas a instar um amplo conjunto de órgãos e autoridades a formularem e implementarem políticas públicas voltadas à superação dessa realidade inconstitucional*. O ECI anda lado a lado com as sentenças estruturais.

---

[21] "Se a corte descobre uma violação constitucional, essa descoberda é, tipicamente, apenas o prelúdio de um processo trabalhoso e complexo de tomada de decisões dirigidas aos acusados para reformarem suas instituições e práticas" (FLETCHER, William A. The discretionary constitution: institutional remedies and judicial legitimacy. *Yale Law Journal*, v. 91, n. 4, p. 635-697, 1982. p. 638).

[22] RUDENSTINE, David. Institutional Injunctions. *Cardozo Law Review*, v. 4, n. 4, 1983. p. 612. "A injunção estrutural, então, permite cortes a colocarem um basta nas violações sistêmicas de um direito e a impedir a recorrência das violações no futuro" (HIRSCH, Danielle Elyce. A defense of structural injunctive remedies in South African Law. *Oregon Review of International Law*, v. 9, n. 1, 2007. p. 19).

[23] "[...] se poderá conceituar o ECI como um instrumento, um dispositivo, uma figura, um mecanismo, uma técnica ou qualquer outra denominação análoga, porém, jamais alcançará a entidade de uma ação propriamente dita" (RAQUEL CÁRDENAS, Blanca. *Contornos jurídico-fáticos del estado de cosas inconstitucional*. Bogotá: Universidad Externado de Colombia, 2011. p. 25).

[24] GARCIA JARAMILLO, Leonardo. *Constitucionalismo deliberativo*. Estudio sobre el ideal deliberativo de la democracia y la dogmática constitucional del procedimiento parlamentário. Cidade do México: UNAM, 2015. p. 189.

6 As sentenças estruturais

O exame dos pressupostos do ECI revela sua conexão íntima com a figura do "litígio estrutural" ou "processo estrutural" (*structural suit*),[25] caracterizado por alcançar número amplo de pessoas, várias entidades e por implicar ordens de execução complexas dirigidas a modificar instituições governamentais em mau funcionamento. São demandas e ações próprias de *public law litigation*. Segundo o estudo clássico do Professor Abram Chayes, na *public law litigation*, cortes não são chamadas a resolver disputas entre indivíduos conforme princípios de direito privado, e sim para lidar com reivindicações, que podem ser deduzidas das leis e dos preceitos constitucionais, sobre mudanças sociais em larga escala, programas e políticas públicas.[26]

Para Chayes, a natureza do litígio público exige uma nova forma de pensar sobre a atuação judicial. O foco não seria a execução tradicional de direitos particulares, e sim a melhoria da perspectiva das políticas públicas, em favor de um conjunto de grupos e indivíduos interessados, para o futuro dos direitos envolvidos. Juízes passariam a participar da confecção e implementação dessas políticas. De acordo com Chayes, "como resultado da natureza do litígio de direito público, cortes são, inevitavelmente, lançadas a um papel afirmativo, político – ativista, se assim entender-se importante dizer –, um papel que contrasta com a postura judicial passiva que aprendemos a esperar".[27] Apesar das credenciais antidemocráticas de tal atuação, para o autor, o alcance de bons resultados justificaria essa mudança importante de comportamento.

O litígio estrutural é, portanto, em sua essência, *public law litigation*[28] e vincula o ECI à fixação de *structural remedies* (remédios estruturais): *strucutural injunctions*.[29] A declaração do ECI, com a afirmação de seus pressupostos, configura uma "senha" ou um "passaporte" para as cortes proferirem sentenças estruturais. As "ordens estruturais" são comandos voltados a alcançar as mudanças institucionais que caracterizam a *public law litigation*. Não se trata apenas de determinar obrigações de fazer dirigidas às autoridades públicas para o cumprimento de prestações específicas. As *structural injunctions* voltam-se à reestruturação de instituições de governo, às alterações sistêmicas necessárias a assegurar a tutela de direitos fundamentais, que podem alcançar medidas legislativas, administrativas, regulatórias e orçamentárias. São remédios transformativos: buscam "reformas estruturais". De acordo com Owen Fiss:

---

[25] "O processo estrutural é aquele em que um juiz, confrontando burocracias estatais com valores de dimensão constitucional, empreende reestruturar a organização para eliminar ameaças, contra esses valores, reveladas por arranjos institucionais contemporâneos" (FISS, Owen M. The forms of justice. The Supreme Court 1978 Term. *Harvard Law Review*, v. 93, n. 1, 1979. p. 2).

[26] Cf. CHAYES, Abram. The role of the judge in public law litigation. *Harvard Law Review*, v. 89, n. 7, 1976. p. 1.281-1.316.

[27] CHAYES, Abram. Public law litigation and the Burger Court. *Harvard Law Review*, v. 96, n. 1, 1982. p. 4.

[28] "Litígio por reforma institucional promete proteger os impotentes ao fazer políticos cederem algum de seu poder a juízes apolíticos e a advogados de litigância de interesse público que serão guiados por experts preocupados com fazer a coisa certa em vez da coisa politicamente oportuna" (SANDLER, Ross; SCHOENBROD, David. *Democracy by decree*. New Haven: Yale University Press, 2003. p. 4). Sobre a "morfologia da public law litigation", cf. CHAYES, Abram. The role of the judge in public law litigation. *Harvard Law Review*, v. 89, n. 7, 1976. p. 1.302.

[29] Cf. por todos: FISS, Owen M. *The civil rights injunction*. Bloomington: Indiana University Press, 1978. Para uma abordagem dogmática, cf. HASEN, Richard L. *Remedies*. 3. ed. Frederick: Wolters Kluwer, 2013. p. 177-196.

Reforma estrutural tem como premissa a noção que a operação de organizações de larga escala, e não apenas indivíduos atuando além ou dentro dessas organizações, afeta a qualidade de nossa vida social de importantes formas. Tem também como premissa a crença que nossos valores constitucionais não podem ser completamente assegurados sem mudanças básicas nas estruturas dessas organizações. O processo estrutural é aquele em que o juiz, confrontando uma burocracia estatal frente a valores de dimensão constitucional, encarrega-se de reestruturar a organização para eliminar ameaças a esses valores constitucionais, impostas pelos arranjos institucionais em vigor. A *injunction* é o meio por meio do qual essas diretivas reconstrutivas são transmitidas.[30]

Foi o Professor Owen Fiss que cunhou o termo *structural injunctions*. Primeiramente, o autor criticou as práticas tradicionais de escolha do remédio judicial apropriado aos casos concretos, acusando o erro de não se levarem em conta, para tal seleção, "a natureza e a justiça" dos direitos e das pretensões substantivas subjacentes. Para Fiss, não há espaço para uma hierarquia *a priori* entre os instrumentos decisórios, devendo a "avaliação ser feita considerados o contexto específico de vantagens e desvantagens de cada medida judicial" e o "sistema de alocação de poder implicado".[31] Em determinadas situações, adverte Fiss, ordens preventivas ou reparatórias não são capazes de remediar o quadro de violação de direitos, havendo necessidade de mudanças institucionais, de remédios ajustados aos fins transformativos.

Baseado na experiência dos litígios dos anos 50 e 60 em torno dos direitos civis nos Estados Unidos,[32] notadamente das questões raciais, Owen Fiss propôs uma nova categorização de *injunctions*, apresentando a figura da *structural injunction*:

> Há tempos, o Direito tem abraçado um pluralismo em relação às *injunctions*, aceitando a ideia de existirem categorias ou espécies de injunções. Mas para a maior parte, a diversidade tem sido muito limitada – satisfeita em distinguir *injunctions* interlocutórias e definitivas, ou ainda mandatórias ou proibitórias. Eu gostaria de expandir a classificação e apresentar três novas categorias: a injunção preventiva, que busca proibir alguns atos específicos ou série de atos de ocorrerem no futuro; a injunção reparatória, que obriga o réu a engajar em um curso de ação que busque corrigir os efeitos de um passado errado; e a injunção estrutural, que procura efetuar a reorganização de uma instituição social existente.[33]

Fiss afirma que a injunção estrutural é singular, original, diferenciada em relação às categorias tradicionais, preventivas e reparatórias.[34] Em litígios como o dos direitos civis nos Estados Unidos, tutelas preventivas e reparatórias se mostravam insuficientes porque a inconstitucionalidade está nas próprias instituições públicas. "O erro

---

[30] FISS, Owen M. *The law as it could be*. New York: New York University Press, 2003. p. 3.
[31] FISS, Owen M. *The civil rights injunction*. Bloomington: Indiana University Press, 1978. p. 6.
[32] "O destino das structural injunctions também tem estado atrelado ao do movimento dos direitos civis" (FISS, Owen M. The allure of individualism. *Iowa Law Review*, v. 78, 1993. p. 965).
[33] FISS, Owen M. *The civil rights injunction*. Bloomington: Indiana University Press, 1978. p. 7.
[34] HIRSCH, Danielle Elyce. A defense of structural injunctive remedies in South African Law. *Oregon Review of International Law*, v. 9, n. 1, 2007. p. 18-19: "[...] uma injunção estrutural é uma ordem que dita como e quando agentes do governo devem mudar seu comportamento e de que forma estar em conformidade com as exigências constitucionais do estado. [...] Nesta espécie de litígio, o juiz se empenha em reformar instituições ao dirigir agentes políticos em relação a quais ações eles devem realizar para erradicar condições inconstitucionais e, além do mais, o juiz tipicamente engaja-se em supervisão contínua dos esforços de cumprimento por esses oficiais".

constitucional é a própria estrutura" estatal, de modo que, sem a reorganização das instituições envolvidas, não é possível impedir a perpetuação de violações de direitos. De acordo com o autor, a adequação da tutela estrutural pressupõe "julgamento de o arranjo institucional existente ser ilegal, ser um erro atual, e que continuará a ser, salvo se corrigido". A reorganização é "designada a levar a estrutura [governamental] para dentro dos limites constitucionais".[35]

Nas sentenças estruturais, segundo William Fletcher:

> o juiz normalmente requer que as partes concordem sobre um "plano". Se as partes concordarem, o juiz estabelecerá uma *injunction* que incorpore esse acordo. Quando solicitar planos das partes ou os formular por conta própria, a corte frequentemente buscará evidências adicionais e ouvirá o testemunho de experts sobre os possíveis efeitos das decisões a serem tomadas; às vezes, a corte apontará seus próprios experts, peritos ou comitês; e, às vezes, ameaçará impor decisões draconianas que nem mesmo os autores desejam.

Uma vez tomada a decisão estrutural, o juiz poderá "apontar um perito especial para supervisionar sua implementação", vindo a decisão a vigorar, normalmente, por muitos anos, devendo as partes, "periodicamente, submeter relatórios ou outras evidências à corte sobre seu cumprimento. A decisão poderá ser emendada na medida em que as condições mudarem ou tornar-se aparente que a decisão original é inadequada para cumprir seu propósito".[36] Em síntese, esse é o procedimento das tutelas estruturais.[37]

Essa forma estrutural da tutela seria não só necessária, mas a única adequada a modificar esse arranjo e a tornar as instituições compatíveis com os valores e comandos da constituição. Isso ficou claro desde a sua certidão de nascimento. O ponto de partida para o estudo dos remédios estruturais foi o esforço da Suprema Corte norte-americana para implementar *Brown* I.[38] A decisão, voltada a superar a segregação racial nas escolas do Sul, possuía duas dimensões: uma ampla proibição de discriminar com base na raça; e outra, de natureza estrutural, visando transformar o "sistema escolar dual" (negros e brancos separados) em um "sistema escolar unitário, não racial". Para concretizar ambas as dimensões, a Corte teve que proferir novas decisões, próprias de implementação. *Brown* I não havia sido suficiente.

Em *Brown* II,[39] buscando formas eficazes de implementar *Brown* I, a Corte reconheceu prioridade aos conselhos educacionais locais para formular e concretizar planos e programas necessários às transformações ordenadas,[40] direcionando às cortes distritais o papel de monitorar a "boa-fé" desses conselhos em realizar tais tarefas. Consta no voto

---

[35] FISS, Owen M. *The civil rights injunction*. Bloomington: Indiana University Press, 1978. p. 11.
[36] FLETCHER, William A. The discretionary constitution: institutional remedies and judicial legitimacy. *Yale Law Journal*, v. 91, n. 4, p. 635-697, 1982. p. 639.
[37] No mesmo sentido, cf. HIRSCH, Danielle Elyce. A defense of structural injunctive remedies in South African Law. *Oregon Review of International Law*, v. 9, n. 1, 2007. p. 21.
[38] Brown v. Board of Education of Topeka, 347 U.S. 483 (1954). Sobre a decisão, por todos, cf. POWE JR., Lucas A. *The Warren Court and American politics*. Cambridge: Harvard University Press, 2000.
[39] Brown v. Board of Education of Topeka, 347 U.S. 294 (1955).
[40] Segundo Owen Fiss, a estratégia da Corte, com tal delegação, foi promover mudanças mais lentas, menos coercitivas, permitindo que as autoridades educacionais especificassem "seus próprios passos remediais", e capitalizar com a expertise dos conselhos (FISS, Owen M. *The civil rights injunction*. Bloomington: Indiana University Press, 1978. p. 14).

de Earl Warren que as cortes deveriam agir segundo "princípios de equidade" e com "flexibilidade prática", e que a integração deveria ocorrer *with all deliberate speed*, o que significou, na prática, tão rápido quanto fosse desejável aos estados.

Apesar de ter afirmado a inconstitucionalidade da segregação racial no ensino público, a Suprema Corte optou por não determinar o seu fim de imediato ante as prováveis reações negativas dos estados do Sul. Escolheu que a implementação se desse aos poucos e sob a supervisão contínua das cortes distritais. No entanto, em razão da extrema vagueza da decisão, os conselhos escolares locais descumpriram em boa parte os comandos. O resultado foi a manutenção, durante a primeira década de *Brown*, do *status quo* em desfavor das crianças negras.[41]

Na década seguinte, a Suprema Corte e as cortes distritais compreenderam que, para o fim da segregação racial nas escolas, elas deveriam ter uma postura mais ativa voltada à reestruturação propriamente dita do sistema de ensino público. Na realidade, chegou-se ao ponto de a resistência por parte dos conselhos educacionais locais implicar a necessidade de as cortes passarem a formular diretamente os planos, sendo mais precisas sobre os passos a serem tomados para a reforma estrutural. E assim ocorreu. Com efeito, sem apelar para tal ativismo, *Brown* nunca teria saído do papel.

Portanto, ante a reiterada omissão dos conselhos locais e as falhas legislativas, as cortes distritais, com relativa discricionariedade,[42] sob o comando da Suprema Corte, passaram a determinar medidas mais específicas e a supervisionar efetivamente o seu cumprimento. Embora deixando margens de escolhas técnicas aos conselhos locais, as cortes modularam suas *structural injunctions* de forma a não mais permitir a pura e simples desobediência. A legitimidade da atuação judicial derivou da necessidade do agir: "Legitimidade foi equiparada à necessidade, e procedimento tornou-se dependente da substância".[43] Através das ordens estruturais, as cortes transmitiram "diretivas reconstrutivas" para o "processo de transformação total" das instituições envolvidas. Surgiu assim uma nova perspectiva de se "olhar a relação entre direitos e remédios".[44]

Para Owen Fiss, a lição essencial dos litígios de direitos civis foi que não deve prevalecer uma concepção apriorística dos remédios adequados para violação de direitos fundamentais.[45] Não cabe essa escolha a partir pura e simplesmente de proposições gerais. A seleção deve ser feita a partir da apreciação das vantagens técnicas de cada remédio e de um julgamento, à luz da postulação de direitos subjacentes e dos obstáculos em cada caso concreto, "da desejabilidade da alocação de poder implícita a cada sistema

---

[41] "Consequentemente, em *Brown II*, a Corte ganhou tempo e, por muitos anos, nada fez para executar o comando 'all deliberate speed'. Mesmo no fim da primeira metade da década de 60, muitas crianças negras ainda frequentavam escolas segregadas" (WEAVER, Russel L. The rise and decline of structural remedies. *San Diego Law Review*, v. 41, 2004. p. 1.620).

[42] Para a discricionariedade como elemento indispensável pragmaticamente inevitável para a efetividade das tutelas estruturais, cf. FLETCHER, William A. The discretionary constitution: institutional remedies and judicial legitimacy. *Yale Law Journal*, v. 91, n. 4, p. 635-697, 1982.

[43] Para Fiss, "Foi o comprometimento prioritário a igualdade racial que motivou a inovação procedimental e que foi visto como a justificação para o afastamento da tradição" (FISS, Owen M. *The law as it could be*. New York: New York University Press, 2003. p. 4).

[44] FISS, Owen M. The forms of justice. The Supreme Court 1978 Term. *Harvard Law Review*, v. 93, n. 1, 1979. p. 3.

[45] OAKES, James L. The proper role of the Federal Courts in enforcing the Bill of Rights. *New York University Law Review*, v. 54, n. 5, 1979. p. 945-946: "[...] a história anterior e subsequente de *Brown v. Board of Education* nos ensina que, na medida em que aos direitos é dado alcance mais universal – que é o seu correto alcance –, métodos imaginativos e criativos de remediar sua privação torna-se essencial, salvo se forem promessas vazias".

de remédios". Os direitos e a gravidade do conflito devem influir no estabelecimento dos limites dessa alocação de poder – trata-se de desafiar a errônea prática de pensar o procedimento independentemente da substância, o que significa desafiar concepções ortodoxas de separação de poderes que colocam a autoridade como precedente aos direitos. A depender do quadro e da urgência em transformá-lo, a tutela estrutural se mostra não apenas um remédio adequado, mas o único remédio adequado. Pensar diferente favorece a existência de "direitos sem remédios".

Nos Estados Unidos, no começo dos anos 70, os remédios estruturais continuaram a ser utilizados para a reestruturação dos sistemas distritais de ensino a fim de acabar com a segregação racial[46] e também para melhorar o funcionamento de presídios[47] e de instituições de saúde para tratamento dos mentalmente incapacitados. Para tanto, as cortes norte-americanas interferiram na formulação e implementação de políticas públicas, bem como nas prioridades orçamentárias.

Nos últimos anos, a prática de proferir sentenças estruturais tem sido adotada por cortes do Sul Global, com destaque, além da Colômbia, para as cortes da Índia[48] e da Argentina.[49] A Corte Constitucional da África do Sul também desperta o interesse da comunidade acadêmica internacional e tem sido peça fundamental no processo de constitucionalismo transformativo que emergiu no país na última década do século XX. Contudo, a Corte "tem sido censurada por sua relutância em usar as sentenças estruturais como um remédio em casos de direitos socioeconômicos".[50] Segundo a doutrina local, a "Corte Constitucional tem declinado a invocar" as sentenças estruturais como forma de "remediar violações sistêmicas de direitos socioeconômicos".[51]

As sentenças estruturais proferidas nos Estados Unidos, na Índia e na Argentina, assim como as que acompanharam a declaração do ECI, apresentam-se como ferramentas legítimas, a serem utilizadas em casos excepcionais, para remediar complexos quadros de violação de direitos humanos decorrentes do mau funcionamento de amplas estruturas governamentais. Habitam o marco do constitucionalismo cooperativo, que singulariza a separação de poderes no Estado social e democrático do século XXI.

7 Relevância do monitoramento

Considerados, conforme descrito, o papel e o alcance das sentenças estruturais, a complexidade das ordens emitidas, a interferência sobre as ações dos poderes políticos

---

[46] Swann v. Charlotte-Mecklenburg Board of Education, 402 U.S. 1 (1971). O caso é tido por paradigmático das sentenças estruturais em: HASEN, Richard L. *Remedies*. 3. ed. Frederick: Wolters Kluwer, 2013. p. 179.
[47] Hutto v. Finney, 437 U.S. 678 (1978); Rufo v. Inmates of Suffolk County Jail, 502 U.S. 367 (1992).
[48] Cf. SHANKAR, Shylashri. Descriptive overview oh the Indian Constitution and the Supreme Court of India. In: VILHENA, Oscar *et al.* (Ed.). *Transformative constitutionalism*: comparing the apex courts of Brazil, India and South Africa. Pretoria: Pretoria University Law Press, 2013. p. 105-134.
[49] Cf. BERGALLO, Paola. La causa "Mendoza": una experiencia de judicialización cooperativa sobre el derecho a la salud. In: GARGARELLA, Roberto (Comp.). *Por una justicia dialógica*. El Poder Judicial como promotor de la deliberación democrática. México: Siglo XXI, 2014. p. 245-291.
[50] Cf. MBAZIRA, Christopher. From ambivalence to certainty: norms and principles for the structural interdict in socio-economic rights litigation in South Africa. *South African Journal of Human Rights*, v. 24, 2008. p. 1-2.
[51] HIRSCH, Danielle Elyce. A defense of structural injunctive remedies in South African Law. *Oregon Review of International Law*, v. 9, n. 1, 2007. p. 5.

e sobre os interesses de diferentes grupos da sociedade civil, e as sérias implicações orçamentárias, surgem, normalmente, dificuldades para sua implementação. Essa circunstância requer que as cortes "retenham jurisdição durante a fase de execução", devendo criar "esquemas de monitoramento que se tornam os [seus] 'olhos e ouvidos' durante o processo de implementação". Graças a esses mecanismos, as cortes poderão modificar suas ordens originais durante essa fase, "a fim de acomodar novos e imprevisíveis desenvolvimentos".[52]

Com efeito, "a cooperação ou recalcitrância dos réus pode ditar a velocidade com a qual injunções estruturais são implementadas",[53] de forma que o monitoramento do cumprimento das decisões e a flexibilidade dessas se apresentam como aspectos de alta importância para assegurar a efetividade das decisões estruturais das cortes. Modificar, reduzir ou expandir as decisões estruturais é um importante aspecto de seu sucesso, e a pertinência para tanto só é possível verificar por meio de um processo de acompanhamento da fase de implementação das medidas determinadas.

Criação de comissões específicas, auxílio de *experts*, exigência de relatórios periódicos, audiências públicas e "*autos* de acompanhamento" – estes últimos utilizados pela CCC no caso do deslocamento forçado – são exemplos de ferramentas que tornam o monitoramento uma prática que aumenta em muito as chances de sucesso das sentenças estruturais. Além de impor ações aos poderes e órgãos desobedientes, o monitoramento permite corrigir tanto os atos de implementação defeituosos como as próprias decisões judiciais que se revelem difíceis ou impossíveis de cumprimento. A flexibilidade das decisões estruturais deve permitir tanto a latitude de ação e discricionariedade substancial dos poderes políticos e da administração em cumprir as ordens, como a modificação dessas ordens quando assim apontar necessário o processo de monitoramento.

A retenção da jurisdição pelas cortes no caso dos litígios estruturais, de forma a monitorar a fase de implementação das medidas, possui a virtude não só de aumentar as chances de sucesso da intervenção judicial, mas também de melhorar a deliberação social em torno dos temas relevantes. Além do mais, o monitoramento deve oferecer às cortes elementos necessários para que essas possam avaliar o momento em que superadas as condições de inconstitucionalidade que as levaram a decretar a intervenção estrutural. As cortes não podem, por motivos óbvios, manter eternamente a vigilância sobre o caso, muito menos assentar o ECI como realidade permanente. Há a necessidade de as cortes apontarem quando e se superado o ECI, o que apenas se mostra possível por meio do monitoramento contínuo da fase de implementação das medidas.

8 O ECI e o "ativismo judicial estrutural dialógico"

A declaração do ECI e das ordens judiciais que o sucedem levam o juiz constitucional a interferir sobre funções tipicamente executivas e legislativas, "incluindo a de estabelecer exigências orçamentárias".[54] Pode-se, assim, falar em um *ativismo judicial*

---

[52] RUDENSTINE, David. Institutional Injunctions. *Cardozo Law Review*, v. 4, n. 4, 1983. p. 613.
[53] HASEN, Richard L. *Remedies*. 3. ed. Frederick: Wolters Kluwer, 2013. p. 183.
[54] NAGEL, Robert F. Separation of powers and the scope of federal equitable remedies. *Stanford Law Review*, v. 30, 1978. p. 662.

estrutural.⁵⁵ Esses aspectos geram acusações de ilegitimidade democrática e institucional da atuação judicial. Não obstante, diante do quadro de gravidade próprio do ECI, essas objeções devem ser rejeitadas, porque a atuação judicial, tal como acima apresentada, busca implicar a *superação de bloqueios políticos e institucionais* e aumentar o *diálogo na sociedade e entre os poderes*. Cumprindo tais tarefas, o ativismo judicial estrutural encerra importante dimensão dialógica, portanto, legítima.⁵⁶

O ECI é sempre o resultado de situações concretas de paralisia parlamentar ou administrativa sobre determinadas matérias. O ativismo judicial estrutural revela-se, assim, o único instrumento, ainda que longe do ideal em uma democracia, para superar esses bloqueios e fazer a máquina estatal funcionar. No ECI, operam desacordos políticos e institucionais insuperáveis, a falta de coordenação entre órgãos do Estado, pontos cegos legislativos, temores de custos políticos e falta de interesse na representação de certos grupos sociais minoritários ou marginalizados. Nesse cenário de falhas estruturais e omissões legislativas e administrativas, as objeções democrática e institucional ao ativismo judicial estrutural possuem pouco sentido prático.

Além de superar bloqueios políticos e institucionais, a intervenção judicial estrutural pode ter o efeito de aumentar a deliberação e o diálogo sobre causas e soluções do ECI. Pode provocar reações e mobilizações sociais em torno da implementação das medidas necessárias, mudar a opinião pública sobre a gravidade das violações de direitos e, com isso, influenciar positivamente o comportamento dos atores políticos. Em vez de substituir o debate popular, o ativismo judicial estrutural servirá a ampliar os canais de mobilização social. No mais, adotadas ordens flexíveis e sob monitoramento, mantêm-se a participação e as margens decisórias dos diferentes atores políticos e sociais sobre como superar os problemas estruturais. Ao atuar assim, em vez de supremacia judicial, as cortes fomentam o diálogo entre as instituições e a sociedade, promovendo efetividade prática e ganhos democráticos das decisões.

9 Conclusão: uma construção teórica para o Brasil?

O Brasil tem seus "estados de coisas inconstitucionais". E não são poucos! Possui quadros de violação massiva e contínua de direitos fundamentais decorrentes e agravados por omissões e bloqueios políticos e institucionais que parecem insuperáveis: saneamento básico, violência urbana, sistema carcerário, consumo de *crack*, entre outros. Apesar de haver diferenças institucionais importantes entre o STF e a CCC, a prática da declaração do ECI e da formulação de ordens estruturais, flexíveis e sob monitoramento, pode ser uma boa maneira de nosso Tribunal Maior passar a lidar com essas falhas estruturais prejudiciais à efetividade dos direitos fundamentais dos brasileiros. Isso significa, também, que boas medidas institucionais podem ser encontradas fora do eixo tradicional Estados Unidos-Europa Ocidental. Se o STF saberá fazer bom uso dessa

---

[55] Sobre o conceito de "ativismo judicial estrutural", cf. CAMPOS, Carlos Alexandre de Azevedo. *Dimensões do ativismo judicial do STF*. Rio de Janeiro: Forense, 2014. p. 314-322: "O ativismo estrutural alcança a postura de o juiz não enxergar espaços de decisão ou questões relevantes imunes à sua interferência, seja por tratar-se de *questões políticas*, seja porque ele acredita não possuir a capacidade cognitiva específica".

[56] Cf. CAMPOS, Carlos Alexandre de Azevedo. *Dimensões do ativismo judicial do STF*. Rio de Janeiro: Forense, 2014. p. 332-338; CAMPOS, Carlos Alexandre de Azevedo. *Estado de coisas inconstitucional*. Salvador: JusPodivm, 2016.

ferramenta – dessa contribuição da Escola de Direito Constitucional da UERJ – só o julgamento de mérito da ADPF nº 347/DF poderá dizer!

Referências

ARIZA, Libardo José. The economic and social rights of prisoners and constitutional court intervention in the penitentiary system in Colombia. In: MALDONADO, Daniel Bonilla. *Constitutionalism of the Global South*. The activist tribunals of India, South Africa and Colombia. York: Cambridge University Press, 2013.

BERGALLO, Paola. La causa "Mendoza": una experiencia de judicialización cooperativa sobre el derecho a la salud. In: GARGARELLA, Roberto (Comp.). *Por una justicia dialógica*. El Poder Judicial como promotor de la deliberación democrática. México: Siglo XXI, 2014.

CAMPOS, Carlos Alexandre de Azevedo. *Dimensões do ativismo judicial do STF*. Rio de Janeiro: Forense, 2014.

CAMPOS, Carlos Alexandre de Azevedo. *Estado de coisas inconstitucional*. Salvador: JusPodivm, 2016.

CHAYES, Abram. Public law litigation and the Burger Court. *Harvard Law Review*, v. 96, n. 1, 1982.

CHAYES, Abram. The role of the judge in public law litigation. *Harvard Law Review*, v. 89, n. 7, 1976.

FISS, Owen M. The allure of individualism. *Iowa Law Review*, v. 78, 1993.

FISS, Owen M. *The civil rights injunction*. Bloomington: Indiana University Press, 1978.

FISS, Owen M. The forms of justice. The Supreme Court 1978 Term. *Harvard Law Review*, v. 93, n. 1, 1979.

FISS, Owen M. *The law as it could be*. New York: New York University Press, 2003.

FLETCHER, William A. The discretionary constitution: institutional remedies and judicial legitimacy. *Yale Law Journal*, v. 91, n. 4, p. 635-697, 1982.

FONTE, Felipe de Melo. *Políticas públicas e direitos fundamentais*. São Paulo: Saraiva, 2013.

GARCIA JARAMILLO, Leonardo. *Constitucionalismo deliberativo*. Estudio sobre o ideal deliberativo de la democracia y la dogmática constitucional del procedimiento parlamentário. Cidade do México: UNAM, 2015.

GÓMEZ PINTO, Luis Ricardo. *El juez de las políticas públicas*. Bogotá: Ibáñez, 2012.

HASEN, Richard L. *Remedies*. 3. ed. Frederick: Wolters Kluwer, 2013.

HIRSCH, Danielle Elyce. A defense of structural injunctive remedies in South African Law. *Oregon Review of International Law*, v. 9, n. 1, 2007.

MBAZIRA, Christopher. From ambivalence to certainty: norms and principles for the strucutral interdict in socio-economic rights litigation in South Africa. *South African Journal of Human Rights*, v. 24, 2008.

NAGEL, Robert F. Separation of powers and the scope of federal equitable remedies. *Stanford Law Review*, v. 30, 1978.

OAKES, James L. The proper role of the Federal Courts in enforcing the Bill of Rights. *New York University Law Review*, v. 54, n. 5, 1979.

POWE JR., Lucas A. *The Warren Court and American politics*. Cambridge: Harvard University Press, 2000.

RAQUEL CÁRDENAS, Blanca. *Contornos jurídico-fáticos del estado de cosas inconstitucional*. Bogotá: Universidad Externado de Colombia, 2011.

RAWLS, John. *Political liberalism*. New York: Columbia University Press, 1993.

RODRÍGUEZ GARAVITO, César; RODRÍGUEZ FRANCO, Diana. *Cortes y cambio social*. Cómo la Corte Constitucional transformó el desplazamiento forzado en Colombia. Bogotá: Dejusticia, 2010.

RUDENSTINE, David. Institutional Injunctions. *Cardozo Law Review*, v. 4, n. 4, 1983.

SANDLER, Ross; SCHOENBROD, David. *Democracy by decree*. New Haven: Yale University Press, 2003.

SHANKAR, Shylashri. Descriptive overview oh the Indian Constitution and the Supreme Court of India. In: VILHENA, Oscar *et al.* (Ed.). *Transformative constitutionalism*: comparing the apex courts of Brazil, India and South Africa. Pretoria: Pretoria University Law Press, 2013.

WEAVER, Russel L. The rise and decline of structural remedies. *San Diego Law Review*, v. 41, 2004.

PALESTRA com Ministro Luís Roberto Barroso. *UniCEUB*, 17 mar. 2015. Disponível em: <http://www.uniceub.br/noticias/noticias-por-curso/1o-semestre-2015/palestra-com-ministro-luis-roberto-barroso.aspx>.

Informação bibliográfica deste texto, conforme a NBR 6023:2002 da Associação Brasileira de Normas Técnicas (ABNT):

CAMPOS, Carlos Alexandre de Azevedo. Estado de coisas inconstitucional. In: BARROSO, Luís Roberto; MELLO, Patrícia Perrone Campos (Coord.). *A República que ainda não foi*: trinta anos da Constituição de 1988 na visão da Escola de Direito Constitucional da UERJ. Belo Horizonte: Fórum, 2018. p. 349-365. ISBN 978-85-450-0582-7.

CRIATURA E/OU CRIADOR: TRANSFORMAÇÕES DO SUPREMO TRIBUNAL FEDERAL SOB A CONSTITUIÇÃO DE 1988

DIEGO WERNECK ARGUELHES

LEANDRO MOLHANO RIBEIRO

1 Um tribunal poderoso[1]

Mais de duas décadas após a promulgação da Constituição de 1988, o Supremo Tribunal Federal é presença central no processo político nacional. Nos últimos anos, o tribunal decidiu diversas controvérsias políticas importantes. Para citar apenas três exemplos, de 2011 para cá, o STF reconheceu a união estável entre pessoas do mesmo sexo, afastou a aplicação do Código Penal a casos de interrupção da gravidez de fetos com anencefalia e reconheceu a constitucionalidade de políticas de ação afirmativa por critérios raciais em vestibulares.[2] Embora longe de consensuais na sociedade brasileira, essas decisões judiciais permanecem até o momento como a última palavra oficial sobre os temas a que se referem.[3] Há quase uma década, um jurista viu nesse estado de coisas um fenômeno – na época em seus estágios iniciais – que chamou de "supremocracia": um cenário no qual o poder de resolver em conflitos políticos e morais sai das esferas majoritárias e passa a se concentrar nas mãos do Supremo (VIEIRA, 2008).

O diagnóstico da "supremocracia", concorde-se ou não com ele, nada tem de trivial. A centralização crescente nas mãos da corte suprema ou tribunal constitucional está longe de ser o único cenário possível em termos das relações entre poderes, mesmo

---

[1] Artigo publicado originalmente na *Revista Direito GV* (v. 12, n. 2, maio/ago. 2016). Os autores gostariam de agradecer a Vítor Peixoto por comentários a uma versão anterior deste trabalho, a dois pareceristas anônimos da *Revista Direito GV* pelas críticas e sugestões, bem como a Evandro Süssekind pela colaboração na pesquisa e a Ivar Hartmann e a Pedro Delfino pela colaboração quanto aos dados da base do projeto *Supremo em Números* da FGV Direito Rio. Para esta coletânea, as únicas alterações se limitaram à: (i) atualização dos dados referentes a ações diretas de inconstitucionalidade e mandados de injunção (gráficos 1, 2 e 3); (ii) inclusão de referências a trabalhos mais recentes em que desenvolvemos, de maneira mais detida, algumas das hipóteses e argumentos mencionados e levantados neste artigo.

[2] ADPF nº 132 (decidida em 5.5.2011), ADPF nº 54 (decidida em 12.4.2012) e ADPF nº 186 (decidida em 26.4.2012), respectivamente.

[3] Para uma problematização da tentativa de se atribuir a dada instituição a "última palavra", ver Mendes (2011).

em um país no qual tribunais realizem controle de constitucionalidade. Nos primeiros anos após a promulgação da Constituição, aliás, falar em "supremocracia" provavelmente teria gerado perplexidade. De um lado, cientistas políticos em larga medida se sentiam confiantes para explicar o sistema político do país praticamente sem qualquer referência à atuação desse ilustre desconhecido, o Supremo.[4] De outro lado, juristas que defendiam modelos mais agressivos de atuação judicial se viam frustrados pela reticência dos ministros em utilizar poderes que a Constituição tinha expressamente colocado à sua disposição (BARROSO, 2009; PIOVESAN, 2003). Ambos os grupos, juristas e cientistas sociais, provavelmente concordariam que o STF não ocupava na época um lugar de destaque. O que pode explicar a transformação do papel do Supremo – da periferia para o centro do debate político nacional – nessas duas décadas? Na literatura produzida a partir dos anos 1990, encontramos as seguintes variáveis explicativas recorrentes:

- O redesenho do sistema brasileiro de controle de constitucionalidade na Constituição de 1988, que ampliou tanto os poderes do STF como também os diferentes canais pelos quais esses poderes podem ser provocados pela sociedade (ARANTES, 1997; VIANNA; BURGOS; SALLES, 2007; CARVALHO, 2010).
- A "constitucionalização abrangente", já que o texto constitucional, por ser simultaneamente amplo e detalhado, facilita que debates políticos ou morais sejam considerados judicializáveis (BARROSO, 2010).
- O comportamento estratégico de atores políticos que veem no poder dos tribunais uma oportunidade de reverter decisões majoritárias nas quais foram derrotados (TAYLOR, 2008).
- A canalização, das instituições políticas para os tribunais em geral, de expectativas sociais frustradas, em um cenário em que o Legislativo e o Executivo são vistos como insuficientemente responsivos em relação às demandas dos cidadãos (BARROSO, 2010).
- Por fim, a crescente consolidação da democracia no país, na medida em que a mobilização da cidadania na busca por direitos amplifica todos os fatores acima (VIANNA, 2007; BARROSO, 2010).

A ênfase dessas análises tem recaído, portanto, sobre variáveis que apontam para (i) o que o constituinte fez do STF (i.e., o texto constitucional que estrutura os poderes do tribunal); e (ii) o que a demanda social e o comportamento dos atores políticos fizeram com o STF. Nesse cenário, vemos um tribunal em larga medida condicionado por circunstâncias completamente externas. Essa perspectiva traz consigo a tentação de considerar que o STF teria sido simplesmente *forçado* a ocupar um novo papel. Em entrevista recente, rebatendo críticas de que o STF teria se tornado mais "ativista" nos últimos anos, o Ministro Lewandowski sintetizou essa visão:

---

[4] De certa forma, até hoje o Judiciário ainda não foi incorporado por grande parte da literatura como ator relevante. Dos anos 1980 até hoje, a literatura predominante sobre o funcionamento do sistema político brasileiro ainda gira em torno do conceito de "presidencialismo de coalizão" e faz poucas referências ao papel do Judiciário, sobretudo do STF, como ator relevante nesses processos decisórios. Ver Abranches (1988) e Figueiredo e Limongi (2007). Para um balanço e discussão, ainda nos anos 1990, da atenção insuficiente dada pelos cientistas políticos às instituições judiciais e seu papel político no Brasil, ver Arantes (1997). As ciências sociais no Brasil começam a analisar o Poder Judiciário de forma mais sistemática a partir do trabalho de Vianna et al. (1999). A incorporação do Judiciário e especificamente do STF como ator relevante no processo político decisório pode ser encontrada nos trabalhos de Taylor (2007; 2008).

Entendo que a corte ultimamente vem tendo um protagonismo maior com relação aos anseios da sociedade. Agora, mais e mais, ela vem exercendo o papel que foi reservado ao tribunal pela Constituição de 1988. É preciso destacar que, em paralelo ao crescimento do Judiciário, o Ministério Público (MP) também cresceu em importância. Hoje temos um MP ativo, que bate às portas do Supremo buscando respostas. Nós temos dado essas respostas. Além disso, vários novos instrumentos foram colocados à disposição dos jurisdicionados, como o Mandado de Injunção e o Habeas Data, além de inúmeros mecanismos de controle de constitucionalidade das leis. Tudo isso exige uma atitude mais proativa do Judiciário, que vem assumindo um lugar de muito maior relevo do que ocupava no passado. (PINHEIRO, 2010)

Em outras palavras: a mudança na presença política do STF – da marginalidade para a centralidade – poderia ser explicada pela combinação dos amplos poderes previstos na Constituição de 1988 com crescentes demandas sociais e institucionais para que o STF de fato use esses poderes. Contudo, desde a promulgação da Constituição, o próprio STF vem contribuindo decisivamente para remarcar as fronteiras de sua atuação junto aos outros poderes. O comportamento dos atores externos ao tribunal e os poderes que lhe foram conferidos pelo texto constitucional são fatores importantes, mas insuficientes para explicar o papel atual do STF na vida nacional. É preciso considerar o quanto interpretações constitucionais, expressas em votos de ministros do STF, foram decisivas para a expansão do poder do tribunal.[5]

Talvez o mais eloquente reconhecimento do poder que o STF exerce na definição do seu próprio papel venha do Ministro José Celso de Mello, quando observou que o tribunal é um *poder constituinte permanente*.[6] Isso equivale a dizer que o STF é copartícipe, junto do constituinte de 1988, da tarefa de definir as estruturas constitucionais básicas do país – incluindo, portanto, o próprio poder do tribunal. Se isso é verdade, então o STF também tem o poder de interpretar, em última instância, o alcance de suas próprias competências, dotando a si próprio de uma decisiva margem de manobra para influenciar as condições da sua participação na política. Escolhas interpretativas feitas pelos ministros, combinadas às outras variáveis já mencionadas acima, ajudam a configurar o papel do STF. Se o Ministro Celso de Mello tem razão ao descrever o STF como um "poder constituinte permanente" – um ator que pode mudar as regras do jogo durante o próprio jogo –, então a descrição do Ministro Lewandowski parece incompleta. Se o STF tem mesmo esse tipo de poder sobre as regras que estruturam sua própria competência, então o tribunal é mais do que uma criatura do constituinte.

---

[5] Sobre a distinção entre variáveis endógenas e exógenas ao comportamento dos ministros e sua relevância para compreender variações do poder exercido pelo STF na política nacional, ver Arguelhes (2014a).

[6] Ministro Celso de Mello, nos autos do MS nº 20.603/DF. Trata-se de um ponto recorrente em vários acórdãos relatados pelo Ministro Celso de Mello. Ver, por exemplo, o HC nº 91.361, decidido em 23.9.2008 ("A interpretação judicial como instrumento de mutação informal da Constituição. [...]. A legitimidade da adequação, mediante interpretação do Poder Judiciário, da própria CR, se e quando imperioso compatibilizá-la, mediante exegese atualizadora, com as novas exigências, necessidades e transformações resultantes dos processos sociais, econômicos e políticos que caracterizam, em seus múltiplos e complexos aspectos, a sociedade contemporânea") e a ADI nº 3.345, decidida em 25.8.2005 ("No poder de interpretar a Lei Fundamental, reside a prerrogativa extraordinária de (re)formulá-la, eis que a interpretação judicial acha-se compreendida entre os processos informais de mutação constitucional, a significar, portanto, que 'A Constituição está em elaboração permanente nos Tribunais incumbidos de aplicá-la'. [...]").

Neste artigo, discutiremos essa configuração do poder e do papel do STF por meio de análises do tribunal *que a constituinte criou* (seção 2), mas também do que *os ministros criaram* por meio de práticas institucionais e interpretações de seus próprios poderes (seção 3). Na quarta e última seção, exploraremos algumas consequências mais recentes da manifestação do próprio poder conferido ao STF nesse processo de reconfiguração institucional, delineando, de maneira preliminar, novas tendências na forma de atuação política do tribunal. Argumentamos que, em vez de atuar *apenas* como ponto de veto a decisões majoritárias, como *câmara revisora* do que faz o Congresso, o tribunal já sinalizou disposição para receber (e aceitar) provocações para funcionar como uma espécie de *primeira* câmara legislativa. As seções 2 e 3 se pautam pela literatura já existente sobre as transformações do STF de 1988 para cá. Na seção 4, porém, nosso objetivo primário é especulativo e consiste em levantar uma hipótese possivelmente útil para mapear os próximos passos do tribunal na política brasileira.

2 O Supremo que a Constituição criou

Em contraste com constituições anteriores, o STF não foi tocado na sua composição ou na sua estrutura básica – o número, a forma de indicação e as garantias dos ministros permaneceram os mesmos. Além disso, a Constituição aprovada em 1988 não transformou o STF em uma corte constitucional separada da estrutura do Judiciário, como seria característico do chamado "modelo europeu" de controle de constitucionalidade.[7] Propostas para limitar a jurisdição do tribunal ao controle abstrato de constitucionalidade ou de estabelecer mandatos fixos para os ministros foram consideradas pelos constituintes e, ao fim, rejeitadas. Em vez de transformações, ocorreram adições: acrescentou-se uma série de novos poderes e tarefas à estrutura já existente. Pode-se dizer que o STF foi *transformado por adição*, na medida em que o resultado desses acréscimos e expansões de competências foi um tribunal de natureza marcadamente distinta de suas encarnações constitucionais anteriores.[8]

No texto constitucional, a expressão que sintetiza essa mudança qualitativa está no art. 102, que designa o STF como "guardião da Constituição". Os juristas – e sobretudo os ministros que integram o tribunal – normalmente utilizaram essa cláusula constitucional como síntese e justificação, ao mesmo tempo, da posição central que o tribunal deve ocupar: quando se trata de aplicar a Constituição, todos os caminhos levam ao STF, a quem caberia a última palavra. O STF seria o guardião da atuação dos outros poderes, o responsável por garantir que as outras instituições respeitarão a Constituição.[9] Mas

---

[7] Sobre a relação entre os modelos de controle de constitucionalidade típicos dos EUA e da Europa Ocidental do pós-guerra e a distinção entre Cortes Supremas e Tribunais Constitucionais, ver Comella (2004). Embora os constituintes tenham considerado diversas propostas de criação de um tribunal constitucional separado do STF, ou mesmo restrição da atuação do STF apenas ao controle de constitucionalidade, nenhuma ideia desse tipo vingou ao fim dos trabalhos da Assembleia Nacional Constituinte. Cf. Arguelhes (2014b); Koerner e Freitas (2013).

[8] A única competência significativa que o tribunal perdeu em 1988 foi a de uniformizar a jurisprudência com relação à aplicação de leis federais. Embora a ideia tenha encontrado alguma resistência de ministros da época (ver, por exemplo, Corrêa [1987]), o Superior Tribunal de Justiça (STJ) foi criado para assumir essa tarefa.

[9] Nas palavras do Ministro Moreira Alves, em uma decisão anterior à própria Constituição de 1988: "Na guarda da observância desta [Constituição], está [o Poder Judiciário] acima dos demais poderes, não havendo, pois,

são outros detalhes institucionais do texto de 1988, e não a cláusula geral da "guarda da Constituição", que de fato operaram uma transformação no poder do tribunal. Em termos comparativos, podemos dizer que o STF saiu da constituinte como uma instituição bastante poderosa.[10] Em sua configuração institucional, esse poder pode ser desagregado em várias dimensões.[11] Três serão enfatizadas neste artigo:

(a) *Canais de acesso à jurisdição do tribunal*. O grau de abertura da pauta do tribunal a diferentes atores e questões condiciona o poder final da instituição na medida em que determina as oportunidades que o tribunal tem de se manifestar.

(b) *Escopo do controle de constitucionalidade*. Aqui, para além de mapear as condições nas quais temas e casos chegarão ao tribunal, importa saber o que o tribunal pode fazer diante desses temas e casos. Isso se expressa, por exemplo, em questões como os efeitos da decisão tomada, quais os parâmetros que determinam o que pode ser objeto de controle de constitucionalidade e que tipos de comportamentos o tribunal pode exigir dos outros poderes por meio de suas decisões.

(c) *Garantias do tribunal contra possíveis reações dos outros poderes*. Nesta dimensão, trata-se de saber quais os recursos que outras instituições políticas teriam para reformar (ou retaliar) decisões do STF com as quais discordem.

2.1 Canais de acesso

A Constituição de 1988 realizou uma ampliação, sem precedentes na história constitucional brasileira, dos *canais de acesso* pelos quais se provoca a atuação do STF. O poder judicial de declarar leis inconstitucionais já estava estabelecido na tradição brasileira ao final do século XIX, mas os constituintes ampliaram as formas institucionais pelas quais esse poder pode ser exercido (ARANTES, 1997; 2007).[12] A Constituição

---

que falar-se, a esse respeito, em independência dos poderes. Não fora assim e não poderia ele exercer a função que a própria Constituição, para a preservação dela, lhe outorga" (MS nº 20.257. *RTJ*, n. 99, p. 1040). Na mesma linha de raciocínio, situando o STF em um patamar especial diante dos outros poderes tendo em vista a função de "guarda da Constituição", ver o acórdão na já mencionada ADI nº 3.345, de relatoria do Ministro Celso de Mello: "A interpretação constitucional derivada das decisões proferidas pelo STF – a quem se atribuiu a função eminente de 'guarda da Constituição' (CF, art. 102, *caput*) – assume papel de essencial importância na organização institucional do Estado brasileiro, a justificar o reconhecimento de que o modelo político-jurídico vigente em nosso País confere, à Suprema Corte, a singular prerrogativa de dispor do monopólio da última palavra em tema de exegese das normas inscritas no texto da Lei Fundamental".

[10] Utilizamos o termo aqui para nos referirmos à capacidade e aos recursos do tribunal para outros atores e instituições a adotar certos comportamentos, independentemente de essas capacidades e recursos serem ou não de fato utilizados.

[11] Para enumerações semelhantes de aspectos do desenho institucional que aumentam ou diminuem o poder de um tribunal, cf. Ginsburg (2003) e Ansolabehere (2008).

[12] Mas há muita variação institucional possível a partir do reconhecimento desse poder. A Suprema Corte dos EUA, por exemplo, só pode apreciar "casos ou controvérsias" – ou seja, não pode apreciar leis em tese, só pode se manifestar sobre um caso concreto em que a aplicação de uma lei alegada inconstitucional esteja em discussão. De outro lado, até uma reforma constitucional em 2008, o Conselho Constitucional francês só poderia se manifestar sobre a constitucionalidade de uma lei em tese, nunca quanto à sua aplicação concreta; mais ainda, a jurisdição do Conselho só podia ser provocada dentro de um prazo fixo após a edição da lei. Mantendo mais uma vez constantes os outros elementos do desenho institucional e do contexto político, é possível afirmar que um tribunal que (i) pode se pronunciar apenas sobre certo tipo de leis (por exemplo, apenas leis infraconstitucionais, e não emendas constitucionais); ou (ii) que pode efetuar o controle de sua constitucionalidade apenas dentro de certo prazo; ou (iii) que tende a ser menos poderoso do que um tribunal que não opere dentro dessas restrições.

permite ao STF se pronunciar sobre a constitucionalidade de qualquer ato normativo, seja em grau de recurso (controle concreto), seja por via principal (controle abstrato). Nesse ponto, a Constituição manteve e ampliou a combinação, existente no Brasil desde 1965, entre formas de controle de constitucionalidade típicas do sistema dos EUA, de um lado, e do sistema Europeu do pós-guerra, de outro. Em vez de escolha, em vez de especialização funcional, o constituinte manteve o modelo híbrido da tradição brasileira recente.[13]

O "hibridismo" do STF se expressa pela acumulação ou sobreposição de competências e finalidades variadas e originalmente ligadas a "modelos" diferentes de controle de constitucionalidade (ARANTES, 1997). De um lado, como típica "corte suprema", o tribunal é a última instância do Poder Judiciário nacional e realiza a função de uniformização da interpretação e aplicação da Constituição a casos concretos, garantindo que as partes em processos judiciais tenham uma resolução de seus conflitos de maneira adequada ao sistema de direitos e garantias previstos na Constituição. Nessa dimensão, a diferença entre o que o STF e o resto do Judiciário fazem é de grau: os ministros do STF realizam, em última instância, a mesma aplicação da Constituição a casos concretos que juízes ordinários fazem quando uma das partes alega violação da Constituição. De outro lado, como tribunal constitucional, o STF apresenta uma estrutura específica de controle de constitucionalidade, um conjunto de competências exclusivas – como a competência para receber e julgar ações diretas de inconstitucionalidade (ADIs) contra quaisquer atos normativos – que não encontra correspondência no resto do Judiciário. Nesse aspecto, o STF se aproxima de um desenho "concentrado" de controle de constitucionalidade, em que há uma diferença qualitativa muito clara, de especialização funcional, entre o tribunal constitucional e o resto do Judiciário (COMELLA, 2004; GARLICKI, 2007).[14] Assim, o Constituinte intensificou a dupla identidade do STF tanto como corte suprema, no ápice do Judiciário, quanto como tribunal constitucional, exercendo jurisdição constitucional especializada e extraordinária.

Esse desenho híbrido proporciona um grau extenso de abertura da jurisdição constitucional à sociedade. Os casos podem chegar tanto por via de ações diretas de inconstitucionalidade, que discutem leis em tese, quanto em recursos ou outras ações em que litígios concretos são levados ao STF e lhe permitem anunciar e afirmar suas interpretações da Constituição.[15] Em linhas gerais, essa estrutura já existia antes de 1988. Aqui, a principal novidade da Constituição foi expandir o rol de atores políticos e sociais legitimados para pedir ao tribunal que se pronuncie sobre a constitucionalidade de uma lei em tese – o controle abstrato (BARROSO, 2006, p. 140). O controle abstrato e por via

---

[13] Em comparação com o repertório de formas de atuação existentes em outros desenhos institucionais ao redor do mundo, só faltaria ao STF a competência para realizar controle *preventivo* de constitucionalidade, isto é, de poder se pronunciar (e decidir) sobre a compatibilidade entre a Constituição e atos normativos ainda no processo de formação. Mas, como veremos adiante, o STF vem dando passos nessa direção, apesar de não haver tal previsão no texto constitucional.

[14] Vale registrar que não se trata de dizer que em apenas um dos dois modelos combinados no STF existiria "verdadeiro" controle de constitucionalidade. Esse controle ocorre em ambos. A questão é saber de que forma e em que condições ele é exercido: se o STF é o passo final e decisivo de uma série de outros passos já dados, no âmbito do judiciário, sobre uma mesma questão concreta de aplicação da Constituição, ou se o STF atua como uma instituição especializada, interpretando o texto constitucional sem mediação de um caso concreto, exercendo poderes que não são compartilhados com o resto do Judiciário.

[15] Foi com base no reconhecimento das vantagens desses múltiplos canais, por exemplo, que alguns ministros do STF procuraram defender o tribunal, criticando propostas de reformas durante a transição (CORRÊA, 1987).

direta já existia desde 1965, por meio das "representações de inconstitucionalidade" – o antepassado direto das atuais ações diretas de inconstitucionalidade. Entretanto, como as representações só podiam ser propostas pelo procurador-geral da República, que era demissível pelo presidente da República e tinha discricionariedade para decidir se e quando levar uma questão ao tribunal, o grau de judicialização era baixo (CARVALHO, 2010).

É por esse motivo que o art. 103 da Constituição de 1988 representa uma mudança revolucionária no papel do tribunal na vida nacional: ele abriu inúmeras portas de entrada para demandas sociais e de minorias políticas na antes restrita agenda do STF.[16] Como já observado, essa ampliação de canais de acesso ao controle abstrato foi sobreposta à manutenção, praticamente na íntegra, das já tradicionais competências recursais e, em grande parte, de competências originárias que não tinham necessariamente relação com controle de constitucionalidade. O resultado, na prática, é um tribunal com dezenas de portas de acesso diferentes que indivíduos ou instituições podem utilizar para levar uma determinada questão ao conhecimento dos ministros. O 1º relatório do projeto *Supremo em Números* identificou 52 espécies processuais distintas dentro do STF logo após 1988 (FALCÃO; CERDEIRA; ARGUELHES, 2011).

Quadro 1 – Espécies processuais no STF

ID	Classe processual
1	Ação cautelar
2	Ação cível ordinária
3	Ação declaratória de constitucionalidade
4	Ação direta de inconstitucionalidade
5	Ação direta de inconstitucionalidade por omissão
6	Ação ordinária
7	Ação ordinária especial
8	Ação penal
9	Ação rescisória
10	Agravo de instrumento
11	Apelação cível
12	Arguição de descumprimento de preceito fundamental
13	Arguição de impedimento
14	Arguição de relevância

---

[16] Segundo o art. 103 da Constituição: "Podem propor a ação direta de inconstitucionalidade e a ação declaratória de constitucionalidade: I – o Presidente da República; II – a Mesa do Senado Federal; III – a Mesa da Câmara dos Deputados; IV – a Mesa de Assembleia Legislativa ou da Câmara Legislativa do Distrito Federal; V – o Governador de Estado ou do Distrito Federal; VI – o Procurador-Geral da República; VII – o Conselho Federal da Ordem dos Advogados do Brasil; VIII – partido político com representação no Congresso Nacional; IX – confederação sindical ou entidade de classe de âmbito nacional". Sobre a importância da expansão desse leque de legitimidades, ver Carvalho (2010) e Vianna *et al.* (2007). Mesmo que tribunais como o STF ainda possam manter alguma margem de manobra para, dentro dos casos que recebem, priorizar uns em detrimento de outros, a definição dessa pauta só pode recair sobre o conjunto – já limitado por fatores alheios à vontade dos ministros – dos casos que de fato foram judicializados. Sobre a relação entre abertura a minorias políticas e o grau de judicialização da política, ver Sweet (1992; 2000).

15	Arguição de suspeição
16	Carta rogatória
17	Comunicação
18	Conflito de atribuições
19	Conflito de competência
20	Conflito de jurisdição
21	Exceção da verdade
22	Exceção de incompetência
23	Exceção de litispendência
24	Exceção de suspeição
25	Extradição
26	Habeas corpus
27	Habeas data
28	Inquérito
29	Intervenção federal
30	Mandado de injunção
31	Mandado de segurança
32	Oposição em ação civil ordinária
33	Petição
34	Petição avulsa
35	Prisão preventiva para extradição
36	Processo administrativo
37	Proposta de súmula vinculante
38	Queixa-crime
39	Reclamação
40	Recurso crime
41	Recurso extraordinário
42	Recurso ordinário em mandado de segurança
43	Recurso ordinário em habeas corpus
44	Recurso ordinário em habeas data
45	Recurso ordinário em mandado de injunção
46	Representação
47	Revisão criminal
48	Sentença estrangeira
49	Sentença estrangeira contestada
50	Suspensão de liminar
51	Suspensão de segurança
52	Suspensão de tutela antecipada

Fonte: Supremo Tribunal Federal.

Evidentemente, nem todas essas portas de acesso têm igual importância do ponto de vista do funcionamento da instituição ou de como ela exerce seu poder.[17] Em especial, embora os mecanismos de controle concentrado e abstrato (sobretudo as ações diretas de inconstitucionalidade) mereçam mais atenção na literatura, quantitativamente o STF se apresenta como um tribunal recursal – uma corte suprema no topo do Judiciário ordinário, e não um tribunal constitucional especializado.[18]

Tabela 1 – Classes processuais no STF, 1988-2016

Classe	Nome	Total	%
AI	Agravo de instrumento	731108	42,8
RE	Recurso extraordinário	558228	32,7
ARE	Recurso extraordinário com agravo	252054	14,7
HC	Habeas corpus	61093	3,6
Rcl	Reclamação	22595	1,3
MS	Mandado de segurança	10501	0,6
ARv	Arguição de relevância	8719	0,5
CR	Carta rogatória	6914	0,4
MI	Mandado de injunção	6404	0,4
Pet	Petição	5325	0,3
ADI	Ação direta de inconstitucionalidade	5324	0,3

Fonte: *Supremo em Números*.

Independentemente das suas consequências sobre a carga de trabalho, essa extrema abertura introduzida pela Constituição amplia o leque de oportunidades para que o tribunal possa exercer poder. A imagem prototípica dos tribunais inclui um elemento de *inércia*: ao contrário de outras instituições, um tribunal só pode atuar se e quando provocado (SHAPIRO, 1986). As oportunidades de manifestação são precisamente os casos e questões levados ao tribunal. Por isso, mantendo-se tudo o mais igual, espera-se que quanto maior for o leque de atores que podem provocar a jurisdição

---

[17] Vale notar que nem todas essas espécies processuais permaneceram ativas no novo marco constitucional. A "arguição de relevância", por exemplo, não foi recepcionada pela nova Constituição. Entretanto, é possível encontrar "arguições de relevância" tramitando no STF nos anos 1990. Por desconhecimento ou estratégia deliberada, as partes podem insistir na tentativa de empregar certos instrumentos processuais mesmo após a sua extinção formal na legislação. Mesmo que essas tentativas sejam malsucedidas e o STF as rejeite no fim das contas, os respectivos processos já farão parte do acervo formal do tribunal. Nas últimas duas décadas, a tendência é que várias dessas antigas portas de acesso ao STF deixem de ser opções viáveis, na prática, para obter uma manifestação do tribunal. Nesse sentido, por exemplo, a partir do banco de dados do *Supremo em Números*, identificamos que, de 2008 até 2013, 14 daquelas 52 espécies processuais estavam "inativas", isto é, não haviam sido acionadas por nenhuma parte.

[18] As três primeiras linhas se referem a recursos – "agravo de instrumento", "recurso extraordinário" e "recurso extraordinário com agravo".

do tribunal, mais favoráveis serão as condições para que essa instituição exerça o poder de que dispõe. Simplificadamente, sem casos, isto é, sem oportunidades de decisão, mesmo o tribunal com as mais amplas competências terá um papel bastante restrito no processo político.[19]

2.2 Escopo do controle de constitucionalidade

A Constituição operou transformações e inovações no que diz respeito aos *parâmetros* do controle de constitucionalidade. Trata-se aqui de saber que critérios o STF deve usar para avaliar a compatibilidade entre atos normativos e a Constituição. Neste item, ressaltaremos que as mudanças nesses critérios que ampliaram o poder do STF estão ligadas, sobretudo, à (i) regulação detalhada de um amplo conjunto de temas na Constituição, combinada à (ii) inserção de diversos princípios gerais e cláusulas abrangentes em vários pontos do texto constitucional e à (iii) ampliação das modalidades de controle judicial de constitucionalidade de modo a alcançar também as *omissões* legislativas.

Quanto mais condutas são reguladas por esses critérios, mais poderoso se espera que o tribunal possa ser, pois mais questões morais ou políticas podem ser tratadas como *problemas jurídicos*, que admitem soluções técnicas passíveis de serem encontradas por um juiz a partir da intepretação das decisões judiciais e legislativas. É o que ocorre, por exemplo, com as regras do texto constitucional sobre a aposentadoria e as garantias de servidores públicos. De fato, a criação de regras específicas que determinam, com alto grau de detalhamento, certos comportamentos esperados do Poder Público, gera amplas possibilidades de judicialização e intervenção judicial em conflitos que, na sua ausência, poderiam apenas ser resolvidos por meio de negociações ou mobilizações fora do Judiciário.

Vale notar, porém, que, para além das regras específicas, os princípios gerais presentes no texto constitucional também podem promover condições favoráveis à judicialização de conflitos políticos e sociais. Nesse sentido, por exemplo, mesmo na ausência de qualquer referência direta no texto constitucional à fidelidade partidária como condição para a manutenção do mandato parlamentar, o STF entendeu que a mera referência constitucional ao "Estado democrático de direito" (art. 1º) lhe fornece diretrizes para considerar que tal fidelidade é diretamente exigida pelo texto constitucional.[20] Um indicador quantitativo desse mesmo fenômeno em outra área do direito pode ser encontrado no fato de que, segundo o 2º relatório do projeto *Supremo em Números*,

---

[19] Sobre o tema, ver Ginsburg (2003, p. 36-37 e seguintes). Arranjos jurídicos diferentes sobre o acesso ao tribunal produzirão estratégias distintas de acionamento do controle de constitucionalidade por parte de atores políticos e sociais – e, consequentemente, diferentes padrões de relação entre o tribunal e a política. Ver, nesse sentido, Ríos-Figueroa e Taylor (2006).

[20] Entre as condições necessárias para que isso ocorra está a receptividade do pensamento jurídico nacional a que juízes e advogados utilizem princípios constitucionais para resolver diretamente casos concretos, sem mediação de legislação infraconstitucional. Em uma comunidade profissional em que essa abertura ao trabalho direto com princípios constitucionais esteja ausente, um caso como o da fidelidade partidária provavelmente teria um desfecho distinto e mais simples: sem regras constitucionais que determinem a perda de mandato nessa hipótese, seria difícil sustentar que os parlamentares não poderiam, por força da Constituição, trocar de partido e manter seu mandato. Sobre as relações entre a teoria constitucional dominante e interpretação judicial, ver Leal (2010).

em 2012, 14,8% dos processos em tramitação no Supremo Tribunal Federal foram classificados pela própria corte como tratando de "direito do consumidor" (FALCÃO et al., 2013). No entanto, no texto constitucional, as poucas referências diretas ao tema das relações de consumo ou têm a forma de princípios gerais (por exemplo, na referência à "defesa do consumidor" como um dos princípios da ordem econômica, no art. 170) ou expressamente determinam que legislação posterior (e não a própria Constituição) definirão os parâmetros adequados (por exemplo, o art. 5º, XXXII: "o Estado promoverá, na forma da lei, a defesa do consumidor").[21] Ou seja, a mera presença de princípios gerais referentes a relações de consumo pode ser suficiente para levar ao STF um grande número de casos sobre o tema, ainda que o texto constitucional tenha explicitamente delegado os detalhes deste tema para a legislação infraconstitucional.[22]

Para além desses parâmetros decisórios referentes a temas específicos, a Constituição ampliou de forma radical as *modalidades* de atuação do STF ao autorizar o tribunal a se pronunciar não apenas sobre *atos* normativos dos poderes eleitos, mas também sobre suas *omissões*. Por meio de instrumentos como o mandado de injunção (MI) e a ação direta de inconstitucionalidade por omissão, a Constituição de 1988 cria um novo horizonte de judicialização ao permitir que sejam decididos pelos ministros conflitos sobre inações dos poderes públicos que sejam alegadamente inconstitucionais.[23] Em especial, para além de abrir novas oportunidades de que casos cheguem ao tribunal, o mandado de injunção institui uma nova modalidade de controle de constitucionalidade e faz a decisão judicial incidir sobre tipos de condutas antes fora do alcance dos ministros do STF. Como veremos na seção 3, porém, logo no início dos anos 1990, o tribunal adotou uma interpretação extremamente restritiva desse mecanismo. Na prática, até uma mudança de posição dos ministros no ano de 2007, os mandados de injunção representavam um poder praticamente abandonado pelos ministros do STF.

2.3 Garantias perante os outros poderes

Por fim, resta considerar as proteções que a Constituição cria para impedir ou dificultar retaliações, por parte dos outros poderes, contra o tribunal e suas decisões. Trata-se de um aspecto fundamental para a configuração do poder judicial em dada comunidade. Afinal, pouco adiantaria dispor de amplos poderes de controle de constitucionalidade e ampla abertura para demandas trazidas pela sociedade se, uma vez tomada a decisão, ela pudesse ser fácil e simplesmente revertida por outras instituições,

---

[21] Outros exemplos de referências desse tipo são o art. 24 da Constituição: "Compete à União, aos Estados e ao Distrito Federal legislar concorrentemente sobre: [...] VIII – responsabilidade por dano ao meio ambiente, ao consumidor, a bens e direitos de valor artístico, estético, histórico, turístico e paisagístico". Art. 150, §5º: "A lei determinará medidas para que os consumidores sejam esclarecidos acerca dos impostos que incidam sobre mercadorias e serviços"; e também o art. 48 do Ato das Disposições Constitucionais Transitórias: "O Congresso Nacional, dentro de cento e vinte dias da promulgação da Constituição, elaborará código de defesa do consumidor".

[22] Esse fenômeno pode estar relacionado à difusão, no pensamento jurídico brasileiro, de teorias da interpretação constitucional e "constitucionalização" de diferentes áreas do direito, incluindo o direito privado. Leal (2010) levanta hipótese de que essas teorias podem aumentar o número de casos considerados "difíceis" nas instâncias inferiores – casos que terão mais chance de gerar decisões divergentes e, assim, merecer a atenção dos tribunais superiores.

[23] Art. 5º, LXXI, e art. 103, §2º, da Constituição Federal.

como o Congresso. Embora essas garantias normalmente sejam resumidas na ideia de "independência judicial", o problema é que, mesmo se há independência *dos juízes* individualmente considerados, é possível haver relativa dependência *da instituição judicial* em geral (FEREJOHN; KRAMER, 2002).[24] Desta forma, é possível que os juízes individuais estejam protegidos de demissões arbitrárias ou de reduções no seu salário, mas ainda assim seja relativamente fácil para os poderes eleitos (i) alterar a composição da corte de forma a indicar uma maioria de ministros alinhados com seus interesses de curto prazo; ou (ii) alterar a competência do tribunal de forma a impedir que, no futuro, conflitos semelhantes venham a ser decididos pela instituição, evitando decisões desfavoráveis; ou, ainda, (iii) retaliar por meio de uma emenda constitucional "superadora" da interpretação que o tribunal deu a determinado dispositivo constitucional.[25]

Dentro dos parâmetros lançados acima, onde situar o STF que a Constituição desenhou? Mais uma vez, as evidências apontam para um tribunal poderoso no que se refere às proteções que possui contra retaliações por parte dos outros poderes. Isso porque, para além das garantias individuais de independência de cada ministro – irredutibilidade de subsídios, vitaliciedade, inamovibilidade –, a Constituição garante ao Judiciário autonomia financeira e orçamentária e detalha textualmente a composição, a forma de indicação dos seus membros e as competências do STF.[26] Isso já aumenta significativamente o custo de qualquer mudança relevante na estrutura da corte. A título de comparação, vale notar que a Constituição dos EUA não especifica as competências da Suprema Corte, nem o seu número de membros, deixando a porta aberta para legislação infraconstitucional que seja estrategicamente aprovada por maiorias políticas que desejem alinhar a posição da maioria do tribunal com seus interesses – ou que prefiram simplesmente remover certas questões delicadas da esfera de jurisdição do tribunal. No caso do Brasil, como todos esses temas estão detalhados no texto constitucional, somente por meio de emenda seria possível remover competências ou mexer na composição do tribunal de modo a garantir maiorias de ocasião. Ao menos quando se enfocam os canais formais, a retaliação contra decisões do STF, seus ministros e a própria instituição parecem ter um custo alto.[27]

3 O Supremo recriado por seus ministros

Na seção anterior, vimos que a Constituição de 1988, apesar de manter intacta a estrutura básica do STF, tornou-o mais poderoso do que suas encarnações constitucionais

---

[24] Na história constitucional dos EUA, por exemplo, é muito raro que haja procedimentos tomados contra juízes específicos da Suprema Corte ou do Judiciário federal, mas há vários exemplos de leis que alteram a composição ou a jurisdição da Corte com o propósito de "domesticar" o seu comportamento futuro. Se o recurso a esses mecanismos se tornou cada vez mais raro ao longo do século XX, isso se explica mais em termos de cálculos dos atores políticos relevantes do que em termos de proibições constitucionais (FEREJOHN; KRAMER, 2002).

[25] Sobre emendas e outras medidas legislativas "superadoras" da interpretação judicial de leis ou da própria Constituição, bem como do seu impacto sobre o comportamento dos próprios juízes, ver Epstein, Knight e Martin (2001). Para um mapeamento das medidas de retaliação política a princípio disponíveis no arranjo brasileiro, ver Ribeiro e Arguelhes (2013).

[26] Arts. 99, 101 e seguintes da Constituição Federal.

[27] Para uma discussão de como esse dado pode afetar o comportamento judicial dentro de um modelo estratégico, ver Ribeiro e Arguelhes (2013).

anteriores. Nesta seção, discutiremos alguns exemplos de como a prática institucional e as interpretações dos próprios ministros do STF transformaram esse cenário básico delineado na seção anterior.[28]

3.1 Restrições

Um campo em que a interpretação constitucional feita pelos ministros se mostrou tão relevante quanto o desenho original adotado em 1988 diz respeito aos canais de acesso ao tribunal. Um claro exemplo pode ser encontrado no art. 103 da Constituição que, como vimos, foi o principal motor, no texto da Constituição, da abertura do STF à sociedade. Entretanto, o texto do art. 103 não é suficiente para definir, no direito constitucional brasileiro, quais atores e instituições podem ajuizar ações diretas de inconstitucionalidade e provocar o STF a exercer seu poder de controle abstrato de constitucionalidade. O tribunal pós-constituinte não tardou a adotar uma postura mais restritiva do que o desenho expresso no texto constitucional. Em uma série de decisões de 1989 ao início dos anos 1990, os ministros criaram uma distinção jurídica que não existia no art. 103 da Constituição: somente os legitimados "universais" poderiam propor ações diretas de inconstitucionalidade sobre qualquer tema, enquanto os legitimados "especiais" só poderiam iniciar esse procedimento de controle contra leis que envolvessem sua esfera de atuação. As "confederações sindicais" e "entidades de classe de âmbito nacional", por exemplo, previstas no inc. IX do art. 103 da Constituição, foram tratadas como legitimados "especiais".[29] Na prática, essa criação jurisprudencial limitou as possibilidades de participação, no fórum do controle de constitucionalidade, de organizações sociais que os constituintes haviam expressamente incluído no diálogo maior da jurisdição constitucional.[30]

De modo geral, o STF pós-transição demonstrou uma antipatia pelas inovações constitucionais que lhe permitiriam controlar omissões legislativas, sobretudo o mandado de injunção.[31] No MI nº 107, decidido em 1989, uma maioria de ministros entendeu que, ainda que se constatasse uma omissão legislativa violadora da Constituição no julgamento de um mandado de injunção, a decisão não serviria para nada além de notificar oficialmente o órgão competente de sua omissão. Em seu voto vencedor, o Ministro Moreira Alves defendeu a tese de que qualquer outra interpretação deste instituto significaria conceder ao Supremo (i) poderes legislativos (caso se criasse a regra

---

[28] Vale ressaltar que, nos anos que se seguiram à promulgação da Constituição, houve importantes mudanças legislativas formais nas competências do STF. Em 1993, por exemplo, a Emenda Constitucional nº 3, que tornou explícito o efeito vinculante das decisões do tribunal em sede controle abstrato de constitucionalidade. Vale ressaltar também as leis que regulam em detalhes o procedimento das ações diretas de inconstitucionalidade e das arguições de descumprimento de preceito fundamental (ADPF) (leis nºs 9.868/99 e 9.882/99, respectivamente), além da Emenda Constitucional nº 45/2004 (a chamada "Reforma do Judiciário"). Para uma discussão do possível impacto desses novos poderes sobre o comportamento do tribunal, ver Desposato, Ingram e Lannes Jr. (2015).

[29] Ver, por exemplo, o julgamento na Medida Cautelar em Ação Direta de Inconstitucionalidade nº 138-8-RJ, julgada em 14.2.1990.

[30] Nas palavras de Barroso (2006, p. 146-147), para o STF, "é preciso que haja uma relação lógica entre a questão versada na lei ou ato normativo a ser impugnado e os objetivos sociais da entidade requerente. Vale dizer: a norma contestada deverá repercutir direta ou indiretamente sobre a atividade profissional ou econômica da classe envolvida, ainda que só parte dela seja atingida".

[31] Para um diagnóstico da época em que essas decisões restritivas foram tomadas, ver Barroso (1993).

faltante, ainda que provisoriamente, até a manifestação do Congresso); ou (ii) o poder de sancionar o Congresso por não ter legislado. Nenhum desses dois tipos de poderes, segundo a perspectiva de Moreira Alves, poderia ser atribuído ao tribunal.

Essa posição vencedora não era a única tecnicamente possível à época. Como notou o Ministro Sepúlveda Pertence em seu voto, uma posição compatível com o texto constitucional permitiria ao STF que criasse uma regra provisória, aplicável somente à parte que alegou a omissão legislativa.[32] No fim das contas, porém, Pertence tolerou a posição restritiva, ainda que por outras razões: era muito cedo, em 1989, para se considerar que o Congresso se encontrava em "mora legislativa". O processo democrático exigiria do STF que esperasse mais antes de intervir. Ainda assim, a decisão da Corte significou, na prática, a morte provisória do mandado de injunção. Só quase duas décadas depois – em 2007, como veremos a seguir –, é que este cenário se alteraria por meio de uma mudança de interpretação do próprio STF.

3.2 Transformando restrições em expansões

Ao longo do tempo, o tribunal pode revisitar a jurisprudência restritiva adotada por uma composição de ministros anterior, substituindo restrição por expansão. O que foi limitado por interpretação pode – justamente por isso – ser reaberto também por interpretação. Esse processo é especialmente fácil em um sistema em que não há compromisso com a noção de *stare decisis* ou precedente horizontal, isto é, com a força vinculante dos precedentes, em uma decisão de hoje, para os próprios tribunais que os criaram no passado.[33] Um exemplo desse fenômeno pode ser encontrado na recente guinada do STF com relação ao mandado de injunção. Vimos acima que, logo após a promulgação da Constituição, o STF entendeu que os mandados de injunção eram instrumentos de virtualmente nenhuma utilidade prática: só serviriam para comunicar à autoridade legisladora que ela deveria legislar para regulamentar certo artigo da Constituição. Em 2007, porém, o tribunal mudou de postura ao decidir uma série de mandados de injunção coletivos sobre direito de greve de servidores públicos – um direito já previsto no texto constitucional, mas que, nos termos da própria Constituição, deveria ser exercido nos termos de lei infraconstitucional.[34]

Um desses casos, aliás, o MI nº 670, ilustra bem a importância da passagem do tempo – com consequentes mudanças na composição do tribunal – para operar

---

[32] Segundo o Ministro Pertence: "A idéia é fértil, não há dúvida: acertada a existência de um direito constitucional dependente de regulamentação, o processo seria paralisado e ao Supremo Tribunal caberia apenas decidir aquela questão prejudicial definindo a norma, no caso concreto; norma, porém, que, para evitar a repetição e a contradição, se tornaria de eficácia *erga omnes* para a decisão, na justiça competente, de todos os casos similares" (Voto vencido na Questão de Ordem no MI nº 107-3/DF, j. 23.11.89, p. 70).

[33] Sobre o conceito de *stare decisis*, ver Schauer (1987). No caso do Brasil, um fator adicional de liberdade para o tribunal em relação às suas decisões passadas é que parece não haver consenso, na prática da instituição, sobre o que conta como um precedente, como operacionalizá-lo e como ele deve ser aplicado. Para uma discussão desses problemas à luz de um caso concreto, cf. Leal (2015). Arguelhes e Ribeiro (2015) apontam ainda para a possibilidade individualização do repertório de jurisprudência do tribunal, com cada ministro formando a sua própria versão do que seriam os precedentes do tribunal e partir de decisões monocráticas.

[34] Desde o MI nº 107, o tribunal já vinha sinalizado com algumas flexibilizações em sua rígida visão desse instrumento, mas sem de fato mudar de posição quanto à impossibilidade de o próprio STF criar as regras necessárias para sanar a omissão legislativa. Sobre o tema, ver Voronoff (2012).

transformações de interpretações restritivas em expansivas. O MI nº 670 começou a ser julgado ainda em 2003. Na época, o relator, Ministro Maurício Corrêa, observou que "não pode o Poder Judiciário, nos limites da especificidade do Mandado de Injunção, garantir ao impetrante o direito de greve", pois, se o fizesse, "substituir-se-ia ao legislador ordinário". Em um voto de apenas duas páginas, o Ministro Corrêa se limitou a declarar a omissão do Poder Legislativo, simplesmente reiterando a jurisprudência firmada no MI nº 107, quase 15 anos antes. Contudo, em razão de um longo pedido de vista do Ministro Gilmar Mendes, o julgamento do MI nº 670 só veio a continuar anos depois. Já em 2007, uma composição quase inteiramente renovada do tribunal decide se afastar do antigo *leading case* e considerar que o STF deveria, ao decidir o mandado de injunção, indicar quais regras seriam provisoriamente aplicáveis à greve dos servidores públicos, até que o Congresso se manifestasse sobre o tema.

3.3 Expansões

Em vários momentos, o tribunal utiliza seu poder de interpretação constitucional também para ampliar competências previstas no texto constitucional – e até mesmo desenvolver para si, sem base textual clara, novos poderes.[35] Em uma mesma geração de ministros do STF, movimentos autorrestritivos em uma direção podem coexistir com expansões de poder em outros sentidos. Neste artigo, apresentaremos apenas um exemplo já consolidado de expansão de competências por interpretação: a possibilidade de controle prévio de constitucionalidade de propostas de emenda à Constituição, por parte do STF, por meio de mandados de segurança ajuizados por parlamentares.[36]

No MS nº 20.257, decidido em 1980, o voto vencedor do Ministro Moreira Alves apresentou uma tese ousada. O ministro reconhecia que o sistema brasileiro de controle de constitucionalidade não admite controle judicial *prévio*, isto é, o Judiciário não pode verificar, durante o processo legislativo, a compatibilidade entre um projeto de lei (ou de emenda constitucional) e cláusulas constitucionais. Só compete ao juiz *reprimir* violações à Constituição, por meio da anulação de leis *já promulgadas*. Contudo, tendo em vista que os dispositivos constitucionais também regulam o próprio processo legislativo, é preciso aplicar a Constituição às próprias deliberações do Congresso no que se refere às regras de processo legislativo. Mais ainda, os parlamentares têm um direito individual a só participar de procedimentos legislativos que respeitem as regras do jogo traçadas na Constituição.

Uma vez que se reconheça esse direito individual, os atos formais da Câmara ou do Senado que fazem tramitar projetos de lei ou emenda violadores dessas regras procedimentais podem ser judicialmente questionados *por cada parlamentar*. Por meio

---

[35] A ampliação de poderes do tribunal por meio de interpretação constitucional é um fenômeno familiar em diversos sistemas jurídicos. Entre os inúmeros exemplos, está o famoso caso *Marbury v. Madison*, decidido em 1803 nos EUA, no qual a Suprema Corte anuncia sua competência – não expressa no texto constitucional – de declarar a inconstitucionalidade de leis federais. Cf. Ginsburg (2003) e Sweet (2007).

[36] Ver Barroso (2006). Süssekind (2014) analisa em detalhes o processo de formação e manutenção, inclusive após a constituinte, dessa linha jurisprudencial. Para um ponto de vista de um de seus ministros sobre esses casos, ver Pertence (2007).

de mandado de segurança, o deputado ou senador pode exigir que o STF impeça a tramitação da proposta violadora da Constituição. Mais ainda, o voto do Ministro Moreira Alves no MS nº 20.257 admite expressamente que esse controle judicial prévio – essa intervenção no próprio processo deliberativo do Congresso – pode se estender às emendas constitucionais no caso de violação de "cláusulas pétreas", isto é, às partes da Constituição que não podem ser alteradas sequer por emenda constitucional. Isso porque, segundo o ministro, a Constituição formulava as "cláusulas pétreas" como regras procedimentais, ao prever que "não será objeto de deliberação proposta de emenda constitucional tendente a abolir a Federação ou a República".[37]

Seguindo esse raciocínio na decisão, os ministros criaram um poderoso canal de atuação para o STF, pelo qual podem impedir a tramitação de PECs que contrariem as "cláusulas pétreas" da Constituição.[38] Essa construção jurisprudencial foi renovada pelo STF no início dos anos 1990 em diversos casos, ainda que, no sistema desenhado pela Constituição de 1988, não haja qualquer previsão de controle judicial *prévio* de constitucionalidade. Por exemplo, no MS nº 21.648, decidido em 5.5.1993, em que se discutia a constitucionalidade de uma proposta de emenda à Constituição, a reiteração jurisprudencial ficou clara. Houve amplo reconhecimento, pela maioria dos ministros, de que mandados de segurança de parlamentares contra PECs violadoras da Constituição podem ser julgados no mérito pelo STF.[39]

Embora o STF apresente essa linha jurisprudencial como uma proteção aos parlamentares, ela na prática significa uma ampliação do poder do próprio STF. É preciso considerar que o tribunal concedeu a cada parlamentar, e não ao seu partido ou à presidência da Casa, um poder de veto sobre a produção legislativa do país *que a Constituição de 1988 só reconhece ao partido político ou* à *Presidência da Casa*, por meio de ações diretas de inconstitucionalidade. Ao fazê-lo, o tribunal expandiu significativamente tanto o acesso à sua jurisdição quanto às formas pelas quais pode exercer o controle sobre os atores políticos (com a inclusão do controle preventivo, e não apenas repressivo e posterior à promulgação do texto legal). Hoje, no Brasil, um parlamentar individual não pode propor ação direta de inconstitucionalidade, mas pode ajuizar um mandado de segurança para impedir a deliberação legislativa sobre uma proposta de emenda à Constituição que considere violadora de cláusulas pétreas. Para o STF, trata-se de um poder de controle e monitoramento do processo legislativo que surge da sua

---

[37] A Constituição de 1988 reproduziu a fórmula da Constituição de 1967 quanto às cláusulas pétreas (art. 60, §4º: "Não será objeto de deliberação a proposta de emenda tendente a abolir [...]"), ampliando apenas *quais* elementos do texto constitucional são considerados cláusulas pétreas ("I – a forma federativa de Estado; II – o voto direto, secreto, universal e periódico; III – a separação dos Poderes; IV – os direitos e garantias individuais").

[38] No MS nº 20.257, o *resultado* em si da decisão foi irrelevante, pois os ministros consideraram que, naquele caso específico, a PEC questionada não violava cláusulas pétreas.

[39] Ver, por exemplo, o voto do Ministro Relator Octavio Gallotti: "Tenho como estreme de dúvidas, conforme assentado nos precedentes que informam o parecer [do Procurador-Geral da República], tanto o cabimento do mandado de segurança contra o processamento do projeto de lei ou proposta de emenda cujo objeto se pretenda ser vetado pela Constituição, como a legitimidade, para impetrá-lo, de qualquer participante do processo legislativo (Deputado ou Senador)". Ver também o voto do Ministro Carlos Velloso, que ressaltou "a decisão memorável" na qual o STF "admitiu o controle de constitucionalidade do processo de emenda constitucional por parte dos parlamentares [...] mediante o mandado de segurança". Ver, porém, o voto vencido do Ministro Paulo Brossard, observando que esta interpretação concederia poderes excessivos ao STF para atuar sobre a esfera congressual, prevendo que, "persistindo nesse plano inclinado, o Supremo Tribunal Federal terminaria por organizar a ordem do dia da Câmara ou do Senado".

jurisprudência dos anos 1980 – e não de um arranjo deliberadamente criado pelo texto constitucional de 1967 ou de 1988.[40]

3.4 Flexibilidade decisória?

Para além dessas mudanças explícitas nas regras que estruturam sua competência, em muitos aspectos a prática institucional do tribunal parece ter se desenvolvido com crescente flexibilidade, por parte dos ministros, na configuração do seu poder e das oportunidades de exercê-lo. Dois exemplos podem ser encontrados nas formas pelas quais o tribunal (i) filtra quais casos serão efetivamente julgados por seus ministros, e quais serão simplesmente rejeitados em decisões monocráticas; e (ii) determina na sua agenda o *timing* de suas decisões.[41] Embora ainda não haja estudos sistemáticos suficientes sobre esses dois pontos, alguns dados e análises já disponíveis são bastante sugestivos. Com relação ao primeiro ponto, em termos quantitativos, nas últimas duas décadas e meia, o STF tem sido basicamente um conjunto de ministros – ou, mais precisamente, de gabinetes de ministros – que resolvem casos sozinhos. Das mais de 1,3 milhão de decisões que o STF tomou de 1988 até 2011, menos de 0,6% foram tomadas pelos 11 ministros reunidos em Plenário. Se, no desenho original de 1988, o STF foi pensado como um órgão colegiado, ao menos em termos quantitativos o tribunal parece ter se transformado em algo distinto na prática (FALCÃO; CERDEIRA; ARGUELHES, 2013; HARTMANN; FERREIRA, 2015).

Com relação ao segundo ponto, embora o prazo dos pedidos de vista esteja limitado pela obrigação de devolver o processo "na segunda sessão ordinária subsequente" (art. 134 do Regimento Interno do STF), o regimento parece não dar conta de como esse poder individual dos ministros funciona na prática. Segundo o relatório *O Supremo e o tempo*, elaborado a partir do banco de dados do projeto *Supremo em Números* na FGV Direito Rio, de outubro de 1988 a dezembro de 2013, houve 2.987 pedidos de vista no STF, relativos a 2.226 processos.[42] Segundo os autores do relatório, desse conjunto de pedidos, 124 ainda não tinham sido devolvidos até 31.12.2013. Se considerarmos apenas os pedidos já devolvidos, a duração média das vistas foi de 349 dias, com cerca de 20% dos pedidos ficando dentro do prazo previsto no regimento. Entre as vistas não devolvidas, apenas 5,3% ficaram dentro do prazo, e a duração média foi de 1.095 dias.

---

[40] Outro exemplo de transformação, por interpretação, contra o arranjo deliberado criado pelo constituinte pode ser encontrado na tentativa de alguns ministros do Supremo de afirmarem que toda e qualquer decisão do tribunal tem efeito vinculante, independentemente do tipo de processo em que foi tomada. Essa proposta, que em última instância não obteve maioria dentro do tribunal, foi originalmente lançada pelo Ministro Gilmar Mendes em seu voto na Reclamação nº 4.335. Para uma discussão dessa tese a partir de dados quantitativos sobre o funcionamento do controle concreto de constitucionalidade no Supremo, cf. Santos (2014).

[41] Veríssimo (2008) fala em um possível *"writ of certiorari* à brasileira", fazendo uma analogia ao mecanismo pelo qual a Suprema Corte dos EUA discricionariamente escolhe ou rejeita casos. Embora ainda não haja trabalhos empíricos suficientes a respeito, já há indicadores de que, no que se refere à capacidade de escolher que casos julgar (e quando julgá-los), a distância entre o STF e a Suprema Corte dos EUA parece ser menor do que se pensava. Cf. Arguelhes e Hartmann (2017) e Arguelhes e Ribeiro (2018a, 2018b).

[42] Levando-se em conta apenas os processos já em tramitação no Plenário ou nas Turmas (isto é, processos nos quais existiria a possibilidade de um pedido de vista ocorrer), isso significa que as vistas abrangem apenas 2,2% dos casos do tribunal. Trata-se, portanto, de prática bastante seletiva (FALCÃO; HARTMANN; CHAVES, 2014).

Além disso, tanto no grupo de casos devolvidos quanto no de não devolvidos, há inúmeros exemplos de processos que permaneceram "em vista" com ministros por milhares de dias. Em alguns casos, o pedido de vista de um mesmo ministro se prolongou por quase uma década. Mais uma vez, embora ainda haja um longo caminho a se percorrer na análise e intepretação desses dados, é impossível ignorar a discrepância entre a prática institucional e as previsões legais. Essa discrepância parece apontar para um tribunal que não está sujeito a constrangimentos institucionais externos à vontade dos seus próprios ministros na determinação do *timing* de suas decisões.[43] Para além das regras constitucionais que explicitamente estruturam seu poder, portanto, a prática decisória do tribunal é decisiva para compreender o grau de liberdade – e, consequentemente, de poder – de que os ministros do STF dispõem.

4 Novas transformações à vista: de ponto de veto à primeira câmara?

Na seção anterior, discutimos como o STF tem mais controle sobre sua agenda e seus poderes do que a leitura do texto constitucional de 1988 sugeriria à primeira vista. A maioria das interpretações que o tribunal faz de sua própria competência se integra ao direito constitucional brasileiro, não apenas porque, segundo o próprio STF, sua interpretação é a última palavra sobre o significado do texto constitucional,[44] mas também porque somente por meio de emendas constitucionais seria em tese possível aos outros poderes rejeitarem essas interpretações. Por meio de interpretação constitucional, portanto, o tribunal pode ampliar ou restringir o escopo de sua própria jurisdição, bem como as vias para acessá-la, impedindo que certos casos potenciais sejam levados para o seu julgamento ou facilitando que certos temas ou questões entrem na sua pauta decisória.[45] No gráfico a seguir, podemos observar a possível influência, ao longo do tempo, das interpretações feitas pelo STF – tanto as restritivas quanto as expansivas – sobre as estruturas que definem o seu próprio poder e o acesso à sua jurisdição.

---

[43] Para uma discussão das implicações desses dados sobre a visão oficial de como o STF funciona, além de testes empíricos adicionais, cf. Arguelhes e Hartmann (2017). Arguelhes e Ribeiro (2015; 2018a; 2018b) identificam um padrão substantivo em algumas dessas discrepâncias entre normas oficiais e práticas institucionais no Supremo, apontando para uma crescente individualização do poder dos ministros às expensas do poder dos colegiados (Plenário e Turmas) do tribunal. O impacto desses poderes individuais sobre o próprio resultado das decisões colegiadas merece ser analisado de maneira mais detida. Em seu estudo sobre ADIs, por exemplo, Oliveira (2012) observa que o voto do relator tende a prevalecer em cerca de 99% dos casos nas decisões do plenário.

[44] Para exemplos de manifestações dos ministros do STF nesse sentido, ver as notas 3 e 6, *supra*.

[45] Para discussão da jurisprudência restritiva do STF pós-constituinte quanto ao controle abstrato de constitucionalidade, ver Arguelhes (2014b).

Gráfico 1 – Mandados de injunção (MIs) e ações diretas de inconstitucionalidade (ADIs) novos por ano, 1988-2017

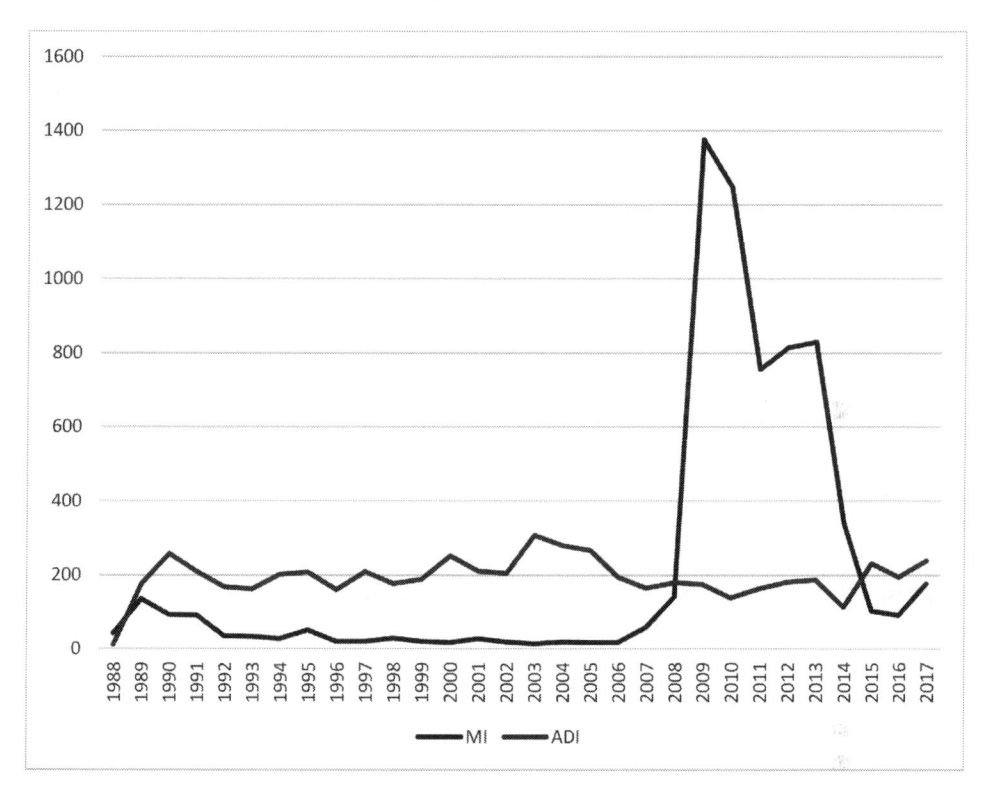

Fonte: *Supremo em Números*.

Embora não se possa aqui fazer qualquer afirmação de causalidade, o Gráfico 1 nos permite ver os pontos em que o comportamento de atores externos, no que se refere à quantidade e aos tipos de demandas que levam ao STF, pode ter sido influenciado por mudanças das regras do jogo geradas por interpretações judiciais. Nos dois primeiros anos após a promulgação da Constituição, uma tendência de rápido crescimento nos mandados de injunção e nas ações diretas de inconstitucionalidade parece se encerrar no mesmo período em que o STF estava restringindo o acesso à ação direta de inconstitucionalidade (por meio da exigência de "pertinência temática") e praticamente inutilizando o mandado de injunção. Em sentido contrário, após a mudança de jurisprudência no caso da greve dos servidores públicos em 2007, há uma explosão de novos mandados de injunção chegando ao tribunal. Essa correlação pode indicar que a mudança de posição do STF sinalizou um "renascimento" desse instrumento aos olhos de potenciais litigantes.

O que dizer das tendências com relação às ações diretas de inconstitucionalidade nos últimos anos? Elas têm sido utilizadas como indicador fundamental da participação do tribunal na vida política do país. Grande parte da literatura sobre a judicialização da política no Brasil observa no aumento de ações diretas de inconstitucionalidade a partir de 1988 um indicador da crescente participação do STF na política brasileira.[46] Embora o *mainstream* da literatura sobre processo decisório no Brasil não incorpore sistematicamente o Judiciário como ator relevante, uma vertente de pesquisa inaugurada por Taylor (2007) tem se preocupado em afirmar a importância do Poder Judiciário, e particularmente do STF, como um recurso a ser acionado por "vozes minoritárias" para contestar ou influenciar a produção de políticas públicas. Nesse caso, o STF pode ser usado como um ponto de veto no processo decisório ou como recurso protelatório em que os atores minoritários marcam suas posições.

Taylor argumenta ainda que o Judiciário pode atuar não apenas após a aprovação de uma política pelo Legislativo, por meio dos recursos de controle de constitucionalidade, como também antes, por meio de sinalizações em pronunciamentos públicos, reuniões formais com o Executivo ou Legislativo, ou ainda por meio do uso de liminares – tal como mostrado anteriormente. A observação dos recursos de partidos políticos no STF desde 1988 parece corroborar o uso estratégico da Corte como ponto de veto: o PT ingressa com mais ações no STF durante o governo PSDB e vice-versa – observa-se que o PMDB, partido que compôs a coalizão em ambos os governos, não teve um comportamento estratégico no sentido indicado durante o período. Nesse sentido, a hipótese de Taylor de uso do STF como arena de veto parece se sustentar.

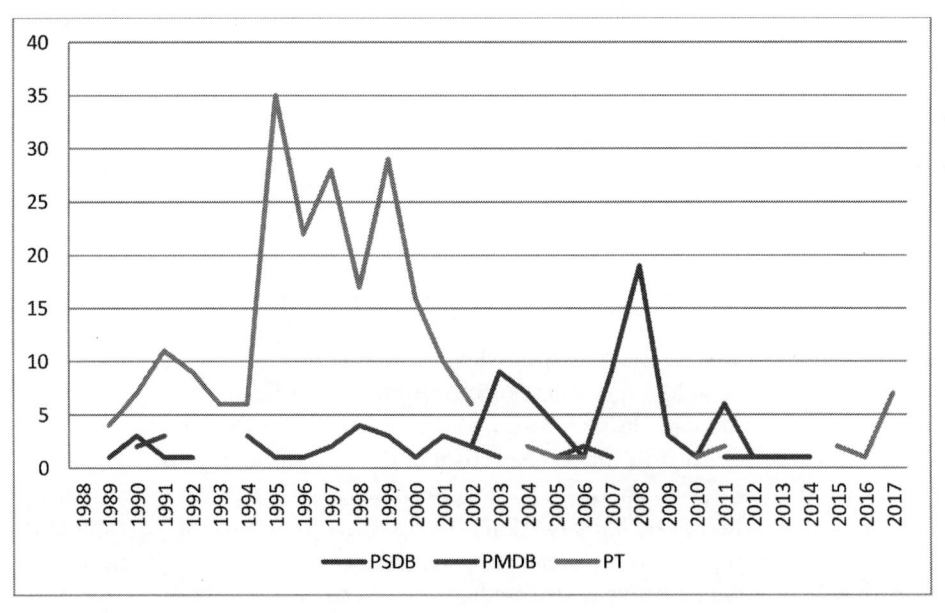

Gráfico 2 – Ações diretas de inconstitucionalidade (ADIs) iniciadas por PT, PSDB e PMDB (1988-2017)

Fonte: *Supremo em Números*.

---

[46] Vianna, Burgos e Salles (2007, p. 43-44) afirmam que não apenas "as Adins já fazem parte do cenário natural da moderna democracia brasileira", como acrescentam que "elas fazem com que o país, sob a forma como se apresenta hoje, não seja mais governável sem elas. Aqui, além de ser instrumento da defesa de minorias, sua origem constitucional clássica, a Adin também é recurso institucional estratégico de governo, instituindo, na prática, o Supremo Tribunal Federal como um conselho de Estado do tipo prevalecente em países de configuração unitária".

Ao mesmo tempo, porém, os dados revelam um fenômeno interessante. Como se observa com mais clareza no gráfico a seguir, as ações diretas de inconstitucionalidade propostas por partidos políticos têm apresentado uma pronunciada tendência de queda ao longo do tempo, desde o início da década passada – uma tendência que não é imediatamente observável, nos mesmos termos, com relação às ADIs em geral. Como explicar esse fenômeno a partir da literatura existente sobre as razões pelas quais atores políticos judicializam suas disputas?

Gráfico 3 – Ações diretas de inconstitucionalidade (ADIs) de partidos políticos (1988-2017)

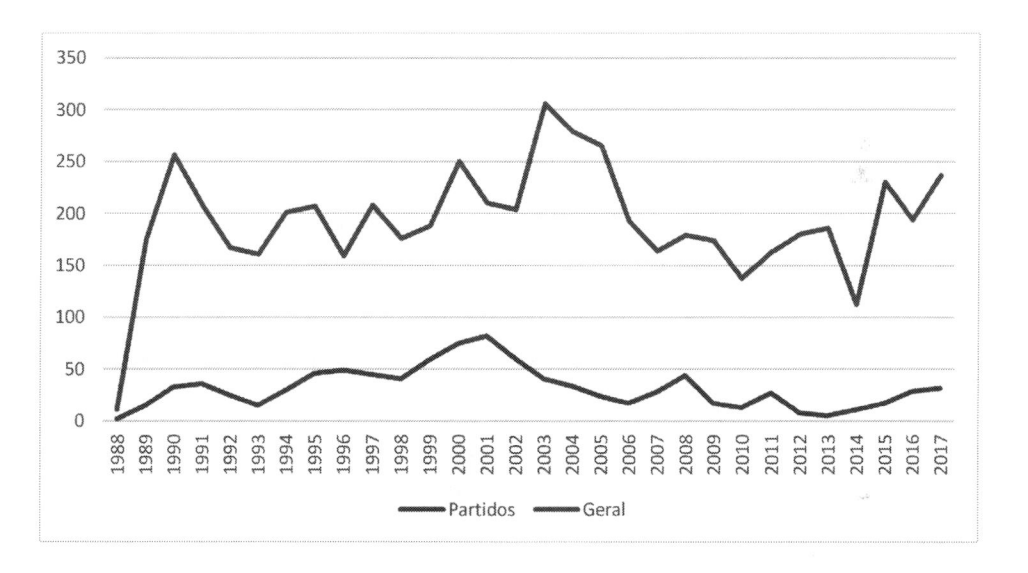

Fonte: *Supremo em Números*.

Ainda não há respostas conclusivas para essa pergunta. Mas, a partir dos dados acima e das discussões apresentadas nas seções anteriores, levantamos uma hipótese: há uma crescente demanda social por atuação do STF como *primeira câmara legislativa*, e não como arena de veto ou ator com poder de veto. A análise de Taylor e a literatura sobre judicialização da política em diversos países se concentram na possibilidade de tribunais atuarem como uma espécie de "terceira câmara legislativa" no processo político decisório: eles participam nesse processo depois de algum passo inicial dado por uma maioria legislativa sob a forma de uma mudança (ou tentativa de mudança) na ordem jurídica.[47] Nesse cenário, ainda que se reconheça que a intervenção judicial altera o conteúdo das políticas públicas aprovadas pela maioria legislativa, a primeira instituição a se mover é necessariamente o Congresso ou o Executivo, alterando a legislação existente. O Supremo surge como um ator com poder de veto posterior.

---

[47] Nas palavras de Sweet (1992, p. 212), "Constitutional jurisprudence is nothing more or less than the lasting, written record of a third reading by a third institution required to give its assent on a bill before promulgation".

Uma possível hipótese para explicar a queda no uso de ações diretas de inconstitucionalidade por partidos políticos, porém, é que outros mecanismos processuais que vêm sendo (re)descobertos pelo STF permitem que o tribunal intervenha em questões sobre as quais não houve qualquer alteração, pela maioria governante, do *status quo* legislativo. Aqui, o tribunal agiria como *primeira* instituição a se pronunciar sobre determinada questão, em um espaço decisório criado pelos poderes políticos. Essa nova forma de atuação pode permitir que minorias políticas acessem a jurisdição do tribunal sem passar pela esfera majoritária – isto é, sem que suas agendas tenham necessariamente sido derrotadas em uma decisão política do Congresso. Nesse cenário, supondo que a atuação como "primeira câmara" seja percebida como possibilidade concreta para atores políticos e sociais ao redor do tribunal, certas demandas que antes eram judicializadas por partidos políticos minoritários por meio de ações diretas de inconstitucionalidade podem ter sido canalizadas para outros instrumentos, como o mandado de injunção e a arguição de descumprimento de preceito fundamental (ADPF). São instrumentos que, ao contrário das ações diretas de inconstitucionalidade, permitem que o tribunal se pronuncie sobre temas sobre os quais, na prática, as legislaturas contemporâneas não chegaram a decidir expressamente.

Após a mudança jurisprudencial de 2007, como já observado, o número de mandados de injunção começa a crescer de forma muito acentuada. Esse pode ser um indicador da demanda por atuação legislativa direta do STF, em vez de atuação "repressiva" sobre legislação já criada pelo Congresso. Com efeito, em contraste tanto com o mandado de injunção, quanto com a ADPF, as ações diretas de inconstitucionalidade enfocam basicamente o direito legislado pós-1988. O mandado de injunção viabiliza uma decisão do STF, ainda que provisória, sobre temas que não foram objeto de decisão do Legislativo. A ADPF, por sua vez, permite que o STF se manifeste diretamente sobre um conjunto de objetos muito ampliado em relação à ação direta de inconstitucionalidade, incluindo legislação pré-constitucional, decisões judiciais e outros atos e omissões do Poder Público. O comportamento dessas demandas específicas – os mandados de injunção e as arguições de descumprimento de preceito fundamental – pode ajudar a testar a hipótese de que o tribunal tem sido receptivo a uma demanda crescente por atuação como *primeira câmara legislativa*. Essa hipótese não exclui outras explicações possíveis para a diminuição do número de ações diretas de inconstitucionalidade de partidos políticos ao longo dos anos, mas chama a atenção para novos papéis que o tribunal pode assumir e que ainda não foram objeto de estudo sistemático.

Nesse sentido, um indício de atuação do STF como primeira câmara pode ser encontrado na ADPF nº 132, decidida em 2011. Em decisão unânime, o tribunal considerou que a Constituição exige o reconhecimento da união estável entre pessoas do mesmo sexo. Nesse caso, a jurisdição do tribunal foi provocada não contra uma lei aprovada pelo Congresso e que representaria um ataque a direitos de minorias. O que se pediu ao tribunal foi que considerasse inconstitucional o fato de o Código Civil, em seu art. 1.723, prever apenas a união estável entre homens e mulheres. É possível descrever essa situação como uma "omissão", como fizeram alguns dos ministros.[48] Mas, se, no

---

[48] Ver, por exemplo, o voto do Ministro Marco Aurélio na ADPF nº 132: "[E]is o cerne da questão em debate: saber se a convivência pública, duradoura e com o ânimo de formar família, por pessoas de sexo igual deve ser admitida como entidade familiar à luz da Lei Maior, considerada a omissão legislativa. [...] Seria possível incluir

caso dos mandados de injunção, a "omissão" é algo determinado por parâmetros estritos do próprio texto constitucional – é preciso que o Congresso não tenha criado uma lei *expressamente exigida pela Constituição* –, no caso da ADPF nº 132 a "omissão" é definida de forma muito mais fluida e potencialmente problemática.

Não se trata de fato de ausência de lei, mas da *existência de uma lei inadequada*. Considerou-se "omissão" um cenário no qual os ministros acreditam que, com o passar do tempo e a transformação de valores e costumes na sociedade brasileira, a legislação que já existe não atende a exigências constitucionais. O STF formulou regras sobre um tema que, a juízo dos ministros, deveria ter provocado – mas não provocou – a formulação de novas normas jurídicas, incluindo talvez emendas à própria constituição. Em vez de arena de veto, os demandantes fizeram do STF uma arena legislativa primária: dada uma questão política nova, gerada pela mudança na sociedade, pede-se ao STF que formule o tratamento constitucional adequado.

Mais do que primeira câmara, porém, o STF talvez tenha sido a única câmara a formular regras sobre o tema. A leitura do acórdão sugere que não sobrou, para o Congresso Nacional, nenhum espaço relevante para legislar sobre o tema – por exemplo, criando regras diferentes para a adoção por casais entre pessoas do mesmo sexo e de sexos diferentes. Em trecho de seu voto que foi reproduzido na ementa do acórdão, o Ministro Relator Ayres Britto determinou que dava a referida intepretação ao 1.723 do CC:

> [...] para dele excluir qualquer significado que impeça o reconhecimento da união contínua, pública e duradoura entre pessoas do mesmo sexo como "entidade familiar", entendida esta como sinônimo perfeito de "família". Reconhecimento que é de ser feito segundo as mesmas regras e com as mesmas consequências da união estável heteroafetiva (ADPF 132, p. 49 do acórdão).

É verdade que o próprio acórdão registra a divergência de pelo menos três ministros com relação à tese da impossibilidade de diferenciação legislativa entre uniões homossexuais e uniões heterossexuais.[49] Mas parece plausível dizer que a posição majoritária no tribunal foi no sentido apontado pelo Ministro Carlos Ayres Britto. Se é assim, fica difícil ver qual o espaço afinal deixado ao Congresso na regulamentação do tema. Ao contrário do que ocorre nas regras que o tribunal criou nos mandados de injunção decididos em 2007, a regra de igualdade absoluta defendida por essa posição majoritária não permite ao Congresso legislar sobre mais nenhum aspecto da questão

---

nesse regime uma situação que não foi originalmente prevista pelo legislador ao estabelecer a premissa para a consequência jurídica? Não haveria transbordamento dos limites da atividade jurisdicional? A resposta à última questão, adianto, é desenganadamente negativa".

[49] Para um exemplo dessa divergência ao longo da decisão, ver o seguinte debate entre os ministros Lewandowski e Ayres Britto: "MINISTRO RICARDO LEWANDOWSKI – [...] [A]ssinalei no meu voto que nós estamos ocupando um espaço que é do Congresso Nacional. [O Ministro Gilmar Mendes] acentuou, com muita propriedade, que há uma espécie de inércia ou inapetência do Parlamento em regular essa matéria, por razões que não nos compete examinar. Então eu afirmei, assentei e concluí que a nossa colmatação desta lacuna é meramente provisória, porque, na verdade, quem tem o poder de legislar nesta matéria, originariamente, é o Congresso Nacional. MINISTRO AYRES BRITTO (RELATOR) – Agora, não foi o meu voto. [...] MINISTRO AYRES BRITTO (RELATOR) – Pelo meu voto e dos que me seguiram não há lacuna e, portanto, não há necessidade de colmatação. Nós demos um tipo de interpretação superadora da literalidade, apontando que a própria Constituição contém elementos interpretativos que habilitam esse julgamento do Supremo a concluir pela paridade de situações jurídicas, sem lacuna e, portanto, sem a necessidade de preenchimento ou colmatação" (trechos extraídos dos debates transcritos no acórdão da ADPF nº 132).

da união homoafetiva. No caso dos mandados de injunção, a legislação posterior pode afastar as regras provisórias que o STF formulou. Mas, segundo o próprio acórdão, isso não ocorre no caso da ADPF nº 132. A decisão do STF já respondeu de antemão a todas as perguntas ao dizer que a Constituição *exige* que todas as regras de direito de família criadas para casais de sexos diferentes devem ser idênticas às regras aplicáveis a casais formados por pessoas do mesmo sexo. A princípio, portanto, por um movimento interpretativo feito pelo STF, o Congresso foi movido para fora do jogo.

Não se trata aqui de discutir o mérito da decisão da ADPF nº 132, que é um marco decisivo na proteção a direitos fundamentais no país. Mas é importante perceber que, (i) apesar de manifestações judiciais aparentemente em sentido contrário, ela não ocorre no contexto de uma "omissão" definida pela própria Constituição, como é o caso dos mandados de injunção – mas sim de *lei já existente que o STF considera inadequada em face da Constituição*; e (ii) as teses jurídicas formalizadas nos votos da maioria dos ministros sugerem que, ao enfrentar essa legislação inadequada, *o STF já desenhou, do início ao fim, qual deveria ser a legislação adequada*. Nesse cenário, e em combinação com os dados sobre queda de ações diretas de inconstitucionalidade e o próprio aumento dos mandados de injunção, a decisão da ADPF nº 132 parece indicar uma forma de atuação distinta na política brasileira: em vez de recorrerem ao STF, por meio de ações diretas de inconstitucionalidade, para invalidar uma decisão majoritária na qual foram derrotados, grupos políticos minoritários podem provocar o tribunal para atuar diretamente como *primeira câmara* e formular regras de acordo com suas preferências. Mais ainda, como vimos, dependendo de como o STF formula sua decisão, é possível que se trate, ao menos do ponto vista do tribunal, de uma atuação como única *câmara legislativa*. Nesse cenário, as ações diretas de inconstitucionalidade podem ter se tornado um instrumento menos interessante do que a ADPF dependendo dos objetivos que atores políticos têm no Brasil de hoje.[50]

Evidentemente, as considerações acima são apenas hipóteses.[51] Apesar do seu caráter especulativo, porém, elas servem para enfatizar que o STF é, ao mesmo tempo, uma criatura dos constituintes e dos ministros que o integraram de 1988 para cá. Ao transformar sua jurisprudência sobre o mandado de injunção e ao utilizar arguições de descumprimento de preceito fundamental para criar parâmetros quase legislativos a partir de princípios constitucionais gerais, o STF acaba por modificar a estrutura que permite e incentiva certos atores a provocarem a jurisdição constitucional. O desenho institucional criado pelo texto constitucional de 1988 não determina o destino do tribunal – nem quando adicionamos as variáveis do comportamento dos atores políticos externos

---

[50] Vale notar que, em dezembro de 2015, em meio às discussões na Câmara dos Deputados sobre o processo de *impeachment* da Presidenta Dilma Rousseff, o Supremo Tribunal Federal foi provocado pelo PC do B a fazer uma completa "filtragem" (i.e., análise de compatibilidade de seu conteúdo com a Constituição atual) da Lei de Crimes de Reponsabilidade (Lei nº 1.079/50). Pela jurisprudência do tribunal, essa lei não poderia formalmente ser objeto de ação direta de inconstitucionalidade, por ser pré-constitucional. Nos votos dos ministros e na petição inicial do partido, menciona-se diversas vezes a ideia de que o legislador deveria ter criado uma nova lei sobre a questão após o *impeachment* de Collor em 1992. Na ausência de manifestação legislativa, porém, caberia ao Supremo atualizar a lei de 1950 a partir da Constituição nova. Trata-se de mais um exemplo de medida que só poderia ser enfrentada em sede de arguição de descumprimento de preceito fundamental, e não de ação direta de inconstitucionalidade, nos termos propostos neste artigo.

[51] Desenvolvemos este argumento, em um estudo de caso mais aprofundado da ADPF nº 132, em Arguelhes e Ribeiro (2017).

ao tribunal, que tem sido muito explorado na literatura. Quando muda a interpretação que o STF dá aos seus próprios poderes – às vezes em direções restritivas, mas, cada vez mais, em deliberada expansão –, pode mudar também o espaço que ocupa na política brasileira. Em muitos casos, ao atuar dentro do jogo, o tribunal acaba transformando o seu papel no jogo e, indiretamente, a própria natureza do jogo.

Referências

ABRANCHES, Sérgio. Presidencialismo de coalizão: o dilema institucional brasileiro. *Dados*, n. 31, 1988.

ANSOLABEHERE, Karina. Una reflexión en torno de la caracterización de las cortes constitucionales. *Iberoamericana*, v. 8, n. 31, p. 167-172, 2008.

ARANTES, Rogério. *Judiciário e política no Brasil*. São Paulo: Idesp; Editora Sumaré; Fapesp; Educ, 1997.

ARANTES, Rogério. Judiciário: entre a justiça e a política. In: AVELAR, Lúcia; CINTRA, Antonio O. (Org.). *Sistema político brasileiro*: uma introdução. 2. ed. São Paulo: Konrad Adenauer; Unesp, 2007.

ARGUELHES, Diego Werneck. *Old courts, new beginnings*: judicial continuity and constitutional transformation in Argentina and Brazil. Tese (Doutorado) – Faculdade de Direito, Universidade Yale, New Haven, 2014a.

ARGUELHES, Diego Werneck. Poder não é querer: preferências restritivas e redesenho institucional no Supremo Tribunal Federal pós-democratização. *Universitas Jus (UniCEUB Law Journal)*, v. 25, n. 2, 2014b.

ARGUELHES, Diego Werneck; HARTMANN, Ivar A. Timing control without docket control: how individual justices shape the Brazilian Supreme Court's agenda. *Journal of Law and Courts*, v. 5, n. 1, p. 105-140, 2017.

ARGUELHES, Diego Werneck; RIBEIRO, Leandro Molhano. "The court, it is I?" Individual judicial review in the Brazilian Supreme Court and its implications for constitutional theory. *Global Constitutionalism*, 2018a. No prelo.

ARGUELHES, Diego Werneck; RIBEIRO, Leandro Molhano. Courts as the first and only legislative chambers? The Brazilian Supreme Court and the legalization of same-sex marriage. *VRÜ Verfassung und Recht in Übersee*, v. 50, n. 3, p. 281-299, 2017.

ARGUELHES, Diego Werneck; RIBEIRO, Leandro Molhano. Ministrocracia: o Supremo Tribunal individual e o processo democrático brasileiro. *Novos estudos Cebrap*, v. 37, n.1, p.13-32, 2018b.

ARGUELHES, Diego Werneck; RIBEIRO, Leandro Molhano. O Supremo individual: mecanismos de atuação direta dos ministros sobre o processo político. *Direito, Estado e Sociedade*, n. 46, 2015.

ARGUELHES, Diego Werneck; RIBEIRO, Leandro Molhano. Preferências, estratégias e motivações: Pressupostos institucionais de teorias sobre comportamento judicial e sua transposição para o caso brasileiro. *Direito e Práxis*, v. 4, n. 7, p. 85-121, 2013.

BARROSO, Luís Roberto. Judicialização da política, ativismo judicial e legitimidade democrática. *Revista Jurídica da Presidência*, v. 12, n. 96, p. 3-41, fev./maio 2010.

BARROSO, Luís Roberto. Mandado de injunção: perfil doutrinário e evolução jurisprudencial. *Revista de Direito Administrativo*, v. 191, 1993.

BARROSO, Luís Roberto. *O controle de constitucionalidade das leis no direito brasileiro*. 2. ed. São Paulo: Saraiva, 2006.

BARROSO, Luís Roberto. *O direito constitucional e a efetividade de suas normas*: limites e possibilidades da Constituição brasileira. 9. ed. São Paulo: Renovar, 2009.

CARVALHO, Ernani. Trajetória da revisão judicial no desenho constitucional brasileiro: tutela, autonomia e judicialização. *Sociologias*, v. 12, n. 23, p. 176-207, 2010.

COMELLA, Victor Ferreres. The consequences of centralizing constitutional review in a special court: some thoughts on judicial activism. *Texas Law Review*, v. 82, 2004.

CORRÊA, Oscar Dias. *O Supremo Tribunal Federal, corte constitucional do Brasil*. Rio de Janeiro: Forense, 1987.

DESPOSATO, Scott; INGRAM, Matthew; LANNES JR., Osmar. Power, composition, and decision making: the behavioral consequences of institutional reform on Brazil's Supremo Tribunal Federal. *The Journal of Law, Economics and Organization*, v. 31, n. 3, 2015.

EPSTEIN, Lee; KNIGHT, Jack; MARTIN, Andrew. The Supreme Court as National Strategic Policymaker. *Emory Law Journal*, v. 50, 2001.

FALCÃO, Joaquim et al. II Relatório Supremo em Números: O Supremo e a Federação entre 2010 e 2012. *FGV Direito Rio*, 2013. Disponível em: <http://supremoemnumeros.fgv.br/sites/supremoemnumeros.fgv.br/files/attachment/ii_relatorio_supremo_em_numeros_-_o_supremo_e_a_federacao_entre_2010_e_2012.pdf>. Acesso em: 1º mar. 2014

FALCÃO, Joaquim. O Supremo Tribunal Federal Processual. In: MARTINS, Ives Gandra S.; ROSSET, Patricia; AMARAL, Antonio Carlos R. (Org.). *Estudos*: direito público. Homenagem ao Ministro Carlos Mário da Silva Velloso. São Paulo: Lex Magister, 2013.

FALCÃO, Joaquim; CERDEIRA, Pablo Camargo; ARGUELHES, Diego Werneck. I Relatório Supremo em números: o múltiplo Supremo. *FGV Direito Rio*, 2011. Disponível em: <http://supremoemnumeros.fgv.br/sites/supremoemnumeros.fgv.br/>. Acesso em: 1º mar. 2014.

FEREJOHN, John A.; KRAMER, Larry D. *Independent judges, dependent Judiciary*: institutionalizing judicial restraint. New York University Law Review, v. 77, 2002.

FIGUEIREDO, Argelina; LIMONGI, Fernando. Instituições políticas e governabilidade: desempenho do governo e apoio legislativo na democracia brasileira. In: MELO, C. R.; SÁEZ, M. A. (Ed.). *A democracia brasileira*: balanço e perspectivas para o século 21. Belo Horizonte: Ed. UFMG, 2007.

GARLICKI, Lech. Constitutional courts versus supreme courts. *International Journal of Constitutional Law*, v. 5, n. 1, p. 44-68, 2007.

GINSBURG, Tom. *Judicial review in new democracies*: constitutional courts in Asian cases. Cambridge: Cambridge University Press, 2003.

HARTMANN, Ivar A.; FERREIRA, Lívia. Ao relator, tudo: o impacto do aumento do poder do ministro relator no Supremo. *Opinão Jurídica*, v. 13, n. 17, p. 268-283, jan./dez. 2015.

KOERNER, Andrei; FREITAS, Lígia Barros de. O Supremo na Constituinte e a Constituinte no Supremo. *Lua Nova*, n. 88, p. 141-184, 2013.

LEAL, Fernando Ribeiro. Todos os casos jurídicos são difíceis? Sobre as relações entre efetividade, estabilidade e teorias da decisão constitucional. *Revista de Direito do Estado*, v. 16, 2010.

LEAL, Fernando Ribeiro. Uma jurisprudência que serve para tudo. *Jota*, 13 maio 2015. Disponível em: <http://jota.uol.com.br/uma-jurisprudencia-que-serve-para-tudo>. Acesso em: 11 maio 2016.

MENDES, Conrado Hübner. *Direitos fundamentais, separação de poderes e deliberação*. São Paulo: Saraiva, 2011.

OLIVEIRA, Fabiana Luci de. Supremo relator: processo decisório e mudanças na composição do STF nos governos FHC e Lula. *Revista Brasileira de Ciências Sociais*, v. 27, n. 80, out. 2012.

PERTENCE, José Paulo Sepúlveda. O controle de constitucionalidade das emendas constitucionais pelo Supremo Tribunal Federal: crônica de jurisprudência. *Revista Brasileira de Direito Público*, v. 1, n. 1, 2007. Disponível em: <http://bdjur.stj.jus.br/dspace/handle/2011/31814>. Acesso em: 26 out. 2011.

PINHEIRO, Aline. Justiça precisa saber onde e como chegar. Entrevista com Ministro Ricardo Lewandowski. *Conjur*, 7 fev. 2010. Disponível em: <http://www.conjur.com.br/2010-fev-07/entrevista-ricardolewandowski-ministro-stf-tse>. Acesso em: 13 jan. 2012.

PIOVESAN, Flávia. *Proteção judicial contra omissões legislativas*. 2. ed. São Paulo: Revista dos Tribunais, 2003.

RÍOS-FIGUEROA, Julio; TAYLOR, Matthew M. Institutional determinants of the judicialization of policy in Brazil and Mexico. *Journal of Latin American Studies*, v. 38, n. 4, p. 739-766, 2006.

SANTOS, Carlos Victor Nascimento dos. "Mutação à brasileira": uma análise empírica do artigo 52, X, da Constituição. *Revista Direito GV*, v. 10, n. 2, p. 597-614, 2014.

SCHAUER, Frederick. Precedent. *Stanford Law Review*, v. 39, 1987.

SHAPIRO, Matthew. *Courts*: a comparative and political analysis. Chicago: University of Chicago Press, 1986.

SÜSSEKIND, Evandro. *Constituição generosa ou vontade do tribunal?* Trazendo o constituinte para o debate sobre o controle de constitucionalidade preventivo. Trabalho de Conclusão de Curso (Graduação em Direito) – Fundação Getulio Vargas, Rio de Janeiro, 2014.

SWEET, Alec Stone. *Governing with judges*. Constitutional politics in Europe. Oxford: Oxford University Press, 2000.

SWEET, Alec Stone. *The birth of judicial politics in France*: the constitutional council in comparative perspective. New York: Oxford University Press, 1992.

SWEET, Alec Stone. The juridical coup d'état and the problem of authority. *German Law Journal*, v. 8, n. 10, p. 915-928, 2007.

TAYLOR, Matthew M. *Judging policy*: courts and policy reform in democratic Brazil. Stanford: Stanford University Press, 2008.

TAYLOR, Matthew M. O Judiciário e as políticas públicas no Brasil. *Dados*, v. 50, n. 2, 2007.

VERÍSSIMO, Marcos Paulo. A Constituição de 1988, vinte anos depois: Suprema Corte e "ativismo judicial à brasileira". *Revista Direito GV*, v. 4, n. 2, p. 407-440, 2008.

VIANNA, L. W.; BURGOS, M. B.; SALLES, P. M. Dezessete anos de judicialização da política. *Tempo Social*, v. 19, n. 2, p. 39-85, 2007.

VIANNA, Luiz Werneck et al. *A judicialização da política e das relações sociais no Brasil*. São Paulo: Revan, 1999.

VIEIRA, Oscar Vilhena. Supremocracia. *Revista Direito GV*, v. 4, n. 2, p. 441-464, 2008.

VORONOFF, Alice. Ativismo judicial e democracia: por uma teoria eclética do mandado de injunção. *Revista Brasileira de Direito Público*, v. 10, n. 37, 2012.

Informação bibliográfica deste texto, conforme a NBR 6023:2002 da Associação Brasileira de Normas Técnicas (ABNT):

ARGUELHES, Diego Werneck; RIBEIRO; Leandro Molhano. Criatura e/ou criador: transformações do Supremo Tribunal Federal sob a Constituição de 1988. In: BARROSO, Luís Roberto; MELLO, Patrícia Perrone Campos (Coord.). *A República que ainda não foi*: trinta anos da Constituição de 1988 na visão da Escola de Direito Constitucional da UERJ. Belo Horizonte: Fórum, 2018. p. 367-393. ISBN 978-85-450-0582-7.

A FUNÇÃO PEDAGÓGICA DAS CORTES CONSTITUCIONAIS

FELIPE DE MELO FONTE

1 Introdução

O presente artigo defende a existência de um *papel de reforço democrático* na jurisdição constitucional. No primeiro tópico, aborda-se a ideia de que a democracia pressupõe certas condições sociais para que possa funcionar adequadamente. Uma dessas condições é a *cultura de tolerância*, que está traduzida no discurso dos direitos fundamentais, especialmente no direito à igualdade política básica. O pressuposto empírico deste primeiro ponto é que não existe um componente natural intrínseco que leve certas pessoas ou sociedades a viverem sob regimes democráticos – como se, por exemplo, árabes e chineses fossem menos propensos à democracia que holandeses e franceses –, mas que a democracia é fruto de *certas práticas sociais* alicerçadas em condições culturais situadas no tempo e no espaço. Nesse sentido, a consolidação e o aprofundamento das práticas democráticas podem ser considerados um grande projeto educacional de longo prazo.

O segundo tópico defende a tese de que a inserção do discurso constitucional no espaço público tem o poder de reforçar essas condições culturais de permanência da democracia. Argumenta-se que os tribunais constitucionais, acostumados a deliberar em termos de *razão pública* e fortemente orientados à efetividade dos direitos fundamentais, têm papel essencial em fomentar e reforçar a cultura de tolerância nos diversos segmentos sociais. Defende-se a existência de um *papel de reforço democrático* das cortes constitucionais, que pode (e deve) ser compreendido no contexto do grande projeto educacional que são as democracias contemporâneas. Assim, além da tradicional corrente que vê nas cortes constitucionais instituições responsáveis por resguardar as condições de permanência da democracia,[1] a mesma ideia aqui será defendida, mas por meios e com propósitos diferentes.

---

[1] Trata-se da tese clássica defendida por ELY, John Hart. *Democracy and distrust*: a theory of judicial review. Cambridge: Harvard University Press, 1980. p. 101-104, especialmente. Ely defende um papel ativo da jurisdição constitucional no desbloqueio dos canais de mudança política (teoria que recebeu o rótulo de *procedimentalismo*)

2 A democracia e suas condições de existência

2.1 O problema da igualdade política

Na filosofia e ciência política, há um longo debate sobre as concepções de democracia e os elementos mínimos que devem estar presentes em um sistema político para que ele possa ser assim caracterizado.[2] De forma minimalista, um governo poderia ser dito democrático com o cumprimento de três singelos requisitos: a observância da regra da maioria, o reconhecimento de direitos políticos ativos e passivos à população adulta, e a realização de eleições livres e periódicas para os cargos de administração e legislação. Pode-se dizer que estes são os requisitos caracterizadores de uma *democracia em sentido formal*.

Outras exigências podem ser acrescidas ao conteúdo básico acima: (i) liberdades de associação, de expressão, de imprensa e de opinião, que soam essenciais à formação livre da vontade política; (ii) direito de acesso a bens básicos à sobrevivência humana (mínimo existencial); (iii) liberdade de professar cultos religiosos; (iv) liberdade para contestar atos do governo em tribunais independentes e imparciais (Estado de Direito); (v) garantia do devido processo legal contra atos de restrição à liberdade e à propriedade; (vi) separação de poderes, entre outros. À medida que outros direitos individuais e coletivos vão sendo incluídos no *checklist* para que determinado governo possa ser considerado democrático, mais a concepção formal vai sendo abandonada em favor de princípios substanciais ou materiais. Por isso, em oposição à concepção formal de democracia é possível falar em democracia substancial (*thin and thick democracy*). No estado atual das discussões, dificilmente um país que observasse apenas aqueles requisitos mínimos descritos acima, sem observar outros direitos humanos, poderia ser classificado como uma genuína democracia.

A dicotomia entre democracia formal e substancial pode ser enganosa, na medida em que induz a crer que existe democracia sem valores materiais em jogo (presentes na concepção substancial). É certo que a regra da maioria pode ser vista como um simples

---

e na proteção de minorias que estejam sendo discriminadas pelos órgãos de representação das maiorias. Embora este capítulo comungue da preocupação em justificar a jurisdição constitucional à luz e em defesa da democracia, os fundamentos, meios e propósitos aqui discutidos são diferentes. Para a discussão dessas ideias em língua portuguesa, v. BINENBOJM, Gustavo. A nova jurisdição constitucional brasileira. Rio de Janeiro: Renovar, 2001, p BINENBOJM, Gustavo. *A nova jurisdição constitucional brasileira*. Rio de Janeiro: Renovar, 2001. p. 93-119.

[2] V. BANDEIRA DE MELLO, Celso Antônio. A democracia e suas dificuldades contemporâneas. *Revista de Direito Administrativo*, n. 212, 1998. p. 57-58; CANOTILHO, J. J. Gomes. *Direito constitucional e teoria da constituição*. 7. ed. Coimbra: Almedina, 2003. p. 1418; BOBBIO, Norberto. *The future of democracy*. Tradução de Roger Griffin. Minneapolis: University of Minnesota Press, 1987. p. 24 e ss. O modelo schumpeteriano de democracia – também denominado de democracia elitista – pode ser considerado um exemplo de democracia formal. Segundo essas ideias, a democracia é caracterizada pela possibilidade de eleição, por um conjunto de indivíduos com baixíssimo poder político, de um dos projetos oferecidos por elites que concorrem entre si. Cf. SCHUMPETER, Joseph. A. *Capitalism, socialism and democracy*. New York: Harper & Brothers, 1942. p. 269-273. A discussão sobre as definições formais de democracia voltou a fazer sentido no cenário recente de ascensão de governos de esquerda na América Latina. Com o uso de mecanismos plebiscitários, governos como os da Venezuela, Equador e Bolívia estão promovendo alterações constitucionais que dificultam a alternância de poder, além de enfraquecendo os poderes Judiciário e Legislativo em favor do Poder Executivo. Sobre o constitucionalismo autoritário ou abusivo, v. TUSHNET, Mark. Authoritarian constitutionalism. *Cornell L. Rev.*, v. 100, p. 391-461, 2015. V., também: "Na verdade, um grande número de ditadores no mundo tem conseguido gigantescas vitórias eleitorais, mesmo sem coerção evidente sobre o processo de votação, principalmente suprimindo a discussão pública e a liberdade de informação, e gerando um clima de apreensão e ansiedade" (SEN, Amartya. *A ideia de justiça*. São Paulo: Companhia das Letras, 2011. p. 361).

método para a tomada coletiva de decisões sociais, isto é, apenas a solução para um problema de ação coletiva. Contudo, a regra traz consigo uma ideia valorativa subjacente, profundamente importante em regimes democráticos, e que definitivamente não é "autoevidente"[3]: *a igualdade política entre todos os membros da sociedade*. Isso significa que pessoas em diferentes faixas etárias, de renda, escolaridade, de profissões e sexo serão tratadas como se suas opiniões e interesses valessem *exatamente a mesma coisa* para o funcionamento do sistema político. É o que Robert Dahl chama de *lógica da igualdade* que está na base dos regimes democráticos. São as diferentes concepções sobre as exigências da igualdade política fundamental que motivam as múltiplas construções teóricas a respeito da democracia.

Mas como justificar a igualdade política? Esse é um problema que tem sido enfrentado com fervor por filósofos políticos desde, pelo menos, o advento do iluminismo.[4] Do ponto de vista histórico, há acordo de que o fundamento histórico da igualdade intrínseca entre as pessoas é a doutrina cristã.[5] A cosmologia cristã proclama a criação dos seres humanos à imagem e à semelhança divinas. Como registra Ana Paula de Barcellos, com o advento do cristianismo, "[p]ela primeira vez o homem passou a ser valorizado individualmente, já que a salvação anunciada não só era individual, como dependia de uma decisão pessoal".[6] Como consequência da igual dignidade que possuem, os homens deveriam ser tratados de forma igual no espaço político.[7] A dificuldade que

---

[3] A crítica aqui se dirige à linguagem empregada pelos *founding fathers* norte-americanos, ao redigir a famosa Declaração de Independência de 1776. V.: "Nas palavras que iriam ficar famosas por todo o mundo, em 1776 os autores da Declaração de Independência anunciaram: 'Nós assumimos que essas verdades são auto-evidentes, que todos os homens são criados iguais, que eles são dotados pelo Criador de certos Direitos inalienáveis, entre os quais são a Vida, Liberdade, e a busca pela felicidade'. Se a igualdade é auto-evidente então nenhuma justificação posterior é necessária. Nenhuma pode ser encontrada na Declaração. Todavia, para a maioria de nós está muito longe de ser auto-evidente que todos os homens – e mulheres – foram criados iguais" (DAHL, Robert. *On democracy*. New Haven: Yale University Press, 2000. p. 62). Não se pode deixar de registrar, como faz Dahl, a profunda hipocrisia dos redatores da declaração: homens ricos, conservadores e proprietários de escravos, que mantiveram seus privilégios mesmo após o término da guerra de independência.

[4] Segundo Luís Roberto Barroso, foi em 1486, com a obra de Giovanni Picco, Conde de Mirandola, denominada *Oração sobre a dignidade do homem*, que as razões teológicas e filosóficas a respeito da dignidade humana começaram a separar-se. Cf. BARROSO, Luís Roberto. *A dignidade da pessoa humana no direito constitucional contemporâneo*. Belo Horizonte: Fórum, 2012. p. 16-17.

[5] "Devido à sua influência decisiva sobre a civilização ocidental, muitos autores enfatizam o papel do cristianismo na formação daquilo que veio a ser conhecido como dignidade humana, encontrando nos Evangelhos elementos de individualismo, igualdade e solidariedade que foram fundamentais no desenvolvimento contemporâneo da sua abrangência" (BARROSO, Luís Roberto. *A dignidade da pessoa humana no direito constitucional contemporâneo*. Belo Horizonte: Fórum, 2012. p. 14-19, em especial p. 15). V. BARCELLOS, Ana Paula. *A eficácia jurídica dos princípios constitucionais*. 3. ed. São Paulo: Saraiva, 2011. p. 103-121; SARMENTO, Daniel. *Dignidade da pessoa humana na ordem constitucional brasileira*: conteúdo, trajetórias e metodologia. Tese (Titularidade) – UERJ, Rio de Janeiro, 2015. p. 42-50. Ingo Wolfgang Sarlet suscita dúvidas quanto ao pioneirismo do cristianismo na defesa da igualdade fundamental entre os seres humanos (SARLET, Ingo Wolfgang. *Dignidade da pessoa humana e direitos fundamentais na Constituição Federal de 1988*. 2. ed. Porto Alegre: Livraria do Advogado, 2002. p. 30).

[6] BARCELLOS, Ana Paula. *A eficácia jurídica dos princípios constitucionais*. 3. ed. São Paulo: Saraiva, 2011. p. 104.

[7] "Existe uma conexão intrínseca entre o princípio democrático e o princípio maioritário. As raízes do princípio maioritário reconduzem-se aos princípios da igualdade democrática, da liberdade e da autodeterminação. Se a liberdade de participação democrática é igual e vale para todos os cidadãos, então o estabelecimento vinculativo de uma determinada ordenação jurídica pressupõe, pelo menos, a concordância da maioria. E como, por outro lado, a igualdade de participação democrática pressupõe a igualdade de votos, então estes só poderão fornecer o suporte para decisões através do respectivo número e não através de um diferente 'peso'; os votos contam-se, não se pesam. Os indivíduos livres e iguais possibilitam, através do voto livre e igual, a adopção de um método político de decisão que, pelo menos, beneficia de uma *legitimidade quantitativa maioritária*" (CANOTILHO, J. J. Gomes. *Direito constitucional e teoria da constituição*. 7. ed. Coimbra: Almedina, 2003. p. 329).

pode ser associada à fundamentação religiosa da dignidade e, consequentemente, da igualdade política, é que ela parte de pressupostos que podem não ser racionalmente aceitos por todos os grupos sociais. Basta imaginar uma seita religiosa que professe uma cosmologia diferente, baseada na superioridade dos seus próprios membros em relação aos demais. Ideologias políticas largamente compartilhadas também podem divergir desta fundação básica da democracia. Para estes grupos, a igualdade política intrínseca pode soar como imperialismo moral.[8]

Assim, se a teologia não pode ser a justificativa para a igualdade básica, tornou-se urgente encontrar uma resposta racional, não dogmática, capaz de sustentá-la.[9] Afinal, seria uma grave contradição performativa defender o uso da razão pública para as discussões fundamentais a respeito da justiça e dos direitos fundamentais no espaço público – e, assim, excluir razões particulares de grupos religiosos e associações privadas, como pretendem as teorias contemporâneas da justiça – e, ao mesmo tempo, basear a premissa fundamental da igualdade liberal na cosmologia religiosa cristã. O esforço de fundação dos direitos fundamentais em geral, e da dignidade humana em particular, na razão humana, é uma estratégia de contornar a acusação de dogmatismo seletivo na discussão pública.[10]

Os filósofos iluministas que lançaram as bases para o governo moderado não foram capazes de oferecer uma defesa abrangente e, sobretudo, convincente, da igualdade política laica. Locke, por exemplo, reconhece a igualdade intrínseca como o resultado do exercício da pura razão, infundida nos homens por fruto da *vontade divina*, que está presente mesmo no estado de natureza.[11] Rousseau considera a igualdade um dado: os homens nascem livres e iguais, mas desiguais em força física. Somente o contrato social pode restaurar a igualdade natural perdida.[12] Não há qualquer esforço para justificar

---

[8] Para um sumário das objeções à democracia, v. ROSS, Alf. *Why democracy?*. Cambridge: Harvard University Press, 1952. p. 145-167. O autor afirma que "deve ser admitido que aqueles que valoram a eficiência na direção do Estado nesta proporção [elevada] têm motivos para preferir a ditadura à democracia" (p. 165).

[9] "No âmbito do pensamento jusnaturalista dos séculos XVII e XVIII, a concepção da dignidade da pessoa humana, assim como a ideia de direito natural em si, passou por um processo de racionalização e laicização, mantendo-se, todavia, a noção fundamental da igualdade de todos os homens em dignidade e liberdade" (SARLET, Ingo Wolfgang. *Dignidade da pessoa humana e direitos fundamentais na Constituição Federal de 1988*. 2. ed. Porto Alegre: Livraria do Advogado, 2002. p. 32). Registre-se que a filosofia clássica grega tinha por pressuposto a *desigualdade* natural entre os homens.

[10] A discussão sobre os direitos dos cidadãos que professam doutrinas abrangentes não razoáveis na perspectiva liberal (especialmente as não igualitárias) não pode acontecer neste espaço. Para a discussão, v. KELLY, Erin; MCPHERSON, Lionel. On tolerating the unreasonable. *Journal of Political Philosophy*, v. 9, n. 1, p. 28-55, 2002; QUONG, Jonathan. The rights of unreasonable citizens. *Journal of Political Philosophy*, v. 12, n. 3, p. 314-335, 2004. Para uma discussão sobre a secularização da ideologia cristã e suas consequências para o constitucionalismo, v. CARRILHO, Leonardo. Raízes teológico-políticas da modernidade constitucional. *Revista Publicum*, n. 1, p. 140-186, 2015.

[11] "O estado natural tem uma lei de natureza para governá-lo, que a todos obriga; e a razão, que é essa lei, ensina a todos os homens que a consultem, por serem iguais e independentes, que nenhum deles deve prejudicar a outrem na vida, na saúde, na liberdade ou nas posses. E como todos os homens são obra de um Artífice onipotente e infinitamente sábio – todos servos de um único senhor soberano, aqui postos por ordem d'Ele, para cumprir-lhe a missão – são propriedade d'Ele que os gerou, destinados a durar o tempo que a Ele aprouver, e não a uns e outros; e sendo todos providos de faculdades iguais, compartilhando de uma natureza comum, não há como supor qualquer forma de subordinação entre os homens que nos autorize a destruir a outrem, como se fôssemos objeto uns de outros, tal como as criaturas das ordens inferiores são para nós" (LOCKE, John. *Segundo tratado sobre o governo*. Tradução de Alex Marins. São Paulo: Martin Claret, 2002. p. 24).

[12] "[...] em lugar de destruir a igualdade natural, o pacto fundamental substitui, ao contrário, uma igualdade moral e legítima a toda a desigualdade física, que entre os homens lançara a natureza, homens que podendo ser dessemelhantes na força, ou no engenho, tornam-se todos iguais por convenção e por direito" (ROUSSEAU, Jean-Jacques. *Do contrato social*. Tradução de Pietro Nassetti. São Paulo: Martin Claret, [s.d.]. p. 37).

a igualdade básica nos dois autores, ela surge como um dado. Montesquieu, por seu turno, sequer esboça uma concepção tão ampla de igualdade: na opinião do francês, a igualdade extrema, que permitiria aos membros comuns do povo exercer funções de direção no Estado, seria ela própria uma perversão do ideal de igualdade.[13]

O mais proeminente esforço em dar uma roupagem racional para o conteúdo básico da dignidade humana, e a consequente igualdade política dela decorrente, foi o empreendido pelo filósofo moralista Immanuel Kant.[14] O desenvolvimento integral da complexa teoria moral kantiana não cabe neste espaço. No essencial, Kant está interessado em produzir uma filosofia moral sem qualquer vinculação a elementos empíricos[15] (o que ele denomina de *antropologia prática*), mas que seja acessível somente pela razão (daí o adjetivo *moral*). Nesse sentido, a ação moral legítima depende da obediência direta ao *dever*, que é fruto da aplicação da razão pura. Se a vontade for contaminada por qualquer outro móvel que não seja o dever, ela resta despida de seu conteúdo moral – até a mesmo a inconsciência de que se está agindo *em função do dever* retira o caráter moral da ação.[16]

As exigências de ação fundadas exclusivamente no dever constituem o que Kant denomina de imperativo categórico. O imperativo fundamental que ele deduz a partir da razão é o seguinte: "age segundo uma máxima tal que possas ao mesmo tempo querer que ela se torne lei universal".[17] De modo inteligente, o autor aponta um teste lógico-*racional*, deduzido a partir da pura razão, para que as ações humanas sejam testadas quanto à sua moralidade intrínseca. Mais adiante, ao tratar da condição humana, o autor distingue entre os seres racionais e irracionais, defendendo que os primeiros se inserem no reino dos fins, ao passo que os segundos estão no reino das coisas. Assim, admite que os seres irracionais possam ser tratados como *meios* para outras finalidades; mas não quanto aos seres humanos, que devem ser tratados como *fins em si próprios*. O autor assim sintetiza essas ideias: "[a]ge de tal maneira que uses a humanidade, tanto na tua pessoa como na pessoa de qualquer outro, sempre e simultaneamente como fim

---

[13] "Corrompe-se o espírito da democracia não somente quando se perde o espírito de igualdade, mas ainda quando se quer levar o espírito de igualdade ao extremo, procurando cada um ser igual àquele que escolheu para comandá-lo. Então o povo, não podendo suportar o próprio poder que escolheu, quer fazer tudo por si só: deliberar pelo senado, executar pelos magistrados e destituir todos os juízes. Não pode mais haver virtude na república" (MONTESQUIEU. *Do espírito das leis*. São Paulo: Abril Cultural, 1973. v. 21. Coleção Os Pensadores. p. 118). Recomenda-se, ainda, a leitura da passagem do autor sobre a escravidão, às p. 221-230.

[14] KANT, Immanuel. *Fundamentação da metafísica dos costumes*. Tradução de Paulo Quintela. Lisboa: Edições 70, 2011. V., ainda, BARROSO, Luís Roberto. *A dignidade da pessoa humana no direito constitucional contemporâneo*. Belo Horizonte: Fórum, 2012. p. 68-72.

[15] KANT, Immanuel. *Fundamentação da metafísica dos costumes*. Tradução de Paulo Quintela. Lisboa: Edições 70, 2011. p. 14-15.

[16] "Uma acção praticada por dever tem o seu valor moral, não no propósito que com ela se quer atingir, mas na máxima que a determina; não depende portanto da realidade do objeto da acção, mas somente do princípio do querer segundo o qual a acção, abstraindo de todos os objetos da faculdade de desejar, foi praticada" (KANT, Immanuel. *Fundamentação da metafísica dos costumes*. Tradução de Paulo Quintela. Lisboa: Edições 70, 2011. p. 31).

[17] KANT, Immanuel. *Fundamentação da metafísica dos costumes*. Tradução de Paulo Quintela. Lisboa: Edições 70, 2011. p. 62. É provável que, ao se apropriar do discurso comum, em especial da conhecida regra de ouro ("se deve tratar os outros como se gostaria de ser tratado"), Kant tenha dado uma roupagem filosófica – que denomina imperativo categórico – à ideia que sempre fez parte da ética teológica cristã. Sobre o ponto. V. MORAES, Maria Celina Bodin de. *O conceito de dignidade humana*: substrato axiológico e conteúdo normativo. Rio de Janeiro: Renovar, 2003. p. 139. Também é importante salientar que, a despeito do claro conteúdo dos textos canônicos, nem sempre as práticas cristãs envolveram a tolerância.

e nunca simplesmente como meio".¹⁸ As ideias de Kant serviram de base racional para a defesa contemporânea da dignidade.¹⁹

O sucesso da fundamentação racional da dignidade proposta por Kant, ao menos em ambientes acadêmicos, é inegável, mas isso não impede que até hoje vozes a acusem de puro e simples dogmatismo.²⁰ O próprio discurso da pós-modernidade cuidou de atacar a verdade kantiana.²¹ É certo que, ao menos em parte, este sucesso também é devedor do momento histórico posterior à segunda guerra mundial: os crimes praticados pelo regime nazista, com seus campos de concentração e uma filosofia pública de aniquilação, resgatou a necessidade de um fundamento racional para a igualdade, com todas as suas consequências concretas para a democracia e os direitos humanos. Lá estava a doutrina kantiana da dignidade disponível, que acabou importada para o discurso jurídico-constitucional e, assim, alcançou o *status* de axioma político contemporâneo.²²

Outras estratégias argumentativas, em defesa da igualdade básica e da democracia, consistem na comparação de resultados materiais dos regimes políticos fundados nesta regra com regimes fundados em outro tipo de princípio político básico (autoritarismo). Os regimes democráticos foram capazes de produzir prosperidade e segurança como nenhum outro na história da humanidade.²³ Contudo, como corretamente salienta Carlos Santiago Nino, *justificações por resultado* são contingentes, na medida em que dependem de inexistência de regimes que produzam resultados melhores.²⁴ Robert Dahl sugere, ainda, razões pragmáticas em defesa da igualdade, como a debilidade teórica dos princípios concorrentes – a ideia de *igualdade intrínseca* rivaliza com a *supremacia intrínseca* de certos grupos –, e o risco de abusos decorrente de adoção deste outro paradigma, o que ele denomina defesa *prudencial* da democracia.²⁵

---

[18] KANT, Immanuel. *Fundamentação da metafísica dos costumes*. Tradução de Paulo Quintela. Lisboa: Edições 70, 2011. p. 73.

[19] "É justamente no pensamento de Kant que a doutrina jurídica mais expressiva – nacional e alienígena – ainda hoje parece estar identificando as bases de uma fundamentação e, de certa forma, de uma conceituação da dignidade da pessoa humana" (SARLET, Ingo Wolfgang. *Dignidade da pessoa humana e direitos fundamentais na Constituição Federal de 1988*. 2. ed. Porto Alegre: Livraria do Advogado, 2002. p. 34). V. BARCELLOS, Ana Paula. *A eficácia jurídica dos princípios constitucionais*. 3. ed. São Paulo: Saraiva, 2011. p. 103-121; SARMENTO, Daniel. *Dignidade da pessoa humana na ordem constitucional brasileira*: conteúdo, trajetórias e metodologia. Tese (Titularidade) – UERJ, Rio de Janeiro, 2015. p. 42-50.

[20] V. HERNÁNDEZ-TRUYOL, Berta Esperanza (Ed.). *Moral imperialism*: a critical anthology. New York: New York University Press, 2002. Para críticas ao uso da dignidade humana no discurso jurídico, v. BARROSO, Luís Roberto. *A dignidade da pessoa humana no direito constitucional contemporâneo*. Belo Horizonte: Fórum, 2012. p. 55-60. A genealogia religiosa dos princípios humanitários ganhou sua expressão mais conhecida na célebre passagem de *Os Irmãos Karamazov*, de Fiódor Dostoievski, segundo o qual na ausência de Deus (e da imortalidade da alma), tudo seria permitido aos homens.

[21] "Por qualquer que seja a razão, nós tendemos a acreditar que homens e mulheres podem somente ser instigados e seduzidos por uma força ou uma retórica superior, em uma coexistência pacífica. Portanto, somos naturalmente inclinados a ver a perspectiva de nivelamento das hierarquias com horror: só o caos universal pode vir com o desaparecimento de todas as verdades alegadamente universais. [...]. As ameaças relacionas à pós-modernidade são altamente familiares: pode-se dizer que elas têm a natureza completamente moderna. Agora, como antes, elas resultam desse vácuo de horror que a modernidade fez no princípio de organização social e formação da personalidade" (BAUMANN, Zygmunt. *Intimations of postmodernity*. London: Routledge, 1992. p. xvii).

[22] Para uma discussão sobre esses temas, v. BARROSO, Luís Roberto. *A dignidade da pessoa humana no direito constitucional contemporâneo*. Belo Horizonte: Fórum, 2012. p. 61-87.

[23] "Alguns teóricos focam na conexão entre democracia e medidas ortodoxas de desenvolvimento, como o crescimento econômico" (TREBILCOCK, Michael J.; PRADO, Mariana Mota. *Advanced introduction to law and development*. Cheltenham: Elgar, 2014. p. 89).

[24] NINO, Carlos Santiago. *The constitution of deliberative democracy*. New Haven & London: Yale University Press, 1996. p. 67.

[25] DAHL, Robert. *On democracy*. New Haven: Yale University Press, 2000. p. 44-61.

Em síntese, ao lado de argumentos transcendentais, a igualdade política que dá sustentação à democracia contemporânea tem sido defendida com argumentos pragmáticos e prudenciais, nenhum deles é, contudo, visto como definitivo. Como salienta Nino, "[e]mbora quase nenhum pensador contemporâneo negue que a democracia é o único sistema legítimo de governança social, há pouquíssimo consenso sobre a fonte desta legitimidade".[26] A despeito do enorme esforço intelectual empreendido durante séculos na produção de justificativas racionais para a democracia,[27] o discurso da igualdade não se converteu em ideia universalmente aceita e praticada. É sobre este descolamento entre discurso e prática que se trata no próximo tópico.

2.2 A cultura de tolerância como pressuposto democrático

Uma democracia não pode ser criada com um *fiat* político, a despeito das inúmeras boas razões aduzidas em sua defesa. A adoção de instituições políticas formais assemelhadas ao modelo das democracias ocidentais é condição necessária, *mas não suficiente* para o surgimento de um regime político genuinamente democrático.[28] A experiência tem demonstrado que a simples exportação desses modelos para países recém-saídos de regimes autoritários, como ocorreu na África e, mais recentemente, no Oriente Médio, não tem surtido o efeito desejado.[29] As cartas constitucionais não têm servido como instrumentos capazes de permitir a convivência política harmônica e pacífica entre as pessoas e grupos políticos em conflito nesses países. Este estado de coisas acaba lamentavelmente explicado por argumentos naturalísticos (*e.g.*, áreas tropicais não seriam propensas às exigências das democracias liberais ocidentais) ou antropológicos (*e.g.*, árabes, africanos ou asiáticos teriam uma inclinação natural em favor de regimes autoritários).[30]

---

[26] NINO, Carlos Santiago. *The constitution of deliberative democracy*. New Haven & London: Yale University Press, 1996. p. 3.

[27] "Ainda assim, a igualdade intrínseca corporifica uma visão tão fundamental sobre o valor dos seres humanos que ela está perto dos limites da justificação racional adicional" (DAHL, Robert. *On democracy*. New Haven: Yale University Press, 2000. p. 65).

[28] John Dunn critica a homogeneização das formas de organização estatal ocorrida nos últimos 180 anos, imputando-a, em larga medida, ao poderio militar e econômico dos países europeus e, posteriormente, dos Estados Unidos. A reprodução acrítica dos modelos que deram certo nas democracias avançadas certamente contribui para a instabilidade política dos países em desenvolvimento e o declínio da imaginação institucional global. Encontrar o equilíbrio entre criação e reprodução não parece, contudo, ser uma tarefa singela, e não é objetivo deste artigo apresentar uma alternativa (DUNN, John. *Democracy a history*. New York: Atlantic Monthly Press, 2005. p. 180). Sobre o tema, V. SARTORI, Giovani. *Engenharia constitucional*: como mudam as constituições. Brasília: UnB, 1996.

[29] "A crença de que a democracia não floresceu em qualquer outro lugar do mundo, mas apenas no Ocidente, é muito difundida e frequentemente externada. A ela se recorre também para explicar acontecimentos contemporâneos. Por exemplo, a culpa dos imensos problemas encontrados após a intervenção no Iraque é atribuída, em alguns casos, não à natureza peculiar da desinformada e mal concebida ocupação militar de 2003, mas sim a uma dificuldade imaginária que considera a democracia e a razão pública inadequadas para as culturas e tradições de países não ocidentais como o Iraque" (SEN, Amartya. *A ideia de justiça*. São Paulo: Companhia das Letras, 2011. p. 356).

[30] A propósito, v. GOBINEAU, Arthur de. *Essai sur l'inégalité des races humaines*. Paris: Éditions Pierre Belfond, 1967, obra na qual o autor defende que a miscigenação racial é culpada pela degeneração civilizatória, e que teve enorme influência no nacional-socialismo (a primeira edição é do século XIX). Para uma crítica ao racismo a partir do relativismo cultural, v. LÉVI-STRAUSS, Claude. *Race et histoire*. Paris: Denoël, 1987. Para uma síntese das teorias culturais e geográficas explicativas do subdesenvolvimento, v. TREBILCOCK, Michael J.; PRADO, Mariana Mota. *Advanced introduction to law and development*. Cheltenham: Elgar, 2014. p. 21-27.

Por outro lado, a exportação do modelo democrático ocidental para aqueles países tem sido denunciada como uma estratégia de dominação.[31] É certo que foi no ocidente que a democracia obteve extraordinário desenvolvimento nos últimos dois séculos, fato que não pode ser escamoteado, mas isso não dá a ele o monopólio das experiências política de autogoverno (e o fascínio que exercem sobre os mais diversos povos). Amartya Sen registra que muitas cidades asiáticas adotaram algum grau de autogoverno por influência da pioneira Athenas clássica.[32] Em tempos mais recentes, a Primavera Árabe é um exemplo de luta de diversos povos não ocidentais contra a opressão e em favor da liberdade, que somente se tornou possível graças à difusão dos meios de comunicação eletrônicos, em especial as redes sociais, e dos anseios de substituição dos regimes autocráticos e opressores.[33]

Assim, se excluídas as explicações deterministas simplificadoras, remanesce apenas um fator capaz de explicar a pluralidade de regimes políticos e, em especial, a permanência das democracias em certas sociedades: *cultura*.[34] *O regime democrático pressupõe uma cultura específica para que seja capaz de florescer*. As premissas do cristianismo parecem ser um fator indutor importante dos regimes democráticos.[35] De todo modo, é fundamental reconhecer que a cultura de tolerância não é algo que esteja imediatamente disponível nas sociedades.[36] Cuida-se, uma vez mais, de uma condição *necessária* mas não suficiente: sem instituições adequadas tampouco será possível a democracia.[37]

A cultura necessária à sustentação da democracia é a *cultura de tolerância*. Ela significa que as pessoas *efetivamente* precisam se reconhecer como seres dotados de igual capacidade de razão e merecedoras de idêntico respeito.[38] Tal visão tem duas implicações

---

[31] HERNÁNDEZ-TRUYOL, Berta Esperanza; GLEASON, Christy. Introduction. In: HERNÁNDEZ-TRUYOL, Berta Esperanza (Ed.). *Moral imperalism*: a critical anthology. New York: New York University Press, 2002. p. 1-15.

[32] SEN, Amartya. *A ideia de justiça*. São Paulo: Companhia das Letras, 2011. p. 363-369. Para provar a tese de que a democracia não é um subproduto da cultura ocidental, Sen discorre sobre o uso da votação secreta em cidades asiáticas. Sua argumentação mais vigorosa contra a tese eurocêntrica, contudo, está vinculada ao papel do debate público nas democracias (abordado no capítulo 9). Como o autor caracteriza a democracia como o "governo por discussão", ele coerentemente afirma que o debate público estava presente em culturas orientais muito antes de ganharem a difusão que o iluminismo lhes proporcionou (v., em especial, p. 365).

[33] VIEIRA, Vivian Peron. O papel da comunicação digital na arena internacional: mobilização política online e a Primavera Árabe. *Boletim Meridiano 47*, v. 14, n. 139, 2013.

[34] É a tese central de HARRISON, Lawrence. *The central liberal truth*: how politics can change a culture and save it from itself. Oxford: Oxford University Press, 2006. V. LANDES, David. Culture makes almost all the difference. In: HARRISON, Lawrence E.; HUNTINGTON, Samuel P. (Ed.) *Culture matters*: how values shape human progress. New York: Basic Books, 2000.

[35] Registre-se, oportunamente, que a obra de Immanuel Kant, reconhecidamente de difícil acesso (o próprio autor critica os autores que privilegiaram a clareza em favor da "popularidade filosófica"), não faz parte do currículo básico das escolas nos países democráticos (KANT, Immanuel. *Fundamentação da metafísica dos costumes*. Tradução de Paulo Quintela. Lisboa: Edições 70, 2011. p. 46).

[36] "tal reciprocidade de reconhecimento, uns dos outros, da personalidade moral, é um resultado de um processo histórico-mundial que envolve lutas, batalhas e resistência, assim como derrotas, levadas a cabo por classes sociais, gêneros, grupos e nações" (BENHABIB, Seyla. *Toward a deliberative model of democratic legitimacy*. Princeton: Princeton University Press, 1996. p. 79).

[37] O papel central das instituições na criação de incentivos para a produção de desenvolvimento social é destacado por Douglass C. North, precursor da denominada nova economia institucional (NORTH, Douglass C. *Institutions, institutional change and economic performance*. Cambridge: Cambridge University Press, 1990). V., ainda, TREBILCOCK, Michael J.; PRADO, Mariana Mota. *Advanced introduction to law and development*. Cheltenham: Elgar, 2014. p. 21-27.

[38] BOBBIO, Norberto. *A era dos direitos*. Tradução de Carlos Nelson Coutinho. Rio de Janeiro: Campus, 1992. p. 186-199. O autor distingue entre a tolerância religiosa ou política, em que são opostas *verdades*, e a tolerância do diferente, em que os preconceitos estão em jogo. O tipo de cultura de tolerância exigido para a democracia,

imediatas: uma passiva e outra ativa.[39] Do ponto de vista *passivo*, os indivíduos precisam estar dispostos a ouvir seus interlocutores reconhecendo neles a capacidade de produzir argumentos racionais e razoáveis. Ninguém merece ser excluído do debate público em razão de *status* social, ideologias professadas ou características biológicas pessoais. Do ponto de vista *ativo*, ela significa que os indivíduos precisam estar dispostos a convencer os demais membros da sociedade de suas razões por meio de métodos persuasivos não violentos.[40] É precisamente o reconhecimento cultural da igual capacidade de razão que permitirá a realização da democracia.

A esta altura, já se pode afirmar que a democracia é um regime marcado pela igualdade política intrínseca entre os indivíduos, que encontra substrato em certo pano de fundo cultural. Sem uma cultura de tolerância, que permita aos cidadãos a discordância pacífica e respeitosa, bem como o reconhecimento de igual capacidade de razão, é impossível manter a coexistência democrática: mais provável é que os grupos entrem em conflito e apelem para a violência. Afinal, não se reconhece igualdade política a alguém que se reputa *intrinsecamente* inferior.

Dois registros finais sobre este ponto precisam ser feitos. Primeiro, não se pode cair no equívoco de afirmar que a democracia só será possível quando a cultura de certa sociedade for completamente *uniforme* no sentido mencionado.[41] Sempre haverá, em todas as sociedades, dissidentes. A viabilidade da democracia parece depender de certo ponto de inflexão que envolve a combinação de algum grau de tolerância – que não precisa ser absoluta –[42] como a sua penetração populacional. O oposto também é verdadeiro: o fracasso do projeto democrático significa apenas que este ponto de inflexão não foi atingido, mas não que a sociedade inteira seja partidária de uma cultura de intolerância. O segundo ponto a ser registrado, mais importante, é o seguinte: se as premissas aqui lançadas estiverem corretas, então a manutenção da democracia contemporânea depende não apenas das instituições, mas também de um projeto pedagógico abrangente e duradouro. É sobre este segundo ponto que trata o próximo tópico.

---

do ponto de vista histórico, é o primeiro. É deste que o texto trata. Contudo, cada vez mais caminhamos pela inclusão do segundo sentido de "tolerância" às teorias democráticas.

[39] As duas dimensões da tolerância são inspiradas na "situação ideal de fala" defendida por John Searle e Jürgen Habermas. Segundo eles, todo os participantes do processo de discussão devem estar imunes contra a manipulação e o uso da força bruta, e também contra ser considerados *iguais* na deliberação, devem estar dispostos a tomar parte dela voluntariamente e dispostos a seguir os parâmetros do discurso racional. Cf. AARNIO, Aulis. La tesis de la única respuesta correcta y el principio regulativo del razonamiento jurídico. *Doxa*, n. 8, 1990. p. 31.

[40] Norberto Bobbio ressalta também o ponto: "Uma das definições possíveis de democracia é a que põe em particular evidência a substituição das técnicas da força pelas técnicas da persuasão como meio de resolver conflitos. [...] sabe-se bem quanto a escola da nova retórica contribuiu para ilustrar a relação entre argumentação retórica, no discurso, e método democrático, na prática" (BOBBIO, Norberto. *A era dos direitos*. Tradução de Carlos Nelson Coutinho. Rio de Janeiro: Campus, 1992. p. 191).

[41] David Easton ressalta que o apoio difuso ao regime é variável qualitativa e quantitativamente (EASTON, David. *A system analysis of political life*. New York: John Wiley, 1965. p. 165). Contudo, o autor ressalta que as desavenças sobre os valores fundantes da coletividade podem minar as bases de convivência e, assim, provocar a queda do regime (v. capítulo 7) (p. 195). Obviamente, a forma como esses elementos interagem não pode ser matematizada.

[42] BOBBIO, Norberto. *A era dos direitos*. Tradução de Carlos Nelson Coutinho. Rio de Janeiro: Campus, 1992. p. 196.

2.3 A democracia como projeto educacional

A incapacidade dos teóricos da democracia em fornecer uma resposta racional definitiva para a justificação da igualdade política leva ao viés cultural do problema democrático. Pode ser que a premissa democrática seja realmente um axioma da teoria política, mas também pode ser que ela seja um produto de certa cultura específica. É certo, contudo, que a autoproclamada vitória da democrática está longe de ser uma verdade.[43] Segundo estudos elaborados em 2015 pela organização independente *Freedom House*, apenas 46% dos Estados no globo oferecem regimes políticos em que as pessoas podem ser efetivamente consideradas livres.[44] Ainda hoje movimentos "supremacistas" disputam atenção na arena pública das democracias avançadas.[45] Em síntese, a ideia de que as pessoas são credoras de igual respeito e consideração uma das outras, em razão do idêntico valor intrínseco que possuem, não tem mais que dois séculos e está longe de gozar de aceitação universal. Não se pode perder de vista a historicidade do consenso hoje existente nas sociedades ocidentais a respeito da importância da democracia e dos direitos humanos.[46]

O quadro narrado acima motiva autores pragmáticos, como Richard Rorty, a enfatizar a necessidade de abandono dos esforços "fundacionalistas",[47] como aqueles desenvolvidos linhas acima, para que a energia coletiva (de filósofos, juristas, políticos, acadêmicos e pessoas comuns) seja concentrada fundamentalmente na educação das pessoas.[48] Segundo Rorty, "[f]ora do círculo da cultura europeia pós-Iluminismo, [...] a maioria das pessoas é simplesmente incapaz de compreender por que o fato de alguém pertencer a determinada espécie biológica seria suficiente para que o incluíssemos em certa comunidade moral".[49] A afirmação filosófica da superioridade de certa cultura,

---

[43] BEÇAK, Rubens. *Democracia*: hegemonia e aperfeiçoamento. São Paulo: Saraiva, 2014. p. 16.
[44] PUDDINGTON, Arch. Discarding democracy: a return to the iron fist. *Freedom House*. Disponível em: <http://bit.ly/1Pk9uRu>. Acesso em: 27 fev. 2016.
[45] São relevantes, sob este ângulo, as discussões envolvendo a eficácia horizontal dos direitos fundamentais, com o intuito de proteger certas categorias de pessoas contra a discriminação (SARMENTO, Daniel. *Direitos fundamentais e relações privadas*. Rio de Janeiro: Lumen Juris, 2004. p. 107-129; SILVA, Virgílio Afonso da. *A constitucionalização do direito*: os direitos fundamentais nas relações entre particulares. São Paulo: Malheiros, 2008. p. 52-53).
[46] "Observando a ascensão e declínio da democracia, resta claro que não podemos contar com as forças históricas para assegurar que a democracia irá sempre se aprofundar – ou até mesmo sobreviver, na medida em que os longos intervalos em que governos populares foram varridos da terra nos servem de alerta" (DAHL, Robert. *On democracy*. New Haven: Yale University Press, 2000. p. 25). V. DALTON, Russel J. *Democratic challenges, democratic choices*. Oxford: Oxford University Press, 2007. p. 3; SUNSTEIN, Cass. *A era do radicalismo*. Tradução de Luciene Scalzo Guimarães. Rio de Janeiro: Elsevier, 2010.
[47] "[...] quando são perguntados sobre os fins de sua preocupação filosófica, a maioria [dos filósofos contemporâneos, juristas, políticos e moralistas] se mostra tendente a adotar o que chamarei de 'uma postura fundamentalista': sustentam que os direitos humanos necessitam de fundamentação, é dizer, um suporte ou justificação racional" (RABOSSI, Eduardo. La teoria de los derechos humanos naturalizada. *Revista del Centro de Estudios Constitucionales*, n. 5, jan./mar. 1990. p. 160).
[48] "O melhor, e provavelmente o único, argumento que nos permite ignorar o fundacionalismo é aquele que já sugeri: seria mais eficiente fazer isso porque, assim, poderíamos concentrar nossas energias na manipulação dos sentimentos, na educação sentimental. Esse tipo de educação deixa pessoas diferentes suficientemente familiarizadas umas com as outras, de modo que elas se sentem menos tentadas a pensar que aquelas que são diferentes delas são apenas semi-humanas" (RORTY, Richard. Direitos humanos, racionalidade e sentimentalidade. In: RORTY, Richard. *Verdade e progresso*. Tradução de Denise R. Sales. Barueri: Manole, 2005. p. 211). Nesse sentido, v. também a clássica (e criticada) afirmação de Norberto Bobbio, no sentido de que, atualmente, importa mais proteger que justificar os direitos humanos (BOBBIO, Norberto. *A era dos direitos*. Tradução de Carlos Nelson Coutinho. Rio de Janeiro: Campus, 1992. p. 24).
[49] RORTY, Richard. Direitos humanos, racionalidade e sentimentalidade. In: RORTY, Richard. *Verdade e progresso*. Tradução de Denise R. Sales. Barueri: Manole, 2005. p. 213.

ainda sob o manto do racionalismo, pouco teria a oferecer para a superação deste estado de coisas. Conforme acertadamente registra Sen, "[o] papel da democracia na prevenção da violência comunitária depende da capacidade dos processos políticos de educação inclusivos e interativos para subjugar o fanatismo venenoso do pensamento comunal divisionista".[50]

Nessa linha, a educação surge como um aspecto central no desenvolvimento da cultura de tolerância que serve de fundo às democracias liberais: é nela que se trava a *luta* entre as doutrinas abrangentes razoáveis e irrazoáveis.[51] [52] Sobre este ponto, John Dewey foi um dos pioneiros a pensar na escola como *locus* de desenvolvimento político e democrático.[53] Para Dewey, a democracia não é apenas um simples modo de governar, mas também um *modus vivendi*, cuja persistência depende de esforços de preservação cultural. É nesse sentido que o autor defendeu uma pedagogia cívico-democrática. O *insight* é compartilhado pelo brasileiro Paulo Freire.[54] O autor defendia que todas as pessoas devem ser livres e capazes de participar da esfera pública, sendo certo que a educação tem papel central nesta preparação para os processos cívicos.[55]

Estas abordagens estão centradas no papel da escola para o desenvolvimento democrático. A educação cívica, e esse é o ponto relevante aqui, *não tem a escola só por fonte*:[56] ela é proveniente também de outros círculos e atores sociais, como a família, a religião, o trabalho e, em especial, das instituições políticas.[57] Sobre o ponto, Alexis de Tocqueville afirmava que "as reuniões comunitárias (*town meetings*) são para a liberdade o que as escolas primárias são para a ciência; elas a trazem para o alcance das pessoas,

---

[50] SEN, Amartya. *A ideia de justiça*. São Paulo: Companhia das Letras, 2011. p. 387. E prossegue o autor: "O efeito da demagogia sectária só pode ser superado através da defesa de valores mais amplos que atravessam as barreiras divisionistas".

[51] CALLAN, Eamonn. *Creating citizens*: political education and liberal democracy. Oxford: Clarendon Press, 1997. p. 1-7; MCCOWAN, Tristan. *Rethinking citizenship education*: a curriculum for participatory democracy. London: Continuum, 2009. p. 3-16. V., ainda, o verbete *civic education* (STANFORD. Civic education. *Stanford Encyclopedia of Philosophy*, 30 maio 2013. Disponível em: <http://stanford.io/1NTNnwR>).

[52] James L. Gibson e Gregory A. Caldeira afirmam que a maior parte dos estudos sobre atitude política parte do pressuposto de que as "crenças sobre instituições são inculcadas cedo no ciclo de vida, talvez ainda na adolescência, e pouco variam ao longo do tempo" (GIBSON, James L.; CALDEIRA, Gregory A. *Citizens, courts, and confirmations*: positivity theory and the judgments of the American people. Princeton: Princeton University Press, 2009. p. 1212).

[53] DEWEY, John. *Democracy and education*. Hazleton: Pennsylvania State University, 2001.

[54] FREIRE, Paulo. *Pedagogia do oprimido*. 17. ed. Rio de Janeiro: Paz e Terra, 1987. McCowan suscita dúvidas quanto à compatibilidade entre a doutrina de Paulo Freire e as premissas liberais (MCCOWAN, Tristan. *Rethinking citizenship education*: a curriculum for participatory democracy. London: Continuum, 2009. p. 46-66).

[55] É possível enxergar estas preocupações também na abordagem das capacidades de SEN, Amartya. *Development as freedom*. New York: Oxford University Press, 1999. p. 227-249.

[56] Registre-se que estas ideias não estão infensas à crítica. Primeiro, não há consenso quanto ao currículo mínimo para o propósito mencionado (por exemplo, deveríamos ensinar apenas direitos humanos ou mais coisas?). Segundo, há quem denuncie que delas pode resultar um projeto totalitário perfeccionista (quem tem o controle do currículo pode resolver ensinar *sua* doutrina abrangente favorita, não necessariamente uma razoável), incompatível com os regimes liberais. Uma terceira crítica diz respeito à sobrecarga de conteúdos escolares, um problema já conhecido no Brasil. Como a educação escolar não é um problema abordado, remete-se o leitor à literatura especializada. V. CALLAN, Eamonn. *Creating citizens*: political education and liberal democracy. Oxford: Clarendon Press, 1997. p. 162-195; MCCOWAN, Tristan. *Rethinking citizenship education*: a curriculum for participatory democracy. London: Continuum, 2009.

[57] HARRISSON, Lawrence. Promoting progressive cultural change. In: HARRISSON, Lawrence; HUNTINGTON, Samuel (Ed.). *Culture matters*. New York: Basic Books, 2000. p. 303-306; HARRISON, Lawrence. *The central liberal truth*: how politics can change a culture and save it from itself. Oxford: Oxford University Press, 2006. p. 170-176.

elas ensinam os homens sobre como usá-la e como apreciá-la".⁵⁸ A manutenção da democracia no longo prazo envolve, forçosamente, uma preocupação permanente com a educação cívica, não podendo ser um projeto deixado ao acaso.⁵⁹

Neste contexto, o discurso produzido por órgãos políticos tem repercussão na formação da cultura de fundo que dá sustentação à democracia liberal. Por isso é tão perigoso para a cultura democrática que presidentes da República se assumam como porta-vozes de apenas uma parcela da sociedade, fomentando, direta ou indiretamente, a polarização social; ou que parlamentares façam a defesa pública de doutrinas abrangentes irrazoáveis no espaço público.⁶⁰ Esses comportamentos minam as bases de tolerância sobre as quais se assenta o próprio regime democrático, corroendo o sistema no longo prazo. O comportamento de agentes políticos majoritários, contudo, não é objeto deste artigo. O tópico seguinte tem por objetivo específico discutir se a jurisdição constitucional tem algum papel nesta engrenagem social.

3 O papel de reforço democrático das cortes constitucionais

3.1 Pedagogia com um *plus*

Stephen Breyer, juiz da Suprema Corte dos Estados Unidos, em certa oportunidade afirmou que "[n]ão estamos aqui para fazer doutrina. Mas para decidir casos".⁶¹ Embora este papel certamente caiba aos juízes atuando nos graus ordinários de jurisdição, Breyer subestimou a função da corte constitucional. As instituições políticas mais elevadas de um país são mais que instâncias burocráticas. *Elas têm o dever fundamental de colaborar ativamente no projeto de construção de uma genuína sociedade democrática, como registrado acima.* Elas o fazem não apenas pelo exercício de suas atribuições constitucionais regulares, certamente um aspecto primário e relevantíssimo, mas também por meio do discurso que produzem no espaço público. Por este motivo é tão importante o modo como as instituições públicas e a sociedade dialogam.

É dizer: os tribunais constitucionais também podem (e devem) atuar em defesa da manutenção das condições básicas da democracia.⁶² Eles podem fazê-lo nos moldes

---

⁵⁸ TOCQUEVILLE, Alexis de. Democracy in America – v. 1. *Project Gutenberg*. p. 128. Disponível em: <https://www.gutenberg.org/files/815/815-h/815-h.htm>.

⁵⁹ SEN, Amartya. *A ideia de justiça*. São Paulo: Companhia das Letras, 2011. p. 389: "O êxito da democracia não consiste meramente em ter a estrutura institucional mais perfeita que podemos conceber. Ele depende ineluctavelmente de nossos padrões de comportamento real e do funcionamento das interações políticas e sociais. *Não há nenhuma possibilidade de confiar a matéria às mãos 'seguras' do virtuosismo puramente institucional. O funcionamento das instituições democráticas, como o de todas as outras instituições, depende das atividades dos agentes humanos que utilizam as oportunidades para as realizações razoáveis*" (grifos nossos).

⁶⁰ Como tem ocorrido na história recente da América Latina, em que governos ditos "de esquerda" assumem o governo com o pretexto de governar para "os mais pobres", bem como o discurso contumaz de acusação às "elites" de sabotarem os ditos governos populares. A preocupação recente com a qualidade da democracia da América Latina vai de mãos dadas com a erosão das bases culturais que servem à manutenção do sistema político. V. ARIAS, Oscar. Culture matters. *Foreign Affairs*, n. 90, 2011. p. 2-6.

⁶¹ FALCÃO, Joaquim. *O Supremo*. São Paulo: Saraiva, 2015. p. 100.

⁶² O papel democrático aqui defendido não se confunde com o "papel iluminista", que tem sido defendido publicamente pelo Ministro Luís Roberto Barroso. O papel de reforço democrático está ligado à difusão do discurso das cortes, e não aos métodos e limites interpretativos ao qual estão sujeitas. Há pelo menos dois riscos que podem ser associados à defesa de um papel iluminista para a Corte constitucional, a saber: (i) uso autoritário do discurso constitucional, que pode ser razoavelmente contrabalançado com os riscos de empacotamento,

procedimentais, tal como proposto por John Hart Ely, promovendo a desobstrução dos canais políticos, mas também com a produção de discurso que reforce a cultura de tolerância, independentemente do resultado produzido no caso concreto.[63] À luz dessa premissa, toda a preocupação atualmente existente em reduzir o tempo que os ministros do STF empregam para decidir cada caso pode ser requalificada. *Na verdade, para um tribunal de cúpula com a visibilidade do STF, a qualidade do discurso proferido para resolver cada questão e o grau de atenção coletiva que ele é capaz de despertar são elementos mais importantes que a quantidade de casos julgados.* Esta é uma obviedade que ainda não faz parte do conhecimento convencional brasileiro. Ademais, se o objetivo é reforçar a democracia ganhando a atenção da cidadania, então faz sentido que os onze ministros insistam na leitura de seus votos em casos relevantes, ainda que haja redundância e que sejam longos. Torna-se perfeitamente justificável o emprego de metáforas e citações extrajurídicas, no intuito de se fazer entender pelo grande público.

A ideia de que os tribunais também são agentes disseminadores da cultura de tolerância não fornece critérios decisórios para questões materiais, mas reforça a importância central do seu discurso na esfera pública. A partir deste filtro, decisões como *Brown v. Board of Education, proferida deliberadamente em linguagem simples, com o propósito explícito de ser prontamente compreendida pelas pessoas comuns (i.e. sem formação jurídica)*, revelam a importância dessa função exercida pelos tribunais. Não se trata aqui, obviamente, de um deslize técnico.

Neste passo, a corte constitucional exerce a função pedagógica com um *plus*. Não se trata apenas de instruir as pessoas sobre as regras jurídicas em vigor – o que é uma função importantíssima em um Estado de Direito –, *mas de inculcar os valores básicos que permitem a manutenção do regime democrático.* Ao discursar para o público, o tribunal mobiliza sua reputação – seu capital político – em favor de certas ideias essenciais à democracia. Em um mundo preocupado com a capacidade de resiliência dos regimes democrático, é preciso que as cortes constitucionais estejam cientes de seu papel de reforço da cultura de fundo democrática.

Como defende Jeremy Waldron,[64] uma sociedade suficientemente madura para reconhecer a essencialidade dos direitos humanos e a importância da democracia não precisará de um guardião falível e precário, como são os tribunais constitucionais e seus

---

    superação legislativa de decisões judiciais e interferência política na Corte – supõe-se, ademais, que o exercício do papel iluminista implicará a mobilização de altas doses do capital político detido pela Corte constitucional, de modo que esse *avanço* não poderá ocorrer durante todo o tempo; e (ii) apropriação do discurso por outras instâncias do Poder Judiciário: aqui mora o verdadeiro risco, que consiste em transformar cada juiz de direito em um potencial "agente da transformação social". É sabido que a aplicação das leis com algum grau de fidelidade textual é uma condição para o desenvolvimento econômico e social e também a realização de um dos valores centrais do ordenamento jurídico: a segurança jurídica. V. BARROSO, Luís Roberto. Contramajoritário, representativo e iluminista: os papéis das cortes constitucionais nas democracias contemporâneas. *Consultor Jurídico*, 7 dez. 2015. p. 8-9. Disponível em: <http://bit.ly/1Ownkl1>.

[63] "Não quero dizer que o Tribunal foi seu professor [dos funcionários públicos]. Muitos deles discordam profundamente do que o Tribunal disse. Mas não seriam tão sensíveis ao princípio sem a cultura jurídica e política de que a revisão judicial [*controle de constitucionalidade* seria a tradução mais adequada aqui] constitui o âmago. Também o público que eles representam não leria, pensaria, debateria, nem, talvez, votaria como vota sem essa cultura" (DWORKIN, Ronald. *Uma questão de princípio*. 2. ed. Tradução de Luís Carlos Borges. São Paulo: Martins Fontes, 2005. p. 103). Na verdade, com as devidas adequações, a premissa vale para todos os agentes públicos.

[64] WALDRON, Jeremy. Rights and majorities: Rousseau revisited. In: CHAPMAN, J. W.; WERTHEIMER, A. (Ed.). *Majorities and minorities*. New York: New York University Press, 1990. p. 56.

juízes. Como ideal a ser perseguido, a educação cívica é a chave para a reconciliação entre democracia e direitos humanos. É certo que nenhuma sociedade conseguiu atingir este "patamar cultural ideal", para que possam prescindir de instituições oficiais de proteção dos direitos.[65] De todo modo, fica o registro de que o verdadeiro e derradeiro sucesso da jurisdição constitucional pode ser o ponto onde ela se torna, afinal, desnecessária.

3.2 A difusão de uma gramática cívica

Como registrado em outro lugar,[66] o discurso jurídico típico e formal vem cedendo espaço para argumentos extrajurídicos, destinado a cativar as massas, no âmbito do STF. Mas disso não resulta a erosão completa da tecnicidade própria da argumentação jurídica, e tampouco a perda do viés político-filosófico que envolve o exercício da jurisdição constitucional. Em síntese, trata-se aqui de uma via de mão dupla: o público conforma a corte e ela conforma o público, em um processo dialético. Interessa-nos, neste ponto específico, o discurso que flui da corte para a sociedade.

O que se espera com a redução da complexidade técnica das decisões constitucionais é que pessoas comuns possam ter acesso à forma de raciocinar empregada pela jurisdição constitucional. *E isso é importante porque as instituições encarregadas de desempenhar a justiça constitucional não argumentam da mesma forma que os demais poderes políticos, ao menos nas democracias ocidentais contemporâneas.*[67] Na linguagem filosófico-liberal, tem sido afirmado que as cortes constitucionais utilizam um tipo especial de discurso, denominado, por John Rawls, de *razão pública*.[68]

Na visão de Rawls, a Suprema Corte é o modelo *por excelência* de instituição centrada no debate por uso de razões públicas.[69] O dever de usar argumentos de razão pública não se limita aos juízes constitucionais, mas abarca membros do Parlamento

---

[65] "Porém, nenhuma sociedade conseguiu ser bem sucedida em educar a opinião pública de modo a obter o continuado respeito pelas condições da democracia liberal, e é difícil imaginar o seu sucesso no futuro próximo" (GUTMAN, Amy. *Democracy*. [s.l.]: [s.n.], [s.d.]. p. 524). O mesmo ceticismo é compartilhado por Luís Roberto Barroso: "No tocante à posição de Waldron, infelizmente não se encontram presentes no Brasil as pré-condições ('assumptions') por ele enunciadas e que tornam a jurisdição constitucional dispensável ou menos relevante (pessoalmente, tenho dúvida se algum país do mundo preenche integralmente tais condições, mas esta seria uma outra estória)" (BARROSO, Luís Roberto. Contramajoritário, representativo e iluminista: os papéis das cortes constitucionais nas democracias contemporâneas. *Consultor Jurídico*, 7 dez. 2015. p. 9. Disponível em: <http://bit.ly/1Ownkl1>).

[66] Sobre o ponto, v. FONTE, Felipe de Melo. *Jurisdição constitucional e participação popular*. Rio de Janeiro: Lumen Juris, 2016. p. 159-163.

[67] Não se deve confundir a *forma* do discurso com o *conteúdo* do discurso. O emprego da coloquialidade e o recurso à estilística para redigir votos que convençam o público em geral não faz com que os juízes se transformem em políticos. A razão pública está ligada ao *tipo* de argumento, e não ao *modo* como eles são apresentados.

[68] RAWLS, John. *Liberalismo político*. Tradução de Álvaro de Vita. São Paulo: Martins Fontes, 2001. p. 251-302; 519-584. A ideia de razão pública consiste em uma forma de argumentação a ser utilizada pelos cidadãos quando estão no espaço público a debater os "elementos constitucionais essenciais" e questões de justiça básica. Segundo Rawls, em tais situações, "os cidadãos devem se dispor a explicar as bases de suas ações uns aos outros em termos que cada qual possa razoavelmente esperar que os demais julguem consistentes com sua liberdade e igualdade" (p. 256). Como já se pode intuir, o liberalismo político pressupõe que o uso legítimo do poder político deve ser realizado de acordo com princípios e regras constitucionais que sejam aceitáveis pelos cidadãos na condição de razoáveis e racionais. Logo, parece pouco provável que essas pessoas aceitariam um governo que permitisse o uso de razões particulares (*e.g.*, religiosas) para justificar a imposição de deveres por meio do aparelho coercitivo estatal.

[69] RAWLS, John. *Liberalismo político*. Tradução de Álvaro de Vita. São Paulo: Martins Fontes, 2001. p. 272-284.

e da Administração, bem como candidatos aos cargos públicos. Contudo, ao contrário das demais instituições políticas e dos candidatos, a corte constitucional *somente* pode se manifestar pelo uso da razão pública, eis que suas conclusões precisam ter lastro no texto constitucional, sob pena de não mais exercer sua função de modo legítimo. Os juízes não podem empregar argumentos de moralidade pessoal para proferir suas decisões. Note-se que essa obrigatoriedade não abarca os demais poderes políticos. Por isso, uma das funções atribuídas por Rawls à corte constitucional consiste em "dar *força* e *vitalidade* à razão pública no fórum público, e isto o tribunal faz mediante julgamentos dotados de autoridade sobre questões políticas fundamentais".[70]

Ronald Dworkin, por outro lado, refere-se às cortes constitucionais como *fóruns do princípio*.[71] A expressão é empregada pelo autor para contrapor o tipo de argumento empregado pelas cortes constitucionais – fundado em princípios de justiça – àqueles utilizados por outras instituições políticas, que são as políticas públicas (*policies*), que objetivam promover o bem-estar coletivo. Embora reconheça que o debate gerado pelos tribunais possa não ser o mais profundo e vigoroso, o autor afirma que o tipo de discurso produzido por eles é valioso para a sociedade.[72] O discurso das cortes constitucionais transforma questões de política em discussões sobre justiça e direito.

Ao gerar saliência para o discurso que profere, a corte constitucional entrega aos indivíduos comuns *ideias* que servirão à construção de argumentos tanto em questões públicas como privadas: dignidade da pessoa humana, Estado de direito, devido processo legal, igualdade, propriedade, moralidade, direitos sociais etc. Não se trata aqui de gerar conhecimento público *apenas* para que seja possível mobilizar o aparato judicial, embora isso possa acontecer e seja um efeito colateral desejável, mas permitir que as pessoas pautem suas vidas à luz desses conceitos.

Essas pequenas pílulas de informação podem parecer irrelevantes à primeira vista, mas elas são essenciais quando considerado o histórico de violência institucional praticado pelo Estado brasileiro contra o cidadão comum. Nunca é demais insistir que, embora a ditadura militar tenha sido substituída pela democracia no fim da década de 1980, as leis e, principalmente, agentes do regime, permaneceram exercendo funções no âmbito da Administração Pública brasileira. Existe um processo em curso de mudança de um *ethos* autoritário para uma lógica democrática que exige tempo e informação para que se cumpra a contento.[73]

Por outro lado, é preciso considerar que a concretização da Constituição não pode se pautar exclusivamente na resposta judicial a cada violação verificada em concreto. As limitações institucionais do Poder Judiciário (e do Supremo Tribunal Federal, por derivação) requerem que o processo de adesão à cultura dos direitos humanos ocorra

---

[70] RAWLS, John. *Liberalismo político*. Tradução de Álvaro de Vita. São Paulo: Martins Fontes, 2001. p. 281. Grifos nossos.

[71] DWORKIN, Ronald. *Uma questão de princípio*. 2. ed. Tradução de Luís Carlos Borges. São Paulo: Martins Fontes, 2005. p. 100-103.

[72] "Esse debate [realizado no tribunal] não é necessariamente muito profundo nem é sempre muito vigoroso. É, não obstante, valioso" (DWORKIN, Ronald. *Uma questão de princípio*. 2. ed. Tradução de Luís Carlos Borges. São Paulo: Martins Fontes, 2005. p. 102).

[73] Nesse sentido, merece ser reproduzida a interessante afirmação do Ex-Vice-Presidente Pedro Aleixo: "O pior na ditadura é o guarda da esquina". Cf. FRANCO, Gustavo H. B.; GIAMBIAGI, Fabio. *Antologia da maldade*. Rio de Janeiro: Zahar, 2015. p. 38. O *ethos* ditatorial tem sua faceta mais cruel nas microrrelações entre Estado e cidadão, daí a importância do discurso que *informe* o cidadão sobre os seus direitos.

de baixo para cima. Mesmo o ideal de razão pública, para que seja realizado, precisa estar ancorado na motivação dos cidadãos, como reconhece Rawls.[74] A difusão do *léxico básico do discurso constitucional* é um enorme avanço civilizatório. Afinal, como registra Robert Dahl, "se as instituições para a educação cívica são fracas, resta apenas uma solução satisfatória. *Elas precisam ser fortalecidas*".[75]

4 Conclusão

As democracias contemporâneas, fundadas no princípio da igualdade política básica entre as pessoas, depende de condições culturais para que possam subsistir, entre as quais se sobressaem as ideias de tolerância e igualdade política. Longe de ser um sentimento inato a todos os seres humanos, a manutenção de uma cultura de tolerância requer uma postura ativa da sociedade e das instituições públicas: em último grau, a democracia requer um projeto pedagógico de longo prazo. A formação da "cultura de fundo" decorre não apenas das instituições estritamente educacionais existentes na sociedade, mas também da concorrência das instituições sociais, tais como a família e a igreja, e das instituições políticas.

Com base nessas premissas, defendeu-se que a corte constitucional pode contribuir positivamente para a formação da cultura de fundo que serve de suporte à democracia. Sob tal ângulo, o tipo de comunicação estabelecida entre o tribunal e as pessoas comuns (a *dimensão social* da decisão judicial) assume um papel muito mais relevante do que o ordinariamente conferido ao tema. O uso de argumentos retóricos para gerar atenção social torna-se justificável. O tempo de leitura dos votos, especialmente em casos de maior relevo, torna-se um ônus necessário à realização plena de uma das funções centrais dos tribunais constitucionais.

Referências

AARNIO, Aulis. La tesis de la única respuesta correcta y el principio regulativo del razonamiento jurídico. *Doxa*, n. 8, 1990.

ARIAS, Oscar. Culture matters. *Foreign Affairs*, n. 90, 2011.

BANDEIRA DE MELLO, Celso Antônio. A democracia e suas dificuldades contemporâneas. *Revista de Direito Administrativo*, n. 212, 1998.

BARCELLOS, Ana Paula. *A eficácia jurídica dos princípios constitucionais*. 3. ed. São Paulo: Saraiva, 2011.

BARROSO, Luís Roberto. *A dignidade da pessoa humana no direito constitucional contemporâneo*. Belo Horizonte: Fórum, 2012.

BARROSO, Luís Roberto. Contramajoritário, representativo e iluminista: os papéis das cortes constitucionais nas democracias contemporâneas. *Consultor Jurídico*, 7 dez. 2015. Disponível em: <http://bit.ly/1Ownkl1>.

---

[74] "Embora muito mais devesse ser dito para tornar essa sugestão inteiramente convincente, o ponto central enfatizado é que os cidadãos precisam estar motivados a respeitar o ideal em si, no presente, sempre que as circunstâncias o permitam, mas com frequência nos veremos obrigados a adotar uma perspectiva mais ampla" (RAWLS, John. *Liberalismo político*. Tradução de Álvaro de Vita. São Paulo: Martins Fontes, 2001. p. 298).

[75] DAHL, Robert. *On democracy*. New Haven: Yale University Press, 2000. p. 80.

BAUMANN, Zygmunt. *Intimations of postmodernity*. London: Routledge, 1992.

BEÇAK, Rubens. *Democracia*: hegemonia e aperfeiçoamento. São Paulo: Saraiva, 2014.

BENHABIB, Seyla. *Toward a deliberative model of democratic legitimacy*. Princeton: Princeton University Press, 1996.

BINENBOJM, Gustavo. *A nova jurisdição constitucional brasileira*. Rio de Janeiro: Renovar, 2001.

BOBBIO, Norberto. *A era dos direitos*. Tradução de Carlos Nelson Coutinho. Rio de Janeiro: Campus, 1992.

BOBBIO, Norberto. *The future of democracy*. Tradução de Roger Griffin. Minneapolis: University of Minnesota Press, 1987.

CALLAN, Eamonn. *Creating citizens*: political education and liberal democracy. Oxford: Clarendon Press, 1997.

CANOTILHO, J. J. Gomes. *Direito constitucional e teoria da constituição*. 7. ed. Coimbra: Almedina, 2003.

CARRILHO, Leonardo. Raízes teológico-políticas da modernidade constitucional. *Revista Publicum*, n. 1, p. 140-186, 2015.

DAHL, Robert. *On democracy*. New Haven: Yale University Press, 2000.

DALTON, Russel J. *Democratic challenges, democratic choices*. Oxford: Oxford University Press, 2007.

DEWEY, John. *Democracy and education*. Hazleton: Pennsylvania State University, 2001.

DUNN, John. *Democracy a history*. New York: Atlantic Monthly Press, 2005.

DWORKIN, Ronald. *Uma questão de princípio*. 2. ed. Tradução de Luís Carlos Borges. São Paulo: Martins Fontes, 2005.

EASTON, David. *A system analysis of political life*. New York: John Wiley, 1965.

ELY, John Hart. *Democracy and distrust*: a theory of judicial review. Cambridge: Harvard University Press, 1980.

FALCÃO, Joaquim. *O Supremo*. São Paulo: Saraiva, 2015.

FONTE, Felipe de Melo. *Jurisdição constitucional e participação popular*. Rio de Janeiro: Lumen Juris, 2016.

FRANCO, Gustavo H. B.; GIAMBIAGI, Fabio. *Antologia da maldade*. Rio de Janeiro: Zahar, 2015.

FREIRE, Paulo. *Pedagogia do oprimido*. 17. ed. Rio de Janeiro: Paz e Terra, 1987.

GIBSON, James L.; CALDEIRA, Gregory A. *Citizens, courts, and confirmations*: positivity theory and the judgments of the American people. Princeton: Princeton University Press, 2009.

GOBINEAU, Arthur de. *Essai sur l'inégalité des races humaines*. Paris: Éditions Pierre Belfond, 1967.

GUTMAN, Amy. *Democracy*. [s.l.]: [s.n.], [s.d.].

HARRISON, Lawrence. *The central liberal truth*: how politics can change a culture and save it from itself. Oxford: Oxford University Press, 2006.

HARRISSON, Lawrence. Promoting progressive cultural change. In: HARRISSON, Lawrence; HUNTINGTON, Samuel (Ed.). *Culture matters*. New York: Basic Books, 2000.

HERNÁNDEZ-TRUYOL, Berta Esperanza (Ed.). *Moral imperialism*: a critical anthology. New York: New York University Press, 2002.

HERNÁNDEZ-TRUYOL, Berta Esperanza; GLEASON, Christy. Introduction. In: HERNÁNDEZ-TRUYOL, Berta Esperanza (Ed.). *Moral imperialism*: a critical anthology. New York: New York University Press, 2002.

KANT, Immanuel. *Fundamentação da metafísica dos costumes*. Tradução de Paulo Quintela. Lisboa: Edições 70, 2011.

KELLY, Erin; MCPHERSON, Lionel. On tolerating the unreasonable. *Journal of Political Philosophy*, v. 9, n. 1, p. 28-55, 2002.

LANDES, David. Culture makes almost all the difference. In: HARRISON, Lawrence E.; HUNTINGTON, Samuel P. (Ed). *Culture matters*: how values shape human progress. New York: Basic Books, 2000.

LÉVI-STRAUSS, Claude. *Race et histoire*. Paris: Denoël, 1987.

LOCKE, John. *Segundo tratado sobre o governo*. Tradução de Alex Marins. São Paulo: Martin Claret, 2002.

MCCOWAN, Tristan. *Rethinking citizenship education*: a curriculum for participatory democracy. London: Continuum, 2009.

MONTESQUIEU. *Do espírito das leis*. São Paulo: Abril Cultural, 1973. v. 21. Coleção Os Pensadores.

MORAES, Maria Celina Bodin de. *O conceito de dignidade humana*: substrato axiológico e conteúdo normativo. Rio de Janeiro: Renovar, 2003.

NINO, Carlos Santiago. *The constitution of deliberative democracy*. New Haven & London: Yale University Press, 1996.

NORTH, Douglass C. *Institutions, institutional change and economic performance*. Cambridge: Cambridge University Press, 1990.

PUDDINGTON, Arch. Discarding democracy: a return to the iron fist. *Freedom House*. Disponível em: <http://bit.ly/1Pk9uRu>. Acesso em: 27 fev. 2016.

QUONG, Jonathan. The rights of unreasonable citizens. *Journal of Political Philosophy*, v. 12, n. 3, p. 314-335, 2004.

RABOSSI, Eduardo. La teoria de los derechos humanos naturalizada. *Revista del Centro de Estudios Constitucionales*, n. 5, jan./mar. 1990.

RAWLS, John. *Liberalismo político*. Tradução de Álvaro de Vita. São Paulo: Martins Fontes, 2001.

RORTY, Richard. Direitos humanos, racionalidade e sentimentalidade. In: RORTY, Richard. *Verdade e progresso*. Tradução de Denise R. Sales. Barueri: Manole, 2005.

ROSS, Alf. *Why democracy?*. Cambridge: Harvard University Press, 1952.

ROUSSEAU, Jean-Jacques. *Do contrato social*. Tradução de Pietro Nasseti. São Paulo: Martin Claret, [s.d.].

SARLET, Ingo Wolfgang. *Dignidade da pessoa humana e direitos fundamentais na Constituição Federal de 1988*. 2. ed. Porto Alegre: Livraria do Advogado, 2002.

SARMENTO, Daniel. *Dignidade da pessoa humana na ordem constitucional brasileira*: conteúdo, trajetórias e metodologia. Tese (Titularidade) – UERJ, Rio de Janeiro, 2015.

SARMENTO, Daniel. *Direitos fundamentais e relações privadas*. Rio de Janeiro: Lumen Juris, 2004.

SARTORI, Giovani. *Engenharia constitucional*: como mudam as constituições. Brasília: UnB, 1996.

SCHUMPETER, Joseph. A. *Capitalism, socialism and democracy*. New York: Harper & Brothers, 1942.

SEN, Amartya. *A ideia de justiça*. São Paulo: Companhia das Letras, 2011.

SEN, Amartya. *Development as freedom*. New York: Oxford University Press, 1999.

SILVA, Virgílio Afonso da. *A constitucionalização do direito*: os direitos fundamentais nas relações entre particulares. São Paulo: Malheiros, 2008.

STANFORD. Civic education. *Stanford Encyclopedia of Philosophy*, 30 maio 2013. Disponível em: <http://stanford.io/1NTNnwR>.

SUNSTEIN, Cass. *A era do radicalismo*. Tradução de Luciene Scalzo Guimarães. Rio de Janeiro: Elsevier, 2010.

TOCQUEVILLE, Alexis de. Democracy in America – v. 1. *Project Gutenberg*. Disponível em: <https://www.gutenberg.org/files/815/815-h/815-h.htm>.

TREBILCOCK, Michael J.; PRADO, Mariana Mota. *Advanced introduction to law and development*. Cheltenham: Elgar, 2014.

TUSHNET, Mark. Authoritarian constitutionalism. *Cornell L. Rev.*, v. 100, p. 391-461, 2015.

VIEIRA, Vivian Peron. O papel da comunicação digital na arena internacional: mobilização política online e a Primavera Árabe. *Boletim Meridiano 47*, v. 14, n. 139, 2013.

WALDRON, Jeremy. Rights and majorities: Rousseau revisited. In: CHAPMAN, J. W.; WERTHEIMER, A. (Ed.). *Majorities and minorities*. New York: New York University Press, 1990.

Informação bibliográfica deste texto, conforme a NBR 6023:2002 da Associação Brasileira de Normas Técnicas (ABNT):

FONTE, Felipe de Melo. A função pedagógica das cortes constitucionais. In: BARROSO, Luís Roberto; MELLO, Patrícia Perrone Campos (Coord.). *A República que ainda não foi*: trinta anos da Constituição de 1988 na visão da Escola de Direito Constitucional da UERJ. Belo Horizonte: Fórum, 2018. p. 395-413. ISBN 978-85-450-0582-7.

STARE DECISIS HORIZONTAL E CONSTITUIÇÃO: CONCEBENDO UM SISTEMA DE PRECEDENTES A SERVIÇO DOS DIREITOS FUNDAMENTAIS

GABRIEL ACCIOLY GONÇALVES[1]

1 Introdução

A tensão entre estabilidade e justiça material constitui uma perene fonte de dilemas, com os quais os sistemas jurídicos e seus arquitetos devem lidar. No ano de 2018, comemoramos três décadas de vigência da Constituição de 1988, promulgada em rompimento com o período ditatorial anterior, mediante o estabelecimento de novos paradigmas, promessas de emancipação e um rico catálogo de direitos, a serem resguardados por potencializados mecanismos de controle de constitucionalidade.[2] Se nos primeiros anos de vigência da Constituição havia otimismo e esses eram os focos principais da atenção dos juristas das mais diversas áreas – todo o direito se constitucionalizou –, hoje, é nítido que essa euforia inicial se aplainou e temas como a afirmação dos direitos fundamentais passam a dividir espaço com outras pautas.

Entre essas, tem recebido atenção destacada a concepção de mecanismos de uniformização do direito em sua etapa jurisprudencial. É certo que, já quando da promulgação da Constituição, houve avanços nesse sentido, como o fortalecimento do controle abstrato de constitucionalidade, cujas decisões ostentam eficácia *erga omnes* e efeito vinculante. Desde então, novos passos foram dados na direção da elaboração de um sistema de precedentes, com um esforço concertado de diferentes atores institucionais. O impulso original desse movimento foi dado pelo constituinte derivado, quando da promulgação da Emenda Constitucional (EC) nº 45/04, que instituiu mecanismos como as súmulas vinculantes – com a previsão de reclamação em caso de inobservância – bem como a exigência de repercussão geral nos recursos extraordinários, institutos posteriormente regulamentados pelas leis nº 11.417/06 e 11.418/06.

---

[1] Agradeço a Jane Reis, Juliana Beaklini e Thiago Magalhães pela leitura do texto e pelas sugestões valiosas. Como de costume, quaisquer erros remanescentes são de minha exclusiva responsabilidade.
[2] Sobre a evolução histórica do controle de constitucionalidade no Brasil, v.: BARROSO, Luís Roberto. *O controle de constitucionalidade no direito brasileiro*. Rio de Janeiro: Saraiva, 2012. p. 85 e ss.

Também o legislador ordinário foi responsável pela previsão, ainda no Código de Processo Civil (CPC) de 1973, do julgamento de questões inseridas em uma multiplicidade de recursos perante os Tribunais Superiores (arts. 543-B e 543-C do CPC/73, incluídos em 2008). Com a promulgação do Novo CPC, foi insculpido um conjunto mais abrangente de mecanismos uniformizadores, destacando-se os incidentes de resolução de demandas repetitivas e de assunção de competência.[3]

Por fim, o Supremo Tribunal Federal (STF) vem proferindo decisões que têm fortalecido o sistema de precedentes. Dois recentes julgamentos emanados do Plenário da Corte ilustram essa tendência. No primeiro, a Suprema Corte reverteu tradicional entendimento para considerar que também as suas declarações de inconstitucionalidade proferidas em sede de controle incidental têm efeito vinculante e eficácia *erga omnes*.[4] Já no segundo, o Tribunal adotou a interpretação de que o art. 926 do CPC/2015 incorporou o postulado do *stare decisis* ao direito brasileiro. Os julgados mencionados são verdadeiros *precedentes sobre precedentes*,[5] já que moldam e fixam interpretações sobre o funcionamento do sistema de uniformização jurisprudencial.

Ao contrário do que sucede nos países típicos de *common law*, em que a definição dos contornos do *stare decisis* costuma decorrer da atuação dos próprios tribunais, no Brasil, que integra a tradição do *civil law*, parte significativa dos parâmetros normativos foi delineada pelo legislador. A disciplina se fixou na dimensão vertical dos precedentes, isto é, nos meios de vinculação das instâncias inferiores às decisões dos órgãos superiores. Por outro lado, tema que, acertadamente, não foi disciplinado foi o da dimensão horizontal do *stare decisis*, que diz respeito à vinculação dos tribunais a suas próprias decisões.

Nada obstante, trata-se de matéria fundamental à implementação desse modelo. Não é viável operacionalizar o sistema de uniformização jurisprudencial se os entendimentos dos tribunais de cúpula, responsáveis por firmar os precedentes, forem excessivamente movediços. Tal tornaria por demais custosa, senão impossível, a tarefa de identificar as teses a serem observadas. Isso, por sua vez, contribuiria para o descrédito do modelo de vinculação como um todo, o qual, para se firmar, depende da disposição dos operadores do direito de observá-lo. Também os valores associados à adoção desse modelo – *e.g.*, certeza, estabilidade, previsibilidade – deixam de ser promovidos por uma jurisprudência errática. Tudo isso se aplica com particular intensidade ao órgão máximo da jurisdição nacional, o STF, que serve de guia para a atuação das demais cortes. Assim, não é exagero afirmar que o sucesso do sistema de precedentes como um todo depende da postura do STF sobre seus próprios julgados. Na verdade, questões ainda mais sérias do que o êxito desse modelo entram em jogo: se a regra se tornar a reversão de julgados, a própria noção de que as decisões são tomadas com base no direito é posta em xeque.[6] No limite, também pode ser posta em dúvida a legitimidade das Cortes que o aplicam.

---

[3] MELLO, Patrícia Perrone Campos; BARROSO, Luís Roberto. Trabalhando com uma nova lógica: a ascensão dos precedentes no direito brasileiro. *Revista da AGU*, v. 15, n. 3, p. 9-52, 2016.

[4] BRASIL. *Informativo STF*, n. 886 (acórdão na ADI nº 3.406 pendente de publicação).

[5] A expressão é utilizada por STARGER, Colin. The dialectic of stare decisis doctrine. In: PETERS, Christopher J. (Coord.). *Precedent in the United States Supreme Court*. Nova York: Springer, 2013. p. 19-46.

[6] WALDRON, Jeremy. Stare decisis and the rule of law: a layered approach. *Michigan Law Review*, v. 111, n. 1, p. 1-32, 2012. p. 28-29.

Certeza e estabilidade são corolários do princípio do estado de direito. Tais valores, conquanto relevantes, não devem ser encarados como absolutos. A uma, porque não são passíveis de concretização plena e simultânea.[7] A duas, por não exaurirem a gama de fins e valores que as democracias constitucionais pretendem atingir, o que engloba a promoção de metas substantivas. Como destacado, um dos aspectos mais celebrados da Constituição de 1988 ao longo de seus trinta anos é a previsão destacada, já em suas disposições iniciais, de um sistema de direitos fundamentais, que é aberto e flexível, receptivo a novos conteúdos, desenvolvimentos e influxos.[8] Um dos espaços mais propícios ao florescimento desse sistema é a seara judicial, especialmente no âmbito da jurisdição constitucional. Aqui se apresenta o potencial de choques: enquanto a ideia de um sistema aberto de direitos fundamentais se radica na compreensão do direito como instrumento evolutivo, o sistema de precedentes tem por mote a conservação da ordem jurídica, como forma de promover segurança. Assim, é cabível indagar: a existência de um sistema de precedentes enfraquece ou obstaculiza o funcionamento do sistema de direitos fundamentais?

À luz desse enquadramento, o presente estudo tem por escopo examinar como operacionalizar a dimensão horizontal do *stare decisis* de forma a não enrijecer o direito, a ponto de negligenciar as metas substantivas traçadas na Constituição Federal, sobretudo aquelas atinentes à implementação dos direitos fundamentais. A busca da conciliação entre esses objetivos passa, inevitavelmente, pelo exame de *se* e *em que extensão* o STF deve se ater a seus próprios precedentes e, do outro lado, quando o *overruling* se torna a opção indicada.[9] A resposta que proponho à primeira indagação é necessariamente positiva: algum grau de vinculação da Suprema Cortes a seus precedentes é pressuposto lógico da adoção de um modelo de *stare decisis*, pelas razões já apontadas.

Por outro lado, o bom funcionamento do sistema de direitos fundamentais depende de uma abertura da jurisprudência a inovações, inclusive mediante a eventual ruptura com modelos ultrapassados, conservados por precedentes. A complexidade, portanto, reside na segunda questão.[10] Entendo que as respostas a esse problema não podem ser atingidas satisfatoriamente em abstrato, *i.e.*, pela definição, em tese, de quais

---

[7] FULLER, Lon L. *The morality of law*. New Haven: Yale University, 1969. p. 33 e ss.

[8] SARLET, Ingo. *A eficácia dos direitos fundamentais*. Porto Alegre: Livraria do Advogado, 2001. p. 77.

[9] Naturalmente, é possível que artifícios retóricos sejam manejados para que precedentes sejam conscientemente contornados de forma velada. Essa prática, que é malvista no direito comparado, costuma ser chamada de *stealth overruling* e corresponde a uma superação sub-reptícia do precedente. Há, ainda, a possibilidade de que a Corte profira um julgado incompatível com um precedente sem perceber que está procedendo dessa maneira. Trata-se do chamado *overruling sub silentio*. A respeito, v.: FRIEDMAN, Barry. The wages of stealth overruling (with particular attention to Miranda v. Arizona). *The Georgetown Law Journal*, v. 99, n. 1, p. 1-63, 2010. p. 13 e ss.

[10] Mesmo sob ótica puramente interna da doutrina do *stare decisis* – *i.e.*, desconsiderada a questão da convivência desse modelo com outros sistemas –, a existência de uma teoria do *overruling* é ponto de extrema relevância. Partindo-se da premissa de que essa ferramenta é necessária, para evitar o risco de o Judiciário se tornar estático e desconectado da realidade que o circunda, ainda é preciso lidar com o paradoxo de que, conforme as altas Cortes lapidem as hipóteses em que é legítima a superação, essa moldagem influenciará a definição do conteúdo do direito ao qual estão vinculadas. V.: BURTON, Steven J. The conflict between stare decisis and overruling in constitutional adjudication. *Cardozo Law Review*, v. 35, n. 5, p. 1687-1714, 2014. p. 1.688. De toda forma, esse é um dado inerente à admissão teórica de que o Judiciário também exerce um papel criador no direito. A questão principal, assim, é como controlar essa atividade, sendo o delineamento de parâmetros de funcionamento do *stare decisis* horizontal uma forma de perseguir essa meta. Sobre o tema de forma mais abrangente, v.: GONÇALVES, Gabriel Accioly. *O desenvolvimento judicial do direito*: construções, interpretação criativa e técnicas manipulativas. Rio de Janeiro: Lumen Juris, 2016.

valores devem prevalecer – se aqueles atrelados à estabilidade, ou à evolução do direito. Caminho mais profícuo parece ser a operacionalização do *stare decisis* horizontal, por meio de parâmetros a serem preenchidos caso a caso. De toda forma, a questão não é simples, pois – é preciso admitir – o teor dos *standards* sofre influência direta da preferência de quem os propõe em favor de um modelo mais ou menos rígido de vinculação.

Sem pretender esgotar o assunto, no item seguinte, será delineado como os Tribunais de cúpula dos Estados Unidos e do Reino Unido lidam com a superação de seus precedentes. Como se verá, a dimensão horizontal do *stare decisis* engendra dilemas permanentes, com os quais esses Tribunais do *common law* lidam nem sempre de forma ideal. Ainda assim, a análise dos modelos externos fornece conhecimentos relevantes nessa matéria, os quais passarão por apreciação crítica em tópico subsequente. Após, serão propostos três parâmetros ao caso brasileiro, concebidos tendo-se em mente precedentes que impactem em direitos fundamentais. Os *standards* serão testados à luz de alguns julgados recentes do Supremo Tribunal Federal.

2 Experiências estrangeiras[11]

2.1 Estados Unidos

Apesar de a preocupação com a vinculação aos precedentes remontar ao período de fundação dos Estados Unidos,[12] apenas no século XX a Suprema Corte passou a tratar o *stare decisis* com maior consistência. Segundo Colin Starger, entre 1791 e 1915, a expressão foi utilizada em cerca de quarenta decisões do Tribunal, no sentido de uma simples máxima, empregada sem maior sistematicidade, a qual estabelecia uma presunção favorável à manutenção dos precedentes.[13] Com relação ao *overruling*, narra-se que o Tribunal sempre pressupôs que superar seus próprios precedentes era uma das suas prerrogativas, a qual teria sido expressamente usada, pela primeira vez, quando do julgamento do caso *Louisville, Cincinnati, and Charleston RR v. Letson*, de 1844.[14]

Esse quadro se modificou em 1932, com a divergência do *Justice* Louis Brandeis à maioria formada quando do julgamento do caso *Burnet v. Coronado Oil & Gas Co*. Em seu voto, o Juiz Brandeis mapeou as práticas de *overruling* da Suprema Corte até então. Apesar de ter restado vencido na questão de mérito então decidida, a manifestação funciona hoje como, provavelmente, o mais importante precedente sobre precedentes daquele país. O núcleo do entendimento do Juiz Brandeis pode ser extraído de passagem sempre lembrada, cuja transcrição é válida:

> O *stare decisis* é geralmente a opção sábia, pois, na maior parte das questões, é mais importante que a norma jurídica aplicável esteja definida do que definida corretamente.

---

[11] Por brevidade, descrições a respeito do mérito do caso serão omitidas nas hipóteses em que não sejam relevantes para as discussões afetas ao funcionamento do *stare decisis*, as quais constituem o cerne da exposição.

[12] Para uma abordagem histórica do *stare decisis* nos Estados Unidos, v.: LEE, Thomas R. Stare decisis in historical perspective: from The Founding Era to The Rehnquist Court. *Vanderbilt Law Review*, v. 52, n. 3, p. 647-735, 1999. p. 647-735.

[13] STARGER, Colin. The dialectic of stare decisis doctrine. In: PETERS, Christopher J. (Coord.). *Precedent in the United States Supreme Court*. Nova York: Springer, 2013. p. 23.

[14] DUXBURY, Neil. *Nature and authority of precedent*. Cambridge: Cambridge, 2008. p. 123.

[...] Isso é comumente verdadeiro mesmo nos casos em que os erros constituam matéria de séria preocupação, já que a correção pode ser realizada por meio da legislação. Porém, em casos envolvendo a Constituição Federal, nos quais a correção pela ação parlamentar é quase impossível, esta corte tem frequentemente superado as suas decisões anteriores. A corte se curva às lições de experiência e melhor raciocínio, reconhecendo que o processo de tentativa e erro, tão profícuo às ciências naturais, também é aplicável à função judicial. (Tradução livre)[15]

Desde então, os argumentos travados na Corte a respeito da manutenção, ou superação de um precedente costumam adotar essa manifestação como ponto de partida.[16] A leitura da passagem sugere a compreensão de que, em casos que lidem com matéria infraconstitucional, a vinculação aos precedentes deve ser mais forte, pois é mais fácil ao Parlamento corrigir eventuais erros cometidos pelo Judiciário. Já nos precedentes que tratem de questões constitucionais, por ser mais difícil a reversão de entendimentos pela via legislativa, as amarras do *stare decisis* deveriam ser mais afrouxadas.[17] Ocorre que a Suprema Corte se divide a respeito do sentido dessa passagem. De fato, duas linhas de entendimento se formaram através da sua interpretação, as quais correspondem aos conceitos de *stare decisis* forte e fraco. Do ponto de vista do *stare decisis* horizontal, a distinção central entre essas vertentes diz respeito às consequências normativas extraídas do fato de o Tribunal considerar que um de seus precedentes foi decidido equivocadamente: para a concepção fraca, a simples constatação disso justificaria o *overruling*, enquanto a vertente forte o considera uma condição necessária, mas não suficiente para a superação do precedente.[18]

De um lado, ataca-se a versão fraca do *stare decisis* por se considerar que não há vinculação real aos precedentes se esta depender da mera concordância da Corte com o conteúdo do *decisum* anterior.[19] Outra crítica apresentada é no sentido de que, se a mera alteração da composição da Corte implicar a alteração de entendimentos, tal indica que a atuação dos juízes é pautada não pelo direito, mas por fatores ideológicos. Isso sugeriria uma indevida politização da justiça e, *a fortiori*, uma ameaça ao ideal do Estado de direito.[20]

Já a concepção forte é questionada por permitir a perpetuação de interpretações juridicamente equivocadas em nome da estabilidade da jurisprudência. O debate se mostra acirrado, sobretudo, na área constitucional, em que a proteção do

---

[15] *Burnet v. Coronado Oil & Gas Co*, 285 U.S. 393, 406-408 (1932).

[16] A mudança não foi apenas qualitativa. Conta-se que mais de 50% dos *overrulings* da história da Suprema Corte norte-americana foram proferidos a partir da segunda metade do século XX, com um incremento ainda maior dessa tendência a partir da década de 1970. É o que narra LEE, Thomas R. Stare decisis in historical perspective: from The Founding Era to The Rehnquist Court. *Vanderbilt Law Review*, v. 52, n. 3, p. 647-735, 1999. p. 659. É claro que a análise dessa estatística deve levar em conta que, enquanto nos séculos XVIII e XIX era comum que a Suprema Corte decidisse uma matéria pela primeira vez, com o passar dos séculos, dificilmente um julgado será proferido sem que nenhum precedente se coloque em questão.

[17] LEE III, Emery G. Overruling rhetoric: the court's new approach to stare decisis in constitutional cases. *University of Toledo Law Review*, v. 33, n. 3, p. 581-619, 2002. p. 593.

[18] DWORKIN, Ronald. *Law's empire*. Cambridge: Harvard University, 1986. p. 24-26.

[19] WALDRON, Jeremy. Stare decisis and the rule of law: a layered approach. *Michigan Law Review*, v. 111, n. 1, p. 1-32, 2012. p. 28-29.

[20] LEE III, Emery G. Overruling rhetoric: the court's new approach to stare decisis in constitutional cases. *University of Toledo Law Review*, v. 33, n. 3, p. 581-619, 2002. p. 602.

sistema de precedentes levaria à preservação de interpretações do texto constitucional posteriormente tidas como errôneas. De um lado, argumenta-se que essa situação violaria frontalmente a supremacia constitucional, enquanto, em sentido oposto, se sustenta que a adoção do *stare decisis* também seria uma exigência da própria Lei Maior desse país ou, ao menos, algo permitido por ela.[21] Por fim, critica-se a própria Suprema Corte por oscilar entre as duas formulações, a depender do julgado em questão, o que sugere ser a aplicação dos modelos de *stare decisis* manejada artificialmente, conforme o resultado que se pretenda atingir no julgamento.[22]

De forma subjacente a essas duas concepções reside uma tensão entre método de decisão ("o quão forte deve ser a vinculação aos precedentes constitucionais?") e interpretação constitucional ("qual norma se extrai da leitura correta do texto da Constituição?"). O grau de relevância que se atribua a cada um desses questionamentos no processo decisório constitui o cerne do *common law constitutionalism*.

Aprofundando o *stare decisis* forte, de acordo com a sistematização de Emery G. Lee III, a Suprema Corte norte-americana costuma trabalhar com quatro justificativas especiais, ao analisar a possibilidade de *overruling*.[23] Em primeiro lugar, afere-se a *funcionalidade (workability)* do precedente, se ele, de fato, atua como um elemento de estabilização do direito. A superação deveria ocorrer se essa condição não se verificasse – *i.e.*, caso se observasse que a norma oriunda do precedente se revelou inaplicável e inapta a guiar as instâncias inferiores, aprofundando a indefinição em torno do assunto, em detrimento da clareza e coerência do direito. Contra isso se sustenta que, no fundo, apenas se investiga se o precedente foi equivocadamente decidido, o que seria uma análise de mérito.[24]

A segunda justificativa diz respeito à *evolução do direito*: examina-se se, com o passar do tempo, formou-se um descompasso entre o precedente e o restante das normas vigentes, tendo em vista alterações introduzidas por reformas legislativas ou pela evolução da jurisprudência. De fato, é possível que um precedente, mesmo sem ter sido formalmente superado, passe por um processo de erosão jurisprudencial, mediante decisões que, introduzindo um conjunto de exceções ao entendimento original, coloquem em dúvida a própria subsistência deste último.

Prosseguindo, a terceira justificativa especial diz respeito à *mudança de fatos ou circunstâncias*. Aqui, também se afere a eventual obsolescência do precedente, mas, nesse caso, diante de testes de experiência, ou da mudança do senso de justiça

---

[21] Como expoentes dos polos desse debate, v.: LAWSON, Gary. The constitutional case against precedent. *Harvard Journal of Law & Public Policy*, v. 17, n. 1, p. 23-34, 1994. p. 23-33 e FALLON, Richard. Stare decisis and the constitution: an essay on constitutional methodology. *New York University Law Review*, v. 76, n. 2, p. 570-597, 2001.

[22] Assim, tanto em *Dickerson v. United States*, quanto em *Planned Parenthood v. Casey* – cujos resultados foram a recusa a superar, respectivamente, *Miranda v. Arizona* e *Roe v. Wade* –, foi empregada a retórica do conceito forte de *stare decisis*, afirmando a Corte que o fato de considerar o precedente incorretamente decidido não era decisivo no julgamento. Já no mais recente *Citizens United v. FEC*, que envolveu a reversão dos *precedentes Austin v. Michigan Chamber of Commerce e McConnell v. FEC*, a maioria do Tribunal motivou a decisão com base em modelo fraco de vinculação, aduzindo que a qualidade da fundamentação dos precedentes questionados era um dos elementos da análise de *stare decisis*. Para um mapeamento da jurisprudência da Suprema Corte enfatizando-se a aderência às vertentes forte e fraca do *stare decisis*, v.: STARGER, Colin. The dialectic of stare decisis doctrine. In: PETERS, Christopher J. (Coord.). *Precedent in the United States Supreme Court*. Nova York: Springer, 2013.

[23] LEE III, Emery G. Overruling rhetoric: the court's new approach to stare decisis in constitutional cases. *University of Toledo Law Review*, v. 33, n. 3, p. 581-619, 2002. p. 599 e ss.

[24] KOZEL, Randy J. Stare decisis as judicial doctrine. *Washington and Lee Law Review*, v. 67, n. 2, p. 411-466, 2010. p. 423.

socialmente prevalecente. Nessa linha, concluindo-se que um precedente fora proferido adotando como premissa conhecimentos técnicos posteriormente reconhecidos como ultrapassados, perde força o argumento pela sua manutenção. Da mesma forma, caso o julgador identifique que a moralidade positiva da sociedade mudou, alterando-se a interpretação prevalente de normas – sobretudo aquelas com carga valorativa acentuada – também aqui se poderia falar em uma informação nova de que não dispunha o órgão quando da prolação da decisão original e que pode motivar a superação do precedente.

A ideia de que a mudança da realidade social é apta a embasar a superação de um precedente serve de temperamento à tradicional concepção de que uma das virtudes do *stare decisis* seria promover a maior racionalidade e eficiência do processo decisório. Conforme essa vertente teórica, antigas linhas jurisprudenciais ainda mantidas refletiriam uma sabedoria acumulada ao longo do tempo, refinada através de sucessivas decisões tomadas sobre determinada questão.[25] A correção dessa premissa é questionável.[26] Consentaneamente a essa percepção, o parâmetro reconhece que nem sempre antiguidade e correção caminham de mãos dadas.

Por fim, Emery G. Lee aponta que a Suprema Corte elencou uma quarta justificativa especial em *Planned Parenthood v. Casey*, qual seja, a *proteção às expectativas* de que o precedente seja mantido. Quanto mais disseminado for o conhecimento dos jurisdicionados acerca do julgado e quanto mais intensa for a percepção deste como a fonte do direito regente da matéria, tão mais intensa será a força constritiva desse parâmetro. O doutrinador rejeita esse quarto item, aduzindo que o critério serve para determinar as hipóteses em que *não* se deve superar um precedente, quando os demais buscam aferir o contrário. A crítica, contudo, parece equivocada. Afinal, nada impede que três critérios positivos de aferição das razões para o *overruling* convivam com outro, negativo. Ademais, trata-se de parâmetro normativamente condizente com os valores que se pretendem tutelar com a adoção do *stare decisis*, tais como previsibilidade e segurança no que tange ao conteúdo do direito vigente.

2.2 Reino Unido

Enquanto a jurisprudência norte-americana oscila sobre o tema, no Reino Unido, o que se verifica são marcos temporais bem definidos que separam as orientações dominantes a respeito do *overruling*. Considerando-se o período em que a Câmara dos Lordes atuou como mais alta instância judicial do Estado britânico,[27] há um antes e um depois muito claramente delimitados no que tange à superação dos seus precedentes.

---

[25] Tal argumento corresponde à clássica formulação de Edmund Burke, para quem o *stare decisis* teria a virtude de atenuar o problema dos limites da racionalidade humana, ao acumular a sabedoria de gerações através de linhas jurisprudenciais. Sobre o pensamento de Burke, v.: YOUNG, Ernest. Rediscovering conservatism: Burkean political theory and constitutional interpretation. *North Carolina Law Review*, v. 72, n. 3, p. 625-724, 1994.

[26] Para uma densa crítica à concepção *burkeana* do *stare decisis*: VERMEULE, Adrian. Common law constitutionalism and the limits of reason. *Columbia Law Review*, v. 107, n. 6, p. 1482-1532, 2007.

[27] Após mais de 600 anos atuando como a mais alta Corte de justiça, a Câmara dos Lordes deixou de exercer funções judiciais em outubro de 2009, quando foi substituída pela Suprema Corte do Reino Unido, instituída pelo Constitutional Reform Act, de 2005. Todos os então juízes da Câmara dos Lordes formaram a composição original da Suprema Corte (THE SUPREME COURT. *History*. Disponível em: <https://www.supremecourt.uk/about/history.html>. Acesso em: 22 fev. 2018).

O primeiro marco foi a prolação da decisão no caso *London Street Tramways v. LCC*, em 1898. Neste, a Corte decidiu-se estritamente vinculada a seus precedentes, afirmando ser vedada sua superação. Segundo o Tribunal, o inverso representaria um desastroso inconveniente, fomentando a ausência de certeza em relação ao direito.[28] A prolação dessa decisão não consistiu numa súbita mudança de entendimento. De acordo com Neil Duxbury, trata-se da culminância de um processo iniciado desde meados do século XIX.[29] A doutrina *Tramways* era defendida sob o argumento de que, na ausência de um direito codificado no Reino Unido, a consistência seria promovida pela estrita aderência aos precedentes.[30]

Isso não significa que o direito tenha se tornado dependente da via legislativa para sofrer modificações ao longo desse período. Aponta-se que a tentativa de conciliar o modelo de *Tramways* e o necessário dinamismo da jurisprudência gerou um aprofundamento do uso do *distinguishing*, a ponto de assumir contornos artificiais.[31] Diante da impossibilidade de se superar um precedente, contornava-se a proibição por meio de expedientes retóricos como a "reinterpretação" do princípio decorrente do precedente original, para, à luz dessa premissa "adaptada", solucionar o novo caso distinguindo-o anterior. Outro caminho – igualmente questionável – era passar a considerar *obiter dictum* o que até então se entendia como *ratio decidendi*, removendo, assim, sua força vinculante.[32] De fato, a doutrina converge no sentido de que, na prática, certos precedentes perderam toda a sua autoridade através do uso excessivo da técnica da distinção. Ao mesmo tempo em que proclamava uma suposta aderência estrita aos seus precedentes, a Corte os superava, na prática, mas de forma escamoteada.

Diante disso, não surpreende que esse modelo tenha se revelado insatisfatório para promover os valores formais prometidos quando de sua adoção. Ocorre que, como a proibição de superações foi estabelecida exclusivamente por um precedente da própria Câmara dos Lordes, questionamento que espreitava o meio jurídico passou a ser o que poderia ocorrer caso o Tribunal simplesmente mudasse de ideia e passasse a admitir que seus precedentes seriam superáveis.

Talvez pela contradição evidente encerrada por essa possibilidade, a resposta veio não pelo exercício da atividade jurisdicional, mas com a publicação do chamado *Practice Statement*, de 1966. Por meio desse documento, a Câmara dos Lordes passou a admitir, em caráter expresso, a ferramenta do *overruling*. A mudança de orientação foi embasada na necessidade de se evitar que a rigidez excessiva do direito jurisprudencial conduzisse a resultados injustos, bem como na desejabilidade de que o direito se desenvolvesse pela via judicial.[33]

Mesmo após a veiculação dessa mensagem, a possibilidade de *overruling* continuou a ser encarada com cautela pela Câmara dos Lordes. Procedimentalmente,

---

[28] BANKOWSKI, Zenon; MACCORMICK, Neil D. Precedent in the United Kingdom. In: MACCORMICK, Neil D.; SUMMERS, Robert S.; GOODHART, Arthur L. (Coord.). *Interpreting precedents*. Londres: Ashgate, 2016. p. 335.

[29] DUXBURY, Neil. *Nature and authority of precedent*. Cambridge: Cambridge, 2008. p. 125-126.

[30] DWORKIN, Gerald. Stare decisis in the house of lords. *The Modern Law Review*, v. 25, n. 2, p. 163-178, 1992. p. 163.

[31] CROSS, Rupert; HARRIS, J. W. *Precedent in English law*. Oxford: Clarendon, 2004. Edição Kindle, posição 2166.

[32] DWORKIN, Gerald. Stare decisis in the house of lords. *The Modern Law Review*, v. 25, n. 2, p. 163-178, 1992. p. 165.

[33] O inteiro teor desse documento se encontra disponível em: <http://www2.units.it/dircomp/sito/Practice%20Statement.pdf>. Acesso em: 6 fev. 2018.

nessas ocasiões, um painel mais amplo de juízes era chamado a debater a questão.[34] Os dados comprovam esse cuidado: trinta e cinco anos após a edição do ato, a técnica foi expressamente utilizada apenas oito vezes.[35] Trilhando um caminho que mais se aproxima da concepção forte do *stare decisis*, uma assertiva frequente da Câmara dos Lordes era a de que a mera discordância com o resultado atingido no precedente não constituía razão suficiente à sua superação, devendo se indagar se a via legislativa seria mais indicada para rever o assunto.[36]

De acordo com a sistematização apresentada por Rupert Cross e J. W. Harris,[37] cinco eram os fatores usualmente invocados pela Câmara dos Lordes quando avaliava a possibilidade de superação de um precedente: (i) a Corte deveria estar convencida de que o *overruling* promoveria uma melhora do sistema jurídico como um todo; (ii) era preciso examinar se teria havido alguma modificação das circunstâncias materiais subjacentes ao precedente, ou se este teria sido decidido *per incuriam*, isto é, em ignorância a respeito de uma norma jurídica (seja de origem legislativa, ou judicial) já vigente quando da sua prolação e que teria influenciado o resultado; (iii) deveria ser considerada a proteção da confiança dos jurisdicionados, caso observado que estes agiam segundo o direito decorrente do julgado e depositavam expectativa em sua manutenção; (iv) se a interpretação de leis mais recentes conduzisse à conclusão de que o Parlamento teria presumido a conservação da autoridade do precedente, então este deveria, em princípio, ser preservado; e (v) a superação do precedente dependia de que houvesse interesse processual para tanto, isto é, que a medida gerasse uma diferença no resultado do caso concreto a ser julgado.

2.3 Apreciação crítica dos modelos estrangeiros

As experiências dos EUA e do Reino Unido demonstram uma convergência na maior parte dos critérios de embasamento do *overruling*: a mudança dos fatos e circunstâncias e a proteção às expectativas sociais despontam como critérios em ambos os países. Também bastante aproximados são o parâmetro norte-americano da evolução do direito e o inglês atinente às inovações legislativas.

Entretanto, as semelhanças se encerram nesse ponto. No caso norte-americano, a instabilidade da Suprema Corte quanto à aplicação dos critérios de constrição revela que, na prática, a operacionalização do sistema de vinculação aos precedentes não promove satisfatoriamente os valores formais associados a esse modelo. De fato, é comum a afirmação de que os parâmetros são manipulados para conduzirem a um resultado desejado *ex ante*, não tendo maior força constritiva sobre o Tribunal.[38] Já no caso do Reino

---

[34] BANKOWSKI, Zenon; MACCORMICK, Neil D. Precedent in the United Kingdom. In: MACCORMICK, Neil D.; SUMMERS, Robert S.; GOODHART, Arthur L. (Coord.). *Interpreting precedents*. Londres: Ashgate, 2016. p. 326.
[35] CROSS, Rupert; HARRIS, J. W. *Precedent in English law*. Oxford: Clarendon, 2004. Edição Kindle, posição 2.690.
[36] CROSS, Rupert; HARRIS, J. W. *Precedent in English law*. Oxford: Clarendon, 2004. Edição Kindle, posição 2.715.
[37] CROSS, Rupert; HARRIS, J. W. *Precedent in English law*. Oxford: Clarendon, 2004. Edição Kindle, posição p. 2.733-2.824.
[38] Nessa linha, v.: STARGER, Colin. The dialectic of stare decisis doctrine. In: PETERS, Christopher J. (Coord.). *Precedent in the United States Supreme Court*. Nova York: Springer, 2013. p. 44.

Unido, a Câmara dos Lordes pós-1966 exerceu o poder de superar seus precedentes com muito mais parcimônia. Isso sugere a existência de fator cultural indelével nessa atividade. A predisposição do tribunal a manter ou não sua jurisprudência pode ser mais relevante do que a tentativa de racionalizar o *overruling* por meio de parâmetros de constrição.

A análise atenta das chamadas razões especiais permite se concluir que, no fundo, não há distinção essencial entre o que propõem os modelos forte e fraco de *stare decisis* nos EUA. A ideia que se pretende construir com a concepção forte é que a autoridade de um precedente é aferida com base em elementos externos ao mérito do caso. Mas essa tentativa de separação não é convincente. Isso é especialmente evidente quanto à justificativa referente à mudança de fatos e circunstâncias. A avaliação acerca da modificação do senso de justiça da sociedade, mais do que inequivocamente substantiva, é decisiva na análise de mérito das grandes questões constitucionais, já que repercute na interpretação constitucional de cláusulas com carga valorativa acentuada.

O mesmo se passa quanto à proteção das expectativas. À primeira vista, pode parecer que se trata de parâmetro a serviço de valores exclusivamente formais, destinados a promover segurança jurídica. Contudo, o estudo mais detido das decisões da Suprema Corte norte-americana revela quadro diverso. Exemplificando, em *Planned Parenthood v. Casey*, o tribunal decidiu que a expectativa social *a respeito da existência de uma liberdade individual*, com base na qual as mulheres planejam suas vidas, fornece razão especialmente forte à preservação de *Roe v. Wade*, precedente no qual se decidiu que a interrupção da gestação no primeiro trimestre é protegida constitucionalmente pelo direito à privacidade. Já em *Lawrence v. Texas*, o parâmetro operou em sentido oposto: a eventual expectativa social de que as relações íntimas entre pessoas do mesmo sexo permanecessem criminalizadas, ainda que calcada no precedente *Bowers v. Hardwick*, não constitui justificativa especial à manutenção desse último precedente. Assim, nos casos apontados, nem toda expectativa foi tratada como digna de proteção, somente o sendo aquelas atreladas a uma liberdade fundamental reconhecida no precedente, cuja superação se coloca em questão.

O emprego das justificativas especiais ganha força no contexto em que, ao se deparar com o julgamento de questões altamente divisivas perante a sociedade, a Corte busca reafirmar a imagem de que não decide a reboque de pressões externas. A legitimidade e autoridade dos tribunais dependem da preservação da visão de que se trata de órgãos imparciais. A conjugação do esforço das Cortes de conservar essa imagem e a existência de intensa divisão social quanto a pautas substantivas, as quais são levadas ao Judiciário, explica insistência na ideia de que a superação (ou não) do entendimento vigente não seria movida pelo seu conteúdo, mas por aspectos formais do sistema de precedentes. Como se buscou demonstrar, entretanto, tal distinção entre *stare decisis* forte e fraco é, sobretudo, retórica, podendo servir a uma finalidade estratégica. Isso não significa que as chamadas justificativas especiais sejam inócuas ou devam ser descartadas. Trata-se de argumentos com amparo normativo, que – no mínimo – devem ser apreciados conjuntamente com as demais razões relevantes à decisão de mérito.

3 *Stare decisis* horizontal no Supremo Tribunal Federal: parâmetros de atuação

Como mencionado na introdução, em 2016, o STF proferiu decisão proclamando que, como Corte de vértice do sistema, desempenha a função de conferir unidade e estabilidade ao direito, o que engloba a vinculação aos próprios precedentes. Nessa linha, com relação ao *overruling*, formulou o tribunal o parâmetro de que "a superação total de precedente da Suprema Corte depende de demonstração de circunstâncias (fáticas e jurídicas) que indiquem que a continuidade de sua aplicação implicam ou implicarão inconstitucionalidade", fatores os quais, se inocorrentes, conduzem, inexoravelmente, à manutenção do precedente já firmado.[39] Esse precedente sinaliza a adoção de um modelo fraco de *stare decisis*.

Sob a ótica deliberativa, a incorporação da retórica atrelada a um modelo de vinculação aos precedentes pode representar um ganho à Corte, ao fornecer um terreno comum para o debate de questões constitucionais que gerem intensa polarização.[40] De outra parte, do ponto de vista estratégico, é conveniente à Corte a adoção de uma retórica de *stare decisis* em tempos – como o atual – de turbulência política, já que o emprego dessa linguagem reforça a imagem, perante a sociedade, de que as decisões do Tribunal são pautadas, eminentemente, pelo direito. Ausentes diferenças relevantes entre o novo caso e o precedente, decidir com base em critérios formais associados à uniformização do direito, além de normativamente respaldado pelo *stare decisis*, protege a Corte de críticas no sentido de que se está aderindo a uma ou outra tese substantiva por indevidos direcionamentos políticos. Tais preocupações são imprescindíveis à preservação da legitimidade do STF.

Nada obstante, a verdade é que a implementação do modelo de *stare decisis* horizontal ainda se encontra em estágio de amadurecimento na Corte. Em importantes julgados posteriores ao mencionado no início desse tópico, os quais serão referenciados abaixo, o Tribunal superou linhas jurisprudenciais sem empregar as ferramentas discursivas de um sistema de precedentes. Nesses casos, o itinerário argumentativo da Corte não foi o de indagar se haveria razões que justificassem a superação, mas o de decidir o caso em bases puramente substantivas e, ao final, constatar que o resultado atingido tem como efeito a reversão de uma linha jurisprudencial anterior. Mesmo essa observação costuma ser feita por percentual reduzido de membros da Corte.

Fator ainda mais problemático é a recusa declarada de Turmas ou mesmo de ministros, em decisões monocráticas, a seguir precedentes do Plenário. Assim, no HC nº 128.179, julgado em maio de 2017, o relator, Ministro Marco Aurélio, afirmou que, "[e]mbora o Supremo tenha precedentes no sentido de potencializar a mudança na sequência dos atos processuais, deslocando o interrogatório para o final da instrução, [...] não posso endossar essa orientação". Já no HC nº 146.815, apreciado em agosto de 2017, o Ministro Gilmar Mendes, reconhecendo divergir da orientação do Plenário, deferiu liminar, monocraticamente, para suspender a aplicação provisória da pena a réu condenado em segundo grau de jurisdição, pendente o julgamento de recurso especial e extraordinário.

---

[39] BRASIL. STF. RE nº 655.265. Rel. p/ acórdão Min. Edson Fachin. *DJ*, 5 ago. 2016.

[40] SHAPIRO, David. The role of precedent in constitutional adjudication: an introspection. *Texas Law Review*, v. 86, n. 5, p. 929-957, 2008. p. 938.

A prolação de votos divergentes é uma prática valorizada no direito comparado, por fomentar a noção de que a decisão final é fruto de um processo deliberativo, no qual pontos de vista contrapostos são argumentados.[41] Tal não se confunde, entretanto, com a postura adotada nesses julgados, os quais são incompatíveis mesmo com um modelo fraco de *stare decisis*, perfilhando um modelo de ausência de vinculação.

Em tema de direitos fundamentais, a jurisprudência recente do STF contém avanços e retrocessos. Quanto à fundamentação dos julgados, a ênfase em considerações pragmatistas vem recebendo merecidas críticas doutrinárias.[42] Outro elemento questionável é que a existência, ou não, de precedentes sobre a matéria não tem constituído um fator ao qual o Tribunal pareça conferir maior destaque, ou atribuir maiores consequências normativas.

Esse quadro deve ser objeto de reflexões, conducentes a um aprimoramento do processo decisório da Corte. Como órgão de cúpula do Poder Judiciário, é missão do STF harmonizar os diferentes conjuntos normativos que compõem o direito brasileiro. Embora a operacionalização do *stare decisis* horizontal ainda não tenha atingido pleno desenvolvimento na Corte, trata-se de inovação normativa recente, sendo razoável supor que esse processo avançará nos próximos anos. Conforme essa implementação ganhe corpo, é importante que o sistema de direitos fundamentais e o de precedentes sejam manejados de forma sinérgica. Assim, no restante deste estudo, procurarei demonstrar que é possível conciliar a visão do direito como instrumento evolutivo, com a razoável preocupação de que valores formais como previsibilidade e estabilidade não sejam degradados por uma atenção exclusiva à justiça material de casos concretos. Nessa linha, proponho três *standards* decisórios sobre a superação de precedentes que lidem com matéria afeta a direitos fundamentais.

Naturalmente, não se tem a pretensão de conceber ferramentas capazes de fornecer soluções peremptórias aos casos em que direitos fundamentais entrem em jogo perante o STF. A prática, como regra, será mais complexa e envolverá outras variáveis, que, para o presente objetivo – e como limitação oriunda do tratamento do assunto em termos abstratos –, foram eliminadas. Nesse sentido, os parâmetros devem ser compreendidos como nortes interpretativos e foram cunhados tendo em mente, apenas, a interação entre o sistema de precedentes e o de direitos fundamentais.

O primeiro *standard* pode ser enunciado através da seguinte formulação:

> *Precedentes que neguem ou confiram proteção reduzida a direitos fundamentais contêm força mitigada, sendo reduzido o ônus argumentativo à sua superação diante de nova interpretação que conduza ao reconhecimento ou ao reforço da efetividade do(s) direito(s) pertinente(s).*

Direitos fundamentais materiais representam a positivação das decisões substantivas mais importantes do ponto de vista axiológico em dado sistema jurídico.

---

[41] STACK, Kevin M. The practice of dissent in the Supreme Court. *Yale Law Journal*, v. 105, n. 8, p. 2235-2259, 1996. p. 2.257.

[42] PEREIRA, Jane Reis Gonçalves. As garantias constitucionais entre utilidade e substância: uma crítica ao uso de argumentos pragmatistas em desfavor dos direitos fundamentais. *Direitos Fundamentais & Justiça*, v. 10, n. 35, p. 345-373, 2016. p. 345-373.

Consequentemente, as situações em que sofram ameaça são aquelas em que haverá mais forte razão para que os valores formais do *stare decisis* cedam, viabilizando a solução que lhes confira proteção mais reforçada. Como normas de estrutura tipicamente principiológica, constituem mandados de otimização, caracterizados por poderem ser satisfeitos em diferentes graus, conforme as possibilidades jurídicas e fáticas do momento.[43] Isso significa que, para que os direitos fundamentais possam desempenhar seu papel evolutivo, é necessário que a jurisprudência seja aberta a mudanças. Assim, parece insuficiente o critério alinhavado pelo STF, de que apenas diante de inconstitucionalidade a superação seria possível. Havendo a possibilidade de fortalecer um direito fundamental através desse mecanismo, é desaconselhável operar segundo critério tão restritivo. Nesse caso, o *overruling* se justifica tão somente por viabilizar a maior efetividade de um direito constitucional basilar.

Independentemente das razões que justifiquem a uniformização da aplicação do direito, essa meta não é absoluta, devendo se conciliar com aquelas substantivas encampadas pelo direito constitucional positivo. Isso significa que um apego irrestrito à estabilidade do direito, a ponto de impedir o avanço do sistema de direitos fundamentais pela via jurisdicional, não é compatível com a unidade, nem com a normatividade da Constituição. De fato, mesmo autores que valorizam o potencial conservador do *stare decisis* admitem que precedentes devem ser superados caso se tornem obstáculos ao reconhecimento ou à fruição de direitos básicos.[44]

Frequentemente, a atuação do STF é consentânea com esse parâmetro. Exemplo, digno de menção, relativo à adesão do Tribunal a esse parâmetro, é o HC nº 127.900.[45] Neste, a Corte, superando entendimento anterior, passou a entender que o art. 400 do Código de Processo Penal, o qual estabelece que o interrogatório do réu deve ser o último ato da instrução, se aplica a todos os procedimentos criminais regidos por leis especiais. Fosse a questão encarada sob ótica puramente infraconstitucional, o critério da especialidade de resolução de antinomias sugeriria a solução oposta – isto é, que o art. 400 do CPP constituiria norma geral, enquanto as disposições das leis extravagantes seriam especiais. Diversamente, a Corte considerou que a norma do CPP – que define o interrogatório do réu como o último ato da instrução – decorreria dos princípios constitucionais da ampla defesa e do contraditório, não se tratando de questão de especialidade.

Conforme a metáfora de Barry Friedman e Scott Smith, a interpretação da Constituição lhe confere caráter sedimentário: com o passar do tempo, diversas normas são agregadas a disposições escritas, alterando a sua topografia original. Se a Constituição, antes da interpretação, pode ser encarada como um documento plano, após se adicionar a cada texto as normas deste extraídas ao longo do tempo, o documento ganha uma terceira dimensão, da mesma forma que o acúmulo de sedimentos forma montanhas onde antes havia planícies.[46] Isso ilustra bem o funcionamento do sistema de direitos fundamentais,

---

[43] ALEXY, Robert. *Teoria dos direitos fundamentais*. São Paulo: Malheiros, 2008. p. 90.
[44] É o caso de SHAPIRO, David. The role of precedent in constitutional adjudication: an introspection. *Texas Law Review*, v. 86, n. 5, p. 929-957, 2008. p. 938.
[45] BRASIL. STF. HC nº 127.900. Rel. Min. Dias Toffoli. *DJ*, 3 ago. 2016.
[46] FRIEDMAN, Barry; SMITH, Scott B. The sedimentary Constitution. *University of Pennsylvania Law Review*, v. 137, n. 1, p. 1-90, 1998. p. 36 e ss.

que não é estático e, consequentemente, não se contenta com interpretações restritivas ou puramente textuais dos enunciados que os preveem, mas se caracteriza pela ampliação das situações protegidas por normas de direitos fundamentais, conforme o direito se desenvolva. É inevitável que um dos efeitos desse processo seja a superação de entendimentos jurisprudenciais que se revelem ultrapassados ou insatisfatórios.

O segundo parâmetro corresponde à face inversa do primeiro:

> *Precedentes que protejam um direito fundamental possuem autoridade reforçada, sendo a sua superação medida excepcional, que impõe razões especiais e com amparo constitucional evidente.*

Embora a sedimentação seja o movimento natural da interpretação constitucional, por vezes as disposições passam por processos inversos, de erosão normativa. Sabe-se que o movimento histórico de afirmação dos direitos humanos não segue trajetória linear. Períodos de avanço convivem com outros, de retrocesso. O reconhecimento judicial de direitos altamente divisivos perante a sociedade gera mobilizações em prol da reversão desses entendimentos.[47] Na arena jurídica, essas lutas costumam ser travadas na linguagem dos conflitos entre direitos, ou entre direitos fundamentais e outras metas constitucionais.

Em havendo intenção de reverter decisão que tenha avançado no fortalecimento de um direito fundamental, ainda que em situação de conflito entre preceitos constitucionais, o sistema de precedentes fortalece a preservação da orientação já adotada. Ainda mais intensa será a força constritiva da jurisprudência nas situações em que se busque reverter decisão que proteja direito fundamental, sem que sequer haja meta constitucional contraposta a ser promovida. Seria o caso, *e.g.*, de tentativas de reversão judicial do precedente que conferiu proteção jurídica às uniões homoafetivas, cujas ressalvas ao reconhecimento se fundavam em argumentos formalistas, como o apego à interpretação literal da Lei Maior, e não na tutela de meta constitucional colidente.

Há ganho adicional caso a adoção dos dois primeiros *standards* ocorra de forma explícita, qual seja, conferir sistematicidade e coerência a decisões que, à primeira vista, podem sugerir uma postura contraditória, ou mesmo decisionista por parte da Corte, que ora decide afirmando possuir o *stare decisis* força reforçada, ora fundamenta decisões com base em premissa contrária. Não haverá contradição real se a fundamentação do Tribunal for clara no sentido de que, em todos os casos, o sistema de precedentes atua a serviço de um direito fundamental, cuja proteção pode se dar através de um movimento de superação, ou preservação de um precedente, a depender do cenário.[48]

---

[47] Sobre o assunto, v.: POST, Robert C.; SIEGEL, Reva B. Roe rage: democratic constitutionalism and backlash. *Harvard Civil Rights-Civil Liberties Law Review*, v. 42, n. 2, p. 373-434, 2007.

[48] No ponto, a análise comparada é valiosa. Houve quem considerasse a Suprema Corte norte-americana contraditória ao comparar os julgados *Planned Parenthood v. Casey* e *Lawrence v. Texas*. Enquanto no primeiro se fez forte uso retórico do *stare decisis* para se considerar que *Roe v. Wade* não deveria ser superado, no segundo, se considerou que a vinculação aos precedentes não constrangia a Corte a ponto de impedir o *overruling* de *Bowers v. Hardwick*, precedente em que esse Tribunal decidiu que a criminalização de atos sexuais consensuais entre adultos do mesmo gênero não seria inconstitucional. A análise das decisões voltada exclusivamente ao *stare decisis* fomentou críticas, no sentido de que este estaria sendo aplicado com pesos distintos, de forma casuísta. Já a leitura dos julgados atenta às suas implicações no âmbito de liberdades fundamentais permite se encontrar coerência na atuação da Corte: enquanto no primeiro precedente a preservação do precedente era a forma de se

Julgado do STF contrário a esse parâmetro foi o HC nº 126.292,[49] posteriormente reafirmado em regime de repercussão geral (ARE nº 964.246),[50] no qual se decidiu que não é incompatível com o princípio da presunção de inocência a execução da pena privativa de liberdade após condenação em segunda instância. O precede implica superação frontal do entendimento anterior da Corte, firmado no HC nº 84.078,[51] cujo teor foi o de que antes do trânsito em julgado da sentença condenatória, apenas a prisão cautelar é compatível com o referido princípio e com a ampla defesa.

A fundamentação da reversão foi calcada, sobretudo, em razões pragmatistas e processuais, entre essas últimas a circunstância de que, nos recursos excepcionais, é interditado o reexame de matéria fática e que estes não possuem efeito suspensivo, o qual poderia ser concedido através de medida cautelar. É preciso levar em consideração que o êxito em obter essa medida depende da atuação bem-sucedida de um advogado.[52] Entretanto, sabe-se que, de um lado, o custeio de advogados particulares perante os Tribunais Superiores é especialmente oneroso e, de outro, a Defensoria Pública ainda não dispõe de recursos e estrutura para atender de forma ideal a todos os que dela necessitam. Isso significa que condicionar a efetividade da presunção de inocência nas instâncias superiores à concessão de medidas de urgência tende a produzir impacto desproporcional sobre a camada materialmente desprivilegiada da população, prejudicando o acesso à justiça, o qual, não custa lembrar, também é um direito fundamental. A afirmação de que os direitos fundamentais constituem um sistema quer dizer, também, que estes são interligados. Não raro, a ofensa a um resvala em outros, enfraquecendo-os globalmente.

Por fim, o terceiro parâmetro tem em mira situações em que oscilações jurisprudenciais gerem incerteza a respeito da orientação da Corte:

> *Constatadas linhas jurisprudenciais contraditórias a respeito de direitos fundamentais, deve a Suprema Corte privilegiar aquela que lhes confira maior proteção.*

Nesses cenários, a força do *stare decisis* atua não no sentido de manter estabilidade e previsibilidade, mas de atingi-las. Contudo, do ponto de vista exclusivo da uniformização do direito, é satisfatória a pacificação de jurisprudência oscilante em qualquer das direções às quais ela aponte. É a meta constitucional de progressivo fortalecimento do sistema de direitos fundamentais que norteia em que sentido o Tribunal deve se fixar.[53]

---

proteger uma liberdade fundamental, no segundo, o inverso era verdadeiro, isto é, a superação constituía o meio de reconhecimento de uma nova liberdade constitucionalmente protegida. Desenvolvendo a análise desses casos com maior profundidade, v.: ENSIGN, Drew. The impact of liberty on stare decisis: the Rehnquist Court from Casey to Lawrence. *New York University Law Review*, v. 81, n. 3, p. 1137-1165, 2006.

[49] BRASIL. STF. HC nº 126.292. Rel. Min. Teori Zavascki. *DJ*, 17 maio 2016.

[50] BRSIL. STF. ARE nº 964.246. Rel. Min. Teori Zavascki. *DJ*, 25 nov. 2016.

[51] BRASIL. STF. HC nº 84.078. Rel. Min. Eros Grau. *DJ*, 26 fev. 2010.

[52] Tendo em vista que a impetração de *habeas corpus* não é atividade privativa de advogado, é preciso pontuar que é concebível a situação em que a medida foi alcançada pela atuação de pessoa leiga, ou que desempenhe outra função.

[53] Esse *standard* se aproxima de critérios hermenêuticos como os princípios *favor libertatis* e *pro persona*, embora com eles não se confunda. Esses princípios concebem a interpretação como um processo de maximização da força expansiva e eficácia dos direitos fundamentais – o primeiro no plano constitucional; o segundo, no do direito internacional dos direitos humanos. Assim, numa situação de divergência interpretativa, deve-se priorizar aquela que confira maior proteção a esses direitos. Outro sentido usualmente atribuído a esses princípios é o de que, havendo conflito entre normas jurídicas, há presunção em favor da solução que dê maior proteção à

Diversas podem ser as causas de uma indefinição jurisprudencial. Exemplo típico no direito comparado é o do precedente que passa por sucessivos *distinguishings* ao longo do tempo, cada qual estabelecendo exceções ao entendimento original, a ponto de, após certo tempo, se perder a clareza a respeito de se a decisão original conserva sua autoridade. Trata-se do que ocorreu com *Miranda v. Arizona*, marco jurisprudencial norte-americano no qual, sinteticamente, a Suprema Corte decidiu que as garantias contra a autoincriminação oriundas da Quinta Emenda constitucional também se aplicam às investigações criminais, e não apenas em sede judicial. Como expõe a doutrina, o alcance original desse precedente foi encurtado por sucessivas decisões.[54] Embora esse quadro sugerisse que a Suprema Corte pavimentava o caminho para a superação de *Miranda*, o Tribunal expressamente rejeitou tal orientação em *Dickerson v. United States*, extirpando a dúvida da forma mais favorável à tutela dos direitos fundamentais, isto é, reafirmando *Miranda*.

Outros cenários possíveis são os de entendimentos conflitantes de órgãos fracionários de uma Suprema Corte, ou o de um precedente que seja inobservado pelo Tribunal, ou seus membros, em casos posteriores. Exemplificativamente, as Turmas do STF divergem a respeito da vedação, em certas hipóteses, da substituição da pena privativa de liberdade por pena restritiva de direitos em caso de condenação por contravenção penal.[55] No início deste tópico, foram citados dois casos de entendimentos do Pleno do STF que foram descumpridos pouco tempo após a sua prolação. Recordando-se, um deles diz respeito à aplicação do art. 400 do Código de Processo Penal aos procedimentos penais especiais, por força dos princípios constitucionais do contraditório e da ampla defesa e o outro, à possibilidade de cumprimento provisório de pena por réu condenado em segundo grau de jurisdição. É desnecessário pontuar o prejuízo aos valores formais atrelados ao *stare decisis* quando se opta pelo caminho de desconsiderar o entendimento firmado em Plenário do Tribunal do qual se faça parte. Multiplicando-se a divergência jurisprudencial, a forma de minorar o prejuízo daí decorrente é tornar o Plenário a se reunir, buscando-se, finalmente, pacificar a questão. Aqui, a atuação sinérgica entre o sistema de precedentes e o de direitos fundamentais aponta no sentido de estabilização da matéria da forma que confira a estes proteção mais robusta.

4 Conclusão: um *stare decisis* substantivado

A convivência entre o sistema de uniformização de jurisprudência e o direito constitucional, tal qual aquela entre estabilidade e justiça material, tende a ser conflituosa.

---

liberdade. Já o *standard* que proponho não tem em mira, especificamente, essas situações ou objetivos, buscando nortear o convívio entre o sistema de precedentes e o de direitos fundamentais. Trata-se de etapas distintas de raciocínio mais amplo, orientado à máxima proteção dos direitos fundamentais. Sobre os citados princípios, v.: PÉREZ LUNO, Antonio Enrique. *Derechos humanos, Estado de derecho y Constitución*. Madri: Tecnos, 2010. p. 321-322; MEDELLÍN URQUIAGA, Ximena. Principio pro persona. *Comisión de Derechos Humanos del Distrito Federal*, 2013. Disponível em: <http://www2.scjn.gob.mx/red/coordinacion/archivos_Principio%20pro%20persona.pdf>. Acesso em: 23 fev. 2018.

[54] LUNNEY, Leslie A. The erosion of Miranda: stare decisis consequences. *Catholic University Law Review*, v. 48, n. 3, p. 727-800, 1999. p. 727.

[55] Compare-se BRASIL. STF. Primeira Turma. HC nº 137.888. Rel. Min. Rosa Weber. *DJ*, 21 fev. 2018 e BRASIL. STF. Segunda Turma. HC nº 131.160. Rel. Min. Teori Zavascki. *DJ*, 8 nov. 2016.

Entre as posições que rejeitam peremptoriamente a vinculação aos precedentes em matéria constitucional e aquelas que absolutizam a aderência a decisões anteriores, procurei demarcar linha intermediária. A possibilidade de fortalecimento de um direito fundamental pela via judicial que exija a superação de precedente(s) deve fazer com que as amarras do *stare decisis* relaxem. O inverso também deve ocorrer: buscando-se a erosão de uma garantia fundamental pela via judicial, a estabilização do direito deve, em princípio, prevalecer. Por fim, havendo indefinição na própria Corte a respeito de sua orientação sobre um tema afeto a direitos fundamentais, deve haver novo pronunciamento decisivo que pacifique a questão. O sistema de direitos fundamentais milita em prol de que a solução prevalecente seja aquela que mais o fortaleça. Devidamente irrigado por parâmetros substantivos, que guiem seu funcionamento horizontal, o *stare decisis* pode atuar em sinergia com o sistema de direitos fundamentais.

Referências

ALEXY, Robert. *Teoria dos direitos fundamentais*. São Paulo: Malheiros, 2008.

BANKOWSKI, Zenon; MACCORMICK, Neil D. Precedent in the United Kingdom. In: MACCORMICK, Neil D.; SUMMERS, Robert S.; GOODHART, Arthur L. (Coord.). *Interpreting precedents*. Londres: Ashgate, 2016.

BARROSO, Luís Roberto. *O controle de constitucionalidade no direito brasileiro*. Rio de Janeiro: Saraiva, 2012.

BURTON, Steven J. The conflict between stare decisis and overruling in constitutional adjudication. *Cardozo Law Review*, v. 35, n. 5, p. 1687-1714, 2014.

CROSS, Rupert; HARRIS, J. W. *Precedent in English law*. Oxford: Clarendon, 2004.

DUXBURY, Neil. *Nature and authority of precedent*. Cambridge: Cambridge, 2008.

DWORKIN, Gerald. Stare decisis in the house of lords. *The Modern Law Review*, v. 25, n. 2, p. 163-178, 1992.

DWORKIN, Ronald. *Law's empire*. Cambridge: Harvard University, 1986.

ENSIGN, Drew. The impact of liberty on stare decisis: the Rehnquist Court from Casey to Lawrence. *New York University Law Review*, v. 81, n. 3, p. 1137-1165, 2006.

FALLON, Richard. Stare decisis and the constitution: an essay on constitutional methodology. *New York University Law Review*, v. 76, n. 2, p. 570-597, 2001.

FRIEDMAN, Barry. The wages of stealth overruling (with particular attention to Miranda v. Arizona). *The Georgetown Law Journal*, v. 99, n. 1, p. 1-63, 2010.

FRIEDMAN, Barry; SMITH, Scott B. The sedimentary Constitution. *University of Pennsylvania Law Review*, v. 137, n. 1, p. 1-90, 1998.

FULLER, Lon L. *The morality of law*. New Haven: Yale University, 1969.

GONÇALVES, Gabriel Accioly. *O desenvolvimento judicial do direito*: construções, interpretação criativa e técnicas manipulativas. Rio de Janeiro: Lumen Juris, 2016.

KOZEL, Randy J. Stare decisis as judicial doctrine. *Washington and Lee Law Review*, v. 67, n. 2, p. 411-466, 2010.

LAWSON, Gary. The constitutional case against precedent. *Harvard Journal of Law & Public Policy*, v. 17, n. 1, p. 23-34, 1994.

LEE III, Emery G. Overruling rhetoric: the court's new approach to stare decisis in constitutional cases. *University of Toledo Law Review*, v. 33, n. 3, p. 581-619, 2002.

LEE, Thomas R. Stare decisis in historical perspective: from The Founding Era to The Rehnquist Court. *Vanderbilt Law Review*, v. 52, n. 3, p. 647-735, 1999.

LUNNEY, Leslie A. The erosion of Miranda: stare decisis consequences. *Catholic University Law Review*, v. 48, n. 3, p. 727-800, 1999.

MEDELLÍN URQUIAGA, Ximena. Principio pro persona. *Comisión de Derechos Humanos del Distrito Federal*, 2013. Disponível em: <http://www2.scjn.gob.mx/red/coordinacion/archivos_Principio%20pro%20persona.pdf>. Acesso em: 23 fev. 2018.

MELLO, Patrícia Perrone Campos; BARROSO, Luís Roberto. Trabalhando com uma nova lógica: a ascensão dos precedentes no direito brasileiro. *Revista da AGU*, v. 15, n. 3, p. 9-52, 2016.

PEREIRA, Jane Reis Gonçalves. As garantias constitucionais entre utilidade e substância: uma crítica ao uso de argumentos pragmatistas em desfavor dos direitos fundamentais. *Direitos Fundamentais & Justiça*, v. 10, n. 35, p. 345-373, 2016.

PÉREZ LUNO, Antonio Enrique. *Derechos humanos, Estado de derecho y Constitución*. Madri: Tecnos, 2010.

POST, Robert C.; SIEGEL, Reva B. Roe rage: democratic constitutionalism and backlash. *Harvard Civil Rights-Civil Liberties Law Review*, v. 42, n. 2, p. 373-434, 2007.

SARLET, Ingo. *A eficácia dos direitos fundamentais*. Porto Alegre: Livraria do Advogado, 2001.

SHAPIRO, David. The role of precedent in constitutional adjudication: an introspection. *Texas Law Review*, v. 86, n. 5, p. 929-957, 2008.

STACK, Kevin M. The practice of dissent in the Supreme Court. *Yale Law Journal*, v. 105, n. 8, p. 2235-2259, 1996.

STARGER, Colin. The dialectic of stare decisis doctrine. In: PETERS, Christopher J. (Coord.). *Precedent in the United States Supreme Court*. Nova York: Springer, 2013.

VERMEULE, Adrian. Common law constitutionalism and the limits of reason. *Columbia Law Review*, v. 107, n. 6, p. 1482-1532, 2007.

WALDRON, Jeremy. Stare decisis and the rule of law: a layered approach. *Michigan Law Review*, v. 111, n. 1, p. 1-32, 2012.

YOUNG, Ernest. Rediscovering conservatism: Burkean political theory and constitutional interpretation. *North Carolina Law Review*, v. 72, n. 3, p. 625-724, 1994.

Informação bibliográfica deste texto, conforme a NBR 6023:2002 da Associação Brasileira de Normas Técnicas (ABNT):

GONÇALVES, Gabriel Accioly. Stare decisis horizontal e Constituição: concebendo um sistema de precedentes a serviço dos direitos fundamentais. In: BARROSO, Luís Roberto; MELLO, Patrícia Perrone Campos (Coord.). *A República que ainda não foi*: trinta anos da Constituição de 1988 na visão da Escola de Direito Constitucional da UERJ. Belo Horizonte: Fórum, 2018. p. 415-432. ISBN 978-85-450-0582-7.

ACORDOS NÃO COMPLETAMENTE TEORIZADOS NA REPERCUSSÃO GERAL: A RAZÃO DE SER DO *QUORUM* DE DOIS TERÇOS PREVISTO NO ART. 102, §3º, DA CONSTITUIÇÃO

FREDERICO MONTEDONIO REGO

1 Introdução[1]

Uma das normas menos compreendidas da Constituição de 1988 é a que institui o *quorum* de dois terços dos ministros do STF para recusar um recurso extraordinário por ausência de repercussão geral (art. 102, §3º, incluído pela EC nº 45/2004). O objetivo deste artigo é discutir a razão de ser deste elevadíssimo *quorum*, à luz da natureza da repercussão geral: um instrumento destinado a racionalizar o trabalho do Supremo Tribunal Federal, tal como ocorre com os filtros de relevância instituídos em tribunais de vários países. Espera-se demonstrar que a exigência de concordância de oito dos onze ministros do STF qualifica a decisão negativa de repercussão geral, de tal modo que ela pode representar um "acordo não completamente teorizado", na terminologia de Cass Sunstein, e assim permitir à Corte uma seleção qualitativa dos recursos extraordinários a serem julgados. Dessa forma, o Supremo Tribunal Federal poderá cumprir melhor a sua função precípua, de guarda da Constituição de 1988 (art. 102, *caput*), cujo texto, apesar das críticas que lhe podem ser dirigidas, legou ao país um dos seus maiores períodos de estabilidade institucional, a despeito de todas as crises.[2]

2 A aparente falta de lógica do *quorum* de admissibilidade de dois terços

O art. 102, §3º, da Constituição prevê que a repercussão geral só poderá implicar a "recusa" do recurso extraordinário se tal decisão for tomada por dois terços dos

---

[1] Este artigo reúne, de forma resumida, algumas das ideias defendidas em trabalho do autor, intitulado *Os efeitos das decisões negativas de repercussão geral: uma releitura do direito vigente* (Dissertação (Mestrado) – UniCEUB, Brasília, 2017. No prelo).

[2] Sobre o ponto, v. BARROSO, Luís Roberto. *Curso de direito constitucional contemporâneo.* 6. ed. São Paulo: Saraiva, 2017. p. 484-536.

ministros do STF, o que exige a concordância de oito dos onze juízes da Corte.[3] Trata-se de um *quorum* extremamente qualificado e significativo: note-se que a maioria absoluta dos ministros (seis de onze) pode declarar a inconstitucionalidade de uma lei (CF, art. 97), mas não pode negar repercussão geral no âmbito de um recurso extraordinário. Tal *quorum* equivale ao necessário para a modulação dos efeitos de decisão declaratória de inconstitucionalidade, reservada para casos em que a medida se justifique por "razões de segurança jurídica ou de excepcional interesse social" (art. 27 da Lei nº 9.868/1999), bem como para editar, revisar ou cancelar súmulas vinculantes (CF, art. 103-A, também incluído pela EC nº 45/2004).

A Constituição exige, portanto, um elevado nível de convergência entre os ministros para a negativa formal de repercussão geral ou, em outras palavras, um alto grau de esforço institucional, sobretudo quando se considera que a Corte é marcada pela atuação predominantemente individual de seus integrantes. Como se sabe, a "monocratização" do STF é um fenômeno preexistente à repercussão geral, que consiste na forma pela qual o Tribunal lida com a maior parte do volume. Apurou-se que, das decisões do STF entre 1992 e 2013, 93% foram monocráticas.[4] Dados oficiais confirmam essa observação: entre 2009 e 2016, a proporção de decisões monocráticas oscilou entre 84% e 89% do total de decisões.[5] Esse caráter habitual do exercício monocrático do poder decisório no STF pode levar à conclusão de que não faz sentido criar filtros colegiados. É o que se extrai da seguinte passagem:

> No ponto, criticável a opção constitucional, *data venia*. Ao procurar diminuir os julgamentos, criou-se uma *barreira burocrática*. O art. 557 do Código de Processo Civil [de 1973] autorizava até o mais – julgamento do mérito do recurso –, agora, em sede de recurso extraordinário, um pressuposto processual não poderá ser julgado com fundamento em tal dispositivo, mas o mérito recursal sim! Trata-se de uma verdadeira contradição: o relator pode julgar o mérito do recurso, provendo-o ou não, mas não poderá, monocraticamente, decidir se está presente o pressuposto da *repercussão geral*, salvo quando já houver precedente sobre o tema.[6]

De fato, gerou perplexidade a instituição de um requisito de admissibilidade que só poderia ser analisado pelo Plenário, se o julgamento do mérito do recurso continua, em regra, cabendo aos relatores (CPC/1973, art. 557, e CPC/2015, art. 932), ou às Turmas que eles integram (RI/STF, art. 9º, III). Talvez em razão do ônus envolvido na

---

[3] Há entendimento minoritário no sentido de que os dois terços se refeririam não ao Plenário, mas às Turmas, órgãos competentes para julgar recursos extraordinários, cf. art. 9º, III, do RI/STF (*v.g.* BERMUDES, Sergio. *A reforma do Judiciário pela Emenda Constitucional nº 45*. Rio de Janeiro: Forense, 2005. p. 57). Tal interpretação, no entanto, não resiste à literalidade do art. 102, §3º, da CF – que se refere a dois terços dos membros do Tribunal, e não de seus órgãos fracionários –, bem como do art. 543-A, §4º, do CPC/1973, que dispensava a remessa ao Plenário quando a repercussão geral fosse reconhecida por quatro votos na Turma: não haveria por que dispensar o que não ocorre.

[4] HARTMANN, Ivar; FERREIRA, Lívia da Silva. Ao relator, tudo: o impacto do aumento do poder do Ministro relator no Supremo. *Revista Opinião Jurídica*, Fortaleza, ano 13, n. 17, p. 268-283. p. 274. Disponível em: <http://periodicos.unichristus.edu.br/index.php/opiniaojuridica/article/view/266/179>. Acesso em: 30 out. 2016.

[5] BRASIL. Conselho Nacional de Justiça. *Supremo em ação 2017*: ano-base 2016. Brasília: Conselho Nacional de Justiça, 2017. p. 38. Disponível em: <http://rsa.cnj.jus.br/>. Acesso em: 2 jul. 2017.

[6] GOMES JUNIOR, Luiz Manoel; GAJARDONI, Fernando da Fonseca. Anotações sobre a repercussão geral nos recursos extraordinário e especial. In: FUX, Luiz; FREIRE, Alexandre; DANTAS, Bruno (Coord.). *Repercussão geral da questão constitucional*. Rio de Janeiro: Forense, 2014. p. 462.

convocação do Plenário, procurou-se maximizar a eficácia de suas decisões, inclusive negativas, expandindo-a para todos os casos sobre a mesma matéria.[7] Também se quis evitar reuniões desnecessárias do Plenário quando, numa das Turmas, quatro ministros se pronunciam pela existência de repercussão geral, a inviabilizar o alcance do *quorum* de dois terços em sentido contrário (CPC/1973, art. 543-A, §4º). Mas a praxe é que o julgamento do mérito dos casos com repercussão geral reconhecida sempre tem ocorrido pelo Plenário, ao qual o caso é afetado por sua relevância.[8] Isso é salutar, pois, do contrário, haveria risco de pronunciamentos contraditórios entre as duas Turmas sobre os mesmos temas relevantes. Por maior razão, casos com repercussão geral reconhecida não são, nem devem ser, julgados monocraticamente.[9]

Seja como for, o direito brasileiro vem apostando em "mecanismos de superprodução"[10] de decisões, notadamente a atribuição de poderes ao relator para decidir recursos em hipóteses progressivamente expandidas: no STF e no STJ, por força do art. 38 da Lei nº 8.038/1990; nos tribunais em geral, pelas leis nºs 9.139/1995 e 9.756/1998, que alteraram o art. 557 do CPC/1973; e, por fim, pelo art. 932 do CPC/2015 (que revogou o art. 38 da Lei nº 8.038/1990). A ampla utilização dessas decisões deixou em segundo plano o filtro criado para o STF, pois, ao menos na aparência, elas exigem um esforço muito menor que o requerido por um mecanismo de *quorum* muito elevado. De fato, se o relator pode, sozinho, decidir até mesmo o mérito de um recurso, não parece fazer sentido submeter a etapa de admissibilidade à concordância de dois terços do Plenário. Não é à toa que, mesmo com a instituição da repercussão geral, o STF ainda atua de forma esmagadoramente monocrática.

---

[7] "Em outros termos, para julgar será preciso um único magistrado; para não julgar serão necessários oito... A saída razoável será convocar o pleno do Supremo Tribunal Federal para decidir a transcendência de questões constitucionais referentes a demandas recorrentes, de tal sorte a decisão tomada em uma única sessão de julgamento possa servir para evitar o julgamento de diversos outros processos na mesma situação. A Constituição, porém, não deixa espaço confortável para essa interpretação, pois seu artigo 102, parágrafo 3º parece exigir, caso a caso, manifestação pontual da Corte" (CARMONA, Carlos Alberto. Reforma da Constituição e processo: promessas e perspectivas. *Revista da Procuradoria-Geral do Estado de São Paulo*, n. 61/62, p. 1-12, jan./dez. 2005. p. 6).

[8] Numerosos dispositivos do RI/STF respaldam a praxe segundo a qual os julgamentos mais relevantes são afetados ao Plenário, e que tal afetação independe de acórdão específico: arts. 6º, II, "b"; 11, I; 22, *caput* e parágrafo único, "b"; e 176, §1º.

[9] Note-se que o art. 325 do RI/STF prevê que, "uma vez definida a existência de repercussão geral", o relator ou "julgará o recurso", ou "pedirá dia para seu julgamento". Essa possibilidade de julgamento monocrático parece referir-se às hipóteses do art. 323, §2º, do RI/STF, isto é, aquelas em que a repercussão geral "se presume", porque o Plenário já decidiu o tema, ou porque a decisão recorrida viola súmula ou jurisprudência dominante, caso no qual é possível, em tese, o provimento do recurso por decisão monocrática (CPC/2015, art. 932, V). De toda forma, o art. 325 do RI/STF parece contemplar duas possibilidades de decisão em matéria de repercussão geral: "decisão monocrática" ou "acórdão", devendo ambos, porém, ser "integrados" por uma "decisão preliminar" tomada pelo Plenário sobre a matéria. Aparentemente, ou se trata de mera "formalização", tal como previsto no *caput* do dispositivo – o que é de difícil compreensão, já que não parece necessária uma decisão monocrática para "formalizar" uma deliberação colegiada –, ou se cuida da simples aplicação, pelos relatores de casos concretos, de uma deliberação colegiada tomada sobre determinado tema em tese.

[10] A terminologia pode ser encontrada em GIANNINI, Leandro. *El certiorari*: la jurisdicción discrecional de las Cortes Supremas. La Plata: Librería Editora Platense, 2016. t. I. p. 43.

Tabela 1 – Quantidade de decisões monocráticas e colegiadas do STF por ano[11]

Tipo de decisão	2010	2011	2012	2013	2014	2015	2016
Colegiada	11.291	13.054	12.062	14.088	17.056	17.704	14.526
Monocrática	98.140	89.151	77.690	76.073	97.298	98.866	102.900
Total	109.431	102.205	89.752	90.161	114.354	116.570	117.426

Além disso, apenas uma ínfima parcela das decisões colegiadas está diretamente inserida na sistemática da repercussão geral: entre os milhares de decisões da Corte, até 5.1.2018, apenas 974 foram relativas à afetação de questões ao regime de relevância do STF.[12] Assim, mesmo condicionando-se a admissibilidade dos recursos extraordinários à repercussão geral das questões constitucionais – e ainda que isso possa ser feito por meio eletrônico, sem sessões presenciais –, a solução monocrática alheia à relevância ainda é a preferencial, o que se explica, em parte, devido ao maior esforço institucional exigido pela utilização formal do filtro.[13] Assim, não se confirmou a previsão de que "o instituto reforçará a atuação colegiada paradigmática da Corte".[14]

3 Dando sentido ao *quorum*: um olhar sobre experiências estrangeiras

A instituição de um *quorum* de admissibilidade mais dificultoso que o necessário para julgar o mérito não é uma exclusividade brasileira. Como se sabe, a repercussão geral é inspirada em experiências estrangeiras de filtros de relevância,[15] a começar pela dos EUA, onde, segundo a Regra 10 das *Rules of the Supreme Court*, a Suprema Corte

---

[11] BRASIL. Conselho Nacional de Justiça. *Supremo em ação 2017*: ano-base 2016. Brasília: Conselho Nacional de Justiça, 2017. p. 39. Disponível em: <http://rsa.cnj.jus.br/>. Acesso em: 2 jul. 2017.
[12] Dados disponíveis em: <portal.stf.jus.br/repercussaogeral/>.
[13] "[O] elevado quórum tornou por demais onerosa a recusa do recurso por ausência de repercussão geral, o que foi constatado nos resultados da aplicação do instituto no STF, na contramão do que se pretendia: desafogamento do tribunal do elevado número de processos (restrição procedimental)" (MEDINA, Damares. *A repercussão geral no Supremo Tribunal Federal*. São Paulo: Saraiva, 2016. p. 71-72).
[14] DANTAS, Bruno. *Repercussão geral*. 3. ed. São Paulo: Revista dos Tribunais, 2012. p. 317.
[15] Consta a seguinte passagem no voto do Deputado Federal Aloysio Nunes Ferreira, apresentado em 31.5.1999, como relator da Comissão da Reforma do Judiciário, que deu origem à EC nº 45/2004: "O Ministro do Supremo Tribunal Federal JOSÉ CELSO DE MELLO FILHO manifestou-se favorável ao retorno do requisito da relevância, em palestra proferida nesta Comissão: 'Entendo recomendável discutir, ainda, a possível reintrodução em nosso sistema constitucional do instrumento da arguição de relevância, para permitir ao Supremo Tribunal o exercício do poder de selecionar com prudente discrição as causas suscetíveis de exame jurisdicional em sede de recurso extraordinário, à semelhança do que já ocorreu sob o domínio da Carta anterior e do que hoje se verifica no sistema argentino. O Congresso da Argentina, em 1990, pela Lei Federal argentina 23.774, de 1990, introduziu no art. 280 do seu Código de Processo Civil, o requisito da transcendência, permitindo que esse requisito atue como instrumento de filtragem, de escolha e seleção pela Suprema Corte das causas, em função, precisamente, do seu maior grau de relevância, à semelhança do que já, também ocorre nos Estados Unidos, desde a Reforma Judiciária, introduzida em 1925 pelo Congresso Norte-Americano, refiro-me ao writ of certiorari'" (PROJETOS. *Revista Jurídica da Presidência*, Brasília, v. 1, n. 2. p. 25. Disponível em: <https://revistajuridica.presidencia.gov.br/index.php/saj/article/view/1047/1031>. Acesso em: 25 maio 2017. Grifos nossos).

exerce uma jurisdição amplamente discricionária, podendo deixar de conhecer causas sem motivação, desde que o faça por ao menos dois terços dos seus juízes. Assim, é necessário que pelo menos seis de nove *justices* estejam de acordo para que negar o *certiorari*, de modo a não conhecer da causa.

Trata-se da *rule of four*, regra costumeira pela qual a análise do mérito de um processo pela Corte depende da concordância de ao menos quatro juízes, e que serve como contrapeso ao exercício da discricionariedade na concessão do *certiorari*.[16] Levando-se em conta outra norma igualmente costumeira (*join-three vote*), segundo a qual, havendo três votos pela concessão do *certiorari*, um dos *justices* reconsidera sua posição original, e junta-se à minoria para que sejam obtidos os quatro votos necessários, conclui-se que, na prática, são necessários ainda mais que dois terços dos votos (sete de nove) para negar o *certiorari*. Mesmo assim, o filtro é amplamente aplicado e cerca de 99% dos casos não são conhecidos: de 2004 a 2013, na média, houve uma apresentação de 7.934 casos por ano, dos quais 82 foram admitidos,[17] de modo a seguir-se o rito até a decisão de mérito, com sustentações orais.

Na Alemanha, o Tribunal Federal Constitucional recebe cerca de 6.000 novos casos por ano – o que é considerado uma "alta carga de trabalho" –, dos quais se entende que aproximadamente 99% não apresentam "significação constitucional fundamental".[18] Restariam, portanto, cerca de 60 casos mais importantes. A comparação é desconcertante: "o número de processos julgados ou recebidos pela Corte Constitucional alemã, entre 1951 e 2002 (141.712 processos) é equivalente ao número de pleitos que o STF recebe em um ano ou dois anos".[19] Isso porque o tribunal pode inadmitir uma reclamação constitucional (*Verfassungbeschwerde*) sem motivação (BVerfGG, §93d, (1)), desde que o faça por unanimidade, se o caso for julgado em uma das Câmaras, ou por três quartos dos juízes, se a competência for de um dos Senados.

Na França, onde as decisões sempre são unânimes,[20] a Corte de cassação pode inadmitir recursos por "decisões não especialmente motivadas" (CPC francês, art. 1.014), prática já validada pela Corte Europeia de Direitos Humanos, à luz do dever de motivação decorrente do art. 6º, 1, da Convenção Europeia de Direitos Humanos (caso *Burg et autres c. France*, j. 28.1.2003, entre outros). Em suma: países de distintas tradições jurídicas, com elevado grau de respeito às garantias processuais das partes em geral, e ao dever de motivação em particular, deixam de motivar as decisões de inadmissão de

---

[16] REHNQUIST, William. *The Supreme Court*. New York: Vintage Books, 2007. p. 244-246. *E-book*.

[17] GIANNINI, Leandro. *El certiorari*: la jurisdicción discrecional de las Cortes Supremas. La Plata: Librería Editora Platense, 2016. t. I. p. 192-193, nota 142; p. 243. Dados oficiais mais atualizados, até o ano de 2015, que observam o mesmo padrão, podem ser encontrados em: SUPREME COURT OF THE UNITED STATES. *Cases on Docket, Disposed of, and Remaining on Docket at Conclusion of October Terms, 2011 Through 2015*. Disponível em: <http://www.uscourts.gov/sites/default/files/supcourt_a1_0930.2016.pdf>. Acesso em: 27 maio 2017.

[18] ALEMANHA. Bundesverfassungsgerich. *Court and Constitutional Organ*. Disponível em: <http://www.bundesverfassungsgericht.de/EN/Das-Gericht/Gericht-und-Verfassungsorgan/gericht-und-verfassungsorgan_node.html>. Acesso em: 10 maio 2017.

[19] MENDES, Gilmar Ferreira. Mecanismos de celeridade e simplificação da prestação jurisdicional: breve análise da repercussão geral e da súmula vinculante. In: FRANCO FILHO, Georgenor de Sousa *et al*. *Direito e processo do trabalho em transformação*. Rio de Janeiro: Elsevier, 2007. p. 87.

[20] A explicação para essa prática é a de que os julgamentos devem expressar o entendimento unitário da Corte, cuja autoridade ficaria minada por votos individuais divergentes. Além disso, o anonimato protegeria os juízes de pressões, preservando sua independência.

recursos que não superam o teste da relevância. Por tal razão, tais decisões têm efeitos restritos ao caso concreto, não servindo como precedentes.[21]

4 Filtros de relevância como acordos não completamente teorizados

A instituição de filtros de relevância em vários países justifica-se pela necessidade de empregar a limitada capacidade de trabalho das cortes supremas nas questões mais relevantes. Se tais tribunais proferirem um número excessivo de decisões motivadas, haverá uma banalização dos seus pronunciamentos e um comprometimento das suas funções e da sua própria autoridade institucional: é materialmente impossível conhecer e seguir um tribunal que profere um número exorbitante de decisões que, não raro, conflitam entre si, comprometendo a consistência da jurisprudência.

Assim, os filtros de relevância funcionam de acordo com a seguinte mecânica básica: de um lado, os casos considerados importantes recebem uma motivação analítica e exaustiva – indispensável para o funcionamento de um sistema de precedentes –, a qual permite que eles sejam invocados em situações semelhantes; de outro, havendo acordo num tribunal quanto à reduzida importância de uma controvérsia, a ênfase é dada a esse consenso, e não às razões que cada juiz possa ter para chegar a essa conclusão.

Essa hipótese é um tipo de "acordo não completamente teorizado" (*incompletely theorized agreement*), na terminologia de Cass Sunstein,[22] isto é, um acordo sobre *o que fazer*, sem necessariamente haver concordância sobre as *razões para fazê-lo*. O acordo se dá quanto ao resultado ou a razões com baixo grau de universalidade. Isso ocorre em situações cotidianas: *e.g.*, é possível que duas pessoas discordem sobre os motivos pelos quais se deve impor uma sanção a um criminoso – com base em distintas teorias da pena, como a retributiva e a preventiva –, mas, diante de um crime, concordem que uma pena deve ser imposta.

Segundo Sunstein, "acordos não completamente teorizados" são uma estratégia de convivência numa sociedade plural, pois preservam o respeito entre os interlocutores, que não precisam questionar as crenças fundamentais uns dos outros se isso não for necessário para resolver problemas concretos: se é impossível concordar em planos muito abstratos, passa-se a planos mais concretos até que o consenso seja possível. Além disso, esse tipo de acordo atende a relevantes fins práticos, porquanto decisões baseadas em teorizações abrangentes são muito trabalhosas e apresentam um grau menor de flexibilidade e abertura para o futuro, já que servem como precedentes para situações do porvir ainda não totalmente conhecidas. Para resolver apenas o caso presente, o ideal é não oferecer uma motivação ambiciosa demais.

Assim, Sunstein apresenta o filtro de relevância da Suprema Corte dos EUA (*writ of certiorari*) como um exemplo de "acordo não teorizado", que visa a resolver apenas e tão somente um caso concreto (*full particularity*),[23] sem criar precedentes:

---

[21] Para uma análise mais detalhada dos modelos vigentes nos EUA, Alemanha, França, Reino Unido, Argentina e Itália, v. REGO, Frederico Montedonio. *Os efeitos das decisões negativas de repercussão geral*: uma releitura do direito vigente. Dissertação (Mestrado) – UniCEUB, Brasília, 2017. No prelo. p. 105-141.

[22] SUNSTEIN, Cass. Incompletely theorized agreements. *Harvard Law Review*, v. 108, p. 1733-1772, 1994. Disponível em: <http://chicagounbound.uchicago.edu/cgi/viewcontent.cgi?article=1149&context=public_law_and_legal_theory>. Acesso em: 4 abr. 2017.

[23] O exemplo da denegação de *certiorari* como decisão voltada apenas para o caso concreto também pode ser encontrado em SCHAUER, Frederick. "Giving reasons". Stanford Law Review, v. 47, n. 4, p. 637 e 653, abr.1995.

Dar razões é algo normalmente valorizado no direito, como naturalmente deveria ser. Sem razões, não há garantia de que as decisões não serão arbitrárias ou irracionais, e as pessoas perderiam a capacidade de se planejar.

Em poucas áreas do direito, no entanto, permite-se às instituições operar com particularidade total. As pessoas concordam com o resultado, mas não precisam dar razões para sua decisão. Com particularidade total, o julgamento não é apenas não completamente teorizado; ele não é teorizado em medida alguma. *Ao denegar certiorari, por exemplo, a Suprema Corte fica em silêncio*; ao dar veredictos, júris não oferecem razões; processos seletivos universitários produzem resultados, mas raramente justificações. *Cada decisão se aplica* única *e exclusivamente ao caso concreto em questão*. Os participantes podem ter razões, mas se recusar a dá-las; ou eles podem não ter razões, no sentido de que não são capazes de articular o que serve de base para a decisão; ou cada um deles, numa instituição colegiada, pode ter suas razões, mas ser incapaz de concordar com os demais sobre elas, e assim deixam o resultado oficialmente inexplicado. Em todos esses casos, trata-se de uma abordagem com particularidade total porque, por sua própria natureza, razões são mais abstratas que os resultados que elas justificam. Uma vez tornadas públicas, razões podem assim se aplicar a casos que a corte, ao justificar uma decisão particular, ainda não tem diante de si.[24]

5 O *quorum* qualificado como contrapeso da impraticabilidade de motivação analítica de todas as decisões negativas de repercussão geral

À luz do exposto, começa a tomar forma a razão de ser da exigência do *quorum* de dois terços dos ministros para negar repercussão geral.[25] Afirmar que o *quorum* seria destinado a evitar a "acumulação de poderes na figura do relator"[26] é insatisfatório, pois,

---

Disponível em: <http://www.law.virginia.edu/pdf/faculty/hein/schauer/47stan_l_rev633_1995.pdf>. Acesso em: 28 mar.2017.

[24] SUNSTEIN, Cass. Incompletely theorized agreements. *Harvard Law Review*, v. 108, p. 1733-1772, 1994. p. 1754-1755. Disponível em: <http://chicagounbound.uchicago.edu/cgi/viewcontent.cgi?article=1149&context=public_law_and_legal_theory>. Acesso em: 4 abr. 2017. Tradução livre do autor. No original: "Reason-giving is usually prized in law, as of course it should be. Without reasons, there is no assurance that decisions are not arbitrary or irrational, and people will be less able to plan their affairs. In a few areas of law, however, institutions are permitted to operate with full particularity. People converge on the result, but they need offer no reasons for their decision. With full particularity, the judgment is not merely incompletely theorized: it is not theorized at all. *In denying certiorari, for example, the Supreme Court is silent*; in issuing verdicts, juries do not give reasons; college admission offices produce results but rarely justifications. *Each decision applies to the case at hand and to that case alone*. Participants may actually have reasons but refuse to give them; or they may lack reasons in the sense that they are unable to articulate what accounts for their decision; or each of them, on a multimember institution, may have reasons but be unable to agree with one another about them, and hence they leave an outcome officially unexplained. In any of these cases, this approach offers full particularity because, by their very nature, reasons are more abstract than the outcomes that they justify. Once offered publicly, reasons may therefore apply to cases that the court, in justifying a particular decision, does not have before it" (grifos nossos).

[25] Há quem entenda que "[e]sse quórum qualificado foi inspirado pela preocupação que nossa tradição recursal tem com o princípio do acesso ao Poder Judiciário e ao STF, por conseguinte, que muitas vezes se torna uma 4ª instância". Isso, porém, teria gerado "distorções sistêmicas, dentre elas o efeito *contramajoritário* no resultado do julgamento", dificultando "o delineamento do que o STF, como órgão colegiado, entende por repercussão geral, uma vez que o resultado acaba não espelhando o entendimento da maioria" (MEDINA, Damares. *A repercussão geral no Supremo Tribunal Federal*. São Paulo: Saraiva, 2016. p. 47-48). O texto que se segue procurará rebater as afirmações de que o *quorum* reforçado seria uma garantia de acesso ao STF, e que o controle da admissibilidade por uma minoria de quatro ministros seria disfuncional.

[26] TAVARES, André Ramos. A repercussão geral no recurso extraordinário. In: TAVARES, André Ramos; LENZA, Pedro; ALARCÓN, Pietro de Jesús. *Reforma do Judiciário*: analisada e comentada. São Paulo: Método, 2005. p. 218.

para isso, bastaria exigir maioria simples de um órgão fracionário. Assim, é comum encontrar na doutrina a justificativa segundo a qual se trata de uma forma de compensar o caráter indeterminado do conceito de repercussão geral. Afirma Bruno Dantas:

> No caso da repercussão geral, o fato é que estamos diante de um conceito jurídico indeterminado que encerra restrição a recurso de estatura constitucional. Dada sua indeterminação conceitual – que necessariamente envolve um elevado teor de subjetividade na aplicação *in concreto* –, o elevado *quorum* serve como "elemento compensador" da natural redução de previsibilidade, especialmente se cotejado com um conceito minucioso.[27]

O raciocínio do autor, porém, prossegue com a afirmação de que, "ao exigir *quorum* qualificadíssimo, o constituinte derivado acenou à sociedade que a regra continua a ser o cabimento do RE",[28] o que não é exato: basta ver que, apesar de exigirem *quorums* semelhantes, a Suprema Corte dos EUA e o Tribunal Constitucional alemão rejeitam cerca de 99% dos casos que chegam a tais cortes. O *quorum* qualificado nada tem a ver com a excepcionalidade da inadmissão do recurso extraordinário, que, como o próprio nome indica, é de natureza excepcional. Sustentar o contrário significa esquecer que a repercussão geral surgiu para limitar e racionalizar o acesso ao STF, e não para ampliá-lo ainda mais.[29]

Nesse sentido, o cômputo do *silêncio*[30] como um voto no sentido da existência de repercussão geral (RI/STF, art. 324, §1º) não significa que ela seja presumida:[31] trata-se apenas de uma regra destinada a prever os efeitos do silêncio como manifestação de vontade. Cuida-se de uma situação comum no direito em geral (*e.g.*, art. 111 do Código Civil) e nos julgamentos colegiados dos tribunais: quando o presidente da sessão, depois do voto do relator, indaga aos demais magistrados se há alguma divergência, o silêncio é considerado assentimento ao voto do relator; ele então proclama o resultado por unanimidade e chama o próximo item da pauta. Assim, é válida a instituição de regras prévias sobre como interpretar o silêncio,[32] sem que tal induza, de forma necessária,

---

[27] DANTAS, Bruno. *Repercussão geral*. 3. ed. São Paulo: Revista dos Tribunais, 2012. p. 233.

[28] DANTAS, Bruno. *Repercussão geral*. 3. ed. São Paulo: Revista dos Tribunais, 2012. p. 233. No mesmo sentido, sustentando que o *quorum* qualificado constitui uma "presunção de repercussão geral", *v.g.*: BERMUDES, Sergio. *A reforma do Judiciário pela Emenda Constitucional nº 45*. Rio de Janeiro: Forense, 2005. p. 57; MARINONI, Luiz Guilherme; MITIDIERO, Daniel. *Repercussão geral no recurso extraordinário*. 3. ed. São Paulo: Revista dos Tribunais, 2012. p. 54.

[29] Nesse sentido: "[...] se realmente houvesse uma presunção relativa de repercussão geral, não se imputaria ao próprio recorrente o ônus de demonstrá-la. *Data venia*, o alto *quorum* não presume existência da repercussão geral, apenas dificulta a demonstração do contrário, não desincumbindo o recorrente de comprová-lo no recurso extraordinário; refere-se à aferição do requisito, e não à repercussão geral em si" (LEVADA, Filipe Antônio Marchi. A repercussão geral na Constituição Federal e no projeto de lei que acrescenta os arts. 543-A e 543-B ao CPC. In: MELLO, Rogerio Licastro Torres de. *Recurso especial e extraordinário*: repercussão geral e atualidades. São Paulo: Método, 2007. p. 100).

[30] Entendendo que o silêncio não pode ser computado como um voto, devendo se aguardar manifestação expressa de todos os ministros da Corte sobre a repercussão geral: DANTAS, Bruno. *Repercussão geral*. 3. ed. São Paulo: Revista dos Tribunais, 2012. p. 338-340.

[31] Em sentido contrário ao do texto: MARINONI, Luiz Guilherme; MITIDIERO, Daniel. *Repercussão geral no recurso extraordinário*. 3. ed. São Paulo: Revista dos Tribunais, 2012. p. 59-60.

[32] Por isso, discorda-se de Damares Medina, quando afirma que a regra do art. 324, §2º, do RI/STF – que permite o cômputo do silêncio no sentido da ausência de repercussão geral quando o relator afirme que a matéria é infraconstitucional – seria "um *per saltum* regimental do exame de admissibilidade do recurso extraordinário em meio eletrônico e com a recepção da abstenção dos ministros como um juízo negativo de admissibilidade, sem

presunções positivas ou negativas: trata-se apenas de uma forma de permitir que o Plenário Virtual cumpra os fins para os quais foi concebido, isto é, viabilizar uma análise colegiada rápida do requisito de admissibilidade, evitando a realização de sessões presenciais e dilações além de vinte dias, pela impossibilidade de pedidos de vista nessa deliberação (RI/STF, art. 324, *caput*).

Embora seja correto justificar o *quorum* qualificado a partir da indeterminação do conceito de repercussão geral, tal explicação é incompleta. Isso porque faz parte da rotina judiciária – especialmente a de um tribunal constitucional – aplicar normas com alto grau de vagueza e indeterminação, como dignidade da pessoa humana (CF, art. 1º, III), intimidade (CF, art. 5º, X), moralidade (CF, art. 37, *caput*) etc. As normas constitucionais em geral são conhecidas por seu caráter aberto, de modo que apenas o fato de se estar diante de um conceito indeterminado não exaure a razão do *quorum* qualificado. Do contrário, haveria *quorums* reforçados em todos os outros casos que envolvessem conceitos indeterminados.

Quando se prevê que algo somente possa ser feito por no mínimo oito dos onze ministros do STF, é no mínimo intuitivo que se trata de algo significativo. Não é demais enfatizar: para declarar a inconstitucionalidade de uma lei ou ato normativo, exigem-se ao menos seis de onze ministros (CF, art. 97); para modular os efeitos de declaração de inconstitucionalidade por "razões de segurança jurídica ou de excepcional interesse social", exigem-se dois terços dos juízes da Suprema Corte (Lei nº 9.868/1999, art. 27); para editar, revisar ou cancelar uma súmula que produz "efeito vinculante em relação aos demais órgãos do Poder Judiciário e à administração pública direta e indireta, nas esferas federal, estadual e municipal", exigem-se oito de onze ministros do STF (CF, art. 103-A, incluído pela EC nº 45/2004).[33] Assim, a mesma emenda constitucional que criou a súmula vinculante, exigindo o *quorum* de dois terços dos ministros do STF, previu *quorum* idêntico para as decisões negativas de repercussão geral. Não é razoável concluir que uma deliberação com *quorum* tão qualificado seja igual a todas as outras, sujeita aos mesmos requisitos de quaisquer decisões de inadmissão de recursos extraordinários, que já podiam ser tomadas monocraticamente.

A explicação mais coerente com a natureza e as experiências inspiradoras do instrumento – e apta a dissipar a perplexidade da instituição de um requisito de admissibilidade formalmente mais dificultoso que o necessário para julgar o mérito – é a de que o *quorum* qualificado constitui um contrapeso destinado a compensar a impraticabilidade de uma motivação analítica das decisões negativas em larga escala. Considerando que a repercussão geral se mostra uma noção vaga, e que não é possível nem

---

autorização normativa ou constitucional expressa". Logo depois, a autora defende o cabimento de agravo da decisão do Plenário Virtual que assenta a índole infraconstitucional da controvérsia, quando é manifesto que o agravo só cabe de decisões monocráticas (MEDINA, Damares. *A repercussão geral no Supremo Tribunal Federal*. São Paulo: Saraiva, 2016. p. 56-57). Discorda-se também de Marinoni e Mitidiero, segundo os quais o silêncio somente pode ser interpretado no sentido da admissibilidade do recurso, e não da inadmissibilidade, porque o art. 102, §3º, da CF teria instituído uma "presunção de repercussão geral" (MARINONI, Luiz Guilherme; MITIDIERO, Daniel. *Repercussão geral no recurso extraordinário*. 3. ed. São Paulo: Revista dos Tribunais, 2012. p. 60). Mas, se isso não ocorre nem com as questões constitucionais, pelas razões já demonstradas no texto, muito menos se dá com as infraconstitucionais.

[33] O art. 4º da Lei nº 11.417/2006 permite que o mesmo *quorum* de dois terços excepcione a regra da eficácia imediata das súmulas vinculantes, restringindo seus efeitos vinculantes ou protraindo seu termo inicial, também por "razões de segurança jurídica ou de excepcional interesse público".

desejável um debate exaustivo sobre o requisito em dezenas de milhares de decisões, o constituinte entendeu que seria razoavelmente seguro afirmar a pouca relevância de uma controvérsia se dois terços dos ministros do STF concordassem a respeito.[34] Tal consenso, reforçado em razão do *quorum* qualificado, autoriza um "acordo não completamente teorizado", na terminologia de Sunstein, desde que a decisão tenha seus efeitos limitados ao caso concreto, sem gerar precedentes.[35] Trata-se de fórmula claramente inspirada nas experiências dos EUA e da Alemanha, onde o *quorum*, tão ou mais qualificado, compensa a indeterminação das fórmulas dos filtros de relevância e a falta de motivação das decisões negativas. A associação de tal *quorum* "prudencial" a experiências internacionais é afirmada por Arruda Alvim:

> A recusa do recurso extraordinário, porque ausente a repercussão geral, pela elevada maioria de dois terços é saudável, porquanto procura que esteja subjacente a essa recusa um alto grau de *certeza* e de *segurança*, compensatórias – diga-se assim – da circunstância de a repercussão geral constituir-se num conceito vago, propiciando menor certeza e menos segurança. Esse *quorum "prudencial"* coincide substancialmente com os do modelo alemão (§554b, 2, hoje revogado)[36] e norte-americano.[37]

O Código de Processo Civil reforçou aquilo que já decorre da Constituição, dando assim mais ênfase à ideia: a repercussão geral é um requisito "para apreciação exclusiva pelo Supremo Tribunal Federal" (CPC/1973, art. 543-A, §2º; CPC/2015, art. 1.035, §2º), ou seja, trata-se de um requisito que foge à regra geral segundo a qual a admissibilidade do recurso deve ser analisada primeiramente pela própria instância recorrida (CPC/1973, art. 542, §1º; CPC/2015, art. 1.030). Os ministros do STF são "nomeados pelo Presidente da República, depois de aprovada a escolha pela maioria absoluta do Senado Federal" (CF, art. 101, parágrafo único). Essas credenciais de natureza política[38] legitimam

---

[34] A lógica é a mesma tanto no regime da antiga arguição de relevância quanto no da atual repercussão geral. Nesse sentido, respectivamente: "[...] se uma questão não é considerada relevante por 4 entre 11 Ministros, presume-se que não é" (CORRÊA, Oscar Dias. A emenda regimental nº 2/85 ao Regimento Interno do STF. *Revista do Advogado*, n. 26, p. 7-30, ago. 1988. p. 17); "Sobre a decisão do STF inadmitindo o recurso, importante anotar que a Corte não terá que demonstrar detalhadamente por que entende não haver repercussão geral, inclusive à vista de não caber qualquer tipo de controle sobre tal deliberação. Daí a razão do elevado quórum acima indicado" (DINO, Flávio et al. *Reforma do Judiciário*: comentários à Emenda nº 45/2004. Niterói: Impetus, 2005. p. 76).

[35] Nesse sentido: "[...] o maior contrassenso da jurisdição constitucional do Supremo Tribunal Federal é a necessidade de os relatores produzirem decisões monocráticas em todos os processos não selecionados para repercussão geral. Metade da força de trabalho dos gabinetes dedica-se a processos em que a decisão de origem será mantida. Tinha que ser mais simples: o recurso não selecionado deveria transitar em julgado, e ponto. *Sem qualquer consequência para além do caso concreto, isto é, sem qualquer efeito sobre a tese em discussão*. É assim em todos os países desenvolvidos do mundo" (BARROSO, Luís Roberto. Prefácio – Quando menos é mais: repensando a jurisdição constitucional brasileira. In: GIACOMET, Daniela Allam e. *Filtros de acesso a Cortes Constitucionais*. Brasília: Gazeta Jurídica, 2017. p. X. Grifos nossos).

[36] O autor refere-se ao filtro de relevância utilizado, anteriormente à reforma do processo civil alemão em 2001, pela Corte Federal de Justiça (*Bundesgerichtshof* – BGH), tribunal com funções comparáveis às do Superior Tribunal de Justiça brasileiro. O filtro de relevância alemão analisado neste trabalho não é o do BGH, que subsiste em outros moldes, mas o do Tribunal Constitucional, que tem *quorum* qualificado.

[37] ALVIM, Arruda. A Emenda Constitucional 45 e a repercussão geral. *Revista de Direito Renovar*, v. 31, p. 75-130, jan./abr. 2005. No mesmo sentido: DANTAS, Bruno. *Repercussão geral*. 3. ed. São Paulo: Revista dos Tribunais, 2012. p. 232.

[38] A relação entre o modelo de indicação política dos membros das cortes supremas e seu papel como tribunais de precedentes ou guias do desenvolvimento do direito, o que lhes confere maior legitimidade democrática, pode ser encontrada em: MITIDIERO, Daniel. *Cortes superiores e cortes supremas*: do controle à interpretação, da jurisprudência ao precedente. 3. ed. São Paulo: Revista dos Tribunais, 2017. p. 75-76; 103-104.

tais juízes para decidir sob a forma de "acordos não completamente teorizados" em hipóteses específicas e explicam porque os tribunais de origem não podem, ao analisar a admissibilidade de recursos extraordinários, negar-lhes processamento por entender ausente a repercussão geral, salvo se o próprio STF já tiver negado repercussão geral à questão em tese (art. 1.042 do CPC/2015).[39]

Reforça essa conclusão a *irrecorribilidade das decisões negativas de repercussão geral* (CPC/1973, art. 543-A, *caput*; CPC/2015, art. 1.035, *caput*). Como se sabe, uma das funções do dever de motivação das decisões judiciais é permitir à parte prejudicada o exercício do direito de recorrer: assim, se não cabe recurso, o dever de motivação perde uma de suas funções. Embora, como regra geral, ele se estenda inclusive às decisões irrecorríveis, como parte de seu caráter não apenas endoprocessual (voltado às partes do processo), mas também extraprocessual (voltado à sociedade),[40] a atenuação da exigência de motivação analítica, ligada à irrecorribilidade das decisões negativas de repercussão geral, corresponde ao peso da autoridade que as toma.[41]

No atual quadro institucional brasileiro, a autoridade exercida por dois terços dos ministros do STF é algo que praticamente não encontra paralelo. Assim, depois de ter sua postulação analisada por um juiz de primeiro grau, por um tribunal e eventualmente por um tribunal superior, não parece razoável que uma parte pretenda obter explicações

---

[39] Tal dispositivo apenas consagrou a jurisprudência que o STF já havia construído antes da entrada em vigor do CPC/2015: Pleno, Rcls nºs 7.547 e 7.569. Rel. Min. Ellen Gracie, j. 19.11.2009; AI nº 760.358-QO. Rel. Min. Gilmar Mendes, j. 19.11.2009; MS nº 29.009 AgR. Rel. Min. Cármen Lúcia, j. 2.3.2011.

[40] TARUFFO, Michele. *A motivação da sentença civil*. Tradução de Daniel Mitidiero, Rafael Abreu e Vitor de Paula Ramos. São Paulo: Marcial Pons Brasil, 2015. p. 317-347.

[41] "Será útil para preparar a discussão notar a variedade de formas jurídicas em que não há o oferecimento de razões. Considere primeiramente a voz de uma lei, de um regulamento, ou da Constituição. Não se trata de uma voz de persuasão ou argumentação, mas de autoridade, de comando. Leis dizem, 'Faça isso!'; e não 'Faça isso porque...'. A simples afirmação característica das leis sugere uma relação entre a autoridade nela implícita e a não utilização de razões. Apenas raramente leis oferecem razões para justificar suas prescrições, e isso normalmente por preocupações sobre potenciais problemas interpretativos em casos difíceis. Tipicamente, legisladores, assim como sargentos e pais, simplesmente não veem necessidade de dar razões, e muitas vezes veem uma forte necessidade de não fazê-lo: dar uma razão é a antítese da autoridade. Quando a voz da autoridade falha, a da razão emerge. Ou vice-versa. Mas qualquer que seja a hierarquia entre razão e autoridade, razões são o que tipicamente oferecemos em apoio a uma conclusão precisamente quando o simples fato de termos tido a conclusão não é o bastante. E razões são o que tipicamente evitamos quando a afirmação da autoridade é pensada como algo importante por si só. [...] anunciar uma conclusão sem oferecer uma razão é consistente com o exercício da autoridade, pois tal anúncio efetivamente indica que discussões e objeções não serão toleradas. Quando a fonte da decisão mais que a razão por trás dela exige obediência, há menos justificativas para explicar o que baseia a decisão aos que a ela estão sujeitos" (SCHAUER, Frederick. Giving reasons. *Stanford Law Review*, v. 47, n. 4, p. 633-659, abr. 1995. p. 636-637 e 658. Disponível em: <http://www.law.virginia.edu/pdf/faculty/hein/schauer/47stan_l_rev633_1995.pdf>. Acesso em: 28 mar. 2017. Tradução livre do autor. No original: "It will be useful in further setting the stage to note the variety of legal modes in which reason-giving is absent. Consider first the voice of a statute, regulation, or constitution. The voice is not one of persuasion or argument, but one of authority, of command. Statutes say, 'Do it!'; they do not say, 'Do it because ..... .' The bare assertion characteristic of statutes suggests a relationship between the authority implicit in a statute and the nonuse of reasons in statutes. Only rarely do statutes offer reasons to justify their prescriptions, and then usually out of concern about potential interpretive problems in difficult cases. Typically, drafters of statutes, like sergeants and parents, simply do not see the need to give reasons, and often see a strong need not to: The act of giving a reason is the antithesis of authority. When the voice of authority fails, the voice of reason emerges. Or vice versa. But whatever the hierarchy between reason and authority, reasons are what we typically give to support what we conclude precisely when the mere fact that we have concluded is not enough. And reasons are what we typically avoid when the assertion of authority is thought independently important. [...] announcing an outcome without giving a reason is consistent with the exercise of authority, for such an announcement effectively indicates that neither discussion nor objection will be tolerated. When the source of a decision rather than the reason behind it compels obedience, there is less warrant for explaining the basis for the decision to those who are subject to it").

detalhadas sobre os motivos pelos quais seu recurso extraordinário não foi admitido, por decisão de ao menos oito ministros do STF, que não entra no mérito da controvérsia e tem seus efeitos limitados ao caso, como se verá a seguir. É natural que essa decisão seja irrecorrível. Exigir razões que pudessem ser questionadas, prolongando indefinidamente a duração do processo, comprometeria a autoridade do *quorum* qualificado de dois terços dos ministros do STF.[42]

Ainda em reforço da tese, o art. 1.035, §11, do CPC/2015, assim como fazia o art. 543-A, §7º, do CPC/1973, prevê que "[a] súmula da decisão sobre a repercussão geral constará de ata, que será publicada no diário oficial e valerá como acórdão". Trata-se do único preceito em que o Código usa a expressão *súmula da decisão*, e não *súmula da jurisprudência, súmula de tribunal, enunciado de súmula* ou simplesmente *súmula*, isoladamente ou acompanhada do adjetivo *vinculante*. Isso indica que o Código aqui usou a expressão *súmula* no sentido de "pequena suma; breve epítome ou resumo; sinopse, condensação".[43] Se *súmula* aqui tivesse o sentido de *totalidade*, ou se para essa decisão fosse necessária uma fundamentação como a exigida para os acórdãos em geral, não haveria sentido na parte final do preceito, segundo o qual essa súmula "valerá *como acórdão*", isto é, como decisão colegiada (CPC/2015, art. 204), tomada por no mínimo oito ministros do STF. Por que se daria valor de acórdão à "súmula da decisão" se fosse necessário depois publicar "outro" acórdão? Tudo indica que a decisão sobre a repercussão geral possa consistir apenas numa declaração sintética, com dispensa de motivação analítica.[44]

6 Ausência de relação entre o *quorum* qualificado e os efeitos da decisão

Uma objeção possível a essas conclusões é a de que a decisão de ausência de repercussão geral, tomada por dois terços dos ministros do STF, distingue-se das demais porque produz efeitos amplos, atingindo não apenas o caso concreto, mas todos os demais que discutam a mesma controvérsia. A razão da distinção, assim, não se referiria à motivação da decisão, mas aos seus efeitos.[45] Nessa linha, o *quorum* de

---

[42] Em sentido contrário, escreveu Barbosa Moreira à época da antiga arguição de relevância: "Não é a circunstância de estar emitindo a última palavra acerca de determinado litígio que exime o órgão judicial de justificar-se. Muito ao contrário, é nesse instante que a necessidade da justificação se faz particularmente aguda: o pronunciamento final, exatamente porque se destina a prevalecer em definitivo, e nesse sentido representa (ou deve representar) a expressão máxima da garantia, precisa, mais do que qualquer outro, mostrar-se apto a corresponder à função delicadíssima que lhe toca. Não é admissível que a garantia se esvazie, se despoje de eficácia, no momento culminante do processo mediante o qual é chamada a atuar. [...] Nem se diga que o fato de inexistir critério legal vinculativo, a ser observado na qualificação da questão como 'relevante', torna inócua a exigência da motivação. Já se acentuou que as opções do órgão judicial devem ser justificadas ainda quando (ou melhor: *sobretudo* quando) descansem sobre juízos de valor" (MOREIRA, José Carlos Barbosa. A motivação das decisões judiciais como garantia inerente ao estado de direito. *Revista Brasileira de Direito Processual*, v. 16, 1978. p. 89-90; 93-94). Não se quer discordar desse entendimento em tese ou de forma geral, mas apenas defender-se que, especificamente no caso da repercussão geral, a exigência de uma motivação igual ou até superior à aplicável às decisões em geral deixaria inexplicada a razão de ser do *quorum* e tornaria o filtro inócuo.

[43] SÚMULA. *Dicionário Houaiss*. Disponível em: <https://houaiss.uol.com.br/pub/apps/www/v3-2/html/index.php#0>. Acesso em: 21 jul. 2017.

[44] Em sentido contrário, entendendo que o dispositivo não autoriza a dispensa da "motivação constitucionalmente imposta a *quaisquer* decisões": BUENO, Cássio Scarpinella. Algumas considerações sobre o instituto da repercussão geral. In: FUX, Luiz; FREIRE, Alexandre; DANTAS, Bruno (Coord.). *Repercussão geral da questão constitucional*. Rio de Janeiro: Forense, 2014. p. 189-190.

[45] Nesse sentido, justificando essa expansão de efeitos a partir da atuação do Plenário da Corte: "Pouco importa que a Turma tenha competência para julgar o mérito do extraordinário e não tenha para apreciar a preliminar em

maioria absoluta do art. 97 da CF encontraria justificativa na eficácia *erga omnes* e no efeito vinculante das declarações de inconstitucionalidade em controle abstrato (CF, art. 102, §2º). A exigência de dois terços para modulação dos efeitos de declarações de inconstitucionalidade (art. 27 da Lei nº 9.868/1999) seria como um reforço da regra geral segundo a qual leis inconstitucionais não devem ter efeitos validados, o que decorreria do princípio da supremacia da Constituição. Já a previsão do *quorum* reforçado para edição, revisão e cancelamento de súmulas vinculantes decorreria da própria amplitude da eficácia desse instrumento (CF, art. 103-A). Segundo essa lógica, a exigência de dois terços dos ministros para negar repercussão geral estaria explicada pelos efeitos que tal decisão produziria necessariamente sobre todos os processos que discutam a mesma controvérsia, o que encontraria amparo nos arts. 543-A, §5º, e 543-B, §2º, do CPC/1973, e nos arts. 1.035, §8º, e 1.039, parágrafo único, do CPC/2015.

Tal explicação também não é exata. É preciso lembrar que o *quorum* qualificado também existia à época da arguição de relevância,[46] e nem por isso as decisões negativas projetavam efeitos para todos os recursos sobre certa matéria. Além disso, a exploração atenta dos exemplos acima reforça essa conclusão. A reserva de plenário (CF, art. 97) aplica-se a quaisquer declarações de inconstitucionalidade, por quaisquer tribunais (não só o STF), com ou sem efeitos vinculantes, isto é, em controle principal ou incidental:[47] exige-se a maioria absoluta não propriamente pelos efeitos da decisão, mas como reforço do princípio da presunção de constitucionalidade das leis. Já as exigências de dois terços para a modulação dos efeitos da declaração de inconstitucionalidade (Lei nº 9.868/1999, art. 27)[48] e para a edição, revisão e cancelamento de súmulas vinculantes (CF, art. 103-A)

---

questão. É que o incidente, tal como está sistematizado na Constituição e em sua regulamentação no CPC, não se restringe ao tratamento dos interesses das partes do processo em que foi instaurado. O objetivo da medida incidental é provocar um precedente com eficácia ampla que possa repercutir sobre todos os demais recursos que se apóiem na mesma tese de direito" (THEODORO JÚNIOR, Humberto. Repercussão geral no recurso extraordinário (Lei nº 11.418) e Súmula Vinculante do Supremo Tribunal Federal (Lei nº 11.417). *Revista Magister de Direito Civil e Processual Civil*, ano III, n. 18, p. 5-32, maio/jun. 2007. p. 17). Cf. também DANTAS, Bruno. *Repercussão geral*. 3. ed. São Paulo: Revista dos Tribunais, 2012. p. 233.

[46] O *quorum* era previsto no art. 328, VII, "d", do RI/STF (redação de 1980), e também no art. 328, §5º, VII, do RI/STF, na redação dada pela ER nº 2/1985, segundo a qual "[e]stará acolhida a arguição de relevância si nesse sentido se manifestarem quatro ou mais Ministros, sendo a decisão do Conselho, em qualquer caso, irrecorrível".

[47] Não se ignora a discussão sobre a existência ou não de efeitos vinculantes das decisões – apenas do STF – em controle incidental de constitucionalidade, o que teria feito "cair em desuso" o art. 52, X, da Constituição, que comete ao Senado a atribuição de suspender a execução de lei declarada inconstitucional pelo STF nesse tipo de controle. Trata-se da posição que foi defendida pelo Min. Gilmar Mendes no julgamento da Rcl nº 4.335, mas cujo debate acabou ficando prejudicado em razão da superveniência de uma súmula vinculante (a de nº 26), que tornou expressamente vinculante o entendimento que o referido ministro pretendia reconhecer a uma declaração de inconstitucionalidade feita em controle incidental (HC nº 82.959). De todo modo, ainda que prevalecesse essa visão, o *quorum* de maioria absoluta do art. 97 da Constituição não se justificaria em razão dos efeitos da decisão, já que se trata de norma dirigida a todos os tribunais, e não apenas ao STF.

[48] Há um sério questionamento quanto à constitucionalidade da exigência do *quorum* de dois terços para modular os efeitos das declarações de inconstitucionalidade (ADIs nºs 2.154 e 2.258, Rel. Min. Dias Toffoli). Em voto proferido no dia 16.8.2007, o Min. Sepúlveda Pertence, então relator, acolheu alegações de inconstitucionalidade formal e material do dispositivo (*Informativo STF*, n. 476). A Min. Cármen Lúcia pediu vista dos autos e até hoje o julgamento não foi retomado. No entanto, não se pode deixar de observar que o próprio STF já aplicou o dispositivo diversas vezes desde a entrada em vigor da lei, o que, ao menos tacitamente, significa reconhecer a sua validade. Não é aqui a sede própria para travar esse debate. Mas a alegação parece plausível porque a supremacia da Constituição não se dá exclusivamente pela proteção da norma especificamente violada pela lei inconstitucional, qualquer que ela seja, mas pela proteção da Constituição como um todo, que também

referem-se, sim, aos efeitos das respectivas deliberações. Isso não significa, porém, que a decisão de ausência de repercussão geral, que observa o mesmo *quorum* de dois terços, deva *sempre e necessariamente* ter efeitos expandidos para além do caso concreto.

Isso porque o art. 102, §3º, da Constituição preceitua que o requisito se refere à "admissão do recurso" (no singular), podendo a Corte "recusá-lo" (também no singular), por manifestação de dois terços dos seus membros. Vale dizer, a Constituição não prevê que a decisão negativa de repercussão geral se aplica *sempre* a *todos os recursos* (no plural) sobre uma mesma questão. A lei previu essa expansão de eficácia (CPC/1973, art. 543-A, §5º, e 543-B, §2º; CPC/2015, arts. 1.035, §8º, e 1.039, parágrafo único), como uma forma de resolver demandas repetitivas com uma única decisão, o que pode ser útil. No entanto, tal expansão de eficácia não é *automática* ou *obrigatória*. Em verdade, se a decisão de ausência de repercussão geral, por definição, refere-se a discussões que não "ultrapass[a]m os interesses subjetivos do processo" (CPC/2015, art. 1.035, §1º), é de se esperar que normalmente tal decisão tenha seus efeitos limitados ao caso dos autos em que proferida. Essa possibilidade de modulação ou limitação dos efeitos da decisão negativa de repercussão geral decorre até mesmo da lógica segundo a qual "quem pode o mais, pode o menos": se o STF pode, com uma única decisão tomada por dois terços dos seus membros, produzir o efeito de inadmitir todos os recursos extraordinários presentes e futuros que tramitem no território nacional sobre determinada questão jurídica, com maior razão o mesmo *quorum* pode inadmitir apenas um único recurso extraordinário – o do caso concreto.

Daí porque, à luz do direito brasileiro vigente, as decisões negativas de repercussão geral podem operar não só como um instrumento de resolução de demandas repetitivas, mas também como um instrumento de seleção qualitativa de recursos extraordinários. Este é o modelo típico de operação dos filtros de relevância no mundo: decisões negativas com efeitos restritos ao caso concreto, isto é, que inadmitem apenas o recurso em questão (CF, art. 102, §3º), sem gerar precedentes. Esse tipo de decisão, por seus efeitos limitados e pelo elevado *quorum* exigido, não exige motivação analítica, sendo suficiente, *e.g.*, a referência à base normativa que a autoriza. Não fazer isso é reduzir a repercussão geral a um instrumento de resolução de demandas repetitivas, de feição tímida e pouco eficaz, como tem sido até agora a prática do Tribunal. Nada mais distante dos fins para os quais foi concebido o instituto.[49]

---

abriga outras normas protetoras de expectativas legítimas (presunção de constitucionalidade das leis, segurança jurídica, boa-fé, moralidade administrativa etc.). Desse modo, a exigência do *quorum* de dois terços seria uma forma de dar uma preferência *a priori* à norma constitucional violada pela lei inválida, antes mesmo de saber-se de que norma constitucional se trata, em detrimento das normas protetoras de expectativas legítimas, que ficariam abstratamente desprivilegiadas. Isso seria uma forma de hierarquizar normas constitucionais ou de violar o princípio da unidade da Constituição. Sobre o tema, cf. BARROSO, Luís Roberto. *O controle de constitucionalidade no direito brasileiro*. 7. ed. São Paulo: Saraiva, 2016. p. 130-132.

[49] Para maior aprofundamento sobre o ponto, v. REGO, Frederico Montedonio. *Os efeitos das decisões negativas de repercussão geral*: uma releitura do direito vigente. Dissertação (Mestrado) – UniCEUB, Brasília, 2017. No prelo. p. 44-63; 182-208.

7 Conclusão

Procurou-se demonstrar que o *quorum* de dois terços dos ministros do STF, exigido pelo art. 102, §3º, da Constituição para as decisões negativas de repercussão geral, não se explica apenas como forma de evitar a acumulação de poderes nas mãos do relator, para o que bastaria maioria simples de um órgão fracionário. O *quorum* também não encontra justificativa suficiente no caráter indeterminado do conceito de repercussão geral, já que é rotina nas cortes supremas aplicar normas com alto grau de vagueza e indeterminação, e nem por isso essa exigência se aplica para todos os conceitos indeterminados. Muito menos o *quorum* faz presumir a repercussão geral, tornando ainda mais fácil o acesso ao STF, exatamente o contrário do que se pretende ao criar um filtro de relevância. O caráter extremamente significativo do *quorum*, compreendido à luz das experiências internacionais que inspiraram a criação da repercussão geral, impõe entendê-lo como um contrapeso destinado a compensar a impraticabilidade da motivação analítica de decisões negativas em larga escala.

Assim, as decisões negativas de repercussão geral podem ser tomadas sob a forma de "acordos não completamente teorizados", na terminologia de Cass Sunstein, de modo a resolver apenas o caso concreto e não gerar precedentes para casos futuros. Reforçam essa ideia: (a) o caráter exclusivo da apreciação da repercussão geral pelos ministros do STF (CPC/2015, art. 1.035, §2º), que são dotados de credenciais de natureza política (CF, art. 101, parágrafo único); (b) a irrecorribilidade das decisões negativas de repercussão geral (CPC/2015, art. 1.035, *caput*), reforçada pelo peso institucional do *quorum* reforçado; (c) a possibilidade de que a decisão seja tomada sob a forma de uma súmula, isto é, de uma declaração sintética que "valerá como acórdão" (CPC/2015, art. 1.035, §11).

Dessa forma, a repercussão geral pode operar não apenas como instrumento de resolução de demandas repetitivas, mas principalmente como instrumento de seleção qualitativa de recursos extraordinários, o que corresponde ao modelo típico de operação dos filtros de relevância no mundo: decisões negativas com efeitos restritos ao caso concreto, isto é, que inadmitem apenas o recurso em questão, ou, em outras palavras, que se limitam a "recusá-lo", no singular (CF, art. 102, §3º). Tal ferramenta, se bem utilizada, permitirá ao STF incrementar a efetividade de toda a Constituição de 1988, o que, passados trinta anos, ainda é uma das maiores aspirações da sociedade brasileira.

Referências

ALVIM, Arruda. A Emenda Constitucional 45 e a repercussão geral. *Revista de Direito Renovar*, v. 31, p. 75-130, jan./abr. 2005.

BARROSO, Luís Roberto. *Curso de direito constitucional contemporâneo*. 6. ed. São Paulo: Saraiva, 2017.

BARROSO, Luís Roberto. *O controle de constitucionalidade no direito brasileiro*. 7. ed. São Paulo: Saraiva, 2016.

BARROSO, Luís Roberto. Prefácio – Quando menos é mais: repensando a jurisdição constitucional brasileira. In: GIACOMET, Daniela Allam e. *Filtros de acesso a Cortes Constitucionais*. Brasília: Gazeta Jurídica, 2017.

BERMUDES, Sergio. *A reforma do Judiciário pela Emenda Constitucional nº 45*. Rio de Janeiro: Forense, 2005.

BRASIL. Conselho Nacional de Justiça. *Supremo em ação 2017*: ano-base 2016. Brasília: Conselho Nacional de Justiça, 2017. Disponível em: <http://rsa.cnj.jus.br/>. Acesso em: 2 jul. 2017.

BUENO, Cássio Scarpinella. Algumas considerações sobre o instituto da repercussão geral. In: FUX, Luiz; FREIRE, Alexandre; DANTAS, Bruno (Coord.). *Repercussão geral da questão constitucional*. Rio de Janeiro: Forense, 2014.

CARMONA, Carlos Alberto. Reforma da Constituição e processo: promessas e perspectivas. *Revista da Procuradoria-Geral do Estado de São Paulo*, n. 61/62, p. 1-12, jan./dez. 2005.

CORRÊA, Oscar Dias. A emenda regimental nº 2/85 ao Regimento Interno do STF. *Revista do Advogado*, n. 26, p. 7-30, ago. 1988.

DANTAS, Bruno. *Repercussão geral*. 3. ed. São Paulo: Revista dos Tribunais, 2012.

DINO, Flávio et al. *Reforma do Judiciário*: comentários à Emenda nº 45/2004. Niterói: Impetus, 2005.

GIACOMET, Daniela Allam e. *Filtros de acesso a Cortes Constitucionais*. Brasília: Gazeta Jurídica, 2017.

GIANNINI, Leandro. *El certiorari*: la jurisdicción discrecional de las Cortes Supremas. La Plata: Librería Editora Platense, 2016. 2 t.

GOMES JUNIOR, Luiz Manoel; GAJARDONI, Fernando da Fonseca. Anotações sobre a repercussão geral nos recursos extraordinário e especial. In: FUX, Luiz; FREIRE, Alexandre; DANTAS, Bruno (Coord.). *Repercussão geral da questão constitucional*. Rio de Janeiro: Forense, 2014.

HARTMANN, Ivar; FERREIRA, Lívia da Silva. Ao relator, tudo: o impacto do aumento do poder do Ministro relator no Supremo. *Revista Opinião Jurídica*, Fortaleza, ano 13, n. 17, p. 268-283. Disponível em: <http://periodicos.unichristus.edu.br/index.php/opiniaojuridica/article/view/266/179>. Acesso em: 30 out. 2016.

LEVADA, Filipe Antônio Marchi. A repercussão geral na Constituição Federal e no projeto de lei que acrescenta os arts. 543-A e 543-B ao CPC. In: MELLO, Rogerio Licastro Torres de. *Recurso especial e extraordinário*: repercussão geral e atualidades. São Paulo: Método, 2007.

MARINONI, Luiz Guilherme; MITIDIERO, Daniel. *Repercussão geral no recurso extraordinário*. 3. ed. São Paulo: Revista dos Tribunais, 2012.

MEDINA, Damares. *A repercussão geral no Supremo Tribunal Federal*. São Paulo: Saraiva, 2016.

MENDES, Gilmar Ferreira. Mecanismos de celeridade e simplificação da prestação jurisdicional: breve análise da repercussão geral e da súmula vinculante. In: FRANCO FILHO, Georgenor de Sousa et al. *Direito e processo do trabalho em transformação*. Rio de Janeiro: Elsevier, 2007.

MITIDIERO, Daniel. *Cortes superiores e cortes supremas*: do controle à interpretação, da jurisprudência ao precedente. 3. ed. São Paulo: Revista dos Tribunais, 2017.

MOREIRA, José Carlos Barbosa. A motivação das decisões judiciais como garantia inerente ao estado de direito. *Revista Brasileira de Direito Processual*, v. 16, 1978.

PROJETOS. *Revista Jurídica da Presidência*, Brasília, v. 1, n. 2. p. 25. Disponível em: <https://revistajuridica.presidencia.gov.br/index.php/saj/article/view/1047/1031>. Acesso em: 25 maio 2017.

REGO, Frederico Montedonio. *Os efeitos das decisões negativas de repercussão geral*: uma releitura do direito vigente. Dissertação (Mestrado) – UniCEUB, Brasília, 2017. No prelo.

REHNQUIST, William. *The Supreme Court*. New York: Vintage Books, 2007.

SCHAUER, Frederick. Giving reasons. *Stanford Law Review*, v. 47, n. 4, p. 633-659, abr. 1995. Disponível em: <http://www.law.virginia.edu/pdf/faculty/hein/schauer/47stan_l_rev633_1995.pdf>. Acesso em: 28 mar. 2017.

SUNSTEIN, Cass. Incompletely theorized agreements. *Harvard Law Review*, v. 108, p. 1733-1772, 1994. Disponível em: <http://chicagounbound.uchicago.edu/cgi/viewcontent.cgi?article=1149&context=public_law_and_legal_theory>. Acesso em: 4 abr. 2017.

TARUFFO, Michele. *A motivação da sentença civil*. Tradução de Daniel Mitidiero, Rafael Abreu e Vitor de Paula Ramos. São Paulo: Marcial Pons Brasil, 2015.

TAVARES, André Ramos. A repercussão geral no recurso extraordinário. In: TAVARES, André Ramos; LENZA, Pedro; ALARCÓN, Pietro de Jesús. *Reforma do Judiciário*: analisada e comentada. São Paulo: Método, 2005.

THEODORO JÚNIOR, Humberto. Repercussão geral no recurso extraordinário (Lei nº 11.418) e Súmula Vinculante do Supremo Tribunal Federal (Lei nº 11.417). *Revista Magister de Direito Civil e Processual Civil*, ano III, n. 18, p. 5-32, maio/jun. 2007.

Informação bibliográfica deste texto, conforme a NBR 6023:2002 da Associação Brasileira de Normas Técnicas (ABNT):

REGO, Frederico Montedonio. Acordos não completamente teorizados na repercussão geral: a razão de ser do quorum de dois terços previsto no art. 102, §3º, da Constituição. In: BARROSO, Luís Roberto; MELLO, Patrícia Perrone Campos (Coord.). *A República que ainda não foi*: trinta anos da Constituição de 1988 na visão da Escola de Direito Constitucional da UERJ. Belo Horizonte: Fórum, 2018. p. 433-449. ISBN 978-85-450-0582-7.

DIÁLOGOS SOCIAIS NO STF: O ART. 103, IX, DA CONSTITUIÇÃO E A PARTICIPAÇÃO DA SOCIEDADE CIVIL NO CONTROLE CONCENTRADO DE CONSTITUCIONALIDADE

CARINA LELLIS

1 Introdução[1]

Desde a promulgação da Constituição de 1988, o Brasil assiste à progressiva expansão da jurisdição constitucional sobre áreas que tradicionalmente eram ocupadas pelos poderes políticos majoritários – Legislativo e Executivo. O STF assume papel cada vez mais destacado na vida nacional: questões políticas, econômicas e sociais centrais para o país são definidas pelos votos dos onze ministros da Suprema Corte. Quase todos os dias, decisões de grande relevo social ocupam as páginas dos principais jornais nacionais e a sociedade se acostuma a acompanhar as atividades do tribunal como parte do seu cotidiano.

Ao lado do processo de ascensão institucional do Poder Judiciário, capitaneado pelo STF, também se verifica um processo de aproximação da jurisdição constitucional com a sociedade civil. A essa interação dá-se o nome de *diálogo social*, que parte da premissa de que o constitucionalismo opera a partir de relações de colaboração, no esclarecimento de seu sentido, com a sociedade que ele mesmo se propõe a estruturar e

---

[1] O presente artigo é fruto de pesquisas iniciadas durante a elaboração de minha dissertação de mestrado *Os diálogos sociais no STF: As audiências públicas, o amicus curiae e a democratização da jurisdição constitucional brasileira*, defendida em 2014 perante a Faculdade de Direito da UERJ e orientada pelo professor Rodrigo Brandão. A ideia central ora desenvolvida foi debatida durante aquele curso de pós-graduação com os professores Daniel Sarmento e Rodrigo Brandão. De lá para cá, ambos publicaram trabalhos a respeito do tema: *Dar voz a quem não tem voz: por ruma nova leitura do art. 103, IX, da Constituição*, de Daniel Sarmento e *O STF e as entidades de classe de âmbito nacional: a sociedade civil e seu acesso ao controle concentrado de constitucionalidade*, de autoria de Rodrigo Brandão em conjunto com Daniel Capecchi Nunes. Assim, registro a título introdutório que foi um privilégio dialogar com esses brilhantes professores, que minhas ideias são inevitavelmente influenciadas por eles e que é uma honra contribuir para o debate acadêmico por eles iniciado.

reger.² Designa a ideia de que existe uma relação dialética entre o tribunal e a sociedade,³ que é relevante para a jurisdição constitucional.

Nesse contexto, o escopo do presente artigo é analisar o grau de participação da sociedade civil no processo decisório do tribunal, adotando-se como recorte o controle concentrado de constitucionalidade. Mais especificamente, o estudo se volta à análise da atuação das entidades de classe de âmbito nacional que, nos termos do art. 103, IX, da Constituição, possuem legitimidade ativa para o ajuizamento de ações diretas de inconstitucionalidade e ações declaratórias de constitucionalidade.⁴ A ideia é analisar o quanto as manifestações da sociedade civil organizada influenciam as deliberações a respeito dos rumos do país.

O artigo é dividido em quatro partes, considerando-se esta breve introdução a primeira delas. A segunda parte se destina a um breve registro histórico a respeito da origem autoritária da introdução do controle concentrado de constitucionalidade no Brasil, passando pela participação da sociedade civil no processo de liberalização e, finalmente, pelas inspirações democráticas da Constituinte de 1988. A terceira parte se volta para a legitimidade ativa conferida pela Constituição de 1988 às entidades de classe de âmbito nacional. Analisa a ampliação do rol de legitimados ao ajuizamento de ações de controle concentrado de constitucionalidade e a experiência do tribunal com as entidades de classe de âmbito nacional e, na sequência, defende a alteração da interpretação que o STF confere à parte final do inc. IX do art. 103 da Constituição. Por fim, a quinta parte sintetiza as conclusões a respeito da permeabilidade do tribunal à participação da sociedade civil e da necessidade de o STF revisitar a sua jurisprudência nessa matéria.

2 Breve registro histórico: o "pecado original" do controle de constitucionalidade, a participação da sociedade civil no processo de liberalização e as inspirações da Constituinte de 1988

No Brasil, a inauguração do controle concentrado de constitucionalidade foi marcada pelo que José Ignácio Botelho de Mesquita chamou de "pecado original".⁵

---

² Na doutrina brasileira, a ideia é propugnada em obra coletiva coordenada por Vanice Regina Lírio do Valle, para quem "a *judicial re...* haverá de se inclinar a essa prática dialógica, tendo a sociedade (também) por interlocutora" (VALLE, Vanice Regina Lírio do *et al.* (Coord.). *Audiências públicas e ativismo*: diálogo social no STF. Belo Horizonte: Fórum, ...2. p. 12). Na doutrina estrangeira, Christine Bateup propõe uma visão alargada dos diálogos em torno da Constituição que, segundo a autora, envolve juízes, instituições e a sociedade. Segundo a autora "em vez de um fenômeno apenas interinstitucional, o diálogo é uma forma mais ampla de interação social que envolve uma conversa constitucional entre juízes, instituições políticas e o povo" (tradução livre de BATEUP, Christine. Expanding the conversation: American and Canadian experiences of constitutional dialogue in comparative perspective. *Temple International and Comparative Law Journal – Public Law Research Paper*, n. 6, Spring 2007. p. 37).

³ No presente trabalho é adotada uma concepção alargada a respeito do conceito de sociedade civil. Nele estão compreendidos diferentes movimentos, associações e organizações que veiculam pleitos políticos de variadas ordens. Quando se fala na interação entre a sociedade civil e o STF, a intenção é designar a entrada de novos intérpretes no processo hermenêutico, que não são vinculados à estrutura do Estado ou do sistema político partidário.

⁴ "Art. 103. Podem propor a ação direta de inconstitucionalidade e a ação declaratória de constitucionalidade: [...] IX - confederação sindical ou entidade de classe de âmbito nacional".

⁵ MESQUITA, José Ignácio Botelho de. O desmantelamento do sistema brasileiro de controle de constitucionalidade. *Revista do Advogado*, v. 22, n. 67, p. 87-93, ago. 2002. p. 87. Disponível em: <http://www.aasp.org.br/aasp/servicos/revista_advogado/revista67/jose_mesquita.asp>.

A análise do contexto histórico dessa inauguração revela que, na sua origem, se tratava de um instrumento a serviço do regime militar.[6]

A representação de inconstitucionalidade ("RI"), antecessora da ação direta de inconstitucionalidade, foi criada em 1965, momento em que os militares pressionavam o STF a ser uma instância alinhada ao regime.[7] Em 27.10.1965, o governo editou o Ato Institucional nº 2 ("AI-2"), que representou um duro ataque institucional à Corte.[8] O ato aumentou o número de ministros de 11 para 16, e as cinco novas vagas foram preenchidas por ministros que tinham afinidade ideológica com a União Democrática Nacional ("UDN"), o partido governista. Além disso, o AI-2 também suspendeu as garantias de vitaliciedade e estabilidade pelo período de seis meses, o que colocava os membros do STF à disposição do regime. O ato transmitia ao tribunal o recado claro de que ele deveria se alinhar à nova ordem. Pouco mais de um mês depois do AI-2, foi aprovada a Emenda Constitucional nº 16/1965, que criou a representação de inconstitucionalidade. Foi nesse momento que se conferiu ao Tribunal a prerrogativa de analisar a compatibilidade, em tese, de lei ou ato normativo com a Constituição, em uma decisão que teria efeito *erga omnes*. O único legitimado a ajuizar a representação de inconstitucionalidade era o procurador-geral da República, que, por sua vez, era livremente nomeado e exonerado pelo presidente da República.

Àquele momento, portanto, o controle concentrado de constitucionalidade não representava um mecanismo da defesa de direitos fundamentais de minorias contra eventual atuação opressiva do governo. A situação era o exato oposto disso.

É digno de nota, nesse sentido, o comentário de Daniel Sarmento e de Cláudio Pereira de Souza Neto a respeito da introdução da representação de inconstitucionalidade no direito brasileiro:

> Pode parecer paradoxal que um governo de exceção tenha querido instituir novo mecanismo de controle de constitucionalidade, que, afinal, representa instrumento de fiscalização do respeito aos limites do exercício do poder político. Mas não havia paradoxo algum. É que "o diabo morava nos detalhes": a representação de inconstitucionalidade só podia ser promovida pelo Procurador Geral da República, que, à época, era funcionário de confiança, escolhido e exonerado livremente pelo Presidente. Assim, não havia qualquer risco de que as suas ações viessem a contrariar os interesses do regime. Por outro lado, como as decisões na representação de inconstitucionalidade possuíam eficácia *erga amues*, tal ação, na prática, diminuía os poderes dos juízes e tribunais ordinários na jurisdição constitucional, transferindo-os para o STF, que, pela sua composição política, era tido como mais confiável pelo governo. Além disso, pela representação era possível o controle dos atos normativos dos Estados, que podiam eventualmente ser governados pela oposição.[9]

---

[6] Não se ignora que, especialmente no início do regime militar, o STF atuou em defesa das liberdades constitucionais, com a concessão de alguns *habeas corpus* de grande repercussão, como a ordem deferida em prol do governador de Pernambuco, Miguel Arraes. As empreitadas garantistas do STF, todavia, não tardaram a receber a resposta dos militares, que promoveram duros ataques institucionais sobre o tribunal a fim de que ele se alinhasse ao regime. Sobre o tema, v. BRANDÃO, Rodrigo. *Supremacia judicial versus diálogos constitucionais*: a quem cabe a última palavra sobre o sentido da Constituição? Rio de Janeiro: Lumen Juris, 2012. p. 113.

[7] A respeito do tema, cf. RODRIGUES, Leda Boechat. *A história do Supremo Tribunal Federal*. Rio de Janeiro: Civilização Brasileira, 1991. v. IV.

[8] RODRIGUES, Leda Boechat. *A história do Supremo Tribunal Federal*. Rio de Janeiro: Civilização Brasileira, 1991. v. IV.

[9] SOUZA NETO, Cláudio Pereira de; SARMENTO, Daniel. *Direito constitucional*: teoria, história e métodos de trabalho. Belo Horizonte: Fórum, 2012. p. 141. Sobre as limitações da representação de inconstitucionalidade

O cenário se tornou ainda mais autoritário a partir do Ato Institucional nº 5, que deu início aos "anos de chumbo". Nas palavras de Rodrigo Brandão, "daí em diante não mais teria o STF condições de resistir ao regime, transformando-se, antes, em seu instrumento, sobretudo com vistas a controlar a atuação de juízes e tribunais brasileiros".[10] O STF, mero instrumento de afirmação do regime autoritário, estava de costas para a sociedade.

Depois da promulgação da Constituição de 1967, a Emenda Constitucional nº 7, de 13.4.1977, alargou ainda mais os poderes do STF. A emenda conferiu competência ao tribunal para interpretar atos normativos com efeito vinculante, introduzindo a "representação interpretativa", e, ainda, permitiu que este avocasse causas submetidas a qualquer juiz ou tribunal, em caso de "perigo de grave lesão à ordem, à saúde, à segurança ou às finanças públicas". Ou seja, centralizava-se o poder no STF, que cortaria eventuais iniciativas dos tribunais inferiores que fossem contrárias ao regime.

Nada obstante, pelo lado da sociedade civil, em meados da década de 1970 começou a ter início o chamado "processo de liberalização", em que o regime autoritário brasileiro reduziu o controle e retirou algumas proibições de reuniões públicas de associações voluntárias. No período de 1974 a 1985, o padrão de associação do país passou por mudanças significativas, com o incremento considerável do número de associações voluntárias por todo o território.[11]

Mas foi ao fim do regime militar, com a convocação da Assembleia Nacional Constituinte ("ANC"), que a sociedade civil brasileira viveu um dos períodos mais marcantes de sua história. De acordo com Leonardo Avritzer, o período de 1985 a 1988 foi um divisor de águas na política brasileira, especialmente porque a ANC permitiu emendas populares no processo de elaboração da nova Constituição, o que desencadeou uma campanha popular para obtenção de assinaturas para muitas propostas ligadas às políticas públicas. Muitos movimentos relevantes da sociedade civil se mobilizaram em torno das emendas populares na área da saúde e da reforma urbana. Além disso, atores sociais relevantes participaram da campanha pelas emendas populares, como foi o caso da Central Única dos Trabalhadores ("CUT") e o Movimento dos Trabalhadores Sem Terra ("MST").[12]

A Constituição de 1988, portanto, na sua origem, possui uma relação de proximidade com a sociedade civil brasileira. O processo constituinte representou um verdadeiro momento constitucional de refundação do país, em que os movimentos sociais contribuíram para a criação das bases de uma nova ordem jurídica. De um lado, o

---

para a democratização do tribunal, v. também VIEIRA, Oscar Vilhena. *Supremo Tribunal Federal*: jurisprudência política. 2. ed. São Paulo: Malheiros, 2002. p. 122-123.

[10] BRANDÃO, Rodrigo. *Supremacia judicial versus diálogos constitucionais*: a quem cabe a última palavra sobre o sentido da Constituição? Rio de Janeiro: Lumen Juris, 2012. p. 115.

[11] De acordo com Leonardo Avritzer, "o processo de democratização e de muitas formas de associação coletiva que teve lugar entre 1974 e 1985 levou a mudanças impressionantes no padrão de associação no país [...]. A democratização produziu um aumento significativo na propensão para criar formas voluntárias e independentes de associação. Boschi (1987) demonstrou que mais associações voluntárias foram criadas no Rio de Janeiro entre 1978 e 1980 do que durante todo o período democrático anterior" (AVRITZER, Leonardo. Sociedade civil e Estado no Brasil: da autonomia à interdependência política. *Opinião Pública*, Campinas, v. 18, n. 2, nov. 2012. Disponível em: <http://www.scielo.br/scielo.php?script=sci_arttext&pid=S0104-62762012000200006>).

[12] AVRITZER, Leonardo. Sociedade civil e Estado no Brasil: da autonomia à interdependência política. *Opinião Pública*, Campinas, v. 18, n. 2, nov. 2012. Disponível em: <http://www.scielo.br/scielo.php?script=sci_arttext&pid=S0104-62762012000200006>.

processo de elaboração da nova Carta Política do país despertou a mobilização de uma sociedade que durante longo período fora desmobilizada pelo regime militar. De outro lado, e como consequência, a nova Constituição fundou uma República que tem por objetivo "construir uma sociedade livre, justa e solidária" (art. 3º, inc. I, da Constituição de 1988).

No âmbito do recém-fundado Estado Democrático de Direito, conferiu-se ao Poder Judiciário, sob a liderança do STF, a missão de resguardar a estabilidade institucional do país. O órgão de cúpula do Judiciário brasileiro, depois de viver durante anos sob as pressões do regime militar, passou a ter diante de si uma nova missão: assegurar a estabilidade da jovem democracia brasileira. Nessa nova ordem, o controle de constitucionalidade – que, ao menos na via concentrada, fora criado como instrumento de preservação do regime autoritário – agora passaria a se prestar a um novo papel, de preservar os direitos e garantias de uma Carta democrática.

Aos auspícios desse novo cenário, foi introduzida uma mudança fundamental no controle concentrado de constitucionalidade: ampliou-se de forma considerável o rol de legitimados à propositura da ação direta de inconstitucionalidade (ADI), rompendo-se com a legitimação exclusiva do procurador-geral da República do período anterior.[13]

A ampliação do rol de legitimados do art. 103 da Constituição de 1988 instituiu bases normativas que tornariam possível o estabelecimento de um importante canal de comunicação entre o STF e a sociedade brasileira. No novo rol de legitimados, além de órgãos vinculados à estrutura do Estado, estavam os partidos políticos com representação no Congresso Nacional, o Conselho Nacional da Ordem dos Advogados do Brasil, as confederações sindicais e as associações de classe de âmbito nacional. A introdução desses novos atores, ao menos em tese, permitiria que organizações e movimentos sociais que antes só tinham acesso à Corte Constitucional pela via difusa passassem a acionar o tribunal pela via direta, em decisões que seriam vinculantes para todo o país.

A inovação da Constituição de 1988 foi bastante festejada pela doutrina brasileira. Em artigo sobre os seus dez primeiros anos, Luís Roberto Barroso assinalou que "o florescente desenvolvimento da jurisdição constitucional no Brasil se deveu, substancialmente, à ampliação da legitimação ativa para propositura da ação direta de inconstitucionalidade".[14] Destacando especificamente o efeito democratizante da legitimação conferida aos partidos políticos, Gilmar Mendes sustenta:

> a propositura da ação pelos partidos políticos com representação no Congresso Nacional concretiza, por outro lado, a ideia de defesa das minorias, uma vez que assegura até às frações parlamentares menos representativas a possibilidade de arguir a inconstitucionalidade de lei.[15]

---

[13] De acordo com o art. 103 da Constituição, podem propor a ação direta de inconstitucionalidade e a ação declaratória de constitucionalidade o presidente da República; a Mesa do Senado Federal; a Mesa de Assembleia Legislativa; o governador de Estado ou do Distrito Federal; a Mesa de Assembleia Legislativa ou da Câmara Legislativa do Distrito Federal; o procurador-geral da República; o Conselho Federal da Ordem dos Advogados do Brasil; partido político com representação no Congresso Nacional; confederação sindical ou entidade de classe de âmbito nacional.

[14] BARROSO, Luís Roberto. Dez anos da Constituição de 1988 (Foi bom pra você também?). *Revista de Direito Administrativo*, n. 214, 1998. p. 15.

[15] MENDES, Gilmar Ferreira. A evolução do direito constitucional brasileiro e o controle de constitucionalidade da lei. In: MENDES, Gilmar Ferreira. *Direitos fundamentais e controle de constitucionalidade*. São Paulo: Saraiva, [s.d.]. p. 253.

Em comentário à ampliação promovida pela Constituição de 1988, Luiz Werneck Vianna destaca que ela permitiu uma maior participação da sociedade civil no processo de controle de constitucionalidade. Segundo o autor:

> a Carta de 1988 veio a redefinir as relações entre os Três Poderes, dando eficácia, entre nós, ao sistema de *judicial review*, principalmente quando admitiu personagens institucionais da sociedade civil na comunidade de intérpretes com direito à participação no controle de constitucionalidade das leis. A partir desta inovação, segmentos organizados da sociedade civil começaram a gozar da faculdade de provocar a intervenção do Supremo Tribunal Federal no sentido de arguir a inconstitucionalidade da lei ou norma da Administração. [...] Sob essa nova formatação institucional, pela via da procedimentalização da aplicação do direito, tem sido possível criar um outro lugar de manifestação da esfera pública, decerto que ainda embrionário, na conexão do cidadão e de suas associações com o Poder Público e que é capaz de atuar sobre o poder político.[16]

A ampliação do rol de legitimados à propositura de ações diretas de inconstitucionalidade (ADI) e ações declaratórias de constitucionalidade (ADC) foi encarada como a criação de um novo *locus* de deliberação na esfera pública. O ingresso de novos atores no controle de constitucionalidade, por outro lado, também ajudaria o STF a se firmar como uma instância de defesa da democracia. Como o Tribunal somente age mediante provocação, caberia a esses novos atores levar à apreciação da Corte Constitucional as violações a direitos fundamentais e eventuais ameaças à estabilidade democrática do país.

3 A legitimidade ativa das entidades de classe de âmbito nacional

3.1 O art. 103, IX, CF e a interpretação restritiva do STF

Entre os novos legitimados ao ajuizamento de ADI e ADC, o canal de acesso direto da sociedade civil à deliberação do Tribunal foi previsto no inc. IX do art. 103, da Constituição de 1988, que conferiu legitimidade ativa às entidades de classe de âmbito nacional.

De acordo com Rodrigo Brandão e Daniel Capecchi Nunes, os debates constituintes deixam claro que a ideia era conferir maior poder à sociedade civil nas disputas judiciais a respeito do sentido da Constituição.[17] Havia um sentimento de que era importante dar peso à sociedade e fortalecer o controle de constitucionalidade como um instrumento de luta por direitos.

No entanto, a despeito do grande otimismo em torno da ampliação do rol de legitimados, o STF, logo no início da década de 1990, firmou orientação jurisprudencial restritiva com relação à propositura de ações por parte de representantes da sociedade civil. É que se tinha uma nova Constituição, mas o Tribunal ainda era composto pelos mesmos ministros de antes. Ministros esses que, durante os debates constituintes, haviam

---

[16] VIANNA, Luiz Werneck. *A democracia e os três poderes no Brasil*. Belo Horizonte: UFMG, 2003. p. 11.

[17] BRANDÃO, Rodrigo; NUNES, Daniel Capecchi. O STF e as entidades de classe de âmbito nacional: a sociedade civil e seu acesso ao controle concentrado de constitucionalidade. *Revista de Direito da Cidade*, v. 10, n. 1. p. 162.

se manifestado contrariamente à ampliação do rol de legitimados ao ajuizamento de ADI e ADC. Assim, pouco após a ampliação do acesso ao STF, o próprio tribunal restringiu o alcance desse *locus* deliberativo. Na observação de Diego Werneck Arguelles:

> apesar de não ter sido bem sucedido em obter na ANC o seu arranjo ideal em termos das regras para acesso ao controle abstrato e concentrado, o STF conseguiu, pela via da jurisprudência, aproximar de suas preferências derrotadas o desenho institucional. Limitou-se o grau de abertura do controle de constitucionalidade à sociedade e, com ele, a própria pauta do STF.[18]

A jurisprudência restritiva foi firmada a partir de algumas orientações. O STF firmou o entendimento de que não se qualificavam como entidades de classe as chamadas "associações de associações". No entender do tribunal, pessoas de direito privado, ainda que coletivamente representativas de categorias profissionais ou econômicas não constituiriam classe alguma.[19] Além disso, a jurisprudência também passou a exigir que as confederações e as entidades de classe de âmbito nacional comprovassem a pertinência temática entre a sua atividade e a matéria arguida na ação[20] e entendeu, ainda, que não constituem entidades de classe as associações compostas por membros vinculados a estratos sociais, profissionais ou econômicos diversificados, cujos objetivos, individualmente considerados, se revelem contrastantes.[21]

O *leading case* nessa matéria foi a ADI nº 42, cujo julgamento foi realizado em 24.9.1992, em que o STF firmou o entendimento de que entidades de classe são aquelas que representam categorias profissionais ou econômicas.[22] Seguindo essa interpretação restritiva, o Tribunal já negou a legitimidade de diversas organizações que se prestam à defesa de direitos fundamentais. Foi assim que, na ADI nº 61, o Plenário entendeu não constituir "entidade de classe, para legitimar-se à ação direta de inconstitucionalidade (CF, art. 103, IX), associação civil (Associação Brasileira de Defesa do Cidadão), voltada à finalidade altruísta de promoção e defesa de aspirações cívicas de toda a cidadania", porquanto não protegeria interesse específico de determinado setor da sociedade.[23]

---

[18] ARGUELHES, Diego Werneck. Poder não é querer: preferências restritivas e redesenho institucional no Supremo Tribunal Federal pós-democratização. In.: SARMENTO, Daniel (Org.). *Jurisdição constitucional e política*. Rio de Janeiro: Forense, 2015. p. 221.

[19] Rel. Min. Celso de Mello. *RTJ*, n. 147, p. 401. Registre-se que esse entendimento foi posteriormente reformado pelo Plenário do STF, que passou a admitir a propositura de ações por "associação de associação" por ocasião do julgamento de BRASIL. Supremo Tribunal Federal. AgReg na ADI 3.153, Rel. Min. Celso de Mello, Rel. p/ acórdão Min. Sepúlveda Pertence, Tribunal Pleno, julgado em 12.8.2004. *DJ*, 9 set. 2005.

[20] BRASIL. Supremo Tribunal Federal. ADI 202 MC, Rel. Min. Sepúlveda Pertence, Tribunal Pleno, julgado em 23/03/1990. *DJ*, 2 abr. 1993. A propósito, vale registrar a crítica do Ministro Gilmar Mendes no sentido de que "afigura-se excessiva a exigência de que haja uma *relação de pertinência* entre o objeto da ação e a atividade de representação da entidade de classe ou da confederação sindical. Cuida-se de inequívoca restrição ao direito de propositura, que, em se tratando de processo de natureza objetiva, dificilmente poderia ser formulada até mesmo pelo legislador ordinário. A *relação de pertinência* assemelha-se muito ao estabelecimento de uma condição da ação [...] que não decorre dos termos expressos da Constituição [...]" (MENDES, Gilmar Ferreira; COELHO, Inocêncio Mártires; BRANCO, Paulo Gustavo Gonet. *Curso de direito constitucional*. 4. ed. rev. e atual. São Paulo: Saraiva, 2009. p. 1157).

[21] BRASIL. Supremo Tribunal Federal. ADI 108 QO, Rel. Min. Celso de Mello, Tribunal Pleno, julgado em 13/04/1992. *DJ*, 5 jun. 1992.

[22] BRASIL. Supremo Tribunal Federal. ADI 42, Rel. Min. Paulo Brossard, Tribunal Pleno, julgado em 24/09/1992. *DJ*, 2 abr. 1993.

[23] BRASIL. Supremo Tribunal Federal. ADI 61, Rel. Min. Sepúlveda Pertence, Tribunal Pleno, julgado em 29.8.1990. *DJ*, 28 set. 1990.

Em sentido semelhante, o julgamento da ADI nº 2.366 foi prejudicado, pois os membros da Associação Brasileira de Eleitores (Abrae) não representariam uma classe definida.[24] Na ADI nº 1.693, o relator, Ministro Marco Aurélio, não conheceu da ação por entender que "a abrangência da representatividade da Associação Brasileira de Consumidores – e todos os cidadãos o são – obstaculiza o enquadramento na previsão do inciso IX do artigo 103 da Carta Política da República".[25]

Também é digna de registro, como exemplo emblemático de restrição à participação de grupos da sociedade civil, a ADI nº 894, em que se entendeu que a União Nacional dos Estudantes ("UNE") não é entidade de classe de âmbito nacional, para fins de aplicação do art. 103, IX, CF. O exemplo é emblemático, pois o STF reconheceu tanto a representatividade quanto a relevância da atuação da entidade, mas ainda assim entendeu que não se tratava de parte legítima à propositura da ação:

> A UNIÃO NACIONAL DOS ESTUDANTES, COMO ENTIDADE ASSOCIATIVA DOS ESTUDANTES UNIVERSITÁRIOS BRASILEIROS, TEM PARTICIPADO, ATIVAMENTE, AO LONGO DO TEMPO, DE MOVIMENTOS CÍVICOS NACIONAIS NA DEFESA AS LIBERDADES PÚBLICAS, AO LADO DE OUTRAS ORGANIZAÇÕES DA SOCIEDADE; E INSUSCETÍVEL DE DÚVIDA SUA POSIÇÃO DE ENTIDADE DE ÂMBITO NACIONAL NA DEFESA DE INTERESSES ESTUDANTIS, E MAIS PARTICULARMENTE, DA JUVENTUDE UNIVERSITÁRIA. [...]
> OS MEMBROS DA DENOMINADA "CLASSE ESTUDANTIL" OU, MAIS LIMITADAMENTE, DA "CLASSE ESTUDANTIL UNIVERSITÁRIA", FREQUENTANDO OS ESTABELECIMENTOS DE ENSINO PÚBLICO OU PRIVADO, NA BUSCA DO APRIMORAMENTO DE SUA EDUCAÇÃO NA ESCOLA, VISAM, SEM DÚVIDA, TANTO AO PLENO DESENVOLVIMENTO DA PESSOA, AO PREPARO PARA O EXERCÍCIO DA CIDADANIA, COMO A QUALIFICAÇÃO PARA O TRABALHO. NÃO SE CUIDA, ENTRETANTO, NESSA SITUAÇÃO, DO EXERCÍCIO DE UMA PROFISSÃO, NO SENTIDO DO ART. 5, XIII, DA LEI FUNDAMENTAL DE 1988. (BRASIL. Supremo Tribunal Federal. ADI nº 894 MC. Rel. Min. Néri da Silveira, Tribunal Pleno, julgado em 18/11/1993. *DJ*, 20 abr. 1995)

Em que pese se tratar de entidade representativa, de âmbito nacional, e participante ativa da vida política do país, ela não se revestiria de legitimidade para a propositura de ações diretas de inconstitucionalidade. De acordo com o entendimento do STF na ocasião, a interpretação conferida à "classe" seria no sentido não de simples segmento social, de classe social, mas de categoria profissional e, por este motivo, não conheceu da ação.

O entendimento que se sedimentou ainda na década de 1990 é majoritariamente seguido pelo Tribunal até os dias de hoje. Entende-se que a legitimidade das entidades de classe para a propositura de ações no controle concentrado de constitucionalidade pressupõe o preenchimento de quatro requisitos: (i) sejam representativas de uma mesma categoria econômica ou profissional; (ii) seus propósitos e linhas de atuação tenham pertinência temática com o objeto da ação; (iii) sejam compostas por pessoas naturais ou jurídicas; e (iv) tenham âmbito nacional, o que significa ter representação em, pelo menos, nove unidades da Federação, por aplicação analógica do art. 7º, §1º, da Lei Orgânica dos Partidos Políticos.

---

[24] BRASIL. Supremo Tribunal Federal. ADI 2366, Rel. Min. Nelson Jobim, julgado em 12/12/2000 *DJ*, 19 dez. 2000.

[25] BRASIL. Supremo Tribunal Federal. ADI 1693, Rel. Min. Marco Aurélio, Tribunal Pleno, julgado em 23/10/1997. *DJ*, 6 fev. 1998.

3.2 A experiência do STF e a participação limitada da sociedade civil

A interpretação restritiva a respeito das entidades de classe de âmbito nacional se refletiu na experiência da Corte, estando diretamente relacionada à limitação da representatividade e abertura do controle de constitucionalidade no Brasil.

Existe uma relação direta entre *quem* acessa o Tribunal e *o que* ele julga. Ao entender que as entidades de classe com legitimidade ativa são apenas as que representam categorias econômicas ou profissionais, o STF acabou por conferir perfil marcadamente corporativo aos casos que chegam por essa via de acesso. Isso não significa dizer que o Tribunal tenha deixado de atuar na defesa de direitos fundamentais e da cidadania, seria injusta a avaliação, pois são inegáveis as contribuições significativas nessa seara. A questão é que, ao se analisar o conjunto de casos que foram levados ao STF por entidades de classe, se observa que predominam interesses corporativos, em detrimento da defesa de direitos fundamentais.

Na realidade, adotando-se recorte mais amplo, considerados todos os legitimados ativos do art. 103 da Constituição, percebe-se que a atividade majoritária da Corte, no controle de constitucionalidade, se volta à defesa de prerrogativas do Estado e de interesses de corporações, e não à defesa de direitos fundamentais e pressupostos da democracia.

Há evidência empírica, nesse sentido, que relaciona os autores das ações ao conteúdo do que é decidido pelo Tribunal. Estudo realizado pela Universidade de Brasília sob o título *A quem interessa o controle concentrado de constitucionalidade?* identificou os quatro principais demandantes das ações diretas de inconstitucionalidade, são eles: as entidades corporativas; os governadores de estado e do Distrito Federal; o procurador-geral da República ("PGR") e os partidos políticos, cada um correspondente a mais de 15% das ações ajuizadas e juntos representam mais de 90% do total de ADIs.[26]

Entre eles, o PGR é institucionalmente responsável pela defesa de direitos individuais e coletivos e, de acordo com o estudo, é o legitimado que atua de forma mais consistente nesse sentido. Entre os demais legitimados de quem, ao menos em princípio, também se esperaria uma atuação em prol de interesses da sociedade civil – o Conselho Federal da OAB, os partidos políticos, as confederações sindicais e as entidades de classe –, o estudo identificou a predominância da defesa de interesses corporativos.[27]

---

[26] Precisamente, as entidades corporativas representam 29,34% dos demandantes; os governadores 24,05%; o PGR 20,20% e os partidos políticos 17,83%. O estudo identificou, ainda, a OAB como demandante de médio porte, tendo ajuizado 5,18% do total de ADIs. Cf. COSTA, Alexandre Araújo; BENVINDO, Juliano Zaiden (Coord.). *A quem interessa o controle concentrado de constitucionalidade?* O descompasso entre teoria e prática na defesa dos direitos fundamentais. Brasília: UnB, 2014. p. 24-25.

[27] Com relação ao Conselho Federal da OAB, identificou-se que todas as decisões de procedência das ADIs se vinculam a interesses ligados a demandas judiciais, e não a uma defesa ampla de direitos individuais e coletivos (COSTA, Alexandre Araújo; BENVINDO, Juliano Zaiden (Coord.). *A quem interessa o controle concentrado de constitucionalidade?* O descompasso entre teoria e prática na defesa dos direitos fundamentais. Brasília: UnB, 2014. p. 68). No que se refere aos partidos políticos, notou-se uma participação corporativa em defesa dos interesses dos próprios partidos e também de interesses corporativos de grupos que conseguem mobilizar a atuação partidária (p. 71). Quanto às entidades de classe e confederações sindicais (que foram agrupadas na qualidade de "entidades corporativas"), o estudo identificou que a exigência de pertinência temática, estabelecida pela jurisprudência do STF, limitou a sua atuação à defesa dos interesses de seus associados, deixando pouco espaço para a defesa de direitos individuais e coletivos (p. 68). Nesse grupo, foi constatada uma concentração relevante de temas ligados à defesa de servidores públicos do Sistema de Justiça e da Polícia. Por fim, também é digna de nota a participação dos governadores de estado como legitimados pelo art. 103 da Constituição, pois se observou

O resultado dessa distribuição no acesso à jurisdição constitucional se reflete diretamente nos temas que mais são levados ao STF. Matérias ligadas à defesa de direitos da cidadania não são as mais frequentes. De acordo com o estudo da Universidade de Brasília, existe uma "predominância jurisprudencial de argumentos formais ou de organização do Estado, cumulada com uma atuação ligada a direitos fundamentais cuja maior parte é ligada à garantia de interesses corporativos".[28]

Ao final, o estudo conclui que, devido ao perfil dos atores que ajuízam ações diretas, o modelo de controle concentrado de constitucionalidade brasileiro prioriza interesses institucionais e corporativos, em detrimento da defesa de direitos fundamentais. Vale destacar o seguinte trecho:

> O perfil geral das decisões e dos atores mostra que a combinação do perfil político dos legitimados com a jurisprudência restritiva do STF em termos de legitimidade conduziu a um modelo de controle concentrado que privilegia a garantia dos interesses institucionais ou corporativos. Apesar dos discursos de legitimação do controle concentrado normalmente se justificarem na necessidade de oferecer proteção adequada aos direitos dos cidadãos, o que se observa na prática é uma garantia relativamente efetiva dos interesses corporativos e não do interesse público. E mesmo quando o interesse público é efetivamente garantido por decisões em ADI baseadas na aplicação de direitos fundamentais, quase sempre pelo MP ou pelos governadores, a maior parte das intervenções é no sentido de anular benefícios concedidos de forma indevida, e não de garantir direitos individuais, coletivos e difusos, que têm uma participação minoritária. [...]
>
> Essas constatações conduzem a corroborar a hipótese de que, na atuação concentrada, o STF realiza basicamente um controle da própria estrutura do Estado, voltada à preservação da competência da União e à limitação da autonomia dos estados de buscarem desenhos institucionais diversos daqueles que a Constituição da República atribui à esfera federal. Além disso, nas poucas decisões em que o STF anula normas com base na aplicação dos direitos fundamentais, existe uma preponderância de interesses corporativos.[29]

Muitos dos casos envolvendo direitos de minorias propriamente ditos chegam ao STF por meio de negociações entre grupos não corporativos da sociedade civil e os legitimados à propositura de ações diretas. Esses grupos precisam encontrar junto aos legitimados alguém que se disponha a levar a questão ao STF e, eventualmente, arcar com os ônus políticos do patrocínio da causa. O cenário se torna ainda mais restritivo pela exigência de pertinência temática no caso das entidades de classe, que limita a possibilidade de adotarem uma atuação que ultrapasse a defesa corporativa dos seus interesses.[30]

---

que a sua atuação se deu especialmente na defesa de direitos fundamentais e do erário. Mas com a ressalva de que, apesar de não se ter identificado uma cooptação dos governadores, a sua atuação ainda é limitada (p. 70).

[28] COSTA, Alexandre Araújo; BENVINDO, Juliano Zaiden (Coord.). *A quem interessa o controle concentrado de constitucionalidade?* O descompasso entre teoria e prática na defesa dos direitos fundamentais. Brasília: UnB, 2014. p. 78.

[29] COSTA, Alexandre Araújo; BENVINDO, Juliano Zaiden (Coord.). *A quem interessa o controle concentrado de constitucionalidade?* O descompasso entre teoria e prática na defesa dos direitos fundamentais. Brasília: UnB, 2014. p. 77.

[30] Segundo o estudo da UnB, "devemos ressaltar que a jurisprudência sobre legitimidade ativa para as ADIs fixa padrões que limita a atuação das Entidades Corporativas à defesa dos interesses de seus associados, deixando espaço apenas para uma eventual defesa reflexa dos interesses coletivos por parte dessas instituições" (COSTA, Alexandre Araújo; BENVINDO, Juliano Zaiden (Coord.). *A quem interessa o controle concentrado de*

Em alguns casos, grandes questões de direito constitucional só chegaram ao STF por motivos circunstanciais. Há relatos, por exemplo, de que a relação de amizade do então governador do estado do Rio de Janeiro, Sérgio Cabral, com o estilista Carlos Tufvesson foi uma influência relevante para que o governador ajuizasse a ADPF nº 132, que tratou das uniões homoafetivas.[31] Ou seja, a ação não pôde ser ajuizada pelos próprios representantes da causa gay. Questão de tamanha importância para a conquista de direitos por parte desse grupo foi levada ao STF por um governador de estado.

Também é digna de destaque, nesse sentido, a atuação da Subprocuradora-Geral da República Deborah Duprat. Ela comandou a Procuradoria-Geral da República no Plenário do STF no período de transição entre a saída de Antônio Fernando Souza e a posse de Roberto Gurgel, escolhido pelo então Presidente Lula como novo procurador-geral. No período de transição, que durou apenas um mês, ela (i) ajuizou a ADI nº 4.277 a favor das uniões homoafetivas; (ii) ajuizou a ADI nº 4.275 em que postulou o reconhecimento do direito dos transexuais à mudança de nome, independentemente da realização de cirurgia para mudança de sexo; (iii) emitiu parecer favorável à interrupção da gravidez em caso de fetos anencefálicos na ADPF nº 54; (iv) ajuizou a ADI nº 4.274, para afastar a criminalização de manifestações em prol da legalização das drogas (também conhecida como "Marcha da Maconha"); (v) ajuizou a ADI nº 4.269, que tratou da questão da regularização fundiária da Amazônia; (vi) ajuizou a ADI nº 4.267, contra lei paulista que exigia a identificação de cães-guia para ingresso e permanência em locais públicos e privados e (vii) ajuizou a ADPF nº 183, com o objetivo de acabar com a regulamentação da profissão de músico.

Ou seja, no período de apenas um mês, diversas questões relativas a direitos fundamentais de minorias foram levadas ao STF pelo empenho de uma integrante da Procuradoria-Geral da República que utilizou a oportunidade da ocupação temporária do cargo de procuradora-geral. A iniciativa é positiva, especialmente porque posiciona a jurisdição constitucional como instrumento da defesa de direitos fundamentais não corporativos, fugindo ao padrão das questões que normalmente são levadas ao Tribunal.

No entanto, esse exemplo também revela que ainda existe uma demanda reprimida de participação da sociedade civil na jurisdição constitucional brasileira. Não fosse a jurisprudência restritiva do STF quanto às entidades de classe, essas ações poderiam ter sido ajuizadas diretamente por entidades ligadas à causa LGBT; à legalização das drogas; à questão socioambiental da Amazônia; à defesa de direitos de pessoas com deficiência e à classe dos músicos brasileiros.

Temas relevantes de direitos fundamentais não deveriam ser levados à Corte por conta de negociações de grupos não corporativos da sociedade civil com aqueles cuja legitimidade ativa é reconhecida pelo tribunal. Ainda mais quando a própria Constituição atribuiu competência às entidades de classe de âmbito nacional para a propositura de ações na via concentrada, tendo sido intenção declarada da Assembleia Nacional Constituinte dar voz à sociedade civil.

---

constitucionalidade? O descompasso entre teoria e prática na defesa dos direitos fundamentais. Brasília: UnB, 2014. p. 68).

[31] A situação é relatada pelo Professor Daniel Sarmento no artigo *Dar voz a quem não tem voz: por ruma nova leitura do art. 103, IX, da Constituição* (SARMENTO, Daniel. *Direitos, democracia e república*: escritos de direito constitucional. Belo Horizonte: Fórum, 2018).

Portanto, a interpretação firmada pelo STF a respeito das entidades de classe constitui um relevante obstáculo ao estabelecimento de diálogos sociais na jurisdição constitucional brasileira.³²

3.3 Por uma nova interpretação a respeito das entidades de classe de âmbito nacional

Diante dessa constatação, cresce a reflexão a respeito da necessidade de o STF revisitar e alterar a sua jurisprudência a respeito da legitimidade ativa das entidades de classe de âmbito nacional.

Em excepcional artigo a respeito do tema, Rodrigo Brandão e Daniel Capecchi Nunes propõem uma nova interpretação para a previsão do art. 103, IX, da Constituição. Segundo os autores, a entidade de classe de âmbito nacional deve ser entendida como:

> entidade composta por pessoas naturais ou físicas, de composição homogênea, que sejam representativas de grupo sociais, políticos, econômicos ou profissionais, respeitada a pertinência temática entre a questão que o grupo está demandando e seu objeto social, além do requisito inicial da existência de membros em, ao menos, nove estados da federação.³³

A proposta inclui no conceito as entidades representativas de grupos sociais e políticos – que passam a se somar aos grupos profissionais e econômicos –, e mantém os requisitos de (i) homogeneidade do grupo; (ii) pertinência temática de sua linha de atuação com o objeto da demanda; (iii) composição por pessoas naturais ou jurídicas; e (iv) representação em pelo menos nove unidades da Federação, mantendo a aplicação analógica do art. 7º, §1º, da Lei Orgânica dos Partidos Políticos.

A intenção declarada é a de afastar uma postura utópica a respeito do controle concentrado de constitucionalidade, adotando-se cautela a respeito da carga de processos da Corte, assim como do potencial incremento na fricção entre poderes. De acordo com os autores:

> uma barreira que, anteriormente, servia como instrumento para afastar a sociedade civil, servirá, em um cenário de ampliação de legitimados e circulação democrática do poder, como uma garantia da participação de importantes setores da sociedade civil no processo constitucional, sem que isso resulte na inviabilização do Tribunal.³⁴

---

³² Na conclusão do estudo da Universidade de Brasília: "[...] deve ser repensada a narrativa comum que atribui um grande mérito à Constituição de 1988 por ela ter ampliado substancialmente o rol de legitimados para propor ações de controle concentrado. De fato, o rol foi ampliado, mas basicamente com a introdução de entidades que atuam na defesa dos seus interesses corporativos e que são muito abertas a serem cooptadas por interesses de grupos de pressão. Além disso, devemos ter em mente que a jurisprudência defensiva do STF, com a afirmação e ampliação dos requisitos de pertinência temática, limitou sensivelmente a possibilidade de que as entidades corporativas pudessem adotar uma atuação que ultrapassasse a defesa corporativa dos seus próprios interesses. Todavia, essa percepção também deve ser temperada pela constatação de que as decisões obtidas pela única entidade corporativa que não está sujeita à pertinência temática, a OAB, estão longe de mostrar uma especial concentração na defesa do interesse público e dos direitos da coletividade" (COSTA, Alexandre Araújo; BENVINDO, Juliano Zaiden (Coord.). *A quem interessa o controle concentrado de constitucionalidade?* O descompasso entre teoria e prática na defesa dos direitos fundamentais. Brasília: UnB, 2014. p. 78).

³³ BRANDÃO, Rodrigo; NUNES, Daniel Capecchi. O STF e as entidades de classe de âmbito nacional: a sociedade civil e seu acesso ao controle concentrado de constitucionalidade. *Revista de Direito da Cidade*, v. 10, n. 1. p. 189.

³⁴ BRANDÃO, Rodrigo; NUNES, Daniel Capecchi. O STF e as entidades de classe de âmbito nacional: a sociedade civil e seu acesso ao controle concentrado de constitucionalidade. *Revista de Direito da Cidade*, v. 10, n. 1. p. 190.

Alguns ministros do STF, inclusive, já se manifestaram a respeito da necessidade de se revisitar essa jurisprudência. No julgamento da ADI nº 4.029, o Ministro Luiz Fux afirmou não ser recomendável uma exegese demasiadamente restritiva do conceito de entidade de classe de âmbito nacional, ao argumento de que "a participação da sociedade civil organizada nos processos de controle abstrato de constitucionalidade deve ser estimulada em vez de limitada, quanto mais quando a restrição decorre de construção jurisprudencial, à míngua de regramento legal". Na mesma decisão, o ministro apresenta apontamentos a respeito da quantidade de ações extintas por ilegitimidade ativa das entidades de classe e conclui que "o quadro relatado revela um descompasso entre as aspirações democráticas da Constituição e o rigor interpretativo do Pretório Excelso".[35]

O Ministro Marco Aurélio se manifestou em sentido semelhante em decisão monocrática proferida na ADI nº 5.291. Na ocasião, reconheceu a legitimidade ativa do Instituto Nacional de Defesa do Consumidor – Idecon e defendeu a necessidade de evolução da jurisprudência a respeito das entidades de classe de âmbito nacional. Nos termos da decisão:

> Estou convencido, a mais não poder, ser a hora de o Tribunal evoluir na interpretação do artigo 103, inciso IX, da Carta da República, vindo a concretizar o propósito nuclear do constituinte originário – a ampla participação social, no âmbito do Supremo, voltada à defesa e à realização dos direitos fundamentais.
>
> A jurisprudência, até aqui muito restritiva, limitou o acesso da sociedade à jurisdição constitucional e à dinâmica de proteção dos direitos fundamentais da nova ordem constitucional. Em vez da participação democrática e inclusiva de diferentes grupos sociais e setores da sociedade civil, as decisões do Supremo produziram acesso seletivo. As portas estão sempre abertas aos debates sobre interesses federativos estatais, corporativos e econômicos, mas fechadas às entidades que representam segmentos sociais historicamente empenhados na defesa das liberdades públicas e da cidadania.[36]

A alteração dessa jurisprudência não significaria apenas a inclusão de novos atores no controle concentrado de constitucionalidade. Assim como há uma relação direta entre *quem* acessa o Tribunal e *o que* ele julga, também existe um vínculo estreito entre *quem* defende uma causa e *como* essa causa é defendida. Grupos representantes de minorias tendem a traduzir na sua advocacia a vivência que experimentam. Levam à tribuna a carga da representatividade.

É diferente quando mulheres falam em nome de mulheres. Quando negros falam em nome de negros. Quando se dá voz a quem não tem voz, como sustenta Daniel Sarmento. Existe uma dimensão relevante em se permitir que grupos marginalizados defendam seus direitos a partir de seus próprios *lugares de fala*,[37] isto é, a partir da posição que ocupam na sociedade, independentemente de qualquer mediação. Admitir que tais grupos vocalizem suas próprias lutas por direitos significa, em primeiro lugar,

---

[35] BRASIL. Supremo Tribunal Federal. ADI 4029, Relator Min. Luiz Fux, Tribunal Pleno, julgado em 8.3.2012.

[36] BRASIL. Supremo Tribunal Federal. ADI 5291, Relator Min. Marco Aurelio, Tribunal Pleno, julgado em 11.5.2015.

[37] Não se defende que apenas os grupos marginalizados possam vocalizar seus próprios interesses. A intenção é chamar atenção a respeito da necessidade de se reconhecer a sua voz na jurisdição constitucional. Para maior aprofundamento a respeito do conceito de lugar de fala, v. RIBEIRO, Djamila. *O que é lugar de fala?* Belo Horizonte: Livramento, 2017.

quebrar uma das barreiras da igualdade como reconhecimento.[38] A jurisprudência que não admite a legitimidade ativa das entidades de classe que representam grupos sociais e, ao mesmo tempo, reconhece a legitimidade de grupos corporativos, traduz dentro da jurisdição constitucional o *status quo* de desigualdade presente na sociedade. Sendo que a tarefa da Corte Constitucional, nessa seara, deve ser estimular a emancipação dos grupos marginalizados e afirmar seus direitos independentemente, e, muitas vezes, à revelia das preferências dos detentores do poder econômico.

Em segundo lugar, essa mudança significa enxergar os movimentos sociais como protagonistas de suas próprias lutas por direitos. Altera-se, assim, a narrativa da história desses movimentos. Eles passam a ser os sujeitos ativos dessa narrativa, os autores do próprio enredo. Deixam de ser os sujeitos passivos, cuja emancipação passa pelo engajamento dos detentores do poder em torno das suas causas. Não que esse engajamento seja um problema, o contrário disso. É bom que governadores de estado ou a Procuradoria-Geral da República atuem em prol da defesa de minorias, por exemplo. Mas é muito ruim que os grupos representantes dessas minorias não tenham a sua própria voz reconhecida em igualdade de condições com relação a outros atores sociais.[39] Para a história desses movimentos sociais, é relevante que o seu discurso independa da validação alheia.[40]

Em terceiro lugar, a alteração de entendimento defendida afasta a necessidade de negociação com as entidades a quem é reconhecida a legitimidade ativa. Estabelece-se, assim, um canal direto entre a Corte Constitucional e a sociedade civil, que facilita a chegada de casos relativos a grupos marginalizados ao controle judicial. Além disso, a escolha dos argumentos deixa de passar por filtros institucionais. Por exemplo, um partido político poderia aceitar defender a causa das uniões homoafetivas e ao mesmo tempo se recusar a defender o casamento entre pessoas do mesmo sexo, por entender que a segunda opção seria ir longe demais, ou que poderia levar à perda de votos na próxima eleição. Já uma ONG que atua em prol da causa LGBTIQ não teria nenhum desincentivo a defender o casamento e escancarar a situação de desigualdade – assim como o sofrimento dela decorrente – que o grupo experimenta. Grupos feministas, por sua vez, defendem de forma aberta e direta a legalização do aborto como uma questão de autonomia reprodutiva, e assim por diante. Ao se retirar o filtro institucional na escolha por argumentos, enriquece-se o debate na jurisdição constitucional.

---

[38] A propósito das dimensões do princípio da igualdade, v. BARROSO, Luís Roberto; OSORIO, Aline. Sabe com quem está falando? Notas sobre o princípio da igualdade no Brasil contemporâneo. In: BARROSO, Luís Roberto. *Um outro país*: transformações no direito, na ética e na agenda do Brasil. Belo Horizonte: Fórum, 2018.

[39] Nancy Fraser, uma das principais teóricas da perspectiva do reconhecimento, defende que a justiça social tem como núcleo essencial a ideia de *paridade de participação* e, dentro desse conceito, destaca necessidade de se assegurar a *voz* aos membros da sociedade (FRASER, Nancy. *Social justice in the age of identity politics*: redistribution, recognition, and participation. Stanford: Stanford University, 1996. p. 30-33).

[40] De acordo com Djamila Ribeiro "ao promover uma multiplicidade de vozes o que se quer, acima de tudo, é quebrar com o discurso autorizado e único, que se pretende universal. Busca-se, aqui, sobretudo, lutar para romper com o regime de autorização discursiva" (RIBEIRO, Djamila. *O que é lugar de fala?* Belo Horizonte: Livramento, 2017. p. 20).

4 Conclusão

No contexto de intensificação de diálogos sociais do STF com a sociedade civil, a interpretação conferida pelo tribunal ao conceito de entidade de classe de âmbito nacional (art. 103, IX, CF) constitui uma importante barreira de entrada dos pleitos de movimentos sociais na jurisdição constitucional brasileira. Existe uma demanda reprimida de participação da sociedade civil na definição do conteúdo de questões constitucionais relevantes.

Por mais que a Corte tenha tido uma atuação relevante na defesa de direitos de minorias e da cidadania desde a promulgação da Constituição de 1988, existe evidência empírica no sentido de que o controle concentrado de constitucionalidade tem servido mais a interesses corporativos do que a direitos fundamentais nos últimos trinta anos. Esse perfil da atuação do tribunal está diretamente ligado ao rol de legitimados à propositura de ações diretas. Como se demonstrou ao longo do presente artigo, existe uma relação direta entre *quem* acessa o STF e *o que* ele julga.

Logo, para que a atividade do Tribunal passe a gravitar preponderantemente em torno da afirmação de direitos fundamentais e da defesa da democracia, é preciso que ele abra as suas portas para os atores sociais que levarão esse tipo de questão à deliberação jurisdicional. A boa notícia é que o STF não depende de nenhum tipo de intervenção legislativa para abrir as suas portas à sociedade civil. Basta alterar a orientação jurisprudencial a respeito do conceito de entidade de classe de âmbito nacional e permitir que, além de categorias profissionais e econômicas, grupos que atuam na *advocacy* de direitos fundamentais sejam reconhecidos como partes legítimas para a propositura de ações de controle concentrado.

Antes de encerrar, esclareça-se que a mudança ora proposta não teria o condão de inviabilizar as atividades do Tribunal. Em primeiro lugar, porque a sobrecarga de trabalho do STF se deve precipuamente à sua competência recursal e não à competência originária ligada ao controle concentrado de constitucionalidade. Em segundo lugar, porque a ideia não é permitir que todo e qualquer movimento social acesse a Corte Constitucional, mas apenas aqueles que apresentem representatividade nacional, de forma que grupos sociais passariam pelos mesmos filtros que a jurisprudência exige para representantes de categorias profissionais e econômicas. A alteração, portanto, seria realizada com prudência e estaria atenta às possibilidades do STF.

De todo modo, não se pode perder de vista que a atividade precípua de toda e qualquer Corte Constitucional é a defesa de direitos fundamentais e os pressupostos da democracia. Por esse motivo, por mais que a sobrecarga de trabalho do tribunal deva ser uma preocupação permanente, ela não deve ser um argumento para afastar as demandas de movimentos sociais. Se fosse preciso escolher alguém para ficar de fora da advocacia constitucional, as entidades que representam grupos marginalizados deveriam ser as últimas escolhidas, jamais as primeiras.

Referências

ARGUELHES, Diego Werneck. Poder não é querer: preferências restritivas e redesenho institucional no Supremo Tribunal Federal pós-democratização. In.: SARMENTO, Daniel (Org.). *Jurisdição constitucional e política*. Rio de Janeiro: Forense, 2015.

AVRITZER, Leonardo. Sociedade civil e Estado no Brasil: da autonomia à interdependência política. *Opinião Pública*, Campinas, v. 18, n. 2, nov. 2012. Disponível em: <http://www.scielo.br/scielo.php?script=sci_arttext&pid=S0104-62762012000200006>.

BARROSO, Luís Roberto. Dez anos da Constituição de 1988 (Foi bom pra você também?). *Revista de Direito Administrativo*, n. 214, 1998.

BARROSO, Luís Roberto; OSORIO, Aline. Sabe com quem está falando? Notas sobre o princípio da igualdade no Brasil contemporâneo. In: BARROSO, Luís Roberto. *Um outro país*: transformações no direito, na ética e na agenda do Brasil. Belo Horizonte: Fórum, 2018.

BATEUP, Christine. Expanding the conversation: American and Canadian experiences of constitutional dialogue in comparative perspective. *Temple International and Comparative Law Journal – Public Law Research Paper*, n. 6, Spring 2007.

BRANDÃO, Rodrigo. *Supremacia judicial versus diálogos constitucionais*: a quem cabe a última palavra sobre o sentido da Constituição? Rio de Janeiro: Lumen Juris, 2012.

BRANDÃO, Rodrigo; NUNES, Daniel Capecchi. O STF e as entidades de classe de âmbito nacional: a sociedade civil e seu acesso ao controle concentrado de constitucionalidade. *Revista de Direito da Cidade*, v. 10, n. 1.

BRASIL. Supremo Tribunal Federal. ADI 108 QO, Rel. Min. Celso de Mello, Tribunal Pleno, julgado em 13/04/1992. *DJ*, 5 jun. 1992.

BRASIL. Supremo Tribunal Federal. ADI 1693, Rel. Min. Marco Aurélio, Tribunal Pleno, julgado em 23/10/1997. *DJ*, 6 fev. 1998.

BRASIL. Supremo Tribunal Federal. ADI 202 MC, Rel. Min. Sepúlveda Pertence, Tribunal Pleno, julgado em 23/03/1990. *DJ*, 2 abr. 1993.

BRASIL. Supremo Tribunal Federal. ADI 2366, Rel. Min. Nelson Jobim, julgado em 12/12/2000 *DJ*, 19 dez. 2000.

BRASIL. Supremo Tribunal Federal. ADI 4029, Relator Min. Luiz Fux, Tribunal Pleno, julgado em 8.3.2012.

BRASIL. Supremo Tribunal Federal. ADI 42, Rel. Min. Paulo Brossard, Tribunal Pleno, julgado em 24/09/1992. *DJ*, 2 abr. 1993.

BRASIL. Supremo Tribunal Federal. ADI 5291, Relator Min. Marco Aurelio, Tribunal Pleno, julgado em 11.5.2015.

BRASIL. Supremo Tribunal Federal. ADI 61, Rel. Min. Sepúlveda Pertence, Tribunal Pleno, julgado em 29.8.1990. *DJ*, 28 set. 1990.

COSTA, Alexandre Araújo; BENVINDO, Juliano Zaiden (Coord.). *A quem interessa o controle concentrado de constitucionalidade?* O descompasso entre teoria e prática na defesa dos direitos fundamentais. Brasília: UnB, 2014.

FRASER, Nancy. *Social justice in the age of identity politics*: redistribution, recognition, and participation. Stanford: Stanford University, 1996.

FREIRE, Alonso. Desbloqueando os canais de acesso à jurisdição constitucional do STF: por que não também aqui uma revolução de direitos?. In: SARMENTO, Daniel (Org.). *Jurisdição constitucional e política*. Rio de Janeiro: Forense, 2015.

MENDES, Gilmar Ferreira. A evolução do direito constitucional brasileiro e o controle de constitucionalidade da lei. In: MENDES, Gilmar Ferreira. *Direitos fundamentais e controle de constitucionalidade*. São Paulo: Saraiva, [s.d.].

MENDES, Gilmar Ferreira; COELHO, Inocêncio Mártires; BRANCO, Paulo Gustavo Gonet. *Curso de direito constitucional*. 4. ed. rev. e atual. São Paulo: Saraiva, 2009.

MESQUITA, José Ignácio Botelho de. O desmantelamento do sistema brasileiro de controle de constitucionalidade. *Revista do Advogado*, v. 22, n. 67, p. 87-93, ago. 2002. Disponível em: <http://www.aasp.org.br/aasp/servicos/revista_advogado/revista67/jose_mesquita.asp>.

RIBEIRO, Djamila. *O que é lugar de fala?* Belo Horizonte: Livramento, 2017.

RODRIGUES, Leda Boechat. *A história do Supremo Tribunal Federal*. Rio de Janeiro: Civilização Brasileira, 1991. v. IV.

SARMENTO, Daniel. *Direitos, democracia e república*: escritos de direito constitucional. Belo Horizonte: Fórum, 2018.

SOUZA NETO, Cláudio Pereira de; SARMENTO, Daniel. *Direito constitucional*: teoria, história e métodos de trabalho. Belo Horizonte: Fórum, 2012.

VALLE, Vanice Regina Lírio do et al. (Coord.). *Audiências públicas e ativismo*: diálogo social no STF. Belo Horizonte: Fórum, 2012.

VIANNA, Luiz Werneck. *A democracia e os três poderes no Brasil*. Belo Horizonte: UFMG, 2003.

VIEIRA, Oscar Vilhena. *Supremo Tribunal Federal*: jurisprudência política. 2. ed. São Paulo: Malheiros, 2002.

Informação bibliográfica deste texto, conforme a NBR 6023:2002 da Associação Brasileira de Normas Técnicas (ABNT):

LELLIS, Carina. Diálogos sociais no STF: o art. 103, IX, da Constituição e a participação da sociedade civil no controle concentrado de constitucionalidade. In: BARROSO, Luís Roberto; MELLO, Patrícia Perrone Campos (Coord.). *A República que ainda não foi*: trinta anos da Constituição de 1988 na visão da Escola de Direito Constitucional da UERJ. Belo Horizonte: Fórum, 2018. p. 451-467. ISBN 978-85-450-0582-7.

PARTE VI

CONSTITUCIONALIZAÇÃO DO DIREITO

DIREITO CIVIL

DIREITO À VIDA EM 30 ANOS DA CONSTITUIÇÃO DA REPÚBLICA: ABORTO E EUTANÁSIA EM PERSPECTIVA CIVIL-CONSTITUCIONAL

ANDERSON SCHREIBER

Se procurar bem, você acaba encontrando
não a explicação (duvidosa) da vida,
mas a poesia (inexplicável) da vida.
(ANDRADE, Carlos Drummond de. *Lembrete*)

1 Há um direito à vida na Constituição brasileira?

No dia 23.3.2018, a Ministra Rosa Weber, do Supremo Tribunal Federal, convocou audiência pública para debater a descriminalização do aborto. A matéria é discutida na Arguição de Descumprimento de Preceito Fundamental nº 442, proposta pelo PSOL, na qual se pleiteia que o Supremo declare a não recepção parcial dos arts. 124 e 126 do Código Penal, de modo a excluir do seu âmbito de incidência a interrupção da gestação induzida e voluntária realizada nas primeiras 12 semanas. Segundo a Ministra Rosa Weber:

> a discussão que ora se coloca para apreciação e deliberação desse Supremo Tribunal Federal, com efeito, é um dos temas jurídicos mais sensíveis e delicado, enquanto envolve razões de ordem ética, moral, religiosa, saúde pública e tutela de direitos fundamentais individuais.

A expectativa quanto a uma decisão do Plenário do STF sobre tema tão sensível reacende o relevante debate acerca dos contornos e limites do chamado direito à vida. A Constituição de 1988 menciona expressamente o direito à vida no *caput* do seu art. 5º, afirmando que "todos são iguais perante a lei, sem distinção de qualquer natureza, garantindo-se aos brasileiros e aos estrangeiros residentes no País a inviolabilidade do direito à vida, à liberdade, à igualdade, à segurança e à propriedade". A menção constitucional suscita diferentes questões técnicas, nem sempre enfrentadas com profundidade pela doutrina, que podem ser sintetizadas sob a forma de três indagações: (a) quem é, afinal, o titular desse direito à vida?; (b) qual é o seu efetivo conteúdo, ou, em outras palavras, o que significa ter direito à vida?; (c) o direito à vida tem peso superior aos demais direitos fundamentais listados no art. 5º da Constituição?

Parte dessas questões deriva do fato de que a literatura jurídica, não raro, afirma que o direito à vida desempenha dupla função no ordenamento: uma função instrumental, servindo de pressuposto para a titularidade dos demais direitos,[1] e uma função material, consubstanciada no reconhecimento de um valor intrínseco à vida humana.[2] Ambas as funções merecem um olhar cuidadoso. Em primeiro lugar, a chamada função instrumental não configura, a rigor, uma função do direito à vida, mas exprime, isso sim, a constatação de que a vida, como fato, é tomada tradicionalmente como premissa à atribuição pela ordem jurídica da titularidade de direitos a certa pessoa.[3] Assim, a alusão a uma função instrumental do direito à vida gera confusões teóricas que já serviram, no passado, a obstar o reconhecimento de direitos da personalidade, conforme a célebre objeção formulada por Savigny na primeira metade do século XIX.[4]

Já a função material corresponderia, tecnicamente, ao que se denomina direito à vida, usualmente definido como "direito de não ter interrompido o processo vital senão pela morte espontânea e inevitável".[5] Também aqui, contudo, existe alguma confusão. Tomada como reconhecimento de um valor especial à existência humana, o direito à vida acabaria por assumir, nas ordens jurídicas contemporâneas, um valor absoluto ou, ao menos, superior a outros direitos, que conduziria o intérprete a um paradigma biológico,

---

[1] "O direito à vida é a premissa dos direitos proclamados pelo constituinte; não faria sentido declarar qualquer outro se, antes, não fosse assegurado o próprio direito de estar vivo para usufruí-lo. O seu peso abstrato, inerente à sua capital relevância, é superior a todo outro interesse" (BRANCO, Paulo Gustavo Gonet. Direito à vida. In: MENDES, Gilmar Ferreira; BRANCO, Paulo Gustavo Gonet. *Curso de direito constitucional*. 10. ed. São Paulo: Saraiva, 2015. p. 255).

[2] "Nas constituições vigentes e nas declarações e pactos internacionais contemporâneos, típicos do período posterior à Segunda Grande Guerra, o direito à vida foi notadamente expresso e ganhou fortalecimento jurídico-moral após os nefastos acontecimentos que permearam o século XX, como o holocausto, a construção de conceitos heterônomos de vidas indignas de serem vividas e a emergência dos totalitarismos e das ditaduras. A proteção e a valorização da vida humana tornaram-se ainda mais proeminentes, levando o direito à vida a assumir uma relevância ímpar nas sociedades políticas ocidentais. *Tanto é que há quem repute a vida humana como um bem de valor intrínseco*. A noção traslada-se para o ambiente jurídico, traduzindo-se na intensa proteção, defesa e promoção do direito à vida como um todo, tanto em seus feixes de posições subjetivas quanto em sua dimensão objetiva. Entende-se tratar-se de um consenso político robusto, que pode ser vertido na linguagem da dignidade humana como heteronomia, que teria uma das suas manifestações na intensa valorização da vida humana e consequente diferenciação do direito à vida frente aos demais direitos" (MARTEL, Letícia de Campos Velho. Dilemas constitucionais sobre o início e o final da vida: um panorama do estado da arte no direito brasileiro. In: CLÈVE, Clèmerson Merlin; FREIRE, Alexandre (Coord.). *Direitos fundamentais e jurisdição constitucional*. São Paulo: Revista dos Tribunais, 2014. p. 651. Grifos nossos).

[3] "Que o bem da vida se sobreponha aos outros, pode deduzir-se facilmente do fato de nenhum outro bem poder conceber-se separado dele" (DE CUPIS, Adriano. *Os direitos da personalidade*. São Paulo: Quórum, 2008. p. 72).

[4] Como lembrado por Gustavo Tepedino: "Segundo a famosa construção de Savigny, a admissão dos direitos da personalidade levaria à legitimação do suicídio ou da automutilação [...]" (TEPEDINO, Gustavo. A tutela da personalidade no ordenamento civil-constitucional brasileiro. In: TEPEDINO, Gustavo. *Temas de direito civil*. 4. ed. Rio de Janeiro: Renovar, 2008. p. 47).

[5] SILVA, José Afonso da. *Curso de direito constitucional positivo*. 24. ed. São Paulo: Malheiros, 2005. p. 198. Em sentido próximo: "Em apertada síntese, é possível afirmar que o direito à vida consiste no direito de todos os seres humanos de viverem, abarcando a existência corporal no sentido da existência biológica e fisiológica do ser humano" (SARLET, Ingo Wolfgang; MARINONI, Luiz Guilherme; MITIDIERO, Daniel. *Curso de direito constitucional*. São Paulo: Revista dos Tribunais, 2012. p. 352).

capaz de justificar intervenções não autorizadas sobre a autonomia do indivíduo, desde que baseadas no afã de assegurar a continuidade da sua existência. Tais intervenções, longe de um temor fictício, afiguram-se frequentes na realidade brasileira, especialmente no campo médico, como se vê do conhecido exemplo das Testemunhas de Jeová, que, embora não podendo, consoante sua crença, receber transfusão de sangue, acabam, muitas vezes, sendo sedadas por médicos ou enfermeiros em hospitais públicos e privados, para que possam, em seguida, ser submetidas a procedimentos de transfusão, contra sua expressa manifestação de vontade. A prática, que pode resultar aos olhos do paciente em uma condenação divina ao tormento, vem quase sempre justificada com base nesse direito "superior" do próprio paciente: o direito à vida.[6]

A concepção de que o direito à vida consiste em direito superior aos demais é, como se verá adiante, não apenas juridicamente equivocada, mas também perigosa e difícil de se reverter culturalmente, pois permeada de valorações morais e religiosas que conduzem, de um modo geral, à discursos radicalizados e à defesa de posições absolutas, notoriamente incapazes de oferecer soluções adequadas à realidade social. Sob o prisma técnico, o reconhecimento de um valor especial à existência humana consiste não em conteúdo material do direito à vida, mas sim na essência da noção de dignidade humana (*dignus* = valor), a qual não se contrapõe à autonomia da pessoa humana de realizar as suas escolhas, mas, ao contrário, privilegia tal autonomia como um dos elementos centrais do próprio conceito de dignidade – autonomia que, por sua vez, condiciona a compreensão do significado material do direito à vida.

Com efeito, a leitura do nosso texto constitucional reforça a percepção de que o valor especial atribuído à pessoa humana não se subordina ao direito à vida, mas bem ao revés: a dignidade humana foi eleita pelo Constituinte brasileiro como fundamento da República, sendo mencionada como tal já em seu art. 1º, enquanto que o direito à vida, sem prejuízo de sua importância, figura no rol do art. 5º, entre tantos outros direitos aos quais a comunidade jurídica reconhece caráter relativo, como o direito à liberdade individual e o direito à propriedade privada. Em outras palavras, o valor superior tutelado pelo nosso ordenamento é a dignidade da pessoa humana, que se apresenta como justificativa e função de todas as situações jurídicas subjetivas existenciais, incluindo o direito à vida. Cumpre, assim, reconhecer que o que toda pessoa humana tem é um *direito* à *vida digna*, que, bem ao contrário de um paradigma biológico, privilegie as escolhas de cada ser humano.[7] Este é o tecido normativo da Constituição de 1988, que, lido em chave sistemática, deve orientar o intérprete nos tormentosos conflitos que contrapõem a vida a outros direitos fundamentais.

---

[6] Sobre o tema, seja consentido remeter a SCHREIBER, Anderson. *Direitos da personalidade*. 3. ed. São Paulo: Atlas, 2014. p. 51-53. Ao Ministro Luís Roberto Barroso deve-se o mérito de ter se pronunciado sobre o tema, então na condição de procurador do estado do Rio de Janeiro, em importante parecer que condenou a prática da sedação e transfusão forçada em hospitais públicos de todo o estado, contribuindo, de modo decisivo, para o início da superação desse cenário no Rio de Janeiro: BARROSO, Luís Roberto. Legitimidade da recusa de transfusão de sangue por testemunhas de Jeová. Dignidade humana, liberdade religiosa e escolhas existenciais. *Revista de Direito da Procuradoria Geral*, Rio de Janeiro, v. 65, p. 327-357, 2010.

[7] Conforme já se defendeu em outra sede: TEPEDINO, Gustavo; SCHREIBER, Anderson. O extremo da vida – eutanásia, accanimento terapêutico e dignidade humana. *RTDC – Revista Trimestral de Direito Civil*, v. 39, jul./set. 2009. p. 8-9.

2 O extremo da vida: aborto e direitos da mulher

Aos olhos do direito civil brasileiro, a personalidade somente se inicia com o nascimento com vida (Código Civil, art. 2º). A proteção aos direitos do nascituro, em nosso sistema jurídico, ocorre sempre de modo condicional, dependente do fato futuro e eventual do nascimento com vida. A decisão em relação ao aborto recairia, assim, no domínio de autodeterminação corporal da gestante. As teses que defendem o concepcionismo no Brasil, mesmo quando bem construídas, sempre foram minoritárias entre nós por contrariar a expressa opção legislativa realizada já no Código Civil de 1916, em respeito à tradição normativa e cultural anterior, e mantida no Código Civil atual. Apesar disso, o Código Penal brasileiro, ao tratar dos chamados crimes contra a vida, criminalizou a prática do aborto, punindo tanto a gestante que provoca o aborto em si mesma ou consente que terceiro o provoque (art. 124) quanto o terceiro que realiza o aborto, sem ou com o consentimento da gestante (arts. 125 e 126). O art. 128 da lei penal traz as únicas situações em que o aborto não é punido no direito brasileiro:

> Art. 128. Não se pune o aborto praticado por médico:
> I - se não há outro meio de salvar a vida da gestante;
> II - se a gravidez resulta de estupro e o aborto é precedido de consentimento da gestante ou, quando incapaz, de seu representante legal.

A tipificação do aborto como crime no Brasil é uma das razões pelas quais a questão vinha sendo tratada, por décadas, como tabu. Todavia, pouco a pouco, a sociedade brasileira desperta para os aspectos sociais do tema, confrontando-se com a tragédia diária de jovens sem recursos econômicos que realizam abortos em clínicas clandestinas, sob condições insalubres, ou por meio da ingestão de medicamentos contrabandeados de países que legalizaram o aborto, como Argentina e Uruguai, quando não por métodos mais medonhos, como misturas líquidas caseiras e até uso de cabides e agulhas de tricô.[8] O dia a dia do país demonstra que a criminalização do aborto não evita a prática, apenas a condena ao submundo, à marginalidade. Com a divulgação de dados e informações outrora ignorados, cresce o apoio à autorização para o aborto em algumas condições, a partir de intensos debates. Foi o que se viu, inicialmente, nas audiências públicas realizadas pelo Supremo Tribunal Federal no âmbito da Arguição de Descumprimento de Preceito Fundamental nº 54, ação judicial que pedia autorização para aborto de fetos anencefálicos.

---

[8] Confira-se o impressionante relato do médico Drauzio Varella: "A técnica desses abortamentos geralmente se baseia no princípio da infecção: a curiosa introduz uma sonda de plástico ou agulha de tricô através do orifício existente no colo do útero e fura a bolsa de líquido na qual se acha imerso o embrião. Pelo orifício, as bactérias da vagina invadem rapidamente o embrião desprotegido. A infecção faz o útero contrair e eliminar seu conteúdo. O procedimento é doloroso e sujeito a complicações sérias, porque nem sempre o útero consegue livrar-se de todos os tecidos embrionários. As membranas que revestem a bolsa líquida são especialmente difíceis de eliminar. Sua persistência na cavidade uterina serve de caldo de cultura para as bactérias que subiram pela vagina, provoca hemorragia, febre e toxemia. A natureza clandestina do procedimento dificulta a procura por socorro médico, logo que a febre se instala. Nessa situação, a insegurança da paciente em relação à atitude da família, o medo das perguntas no hospital, dos comentários da vizinhança e a própria ignorância a respeito da gravidade do quadro colaboram para que o tratamento não seja instituído com a urgência que o caso requer. A septicemia resultante da presença de restos infectados na cavidade uterina é causa de morte frequente entre as mulheres brasileiras em idade fértil" (FUJITA JR., Luiz. A questão do aborto. *Drauzio Varella*, 18 abr. 2011. Disponível em: <http://drauziovarella.com.br/saude-da-mulher/gravidez/a-questao-do-aborto/>. Acesso em: 31 ago. 2012).

2.1 O início da descriminalização: aborto dos fetos anencefálicos

Promovida pela Confederação Nacional dos Trabalhadores na Saúde, a ADPF nº 54 pretendia, em síntese, que o Código Penal fosse interpretado em conformidade com os princípios constitucionais, de modo a se afastar a configuração de crime na interrupção da gravidez de fetos anencefálicos. A anencefalia é, tecnicamente, uma má-formação do tubo neural durante a fase embrionária. Trata-se, em outras palavras, de uma má-formação fetal do cérebro. Ao contrário do que o termo sugere, fetos anencefálicos podem possuir partes do tronco cerebral, garantindo algumas funções vitais do organismo. A patologia, todavia, é letal. A maioria dos fetos já nasce sem vida. Para aqueles que sobrevivem ao nascimento, não existe cura ou tratamento. A maior parte morre algumas horas ou dias após o parto. Em hipóteses muito raras, a sobrevida alcança um ou, no máximo, dois anos. A maioria dos casos de anencefalia pode ser diagnosticada no período pré-natal, por um simples exame de ultrassom.

O julgamento definitivo da ADPF nº 54 somente ocorreu em abril de 2012, quase oito anos após a sua propositura.[9] Por oito votos a dois, o Supremo Tribunal Federal decidiu que o pedido era procedente: a interrupção da gravidez de fetos anencefálicos não configura crime de aborto no Brasil.[10] O julgamento da ADPF nº 54 representou importante passo inicial na tutela da dignidade da mulher e de seus direitos fundamentais. O STF foi, ainda, prudente em sua conclusão, evitando a exigência de cautelas excessivas, como o atestado do diagnóstico em dois laudos médicos, como queriam alguns membros da Corte.[11]

2.2 Situações semelhantes às quais se impõe a aplicação do entendimento do STF: microcefalia e outras hipóteses de risco à saúde da criança

No julgamento da ADPF nº 54, os ministros do STF preocuparam-se todo o tempo em destacar que se cuidava de uma situação peculiar e específica, talvez por receio de que suas conclusões fossem estendidas a outras hipóteses de aborto. Não há, todavia, como deixar de aplicar o mesmo raciocínio humanitário a outras situações patológicas

---

[9] Neste período, o relator do processo Ministro Marco Aurélio de Mello concedeu, em 1º.7.2004, liminar reconhecendo o "direito constitucional da gestante de submeter-se à operação terapêutica de parto de fetos anencefálicos, a partir de laudo médico atestando a deformidade, a anomalia que atingiu o feto". A liminar viria a ser revogada pelos demais ministros, abrindo-se nova fase do processo, para a realização de audiências públicas com entidades envolvidas com a causa.

[10] Confira-se a ementa do julgado: "ESTADO – LAICIDADE. O Brasil é uma república laica, surgindo absolutamente neutro quanto às religiões. Considerações. FETO ANENCÉFALO – INTERRUPÇÃO DA GRAVIDEZ – MULHER – LIBERDADE SEXUAL E REPRODUTIVA – SAÚDE – DIGNIDADE – AUTODETERMINAÇÃO – DIREITOS FUNDAMENTAIS – CRIME – INEXISTÊNCIA. Mostra-se inconstitucional interpretação de a interrupção da gravidez de feto anencéfalo ser conduta tipificada nos artigos 124, 126 e 128, incisos I e II, do Código Penal".

[11] Constava do voto do Ministro Gilmar Mendes a seguinte determinação: "Para o cumprimento desta decisão, é indispensável o que o Ministério da Saúde regulamente adequadamente, com normas de organização e procedimento, o reconhecimento da anencefalia. Enquanto pendente regulamentação, a anencefalia deverá ser atestada por no mínimo dois laudos diagnósticos, produzidos por médicos distintos, e segundo técnicas de exame atuais e suficientemente seguras". Nos debates que se seguiram, prevaleceram as ponderações dos ministros Marco Aurélio, Luiz Fux e Ayres Britto no sentido de que a exigência de intervenções de órgãos técnicos e a imposição de demasiados requisitos poderia afetar a efetividade da decisão proferida.

que, como a anencefalia, evidenciam elevado risco de morte do feto antes, durante ou logo após o parto (como ocorre, por exemplo, em certos casos de má-formação óssea). O entendimento da Corte também deveria ser estendido àquelas situações que, embora sem o componente sombrio do prognóstico da morte certa, impõem risco grave de vida ou comprometem de modo significativo a saúde da criança. Em muitos países, por exemplo, é autorizada a interrupção da gravidez em caso de diagnóstico de rubéola, doença que, se contraída pela gestante, pode impor severas limitações físicas à criança que venha a nascer.

O STF terá a oportunidade de se manifestar sobre a matéria no julgamento da ADI nº 5.581, proposta pela Associação Nacional dos Defensores Públicos e que tramita sob a relatoria da Ministra Cármen Lúcia, na qual se pleiteia a descriminalização do aborto realizado por mulheres infectadas pelo vírus *Zika*. Como se sabe, o *Zika* é transmitido por mosquitos *Aedes* e, segundo a Organização Mundial da Saúde, há consenso sobre a possibilidade de a infecção de mulheres grávidas resultar no desenvolvimento de microcefalia pela criança, má-formação congênita definida como um tamanho de cabeça muito menor do que aquela de outros bebês da mesma idade e sexo, associada a um crescimento insuficiente do cérebro, podendo vir o menor a apresentar epilepsia, paralisia cerebral, dificuldades de aprendizagem, perda de audição e problemas de visão.[12] Como se vê, a microcefalia não retira a possibilidade de vida extrauterina, mas tem o condão de reduzir significativamente a sua qualidade, a um ponto extremo.

2.3 O real fundamento jurídico da descriminalização do aborto: direito à saúde da mulher e direito à sua autodeterminação corporal

Pesquisa realizada pela Universidade de Brasília e pelo Instituto Anis revelou que, no Brasil, uma em cada cinco mulheres de 40 anos já realizou, ao menos, um aborto ao longo da vida.[13] Diante de uma realidade tão frequente, a discussão jurídica em torno da legitimidade ou não do aborto soa quase fantasiosa. Independentemente do que diga a lei, as mulheres brasileiras realizam abortos. O que a criminalização do aborto faz em nosso país é lançar o procedimento na clandestinidade, privando-o de fiscalização e controle sanitário e inibindo a busca do melhor tratamento para as numerosas complicações que a prática clandestina do aborto pode provocar no organismo das pacientes.

Estudos de campo revelam que os números de internações pós-aborto são extremamente elevados em nosso país.[14] E o atual tratamento legislativo contribui para agravar intensamente esse quadro, na medida em que, por força da criminalização do aborto, a

---

[12] Informações extraídas de WORLD HEALTH ORGANIZATION. *Doença do vírus da Zika*. Disponível em: <www.who.int/mediacentre/factsheets/zika/pt/>. Acesso em: 16 abr. 2018 e WORLD HEALTH ORGANIZATION. *Microcefalia*. Disponível em: <www.who.int/mediacentre/factsheets/microcephaly/pt/>. Acesso em: 16 abr. 2018.

[13] Uma síntese dos resultados obtidos na Pesquisa Nacional do Aborto, realizada pela Universidade de Brasília e pelo Instituto ANIS – Instituto de Bioética, Direitos Humanos e Gênero, pode ser consultada em UNIVERSIDADE DE BRASÍLIA; INSTITUTO ANIS - INSTITUTO DE BIOÉTICA, DIREITOS HUMANOS E GÊNERO. *Síntese dos resultados obtidos na Pesquisa Nacional do Aborto*. Disponível em: <www.abortoemdebate.com.br/wordpress/?p=640>. Acesso em: 31 ago. 2012.

[14] "A internação pós-aborto foi observada em cerca de metade dos abortos" (DINIZ, Débora; MEDEIROS, Marcelo. Aborto no Brasil: uma pesquisa domiciliar com método de urna. *Ciência e Saúde Coletiva*, Rio de Janeiro, v. 15, supl. 1, jun. 2010).

paciente normalmente tenta ocultar de familiares e vizinhos os sintomas de que começa a padecer após o procedimento, retardando o ingresso no hospital e intensificando seu estado patológico. Quando, finalmente, se submete ao atendimento médico, deixa de revelar o aborto por receio de sanções penais, dificultando o diagnóstico, o tratamento e a recuperação.

Em alguns casos, a criminalização do aborto gera precisamente o efeito reverso daqueles pretendidos por seus defensores: a morte. A mulher que sofre complicações durante o procedimento em clínica clandestina não é conduzida de lá para um hospital, pois uma ambulância não pode ser chamada e a saída de edifícios e casas onde tais clínicas funcionam deve ser feita com máxima discrição, sob pena de se revelar a função do estabelecimento. Aguarda-se demasiadamente, em uma perigosa avaliação de riscos, que, algumas vezes, resulta em fim trágico. Tudo por conta da proibição penal.

A interminável discussão moral e religiosa em torno da legitimidade ou não do aborto cede passagem a um problema concreto de saúde pública. A "questão do aborto", expressão usualmente empregada quando se trata do tema, não pode mais ser encarada desse modo: como uma "questão", ou seja, uma indagação de ordem filosófica em torno da qual nunca se chegará a um consenso. Discutir o aborto nesse plano é como tentar obter um acordo entre religião e ciência. Sempre haverá opiniões contrárias à prática; muitas das mulheres que se submetem ao aborto também são contra o aborto, mas são impelidas a realizá-lo por razões pragmáticas: a ausência de amparo familiar, o estigma da comunidade ou a simples impossibilidade financeira de criar um filho.

A criminalização do aborto só contribui para tudo isso na medida em que cerca o procedimento médico de clandestinidade e impede que as próprias gestantes analisem, de modo equilibrado e transparente, os riscos envolvidos em cada uma das alternativas. Em outras palavras: a superação da abordagem criminalizante do aborto poderia até, paradoxalmente, contribuir para reduzir o número de casos em que é praticado. Mulheres que sofrem pressão familiar para realizar o aborto contariam com assistência médica apta a explicar os riscos e os efeitos da prática abortiva, bem como com acompanhamento para verificar sua real intenção, como já acontece em países como Argentina e Uruguai – e bem ao contrário do que ocorre em clínicas clandestinas, ansiosas, naturalmente, pelo ganho financeiro e, portanto, incapazes de fornecer avaliações imparciais sobre os efeitos em cada caso específico (como no caso de mulheres que sofrem de patologias no útero e assim por diante).

Significa dizer: nem para quem é contrário à prática do aborto, sua tipificação penal encontra justificativa palpável, pois a legalização pode até reduzir o número de abortos ou afastar sua possibilidade em certos casos à luz do histórico de saúde da mulher, ponderando os riscos que existam para sua saúde na situação específica. A oposição à "legalização" do aborto somente se explica por razões morais e religiosas, que se encontram em um plano abstrato, filosófico e inteiramente diverso do problema de saúde pública representado pela realidade da prática clandestina do aborto.

No plano estritamente jurídico, o fundamento da descriminalização do aborto situa-se precisamente no direito à saúde e à autodeterminação corporal da mulher. Ao declarar que "ninguém será submetido a tortura nem a tratamento desumano ou degradante" (art. 5º, III), o Constituinte brasileiro não assegurou apenas a inviolabilidade da integridade física dos cidadãos ante o Estado, mas se comprometeu também com a sua proteção em face da sociedade civil e dos costumes religiosos, na esteira de uma longa evolução histórica no tratamento jurídico do corpo humano. Visto, por muitos séculos, como uma dádiva divina, o corpo humano era considerado objeto merecedor de uma proteção superior aos desígnios individuais. O intenso simbolismo religioso construído em torno do corpo, que pode ser vislumbrado no ritual católico da comunhão ("corpo de cristo"), impôs historicamente diversas restrições morais ao uso do corpo, que foram acolhidas pela tradição jurídica e que se situam nas raízes da repressão penal à prostituição e ao adultério. O Estado também se apropria do corpo humano, ora como fruto do exercício da persecução penal, ora por razões de saúde pública (disposição de cadáveres, por exemplo), alijando o indivíduo da sua mais íntima expressão material. O pensamento moderno procura romper com essa perspectiva, recolocando, gradativamente, a integridade corporal no campo da autonomia do sujeito.[15] Nesse sentido é que se passa a falar em "direito ao próprio corpo", expressão que procura enfatizar que o corpo deve atender à realização da própria pessoa, e não aos interesses de qualquer entidade abstrata (Igreja ou Estado).[16]

O direito ao próprio corpo consolida-se na realidade contemporânea e, no caso específico do ordenamento jurídico brasileiro, vem encontrar fundamento na tutela constitucional da dignidade da pessoa humana. Diversas práticas corporais antes vistas como afrontas aos bons costumes[17] ou vedadas por dispositivos legais específicos têm hoje amparo em uma visão renovada do direito ao próprio corpo. O corpo reingressa na esfera de autonomia do ser humano, passando a representar instrumento da realização do seu próprio projeto de vida e felicidade. Difunde-se na sociedade o uso do corpo como meio de expressão artística (*bodyart*), puramente estética ou intelectual, ou, ainda, como instrumento de diversão e lazer.

Na mesma direção, reconhece-se a legitimidade da modificação do corpo humano para atender à concepção de bem-estar do seu titular. Exemplo emblemático é o das cirurgias de transgenitalização (*cirurgias de readequação de sexo*), que, outrora tratadas como procedimentos ilegais e clandestinos, ganharam, nas últimas duas décadas, a acolhida da comunidade médica, da sociedade em geral e, finalmente, do Poder Judiciário, que vem a ser não raro a última fronteira para matérias que envolvam a quebra de tabus e a alteração dos costumes.

O reconhecimento jurídico da possibilidade de se alterar o próprio corpo para suprimir um sentimento de inadequação ao sexo anatômico é conquista que revela a prevalência da busca pela genuína realização do ser humano, albergada pela Constituição da República, sobre o determinismo biológico e social, que caracterizou o tratamento do corpo no passado. O exemplo tem muito a contribuir para a discussão do aborto, ainda às voltas com argumentos que pretendem impor certo destino (social, moral e religioso) ao corpo da mulher, de modo indiferente ou até contrário à sua vontade, como se o corpo fosse um fardo, e não um instrumento de realização da felicidade pessoal, como quer a ordem constitucional brasileira.

---

[15] GEDIEL, José Antônio Peres. *Os transplantes de órgãos e a invenção moderna do corpo*. Curitiba: Moinho do Verbo, 2000. p. 1-8.

[16] Sobre o tema, seja consentido remeter a SCHREIBER, Anderson. *Direitos da personalidade*. 3. ed. São Paulo: Atlas, 2014 (capítulo 2: Direito ao próprio corpo).

[17] A própria noção de bons costumes requer uma releitura à luz da legalidade constitucional, como bem demonstra CASTRO, Thamis Dalsenter Viveiros de. *Bons costumes no direito civil brasileiro*. São Paulo: Almedina, 2017. p. 103-131, especialmente.

De fato, toda essa marcha libertária do corpo ganha contornos ainda mais fortes quando contemplada sob a ótica dos direitos da mulher. Já vista como mera depositária da continuidade genética do varão, predestinada à gestação pela Igreja e pela sociedade, a mulher se depara, com intensidade talvez inédita na história, com a sua liberdade corporal. A revolução feminista, o advento da pílula anticoncepcional e uma série de outros fatores culminam, a partir dos anos de 1970, na superação do destino maternal como única via possível para a realização feminina. As mulheres conquistam, após longas lutas, a sua autodeterminação corporal plena. A maternidade deixa de ser vista como uma necessidade orgânica para se tornar uma escolha pessoal. A essa gigantesca transformação permanece indiferente a legislação penal brasileira relativa ao aborto.

2.4 Um novo e corajoso passo do STF: descriminalização do aborto até o terceiro mês de gestação

A maternidade é, em essência, uma decisão. A intromissão pública nos destinos do corpo e na opção pela maternidade – tomando-a, portanto, uma não opção – afronta diretamente a dignidade humana, tutelada na Constituição como valor fundamental da República (art. 1º, III). Agride, ainda, o art. 226, que alude à paternidade responsável e impede a interferência coercitiva do Estado no planejamento familiar (§7º). Pior: atentando-se para a realidade social, em que o aparato público repressivo não logra impedir o aborto para quem quer que tenha recursos para financiá-lo, verifica-se, como já destacado, que a vedação criminal tem como único efeito empurrar mães jovens e pobres para clínicas clandestinas, com imenso risco à sua saúde e à sua vida.

Todas estas questões foram ponderadas pelo Ministro Luís Roberto Barroso em corajosa decisão na qual conferiu interpretação conforme a Constituição ao Código Penal para excluir do âmbito de incidência das condutas tipificadas a interrupção voluntária da gravidez realizada nos primeiros três meses de gestação. O voto foi acompanhado pelos ministros Luiz Edson Fachin e Rosa Weber, compondo a maioria na Primeira Turma, vencido o relator, Ministro Marco Aurélio. Confira-se, em razão de sua relevância, o trecho pertinente da ementa da decisão:

> [...] 3. Em segundo lugar, é preciso conferir interpretação conforme a Constituição aos próprios arts. 124 a 126 do Código Penal – que tipificam o crime de aborto – para excluir do seu âmbito de incidência a interrupção voluntária da gestação efetivada no primeiro trimestre. A criminalização, nessa hipótese, viola diversos direitos fundamentais da mulher, bem como o princípio da proporcionalidade.
> 4. A criminalização é incompatível com os seguintes direitos fundamentais: os direitos sexuais e reprodutivos da mulher, que não pode ser obrigada pelo Estado a manter uma gestação indesejada; a autonomia da mulher, que deve conservar o direito de fazer suas escolhas existenciais; a integridade física e psíquica da gestante, que é quem sofre, no seu corpo e no seu psiquismo, os efeitos da gravidez; e a igualdade da mulher, já que homens não engravidam e, portanto, a equiparação plena de gênero depende de se respeitar a vontade da mulher nessa matéria.
> 5. A tudo isto se acrescenta o impacto da criminalização sobre as mulheres pobres. É que o tratamento como crime, dado pela lei penal brasileira, impede que estas mulheres, que não têm acesso a médicos e clínicas privadas, recorram ao sistema público de saúde para

se submeterem aos procedimentos cabíveis. Como consequência, multiplicam-se os casos de automutilação, lesões graves e óbitos.

6. A tipificação penal viola, também, o princípio da proporcionalidade por motivos que se cumulam: (i) ela constitui medida de duvidosa adequação para proteger o bem jurídico que pretende tutelar (vida do nascituro), por não produzir impacto relevante sobre o número de abortos praticados no país, apenas impedindo que sejam feitos de modo seguro; (ii) é possível que o Estado evite a ocorrência de abortos por meios mais eficazes e menos lesivos do que a criminalização, tais como educação sexual, distribuição de contraceptivos e amparo à mulher que deseja ter o filho, mas se encontra em condições adversas; (iii) a medida é desproporcional em sentido estrito, por gerar custos sociais (problemas de saúde pública e mortes) superiores aos seus benefícios.

7. Anote-se, por derradeiro, que praticamente nenhum país democrático e desenvolvido do mundo trata a interrupção da gestação durante o primeiro trimestre como crime, aí incluídos Estados Unidos, Alemanha, Reino Unido, Canadá, França, Itália, Espanha, Portugal, Holanda e Austrália.[18]

A referência ao direito comparado é preciosa, não tanto por evidenciar o tratamento jurídico diverso dado por outros países, mas por exprimir aquela cruel faceta da criminalização: a possibilidade do aborto por mulheres ricas, já não pelas pobres. Quem pode arcar com a viagem ao exterior e contratação de um médico em tais países pode realizar o aborto, restando às mulheres brasileiras sem recursos econômicos os procedimentos clandestinos e a persecução penal, além de todo o estigma envolvido na realização de uma prática criminalizada.

A decisão da 1ª Turma do STF foi assim corajosa e importantíssima, por sinalizar a abertura do Supremo para travar uma discussão mais madura e séria sobre o tema. A questão será decidida definitivamente pelo Plenário do STF, em decisão com força vinculante, na já referida ADPF nº 442, relatada pela Ministra Rosa Weber. A audiência pública convocada pela ministra já se tornou aquela com o maior número de inscritos na história do STF.[19]

2.5 Além do STF: a descriminalização do aborto em qualquer hipótese e a ausência de colisão com o direito à vida

Em verdade, impõe-se não apenas estender as conclusões do Supremo Tribunal Federal a situações análogas àquela dos fetos anencefálicos – em procedimento semelhante à analogia tão cara aos juristas – ou realizar abertura para o aborto até o terceiro mês de gestação, mas sim transcender tais conclusões para defender a revisão integral da vedação penal ao aborto, privilegiando-se, de modo mais efetivo e realista, a autodeterminação pessoal da gestante *em qualquer hipótese*. As situações particulares referidas acima (anencefalia, microcefalia, má-formação óssea, rubéola etc.) revelam

---

[18] BRASIL. Supremo Tribunal Federal. HC nº 124.306/RJ, red. p/ acórdão Min. Luís Roberto Barroso, 1ª Turma, j. 9.8.2016.

[19] Segundo estudo da professora Eloísa Almeida, da FGV de São Paulo, conforme noticiado em POMPEU, Ana. ADPF que discute criminalização do aborto bate recorde de amici curiae no Supremo. *Consultor Jurídico*, 20 mar. 2018. Disponível em: <https://www.conjur.com.br/2018-mar-20/adpf-discute-aborto-bate-recorde-amici-curiae-supremo>.

apenas hipóteses tópicas em que a criminalização do aborto assume conotação monstruosa, assemelhando-se, como asseverou o Ministro Luiz Fux em seu voto na ADPF nº 54, à imposição da tortura.[20] A verdade, contudo, é que, em qualquer situação, a maternidade deve ser uma dádiva desejada, não havendo, à luz da nossa ordem jurídica, qualquer razão legítima para que o Estado interfira na autonomia corporal da mulher, impondo-lhe, a partir de descuidos ou acidentes, uma gravidez involuntária.

A limitação ao terceiro mês de gestação, embora prudente e justificada à luz da histórica resistência ao aborto em um país majoritariamente católico, vem atraindo críticas sobre a ausência de fundamento normativo para a especificação de um limite temporal – críticas que, ainda que não pertinentes, poderiam ser evitadas com a exclusão do limite temporal. Ademais, a inconstitucionalidade das normas do Código Penal sobre o aborto deve, a nosso ver, ser extraída, repita-se, dos direitos à saúde e à autodeterminação corporal da mulher, aplicáveis durante toda a gestação e não apenas em seu primeiro trimestre.

Há que se examinar, aqui, a delicada questão relativa ao choque ou colisão com o direito à vida do nascituro. Como já visto, a ordem jurídica brasileira fixa no nascimento com vida o termo inicial da personalidade, não se podendo, antes disso, aludir tecnicamente a direitos em sentido pleno, mas tão somente a direitos condicionados ao nascimento com vida.[21] Não há, portanto, em sentido técnico, um direito à vida de titularidade do nascituro. O nascimento com vida é condição para a aquisição de direitos, o que é, em larga medida, o exato oposto – entendimento que somente poderia ser revertido por meio de declaração de inconstitucionalidade do art. 2º do Código Civil, o que não ocorreu.

A ponderação entre direitos da mulher e direito à vida do nascituro, portanto, nem sequer chega a se colocar. É sabido que o Supremo Tribunal Federal já manifestou entendimento no sentido de que o grau de proteção constitucional ao feto é ampliado na medida em que a gestação avança e que o feto adquire viabilidade extrauterina, adquirindo progressivamente maior peso concreto.[22] Tal proteção não consiste, todavia, em um direito à vida, em sentido técnico-jurídico, nem se deve erigir, por essa razão,

---

[20] "Um bebê anencéfalo é geralmente cego, surdo, inconsciente e incapaz de sentir dor. Apesar de que alguns indivíduos com anencefalia possam viver por minutos, a falta de um cérebro descarta completamente qualquer possibilidade de haver consciência. [...] Impedir a interrupção da gravidez sob ameaça penal equivale à tortura".

[21] Recorde-se a redação do art. 2º do Código Civil: "A personalidade civil da pessoa começa do nascimento com vida; mas a lei põe a salvo, desde a concepção, os direitos do nascituro". Conforme leciona Caio Mário da Silva Pereira: "O nascituro não é ainda uma pessoa, não é um ser dotado de personalidade jurídica. Os direitos que se lhe reconhecem permanecem em estado potencial. Se nasce e adquire personalidade, integram-se na sua trilogia essencial, sujeito, objeto e relação jurídica; mas, se se frustra, o direito não chega a constituir-se, e não há falar, portanto, em reconhecimento de personalidade ao nascituro, nem se admitir que antes do nascimento já ele é sujeito de direito. Tão certo é isto que, se o feto não vem a termo, ou se não nasce vivo, a relação de direito não se chega a formar, nenhum direito se transmite por intermédio do natimorto, e a sua frustração opera como se ele nunca tivesse sido concebido, o que bem comprova a sua inexistência no mundo jurídico, a não ser que tenha nascimento" (PEREIRA, Caio Mário da Silva. *Instituições de direito civil*. 24. ed. Rio de Janeiro: Forense, 2011. v. I. p. 182).

[22] "É preciso reconhecer, porém, que o peso concreto do direito à vida do nascituro varia de acordo com o estágio de seu desenvolvimento na gestação. O grau de proteção constitucional ao feto é, assim, ampliado na medida em que a gestação avança e que o feto adquire viabilidade extrauterina, adquirindo progressivamente maior peso concreto" (voto do Ministro Luís Roberto Barroso no HC nº 124.306/RJ). A doutrina estrangeira tem se encaminhado nessa direção, segundo registra SARMENTO, Daniel. Legalização do aborto e Constituição. In: SARMENTO, Daniel; PIOVESAN, Flávia (Coord.). *Nos limites da vida*: aborto, clonagem humana e eutanásia sob a perspectiva dos direitos humanos. Rio de Janeiro: Lumen Juris, 2007. p. 29-36.

em direito fundamental para fins de ponderação perante os direitos à saúde e à autodeterminação corporal da mulher. A viabilidade extrauterina configura, ademais, critério arriscado neste tema, na medida em que se amplia a cada dia, na esteira da evolução científica, o leque de procedimentos e técnicas capazes de manter a vida fora do útero materno em "idades gestacionais" cada vez mais precoces. A se prosseguir nessa tendência, o critério da viabilidade extrauterina acabaria por ensejar proteção cada vez mais intensa ao nascituro, retornando-se com o tempo à proibição do aborto ou justificando a defesa da sua criminalização.

Não é a viabilidade extrauterina do feto que deve merecer a atenção do intérprete, mas o fato inelutável de que, sempre que se está a discutir o aborto, o feto não se encontra fora do útero da mulher, mas é parte inarredável do seu corpo, na medida em que não pode cogitar de extração do feto para sua proteção. O problema é, portanto, de autonomia corporal da mulher. De um direito propriamente à vida do nascituro somente se poderia cogitar, mesmo em teoria, se o nascituro já se encontrasse fora do útero – caso em que nascituro não mais seria, mas sim pessoa, pois nascido com vida na esteira do art. 2º da codificação civil. A colisão, portanto, não chega a se instaurar.

Ainda que assim não se entenda, enveredando pela ponderação entre direitos da mulher e direito à vida do nascituro, a manutenção da criminalização mesmo em estágios mais avançados da gravidez (a partir do terceiro mês de gestação) revelar-se-ia ainda desproporcional, impondo uma reprimenda excessivamente severa (sanção penal) como meio para obtenção de um fim não alcançado por tal reprimenda, haja vista a baixíssima efetividade da criminalização do aborto para a proteção da vida dos nascituros. Isso não significa desconsiderar o peso da vida no processo de ponderação, mas apenas submeter sua tutela a um juízo de proporcionalidade,[23] preferindo instrumentos que se revelem mais adequados a uma proteção efetiva do bem jurídico, como instrumentos promocionais.

Como se sabe, o direito não cumpre apenas um papel repressivo, voltado à interdição de condutas indesejadas, mas também uma função promocional, ligada ao estímulo a condutas socialmente desejáveis. Não poderia ser outra a postura assumida em face da nossa ordem constitucional, que não se limita a garantir determinado *status quo*, desenhando (especialmente nos arts. 1º ao 4º) um projeto de sociedade que deve ser construído pelo Poder Público e pelos cidadãos em geral. Na clássica lição de Norberto Bobbio:

> Entendo por "função promocional" a ação que o direito desenvolve pelo instrumento das "sanções positivas", isto é, por mecanismos genericamente compreendidos pelo nome de "incentivos", os quais visam não a impedir atos socialmente indesejáveis, fim precípuo das penas, multas, indenizações, reparações, restituições, ressarcimentos etc., mas, sim, a "promover" a realização de atos socialmente desejáveis. Essa função não é nova. Mas é nova a extensão que ela teve e continua a ter no Estado contemporâneo [...].[24]

---

[23] Sobre a aplicação do princípio da proporcionalidade no Brasil: SOUZA NETO, Cláudio Pereira de; SARMENTO, Daniel. *Direito constitucional*: teoria, história e métodos de trabalho. 2. ed. Belo Horizonte: Fórum, 2014. p. 467-484.

[24] BOBBIO, Norberto. *Da estrutura à função*: novos estudos de teoria do direito. Barueri: Manole, 2007. p. XII.

Abre-se, com isso, um amplo leque de possibilidades para a tutela da vida do nascituro, não já por meio da sanção (penal) ao aborto, mas sim por meio do estímulo à gravidez consciente. Há espaço aqui para a instituição de mecanismos extrapenais "relacionados à educação sexual, ao planejamento familiar e ao fortalecimento da rede de proteção social voltada para a mulher",[25] medidas capazes de contribuir para uma real diminuição do número de abortos na vida prática da sociedade brasileira.

Concorde-se ou não com tudo que se expôs, o que se faz urgente é um debate social e jurídico mais franco, que tenha olhos abertos para a realidade e que transcenda a mera repetição de dogmas e preconceitos construídos à luz de ideologias do passado, não mais compatíveis com os valores consagrados na Constituição brasileira. O direito ao próprio corpo, visto em uma dimensão mais ampla como direito à integridade psicofísica, à saúde e ao bem-estar da mulher não apenas impede, mas faz parecer verdadeiramente medieval o uso da força do Estado para reprimir uma escolha que é importante demais para não ser íntima, pessoal e desejada.

3 O outro extremo da vida: eutanásia e o direito à morte digna

Permita-se, já a esta altura, uma referência a um caso concreto, ocorrido nos Estados Unidos da América. Nancy Cruzan viveu sua vida normalmente até os 25 anos, quando, vítima de um acidente automobilístico, foi ressuscitada por paramédicos, recuperando suas funções vitais, mas não sua consciência. Permaneceu em coma por três semanas em um hospital do Missouri, nos Estados Unidos, ingressando, a partir daí, no que se denomina "estado vegetativo permanente". Sua família iniciou, então, uma longa cruzada para obter o direito de retirar o tubo que a alimentava, deixando-a morrer. Os médicos recusaram-se a tomar qualquer atitude sem autorização do Poder Judiciário. Uma ação judicial foi, então, promovida com base na alegação de que Nancy havia, ao longo da vida, manifestado diversas vezes sua intenção de não ser mantida viva em estado vegetativo. Embora o juiz de primeiro grau tenha acolhido o pedido, a Suprema Corte do Missouri entendeu, em um primeiro julgamento, que não havia prova clara e convincente de que fosse esse o desejo de Nancy Cruzan.

A família Cruzan recorreu à Suprema Corte dos Estados Unidos, mas o recurso foi negado, ao fundamento de que o Estado do Missouri era livre para exigir alguma espécie de formalização da vontade do paciente para fins de interrupção do tratamento médico. Naquele julgamento, contudo, a Corte Suprema reconheceu, pela primeira vez, pela maioria de seus membros, um direito constitucional à interrupção do tratamento médico que mantém vivas pessoas em estado vegetativo permanente, desde que respeitadas as formalidades exigidas por Estado.[26]

A batalha legal da família Cruzan, que dividiu a opinião pública norte-americana, encerrou-se em 1990, quando o caso foi reapresentado à Corte do Missouri e, finalmente, acolhido com base em novas provas da intenção inequívoca de Nancy. Em dezembro

---

[25] SARMENTO, Daniel. Legalização do aborto e Constituição. In: SARMENTO, Daniel; PIOVESAN, Flávia (Coord.). *Nos limites da vida*: aborto, clonagem humana e eutanásia sob a perspectiva dos direitos humanos. Rio de Janeiro: Lumen Juris, 2007. p. 51.
[26] Supreme Court of the United States, 497 U.S. 261, 25.6.1990.

daquele ano, Nancy Cruzan foi enterrada no cemitério de Carterville, sua cidade-natal, sob uma lápide em que se lê: "Nascida em 20 de julho de 1957. Partiu em 11 de janeiro de 1983. Em paz em 26 de dezembro de 1990".[27]

Casos como o de Nancy Cruzan têm sido debatidos no Brasil de modo acalorado, sob o enfoque moral, cultural e religioso. Também no campo jurídico, a discussão tem se mantido nos extremos, contrapondo, de um lado, aqueles que rejeitam a eutanásia, classificando-a como crime de homicídio privilegiado (Código Penal, art. 121, §1º), e, de outro, aqueles que a defendem diante da ausência de norma expressa a respeito, quer na legislação civil, quer na legislação penal. O debate polarizado parece destinado a não evoluir. O próprio termo *eutanásia* (do grego, *boa morte*) é empregado para designar uma ampla diversidade de situações concretas, que merecem exame em separado.

Há, em primeiro lugar, hipóteses em que o paciente capaz opta livremente por recusar certo tratamento, mesmo após ter sido informado de que a recusa pode conduzir progressivamente ao agravamento da doença e, em última análise, ao óbito. É o caso, nada raro, da vítima de câncer que opta por não realizar quimioterapia. Aqui, não pode haver dúvida de que a vontade do paciente deve ser respeitada. Trata-se de simples aplicação do princípio do consentimento informado,[28] que, como constata elevada doutrina, "de regra da vida está se tomando também regra do morrer, assinalando a passagem do poder do terapeuta à responsabilidade do paciente".[29] Do mesmo modo que o direito protege a opção da pessoa por tratamentos menos invasivos ou dolorosos, acolhe também sua consciente decisão de não receber tratamento algum. Ainda que a decisão conduza à morte, não se tem, a rigor, eutanásia – entendida como termo capaz de suscitar debates éticos, morais e jurídicos de maior complexidade.

Com efeito, debates mais intensos surgem em um segundo grupo de hipóteses: quando o paciente, já em fase terminal, solicita a suspensão de procedimentos e tratamentos que prolongam artificialmente a sua existência. Aqui, atender à vontade do paciente conduz diretamente ao resultado letal. A participação do médico entra em cena como elemento agravante do dilema. Nada obstante, também nessa hipótese a vontade consciente e informada do paciente deveria ser atendida. Trata-se do que se vem denominando de ortotanásia ou eutanásia passiva. É o que se passa a examinar.

3.1 Ortotanásia ou eutanásia passiva

O direito deve ser "sóbrio, limitado e respeitador da autonomia pessoal". Foi o pedido do jurista Stefano Rodotà, diante da comoção gerada na Itália pelo caso de Piergiorgio Welby, poeta, pintor e ativista italiano, que, padecendo de distrofia muscular desde a adolescência, ficou, em 1997, impossibilitado de respirar sem a ajuda

---

[27] Sobre a tocante jornada da família Cruzan, confira-se a matéria de Andrew Malcolm intitulada *Nancy Cruzan: end to long goodbye* (MALCOLM, Andrew. Nancy Cruzan: end to long goodbye. *The New York Times*, 29 dez. 1990. Disponível em: < www.nytimes.com >).

[28] Sobre o tema, ver o precioso estudo de NUNES, Lydia Neves Bastos Telles. O consentimento informado na relação médico-paciente: respeitando a dignidade da pessoa humana. *RTDC – Revista Trimestral de Direito Civil*, Rio de Janeiro, v. 29, p. 95-110.

[29] RODOTÀ, Stefano. La dignità della fine. *Il Manifesto*, 27 set. 2006.

de aparelhos.[30] Welby iniciou, a partir de então, uma verdadeira campanha pelo seu direito de morrer. Seu desejo foi finalmente realizado em 2006, mas a Igreja católica, em decisão bastante criticada, negou-lhe direito a um funeral religioso. Uma cerimônia civil foi, então, organizada em uma praça pública de Roma, à qual compareceram milhares de pessoas.

A livre opção pela interrupção de tratamento voltado à conservação artificial da vida deve ser respeitada, como expressão da tutela constitucional da dignidade humana. Nessa direção, o Conselho Federal de Medicina editou a Resolução nº 1.805/2006, cujo art. 1º permite "ao médico limitar ou suspender procedimentos e tratamentos que prolonguem a vida do doente em fase terminal, de enfermidade grave e incurável, respeitada a vontade da pessoa ou de seu representante legal".

Decisão de antecipação de tutela proferida no âmbito de ação civil pública suspendeu a eficácia da norma de 2006, ao argumento de que tal modificação no ordenamento jurídico não poderia advir de mera resolução.[31] A rigor, todavia, não se trata de modificação no ordenamento, mas de simples regulamentação do exercício de autodeterminação do paciente, o qual já decorre da norma constitucional de proteção à dignidade humana. Em dezembro de 2010, a Resolução nº 1.805/2006 readquiriu eficácia, com a sentença que, em boa hora, julgou improcedente o pedido formulado pelo Ministério Público Federal.[32]

De todo modo, encontrava-se em tramitação no Congresso Nacional projeto de lei destinado a regulamentar a ortotanásia, também chamada eutanásia passiva e definida como a "suspensão de procedimentos ou tratamentos extraordinários, que têm por objetivo unicamente a manutenção artificial da vida de paciente terminal, com enfermidade grave e incurável" (Projeto de Lei nº 3.002/2008, art. 2º). O projeto exigia "solicitação expressa e por escrito do doente ou seu representante legal" (art. 3º) e estabelecia um amplo sistema de controle da decisão com base na atuação de junta médica especializada, do Ministério Público e, eventualmente, do Poder Judiciário (art. 6º). Em janeiro de 2010, tal projeto foi apensado ao Projeto de Lei nº 6.715/2009, que se propõe a alterar o Código Penal brasileiro, para determinar:

> não constitui crime, no âmbito dos cuidados paliativos aplicados a paciente terminal, deixar de fazer uso de meios desproporcionais e extraordinários, em situação de morte iminente e inevitável, desde que haja consentimento do paciente ou, em sua impossibilidade, do cônjuge, companheiro, ascendente, descendente ou irmão.

O projeto afirma, ainda, que a situação de morte iminente e inevitável deve ser previamente atestada por dois médicos e que a exclusão de ilicitude "não se aplica em caso de omissão de uso dos meios terapêuticos ordinários e proporcionais devidos a paciente terminal". Tal projeto encontra-se atualmente em tramitação no Congresso Nacional.

---

[30] RODOTÀ, Stefano. L'appello sospetto alla legge. *Il Manifesto*, 23 dez. 2006.
[31] BRASIL. Tribunal Regional Federal. 1ª Região. Processo nº 2007.34.00.014809-3, 23.10.2007. Disponível em: <https://www.conjur.com.br/dl/sentenca-resolucao-cfm-180596.pdf>.
[32] O inteiro teor da sentença pode ser consultado em BRASIL. Tribunal Regional Federal. 1ª Região. Processo nº 2007.34.00.014809-3, 23.10.2007. Disponível em: <https://www.conjur.com.br/dl/sentenca-resolucao-cfm-180596.pdf>.

A aceitação clara da possibilidade jurídica de ortotanásia (sem ressalvas dúbias como as que constam do Projeto de Lei nº 6.715/2009)[33] é medida que – embora, a rigor, desnecessária à luz da cláusula geral de tutela da dignidade humana contida na Constituição da República – se afigura útil no cenário brasileiro, no qual tais fatos já vêm ocorrendo sem transparência e cuidado, com os perigos inerentes ao caráter clandestino a que são empurrados pela interpretação literal (e incompatível com a Constituição) que se tem reservado ao Código Penal brasileiro nessa matéria. Convém registrar, a propósito, que o Código de Ética Médica, aprovado em 2009, determina no parágrafo único do seu art. 41:

> nos casos de doença incurável e terminal, deve o médico oferecer todos os cuidados paliativos disponíveis sem empreender ações diagnósticas ou terapêuticas inúteis ou obstinadas, levando sempre em consideração a vontade expressa do paciente ou, na sua impossibilidade, a de seu representante legal.

A franca descriminalização da ortotanásia torna-se ainda mais imperativa naquelas hipóteses em que a conservação artificial das funções vitais se dá com grande sacrifício para o paciente, especialmente quando as chances de cura são nulas ou muito remotas, ou quando a manutenção da vida se promete extremamente dolorosa. É o que se tem chamado, na esteira da emblemática expressão italiana, de *accanimento terapêutico*.

3.2 *Accanimento* terapêutico e o caso Lillian Boyes

Lillian Boyes, uma inglesa de 70 anos, sofria de uma forma tão dolorosa de artrite reumatoide que, mesmo sob o efeito dos mais poderosos analgésicos, gritava de dor quando seu filho tocava sua mão com o dedo.[34] Sua agonia encerrou-se com uma injeção letal, aplicada por seu médico, Dr. Nigel Cox, que foi condenado a um ano de reclusão, veredicto que deflagrou inúmeros protestos em prol da legalização da eutanásia no Reino Unido.[35]

Casos como o de Lillian Boyes explicam o sentido da expressão *accanimento terapêutico*, produto da alusão ao esforço canino, obstinado, exigido em tais hipóteses para a manutenção da vida. Também se emprega o termo *distanásia*, sinônimo de "morte lenta, com grande sofrimento", em que os potenciais benefícios do tratamento médico "para o paciente são nulos ou tão pequenos ou improváveis que não superam os seus potenciais malefícios".[36] Diante de tais hipóteses, parece desnecessário recordar que a vida é um direito do paciente, não um dever, inexistindo razão jurídica capaz de impedir a interrupção do tratamento que preserva artificialmente a dolorosa sobrevivência do enfermo.

---

[33] Para outras críticas ao Projeto de Lei nº 6.715/2009, ver MÖLLER, Leticia Ludwig. *Direito à morte com dignidade e autonomia*. Curitiba: Juruá, 2008. p. 143.

[34] DWORKIN, Ronald. *Domínio da vida* – Aborto, eutanásia e liberdades individuais. 2. ed. São Paulo: Martins Fontes, 2009. p. 251.

[35] Confira-se a matéria de MARKS, Kathy. Consultant convicted of attempted murder. *The Independent*, 20 set. 1992.

[36] SERTÃ, Renato Lima Charnaux. *A distanásia e a dignidade do paciente*. Rio de Janeiro: Renovar, 2005. p. 32-33.

A dignidade humana impõe não apenas uma vida digna, mas também uma *morte digna*.[37] Tal garantia revela-se ainda mais importante nessas situações em que a preservação da vida do paciente se dá com enorme sofrimento. Por sofrimento, contudo, não se deve entender apenas o elevado desconforto físico. Também o sofrimento emocional pode justificar a escolha por uma morte digna. A hipótese é bem mais polêmica, mas deve ser enfrentada.

3.3 O caso Downes e o direito de morrer por amor

Se se morre de amor é o título de um poema de Gonçalves Dias, que muito diz sobre a vida do poeta maranhense:

> Segui-la, sem poder fitar seus olhos,
> Amá-la, sem ousar dizer que amamos,
> E, temendo roçar os seus vestidos,
> Arder por afogá-la em mil abraços:
> Isso é amor; e desse amor se morre!

Apaixonado, desde muito cedo, pela jovem Ana Amélia, o poeta levaria anos para revelar o seu amor e pedir sua mão em casamento. A família da moça recusaria a proposta e o poeta partiria, desolado, para Portugal. Ana Amélia, musa de um sem-número de seus poemas, não o perdoaria por não ter tido a coragem de romper com tudo e fugir com ela. Gonçalves Dias morreria em 1864, vítima única de um naufrágio, sem ter jamais realizado o seu grande amor.

Melhor sorte teve Edward Downes. O maestro britânico, responsável pela regência de algumas das orquestras mais importantes do mundo, casou-se e teve filhos com a bailarina Joan Downes, por quem era perdidamente apaixonado. A vida do maestro encerrou-se aos 85 anos, quando decidiu que não queria sobreviver à sua mulher, que padecia de um câncer terminal. Edward e Joan, que viveram juntos e felizes por 54 anos, morreram em uma clínica suíça, após beberem um coquetel de barbitúricos, sob o olhar dos filhos, que assim explicaram o gesto: "Eles queriam estar perto um do outro na hora da morte".[38] Edward e Joan Downes faleceram de mãos dadas.

O caso Downes reabriu, no Reino Unido, a polêmica sobre a eutanásia. A situação é algo diversa das contempladas anteriormente. Embora Edward Downes já estivesse, por conta da idade avançada, quase cego e com surdez progressiva, ele não sofria de qualquer doença terminal ou mal doloroso, como no caso Lillian Boyes. Sua decisão foi produto exclusivo de sua vontade de não sobreviver à mulher, que amara intensamente por mais de meio século.

---

[37] "A morte é uma fatalidade, não uma escolha. Por essa razão, é difícil sustentar a existência de um direito de morrer. Contudo, a medicina e a tecnologia contemporâneas são capazes de transformar o processo de morrer em uma jornada mais longa e sofrida do que o necessário, em uma luta contra a natureza e o ciclo natural da vida. Nessa hora, o indivíduo deve poder exercer sua autonomia para que a morte chegue na hora certa, sem sofrimentos inúteis e degradantes. Toda pessoa tem direito a uma morte digna" (BARROSO, Luís Roberto; MARTEL, Leticia de Campos Velho. A morte como ela é: dignidade e autonomia individual no final da vida. In: PEREIRA, Tânia da Silva; MENEZES, Rachel Aisengart; BARBOZA, Heloisa Helena (Coord.). *Vida, morte e dignidade humana*. Rio de Janeiro: GZ, 2010. p. 211).

[38] MORTE de casal reabre polêmica sobre eutanásia. *O Globo*, p. 23, 15 jul. 2009.

Morrer por amor não é hipótese que conste da cartilha habitual de quem tenta confinar a eutanásia em um rol fechado de situações autorizadoras (dor extrema, tratamento médico inútil etc.). Ainda assim, talvez não exista motivação mais nobre para justificar a escolha. Trata-se de sentimento radicado na mais profunda humanidade da pessoa, de modo que não pode o direito deixar de respeitá-lo. É certo que, como toda opção extrema, exige permanente cautela. A intenção do indivíduo deve calcar-se em um juízo equilibrado, fundado e duradouro, sendo de se evitar, nesse campo, dar guarida a decisões impulsivas, motivadas por arroubos de paixão ou exageros emotivos. Bem diverso foi o caso do maestro britânico, que exerceu de modo deliberado e consciente seu inegável direito de morrer ao lado de quem, por 54 anos, deu razão e sentido à sua vida. "Isso é amor" – concluiria Gonçalves Dias – "e desse amor se morre!".

A polêmica foi reeditada muito recentemente quando o cientista australiano David Goodall, de 104 anos, anunciou em abril de 2018 que viajaria para a Suíça a fim de realizar procedimento de suicídio assistido. O ecologista, que não sofre de doença em fase terminal, afirma que a deterioração natural de sua qualidade de vida foi o que o levou a tomar a decisão de encerrar a própria vida, prática proibida em seu país de origem.[39] Os casos narrados demonstram a multiplicidade de situações nas quais se afigura legítima a escolha existencial por uma morte digna.

3.4 O caso Eluana Englaro e a situação dos pacientes incapacitados

Outro caso emblemático nessa seara é o caso de Eluana Englaro, que comoveu a Itália em 2008. "Minha filha morreu há 17 anos". A declaração do pai de Eluana, jovem italiana que vivia em coma desde 1992, tornou-se manchete nos principais jornais do mundo. A interrupção do tratamento artificial que conservava suas funções vitais foi autorizada, em definitivo, pela *Corte di Cassazione* em 13.11.2008, após outra longa batalha travada entre seu pai e as autoridades públicas.[40]

O caso Eluana Englaro tem muito em comum com o já citado caso de Nancy Cruzan. Ambas ingressaram em estado vegetativo que as impedia de manifestar sua intenção de interromper o tratamento. Em tais hipóteses, em que os pacientes são jurídica ou fisicamente incapazes de manifestar sua vontade, abre-se um amplo e compreensível espaço para debate acerca da decisão mais acertada. Discute-se não apenas se alguém pode se substituir ao paciente para tomar tal decisão, mas também quem seria, em caso afirmativo, o legitimado para tanto.

A doutrina registra que, "se o doente está impossibilitado de manifestar-se, a família, em geral considerada guardiã do enfermo, tem assumido tal responsabilidade".[41] Não raro, todavia, há divergência entre parentes, cônjuges, companheiros. Daí oportuna a advertência de Renato Sertã:

---

[39] CIENTISTA australiano de 104 anos viajará à Suíça para morrer. *O Globo*, 30 abr. 2018. Disponível em: <https://g1.globo.com/bemestar/noticia/cientista-australiano-de-104-anos-viajara-a-suica-para-morrer.ghtml>. Acesso em: 1 maio 2018.

[40] CORTE SUPREMA DI CASSAZIONE. *Sentença nº 27.145, de 13.11.2008*. Disponível em: <www.cortedicassazione.it>.

[41] BARBOZA, Heloísa Helena. Poder familiar em face das práticas médicas. *Revista do Advogado*, n. 76, jun. 2007. p. 40.

mais do que as pessoas que sejam vinculadas pelo sangue ou pelo matrimônio ao doente, aqueles que tenham vivenciado de fato a realidade do enfermo, conheçam-no em profundidade, e ainda, mantenham com eles laços afetivos verdadeiros, estarão mais habilitadas a vislumbrar a *integridade do seu perfil*, de modo a melhor interpretarem os seus desígnios mais verazes.[42]

Deve-se reconstruir, de fato, a intenção do paciente. A interferência dos familiares em uma decisão tão irreversível suscita, não raro, preocupações com a influência do eventual interesse patrimonial de herdeiros do paciente. Essa é a primeira das razões pelas quais médicos e cortes judiciais hesitam em atender aos pedidos de interrupção de tratamento apresentados por familiares. Tal hesitação tem levado, nos Estados Unidos, e mais recentemente na Europa, a uma crescente difusão do chamado testamento biológico.

3.5 Testamentos biológicos, procurações de saúde e diretivas antecipadas de vontade

Denomina-se testamento biológico (ou testamento vital, tradução literal da expressão em inglês *living will*) o instrumento por meio do qual a pessoa manifesta, antecipadamente, sua recusa a certos tratamentos médicos, com o propósito de escapar ao drama terminal vivido por pacientes incapazes de exprimir a sua vontade.[43] Com o mesmo objetivo, alguns ordenamentos jurídicos têm admitido que a pessoa indique um mandatário para assuntos dessa natureza, por meio das chamadas *health care proxies* ou simplesmente "procurações de saúde".

No Brasil, mesmo à falta de qualquer autorização normativa, a doutrina mais atenta já defendia o direito de "autodeterminação do paciente acerca de futuros tratamentos médicos a serem empregados ou não quando a doença futura não lhe permita discernir bastante para naquele momento tomar a decisão a respeito deles".[44] Seguindo essa tendência, o Conselho Federal de Medicina editou, em 2012, a Resolução CFM nº 1.995, que dispôs sobre as "diretivas antecipadas de vontade", definidas em seu art. 1º como "o conjunto de desejos, prévia e expressamente manifestados pelo paciente, sobre cuidados e tratamentos que quer, ou não, receber no momento em que estiver incapacitado de expressar, livre e autonomamente, sua vontade".

Em boa hora, o Conselho Federal de Medicina deixou de estabelecer requisitos formais para a elaboração das diretivas antecipadas de vontade, limitando-se a aludir ao "conjunto de desejos, prévia e expressamente manifestados pelo paciente". O art. 2º, §4º, da Resolução CFM nº 1.995/2012 determina que "o médico registrará, no prontuário, as diretivas antecipadas de vontade que lhes foram diretamente comunicadas pelo paciente". Esta forma de registro é meramente exemplificativa e não exclui outras, que independam da direta comunicação entre médico e paciente.

A Resolução CFM nº 1.995/2012 distanciou-se, portanto, do posicionamento doutrinário que sustentava a conveniência de adotar, em relação ao testamento vital,

---

[42] SERTÃ, Renato Lima Charnaux. *A distanásia e a dignidade do paciente*. Rio de Janeiro: Renovar, 2005. p. 128.
[43] Sobre o tema, amplamente: DADALTO, Luciana. *Testamento vital*. 3. ed. São Paulo: Atlas, 2015, *passim*.
[44] MEIRELES, Rose Melo Vencelau. *Autonomia privada e dignidade humana*. Rio de Janeiro: Renovar, 2009. p. 232.

"os requisitos exigidos para o testamento tradicional".⁴⁵ O entendimento não era mesmo o mais adequado. No campo existencial, deve-se evitar

> procedimentos rígidos demais: o testamento biológico deve ser informal e revogável a qualquer momento. É justo, de outro lado, prever a possibilidade de desrespeitá-lo sempre que entre o momento de sua emissão e o momento da decisão final tenham surgido novidades terapêuticas relevantes.⁴⁶

A mencionada resolução do Conselho Federal de Medicina atende, portanto, à melhor abordagem do tema: reconhece a validade das manifestações prévias de vontade do paciente, a prevalecer sobre "os desejos dos familiares" (art. 2º, §3º), e impõe ao médico o dever de respeitá-las (art. 2º, *caput*, embora o Conselho pudesse aí ter empregado expressão mais firme que o simples "levá-las em consideração"). A referida resolução não esmiúça – e andou bem, neste particular – requisitos formais ou procedimentos de instrumentalização, deixando livre como deve ser a manifestação de vontade sobre aspecto tão extremo e fluido da existência humana.

De fato, o reconhecimento do testamento biológico por meio da figura das "diretivas antecipadas de vontade" não eliminou nenhuma via de realização da vontade do paciente. Não há que se render aqui a um princípio da tipicidade, como se faz no plano patrimonial. E mesmo que não haja registro de manifestação do paciente, não se deve excluir, em determinados casos, a reconstrução da intenção presumida do indivíduo, à luz da sua personalidade, de modo a autorizar a interrupção de tratamentos artificiais que ele, se tivesse refletido a respeito, não teria desejado.

Foi o que reconheceu, expressamente, o Poder Judiciário italiano na corajosa decisão emitida no caso Eluana Englaro. Ao analisar a situação da jovem à luz da sua própria concepção de vida, decidiu a corte italiana pela possibilidade de interrupção do tratamento:

> levando em consideração seja a extraordinária duração do estado vegetativo permanente (e, portanto, irreversível) de Eluana, seja a igualmente extraordinária tensão do seu caráter rumo à liberdade, bem como a impossibilidade de conciliação da sua concepção sobre dignidade da vida com a perda total e irrecuperável das próprias faculdades motoras e psíquicas e com a sobrevivência somente biológica do seu corpo em um estado de absoluta sujeição à vontade alheia, todos fatores que aparecem, na espécie, como prevalentes sobre uma necessidade de tutela da vida biológica em si e por si considerada.⁴⁷

O paradigmático julgado ressalta a importância de se analisar o caso à luz da concepção de vida digna do próprio paciente, inconciliável, naquele caso concreto, com

---

⁴⁵ NUNES, Lydia Neves Bastos Telles. O consentimento informado na relação médico-paciente: respeitando a dignidade da pessoa humana. *RTDC – Revista Trimestral de Direito Civil*, Rio de Janeiro, v. 29, p. 95-110. p. 109.
⁴⁶ RODOTÀ, Stefano. La dignità della fine. *Il Manifesto*, 27 set. 2006. Ainda sobre o tema, ver TEPEDINO, Gustavo; SCHREIBER, Anderson. O extremo da vida – eutanásia, accanimento terapêutico e dignidade humana. *RTDC – Revista Trimestral de Direito Civil*, v. 39, jul./set. 2009. p. 14-16.
⁴⁷ Trecho do Acórdão nº 27.145, de 13.11.2008, em que a *Cassazione*, acolhendo os fundamentos do tribunal *a quo*, negou provimento ao recurso interposto pela *Procura di Milano* contra decisão que autorizou a interrupção do tratamento médico de Eluana Englaro (CORTE SUPREMA DI CASSAZIONE. *Sentença nº 27.145, de 13.11.2008*. Disponível em: <www.cortedicassazione.it>).

a prolongada permanência em um estado meramente vegetativo. Sem negar relevância a outros interesses que circundam a decisão, como os interesses de familiares, desgastados por um continuado sofrimento, ou os interesses da sociedade como um todo, afetada, embora de modo menos evidente, pelo custo social que a manutenção de pacientes em estado vegetativo provoca para o sistema público de saúde, a corte decidiu que o critério a ser seguido, sob o prisma constitucional, é o da concepção de vida digna ostentada pelo próprio enfermo. É preciso "reconstruir através dos estilos de vida e da personalidade do paciente"[48] aquela que seria a sua vontade no extremo da sua existência.

3.6 O extremo do extremo: o Doutor Morte e a assistência ao suicídio

Cumpre examinar, ainda no campo do direito à morte digna, uma última situação: aquela em que o médico não se limita a interromper o tratamento do paciente em estado terminal, mas lhe auxilia com seus próprios atos na obtenção do resultado letal. Foi o que ocorreu no caso de Patrícia Trumbull, paciente que sofria de leucemia e se recusou a realizar quimioterapia por entender que os ônus do tratamento não compensavam os benefícios que seriam, eventualmente, alcançados. Seu médico, o Dr. Thimothy Quill, prescreveu pílulas de barbitúricos à sua paciente, explicando-lhe qual seria a quantidade suficiente para provocar a própria morte. Patrícia Trumbull ingeriu as pílulas e faleceu tranquilamente no sofá de sua casa.

O Dr. Quill não escapou nem de trocadilhos com seu sobrenome, nem de um processo criminal por auxílio ao suicídio, com base no direito penal norte-americano. O júri decidiu, todavia, que o Dr. Quill não deveria ser condenado. Levou em conta, na sua decisão, o fato de que o médico "não sabia" se a paciente faria uso das pílulas ou não. Sua participação não havia sido, portanto, a causa direta e imediata do falecimento. Além disso, houve grande preocupação à época, especialmente por parte dos órgãos de saúde pública, em enfatizar a longa duração da relação entre o Dr. Quill e Patrícia Trumbull, o que lhe permitiu conhecer, em detalhes, os efeitos da doença sobre sua paciente e seu perfeito estado mental ao decidir pela interrupção da vida.[49]

Mais que a interferência direta ou não, esse último dado parece ser extremamente relevante para distinguir a conduta do Dr. Quill dos atos praticados por outro médico americano, o Dr. Jack Kevorkian. Natural de Michigan, o Dr. Kevorkian, apelidado de *Doctor Death* pela imprensa norte-americana, desenvolveu uma ampla variedade de máquinas de suicídio, que possibilitam ao usuário encerrar sua vida apertando um simples botão. Com os aparelhos instalados na parte traseira de sua van, o Dr. Kevorkian percorreu cidades dos Estados Unidos, auxiliando pessoas a se suicidarem, com ampla exposição midiática. Segundo seus advogados, ele teria, entre 1990 e 1998, auxiliado cerca de 100 pacientes em estado terminal a dar fim às suas próprias vidas.

Em 1998, contrariando sua conduta habitual, o Dr. Kevorkian aplicou diretamente uma injeção letal em Thomas Youk, um homem de 52 anos que se encontrava nos estágios

---

[48] É, ainda uma vez, a lição de RODOTÀ, Stefano. Al centro la persona e la sua idea di dignità. *Il Manifesto*, 17 out. 2007.

[49] DWORKIN, Ronald. *Domínio da vida* – Aborto, eutanásia e liberdades individuais. 2. ed. São Paulo: Martins Fontes, 2009. p. 261-262.

finais de uma doença neurodegenerativa. O ato foi filmado e exibido em rede nacional, com a autorização do Dr. Kevorkian, que desafiou as autoridades a tentarem impedi-lo de prosseguir com sua atividade. Em 1999, ele acabou condenado pelo homicídio de Thomas Youk.[50] Cumpriu pena até junho de 2007, quando deixou a prisão sob a condição de não auxiliar qualquer pessoa a se suicidar.[51] Faleceu em junho de 2011, aos 83 anos de idade.

Se há uma lição que pode ser extraída da conturbada trajetória do Doutor Morte é a de que a defesa radical de uma ideia pode enfraquecê-la mais que um ataque moderado. Questões extremas, como a eutanásia, não podem ser debatidas em termos abstratos e genéricos, no estilo "ou tudo ou nada". Em matéria de eutanásia, já é hora de substituir o desgastado embate entre "contra" e "a favor" pela diferenciação das diversas hipóteses que são apresentadas sob o mesmo rótulo, muitas vezes deliberadamente, para confundir a opinião pública e impedir avanços no delicado debate democrático em torno da morte digna.

4 À guisa de conclusão. Algumas propostas para tratamento do aborto e da eutanásia no Brasil

A rica multiplicidade de situações expostas neste artigo revela a intensa dificuldade que circunda o debate sobre o direito à vida digna. Não se trata, porém, de uma dificuldade intransponível: cabe ao intérprete construir a melhor solução para cada uma das hipóteses percorridas, tendo sempre como norte o valor da pessoa humana. Nessa esteira, há um risco extremo a ser evitado: o risco de se *instrumentalizar a pessoa* ao atendimento de concepções supraindividuais, de caráter religioso ou moral, ignorando "a exigência de que o ser humano jamais seja visto, ou usado, como um meio para atingir outras finalidades, mas sempre seja considerado como um fim em si mesmo",[52] especialmente em campos em que o exercício da autonomia da pessoa humana não causa qualquer prejuízo aos demais integrantes da sociedade.

À luz dessa premissa, é possível formular algumas propostas para o debate em torno do direito em vida digna, em seus dois extremos:

(i) em primeiro lugar, é imperativa a descriminalização do aborto, descriminalização que deve ir além de hipóteses pontuais associadas à inviabilidade de vida extrauterina ou profunda afetação da saúde da criança (anencefalia, microcefalia etc.) e também do limite temporal do primeiro trimestre de gestação, representando a maternidade uma verdadeira decisão existencial da mulher, à luz de seu projeto de vida e de sua autonomia corporal, que não admite a intervenção opressora do Estado em qualquer sentido (ter ou não ter o filho);

---

[50] JOHNSON, Dirk. Kevorkian Sentenced to 10 to 25 Years in Prison. *The New York Times*, 14 abr. 1999. Disponível em: < www.nytimes.com>.

[51] Em janeiro de 2008, o Dr. Kevorkian proferiu palestra na Universidade da Flórida, para um público de quase 5.000 pessoas, defendendo a legalização da eutanásia. Declarou, na ocasião: "Meu propósito ao ajudar um paciente não era causar a morte [...], meu propósito era encerrar o sofrimento" (STRIPLING, Jack. Kevorkian pushes for euthanasia. *The Gainesville Sun*, 16 jan. 2008. Disponível em: <www.gainesville.com>).

[52] MORAES, Maria Celina Bodin de. O princípio da dignidade da pessoa humana. In: MORAES, Maria Celina Bodin de. *Na medida da pessoa humana*: estudo de direito civil-constitucional. Rio de Janeiro: Renovar, 2010. p. 81.

(ii) mesmo que assim não se entenda, a tutela de um eventual direito à vida do nascituro não deve ser realizada pela via do direito penal – solução que, além de opressiva à mulher e, muitas vezes, discriminatória (por afetar exclusivamente as mulheres e principalmente as mulheres pobres), tem se revelado, na prática, totalmente ineficaz –, cabendo aqui uma atuação promocional do Estado, estimulando o planejamento familiar, o sexo seguro e a gravidez consciente;

(iii) já no âmbito da morte digna, deve-se respeitar a expressa recusa ao tratamento manifestada pelo paciente consciente, capaz e devidamente informado das consequências de sua decisão, mesmo quando a recusa possa resultar direta ou indiretamente na extinção da sua existência;

(iv) se o paciente estiver inconsciente ou por alguma outra razão impedido de se exprimir livremente sua vontade, sua declaração anterior, formalizada previamente em testamento biológico ou não, deve ser respeitada, admitindo-se o não atendimento da sua manifestação de vontade apenas diante de mudanças significativas na eficiência ou variedade dos tratamentos médicos disponíveis que pudessem, naquele lapso de tempo, afetar a manifestação originária de vontade daquele que preferiu a morte à sobrevivência por aparelhos ou outros meios artificiais de conservação da vida;

(v) se o paciente não for capaz de exprimir sua intenção e não tiver feito prévia declaração a respeito da matéria, será necessário *reconstruir* sua vontade, à luz da sua concepção de vida, extraindo de seu próprio comportamento pregresso aquela que seria sua decisão diante das circunstâncias concretas em que se encontra (circunstâncias que podem variar enormemente, indo do simples estado de inconsciência até condições de profundo sofrimento e agonia) – ao contrário de ceder a meros interesses dos familiares ou presumir uma espécie de *favor vitae* típico de uma intromissão estatal calcada em paradigmas biocêntricos;

(vi) situação diversa é aquela em que o paciente solicita a assistência do médico para a obtenção do resultado letal, hipótese em que a avaliação jurídica da conduta do médico dependerá, além da inequívoca caracterização da intenção e iniciativa do paciente, de circunstâncias outras como a duração e a seriedade do acompanhamento clínico efetuado pelo médico, evitando-se a banalização de uma decisão que, pelo seu caráter drástico, deve ser sempre livre, consciente e refletida.

Todas estas questões envolvem a proteção de direitos fundamentais ante visões de mundo compartilhadas pela maioria da sociedade, razão pela qual se deve reconhecer na esfera judicial – e, especialmente, na jurisdição constitucional – um espaço adequado para sua realização. O ideal, porém, é a mobilização da sociedade civil em um debate público franco e sério sobre estes temas, retirando-os do silêncio embaraçoso que os circunda no cotidiano de clínicas e hospitais. O choque improdutivo entre os extremos, repletos de preconceitos e nunca dispostos ao consenso, deve ser substituído por uma discussão democrática, deflagrada a partir de situações concretas, com efetivo respeito à sua especial particularidade. O atual momento político por que passa o Brasil talvez revele com inédita agudeza essa necessidade.

O reconhecimento de um espaço de atuação legítima do Poder Judiciário não exclui de modo algum a participação do Poder Legislativo neste processo. No entanto, conforme já assentado em outra sede, ao Congresso Nacional deve restar claro que o primado em nosso sistema jurídico não é da política, mas da Constituição. Ao legítimo exercício da política se reserva o precioso (e, diga-se, insubstituível) papel de viabilizar democraticamente a realização do projeto constitucional, mas não a tarefa de legislar ordinariamente em direção contrária à sua substância e sentido.[53] Nesse sentido, o direito positivo brasileiro ainda carece de instrumentos capazes de contribuir para soluções constitucionalmente adequadas para os conflitos examinados. Enquanto se aguarda o despertar do legislador para sua missão, compete aos intérpretes, seja pela declaração de inconstitucionalidade, seja pela interpretação conforme a Constituição das regras vigentes, implementar, na medida do possível, esta agenda para que o direito à vida deixe o plano puramente estrutural e abstrato em que vem sendo tratado, como fruto de uma deliberada colmatação dos preceitos jurídicos com dogmas religiosos e morais, para ingressar no plano concreto e prático da proteção não à vida ou à morte, mas à dignidade humana, consubstanciada na garantia de uma vida digna e de uma morte digna a toda pessoa humana nos limites dos seus próprios desígnios.

Referências

BARBOZA, Heloísa Helena. Poder familiar em face das práticas médicas. *Revista do Advogado*, n. 76, jun. 2007.

BARROSO, Luís Roberto. Legitimidade da recusa de transfusão de sangue por testemunhas de Jeová. Dignidade humana, liberdade religiosa e escolhas existenciais. *Revista de Direito da Procuradoria Geral*, Rio de Janeiro, v. 65, p. 327-357, 2010.

BARROSO, Luís Roberto; MARTEL, Leticia de Campos Velho. A morte como ela é: dignidade e autonomia individual no final da vida. In: PEREIRA, Tânia da Silva; MENEZES, Rachel Aisengart; BARBOZA, Heloisa Helena (Coord.). *Vida, morte e dignidade humana*. Rio de Janeiro: GZ, 2010.

BOBBIO, Norberto. *Da estrutura à função*: novos estudos de teoria do direito. Barueri: Manole, 2007.

BRANCO, Paulo Gustavo Gonet. Direito à vida. In: MENDES, Gilmar Ferreira; BRANCO, Paulo Gustavo Gonet. *Curso de direito constitucional*. 10. ed. São Paulo: Saraiva, 2015.

BRASIL. Supremo Tribunal Federal. HC nº 124.306/RJ, red. p/ acórdão Min. Luís Roberto Barroso, 1ª Turma, j. 9.8.2016.

BRASIL. Tribunal Regional Federal. 1ª Região. Processo nº 2007.34.00.014809-3, 23.10.2007. Disponível em: <https://www.conjur.com.br/dl/sentenca-resolucao-cfm-180596.pdf>.

CASTRO, Thamis Dalsenter Viveiros de. *Bons costumes no direito civil brasileiro*. São Paulo: Almedina, 2017.

CIENTISTA australiano de 104 anos viajará à Suíça para morrer. *O Globo*, 30 abr. 2018. Disponível em: <https://g1.globo.com/bemestar/noticia/cientista-australiano-de-104-anos-viajara-a-suica-para-morrer.ghtml>. Acesso em: 1 maio 2018.

CORTE SUPREMA DI CASSAZIONE. *Sentença nº 27.145, de 13.11.2008*. Disponível em: <www.cortedicassazione.it>.

DADALTO, Luciana. *Testamento vital*. 3. ed. São Paulo: Atlas, 2015.

DE CUPIS, Adriano. *Os direitos da personalidade*. São Paulo: Quórum, 2008.

---

[53] SCHREIBER, Anderson; KONDER, Carlos Nelson. Uma agenda para o direito civil-constitucional. *Revista Brasileira de Direito Civil*, v. 10, out./dez. 2016. p. 24.

DINIZ, Débora; MEDEIROS, Marcelo. Aborto no Brasil: uma pesquisa domiciliar com método de urna. *Ciência e Saúde Coletiva*, Rio de Janeiro, v. 15, supl. 1, jun. 2010.

DWORKIN, Ronald. *Domínio da vida* – Aborto, eutanásia e liberdades individuais. 2. ed. São Paulo: Martins Fontes, 2009.

FUJITA JR., Luiz. A questão do aborto. *Drauzio Varella*, 18 abr. 2011. Disponível em: <http://drauziovarella.com.br/saude-da-mulher/gravidez/a-questao-do-aborto/>. Acesso em: 31 ago. 2012.

GEDIEL, José Antônio Peres. *Os transplantes de órgãos e a invenção moderna do corpo*. Curitiba: Moinho do Verbo, 2000.

JOHNSON, Dirk. Kevorkian Sentenced to 10 to 25 Years in Prison. *The New York Times*, 14 abr. 1999. Disponível em: < www.nytimes.com>.

MALCOLM, Andrew. Nancy Cruzan: end to long goodbye. *The New York Times*, 29 dez. 1990. Disponível em: < www.nytimes.com>.

MARKS, Kathy. Consultant convicted of attempted murder. *The Independent*, 20 set. 1992.

MARTEL, Letícia de Campos Velho. Dilemas constitucionais sobre o início e o final da vida: um panorama do estado da arte no direito brasileiro. In: CLÈVE, Clèmerson Merlin; FREIRE, Alexandre (Coord.). *Direitos fundamentais e jurisdição constitucional*. São Paulo: Revista dos Tribunais, 2014.

MEIRELES, Rose Melo Vencelau. *Autonomia privada e dignidade humana*. Rio de Janeiro: Renovar, 2009.

MÖLLER, Leticia Ludwig. *Direito à morte com dignidade e autonomia*. Curitiba: Juruá, 2008.

MORAES, Maria Celina Bodin de. O princípio da dignidade da pessoa humana. In: MORAES, Maria Celina Bodin de. *Na medida da pessoa humana*: estudo de direito civil-constitucional. Rio de Janeiro: Renovar, 2010.

MORTE de casal reabre polêmica sobre eutanásia. *O Globo*, p. 23, 15 jul. 2009.

NUNES, Lydia Neves Bastos Telles. O consentimento informado na relação médico-paciente: respeitando a dignidade da pessoa humana. *RTDC – Revista Trimestral de Direito Civil*, Rio de Janeiro, v. 29, p. 95-110.

PEREIRA, Caio Mário da Silva. *Instituições de direito civil*. 24. ed. Rio de Janeiro: Forense, 2011. v. I.

POMPEU, Ana. ADPF que discute criminalização do aborto bate recorde de amici curiae no Supremo. *Consultor Jurídico*, 20 mar. 2018. Disponível em: <https://www.conjur.com.br/2018-mar-20/adpf-discute-aborto-bate-recorde-amici-curiae-supremo>.

RODOTÀ, Stefano. Al centro la persona e la sua idea di dignità. *Il Manifesto*, 17 out. 2007.

RODOTÀ, Stefano. L'appello sospetto alla legge. *Il Manifesto*, 23 dez. 2006.

RODOTÀ, Stefano. La dignità della fine. *Il Manifesto*, 27 set. 2006.

SARLET, Ingo Wolfgang; MARINONI, Luiz Guilherme; MITIDIERO, Daniel. *Curso de direito constitucional*. São Paulo: Revista dos Tribunais, 2012.

SARMENTO, Daniel. Legalização do aborto e Constituição. In: SARMENTO, Daniel; PIOVESAN, Flávia (Coord.). *Nos limites da vida*: aborto, clonagem humana e eutanásia sob a perspectiva dos direitos humanos. Rio de Janeiro: Lumen Juris, 2007.

SCHREIBER, Anderson. *Direitos da personalidade*. 3. ed. São Paulo: Atlas, 2014.

SCHREIBER, Anderson; KONDER, Carlos Nelson. Uma agenda para o direito civil-constitucional. *Revista Brasileira de Direito Civil*, v. 10, out./dez. 2016.

SERTÃ, Renato Lima Charnaux. *A distanásia e a dignidade do paciente*. Rio de Janeiro: Renovar, 2005.

SILVA, José Afonso da. *Curso de direito constitucional positivo*. 24. ed. São Paulo: Malheiros, 2005.

SOUZA NETO, Cláudio Pereira de; SARMENTO, Daniel. *Direito constitucional*: teoria, história e métodos de trabalho. 2. ed. Belo Horizonte: Fórum, 2014.

STRIPLING, Jack. Kevorkian pushes for euthanasia. *The Gainesville Sun*, 16 jan. 2008. Disponível em: <www.gainesville.com>.

TEPEDINO, Gustavo. A tutela da personalidade no ordenamento civil-constitucional brasileiro. In: TEPEDINO, Gustavo. *Temas de direito civil*. 4. ed. Rio de Janeiro: Renovar, 2008.

TEPEDINO, Gustavo; SCHREIBER, Anderson. O extremo da vida – eutanásia, accanimento terapêutico e dignidade humana. *RTDC – Revista Trimestral de Direito Civil*, v. 39, jul./set. 2009.

UNIVERSIDADE DE BRASÍLIA; INSTITUTO ANIS - INSTITUTO DE BIOÉTICA, DIREITOS HUMANOS E GÊNERO. *Síntese dos resultados obtidos na Pesquisa Nacional do Aborto*. Disponível em: <www.abortoemdebate.com.br/wordpress/?p=640>. Acesso em: 31 ago. 2012.

WORLD HEALTH ORGANIZATION. *Doença do vírus da Zika*. Disponível em: <www.who.int/mediacentre/factsheets/zika/pt/>. Acesso em: 16 abr. 2018.

WORLD HEALTH ORGANIZATION. *Microcefalia*. Disponível em: <www.who.int/mediacentre/factsheets/microcephaly/pt/>. Acesso em: 16 abr. 2018.

Informação bibliográfica deste texto, conforme a NBR 6023:2002 da Associação Brasileira de Normas Técnicas (ABNT):

SCHREIBER, Anderson. Direito à vida em 30 anos da Constituição da República: aborto e eutanásia em perspectiva civil-constitucional. In: BARROSO, Luís Roberto; MELLO, Patrícia Perrone Campos (Coord.). *A República que ainda não foi*: trinta anos da Constituição de 1988 na visão da Escola de Direito Constitucional da UERJ. Belo Horizonte: Fórum, 2018. p. 471-496. ISBN 978-85-450-0582-7.

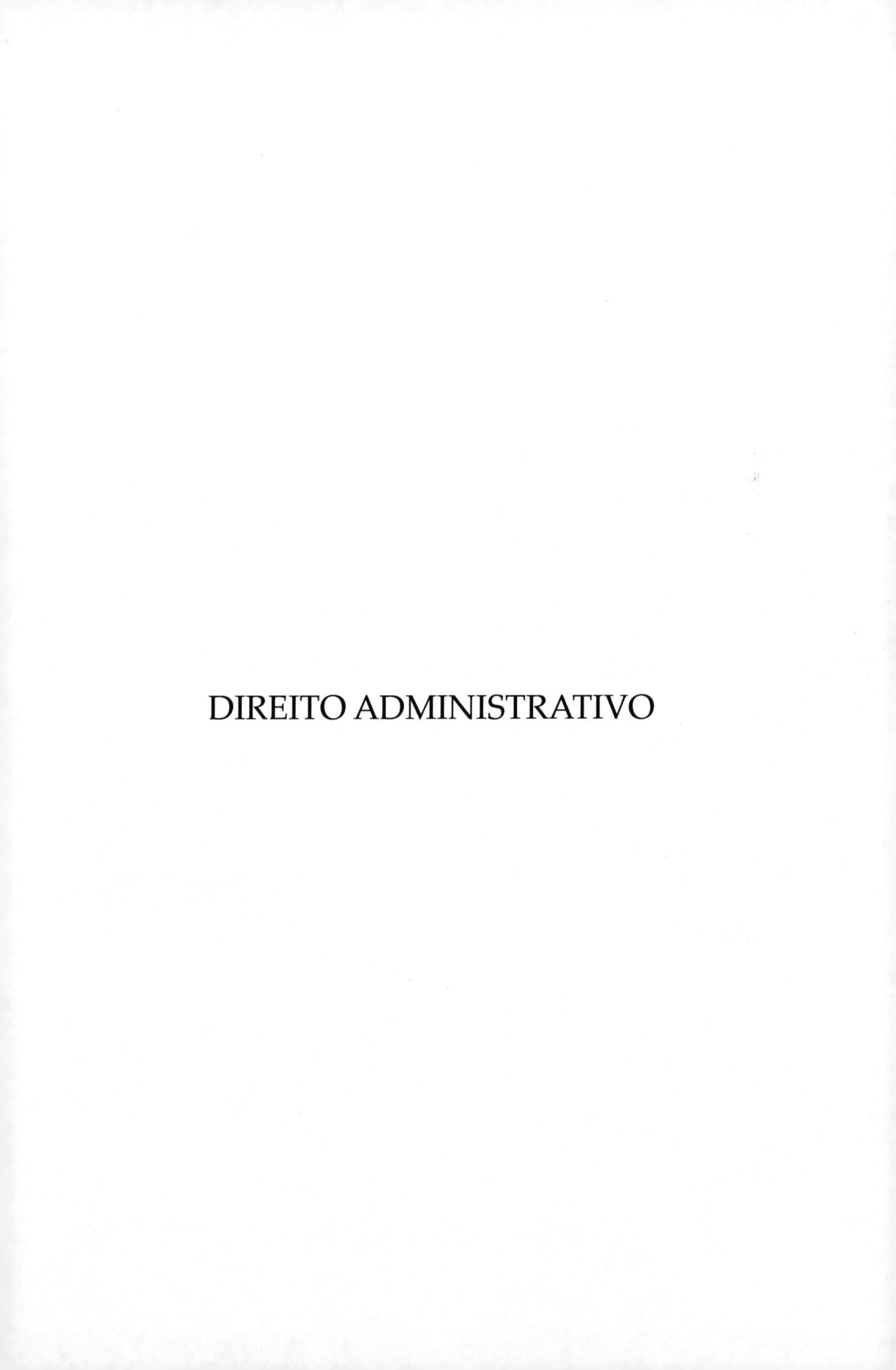

DIREITO ADMINISTRATIVO

PODER DE POLÍCIA, DIREITOS FUNDAMENTAIS E INTERESSE PÚBLICO: 30 ANOS DE CONSTITUCIONALIZAÇÃO DO DIREITO ADMINISTRATIVO NO BRASIL

GUSTAVO BINENBOJM

1 Direitos fundamentais e democracia como elementos estruturantes do Estado Administrativo contemporâneo

A guinada democrático-constitucional do direito administrativo é fenômeno hoje bastante difundido, mas que ocorreu em momentos históricos distintos nas diferentes partes do mundo ocidental. Enquanto nos Estados Unidos da América a sua percepção é a de um processo de longo curso, gradualmente desenvolvido desde a fundação do país e intensificado a partir do *New Deal*,[1] na Europa continental ela se inicia no segundo pós-guerra e percorre toda a segunda metade do século XX, coincidindo com a redemocratização e a reconstitucionalização das nações submetidas a regimes autocráticos.[2]

No Brasil, tal fenômeno tem como marco político-jurídico seminal a promulgação da Constituição democrática de 1988, força motriz de importantes transformações no direito administrativo pátrio. O Estado democrático de direito então inaugurado passa a afirmar a centralidade do sistema de direitos fundamentais e da democracia, que se apresentam, simultaneamente, como seus elementos estruturantes e fundamentos de legitimidade. A constitucionalização do direito administrativo designa, assim, não

---

[1] V. MASHAW, Jerry L. *Creating the administrative constitution*: the lost one hundred years of American administrative law. New Haven and London: Yale University Press, 2012.

[2] Os principais marcos jurídico-políticos de tal fenômeno na Europa foram a redemocratização e a reconstitucionalização da Itália (1947), da Alemanha (1949), de Portugal (1976) e da Espanha (1978). Para uma ampla e percuciente visão do fenômeno da constitucionalização do direito, incluindo o direito administrativo, v. BARROSO, Luís Roberto. Neoconstitucionalismo e constitucionalização do direito: o triunfo tardio do direito constitucional no Brasil. In: BARROSO, Luís Roberto. *O novo direito constitucional brasileiro*: contribuições para a construção teórica e prática da jurisdição constitucional no Brasil. Belo Horizonte: Fórum, 2012. p. 187-235.

apenas a previsão dos grandes princípios e de algumas regras da disciplina no Texto Constitucional, mas sobretudo a *impregnação* da dogmática administrativista pelos vetores axiológicos da Lei Maior, propiciando uma releitura de seus institutos, categorias operativas e formas organizacionais.[3]

A influência do constitucionalismo democrático se dá por meio de mutações que refletem uma nova compreensão sobre a legitimidade da organização e do funcionamento da Administração Pública. Modo geral, esse *giro democrático-constitucional* propulsiona mudanças direcionadas a: (i) incrementar o grau de *responsividade* dos administradores públicos às aspirações e demandas da sociedade, mediante adoção de procedimentos mais transparentes e participativos; (ii) respeitar, proteger e promover os direitos fundamentais dos administrados, por meio de mecanismos que assegurem o devido processo legal e de políticas públicas a eles vinculadas; (iii) submeter a atuação dos administradores públicos a controles efetivos, fundados tanto em parâmetros jurídicos como em termos de resultados práticos.[4]

Mas a existência de uma efetiva *viragem* teórica e dogmática do direito administrativo pressupunha a ruptura com o *status quo* anterior. Com efeito, embora o direito administrativo tenha tido desenvolvimento embrionário associado à afirmação da *rule of law*, da separação de poderes e dos direitos do homem – como bandeiras da Revolução Francesa –, sua estrutura dogmática jamais refletiu, de modo fidedigno, o discurso garantístico e liberal que permeou a sua criação. Ao contrário, a desigualdade entre Estado-Administração e cidadãos, a formatação de categorias jurídicas exorbitantes do direito comum e a preservação da lógica da autoridade – significativamente imunizada da esfera dos órgãos de controle – marcam a contraditória gênese do direito administrativo.[5]

De um lado, a proclamação retórica da subordinação da Administração Pública ao regime de legalidade atende a uma das *palavras de ordem* dos revolucionários contra o Antigo Regime. É conhecida a passagem de Guido Zanobini na qual o publicista italiano atribui à *Loi* do dia 28 do *pluviose* do ano VIII, editada em 1800, o sentido de uma espécie de certidão de nascimento do direito administrativo.[6] Tal lei, ao organizar a estrutura da burocracia francesa e definir as suas funções, teria representado a submissão do Poder Executivo à vontade heterônoma do Poder Legislativo, simbolizando a ruptura com a estrutura de poder do *Ancien Régime*, na qual a vontade do soberano era a lei suprema (*quod regi placuit lex est* ou, em sentido idêntico, *voluntas principis suprema lex est*).[7]

---

[3] Sobre o tema, v. BINENBOJM, Gustavo. *Uma teoria do direito administrativo*: direitos fundamentais, democracia e constitucionalização. Rio de Janeiro: Renovar, 2014. p. 49-79.

[4] Nesse sentido, v. OTERO, Paulo. *Manual de direito administrativo*. Coimbra: Almedina, 2013. v. I. p. 285-286: "O Estado de direito democrático [...] permite observar que as entidades públicas se encontram vinculadas a conferir aplicabilidade direta às normas referentes a certos direitos fundamentais, estando a Administração Pública sujeita a controlo político parlamentar e ao controlo jurídico dos tribunais, registando-se que as decisões destes são obrigatórias e prevalecem sobre as de quaisquer autoridades".

[5] Para maiores detalhes sobre a *ilusão garantística da gênese* e o *pecado original* do direito administrativo, imprescindível v. OTERO, Paulo. *Legalidade e administração pública*: o sentido da vinculação administrativa à juridicidade. Coimbra: Almedina, 2003. p. 269 e ss. No mesmo sentido, v. BINENBOJM, Gustavo. *Uma teoria do direito administrativo*: direitos fundamentais, democracia e constitucionalização. Rio de Janeiro: Renovar, 2014. p. 9-22.

[6] ZANOBINI, Guido. *Corso di diritto amministrativo*. Milano: Giuffrè, 1947. v. I. p. 33.

[7] V., nesse sentido, TÁCITO, Caio. Evolução histórica do direito administrativo. In: TÁCITO, Caio. *Temas de direito público*. Rio de Janeiro: Renovar, 1997. v. I. p. 2: "O episódio central da história administrativa do século XIX é a subordinação do Estado ao regime de legalidade. A lei, como expressão da vontade coletiva, incide tanto sobre os

De outro lado, todavia, impõe-se reconhecer que a formação e desenvolvimento inicial do direito administrativo na França pós-revolucionária teve pouco que ver com os pilares do liberalismo político – isto é, com as ideias de Estado de direito e de separação dos poderes. De fato, a conhecida origem pretoriana do direito administrativo revela um conjunto de novas categorias e institutos jurídicos que não foram criados por obra do legislador, mas elaborados pelo Conselho de Estado, órgão de cúpula do contencioso administrativo. Tal postura insubmissa do *Conseil d'État* às normas editadas pelo Parlamento – *v.g.*, às normas do Código Civil napoleônico – e a invenção de um regime jurídico-administrativo exorbitante do direito comum trazem consigo esta evidente contradição: o surgimento de um direito especial da Administração resultou não da vontade geral, manifestada pelo Legislativo, mas de decisão autovinculativa do próprio Executivo.[8] Isso explica porque o direito administrativo passou ao largo da chamada era das *grandes codificações*, embora tenha nascido e se desenvolvido em tal período de crença na completude das compilações legislativas, sendo até hoje caracterizado pela fragmentação e ausência de organização sistemática.[9]

A segunda contradição verificada nos primórdios da disciplina foi a instituição, por lei datada de 1790, da jurisdição administrativa, com a consequente exclusão dos litígios entre os particulares e o Estado da alçada do Poder Judiciário. Embora alicerçada no brocardo *juger l'administration c'est encore administrer* ("julgar a administração ainda é administrar"), supostamente extraído da lógica da separação dos poderes, a introdução do contencioso administrativo tinha por finalidade evitar que os tribunais judiciários – compostos, em grande parte, por nobres hostis à Revolução – exercessem qualquer poder de veto sobre as ações do novo regime.[10] Assim, alheio a qualquer controle judicial, o Conselho de Estado acaba por edificar, paulatinamente, um arcabouço dogmático autônomo, distinto do direito civil, fundado em prerrogativas especiais da Administração Pública, que constituem a tônica e conferem mesmo identidade ao regime jurídico-administrativo.[11]

O nascimento do direito administrativo ocorre, portanto, ao arrepio do princípio da separação de poderes e do primado da lei sobre os atos da Administração. Num arranjo em tudo semelhante ao do velho Estado absolutista, o Poder Executivo concentra em seu plexo de competências, além da função de administrar, poderes para criar o direito que lhe é aplicável e para aplicá-lo aos litígios de que é parte contra os particulares, dirimindo-os em caráter definitivo. Tal modelo não resulta da afirmação histórica da ideia de Estado de direito – mas, antes, representa a sua antítese.

---

indivíduos como sobre as autoridades públicas. A liberdade administrativa cessa onde principia a vedação legal. O Executivo opera dentro dos limites traçados pelo Legislativo, sob a vigilância do Judiciário".

[8] Com a mesma percepção, v. DELVOLVÉ, Pierre. Paradoxes du (ou paradoxes sur le) príncipe de séparation des autorités administrative et judiciaire. In: CHAPUS, René; LONG, Marceau. *Mélanges René Chapus*: droit administratif. Paris: Montchrestien, 1992. p. 144.

[9] BAPTISTA, Patrícia. *Transformações do direito administrativo*. Rio de Janeiro: Renovar, 2003. p. 2.

[10] Sobre o verdadeiro móvel da criação da jurisdição administrativa, v. LAUBADÈRE, André; VENEZIA, Jean-Claude; GAUDEMET, Yves. *Traité de droit administratif*. Paris: LGDJ, 1990. t. 1. p. 248.

[11] Como afirma Vasco Manuel Dias Pereira da Silva, "só pouco a pouco, é que o direito administrativo vai deixando de ser o direito dos privilégios especiais da Administração, para se tornar no direito regulador das relações jurídicas administrativas" (SILVA, Vasco Manuel Dias Pereira da. *Em busca do acto administrativo perdido*. Coimbra: Almedina, 1998. p. 37).

Essas circunstâncias favorecem o desenvolvimento de categorias jurídicas voltadas essencialmente à preservação da autoridade estatal (*potestas*), e não aos direitos individuais dos cidadãos (*libertas*). As relações paritárias, próprias do direito privado, são substituídas por relações desiguais, baseadas na ideia de verticalidade, que confere posição de supremacia ao ente estatal. A própria noção de interesse público é construída a partir da ótica dos governantes, como algo naturalmente superior e contraposto aos interesses dos particulares.

Assim se compreende o *fosso* existente entre as experiências europeia continental e anglo-saxônica, no que se refere ao regime jurídico aplicável às relações entre Estado e cidadãos, ao longo de todo o século XIX e da primeira metade do século XX.[12] Enquanto na tradição da *common law* a submissão dos entes públicos às mesmas normas de direito e aos mesmos juízes ordinários a que estavam sujeitos os particulares representava uma exigência natural da noção de *rule of law*, na tradição continental, ao revés, o direito administrativo é definido, em sua essência, como uma norma desigual, que conferia à Administração prerrogativas especiais e a submetia a julgadores por ela mesma designados.[13]

Desfeito, portanto, o mito de uma origem *milagrosa*,[14] mais adequado parece pensar a evolução histórica do direito administrativo como uma sucessão de *impulsos contraditórios*,[15] produto da tensão dialética entre avanços garantísticos, promovidos em

---

[12] DICEY, Albert Venn. *An introduction to the study of the law of the Constitution*. 8. ed. London: Macmillan, 1915. p. 213-267. No Capítulo XII do livro (cuja primeira edição foi publicada em 1885), sugestivamente intitulado *Rule of law compared to droit administratif*, Dicey se ocupa das diferenças entre o direito inglês e o *novel* direito administrativo francês, criticando de forma incisiva o regime de privilégios e imunidades da França, assim como o sistema do contencioso administrativo, criado naquele país e replicado no continente europeu.

[13] Confira-se, sobre o ponto, conhecida passagem de TOCQUEVILLE, Alexis. *Democracy in America*. New York: The Library of America, 2004. p. 118-119: "In the year VIII of the French Republic a constitution was drawn up in which the following clause was introduced: 'Art. 75. All the agents of the government below the rank of ministers can only be prosecuted for offences relating to their several functions by virtue of a decree of the Conseil d'Etat; in which the case the prosecution takes place before the ordinary tribunals.' This clause survived the 'Constitution de l'An VIII, and it is still maintained in spite of the just complaints of the nation. I have always found the utmost difficulty in explaining its meaning to Englishmen or Americans. They were at once led to conclude that the Conseil d'Etat in France was a great tribunal, established in the centre of the kingdom, which exercised a preliminary and somewhat tyrannical jurisdiction in all political causes. But when I told them that the Conseil d'Etat was not a judicial body, in the common sense of the term, but an administrative council composed of men dependent on the Crown, so that the king, after having ordered one of his servants, called a Prefect, to commit an injustice, has the power of commanding another of his servants, called a Councillor of State, to prevent the former from being punished; when I demonstrated to them that the citizen who has been injured by the order of the sovereign is obliged to solicit from the sovereign permission to obtain redress, they refused to credit so flagrant an abuse, and were tempted to accuse me of falsehood or of ignorance. It frequently happened before the Revolution that a Parliament issued a warrant against a public officer who had committed an offence, and sometimes the proceedings were stopped by the authority of the Crown, which enforced compliance with its absolute and despotic will. It is painful to perceive how much lower we are sunk than our forefathers, since we allow things to pass under the color of justice and the sanction of the law which violence alone could impose upon them".

[14] Tal é a expressão usada, em termos literais, por WEIL, Prosper. *O direito administrativo*. Coimbra: Almedina, 1977. p. 7-10: "A própria existência de um direito administrativo é em alguma medida fruto de um milagre. O direito que rege a atividade dos particulares é imposto a estes de fora e o respeito pelos direitos e obrigações que ele comporta encontra-se colocado sob a autoridade e a sanção de um poder exterior e superior: o do Estado. Mas causa admiração que o próprio Estado se considere ligado (vinculado) pelo direito [...] Não esqueçamos, aliás, as lições da história: a conquista do Estado pelo direito é relativamente recente e não está ainda terminada por toda parte [...] Fruto de um milagre, o direito administrativo só subsiste, de resto, por um prodígio a cada dia renovado [...] Para que o milagre se realize e se prolongue, devem ser preenchidas condições que dependem da forma do Estado, do prestígio do direito e dos juízes, do espírito do tempo".

[15] Na mesma linha, v. OTERO, Paulo. *Direito administrativo*: relatório. Coimbra: Almedina, 2001. p. 229.

momentos de predomínio do espírito liberal e democrático, e retrocessos autoritários, que geralmente afloram em contextos de crise econômica, convulsão social ou de ameaças, efetivas ou ilusórias, à segurança do Estado ou ao regular funcionamento de suas instituições.

Talvez o aspecto mais paradoxal dessa trajetória acidentada, e por vezes circular, seja o que Sebastian Martín-Retortillo Baquer identificou como uma *fuga do direito constitucional*.[16] A experiência da jurisdição administrativa, criada na França e replicada em quase todo o continente europeu, conferiu ao direito administrativo autonomia científica e certo descolamento do direito constitucional. Além disso, a disciplina foi associada à *continuidade* da burocracia estatal e à estabilidade das instituições, em contraste com a *descontinuidade* das constituições.[17] Isso permitiu que o direito administrativo se nutrisse de categorias, institutos e formas organizacionais próprias, mantendo-se, de certa forma, alheio às sucessivas mutações constitucionais e ocupando posição de proeminência no âmbito do direito público.

Segundo Luís Roberto Barroso, somente após a Segunda Guerra Mundial, com a expansão progressiva do constitucionalismo democrático por diversas partes do hemisfério ocidental, é que tal situação de alijamento começaria a se modificar.[18] De fato, exceção feita à excepcionalidade da contínua experiência democrática norte-americana, somente no segundo pós-guerra é que tem curso o fenômeno da *constitucionalização do direito*, de forma geral, e de alguns de seus ramos, como o direito civil[19] e o direito administrativo,[20] de maneira mais específica e acentuada.

---

[16] MARTÍN-RETORTILLO BAQUER, Sebastián. *El derecho civil en la génesis del derecho administrativo y de sus instituciones*. Madrid: Civitas, 1996. p. 215.

[17] Além da célebre frase de Otto Mayer – "as constituições passam, o direito administrativo fica" – já anteriormente mencionada, veja-se também VEDEL, Georges. Discontinuité du droit constitutionnel et continuité du droit administratif. In: WALINE, Marcel. *Melanges offerts à Marcel Waline*: le juge et le droit public. Paris: LGDJ, 1974. p. 777-793.

[18] BARROSO, Luís Roberto. Neoconstitucionalismo e constitucionalização do direito: o triunfo tardio do direito constitucional no Brasil. In: BARROSO, Luís Roberto. *O novo direito constitucional brasileiro*: contribuições para a construção teórica e prática da jurisdição constitucional no Brasil. Belo Horizonte: Fórum, 2012. p. 220-221.

[19] Sobre a constitucionalização do direito civil, v. PERLINGIERI, Pietro. *Il diritto civile nella legalità costituzionale*. Napoli: Edizioni Scientifiche Italiane, 1991; PERLINGIERI, Pietro. *Perfis de direito civil*. Rio de Janeiro: Renovar, 1999. No Brasil, v., entre outros, TEPEDINO, Gustavo. O código civil, os chamados microssistemas e a Constituição: premissas para uma reforma legislativa. In: TEPEDINO, Gustavo (Coord.). *Problemas de direito civil-constitucional*. Rio de Janeiro: Renovar, 2000. p. 1-16; TEPEDINO, Gustavo. *Temas de direito civil*. Rio de Janeiro: Renovar, 2004. t. I; TEPEDINO, Gustavo. *Temas de direito civil*. Rio de Janeiro: Renovar, 2008. t. II; TEPEDINO, Gustavo. *Temas de direito civil*. Rio de Janeiro: Renovar, 2009. t. III; TEPEDINO, Gustavo; MORAES, Maria Celina Bodin; BARBOZA, Heloísa Helena (Coord.). *Código Civil interpretado conforme a Constituição da República*. Rio de Janeiro: Renovar, 2004. v. I; TEPEDINO, Gustavo; MORAES, Maria Celina Bodin; BARBOZA, Heloísa Helena (Coord.). *Código Civil interpretado conforme a Constituição da República*. Rio de Janeiro: Renovar, 2006. v. II; TEPEDINO, Gustavo; MORAES, Maria Celina Bodin; BARBOZA, Heloísa Helena (Coord.). *Código Civil interpretado conforme a Constituição da República*. Rio de Janeiro: Renovar, 2011. v. III; TEPEDINO, Gustavo; MORAES, Maria Celina Bodin; BARBOZA, Heloísa Helena (Coord.). *Código Civil interpretado conforme a Constituição da República*. Rio de Janeiro: Renovar, 2014. v. IV; MORAES, Maria Celina Bodin de. A caminho de um direito civil constitucional. *Revista de Direito Civil*, v. 65, p. 21-32, 1993; FACHIN, Luiz Edson. *Teoria crítica do direito civil*. Rio de Janeiro: Renovar, 2000; FACHIN, Luiz Edson (Coord.). *Repensando os fundamentos do direito civil brasileiro contemporâneo*. Rio de Janeiro: Renovar, 2000.

[20] Sobre a constitucionalização do direito administrativo, v. FAVOREU, Louis. La constitutionnalisation du droit. In: MATHIEU, Bertrand; VERPEAUX, Michel (Org.). *La constitutionnalisation des branches du droit*. Paris: Economica, 1998. p. 182. No Brasil, v., entre outros, JUSTEN FILHO, Marçal. *Curso de direito administrativo*. 9. ed. São Paulo: Revista dos Tribunais, 2013. p. 102-103; BINENBOJM, Gustavo. *Uma teoria do direito administrativo*: direitos fundamentais, democracia e constitucionalização. Rio de Janeiro: Renovar, 2014. p. 49-79; BINENBOJM, Gustavo. A constitucionalização do direito administrativo: um inventário de avanços e retrocessos. In:

O que aqui se denomina por *giro democrático-constitucional* do direito administrativo é um processo multifário e pluridimensional, que opera por dois caminhos distintos, porém complementares: (i) a disciplina da organização e funcionamento de inúmeros setores da Administração Pública em normas do próprio Texto Constitucional; e (ii) a eficácia *irradiante* dos sistemas democrático e de direitos fundamentais, como elementos estruturantes e fundamentos de legitimidade do Estado democrático de direito – e, por conseguinte, também do Estado administrativo – nos termos delineados pela Constituição.

Na primeira vertente, o giro segue uma *espiral ascendente*, por via da elevação dos grandes princípios e de diversas regras da disciplina administrativa ao plano da supremacia constitucional. Já na segunda vertente, o giro perfaz uma *espiral descendente*, com a *impregnação* da dogmática do direito administrativo pela normatividade constitucional, influenciando a releitura de seus institutos, categorias e formas organizacionais.

O tratamento constitucional da Administração Pública é algo relativamente recente, tendo se iniciado, de maneira ainda muito concisa, com a Constituição italiana, de 1947, e a Lei Fundamental de Bonn, de 1949.[21][22] Tais precedentes foram substancialmente ampliados com a promulgação da Constituição de Portugal, em 1976, e da Espanha, em 1978. A influência das nações ibéricas foi certamente decisiva para que a Constituição brasileira de 1988 reservasse capítulo próprio para a Administração Pública, enunciando de maneira expressa os seus princípios setoriais e descendo a minúcias, nem sempre desejáveis, acerca de aspectos pontuais do regime jurídico-administrativo a ser seguido no país.

Seja como for, pela vez primeira passou-se a ter um conjunto sistemático de princípios e regras – é dizer, uma "Constituição administrativa" –[23] que representa o cerne da vinculação da Administração Pública à *juridicidade*. Assim, a lei deixa de ser o fundamento único da atuação do Estado-Administração para tornar-se apenas um dos princípios do *sistema de juridicidade* instituído pela Lei Maior.[24]

SARMENTO, Daniel; SOUZA NETO, Cláudio Pereira (Coord.). *A constitucionalização do direito*: fundamentos teóricos e aplicações específicas. Rio de Janeiro: Lumen Juris, 2007. p. 743-780; BAPTISTA, Patrícia. *Transformações do direito administrativo*. Rio de Janeiro: Renovar, 2003.

[21] A Constituição alemã foi originariamente designada "Lei Fundamental" para sublinhar seu caráter provisório, eis que concebida para uma fase de transição, anterior à recuperação da unidade do país, quando então seria ratificada a Constituição definitiva. O Tratado de Unificação entre a República Democrática Alemã (RDA) e a República Federal da Alemanha (RFA) foi assinado em 31.8.1990, mas não houve promulgação de uma nova Constituição. Desde 3.10.1990, a Lei Fundamental vigora em toda a Alemanha.

[22] Para demonstrar a relevância do fenômeno, o comedimento da Lei Fundamental de Bonn no trato da Administração Pública não impediu que a doutrina e a jurisprudência reconhecessem a existência, implícita na Constituição, de importantes princípios reitores do direito administrativo, tais como o princípio da proporcionalidade e o princípio da proteção da confiança legítima. Nesse sentido, v. MAURER, Hartmut. *Elementos de direito administrativo alemão*. Porto Alegre: Sergio Antonio Fabris, 2000. p. 65-84.

[23] Sobre o tema, v. MOREIRA, Vital. Constituição e direito administrativo: a "Constituição administrativa" portuguesa. In: VARELA, Antunes *et al.* (Org.). *Ab Vno ad Omnes*: 75 anos da Coimbra Editora 1920–1995. Coimbra: Coimbra Editora, 1998. p. 1141 e ss.; MONIZ, Ana Raquel Gonçalves. O administrative constitutionalism: resgatar a Constituição para a administração pública. In: CORREIA, Fernando Alves; MACHADO, Jónatas M.; LOUREIRO, João Carlos (Coord.). *Estudos em homenagem ao Prof. Doutor José Joaquim Gomes Canotilho*. Coimbra: Almedina, 2012. t. IV. p. 387 e ss.

[24] OTERO, Paulo. *Legalidade e administração pública*: o sentido da vinculação administrativa à juridicidade. Coimbra: Almedina, 2003. p. 735.

A ideia de *juridicidade administrativa* passa, assim, a abarcar o campo da *legalidade administrativa*, como um de seus princípios intestinos, mas sem ostentar agora o *status* de fundamento exclusivo e quase absoluto dos comportamentos da Administração Pública. Nas palavras de Paulo Bonavides, "se o velho Estado de direito do liberalismo fazia o culto da lei, o novo Estado de direito do nosso tempo faz o culto da Constituição".[25]

De ordinário, entretanto, o agir administrativo perfaz-se segundo a lei, editada em termos formal e materialmente compatíveis com a Constituição (atividade *secundum legem*). Mas há casos em que as competências se encontram diretamente habilitadas pela Lei Maior, podendo ser exercidas independentemente da *interpositio legislatoris* (atividade *praeter legem*), em matérias não submetidas às reservas de lei. Existem, ainda, situações de atos da Administração praticados em contravenção à lei, mas que deverão ser validados após juízo de ponderação da legalidade com outros princípios constitucionais, como, *e.g.*, a proteção da confiança legítima (atividade *contra legem*, mas fundada numa otimizada aplicação da Constituição).[26]

Na mão inversa, isto é, de cima para baixo, opera-se uma redefinição de algumas categorias e o realinhamento do regime jurídico de determinados institutos tradicionais da dogmática administrativista. Assim se dá, *v.g.*, com o vetusto *princípio da supremacia do interesse público sobre os interesses particulares*, de matriz pré-constitucional e viés organicista, que perde sentido diante da preferência *a priori* reconhecida aos direitos fundamentais e do dever de ponderação proporcional que preside a atuação estatal – legislativa, administrativa e judicial – no balanceamento entre interesses individuais e objetivos coletivos nos Estados democráticos de direito.[27]

Em verdade, todo o arcabouço teórico do direito administrativo tem os seus contornos redefinidos pelos dois pilares estruturantes do Estado constitucional contemporâneo: o sistema democrático e o sistema de direitos fundamentais. Enquanto o sistema de direitos fundamentais viabiliza a *autodeterminação individual*, o sistema democrático viabiliza a *autodeterminação coletiva*, sendo ambas manifestações da autonomia privada e pública dos cidadãos. Todo o debate em torno da legitimidade da autoridade do Estado e do direito converge, hodiernamente, para as relações de interdependência entre esses dois elementos, essenciais para o respeito, proteção e promoção da dignidade da pessoa humana. À centralidade de tais elementos legitimadores da ordem jurídico-constitucional deve corresponder uma igual centralidade na organização e funcionamento da Administração Pública.

É sintomático que as mais importantes categorias do direito administrativo (interesse público, discricionariedade, poder de polícia, serviço público), em suas versões clássicas, tenham sido elaboradas sem qualquer consideração acerca da eventual

---

[25] BONAVIDES, Paulo. *Curso de direito constitucional*. São Paulo: Malheiros, 1993. p. 362.
[26] Para um estudo aprofundado da sistemática proposta para a juridicidade administrativa, v. BINENBOJM, Gustavo. *Uma teoria do direito administrativo*: direitos fundamentais, democracia e constitucionalização. Rio de Janeiro: Renovar, 2014. p. 125-194.
[27] Para uma severa revisão do princípio da *prossecução* do interesse público – como era denominado no direito português – no sentido de sua submissão ao princípio da dignidade humana, v. OTERO, Paulo. *Manual de direito administrativo*. Coimbra: Almedina, 2013. v. I. p. 309-328. Como ilustração da tese, o autor apresenta importante decisão do Tribunal Constitucional Federal alemão, datada de 15.2.2006 (decisão *Luftsicherheitsgesetz*), que declarou inconstitucional, em nome do direito à vida e do princípio da dignidade humana de passageiros e tripulantes, norma da Lei de Segurança Aérea que autorizava as Forças Armadas a abaterem avião sequestrado por terroristas que pudesse ser lançado contra alvos civis ou militares. V. *BVerfG*, 1 BvR 357/05.

influência conformadora da democracia e dos direitos do homem.[28] Na atualidade, entretanto, estes são vetores jurídico-políticos aos quais toda a atividade administrativa se encontra vinculada, assim em seus fundamentos como em seus fins.

De fato, os direitos fundamentais, em suas múltiplas *dimensões*, vinculam a atuação e conformam a organização da Administração Pública. Como se sabe, tais direitos podem ser concebidos, sob o ângulo *subjetivo*, como *direitos de defesa* e *direitos a prestações*, apresentando-se, ainda, como *direitos* à *organização e ao procedimento*. Ao ângulo *objetivo*, eles carreiam para o Poder Público *deveres de proteção* e servem como diretriz norteadora da ação administrativa.[29]

Na qualidade de *direitos de defesa*, os direitos fundamentais constituem normas de competência *negativa*, protegendo posições individuais contra a atuação do Poder Público e habilitando os particulares ao exercício de instrumentos processuais em sua garantia. A obrigação de *abstenção* imposta ao Estado interdita tanto a prática de operações materiais (*v.g.*, contra a divulgação de um manifesto), como medidas jurídicas ablativas de posições individuais tuteladas pelo direito (*v.g.*, contra direitos adquiridos).

De outra perspectiva, os direitos fundamentais apresentam-se como *direitos a prestações* tanto de natureza concreta ou material, como de natureza normativa. Assim, a polícia de segurança pública, a polícia administrativa de trânsito e os serviços públicos de transportes coletivos constituem atividades administrativas exigidas pelo direito de ir, vir e permanecer dos cidadãos. Aqui também deve ser enquadrado o direito ao *mínimo vital*, como condição necessária ao exercício da liberdade, que enseja e impõe uma série de providências legislativas e administrativas destinadas à preservação da dignidade psicofísica da pessoa humana.[30]

Concebem-se ainda os direitos fundamentais como *direitos* à *organização e ao procedimento* para designar aqueles que dependem, para sua realização, da estruturação de determinados arranjos institucionais, ou de medidas de índole normativa, de modo a viabilizar, por exemplo, o exercício de garantias constitucionais-processuais (direito à ampla defesa e ao contraditório em sede administrativa, direito à proteção judiciária, direito à não autoincriminação, direito de propriedade).[31]

Além da dimensão subjetiva, os direitos fundamentais exibem ainda uma *dimensão objetiva*, em virtude da qual sua eficácia se espraia por todo o ordenamento jurídico, independentemente da existência de posições individuais a serem tuteladas.[32]

---

[28] No Brasil, coube a Marçal Justen Filho o papel pioneiro de redefinir alguns de seus institutos e a própria disciplina, a partir da teleologia constitucional dos direitos fundamentais. V. JUSTEN FILHO, Marçal. *Curso de direito administrativo*. 11. ed. São Paulo: Revista dos Tribunais, 2015. p. 92: "O direito administrativo é o conjunto de normas jurídicas de direito público que disciplinam as atividades administrativas necessárias à realização dos direitos fundamentais e a organização e o funcionamento das estruturas estatais e não estatais encarregadas de seu desempenho".

[29] SARLET, Ingo Wolfgang. *A eficácia dos direitos fundamentais*. Porto Alegre: Livraria do Advogado, 2004. p. 180-222.

[30] Sobre a questão do mínimo vital ou mínimo existencial, v. TORRES, Ricardo Lobo. *O direito ao mínimo existencial*. Rio de Janeiro: Renovar, 2009.

[31] MENDES, Gilmar Ferreira; COELHO, Inocêncio Mártires; BRANCO, Paulo Gustavo Gonet. *Hermenêutica constitucional e direitos fundamentais*. Brasília: Brasília Jurídica, 2000. p. 205-206.

[32] Há razoável consenso no sentido de que o *leading case* na matéria foi o caso *Lüth*, julgado pelo Tribunal Constitucional Federal da Alemanha em 15.1.1958, no qual se reconheceu que o direito fundamental à liberdade de expressão era oponível a particulares (eficácia horizontal) em razão de sua dimensão objetiva. Sobre o tema, na literatura em língua portuguesa, v. SARMENTO, Daniel. *Direitos fundamentais e relações privadas*. Rio de Janeiro: Lumen Juris, 2004. p. 135 e ss.; SARLET, Ingo Wolfgang. *A eficácia dos direitos fundamentais*. Porto Alegre: Livraria

Uma importante consequência do reconhecimento de tal dimensão é o surgimento dos chamados *deveres de proteção* para o Estado,[33] cuja atuação torna-se exigível, em alguma medida, no âmbito das relações privadas. Com efeito, além de não impedir a livre manifestação dos cidadãos nos espaços de convivência coletiva, impõe-se ao Estado o dever de adotar medidas que protejam os manifestantes contra ameaças de grupos ou indivíduos, além de zelar pela liberdade de locomoção de terceiros, assim como por sua integridade física e patrimonial.[34]

Inobstante a proeminência da realização dos direitos fundamentais no elenco de objetivos conformadores da organização e funcionamento da Administração Pública, a tanto não se limitam as tarefas administrativas. Isso porque o sistema democrático também atua decisivamente tanto na limitação como na preordenação dos comportamentos do Estado-administrador.

Aos legisladores e dirigentes superiores do governo, como expressão da vontade majoritária conjuntural, compete concretizar, ampliar ou restringir o conteúdo dos direitos fundamentais em algum grau, seja em prol da realização de outros direitos, seja para a consecução de projetos de bem-estar coletivo. À Administração Pública cumpre tanto a realização dos direitos fundamentais como a consecução de objetivos transindividuais, estabelecidos na Constituição ou legalmente definidos como decorrência do evolver natural da democracia. Para tanto, o direito administrativo impõe abstenções ou prestações positivas ao Poder Público, além de prever um vasto aparato ordenador das relações entre particulares.

Em termos práticos, as mudanças do direito administrativo decorrentes do giro democrático-constitucional perfazem-se em quatro esferas diferentes, numa relação de *coimplicação*. Assim, no âmbito *jurisdicional* – sobretudo no exercício da jurisdição constitucional –, antigas normas são glosadas, enquanto outras são submetidas a novas interpretações, em conformidade com as exigências da Lei Maior. No campo *legiferante*, igualmente, os ares do constitucionalismo democrático impulsionam a revogação dos antigos diplomas e a promulgação de novos marcos legais alinhados aos novos tempos. Até a atividade *administrativa* propriamente dita, seja pela edição de regulamentos, seja pela prática de atos concretos, acaba por refletir, em maior ou menor medida, a influência conformadora da Constituição.

Por fim, há ainda uma esfera mais sutil de atuação, cuja influência, no entanto, é deveras relevante: a *doutrina*. Como lembra Carlos Ari Sundfeld, em instigante artigo,[35] desde Pimenta Bueno – o Marquês de São Vicente –[36] e Paulino José Soares de Souza – o

---

do Advogado, 2004. p. 152 e ss.; ANDRADE, José Carlos Vieira. *Os direitos fundamentais na Constituição portuguesa de 1976*. Coimbra: Almedina, 2001. p. 149 e ss.

[33] ALEXY, Robert. *Teoria de los derechos fundamentales*. Madrid: Centro de Estudios Constitucionales, 1993. p. 410.

[34] CORREIA, José Manuel Sérvulo. *O direito de manifestação*: âmbito de proteção e restrições. Coimbra: Almedina, 2006.

[35] SUNDFELD, Carlos Ari. Ordem dos publicistas. In: SUNDFELD, Carlos Ari. *Direito administrativo para céticos*. São Paulo: Malheiros, 2014. p. 73-111.

[36] Deve-se a Pimenta Bueno, o Marquês de São Vicente, o primeiro tratado de direito constitucional brasileiro, surgido em 1857, sobre a Constituição Imperial de 1824 (BUENO, Pimenta. *Direito público e análise da Constituição do Império*. São Paulo: Editora 34, 2002. Coleção Formadores do Brasil). Pimenta Bueno foi um burocrata que se tornou membro do Conselho de Estado e, íntimo do Imperador D. Pedro II, foi alçado à Presidência do Conselho de Ministros do Império.

Visconde do Uruguai –[37] a *Ordem dos Publicistas* sempre foi constituída por membros que transitaram entre a vida acadêmica e a burocracia estatal superior, isto é, aquela com acesso às decisões do poder. Em alguns casos, o ingresso na política acabou sendo um caminho natural, além, é claro, do acesso aos estamentos superiores do Poder Judiciário. A interação entre a comunidade jurídica, os tomadores de decisão e a Academia envolve sempre algum nível de legitimação recíproca – seja pela diferenciação, seja pela identificação.

Por evidente, servindo em funções de assessoria ou ocupando cargos dotados de competências decisórias, os publicistas acabam por exercer forte influência na forma como o direito público é concebido, elaborado, interpretado e aplicado. Tal influência torna-se ainda mais relevante nos períodos de transição, que pressupõem a passagem do velho para o novo estado de coisas. Sobretudo nessas ocasiões surge a ambiência propícia, uma espécie de *ethos* diferenciado para a quebra de paradigmas, quando então os antigos dogmas são reconduzidos ao debate zetético de ideias – invariavelmente pelas novas gerações.

O direito – como, de resto, qualquer outro fenômeno social ou natural – comporta análise sob pelo menos dois enfoques distintos: o dogmático e o zetético.[38] O discurso jurídico, em virtude de sua estrutura voltada à produção de decisões para problemas, é pródigo em eleger determinadas *premissas teóricas* subtraídas à dúvida, ou seja, verdadeiros dogmas irrefutáveis. A produção doutrinária opera, via de regra, debaixo de tais pontos de partida, que funcionam como verdadeiros paradigmas da ciência jurídica. Enquanto as soluções para os problemas produzidas à luz dos paradigmas vigentes seguem dotadas de sustentabilidade perante a comunidade jurídica, o viés dogmático do direito prepondera.

De outra parte, diz-se zetética a análise cujos pontos de partida são refutáveis, sendo todas as premissas teóricas abertas à problematização. Em algumas quadras da história, por razões variadas, acumulam-se soluções consideradas insatisfatórias, verdadeiras *anomalias* sob os velhos paradigmas, que põem em xeque a sua legitimidade e dão ensejo ao surgimento de *teorias subversivas*. Nesse contexto, os dogmas descem do pedestal e assumem posição central no debate científico, ocorrendo, então, um duelo teórico entre *insiders* e *outsiders*. Tem-se, assim, um momento de *crise de paradigmas*,[39] durante o qual o aspecto zetético dá o tom das discussões até que novas premissas teóricas logrem alcançar certo grau de consenso, aceitação e estabilidade no seio da comunidade científica.[40]

---

[37] Deve-se a Paulino José Soares de Souza, o Visconde do Uruguai, a primeira obra sistemática relevante sobre direito administrativo no Brasil, surgida em 1862 (SOUZA, Paulino José Soares. *Ensaio sobre o direito administrativo*. São Paulo: Editora 34, 2002. Coleção Formadores do Brasil). O Visconde do Uruguai também era um burocrata e chegou igualmente à Presidência do Conselho de Ministros do Império. Cumpre registrar, todavia, que, antes da obra do Visconde do Uruguai, surgiram os *Elementos de direito administrativo*, de Vicente Pereira do Rego, publicado em 1857, e o *Direito administrativo brasileiro*, de Veiga Cabral, publicado em 1859.

[38] FERRAZ JUNIOR, Tércio Sampaio. *Introdução ao estudo do direito*: técnica, decisão, dominação. São Paulo: Atlas, 1994. p. 48.

[39] Sobre as noções de crise e mudança de paradigmas, v. KUHN, Thomas. *A estrutura das revoluções científicas*. São Paulo: Perspectiva, 2005.

[40] Calha aqui relembrar a frase de Max Planck: "uma verdade científica não triunfa por convencer a seus opositores, mas, antes, porque estes acabam morrendo e surge uma nova geração familiarizada, desde o início, com a nova verdade" (FRASES de Max Planck. *Frases y Pensamientos*. Disponível em: <http://www.frasesypensamientos.com.ar/autor/max-planck.html>. Acesso em: 22 jul. 2015).

Tal fenômeno aconteceu no direito brasileiro a partir do direito constitucional, por ocasião da redemocratização e da reconstitucionalização do país, na segunda metade dos anos 1980. Se o marco político de tal processo foi o fim da ditadura militar, o marco jurídico foi, certamente, a eleição, instalação e funcionamento da Assembleia Nacional Constituinte. Em meio a debates marcados pelo pluralismo de ideias e visões de mundo, os publicistas exerceram papel de destaque, seja como assessores de parlamentares ou bancadas, seja fazendo *lobby* (defendendo interesses) das carreiras jurídicas que integravam. Para citar apenas dois exemplos de acadêmicos que funcionaram como assessores na Constituinte, merecem destaque os professores José Afonso da Silva (assessor de Mário Covas) e Sérgio Ferraz (assessor do relator-geral, Bernardo Cabral). Mas outros importantes juristas e agentes públicos, com maior ou menor proeminência, deram algum tipo de contribuição ao processo constituinte.[41]

Promulgada a nova Lei Fundamental, os anos 1990 foram devotados à tarefa de explicar aos operadores do direito as inovações por ela introduzidas, o que naturalmente exerceria influência na forma como legisladores, administradores públicos e magistrados a interpretariam e a aplicariam. Por certo, a opção dos constituintes pela manutenção dos Ministros do Supremo Tribunal Federal nomeados durante o regime militar em seus cargos retardou, por pelo menos uma década e meia, a efetiva implementação, em toda a sua potencialidade, das diretrizes da nova Carta Política.

Nada obstante, passada a fase de transição, a evolução natural do processo democrático no país, com a chegada ao poder de líderes políticos da geração que fez oposição ao regime militar, a renovação gradual da composição do Supremo Tribunal Federal[42] e a ascensão de publicistas comprometidos com os princípios básicos da Constituição cidadã – alguns deles enriquecidos por estudos e experiências hauridas de grandes centros do constitucionalismo mundial –, resultou na construção de um novo direito constitucional no Brasil.[43] A estabilidade política, a vigência de um Estado de direito real, a conquista incremental de direitos e o funcionamento regular das instituições – com notório destaque para a independência do Poder Judiciário – são importantes conquistas da sociedade brasileira alcançadas sob a égide do nosso constitucionalismo democrático.

As transformações do direito administrativo, contudo, giraram em rotação mais lenta.[44] Talvez em virtude da *força inercial* da burocracia e da legislação infraconstitucional, talvez em razão do amplo plexo de assuntos versados no âmbito jurídico-administrativo, fato é que as repercussões do constitucionalismo democrático sobre a dogmática

---

[41] Segundo Carlos Ari Sundfeld, o então governador de São Paulo, Orestes Quércia, montou um quarteto de assessores jurídicos para a bancada paulista na Constituinte, que era formado por Adilson Abreu Dallari, Celso Antônio Bandeira de Mello, Eros Roberto Grau e Geraldo Ataliba. V. SUNDFELD, Carlos Ari. Ordem dos publicistas. In: SUNDFELD, Carlos Ari. *Direito administrativo para céticos*. São Paulo: Malheiros, 2014. p. 104.

[42] A renovação gradual da composição do Supremo Tribunal Federal, após a promulgação da Constituição de 1988, permitiu o acesso à Corte de publicistas críticos ao regime militar e historicamente comprometidos com a defesa do Estado de direito, da democracia e dos direitos fundamentais. Tal se deu, *v.g.*, com as nomeações de José Paulo Sepúlveda Pertence, Nelson Jobim, Gilmar Mendes, Carlos Ayres Britto, Cármen Lúcia Antunes Rocha, Eros Roberto Grau, Luís Roberto Barroso e Luiz Edson Fachin.

[43] V., por todos, o clássico BARROSO, Luís Roberto. *O direito constitucional e a efetividade de suas normas*: limites e possibilidades da Constituição brasileira. Rio de Janeiro: Renovar, 2009.

[44] Segundo Paulo Otero, a história mostra que as mudanças constitucionais são sempre mais rápidas do que as mudanças administrativas. V. OTERO, Paulo. *Manual de direito administrativo*. Coimbra: Almedina, 2013. v. I. p. 334.

administrativista brasileira ainda não completaram seu ciclo, sendo perceptível, em alguns domínios, a sobrevivência atávica tanto de normas obsoletas em pleno vigor, como de organizações e práticas antiquadas.

Inobstante os 30 anos da Constituição democrática de 1988, o denominado giro democrático-constitucional do direito administrativo é uma forma de descrever um processo ainda em curso, mas também um modo de *o desejar*.[45] Trata-se de uma narrativa, a um só tempo, *descritiva* do caminho já percorrido e *prescritiva* do que ainda se vislumbra por percorrer. O objetivo dos itens seguintes é perscrutar como o instituto do poder de polícia sofreu o impacto dessas transformações.

2 Poder de polícia, direitos fundamentais e democracia

O poder de polícia é tradicionalmente explicado a partir da precedência da sociedade sobre o indivíduo, do público sobre o privado, ou da autodeterminação coletiva sobre a autodeterminação individual. Categorias como a *supremacia geral* do Estado sobre os cidadãos, ou a *sujeição geral* destes em relação àquele, tão caras à gramática do poder de polícia, são tributárias daquelas concepções coletivistas, costumeiramente aceitas de maneira acrítica e apriorística.

A tensão entre soberania popular (autonomia pública) e direitos individuais (autonomia privada) é resolvida pela filosofia política de duas formas distintas: de um lado, correntes derivadas do *republicanismo* e do *comunitarismo* dão primazia à autonomia pública e ao processo de deliberação coletiva para a definição dos conteúdos dos direitos; de outro lado, correntes do *liberalismo* conferem precedência à autonomia privada e ao reconhecimento de direitos anteriores à etapa da deliberação democrática. O problema da primeira linha de pensamento é o risco da instrumentalização e do esvaziamento dos direitos individuais pela onipotência da coletividade; o da segunda é o apelo a concepções morais metafísicas ou solipsistas para legitimar direitos individuais pré-políticos.

Adota-se aqui a concepção de que democracia e direitos fundamentais são elementos *cooriginariamente* constitutivos e legitimadores do Estado democrático de direito. Isso significa que existe uma *equiprimordialidade* entre as autonomias pública e privada, eis que elas se pressupõem mutuamente.[46] Em outras palavras, o exercício da autonomia pública pressupõe cidadãos emancipados por direitos fundamentais que lhes confiram autonomia; mas os contornos de tais direitos estão atrelados à constituição de um procedimento deliberativo por cidadãos independentes. Democracia e direitos fundamentais estão *coimplicados*, na medida em que guardam entre si uma relação essencialmente dinâmica e maleável até certo ponto, sem fronteiras previamente determinadas.

Assim, as funções de ordenação da vida social e econômica são habilitadas e delimitadas, a um só tempo, pela necessidade de *estruturação interna* do sistema de direitos

---

[45] BARROSO, Luís Roberto. Neoconstitucionalismo e constitucionalização do direito: o triunfo tardio do direito constitucional no Brasil. In: BARROSO, Luís Roberto. *O novo direito constitucional brasileiro*: contribuições para a construção teórica e prática da jurisdição constitucional no Brasil. Belo Horizonte: Fórum, 2012. p. 189.

[46] HABERMAS, Jürgen. Sobre a coesão interna entre Estado de direito e democracia. In: HABERMAS, Jürgen. *A inclusão do outro*: estudos de teoria política. São Paulo: Loyola, 2002. p. 285-293.

fundamentais – cuja unidade e coerência exigem restrições que o limitem e o viabilizem, simultaneamente – e de *conformação* desses direitos à luz de *objetivos coletivos*, sob a forma da deliberação democrática. Não há, portanto, em termos aprioristicos, nem *supremacia geral* em favor do Estado, nem *sujeição geral* em desfavor dos particulares, mas um plexo dúctil de *conformações possíveis* entre posições individuais e coletivas, que fazem do poder de polícia um variado instrumental a serviço da realização *coordenada* da democracia e dos direitos fundamentais.

A relação do poder de polícia com os direitos fundamentais e a democracia será didaticamente decomposta a seguir com o estudo dos casos em que aqueles direitos representam limites jurídicos ao seu exercício; ou exijam medidas protetivas e promocionais para a sua realização; ou, ainda, em que objetivos coletivos democraticamente determinados propulsionem as atividades policiais, tornando necessária a ponderação proporcional entre esses objetivos e direitos fundamentais como condição para seu exercício legítimo.

A elevação do instituto do poder de polícia ao plano das discussões acerca da eficácia, restrições e proteção ao conteúdo essencial dos direitos fundamentais, em sua relação dinâmica com a democracia, é uma das mais importantes implicações do giro democrático-constitucional do direito administrativo.

3 Limites impostos ao poder de polícia pelos direitos fundamentais

Cumpre abordar, em primeiro lugar, um conjunto de situações nas quais os direitos fundamentais exercem uma *eficácia bloqueadora* ao exercício do poder de polícia. Nesses casos, a intervenção legislativa ou administrativa será simplesmente inconstitucional. Como ensina Robert Alexy, os direitos fundamentais colocam o Estado numa posição de *não competência*, e o indivíduo na de *não sujeição*.[47] Há três hipóteses típicas em que direitos fundamentais se configuram como barreiras à ação ordenadora do Estado e, por igual ou maior razão, de entes privados.

A primeira hipótese típica ocorre quando a medida de polícia contraria frontal e literalmente o âmbito *de proteção* de um direito fundamental. Entende-se por âmbito de proteção os fatos, atos, estados ou posições jurídicas protegidos pela norma que o assegura.[48] Pois bem: nos casos em que o direito fundamental tem uma dimensão *existencial* (ou comportamental) ou tenha sido razoavelmente delimitado pelo constituinte, estarão automaticamente proscritas quaisquer medidas de polícia voltadas a excluir ou frustrar posições inseridas em seu âmbito de proteção. Têm-se, aqui, situações em que o direito fundamental assume a feição de uma regra e a ordenação estatal a viola de forma chapada.

Em tal situação se enquadrariam medidas ordenadoras que, *v.g.*, pretendessem instituir um regime de *licença prévia* para a publicação de veículo impresso de comunicação, em flagrante violação ao disposto no art. 220, §6º, ou para a manifestação da atividade intelectual, artística, científica e de comunicação em geral, em atentado ao art. 5º,

---

[47] ALEXY, Robert. *Teoria de los derechos fundamentales*. Madrid: Centro de Estudios Constitucionales, 1993. p. 223.
[48] SILVA, Virgílio Afonso. *Direitos fundamentais*: conteúdo essencial, restrições e eficácia. São Paulo: Malheiros, 2011. p. 72.

inc. IX, ou ainda para a realização de reunião pacífica e desarmada em locais públicos, em desacordo explícito com o art. 5º, inc. XVI, todos da Constituição Federal. Embora os direitos fundamentais sejam restringíveis em tese, nessas situações, a possibilidade da restrição especificamente pretendida pela disciplina de polícia está excluída, de antemão, pelo teor do comando constitucional expresso que assegura o direito fundamental.

Há exemplos de interdição à adoção de medidas de polícia por afronta à literalidade do âmbito de proteção normativo de direitos fundamentais na jurisprudência do Supremo Tribunal Federal. Veja-se o caso do Decreto nº 20.098/1999, editado pelo governador do Distrito Federal, que proibia a realização de manifestações públicas, com a utilização de carros, aparelhos e objetos sonoros, na Praça dos Três Poderes, Esplanada dos Ministérios, Praça do Buriti e vias adjacentes.[49] O ato tinha por objetivo assegurar "o bom funcionamento dos Poderes da República", que não poderiam estar sujeitos a perturbações oriundas das manifestações públicas. Embora a ementa do aresto refira às máximas do dever de proporcionalidade, o caso pode ser resolvido pela constatação da contrariedade chapada do diploma com o âmbito de proteção do art. 5º, XVI, da Lei Fundamental. Com efeito, a proibição *tout court* de manifestações pacíficas e desarmadas em determinados locais públicos é medida ordenadora que contraria a dimensão de regra do direito fundamental à liberdade de reunião e de manifestação. O tipo de restrição pretendido não pode ser sequer cogitado em juízo de ponderação, pois a descrição normativa do direito já o exclui, numa *pré-ponderação* realizada pelo próprio constituinte.

Entendimento semelhante, aplicado embora com técnica distinta, foi adotado pela Suprema Corte brasileira no caso das chamadas *marchas da maconha*, que são reuniões, passeatas ou manifestações, realizadas em espaços públicos ou privados, com o intuito de defender a descriminalização e a legalização do uso e da venda de determinadas drogas, incluindo substâncias entorpecentes. Por via de uma interpretação conforme a Constituição, a Corte deixou claro que a livre expressão do pensamento em relação a quaisquer políticas públicas – inclusive a políticas criminais – não se confunde com a incitação pública à prática de delito, nem se identifica com a apologia de fato criminoso ou de autor de crime, condutas tipificadas como criminosas, respectivamente, nos arts. 286 e 287 do Código Penal.[50] Dito de outra forma, proclamou-se que o âmbito de proteção dos direitos de reunião, manifestação e de expressão em geral bloqueiam a atuação do aparelho repressivo do Estado com tamanho elastério, seja mediante utilização do direito penal, seja por meio do direito administrativo ordenador.[51]

---

[49] BRASIL. Supremo Tribunal Federal. ADI nº 1.969, rel. Min. Ricardo Lewandowski, Tribunal Pleno, j. em 28.06.2007. *DJU*, 31 ago. 2007.

[50] BRASIL. Supremo Tribunal Federal. ADPF nº 187, rel. Min. Celso de Mello, Tribunal Pleno, j. em 15.06.2011. *DJU*, 29 maio 2014.

[51] No julgamento do Tema nº 506 da repercussão geral, o Supremo Tribunal Federal discute a constitucionalidade da criminalização do porte de droga para consumo pessoal, tal como operada pelo art. 28 da Lei nº 11.343/2006, à luz dos direitos fundamentais à vida privada e à intimidade, assegurados no art. 5º, inc. X, da Constituição. Até o momento da conclusão deste trabalho, apenas o relator, Ministro Gilmar Mendes, e os ministros Luiz Edson Fachin e Luís Roberto Barroso haviam proferido voto, todos no sentido da inconstitucionalidade, embora os dois últimos se tenham circunscrito à maconha, que era a droga discutida no caso concreto (RE nº 635.659, rel. Min. Gilmar Mendes, Tribunal Pleno, julgamento interrompido em 10.9.2015, por pedido de vista do Ministro Teori Zavascki). A sagrar-se vencedora a tese da inconstitucionalidade, o STF terá adotado, na espécie, o *princípio do dano*, cunhado por John Stuart Mill em sua obra célebre *On liberty* (1859), segundo o qual somente naquilo que as ações individuais possam causar prejuízos a terceiros restará legitimada a ordenação estatal. Trata-se de entendimento radicalmente contrário ao paternalismo do Estado em relação às escolhas morais dos indivíduos

A segunda hipótese típica em que os direitos fundamentais limitam o exercício do poder de polícia ocorre nos casos em que a pretensão ordenadora não ultrapassa as máximas inerentes ao dever de proporcionalidade. Aqui, diferentemente do que se passa nas situações previamente descritas, a intervenção conformadora do poder de polícia situa-se na área de proteção do direito fundamental, mas com a suposta finalidade de concretizar outro direito fundamental ou um princípio de interesse geral, ambos também assegurados pela Constituição. A ordenação surge como instrumento a serviço da consistência interna do sistema de direitos fundamentais e seu convívio harmônico e equilibrado com o sistema democrático (de onde provêm as normas que conferem conteúdo aos próprios direitos e a objetivos coletivos apenas abstratamente indicados na Lei Maior).

A legitimidade das medidas de ordenação dependerá da observância, entre outros fatores, da lógica da proporcionalidade, em seus três exames sucessivos: (i) *adequação* (exigência de que a medida restritiva seja apta a promover razoavelmente o direito fundamental ou o objetivo de interesse geral contraposto); (ii) *necessidade* (exigência de que a medida restritiva não possa ser substituída por outra que cumpra a mesma finalidade de forma razoável, mas de maneira menos gravosa ao direito restringido); e (iii) *proporcionalidade em sentido estrito* (exigência de que, consoante algum critério válido de análise de custo-benefício, seja possível afirmar que o grau de importância da promoção do direito fundamental ou do objetivo de interesse geral justifique a gravidade da restrição imposta ao direito em questão).[52]

Diz-se haver, assim, um *efeito recíproco* nas normas que intervêm no âmbito de proteção dos direitos fundamentais: elas os limitam e são limitadas por eles, simultaneamente.[53] Portanto, inexistente um fim constitucionalmente legítimo a justificar a restrição ao direito fundamental (seja ele a promoção de outro direito fundamental ou de um objetivo de interesse geral), a pretensão ordenadora não terá fundamento de validade. Nada obstante, ainda quando presente a finalidade constitucional, a ordenação só será válida quando *vencidos* os exames inerentes ao dever de proporcionalidade. A eficácia bloqueadora do direito fundamental surge justamente quando a medida de polícia não os ultrapassa.

A jurisprudência do Supremo Tribunal Federal registra três casos ligados à ordenação do exercício de profissões liberais que bem ilustram a situação anteriormente descrita. Embora o art. 5º, inc. XIII, da Constituição Federal[54] preveja a possibilidade de a lei instituir exigências de qualificação profissional, tais condicionamentos não estão inteiramente à mercê da discricionariedade legislativa. Além de vinculadas a algum

---

que digam respeito apenas a suas próprias vidas. V. MILL, John Stuart. *On liberty*. Disponível em: <https://www.gutenberg.org/files/34901/34901-h/34901-h.htm>. Acesso em: 11 set. 2015.

[52] ÁVILA, Humberto. *Teoria dos princípios*: da definição à aplicação dos princípios jurídicos. São Paulo: Malheiros, 2004. p. 116-125.

[53] "A jurisprudência do Tribunal Constitucional Federal alemão cunhou, no caso de limitações ao direito fundamental de liberdade de expressão, a denominada *Wechselwirkungstheorie* (teoria do efeito recíproco), segundo a qual uma norma infraconstitucional limitadora da liberdade de expressão, ainda que esteja coberta por uma reserva legal, deveria ser limitada 'de volta' (*Schaukeltheorie*) pelo direito fundamental à liberdade de expressão" 9 DIMOULIS, Dimitri; MARTINS, Leonardo. *Teoria geral dos direitos fundamentais*. São Paulo: Revista dos Tribunais, 2011. p. 142-143).

[54] "Art. 5º [...]. XIII - é livre o exercício de qualquer trabalho, ofício ou profissão, atendidas as qualificações profissionais que a lei estabelecer".

fim constitucional legítimo, as restrições devem ser justificáveis à luz da métrica da proporcionalidade.

Na Representação nº 930, a Corte julgou inconstitucional lei que condicionava o exercício da profissão de corretor de imóveis à inscrição no Conselho Federal da categoria.[55] Ao constatar que o ofício em questão não exigia, por sua natureza, qualificação técnica específica, o Tribunal considerou que a exigência do registro profissional era destituída de fundamento constitucional, sendo odiosamente voltada à consecução de privilégios e à reserva de mercado, mediante restrição do número de profissionais habilitados.

No julgamento do Recurso Extraordinário nº 511.961, o Supremo Tribunal Federal declarou a não recepção, pela Constituição de 1988, do art. 4º, V, do Decreto-Lei nº 972/1969, que exigia a apresentação de diploma universitário de jornalismo como condição para obtenção de registro profissional de jornalista, perante o Ministério do Trabalho.[56] Na oportunidade, o STF declarou que a obrigatoriedade de diploma para o exercício da profissão de jornalista era incompatível com as garantias constitucionais da liberdade de expressão, em sentido amplo, e da liberdade de imprensa, de modo particular.

Com efeito, entendeu-se que a restrição era inadequada para promover o direito fundamental supostamente contraposto – o direito à informação – de vez que a atividade de comunicação social pode ser adequadamente exercida por pessoas com formações variadas. Além disso, o pluralismo do debate público e o próprio acesso à informação são vetores constitucionais cuja concretização depende da possibilidade de livre expressão não apenas de jornalistas, mas também de economistas, juristas, engenheiros, médicos, desportistas, artistas, entre tantos outros especialistas, técnicos ou não. Por isso, a regulamentação legal da profissão de jornalista, além de criar uma injustificável reserva de mercado, acabava por produzir um indesejável efeito silenciador, incompatível com a plenitude das liberdades de imprensa e de expressão, nos termos assegurados pela Constituição. Em outras palavras, a ordenação profissional da atividade jornalística exibia viés corporativo, desvinculado do móvel de realizar outros direitos fundamentais ou interesses transindividuais constitucionalmente relevantes.[57]

Já ao apreciar o Recurso Extraordinário nº 414.426, a Suprema Corte julgou inconstitucional a exigência, contida na Lei nº 3.857/1960, de registro de músico em conselho profissional, seja pela ausência de potencial lesivo na atividade a terceiros, seja em razão do direito fundamental à liberdade de expressão artística, assegurado no art. 5º, inc. IX, da Constituição Federal.[58] Por evidente, não há qualquer fim público ou direito

---

[55] Representação nº 930. Rel. p/ acórdão Min. Rodrigues Alckmin, Rel. originário Min. Cordeiro Guerra), Tribunal Pleno, j. 5.5.1976. *DJU*, 2 set. 1977. O acórdão foi posteriormente confirmado em sede de embargos infringentes, Rel. Min. Antonio Neder, j. 25.10.1978. *DJU*, 27 abr. 1979.

[56] BRASIL. Supremo Tribunal Federal. RE nº 511.961, rel. Min. Gilmar Mendes, Tribunal Pleno, j. em 17.06.2009. *DJU*, 13 nov. 2009.

[57] Na valiosa síntese de Fernando Dias Menezes de Almeida, "impedir, por razões de polícia das profissões, que algum indivíduo manifeste sua opinião em veículos de imprensa, é necessariamente o mesmo que censurá-lo. A qualificação como jornalista não modifica o *status* do indivíduo como titular da liberdade de expressão". V. ALMEIDA, Fernando Dias Menezes. Poder de polícia: alguns aspectos extraídos de decisões recentes do Supremo Tribunal Federal. In: MEDAUAR, Odete; SCHIRATO, Vitor Rhein (Org.). *Poder de polícia na atualidade*. Belo Horizonte: Fórum, 2014. p. 315.

[58] BRASIL. Supremo Tribunal Federal. RE nº 414.426, rel. Min. Ellen Gracie, Tribunal Pleno, j. em 1º.08.2011. *DJU*, 7 out. 2011.

fundamental contraposto a ser protegido que possa justificar a ordenação restritiva de atividades artísticas, como aquelas desempenhadas por músicos, atores, escritores, entre outros. Além da preservação da intangibilidade da liberdade de criação intelectual, parece evidente que cabe ao público exercer livremente as suas preferências em tais campos, sem qualquer interferência estatal.[59]

Por fim, resta abordar uma terceira ordem de situações nas quais os direitos fundamentais assumem esse papel de normas negativas de competência ao Estado. Trata-se dos casos em que o exercício da competência ordenadora, efetiva ou potencialmente, reduza o direito fundamental aquém de um mínimo que o desfiguraria ou aniquilaria. Está-se aqui no campo da doutrina do *limite dos limites (Schranken-Schranken)*, elaborada no direito alemão a partir do art. 19, inc. II, da Lei Fundamental de Bonn, segundo o qual a lei, ao restringir um direito fundamental, não pode atingir o seu *conteúdo essencial*.[60] Nesses casos, portanto, a eficácia bloqueadora do poder de polícia decorre, precisamente, da proteção do núcleo irredutível dos direitos fundamentais contra investidas excessivas do poder de polícia.

Pode-se definir o conteúdo essencial como o âmbito de proteção do direito fundamental que é *inviolável* à ação ordenadora. Diante da dificuldade de definição de um conteúdo *absoluto* e *estático* para cada direito diante da necessidade de ponderação proporcional com outros direitos fundamentais ou com objetivos de interesse geral constitucionalmente protegidos, a doutrina tem se inclinado pela ideia de conteúdo essencial *relativo* e *dinâmico*, resultante da aplicação da proporcionalidade. Assim, as restrições ao direito fundamental que ultrapassem os exames inerentes à proporcionalidade não violam o seu conteúdo essencial, uma vez que este é definido, precisamente, pela aplicação daqueles. Em uma palavra, o conteúdo essencial seria aquilo que sobra depois de uma ponderação.[61]

A ideia traz em si o risco da relativização abusiva dos direitos fundamentais em decorrência da flexibilidade do método da ponderação proporcional e, portanto, da instabilidade da noção de conteúdo mínimo que dele resulta. Afinal, seria possível questionar até a utilidade do conceito dada a sua *relação de circularidade* com o dever de proporcionalidade.[62] Mas a tanto não se pode chegar.

---

[59] Calha lembrar, a propósito, trecho lapidar do voto proferido pelo Ministro Celso de Mello no julgamento do HC nº 82.424/RS: "A Constituição, ao subtrair o processo de criação artística, literária e cultural da interferência, sempre tão expansiva quão prejudicial, do Poder Público, mostrou-se atenta à grave advertência de que o Estado não pode dispor de poder algum sobre a palavra, sobre as ideias e sobre os modos de sua divulgação. Digna de nota, neste ponto, a sempre lúcida ponderação de OCTAVIO PAZ ('O Arco e a Lira', p. 351, 1982, Nova Fronteira), para quem 'nada é mais pernicioso e bárbaro que atribuir ao Estado poderes na esfera da criação artística. O poder político é estéril, porque sua essência consiste na dominação dos homens, qualquer que seja a ideologia que o mascare [...]'" (BRASIL. Supremo Tribunal Federal. HC nº 82.424/RS, rel. Min. Moreira Alves, rel. para o acórdão Min. Maurício Corrêa, Tribunal Pleno, j. em 17.09.2003. *DJU*, 19 mar. 2004).

[60] Para estudo das diversas teorias sobre o conteúdo essencial dos direitos fundamentais, v., entre outros, PEREIRA, Jane Reis Gonçalves. *Interpretação constitucional e direitos fundamentais*. Rio de Janeiro: Renovar, 2006. p. 366-382; SILVA, Virgílio Afonso. *Direitos fundamentais*: conteúdo essencial, restrições e eficácia. São Paulo: Malheiros, 2011. p. 183-207; ANDRADE, José Carlos Vieira. *Os direitos fundamentais na Constituição portuguesa de 1976*. Coimbra: Almedina, 2004. p. 306 e ss.; LORENZO RODRÍGUEZ-ARMAS, Magdalena. *Análisis del contenido esencial de los derechos fundamentales*. Granada: Comares, 1996. p. 157 e ss.; e DIMOULIS, Dimitri; MARTINS, Leonardo. *Teoria geral dos direitos fundamentais*. São Paulo: Revista dos Tribunais, 2011. p. 158-160.

[61] ALEXY, Robert. *Teoria de los derechos fundamentales*. Madrid: Centro de Estudios Constitucionales, 1993. p. 288.

[62] A relação circular consistiria no seguinte: a ponderação proporcional deve respeitar o conteúdo essencial do direito fundamental comprimido; mas o conteúdo essencial só é revelado pela aplicação do método da proporcionalidade.

É que a Constituição contempla, ela própria, algumas *garantias individuais irredutíveis*, sob a estrutura de regras, que interditam qualquer ponderação por parte do Estado, qualquer que seja o direito ou interesse contraposto. Trata-se, nas palavras de Virgílio Afonso da Silva, de "barreira intransponível – ou seja, imune a relativizações a partir de sopesamentos – no conteúdo essencial da dignidade da pessoa humana".[63] Assim, *v.g.*, ninguém será submetido a tortura, nem a tratamento desumano ou degradante (CF, art. 5º, inc. III), nem sentenciado à pena de morte em tempos de paz, nem a penas perpétuas, de trabalhos forçados, de banimento ou cruéis (CF, art. 5º, inc. XLVII, alíneas "a", "b", "c", "d" e "e"), quaisquer que sejam as razões de interesse geral invocadas pelo Estado.

Mas a proteção do conteúdo essencial também exibe utilidade em casos de direitos fundamentais cujo conteúdo está sujeito à ampla conformação legislativa, como o direito de propriedade. Com efeito, embora multiplamente assegurado como *direito fundamental* (CF, art. 5º, incs. XXII, XXVII, XXVIII e XXIX) e como *princípio da ordem econômica* (CF, art. 170, inc. II), o direito de propriedade se sujeita às conformações necessárias (isto é, condicionamentos, encargos e sujeições) ao cumprimento de sua *função social* (CF, art. 5º, inc. XXIII, e art. 170, inc. III). Nesse campo, precisamente onde a ordenação desfruta de maior abertura constitucional, a proteção do conteúdo essencial assume maior relevância.

De um lado, cumprir uma função significa deter um poder protegido pelo direito, mas juridicamente orientado a determinada finalidade, cuja consecução se apresenta como uma obrigação legal (de fazer, não fazer ou suportar).[64] Assim, consoante mandamento constitucional, a propriedade urbana cumpre a sua função social quando atende às exigências fundamentais de ordenação da cidade expressas no plano diretor (CF, art. 182, §2º). Nessa toada, lei específica poderá exigir do proprietário do solo urbano não edificado, subutilizado ou não utilizado, nos termos da lei federal, que promova seu adequado aproveitamento, sob pena, sucessivamente: (i) de parcelamento ou edificação compulsórios; (ii) de cobrança de imposto predial e territorial progressivo no tempo; e, finalmente, (iii) de desapropriação do imóvel, com pagamento parcelado em títulos da dívida pública, assegurados o valor real da indenização e os juros legais (CF, art. 182, §4º).

De outro lado, como adverte Carlos Ari Sundfeld, isso não significa que no ordenamento jurídico brasileiro a propriedade *seja uma função social*, do que decorreria a ausência de proteção jurídica àqueles que a descumpram.[65] Ao contrário, a propriedade continua sendo um direito, protegido ainda quando descumprida a sua função social. A desapropriação, nesses casos, representa a sanção imposta ao proprietário pela inobservância da regra, mas lhe assegura o valor real do bem, além dos juros legais. Caso não houvesse um direito a salvaguardar, a situação resolver-se-ia pelo simples confisco do bem, o que se admite apenas nas situações expressamente contempladas na Constituição.[66]

---

[63] SILVA, Virgílio Afonso. *Direitos fundamentais*: conteúdo essencial, restrições e eficácia. São Paulo: Malheiros, 2011. p. 202.

[64] ALESSI, Renato. *Principii di diritto amministrativo*. Milano: Giuffrè, 1971. v. I. p. 3.

[65] SUNDFELD, Carlos Ari. *Direito administrativo ordenador*. São Paulo: Malheiros, 2003. p. 63.

[66] Veja-se que as hipóteses de confisco constitucionalmente admitidas estão previstas no art. 243 da Constituição Federal, com a redação introduzida pela Emenda Constitucional nº 81/2014, circunscritas às propriedades rurais e urbanas de qualquer região do país onde forem localizadas culturas ilegais de plantas psicotrópicas ou a

A noção de conteúdo essencial serve de limite mínimo a ser preservado contra a imposição de condicionamentos, encargos e sujeições pela ordenação estatal, sob pena de configuração de uma *desapropriação indireta*. Assim, embora se reconheça ampla margem de conformação no delineamento do direito de propriedade, se a regulação for longe demais, ela assumirá a forma de desapropriação, passando a sujeitar-se aos respectivos requisitos constitucionais.[67]

Além do esbulho administrativo – condenável situação de fato na qual o Estado se apossa de bem alheio e o afeta a algum fim público, sem observância do devido procedimento expropriatório legalmente previsto – é de ser reconhecida a desapropriação indireta nos casos em que a ordenação importa *esvaziamento econômico* ou *inviabilidade prática* de uso do bem, por via de conformações legais ou administrativas desproporcionais. Tais situações podem ocorrer em casos de limitações, servidões, tombamentos e outras formas de ordenação da propriedade imóvel, nas quais a extensão das obrigações impostas ao proprietário inviabilizem a exploração econômica ou o uso ordinário do bem. A doutrina e a jurisprudência brasileiras não chegam ao ponto de invalidar o ato estatal, mas exigem o pagamento da justa indenização ao proprietário vítima do esbulho ou do esvaziamento – econômico ou prático – de seu direito de propriedade.[68]

No direito norte-americano, a expressão *regulação expropriatória* (*regulatory taking*) é usada para designar as situações em que a ordenação estatal acaba por fulminar o conteúdo essencial do direito, sendo devida a indenização ao seu titular, ainda quando o bem não passe a integrar o domínio público. O caso pioneiro em que restou reconhecida a expropriação regulatória foi *Pennsylvania Coal Co. v. Mahon*, 206 U.S. 393 (1922). No voto condutor da decisão na Suprema Corte, o Juiz Oliver Wendell Holmes Jr. deixou assentado que "quando a atividade regulatória atinge certa magnitude, na maioria, senão na totalidade dos casos, haverá exercício do domínio eminente do Estado, e a compensação ao particular é necessária para sustentar o ato".[69]

Não é fácil, entretanto, identificar o ponto exato em que a ordenação se convola em expropriação. Dificuldade semelhante se apresenta na tarefa de diagnosticar quando a tributação é utilizada com efeito de confisco, o que é vedado pelo art. 150, inc. IV, da

---

exploração de trabalho escravo, e aos bens de valor econômico apreendidos em decorrência do tráfico ilícito de entorpecentes e de drogas e afins, e da exploração de trabalho escravo. Nessas situações, o próprio constituinte, ao optar pelo perdimento do bem em favor do Estado sem pagamento de indenização, fez uma pré-ponderação em desfavor do direito de propriedade, considerada a gravidade da conduta antissocial do proprietário.

[67] "Art. 5º [...]. XXIV - A lei estabelecerá o procedimento para desapropriação por necessidade ou utilidade pública, ou por interesse social, mediante justa e prévia indenização em dinheiro, ressalvados os casos previstos nesta Constituição".

[68] Na jurisprudência do Superior Tribunal de Justiça, vejam-se os seguintes julgados no sentido do reconhecimento da desapropriação indireta: BRASIL. Superior Tribunal de Justiça. REsp nº 52.905, rel. Min. Humberto Gomes de Barros, Primeira Turma, j. em 14.12.1994. *DJ*, 6 mar. 1995; BRASIL. Superior Tribunal de Justiça. REsp nº 28.239, rel. Min. Humberto Gomes de Barros, Primeira Turma, j. em 13.10.1993. *DJ*, 22.11.1993; BRASIL. Superior Tribunal de Justiça. REsp nº 47.865, rel. Min. Demócrito Reinaldo, Primeira Turma, j. em 15.08.1994. *DJ*, 5 set. 1994; BRASIL. Superior Tribunal de Justiça. REsp nº 401.264, rel. Min. Eliana Calmon, Segunda Turma, j. em 05.09.2002. *DJ*, 30 set. 2002; BRASIL. Superior Tribunal de Justiça. REsp nº 1.100.563, rel. Ministra Denise Arruda, Primeira Turma, j. em 02.06.2009. *DJe*, 1º jul. 2009.

[69] No original, em inglês: "When regulation reaches a certain magnitude, in most if not in all cases there must be an exercise of eminent domain and compensation to support the act" (trecho do voto condutor em *Pennsylvania Coal Co. v. Mahon*, 206 U.S. 393 (1922). Traduzido livremente).

Constituição Federal.[70] Na famosa frase do Juiz John Marshall, então presidente da Suprema Corte dos Estados Unidos, "o poder de tributar envolve o poder de destruir".[71] Com efeito, o confisco está para a tributação assim como a regulação expropriatória está para a ordenação.[72] Em geral, além da exigência de atendimento de um fim constitucionalmente legítimo e da ultrapassagem dos exames da proporcionalidade, as medidas ordenadoras não poderão inviabilizar ou comprometer seriamente o uso do bem ou a exploração de determinada atividade econômica pelo particular, sob pena de caracterização do efeito expropriatório.[73]

De outro lado, a ordenação não produzirá tal efeito se preservar alguma forma de exploração econômica da atividade ou do bem em questão, assegurando razoavelmente a recuperação dos investimentos realizados à vista das expectativas legítimas dos sujeitos afetados. Esse foi o entendimento consagrado pela Suprema Corte norte-americana no caso *Penn Central Transportation Co. v. City of New York* (1978),[74] quando afastou a alegação de regulação expropriatória do *Landmark Preservation Law* por considerar que (i) a propriedade em questão poderia continuar a ser usada como sempre foi; e que, (ii) a despeito das restrições, a sua fruição pelo proprietário poderia proporcionar retorno razoável *vis-à-vis* dos investimentos realizados.

A possibilidade de repasse razoável do custo criado pela regulação para os preços também tem sido invocada para afastar alegações de *regulatory takings*. Em julgamento de 1981 (*BVerfGE* 58, 137), o Tribunal Constitucional Federal alemão decidiu que inexistia, *a priori*, caráter expropriatório em Lei do Estado de Hessen que determinara que todas as editoras estariam obrigadas a doar para a Biblioteca estadual um exemplar de cada novo livro lançado. A obrigação de fazer, consistente na doação imposta pela ordenação, não tinha conteúdo expropriatório, na medida em que poderia ser razoavelmente absorvida pela editora ou repassada aos preços dos livros sem impactos significativos.

Nada obstante, diante de caso concreto que envolvia um editor que publicava livros valiosos em pequena escala, o Tribunal declarou a inconstitucionalidade da ordenação, tendo em vista que a norma não contemplava qualquer espécie de indenização. A Corte entendeu que a indenização seria devida em alguns casos, como, na situação vertente, em que o dever de entrega gratuita de livros, produzidos com elevado custo e em pequena escala, representava um agravamento desproporcional e anti-igualitário a determinado editor.[75] Note-se que, aqui, além do severo comprometimento da atividade, decorrente

---

[70] "A proibição constitucional do confisco em matéria tributária nada mais representa senão a interdição, pela Carta Política, de qualquer pretensão governamental que possa conduzir, no campo da fiscalidade, à injusta apropriação estatal, no todo ou em parte, do patrimônio ou dos rendimentos dos contribuintes, comprometendo-lhes, pela insuportabilidade da carga tributária, o exercício do direito a uma existência digna, ou a prática de atividade profissional lícita ou, ainda, a regular satisfação de suas necessidades vitais" (BRASIL. Supremo Tribunal Federal. ADI nº 2.010 MC, rel. Min. Celso de Mello, Tribunal Pleno, j. em 30.09.1999. *DJU*, 12 abr. 2002).

[71] *McCulloch v. Maryland*, 17 U.S. 316 (1819).

[72] BINENBOJM, Gustavo. Regulações expropriatórias. *Revista Justiça e Cidadania*, n. 117, 2010. Disponível em: <www.editorajc.com.br/2010/04/regulacoes-expropriatorias>. Acesso em: 8 set. 2015.

[73] Sobre o tema, na literatura jurídica anglo-saxônica, v. EPSTEIN, Richard. *Takings*. Cambridge: Harvard University Press, 1984; FISCHEL, William A. *Regulatory takings*: law, economics and politics. Cambridge: Harvard University Press, 1995; SIDAK, J. Gregory; SPULBER, Daniel F. *Deregulatory takings and the regulatory contract*. Cambridge: Cambridge University Press, 1997. Na literatura jurídica brasileira, v. CYRINO, André Rodrigues. Regulações expropriatórias: apontamentos para uma teoria. *Revista de Direito Administrativo*, v. 267, 2014.

[74] *Penn Central Transportation Co. v. City of New York*, 438 U.S. 104 (1978).

[75] MAURER, Hartmut. *Direito administrativo geral*. Barueri: Manole, 2006. p. 796.

da dificuldade de repasse do custo dos livros doados ao preço dos demais, o Tribunal destacou a oneração excessiva de alguns membros da coletividade, que não poderiam ser obrigados a sustentar gratuitamente a constituição do acervo da Biblioteca estadual.

Assim, o conteúdo essencial de determinado direito – como a propriedade de um bem ou a exploração de certa atividade – será afetado quando a atividade ordenadora produzir como efeito o esvaziamento de seu conteúdo econômico ou o tolhimento significativo de sua funcionalidade, frustrando as expectativas legítimas do titular ou onerando-o de maneira anti-igualitária, diante do dever estatal de distribuição equitativa dos ônus sociais. Tal qual na tributação, a ordenação sempre acarreta ônus aos titulares dos direitos sujeitos às suas conformações, distribuídos de maneira mais ou menos equânime entre os distintos membros da coletividade. Mas, como na tributação, o Estado não pode pretender *funcionalizar* os direitos dos particulares a ponto de comprometê-los severamente.[76] Se existente fundamento constitucional e legal para o *sacrifício* do direito em questão, caberá ao Estado percorrer as etapas do devido processo expropriatório, o qual pressupõe, como regra, o pagamento de prévia e justa indenização em dinheiro (CF, art. 5º, inc. XXIV).

A medida ordenadora de conteúdo expropriatório editada sem observância desse procedimento prévio não pode ter como consequência, apenas, sujeitar o Estado ao pagamento de uma indenização a *posteriori*, o que importaria clara subversão da garantia constitucional do pagamento prévio da indenização.[77] Ademais, essa solução colocaria o particular na desfavorável posição de postular a indenização numa ação de responsabilidade civil, o que, de resto, do ponto de vista pragmático, representa um incentivo para que gestores irresponsáveis transfiram os ônus resultantes de suas condutas para administrações futuras. Portanto, a consequência jurídica da adoção de uma ordenação expropriatória, sem o prévio pagamento das indenizações devidas, será, pura e simplesmente, a invalidade da medida.

4 O papel do poder de polícia na proteção e promoção de direitos fundamentais

Ao lado da *eficácia bloqueadora*, os direitos fundamentais irradiam também uma *eficácia habilitadora* da atuação do poder de polícia no sentido de sua proteção e, em alguma medida, de sua promoção. Essa tarefa da atividade ordenadora perfaz-se, no mais das vezes, por meio de medidas de *efeitos reflexos*: a proteção de um direito fundamental

---

[76] Embora o proprietário seja obrigado a suportar o uso de seu imóvel pela Justiça Eleitoral em dias de pleito (requisição administrativa), não se admite que o Estado possa lhe impor um uso no interesse exclusivo da sociedade, como seria a hipótese de criação de um parque para o lazer da coletividade, sob alguma forma disfarçada de ordenação urbanística (desapropriação indireta). Além de anti-isonômica, a medida configuraria confisco vedado pela Constituição, pois ao Estado caberia, fosse o caso, percorrer os trâmites do procedimento de desapropriação, mediante pagamento de prévia e justa indenização em dinheiro.

[77] Na 5ª Emenda à Constituição dos Estados Unidos, que contém a chamada *takings clause*, não há exigência de pagamento *prévio* de indenização, mas apenas de que esta seja justa (*nor shall private property be taken for public use, without just compensation*). Daí que o reconhecimento da existência de uma regulação expropriatória, no direito norte-americano, conduza apenas ao pagamento da indenização pelo Estado. Em ordenamentos jurídicos como o brasileiro, que contêm exigência de pagamento prévio da indenização, a solução não pode ser o seu pagamento *a posteriori*, o que significaria desconsiderar a garantia, mas a invalidação da própria medida.

exige providências restritivas desse mesmo direito ou de outros direitos fundamentais, do próprio titular ou de terceiros.

A polícia administrativa de trânsito constitui caso exemplar de atividade de ordenação do direito fundamental de ir, vir e permanecer, cuja finalidade é assegurar e promover a própria liberdade de locomoção. Como um clássico *problema de ação coletiva*,[78] o trânsito depende da atuação ordenadora do Estado para que a maximização do interesse individual não produza o caos do ponto de vista comunal. Desse modo, a conformação do direito de livre locomoção de cada pessoa pelo poder de polícia é condição *sine qua non* da liberdade *otimizada* de ir e vir de todas as pessoas.

Raciocínio semelhante se aplica à polícia administrativa das manifestações, cuja ordenação tem por objetivo assegurar o exercício das próprias liberdades de reunião e de manifestação, da maneira mais harmoniosa possível com outros direitos fundamentais, como a integridade física e patrimonial, e a liberdade de locomoção, dos próprios manifestantes e de terceiros. Embora, como anteriormente assinalado, faleça ao Estado competência para autorizar reuniões e manifestações, o dever de aviso prévio por parte dos manifestantes viabiliza a adoção de providências de polícia que permitam o exercício do direito em concordância prática com outros, efetiva ou potencialmente afetados. A gestão de horários e locais públicos, a aferição concreta do caráter pacífico e desarmado da manifestação e a adoção de critérios razoáveis de prevenção de perigos – eventualmente, em determinados casos, a vedação do anonimato dos manifestantes –[79] constituem exemplos de medidas ordenadoras que limitam e, ao mesmo tempo, protegem os direitos fundamentais envolvidos.

A eficácia horizontal dos direitos fundamentais demanda a atuação protetiva da polícia administrativa no âmbito das relações privadas. Embora, na seara das relações entre particulares, a liberdade seja a regra e a restrição de polícia, a exceção (*la liberté est la règle, la restriction de police l'exception*),[80] há situações especiais em que a atividade ordenadora é não apenas desejável, mas imperiosa para resguardo de seus direitos fundamentais.[81]

Com efeito, as situações de assimetria de poder não se verificam apenas entre o Estado e os cidadãos, existindo também no seio das relações travadas entre pessoas naturais e pessoas jurídicas de direito privado, ou entre umas e outras. Assim, por exemplo, há certas instâncias privadas que atuam em áreas típicas e antes reservadas ao Poder Público, seja por atos de delegação formal (contratos, convênios ou acordos de cooperação híbridos), seja por atos de reconhecimento explícito (credenciamentos,

---

[78] "Mesmo que todos os indivíduos de um grupo grande sejam racionais e centrados em seus próprios interesses, e que saiam ganhando se, como grupo, agirem para atingir seus objetivos comuns, ainda assim eles não agirão voluntariamente para promover esses interesses comuns e grupais" (OLSON JR., Mancur. *The logic of collective action*: public groups and the theory of groups. Cambridge: Harvard University Press, 1971. p. 14).

[79] A Lei nº 6.528/2013, do estado do Rio de Janeiro, proíbe o uso de máscaras ou qualquer outra forma de impedir a identificação dos cidadãos em manifestações públicas. A constitucionalidade da medida é controvertida, sobretudo em situações nas quais haja riscos de retaliação aos manifestantes em virtude de suas circunstâncias pessoais, sociais ou profissionais.

[80] WALINE, Marcel. *Droit administratif*. Paris: Sirey, 1963. p. 637.

[81] Sobre o tema, v. SARMENTO, Daniel. *Direitos fundamentais e relações privadas*. Rio de Janeiro: Lumen Juris, 2008; PEREIRA, Jane Reis Gonçalves. *Interpretação constitucional e direitos fundamentais*. Rio de Janeiro: Renovar, 2006; SILVA, Virgílio Afonso. *A constitucionalização do direito*: os direitos fundamentais nas relações entre particulares. São Paulo: Malheiros, 2005.

licenciamentos, autorizações) ou implícito (comportamentos informais que configurem consentimento com a atuação do ente privado no desempenho de algumas funções públicas). Nesses casos, não é legítimo que os particulares fiquem imunes à incidência dos direitos fundamentais, que são garantias oponíveis às funções públicas, desempenhadas que sejam por agentes estatais ou por quem lhes faça as vezes.[82]

Tem-se, aqui, campo propício para a aplicação da chamada *public function theory*, formulada no direito norte-americano e que atingiu seu apogeu no julgamento do caso *Marsh v. Alabama*, decidido pela Suprema Corte, em 1946. Naquele precedente, entendeu-se que uma empresa privada, proprietária de terras no interior das quais existia uma pequena cidade (*company town*), não poderia impedir a pregação por Testemunhas de Jeová na área de sua propriedade, em razão da incidência de direitos fundamentais.[83] O poder de polícia restringia parcialmente a autonomia privada da empresa para proteger a liberdade de expressão e a liberdade religiosa dos pregadores nos espaços públicos da pequena cidade, posto que não estatais.[84]

O Supremo Tribunal Federal, em importante precedente, afirmou a aplicabilidade das garantias constitucionais inerentes ao devido processo legal, como a ampla defesa e o contraditório, para a exclusão de sócio de entidade privada sem fins lucrativos – a União Brasileira dos Compositores – por meio da qual os associados fruem seus direitos autorais. O STF assentou que a associação civil em questão se situava no espaço público não estatal, ao constatar que a entidade integrava a estrutura do Escritório Central de Arrecadação e Distribuição (Ecad) e exercia posição privilegiada na determinação da extensão dos direitos autorais, mantendo seus associados em posição de subordinação econômica e social. Daí restar justificada a presença ordenadora do Estado para assegurar a fruição de direitos fundamentais pelos associados, ainda que no plano meramente processual.[85]

A aplicação dos direitos fundamentais no âmbito das relações privadas não pode se dar, contudo, de forma irrestrita, sob pena de asfixiar o exercício da autonomia privada e comprometer o pluralismo de identidades e escolhas existenciais. É necessário que uma das partes desempenhe atividades dotadas de algum grau de *potestade* ou que ocupe posição de clara superioridade fática, de modo a ameaçar seriamente direitos fundamentais da parte contrária. Além disso, deve-se levar em consideração a proximidade da relação jurídica privada da esfera pública, como outro parâmetro a justificar a ordenação protetiva de direitos fundamentais.

---

[82] PEREIRA, Jane Reis Gonçalves. *Interpretação constitucional e direitos fundamentais*. Rio de Janeiro: Renovar, 2006. p. 493.

[83] V. 326 U.S. 501 (1946). Por inspiração em tal precedente do direito norte-americano, aplicável ao sistema jurídico brasileiro, sustenta-se que manifestações em locais públicos, ainda que sob gestão privada, como centros comerciais, estádios de futebol e casas de espetáculos, não podem ser simplesmente proibidos com fundamento no direito de propriedade privada. À atividade de ordenação caberá engendrar soluções que permitam o exercício das liberdades de expressão, reunião e manifestação em concordância prática com as atividades-fim dos estabelecimentos privados.

[84] SARMENTO, Daniel. *Direitos fundamentais e relações privadas*. Rio de Janeiro: Lumen Juris, 2008. p. 272-276. Adota-se aqui, no entanto, o entendimento de que o desempenho de atividades dotadas de algum grau de *potestade* ou superioridade fática por particulares, e a proximidade da relação jurídica privada com a esfera pública, são parâmetros que podem justificar a atuação protetiva de direitos fundamentais pelo Estado, sempre sopesados com a preservação da autonomia privada e o pluralismo de identidades e escolhas existenciais.

[85] BRASIL. Supremo Tribunal Federal. RE nº 201.819, rel. Min. Ellen Gracie, rel. p/ acórdão Min. Gilmar Mendes, Tribunal Pleno, j. em 11.10.2005. *DJU*, 27 out. 2006.

Jane Reis Gonçalves Pereira dá diversos exemplos interessantes para ilustrar os parâmetros justificadores da incidência, ou não, dos direitos fundamentais nas relações privadas. Ninguém poderia cogitar da invocação do princípio da isonomia para impedir que os pais ofereçam mesadas diferentes aos filhos ou lhes apliquem castigos diversos. De outra parte, o direito à igualdade seria invocável para invalidar ato de uma escola particular que adotasse um critério de gênero para o acesso a bolsas de estudo, por exemplo. A inserção social da escola e sua aproximação da esfera pública são determinantes para a incidência do princípio da não discriminação odiosa fundada no gênero dos alunos. No que se refere à preservação do pluralismo, não se poderia cogitar de obrigar uma escola islâmica ortodoxa, a partir do argumento de isonomia, a aceitar alunos não muçulmanos ou alunas muçulmanas que não usem o véu. A aplicação do princípio da igualdade, em tais casos, aniquilaria a própria razão de ser da entidade privada, que é a preservação da identidade cultural e o exercício de uma dimensão da liberdade religiosa, vetores normativos também contemplados na Constituição.[86]

Por fim, é imperioso preservar a inviolabilidade de alguns setores da vida privada à ação do Estado, ainda que as escolhas dos indivíduos possam ser consideradas exóticas, irrazoáveis ou despropositadas, desde que elas não afetem a esfera de terceiros. De fato, há que se ter especial cuidado com ordenações *perfeccionistas*, fundadas na concepção segundo a qual seria uma missão legítima do Estado criar incentivos – como medidas punitivas ou premiais – para que os indivíduos aceitem e materializem ideais válidos de virtude pessoal.[87] Essas ordenações não levam a sério o valor da autonomia da vontade como vetor fundamental para a determinação de planos de vida e cursos de ação do indivíduo, ainda que a liberdade individual pressuponha algumas condições, como capacidade cognitiva, maturidade, nível razoável de informação e ausência de privações essenciais.[88] O consentimento da pessoa, livremente manifestado, carreia para o Estado-ordenador o elevado ônus argumentativo de demonstrar a vulneração de valores fundamentais da coletividade, em especial aqueles ligados à preservação da dignidade humana. A pretensão de imposição de uma concepção moral específica, ainda quando majoritária, como modelo para a exigência pedagógica de comportamentos virtuosos, não se presta de fundamento a qualquer ordenação juridicamente válida da vida privada.

O perfeccionismo não se confunde com ordenações fundadas no paternalismo estatal.[89] Aqui não se cuida da imposição de planos de vida, nem da definição heterônoma de sentidos ou fins últimos para a ação individual, mas de impor condutas aos indivíduos que sejam aptas a permitir que eles satisfaçam as suas preferências subjetivas e seus próprios projetos existenciais. O paternalismo lida, portanto, com uma presumida

---

[86] PEREIRA, Jane Reis Gonçalves. *Interpretação constitucional e direitos fundamentais*. Rio de Janeiro: Renovar, 2006. p. 494-495.

[87] Para uma visão crítica do perfeccionismo, v. SANTIAGO NINO, Carlos. Ética y derechos humanos: un ensayo de fundamentación. Buenos Aires: Astrea, 1989. p. 413-420.

[88] BARROSO, Luís Roberto. A dignidade da pessoa humana no direito constitucional contemporâneo: natureza jurídica, conteúdos mínimos e critérios de aplicação. In: BARROSO, Luís Roberto. *O novo direito constitucional brasileiro*: contribuições para a construção teórica e prática da jurisdição constitucional no Brasil. Belo Horizonte: Fórum, 2012. p. 309.

[89] Sobre paternalismo, v. FEINBERG, Joel. Legal paternalism. In: SARTORIUS, Rolf (Org.). *Paternalism*. Minneapolis: University of Minnesota Press, 1987. p. 3-18; DWORKIN, Gerald. Paternalism: some second thoughts. In: SARTORIUS, Rolf (Org.). *Paternalism*. Minneapolis: University of Minnesota Press, 1987. p. 105-112; e ATIENZA, Manuel. Discutamos sobre paternalismo. *Doxa: Cuadernos de Filosofía del Derecho*, n. 5, 1988. p. 203.

debilidade da vontade, que *vicia* o exercício da autonomia privada: algo como proteger o indivíduo de si próprio, sob determinadas circunstâncias que tornem justificável a tutela do Estado. As ordenações paternalistas que protegem os indivíduos em formação (crianças e adolescentes) são, normalmente, admitidas como válidas, desde que não suprimam ou desconsiderem a prioridade, até certo ponto, das escolhas familiares exercidas pelos pais ou responsáveis.

O risco das ordenações paternalistas decorre da dificuldade em distingui-las, na prática, dos casos em que há apenas uma valoração divergente, feita pelo Estado, quanto à conduta que o sujeito considera essencial ao seu projeto de vida. Esse risco é atenuado quando a ordenação paternalista tem por objetivo proteger interesses reconhecidos como primordiais e os comportamentos impostos não sejam seriamente perturbadores de planos de vida ou ações de valor existencial para o indivíduo.[90] As ordenações de trânsito consubstanciadas na exigência do uso do cinto de segurança em veículos e do capacete por usuários de motocicletas são bons exemplos: o paternalismo estatal visa à proteção da vida e da integridade física, enquanto a medida adotada não tem qualquer repercussão séria sobre escolhas existenciais de quem quer que seja. Em outros casos, a providência de polícia atua, simultaneamente, na proteção de terceiros e do próprio indivíduo, de que são exemplo as medidas sanitárias, como a vacinação obrigatória. Todavia, como se verá logo a seguir, caso o tratamento médico interfira com escolhas existenciais da pessoa humana – como, *v.g.*, suas convicções religiosas ou filosóficas – sem riscos para terceiros, a medida ordenadora deverá ceder ante a autonomia da vontade individual.

A proibição da violência física em relações sexuais sadomasoquistas consentidas, por decisão da Câmara dos Lordes, no Reino Unido,[91] constitui medida revestida tanto de caráter perfeccionista, como imbuída de injustificável paternalismo. Com efeito, além do apelo pedagógico a padrões morais dominantes, a decisão desconsidera o fato de que os praticantes eram indivíduos maiores e capazes, cujas práticas parecem fazer parte de seu modo de vida e orientação sexual. Da mesma maneira, a proibição dos chamados *peep shows*,[92] por decisão do Tribunal Constitucional federal da Alemanha, ignora a circunstância de que as mulheres que fazem as performances em cabines, sob o olhar e os "comandos" dos espectadores, também são maiores e capazes e, em regra, sequer são tocadas, muito menos submetidas a qualquer situação desumana ou severamente degradante.

A proibição dos eventos públicos de *arremessos de anões*, na França, pelo Prefeito da *Commune de Morsang-sur-Orge* – confirmada, em 1995, pelo Conselho de Estado –, também pode ser considerada uma ordenação perfeccionista e paternalista, que ultrapassa as fronteiras da tradicional preservação da ordem pública, na sua tradicional trilogia (segurança, tranquilidade e salubridade). A prática, de gosto duvidoso, consistia numa

---

[90] Nesse sentido, v. SANTIAGO NINO, Carlos. Ética y derechos humanos: un ensayo de fundamentación. Buenos Aires: Astrea, 1989. p. 416.
[91] REINO UNIDO. Câmara dos Lordes. *R.v. Brwon.* [1993] *All ER 75.* Disponível em: <http://www.parliament.the-stationery-office.com/pa/ld199798/ldjudgmt/jd970724/brown01.htm>. Acesso em: 10 set. 2015. A decisão foi confirmada pela CORTE EUROPEIA DE DIREITOS HUMANOS (CEDH). *Laskey, Jaggard and Brown v. United Kingdom.* 1997. Disponível em: <http://cmiskp.echr.coe.int/tkp197/view.asp?item=1&portal=hbkm&action=html&highlight=Laskey%2C%20I%20Jaggard%20I%20Brown%20I%20v.%20I%20United%20I%20Kingdom&sessionid=25693996&skin=hudoc-en>. Acesso em: 10 set. 2015.
[92] ALEMANHA. *BVerwGE* 64:274, 1981 apud BEYLEVELD, Deryck; BROWNSWORD, Roger. *Human dignity in bioethics and biolaw.* Oxford: Oxford University Press, 2004. p. 34.

forma de entretenimento na qual pessoas de baixa estatura eram arremessadas de um ponto a outro de uma casa noturna. Embora os eventos não representassem qualquer perturbação, efetiva ou mesmo potencial, à tranquilidade pública, contando, inclusive, com o consentimento explícito das pessoas arremessadas, o Conselho de Estado entendeu que a proteção da dignidade humana estaria englobada nas competências de polícia municipal voltadas à garantia da ordem pública.[93]

Segundo Marçal Justen Filho, o sujeito interessado recorreu à Corte Europeia de Direitos Humanos, alegando que o arremesso não oferecia riscos à sua integridade física e que o efeito necessário da decisão do Conselho de Estado seria a perda do emprego e do correspondente salário, o que comprometeria a sua existência digna. Nada obstante, a decisão do contencioso administrativo francês foi confirmada.[94] O ponto que talvez não tenha sido devidamente considerado é o de que, além da subsistência digna, os espetáculos tinham também um significado existencial para as pessoas que deles participavam. Nesse sentido, talvez fosse o caso de indagar se a Administração Pública poderia proibir tradicionais espetáculos circenses, como o "homem-bala", o "engolidor de fogo ou de espadas" ou o "domador de leões", que se arrisca fazendo estripulias na jaula daqueles animais ferozes. Com o perdão do trocadilho infame, por que os anões seriam artistas de menor envergadura, condenados ao banimento, enquanto outros têm direito assegurado de se expor a perigos muito maiores?

Alguém poderia objetar argumentando com a posição de vulnerabilidade social e econômica das pessoas de baixa estatura, o que as tornaria mais suscetíveis a aceitar posições ultrajantes à sua própria dignidade. A nosso ver, todavia, as providências estatais em defesa de pessoas vulneráveis devem ser estruturadas para, na medida do possível, devolver ao indivíduo a capacidade de decidir autonomamente, não a tolher por completo. Assim, programas de qualificação profissional voltados à inclusão de pessoas com necessidades especiais no mercado de trabalho e medidas de incentivos à sua absorção por empresas são preferíveis àquelas que simplesmente lhes interditem o acesso a determinadas atividades pouco valorizadas socialmente.

Outro exemplo de ordenação paternalista contrária à *dignidade humana como autonomia* estava contida no item 2º da Resolução do Conselho Federal de Medicina nº 1.021/1980, que, em casos de risco de morte, impunha a realização de transfusão de sangue, independentemente do consentimento do paciente ou de seus responsáveis. Essa norma, proveniente da autorregulação profissional dos médicos, desrespeitava a autonomia das *Testemunhas de Jeová*, confissão religiosa segundo a qual a interdição à transfusão de sangue decorre da interpretação de textos bíblicos, sendo a sua observância condição de salvação.

A vontade do paciente – validamente manifestada, por pessoa maior, capaz e informada sobre os riscos de sua escolha – deve ser respeitada em hospitais e postos médicos, públicos ou privados, como legítima expressão do direito fundamental à autonomia privada do indivíduo. No caso concreto, a autonomia privada consubstancia-se nos direitos fundamentais à privacidade, ao próprio corpo e à liberdade religiosa.

---

[93] O aresto está publicado em L'ACTUALITÉ JURIDIQUE DROIT ADMINISTRATIF – AJDA, v. 51, p. 942 e ss., 1995. Sobre o caso, v. CHAPUS, René. *Droit administratif*. Paris: Montchrestien, 1999. t. I. p. 708-711.

[94] JUSTEN FILHO, Marçal. *Curso de direito administrativo*. 10. ed. São Paulo: Revista dos Tribunais, 2014. p. 589.

A objeção de consciência exibe, no caso, a característica de um genuíno ato de convicção religiosa. O direito fundamental à liberdade de credo e de culto abarca, por evidente, não apenas o direito de prática litúrgica, mas a proteção de *escolhas existenciais* coerentes com a fé religiosa abraçada.

É bem de ver que não há qualquer colisão ou contradição do exercício da autonomia privada com o direito à vida. Com efeito, o direito à vida consiste no direito ao modo singular de ser e viver de cada pessoa humana, coerente com suas íntimas convicções ou seus desejos mais recônditos, ainda quando diferentes dos professados pela maioria das pessoas. O risco de morte, em situações de grave periculosidade à vida do paciente, deve ser entendido como mais um entre os inúmeros riscos inerentes à nossa condição. Assumi-los conscientemente, de acordo com o sentido e o projeto de vida de cada um, integra o conteúdo essencial da dignidade humana como autodeterminação individual.[95]

As medidas de polícia protetivas da dignidade humana adotáveis sem o consentimento expresso do beneficiário seriam aquelas dirigidas a pessoas privadas da capacidade de decisão racional e expostas à grave degradação física, psíquica ou moral. A Lei nº 10.216/2001 prevê tanto a internação involuntária de paciente psiquiátrico – aquela solicitada pela família e chancelada por laudo médico, que deve ser comunicada em até 72 horas ao Ministério Público – como a internação compulsória, que é aquela determinada por decisão judicial, ainda quando ausente a solicitação familiar.

Como privação temporária da liberdade, a internação não consentida é medida ordenadora cuja validade jurídico-constitucional depende sempre de determinação do Poder Judiciário, ainda quando solicitada pela família, em razão da garantia constitucional do devido processo legal (CF, art. 5º, inc. LIV). Ademais, o prazo da internação e o tratamento prescrito devem ser proporcionais à natureza e gravidade do transtorno mental em cada caso, como aspectos a serem expressamente abordados na motivação da decisão judicial, sob a fiscalização do Ministério Público.[96] Por fim, deve-se registrar que a internação não consentida constitui medida de última *ratio*, a ser adotada somente se e quando as providências menos gravosas se mostrarem inócuas, sempre tendo por objetivo a restituição do indivíduo ao convívio social e, na medida do possível, ao exercício livre e consciente de suas próprias escolhas.

---

[95] Sobre o tema, imperioso consultar o primoroso trabalho de BARROSO, Luís Roberto. Legitimidade da recusa de transfusão de sangue por testemunhas de Jeová. Dignidade humana, liberdade religiosa e escolhas existenciais. *Revista de Direito do Estado*, n. 17-18, p. 507-542, 2010. Segundo o autor, o novo Código de Ética Médica, em vigor desde abril de 2010, teria superado o item 2º da Resolução CFM nº 1.021/1980, permitindo a transfusão sem o consentimento do paciente apenas nos casos em que isso seja impossível, *v.g.*, em razão do estado de inconsciência. No mesmo sentido, v. BINENBOJM, Gustavo. Autonomia privada e direito à recusa a tratamentos médicos invasivos: o caso das Testemunhas de Jeová. *Revista de Direito do Estado*, n. 17-18, p. 475-482, 2010. Em sentido contrário, v. WILLEMAN, Flávio de Araújo. Recusa a tratamento da saúde com fundamento em crença religiosa e o dever do Estado de proteger a vida humana: o caso da transfusão de sangue em Testemunha de Jeová. *Revista de Direito do Estado*, n. 17-18, p. 483-506, 2010.

[96] Tal regime jurídico pode ser aplicado também a pessoas que perderam a capacidade de decisão racional e se encontrem em situação de extrema vulnerabilidade, ainda quando não sejam portadoras de transtorno mental específico, como aquelas que apresentem quadro grave de adição a drogas.

5 Poder de polícia, democracia e limites constitucionais: a ponderação proporcional entre objetivos coletivos e direitos fundamentais

Por fim, resta examinar as hipóteses em que ao poder de polícia cabe a tarefa de restringir direitos fundamentais em prol da realização de objetivos de natureza coletiva. Cuida-se da situação típica que outrora se resolvia pela invocação intuitiva e automática da *supremacia do interesse público sobre os interesses particulares*, noção que se constituía mesmo em fundamento do próprio poder de polícia.

Esse recurso retórico não encontra guarida em qualquer ordenamento jurídico erigido sobre o sistema de direitos fundamentais e o sistema democrático, como fundamentos legitimadores e estruturantes do Estado democrático de direito. Com efeito, há três razões básicas que evidenciam a visceral incompatibilidade da noção de supremacia do interesse público com o constitucionalismo democrático: (i) a proteção de posições jurídicas individuais irredutíveis, identificadas, modo geral, com o conteúdo essencial dos direitos fundamentais e, particularmente, da dignidade da pessoa humana; (ii) a primazia *prima facie* dos direitos fundamentais sobre metas ou aspirações coletivas, ainda quando admitida a ponderação proporcional pela sistemática constitucional; e (iii) a polivalência da ideia de interesse público, que pode abarcar, em seu conteúdo semântico, tanto a preservação de direitos individuais como a persecução de objetivos transindividuais, que, de resto, se encontram invariavelmente conjugados ou imbricados. Portanto, não há sentido útil em aludir-se abstratamente à supremacia do interesse coletivo sobre o individual ou do público sobre o privado.[97]

Dito isso, a sistemática constitucional, em diversas situações, admite a conformação de direitos fundamentais de modo a que se atendam determinados interesses coletivos. Em alguns casos, o próprio constituinte sinaliza com essa possibilidade, remetendo a regulação de certos direitos ao legislador ordinário, com ou sem definição dos meios a serem observados e dos fins a serem por ele perseguidos. Tome-se como exemplo o direito de propriedade. Além de genericamente sujeito ao cumprimento de sua *função social*, ele está também vinculado a objetivos transindividuais específicos (funções sociais específicas), como: (i) a promoção da adequada ocupação do solo urbano, consoante diretrizes expressas no plano diretor de cada cidade (CF, art. 182, §2º); (ii) a adequada exploração da propriedade rural, segundo critérios e graus de exigência estabelecidos em lei (CF, art. 186); (iii) a proteção e promoção do patrimônio cultural brasileiro, por meio de diversas iniciativas, incluindo o tombamento (CF, art. 216, *caput* e §§1º a 6º).

Outro bom exemplo é a ordenação da liberdade de trabalho, ofício ou profissão (CF, art. 5º, inc. XIII), tendo em vista a imperiosa necessidade de preservação da incolumidade pública nos casos em que o exercício profissional possa colocá-la em risco. O Supremo Tribunal Federal teve a oportunidade de proclamar a constitucionalidade da exigência da aprovação no Exame da Ordem dos Advogados do Brasil (OAB) como condição para o exercício da advocacia.[98] Fez-se, assim, a distinção da advocacia para

---

[97] BINENBOJM, Gustavo. *Uma teoria do direito administrativo*: direitos fundamentais, democracia e constitucionalização. Rio de Janeiro: Renovar, 2014. p. 83-130.

[98] BRASIL. Supremo Tribunal Federal. RE nº 603.583, rel. Min. Marco Aurélio, Tribunal Pleno, j. em 26.10.2011. *DJU*, 25 maio 2012. Sobre o tema, v. BINENBOJM, Gustavo; BRANDÃO, Rodrigo. A constitucionalidade do exame de ordem. *Revista Brasileira de Estudos Constitucionais*, v. 2, n. 8, p. 187-215, 2008.

outros casos, como o de jornalistas e músicos, em que o ofício não exige qualificações técnicas específicas, nem o seu exercício apresenta risco de dano a terceiros passível de ser evitado pela ordenação profissional. Com efeito, enquanto os advogados, como os médicos e os engenheiros, lidam com matérias de elevada sofisticação técnica e de suas atividades profissionais podem resultar danos à vida, à liberdade e ao patrimônio das pessoas, músicos e jornalistas atuam em searas nas quais a liberdade é plenamente assegurada (liberdade de criação artística e liberdade de informação e de expressão), sujeitas ainda às preferências e ao juízo crítico de cada destinatário.

Portanto, nas situações para as quais não tenha o constituinte realizado uma *pré-ponderação*,[99] caberá ao legislador e ao administrador público, conforme o caso, adotarem medidas orientadas à concretização de interesses coletivos em concordância prática com o sistema de direitos fundamentais, sob a métrica dos três testes da proporcionalidade (adequação, necessidade e proporcionalidade em sentido estrito). A ponderação proporcional, assim, está incrustada no ordenamento jurídico desde a matriz constitucional, espraia-se pela etapa de concretização legislativa, chegando ao seu grau máximo de incidência nas atividades administrativa e judicial. Ao juiz tocará o dever de *refazer* o exame quanto à proporcionalidade das medidas legislativas ou administrativas adotadas, cumprindo-lhe expurgar as que sejam reprovadas em algum dos três testes.

A circunstância de a ordem constitucional contemplar uma ampla variedade de finalidades – de natureza individual e transindividual – cria a necessidade de inúmeros juízos de ponderação, de modo a viabilizar uma acomodação otimizada entre elas. A ponderação proporcional entre bens, interesses e direitos envolvidos é, portanto, um raciocínio inerente à organização político-jurídica das sociedades abertas e pluralistas. Daí se chegar a afirmar que o Estado democrático de direito, em sua dinâmica de funcionamento, deve ser entendido como um *Estado de ponderação*.[100]

Retornando ao direito de propriedade, o constituinte utilizou-se da proporcionalidade, por exemplo, no estabelecimento de medidas ordenadoras gradativamente mais intrusivas sobre a propriedade urbana que descumpra, de forma renitente, a sua função social. Não por outra razão o art. 182, §4º, menciona que o Poder Público poderá exigir do proprietário do solo urbano não edificado, subutilizado ou não utilizado, que

---

[99] Exemplo ilustrativo de *pré-ponderação* constitucional é o caso da classificação indicativa de espetáculos públicos e de programas de rádio e televisão, prevista no art. 21, inc. XVI, da Constituição Federal. O constituinte fez uma prévia ponderação entre a liberdade de expressão e de programação, de um lado, e a proteção da infância e juventude, de outro, havendo decidido por um tipo de ordenação meramente informativa da natureza dos programas, das faixas etárias a que sejam recomendados e dos horários adequados para sua exibição (CF, art. 220, §3º, inc. I). Ao contrário do que entende o Ministério da Justiça, não cabe ao Estado, mas aos pais ou responsáveis, decidir sobre os horários e os programas a que seus filhos terão acesso, conforme critério de cada unidade familiar. A matéria está em discussão no Supremo Tribunal Federal, na ADI nº 2.404, rel. Min. Dias Toffoli. Na referida ação se discute a constitucionalidade de norma constante do art. 254 do Estatuto da Criança e do Adolescente (ECA), que impõe severas sanções administrativas à emissora de televisão que exiba programa em "horário diverso do autorizado" pela classificação indicativa. Até a data de conclusão do presente trabalho, haviam votado pela inconstitucionalidade do dispositivo legal os ministros Dias Toffoli (relator), Luiz Fux, Cármen Lúcia e Ayres Britto, tendo o julgamento sido interrompido por pedido de vista apresentado pelo Ministro Joaquim Barbosa.

[100] LEISNER, Walter. *Der Abwägungsstaat*: Verhältnismäßigkeit als Gerechtigkeit?. Berlin: Duncker & Humblot, 1997 apud TORRES, Ricardo Lobo. A legitimação dos direitos humanos e os princípios da ponderação e da razoabilidade. In: TORRES, Ricardo Lobo (Org.). *Legitimação dos direitos humanos*. Rio de Janeiro: Renovar, 2002. p. 425-426.

promova seu adequado aproveitamento, sob pena, *sucessivamente*, de (i) parcelamento ou edificação compulsórios, (ii) cobrança de IPTU progressivo no tempo, e (iii) desapropriação com pagamento mediante títulos da dívida pública, com prazo de resgate de até dez anos, em parcelas anuais, iguais e sucessivas. É como se a *necessidade* de medidas cada vez mais gravosas decorresse da inércia contínua do proprietário, legitimando a compressão gradual do direito de propriedade até o seu sacrifício, mas com pagamento de indenização.

O raciocínio ponderativo também pautou o constituinte na ordenação da propriedade rural, quando tornou insuscetíveis de desapropriação para fins de reforma agrária a pequena e a média propriedade, nos termos da lei, desde que o proprietário não tenha outra, e a propriedade seja produtiva, estando ela sujeita, no entanto, ao cumprimento dos requisitos relativos à sua função social (CF, art. 185, incs. I e II, e parágrafo único). Somente os demais imóveis rurais descumpridores de sua função social é que estarão sujeitos à desapropriação com pagamento de indenização mediante títulos da dívida agrária, resgatáveis no prazo de até vinte anos, a partir do segundo ano de sua emissão. Também aqui o grau de restrição imposto à propriedade privada foi elevado de acordo com a ausência de meios menos gravosos aptos a adequá-la ao cumprimento da função social, nos termos estabelecidos na lei.

Seguindo a mesma métrica, o art. 243 da Constituição (agora na redação introduzida pela Emenda Constitucional nº 81/2014) prevê:

> propriedades rurais e urbanas de qualquer região do País onde forem localizadas culturas ilegais de plantas psicotrópicas ou a exploração de trabalho escravo na forma da lei serão expropriadas e destinadas à reforma agrária e a programas de habitação popular, sem qualquer indenização ao proprietário.

No juízo de ponderação empreendido pelo constituinte derivado, diante da gravidade da conduta em questão, o confisco – isto é, a desapropriação sem pagamento de indenização – seria medida não apenas adequada e necessária para sancionar o proprietário e desestimular outros potenciais infratores, como também ultrapassaria o teste da proporcionalidade em sentido estrito. Com efeito, ao considerar que o ganho social representado pela repressão à produção de drogas ilícitas e ao trabalho escravo (importância e grau de promoção do fim) justificava, excepcionalmente, a supressão do direito de propriedade (intensidade da restrição do direito fundamental em questão), o constituinte realizou uma análise de custo-benefício de resultado positivo.

A ponderação proporcional realizada diretamente no plano constitucional, no entanto, é a exceção, dada a multiplicidade de situações que exigem a adoção de medidas ordenadoras compromissórias entre direitos fundamentais e objetivos coletivos. Em regra, aos legisladores e administradores públicos caberá exercer os juízos de sopesamento, sob o escrutínio do Poder Judiciário. Nada obstante, os testes de adequação, necessidade e proporcionalidade em sentido estrito, longe de representarem garantia de *objetividade* decisória, apenas oferecem modelos argumentativos para o *controle intersubjetivo* das decisões que envolvam ponderações de bens, direitos ou interesses. Em outras palavras, o esforço de justificação das decisões, a partir da lógica da proporcionalidade, permite a crítica e o controle das decisões, pelas próprias instituições do Estado e pela sociedade, embora não possa assegurar o acesso a decisões corretas. Existe, assim, uma íntima relação entre ponderação, instituições e democracia.[101]

Na *reavaliação das avaliações* realizadas pelos poderes Legislativo e Executivo, o Poder Judiciário deve adotar um nível de escrutínio diretamente proporcional ao *grau de objetividade* extraível do contexto normativo, assim como à *intensidade da restrição* imposta aos direitos fundamentais, tendo em vista a sua primazia *prima facie* sobre objetivos coletivos e o papel contramajoritário reconhecido aos tribunais nas democracias constitucionais. Nesses contextos, o ônus argumentativo exigido para a ultrapassagem dos testes da proporcionalidade deve ser o mais elevado, de modo a justificar cabalmente a medida ordenadora adotada.

Veja-se, por exemplo, o caso em que o Tribunal Constitucional Federal alemão, por decisão proferida em 2006, declarou a inconstitucionalidade de norma da Lei de Segurança Aérea (caso *Luft-sicherheitsgesetz*) que autorizava as Forças Armadas daquele país a abaterem um avião sequestrado por terroristas, cujo objetivo perceptível fosse jogá-lo contra alvos civis ou militares, em situação análoga ao atentado contra as Torres Gêmeas do *World Trade Center*, em Nova York, ocorrido em 2001.[102] Segundo o Tribunal, os reféns do avião (passageiros e tripulantes) teriam sido reduzidos pelo legislador à condição de meros objetos em prol do interesse público (remoção da ameaça terrorista), em clara afronta de seu direito à vida e à dignidade humana.[103]

Embora a decisão tenha significado simbólico indiscutível, entendemos que havia razões suficientemente consistentes para ultrapassar o mais severo dos escrutínios no reexame da ponderação proporcional realizada para a edição da norma ordenadora em questão. As circunstâncias do sequestro de um avião tornam inquestionáveis, desde logo, a adequação e a necessidade da medida, como único meio apto a demover a ameaça à vida de civis e militares localizados em terra. Por evidente, qualquer medida de evacuação de possíveis alvos não seria realizável em tempo hábil. A discussão reside, assim, no teste da proporcionalidade em sentido estrito, isto é, na possibilidade de pessoas inocentes serem mortas pelo Estado para salvar outras pessoas inocentes. Não estaria o Estado *instrumentalizando* vidas humanas em nome de um interesse coletivo (segurança nacional), numa condenável postura utilitarista? Como comparar o valor de vidas humanas numa análise de custo-benefício? Essas indagações soam irrespondíveis, mas, de fato, não há respostas certas para perguntas erradas.

A metodologia pragmática provê uma abordagem interessante para a solução do dilema. A pergunta formulada pelo pragmatismo seria a seguinte: no contexto concreto de um avião sequestrado por terroristas suicidas, qual a diferença, em termos

---

[101] Sobre o tema, v. SUNSTEIN, Cass; VERMEULE, Adrian. *Interpretation and institutions*. Disponível em: <http://papers.ssrn.com/sol3/papers.cfm?abstract_id=320245>. Acesso em: 14 set. 2015; e VERMEULE, Adrian. *Judging under uncertainty*: an institutional theory of legal interpretation. Cambridge: Harvard University Press, 2006.

[102] V. BVerfG, 1 BvR 357/05, de 15.2.2006. Para um sumário útil do caso e dos argumentos nele articulados, v. LESPIUS, Oliver. Human dignity and the downing of aircraft: the German Federal Constitutional Court strikes down a prominent anti-terrorism provision in the new AirTransport Security Act 7. *German Law Journal*, n. 9, set. 2006.

[103] Para uma análise do acórdão na doutrina portuguesa, v. DIAS, Augusto Silva. Os criminosos são pessoas?: eficácia e garantias no combate ao crime organizado. In: MONTE, Mário Ferreira (Coord.). *Que futuro para o direito processual penal?*: simpósio em homenagem a Jorge de Figueiredo Dias, por ocasião dos 20 anos do Código de Processo Penal Português. Coimbra: Coimbra, 2009. p. 687-708.

de consequências práticas, entre as proposições do legislador e do Tribunal? Fosse realizado o abate, morreriam no espaço aéreo os terroristas, tripulantes e passageiros da aeronave, evitando-se o atentado. Cumprida a decisão do Tribunal Constitucional, morreriam, além desses, todas as demais pessoas que o Estado se recusou a defender, tendo este contribuído ainda, com sua omissão, para o sucesso do ataque terrorista.

Não resta dúvida de que a medida de polícia em tela envolve uma *escolha trágica*.[104] Por evidente, a irreversibilidade da situação de emergência deve ser checada consoante os mais rigorosos protocolos militares, sendo necessária ainda a autorização expressa do comandante em chefe das Forças Armadas. Cumprida essa etapa, todavia, a atuação estatal reveste-se de legitimidade inquestionável. Observe-se que não se trata de comparar grandezas incomensuráveis, como o valor das vidas humanas em risco. Ao contrário, a premissa fática inafastável é a certeza da morte de todas as pessoas a bordo do avião. A ação do Estado, embora trágica, apenas evitará que a tragédia se converta numa catástrofe humanitária de proporções incalculáveis, bastando pensar em possíveis alvos preferenciais, como uma usina nuclear, por exemplo. Ao *lavar as mãos*, a Administração Pública não se eximirá de sua responsabilidade por faltar ao dever de agir para evitar ou minorar os danos, quando poderia fazê-lo eficazmente.[105]

Portanto, mesmo se submetida ao mais severo escrutínio de controle de proporcionalidade exercido pelo Poder Judiciário, que é de fato aplicável na espécie, a ponderação empreendida pelo legislador ficaria em pé. Com efeito, a medida de polícia prevista para a hipótese, além de adequada e necessária, exibe saldo favorável no sopesamento entre seus custos (inevitáveis, infelizmente) e benefícios (todas as potenciais vítimas que serão salvas pela execução da medida). A decisão do Tribunal Constitucional tedesco, ao contrário, acabaria por multiplicar os custos e abrir mão de qualquer possível benefício socialmente desejável.

Há casos, entretanto, em que o Judiciário deverá adotar postura de autocontenção e deferência às ponderações realizadas por órgãos dotados de *legitimidade democrática* ou de *especialização funcional* (*expertise e experiência*), quanto a matérias cujo tratamento exija *juízos de elevado teor político* ou de *cunho predominantemente técnico ou científico*, respectivamente. À falta de parâmetros objetivos confiáveis, deve o Judiciário ater-se a anular medidas *manifestamente inadequadas* (evidentemente, inaptas à promoção do fim) ou *claramente desnecessárias* (cuja configuração depende da existência de meio alternativo que, em aspectos fundamentais, promova igualmente o fim causando menores restrições). Quanto à proporcionalidade em sentido estrito, a postura deve ser também de deferência,

---

[104] V. CALABRESI, Guido; BOBBITT, Philip. *Tragic choices*. New York: W.W. Norton & Company, 1978.

[105] Vale registrar que, à luz do direito brasileiro, qualquer das duas condutas da Administração Pública resultaria na sua responsabilização civil perante as vítimas. Caso realizado o abate do avião, mesmo sendo lícita a conduta administrativa, incidiria a regra da responsabilidade objetiva, prevista no art. 37, §6º, da Constituição, em virtude da igualdade dos cidadãos perante os encargos sociais. Já na hipótese de inércia administrativa, entendemos que haveria responsabilidade civil do Estado por conduta omissiva antijurídica, dada a falta ao dever constitucional de agir para evitar os danos, quando poderia fazê-lo eficazmente. De todo modo, seria possível cogitar da incidência da Lei nº 10.744/2003, que autoriza a União, na forma e critérios definidos pelo Poder Executivo, "a assumir despesas de responsabilidades civis perante terceiros na hipótese da ocorrência de danos a bens e pessoas, passageiros ou não, provocados por atentados terroristas, atos de guerra ou eventos correlatos, ocorridos no Brasil ou no exterior, contra aeronaves de matrícula brasileira operadas por empresas brasileiras de transporte aéreo público, excluídas as empresas de táxi aéreo".

devendo limitar-se o juiz a examinar se os fatos foram examinados corretamente e se os argumentos utilizados na análise de custo-benefício são *coerentes* e *sustentáveis*.[106]

No clássico caso da norma de polícia administrativa econômica que previa a necessidade de pesagem de botijões de gás, em balanças de alta precisão, à vista do consumidor, o Supremo Tribunal Federal considerou-a *claramente desnecessária*, porque existiam outras medidas menos restritivas aos direitos fundamentais atingidos, como a fiscalização por amostragem, além de *desproporcional no sentido estrito*, uma vez que os seus elevados custos (das balanças a serem instaladas e do tempo e mão de obra necessários à pesagem, que acabariam sendo repassados para os preços) superavam evidentemente os seus possíveis benefícios (proteção do consumidor que poderia ser lesado na compra de botijões sem o conteúdo indicado).[107]

Embora a Corte não tenha chegado a dizê-lo nesses termos, a análise de custo-benefício da medida tinha saldo manifestamente negativo. Isso porque estudos econômicos demonstravam que o repasse dos custos da regulação para os preços acarretaria, para os consumidores, prejuízos superiores, em média, aos danos decorrentes da perda de gás que costumavam ser verificados em botijões antes do surgimento da norma. Sob a perspectiva pragmática, então, a norma também era inválida, eis que seus efeitos seriam contraproducentes para aqueles que ela tinha por objetivo proteger. Tal efeito paradoxal da norma ordenadora traduz-se juridicamente na constatação da sua invalidade por *inadequação* (o meio adotado se revela, afinal, inapto para proteger o consumidor) ou por *desproporcionalidade em sentido estrito* (os custos gerados pelo meio superam os benefícios, tornando-os inócuos).

6 Conclusões

O giro democrático-constitucional do direito administrativo representa um conjunto de modificações que elevam as bases axiológicas da disciplina ao plano da normatividade da Constituição. Em termos operativos, a constitucionalização do direito administrativo importa o reconhecimento da centralidade do sistema de direitos fundamentais e do sistema democrático como fundamentos de legitimidade e elementos estruturantes do Estado administrativo contemporâneo. O constitucionalismo democrático contribui para a superação de categorias dogmáticas de viés organicista e autoritário – como, *v.g.*, a supremacia do interesse público sobre os interesses particulares – e fornece um novo ideário de objetivos, ligados à autonomia privada e pública das pessoas e ao seu valor intrínseco, que passam a nortear as ações da Administração Pública.

Como o poder de polícia versa sobre *em que medida* e *sob que regime* o Estado pode interferir na liberdade e na propriedade dos particulares – isto é, na aquisição, exercício e extinção de direitos no âmbito da vida privada –, é evidente que sua disciplina sofre o impacto decisivo do giro democrático-constitucional do direito administrativo.

---

[106] Para uma proposta de *controle judicial jurídico-funcionalmente adequado* da Administração Pública, v. BINENBOJM, Gustavo. *Uma teoria do direito administrativo*: direitos fundamentais, democracia e constitucionalização. Rio de Janeiro: Renovar, 2014. p. 240-256.

[107] BRASIL. Supremo Tribunal Federal. ADI nº 855, rel. Min. Octávio Galloti, rel. p/ acórdão Min. Gilmar Mendes, Tribunal Pleno, j. em 06.03.2008. *DJU*, 26 mar. 2009.

A legitimidade do seu exercício está condicionada à realização do sistema de direitos fundamentais e de objetivos coletivos democraticamente determinados, dentro do quadro de possibilidades e limites extraídos da Constituição.

As funções de ordenação da vida social e econômica são habilitadas e delimitadas, a um só tempo, pela necessidade de *estruturação interna* do sistema de direitos fundamentais – cuja unidade e coerência exigem restrições que o limitem e o viabilizem, simultaneamente – e de *conformação* desses direitos à luz de *objetivos coletivos*, sob a forma da deliberação democrática. Não há, portanto, em termos aprioristicos, nem *supremacia geral* em favor do Estado, nem *sujeição geral* em desfavor dos particulares, mas um plexo dúctil de *conformações possíveis* entre posições individuais e coletivas, que fazem do poder de polícia um variado instrumental a serviço da realização *coordenada* da democracia e dos direitos fundamentais.

Há um conjunto de situações nas quais os direitos fundamentais irradiam uma eficácia *bloqueadora* ao exercício do poder de polícia. Nessas situações, o Estado fica numa posição de *não competência*, e o indivíduo na de *não sujeição*. Há três hipóteses típicas em que direitos fundamentais se configuram como barreiras à ação ordenadora do Estado e, por igual ou maior razão, de entes privados: (i) quando a medida de polícia contraria literal e frontalmente o âmbito de proteção do direito fundamental; (ii) quando a medida pretende restringir direito fundamental em prol da realização de outro direito fundamental ou de objetivo coletivo constitucionalmente assegurado, mas não ultrapassa os exames inerentes ao teste de proporcionalidade; e (iii) quando a medida viola o conteúdo essencial de um direito fundamental, reduzindo-o aquém de um mínimo, a ponto de aniquilá-lo.

Em outras situações, os direitos fundamentais irradiam uma *eficácia habilitadora* da atuação do poder de polícia no sentido de sua proteção e, em alguma medida, de sua promoção. Essa tarefa da atividade ordenadora perfaz-se, no mais das vezes, por meio de medidas de *efeitos reflexos*: a proteção de um direito fundamental exige providências restritivas desse mesmo direito ou de outros direitos fundamentais, do próprio titular ou de terceiros. A polícia administrativa de trânsito constitui caso exemplar de atividade de ordenação do direito fundamental de ir, vir e permanecer, cuja finalidade é assegurar e promover a própria liberdade de locomoção. Como um clássico *problema de ação coletiva*, o trânsito depende da atuação ordenadora do Estado para que a maximização do interesse individual não produza o caos do ponto de vista comunal. Desse modo, a conformação do direito de livre locomoção de cada pessoa pelo poder de polícia é condição *sine qua non* da liberdade *otimizada* de ir e vir de todas as pessoas.

Há ainda casos em que a atuação da polícia administrativa é habilitada pela eficácia horizontal dos direitos fundamentais, no âmbito das relações entre particulares. É necessário que uma das partes da relação de direito privado desempenhe atividades dotadas de algum grau de *potestade* ou que ocupe posição de clara superioridade fática, de modo a ameaçar seriamente direitos fundamentais da parte contrária. Além disso, deve-se levar em consideração a proximidade da relação jurídica privada da esfera pública como outro parâmetro a justificar a ordenação protetiva de direitos fundamentais. Isso porque a atuação do Estado nessa seara não pode se operar de maneira irrestrita, sob pena de asfixiar o exercício da autonomia privada e comprometer o pluralismo de identidades e escolhas existenciais.

Com efeito, é imperioso preservar a inviolabilidade de alguns setores da vida privada à ação do Estado, ainda que as escolhas dos indivíduos possam ser consideradas exóticas, irrazoáveis ou despropositadas, desde que elas não afetem a esfera de terceiros. Não são admissíveis, assim, ordenações de conteúdo *perfeccionista*, assim entendidas aquelas voltadas a fazer com que os indivíduos aceitem e materializem ideais válidos de virtude pessoal. Já as ordenações de caráter *paternalista* são admissíveis em circunstâncias excepcionais, como aquelas em que seja presumível a *debilidade* das manifestações de vontade, de forma a *viciar* o exercício da autonomia privada. Incluem-se nessa categoria medidas que protegem os indivíduos em formação (crianças e adolescentes), desde que não suprimam a prioridade, até certo ponto, das escolhas familiares, exercidas pelos pais ou responsáveis. Também aqui se incluem as medidas protetivas da dignidade humana dirigidas a pessoas privadas da capacidade de decisão racional e expostas a degradação física, psíquica ou moral, como alguns tipos de pacientes psiquiátricos e pessoas que apresentem quadro grave de adição a drogas. Para os demais casos, as ordenações paternalistas válidas são aquelas que se destinam à proteção de interesses primordiais, desde que as condutas impostas não sejam seriamente perturbadoras de planos de vida ou ações de valor existencial para o indivíduo. As ordenações de trânsito consubstanciadas na exigência do uso do cinto de segurança em veículos e do capacete por usuários de motocicletas são exemplos que se enquadram nessa última categoria.

O poder de polícia atua, ainda, na conformação de direitos fundamentais em prol da realização de objetivos de natureza coletiva, quando estes possam ser reconduzidos à sistemática constitucional, de forma explícita ou implícita. O direito de propriedade é um bom exemplo de direito fundamental individual sujeito, por designação constitucional expressa, a conformações destinadas à consecução de objetivos transindividuais. Com efeito, além de genericamente submetido ao cumprimento de sua *função social*, ele está também vinculado a objetivos transindividuais específicos (funções sociais específicas), como: (i) a promoção da adequada ocupação do solo urbano, consoante diretrizes expressas no plano diretor de cada cidade (CF, art. 182, §2º); (ii) a adequada exploração da propriedade rural, segundo critérios e graus de exigência estabelecidos em lei (CF, art. 186); (iii) a proteção e promoção do patrimônio cultural brasileiro, por meio de diversas iniciativas, incluindo o tombamento (CF, art. 216, *caput* e §§1º a 6º).

O recurso retórico à *supremacia do interesse público sobre os interesses particulares* não encontra guarida em qualquer ordenamento erigido sobre o sistema de direitos fundamentais e o sistema democrático, como fundamentos legitimadores e estruturantes do Estado democrático de direito. Com efeito, há três razões básicas que evidenciam a visceral incompatibilidade da noção de supremacia do interesse público com o constitucionalismo democrático: (i) a proteção de posições jurídicas individuais irredutíveis, identificadas, modo geral, com o conteúdo essencial dos direitos fundamentais e, particularmente, da dignidade da pessoa humana; (ii) a primazia *prima facie* dos direitos fundamentais sobre metas ou aspirações coletivas, ainda quando admitida a ponderação proporcional pela sistemática constitucional, como no caso brasileiro; e (iii) a polivalência da ideia de interesse público, que pode abarcar, em seu conteúdo semântico, tanto a preservação de direitos individuais como a persecução de objetivos transindividuais, que, de resto, se encontram invariavelmente conjugados ou imbricados. Portanto, não há sentido útil em aludir-se abstratamente à supremacia do interesse coletivo sobre o individual ou do público sobre o privado.

Referências

ALESSI, Renato. *Principii di diritto amministrativo*. Milano: Giuffrè, 1971. v. I.

ALEXY, Robert. *Teoria de los derechos fundamentales*. Madrid: Centro de Estudios Constitucionales, 1993.

ALMEIDA, Fernando Dias Menezes. Poder de polícia: alguns aspectos extraídos de decisões recentes do Supremo Tribunal Federal. In: MEDAUAR, Odete; SCHIRATO, Vitor Rhein (Org.). *Poder de polícia na atualidade*. Belo Horizonte: Fórum, 2014.

ANDRADE, José Carlos Vieira. *Os direitos fundamentais na Constituição portuguesa de 1976*. Coimbra: Almedina, 2001.

ANDRADE, José Carlos Vieira. *Os direitos fundamentais na Constituição portuguesa de 1976*. Coimbra: Almedina, 2004.

ATIENZA, Manuel. Discutamos sobre paternalismo. *Doxa: Cuadernos de Filosofía del Derecho*, n. 5, 1988.

ÁVILA, Humberto. *Teoria dos princípios*: da definição à aplicação dos princípios jurídicos. São Paulo: Malheiros, 2004.

BAPTISTA, Patrícia. *Transformações do direito administrativo*. Rio de Janeiro: Renovar, 2003.

BARROSO, Luís Roberto. A dignidade da pessoa humana no direito constitucional contemporâneo: natureza jurídica, conteúdos mínimos e critérios de aplicação. In: BARROSO, Luís Roberto. *O novo direito constitucional brasileiro*: contribuições para a construção teórica e prática da jurisdição constitucional no Brasil. Belo Horizonte: Fórum, 2012.

BARROSO, Luís Roberto. Legitimidade da recusa de transfusão de sangue por testemunhas de Jeová. Dignidade humana, liberdade religiosa e escolhas existenciais. *Revista de Direito do Estado*, n. 17-18, p. 507-542, 2010.

BARROSO, Luís Roberto. Neoconstitucionalismo e constitucionalização do direito: o triunfo tardio do direito constitucional no Brasil. In: BARROSO, Luís Roberto. *O novo direito constitucional brasileiro*: contribuições para a construção teórica e prática da jurisdição constitucional no Brasil. Belo Horizonte: Fórum, 2012.

BARROSO, Luís Roberto. *O direito constitucional e a efetividade de suas normas*: limites e possibilidades da Constituição brasileira. Rio de Janeiro: Renovar, 2009.

BARROSO, Luís Roberto. *O novo direito constitucional brasileiro*: contribuições para a construção teórica e prática da jurisdição constitucional no Brasil. Belo Horizonte: Fórum, 2012.

BEYLEVELD, Deryck; BROWNSWORD, Roger. *Human dignity in bioethics and biolaw*. Oxford: Oxford University Press, 2004.

BINENBOJM, Gustavo. A constitucionalização do direito administrativo: um inventário de avanços e retrocessos. In: SARMENTO, Daniel; SOUZA NETO, Cláudio Pereira (Coord.). *A constitucionalização do direito*: fundamentos teóricos e aplicações específicas. Rio de Janeiro: Lumen Juris, 2007.

BINENBOJM, Gustavo. Autonomia privada e direito à recusa a tratamentos médicos invasivos: o caso das Testemunhas de Jeová. *Revista de Direito do Estado*, n. 17-18, p. 475-482, 2010.

BINENBOJM, Gustavo. Regulações expropriatórias. *Revista Justiça e Cidadania*, n. 117, 2010. Disponível em: <www.editorajc.com.br/2010/04/regulacoes-expropriatorias>. Acesso em: 8 set. 2015.

BINENBOJM, Gustavo. *Uma teoria do direito administrativo*: direitos fundamentais, democracia e constitucionalização. Rio de Janeiro: Renovar, 2014.

BINENBOJM, Gustavo; BRANDÃO, Rodrigo. A constitucionalidade do exame de ordem. *Revista Brasileira de Estudos Constitucionais*, v. 2, n. 8, p. 187-215, 2008.

BONAVIDES, Paulo. *Curso de direito constitucional*. São Paulo: Malheiros, 1993.

BRASIL. Superior Tribunal de Justiça. Representação nº 930, relator para o acórdão Min. Rodrigues Alckmin (relator originário Min. Cordeiro Guerra), Tribunal Pleno, j. em 05.05.1976. *DJU*, 2 set. 1977.

BRASIL. Superior Tribunal de Justiça. REsp nº 1.100.563, rel. Ministra Denise Arruda, Primeira Turma, j. em 02.06.2009. *DJe*, 1º jul. 2009.

BRASIL. Superior Tribunal de Justiça. REsp nº 28.239, rel. Min. Humberto Gomes de Barros, Primeira Turma, j. em 13.10.1993. *DJ*, 22.11.1993.

BRASIL. Superior Tribunal de Justiça. REsp nº 401.264, rel. Min. Eliana Calmon, Segunda Turma, j. em 05.09.2002. *DJ*, 30 set. 2002.

BRASIL. Superior Tribunal de Justiça. REsp nº 47.865, rel. Min. Demócrito Reinaldo, Primeira Turma, j. em 15.08.1994. *DJ*, 5 set. 1994.

BRASIL. Superior Tribunal de Justiça. REsp nº 52.905, rel. Min. Humberto Gomes de Barros, Primeira Turma, j. em 14.12.1994. *DJ*, 6 mar. 1995.

BRASIL. Supremo Tribunal Federal. ADI nº 1.969, rel. Min. Ricardo Lewandowski, Tribunal Pleno, j. em 28.06.2007. *DJU*, 31 ago. 2007.

BRASIL. Supremo Tribunal Federal. ADI nº 2.010 MC, rel. Min. Celso de Mello, Tribunal Pleno, j. em 30.09.1999. *DJU*, 12 abr. 2002.

BRASIL. Supremo Tribunal Federal. ADI nº 855, rel. Min. Octávio Galloti, rel. p/ acórdão Min. Gilmar Mendes, Tribunal Pleno, j. em 06.03.2008. *DJU*, 26 mar. 2009.

BRASIL. Supremo Tribunal Federal. ADPF nº 187, rel. Min. Celso de Mello, Tribunal Pleno, j. em 15.06.2011. *DJU*, 29 maio 2014.

BRASIL. Supremo Tribunal Federal. HC nº 82.424/RS, rel. Min. Moreira Alves, rel. para o acórdão Min. Maurício Corrêa, Tribunal Pleno, j. em 17.09.2003. *DJU*, 19 mar. 2004.

BRASIL. Supremo Tribunal Federal. RE nº 201.819, rel. Min. Ellen Gracie, rel. p/ acórdão Min. Gilmar Mendes, Tribunal Pleno, j. em 11.10.2005. *DJU*, 27 out. 2006.

BRASIL. Supremo Tribunal Federal. RE nº 414.426, rel. Min. Ellen Gracie, Tribunal Pleno, j. em 1º.08.2011. *DJU*, 7 out. 2011.

BRASIL. Supremo Tribunal Federal. RE nº 511.961, rel. Min. Gilmar Mendes, Tribunal Pleno, j. em 17.06.2009. *DJU*, 13 nov. 2009.

BRASIL. Supremo Tribunal Federal. RE nº 603.583, rel. Min. Marco Aurélio, Tribunal Pleno, j. em 26.10.2011. *DJU*, 25 maio 2012.

BUENO, Pimenta. *Direito público e análise da Constituição do Império*. São Paulo: Editora 34, 2002. Coleção Formadores do Brasil.

CABRAL, Veiga. *Direito administrativo brasileiro*. [s.l.]: [s.n.], 1859.

CALABRESI, Guido; BOBBITT, Philip. *Tragic choices*. New York: W.W. Norton & Company, 1978.

CHAPUS, René. *Droit administratif*. Paris: Montchrestien, 1999. t. I.

CORREIA, José Manuel Sérvulo. *O direito de manifestação*: âmbito de proteção e restrições. Coimbra: Almedina, 2006.

CORTE EUROPEIA DE DIREITOS HUMANOS (CEDH). *Laskey, Jaggard and Brown v. United Kingdom*. 1997. Disponível em: <http://cmiskp.echr.coe.int/tkp197/view.asp?item=1&portal=hbkm&action=html&highlight= Laskey%2C%20|%20Jaggard%20|%20Brown%20|%20v.%20|%20United%20|%20Kingdom&sessionid=256 93996&skin=hudoc-en>. Acesso em: 10 set. 2015.

CYRINO, André Rodrigues. Regulações expropriatórias: apontamentos para uma teoria. *Revista de Direito Administrativo*, v. 267, 2014.

DELVOLVÉ, Pierre. Paradoxes du (ou paradoxes sur le) príncipe de séparation des autorités administrative et judiciaire. In: CHAPUS, René; LONG, Marceau. *Mélanges René Chapus*: droit administratif. Paris: Montchrestien, 1992.

DIAS, Augusto Silva. Os criminosos são pessoas?: eficácia e garantias no combate ao crime organizado. In: MONTE, Mário Ferreira (Coord.). *Que futuro para o direito processual penal?*: simpósio em homenagem a Jorge de Figueiredo Dias, por ocasião dos 20 anos do Código de Processo Penal Português. Coimbra: Coimbra, 2009.

DICEY, Albert Venn. *An introduction to the study of the law of the Constitution*. 8. ed. London: Macmillan, 1915.

DIMOULIS, Dimitri; MARTINS, Leonardo. *Teoria geral dos direitos fundamentais*. São Paulo: Revista dos Tribunais, 2011.

DWORKIN, Gerald. Paternalism: some second thoughts. In: SARTORIUS, Rolf (Org.). *Paternalism*. Minneapolis: University of Minnesota Press, 1987.

EPSTEIN, Richard. *Takings*. Cambridge: Harvard University Press, 1984.

FACHIN, Luiz Edson (Coord.). *Repensando os fundamentos do direito civil brasileiro contemporâneo*. Rio de Janeiro: Renovar, 2000.

FACHIN, Luiz Edson. *Teoria crítica do direito civil*. Rio de Janeiro: Renovar, 2000.

FAVOREU, Louis. La constitutionnalisation du droit. In: MATHIEU, Bertrand; VERPEAUX, Michel (Org.). *La constitutionnalisation des branches du droit*. Paris: Economica, 1998.

FEINBERG, Joel. Legal paternalism. In: SARTORIUS, Rolf (Org.). *Paternalism*. Minneapolis: University of Minnesota Press, 1987.

FERRAZ JUNIOR, Tércio Sampaio. *Introdução ao estudo do direito*: técnica, decisão, dominação. São Paulo: Atlas, 1994.

FISCHEL, William A. *Regulatory takings*: law, economics and politics. Cambridge: Harvard University Press, 1995.

FRASES de Max Planck. *Frases y Pensamientos*. Disponível em: <http://www.frasesypensamientos.com.ar/autor/max-planck.html>. Acesso em: 22 jul. 2015.

HABERMAS, Jürgen. Sobre a coesão interna entre Estado de direito e democracia. In: HABERMAS, Jürgen. *A inclusão do outro*: estudos de teoria política. São Paulo: Loyola, 2002.

JUSTEN FILHO, Marçal. *Curso de direito administrativo*. 10. ed. São Paulo: Revista dos Tribunais, 2014.

JUSTEN FILHO, Marçal. *Curso de direito administrativo*. 11. ed. São Paulo: Revista dos Tribunais, 2015.

JUSTEN FILHO, Marçal. *Curso de direito administrativo*. 9. ed. São Paulo: Revista dos Tribunais, 2013.

KUHN, Thomas. *A estrutura das revoluções científicas*. São Paulo: Perspectiva, 2005.

L'ACTUALITÉ JURIDIQUE DROIT ADMINISTRATIF – AJDA, v. 51, p. 942 e ss., 1995.

LAUBADÈRE, André; VENEZIA, Jean-Claude; GAUDEMET, Yves. *Traité de droit administratif*. Paris: LGDJ, 1990. t. 1.

LEISNER, Walter. *Der Abwägungsstaat*: Verhältnismäßigkeit als Gerechtigkeit?. Berlin: Duncker & Humblot, 1997 *apud* TORRES, Ricardo Lobo. A legitimação dos direitos humanos e os princípios da ponderação e da razoabilidade. In: TORRES, Ricardo Lobo (Org.). *Legitimação dos direitos humanos*. Rio de Janeiro: Renovar, 2002.

LESPIUS, Oliver. Human dignity and the downing of aircraft: the German Federal Constitutional Court strikes down a prominent anti-terrorism provision in the new AirTransport Security Act 7. *German Law Journal*, n. 9, set. 2006.

LORENZO RODRÍGUEZ-ARMAS, Magdalena. *Análisis del contenido essencial de los derechos fundamentales*. Granada: Comares, 1996.

MARTÍN-RETORTILLO BAQUER, Sebastián. *El derecho civil en la génesis del derecho administrativo y de sus instituciones*. Madrid: Civitas, 1996.

MASHAW, Jerry L. *Creating the administrative constitution*: the lost one hundred years of American administrative law. New Haven and London: Yale University Press, 2012.

MAURER, Hartmut. *Direito administrativo geral*. Barueri: Manole, 2006.

MAURER, Hartmut. *Elementos de direito administrativo alemão*. Porto Alegre: Sergio Antonio Fabris, 2000.

MENDES, Gilmar Ferreira; COELHO, Inocêncio Mártires; BRANCO, Paulo Gustavo Gonet. *Hermenêutica constitucional e direitos fundamentais*. Brasília: Brasília Jurídica, 2000.

MILL, John Stuart. *On liberty*. Disponível em: <https://www.gutenberg.org/files/34901/34901-h/34901-h.htm>. Acesso em: 11 set. 2015.

MONIZ, Ana Raquel Gonçalves. O administrative constitutionalism: resgatar a Constituição para a administração pública. In: CORREIA, Fernando Alves; MACHADO, Jónatas M.; LOUREIRO, João Carlos (Coord.). *Estudos em homenagem ao Prof. Doutor José Joaquim Gomes Canotilho*. Coimbra: Almedina, 2012. t. IV.

MORAES, Maria Celina Bodin de. A caminho de um direito civil constitucional. *Revista de Direito Civil*, v. 65, p. 21-32, 1993.

MOREIRA, Vital. Constituição e direito administrativo: a "Constituição administrativa" portuguesa. In: VARELA, Antunes et al. (Org.). *Ab Vno ad Omnes*: 75 anos da Coimbra Editora 1920 – 1995. Coimbra: Coimbra Editora, 1998.

OLSON JR., Mancur. *The logic of collective action*: public groups and the theory of groups. Cambridge: Harvard University Press, 1971.

OTERO, Paulo. *Direito administrativo*: relatório. Coimbra: Almedina, 2001.

OTERO, Paulo. *Legalidade e administração pública*: o sentido da vinculação administrativa à juridicidade. Coimbra: Almedina, 2003.

OTERO, Paulo. *Manual de direito administrativo*. Coimbra: Almedina, 2013. v. I.

PEREIRA, Jane Reis Gonçalves. *Interpretação constitucional e direitos fundamentais*. Rio de Janeiro: Renovar, 2006.

PERLINGIERI, Pietro. *Il diritto civile nella legalità costituzionale*. Napoli: Edizioni Scientifiche Italiane, 1991.

PERLINGIERI, Pietro. *Perfis de direito civil*. Rio de Janeiro: Renovar, 1999.

REGO, Vicente Pereira do. *Elementos de direito administrativo*. [s.l.]: [s.n.], 1857.

REINO UNIDO. Câmara dos Lordes. *R.v. Brwon. [1993] All ER 75*. Disponível em: <http://www.parliament.the-stationery-office.com/pa/ld199798/ldjudgmt/jd970724/brown01.htm>. Acesso em: 10 set. 2015.

SANTIAGO NINO, Carlos. *Ética y derechos humanos*: un ensayo de fundamentación. Buenos Aires: Astrea, 1989.

SARLET, Ingo Wolfgang. *A eficácia dos direitos fundamentais*. Porto Alegre: Livraria do Advogado, 2004.

SARMENTO, Daniel. *Direitos fundamentais e relações privadas*. Rio de Janeiro: Lumen Juris, 2004.

SARMENTO, Daniel. *Direitos fundamentais e relações privadas*. Rio de Janeiro: Lumen Juris, 2008.

SIDAK, J. Gregory; SPULBER, Daniel F. *Deregulatory takings and the regulatory contract*. Cambridge: Cambridge University Press, 1997.

SILVA, Vasco Manuel Dias Pereira da. *Em busca do acto administrativo perdido*. Coimbra: Almedina, 1998.

SILVA, Virgílio Afonso. *A constitucionalização do direito*: os direitos fundamentais nas relações entre particulares. São Paulo: Malheiros, 2005.

SILVA, Virgílio Afonso. *Direitos fundamentais*: conteúdo essencial, restrições e eficácia. São Paulo: Malheiros, 2011.

SOUZA, Paulino José Soares. *Ensaio sobre o direito administrativo*. São Paulo: Editora 34, 2002. Coleção Formadores do Brasil.

SUNDFELD, Carlos Ari. *Direito administrativo ordenador*. São Paulo: Malheiros, 2003.

SUNDFELD, Carlos Ari. Ordem dos publicistas. In: SUNDFELD, Carlos Ari. *Direito administrativo para céticos*. São Paulo: Malheiros, 2014.

SUNSTEIN, Cass; VERMEULE, Adrian. *Interpretation and institutions*. Disponível em: <http://papers.ssrn.com/sol3/papers.cfm?abstract_id=320245>. Acesso em: 14 set. 2015.

TÁCITO, Caio. Evolução histórica do direito administrativo. In: TÁCITO, Caio. *Temas de direito público*. Rio de Janeiro: Renovar, 1997. v. I.

TEPEDINO, Gustavo. O código civil, os chamados microssistemas e a Constituição: premissas para uma reforma legislativa. In: TEPEDINO, Gustavo (Coord.). *Problemas de direito civil-constitucional*. Rio de Janeiro: Renovar, 2000.

TEPEDINO, Gustavo. *Temas de direito civil*. Rio de Janeiro: Renovar, 2004. t. I.

TEPEDINO, Gustavo. *Temas de direito civil*. Rio de Janeiro: Renovar, 2008. t. II.

TEPEDINO, Gustavo. *Temas de direito civil*. Rio de Janeiro: Renovar, 2009. t. III.

TEPEDINO, Gustavo; MORAES, Maria Celina Bodin; BARBOZA, Heloísa Helena (Coord.). *Código Civil interpretado conforme a Constituição da República*. Rio de Janeiro: Renovar, 2004. v. I.

TEPEDINO, Gustavo; MORAES, Maria Celina Bodin; BARBOZA, Heloísa Helena (Coord.). *Código Civil interpretado conforme a Constituição da República*. Rio de Janeiro: Renovar, 2006. v. II.

TEPEDINO, Gustavo; MORAES, Maria Celina Bodin; BARBOZA, Heloísa Helena (Coord.). *Código Civil interpretado conforme a Constituição da República*. Rio de Janeiro: Renovar, 2011. v. III.

TEPEDINO, Gustavo; MORAES, Maria Celina Bodin; BARBOZA, Heloísa Helena (Coord.). *Código Civil interpretado conforme a Constituição da República*. Rio de Janeiro: Renovar, 2014. v. IV.

TOCQUEVILLE, Alexis. *Democracy in America*. New York: The Library of America, 2004.

TORRES, Ricardo Lobo. *O direito ao mínimo existencial*. Rio de Janeiro: Renovar, 2009.

VARELA, Antunes *et al*. (Org.). *Ab Vno ad Omnes*: 75 anos da Coimbra Editora 1920 – 1995. Coimbra: Coimbra Editora, 1998.

VEDEL, Georges. Discontinuité du droit constitutionnel et continuité du droit administratif. In: WALINE, Marcel. *Melanges offerts à Marcel Waline*: le juge et le droit public. Paris: LGDJ, 1974.

VERMEULE, Adrian. *Judging under uncertainty*: an institutional theory of legal interpretation. Cambridge: Harvard University Press, 2006.

WALINE, Marcel. *Droit administratif*. Paris: Sirey, 1963.

WEIL, Prosper. *O direito administrativo*. Coimbra: Almedina, 1977.

WILLEMAN, Flávio de Araújo. Recusa a tratamento da saúde com fundamento em crença religiosa e o dever do Estado de proteger a vida humana: o caso da transfusão de sangue em Testemunha de Jeová. *Revista de Direito do Estado*, n. 17-18, p. 483-506, 2010.

ZANOBINI, Guido. *Corso di diritto amministrativo*. Milano: Giuffrè, 1947. v. I.

Informação bibliográfica deste texto, conforme a NBR 6023:2002 da Associação Brasileira de Normas Técnicas (ABNT):

BINENBOJM, Gustavo. Poder de polícia, direitos fundamentais e interesse público: 30 anos de constitucionalização do direito administrativo no Brasil. In: BARROSO, Luís Roberto; MELLO, Patrícia Perrone Campos (Coord.). *A República que ainda não foi*: trinta anos da Constituição de 1988 na visão da Escola de Direito Constitucional da UERJ. Belo Horizonte: Fórum, 2018. p. 499-538. ISBN 978-85-450-0582-7.

AS EMPRESAS ESTATAIS E OS PRINCÍPIOS CONSTITUCIONAIS DA ADMINISTRAÇÃO PÚBLICA

ALEXANDRE SANTOS DE ARAGÃO

1 Incidência adaptada dos princípios da Administração Pública

Quando se fala *in genere* de regime jurídico administrativo pretende-se tradicionalmente remeter a dois aspectos fundamentais: as prerrogativas especiais de alteração unilateral da esfera jurídica de terceiros, como as cláusulas contratuais exorbitantes, autoexecutoriedade, poder de polícia e poderes expropriatórios; e, em outra faceta, o regime jurídico administrativo remete a uma série de controles e sujeições procedimentais inexistentes no mundo jurídico privado, como as obrigações de licitar, fazer concurso público, motivar, submissão às cortes de contas e ao mandado de segurança etc.

Em relação às primeiras (as prerrogativas de direito público), em princípio não são extensíveis às empresas estatais, sobretudo às que atuarem em um mercado competitivo, pois implicaria vantagem concorrencial não extensível às empresas privadas atuantes no mesmo setor, salvo quando inerentes à função por elas exercida – não pelo fato de integrarem a Administração Pública – como exemplo o poder de polícia ou expropriatório exercido por qualquer delegatária de serviço público, seja estatal ou privada.[1]

O nosso objetivo se volta para as segundas manifestações do que seria o típico regime de direito administrativo ("submissões de direito público"): as exigências procedimentais e de controle, como deveres de motivação, processos seletivos etc. Todavia, princípios constitucionais maiores de caráter republicano e de defesa cidadã não são exclusivos de um ou outro ramo do direito, pairando sobre todos eles igualmente.[2]

---

[1] Sobre esse ponto, remetemos o leitor ao nosso *Direito dos serviços públicos* (Rio de Janeiro: Renovar, 2013. p. 386).

[2] Há que se considerar o "problema inevitavelmente trazido pela expansão do direito civil como trama fundamental da organização e da atividade administrativa: a existência de vínculos e limites constitucionais. A propósito, é necessário avisar, antes de tudo, que a validade dos princípios constitucionais não é prejudicada pela alteração da forma jurídica. O princípio da imparcialidade e do bom andamento, descritos no art. 97 da Constituição (italiana), literalmente se referindo às repartições públicas, se aplica também à atividade administrativa levada a cabo com instrumentos civis. [...] De modo mais geral, deve-se rejeitar que tais normas dedicadas à

Devemos observar, antes de tudo, que o espírito que anima grande parte dessas exigências, apesar de não serem juridicamente obrigatórias no universo privado, de forma alguma lhe é estranho, muito pelo contrário, sobretudo nas grandes organizações. Muitas vezes, por autoexigências corporativas, os dirigentes das empresas privadas são, por exemplo, obrigados a realizar procedimentos seletivos para escolha de seus empregados e das empresas a serem contratadas, bem como a motivar profundamente suas decisões empresariais mais relevantes.

De acordo com Giulio Napolitano, embora no passado tenha prevalecido a tese de que haveria uma diferença marcante entre as disciplinas de direito público e privado quando aplicadas pela Administração,

> estudos mais recentes postulam a existência de um *estatuto unitário da atividade administrativa, cuja vigência independe da utilização de instrumentos públicos ou privados*. A administração, por conseguinte, age sempre "de acordo com valorações discricionárias" e observa todos os princípios, constitucionais ou não, que permitem perseguir o interesse público e respeitar (ou ter em conta) relações privadas. A primeira perspectiva pode ser atribuída a um bom andamento, à economicidade e à eficiência; a segunda, à imparcialidade e suas atuais decorrências: a transparência, a celeridade, a razoabilidade e a proporcionalidade. A ação administrativa de direito comum, portanto, é submetida ao seu regime especial. Para utilizar uma fórmula generalizada, pode-se dizer que *a atividade administrativa em formas privadas e consensuais permanece "funcionalizada"*.[3]

Mais ou menos regidas pelo direito público, ou pelo privado, é certo que, indiferentemente a isso, também nas sociedades anônimas de capital aberto em geral não é dado aos seus administradores e acionistas controladores atuar em bases de favorecimentos ou perseguições pessoais, de maneira imoral ou ineficiente, violando o "melhor interesse da companhia" (arts. 116 e 117, Lei das S.A.). Se essa sociedade anônima de capital aberto também for uma sociedade anônima estatal, ela também estaria, com estes atos, violando os princípios da impessoalidade, da moralidade e da eficiência, estabelecidos pelo art. 37, *caput*, CF, e dirigidos à Administração Pública como um todo.

Com isso, vemos que esses princípios constitucionais e as exigências procedimentais deles decorrentes não são assim tão antagônicos com as diretrizes que as grandes organizações privadas já devem *per se* seguir, tanto por força da legislação aplicável à matéria (sobretudo as leis nº 6.404/76 e nº 6.385/76), como por exigências cada vez mais frequentes e intensas do próprio mercado.

A diferença mais marcante reside apenas no fato de que, nas empresas privadas, é o interesse econômico de seus proprietários – "o olho do dono" – que preponderantemente controla o atendimento desses mesmos valores, ao passo que nas organizações públicas, como os seus "donos" são mais amplos e mais difusos – a população –, o desafio é buscar mecanismos que façam com que os controles sobre elas incidentes atinjam o

---

administração, ricas em conteúdo prescritivo, possam caracterizar uma reserva constitucional do regime para o ato administrativo. [...] A disciplina pública sujeita os institutos privados do direito administrativo a medidas não só condicionantes e prescritivas, mas também de controle sucessivo. Tais controles podem ser necessários somente de forma eventual, resguardando completamente a atividade, ou fixando atos específicos. Em alguns casos, esses operam em um plano concorrente, dando lugar a uma ordem paralela de relações e valorações" (NAPOLITANO, Giulio. *Pubblico e privato nel diritto amministrativo*. Milão: Giuffrè, 2003. p. 111; 229).

[3] NAPOLITANO, Giulio. *Pubblico e privato nel diritto amministrativo*. Milão: Giuffrè, 2003. p. 159-160. Grifos nossos.

mesmo nível de eficácia do existente nas organizações privadas, sem dificultar o seu dinamismo econômico.

A lista de princípios do direito administrativo varia extremamente de autor para autor, às vezes alcançando longas enumerações, abrangendo manifestações específicas de princípios gerais do direito público e do direito constitucional.[4]

Neste tópico, com o fito apenas de exemplificativamente demonstrar a nossa proposta hermenêutica de aplicação adaptada dos princípios constitucionais da Administração Pública às empresas estatais, trataremos somente dos que foram expressamente contemplados no *caput* do art. 37 da Constituição Federal, sendo de se destacar que *este dispositivo não se refere a eles como princípios do direito administrativo, mas, sim, como princípios da Administração Pública, o que lhes dá uma conotação sem dúvida bem mais geral, no sentido de que devem permear toda a atuação da Administração Pública, seja qual for o ramo do direito ou o tipo de pessoa jurídica que estiver sendo utilizado em cada situação.*

Em outras palavras, são princípios de toda a Administração Pública, seja ela de direito privado ou de direito público. *Com a ductilidade inerente a qualquer princípio,[5] eles penetram em diferentes regimes jurídicos sem dificuldades, modificando-os, mas também sendo modulados por eles.[6]*

---

[4] Em nosso *Curso*, por exemplo, indicamos, como princípios do direito administrativo, o princípio da juridicidade e da legalidade, os princípios da proporcionalidade e razoabilidade, segurança jurídica, boa-fé objetiva, impessoalidade, moralidade administrativa, eficiência, publicidade, motivação, finalidade, (superação) supremacia do interesse público, indisponibilidade do interesse público, presunção de legitimidade, autoexecutoriedade, autotutela, continuidade das atividades administrativas e especialidade. Diogo de Figueiredo Moreira Neto, por sua vez, faz referência aos princípios da finalidade, impessoalidade, moralidade administrativa, discricionariedade, consensualidade, razoabilidade, proporcionalidade, executoriedade, continuidade, especialidade, princípio hierárquico, princípio monocrático, princípio do colegiado, princípio disciplinar, princípio da eficiência, da economicidade, da autotutela, da boa administração e da coerência administrativa (MOREIRA NETO, Diogo de Figueiredo. *Curso de direito administrativo*. Rio de Janeiro: Forense, 2014). Vale fazer referência, ainda, à posição crítica de Carlos Ari Sundfeld quanto ao exagero na utilização dos princípios pelos aplicadores do direito. De acordo com o autor, "o operador tornou-se abstracionista prático, gerindo as dúvidas do cotidiano ('corta-se a luz do consumidor inadimplente?') com sentenças algo vagas: tanto as belas ('a dignidade da pessoa humana a tudo prefere') como as rudes ('o interesse público prefere ao privado') [...]. Crise: este é o nome, agora, também desse direito de princípios, dos males do *excesso* (a principiologia frouxa desamarrando as normas, embaralhando tudo) e do superficial (o princípio lugar-comum, pura forma sem substância): nisso vivemos. Vale, então, a nota prévia de saudade: nesses anos, o direito dos princípios subia, subia, todos o amávamos; nos próximos, não será assim. Os administrativistas principiamos a cansar" (SUNDFELD, Carlos Ari. O direito administrativo entre os clipes e os negócios. In: ARAGÃO, Alexandre Santos de; MARQUES NETO, Floriano de Azevedo (Coord.). *Direito administrativo e seus novos paradigmas*. Belo Horizonte: Fórum, 2008. p. 87-88). Acompanhamos essas críticas na invocação dos princípios em qualquer caso, às vezes até mesmo contrariamente a regras legais expressas, a critério do senso de justiça pessoal de cada julgador, cf. ARAGÃO, Alexandre Santos de. Subjetividade judicial na ponderação de valores: alguns exageros na adoção indiscriminada da teoria dos princípios. *Revista de Direito Administrativo*, v. 267, 2014.

[5] Princípios são espécies de normas jurídicas caracterizadas por preverem finalidades a serem buscadas, e cuja aplicação se dá em graus, a depender dos elementos do caso concreto e outros princípios também aplicáveis. Adotando aqui o exemplo utilizado por Luís Roberto Barroso, há, por exemplo, "muitas formas de respeitar ou fomentar o respeito à dignidade humana, de exercer com razoabilidade o poder discricionário ou de promover o direito à saúde. [...] Ao contrário das regras, portanto, princípios não são aplicados na modalidade tudo ou nada, mas de acordo com a dimensão de peso que assumem na situação específica [...]" (BARROSO, Luís Roberto. *Curso de direito constitucional contemporâneo*. Rio de Janeiro: Saraiva, 2013. p. 231). Como observado por Jane Reis Gonçalves Pereira, "a possibilidade de cumprimento gradual dos princípios relaciona-se ao fato de estes veicularem razões que podem ser deslocadas por determinações sobre como deve ser resolvido o possível conflito entre as razões neles contidas e as que eventualmente se contraponham" (PEREIRA, Jane Reis Gonçalves. *Interpretação constitucional e direitos fundamentais*. Rio de Janeiro: Renovar, 2006. p. 104). Sobre o ponto, ÁVILA, Humberto. *Teoria dos princípios*: da definição à aplicação dos princípios jurídicos. 15. ed. São Paulo: Malheiros, 2014.

[6] ZAGREBELSKY, Gustavo. *El derecho dúctil*. Madri: Trotta, 2011. p. 14. Luís Roberto Barroso traça uma análise sobre a influência dos princípios constitucionais promovendo uma releitura de cada um dos ramos do direito,

Independentemente de a Administração Pública estar utilizando o direito administrativo propriamente dito, ou o direito civil, comercial, societário, marítimo, tributário, ambiental etc., não importa, a sua atuação deverá sempre respeitar os princípios do *caput* do art. 37 da Constituição Federal. Mas, naturalmente que a incidência de tais princípios, pela própria natureza mais maleável e adaptável que é peculiar a esta espécie normativa, vai se dar de formas e intensidades variadas de acordo com o ramo do direito que estiver sendo utilizado pela Administração.[7]

E isso se explica de forma analógica por um aspecto da teoria dos sistemas de Gunther Teubner. Da mesma forma que, por esta teoria, um subsistema social não pode dominar totalmente um outro, sob pena de drástica redução da complexidade social, não podem os princípios em sua origem afetos sobretudo a um ramo do direito – o direito administrativo – ser à luz deste aplicados indiscriminadamente a todos os ramos jurídicos apenas em razão da identidade subjetiva de quem o está aplicando: a Administração Pública. Se isso fosse feito, estaríamos dando cabo de toda a complexidade jurídica de que a Administração Pública deve ter à sua disposição – diversos e plurais regimes jurídicos – para tentar realizar seus objetivos constitucionais, uniformizando-os todos, ainda na contramão da tendência de uma sociedade contemporânea e pós-moderna[8] que possui organizações cada vez mais adaptáveis e heterogêneas.[9]

Ocorresse a aplicação homogênea tradicional dos princípios do art. 37 a toda espécie de seara jurídica empregada pela Administração Pública, na verdade todos os ramos do direito utilizados pela Administração Pública acabariam se reconduzindo apenas ao direito administrativo em seu conteúdo mais exclusivo e tradicional,[10] fazendo com que a Administração Pública só pudesse usar o direito administrativo, o que

---

entre eles, o direito administrativo, em seu artigo Neoconstitucionalismo e constitucionalização do Direito: o triunfo tardio do Direito Constitucional no Brasil. *Revista Eletrônica sobre Reforma do Estado*, n. 9, mar./maio 2007. Disponível em: <http://www.direitodoestado.com/revista/ RERE-9-MAR%C7O-2007-LUIZ%20ROBERTO%20BARROSO.pdf>. Acesso em: 5 out. 2016.

[7] É o caso, por exemplo, das diferentes intensidades em que o princípio da tipicidade incide no direito administrativo sancionador e no direito penal. Neste último, assume um viés muito mais rígido, exigindo, nos termos do art. 5º, XXXIX e XLVI, que as sanções e as penalidades sejam previstas por lei em sentido formal exaustiva sobre o assunto (reserva de lei absoluta). Já no direito administrativo, aplica-se uma ideia de tipicidade flexível, que pode se utilizar de conceitos bem indeterminados como normas tipificadoras de condutas infrativas (cf. OSÓRIO, Fabio Medina. *Direito administrativo sancionador*. 3. ed. São Paulo: Revista dos Tribunais, 2009). Também, de acordo com Di Pietro, "não há, com relação ao ilícito administrativo, a mesma tipicidade que caracteriza o ilícito penal. A maior parte das infrações não é definida com precisão, limitando-se a lei, em regra, a falar em falta de cumprimento dos deveres, falta de exação no cumprimento do dever, insubordinação grave, procedimento irregular, incontinência pública; poucas são as infrações definidas, como o abandono de cargo ou os ilícitos que correspondem a crime ou contravenção" (DI PIETRO, Maria Sylvia Zanella. *Direito administrativo*. 22. ed. São Paulo: Atlas, 2009. p. 612).

[8] Pedimos vênia para remeter o leitor ao que dessas teorias (da autopoiese teuberiana e da pós-modernidade) já tratamos na introdução.

[9] "Nesse mundo de regimes globais, o regime fordista de produção massiva estandarizada com base em divisões de trabalho inflexíveis, segmentadas e hierárquicas, se converte em um impedimento decisivo para a utilização do capital. Quando a demanda é imprevisível, tanto do ponto de vista da qualidade como da quantidade, quando os mercados se diversificaram em escala mundial e, portanto, são incontroláveis, quando as tecnologias da informação tornam possíveis novas formas de produção, ao mesmo tempo descentralizadas e globais, então já não são aplicáveis as bases da produção e do trabalho estandarizadas, tal como foram formuladas na 'gestão científica' de Taylor" (BECK, Ulrich. *La sociedad del riesgo global*. Tradução de Jesús Alborés Rey. Madrid: Siglo Veintiuno de España, 2002. p. 181).

[10] Na verdade, nem o direito administrativo deve ser visto de forma uniforme e estanque, mas, sim, como uma pluralidade de possíveis direitos administrativos, com diversos rigores, aberturas à consensualidade, permeabilidades a necessidades econômicas etc., variando de acordo com a matéria que tiver como objeto e com as opções de política legislativa de cada ente federativo no exercício de sua competência legislativa.

implicaria uma unicidade de regime jurídico público em nenhum momento imposta pela Constituição (talvez com a exceção do regime jurídico único dos funcionários públicos);[11] em uma restrição de meios que pode contrariar em muitas situações a realização dos fins da Administração Pública, que é o que realmente importa para a Constituição.[12]

Não estamos propugnando a não aplicação dos ditos princípios à Administração Pública quando ela utilize o direito civil, trabalhista ou societário, mas, sim, que eles não podem ser aplicados nesses casos como em situações de regência típica pelo direito administrativo tradicional, a exemplo de aplicações de multas administrativas, desapropriações e licenças para construir.

Colocadas essas premissas, passemos a analisar à sua luz como cada um dos princípios da Constituição Federal, art. 37, *caput*, devem ser aplicados às empresas estatais.

2 Princípio da legalidade

Sem adentrarmos toda a veemente discussão sobre a maior ou menor extensão com que o princípio da legalidade deve ser aplicado aos entes públicos,[13] podemos partir do pressuposto de precisarem de uma base em lei para suas atuações: a discussão se resume nessa seara a qual densidade essa base legal deve ter para legitimar a atuação administrativa.

No âmbito das entidades privadas da Administração Pública, regidas preponderantemente pelo direito privado, também é exigida base legal, mas, ainda que o princípio da legalidade estrita já esteja em franca evolução, a sua aplicação a essas entidades deve se dar sem dúvida de forma ainda mais atenuada, sendo inimaginável que fosse especificamente necessária base legal (por mais ampla que fosse) para cada uma das multifacetadas operações econômicas e contratuais do seu dia a dia empresarial.

---

[11] Assim que surgiu a Constituição de 1988, a redação original do art. 39, *caput*, da Constituição da república afirmava que "a União, os Estados, o Distrito Federal e os Municípios instituirão, no âmbito de sua competência, regime jurídico único e planos de carreira para os servidores da administração pública direta, das autarquias e das fundações públicas". Após muitos debates, chegou-se à conclusão de que esse regime único seria o regime estatutário (de direito público), e não o da CLT. Dessa forma, nesse âmbito, só haveria cargos públicos, não empregos públicos. Houve, entretanto, uma total modificação no texto do art. 39 da Constituição por meio da Emenda à Constituição nº 19/98, suprimindo qualquer referência ao regime jurídico único. Com isso, as autarquias e demais entes ali referidos poderiam, na forma da lei, contratar pelo regime celetista ou prover cargos públicos estatutários. Todavia, posteriormente, em cautelar decidida em Ação Direta de Inconstitucionalidade (ADI nº 2.135), o Supremo Tribunal Federal declarou com efeitos *ex nunc* a inconstitucionalidade, por vício formal no processo de sua aprovação, da parte da Emenda à Constituição nº 19/98 que modificava o art. 39 da Constituição, fazendo, consequentemente, retornar a obrigatoriedade de unicidade de regime jurídico para os servidores dos entes da Federação, suas autarquias e fundações, regime esse que, a ser mantida a posição dominante quando de sua inicial vigência, é o estatutário.

[12] Luís Roberto Barroso, ao tratar da hermenêutica constitucional, analisando o método teleológico de interpretação constitucional, conclui que "a Constituição e as leis, portanto, visam acudir a certas necessidades e devem ser interpretadas no sentido que melhor atenda à finalidade para a qual foi criada. O legislador brasileiro, em uma das raras exceções em que editou uma lei de cunho interpretativo, agiu, precisamente, para consagrar o método teleológico, ao dispor, no art. 5º da Lei de Introdução ao Código Civil, que na aplicação da lei o juiz atenderá aos fins sociais a que ela se dirige e às exigências do bem comum. Nem sempre é fácil, todavia, desentranhar com clareza a finalidade da norma. À falta de melhor orientação, deverá o intérprete voltar-se para as finalidades mais elevadas do Estado, que são, na boa passagem de Marcelo Caetano, a segurança, a justiça e o bem-estar social" (BARROSO, Luís Roberto. *Interpretação e aplicação da Constituição*. São Paulo: Saraiva, 1996. p. 131).

[13] Para esse objetivo, remetemos ao nosso A concepção pós-positivista do princípio da legalidade. *Boletim de Direito Administrativo*, ano XX, n. 7; e *Revista de Direito Administrativo – RDA*, v. 236.

A base legal que se exige para as empresas do Estado é a prevista constitucionalmente no art. 37, XIX —[14] a da lei que autoriza a sua criação e estabelece o seu objeto.[15] Na persecução desse objeto, salvo para a criação de subsidiárias e participação minoritária em outras empresas, para o que se exige base legal própria (não basta apenas atuarem dentro do objeto social – art. 37, XX, CF),[16] a empresa estatal pode atuar livremente, salvo no que for expressamente imposto ou vedado pelo direito, seja pelo direito público ou pelo direito privado.[17]

Ou seja, fora a criação da própria estatal, do seu objeto social e da participação em outras empresas, para o que é exigida base legal,[18] o princípio da legalidade se aplica às estatais de forma negativa: desde que dentro da autorização legal para sua criação e atuação, não precisam ter autorizações legais específicas para atuar, mas não podem, como qualquer particular, atuar contra o direito.

Assim, por exemplo, não se pode presumir a obrigação de elas prestarem contas a esse ou àquele órgão, mas, se houver determinação expressa nesse sentido (por exemplo, como há na CF em relação aos tribunais de contas), devem fazê-lo; fora isso, podem usar a modalidade contratual, típica ou atípica, que bem lhe aprouver, salvo as que forem vedadas em geral ou especificamente para elas.

Elas na verdade ficam em um ponto intermediário entre a legalidade a que estão jungidas as pessoas jurídicas de direito público, que para toda operação tem que ter algum esteio legal, por mais amplo que este contemporaneamente possa ser, e a dos particulares, que podem atuar livremente salvo no que a lei lhes impuser ou vedar expressamente.[19]

---

[14] "Art. 37. [...] XIX - somente por lei específica poderá ser criada autarquia e autorizada a instituição de empresa pública, de sociedade de economia mista e de fundação, cabendo à lei complementar, neste último caso, definir as áreas de sua atuação; (Redação dada pela Emenda Constitucional nº 19, de 1998)".

[15] Mario Engler Pinto Junior chama a atenção para o fato de que esses princípios devem ser aplicados de forma temperada, "sob pena de funcionarem como fator limitante à atuação dos administradores na consecução do interesse social. A indisponibilidade deve existir apenas em relação ao cumprimento do mandato estatal, e não para a prática de atos de disposição patrimonial. No âmbito societário, o princípio da legalidade da administração pública significa atuar dentro do objeto social previsto no estatuto, e não realizar apenas as operações expressas previstas na lei que autorizou a constituição da companhia" (PINTO JUNIOR, Mario Engler. *Empresa estatal*: função econômica e dilemas societários. São Paulo: Atlas, 2010. p. 450).

[16] "Art. 37. [...] XX - depende de autorização legislativa, em cada caso, a criação de subsidiárias das entidades mencionadas no inciso anterior, assim como a participação de qualquer delas em empresa privada".

[17] Discordamos assim de Modesto Carvalhosa, que parece ter uma posição mais rígida sobre o tema: "a prática do regime de estrita observância do objeto social da sociedade mista, determinado por lei, deve ser desdobrada. Assim, nas atividades-fim, o administrador deve observar estritamente o princípio da legalidade. Quanto às atividades-meio, desenvolvidas para a consecução do objeto legalmente instituído, cabe ao agente público – administrador da sociedade mista – o benefício da discricionariedade. E, com efeito, seria incompatível com a função de administrador de sociedade mista não poder ele eleger os melhores meios para a consecução dos objetivos de ordem pública que justificaram a sua criação" (CARVALHOSA, Modesto. *Comentários à Lei das Sociedades Anônimas*. São Paulo: Saraiva, 1997. v. 4. t. 1. p. 377).

[18] O Supremo Tribunal Federal já decidiu, no julgamento da Ação Direta de Inconstitucionalidade nº 1.649, que é "dispensável a autorização legislativa para a criação de empresas subsidiárias, desde que haja previsão para esse fim na própria lei que instituiu a empresa de economia mista matriz, tendo em vista que a lei criadora é a própria medida autorizadora".

[19] O fundamento constitucional do princípio da legalidade aplicável aos particulares encontra-se no art. 5º, II, da Constituição Federal de 1988, de acordo com o qual ninguém será obrigado a fazer ou deixar de fazer qualquer coisa senão em virtude de lei. Ou seja, na ausência de previsão normativa, prevalece a liberdade. Já a legalidade aplicada à Administração Pública funciona de forma inversa, com fundamento no *caput* do art. 37 da Constituição Federal: a Administração Pública depende de autorizações constitucionais ou legais para atuar. As candentes discussões que existem versam, repise-se, sobre a densidade normativa mínima que essas autorizações devem ter.

As estatais precisam de uma base legal para atuar (a sua lei instituidora) e para participar de outras empresas, mas, a partir daí, podem, dentro do seu objeto social legalmente definido, praticar todas as operações que não sejam vedadas pelo direito.

3 Princípios da impessoalidade, moralidade e eficiência e relações com a governança corporativa

Os princípios da impessoalidade, da moralidade e da eficiência podem, para os propósitos deste tópico, ser tratados conjuntamente,[20] sendo o primeiro o que impede perseguições ou privilégios apenas em razão das preferências e interesses pessoais do administrador, impondo-lhe um atuar de acordo com os objetivos maiores da organização;[21] o segundo impõe ao administrador que se comporte de acordo com os preceitos do que seria um "bom gestor";[22] e o terceiro exige que o administrador busque os melhores resultados com o menor ônus possível.[23]

Colocados esses conceitos básicos, não é necessário grande esforço para verificarmos que tais princípios também não são de forma alguma estranhos às grandes organizações empresariais privadas, com a diferença de que nestas o objetivo maior da organização se resume primordialmente ao retorno financeiro dos seus proprietários (com alguma responsabilidade social, naturalmente), enquanto nas organizações

---

[20] Explica Odete Medauar: "Os princípios da impessoalidade, da moralidade e da publicidade apresentam-se intrincados de maneira profunda, havendo, mesmo, instrumentalização recíproca; assim, a impessoalidade configura-se meio para atuações dentro da moralidade; a publicidade, por sua vez, dificulta medidas contrárias à moralidade e à impessoalidade; a moralidade administrativa, de seu lado, implica observância da impessoalidade e da publicidade. Embora nem sempre seja possível afastar as implicações recíprocas desses princípios, o estudo em separado atende a requisitos didáticos" (MEDAUAR, Odete. *Direito administrativo moderno*. 10. ed. São Paulo: Revista dos Tribunais, 2006. p. 125).

[21] O princípio da impessoalidade visa a "impedir que fatores pessoais, subjetivos, sejam os verdadeiros móveis e fins das atividades administrativas. Com o princípio da impessoalidade a Constituição visa obstacularizar atuações geradas por antipatias, simpatias, objetivos de vingança, represálias, nepotismo, favorecimentos diversos, muito comuns em licitações, concursos públicos, exercício do poder de polícia. Busca, desse modo, que predomine o sentido de função, isto é, a ideia de que os poderes atribuídos finalizam-se ao interesse de toda a coletividade, portanto, a resultados desconectados de razões pessoais" (MEDAUAR, Odete. *Direito administrativo moderno*. 10. ed. São Paulo: Revista dos Tribunais, 2006. p. 126). Em sentido semelhante, mas acrescendo mais um aspecto ao princípio, Lucas Rocha Furtado afirma que "o princípio da impessoalidade admite seu exame sob os seguintes aspectos: 1. Dever de isonomia por parte da Administração Pública; 2. Dever de conformidade ao interesse público; 3. Imputação dos atos praticados pelos agentes públicos diretamente às pessoas jurídicas em que atuam" (FURTADO, Lucas Rocha. *Curso de direito administrativo*. Belo Horizonte: Fórum, 2007. p. 99).

[22] Diogo de Figueiredo Moreira Neto afirma ser princípio "uma espécie diferenciada da moral comum", atuando como "uma peculiar derivação dos conceitos de legitimidade política e de finalidade pública" (MOREIRA NETO, Diogo de Figueiredo. *Curso de direito administrativo*. Rio de Janeiro: Forense, 2014. p. 102).

[23] Marçal Justen Filho explica: "eficiência administrativa não é sinônimo de eficiência econômica" e, em vista disso, "parte da doutrina tem preferido, por isso, a expressão princípio da eficácia administrativa, para redução do risco de transposição indevida dos conceitos econômicos para a dimensão estatal. O princípio da eficácia impõe como primeiro dever a Administração evitar o desperdício e a falha. [...]. Portanto, a eficácia administrativa envolve a ponderação de interesses e valores de distinta natureza, sem eleger o lucro e a rentabilidade econômica como princípio único ou fundamental. [...] A eficácia administrativa significa que os fins buscados pela Administração devem ser realizados segundo o menor custo econômico possível, o que não é sinônimo de obtenção do maior lucro" (JUSTEN FILHO, Marçal. *Curso de direito administrativo*. Belo Horizonte: Fórum, 2010. p. 184-185). Paulo Modesto, em sentido semelhante, considera que o atendimento ao princípio da eficiência pela Administração Pública depende da escolha do meio adequado, da utilização da menor quantidade de recursos possível e do atendimento satisfatório da finalidade pública (MODESTO, Paulo. Notas para um debate sobre o princípio da eficiência. *Revista Eletrônica de Direito Administrativo Econômico*, n. 10, p. 9-10, maio/jul. 2007).

empresariais estatais o leque desses objetivos é mais amplo, estando jungidas não apenas aos interesses lucrativos de seus acionistas, mas também aos interesses públicos a elas pertinentes, por sua vez também bastante plurais e por vezes até contraditórios entre si, a exemplo do interesse de desenvolvimento econômico que muitas vezes se choca com o interesse de preservação ambiental.

Decerto que, numa pequena organização empresarial privada ou familiar, nada impede que o proprietário atue por interesses meramente pessoais, e o prejuízo dessa má atuação será exclusivamente dele. Mas, em uma organização privada que comece a possuir certo grau de complexidade na composição do seu capital, especialmente nas sociedades anônimas, se impõe, tanto pela legislação societária,[24] como por normas internas da companhia, pelas condições a que se sujeita para colocar suas ações em bolsa,[25] ou mesmo da *lex mercatoria*,[26] a observância de critérios de governança corporativa que contêm preocupações semelhantes às que também decorrem das noções de impessoalidade e de "gestão eficiente" do art. 37, *caput*, CF.

Não se imagina que o gestor de uma grande sociedade anônima privada possa legitimamente gerir a empresa para perseguir seus inimigos pessoais, para beneficiar seus parentes, ou, de maneira evidentemente ineficiente, de forma muito aproximada a que um administrador público também não pode fazê-lo.

No sentido do fortalecimento da governança corporativa nas empresas estatais, o Estatuto teve grande importância, contendo nove referências expressas ao instituto, espelhadas em dezenas de normas de transparência e publicidade, auditorias interna e externa (ex.: arts. 9º, §3º, e 24), gestão de riscos (art. 9º), Código de Conduta e Integridade (art. 9º, §1º), membros independentes do conselho de administração (art. 22), metas para

---

[24] A Lei nº 10.303/01 efetuou alterações na Lei nº 6.404/76, aumentando a proteção dos acionistas minoritários e ampliando a presença da governança corporativa no direito societário brasileiro. A título de exemplo dessas modificações, confiram-se os dispositivos a seguir: art. 4º, §§4º e 6º, art. 4º-A, art. 15, §2º, art. 17, §1º, art. 116-A, art. 124, §1º, art. 133, §3º, art. 137, III, art. 141, §4º, art. 142, §2º, art. 157, §6º, art. 163, I e IV, art. 165, §1º, art. 165-A e art. 254-A.

[25] Astrid Monteiro de Carvalho Guimarães de Lima Rocha sustenta que a negociação de ações em bolsa é por si só fator relevante para dar segurança aos investidores privados, bem como para refletir a posição do mercado acerca do gerenciamento e administração da sociedade, consistindo, portanto, numa importante forma de mitigação das assimetrias informacionais entre investidores e Administração Pública (ROCHA, Astrid Monteiro de Carvalho Guimarães de Lima. O Estado empresário: interesse público, conflito de interesses e comportamento abusivo do acionista controlador nas sociedades de economia mista. In: ARAGÃO, Alexandre Santos de (Coord.). *Empresas públicas e sociedades de economia mista*. Belo Horizonte: Fórum, 2015. p. 93). Adicionalmente, no ano 2000 foi lançado o Novo Mercado da Bovespa, no qual se incluem companhias que seguem regras de governança corporativa mais rigorosas do que as previstas na legislação societária nacional. Conforme consta do endereço eletrônico da BM&FBOVESPA, "o Novo Mercado estabeleceu desde sua criação um padrão de governança corporativa altamente diferenciado. A partir da primeira listagem, em 2002, ele se tornou o padrão de transparência e governança exigido pelos investidores para as novas aberturas de capital. Na última década, o Novo Mercado firmou-se como uma seção destinada à negociação de ações de empresas que adotam, voluntariamente, práticas de governança corporativa adicionais às que são exigidas pela legislação brasileira" (BM&FBOVESPA. *Soluções para empresas*. Disponível em: <http://www.bmfbovespa.com.br/pt-br/servicos/solucoes-para-empresas/segmentos-de-listagem/novo-mercado.aspx?idioma=pt-br>. Acesso em: 1º jun. 2015). Esse raciocínio também pode ser observado, entre outras, nas normas previstas no *Manual da Bolsa de Valores de Nova Iorque (NYSE)*, que em seu art. 303-A estabelece um verdadeiro código de conduta e ética empresarial (BOLSA DE VALORES DE NOVA IORQUE (NYSE). *Manual da Bolsa de Valores de Nova Iorque (NYSE)*. Disponível em: <http://nysemanual.nyse.com/LCMTools/PlatformViewer.asp?selectednode=chp_1_4_3&manual=%2Flcm%2Fsections%2Flcm-sections%2F>. Acesso em: 1º jun. 2015).

[26] Berthold Goldman preceitua que a *lex mercatoria* é um conjunto de princípios e regras costumeiros, espontaneamente referidos ou elaborados no quadro do comércio internacional, sem referência a um sistema particular de lei nacional (GOLDMAN, Berthold. Frontières du droit et lex mercatoria. *Archives de Philosophie du Droit*, n. 9. p. 179).

seus diretores (arts. 13, III; 18, IV; e 23), bem como requisitos e vedações para a designação dos seus diretores e membros dos conselhos de administração e fiscal, visando a evitar a excessiva influência de interesses políticos sobre a administração das estatais, o que também tenderia a favorecer malversações de recursos[27] (ex.: arts. 17 e 26), com um órgão específico para fiscalizar o atendimento a esses requisitos e vedações (art. 10) e limite de prazos para a ocupação da posição (art. 13, VI e VIII).

Vimos assim que o Estatuto das Estatais reforça essa via de mão-dupla entre a inserção de preocupações sociais e de moralidade, impessoalidade e eficiência na governança corporativa privada, e a adoção pela legislação do Estado sobre suas empresas de critérios e procedimentos oriundos originariamente da governança corporativa privada.

Nas palavras de José Luiz Bulhões Pedreira e Alfredo Lamy Filho, tratando das sociedades anônimas em geral:

> nos últimos anos surgiu nos Estados Unidos e difundiu-se em outros países, inclusive no Brasil, movimento denominado "governança corporativa", que se propõe a aperfeiçoar a administração das companhias, no reconhecimento de que o exercício do poder de controle pelos administradores, sem mecanismos institucionais eficazes de fiscalização e orientação pelos acionistas, presta-se a abusos. [...] O movimento da "governança corporativa" propõe a adoção de "códigos de conduta" e diversas outras providências para limitar a discricionariedade dos executivos, submetendo-os a fiscalização mais efetiva dos acionistas [...]. O movimento de governança corporativa deverá contribuir para o aperfeiçoamento da gestão das companhias, principalmente mediante divulgação dos princípios e valores que devem orientar seus controlados e administradores.[28]

---

[27] Deve-se observar, contudo, que mesmo técnicos muito competentes e empregados de carreira das estatais podem ser instrumentalizados por interesses subalternos externos, como foi o caso por exemplo do que aconteceu na Petrobras como revelado pela Operação Lava-Jato, em que os empregados responsáveis pelos atos apurados eram todos técnicos de carreira. Sobre o tema, ver ONOFRE, Renato. Nova Lei das Estatais não teria efeito na Petrobras. Ex-diretores da Companhia condenados eram funcionários de carreira. *O Globo*, 2 jul. 2016. Disponível em: <https://oglobo.globo.com/economia/nova-lei-das-estatais-nao-teria-efeito-na-petrobras-19630717>.

[28] LAMY FILHO, Alfredo; PEDREIRA, José Luiz Bulhões. *Direito das companhias*. Rio de Janeiro: Forense, 2009. p. 788-790. O fenômeno da governança corporativa busca identificar e sistematizar as melhores práticas de gestão das empresas, sendo norteada por valores de transparência e eficiência na administração das companhias. Tal instituto tem como base teórica o estudo realizado por Berle & Means em 1932, nos Estados Unidos, que resultou na teoria da agência, relatando a evolução das pequenas firmas familiares para as sociedades empresariais mais complexas, alterando sua estrutura de controle e gestão, sendo necessária a instituição de mecanismos que alinhassem os interesses existentes (cf. BERLE JR., Adolf; MEANS, Gardner. *The modern corporation and private property*. New York: MacMillan, 1932). Além disso, a teoria da firma, desenvolvida por Ronald Coase, em 1937, também representa importante base teórica para a governança corporativa contemporânea, na medida em que destaca o papel da firma como mecanismo de coordenação econômica (COASE, R. H. *The nature of firm*. New York: Oxford University Press, 1937). Nas palavras de Fábio Ulhoa Coelho, "as raízes desse movimento se encontram na iniciativa do American Law Institute (ALI), adotada em 1978, de estimular a discussão sobre a maneira mais adequada de gerir negócios explorados em sociedade. Uma série de estudos foi desenvolvida em decorrência dela, que motivou e mobilizou diversos juristas, advogados e entidades profissionais estadunidenses. Em 1994, a ALI publicou, como resultado dos esforços desenvolvidos ao longo de dezesseis anos, os Principles of corporate governance. Dois anos antes, porém, no Reino Unido, foi publicado o documento mais conhecido e tido como pioneiro no movimento, o relatório Cadbury, que concluiu os trabalhos de uma comissão instituída em 1991 pela Bolsa de Londres, com o apoio de entidades profissionais, empresariais e do Banco da Inglaterra. Esse relatório, que leva o nome do presidente da comissão, tinha, em anexo, um projeto de 'Código de Melhores Práticas de Governança Corporativa'; foi revisado em 1998. [...] No Brasil, o movimento se manifesta inicialmente em 1999, com a criação do Instituto Brasileiro de Governança Corporativa (IBGC) e com a publicação do primeiro Código de Melhores Práticas de Governança Corporativa" (COELHO, Fábio Ulhoa. *Curso de direito comercial*. Direito da empresa. 15. ed. São Paulo: Saraiva, 2011. v. 2. p. 349-350). Para maiores detalhes acerca da fundamentação teórica do instituto da governança corporativa, ver La Porta (LA PORTA, R.; LOPEZ-DE-SILANES, F.; SHLEIFER, A. Corporate ownership around the world. *Journal of Finance*, Malden, v. 54, n. 2, p. 471-518, Apr. 1999) e Andrade e Rossetti (ANDRADE, A.; ROSSETTI, J. P. *Governança corporativa*. São Paulo: Atlas, 2004).

O art. 116 da Lei das Sociedades Anônimas (Lei nº 6.404/76) contém previsão genérica referente à governança corporativa, estabelecendo:

> o acionista controlador deve usar o poder com o fim de fazer a companhia realizar o seu objeto e cumprir sua função social, e tem deveres e responsabilidades para com os demais acionistas da empresa, os que nela trabalham e para com a comunidade em que atua, cujos direitos e interesses deve lealmente respeitar e atender.

No mesmo sentido, assim dispõem os arts. 153 e 154 do referido diploma legislativo:

> Art. 153. O administrador da companhia deve empregar, no exercício de suas funções, o cuidado e diligência que todo homem ativo e probo costuma empregar na administração dos seus próprios negócios.
> Art. 154. O administrador deve exercer as atribuições que a lei e o estatuto lhe conferem para lograr os fins e no interesse da companhia, satisfeitas as exigências do bem público e da função social da empresa.

A Lei das S.A., ao que se somou os aspectos de governança corporativa postos pelo Estatuto das Estatais, contém, ainda, outras diversas normas que exigem uma atuação proba e eficiente dos gestores da companhia, orientada pelos objetivos constantes em seu objeto social e pautada pela transparência, considerando abuso de poder, nos termos do art. 117, (i) orientar a companhia para fim estranho ao seu objeto social, em prejuízo da participação dos acionistas minoritários nos lucros ou no acervo da companhia; (ii) promover alteração estatutária, emissão de valores mobiliários ou adoção de políticas ou decisões que não tenham por fim o interesse da companhia e visem a causar prejuízo a acionistas minoritários, aos que trabalham na empresa ou aos investidores em valores mobiliários emitidos pela companhia; (iii) eleger administrador ou fiscal que se sabe inapto, moral ou tecnicamente, entre outras coisas; e (iv) aprovar ou fazer aprovar contas irregulares de administradores, por favorecimento pessoal, ou deixar de apurar denúncia que saiba ou devesse saber procedente, ou que justifique fundada suspeita de irregularidade, exigências essas também aplicáveis às sociedades de economia mista tendo em vista a expressa remissão feita pelo art. 238 da Lei das S.A. aos arts. 116 e 117.

Tais critérios de boa governança corporativa para as empresas privadas decorrem dessas determinações da Lei das S.A. e, por vezes, também de estratégias internas de *compliance*,[29] seja para atrair investidores ou para poder participar de certos mercados.[30]

---

[29] O termo *compliance* tem origem na locução verbal inglesa *to comply with*, isto é, cumprir com alguma regra, agir de acordo com determinada regra. Tendo em vista o pioneirismo norte-americano no combate à corrupção (a primeira lei contendo normas de combate à corrupção data de 1872, o *Honest Services Fraud*, 18 USC §1346), o termo acabou se consolidando como denotador de políticas empresariais voltadas a garantir o cumprimento das normas regulatórias e combater e evitar práticas de corrupção.

[30] Como visto acima, para participar, por exemplo, da Bolsa de Valores de Nova Iorque (NYSE), as sociedades interessadas devem observar determinados padrões de governança corporativa, não exigidos pela legislação estatal. A respeito do ponto, consulte-se: BOLSA DE VALORES DE NOVA IORQUE (NYSE). *Manual da Bolsa de Valores de Nova Iorque (NYSE)*. Disponível em: <http://nysemanual.nyse.com/LCMTools/PlatformViewer.asp?selectednode=chp_1_4_3&manual=%2Flcm%2Fsections%2Flcm-sections%2F>. Acesso em: 1º jun. 2015.

Já nas empresas estatais, além dessas fontes,[31] a governança corporativa advém também das novéis disposições do Estatuto das Estatais e da aplicação dos princípios constitucionais da impessoalidade, transparência, moralidade e eficiência.

Há, assim, em relação às estatais, a soma de dois vetores paralelos no mesmo sentido – normas da governança corporativa e princípios do art. 37, caput, CF –, não uma contradição ou um alheamento entre eles.

É sob essa perspectiva que os princípios da moralidade, impessoalidade e eficiência devem ser aplicados às empresas estatais, como um aperfeiçoamento e fortalecimento da sua governança corporativa, com efeitos externos, já que, ao contrário da governança corporativa exclusivamente privada, podem ser controlados, não apenas por seus sócios, mas em tese por qualquer cidadão (ação popular, denúncias aos tribunais de contas etc.), considerando também que os interesses das estatais são mais amplos que os das organizações empresariais privadas.

Os princípios em questão devem ser aplicados às estatais como critérios de governança corporativa, inclusive fortalecendo as garantias que eventuais sócios privados possam ter de uma boa gestão, não como amarras burocráticas e engessadoras. Se, em toda a Administração Pública, há a emergência da modernização da forma com que os princípios devem ser aplicados,[32] nas empresas estatais ela decorre da própria natureza destas e da interpretação daqueles princípios combinados com o art. 173, §1º, II, CF.

Vê-se que os princípios da moralidade, impessoalidade e eficiência não apenas são compatíveis com os critérios de governança corporativa usuais nas grandes organizações empresariais privadas, como com eles se fortalecem reciprocamente. Se nas organizações privadas a adoção de critérios de governança corporativa já é uma tendência extremamente forte, porém em parte voluntária, nas empresas estatais ela deve ser ainda mais intensa e juridicamente necessária, pois há uma dupla incidência principiológica demandando-a.[33]

---

[31] O Banco do Brasil, a Cia. de Saneamento de Minas Gerais – Copasa MG e Cia. de Saneamento Básico do Estado de São Paulo – Sabesp são listados como companhias integrantes do Novo Mercado; as Centrais Elétricas de Santa Catarina S.A. – Celesc –, da listagem Nível 2 de Governança Corporativa da BM&FBovespa. Centrais Elétricas Brasileiras S.A. – Eletrobras e a Cia. Energética de Minas Gerais – Cemig, entre outras, encontram-se indicadas na listagem Nível 1 de Governança Corporativa da BM&FBovespa. Essas informações estão em BM&FBOVESPA. *Listagem nível 2 de governança corporativa*. Disponível em: <http://www.bmfbovespa.com.br/>. Acesso em: 14 abr. 2015.

[32] É o caso, por exemplo, do princípio da supremacia do interesse público e do próprio princípio da legalidade, mais recentemente alçado à ideia de juridicidade. Ver, a esse respeito BINENBOJM, Gustavo. *Uma teoria de direito administrativo*. 2. ed. Rio de Janeiro: Renovar, 2008.

[33] Esse tema vem sendo também objeto de discussão no âmbito do mercado de valores brasileiro. A BM&FBovespa realizou entre abril e junho de 2015 uma audiência pública para discutir o tema, focando os debates em quatro aspectos da governança das empresas estatais: (i) transparência; (ii) estruturas e práticas de controles internos; (iii) composição da administração e do conselho fiscal; e (iv) obrigações dos acionistas controladores. No que diz respeito à composição dessas empresas, por exemplo, foram propostas as seguintes medidas: (i) "criação de Comitê de Nomeação ou Indicação e Avaliação, com liderança de membro independente, e competência para auxiliar o Acionista Controlador e o Conselho de Administração na indicação dos administradores"; (ii) "elaboração de Política de Indicação contendo critérios mínimos para seleção de administradores, referentes às qualidades desejáveis para o órgão como um todo e para os membros da administração e do conselho fiscal individualmente"; (iii) "vedação à indicação de representantes de órgão regulador ou de responsáveis pela definição de política pública nos Conselhos de Administração das estatais reguladas"; (iv) "vedação à acumulação de cargos de diretor presidente e presidente do Conselho de Administração"; (v) "Conselho de Administração com mandato unificado de, no máximo, 2 anos"; (vi) "Conselho de Administração composto por, no mínimo, 20% de conselheiros independentes"; e (vii) "Participação dos administradores eleitos em treinamentos específicos sobre divulgação de informações, *compliance* e Lei Anticorrupção, bem como em treinamentos de integração

4 Princípio da publicidade (acesso aos documentos e informações das estatais)

Por derradeiro, completando o rol do *caput* do art. 37 da Constituição Federal, tratemos de como o princípio da publicidade deve ser aplicado às estatais, princípio que, na perspectiva da transparência e da governança corporativa, foi bastante fortalecido pelo Estatuto das Estatais, como será detalhado neste tópico.

Aqui aplicável a lógica de que o princípio da publicidade lhes é plenamente aplicável, salvo quando prejudicar a sua atuação concorrencial no mercado.

A Lei de Acesso à Informação – LAI (Lei nº 12.527/11) – deixa claro, em seu art. 1º, II,[34] incidir sobre as empresas públicas e sociedades de economia mista, mas o dispositivo que mais relevância tem para eventuais atenuações da incidência do princípio da publicidade nas empresas estatais é o seu art. 22, que dispõe:

> Art. 22. O disposto nesta Lei não exclui as demais hipóteses legais de sigilo e de segredo de justiça nem as hipóteses de segredo industrial decorrentes da exploração direta de atividade econômica pelo Estado ou por pessoa física ou entidade privada que tenha qualquer vínculo com o poder público.[35]

Por sua vez, o seu regulamento (Decreto nº 7.724/12) dispõe que as estatais e suas subsidiárias não se sujeitam à LAI quanto às informações cuja divulgação possa representar vantagem competitiva a outros agentes econômicos, bem como àquelas protegidas por sigilo fiscal, bancário, de operações e serviços no mercado de capitais, comercial, profissional, industrial e de segredo de justiça.

Muito se tem criticado a pretensão das empresas estatais em, valendo-se da proteção do sigilo comercial[36] (e nos casos dos bancos públicos também do sigilo bancário),

---

sobre temas essenciais da companhia no momento da posse" (BM&FBOVESPA. *Audiência restrita*. Disponível em: <http://www.bmfbovespa.com.br/pt-br/noticias/download/Audiencia-Restrita-Anexo-II-20150422.pdf>. Acesso em: 24 jul. 2015). Os resultados obtidos através da audiência pública promovida pela BM&FBovespa podem ser acessados em BM&FBOVESPA. *Resultados audiência restrita*. Disponível em: <http://www.bmfbovespa.com.br/pt-br/noticias/2015/BMFBOVESPA-resultados-audiencia-restrita-Programa-Governanca-Estatais-30-06-2015.aspx?idioma=pt-br>. Acesso em: 24 jul. 2015. Em 3.7.2015, foi criada a Câmara Consultiva de Mercado de Governança de Estatais para discussão das medidas.

[34] "Art. 1º Esta Lei dispõe sobre os procedimentos a serem observados pela União, Estados, Distrito Federal e Municípios, com o fim de garantir o acesso a informações previsto no inciso XXXIII do art. 5º, no inciso II do §3º do art. 37 e no §2º do art. 216 da Constituição Federal. Parágrafo único. Subordinam-se ao regime desta Lei: [...] II - as autarquias, as fundações públicas, as empresas públicas, as sociedades de economia mista e demais entidades controladas direta ou indiretamente pela União, Estados, Distrito Federal e Municípios".

[35] Além disso, a lei também excetua a publicidade genericamente (não apenas para as empresas estatais ou para o exercício de atividades econômicas) da seguinte forma: "Art. 23. São consideradas imprescindíveis à segurança da sociedade ou do Estado e, portanto, passíveis de classificação as informações cuja divulgação ou acesso irrestrito possam: I - pôr em risco a defesa e a soberania nacionais ou a integridade do território nacional; II - prejudicar ou pôr em risco a condução de negociações ou as relações internacionais do País, ou as que tenham sido fornecidas em caráter sigiloso por outros Estados e organismos internacionais; III - pôr em risco a vida, a segurança ou a saúde da população; IV - oferecer elevado risco à estabilidade financeira, econômica ou monetária do País; V - prejudicar ou causar risco a planos ou operações estratégicos das Forças Armadas; VI - prejudicar ou causar risco a projetos de pesquisa e desenvolvimento científico ou tecnológico, assim como a sistemas, bens, instalações ou áreas de interesse estratégico nacional; VII - pôr em risco a segurança de instituições ou de altas autoridades nacionais ou estrangeiras e seus familiares; ou VIII - comprometer atividades de inteligência, bem como de investigação ou fiscalização em andamento, relacionadas com a prevenção ou repressão de infrações".

[36] Como exposto pela Controladoria Geral da União – CGU, o sigilo comercial a que faz referência o Código Comercial brasileiro de 1850, o qual ressurge com os mesmos contornos nos arts. 1.190 e 1.191 do Código Civil

tentarem se ver excluídas da aplicação da Lei de Acesso à Informação.[37] Essas pretensões, pelo menos em relação aos seus contratos, podem perder a sua força em razão de o art. 74 do Estatuto das Estatais os ter expressamente submetido à LAI, que, todavia, por sua vez contém as exceções comumente invocadas pelas estatais.

Em primeiro lugar, mister se faz uma primeira distinção: os argumentos de sigilo comercial para o afastamento da LAI só são cogitáveis para as estatais que atuam em concorrência com agentes privados, sejam prestadoras de serviços públicos, monopólios públicos ou exploradoras de atividades econômicas na forma do art. 173, *caput*, CF.[38]

As estatais que atuam em regime de exclusividade não estão sujeitas às normas da CVM citadas pelo mencionado decreto ou à proteção de sigilo comercial, já que a regra se refere claramente apenas às que atuam em concorrência.

Já as demais hipóteses de sigilo referidas no inc. I do art. 6º do decreto, fora o sigilo comercial, se aplicam não apenas às estatais que atuam sem concorrência, mas mesmo a toda a Administração Pública.

O grande desafio em relação às estatais concorrenciais é se evitar uma interpretação que sempre tenda a ver em qualquer divulgação de informações uma ameaça às suas estratégias de atuação no mercado. *A diretriz hermenêutica deve ser sempre in dubio pro direito fundamental à informação.*[39]

Apesar da dificuldade de se fixar parâmetros gerais em uma matéria na qual a análise dos casos concretos é decisiva, poderíamos afirmar que, por exemplo, se os salários

---

de 2002, tem abrangência bastante limitada no que diz respeito à informação e ao seu suporte, não conseguindo fazer jus a toda a gama de informações sensíveis à concorrência das empresas, tratando, por exemplo, apenas do sigilo de livros, fichas e papéis de escrituração. A Lei nº 6.404/76, todavia, promoveu, para as sociedades anônimas, um alargamento da noção de sigilo comercial, ao contemplá-lo em seu art. 155, §1º: "§1º Cumpre, ademais, ao administrador de companhia aberta, guardar sigilo sobre qualquer informação que ainda não tenha sido divulgada para conhecimento do mercado, obtida em razão do cargo e capaz de influir de modo ponderável na cotação de valores mobiliários". A propósito, consulte-se BRASIL. *Recurso interposto por cidadão à CGU contra decisão denegatória de acesso à informação, com fundamento no art. 23 do Decreto n. 7.724, de 16 de maio de 2012.* Disponível em: <http://www.acessoainformacao.gov.br/assuntos/recursos/recursos-a-cgu/mf/cef/dp45242013.pdf>. Acesso em: 6 out. 2016.

[37] Nas palavras do auditor da CGU, Leonardo Valles Bento, "há uma resistência por parte dessas entidades ao dever de fornecer informações em sua posse, ao argumento de proteger o sigilo comercial e bancário de seus clientes, ou ainda sob o fundamento de não expor a estratégia da empresa a seus potenciais competidores. Tal resistência vem gerando litígio, tanto administrativo quanto judicial, com jornalistas e cidadãos interessados em obter informações sobre a atuação dessas entidades" (BENTO, Leonardo Valles; BRINGEL, Polyana de Oliveira Martins. *Limites à transparência pública das empresas estatais*: análise crítica da aplicação da Lei de Acesso à Informação (Lei nº 12.527/2011) a empresas públicas e sociedades de economia mista. Disponível em: <http://www.publicadireito.com.br/artigos/?cod=c139ffc26fbaf2d1>. Acesso em: 6 eut. 2016). Igualmente, confira-se: ALVES, Cida. Estatais se blindam contra a Lei de Acesso à Informação. *Veja*, 11 jun. 2012. Disponível em: <http://veja.abril.com.br/noticia/brasil/estatais-se-blindam-contra-a-lei-de-acesso-a-informacao>. Acesso em: 6 out. 2016.

[38] Tratando do BNDES, a CGU já decidiu: "Há, inegavelmente, diferenças substanciais entre uma decisão adotada pela diretoria de uma sociedade de economia mista desenhada para intervir diretamente no mercado, nos moldes do art. 173 da Constituição Federal, e aquela adotada por uma empresa estatal, mesmo que constituída na forma de uma sociedade anônima, desenhada para intervir indiretamente no mercado, seja por meio de incentivo ou fomento. Enquanto uma deverá revelar as estratégias de inserção em um mercado competitivo, a outra deverá revelar as estratégias de execução de uma política pública, sendo, portanto, ato administrativo no sentido estrito" (BRASIL. *Parecer nº 2951, de 14.11.2013, exarado pelo Ouvidor-Geral da União José Eduardo Romão, nos autos do processo administrativo nº 99903.000274/2013-15.* Disponível em: <http://www.acessoainformacao.gov.br/assuntos/recursos/recursos-a-cgu/mdic/bndes/pa29512013.pdf>. Acesso em: 6 out. 2016).

[39] Nesse sentido, claramente, a Lei nº 11.527/2011: "Art. 3º Os procedimentos previstos nesta Lei destinam-se a assegurar o direito fundamental de acesso à informação e devem ser executados em conformidade com os princípios básicos da administração pública e com as seguintes diretrizes: I - observância da publicidade como preceito geral e do sigilo como exceção".

de cargos estratégicos das estatais competitivas não podem realmente ser divulgados sob pena de facilitar a tomada desses profissionais por seus concorrentes, os salários dos exercentes de atividades-meio ou meramente burocráticas podem, muitas vezes, ser divulgados sem atrapalhar a sua concorrência no mercado.[40]

Situação peculiar é aquela relacionada à obrigatoriedade de divulgação de dados dessa natureza aos Tribunais de Contas em virtude do objetivo específico da fiscalização promovida por esses órgãos e da limitação da divulgação desses dados apenas aos agentes envolvidos na fiscalização específica (e não ao público em geral).

Em acórdão proferido pela Primeira Turma do STF, em sede de mandado de segurança impetrado pelo BNDES contra decisão do TCU que determinou o envio, pela instituição financeira, de informações sobre operações de crédito realizadas com o grupo JBS/Friboi (MS nº 33.340), decidiu-se, por maioria, pela denegação da segurança, com o fundamento de que a realização de operações de crédito com recursos públicos não é coberta pelo sigilo bancário, sendo o encaminhamento de tais informações imprescindível para o exercício da competência fiscalizatória das cortes de contas.

Discussão semelhante se coloca quanto a informações requisitadas pelo Ministério Público, matéria que já foi analisada pelo Supremo Tribunal Federal, nos autos do Mandado de Segurança nº 21.729, impetrado pelo Banco do Brasil em face do Ministério Público Federal. O STF entendeu que "não cabe ao Banco do Brasil negar, ao Ministério Público, informações sobre nomes de beneficiários de empréstimos concedidos pela instituição, com recursos subsidiados pelo Erário federal, sob invocação do sigilo bancário". Aplica-se ao caso o princípio da publicidade, já que, no caso concreto, "os empréstimos concedidos eram verdadeiros financiamentos públicos, porquanto o Banco do Brasil os realizou na condição de executor da política creditícia e financeira do Governo Federal".[41]

---

[40] Não podemos nos iludir com o fato de que mesmo posições de alta direção em muitas estatais podem ser preenchidas por meras indicações políticas por pessoas em relação às quais a iniciativa privada não teria qualquer interesse competitivo, salvo com a vênia da picardia, como lobistas. Nas palavras de Leonardo Valles Bento, "independentemente da forma como estão constituídas, as entidades administrativas são utilizadas pelos governos como moeda de troca de governabilidade. Seus cargos de direção superior, de livre nomeação e exoneração, são preenchidos tendo como objetivo costurar uma aliança política que dê suporte legislativo ao Poder Executivo. Assim, por óbvio, a escolha de seus ocupantes não segue um critério técnico e sim político. Estes, por sua vez, devem suas nomeações a algum partido ou liderança política, e é no interesse dele que exercerão suas funções. Os partidos políticos, por sua vez, cobiçam esses cargos para fazer negócios, isto é, para obter financiamento para campanhas futuras, por meio de licitações direcionadas e superfaturadas e contratos fraudulentos, por exemplo, de que se alimenta a alta corrupção" (BENTO, Leonardo Valles; BRINGEL, Polyana de Oliveira Martins. *Limites à transparência pública das empresas estatais*: análise crítica da aplicação da Lei de Acesso à Informação (Lei nº 12.527/2011) a empresas públicas e sociedades de economia mista. Disponível em: <http://www.publicadireito.com.br/artigos/?cod=c139ffc26fbaf2d1>. Acesso em: 6 eut. 2016). Essa, infelizmente, é a realidade presente em algumas situações e não deve o direito fechar os olhos a ela, encarando qualquer divulgação apenas como uma ameaça concorrencial, sequer ponderando-a com a necessidade de controle público republicano sobre tais entidades.

[41] "MANDADO DE SEGURANÇA. SIGILO BANCÁRIO. INSTITUIÇÃO FINANCEIRA EXECUTORA DE POLÍTICA CREDITÍCIA E FINANCEIRA DO GOVERNO FEDERAL. 1. Legitimidade do Ministério Público para requisitar informações e documentos destinados a instruir procedimentos administrativos de sua competência. 2. Solicitação de informações, pelo Ministério Público Federal ao Banco do Brasil S/A, sobre concessão de empréstimos, subsidiados pelo Tesouro Nacional, com base em plano de governo, a empresas do setor sucroalcooleiro. 3. Alegação do Banco impetrante de não poder informar os beneficiários dos aludidos empréstimos, por estarem protegidos pelo sigilo bancário, previsto no art. 38 da Lei nº 4.595/1964, e, ainda, ao entendimento de que dirigente do Banco do Brasil S/A não é autoridade, para efeito do art. 8º, da LC nº 75/1993. 4. O poder de investigação do Estado é dirigido a coibir atividades afrontosas à ordem jurídica e a garantia do sigilo bancário não se estende às atividades ilícitas. A ordem jurídica confere explicitamente poderes amplos de

Por derradeiro, devemos ressaltar, em termos de publicidade e transparência das empresas estatais, que o respectivo Estatuto – Lei nº 13.303/16 – demonstra grande confiança na internet para fortalecê-las, impondo a divulgação através dela das demonstrações contábeis auditadas (art. 86, §1º); da relação de todas as empresas públicas e as sociedades de economia mista constante do Registro Público de Empresas Mercantis e Atividades Afins (art. 92); dos seus atos internos e societários mais relevantes nos termos do §4º do art. 8º; das licitações na modalidade de pregão através de portais de compras de acesso público (art. 32, §3º); pelo menos semestralmente, da relação das aquisições de bens efetivadas pelas empresas públicas e pelas sociedades de economia mista (art. 48), e das suas licitações em geral. Essas medidas encontram-se em franca consonância com a Lei de Acesso à Informação, que consagrou a "utilização de meios de comunicação viabilizados pela tecnologia da informação" como uma de suas diretrizes fundamentais (LAI, art. 3º, III).[42]

5 Conclusão: a necessária efetividade

A incidência dos princípios constitucionais da Administração Pública às empresas estatais é de grande importância para a afirmação da efetividade da Constituição de 1988[43] sobre todas as esferas do Estado brasileiro, inclusive sobre aquelas que se valem de instrumentos com fortes influxos do direito privado.

No entanto, da mesma forma que o próprio direito privado sofre a filtragem dos valores e princípios constitucionais, *a fortiori* devem sofrê-la as pessoas jurídicas de direito privado integrantes da Administração Pública.

A incidência dos princípios constitucionais da Administração Pública às empresas estatais deve, contudo, inclusive para que a sua efetividade seja otimizada, considerar as peculiaridades dessas entidades, especialmente das que atuam em concorrência no mercado, modulando-se, desta forma, de maneira combinada com o art. 173 da Constituição Federal de 1988.

---

investigação ao Ministério Público – art. 129, incisos VI, VIII, da Constituição Federal, e art. 8º, incisos II e IV, e §2º, da Lei Complementar nº 75/1993. 5. Não cabe ao Banco do Brasil negar, ao Ministério Público, informações sobre nomes de beneficiários de empréstimos concedidos pela instituição, com recursos subsidiados pelo erário federal, sob invocação do sigilo bancário, em se tratando de requisição de informações e documentos para instruir procedimento administrativo instaurado em defesa do patrimônio público. Princípio da publicidade, *ut* art. 37 da Constituição. 6. No caso concreto, os empréstimos concedidos eram verdadeiros financiamentos públicos, porquanto o Banco do Brasil os realizou na condição de executor da política creditícia e financeira do Governo Federal, que deliberou sobre sua concessão e ainda se comprometeu a proceder à equalização da taxa de juros, sob a forma de subvenção econômica ao setor produtivo, de acordo com a Lei nº 8.427/1992. 7. Mandado de segurança indeferido" (BRASIL. Supremo Tribunal Federal. MS 21729, Relator(a): Min. Marco Aurélio, Relator(a) p/ Acórdão: Min. Néri da Silveira, Tribunal Pleno, julgado em 05/10/1995. DJ, 19 out. 2001).

[42] Especificamente sobre a utilização dos meios eletrônicos para a promover a transparência governamental, confira-se: BARCELLOS, Ana Paula de. Acesso à informação, os princípios da Lei n 12527/2011. *Quaestio Juris*, v. 8, n. 3, p. 1754-1756, 2015.

[43] "A efetividade significa, portanto, a realização do Direito, o desempenho concreto de sua função social. Ela representa a materialização, no mundo dos fatos, dos preceitos legais e simboliza a aproximação, tão íntima quanto possível, entre o dever-ser normativo e o ser da realidade social" (BARROSO, Luís Roberto. *O direito constitucional e a efetividade de suas normas*: limites e possibilidades da Constituição brasileira. 7. ed. Rio de Janeiro: Renovar, 2003. p. 85).

Referências

ALVES, Cida. Estatais se blindam contra a Lei de Acesso à Informação. *Veja*, 11 jun. 2012. Disponível em: <http://veja.abril.com.br/noticia/brasil/estatais-se-blindam-contra-a-lei-de-acesso-a-informacao>. Acesso em: 6 out. 2016.

ANDRADE, A.; ROSSETTI, J. P. *Governança corporativa*. São Paulo: Atlas, 2004.

ARAGÃO, Alexandre Santos de. A concepção pós-positivista do princípio da legalidade. *Boletim de Direito Administrativo*, ano XX, n. 7.

ARAGÃO, Alexandre Santos de. A concepção pós-positivista do princípio da legalidade. *Revista de Direito Administrativo – RDA*, v. 236.

ARAGÃO, Alexandre Santos de. *Direito dos serviços públicos*. Rio de Janeiro: Renovar, 2013.

ARAGÃO, Alexandre Santos de. Subjetividade judicial na ponderação de valores: alguns exageros na adoção indiscriminada da teoria dos princípios. *Revista de Direito Administrativo*, v. 267, 2014.

ÁVILA, Humberto. *Teoria dos princípios*: da definição à aplicação dos princípios jurídicos. 15. ed. São Paulo: Malheiros, 2014.

BARCELLOS, Ana Paula de. Acesso à informação, os princípios da Lei n 12527/2011. *Quaestio Juris*, v. 8, n. 3, p. 1754-1756, 2015.

BARROSO, Luís Roberto. *Curso de direito constitucional contemporâneo*. Rio de Janeiro: Saraiva, 2013.

BARROSO, Luís Roberto. *Interpretação e aplicação da Constituição*. São Paulo: Saraiva, 1996.

BARROSO, Luís Roberto. Neoconstitucionalismo e constitucionalização do Direito: o triunfo tardio do Direito Constitucional no Brasil. *Revista Eletrônica sobre Reforma do Estado*, n. 9, mar./maio 2007. Disponível em: <http://www.direitodoestado.com/revista/ RERE-9-MAR%C7O-2007-LUIZ%20ROBERTO%20BARROSO.pdf>. Acesso em: 5 out. 2016.

BARROSO, Luís Roberto. *O direito constitucional e a efetividade de suas normas*: limites e possibilidades da Constituição brasileira. 7. ed. Rio de Janeiro: Renovar, 2003.

BECK, Ulrich. *La sociedad del riesgo global*. Tradução de Jesús Alborés Rey. Madrid: Siglo Veintiuno de España, 2002.

BENTO, Leonardo Valles; BRINGEL, Polyana de Oliveira Martins. *Limites à transparência pública das empresas estatais*: análise crítica da aplicação da Lei de Acesso à Informação (Lei nº 12.527/2011) a empresas públicas e sociedades de economia mista. Disponível em: <http://www.publicadireito.com.br/artigos/?cod=c139ffc26fbaf2d1>. Acesso em: 6 eut. 2016.

BERLE JR., Adolf; MEANS, Gardner. *The modern corporation and private property*. New York: MacMillan, 1932.

BINENBOJM, Gustavo. *Uma teoria de direito administrativo*. 2. ed. Rio de Janeiro: Renovar, 2008.

BM&FBOVESPA. *Audiência restrita*. Disponível em: <http://www.bmfbovespa.com.br/pt-br/noticias/download/Audiencia-Restrita-Anexo-II-20150422.pdf>. Acesso em: 24 jul. 2015.

BM&FBOVESPA. *Listagem nível 2 de governança corporativa*. Disponível em: <http://www.bmfbovespa.com.br/>. Acesso em: 14 abr. 2015.

BM&FBOVESPA. *Resultados audiência restrita*. Disponível em: <http://www.bmfbovespa.com.br/pt-br/noticias/2015/BMFBOVESPA-resultados-audiencia-restrita-Programa-Governanca-Estatais-30-06-2015.aspx?idioma=pt-br>. Acesso em: 24 jul. 2015.

BM&FBOVESPA. *Soluções para empresas*. Disponível em: <http://www.bmfbovespa.com.br/pt-br/servicos/solucoes-para-empresas/segmentos-de-listagem/novo-mercado.aspx?idioma=pt-br>. Acesso em: 1º jun. 2015.

BOLSA DE VALORES DE NOVA IORQUE (NYSE). *Manual da Bolsa de Valores de Nova Iorque (NYSE)*. Disponível em: <http://nysemanual.nyse.com/LCMTools/PlatformViewer.asp?selectednode=chp_1_4_3&manual=%2Flcm%2Fsections%2Flcm-sections%2F>. Acesso em: 1º jun. 2015.

BRASIL. *Parecer nº 2951, de 14.11.2013, exarado pelo Ouvidor-Geral da União José Eduardo Romão, nos autos do processo administrativo nº 99903.000274/2013-15*. Disponível em: <http://www.acessoainformacao.gov.br/assuntos/recursos/recursos-a-cgu/mdic/bndes/pa29512013.pdf>. Acesso em: 6 out. 2016.

BRASIL. *Recurso interposto por cidadão à CGU contra decisão denegatória de acesso à informação, com fundamento no art. 23 do Decreto n. 7.724, de 16 de maio de 2012*. Disponível em: <http://www.acessoainformacao.gov.br/assuntos/recursos/recursos-a-cgu/mf/cef/dp45242013.pdf>. Acesso em: 6 out. 2016.

BRASIL. Supremo Tribunal Federal. MS 21729, Relator(a): Min. Marco Aurélio, Relator(a) p/ Acórdão: Min. Néri da Silveira, Tribunal Pleno, julgado em 05/10/1995. *DJ*, 19 out. 2001.

CARVALHOSA, Modesto. *Comentários à Lei das Sociedades Anônimas*. São Paulo: Saraiva, 1997. v. 4. t. 1.

COASE, R. H. *The nature of firm*. New York: Oxford University Press, 1937.

COELHO, Fábio Ulhoa. *Curso de direito comercial*. Direito da empresa. 15. ed. São Paulo: Saraiva, 2011. v. 2.

DI PIETRO, Maria Sylvia Zanella. *Direito administrativo*. 22. ed. São Paulo: Atlas, 2009.

FURTADO, Lucas Rocha. *Curso de direito administrativo*. Belo Horizonte: Fórum, 2007.

GOLDMAN, Berthold. Frontières du droit et lex mercatoria. *Archives de Philosophie du Droit*, n. 9.

JUSTEN FILHO, Marçal. *Curso de direito administrativo*. Belo Horizonte: Fórum, 2010.

LA PORTA, R.; LOPEZ-DE-SILANES, F.; SHLEIFER, A. Corporate ownership around the world. *Journal of Finance*, Malden, v. 54, n. 2, p. 471-518, Apr. 1999.

LAMY FILHO, Alfredo; PEDREIRA, José Luiz Bulhões. *Direito das companhias*. Rio de Janeiro: Forense, 2009.

MEDAUAR, Odete. *Direito administrativo moderno*. 10. ed. São Paulo: Revista dos Tribunais, 2006.

MODESTO, Paulo. Notas para um debate sobre o princípio da eficiência. *Revista Eletrônica de Direito Administrativo Econômico*, n. 10, p. 9-10, maio/jul. 2007.

MOREIRA NETO, Diogo de Figueiredo. *Curso de direito administrativo*. Rio de Janeiro: Forense, 2014.

NAPOLITANO, Giulio. *Pubblico e privato nel diritto amministrativo*. Milão: Giuffrè, 2003.

ONOFRE, Renato. Nova Lei das Estatais não teria efeito na Petrobras. Ex-diretores da Companhia condenados eram funcionários de carreira. *O Globo*, 2 jul. 2016. Disponível em: <https://oglobo.globo.com/economia/nova-lei-das-estatais-nao-teria-efeito-na-petrobras-19630717>.

OSÓRIO, Fabio Medina. *Direito administrativo sancionador*. 3. ed. São Paulo: Revista dos Tribunais, 2009.

PEREIRA, Jane Reis Gonçalves. *Interpretação constitucional e direitos fundamentais*. Rio de Janeiro: Renovar, 2006.

PINTO JUNIOR, Mario Engler. *Empresa estatal*: função econômica e dilemas societários. São Paulo: Atlas, 2010.

ROCHA, Astrid Monteiro de Carvalho Guimarães de Lima. O Estado empresário: interesse público, conflito de interesses e comportamento abusivo do acionista controlador nas sociedades de economia mista. In: ARAGÃO, Alexandre Santos de (Coord.). *Empresas públicas e sociedades de economia mista*. Belo Horizonte: Fórum, 2015.

SUNDFELD, Carlos Ari. O direito administrativo entre os clipes e os negócios. In: ARAGÃO, Alexandre Santos de; MARQUES NETO, Floriano de Azevedo (Coord.). *Direito administrativo e seus novos paradigmas*. Belo Horizonte: Fórum, 2008.

ZAGREBELSKY, Gustavo. *El derecho dúctil*. Madri: Trotta, 2011.

Informação bibliográfica deste texto, conforme a NBR 6023:2002 da Associação Brasileira de Normas Técnicas (ABNT):

ARAGÃO, Alexandre Santos de. As empresas estatais e os princípios constitucionais da Administração Pública. In: BARROSO, Luís Roberto; MELLO, Patrícia Perrone Campos (Coord.). *A República que ainda não foi*: trinta anos da Constituição de 1988 na visão da Escola de Direito Constitucional da UERJ. Belo Horizonte: Fórum, 2018. p. 539-555. ISBN 978-85-450-0582-7.

DIREITO ADMINISTRATIVO E INOVAÇÃO: LIMITES E POSSIBILIDADES

JOSÉ VICENTE SANTOS DE MENDONÇA

> *Esperança: a habilidade de acreditar que o futuro será inconcebivelmente diferente, e inconcebivelmente mais livre.*
>
> (Richard Rorty)

1 Introdução[1]

Este artigo se propõe a analisar alguns aspectos do que poderia ser, a partir da cultura jurídica brasileira, uma ideia de inovação dentro e a partir do direito administrativo.[2] Partindo daí, o texto se pergunta se o tripé operacional da cultura jusadministrativa – lei, doutrina e jurisprudência – funciona como suporte ou como obstáculo à inovação. A hipótese do texto, que se buscará verificar em seu percurso, é a de que tais elementos desempenham função *ambígua*, ora fomentando uma cultura de inovação, ora funcionando como obstáculo a ela.

Em termos metodológicos, o texto se estrutura de maneira deliberadamente convencional: ele busca apresentar, em sua melhor forma, aspectos da dogmática de direito administrativo; conteúdos legislativos; e fragmentos de decisões judiciais.[3] Então, compara-os segundo uma noção *fuzzy* de inovação no direito administrativo. Dir-se-ia que o artigo adota abordagem descritiva (descreve características da doutrina, da legislação e da jurisprudência) e exploratória (explora as possibilidades de inovação a partir dos três elementos).

O roteiro da abordagem é simples: afora esta introdução, há tópico que propõe noção, necessariamente provisória e incompleta, do que poderia ser a inovação no direito administrativo (tópico 2), e, depois, tópicos sucessivos para a lei, a doutrina e a

---

[1] Agradeço aos mestrandos André Tosta, Renato Toledo e João Pedro Accioly pelas sugestões feitas a uma primeira versão deste texto.
[2] Por cultura jurídica, entenda-se o modo de se autoperceber, pensar e operar o direito em certo grupo e período.
[3] A convencionalidade de sua forma tem o propósito de torná-lo acessível, também, ao operador institucional do direito (e não apenas aos acadêmicos propriamente ditos).

jurisprudência (tópicos 3, 4 e 5). Dentro de cada tópico, a abordagem sugere as limitações e possibilidades à inovação representadas por cada elemento, trazendo exemplos que testam cada afirmação. Ao final, um tópico encerra o artigo, resumindo as ideias do trabalho.

A finalidade geral do artigo é a de contribuir para o debate brasileiro sobre direito e inovação. Como objetivo específico, busca-se, propositivamente, sublinhar aspectos, na doutrina de direito administrativo, em que convencionalismo se torna fundacionalismo; na legislação, pontos em que a lei produz resultados subótimos por excesso de timidez; e, na jurisprudência, decisões em que a adesão ao passado, mais do que garantir direitos, impede a experiência do novo.

2 O que pode ser a inovação no direito administrativo brasileiro. Três requisitos de cautela

Inovação é dessas palavras em relação às quais todos parecem concordar, embora ninguém saiba muito bem o que significa. A concordância, aliás, provavelmente se faz em razão *disso*: os vasos vazios, diziam os romanos, ressoam muito.[4] Inovação é exemplo do que Perelman chama de "noção confusa".[5] Assim, antes de ingressar na formulação de noção simplificada para aplicação do termo junto ao direito administrativo (e uma noção simplificada é o melhor que se pode fazer), é interessante identificar aspectos gerais do assunto. Vai-se dedicar os próximos parágrafos a pontuar o tratamento do tema na economia e na administração.

Na *economia*, o debate sobre a economia da inovação tecnológica está consolidado. Joseph Schumpeter é a referência imediata. Sua definição de inovação merece ser citada. Uma inovação é (1) a introdução de novo bem ou nova qualidade para um bem já conhecido; (2) a introdução de método novo ou melhorado de produção; (3) a criação ou a abertura de novo mercado; (4) a conquista de nova fonte de suprimentos; (5) a melhora na organização de uma indústria, tal como a conquista de uma posição de monopólio (ou sua interrupção).[6]

A literatura de *administração* é bastante focada na noção de inovação. Não é para menos: sem inovação, estima-se que os processos produtivos tendam à estagnação. Há autores da área que, ao definir a inovação, aproximam-na e distanciam-na da noção de criatividade. Existem textos que diferenciam inovação (o produto) de inovatividade (a inovação aplicada ao processo). Há quem identifique os componentes da inovação

---

[4] Na verdade, estamos propondo acepção diversa da original. No sentido original, "os vasos vazios ressoam muito" significa que os tolos não conseguem ficar calados. Seja como for, em muitas línguas modernas existem provérbios que expressam o sentido indicado no texto principal. As versões brasileiras são "a caixa menos cheia é a que mais chacoalha" e, depois, "a roda pior do carro é a que faz mais barulho" (aqui, também num sentido ligeiramente diferente). Para essa informação, cf. MOTA, Leonardo. *Adagiário brasileiro*. Belo Horizonte: [s.n.], 1987. Também não faltam menções literárias, como a de Henrique V, de Shakespeare: "I did never know so full a voice issue from so empty a heart. But the saying is true: 'the empty vessel makes the greatest sound" ('The Life of Henry the Fifth', 4,4) (SHAKESPEARE, William. *The complete works*. Ed. Stanley Wells e Gary Taylor. Oxford: Oxford University Press, 1991. 1274p.). Um recenseamento do uso da expressão é realizado em TOSSI, Renzo. *Dicionário de sentenças latinas e gregas*. São Paulo: Martins Fontes, 1996. p. 17.

[5] PERELMAN, Chaïm. *Ética e direito*. São Paulo: Martins Fontes, 2002. p. 6-7.

[6] SCHUMPETER, Joseph. *The theory of economic development*: an inquiry into profits, capital, credit, interest, and the business cicles. Várias edições.

(o sujeito, as ideias, as mudanças) e os fatores que propiciam a inovação (*v.g.*, a existência de distritos específicos, como o Vale do Silício).[7]

Já o debate *no direito* é mais recente. Não vai se tratar, aqui, da inovação no mercado do direito, ou, ainda, na academia do direito, mas é de se ver que processos inovadores estejam ocorrendo tanto em um quanto em outro.[8] No mercado do direito, vê-se, por exemplo, o uso de robôs, em especial no contencioso de massa;[9] e, na academia, o processo de profissionalização científica, gerando bons e maus frutos.[10]

Pensando na dogmática jurídica, esta parece usualmente tratar, quando fala em inovação, de proteção a marcas e patentes, da normatização do fomento científico e tecnológico, ou da regulação de novas tecnologias. Mas nada disso é assunto deste artigo.

A inovação de que vamos cuidar aqui é, numa apreensão conceitual simplificada, a engenharia de ideias a partir de conceitos, instituições e normas. É a circunstância, mais prática do que refletida, de *inventar possibilidades no mundo a partir de argumentos jurídicos*. Quando se fala, assim, em inovação no direito administrativo brasileiro, está-se tratando de invenções de possibilidades a respeitos de assuntos que, por tradição, encontram-se afetos a tal seara (*v.g.*, contratações públicas, desapropriação, poder de polícia).

Há, contudo, que se ter cautela com o discurso da inovação junto ao direito. Existem três pontos de atenção: *nem sempre inovar é bom; nem sempre o que é bom é inovador;* e *o discurso da inovação como modismo reduz a complexidade do tema*. Explica-se.

O direito, no que tem de mais fundacional, busca conciliar os valores da segurança e da justiça. Possui, então, desde as primeiras impressões que se possa ter a seu respeito, preocupação com a estabilidade e a previsibilidade de normas, decisões, acordos. Em muitos casos, a cultura jurídica é acusada, até, de ser *conservadora*: no estereótipo da indumentária – ternos e togas –; no estereótipo da linguagem – o juridiquês e seus arcaísmos; no estereótipo do personagem – o jurista e seu complexo de douto.[11] Embora nem sempre a representação seja precisa, há, nela, alguma verdade.

---

[7] Para as referências, cf. a cartilha: CANADA SCHOOL OF PUBLIC SERVICE. Uma exploração inicial da literatura sobre a inovação. *Cadernos Enap*, Brasília, n. 30, 2006. Disponível em: <http://repositorio.enap.gov.br/bitstream/1/651/1/Uma%20explora%C3%A7%C3%A3o%20inicial%20da%20literatura%20sobre%20a%20inova%C3%A7%C3%A3o.pdf>. Acesso em: 14 maio 2017.

[8] Em termos legislativos, há a Lei Federal nº 10.973, de 2.12.2004, a chamada Lei da Inovação. Trata-se de lei que disciplina o fomento público à ciência e a tecnologia. Em seu art. 2º, inc. IV, a lei define, para efeitos de aplicação em sua órbita de incidência, inovação: é *a introdução de novidade ou aperfeiçoamento no ambiente produtivo ou social que resulte em novos produtos, processos ou serviços*.

[9] Assim, por exemplo, o robô Do Not Pay (<www.donotpay.co.uk>), criado pelo estudante de Stanford Joshua Brower, teria obtido êxito em 160 mil contestações no Reino Unido e em Nova Iorque. Já o robô IBM ROSS atua pelo escritório nova-iorquino Baker & Hostleter na área de falências. Para uma revisão da literatura na área da inteligência artificial aplicada ao direito, v. BENCH-CAPON, Trevor *et al*. A history of AI and Law in 50 papers: 25 years of the international conference on AI and Law. *Artificial Intelligence and Law*, v. 20, n. 3, p. 215-319, 2012. A notícia do robô Do Not Pay foi originalmente publicada em JOHNSON, Khari. The do not pay bot has beaten 160.000 traffic tickets – and counting. *Venture Beat*, 27 jun. 2016. Disponível em: <https://venturebeat.com/2016/06/27/donotpay-traffic-lawyer-bot>. Acesso em: 21 maio 2017. A referência ao emprego do robô ROSS pode ser lida em: BECK, Susan. AI pioneer ROSS intelligence lands its first Big Law clients. *Law.com*, 6 maio 2016. Disponível em: <http://www.americanlawyer.com/id=1202757054564/AI-Pioneer-ROSS-Intelligence-Lands-Its-First-Big-Law-Clients?slreturn=20170421192129>. Acesso em: 21 maio 2017.

[10] Para um diagnóstico de "relativo atraso" da pesquisa do direito, v. NOBRE, Marcos. Apontamentos sobre a pesquisa em direito no Brasil. *Novos Estudos Cebrap*, São Paulo, jul. 2003. p. 145-154. Cf., por outro lado, o diagnóstico e a ponderação de FRAGALE FILHO, Roberto; VERONESE, Alexandre. A pesquisa em direito: diagnóstico e perspectivas. *Revista Brasileira de Pós-Graduação*, v. 1, n. 2, p. 57-70, nov. 2004.

[11] MENDONÇA, José Vicente Santos de. O fetiche do jurista e por que ele deve acabar. *Direito do Estado*, n. 92, 2016. Disponível em: <http://www.direitodoestado.com.br/colunistas/jose-vicente-santos-mendonca/o-fetiche-do-jurista-e-por-que-ele-deve-acabar>. Acesso em: 31 maio 2016.

Pois bem: diga-se, em seu favor, que *nem sempre inovar é bom*. O custo, social e pessoal, de cultura jurídica que adotasse formas radicalmente inovadoras, seria alto.[12] É importante, para que trocas sejam possíveis, certo grau de permanência.[13] É nesse sentido que se identifica, em tom crítico, os fenômenos da impermanência das leis e da inflação legislativa em nosso país.[14]

E há ponto correlato: *nem sempre o que é inovador é bom*. Experimentos existem para verificar hipóteses. É natural que possam dar errado. Na dinâmica entre avanço e retrocesso de normas jurídicas e realidade, sugerida por Hesse, normas devem avançar, sem se descolar muito do real.[15] Às vezes, o avanço atira em excesso para frente (e se torna inefetivo),[16] ou, simplesmente, não é bom.[17]

Os dois pontos até aqui observados se conectam na seguinte advertência: *o discurso da inovação como modismo reduz a complexidade do tema*. O fato é que há virtudes na permanência. Além disso, nem sempre adotar posturas inovadoras acaba gerando resultados socialmente úteis. A inovação não é postura cujo valor seja absoluto: embora quase sempre desejável, há momentos em que, quando se fala do direito, não inovar é permitir que normas e práticas se consolidem. No mundo do direito, o contrário da inovação não deve ser a estagnação, mas a inovação responsiva à qualidade do presente.

3 A lei de direito administrativo: ponte experimental imperfeita

Leis estão sempre sendo substituídas por leis mais recentes. O devir legislativo não implica, necessariamente, inovação, mas pode ser mera atualização. A inovação pressupõe a invenção de possibilidades. Dito isso, é importante observar que a lei, num sistema jurídico romano-germânico, é, por excelência, o veículo das inovações. A lei é ponte para experimentos – mas ponte imperfeita, com óbvios limites. Entre os limites, vai-se indicar (a) a *velocidade subótima da lei* e (b) a circunstância de a lei representar o *ponto focal do legalismo*, cultura associada à visão reativa ao novo. Como possibilidades,

---

[12] Em toda transição de estados há, ao menos, dois custos: o custo da transição propriamente dito, e o custo da incerteza em relação ao novo estado. Talvez em razão disso, há viés cognitivo, amplamente verificado a partir de experimentos, operando em nossa tomada de decisão: o viés de *status quo*. Sobre o viés de *status quo*, v. KAHNEMAN, Dan; THALER, Richard H. Anomalies: the endowment effect, loss aversion, and status quo bias. *The Journal of Economic Perspectives*, v. 5, 1991.

[13] Há, ainda, questão correlata, que é a da percepção popular de que o administrador público não possuiria clareza em relação à condução da administração. Em certo sentido, é plausível cogitar que existam incentivos eleitorais para que o administrador *não* adote formas administrativas extremamente inovadoras, pois, do contrário, passaria a mensagem de que "não sabe o que está fazendo" ou de que "está realizando experimentos com o povo". Agradeço a Carlos Ari Sundfeld pelo comentário que inspirou esta nota.

[14] SOUZA, Clayton Ribeiro. A inflação legislativa no contexto brasileiro. *Revista da AGU*, n. 33, p. 37-64, 2012. Disponível em: <http://seer.agu.gov.br/index.php/AGU/article/view/100/383>. Acesso em: 31 maio 2017 e SILVA, Juary C. Considerações em torno da inflação legislativa. *Revista de Direito da Procuradoria Geral do Estado da Guanabara*, 1968. p. 76-92.

[15] HESSE, Konrad. *A força normativa da Constituição*. Porto Alegre: Sérgio Antonio Fabris, 1991.

[16] Assim, pode-se pensar que o Estatuto da Metrópole – a Lei Federal nº 13.089/15 – seja bem avançada para o estado atual da cultura jurídica sobre metrópoles. Ela pode estar além do estado atual da arte nesta seara. Num exemplo mais prosaico, é de se pensar na exigência normativa de uso de cinto de segurança em viagens intermunicipais por meio de ônibus, cuja efetividade ainda é bastante reduzida.

[17] É discutível se a Lei Federal nº 6.242/75, que regulamenta a profissão de lavador e de guardador de carro, representou boa inovação no ordenamento jurídico brasileiro. Boa ou não, o fato é que ela é inteiramente inefetiva.

aqui se vai tratar do fato de que a lei pode (a') *forçar a inovação*, além de que (b') *certos formatos legais se mostram especialmente adaptativos à inovação controlada*.[18]

(a) Em regra, a lei está atrasada em relação às demandas da sociedade. Não necessariamente por culpa do legislador. É que toda ação coletiva traz dificuldades.[19] Bloqueios de grupos de interesse, heterogeneidade que torna impossível pontos médios de acordo, equilíbrios instáveis, compromissos estabelecidos com base em conteúdos vagos: a ciência política identifica verdadeiro catálogo de problemas a afetar a ação parlamentar. A isso, somam-se as características específicas do sistema político brasileiro – em especial, seu multipartidarismo fragmentado –, que levam à necessidade de que autores de projetos de lei negociem extensivamente com grupos de congressistas.[20]

Além disso, o processo legislativo, de modo intencional, envolve procedimentos demorados. Assim, por exemplo, a necessidade de discussão de projetos de leis em comissões temáticas; a votação em duas casas; a realização de audiências públicas. A ideia é a de que, com isso, possam surgir debates reflexivos.[21] A demora é arquitetada como instrumento rumo a uma deliberação de boa qualidade.[22] Mas o resultado de tudo isso pode ser leis que *não mudam porque não conseguem ser mudadas*.

Exemplo em direito administrativo de lei ultrapassada pelo tempo é a Lei Geral de Licitações e Contratos Administrativos, a Lei nº 8.888/93.[23] Muito em função disso – mas também porque não se consegue revogá-la –, reduz-se progressivamente sua incidência por meio da edição de regimes paralelos de seleção e contratação pública,[24] no que talvez seja bem-acabado exemplo de *by-pass* institucional.[25] A Lei nº 8.666/93 é uma *lei zumbi*: aplica-se pelas tabelas, possui ainda alguma força na parte de contratos, mas não morre.

---

[18] Existem aspectos mais específicos do nosso sistema constitucional que também representam limites ao experimentalismo administrativo. Talvez o maior deles seja a centralização de competências legislativas na União: não só, aliás, pelo que está escrito no art. 22 da Constituição, mas também pela interpretação judicial que se dá ao art. 24, com princípios da simetria e que tais limitando o legislador subnacional. Mal se tenta algo – *quando* se tenta –, e o Judiciário já declara a inconstitucionalidade do experimento local. É de se ver, aliás, que invalidar lei antes que ela possa ter mostrado seus efeitos é postura antipragmática por excelência. Sobre este último ponto, cf. POSNER, Richard. *Law, pragmatism and democracy*. Cambridge: Harvard University Press, 2003.

[19] Sobre o ponto, v. o clássico OLSON, Mancur. *The logic of collective action*: public goods and the theory of groups. Cambridge: Harvard University Press, 1971.

[20] Um sistema multipartidário altamente fragmentado exige a necessidade da formação de coalizões políticas, o que impõe a realização de alianças. A aprovação de projetos de lei passa diretamente por esse equilíbrio, o que envolve negociações complexas, exigindo, consequentemente, tempo. Sobre os dilemas do presidencialismo de coalizão no Brasil, v. ABRANCHES, Sérgio. Presidencialismo de coalizão: o dilema institucional brasileiro. *Revista de Ciências Sociais*, Rio de Janeiro. v. 31, n. 1, p. 5-34, 1988.

[21] TSCHENTSCHER, Axel *et al*. Deliberation in Parliament. *Legisprudence, Special Issue 'Legislation and Argumentation'*, 2010.

[22] POSNER, Eric; GERSEN, Jacob. Timing rules and legal institutions. *Harvard Law Review*, v. 121, 2007. p. 565 e ss.

[23] Não é o caso de ingressar, de modo específico, nas críticas à Lei nº 8.666/93. Em todo caso, há razoável consenso de que ela padece de problemas, alguns causados por seu anacronismo. V. ROSILHO, André Janjácomo. As licitações segundo a Lei n. 8.666/93: um jogo de dados viciado. *Revista de Contratos Públicos*, v. 2, p. 9-38, 2012. Ainda, SUNDFELD, Carlos Ari. Como reformar licitações? *Interesse Público – Revista Bimestral de Direito Público*, Belo Horizonte, n. 54, 2009.

[24] A respeito do ponto, veja-se o comentário de CABRAL JÚNIOR, Renato Toledo. O futuro do regime diferenciado de contratações públicas. *Migalhas*, 18 dez. 2015. Disponível em: <http://www.migalhas.com.br/dePeso/16,MI231658,21048-O+futuro+do+regime+diferenciado+de+contratacoes+publicas>. Acesso em: 20 maio 2017.

[25] O *by-pass* institucional é o recurso à nova instituição para evitar os problemas associados à instituição já existente, sem, no entanto, extingui-la. V. PRADO, Mariana Mota. *Institutional bypass*: an alternative for development reform. [s.l.]: [s.n.], 2011. No caso da Lei nº 8.666/93, exemplos de regimes alternativos são o pregão, o RDC, a PPP e o regime de contratação da Petrobras. Hoje, eles respondem por boa parte das contratações públicas no Brasil.

(b) O problema da lei não é só sobreviver a seu tempo. A lei é, também, o *ponto focal do legalismo de direito administrativo*, ou seja, da cultura jurídico-burocrática que fetichiza o texto normativo como único espaço possível de juridicidade administrativa.[26] Compreender a legalidade, no direito administrativo, como vinculação positiva à lei – "na Administração só é permitido fazer o que a lei autoriza", escreve Hely – é, em rigor, tornar ilegal a inovação no interior da Administração. Afinal, a prática inovadora, por definição, não está prevista em lei.[27] E a verdade é que, por muito que se tenha escrito e decidido nos últimos tempos, nas trincheiras da Administração o legalismo ainda triunfa, seja porque é o que se *conhece*, seja porque é o que *conforta*. Entenda-se.

O legalismo é o que se *conhece*: é plausível cogitar que, em razão da forma como se dá a seleção de burocratas de baixo escalão – provas objetivas baseadas no conteúdo textual de leis –, há associação entre *praticar o direito* e *fazer incidir a fatispécie de texto de lei*.[28] Para o técnico de nível médio, encontrar-se-iam fora de sua zona de segurança epistêmica os princípios, a argumentação jurídica, a doutrina não manualística; há, apenas, a lei.

O legalismo é o que *conforta*: uma vez que há controle inclemente sobre atos praticados por agentes públicos, muitas vezes com base em conceitos vagos, agentes públicos dotados de menor capital político podem preferir ater-se ao texto da lei como medida de proteção pessoal. Se é para arriscar o patrimônio, o cargo ou a reputação, que se *fiat Lex*, ainda que *pereat mundus*. O direito administrativo do medo é o direito administrativo legalista.[29]

Independentemente de sua causa, contudo, o fato é que o legalismo dificulta a inovação. Depender de lei formal para inovar é depender do processo legislativo, que é, como se viu, lento; tomar, quase sempre, decisões macro (pois a lei, ao contrário do ato administrativo, tende a produzir efeitos mais gerais); e tomar decisões cuja terminação é difícil (revogar uma lei é mais difícil do que revogar um ato administrativo). A inovação passa a ter custo altíssimo.

A lei, contudo, não só indica limites à inovação. Há, também, possibilidades. (a') *A lei pode forçar a inovação*. Há leis que ousam para além de seu tempo, e, nisso, são bem-sucedidas, melhorando a sociedade nesse processo. Alguns exemplos no direito administrativo: o orçamento sigiloso, previsto no art. 6º da Lei Federal nº 12.462/2011 – a Lei do RDC –, inovou no modo como o custo estimado das contratações públicas era divulgado.[30] Pelo regime da Lei nº 8.666/93, o orçamento estimado para a contratação é divulgado no edital da licitação.[31] Tal valor pode funcionar como alavanca mental para o

---

[26] Claro que, aqui, o problema não é da lei, mas da cultura que a glorifica. Entretanto, por uma espécie de metonímia didática, optou-se por enquadrar o fenômeno junto aos problemas da lei.

[27] A não ser que inovadora seja a própria prática estabelecida pela lei. Sobre esse ponto, vai-se escrever em seguida.

[28] Essa é, apenas, uma cogitação. Para que possa ser afirmada de modo assertivo, far-se-ia sua verificação por meio de experimentos.

[29] GUIMARÃES, Fernando Vernalha. Direito administrativo do medo. *Direito do Estado*, n. 71, 2016.

[30] Art. 6º da Lei nº 12.462/2011: "Observado o disposto no §3º, o orçamento previamente estimado para a contratação será tornado público apenas e imediatamente após o encerramento da licitação, sem prejuízo da divulgação do detalhamento dos quantitativos e das demais informações necessárias para a elaboração das propostas".

[31] Art. 40, §2º, II, da Lei nº 8.666/93: "§2º Constituem anexos do edital, dele fazendo parte integrante: [...] II - orçamento estimado em planilhas de quantitativos e preços unitários".

valor das ofertas,[32] e, por vezes, como veículo para a formação de cartéis de preço entre licitantes.[33] Com o orçamento sigiloso, tais incentivos deixam de existir.

Ainda no universo das contratações públicas, a Lei do Pregão Federal (Lei nº 10.520/2002) inovou positivamente no ordenamento: trouxe modalidade de licitação que, em pouco tempo, tornou-se hegemônica, influenciando leis posteriores sobre o assunto (por ex., na inversão das fases de habilitação e de julgamento das propostas).[34] A lei inventou conceitos e categorias, e, ao fazê-lo, forçou a inovação.

Outras possibilidades de inovação, trazidas pela lei, têm a ver com (b') *certos formatos legais, que se mostram particularmente propícios à inovação segura*. Trata-se do formato das leis temporárias – a lei vige por certo tempo, e, então, consideram-se seus efeitos –, ou o de leis cuja vigência se associa ao resultado de certos índices (elas podem ser mantidas ou terminadas a partir do resultado). Ao impor a reanálise da norma após algum tempo, tais alternativas reduzem os riscos derivados de erros ou de efeitos não esperados. Há, aqui, no entanto, pouco experimentalismo legístico. Leis não precisariam ser assuntos de *tudo ou nada*. Lamentavelmente, no Brasil, elas são. Mas, se a realidade é medíocre, a possibilidade é libertadora.

4 A doutrina de direito administrativo: entre o centralismo e a proposta

Se hoje não faltam leis de direito administrativo, nem sempre foi assim. A disciplina possui origem jurisprudencial e, desde sempre, contou com forte influência doutrinária. Categorias como a responsabilidade civil objetiva do Estado e a noção de serviço público foram antes decididas ou postuladas em livros do que objeto de leis. Natural que, na doutrina de direito administrativo, existam, também, limites e possibilidades de inovação.

Há momentos em que a lei muda, mas a doutrina continua interpretando-a como se nada houvesse ocorrido. Trata-se da (a) *interpretação retrospectiva*. Há ocasiões em que a doutrina jusadministrativista cria categoria, e quando a lei não a adota, toma-a por inconstitucional: é o peculiar fenômeno do (b) *controle doutrinário de constitucionalidade das normas de direito administrativo*. Mas, entre as possibilidades, deve-se destacar que, em textos doutrinários, é possível realizar (a') *análises críticas contextualmente responsáveis*, e, mesmo, (b') *cogitações de baixo custo*. Analisemos os fenômenos.

A (a) *interpretação retrospectiva* é a interpretação doutrinária que enxerga o presente com os olhos do passado. José Carlos Barbosa Moreira identificou a atividade:

> Põe-se ênfase nas semelhanças, corre-se um véu sobre as diferenças e conclui-se que, à luz daquelas, e a despeito destas, a disciplina da matéria, afinal de contas, mudou pouco, se é

---

[32] Isso ocorre de modo ainda mais evidente quando há divulgação do preço máximo a ser aceito na licitação.
[33] LIRA, Bruno; NÓBREGA, Marcos. O Estatuto do RDC é contrário aos cartéis em licitação? Uma breve análise baseada na teoria dos leilões. *Revista Brasileira de Direito Público*, Belo Horizonte, n. 35.
[34] JUSTEN FILHO, Marçal, Pregão: nova modalidade licitatória. *Revista de Direito Administrativo*, v. 221, p. 7-45, 2000. Em rigor, o pregão já existia, antes da Lei nº 10.520/2002, na Lei Geral das Telecomunicações – a Lei nº 9.472/97 –, como procedimento próprio de contratação da Anatel (arts. 54 e 55). Então, a prioridade cronológica cabe à LGT. Mas o impacto veio com a Lei do Pregão. De onde se levanta a seguinte questão: quem é que inova – quem cria primeiro ou quem adota e gera impacto?

que na verdade mudou. É um tipo de interpretação em que o olhar do intérprete dirige-se antes ao passado que ao presente, e a imagem que ele capta é menos a representação da realidade que uma sombra fantasmagórica.[35]

É dizer: em virtude da interpretação retrospectiva, a lei nova chega, mas há resistência interpretativa à sua efetividade. Conclui-se que não inova, ou inova pouco. Nos exemplos de direito administrativo, veja-se o tratamento dispensado, por certos autores, à figura da regulação da economia, em especial a partir da criação de diversas agências reguladoras federais nos anos 90. Diogo de Figueiredo Moreira Neto observa que o tratamento da regulação muito se dava como se o instituto não trouxesse nada de novo em relação aos regulamentos administrativos. Sob tal premissa, a deslegalização – a lei passa parte de seu poder para o regulamento – não seria admissível, eis que o que não se admite para o regulamento não se admitiria para a regulação.[36] [37]

Figure-se outro exemplo, de sutil percepção. No debate acerca do princípio da supremacia do interesse público sobre o privado, a interpretação retroativa se qualifica como interpretação defensiva. Aqui, a interpretação defensiva se baseia em distinções conceituais voltadas a preservar elemento tradicional do direito administrativo, ainda que adaptado a um novo paradigma.[38] Há resistência – se bem que menor – ao novo.[39]

A doutrina de direito administrativo representa limite extremo à inovação quando opera o que se vai aqui chamar de (b) *controle doutrinário de constitucionalidade das normas de direito administrativo*. Ao exercê-lo, o autor constitucionaliza sua opinião ou a de juristas do passado, e, com base nisso, decreta a invalidade da norma que lhes contraria.[40]

---

[35] MOREIRA, José Carlos Barbosa. O poder judiciário e a efetividade da nova Constituição. *Revista Forense*, n. 304, 1988. p. 152. No trecho, Barbosa Moreira criticava a interpretação constitucional realizada pelos ministros do STF logo após a promulgação da Constituição de 1988.

[36] "Ao persistirem nesse vício exegético, sempre 'para nada inovar', os adeptos da velha hermenêutica, como não encontram na Constituição um dispositivo que lhes seja suficientemente confortável para fundamentar a regulação, que respeite suas características de deslegalização técnica setorial, optam por desconhecer ou desdenhar a copiosa literatura jurídica existente sobre o fenômeno da deslegalização para se conformarem em assemelhar a regulação à regulamentação, pois, afinal, esta lhes parece nitidamente presente na Carta" (MOREIRA NETO, Diogo de Figueiredo. A regulação sob a perspectiva da nova hermenêutica. *Revista Eletrônica de Direito Administrativo*, n. 8, 2008).

[37] Na ADI nº 4.568, em que se discutia a constitucionalidade da deslegalização do reajuste e do aumento do salário mínimo (que havia sido operada pelo art. 3º da Lei nº 12.382/2011), o STF, ao decidir pela constitucionalidade da norma, parece haver acolhido a deslegalização no direito brasileiro.

[38] V., por exemplo, a posição de Luís Roberto Barroso que fez uso de novas distinções conceituais para defender a manutenção do princípio, mesmo que com substância distinta de sua concepção tradicional: BARROSO, Luís Roberto. Prefácio – O Estado contemporâneo, os direitos fundamentais e a definição da supremacia do interesse público. In: SARMENTO, Daniel (Org.). *Interesses públicos versus interesses privados*: desconstruindo o princípio da supremacia do interesse público. Rio de Janeiro: Lumen Juris, 2005.

[39] Exemplo de interpretação retroativa é, também, aquela proposta pelo procurador-geral da República na ADI nº 4.655, em que investe contra a Lei nº 12.462/2011 – a Lei do Regime Diferenciado de Contratações Públicas (RDC). Na prática, o que o PGR faz, na argumentação de mérito, é constitucionalizar o regime licitatório da Lei nº 8.666/93, e dizer que, como a Lei do RDC é diferente da Lei nº 8.666/93, ela é inconstitucional. Interpretação retroativa não da doutrina, mas de instância interpretativa (o MP) – mas, de qualquer modo, exemplo lapidar de interpretação retroativa com pretensão de inconstitucionalizar opções legislativas inovadoras.

[40] Tratando do ponto, afirma Jacintho Arruda Câmara: "Em vez de se interpretar o direito posto e, a partir dele, revelar-se o significado dos institutos, toma-se como fonte conceitual a própria doutrina, pondo-a como paradigma a ser observado pelo legislador (mesmo que seja o constituinte originário)" (CÂMARA, Jacintho Arruda. Autorizações administrativas vinculadas: o exemplo do setor de telecomunicações. In: ARAGÃO, Alexandre Santos de; MARQUES NETO, Floriano de Azevedo (Coord.). *Direito administrativo e seus novos paradigmas*. Belo Horizonte: Fórum, 2008. p. 622).

Exemplo notório é o da autorização administrativa. De acordo com tradicional entendimento doutrinário, autorização administrativa é ato de natureza *discricionária*.[41] Ou seja: há margem de escolha para que o Poder Público permita ou não que o particular desempenhe atividade. Ao lado da autorização, há a licença que, segundo lição clássica, é ato administrativo *vinculado*: se o particular preencher os requisitos legais para sua obtenção, o Poder Público deverá licenciar a atividade.[42]

O legislador da Lei Geral de Telecomunicações não pensou assim, e criou, no art. 131, §1º, autorização vinculada.[43] Alguns entenderam que a figura era imprópria, ou, no limite, inconstitucional. Ora: embora seja desejável, por razões pragmáticas, que novos institutos criados por lei guardem alguma referibilidade com o passado,[44] isso não é razão para invalidar normas que não respeitem a sugestão. De igual modo, não seria inconstitucional a criação de licenças discricionárias.[45] Opinião de autor não tem força de Constituição.[46]

Não tem força de Constituição, mas pode ser bastante útil. Ao realizar (a') *análises críticas contextualmente responsáveis*, a doutrina pode aclarar usos, identificar problemas, pautar sugestões. Fala-se, aqui, não da doutrina imediatamente dogmática, com pretensões de verdade autofundada (a "melhor doutrina"), tampouco da que só replica o entendimento dos tribunais. Está-se tratando da doutrina que busca apoio em evidências empíricas, ou que ingressa em reflexões teóricas mais profundas.

---

[41] Por todos, leia-se Oswaldo Aranha Bandeira de Mello: "Autorização é ato administrativo discricionário, unilateral, pelo qual se faculta, a título precário, o exercício de determinada atividade material, que sem ela seria vedado. A respeito, é de se recordar o porte de armas: salvo os agentes encarregados de segurança pública, ninguém mais pode trazer consigo armas sem prévia autorização da repartição policial competente. O atendimento ao pedido do interessado, entretanto, fica a critério da Administração Pública, tendo em vista considerações de conveniência e oportunidade políticas" (BANDEIRA DE MELLO, Oswaldo Aranha. *Princípios gerais de direito administrativo* – Introdução. 3. ed. São Paulo: Malheiros, 2007. v. 1. p. 560-561).

[42] Nas palavras de Hely Lopes Meirelles: "Licença é o ato administrativo vinculado e definitivo pelo qual o Poder Público, verificando que o interessado atendeu a todas as exigências legais, faculta-lhe o desempenho de atividades ou a realização de fatos materiais antes vedados ao particular, como, por exemplo, o exercício de uma profissão, a construção de um edifício em terreno próprio" (MEIRELLES, Hely Lopes. *Direito administrativo brasileiro*. 24. ed. São Paulo: Malheiros, 1999. p. 170).

[43] Art. 131, §1º, da Lei nº 9.472/97: "Autorização de serviço de telecomunicações é o ato administrativo vinculado que faculta a exploração, no regime privado, de modalidade de serviço de telecomunicações, quando preenchidas as condições objetivas e subjetivas necessárias".

[44] Assim, pode ser útil escolher nomes parecidos para institutos que se sucedem a fim de poder recuperar, na pesquisa histórica da doutrina e da jurisprudência, a evolução do tema.

[45] Vitor Schirato noticia a existência de licenças com algum grau de discricionariedade na legislação municipal de São Paulo. Cf. SCHIRATO, Victor Rhein. Repensando a pertinência dos atributos dos atos administrativos. In: MEDAUAR, Odete; SCHIRATO, Victor Rhein (Org.). *Os caminhos do ato administrativo*. São Paulo: Revista dos Tribunais, 2011.

[46] Já houve casos em que órgãos de controle atuaram com base nestas definições doutrinárias. Assim, o Ministério Público Federal ajuizou ação civil pública contra a concessão de licença ambiental para terminal marítimo, na região de Itaguaí, alegando, entre outros pontos, que a licença ambiental era inválida porque teria que ser, necessariamente, vinculada. Vale a citação da petição inicial: "Na conhecida definição de Hely Lopes Meirelles, licença é o 'ato administrativo VINCULADO e definitivo pelo qual o Poder Público, verificando que o interessado atendeu a todas as exigências legais, faculta-lhe o desempenho de atividades ou a realização de fatos materiais antes vedados ao particular, como, p. ex., o exercício de uma profissão, a construção de um edifício em terreno próprio'. Pela natureza vinculada, e não-discricionária, desta espécie de ato administrativo, o órgão público não está, obviamente, autorizado a conceder, a seu bel-prazer, licenças para o funcionamento de atividades potencialmente poluidoras" (BRASIL. Procuradoria da República no Estado do Rio de Janeiro. *Ação civil pública com pedido de antecipação de tutela*. Disponível em: <http://www.mpf.mp.br/pgr/copy_of_pdfs/acp-porto-sudeste-vila-do-engenho-1.pdf>. Acesso em: 31 maio 2017).

Exemplo: a partir de categoria criada pelo Conselho de Estado francês – o *mérito administrativo* –, levantamentos em decisões de órgãos judiciais brasileiros podem esclarecer, para certos cortes temporais, o nível de sua aderência.[47] Mais do que dizer que o juiz deve respeitar o mérito administrativo, cumpre saber se e em que medida isso ocorre, e, nos casos em que não, por quais motivos. Em situações que tais, tem-se doutrina que ilumina, e não confunde, a prática.

Em outra análise, grupo de pesquisa da FGV-SP identificou quem é, de fato, o diretor das agências reguladoras federais. A análise levanta dados, tem um quê de sociologia das instituições, mas, elaborada por pesquisadores do direito, fala com estudantes e profissionais da área e apela a eles.[48] Não se trata mais de perorar de si para si; cumpre, agora, explicar, transformativamente, o mundo.

A força da doutrina está em que ela é uma (b') *cogitação de baixo custo*. Ao contrário da lei, do regulamento e da decisão judicial, ela se faz com custo tendente a zero. Daí que se mostra espaço propício à inovação. Ao lançar especulação *de lege ferenda*, o escritor está livre para ir além de onde qualquer acordo político ou decisão judicial pode. E a força da doutrina de direito administrativo não é desprezível. Ela inventa categorias o tempo todo.[49] Inventar é, literalmente, inovar. Ora, por vezes, o conceito inventado de direito administrativo é acolhido pela lei ou por um tribunal e se torna, concretamente, o referencial normativo do assunto.

Tome-se, como exemplo, a noção de que *o poder de polícia só pode ser exercido por entidades dotadas de personalidade jurídica de direito público*. Essa formulação é resultado de amálgama doutrinário de várias intuições: a de que o Estado detém o monopólio da violência legítima; preocupações com a legitimidade, a isonomia e a *accountabilty* do exercício de sanções etc.[50] Enfim, o fato é que, ao longo de séculos, *cristalizou-se* – talvez o verbo seja esse – a noção do monopólio público do exercício do poder de polícia, que foi, então, adotada em decisões públicas e em leis.[51]

Só que tal conclusão levou a problemas. Como justificar empresa privada de pardal eletrônico? Como explicar vistoria veicular realizada por particular contratado pelos Detrans? Diante disso, a doutrina driblou[52] sua própria regra, inventando a noção de ciclo

---

[47] Assim, por todas as pesquisas do gênero, cada dia mais comuns no Brasil, veja-se ALMEIDA, Fabricio Antonio Cardim de (Coord.). *Revisão judicial das decisões do Conselho Administrativo de Defesa Econômica*. Belo Horizonte: Fórum, 2011.

[48] FGV-SP Direito. Nomeação de dirigentes de agências reguladoras: um estudo descritivo. *FGV Direito SP*, São Paulo, jul. 2016. Disponível em: <http://direitosp.fgv.br/sites/direitosp.fgv.br/files/arquivos/GRP_arquivos/grp_-_relatorio_de_pesquisa_-_nomeacao_de_dirigentes_nas_agencias_reguladoras_sponsor.pdf>. Acesso em: 10 maio 2017.

[49] Sobre o tema, v. MENDONÇA, José Vicente Santos de. Conceitos inventados de direito administrativo. In: FREITAS, Rafael Véras; RIBEIRO, Leonardo Coelho; FEIGELSON, Bruno. *Regulação e novas tecnologias*. Belo Horizonte: Fórum, 2017.

[50] SCHWIND, Rafael Wallbach. Particulares em colaboração com o exercício do poder de polícia: o "procedimento de polícia". In: MEDAUAR, Odete; SCHIRATO, Vitor. (Coord.). *Poder de polícia na atualidade*. Belo Horizonte: Fórum, 2014. p. 139-140, especialmente.

[51] No campo jurisprudencial, alude-se aos seguintes julgados: BRASIL. Superior Tribunal de Justiça. REsp nº 817.534/MG, 2ª Turma. Rel. Min. Mauro Campbell, j. 4.8.2009 e BRASIL. Supremo Tribunal Federal. ADI nº 1.717/DF, Tribunal Pleno. Rel. Min. Sydney Sanches, j. 7.11.2002. No campo legal, mencionamos o art. 4º, III, da Lei nº 11.079/2004 (Lei das PPPs federais): "Na contratação de parceria público-privada serão observadas as seguintes diretrizes: [...] III - indelegabilidade das funções de regulação, jurisdicional, do exercício do poder de polícia e de outras atividades exclusivas do Estado [...]".

[52] ZAGO, Marina Fontão. O dogma da indelegabilidade do poder de polícia defrontado com casos do Código de Trânsito Brasileiro. *Fórum Administrativo: Direito Público*, Belo Horizonte, v. 10, n. 111, maio 2010.

de polícia.⁵³ O conceito de ciclo de polícia, afinal, veio a ser adotado pelos tribunais. O ciclo – doutrinário – se fecha: a doutrina inventa a solução, que se mostra problemática, que requer nova solução. A inovação não é caminho sem tropeços.

5 A jurisprudência de direito administrativo: laboratório ou museu?

Por fim, a jurisprudência. Ela configura limite à inovação quando (a) representa *segunda força da doutrina anti-inovação*, mas pode configurar possibilidades inovadoras pois, às vezes, (a') *viabiliza experimentações a custo médio*. Confira-se.

A jurisprudência pode assumir papel de (a) *segunda força da doutrina anti-inovação* quando faz coisa julgada de certas opiniões de autor. Ou seja: por vezes, o Judiciário pode emprestar "dentes" (na expressão de Sunstein e Holmes)⁵⁴ a opiniões contrárias à inovação. A lei inova, a doutrina retroage, o Judiciário transita o passado em julgado. É de se ver que muitos tribunais – mas não, em regra, juízes isolados – desempenham, por formação e vocação, o papel de travas institucionais ao novo. Afinal, quando se fala da jurisprudência, está-se falando de ofício para o qual se dão sugestões como a seguinte, de Carlos Maximiliano:

> Fica bem ao magistrado aludir às teorias recentes, mostrar conhecê-las, porém só impor em aresto a sua observância quando deixarem de ser consideradas ultra-adiantadas, semi-revolucionárias; obtiverem o aplauso dos moderados, não *misoneístas*, porém prudentes, *doutos e sensatos*.⁵⁵

Os exemplos são fáceis de se encontrar. Para ficar no caso do item anterior, basta ver decisões judiciais que proclamam, contra os fatos, a indelegabilidade do poder de polícia a entidades privadas.⁵⁶ Ou, em cogitação fora do direito administrativo, mas polêmica: é plausível imaginar que certos tribunais resistam se e quando houver alteração legislativa que permita uniões estáveis paralelas ao casamento, o chamado *poliamor*. Aliás, é de se ver que, já hoje, com base em alguns princípios – *v.g.*, dignidade da pessoa humana, pluralidade das formas de família – seria possível atribuir direitos a

---

⁵³ MOREIRA NETO, Diogo de Figueiredo. *Curso de direito administrativo*. 15. ed. Rio de Janeiro: Forense, 2009. p. 444-447.
⁵⁴ SUNSTEIN, Cass; HOLMES, Stephen. *The cost of rights*: why our liberties depend on taxes. [s.l.]: [s.n.], [s.d.]. Na obra, Sunstein e Holmes afirmam que direitos subjetivos propriamente ditos possuem "dentes", isto é, são capazes de mudar concretamente a realidade.
⁵⁵ MAXIMILIANO, Carlos. *Hermenêutica e aplicação do direito*. 16. ed. Rio de Janeiro: Forense, 1997. p. 160. Grifos no original.
⁵⁶ Por ex., a ADI nº 1.717, assim ementada: "DIREITO CONSTITUCIONAL E ADMINISTRATIVO. AÇÃO DIRETA DE INCONSTITUCIONALIDADE DO ART. 58 E SEUS PARÁGRAFOS DA LEI FEDERAL Nº 9.649, DE 27.05.1998, QUE TRATAM DOS SERVIÇOS DE FISCALIZAÇÃO DE PROFISSÕES REGULAMENTADAS. 1. Estando prejudicada a Ação, quanto ao §3º do art. 58 da Lei nº 9.649, de 27.05.1998, como já decidiu o Plenário, quando apreciou o pedido de medida cautelar, a Ação Direta é julgada procedente, quanto ao mais, declarando-se a inconstitucionalidade do "caput" e dos §1º, 2º, 4º, 5º, 6º, 7º e 8º do mesmo art. 58. 2. Isso porque a interpretação conjugada dos artigos 5º, XIII, 22, XVI, 21, XXIV, 70, parágrafo único, 149 e 175 da Constituição Federal, leva à conclusão, no sentido da indelegabilidade, a uma entidade privada, de atividade típica de Estado, que abrange até poder de polícia, de tributar e de punir, no que concerne ao exercício de atividades profissionais regulamentadas, como ocorre com os dispositivos impugnados. 3. Decisão unânime".

famílias não monogâmicas. Mas a jurisprudência ainda não reconhece a inovação, aqui, não meramente administrativa, mas *existencial*.[57] A ver.

Por outro lado, a jurisprudência é capaz de (a') *viabilizar inovações a custo social médio*. De fato, uma sentença ou acórdão não tem o custo social de uma opinião doutrinária, mas, também, não é tão socialmente custosa quanto uma lei ou um regulamento. Decisão judicial é, em regra, decisão para um caso ou um grupo de casos.[58] Decisões judiciais são ótimas para experimentações: possuem tração (não são especulações em si próprias inócuas, como a doutrina); seu processo deliberativo não é tão complexo como o das casas legislativas; incorporam uma dinâmica de revisão quase que necessária em seu próprio procedimento (os recursos);[59] e seu impacto não é tão grande que dificulte a retroação, nem tão ínfimo que torne duvidosos os resultados.[60]

Louis Brandeis, juiz da Suprema Corte americana, anotou, no caso *New State Ice Co. v. Liebmann*, que estados federativos são, em comparação à União, *laboratórios*: "o estado pode, se os cidadãos assim escolherem, servir como um laboratório; e tentar experimentos sociais e econômicos sem risco para o resto do país". No Brasil, diante do centralismo federativo, sem falar na predominância de elites paroquianas em nível subnacional, a honra experimentalista não vai aos estados. É o Judiciário o nosso laboratório da democracia.

Assim, antes que houvesse leis ou regulamentos, havia decisões judiciais concedendo pensões a cônjuges homoafetivos sobreviventes de servidores públicos.[61] Quando a lei que regulamenta a desapropriação é, quase que literalmente, peça de museu, decisões judiciais conformam-lhe, na prática, um regime mais garantista.[62] Onde a lei e a doutrina resistem, o Judiciário, por vezes, avança.

A jurisprudência de direito administrativo assim como a doutrina e a lei são *ambíguas* quanto à inovação: ora fomentam-na, ora são suas adversárias. É claro que nem sempre inovar é bom, e a dinâmica construtiva novo-velho-novo possui valores de

---

[57] "Ser casado constitui fato impeditivo para o reconhecimento de uma união estável. Tal óbice só pode ser afastado caso haja separação de fato ou de direito. Ainda que seja provada a existência de relação não eventual, com vínculo afetivo e duradouro, e com o intuito de constituir laços familiares, essa situação não é protegida pelo ordenamento jurídico se concomitante a ela existir um casamento não desfeito [...] Diante disso, decidiu-se que havendo uma relação concubinária, não eventual, simultânea ao casamento, presume-se que o matrimônio não foi dissolvido e prevalecem os interesses da mulher casada, não reconhecendo a união estável" (BRASIL. Superior Tribunal de Justiça. REsp nº 1.096.539/RS, 4º Turma. Rel. Min. Luis Felipe Salomão, j. 2732012).

[58] Decisões havidas em controle abstrato de constitucionalidade assemelham-se, funcionalmente, a decisões legislativas, só que negativas. Mas tais decisões não correspondem à maioria das decisões judiciais.

[59] Em alguns casos, como nas decisões judiciais tiradas contra interesses significativos da Fazenda Pública, a revisão é, literalmente, necessária (cf. art. 496 do CPC).

[60] Por outro lado, aspectos negativos em decisões judiciais, em comparação a decisões legislativas e administrativas: decisões judiciais só admitem argumentos apresentados sob forma jurídica (o que pode reduzir a complexidade dos elementos considerados para a decisão, ou tornar insinceras as premissas nominalmente adotadas), e seu processo de revisão de última ordem (depois de quando se formou a coisa julgada) é bastante difícil. Além disso, o Judiciário possui formação menos heterogênea do que o Legislativo e o Executivo. Juízes são menos diferentes entre si do que legisladores e, em nível um pouco menor, burocratas. Tal homogeneidade acaba se espelhando no repertório argumentativo das decisões.

[61] Por ex., TJ/RJ. AC nº 2004.001.30635. Rel. Des. Marco Antonio Ibrahim, j. 5.4.2005 e TJ/RJ. AC nº 2005.001.34933. Rel. Des. Leticia Sardas, j. 21.3.2006

[62] V. em BAPTISTA, Patrícia Ferreira. *Consensualidade e justo preço nas desapropriações*: novos parâmetros à luz do direito administrativo contemporâneo. Disponível em: <http://anape.org.br/site/wp-content/uploads/2014/01/TESE-20-AUTORA-PATR%C3%8DCIA-FERREIRA-BAPTISTA.pdf>. Acesso em: 30 maio 2017.

segurança (a demora é garante da permanência) e de testagem (a dificuldade é garante da qualidade).

Por outro lado, inovação segura é garante de relevância. Na doutrina de direito administrativo, há, então, como se viu, momentos em que convencionalismo se torna fundacionalismo; na legislação, pontos em que a velocidade subótima da lei se torna anacronismo; e, na jurisprudência, decisões em que a adesão ao passado, mais do que garantir direitos, impede a experiência do novo.

6 Síntese objetiva e encerramento

Ao fim deste estudo, é possível apresentar suas conclusões sob a forma de síntese objetiva.

(1) A palavra *inovação* é daquelas em relação às quais todos parecem concordar, embora ninguém saiba muito bem o que significa. O termo, que encontra desenvolvimentos clássicos na economia e na administração, vem sendo recentemente debatido junto ao direito. Para este texto, inovação é a *invenção de possibilidades no mundo a partir de argumentos jurídicos*.

(2) Há, contudo, que se ter cautela com o discurso da inovação junto ao direito. *Nem sempre inovar é bom; nem sempre o que é bom é inovador*; e o *discurso da inovação como modismo reduz a complexidade do tema*. A inovação não é postura de valor absoluto: embora quase sempre desejável, há momentos em que, quando se fala do direito, *não inovar* é permitir que normas e práticas se consolidem. O contrário da inovação não deve ser a estagnação, mas a inovação responsiva à qualidade do presente.

(3) Leis apresentam (a) *velocidade subótima*, não necessariamente por culpa do legislador. É que toda ação coletiva traz dificuldades. A elas, somam-se características de nosso sistema político, em especial o multipartidarismo fragmentado. De resto, o processo legislativo é desenhado para que demore, de modo a gerar decisões refletidas. Em razão disso, há leis que ultrapassam seu tempo e não mudam porque não conseguem ser mudadas. O maior exemplo do fenômeno, no direito administrativo, é a Lei nº 8.666/93, cujo apogeu já passou, e que, hoje, tem sua vigência contornada por uma série de leis especiais.

(4) A lei é, também, (b) o *ponto focal do legalismo de direito administrativo*, cultura jurídico-burocrática que fetichiza o texto da lei como único espaço de juridicidade. Se a Administração só pode agir dentro do que a lei prevê, ela não pode inovar, pois a inovação, por definição, ainda não está prevista. E, por muito do que se tenha escrito e decidido nos últimos tempos, o legalismo ainda triunfa nas trincheiras da Administração Pública – seja porque é o que o burocrata conhece, seja porque é como se protege de um sistema inclemente de controle. Ora, depender de lei formal para inovar é depender do processo legislativo, que é lento; tomar, quase sempre, decisões macro; e tomar decisões cuja terminação é difícil. A inovação passa a ter custo altíssimo.

(5) Mas (a') *a lei pode forçar a inovação*. Há leis que ousam para além de seu tempo, e, sendo bem-sucedidas, melhoram a sociedade nesse processo. Exemplos

são o regime do RDC e seu orçamento estimado inicialmente "oculto", e a Lei do Pregão Federal, que inspirou legislações subsequentes.

(6) Além disso, (b') *certos formatos legais se mostram propícios à inovação segura*, como o das leis temporárias ou o das leis cuja vigência se atrela a índices. No Brasil, tais formatos ainda não são comuns, mas é possível que o sejam algum dia.

(7) O direito administrativo consagra bastante força à sua doutrina, que dela se utiliza ora para facilitar, ora para dificultar a inovação. O fenômeno da (a) *interpretação retrospectiva* – a interpretação doutrinária que enxerga o presente com os olhos do passado – é comum. Exemplo foi o tratamento doutrinário inicial da figura da regulação pública da economia, em que ela era tomada como equivalente funcional da regulamentação. Ou, no debate sobre a superação do princípio da supremacia do interesse público sobre o privado, o uso de distinções conceituais com vistas à preservação de elementos tradicionais, ainda que adaptados a novos ares.

(8) O (b) *controle doutrinário de constitucionalidade das normas de direito administrativo* é a prática de tomar opinião doutrinária como critério de controle de validade das normas. Na LGT, o legislador criou uma autorização vinculada – contra a opinião clássica, que entendia que autorização era sempre discricionária. Alguns viram nisso uma impropriedade, ou, quiçá, uma inconstitucionalidade. Ao proibir que até mesmo a lei inove contra sua vontade, a doutrina de direito administrativo atua, aqui, como obstáculo à inovação, senão ao próprio princípio democrático.

(9) A doutrina pode, contudo, realizar (a') *análises críticas contextualmente responsáveis*, em que se despe de pretensões de verdade autofundada, e passa a verificar dados ou refletir de modo aprofundado. Também ela pode servir para operar (b') *cogitações de baixo custo*, especialmente propícias à inovação.

(10) A jurisprudência de direito administrativo atua, por vezes, como (a) *segunda força da doutrina anti-inovação*. Em certos casos, a lei inova, a doutrina retroage, o Judiciário transita o passado em julgado. Pode-se ver a prática nas decisões contrárias à delegação, a entes privados, de parcelas do poder de polícia, ou, em exemplo fora do direito administrativo, na negativa de reconhecer práticas familiares não monogâmicas.

(11) Por outro lado, a jurisprudência é capaz de (b) *viabilizar inovações com custo social médio*. Embora apresente custo social mais alto do que uma cogitação doutrinária, uma sentença ou acórdão é menos abrangente do que uma lei ou um regulamento. No Brasil, é até possível imaginar que seja o Judiciário – e não os entes federativos subnacionais – o laboratório da democracia. Assim, antes que houvesse leis ou regulamentos, havia decisões concedendo pensões a cônjuges homoafetivos sobreviventes de servidores públicos. Quando a lei que regulamenta a desapropriação se mostra atrasada, a jurisprudência atualiza seus anacronismos. Onde a lei e a doutrina resistem, o Judiciário, por vezes, avança.

(12) A jurisprudência de direito administrativo assim como a doutrina e a lei são, então, *ambíguas* quanto à inovação: ora fomentam-na, ora são suas adversárias. Na doutrina de direito administrativo, há momentos em que

convencionalismo se torna fundacionalismo; na legislação, pontos em que a velocidade subótima da lei se torna anacronismo; e, na jurisprudência, decisões em que a adesão ao passado, mais do que garantir direitos, impede a experiência do novo.

O que se tratou aqui foi de identificar uma característica: a ambiguidade da tríade jusadministrativista em relação à inovação. Se se buscasse, entretanto, uma *causa* da ambiguidade na postura do direito administrativo brasileiro, provável culpado seria a educação jurídica brasileira, da forma como tradicionalmente vem sendo feita.

Nossos doutrinadores clássicos, nossos legisladores (de formação jurídica, o que corresponde à maioria) e nossos juízes foram cultivados num ambiente hierárquico, formal e formalizante, superatento a protocolos e obcecado com figuras de autoridade. É natural que não seja ambiência das mais abertas à inovação. Ao mesmo tempo, precisa-se da inovação para sobreviver. É preciso, então, construir um mundo inconcebivelmente diferente. Um mundo, quem sabe, inconcebivelmente mais livre.

Referências

ABRANCHES, Sérgio. Presidencialismo de coalizão: o dilema institucional brasileiro. *Revista de Ciências Sociais*, Rio de Janeiro. v. 31, n. 1, p. 5-34, 1988.

ALMEIDA, Fabricio Antonio Cardim de (Coord.). *Revisão judicial das decisões do Conselho Administrativo de Defesa Econômica*. Belo Horizonte: Fórum, 2011.

BANDEIRA DE MELLO, Oswaldo Aranha. *Princípios gerais de direito administrativo* – Introdução. 3. ed. São Paulo: Malheiros, 2007. v. 1.

BAPTISTA, Patrícia Ferreira. *Consensualidade e justo preço nas desapropriações*: novos parâmetros à luz do direito administrativo contemporâneo. Disponível em: <http://anape.org.br/site/wp-content/uploads/2014/01/TESE-20-AUTORA-PATR%C3%8DCIA-FERREIRA-BAPTISTA.pdf>. Acesso em: 30 maio 2017.

BARROSO, Luís Roberto. Prefácio – O Estado contemporâneo, os direitos fundamentais e a definição da supremacia do interesse público. In: SARMENTO, Daniel (Org.). *Interesses públicos versus interesses privados*: desconstruindo o princípio da supremacia do interesse público. Rio de Janeiro: Lumen Juris, 2005.

BECK, Susan. AI pioneer ROSS intelligence lands its first Big Law clients. *Law.com*, 6 maio 2016. Disponível em: <http://www.americanlawyer.com/id=1202757054564/AI-Pioneer-ROSS-Intelligence-Lands-Its-First-Big-Law-Clients?slreturn=20170421192129>. Acesso em: 21 maio 2017.

BENCH-CAPON, Trevor *et al*. A history of AI and Law in 50 papers: 25 years of the international conference on AI and Law. *Artificial Intelligence and Law*, v. 20, n. 3, p. 215-319, 2012.

BRASIL. Procuradoria da República no Estado do Rio de Janeiro. *Ação civil pública com pedido de antecipação de tutela*. Disponível em: <http://www.mpf.mp.br/pgr/copy_of_pdfs/acp-porto-sudeste-vila-do-engenho-1.pdf>. Acesso em: 31 maio 2017.

BRASIL. Superior Tribunal de Justiça. REsp nº 1.096.539/RS, 4º Turma. Rel. Min. Luis Felipe Salomão, j. 2732012.

BRASIL. Superior Tribunal de Justiça. REsp nº 817.534/MG, 2ª Turma. Rel. Min. Mauro Campbell, j. 4.8.2009.

BRASIL. Supremo Tribunal Federal. ADI nº 1.717/DF, Tribunal Pleno. Rel. Min. Sydney Sanches, j. 7.11.2002.

BRASIL. Tribunal de Justiça/RJ. AC nº 2004.001.30635. Rel. Des. Marco Antonio Ibrahim, j. 5.4.2005.

BRASIL. Tribunal de Justiça/RJ. AC nº 2005.001.34933. Rel. Des. Leticia Sardas, j. 21.3.2006.

CABRAL JÚNIOR, Renato Toledo. O futuro do regime diferenciado de contratações públicas. *Migalhas*, 18 dez. 2015. Disponível em: <http://www.migalhas.com.br/dePeso/16,MI231658,21048-O+futuro+do+regime+diferenciado+de+contratacoes+publicas>. Acesso em: 20 maio 2017.

CÂMARA, Jacintho Arruda. Autorizações administrativas vinculadas: o exemplo do setor de telecomunicações. In: ARAGÃO, Alexandre Santos de; MARQUES NETO, Floriano de Azevedo (Coord.). *Direito administrativo e seus novos paradigmas*. Belo Horizonte: Fórum, 2008.

CANADA SCHOOL OF PUBLIC SERVICE. Cartilha da gestão do conhecimento no serviço público. *Cadernos Enap*, Brasília, n. 30, 2006. Disponível em: <http://repositorio.enap.gov.br/bitstream/1/651/1/Uma%20explora%C3%A7%C3%A3o%20inicial%20da%20literatura%20sobre%20a%20inova%C3%A7%C3%A3o.pdf>. Acesso em: 14 maio 2017.

CANADA SCHOOL OF PUBLIC SERVICE. Uma exploração inicial da literatura sobre a inovação. *Cadernos Enap*, Brasília, n. 30, 2006. Disponível em: <http://repositorio.enap.gov.br/bitstream/1/651/1/Uma%20explora%C3%A7%C3%A3o%20inicial%20da%20literatura%20sobre%20a%20inova%C3%A7%C3%A3o.pdf>. Acesso em: 14 maio 2017.

FGV-SP Direito. Nomeação de dirigentes de agências reguladoras: um estudo descritivo. *FGV Direito SP*, São Paulo, jul. 2016. Disponível em: <http://direitosp.fgv.br/sites/direitosp.fgv.br/files/arquivos/GRP_arquivos/grp_-_relatorio_de_pesquisa_-_nomeacao_de_dirigentes_nas_agencias_reguladoras_sponsor.pdf>. Acesso em: 10 maio 2017.

FRAGALE FILHO, Roberto; VERONESE, Alexandre. A pesquisa em direito: diagnóstico e perspectivas. *Revista Brasileira de Pós-Graduação*, v. 1, n. 2, p. 57-70, nov. 2004.

GUIMARÃES, Fernando Vernalha. Direito administrativo do medo. *Direito do Estado*, n. 71, 2016.

HESSE, Konrad. *A força normativa da Constituição*. Porto Alegre: Sérgio Antonio Fabris, 1991.

HILL, Stephen. Guia sobre a gestão de riscos no serviço público. Brasília: Escola Nacional de Administração Pública, 2006. *Cadernos Enap*, Brasília, n. 30, 2006. Disponível em: <http://repositorio.enap.gov.br/bitstream/1/651/1/Uma%20explora%C3%A7%C3%A3o%20inicial%20da%20literatura%20sobre%20a%20inova%C3%A7%C3%A3o.pdf>. Acesso em: 14 maio 2017.

JOHNSON, Khari. The do not pay bot has beaten 160.000 traffic tickets – and counting. *Venture Beat*, 27 jun. 2016. Disponível em: <https://venturebeat.com/2016/06/27/donotpay-traffic-lawyer-bot>. Acesso em: 21 maio 2017.

JUSTEN FILHO, Marçal, Pregão: nova modalidade licitatória. *Revista de Direito Administrativo*, v. 221, p. 7-45, 2000.

KAHNEMAN, Daniel; THALER, Richard H. Anomalies: the endowment effect, loss aversion, and status quo bias. *The Journal of Economic Perspectives*, v. 5, 1991.

LIRA, Bruno; NÓBREGA, Marcos. O Estatuto do RDC é contrário aos cartéis em licitação? Uma breve análise baseada na teoria dos leilões. *Revista Brasileira de Direito Público*, Belo Horizonte, n. 35.

MAXIMILIANO, Carlos. *Hermenêutica e aplicação do direito*. 16. ed. Rio de Janeiro: Forense, 1997.

MEIRELLES, Hely Lopes. *Direito administrativo brasileiro*. 24. ed. São Paulo: Malheiros, 1999.

MENDONÇA, José Vicente Santos de. Conceitos inventados de direito administrativo. In: FREITAS, Rafael Véras; RIBEIRO, Leonardo Coelho; FEIGELSON, Bruno. *Regulação e novas tecnologias*. Belo Horizonte: Fórum, 2017.

MENDONÇA, José Vicente Santos de. O fetiche do jurista e por que ele deve acabar. *Direito do Estado*, n. 92, 2016. Disponível em: <http://www.direitodoestado.com.br/colunistas/jose-vicente-santos-mendonca/o-fetiche-do-jurista-e-por-que-ele-deve-acabar>. Acesso em: 31 maio 2016.

MOREIRA NETO, Diogo de Figueiredo. A regulação sob a perspectiva da nova hermenêutica. *Revista Eletrônica de Direito Administrativo*, n. 8, 2008.

MOREIRA NETO, Diogo de Figueiredo. *Curso de direito administrativo*. 15. ed. Rio de Janeiro: Forense, 2009.

MOREIRA, José Carlos Barbosa. O poder judiciário e a efetividade da nova Constituição. *Revista Forense*, n. 304, 1988.

MOTA, Leonardo. *Adagiário brasileiro*. Belo Horizonte: [s.n.], 1987.

NOBRE, Marcos. Apontamentos sobre a pesquisa em direito no Brasil. *Novos Estudos Cebrap*, São Paulo, jul. 2003.

OLSON, Mancur. *The logic of collective action*: public goods and the theory of groups. Cambridge: Harvard University Press, 1971.

PERELMAN, Chaïm. *Ética e direito*. São Paulo: Martins Fontes, 2002.

POSNER, Eric; GERSEN, Jacob. Timing rules and legal institutions. *Harvard Law Review*, v. 121, 2007.

POSNER, Richard. *Law, pragmatism and democracy*. Cambridge: Harvard University Press, 2003.

PRADO, Mariana Mota. *Institutional bypass*: an alternative for development reform. [s.l.]: [s.n.], 2011.

ROSILHO, André Janjácomo. As licitações segundo a Lei n. 8.666/93: um jogo de dados viciado. *Revista de Contratos Públicos*, v. 2, p. 9-38, 2012.

SARMENTO, Daniel (Org.). *Interesses públicos versus interesses privados*: desconstruindo o princípio da supremacia do interesse público. Rio de Janeiro: Lumen Juris, 2005.

SCHIRATO, Victor Rhein. Repensando a pertinência dos atributos dos atos administrativos. In: MEDAUAR, Odete; SCHIRATO, Victor Rhein (Org.). *Os caminhos do ato administrativo*. São Paulo: Revista dos Tribunais, 2011.

SCHUMPETER, Joseph. *The theory of economic development*: an inquiry into profits, capital, credit, interest, and the business cicles. [s.l.]: [s.n.], [s.d.].

SCHWIND, Rafael Wallbach. Particulares em colaboração com o exercício do poder de polícia: o "procedimento de polícia". In: MEDAUAR, Odete; SCHIRATO, Vitor. (Coord.). *Poder de polícia na atualidade*. Belo Horizonte: Fórum, 2014.

SHAKESPEARE, William. *The complete works*. Ed. Stanley Wells e Gary Taylor. Oxford: Oxford University Press, 1991.

SILVA, Juary C. Considerações em torno da inflação legislativa. *Revista de Direito da Procuradoria Geral do Estado da Guanabara*, 1968.

SOUZA, Clayton Ribeiro. A inflação legislativa no contexto brasileiro. *Revista da AGU*, n. 33, p. 37-64, 2012. Disponível em: <http://seer.agu.gov.br/index.php/AGU/article/view/100/383>. Acesso em: 31 maio 2017.

SUNDFELD, Carlos Ari. Como reformar licitações? *Interesse Público – Revista Bimestral de Direito Público*, Belo Horizonte, n. 54, 2009.

SUNSTEIN, Cass; HOLMES, Stephen. *The cost of rights*: why our liberties depend on taxes. [s.l.]: [s.n.], [s.d.].

TOSSI, Renzo. *Dicionário de sentenças latinas e gregas*. São Paulo: Martins Fontes, 1996.

TSCHENTSCHER, Axel *et al*. Deliberation in Parliament. *Legisprudence, Special Issue 'Legislation and Argumentation'*, 2010.

ZAGO, Marina Fontão. O dogma da indelegabilidade do poder de polícia defrontado com casos do Código de Trânsito Brasileiro. *Fórum Administrativo: Direito Público*, Belo Horizonte, v. 10, n. 111, maio 2010.

Informação bibliográfica deste texto, conforme a NBR 6023:2002 da Associação Brasileira de Normas Técnicas (ABNT):

MENDONÇA, José Vicente Santos de. Direito administrativo e inovação: limites e possibilidades. In: BARROSO, Luís Roberto; MELLO, Patrícia Perrone Campos (Coord.). *A República que ainda não foi*: trinta anos da Constituição de 1988 na visão da Escola de Direito Constitucional da UERJ. Belo Horizonte: Fórum, 2018. p. 557-573. ISBN 978-85-450-0582-7.

O PRINCÍPIO CONSTITUCIONAL DA EFICIÊNCIA: INTERDISCIPLINARIDADE, ANÁLISE ECONÔMICA E MÉTODO NO DIREITO ADMINISTRATIVO BRASILEIRO

ANDRÉ CYRINO

1 Introdução

"Quanto ao princípio da eficiência, não há nada a dizer sobre ele".[1] Com essas palavras, Celso Antônio Bandeira de Mello sumaria a percepção de uma linha de administrativistas brasileiros sobre a referida cláusula, a qual foi implantada pela Emenda Constitucional nº 19/1998 no *caput* do art. 37 da Constituição. De fato, desenvolveu-se literatura que, embora admita que o princípio da eficiência denote um comando de melhores resultados com redução de custos, acaba por limitar, em alguma medida, o seu significado.[2]

Nessa linha de ideias (por vezes extremada), diz-se que a iniciativa do poder constituinte derivado de inserir a *eficiência* como princípio da Administração Pública teria sido "impertinente, supérflua e irrelevante".[3] *Irrelevante*, porque sua inclusão não teria a capacidade de modificar a realidade administrativa brasileira. Não haveria passe de mágica apto a reformar a Administração Pública tradicionalmente lenta e cara no

---

[1] BANDEIRA DE MELLO, Celso Antônio. *Curso de direito administrativo*. 15. ed. São Paulo: Malheiros, 2003. p. 111. Anote-se que edições mais recentes do *Curso* de Celso Antônio Bandeira de Mello não possuem tópico específico para o princípio da eficiência administrativa, a qual seria abrangida pelo princípio da boa administração (v. BANDEIRA DE MELLO, Celso Antônio. *Curso de direito administrativo*. 32. ed. São Paulo: Malheiros, 2015. p. 126).

[2] Por exemplo, com a ideia de que a eficiência seria apenas um comando de celeridade, atenção e presteza da atuação administrativa. Isto é: um dever de que a ação administrativa produza resultados de modo expedito e preciso (v., por todos, MEDAUAR, Odete. *Direito administrativo moderno*. 18. ed. São Paulo: Revista dos Tribunais, 2014. p. 148). Em sentido parecido, equiparando eficiência à ideia de efetividade, necessariamente vinculada aos demais princípios da Administração Pública, v. DI PIETRO, Maria Sylvia Zanella. *Direito administrativo*. 26. ed. São Paulo: Atlas, 2013. p. 83-84.

[3] MOREIRA, Egon Bockmann. *Processo administrativo*: princípios constitucionais e a lei 9.784/99. 4. ed. São Paulo: Malheiros, 2010. p. 182.

Brasil, até mesmo porque já havia normas constitucionais das quais seria possível extrair o dever de eficiência, as quais pouco (ou quase nada) transformaram (*v.* arts. 74, II e 144, §7º, além do art. 70, que trata da economicidade). *Supérflua*, porque verdadeiramente desnecessária, ou um enfeite sem significado, fruto da repetição e do excesso de uma Constituição já prolixa.[4] E *impertinente*, porque esse capricho do constituinte derivado, além de misturar conceitos não jurídicos ao universo do direito, esconde o perigo de que se coloque a busca por resultados financeiros à frente de uma preocupação com a realização e a promoção de direitos.

Tal inquietação com a *eficiência* pode ser observada desde os debates que antecederam a aprovação da cláusula, no bojo da denominada *reforma administrativa*.[5] Via-se em tal movimento de reforma um processo de esvaziamento de direitos (notadamente de servidores públicos). A eficiência seria, nesse contexto, o estandarte daqueles que advogavam o sacrifício de direitos em prol de resultados (ou *administração pública gerencial*).[6] Por conseguinte, há literatura a defender que a *eficiência* do art. 37 deveria se tornar uma espécie de subnorma jurídica, cuja aplicabilidade estaria condicionada à observância dos demais princípios jurídicos. Afirmou-se, nesse sentido, que a eficiência "não se trata de princípio jurídico, muito menos poderia ser alçado à condição de norma constitucional como máxima da Administração Pública".[7] Ou que a eficiência não pode ser concebida "senão na intimidade do princípio da legalidade, pois jamais uma suposta busca de eficiência justificaria postergação daquele que é o dever administrativo por excelência".[8]

---

[4] As palavras de Almiro do Couto e Silva são categóricas: "A Constituição de 1988 é um documento barroco. Como a obra de arte barroca, que é rica em ornamentos e tem na opulência e no excesso seus traços mais característicos, assim também a Constituição sob a qual hoje vivemos insiste na riqueza, na abundância, na repetição, na reiteração em forma explícita do que nela já se contém e dela facilmente pode ser extraído pela interpretação. [...] A introdução, pela Emenda Constitucional 19/1998, da eficiência entre os princípios que regem a administração pública é mais uma expressão do vezo barroco da repetição, do gosto ou da opção pelo excesso, que permeia todo o texto da Constituição de 1988, se não quiser ver nisso uma homenagem ao utilitarismo americano, trazido até nós por uma onda relativamente recente de influência de concepções da common law sobre o nosso direito público" (SILVA, Almiro do Couto e. Prefácio. In: GIACOMUZZI, José Guilherme. *A moralidade administrativa e a boa-fé da Administração Pública* – O conteúdo dogmático da moralidade administrativa, 2002. p. 7; 9 *apud* MOREIRA, Egon Bockmann. *Processo administrativo*: princípios constitucionais e a lei 9.784/99. 4. ed. São Paulo: Malheiros, 2010. p. 183).

[5] O Senador Lauro Campos do PT do DF, por exemplo, ilustra tal visão em discurso proferido durante o processo de aprovação da emenda. Veja-se o seguinte trecho: "Para terminar, gostaria de salientar que, em nome da eficiência, se retira a impessoalidade, em nome da eficiência e do enxugamento neoliberais, em nome do desprezo aos funcionários públicos, que não têm a produtividade física, que é um dos valores paulistanos do capitalismo brasileiro – só vale quem produz coisas, parafusos, porcas, rodas, mas quem produz serviços e materiais, quem mora em Brasília pertence a uma outra categoria, que deve ser sacrificada violentamente, de acordo com essa mentalidade que vemos prevalecer no Brasil. Nós, que preferimos a vida à eficiência; a estabilidade e a tranquilidade à retirada dos direitos, à instabilidade, à insegurança que hoje faz parte do quotidiano da maioria das famílias dos funcionários públicos, não podemos, obviamente, concordar com essa forma de modernização dos serviços públicos, que tem por objetivo, em nome da eficiência e da modernidade, recuar o serviço público brasileiro a formas anteriores à própria modernidade" (BRASIL. Congresso Nacional. *Anais do Senado Federal*, Brasília, v. 22, n. 3, 1998. p. 597).

[6] V. BRESSER-PEREIRA, Luiz Carlos. Reforma gerencial do Estado de 1995. *Revista de Administração Pública*, Rio de Janeiro, v. 34, n. 4, p. 7-26, jul./ago. 2000.

[7] MOREIRA, Egon Bockmann. *Processo administrativo*: princípios constitucionais e a lei 9.784/99. 4. ed. São Paulo: Malheiros, 2010. p. 182. Para uma resposta firme e contrária à posição de Egon Bockmann Moreira, v. GABARDO, Emerson. *Princípio constitucional da eficiência*. São Paulo: Dialética, 2002. p. 91.

[8] BANDEIRA DE MELLO, Celso Antônio. *Curso de direito administrativo*. 15. ed. São Paulo: Malheiros, 2003. p. 112. Em sentido aproximado, v. MEDAUAR, Odete. *Direito administrativo moderno*. 18. ed. São Paulo: Revista dos Tribunais, 2014. p. 148.

A preocupação com o sacrifício de direitos é absolutamente legítima. Na *era dos direitos*,[9] em que o ser humano, em sua dignidade, é alçado à posição central do ordenamento jurídico,[10] o publicista tem o papel não só de explicar o direito positivo, como também o de buscar caminhos para torná-lo efetivo.[11] A Constituição é norma jurídica e deve ser aplicada.[12] *Efetividade*, e não *eficiência*, é o princípio chave. No grito das ruas: *nem um direito a menos*.

Por conta dessas preocupações, merece consideração a postura de resistência à inserção da cláusula de eficiência no art. 37 da Constituição. Acima de tudo, o direito administrativo não poderia se perder em conceitos que esvaziassem suas finalidades básicas de tutela e promoção de direitos e interesses públicos constitucional e legalmente estabelecidos. Colocado de outra forma, o direito administrativo não poderia relativizar o denominado *interesse público primário*, entendido como o conjunto de finalidades precípuas do Poder Público de promoção de justiça e bem-estar, em nome do *interesse público secundário*, na prática equiparado ao interesse do erário de diminuição de despesas e incremento da arrecadação.[13]

Além disso, argumenta-se que não seria extraível da Constituição um sentido claro sobre o significado do novo princípio da Administração Pública brasileira. E se a Constituição não oferece resposta, não seriam ciências estranhas ao direito, como a administração e a economia, as fontes de significado (*indevidamente privatizante*) da cláusula de eficiência prevista no art. 37 da Constituição.[14]

Pois bem. Há três equívocos fundamentais nesses argumentos de rejeição e esvaziamento da cláusula de eficiência. O primeiro deles, mais óbvio e de caráter exegético, relaciona-se à tese que posiciona a eficiência como princípio vinculado aos demais preceitos constitucionais, como se a eficiência fosse uma espécie de subnorma jurídica, cuja validade pressuporia a observância anterior das demais cláusulas previstas no art. 37 da Constituição. Ora, antes de tudo, a Lei Maior é aquilo que decorre do seu texto, cujos dispositivos possuem o mesmo *status* constitucional. Logo, dentro do sistema constitucional, uma norma não se submete à outra, mas com ela deve se compatibilizar num processo contínuo de harmonização.[15] Todo dispositivo constitucional merece

---

[9] BOBBIO, Norberto. *A era dos direitos*. Tradução de Carlos Nelson Coutinho. Rio de Janeiro: Elsevier, 2004.

[10] SARMENTO, Daniel. *A ponderação de interesses na Constituição Federal*. Rio de Janeiro: Lumen Juris, 2003.

[11] A doutrina na efetividade é um dos grandes exemplos de como esse papel foi incorporado ao discurso do direito público brasileiro. A propósito, v. BARROSO, Luís Roberto. *O direito constitucional e a efetividade de suas normas*. 4. ed. Rio de Janeiro: Renovar, 2000.

[12] HESSE, Konrad. La fuerza normativa de la Constitución. *Escritos de derecho constitucional*, p. 59-84, 1983.

[13] A distinção entre interesses públicos primário e secundário no direito administrativo é atribuída ao italiano Renato Alessi, que, por sua vez, baseou-se na obra de Carnelutti e Piccardi. Segundo Alessi: "a satisfação do interesse coletivo primário é obtida com proteção direta, independentemente de interesses secundários que possam coincidir com ela, ou indiretamente, ou seja, satisfazendo os interesses secundários que coincidem com o interesse coletivo primário" (ALESSI, Renato. *Sistema istituzionale del diritto amministrativo italiano*. Milão: Giuffré, 1953. p. 151-152). O tema foi incorporado ao discurso administrativista brasileiro pela obra de Celso Antônio Bandeira de Mello (BANDEIRA DE MELLO, Celso Antônio. *Curso de direito administrativo*. 15. ed. São Paulo: Malheiros, 2003. p. 57).

[14] MOREIRA, Egon Bockmann. *Processo administrativo*: princípios constitucionais e a lei 9.784/99. 4. ed. São Paulo: Malheiros, 2010. p. 184-185.

[15] Trata-se de desdobramento natural do que se denominou princípio da unidade, entendido, nas palavras de Luís Roberto Barroso, como "uma especificação da interpretação sistemática, impondo aos intérpretes o dever de harmonizar as tensões e contradições entre normas jurídicas". Para o autor, "na harmonização de sentido entre normas contrapostas, o intérprete deverá promover a concordância prática entre os bens jurídicos

aplicabilidade. É, portanto, incorreto, do ponto de vista hermenêutico, defender que a eficiência só possa existir como norma após o cumprimento de outros princípios constitucionais voltados à Administração Pública. A eficiência é norma jurídica.[16]

Os dois outros erros na doutrina que refuta ou esvazia a eficiência não são tão manifestos, mas são igualmente significativos. Com efeito, *em primeiro lugar*, é incorreto supor que outras ciências não possam oferecer significado, devidamente filtrado pelo raciocínio jurídico, a dispositivos da lei ou da Constituição. Além disso, *em segundo lugar*, inexiste uma contradição insuperável entre eficiência administrativa e os direitos e interesses públicos que devem ser perseguidos e protegidos pela Administração Pública. Na verdade, é exatamente da interdisciplinaridade advinda da cláusula de eficiência que se extraem as suas maiores virtudes. Inclusive para fins de proteção e promoção de direitos, os quais incorporam um custo inerente e a necessidade de gestão adequada de recursos públicos escassos.

O objetivo deste estudo é, sem qualquer pretensão de esgotar a questão, enfrentar estas duas incorreções, além de destacar o papel simbólico do dever de eficiência como mecanismo de inserção de argumentos advindos da economia ao discurso jurídico-administrativo. Como será explicado, tal papel transforma a cláusula de eficiência em símbolo do movimento de direito e economia (*law and economics*), cada vez mais presente na literatura administrativista brasileira.

2 Interdisciplinaridade inevitável, o medo do desconhecido e a cláusula da eficiência administrativa

Segundo Karl Popper nós devemos nos dedicar ao estudo de "problemas, não matérias: problemas que podem ultrapassar as fronteiras de qualquer matéria ou disciplina".[17] Problemas jurídicos não vêm em embrulhos desenhados nas faculdades de direito. Conquanto a análise de normas jurídicas e a sua aplicação seja a seara típica do estudioso do direito, é no mínimo pretensioso acreditar que a solução das questões jurídicas precise se encerrar no conhecimento da lei e de seus corolários. Nas palavras de Carlos Ari Sundfeld, o "mundo jurídico não tem – e não deve ter – todas as respostas".[18]

Por exemplo: compreender o dever constitucional de proteção integral à criança (art. 227) pressupõe informações e argumentos advindos da psicologia.[19] Do mesmo modo, para entender corretamente o princípio da igualdade (art. 5º) e as políticas de ação afirmativa,[20] deve-se antes conhecer a história e o sacrifício de certas minorias por maiorias opressoras. Não se combate o racismo no Brasil sem que se entendam as

---

tutelados, preservando o máximo possível de cada um" (BARROSO, Luís Roberto. *Curso de direito constitucional contemporâneo*: os conceitos fundamentais e a construção do novo modelo. 4. ed. São Paulo: Saraiva, 2013. p. 326-327).

[16] Crítica semelhante pode ser encontrada em: GABARDO, Emerson. *Princípio constitucional da eficiência*. São Paulo: Dialética, 2002. p. 90-99. V., ainda, MODESTO, Paulo. Notas para um debate sobre o princípio constitucional da eficiência. *Revista Diálogo Jurídico*, Salvador, v. I, n. 2, maio 2001. p. 11.

[17] POPPER, Karl R. *Conjecturas e refutações*: o progresso do conhecimento científico. 5. ed. Brasília: Editora UNB, 2008. p. 96.

[18] SUNDFELD, Carlos Ari. *Direito administrativo para céticos*. 2. ed. São Paulo: Malheiros, 2014. p. 239.

[19] A propósito, v.: PEREIRA, Tânia Silva (Coord.). *Direito da criança e do adolescente*: uma proposta interdisciplinar. Rio de Janeiro: Renovar, 2000.

[20] Sobre o tema, v. GOMES, Joaquim Benedito Barbosa. *Ação afirmativa e princípio constitucional da igualdade*: o direito como instrumento de transformação social. A experiência dos EUA. Rio de Janeiro: Renovar, 2001.

premissas sociológicas que lhes são subjacentes – inclusive aquelas que precisaram ser superadas.[21] Isto é: não basta o direito positivo proibir o racismo. É preciso perceber o que ele significa na realidade concreta, de modo a que se esvaziem, efetivamente, os seus espaços.

Num mundo complexo, também o direito administrativo precisa de abordagens interdisciplinares.[22] O direito regulatório pressupõe a compreensão de realidades setoriais, por exemplo. Só é possível interpretar a regulação jurídica dos serviços de telecomunicações considerando aspectos técnicos relativos à prestação do serviço.

A interdisciplinaridade, portanto, é desdobramento natural da evolução do conhecimento voltado a resolver problemas. Nesse sentido, pode-se dizer que não era imprescindível que o constituinte derivado inserisse a cláusula de eficiência para que conhecimentos ligados às ciências da economia e da administração passassem – ou precisassem passar – a integrar o discurso jurídico.

Sem embargo, a ideia de referir-se à eficiência no art. 37 da Constituição tem o mérito de obrigar o estudioso do direito administrativo a deparar-se com temas antes ignotos, o que pode causar alguma rejeição. Talvez o empenho de esvaziamento do princípio da eficiência tenha raiz, justamente, no medo comum e intrinsecamente humano daquilo que não se conhece. Em todo caso, o tempo se encarregou de arrefecer estranhamentos iniciais.[23] Cada vez mais, a literatura[24] tende a aceitar o uso de argumentos interdisciplinares – notadamente econômicos e consequencialistas –[25] sobre o sentido da eficiência administrativa.[26]

---

[21] Refere-se ao mito da democracia racial desenvolvido por Gilberto Freyre (v. FREYRE, Gilberto. *Casa-grande & senzala*: formação da família brasileira sob o regime da economia patriarcal. São Paulo: Global, 2006). Para a desconstrução do mito, v.: FERNANDES, Florestan. *O negro no mundo dos brancos*. São Paulo: Global, 2007.

[22] O tempo do direito público ensimesmado acabou. Ele precisa se reposicionar, destaca Sabino Cassese quanto ao direito administrativo, "no campo das ciências sociais (economia e política) e reencontrar sua conexão com a história", cfr. CASSESE, Sabino. *Derecho administrativo*: historia y futuro. Coordenado por Alicia Isabel Saavedra-Bazaga. Sevilla: Instituto Nacional de Administración Pública (INAP), 2014. p. 460.

[23] O Prof. Egon Bockmann Moreira, por exemplo, temperou sua posição, a qual ilustra a rejeição ao princípio da eficiência mencionado na introdução como sendo *supérfluo, impertinente* e *irrelevante*. Na última edição do seu trabalho, publicada em 2017, o Professor da Universidade Federal do Paraná registrou que as suas reflexões iniciais, repetidas da 1ª à 4ª edição da referida obra, são "[C]onsiderações que hoje temos como não de todo exatas", de modo que, embora ainda criticável como um vício da realidade jurídica brasileira de buscar cada vez mais princípios, aceita que "a positivação constitucional da eficiência tem lá suas vantagens práticas". E prossegue reconhecendo um valor simbólico à cláusula: "Quando menos, instalou o debate (o que, por si, só gera a vantagem da reflexão) e efetivamente permite o controle prático da ineficiência (inibindo excessos e desídias, a fim de que se abandone o tratamento do Estado Brasileiro como uma 'cornucópia de dinheiro')" (MOREIRA, Egon Bockmann. *Processo administrativo*: princípios constitucionais, a Lei nº 9.784/1999 e o Código de Processo Civil/2015. 5. ed. São Paulo: Malheiros, 2017. p. 217).

[24] O avanço do raciocínio pragmatista no âmbito do direito administrativo é uma forte sinalização de como a consideração econômica – notadamente com consequências – precisa fazer parte das preocupações do administrativista. A propósito, José Vicente Santos de Mendonça sustenta que a real mudança de paradigmas no direito administrativo é metodológica, e que o novo discurso do direito administrativo é "pragmatista, empiricista, assistematizador e assistemático, e cético em relação à centralidade do discurso jurídico" (MENDONÇA, José Vicente Santos de. A verdadeira mudança de paradigmas do direito administrativo: do estilo tradicional ao novo estilo. *Revista de Direito Administrativo*, v. 265, p. 179-198, 2014. p. 179). V., ainda, BINENBOJM, Gustavo. *Poder de polícia, ordenação, regulação*: transformações político-jurídicas, econômicas e institucionais do direito administrativo ordenador. Belo Horizonte: Fórum, 2016. p. 37-68.

[25] V. PARGENDLER, Mariana; SALAMA, Bruno Meyerhof. Direito e consequência no Brasil: em busca de um discurso sobre o método. *Revista de Direito Administrativo*, v. 262, p. 95-144, 2013. V., ainda, o nosso: CYRINO, André. *Direito constitucional regulatório*. 2. ed. Rio de Janeiro: Processo, 2018.

[26] V. JUSTEN FILHO, Marçal. *Curso de direito administrativo*. 8. ed. Belo Horizonte: Fórum, 2012. p. 447. V., também, OLIVEIRA, Rafael Carvalho Rezende. *Curso de direito administrativo*. 5. ed. Rio de Janeiro: Forense, 2017. p. 42-43.

O debate jurídico corrente sobre políticas públicas de saúde ilustra como o dever de eficiência ganhou espaço – ainda que de forma implícita. Não é incomum observar os tribunais[27] reconhecendo que o regulador precisa saber que, para proteger o consumidor de serviços de operadoras de planos de saúde de forma efetiva, deve considerar que tratamentos têm custos, de modo que não adianta determinar coberturas irreais, as quais poderão inviabilizar economicamente a prestação do serviço. Da mesma forma, o julgador deve estar ciente de que existe escassez – na linguagem popular, que *o cobertor é curto*. Logo exigir, por exemplo, que o SUS forneça medicamentos caros[28] e experimentais para um paciente com doença rara, embora pareça justo e moralmente justificável, pode implicar a inviabilização de outros tratamentos menos custosos que favoreçam a saúde de mais cidadãos. As decisões precisam ser eficientes e considerar elementos externos ao direito para a efetiva proteção dos direitos em jogo.[29]

Nessa toada, a interdisciplinaridade não é um mal. É uma contingência voltada à solução de problemas. No caso da *eficiência* do art. 37, trata-se de uma sinalização do constituinte derivado no sentido de que o direito administrativo deve abrir-se ao diálogo com outras ciências, notadamente a economia, que oferece um cardápio variado de significados sobre aquilo que é eficiente. Um significado que, de modo geral e intuitivamente, equipara-se à ideia de maior produção de riqueza com menores custos.[30]

Num sentido mais técnico, porém, economistas costumam empregar duas noções distintas de eficiência: (i) o ótimo de Pareto[31] e (ii) o critério Kaldor-Hicks.[32]

De acordo com o critério de Pareto, uma alocação será eficiente quando for possível melhorar a condição de um indivíduo sem que outros sujeitos tenham a sua situação piorada.[33] Se houver possibilidade de prejuízo, a melhora na condição de uma das partes será ineficiente. Ou, ainda, se for possível melhorar a situação de alguém sem piorar a de outro, a manutenção do *status quo* será ineficiente.

O critério de Pareto é criticado, entre outras razões, pela dificuldade de sua aplicação prática. Seria inviável a adoção da eficiência paretiana para orientar a tomada de decisões em uma realidade econômica complexa, em que a maior parte das transações implica consequências negativas para alguém.

O denominado critério Kaldor-Hicks oferece uma resposta a essa dificuldade prática. Tal forma de avaliação da eficiência implica a necessidade de que se considere a possível compensação daqueles que forem prejudicados pela melhora da situação de uma pessoa ou de um grupo. Nesse sentido, uma medida será eficiente se, após uma determinada realocação, aqueles que forem colocados em melhores condições puderem

---

[27] V., *e.g.*, STJ. REsp nº 1.663.141/SP. Rel. Min. Nancy Andrighi, Terceira Turma, j. 3.8.2017. *DJe*, 8 ago. 2017.

[28] Nas palavras do Min. Luís Roberto Barroso: "Não há sistema de saúde que resista a um modelo em que todos os remédios, independentemente de seu custo e impacto financeiro, devam ser oferecidos pelo Estado a todas as pessoas. É preciso, tanto quanto possível, reduzir e racionalizar a judicialização da saúde, bem como prestigiar as decisões dos órgãos técnicos, conferindo caráter excepcional à dispensação de medicamentos não incluídos na política pública" (Voto-vista do RE nº 566.471/RN. Rel. Min Marco Aurélio, ainda pendente de conclusão do julgamento).

[29] V. STF. RE nº 597.064/RJ. Rel. Min Gilmar Mendes, Plenário, j. 7.2.2018.

[30] POLINSKY, A. Mitchell. *An introduction to law and economics*. Nova York: Aspen, 2003. p. 7.

[31] O critério foi cunhado pelo economista italiano Vilfredo Pareto.

[32] Sobre a utilização dos critérios de Pareto e Kaldor-Hicks em face da realidade regulatória brasileira, v. RAGAZZO, Carlos Emmanuel Joppert. *Regulação jurídica, racionalidade e saneamento básico*. Rio de Janeiro: Renovar, 2011. p. 91.

[33] Resultado da obra de dois economistas: Nicholas Kaldor e John Hicks.

compensar os perdedores. Sob esta noção de eficiência, há a possibilidade de que em uma transação eficiente existam tanto ganhadores quanto perdedores, desde que potencialmente suprido o requisito segundo o qual o saldo desta equação seja positivo.[34]

Trata-se, portanto, de um critério menos rígido, já que uma alocação razoável de recursos não precisa ser aquela que produza o maior bem-estar possível, como é prescrito no ótimo de Pareto.[35] Nessa linha, a utilidade prática da eficiência paretiana é proporcionada pela flexibilização teórica de Kaldor-Hicks. Tal conceito reflete a lógica empregada em análises de custo-benefício, na medida em que um projeto é eficiente quando seus possíveis benefícios superam os custos privados e sociais advindos da ação que se planeja.[36]

Toda essa racionalidade advinda da economia pode (e deve) contribuir para a compreensão de questões de direito administrativo. Critérios de eficiência ensinam o jurista a compreender realidades de escassez para que as escolhas alocativas decorrentes da interpretação jurídica sejam verdadeiramente racionais.

Uma advertência antes de encerrar este tópico. O dever de eficiência não implica a transformação do intérprete do direito em economista. Seu papel permanece como de intérprete de normas e não de formulação de equações econômicas. Deve-se ter a cautela, portanto, para que uma forma de conhecimento não subverta a outra, esvaziando suas finalidades. O intérprete jamais poderá inebriar-se por teorias externas ao direito para substituir uma lógica por outra. Conforme a teoria dos sistemas,[37] o risco é que um sistema (*e.g.* a economia), ao invés de ampliar a capacidade de compreensão de outro sistema (*e.g.* jurídico), acabe por corromper seus códigos e lógica interna. É necessário, portanto, um processo de tradução jurídica e incorporação de conceitos de acordo com a racionalidade operativa do direito. O ponto será retomado adiante. Por ora, o que se quer destacar é que o fato de a eficiência ser um conceito advindo da economia não esvazia a sua importância. Pelo contrário, ela torna incontornável a consideração de argumentos econômicos para uma compreensão aperfeiçoada do fenômeno jurídico.

3 Direitos, custos e eficiência

Na literatura jusfilosófica, é antigo o debate sobre a tensão entre parâmetros de justiça (e realização de direitos) e a eficiência como conceito econômico. Refere-se aos estudos que se voltam a investigar se existe uma ética inerente à geração de riqueza; ou se existe uma moralidade em ser eficiente.

Nesse debate, de um lado, Ronald Dworkin sustenta que a riqueza não pode ser considerada um valor intrínseco por razões lógicas e filosóficas.[38] Para Dworkin, tal visão parte de premissas utilitárias, incompatíveis com sua concepção moral de direito. O direito, conforme Dworkin, deve ser justo, o que se constrói por meio de uma *leitura moral*. Nesse sentido, com os olhos na Constituição, Dworkin propõe que a interpretação

---

[34] COOTER, Robert; ULLEN, Thomas. *Direito & Economia*. Porto Alegre: Artmed, 2010. p. 66.
[35] COOTER, Robert; ULLEN, Thomas. *Direito & Economia*. Porto Alegre: Artmed, 2010. p. 65.
[36] COOTER, Robert; ULLEN, Thomas. *Direito & Economia*. Porto Alegre: Artmed, 2010. p. 66.
[37] LUHMANN, Niklas. *Introdução à teoria dos sistemas*. Petrópolis: Vozes, 2011.
[38] V. DWORKIN, Ronald. Is wealth a value?. *The Journal of Legal Studies*, v. 9, n. 2, p. 191-226, 1980.

de cláusulas abstratas deva partir da premissa de que elas invocam princípios morais de honradez e justiça,³⁹ não de eficiência.

No outro extremo da contenda acadêmica, Richard Posner propugna que a concepção de valor de Dworkin é insuficiente. Segundo Posner, há um valor na riqueza, a qual estaria intrinsecamente ligada às próprias finalidades da *common law*.⁴⁰ Na visão *posneriana*, o direito e as decisões judiciais serão justos na medida em que forem aptos a maximizar resultados (*i.e.* serem eficientes). Posner entende que "a riqueza conduz à felicidade/utilidade, liberdade, liberdade de expressão, e outros bens incontroversos".⁴¹

O debate entre Posner e Dworkin, embora atraente do ponto de vista intelectual, perde um pouco de importância diante de uma constatação teórica mais recente segundo a qual todo direito tem um custo, de modo que não é possível ser justo sem levar em consideração que a todo instante há escolhas alocativas de recursos escassos.⁴² Na imagem de Flávio Galdino: "[D]ireitos não nascem em árvores".⁴³

Realmente, sejam quais forem as classificações adotadas (positivos ou negativos), todo e qualquer direito ou liberdade é dispendioso, o que deve fazer parte da sua própria concepção. São necessários recursos tanto para a satisfação dos direitos ligados à liberdade (direitos ditos negativos) quanto para a promoção daqueles ligados ao bem-estar (direitos ditos positivos). Se o Estado decide proteger mais a propriedade que o direito à saúde não o faz simplesmente porque a proteção daquele direito é ausente de custos, mas também por conta de uma escolha política. Afinal, há custos na proteção da propriedade: *e.g.* a manutenção de um Poder Judiciário equipado para tanto, a existência de policiais aptos a garantir a observância do direito etc.

Logo, não é correto valer-se de uma suposta ausência de onerosidade para ocultar uma opção pela defesa de direitos ditos negativos e não de direitos classificados como positivos. Ignorar o custo inerente a qualquer direito revela ou uma opção ideológica pela defesa de um papel absenteísta do Estado, ou o desconhecimento quanto à realidade de escassez inerente à vida em qualquer lugar do planeta.

É razoável supor, nessa toada, que a pouca preocupação com o custo dos direitos decorra de um receio velado de que isso venha a comprometer a sua efetiva proteção.⁴⁴ Não é bem assim. Com efeito, o estudo do custo dos direitos contribui para que se garanta maior qualidade às decisões de alocação de recursos. Decisões *trágicas*,⁴⁵ poderão, pois, significar a não promoção de outras finalidades públicas. Compreender que o custo faz

---

³⁹ DWORKIN, Ronald. *Freedom's law*. The moral reading of the American Constitution. Cambridge: Harvard University Press, 1996.
⁴⁰ POSNER, Richard. The value of wealth: a comment on Dworkin and Kronman. *The Journal of Legal Studies*, v. 9, n. 2, p. 243-252, 1980. p. 244.
⁴¹ POSNER, Richard. The value of wealth: a comment on Dworkin and Kronman. *The Journal of Legal Studies*, v. 9, n. 2, p. 243-252, 1980. p. 244.
⁴² SUNSTEIN, Cass; HOLMES, Stephen. *The cost of rights*: why liberty depends on taxes. New York: W. W. Norton & Co., 1999. No Brasil, partindo da teoria de Cass Sunstein e Stephen Holmes, v. GALDINO, Flávio. *Introdução à teoria dos custos dos direitos*. Direitos não nascem em árvores. Rio de Janeiro: Lumen Juris, 2005.
⁴³ GALDINO, Flávio. *Introdução à teoria dos custos dos direitos*. Direitos não nascem em árvores. Rio de Janeiro: Lumen Juris, 2005.
⁴⁴ SUNSTEIN, Cass; HOLMES, Stephen. *The cost of rights*: why liberty depends on taxes. New York: W. W. Norton & Co., 1999. p. 28 e seguintes.
⁴⁵ V. CALABRESI, Guido; BOBBIT, Philip. *Tragic choices*. The conflicts society confronts in the allocation of tragicaly scarce resources. Nova York: Norton, 1978. No Brasil, v. AMARAL, Gustavo. *Direito, escassez e escolha*: em busca de critérios jurídicos para lidar com a escassez de recursos e as decisões trágicas. Rio de Janeiro: Renovar, 2001.

parte da própria compreensão dos direitos permite a otimização e a transparência das escolhas sobre onde gastar os limitados recursos disponíveis.[46]

Ora, partindo-se da teoria dos custos dos direitos, mesmo do ponto de vista abstrato, é inevitável reconhecer um liame entre produção de riqueza, bem-estar e direitos fundamentais. Se os custos são inerentes à conceituação dos direitos, é de se sustentar que existe uma importância real na geração de recursos; *i.e.* de riqueza. Há um valor no desenvolvimento, na produção e na eficiência. Um valor mediato. Mas verdadeiro. Para Guido Calabresi, "a mistura apropriada de eficiência e distribuição é altamente instrumental, e intimamente relacionada com a consecução daquilo que muitos poderiam ver como uma sociedade justa".[47]

O discurso a favor da maximização da riqueza pode ser um argumento em benefício da promoção de direitos fundamentais, quando combinado com instrumentos destinados à redistribuição, aptos à realização da igualdade material. Nesse sentido, a eficiência na produção de riqueza e na sua distribuição são ingredientes de uma *receita de justiça*.[48] Não se trata de uma simples combinação de elementos, mas de uma mistura em que nenhum dos ingredientes (riqueza e distribuição) é valorizado em si mesmo. "São tratados da mesma maneira que o padeiro que quer apenas o bolo trata os ovos e a farinha".[49] O importante é o resultado da receita e não os seus ingredientes. Os ovos e a farinha não têm importância *per se*. Riqueza e distribuição são, assim, ingredientes para a igualdade, e não valores em si considerados.

O ponto é que existe uma falsa oposição entre eficiência e justiça. Até mesmo porque, se é certo que a eficiência não oferece um modelo para a identificação da moralidade de uma ação estatal, ela é mecanismo necessário para avaliar se a medida envolve custos desnecessários. Aliás, ainda que uma medida seja justa, *a priori*, nada justifica o desperdício – esse naturalmente imoral num mundo de recursos finitos.[50] Riqueza e distribuição justa devem andar juntas. Este é o enfoque adotado. Um enfoque que acreditamos ter sido abraçado pela Constituição de 1988, que congregou, desde sua edição, valores de promoção de bem-estar e de justiça.

Por isso, em face da Constituição brasileira em vigor, eficiência e promoção de direitos incorporam o compromisso necessário diante da constatação da escassez e da contingência de que escolhas alocativas de justiça sejam feitas.[51] Não por outra razão, no próprio *caput* do art. 37 convivem, ao lado da eficiência, legalidade, impessoalidade e moralidade. Uma coisa não pode existir sem a outra.

---

[46] GALDINO, Flávio. O custo dos direitos. In: TORRES, Ricardo Lobo (Org.). *Legitimação dos direitos humanos*. Rio de Janeiro: Renovar, 2002. p. 189.

[47] CALABRESI, Guido. About law and economics: a letter to Ronald Dworkin. *Hofstra Law Review*, v. 8, 1979. p. 558.

[48] DWORKIN, Ronald. *Uma questão de princípio*. Tradução de Luís Carlos Borges. São Paulo: Martins Fontes, 2001. p. 401-402. Segundo Dworkin: "a teoria de igualdade profunda é uma teoria-receita: sustenta que a justiça consiste na distribuição em que as pessoas são tratadas como iguais (ou em melhoria de Pareto nessa distribuição) e nega a existência de qualquer valor independente, à parte desse cálculo, na igualdade de riqueza, na riqueza agregada mais elevada ou na utilidade" (DWORKIN, Ronald. *Uma questão de princípio*. Tradução de Luís Carlos Borges. São Paulo: Martins Fontes, 2001. p. 406-407).

[49] DWORKIN, Ronald. *Uma questão de princípio*. Tradução de Luís Carlos Borges. São Paulo: Martins Fontes, 2001. p. 401.

[50] GICO JR., Ivo. Introdução ao direito e economia. In: TIMM, Luciano (Org.). *Direito e economia no Brasil*. São Paulo: Atlas, 2012. p. 27.

[51] LEAL, Fernando. Propostas para uma abordagem teórico-metodológica do dever constitucional de eficiência. *Revista Brasileira de Direito Público*, n. 14, p. 141-166, 2006. p. 143.

A Administração Pública, portanto, deve ser tão vinculada à legalidade e à moralidade quanto à eficiência. Só assim promoverá direitos e interesses públicos relevantes num cenário de recursos que podem acabar.[52]

4 Eficiência, análise econômica do direito administrativo e metodologia jurídica

Como já decorre do texto, a cláusula de eficiência do art. 37 torna obrigatório aceitar o entrelaçamento entre direito e economia. Foi o poder constituinte derivado que decidiu inserir comando de significado interdisciplinar ao texto constitucional com dicção de verdadeiro princípio geral. Com isso, abre-se caminho para que se explicite que não se ganha nada com a falta de conhecimento sobre a escassez e seus desdobramentos. Não se aperfeiçoa o sistema jurídico ignorando que a satisfação de direitos pressupõe gastos públicos que precisam ser eficientes. A Administração Pública precisa ser legítima. Mas também precisa dar resultados com o menor custo e sem desperdícios. Do contrário, sequer será capaz de promover verdadeiramente os direitos e as finalidades públicas a que se propõe.

Nesse processo, muito além dos critérios de Pareto e Kaldor-Hicks, ganham destaque inúmeras outras ferramentas ligadas à economia, pois é ela a ciência que estuda o comportamento humano num mundo de recursos escassos.[53] Refere-se ao avanço da análise econômica do direito (ou movimento do direito e economia – *law and economics*), o qual se vale desse ramo do conhecimento para compreender, entre outros, quais são os comportamentos humanos esperados e quais as consequências possíveis (ou até prováveis) diante das regras estabelecidas. A ideia é a de que, se o direito regula o comportamento dos homens, mulheres e suas organizações, a economia se propõe a tentar antecipar o comportamento provável diante de certos incentivos, e as consequências disso num mundo de recursos escassos, mas com necessidades ilimitadas.[54]

A proposta dessa abordagem é ampliar a capacidade cognitiva do direito, sem que isso implique o esvaziamento da sua própria lógica, ou mesmo o comprometimento com algum tipo de ideologia conservadora. O que se dá, apenas, é a recolocação dos fatos a partir do raciocínio econômico, o que não implica uma ou outra ideologia, mas a constatação inelutável e madura sobre a existência de escassez. Tem-se a percepção de que "a configuração dos fatos através do raciocínio econômico é uma preliminar essencial

---

[52] Em proposta semelhante para o direito administrativo nos EUA, v. ROSE-ACKERMAN, Susan. Análise econômica progressiva do direito e o novo direito administrativo. In: MATTOS, Paulo (Coord.); PRADO, Mariana Mota *et al.* (Org.). *Regulação econômica e democracia*: o debate norte-americano. São Paulo: Editora 34, 2004. p. 243-300.

[53] MANKIW, N. Gregory. *Introdução à economia*. Tradução de Allan Vidigal Hastings e Elisete Paes e Lima. São Paulo: Cengage, 2010. p. 4.

[54] A denominada teoria das escolhas racionais (*rational choice theory*), que orienta a perspectiva microeconômica majoritária, parte do pressuposto de que todo sujeito agirá para maximizar seu bem-estar individual (v. GICO JR., Ivo. Introdução ao direito e economia. In: TIMM, Luciano (Org.). *Direito e economia no Brasil*. São Paulo: Atlas, 2012. p. 19). Tal perspectiva vem sendo desafiada por diversos estudos que demonstram, inclusive empiricamente, que nem sempre as pessoas agem racionalmente. V., *e.g.*: de uma perspectiva comportamental: THALER, Richard H. *Quasi rational economics*. Nova York: Russell Sage Foundation, 1991; e SUNSTEIN, Cass; THALER, Richard H. *Nudge*: improving decisions about health, wealth, and happiness. New Haven: Yale University Press, 2008.

de um debate jurídico maduro dos valores políticos e econômicos".⁵⁵ Tal visão é neutra do ponto de vista ideológico⁵⁶ e não deveria ser vinculada ao pensamento conservador, mas (talvez até mais) àquilo que propugnam os progressistas.⁵⁷

Quem defende a necessidade de mudança e promoção de direitos deve reconhecer as limitações econômicas. Há custos e escolhas a serem feitas. Como já mencionado, não se ganha nada por ignorar a escassez, de modo que é preciso incorporar ao debate jurídico uma perspectiva econômica do sentido de eficiência administrativa.

É claro, por outro lado, que a eficiência, cujo sentido advém da economia, precisa ser filtrada pela lógica do direito. Ou seja, deve-se traduzir o sentido econômico do princípio da eficiência para a racionalidade jurídica, o que sugerimos aconteça no seio da metodologia contemporânea sobre aplicação de normas jurídicas a partir dos conceitos de *princípios* e *postulados*.

Com efeito, do ponto de vista metodológico,⁵⁸ o comando de eficiência é ao mesmo tempo: (i) um *princípio*⁵⁹ indicativo de um estado de coisas na estrutura de funcionamento do Estado, que deverá atender às finalidades constitucionais da maneira apropriada, rápida e menos custosa, tanto internamente, como também quando estiver regulando as relações entre os particulares; e (ii) um *postulado* aplicativo de princípios e regras⁶⁰ que demandem escolhas que envolvam custos.

Realmente, da cláusula de eficiência se origina um dever de organização do aparato estatal. Isso implica, *e.g.*, que as decisões sejam tomadas pelo ente ou órgão mais apto a decidir com os menores custos possíveis e num lapso temporal tendentemente mais curto.⁶¹ À luz dessa abordagem, a eficiência é um *princípio jurídico*, porque aponta para um estado de coisas a ser alcançado: a melhor organização estatal para a tomada de decisão. Em outras palavras, a eficiência assinala um arranjo institucional otimizado, apto a dar a melhor resposta, no que inserem argumentos advindos da ciência da

---

⁵⁵ ACKERMAN, Bruce. *Reconstructing American law*. Cambridge: Harvard University Press, 1985. p. 64.

⁵⁶ Segundo Charles K. Rowley: "Apesar de ser amplamente espalhada a crença de que a nova análise econômica do direito em algum sentido seja 'de direita', porquanto ela emprega a análise do mercado na avaliação do processo jurídico, o programa de pesquisa é, na realidade, ideologicamente neutro" (ROWLEY, Charles K. Public choice and the economic analysis of law. In: MERCURO, Nicholas. *Law and economics*. Boston: Kluwer Academics Publisher, 1989. p. 124).

⁵⁷ "É, portanto, estranho e lamentável que a análise econômica do direito (*law & economics*) seja frequentemente associada a um conjunto de ideologias conservadoras e para muitos moralmente condenáveis que não têm conexão intrínseca com a análise econômica de problemas jurídicos" (ROSE-ACKERMAN, Susan. Análise econômica progressiva do direito e o novo direito administrativo. In: MATTOS, Paulo (Coord.); PRADO, Mariana Mota *et al.* (Org.). *Regulação econômica e democracia*: o debate norte-americano. São Paulo: Editora 34, 2004. p. 243).

⁵⁸ V. LEAL, Fernando. Propostas para uma abordagem teórico-metodológica do dever constitucional de eficiência. *Revista Brasileira de Direito Público*, n. 14, p. 141-166, 2006.

⁵⁹ Consoante Robert Alexy, princípios jurídicos encerram mandados de otimização. São comandos normativos que apontam para uma finalidade ou estado de coisas a ser alcançado, mas que admitem concretização em graus, de acordo com as circunstâncias fáticas e jurídicas (ALEXY Robert. *Teoria de los derechos fundamentales*. Madrid: Centro de Estudios Constitucionales, 1993. p. 86).

⁶⁰ "As regras são normas jurídicas imediatamente descritivas, primariamente retrospectivas e com pretensão de decidibilidade e abrangência, para cuja aplicação se exige a avaliação de correspondência, sempre centrada na finalidade que lhes dá suporte ou nos princípios que lhe são axiologicamente sobrejacentes, entre a construção conceitual da descrição normativa e a construção conceitual dos fatos" (ÁVILA, Humberto. *Teoria dos princípios*. 6. ed. São Paulo: Malheiros, 2006. p. 70).

⁶¹ V. FERRAZ JÚNIOR, Tercio Sampaio. O poder normativo das agências reguladoras à luz do princípio da eficiência. In: ARAGÃO, Alexandre dos Santos. *O poder normativo das agências reguladoras*. Rio de Janeiro: Forense, 2006. p. 271-297.

administração. Sob esse sentido, a eficiência aproxima-se do denominado princípio da boa administração –[62] embora não possa ser reduzida a isso. Em todo caso, a eficiência encerra um padrão de ação estatal, devendo ser entendida como a busca da *otimização* da gestão com vistas à consecução dos melhores resultados com os menores custos possíveis e a maior celeridade e adequação institucional.

Também como princípio, a eficiência indica um estado de coisas de diminuição de custos em decisões estatais que envolvam dispêndios (*e.g.* compras governamentais, o que é inclusive pormenorizado por regras em processos licitatórios).[63] É claro que a eficiência não significa tão somente a diminuição de custos e a maximização da riqueza, mas o dever de o Estado promover a maior realização prática das finalidades constitucionais com a menor onerosidade.[64] Isto é, não se trata, apenas, da busca da solução mais barata. Segundo Humberto Ávila, "o menor custo é, tão-só, um dos vários elementos a serem considerados".[65] A qualidade da solução também deve ser levada em consideração.[66] Nesse sentido, a eficiência é "uma finalidade inerente ao próprio Estado, que tem que alocar recursos, prestar serviços públicos e garantir condições materiais e instrumentais para a fruição de direitos".[67]

Mas além de indicar um estado de coisas, a eficiência é, ainda, um *postulado normativo aplicativo*. Postulados normativos aplicativos são metanormas, isto é, normas de segundo grau, cujo objetivo é estabelecer a estrutura de aplicação de outras normas (regras e princípios). As metanormas não são violadas diretamente, mas de maneira indireta.[68] Nesse sentido, o "postulado da eficiência norteia o exame dos meios supostamente aptos ao atendimento de alguma finalidade administrativa".[69]

A eficiência pode ser vista como um dos aspectos da análise do dever de *proporcionalidade*,[70] porquanto pressupõe a otimização na escolha da aplicação entre princípios

---

[62] Aliás, muito antes da EC nº 19, Hely Lopes Meirelles entendia existir no direito administrativo um princípio de eficiência, o qual se equipararia ao dever de boa administração, conforme desenvolvida no direito italiano (MEIRELLES, Hely Lopes. *Direito administrativo brasileiro*. 20. ed. São Paulo: Malheiros, 1995. p. 90). V., ainda, MOREIRA NETO, Diogo de Figueiredo. *Curso de direito administrativo*. 13. ed. Rio de Janeiro: Forense, 2003. p. 103; e GASPARINI, Diógenes. *Direito administrativo*. 16. ed. São Paulo: Saraiva, 2011. p. 76. Para aprofundamento, v.: MORGADO, Cíntia. Direito à boa administração: recíproca dependência entre direitos fundamentais, organização e procedimento. *Revista da Procuradoria Geral do Estado do Rio de Janeiro*, v. 65, p. 68-94, 2010.

[63] Tal é o caso das regras de leilão reverso previsto no pregão (Lei nº 10.520/2002), ou mesmo a licitação por menor preço constante da Lei nº 8.666/1993 (art. 45 §1º, I).

[64] ARAGÃO, Alexandre Santos de. Princípio da eficiência. *Revista dos Tribunais*, v. 830, 2004. p. 709.

[65] ÁVILA, Humberto. *Sistema constitucional tributário*: de acordo com a EC n. 42, de 19.12.03. São Paulo: Saraiva, 2004. p. 426.

[66] LEAL, Fernando. Propostas para uma abordagem teórico-metodológica do dever constitucional de eficiência. *Revista Brasileira de Direito Público*, n. 14, p. 141-166, 2006. p. 153.

[67] LEAL, Fernando. Propostas para uma abordagem teórico-metodológica do dever constitucional de eficiência. *Revista Brasileira de Direito Público*, n. 14, p. 141-166, 2006. p. 151.

[68] Postulados normativos aplicativos são metanormas, normas de segundo grau, cujo objetivo é estabelecer a estrutura de aplicação de outras normas (regras e princípios). "Como tais, eles permitem verificar os casos em que há violação às normas cuja aplicação estruturam. Só elipticamente é que se pode afirmar que são violados os postulados da razoabilidade, da proporcionalidade ou da eficiência, por exemplo. A rigor, violadas são as normas – princípios e regras – que deixaram de ser devidamente aplicadas" (ÁVILA, Humberto. *Teoria dos princípios*. 6. ed. São Paulo: Malheiros, 2006. p. 122).

[69] LEAL, Fernando. Propostas para uma abordagem teórico-metodológica do dever constitucional de eficiência. *Revista Brasileira de Direito Público*, n. 14, p. 141-166, 2006. p. 154.

[70] Segundo Humberto Ávila, "o dever de proporcionalidade impõe uma condição formal ou estrutural de conhecimento concreto (aplicação) de outras normas. Não consiste numa condição no sentido de que, sem ela, a aplicação do Direito seria impossível. Consiste numa condição normativa, isto é, instituída pelo próprio Direito

e regras diversos e por vezes colidentes.[71] Todavia, a abordagem da eficiência de forma particularizada na Constituição robustece o dever de proporcionalidade, impondo uma maior preocupação com a maximização da riqueza e o aperfeiçoamento da alocação de recursos em prol da igualdade e de outros direitos.[72] Afinal, como já consignado, a realização de direitos pressupõe um custo que deve fazer parte da sua própria concepção. Dessa forma, a eficiência será parâmetro tanto para a realização de direitos, como para ações administrativas, que deverão combinar, a um só tempo, a maximização da riqueza e a otimização distributiva diante das outras finalidades constitucionais. Apesar de não significar a consagração de um dever absoluto da busca de uma única *solução mais eficiente*, a eficiência incrementa o exame de adequação das medidas a serem adotadas, no sentido de uma busca otimizada de resultados quantitativa e qualitativamente positivos.[73]

Em suma, do dever de eficiência se extrai a possibilidade de, no Brasil, considerarem-se argumentos econômicos na interpretação do direito, o que se operacionalizará por meio de uma metodologia própria aos princípios e aos postulados normativos aplicativos. Tal a tradução necessária para que a lógica jurídica não se subverta e que a interdisciplinaridade seja realmente profícua. As abordagens de *direito e economia* oferecem instrumental para aprofundamento da questão.

---

para a sua devida aplicação. Sem obediência ao dever de proporcionalidade não há devida realização dos bens juridicamente resguardados". E continua "a instituição simultânea de direitos e garantias individuais e de finalidade públicas e normas de competência, como faz a Constituição de 1988, implica o dever de ponderação, cuja medida só é obtida mediante a obediência à proporcionalidade [...] O Direito tutela bens que se dirigem a finalidades muitas vezes antagônicas, cuja concretização exige, porque há correlação, uma ponderação dialética ou proporção" (ÁVILA, Humberto. A distinção entre princípios e regras e a redefinição do dever de proporcionalidade. *Revista de Direito Administrativo*, n. 215, p. 151-179, 1999. p. 170).

[71] É interessante notar que eficiência conforme desenvolvida pelo critério de Pareto é elemento que estrutura a aplicação de princípios jurídicos segundo a influente teoria de aplicação de princípios de Robert Alexy. Segundo explica Fernando Leal: "Vamos supor que uma medida M1, se adotada, é capaz de gerar alguma restrição em um princípio P1 e não promove, em nenhum grau, um princípio P2. Pelo critério de Pareto, a medida, porquanto plenamente inadequada, produz um resultado pior comparado ao estágio inicial, não devendo ser adotada. É possível abandonar M1 sem qualquer custo para o princípio PO2. Já o dever de necessidade prescreve que o meio M1 não deve ser adotado se houver um meio M2 capaz de (i) aumentar o grau de promoção de P2 sem impor maiores restrições a P1, mantendo-se o grau de promoção de P2. Nos dois casos, em relação à posição original, temos duas distribuições superiores de Pareto" (LEAL, Fernando. Propostas para uma abordagem teórico-metodológica do dever constitucional de eficiência. *Revista Brasileira de Direito Público*, n. 14, p. 141-166, 2006. p. 160-161).

[72] Juarez Freitas explica a eficiência administrativa como a obrigação de o administrador público "obrar tendo como parâmetro o ótimo [...] tem o compromisso indeclinável de encontrar a solução mais adequada economicamente na gestão da coisa pública" (FREITAS, Juarez. *O controle dos atos administrativos e os princípios fundamentais*. 2. ed. São Paulo: Malheiros, 1999. p. 85). Há assim uma ligação evidente com o princípio da economicidade, que para o autor "é princípio vinculado ao da proporcionalidade, com a vantagem de ter sido estampado expressamente na Constituição Federal" (FREITAS, Juarez. *O controle dos atos administrativos e os princípios fundamentais*. 2. ed. São Paulo: Malheiros, 1999. p. 86). Concordamos com a existência dessa imbricação, em alguns aspectos, entre eficiência, economicidade e proporcionalidade.

[73] "[...] eficiente é a atuação administrativa que promove de forma satisfatória os fins em termos quantitativos, qualitativos e probabilísticos. Para que a administração esteja de acordo com o dever de eficiência, não basta escolher meios adequados para promover seus fins. A eficiência exige mais do que a mera adequação. Ela exige satisfatoriedade na promoção dos fins atribuídos à administração. [...] A eficiência não se identifica com a mera adequação: é algo mais do que ela. Mas também não se identifica com a positivação do próprio fim, que deve ser realizado ao máximo" (ÁVILA, Humberto. *Sistema constitucional tributário*: de acordo com a EC n. 42, de 19.12.03. São Paulo: Saraiva, 2004. p. 430).

5 Conclusão

Há muito a dizer sobre o dever de eficiência administrativa. Em linha com o exposto, a inserção do dever de eficiência na cabeça do art. 37 da Constituição é *relevante, necessária* e *simbólica*. É *relevante*, porque indica a incorporação clara e didática de um conceito próprio da economia como forma de aperfeiçoar o enfrentamento de problemas jurídicos. A cláusula obrigou a literatura do direito administrativo a, no mínimo, saber da existência da lógica econômica, num convite à interdisciplinaridade.

É *necessária* (e útil), porque faz com que o intérprete, acostumado à ideia de efetividade de direitos, recorde-se que direitos demandam recursos, os quais precisam ser alocados adequadamente. Direitos têm custos e a Administração Pública não se legitima apenas quando persegue o interesse público e a satisfação de necessidades coletivas, mas quando faz isso de forma eficiente. Até mesmo porque inexiste interesse público capaz de justificar o desperdício. Do ponto de vista metodológico, isso será feito considerando-se que a eficiência é tanto um princípio a indicar um estado de coisas a ser perseguido, quanto um postulado, ou metanorma, que confere parâmetro de controle dos meios escolhidos pelo gestor público para que se alcance dada finalidade pública.

Por tudo isso, a inserção é também *simbólica*. Vale dizer: um marco de que a economia tem bastante a oferecer ao direito administrativo. A análise econômica do direito no âmbito administrativo veio para ficar e transformar a disciplina cujo foco deve ser a efetiva solução de problemas, com os menores custos possíveis.

Referências

ACKERMAN, Bruce. *Reconstructing American law*. Cambridge: Harvard University Press, 1985.

ALESSI, Renato. *Sistema istituzionale del diritto amministrativo italiano*. Milão: Giuffré, 1953.

ALEXY Robert. *Teoria de los derechos fundamentales*. Madrid: Centro de Estudios Constitucionales, 1993.

AMARAL, Gustavo. *Direito, escassez e escolha*: em busca de critérios jurídicos para lidar com a escassez de recursos e as decisões trágicas. Rio de Janeiro: Renovar, 2001.

ARAGÃO, Alexandre Santos de. Princípio da eficiência. *Revista dos Tribunais*, v. 830, 2004.

ÁVILA, Humberto. A distinção entre princípios e regras e a redefinição do dever de proporcionalidade. *Revista de Direito Administrativo*, n. 215, p. 151-179, 1999.

ÁVILA, Humberto. *Sistema constitucional tributário*: de acordo com a EC n. 42, de 19.12.03. São Paulo: Saraiva, 2004.

ÁVILA, Humberto. *Teoria dos princípios*. 6. ed. São Paulo: Malheiros, 2006.

BANDEIRA DE MELLO, Celso Antônio. *Curso de direito administrativo*. 15. ed. São Paulo: Malheiros, 2003.

BANDEIRA DE MELLO, Celso Antônio. *Curso de direito administrativo*. 32. ed. São Paulo: Malheiros, 2015.

BARROSO, Luís Roberto. *Curso de direito constitucional contemporâneo*: os conceitos fundamentais e a construção do novo modelo. 4. ed. São Paulo: Saraiva, 2013.

BARROSO, Luís Roberto. *O direito constitucional e a efetividade de suas normas*. 4. ed. Rio de Janeiro: Renovar, 2000.

BINENBOJM, Gustavo. *Poder de polícia, ordenação, regulação*: transformações político-jurídicas, econômicas e institucionais do direito administrativo ordenador. Belo Horizonte: Fórum, 2016.

BOBBIO, Norberto. *A era dos direitos*. Tradução de Carlos Nelson Coutinho. Rio de Janeiro: Elsevier, 2004.

BRASIL. Congresso Nacional. *Anais do Senado Federal*, Brasília, v. 22, n. 3, 1998.

BRESSER-PEREIRA, Luiz Carlos. Reforma gerencial do Estado de 1995. *Revista de Administração Pública*, Rio de Janeiro, v. 34, n. 4, p. 7-26, jul./ago. 2000.

CALABRESI, Guido. About law and economics: a letter to Ronald Dworkin. *Hofstra Law Review*, v. 8, 1979.

CALABRESI, Guido; BOBBIT, Philip. *Tragic choices*. The conflicts society confronts in the allocation of tragicaly scarce resources. Nova York: Norton, 1978.

CASSESE, Sabino. *Derecho administrativo*: historia y futuro. Coordenado por Alicia Isabel Saavedra-Bazaga. Sevilla: Instituto Nacional de Administración Pública (INAP), 2014.

COOTER, Robert; ULLEN, Thomas. *Direito & Economia*. Porto Alegre: Artmed, 2010.

CYRINO, André. *Direito constitucional regulatório*. 2. ed. Rio de Janeiro: Processo, 2018.

DI PIETRO, Maria Sylvia Zanella. *Direito administrativo*. 26. ed. São Paulo: Atlas, 2013.

DWORKIN, Ronald. *Freedom's law*. The moral reading of the American Constitution. Cambridge: Harvard University Press, 1996.

DWORKIN, Ronald. Is wealth a value?. *The Journal of Legal Studies*, v. 9, n. 2, p. 191-226, 1980.

DWORKIN, Ronald. *Uma questão de princípio*. Tradução de Luís Carlos Borges. São Paulo: Martins Fontes, 2001.

FERNANDES, Florestan. *O negro no mundo dos brancos*. São Paulo: Global, 2007.

FERRAZ JÚNIOR, Tercio Sampaio. O poder normativo das agências reguladoras à luz do princípio da eficiência. In: ARAGÃO, Alexandre dos Santos. *O poder normativo das agências reguladoras*. Rio de Janeiro: Forense, 2006.

FREITAS, Juarez. *O controle dos atos administrativos e os princípios fundamentais*. 2. ed. São Paulo: Malheiros, 1999.

FREYRE, Gilberto. *Casa-grande & senzala*: formação da família brasileira sob o regime da economia patriarcal. São Paulo: Global, 2006.

GABARDO, Emerson. *Princípio constitucional da eficiência*. São Paulo: Dialética, 2002.

GALDINO, Flávio. *Introdução à teoria dos custos dos direitos*. Direitos não nascem em árvores. Rio de Janeiro: Lumen Juris, 2005.

GALDINO, Flávio. O custo dos direitos. In: TORRES, Ricardo Lobo (Org.). *Legitimação dos direitos humanos*. Rio de Janeiro: Renovar, 2002.

GASPARINI, Diógenes. *Direito administrativo*. 16. ed. São Paulo: Saraiva, 2011.

GICO JR., Ivo. Introdução ao direito e economia. In: TIMM, Luciano (Org.). *Direito e economia no Brasil*. São Paulo: Atlas, 2012.

GOMES, Joaquim Benedito Barbosa. *Ação afirmativa e princípio constitucional da igualdade*: o direito como instrumento de transformação social. A experiência dos EUA. Rio de Janeiro: Renovar, 2001.

HESSE, Konrad. La fuerza normativa de la Constitución. *Escritos de derecho constitucional*, p. 59-84, 1983.

JUSTEN FILHO, Marçal. *Curso de direito administrativo*. 8. ed. Belo Horizonte: Fórum, 2012.

LEAL, Fernando. Propostas para uma abordagem teórico-metodológica do dever constitucional de eficiência. *Revista Brasileira de Direito Público*, n. 14, p. 141-166, 2006.

LUHMANN, Niklas. *Introdução à teoria dos sistemas*. Petrópolis: Vozes, 2011.

MANKIW, N. Gregory. *Introdução à economia*. Tradução de Allan Vidigal Hastings e Elisete Paes e Lima. São Paulo: Cengage, 2010.

MEDAUAR, Odete. *Direito administrativo moderno*. 18. ed. São Paulo: Revista dos Tribunais, 2014.

MEIRELLES, Hely Lopes. *Direito administrativo brasileiro*. 20. ed. São Paulo: Malheiros, 1995.

MENDONÇA, José Vicente Santos de. A verdadeira mudança de paradigmas do direito administrativo: do estilo tradicional ao novo estilo. *Revista de Direito Administrativo*, v. 265, p. 179-198, 2014.

MODESTO, Paulo. Notas para um debate sobre o princípio constitucional da eficiência. *Revista Diálogo Jurídico*, Salvador, v. I, n. 2, maio 2001.

MOREIRA NETO, Diogo de Figueiredo. *Curso de direito administrativo*. 13. ed. Rio de Janeiro: Forense, 2003.

MOREIRA, Egon Bockmann. *Processo administrativo*: princípios constitucionais e a lei 9.784/99. 4. ed. São Paulo: Malheiros, 2010.

MOREIRA, Egon Bockmann. *Processo administrativo*: princípios constitucionais, a Lei nº 9.784/1999 e o Código de Processo Civil/2015. 5. ed. São Paulo: Malheiros, 2017.

MORGADO, Cíntia. Direito à boa administração: recíproca dependência entre direitos fundamentais, organização e procedimento. *Revista da Procuradoria Geral do Estado do Rio de Janeiro*, v. 65, p. 68-94, 2010.

OLIVEIRA, Rafael Carvalho Rezende. *Curso de direito administrativo*. 5. ed. Rio de Janeiro: Forense, 2017.

PARGENDLER, Mariana; SALAMA, Bruno Meyerhof. Direito e consequência no Brasil: em busca de um discurso sobre o método. *Revista de Direito Administrativo*, v. 262, p. 95-144, 2013.

PEREIRA, Tânia Silva (Coord.). *Direito da criança e do adolescente*: uma proposta interdisciplinar. Rio de Janeiro: Renovar, 2000.

POLINSKY, A. Mitchell. *An introduction to law and economics*. Nova York: Aspen, 2003.

POPPER, Karl R. *Conjecturas e refutações*: o progresso do conhecimento científico. 5. ed. Brasília: Editora UNB, 2008.

POSNER, Richard. The value of wealth: a comment on Dworkin and Kronman. *The Journal of Legal Studies*, v. 9, n. 2, p. 243-252, 1980.

RAGAZZO, Carlos Emmanuel Joppert. *Regulação jurídica, racionalidade e saneamento básico*. Rio de Janeiro: Renovar, 2011.

ROSE-ACKERMAN, Susan. Análise econômica progressiva do direito e o novo direito administrativo. In: MATTOS, Paulo (Coord.); PRADO, Mariana Mota et al. (Org.). *Regulação econômica e democracia*: o debate norte-americano. São Paulo: Editora 34, 2004.

ROWLEY, Charles K. Public choice and the economic analysis of law. In: MERCURO, Nicholas. *Law and economics*. Boston: Kluwer Academics Publisher, 1989.

SARMENTO, Daniel. *A ponderação de interesses na Constituição Federal*. Rio de Janeiro: Lumen Juris, 2003.

SUNDFELD, Carlos Ari. *Direito administrativo para céticos*. 2. ed. São Paulo: Malheiros, 2014.

SUNSTEIN, Cass; HOLMES, Stephen. *The cost of rights*: why liberty depends on taxes. New York: W. W. Norton & Co., 1999.

SUNSTEIN, Cass; THALER, Richard H. *Nudge*: improving decisions about health, wealth, and happiness. New Haven: Yale University Press, 2008.

THALER, Richard H. *Quasi rational economics*. Nova York: Russell Sage Foundation, 1991.

Informação bibliográfica deste texto, conforme a NBR 6023:2002 da Associação Brasileira de Normas Técnicas (ABNT):

CYRINO, André. O princípio constitucional da eficiência: interdisciplinaridade, análise econômica e método no direito administrativo brasileiro. In: BARROSO, Luís Roberto; MELLO, Patrícia Perrone Campos (Coord.). *A República que ainda não foi*: trinta anos da Constituição de 1988 na visão da Escola de Direito Constitucional da UERJ. Belo Horizonte: Fórum, 2018. p. 575-590. ISBN 978-85-450-0582-7.

OS TRINTA ANOS DA CONSTITUIÇÃO E O DESAFIO DO DESENCARCERAMENTO NO BRASIL

SIMONE SCHREIBER

1 Introdução

Há trinta anos a Constituição Federal de 1988 foi promulgada, no contexto do processo de redemocratização do país após o regime militar de 1964. Impõe-se a reflexão sobre a efetividade de suas normas, especialmente as que enunciam direitos fundamentais. O Estado brasileiro, através de seus poderes constitucionais, tem logrado implementar políticas públicas que consolidem um Estado democrático pautado na proteção aos direitos humanos de todos os brasileiros? Após trinta anos houve avanços significativos na concretização dos direitos fundamentais enunciados na Carta de 1988?

O presente artigo concentra-se no problema da questão carcerária no país, visto sob o ângulo do superencarceramento e das condições a que são submetidos os presos. Quanto à questão do superencarceramento, foi objeto de relatório divulgado pelo Ministério da Justiça no ano de 2015, com base em dados coletados até o ano de 2014.[1]

Os dados apresentados são bastante significativos: o Brasil possuía em 2014 607.731 presos, para 376.669 vagas. A taxa de ocupação era de 161%. Em comparação com outros países, o Brasil tem a quarta maior população carcerária em termos absolutos, mas também em termos relativos, considerada a proporção entre o número de presos e a população do país. A taxa de aprisionamento no Brasil (número de pessoas presas para cada cem mil habitantes) é de 300, ficando atrás dos Estados Unidos, Rússia e Tailândia. No Brasil, a taxa de presos provisórios é de 41% do total de presos. Os países que superam essa marca são a Índia, Paquistão, Filipinas, Peru, Marrocos e México. Interessante observar que os Estados Unidos possuem taxa de presos provisórios de apenas 20,40% de sua população carcerária.

Entre 1995 e 2010, houve aumento da população carcerária brasileira da ordem de 136%. O relatório ressalta que, entre os quatro países com maior população carcerária em números absolutos, quais sejam, Estados Unidos, China, Rússia e Brasil, *apenas*

---

[1] O relatório pode ser acessado no sítio <http://www.justica.gov.br/seus-direitos/politica-penal/documentos/relatorio-depen-versao-web.pdf>.

o Brasil observou crescimento do encarceramento entre 2008 e 2014, da ordem de 33%. Os demais países reduziram os números de aprisionamento: Estados Unidos (-8%), China (-9%) e Rússia (-24%).

De 1990 para 2014 (sob a égide, portanto, da Carta de 1988), a população carcerária brasileira aumentou 575%: de 90 mil para 607,7 mil pessoas. De 2000 a 2014, a população prisional cresceu, em média, 7% ao ano, totalizando um crescimento de 161%, dez vezes maior que o crescimento do total da população brasileira, que apresentou aumento de apenas 16% no período, em uma média de 1,1% ao ano.

Importante ainda registrar o perfil de nossos presos. 56% da população prisional é composta por jovens de 18 a 29 anos, ao passo que, segundo o censo do IBGE de 2010, essa faixa etária compõe apenas 21,5% da população brasileira. Quanto à raça, cor e etnia, os dados obtidos revelaram que a percentagem das pessoas negras no sistema prisional é de 67%, ao passo que a representatividade de negros na população total brasileira é de 45%. Quanto à escolaridade, aproximadamente 80% da população carcerária estudou no máximo até o ensino fundamental, sendo que 50% sequer o frequentou ou não o completou.

Mais recentemente o Departamento Penitenciário Nacional (Depen) divulgou dados do Levantamento Nacional de Informações Penitenciárias (Infopen) relativos aos anos de 2015 e 2016. Registrou-se novamente aumento da população carcerária, tendo atingido a marca de 727 mil presos, mantendo-se o índice de 40% de presos provisórios observado em 2014.[2]

Os números são contundentes e trazem um desafio para consolidação da democracia no Brasil. A prisão funciona como mecanismo de exclusão, segregação e estigmatização racial e acentuação das desigualdades no país.

O superencarceramento observado nas últimas décadas não aumentou a sensação de segurança nem reduziu as taxas de criminalidade, não se mostrando, portanto, eficaz como política de segurança pública no Brasil, embora a construção e gerenciamento dos presídios seja extremamente custosa para o país. O ambiente extremamente violento a que o preso é submetido, de sistemática violação de direitos outros, para além do direito de liberdade, a falta de controle do Estado sobre as facções criminosas que atuam dentro dos presídios,[3] a falta de políticas públicas de acompanhamento do egresso e de suas famílias, tudo isso contribui para aumentar os índices de violência dentro e fora do cárcere.[4]

---

[2] AZEVEDO, Rodrigo Ghiringhelli de (Coord.). *Sumário Executivo – Justiça Pesquisa*. Direitos e garantias fundamentais. Audiência de custódia, prisão provisória e medidas cautelares: obstáculos institucionais e ideológicos à efetivação da liberdade como regra. Brasília: CNJ, 2017. Disponível em: <http://www.cnj.jus.br/files/conteudo/arquivo/2018/01/de5467478e38e2f29d1345d40ac6ba54.pdf>. Acesso em: 5 mar. 2018.

[3] Sobre o tema ver contundente artigo de Oscar Vilhena Vieira, publicado na *Folha de S. Paulo*: "Estima-se que mais de 75% do sistema prisional esteja sob o controle de facções criminosas. Isso significa que o Estado age como sócio do crime organizado. Recruta anualmente centenas de milhares de jovens, muitos deles de baixa periculosidade, e os entrega as facções, dentro dos presídios. É a mais perversa 'parceria público-privada' que se tem notícia. Não poderia haver um investimento público mais contraproducente" (VIEIRA, Oscar Vilhena. Sistema prisional entrega jovens de baixa periculosidade às facções. *Folha de S. Paulo*, 19 jan. 2018. Disponível em: <http://www1.folha.uol.com.br/colunas/oscarvilhenavieira/2018/01/1948456-sistema-prisional-entrega-jovens-de-baixa-periculosidade-as-faccoes.shtml>. Acesso em 15 mar. 2018).

[4] O *Informativo Rede Justiça Criminal* traz diversas análises do Relatório Depen de 2015. É de se destacar a questão do alto índice de mortes violentas observado no sistema. Embora os dados de São Paulo e do Rio de Janeiro a respeito não tenham sido enviados para o Ministério da Justiça, o número é elevadíssimo. "Apenas no primeiro

2 Estado de coisas inconstitucional

O Partido Socialismo e Liberdade – PSOL, patrocinado pela Clínica de Direitos Fundamentais da Faculdade de Direito da Universidade do Estado do Rio de Janeiro – Clínica UERJ Direitos,[5] ajuizou arguição de descumprimento de preceito fundamental (ADPF nº 347), com apoio no art. 102, §1º, da Constituição Federal, objetivando que o Supremo Tribunal Federal declarasse a existência de um *Estado de coisas inconstitucional* na situação carcerária brasileira e solicitando a adoção de providências para sanar as gravíssimas lesões a preceitos fundamentais da Constituição decorrentes de tal realidade.

O reconhecimento do Estado de coisas inconstitucional é uma técnica decisória, desenvolvida pela Corte Constitucional da Colômbia, aplicada quando são verificadas graves falhas estruturais na adoção de políticas públicas que impliquem violações de direitos de grande parcela da população. Confira-se o seguinte trecho da petição inicial da ADPF nº 347:

> Esta técnica, que não está expressamente prevista na Constituição ou em qualquer outro instrumento normativo, permite à Corte Constitucional impor aos poderes do Estado a adoção de medidas tendentes à superação de violações graves e massivas de direitos fundamentais, e supervisionar, em seguida, a sua efetiva implementação. Considerando que o reconhecimento do estado de coisas inconstitucional confere ao Tribunal uma ampla latitude de poderes, tem-se entendido que a técnica só deve ser manejada em hipóteses excepcionais, em que, além da séria e generalizada afronta aos direitos humanos, haja também a constatação de que a intervenção da Corte é essencial para a solução do gravíssimo quadro enfrentado. São casos em que se identifica um "bloqueio institucional" para a garantia dos direitos, o que leva a Corte a assumir um papel atípico, sob a perspectiva do princípio da separação de poderes, que envolve uma intervenção mais ampla sobre o campo das políticas públicas.[6]

Afirma o PSOL que as prisões brasileiras são verdadeiros infernos dantescos, com celas superlotadas, imundas, insalubres, proliferação de doenças infectocontagiosas, comida intragável, temperaturas extremas, falta de água potável e de produtos higiênicos básicos, homicídios frequentes, espancamentos, tortura e violência sexual contra presos, praticadas tanto por outros detentos quanto por agentes do Estado, ausência de assistência judiciária adequada, bem como de acesso à educação, à saúde e ao trabalho.

---

semestre de 2014 foram registradas 565 mortes, sendo que aproximadamente metade delas foi classificada pelos agentes públicos como violentas intencionais. [...] Vale dizer que se a pessoa é presa no Brasil ela terá 6 vezes mais chances de morrer do que se não tivesse sido privada da sua liberdade" (CUSTÓDIO, Rafael; CALDERONI, Vivian. Penas e mortes no Sistema Prisional Brasileiro. *Informativo Rede Justiça Criminal*, jan. 2016. Disponível em: <http://www.cnj.jus.br/files/conteudo/arquivo/2016/02/b948337bc7690673a39cb5cdb10994f8.pdf>. Acesso em: 4 mar. 2018).

[5] A Clínica UERJ Direitos é um núcleo universitário vinculado à Faculdade de Direito da Universidade do Estado do Rio de Janeiro – UERJ, fundado em dezembro de 2013. Sua missão é promover o engajamento de alunos e professores da Faculdade de Direito da UERJ na defesa dos direitos fundamentais no Brasil, notadamente por meio da prestação de assessoria jurídica especializada e representação processual de entidades da sociedade civil. Os documentos pertinentes à ADPF do sistema carcerário estão acessíveis em ESTADO de coisas inconstitucional no sistema penitenciário – ADPF 347. *Clínica de Direitos Fundamentais da Faculdade de Direito UERJ*. Disponível em: <http://uerjdireitos.com.br/adpf-347-estado-de-coisas-inconstitucional-no-sistema-penitenciario/>.

[6] BRASIL. Supremo Tribunal Federal. ADPF 347 MC. Disponível em: <http://www.jota.info/wp-content/uploads/2015/05/ADPF-347.pdf>. Acesso em: 4 mar. 2018.

Em decorrência disso, diversos preceitos fundamentais da Constituição de 1988 estariam sendo sistematicamente violados, como o princípio da dignidade da pessoa humana (art. 1º, III), a proibição de tortura e de tratamento desumano ou degradante (art. 5º, III), vedação das sanções cruéis (art. 5º, XLVII, "e"), o respeito à integridade física e moral dos presos (art. 5º, XLIX), entre outros, o que justificaria o manejo da ADPF no caso.

É importante destacar que a ação de descumprimento de preceito fundamental é instrumento de controle de constitucionalidade em abstrato, cabível quando haja violação de preceitos fundamentais em decorrência de atos comissivos e omissivos dos poderes públicos. A decisão proferida pelo Supremo Tribunal Federal em sede de ADPF possui *eficácia contra todos e efeito vinculante relativamente aos demais órgãos do Poder Público* (art. 10, §3º, da Lei nº 9.882/99).

Foi julgada no Supremo Tribunal Federal em 9.9.2015 a medida cautelar na ADPF nº 347. O acórdão foi publicado em 18.2.2016. Até a presente data o mérito da ação não foi julgado. Vejamos os pedidos formulados pelo PSOL em sede liminar:[7]

> a) aos juízes e tribunais – que lancem, em casos de determinação ou manutenção de prisão provisória, a motivação expressa pela qual não aplicam medidas cautelares alternativas à privação de liberdade, estabelecidas no artigo 319 do Código de Processo Penal;
> b) aos juízes e tribunais – que, observados os artigos 9.3 do Pacto dos Direitos Civis e Políticos e 7.5 da Convenção Interamericana de Direitos Humanos, realizem, em até noventa dias, audiências de custódia, viabilizando o comparecimento do preso perante a autoridade judiciária no prazo máximo de 24 horas, contados do momento da prisão;
> c) aos juízes e tribunais – que considerem, fundamentadamente, o quadro dramático do sistema penitenciário brasileiro no momento de implemento de cautelares penais, na aplicação da pena e durante o processo de execução penal;
> d) aos juízes – que estabeleçam, quando possível, penas alternativas à prisão, ante a circunstância de a reclusão ser sistematicamente cumprida em condições muito mais severas do que as admitidas pelo arcabouço normativo;
> e) ao juiz da execução penal – que venha a abrandar os requisitos temporais para a fruição de benefícios e direitos dos presos, como a progressão de regime, o livramento condicional e a suspensão condicional da pena, quando reveladas as condições de cumprimento da pena mais severas do que as previstas na ordem jurídica em razão do quadro do sistema carcerário, preservando-se, assim, a proporcionalidade da sanção;
> f) ao juiz da execução penal – que abata, da pena, o tempo de prisão, se constatado que as condições de efetivo cumprimento foram significativamente mais severas do que as previstas na ordem jurídica, de forma a compensar o ilícito estatal;
> g) ao Conselho Nacional de Justiça – que coordene mutirão carcerário a fim de revisar todos os processos de execução penal, em curso no país, que envolvam a aplicação de pena privativa de liberdade, visando a adequá-los às medidas pleiteadas nas alíneas "e" e "f";
> h) à União – que libere as verbas do Fundo Penitenciário Nacional, abstendo-se de realizar novos contingenciamentos.

---

[7] Há uma preocupação do PSOL com o argumento de que não caberia ao STF intervir na adoção de medidas que se inseririam na competência dos poderes Executivo e Legislativo. Contudo, o Judiciário estaria legitimado a emitir "ordens flexíveis", estabelecendo o diálogo e cooperação entre os diversos poderes estatais, de modo a superar o estado de coisas inconstitucional (Relatório da ADPF nº 347 MC, p. 13).

O voto do relator, Ministro Marco Aurélio, acolheu a tese veiculada na ADPF, ressaltando que as prisões brasileiras são análogas a "masmorras medievais".[8] Interessa a este estudo destacar os seguintes pontos do voto: (a) o ministro ressaltou que a responsabilidade por tal estágio de coisas *também era do Judiciário*, pois haveria problemas relacionados com interpretação e aplicação da lei. Apontou especificamente a responsabilidade do Judiciário pelo número excessivo de presos provisórios. O ministro criticou o fato de o Judiciário pôr em prática a "cultura do encarceramento"; (b) em outro ponto, o ministro afirmou que a intervenção do Supremo nesse caso se justificaria pela sub-representação dos presos perante os demais poderes políticos. Além de não terem direito a voto, são desprezados pelos cidadãos livres que acreditam, *recusando a dimensão ontológica da dignidade humana*, que o criminoso perde o direito à vida digna ou mesmo à condição humana, não sendo titular de quaisquer direitos fundamentais. A opinião pública disseminaria a ideia de que "as condições desumanas das prisões consubstanciam retribuição aos crimes praticados pelos detentos".[9]

Reconhecido que o sistema carcerário brasileiro revela um estado de coisas inconstitucional, qual seria então o papel que Supremo estaria legitimado a desempenhar para sanar tal ilegalidade? Há relevante discussão no julgamento sobre a interferência do Poder Judiciário na adoção de políticas públicas e escolhas orçamentárias. Contudo, tal questão não será abordada no presente estudo. O que se pretende aqui é identificar *quais foram os comandos dirigidos ao próprio Poder Judiciário no julgamento da ADPF nº 347 MC* para reverter a chamada cultura do encarceramento e se tais comandos vêm sendo observados pelas instâncias inferiores do Poder Judiciário, dado o caráter vinculante da decisão do STF.

O Ministro Marco Aurélio deferiu parcialmente as medidas liminares requeridas pelo PSOL, determinando:

> a) aos juízes e tribunais – que lancem, em casos de determinação ou manutenção de prisão provisória, a motivação expressa pela qual não aplicam medidas cautelares alternativas à privação de liberdade, estabelecidas no artigo 319 do Código de Processo Penal;
> b) aos juízes e tribunais – que, observados os artigos 9.3 do Pacto dos Direitos Civis e Políticos e 7.5 da Convenção Interamericana de Direitos Humanos, realizem, em até noventa dias, audiências de custódia, viabilizando o comparecimento do preso perante a autoridade judiciária no prazo máximo de 24 horas, contados do momento da prisão;

---

[8] Confira-se o seguinte trecho do voto: "No Relatório final da Comissão Parlamentar de Inquérito da Câmara dos Deputados, formalizado em 2009, concluiu-se que 'a superlotação é talvez a mãe de todos os demais problemas do sistema carcerário. Celas superlotadas ocasionam insalubridade, doenças, motins, rebeliões, mortes, degradação da pessoa humana. A CPI encontrou homens amontoados como lixo humano em celas cheias, se revezando para dormir, ou dormindo em cima do vaso sanitário'. [...]. Segundo relatórios do CNJ, os presídios não possuem instalações adequadas à existência humana. Estruturas hidráulicas, sanitárias e elétricas precárias e celas imundas, sem iluminação e ventilação representam perigo constante e risco à saúde, ante à exposição a agentes causadores de infecções diversas. As áreas de banho de sol dividem o espaço com esgotos abertos, nos quais escorrem urina e fezes. Os presos não têm acesso a água, para banho ou hidratação, ou a alimentação de mínima qualidade, que, muitas vezes, chega a eles azeda ou estragada. Em alguns casos comem com as mãos ou em sacos plásticos. Também não recebem material de higiene básica, como papel higiênico, escova de dentes ou, para as mulheres absorventes íntimos".

[9] Tal ponto também foi destacado pelo Ministro Roberto Barroso, para quem as pessoas têm dignidade pelo que elas são, pela sua condição humana. Tratar as pessoas como se fossem lixo humano é uma forma de negar a elas a dignidade. Ambos os ministros citaram em seus votos trabalho doutrinário da Professora Ana Paula de Barcellos sobre o tema (BARCELLOS, Ana Paula de. Violência urbana, condições das prisões e dignidade humana. *Revista de Direito Administrativo*, v. 254, 2010).

c) aos juízes e tribunais – que considerem, fundamentadamente, o quadro dramático do sistema penitenciário brasileiro no momento de implemento de cautelares penais, na aplicação da pena e durante o processo de execução penal;

d) aos juízes – que estabeleçam, quando possível, penas alternativas à prisão, ante a circunstância de a reclusão ser sistematicamente cumprida em condições muito mais severas do que as admitidas pelo arcabouço normativo;

e) à União – que libere o saldo acumulado do Fundo Penitenciário Nacional para a utilização com a finalidade para a qual foi criado, abstendo-se de realizar novos contingenciamentos.

Após o voto do Ministro Marco Aurélio, estabeleceu-se uma controvérsia entre os ministros sobre a conveniência de se deferir a liminar quanto aos itens (a), (c) e (d). Não porque os demais divergissem do que fora solicitado pelo autor da ação, mas sim em razão do risco de que o deferimento da liminar desse ensejo a uma "enxurrada de reclamações para o STF".

Nesse sentido o Ministro Roberto Barroso, quanto à medida liminar requerida na letra (a), afirmou que estava de pleno acordo com a medida, que já decorre da legislação (arts. 93, IX, da CF, art. 315 do CPP e art. 282, §6º, CPP), mas entendia que não era o caso de deferir liminar para determinar que os juízes cumprissem a lei, pois tal decisão possibilitaria o uso da reclamação para o STF cada vez que os juízes decretassem uma prisão, sob o fundamento de que a motivação não foi satisfatória. O pedido de liminar foi considerado relevante para o ministro, para dar uma oportunidade ao Tribunal de reiterar a necessidade de motivação, mas o Tribunal não deveria correr o risco de deferir a liminar. Os mesmos fundamentos foram invocados pelo Ministro Barroso para indeferir as letras (c) e (d). O pedido formulado na letra (c) foi considerado pelo ministro uma boa e necessária recomendação. Os juízes devem sim levar em conta as condições do sistema carcerário quando aplicam as penas.[10]

Na mesma linha do voto do Ministro Barroso, decidiram os ministros Teori Zavascki, Rosa Weber, Edson Fachin e Gilmar Mendes. Nas palavras do Ministro Gilmar Mendes, "não podemos mais continuar a falar da existência desse sistema prisional como se estivéssemos a reclamar do frio ou do calor, como se não tivéssemos nenhuma influência na lamentável situação a que chegamos. Temos sim algo a ver com isso" (p. 142). Gilmar ressalta a falta de aplicação pelos juízes do art. 319 do Código de Processo Penal e sugere a expedição de ofício à Enfam para que ofereça treinamento aos juízes para romper com a cultura do encarceramento.

Por outro lado, acompanharam integralmente o relator, deferindo as medidas liminares por ele sugeridas, os ministros Ricardo Lewandowski, Luiz Fux, Cármen Lúcia e Celso de Mello.

Ricardo Lewandowski afirmou que na criminologia moderna há uma doutrina denominada *numerus clausus*, segundo a qual os juízes não poderiam decretar prisões quando verificassem não haver espaço físico nos estabelecimentos prisionais para receber os presos. Aduz que haveria certo "autismo do juiz criminal", por mandar prender

---

[10] "Também aqui, Presidente, eu interpreto este pedido cautelar da letra 'c' como uma boa e necessária recomendação aos órgãos do Poder Judiciário. É preciso levar em conta que o sistema está sobrecarregado, que o Sistema não ressocializa, que o sistema embrutece. Porém, acho que já decorre do sistema jurídico esse dever dos juízes, e também não veria razão para verter essa determinação em uma ordem cautelar" (trecho do voto do Ministro Barroso, p. 75).

independentemente do espaço físico existente para o cumprimento da pena privativa de liberdade. Isso representaria "uma completa dissociação entre a atividade jurisdicional e a atividade administrativa" (p. 111).

O Ministro Fux entendeu que as medidas liminares requeridas a respeito do dever de motivação dos juízes na análise dos requisitos das prisões cautelares, e ainda da consideração sobre as condições dos presídios no momento de fixar penas, deveriam ser deferidas, por seu efeito pedagógico. Afirmou haver inúmeros casos julgados pelas Turmas do STF, em que os juízes não motivam adequadamente as prisões cautelares decretadas (p. 114).

Cármen Lúcia ressaltou que a situação dos presídios "é um problema nosso", referindo-se ao Poder Judiciário, que manda prender e manda soltar, e, portanto, tem obrigação de fiscalizar.

Vê-se assim que cinco ministros votaram pelo deferimento das liminares (a), (c) e (d). Os que não o fizeram destacaram que os juízes deveriam agir dessa forma, por se tratar de imposição da própria lei. A exigência de motivação adequada para decretação de prisão provisória, apontando expressamente as razões pelas quais não é cabível medida alternativa (medida liminar (a)), decorre de fato da sistemática do Código de Processo Penal, ou seja, é uma exigência da lei que deveria estar sendo observada pelos juízes.

Por outro lado, a medida liminar (c) sugerida pelo ministro relator constituía uma diretriz política a ser observada pelos juízes e tribunais de instâncias inferiores, ao determinar que eles considerassem *o quadro dramático do sistema penitenciário brasileiro no momento da concessão de cautelares penais, de aplicação de pena e durante o processo de execução penal*. Igualmente, a medida liminar (d) trazia uma determinação aos juízes de que considerassem as condições das prisões brasileiras ao fazerem a dosimetria da pena nas sentenças.

Cumpre analisar se tais orientações estão sendo seguidas pelos juízes e tribunais. Em caso negativo, e partindo-se da premissa de que é preciso dar efetividade ao que foi decidido pelo Supremo Tribunal Federal na ADPF nº 347 MC, é preciso perquirir que medidas devem ser adotadas para romper com a cultura do encarceramento no âmbito do Poder Judiciário.[11]

3 O descompromisso dos juízes e tribunais com a pauta do desencarceramento

A ADPF nº 347 MC foi julgada pelo Plenário do Supremo Tribunal Federal em setembro de 2015. Embora a decisão então proferida tenha efeito vinculante e *erga omnes*, e apesar da contundência das afirmações contidas nos votos dos ministros a respeito da absoluta impossibilidade de manutenção do sistema prisional brasileiro nas condições em que se encontra, não se identificou qualquer esforço das demais instâncias do Poder Judiciário de firmar jurisprudência que implique redução do contingente carcerário.

---

[11] Até a presente data, o mérito da ADPF nº 347 não foi julgado. Consulta ao andamento do processo no sítio do STF revela que diversas decisões foram proferidas pelo ministro relator relacionadas com pedidos dos estados da Federação de liberação de recursos do Funpen, indevidamente contingenciados pela União Federal. Tais pedidos se referem ao item (e) da liminar deferida pelo Plenário no julgamento da ADPF nº 347 MC, a única medida que não se dirigia ao Poder Judiciário. A consulta foi feita em 4.3.2018.

É bem interessante observar que a decisão do Supremo Tribunal Federal a respeito da execução provisória da pena, proferida inicialmente no julgamento do HC nº 126.292, em fevereiro de 2016, e reafirmada no julgamento das ADCs MC nºs 43 e 44, em outubro de mesmo ano, recebeu maior adesão dos juízes e tribunais de 2º grau, embora tal decisão produza o efeito imediato de aumentar o número de presos no sistema, agravando o estado de coisas inconstitucional antes reconhecido pela Corte Superior.

As deliberações do STF na ADPF nº 347 e nas ADCs nºs 43 e 44 são conciliáveis, caso o Judiciário siga as diretrizes constantes do voto do Ministro Marco Aurélio na ADPF nº 347 MC. Isso pode ser feito em dois campos:

1. Através da redução da decretação de prisões provisórias, de modo a prestigiar o modelo processual em que a pessoa investigada e acusada tem direito de se defender em liberdade e, só após o devido processo legal, caso seja condenada à pena privativa de liberdade, tenha sua prisão decretada. O princípio da presunção de inocência, que norteia a atuação do Estado na persecução penal em uma democracia constitucional pautada em uma carta de direitos, como é a brasileira, exige que as pessoas investigadas e acusadas mantenham seus *status* de inocentes até que sejam condenadas, sob o devido processo legal.

No Brasil, a excepcionalidade da prisão provisória já era assegurada no Código de Processo Penal de 1941, especialmente após a inclusão do parágrafo único no art. 310, pela Lei nº 6.416, de 1977. Posteriormente, foi reforçada pela Constituição de 1988, que consagrou a presunção de inocência. Note-se que o Supremo Tribunal Federal considerou inconstitucional a regra que vedava concessão de liberdade provisória tanto na Lei nº 8.072/90 (crimes hediondos) quanto nas leis nºs 10.826/03 (desarmamento) e 11.343/06 (antidrogas), em decorrência do art. 5º, LVII, da CF88.

Mais recentemente, o Código Processo Penal foi alterado pela Lei nº 12.403/11, que previu um rol de medidas cautelares alternativas à prisão, com a determinação de que a prisão preventiva só poderia ser decretada quando as demais medidas não se mostrassem adequadas e suficientes (art. 282, §6º, CPP). É de se mencionar também a Lei nº 13.257/16, que ampliou os casos de prisão domiciliar, no bojo da adoção de políticas públicas para proteção da primeira infância, estabelecendo tal direito para gestantes e mulheres com filhos de até doze anos de idade incompletos.

Além disso, foram introduzidas as audiências de custódia, como procedimento obrigatório em todo o país, por determinação do Conselho Nacional de Justiça, sob a presidência do Ministro Ricardo Lewandowski. Apesar de não estarem previstas na Constituição Federal ou no Código de Processo Penal, as audiências de custódia se referem ao direito de toda a pessoa detida de ser levada sem demora à presença de um juiz (art. 7º, "5", da Convenção Americana sobre Direitos Humanos). O controle da legalidade da prisão em flagrante, e da necessidade de se decretar a prisão preventiva, era feito pelo juiz apenas à luz da comunicação de prisão (documento encaminhado pela autoridade policial). Tal procedimento foi substituído pela apresentação do preso ao juiz, na presença do Ministério Público e do advogado ou defensor público. A audiência de custódia está regrada pelo CNJ (Resolução nº 213/2015) e foi considerada constitucional pelo STF (ADI nº 5.240, julgada em 20.8.2015).

2. Através da adoção de critérios de dosimetria de pena e de aplicação de penas alternativas à prisão *levando em consideração o princípio do favor rei.*

Estando presentes duas soluções jurídicas para o caso, que se sustentem em fundamentação idônea e estejam contempladas na lei penal, o julgador deve adotar a mais benéfica ao réu que implique: (i) menor tempo de encarceramento; (ii) regime penal mais vantajoso e (iii) aplicação de penas alternativas à prisão.

Contudo, o que se observa é uma resistência das instâncias inferiores do Judiciário em se conduzirem de acordo com tais orientações.

O primeiro ponto a se destacar é o fato de que a reforma do Código de Processo Penal de 2011 e a adoção das audiências de custódia não afetaram os índices de encarceramento, quanto à proporção de presos provisórios, que se mantém em 40% da população carcerária, que como se viu acima segue em trajetória ascendente.

Os juízes resistem a adotar medidas cautelares alternativas à prisão, sendo interessante observar que a insuficiência de tornozeleiras eletrônicas tem efeito dissuasório sobre os juízes que cogitam de aplicar medidas alternativas. Não se pode deixar de registrar certa incoerência, pois a falta de alocação de recursos do Estado para a aquisição dos equipamentos é levada em consideração pelos juízes ao decidirem (revelando aí preocupação com os efeitos práticos de sua decisão), mas tal não se repete quando eles decretam prisões preventivas, sem considerar o fato, por exemplo, de não haver vagas no sistema, o que também se relaciona com carência de recursos públicos.

Ao determinarem o recolhimento de pessoas em presídios lotados, os juízes se descolam da realidade, assumindo a ideia de que os efeitos práticos de suas decisões não lhes dizem respeito, fato ressaltado pelos ministros Gilmar Mendes e Ricardo Lewandowski em seus votos na ADPF nº 347.

Quanto às audiências de custódia, registro o resultado do estudo promovido pelo Conselho Nacional de Justiça, coordenado pelo Professor Rodrigo Ghiringhelli de Azevedo, da PUCRS, intitulado *Audiências de custódia, prisão provisória e medidas cautelares: obstáculos institucionais e ideológicos* à *efetivação da liberdade como regra*.[12]

Após pesquisa de campo feita pela observação de 955 audiências de custódia, em seis cidades do país, entre janeiro de 2015 e junho de 2016, identificou-se que em muitos casos os juízes não observam os direitos das pessoas detidas, previstos na própria Resolução nº 213 do CNJ. Por exemplo, nada menos do que 81% dos presos foram mantidos algemados durante a audiência, o que contraria o art. 8º, II, da resolução.[13]

---

[12] AZEVEDO, Rodrigo Ghiringhelli de (Coord.). *Sumário Executivo – Justiça Pesquisa*. Direitos e garantias fundamentais. Audiência de custódia, prisão provisória e medidas cautelares: obstáculos institucionais e ideológicos à efetivação da liberdade como regra. Brasília: CNJ, 2017. Disponível em: <http://www.cnj.jus.br/files/conteudo/arquivo/2018/01/de5467478e38e2f29d1345d40ac6ba54.pdf>. Acesso em: 5 mar. 2018.

[13] "O uso de algemas em praticamente todos os presos durante as audiências sem uma justificativa quanto à sua necessidade, como dispõe a Resolução CNJ 213/2105, chama a atenção. Esses dois aspectos (algemas e agentes) são impeditivos da efetivação das audiências de custódia enquanto um instituto de garantia de direitos das pessoas presas em flagrante e, sobretudo, daquelas que foram vítimas de violência cometida por agentes estatais. As algemas, sem necessidade justificada, constrangem as pessoas presas diante dos operadores de justiça, criando uma barreira física e simbólica que aumenta ainda mais a distância existente entre eles – distância já consolidada por elementos como a linguagem jurídica, classe e desigualdade social" AZEVEDO, Rodrigo Ghiringhelli de (Coord.). *Sumário Executivo – Justiça Pesquisa*. Direitos e garantias fundamentais. Audiência de custódia, prisão provisória e medidas cautelares: obstáculos institucionais e ideológicos à efetivação da liberdade como regra. Brasília: CNJ, 2017. p. 33. Disponível em: <http://www.cnj.jus.br/files/conteudo/arquivo/2018/01/de5467478e38e2f29d1345d40ac6ba54.pdf>. Acesso em: 5 mar. 2018).

Policiais foram mantidos na sala de audiência em 86,2% dos casos, o que esvazia o propósito de prevenir e reprimir práticas policiais abusivas no momento da prisão.[14] Não foi informada pelo juiz ao preso, em 26% dos casos, a finalidade da audiência e, em 49,9%, não foi explicado o direito do preso de permanecer em silêncio. Os pesquisadores diversas vezes constataram a falta de entendimento dos presos em relação ao que foi discutido na audiência, incluindo seu resultado. Registrou-se que, de maneira geral, a comunicação prévia entre o preso e o defensor não é assegurada em um ambiente privado, sendo que as conversas são realizadas nos corredores, próximo às salas de audiência, com a presença próxima de policiais.[15]

Em editorial publicado no *Boletim IBCCrim*, o Instituto Brasileiro de Ciências Criminais relata um recrudescimento do tratamento dos presos em flagrante no âmbito do Tribunal de Justiça de São Paulo, ocorrido com a substituição do juiz-corregedor do Dipo (Departamento de Inquéritos Policiais) e toda a equipe de magistrados que atuava nas audiências de custódia. Nos últimos dois anos, a decretação de prisões preventivas em audiências de custódia girava em torno de 50%, índice superior à média nacional. Nos primeiros dias da atuação da nova equipe, a taxa de pessoas encaminhadas à prisão girou em torno de 79%. O editorial questiona o critério de escolha dos juízes, que não observa o princípio do juiz natural, e a aparente decisão político-criminal da cúpula do Judiciário paulista, de aumentar o fluxo de ingressantes em presídios comandados por facções criminosas.[16] Certamente tal tendência não encontra apoio na decisão proferida pelo STF na ADPF nº 347 MC.

No que toca ao direito de prisão domiciliar em substituição à prisão preventiva, assegurado às gestantes e mães com filhos de até doze anos incompletos (art. 318, IV e V, CPP), embora a lei não estabeleça qualquer condicionante ao exercício do direito,[17] instâncias inferiores do Poder Judiciário e a 5ª Turma do Superior Tribunal de Justiça firmaram jurisprudência restritiva, deixando de conceder a prisão domiciliar em razão da gravidade do crime, ou ainda ao argumento da não comprovação de que a mãe seria imprescindível aos cuidados da criança (tal exigência é explícita nos incs. III e VI do mesmo art. 319 do CPP, mas não está prevista nos incs. IV e V).[18]

---

[14] 21,6% das pessoas detidas relataram abuso policial. "A freqüência das denúncias atribuindo violência à PM poderia ser maior se a Audiência de Custódia estivesse constituída como um espaço de escuta e acolhimento desse tipo de relato – o que não acontece na prática, seja por causa da dinâmica célere dos atos, seja por causa da ocupação ostensiva de todos os espaços e movimentos da Audiência de Custódia por agentes da PM [...]. Foram observadas situações em que havia 7 e até 11 policiais militares na sala no momento da audiência (AZEVEDO, Rodrigo Ghiringhelli de (Coord.). *Sumário Executivo – Justiça Pesquisa*. Direitos e garantias fundamentais. Audiência de custódia, prisão provisória e medidas cautelares: obstáculos institucionais e ideológicos à efetivação da liberdade como regra. Brasília: CNJ, 2017. p. 20. Disponível em: <http://www.cnj.jus.br/files/conteudo/arquivo/2018/01/de5467478e38e2f29d1345d40ac6ba54.pdf>. Acesso em: 5 mar. 2018).

[15] AZEVEDO, Rodrigo Ghiringhelli de (Coord.). *Sumário Executivo – Justiça Pesquisa*. Direitos e garantias fundamentais. Audiência de custódia, prisão provisória e medidas cautelares: obstáculos institucionais e ideológicos à efetivação da liberdade como regra. Brasília: CNJ, 2017. p. 33. Disponível em: <http://www.cnj.jus.br/files/conteudo/arquivo/2018/01/de5467478e38e2f29d1345d40ac6ba54.pdf>. Acesso em: 5 mar. 2018.

[16] EDITORIAL. *Boletim IBCCrim*, ano 26, n. 303, fev. 2018.

[17] "Art. 318. Poderá o juiz substituir a prisão preventiva pela domiciliar quando o agente for: [...] IV - gestante; V - mulher com filho de até 12 (doze) anos de idade incompletos".

[18] Nesse sentido, do STJ: HC nº 414608, 5ª Turma, j. 20.2.2018; HC nº 422253, 5ª Turma, j. 8.2.2018; HC nº 424604, 5ª Turma, j. 6.2.2018; HC nº 427694, 5ª Turma, j. 6.2.2018. A 6ª Turma do STJ vinha concedendo o benefício, mas o número de *habeas corpus* com ordem concedida indica a resistência de instâncias inferiores em reconhecê-lo. Por exemplo: HC nº 383606, j. 27.2.2018; HC nº 420579, j. 5.12.2017; HC nº 420762, j. 5.12.2017; HC nº 420757, j. 28.11.2017.

Recentemente tal matéria foi objeto de *habeas corpus* coletivo impetrado pela Defensoria Pública da União (HC nº 143.641), tendo a 2ª Turma do Supremo Tribunal Federal concedido a ordem para reconhecer tal direito a todas as mulheres em tal situação, excetuados os casos de crimes praticados por elas mediante violência ou grave ameaça, contra seus descendentes.[19] De todo o modo, a adoção de argumentação restritiva para reduzir o escopo de aplicação do art. 319, IV e V, do CPP, denota a resistência do Poder Judiciário, que se quer aqui demonstrar, de aplicar regras que potencialmente impliquem redução da população carcerária.

Quanto à questão de dosimetria de pena, é importante consignar que o método de aplicação de pena previsto no Código Penal (chamado método trifásico) confere grande discricionariedade aos juízes no procedimento de individualização de pena. Assim, o momento da aplicação da pena é talvez o mais permeável à adoção de critérios políticos e morais do magistrado (explicitados nos autos ou não). Há diversas categorias absolutamente subjetivas no art. 59 do Código Penal (como culpabilidade, conduta social, personalidade, motivos, antecedentes). O mesmo se diga das regras para a substituição da pena privativa de liberdade por alternativa (art. 44, III, CP) e das referentes à fixação do regime inicial do cumprimento de pena (art. 33, §3º, CP).

A densificação desses conceitos é feita pelo Superior Tribunal de Justiça, que tem jurisprudência firmada e súmulas aprovadas sobre dosimetria de pena. Por exemplo, a Súmula nº 444 do STJ, datada de 2010, afirma que é vedada a utilização de inquéritos policiais e ações penais em curso para agravar a pena-base. Tal tese também foi firmada pelo Plenário do STF, no julgamento do Recurso Extraordinário nº 591.054, com repercussão geral reconhecida, em 2014. Apesar disso, breve consulta ao sítio do Superior Tribunal de Justiça permite verificar que as instâncias ordinárias reiteradamente consideram anotações anteriores na FAC do réu para majorar sua pena, matéria que acaba sendo corrigida pelo Superior Tribunal de Justiça em sede de *habeas corpus* ou de recurso especial.[20]

Outros temas relacionados com fixação de pena que repercutem diretamente da taxa de encarceramento são sumulados pelo Superior Tribunal de Justiça e os comandos das súmulas são reiteradamente desrespeitados pelas instâncias ordinárias do Judiciário. Pesquisa coordenada pelo Professor Thiago Bottino, da Fundação Getúlio Vargas, sobre o uso do *habeas corpus* nos Tribunais Superiores, evidenciou elevada taxa de concessão da ordem em *habeas corpus* em matéria de dosimetria, regime inicial e progressão de regime de pena, temas que já não deveriam gerar maiores controvérsias, dado que são objeto de súmulas editadas tanto pelo Supremo Tribunal Federal quanto pelo Superior Tribunal de Justiça.

---

[19] Voto do Ministro Relator Ricardo Lewandowski em BRASIL.. Supremo Tribunal Federal. Habeas Corpus 143.641 São Paulo. Voto do Ministro Relator Ricardo Lewandowski. Disponível em: <https://www.conjur.com.br/dl/voto-ministro-ricardo-lewandowski1.pdf>. Acesso em: 14 fev. 2018.

[20] Os seguintes precedentes do STJ concederam *habeas corpus* para reduzir as penas aplicadas em razão da Súmula nº 444 do STJ: HC nº 427436, 5ª Turma, j. 20.2.2018; HC nº 411828, 5ª Turma, j. 20.2.2018; HC nº 425804, 5ª Turma, j. 6.2.2018; HC nº 427434, 5ª Turma, j. 6.2.2018; HC nº 413204, 5ª Turma, j. 12.12.2017; HC nº 407805, 5ª Turma, j. 12.12.2017. Na 6ª Turma do STJ, só no mês de março de 2018, os seguintes REsp e HC foram julgados por decisões monocráticas, tendo sido as penas reduzidas em razão da não aplicação da Súmula nº 444 do STJ pelos Tribunais inferiores: REsp 1470695, 6ª Turma, j. 12.3.2018; HC nº 302072, 6ª Turma, j. 12.3.2018; REsp 1721477, 6ª Turma, j. 9.3.2018; REsp 1696800, 6ª Turma, j. 9.3.2018.

A pesquisa revelou que a taxa de concessão de *habeas corpus* de 2008 a 2012 relacionada com o tema "erro na fixação de regime inicial em crime de roubo", originados do TJSP, é de 62,0%.[21] Esse é apenas um dos dados da pesquisa que ora se destaca por evidenciar franca resistência das instâncias ordinárias do Judiciário em adotar jurisprudência dos Tribunais Superiores que implique redução do número de pessoas presas no Brasil. A trajetória ascendente da taxa de encarceramento não foi rompida após o julgamento da ADPF nº 347 MC, o que indica que o Poder Judiciário ainda não percebe o problema como uma questão que lhe diga respeito.

4 Conclusão

O presente estudo pretendeu pontuar com alguns exemplos práticos a resistência do Poder Judiciário *de se ver como sujeito na adoção de políticas de desencarceramento*, apesar dos debates travados e do quanto decidido pelo Plenário do Supremo Tribunal Federal na ADPF nº 347 MC.

A situação dramática e flagrantemente inconstitucional do sistema carcerário brasileiro deve ser enfrentada por todos os poderes constitucionais. Contudo, a responsabilidade pela efetivação das normas constitucionais que veiculam direitos fundamentais é, em última instância, do Poder Judiciário, ainda mais em um cenário de sistemática violação de direitos.

O congestionamento de tramitação de processos nos Tribunais Superiores, associado à recente decisão do Supremo Tribunal Federal sobre a possibilidade de execução provisória da pena, que levará ao incremento da população carcerária, impõe de forma urgente uma mudança de postura dos juízes criminais, tanto na avaliação dos requisitos das prisões provisórias, que devem ser excepcionais e possuir caráter estritamente cautelar, quanto na adoção de critérios legais de fixação de pena orientados pelo princípio do *favor rei*.

A questão proposta no presente artigo está, na verdade, inserida em uma discussão mais ampla sobre o papel que o juiz criminal brasileiro acredita desempenhar no processo. O fato é que a maioria dos juízes se vê mais como parte do sistema repressivo de combate à criminalidade do que como mediador da ação das partes e garantidor do processo justo.

Contudo, independentemente da discussão sobre a figura do "juiz que combate o crime", popularizada no Brasil e defendida inclusive institucionalmente por associações de magistrados,[22] não se pode deixar de constatar grave déficit na aplicação de normas veiculadoras de direitos fundamentais da Constituição de 1988, especialmente no que tange à questão penitenciária. Tal tema deve, portanto, ser enfrentado com absoluta urgência no momento em que a Carta completa trinta anos de vigência e que o Brasil procura se firmar como um Estado democrático e constitucional.

---

[21] BOTTINO, Thiago (Coord.). Habeas Corpus nos Tribunais Superiores. Análise e proposta de reflexão. *FGV Direito Rio*, 2016.

[22] Veja-se nessa linha o vídeo institucional da Associação dos Juízes Federais do Brasil – AJUFE: VÍDEO institucional da Associação dos Juízes Federais do Brasil – AJUFE. *YouTube*. Disponível em: <https://www.youtube.com/watch?v=FRdpKEEz4F4>. Acesso em: 15 mar. 2018.

Referências

AZEVEDO, Rodrigo Ghiringhelli de (Coord.). *Sumário Executivo – Justiça Pesquisa*. Direitos e garantias fundamentais. Audiência de custódia, prisão provisória e medidas cautelares: obstáculos institucionais e ideológicos à efetivação da liberdade como regra. Brasília: CNJ, 2017. Disponível em: <http://www.cnj.jus.br/files/conteudo/arquivo/2018/01/de5467478e38e2f29d1345d40ac6ba54.pdf>. Acesso em: 5 mar. 2018.

BARCELLOS, Ana Paula de. Violência urbana, condições das prisões e dignidade humana. *Revista de Direito Administrativo*, v. 254, 2010.

BOTTINO, Thiago (Coord.). Habeas Corpus nos Tribunais Superiores. Análise e proposta de reflexão. *FGV Direito Rio*, 2016.

BRASIL. Superior Tribunal de Justiça. HC nº 302072, 6ª Turma, j. 12.3.2018.

BRASIL. Superior Tribunal de Justiça. REsp 1470695, 6ª Turma, j. 12.3.2018.

BRASIL. Superior Tribunal de Justiça. REsp 1696800, 6ª Turma, j. 9.3.2018.

BRASIL. Superior Tribunal de Justiça. REsp 1721477, 6ª Turma, j. 9.3.2018.

BRASIL. Superior Tribunal de Justiça. HC nº 383606, j. 27.2.2018.

BRASIL. Superior Tribunal de Justiça. HC nº 407805, 5ª Turma, j. 12.12.2017.

BRASIL. Superior Tribunal de Justiça. HC nº 411828, 5ª Turma, j. 20.2.2018.

BRASIL. Superior Tribunal de Justiça. HC nº 413204, 5ª Turma, j. 12.12.2017.

BRASIL. Superior Tribunal de Justiça. HC nº 414608, 5ª Turma, j. 20.2.2018.

BRASIL. Superior Tribunal de Justiça. HC nº 420579, j. 5.12.2017.

BRASIL. Superior Tribunal de Justiça. HC nº 420757, j. 28.11.2017.

BRASIL. Superior Tribunal de Justiça. HC nº 420762, j. 5.12.2017.

BRASIL. Superior Tribunal de Justiça. HC nº 422253, 5ª Turma, j. 8.2.2018.

BRASIL. Superior Tribunal de Justiça. HC nº 424604, 5ª Tuma, j. 6.2.2018.

BRASIL. Superior Tribunal de Justiça. HC nº 425804, 5ª Turma, j. 6.2.2018.

BRASIL. Superior Tribunal de Justiça. HC nº 427434, 5ª Turma, j. 6.2.2018.

BRASIL. Superior Tribunal de Justiça. HC nº 427436, 5ª Turma, j. 20.2.2018.

BRASIL. Superior Tribunal de Justiça. HC nº 427694, 5ª Turma, j. 6.2.2018.

BRASIL. Supremo Tribunal Federal. ADPF 347 MC. Disponível em: <http://www.jota.info/wp-content/uploads/2015/05/ADPF-347.pdf>. Acesso em: 4 mar. 2018.

BRASIL. Supremo Tribunal Federal. Habeas Corpus 143.641 São Paulo. Voto do Ministro Relator Ricardo Lewandowski. Disponível em: <https://www.conjur.com.br/dl/voto-ministro-ricardo-lewandowski1.pdf>. Acesso em: 14 fev. 2018.

CUSTÓDIO, Rafael; CALDERONI, Vivian. Penas e mortes no Sistema Prisional Brasileiro. *Informativo Rede Justiça Criminal*, jan. 2016. Disponível em: <http://www.cnj.jus.br/files/conteudo/arquivo/2016/02/b948337bc7690673a39cb5cdb10994f8.pdf>. Acesso em: 4 mar. 2018.

EDITORIAL. *Boletim IBCCrim*, ano 26, n. 303, fev. 2018.

ESTADO de coisas inconstitucional no sistema penitenciário – ADPF 347. *Clínica de Direitos Fundamentais da Faculdade de Direito UERJ*. Disponível em: <http://uerjdireitos.com.br/adpf-347-estado-de-coisas-inconstitucional-no-sistema-penitenciario/>.

VÍDEO institucional da Associação dos Juízes Federais do Brasil – AJUFE. *YouTube*. Disponível em: <https://www.youtube.com/watch?v=FRdpKEEz4F4>. Acesso em: 15 mar. 2018.

VIEIRA, Oscar Vilhena. Sistema prisional entrega jovens de baixa periculosidade às facções. *Folha de S. Paulo*, 19 jan. 2018. Disponível em: <http://www1.folha.uol.com.br/colunas/oscarvilhenavieira/2018/01/1948456-sistema-prisional-entrega-jovens-de-baixa-periculosidade-as-faccoes.shtml>. Acesso em 15 mar. 2018.

Informação bibliográfica deste texto, conforme a NBR 6023:2002 da Associação Brasileira de Normas Técnicas (ABNT):

SCHREIBER, Simone. Os trinta anos da Constituição e o desafio do desencarceramento no Brasil. In: BARROSO, Luís Roberto; MELLO, Patrícia Perrone Campos (Coord.). *A República que ainda não foi*: trinta anos da Constituição de 1988 na visão da Escola de Direito Constitucional da UERJ. Belo Horizonte: Fórum, 2018. p. 591-604. ISBN 978-85-450-0582-7.

O PAPEL DO JUDICIÁRIO NA CONCRETIZAÇÃO DA POLÍTICA CRIMINAL: POR UM REPOSICIONAMENTO DA JURISDIÇÃO CONSTITUCIONAL BRASILEIRA NO CAMPO PENAL

ADEMAR BORGES

1 Introdução: a tragédia humana produzida pelo sistema de justiça criminal brasileiro[1]

O sistema de justiça criminal brasileiro é ineficiente, caro, seletivo e violento.[2] As razões que conduzem a essas conclusões são bastante conhecidas. O sistema de justiça criminal tem como principal porta de entrada as prisões em flagrante de jovens negros, pobres e de baixa escolaridade, pela prática de delitos contra o patrimônio ou de tráfico de drogas. O direito penal brasileiro tem revelado nítida preferência pela pena de prisão – em quase todo o mundo, com raras exceções, houve um aumento da taxa de encarceramento –,[3] em detrimento de outras formas menos gravosas de responder à

---

[1] O presente artigo foi inspirado no trabalho desenvolvido, sobre o tema, por três brilhantes professores titulares da UERJ: o Ministro Luís Roberto Barroso, o Professor Daniel Sarmento e o Professor Juarez Tavares. A atuação do Ministro Luís Roberto Barroso, no STF, tem se destacado pelo empenho em superar os déficits de constitucionalização do direito penal brasileiro. O Professor Daniel Sarmento liderou um trabalho coletivo desenvolvido pela Clínica de Direitos Fundamentais da UERJ na elaboração da ADPF nº 347, cujo resultado final poderá alterar radicalmente a tragédia humana que é o sistema prisional brasileiro. O Professor Juarez Tavares, além de ter produzido a mais consistente produção dogmática em matéria penal no Brasil, elaborou, com a minha colaboração, o parecer que acompanhou a petição inicial da ADPF nº 347. Esses três professores titulares da UERJ representam a grandeza da insubstituível Faculdade de Direito dessa imortal universidade brasileira, a qual tive a fortuna de integrar como doutorando, colaborador da Clínica de Direitos Fundamentais, e professor substituto de direito constitucional.

[2] O sistema de justiça criminal "abrange órgãos dos Poderes Executivo e Judiciário em todos os níveis da Federação. O sistema se organiza em três frentes principais de atuação: segurança pública, justiça criminal e execução penal. Ou seja, abrange a atuação do poder público desde a prevenção das infrações penais até a aplicação de penas aos infratores" (FERREIRA, Helder; FONTOURA, Natália de O. Sistema de justiça criminal no Brasil: quadro institucional e um diagnóstico de sua atuação. *Ipea – Texto para Discussão*, Brasília, n. 1330, mar. 2008. p. 8).

[3] São exceções, por exemplo, a Alemanha e a Holanda, países que experimentaram redução das taxas de encarceramento na última década (WPB. WORLD PRISON BRIEF. *World prison brief data*. Germany. Disponível

criminalidade.[4] A intensa expansão da população carcerária no Brasil não tem reduzido a violência e tampouco a sensação de insegurança, mas tem produzido gravíssimas violações aos direitos fundamentais dos presos. A legislação criminal brasileira tem sido produzida sob inspiração de ideias que sugerem o aumento da repressão criminal (em especial da pena de prisão) como saída para a superação da violência e da criminalidade que afligem a sociedade brasileira.[5]

As práticas penais no Brasil – muitas delas consolidadas à margem do direito – expressam características autoritárias ainda não superadas pela onda democrática da Constituição de 1988. O alarmante nível de violência policial é um sintoma de que as práticas policiais ainda não passaram pelo filtro democrático da nova ordem constitucional. A tudo isso se soma a existência de um *estado de coisas inconstitucional* no âmbito do sistema carcerário brasileiro, ante a ocorrência de violação massiva de direitos fundamentais dos detentos, realidade causada pela reiterada inércia do Poder Público, agravada pela chamada *cultura do encarceramento* persistente no país, conforme reconhecido pelo Supremo Tribunal Federal, no julgamento de Medida Cautelar na Arguição de Descumprimento de Preceito Fundamental (MC-ADPF) nº 347.[6]

O sistema de justiça criminal brasileiro se revelou não apenas uma fonte inesgotável de violações de direitos fundamentais, mas também de aumento da violência e da criminalidade. O encarceramento no Brasil, levando em conta a sua atual configuração, contribui para o aumento da prática delitiva e, por sua vez, impacta negativamente na segurança pública.[7] As mais diversas pesquisas empíricas sobre o tema têm chegado a duas conclusões bastante claras: (i) não há correlação entre os níveis de criminalidade e o número de pessoas presas ou a duração do encarceramento,[8] de modo que a severidade das penas é fator irrelevante em relação ao risco de delinquência; (ii) há evidências objetivas de que a expansão da pena de prisão tem produzido efeitos contraproducentes no controle da violência e da criminalidade.[9] Apesar da divergência entre os dados até

---

em: <http://www.prisonstudies.org/country/germany>. Acesso em: 13 jan. 2018 e WPB. WORLD PRISON BRIEF. *World prison brief data*. Netherlands. Disponível em: <http://www.prisonstudies.org/country/netherlands>. Acesso em: 13 jan. 2018).

[4] Como destacam André Luís Callegari e Anderson Teixeira, "o problema mais significativo parece ser a atual tendência da política criminal brasileira de se concentrar no uso da privação de punição da liberdade na resposta a toda a crise que a sociedade enfrenta, como se não houvesse outros mecanismos de controle social válidos, ou pelo menos igualmente eficazes" (CALLEGARI, André Luís; TEIXEIRA, Anderson Vichinkeski. Costituzione, diritto penale e politica criminale in Brasile tra convergenze e paradossi/Constitution, loi pénale et politiques en Brésil entre convergences et paradoxes/Constitution, criminal law and policies in Brazil between convergences and paradoxes. *Rivista di Criminologia*, v. 3, p. 17-30, 2013, tradução livre do autor).

[5] O fracasso do sistema punitivo baseado na cultura do encarceramento tem gerado novas expectativas punitivas, que culminam por reafirmar o modelo fracassado. Nesse sentido, Juarez Cirino dos Santos: "A crítica científica à ineficácia dos princípios da ideologia punitiva (correção, trabalho, educação penitenciária, modulação da pena, controle técnico da correção etc.) costuma indicar que a prisão não reduz a criminalidade, provoca a reincidência, fabrica delinquentes e favorece a organização de criminosos. De fato, a história do projeto 'técnico-coercitivo' do sistema carcerário é a história simultânea de seu fracasso: o 'poder penitenciário' se caracteriza por uma 'eficácia invertida', através da produção de reincidência criminal, e pelo 'isomorfismo reformista', com a reproposição do mesmo projeto fracassado em cada constatação histórica de seu fracasso" (SANTOS, Juarez Cirino dos. *A criminologia radical*. 2. ed. Curitiba: ICPC Lumen Juris, 2006. p. 81).

[6] STF. ADPF nº 347 MC. Rel. Min. Marco Aurélio, Tribunal Pleno, j. 9.9.2015.

[7] V., a propósito, ORGANIZAÇÃO DAS NAÇÕES UNIDAS. *Informe sobre la visita al Brasil del Subcomité para la Prevención de la Tortura y Otros Tratos o Penas Crueles, Inhumanos o Degradantes*. [s.l.]: [s.n.], [s.d.]. p. 16-17.

[8] MATHIESEN, Thomas. *Prison on trial*. 3. ed. Winchester: Waterslide Press, 2006.

[9] Para conhecer uma experiência concreta nesse sentido no contexto norte-americano, v. KOVANDZIC, Tomislav V.; SLOAN III, John J.; VIEIRAITIS, Lynne M. Unintended consequences of politically popular sentencing policy:

então divulgados, é certo que a taxa de reincidência no Brasil – superior a 40% segundo o último levantamento do Ministério da Justiça –[10] é alarmante e deixa escancarado o fracasso do projeto de encarceramento em massa construído e executado conjuntamente pelo Legislativo e pelo Judiciário. Entretanto, o conhecimento convencional, a percepção social generalizada e a compreensão política majoritária convergem para uma rejeição imotivada de todas as evidências de que o endurecimento da resposta penal não resulta na redução da criminalidade.

A crise do sistema penitenciário brasileiro está escancarada no noticiário nacional e internacional. Centenas de milhares de seres humanos são vítimas de um tratamento indiscutivelmente cruel e desumano nas cadeias brasileiras. O cenário é de tamanha gravidade e indignação que o Ministro Marco Aurélio, quando do julgamento da MC-ADPF nº 347, chegou a afirmar em seu voto que "os presos tornam-se 'lixo digno do pior tratamento possível', sendo-lhes negado todo e qualquer direito à existência minimamente segura e salubre". Em passado recente, em pedido de aditamento à ADPF nº 347 – com o objetivo de impedir o desvio de recursos públicos do Funpen para a segurança pública (MP nº 755/16) –, o PSOL recordou que os quase 100 detentos mortos nas duas terríveis chacinas ocorridas nos estados do Amazonas e Roraima não foram vítimas de meros "acidentes". Essa tragédia humana é consequência previsível do *estado de coisas inconstitucional* do nosso sistema prisional, já reconhecido pelo STF, e da omissão dos poderes públicos em enfrentá-lo.

Da data da sessão de julgamento que apreciou as medidas cautelares nas ADCs nºs 43 e 44 (5.10.2016) até o ano de 2018, o quadro dramático do sistema penitenciário brasileiro apresentou significativa piora. Os dados que eram conhecidos àquela altura se tornaram ainda mais estarrecedores. A alteração do quadro fático é significativa. Das 563.526 (quinhentas e sessenta e três mil, quinhentas e vinte e seis) pessoas encarceradas em 2014 – dado com o qual se trabalhava no julgamento realizado no ano de 2016 pelo STF –, apenas 357.219 (trezentas e cinquenta e sete mil, duzentas e dezenove) se encontravam dentro da capacidade máxima do sistema: o déficit total era, àquela altura, de 206.307 (duzentas e seis mil, trezentas e sete) vagas.[11] Segundo dados fornecidos pelo Ministério da Justiça, em 38% das unidades prisionais brasileiras – fração dos estabelecimentos que disponibilizou tais dados à pesquisa –, havia, em 2014, 7.399 (sete mil, trezentas e noventa e nove) pessoas mantidas ilegalmente em regime fechado quando já deveriam cumprir suas penas em regime semiaberto. A mesma pesquisa demostrou que, seguindo essa mesma proporção, seria possível inferir a existência de cerca 32.460 (trinta e duas mil, quatrocentas e sessenta) pessoas que teriam direito à progressão de regime, mas que, por falta de vagas, cumpriam penas no regime fechado.[12]

---

the homicide promoting effects of 'three strikes' in U.S. cities (1980-1999). *Criminology and Public Policy*, Malden, v. 1, n. 3, 2002. p. 399-424.

[10] BRASIL. Ministério da Justiça. Departamento Penitenciário Nacional. Sistema prisional – Informação e inteligência – Relatórios com informações estatísticas do sistema prisional de cada Estado da Federação. *Sistema Integrado de Informações Penitenciárias – Infopen*, 2007. Disponível em: <http://www.mj.gov.br/depen/>. Acesso em: 30 out. 2017.

[11] Não foram consideradas as pessoas em cumprimento de prisão domiciliar.

[12] BRASIL. Ministério da Justiça. *Levantamento Nacional de Informações Penitenciárias Infopen* – Junho de 2014. Brasília: Departamento Penitenciário Nacional, 2015. p. 13. Disponível em: <http://www.justica.gov.br/noticias/mj-divulgara-novo-relatorio-do-infopen-nesta-terca-feira/relatorio-depen-versao-web.pdf>. Acesso em: 14 jul. 2015.

O diagnóstico do sistema prisional brasileiro mais recentemente aperfeiçoado e atualizado pelo Ministério da Justiça indicou que, em dezembro de 2014, o número de pessoas encarceradas era de 622.202 (seiscentos e vinte e dois mil, duzentos e dois), e que, em junho de 2016, esse total chegou ao patamar de 726.712 (setecentos e vinte e seis mil, setecentos e doze). O crescimento, em apenas um ano e meio, foi de mais de 104 mil detentos, o que representou elevação de mais de 16% nesse curtíssimo lapso temporal.[13]

Não é preciso muito esforço para reconhecer que o significativo aumento da superpopulação carcerária – a mais alta de toda a série histórica brasileira – impacta negativamente o exercício de outros direitos fundamentais dos presos. Além dos aspectos relacionados à insalubridade, redução do espaço nas celas, e inquestionável aumento da violência nos presídios, o quadro atual mostrou uma piora significativa no acesso dos presos a atividades laborais e de educação. O encarceramento brasileiro incide primordialmente sobre homens, negros, jovens, autores de crimes patrimoniais e que, em sua maioria, não chegam a ter mais do que o ensino fundamental.[14] Além disso, e apesar do fato de que a maioria desses jovens ingressam no sistema penitenciário pela prática de crimes patrimoniais e de tráfico de entorpecentes – delitos dramaticamente associados à pobreza e à falta de oportunidades de inserção no mercado de trabalho –, no ano de 2007, apenas 17% dos detentos desenvolviam alguma atividade educacional e somente 18% estavam inseridos em programas de trabalho.[15] Com o recente aumento da população carcerária, essa realidade ficou ainda pior nos últimos anos: em junho de 2016, somente 12% dos presos se envolvia em alguma atividade educacional e apenas 15% da população carcerária desenvolvia algum trabalho.[16]

Com uma elevação tão considerável da população carcerária e sem a criação de novas vagas – até o presente momento a decisão cautelar proferida na ADPF nº 347 de determinar a liberação de recursos do Funpen vem sendo substancialmente descumprida pelo Executivo –, não causa surpresa a intensificação dos episódios de extrema violência nos estabelecimentos prisionais. Para que se tenha um exemplo recente, no Complexo Prisional de Aparecida de Goiânia, onde ocorreram pelo menos três rebeliões desde o início do ano de 2018, nove detentos morreram, dois dos quais decapitados, e 14 ficaram feridos.[17]

---

[13] BRASIL. Ministério da Justiça. *Levantamento Nacional de Informações Penitenciárias Infopen* – Dezembro de 2017. Brasília: Departamento Penitenciário Nacional, 2017. Disponível em: <http://www.justica.gov.br/noticias/mj-divulgara-novo-relatorio-do-infopen-nesta-terca-feira/relatorio-depen-versao-web.pdf>. Acesso em: 10 jan. 2018.

[14] BRASIL. Presidência da República. Secretaria Geral da Presidência da República e Secretaria Nacional de Juventude. *Mapa do encarceramento*: os jovens do Brasil. Brasília: Presidência da República, 2015. p. 27-38.

[15] BRASIL. Ministério da Justiça. Departamento Penitenciário Nacional. Sistema prisional – Informação e inteligência – Relatórios com informações estatísticas do sistema prisional de cada Estado da Federação. *Sistema Integrado de Informações Penitenciárias – Infopen*, 2007. Disponível em: <http://www.mj.gov.br/depen/>. Acesso em: 30 out. 2017.

[16] BRASIL. Ministério da Justiça. *Levantamento Nacional de Informações Penitenciárias Infopen* – Dezembro de 2017. Brasília: Departamento Penitenciário Nacional, 2017. p. 53; 56. Disponível em: <http://www.justica.gov.br/noticias/mj-divulgara-novo-relatorio-do-infopen-nesta-terca-feira/relatorio-depen-versao-web.pdf>. Acesso em: 10 jan. 2018.

[17] PONTES, Felipe. Cármen Lúcia inspeciona presídios em Goiás onde ocorreram rebeliões. *Agência Brasil*, 8 jan. 2018. Agência Brasil. Disponível em: <http://agenciabrasil.ebc.com.br/direitos-humanos/noticia/2018-01/carmen-lucia-viaja-goias-para-inspecionar-presidios-onde-ocorreram>. Acesso em: 29 jan. 2018.

Infelizmente, apesar do reconhecimento do *estado de coisas inconstitucional* do sistema prisional brasileiro pelo STF, as únicas duas medidas cautelares deferidas pelo Plenário do STF – contra o voto do ministro relator, Marco Aurélio, que deferia outras importantes medidas cautelares deduzidas naquela ADPF nº 347 – não produziram efeitos positivos no funcionamento do sistema.[18] *Primeiro*, porque, como assinalado pelo autor da ADPF nº 347 em petição de aditamento à inicial, a ordem de liberação dos recursos do Funpen tem sido sistematicamente descumprida, apesar do esforço hercúleo do ministro relator, Marco Aurélio, para determinar à União a liberação dos recursos para todos os estados da Federação que compareceram aos autos para informar descumprimento da decisão. Prova maior de que a decisão de liberação dos recursos contingenciados não produziu efeitos positivos no sistema é a constatação empírica de que, embora a população carcerária tenha crescido em mais de cem mil presos no curto espaço de um ano e meio, o número de vagas se manteve praticamente estável.

Por outro lado, a decisão cautelar que determinou aos Tribunais a realização de audiências de custódia para os presos em flagrante não impactou positivamente a enorme quantidade de presos provisórios no Brasil. O Mapa do Encarceramento no Brasil, publicado em 2015 pela Presidência da República, traçou um detalhado perfil da população carcerária e reconheceu que 38% da população prisional no país era formada por presos provisórios e 61% por presos condenados. De lá para cá, a situação piorou mais uma vez. O mais recente levantamento nacional sobre o sistema penitenciário, publicado em dezembro de 2017,[19] mostrou que 40% da população prisional no país é formada por presos provisórios e 60% por presos condenados. Houve, portanto, nos últimos dois anos, não só um aumento do número absoluto de presos provisórios no Brasil, mas também da sua proporção em relação ao total de encarcerados no sistema.

Tudo piorou desde o julgamento da Medida Cautelar nas ADCs nºs 43 e 44. O aumento de mais cem mil em pouco mais de um ano, sem qualquer alteração relevante na criação de vagas ou no investimento público no sistema penitenciário, elevou o nível de crueldade do modelo de cumprimento das penas privativas de liberdade no Brasil a um patamar ainda mais inaceitável. É nesse contexto que a intensificação do papel da jurisdição constitucional no campo penal se mostra imprescindível.

A jurisdição constitucional deve ser capaz de (i) limitar o poder punitivo do Estado e garantir que a investigação criminal, a ação penal e a execução das penas se desenvolvam em ambiente de respeito aos direitos fundamentais, e (ii) garantir que a plena republicanização da aplicação da lei penal, desconstituindo as zonas ilegítimas de imunidade e os privilégios injustificados que ainda caracterizam o sistema de justiça criminal brasileiro.[20] Essas são tarefas ainda não realizadas nesses trinta anos de vigência

---

[18] BRASIL. Supremo Tribunal Federal. ADPF nº 347 MC. Rel. Min. Marco Aurélio, Tribunal Pleno, j. 9.9.2015.

[19] BRASIL. Ministério da Justiça. *Levantamento Nacional de Informações Penitenciárias Infopen* – Dezembro de 2017. Brasília: Departamento Penitenciário Nacional, 2017. Disponível em: <http://www.justica.gov.br/noticias/mj-divulgara-novo-relatorio-do-infopen-nesta-terca-feira/relatorio-depen-versao-web.pdf>. Acesso em: 10 jan. 2018.

[20] Como destacou Luciana Cardoso em recém-publicada tese de doutorado, o sistema de justiça criminal pode favorecer o aprofundamento democrático ou obstaculizá-lo: "Atuar pelo aprofundamento democrático significará, no contexto da pesquisa, operar pela transformação de relações de poder desigual, mitigando os efeitos da dominação delas decorrente, limitando o exercício do controle estatal pela via criminal. De outro lado, obstaculizar o aprofundamento democrático significará atuar pela blindagem das elites, destinando às classes populares as forças de segurança pública e o sistema prisional, representando, ao fim e ao cabo, uma expressão

da Constituição de 1988. A jurisdição constitucional brasileira tem um longo trabalho pela frente na constitucionalização do direito penal brasileiro.

2 Superando o senso comum: os falsos dilemas e obstáculos à constitucionalização do direito penal no Brasil

A formulação, execução e reforma da política criminal envolve o aprofundamento da discussão sobre questões especialmente complexas, como: quais condutas são particularmente graves e violam direitos e interesses tão relevantes a ponto de merecer a reprovação criminal? Qual o peso que a pena de prisão deve ter no sistema de justiça criminal? Com base em quais parâmetros se pode garantir a aplicação de sanções criminais proporcionais? Como organizar institucionalmente a aplicação das diversas sanções criminais previstas no ordenamento jurídico? Como garantir que a aplicação das normas penais tenha um mínimo de uniformidade nas mais diversas regiões do país? As respostas a essas perguntas dependem não apenas do estabelecimento de premissas fáticas seguras – definição clara dos problemas a serem enfrentados –, mas também da formulação de juízos de valor sobre quando e como punir criminalmente as pessoas e do desenvolvimento de prognósticos a respeito dos objetivos a serem realizados por meio do direito penal. A política criminal depende, portanto, de escolhas sobre o papel que o sistema de justiça criminal – e especialmente a pena – deve desempenhar na sociedade. A decisão sobre a extensão e as características do direito penal depende, fundamentalmente, da política. Afinal, a definição de um aspecto tão central para a vida social não pode deixar de ser feita pela via democrática.[21]

É comum se afirmar que a política criminal é assunto que cabe apenas ao Congresso Nacional e ao presidente da República – representantes do povo que participam do processo de formação das leis. Mas não há dúvida de que, em Estados constitucionais de direito, o respeito aos direitos fundamentais não é uma questão exclusivamente política, mas também – e principalmente – de direito.[22] A vitalidade da democracia pode ser medida pela capacidade de resiliência dos direitos fundamentais em face da política: quando a política ordinária não se vê limitada por uma cultura de respeito aos direitos fundamentais, as bases institucionais necessárias para o aperfeiçoamento democrático se fragilizam. Por isso, será sempre necessário avaliar, sob o ponto de vista do direito, se a política criminal criada pelo legislador e aplicada pelo Judiciário produz violações aos direitos fundamentais (dos acusados, das vítimas e de terceiros). Uma reconexão entre

---

da luta de classes, com caráter higienista" (CARDOSO, Luciana Zaffalon Leme. *Uma espiral elitista de afirmação corporativa*: blindagens e criminalizações a partir do imbricamento das disputas do Sistema de Justiça paulista com as disputas da política convencional. Tese (Doutorado em Administração Pública e Governo) – Escola de Administração de Empresas de São Paulo, Fundação Getúlio Vargas, São Paulo, 2017. p. 26).

[21] Nas palavras de Mir Puig, "todo Derecho penal responde a una determinada orientación política del tratamiento de la delincuencia, esto es: a una determinada Política criminal; y toda Política criminal depende de la política general propia del Estado a que corresponde" (MIR PUIG, Santiago. *Bases constitucionales del derecho penal*. Iustel: Madrid, 2011. p. 15).

[22] É profundamente enraizada na tradição liberal – John Rawls, Ronald Dworkin e Bruce Ackerman – a identificação da democracia com um conjunto de procedimentos que asseguram o respeito aos direitos do indivíduo.

direito penal e direitos fundamentais nunca se fez tão necessária em todo o mundo[23] e particularmente no Brasil.[24]

A imensa maioria dos investigados, acusados e presos – formada por jovens negros e pardos, pouco escolarizados e sem qualificação profissional – tem seus direitos fundamentais sistematicamente violados pelos Estado. Uma polícia mal aparelhada, pouco valorizada, e extremamente violenta organiza a porta de entrada do sistema. Para essa imensa maioria das pessoas que ingressam no sistema penal, o processo judicial está longe de resguardar as exigências mínimas de um processo justo: não há defesa efetiva, o processo é marcadamente inquisitório e a longa duração das ações penais costuma se associar a prisões preventivas que se arrastam indefinidamente no tempo. Embora o Ministério Público e o Judiciário tenham conseguido se organizar institucionalmente após a Constituição de 1988, a relativa fragilidade da Defensoria Pública – pouco valorizada pela política – e a arraigada cultura do encarceramento que permeia todo o sistema de justiça criminal contribuíram para a normalização de um sistema processual injusto e desigual – pelo menos para a imensa maioria dos réus anônimos menos favorecidos – e para o deplorável estado atual do sistema penitenciário brasileiro.

A execução penal é o ponto alto de convergência de todo tipo de violação aos direitos fundamentais dos presos: é possível afirmar, sem risco de incorrer em exagero, que, para essa grande massa de hipossuficientes, o modelo de cumprimento das penas privativas de liberdade se converteu num sistema que opera fora de que qualquer parâmetro de legalidade. A crise do sistema penitenciário brasileiro está escancarada no noticiário nacional e internacional. Centenas de milhares de seres humanos são vítimas de um tratamento indiscutivelmente cruel e desumano nas cadeias brasileiras.

A propósito dessa inegável realidade de contínua negação de direitos aos hipossuficientes no campo penal, continua atual a advertência de Marcelo Neves, publicada em 1996, de que os "'subintegrados' estão excluídos do exercício dos direitos fundamentais declarados, mas não estão liberados dos deveres e responsabilidades impostas pelo aparelho coercitivo estatal, submetendo-se radicalmente às suas estruturas punitivas". Esse problema de "subintegração" ou negação da cidadania ganha um significado especial no campo penal: "em relação aos membros das classes populares, as ofensas aos direitos fundamentais são praticadas principalmente nos quadros da atividade repressiva do aparelho estatal".[25]

O "andar de cima" também padece de problemas, embora diferentes daqueles que atingem a imensa maioria dos "clientes" do sistema de justiça criminal. Até muito pouco tempo atrás, era consensual a ideia de que um grupo de privilegiados estava absolutamente imune ao direito penal. Enquanto os "subintegrados" (ou simplesmente

---

[23] V., sobre a necessidade de constitucionalização do direito penal nos países da América Latina, esse primeiro grande trabalho de pesquisa: INSTITUTO INTERAMERICANO DE DERECHOS HUMANOS (IIDH). *Sistemas penales y derechos humanos en América Latina*. Primer informe e informe final, documentos del programa de investigación desarrollado por el IIDH (1982-1986). Coordinador Profesor Doctor Eugenio Raúl Zaffaroni. Buenos Aires: Depalma, 1986.

[24] V. BARROSO, Luís Roberto. Neoconstitucionalismo e constitucionalização do direito: o triunfo tardio do direito constitucional no Brasil. *Themis – Revista da ESMEC*, Fortaleza, v. 4, n. 2, p. 13-100, jul./dez. 2006.

[25] NEVES, Marcelo. Luhmann, Habermas e o Estado de Direito. *Lua Nova*, n. 37, 1996. p. 101-102.

excluídos) sempre suportaram uma escancarada "inflexibilidade legalista" que marca um sistema punitivo duro, injusto e cruel, os "sobreintegrados" (ou simplesmente privilegiados) se acostumaram, em regra, à não subordinação às disposições penais prescritivas de deveres e responsabilidades. O Estado brasileiro criou uma expectativa de impunidade sistemática para um grupo de pessoas que tradicionalmente dispunha de poder político e econômico.

Os eventos mais recentes da vida institucional brasileira têm demonstrado que já não há mais lugar para aqueles "absolutamente sobreintegrados" ou "incondicionalmente imunes" de antigamente.[26] Mas ainda há um longo caminho pela frente na construção de um sistema de justiça criminal que combine, equilibradamente, o efetivo e profundo respeito pelos direitos fundamentais dos investigados, acusados e presos brasileiros com uma cultura republicana de superação dos privilégios injustificados e da impunidade sistemática daqueles que detêm grande poder político e econômico. Nas palavras de Luís Roberto Barroso e Aline Osorio, "o Poder Judiciário tem um papel decisivo na mudança desse paradigma, sem punitivismo, sem violar as garantias penais ou ignorar o valor do voto, mas também sem conferir imunidade a criminosos de colarinho branco".[27]

A constitucionalização do direito penal no Brasil exige o desenvolvimento de diferentes estratégias de reinstitucionalização do sistema de justiça criminal. As mudanças institucionais exigidas pela Constituição não ocorrem de forma simplesmente revolucionária, com a substituição completa do sistema, mas por alterações institucionais estruturais – fragmentárias e parciais – do sistema de justiça criminal. A jurisdição constitucional pode contribuir nesse processo de compatibilização do direito penal com a Constituição em pelo menos quatro sentidos bastantes claros: (i) a reconstrução do sistema de normas penais sob a ótica da Constituição, de modo a tornar a pena de prisão uma medida verdadeiramente de *ultima ratio* – a *cultura do encarceramento* deve ser em alguma medida arrefecida por um modelo consistente de *filtragem constitucional* do direito penal; (ii) a urgente constitucionalização do sistema penitenciário brasileiro, já positivamente impactado pela contenção da cultura judiciária do amplo encarceramento, por meio da releitura constitucional das normas que disciplinam o modo de cumprimento da pena de prisão no Brasil; (iii) a elevação do grau de realização do princípio democrático no modo como as leis penais são produzidas no país – sem vestígios de pluralismo e responsabilidade política –, exigindo que o legislador defina a política criminal com base em premissas empíricas seguras, objetivos claros, perspectivas de impacto no sistema, e, acima de tudo, razões públicas; e (iv) a republicanização do sistema de justiça criminal, com a superação dos entraves e obstáculos ilegítimos para o seu regular funcionamento

---

[26] Na decisão que autorizou a abertura de investigação contra o Presidente Michel Temer, o Ministro Luís Roberto Barroso afirmou não existir nenhum indivíduo contra o qual não se possa instaurar apuração criminal em ambiente democrático e republicano: "A ninguém deve ser indiferente o ônus pessoal e político de uma autoridade pública, notadamente o Presidente da República, figurar como investigado em procedimento dessa natureza. Mas este é o preço imposto pelo princípio republicano, um dos fundamentos da Constituição brasileira, ao estabelecer a igualdade de todos perante a lei e exigir transparência na atuação dos agentes públicos. Por essa razão, há de prevalecer o legítimo interesse social de se apurarem, observado o devido processo legal, fatos que podem se revestir de caráter criminoso" (BRASIL. Supremo Tribunal Federal. PET nº 7.123, Rel. Ministro Luís Roberto Barroso, decisão 12.9.2017).

[27] BARROSO, Luís Roberto; OSORIO, Aline. *O Supremo Tribunal Federal em 2017*: a República que ainda não foi. Disponível em: <https://www.conjur.com.br/dl/retrospectiva-barroso-2017-parte.pdf>. Acesso em: 22 jan. 2018.

em relação a todos aqueles que, por alguma razão, sejam investigados ou processados criminalmente, sem que isso signifique sacrificar as conquistas liberais civilizatórias do direito penal, as quais merecem, pelo contrário, ser aprofundadas e aperfeiçoadas.[28]

As mudanças possíveis devem partir de questões ou problemas tangíveis, baseadas em uma teorização aceitável e capazes de transformar certos aspectos da vida social sem afrontar integralmente o conjunto de pré-compreensões que dão sentido à determinada experiência social compartilhada. As ideias progressistas de constitucionalização do direito penal tem a seu favor não apenas um discurso retórico de redução do sofrimento humano ou da defesa incondicional da liberdade do ser humano, mas contam com a concreta possibilidade de desenvolver um projeto que (i) produza menor aprofundamento das exclusões social e econômica já estabelecidas pelo sistema político e econômico vigente; (ii) impeça que a tortura e o tratamento desumano continuem a ser praticados à luz do dia pelo próprio Estado; (iii) favoreça uma política de redução da violência e da criminalidade, e (iv) possibilite a republicanização do sistema de justiça criminal, dando igual tratamento a todos os que ingressem no sistema, independentemente da raça ou do poder econômico ou político do investigado ou acusado.

Embora esse projeto deva ser desenvolvido, em toda a sua amplitude e à luz do princípio democrático, pelos representantes eleitos, a jurisdição constitucional pode contribuir para (i) desbloquear canais de transformação travados pela inércia institucional e pela falta de representatividade da minoria excluída que é majoritariamente capturada pelo sistema de justiça criminal,; (ii) elevar o ônus argumentativo imputado ao parlamento para a expansão da pena de prisão; (iii) resolver imediatamente o problema da superpopulação carcerária; (iv) desenvolver uma prática efetiva de *filtragem constitucional* das leis penais e das principais práticas judiciárias, de modo a expurgar progressivamente da ordem jurídica normas e seus modos de aplicação que apresentem clara incompatibilidade com a Constituição; e, por fim, (v) reconhecer não apenas a injustiça, mas a inconstitucionalidade dos privilégios injustificados e das imunidades criminais antirrepublicanas – as explícitas e também as escamoteadas no sistema.[29]

---

[28] Sem desprezar o ceticismo de parcela relevante da recente literatura norte-americana a respeito da capacidade do Judiciário de promover alterações progressistas relevantes em favor de grupos distantes das elites hegemônicas – Hirschl, nesse campo, defende a tese de que a constitucionalização dificilmente se move por compromissos genuínos com a justiça social ou com a universalização de direitos e que, ao contrário, podem ser mais bem compreendidas se entendidas como produtos de uma interação estratégica entre elites políticas hegemônicas, influentes atores econômicos e lideranças jurídicas –, este trabalho aposta na possibilidade de que a jurisdição constitucional opere, quando menos, como agente desestabilizador do processo de progressiva degradação dos direitos fundamentais no campo penal. Se não for possível cogitar da viabilidade desse programa de intervenção moderada da jurisdição constitucional para interromper o grave distanciamento do sistema de justiça criminal das bases do Estado Democrático de Direito, parece não restar esperança de que ela possa desenvolver qualquer outro papel relevante na proteção de direitos fundamentais. O presente trabalho prefere a tese do pessimismo profundo e generalizado em relação à atuação das Cortes constitucionais aproveitar as críticas pertinentes apresentadas por autores como Hirschl para propor soluções que possibilitem o desbloqueio da jurisdição constitucional como mecanismo de garantia de direitos fundamentais de grupos excluídos. É verdade, por outro lado, que a progressiva profissionalização das carreiras jurídicas no Brasil não tem impedido a reprodução sistemática de um modelo excludente, seletivo, ineficiente, preconceituoso e cruel de sistema de justiça criminal. V., sobre o tema, HIRSCHL, R. The political origins of the new constitutionalism. *Indiana Journal of Global Legal Studies*, v. 11, p. 71-108, 2004. Para um estudo sobre o tema sob a ótica brasileira, v. ALMEIDA, F. N. R. de. *A nobreza togada*: as elites jurídicas e a política da Justiça no Brasil. Tese (Doutorado) – Universidade de São Paulo, São Paulo, 2010.

[29] Mudanças estruturais impulsionadas por crises de dimensões nacionais podem ser impulsionadas por Cortes judiciais, notadamente pelas mais altas do país, mas o sucesso da empreitada pode depender fortemente do apoio de setores organizados da sociedade civil. Como notou Mangabeira Unger, "[d]iante da crise nacional,

De um lado, é inegável a necessidade de incluir o direito penal que incide sobre essa grande massa de hipossuficientes ("subintegrados" ou "excluídos") no campo da mais estrita legalidade, impedindo que o poder punitivo do Estado se desenvolva à margem da ordem jurídica, não apenas nas fases de investigação e processual, mas especialmente no momento do cumprimento das penas. Não há justificativa para a tolerância que o Poder Judiciário, e notadamente a jurisdição constitucional, manifesta em relação à massiva violação de direitos fundamentais praticada contra os "menos favorecidos". O Estado nega a essa imensa maioria dos "clientes" do sistema de justiça criminal o direito à defesa efetiva, os direitos mais básicos previstos na própria Lei de Execução Penal, praticando contra eles excessos punitivos injustificáveis. Isso pelo simples fato de que a pena aplicada pelo juiz – nem sempre balizada por critérios constitucionalmente adequados – não é aquela efetivamente cumprida pelos apenados. Pelo contrário, a pena efetivamente aplicada é sempre muito mais grave do que aquela prevista na sentença, seja porque é cumprida em condições subumanas – com a privação de direitos fundamentais desprovida de amparo constitucional –, seja porque os princípios constitucionais da progressividade e da humanização das penas são metas ainda não realizadas no Brasil.

De outro lado, as deficiências institucionais que produzem uma injustificada impunidade para um grupo seleto de privilegiados devem ser corrigidas: a longa duração dos processos – às vezes resultando na prescrição –, a grande quantidade de pessoas detentoras de foro privilegiado[30] e o eventual casuísmo que garante desvios pontuais na aplicação da lei e da jurisprudência em favor de pessoas e grupos específicos devem ser superados com determinação pelo Judiciário e em especial pelo Supremo Tribunal Federal. A esse respeito, o Ministro Luís Roberto Barroso afirmou que o sistema atual que ampliou positiva (em razão da opção constitucional) e interpretativamente (porque a jurisprudência atribuiu à norma constitucional a maior extensão possível) o foro por prerrogativa de função "é feito para não funcionar. Mesmo quem defende a ideia de que o foro por prerrogativa de função não é um mal em si, na sua origem e inspiração, não tem como deixar de reconhecer que, entre nós, ele se tornou uma perversão da Justiça".[31]

---

provocada ou perpetuada por um impasse entre os ramos políticos do governo, os juízes poderiam intervir pela reinterpretação radical da constituição ou das leis. Eles poderiam, de fato, apelar para o futuro, ou para os ramos políticos paralisados, ou para o povo. Eles provavelmente seriam bem-sucedidos em seus esforços para cortar um nó só somente se tivessem como parceiros não reconhecidos poderosos e organizados movimentos na sociedade abaixo. O trabalho de tais parceiros poderia aproveitar a oportunidade que o aparato judicial tinha aberto começar a transformar uma aventura judicial perigosa em uma profecia constitucional auto-realizável" (UNGER, Roberto Mangabeira. *The critical legal studies movement*: another time, a greater task. 3. ed. Londres: Verso Books, 2015. p. 51). O Judiciário, para Unger, pode apresentar um poder residual de alterar experimentalmente configurações institucionais particulares. Sem um apoio de mais largo espectro, juízes não podem fazer mais do que criar oportunidades práticas transitórias e limitadas. V. UNGER, Roberto Mangabeira. *The critical legal studies movement*: another time, a greater task. 3. ed. Londres: Verso Books, 2015. p. 142.

30 Nos termos do voto proferido pelo Ministro Luís Roberto Barroso no julgamento sobre a extensão do foro privilegiado no Brasil, "A Constituição de 1988 prevê que um conjunto amplíssimo de agentes públicos responda por crimes comuns perante tribunais, como o Supremo Tribunal Federal e o Superior Tribunal de Justiça. Estima-se que cerca de 37 mil autoridades detenham a prerrogativa no país. Apenas perante o STF são processados e julgados mais de 800 agentes políticos: o Presidente da República, o Vice-Presidente, 513 Deputados Federais, 81 Senadores, os atuais 31 Ministros de Estado. A competência do STF alcança, ainda, 3 Comandantes militares, 90 Ministros de tribunais superiores, 9 membros do Tribunal de Contas da União e 138 chefes de missão diplomática de caráter permanente. Já o STJ é responsável por julgar mais de 2,7 mil autoridades, incluindo governadores, conselheiros dos tribunais de contas estaduais e municipais e membros dos TJs, TRFs, TRTs e TREs. Há, por fim, mais de 30 mil detentores de foro por prerrogativa nos Tribunais Regionais Federais e Tribunais de Justiça" (BRASIL. Supremo Tribunal Federal. Questão de Ordem na Ação Penal nº 937, voto proferido em 31.5.2017).

31 BRASIL. Supremo Tribunal Federal. AP nº 936. Rel. Ministro Roberto Barroso, j. 15.2.2017.

Mas o problema do déficit de republicanismo no campo penal não se limita ao problema das disfuncionalidades do foro por prerrogativa de função. Mesmo para aqueles que não possuem foro por prerrogativa de função, o respeito aos direitos fundamentais do acusado e a garantia de um processo justo não podem significar nem o direito à morosidade processual nem uma garantia absoluta de absolvição.[32]

3 A republicanização do sistema de justiça criminal brasileiro não deve abandonar o compromisso de proteção aos direitos e garantias fundamentais

A justiça criminal num verdadeiro Estado de Direito tem o dever de absolver todo acusado em relação ao qual a acusação não tenha sido capaz de demonstrar a culpa para além de qualquer dúvida razoável.[33] Mas tem o dever correlativo, de igual importância, de condenar o acusado quando a prova da culpa, cabalmente comprovada, tiver sido produzida em contraditório, num processo em que a paridade de armas tenha sido respeitada e a sentença tenha sido suficientemente motivada.[34] Uma justiça criminal funcional e baseada em premissas democráticas deve ser institucionalmente preparada – independente e imparcial – para absolver sempre que a acusação não tenha se desincumbido adequadamente de provar com segurança e certeza a culpa do acusado, e para condenar sempre que a acusação tenha demonstrado, para além de qualquer dúvida razoável, a existência do crime e a participação do acusado.[35]

---

[32] Para Guilherme O'Donnell, a extrema desigualdade que caracteriza a maior parte dos países da América Latina faz da seletividade do direito penal uma expressão de um sistema de não Estado de Direito: "Na América Latina há uma longa tradição de ignorar a lei ou, quando ela é acatada, de distorcê-la em favor dos poderosos e da repressão ou contenção dos fracos. Quando um empresário de reputação duvidosa disse na Argentina: 'Ser poderoso é ter impunidade [legal]', expressou um sentimento presumivelmente disseminado de que, primeiro, cumprir voluntariamente a lei é algo que só os idiotas fazem e, segundo, estar sujeito à lei não é ser portador de direitos vigentes, mas sim um sinal seguro de fraqueza social. Isso é em particular verdadeiro, e perigoso, em embates que podem desencadear a violência do Estado ou de agentes privados poderosos, mas um olhar atento pode detectá-lo também na recusa obstinada dos privilegiados a submeter-se a procedimentos administrativos regulares, sem falar da escandalosa impunidade criminal que eles costumam obter" (O'DONNELL, Guillermo. Poliarquias e a (in) efetividade da Lei na América Latina: uma conclusão parcial. In: MÉNDEZ, Juan; O'DONNELL, Guillermo; PINHEIRO, Paulo Sérgio (Org.). *Democracia, violência e injustiça* – O não-estado de direito na América Latina. São Paulo: Paz e Terra, 2000. p. 346).

[33] De fato, o conhecimento convencional, com apoio em farta jurisprudência, tornou-se absolutamente pacífico no sentido de que a legitimidade da condenação penal, sob o prisma probatório, depende de um convencimento judicial motivado – a partir da prova produzida pela acusação – da existência do fato criminoso para além de qualquer dúvida razoável (ou, na fórmula evocativa anglo-saxã, *beyond a reasonable doubt*). O art. 156, *caput*, do CPP, atribui ao órgão estatal da acusação penal o encargo de provar, para além de qualquer dúvida razoável, a autoria e a materialidade do fato delituoso.

[34] A condenação criminal – exigente de certeza probatória para além de qualquer dúvida razoável – requer bem mais do que meros indícios suficientes da infração penal. V., na jurisprudência do STF: BRASIL. Supremo Tribunal Federal. HC nº 93368. Rel. Min. Luiz Fux, Primeira Turma, j. 9.8.2011.

[35] A propósito, a síntese jurisprudencial contida no voto do Ministro Celso de Mello: "Na realidade, os princípios democráticos que informam o modelo constitucional consagrado na Carta Política de 1988 repelem qualquer ato estatal que transgrida o dogma de que não haverá culpa penal por presunção nem responsabilidade criminal por mera suspeita, circunstâncias essas que desautorizam o reconhecimento, pretendido pelo eminente Procurador-Geral da República, de que um 'altíssimo grau de probabilidade' revelar-se-ia suficiente – consoante por ele expressamente sustentado e pleiteado – para legitimar a imposição, ao réu, de um decreto judicial de condenação criminal. [...] A condenação do réu pela prática de qualquer delito – até mesmo pela prática de uma simples contravenção penal – somente se justificará quando existentes, no processo, e sempre colhidos sob a égide do

A proposta mais fácil, e talvez mais atrativa sob a ótica do sentimento popular generalizado, seria a de resolver o problema da "sobreintegração" (ou impunidade) no direito penal com a aplicação rápida e eficaz ao grupo tradicionalmente imunizado de todas as já conhecidas ilegalidades que atingem os hipossuficientes. Generalizar para todos o direito penal da ilegalidade e do desrespeito aos direitos fundamentais poderia, segundo essa visão, constituir a solução pragmática verdadeiramente ao alcance do sistema de justiça criminal.

As propostas que se orientam nesse sentido produzem pelo menos dois efeitos contraproducentes: (i) reduz à invisibilidade as pautas legítimas de transformação do direito penal generalizadamente aplicado à grande massa de "subintegrados", fazendo parecer que a demanda pela aplicação igualitária da lei independe do modo como essa lei é aplicada; (ii) oferece um arsenal argumentativo para o grupo de "sobreintegrados" e tradicionalmente privilegiados pretender manter intocável a histórica imunização que o sistema sempre lhes ofereceu, sob o argumento de que faltaria legitimidade a um direito penal fundado em práticas ilegais (principalmente no momento da execução da pena).[36] É preciso, por isso, fugir desse falso dilema: a constitucionalização do direito penal envolve necessária e simultaneamente um processo de integração tanto dos excluídos ("integração de baixo para cima") quanto dos privilegiados ("integração de cima para baixo") a um sistema penal baseado no respeito à dignidade humana e à estrita observância da lei.

De modo geral, o sistema de justiça criminal brasileiro se institucionalizou com base na cultura da ilegalidade em relação aos "excluídos" e da impunidade em relação aos "privilegiados". Esse é um retrato que, pelo menos em seus contornos gerais, dificilmente se pode recursar.[37] Esse modelo de *inconstitucionalização* do sistema de justiça criminal se aprofundou de tal maneira que as tentativas de transformação costumam esbarrar em certo consenso de que as mudanças necessárias são tão profundas que parecem utopias irrealizáveis. As novas perspectivas autointituladas *realistas* apostam que uma leve redução do paradigma da impunidade, com a manutenção estrutural das mazelas do sistema de justiça criminal, representaria o avanço possível na direção da constitucionalização do direito penal brasileiro. Esses programas parciais, que

---

postulado constitucional do contraditório, elementos de convicção que, projetando-se 'beyond all reasonable doubt' (além, portanto, de qualquer dúvida razoável), veiculem dados consistentes que possam legitimar a prolação de um decreto condenatório pelo Poder Judiciário" (BRASIL. Supremo Tribunal Federal. AP nº 858. Rel. Min. Gilmar Mendes, Segunda Turma, j. 26.8.2014).

[36] Para exemplificar essa realidade, v. recente decisão cautelar da CEDH que suspendeu a extradição do luso-brasileiro, investigado no âmbito da Operação Lava Jato, em razão da possibilidade de que, no Brasil, fosse submetido a tratamentos degradantes, já que o sistema prisional brasileiro não cumpre os padrões mínimos exigidos pela Convenção Europeia de Direitos do Homem (TRIBUNAL Europeu suspende extradição do Raul Schmidt para o Brasil. *Público*, 17 abr. 2018. Disponível em: <https://www.publico.pt/2018/04/17/sociedade/noticia/tribunal-europeu-suspende-extradicao-do-raul-schmidt-para-o-brasil-1810612>. Acesso em: 20 abr. 2018).

[37] Também não se pode negar que, ao menos eventualmente, os sinais se invertem. O "andar de cima" passou a ser alvo, ainda que de forma episódica, de práticas persecutórias claramente ilegais. A esse respeito, vale registrar, por exemplo, a recente trajetória das conduções coercitivas aplicadas como medida cautelar inominada a pessoas que nunca sequer foram chamadas a depor perante a polícia. Para uma compreensão sobre o tema, v. BOTTINO, Thiago. A inconstitucionalidade da condução coercitiva. *Boletim IBCCrim*, v. 24, n. 285, p. 4-6, ago. 2016. É possível também referir o problema da generalização da cultura judiciária de autorizar interceptações telefônicas sem fundamentação, permitindo a realização de investigações prospectivas ilegais. V., sobre o tema, PRADO, Geraldo. *Limite às interceptações telefônicas e a jurisprudência do Superior Tribunal de Justiça*. Rio de Janeiro: Lumen Juris, 2006.

apostam exclusivamente na republicanização de um sistema que padece de múltiplas e irrecusáveis inconstitucionalidades, correm o risco de enfraquecer a força persuasiva da necessária superação das injustificadas imunidades penais de ricos e poderosos e, ainda, de reforçar um longo processo de naturalização do desrespeito aos direitos fundamentais dos principais "clientes" da justiça criminal, que continuam sendo os pobres, semialfabetizados, excluídos de quase todas as formas de emancipação social e econômica.[38]

As críticas a determinadas práticas persecutórias e formas de condução de processos criminais que passaram a atingir um grupo de pessoas tradicionalmente imunes ao sistema de justiça criminal – algumas delas não compatíveis com o sistema de garantias previstas na Constituição –[39] não servem como justificativa, entretanto, para levar à frente projetos de manutenção de um sistema de privilégios, e muito menos de reprovação generalizada à legítima e necessária proposta de tornar o princípio republicano uma realidade no campo penal. É preciso reafirmar a ideia de que é possível republicanizar o sistema de justiça criminal sem se afastar do compromisso liberal de respeito aos direitos fundamentais daqueles que, por qualquer razão, se submetam à investigação ou ao processo criminal.

A tarefa de promoção de uma ampla e profunda constitucionalização do direito penal brasileiro não é fácil. Deve partir do reconhecimento dos "clientes" preferenciais do sistema criminal – essa grande massa de excluídos – como verdadeiros sujeitos de direito, merecedores de um tratamento compatível com a dignidade humana. Essa tarefa esbarra, no Brasil, na gravíssima desigualdade social, responsável por estabelecer, nas palavras de Oscar Vilhena, "a invisibilidade daquele submetidos à pobreza extrema, a demonização aqueles que desafiam o sistema e a imunidade dos privilegiados".[40] Deve também partir do reconhecimento de que o sentimento social de que a juridicização da política criminal – em direção à contenção dos excessos punitivos – constitui causa do aumento da criminalidade e da violência não corresponde a qualquer ideia empiricamente verificável.[41]

---

[38] Como bem observou Massimo Pavarini em relação ao contexto italiano – mas inteiramente aplicável ao atual momento do sistema de justiça criminal brasileiro –, o apoio generalizado para reprimir as atividades da máfia e os políticos corruptos tornaram legítima uma repressão muito maior. Para ele, o consenso obtido na luta contra duas grandes emergências – corrupção política e crime organizado – tem justificado um aumento indiscriminado dos níveis de punição. Para cada criminoso mafioso enviado para a prisão, uma centena de toxicodependentes estão presos; para cada político corrupto legalmente detido, uma centena de imigrantes negros são internados. V. PAVARINI, Massimo. The new penology and politics in crisis: the Italian case. *The British Journal of Criminology*, v. 34, Issue S1, 1º jan. 1994. p. 59.

[39] A persistência de um modelo processual inquisitório no Brasil, por exemplo, é motivo de fundada crítica por parte da doutrina brasileira. V., por todos, BADARÓ, Gustavo Henrique. *Processo penal*. São Paulo: Revista dos Tribunais, 2016; GRINOVER, Ada Pellegrini. Verdade real e verdade formal?: um falso problema. In: GRINOVER, Ada Pellegrini. *Verdade e prova no processo penal*: estudos em homenagem ao professor Michele Taruffo. Brasília: Gazeta Jurídica, 2016. p. 1-13. A excessiva duração da prisão preventiva no Brasil também é objeto de críticas válidas por parte da academia e confirmadas por pesquisas empíricas recentes: SANTOS, Rogério Dultra dos. Excesso de prisão provisória no Brasil: um estudo empírico sobre a duração da prisão nos crimes de furto, roubo e tráfico. *Série Pensando o Direito*, n. 54, p. 1-113, 2015. Disponível em: <http://participacao.mj.gov.br/pensandoodireito/wp-content/uploads/2015/05/rog%C3%A9rio_finalizada_web.pdf>. Acesso em 12 jan. 2018.

[40] VIEIRA, Oscar Vilhena. A desigualdade e a subversão do estado de direito. In: SARMENTO, Daniel; IKAWA, Daniela; PIOVESAN, Flávia (Org.). *Igualdade, diferença e direitos humanos*. Rio de Janeiro: Lumen Juris, 2008. p. 191-216.

[41] Uma recente experiência nos EUA confirma a hipótese de que drástica redução no grau de encarceramento não resulta em qualquer aumento significativo do número de crimes. Como recordado na inicial da ADPF nº 347,

É também necessário escapar do falso dilema de que as pretensões de paralisação imediata (ou, quando menos, a intensa redução) da sistemática e gravíssima violação de direitos fundamentais dos presos e de racionalização do uso da pena de prisão são incompatíveis com a avanço no sentido da superação do grave problema da impunidade dos setores tradicional e historicamente imunizados da ação dos órgãos de persecução criminal. Não há contradição alguma na realização simultânea de todas essas tarefas. Pelo contrário, todas elas, em seu conjunto, constituem exigências da democratização formal e substancial do direito penal brasileiro.

4 Os desafios institucionais à constitucionalização do sistema de justiça criminal brasileiro e as potencialidades da atuação da jurisdição constitucional

Uma profunda constitucionalização do direito penal no Brasil – entendida como um processo de reconhecimento efetivo dos direitos fundamentais básicos daqueles que passam pelo sistema de justiça criminal – não depende apenas do desenvolvimento de pequenos ajustes na dogmática penal e tampouco de uma simples revisão da interpretação judicial do alcance de certos direitos e garantias fundamentais (como manifestações daquilo que Mangabeira Unger chama de "reformismo pessimista").[42] A constitucionalização do direito penal brasileiro exige transformações institucionais capazes de levar à frente de modo adequado projetos democráticos que resultem em alterações estruturais no modo de funcionamento de todo o sistema de justiça criminal. Há impasses estruturais importantes nesse setor cuja superação dependem de criatividade e experimentalismo institucional.

Embora não se possa prescindir desse tipo de pensamento criativo, experimental e inovador sob o ponto de vista institucional, defende-se neste ensaio uma proposta mais modesta: no vácuo de alternativas institucionais viáveis, se pretende investir a jurisdição constitucional de um papel central no processo de constitucionalização do sistema de justiça criminal brasileiro. Essa proposta constitui, portanto, um primeiro passo, marcado

---

"Em 2011, a Suprema Corte norte-americana julgou o caso Brown v. Plata (563 U.S. 2011), em que manteve decisão proferida por corte da Califórnia, que determinara a soltura de 46 mil prisioneiros de menor periculosidade, em razão da crônica superlotação dos presídios daquele Estado. A partir de casos relativos ao acesso à saúde de presidiários e ao tratamento dado a detentos com deficiência física, a justiça californiana detectara o grave quadro de superlotação das prisões californianas – a Califórnia tinha cerca de 156.000 presos, com capacidade para apenas aproximadamente 80.000. Os juízes californianos determinaram, com base nessa constatação, que as autoridades do Estado formulassem um plano para a redução da superlotação, para no máximo 137,5% da capacidade das prisões do estado. Como os planos não foram suficientes, houve a determinação judicial de soltura de presos, com base na 8ª Emenda à Constituição norte-americana, que veda as penas "cruéis e não usuais" (cruel and unusual punishments). Tal decisão foi mantida pela Suprema Corte, que entendeu ter havido uma ponderação adequada entre os direitos dos presos e o interesse estatal na proteção da segurança pública" (BRASIL. Supremo Tribunal Federal. ADPF nº 347 MC. Rel. Min. Marco Aurélio, Tribunal Pleno, j. 9.9.2015. Disponível em: <http://www.jota.info/wp-content/uploads/2015/05/ADPF-347.pdf>. Acesso em: 20 abr. 2018). Pois bem. Mesmo com uma redução rápida de cerca de 17% do total da população carcerária, os índices de criminalidade não se alteraram. V., sobre o tema, LOFSTROM, M.; RAPHAEL, S. Incarceration and crime: Evidence from California's public safety realignment reform. *The Annals of the American Academy of Political and Social Science*, v. 664, n. 1, p. 196-220, mar. 2016.

[42] V. UNGER, Roberto Mangabeira. *O direito e o futuro da democracia*. Tradução de Caio Farah Rodriguez e Mario Soares Grandchamp. São Paulo: Boitempo, 2004. p. 105-107.

por sérias limitações, mas revelador de um grande potencial transformador.[43] Acredita-se que o Poder Judiciário, notadamente por meio do Supremo Tribunal Federal, pode se valer da jurisdição constitucional para promover alterações localizadas – mas estruturais – no sistema de justiça criminal, que lhe confiram maior capacidade para conter as graves violações aos direitos fundamentais dos investigados, réus e apenados no Brasil.

A intensificação do controle de constitucionalidade de leis penais no Brasil exigirá do STF dirigir especial atenção àquilo que o Ministro Luís Roberto Barroso chamou de "virada pragmática" da jurisdição constitucional no campo penal.[44] O Tribunal deve reconhecer que não opera no campo abstrato das ideias, devendo, portanto, buscar, nas suas palavras, "os melhores resultados, dentro das possibilidades e limites semânticos dos textos normativos". O estilo fechado do pensamento dogmático no direito penal – totalmente autorreferencial – tem excluído do campo de visão do jurista qualquer forma de raciocínio empírico.[45] O aprofundamento da intervenção (legítima e constitucionalmente adequada) do STF no setor da política criminal, a partir dessa "virada pragmática", exige que a jurisdição constitucional tome decisões informadas, dirigidas a realização de objetivos claros e passíveis de fiscalização, supervisão e alteração supervenientes. Só assim será possível se valer da jurisdição constitucional não apenas para aperfeiçoar as técnicas de interpretação dos dispositivos legais do campo penal, mas também promover alterações de natureza mais estrutural, embora localizada, no modo de funcionamento do sistema de justiça criminal brasileiro. Como lembrou Donini, se o direito penal está orientado a objetivos – a intervenção punitiva objetiva a realização de consequências reais –, a sua produção e seu posterior controle de legitimidade não pode prescindir do saber empírico.[46]

Essa ampliação da atuação da jurisdição constitucional no campo penal – tanto mais quando impulsionada para essa "virada pragmática" – deve ser orientada por certos constrangimentos: (i) a aferição da constitucionalidade das leis penais deve ser realizada de modo compatível com as funções primordiais da jurisdição constitucional – garantia de direitos materialmente fundamentais e proteção das regras do jogo democrático; (ii) embora a jurisdição constitucional tenha ampliado seu repertório argumentativo nas últimas décadas – em grande parte pela ascensão dos princípios à categorias de normas dotadas de normatividade –, é necessário que o uso de técnicas decisórias intermédias (ou interpretativas) esteja atento aos limites textuais das leis penais e processuais penais; (iii) o uso de técnicas decisórias mais criativas de decisão por parte da jurisdição constitucional – chegando até a pronúncia de decisões tipicamente aditivas – deve ser reservado às hipóteses em que a atuação da Corte se dirija a favorecer a situação do réu, nunca para expandir o alcance do poder punitivo para além dos limites textuais

---

[43] V., nesse sentido, MCLEOD, Allegra M. Decarceration courts: possibilities and perils of a shifting criminal law. *Geo. L.J*, v. 100, p. 1587, 2012.

[44] V. BRASIL. Supremo Tribunal Federal. Anotações de voto divulgadas pelo Ministro Luís Roberto Barroso no HC nº 152.752. Disponível em: <https://www.conjur.com.br/dl/anotacoes-manifestacao-oral-barroso.pdf>. Acesso em: 12 abr. 2018.

[45] Esse tipo de conhecimento convencional no campo penal se contenta em explicar "o delito como ofensa de um bem jurídico, a culpabilidade como reprovação por um mal-uso da liberdade, saldando as contas com o humanismo jurídico mediante a ideologia do tratamento ressocializador por meio do cárcere" (DONINI, Massimo. *El derecho penal frente a los desafíos de la modernidad*. Peru: ARA, 2010. p. 79, tradução livre do autor).

[46] V. DONINI, Massimo. *El derecho penal frente a los desafíos de la modernidad*. Peru: ARA, 2010. p. 115, tradução livre do autor.

dos dispositivos legais controlados. A jurisdição constitucional deve recusar qualquer tentação de traduzir apelos populares pela intensificação da repressão criminal em fórmulas decisórias equiparadas à legislação positiva em desfavor dos indivíduos.[47]

5 A política criminal e a magistratura: a jurisdição constitucional como catalizadora da constitucionalização do sistema de justiça criminal

O direito penal é o setor do direito que apresenta maior grau de intersecção com os direitos fundamentais: a sua existência depende da formulação de proibições de conduta (restrição da liberdade geral das pessoas) e da consequente aplicação de sanções (restritivas da liberdade de ir e vir ou de outros direitos fundamentais) para o caso de violação daquelas proibições. A norma penal se baseia, portanto, em pelo menos dois níveis de restrição de direitos fundamentais, sob a premissa de que tanto a proibição da conduta como a aplicação da sanção criminal podem contribuir para a proteção de direitos e interesses de igual ou maior relevância constitucional. A legitimidade do direito penal se baseia, sob o ponto de vista filosófico, na premissa de que a profunda restrição aos direitos fundamentais produzida pela norma penal (e pela sua aplicação concreta às pessoas que violam as proibições penais) é compensada pelo incremento de proteção aos direitos fundamentais dos outros indivíduos.[48]

Ocorre que, desde a concepção da estrutura moderna do direito penal liberal até os dias de hoje, a política criminal passou a não mais depender de qualquer comprovação empírica de que essa equação – fundada na ideia de que o direito penal protege direitos fundamentais em igual ou maior medida que os direitos fundamentais por ele restringidos – tenha sustentação no mundo dos fatos. A legitimidade do direito

---

[47] Essa advertência se faz necessária no atual contexto brasileiro porque, segundo a visão defendida neste trabalho, o STF proferiu, recentemente, pelo menos uma decisão aditiva em matéria penal em desfavor do réu. Cuida-se do conhecido julgamento da medida cautelar na ADC nº 43, por meio do qual o STF conferiu interpretação ao art. 283 do CPP – que prevê que "ninguém poderá ser preso senão em flagrante delito ou por ordem escrita e fundamentada da autoridade judiciária competente, em decorrência de sentença condenatória transitada em julgado ou, no curso da investigação ou do processo, em virtude de prisão temporária ou prisão preventiva" – para afastar a interpretação segundo a qual a referida norma "impediria o início da execução da pena tão logo esgotadas as instancias ordinárias, assentando que é coerente com a Constituição o principiar de execução criminal quando houver condenação confirmada em segundo grau, salvo atribuição expressa de efeito suspensivo ao recurso cabível". O voto proferido pelo Ministro Luís Roberto Barroso, resumindo a posição majoritária da Corte, julgava parcialmente procedente as ações declaratórias de constitucionalidade para "conferir interpretação conforme a Constituição ao art. 283 do CPP, com a redação dada pela Lei no 12.403/2011, para, em juízo de cognição sumária, se excluir a possibilidade de que o texto do dispositivo seja interpretado no sentido de obstar a execução provisória da pena depois da decisão condenatória de segundo grau e antes do trânsito em julgado da sentença condenatória". V. BRASIL. Supremo Tribunal Federal. ADC nº 43 MC. Rel. Min. Marco Aurélio. Rel. p/ Acórdão: Min. Edson Fachin, Tribunal Pleno, j. 5.10.2016. A técnica decisória da interpretação conforme permite que o STF exclua interpretações da lei incompatíveis com a Constituição, chegando até mesmo a fixar a única interpretação constitucionalmente admissível da lei. Já as sentenças aditivas realizam típica operação de integração do ordenamento jurídico por meio de criação de um novo segmento normativo (não referível a um dispositivo legal preexistente). Não há dúvida de que a norma criada pelo STF está fora dos limites textuais do dispositivo legal interpretado (art. 283 do CPP). O caso é de típica sentença aditiva. Essa decisão revela um uso inapropriado da "virada pragmática" no controle de constitucionalidade de normas penais porque fere gravemente o princípio da legalidade estrita no campo penal ao criar norma de conteúdo misto (penal e processual penal) em desfavor do réu.

[48] V. por todos, HASSEMER, Winfried. *Direito penal*: fundamentos, estrutura, política. Tradução Adriana Beckman Meirelles. Porto Alegre: Sergio Antonio Fabris, 2008; ROXIN, Claus. *A proteção de bens jurídicos como função do direito penal*. Tradução André Luís Callegari e Nereu José Giacomolli. Porto Alegre: Livraria do Advogado, 2006.

penal se descolou progressivamente do discurso de proteção de direitos fundamentais e passou a se alimentar, exclusivamente, de uma empobrecida e amorfa compreensão de que quanto maior for a intensidade da repressão penal melhor e menos violenta será a vida em sociedade.

Para muitos a tragédia humana vivenciada nos presídios brasileiros é apenas o resultado de uma política criminal que fracassou. E, como problema político, deve ser resolvido pelos representantes eleitos, seja abrandando as leis penais, seja melhorando as condições das penitenciárias, ou, ainda, apostando na criação contínua de novas vagas no sistema prisional.[49] Mas esse não é um problema exclusivamente político: as múltiplas violações aos direitos fundamentais desses detentos constituem, acima de tudo, problemas essencialmente jurídicos que resultam de uma deficitária eficácia das normas constitucionais no campo penal. E é justamente aqui que a jurisdição constitucional deve atuar de forma particularmente intensa, de modo a permitir, quando menos, que o direito penal se expresse por meio de um processo legítimo e resulte na aplicação e execução de penas proporcionais e que respeitem a dignidade dos condenados.

Não cabe à jurisdição constitucional promover uma revolução institucional no direito penal brasileiro. Isso está muito além das capacidades dos juízes e Tribunais constitucionais. Mas incumbe à jurisdição constitucional impedir que o sistema de justiça criminal se desenvolva à margem da Constituição. Esse desafio não foi incorporado nem à teoria nem à prática do direito constitucional brasileiro. Para Daniel Sarmento, o drama carcerário é a mais grave questão de direitos humanos no Brasil contemporâneo, e o enfrentamento do inferno inconstitucional que é nosso sistema prisional constitui a tarefa mais importante e urgente do STF.[50] Essa visão pode ser incorporada a uma proposta ainda mais abrangente: o sistema de justiça criminal como um todo – cujo subproduto mais evidente é esse sistema prisional cruel e desumano – padece de múltiplas e profundas inconstitucionalidades e a superação desse estado de coisas depende, em grande medida, da ativação, pela jurisdição constitucional, de mecanismos de desbloqueio da inércia da falida política criminal praticada no Brasil.

O debate programático tem sido limitado, nos dias atuais, por um dilema assim sintetizado por Mangabeira Unger: (i) as propostas que se afastam da realidade existente acabam sendo vistas como fantasias utópicas, cuja capacidade de transformar a realidade social parece bastante reduzida ou nula; (ii) as propostas que se mantêm muito próximas da realidade social existente sugerem ajustes tão marginais que dificilmente produzem mudanças relevantes e pelos quais dificilmente vale a pena lutar. A imaginação programática tem alternado entre esses extremos, vale dizer, entre a redefinição sem

---

[49] Essa abordagem – que procura a solução para o escusável estado de coisas inconstitucional do sistema penitenciário brasileiro prioritariamente na construção de novas vagas –, apesar de suas fragilidades sistêmicas – falta de atenção às causas da superlotação carcerária, desatenção ao aprofundamento da cultura do encarceramento arraigada no sistema de justiça criminal e ausência de discussão sobre o desrespeito global aos direitos (legais e supralegais) dos presos brasileiros –, continua no centro do debate entre as principais instituições encarregadas de formular e aplicar a política criminal brasileiro. V., a propósito, recente reunião entre a Ministra Cármen Lúcia, na qualidade de presidente do STF, e os ministros da Segurança Pública, Raul Jungmann, e do TCU, Raimundo Carneiro (BRASIL. Supremo Tribunal Federal. *Grupo de trabalho liderado pela presidente do STF discute soluções para a questão penitenciária brasileira*. Brasília, 12 mar. 2018. Disponível em: <http://portal.stf.jus.br/noticias/verNoticiaDetalhe.asp?idConteudo=372073>. Acesso em: 16 mar. 2018).

[50] SARMENTO, Daniel. As masmorras medievais e o Supremo. *Jota*, 6 jan. 2015. Disponível em: <https://www.jota.info/stf/do-supremo/constituicao-e-sociedade-masmorras-medievais-e-o-supremo-06012015>. Acesso em: 2 nov. 2017.

esforço e a rendição incondicional.[51] Esse dilema, como enfatiza Mangabeira Unger, é falso. Qualquer transformação institucional de caráter estrutural pode ser descrita sob essa dupla perspectiva: (i) pela parcial proximidade com a realidade sobre a qual incide e (ii) pelo também seu parcial distanciamento dessa mesma realidade. O importante é situar o pensamento programático na direção certa e decidir sobre o próximo passo a ser tomado.[52] Se é certo que a direção pode ser claramente identificada, também é possível supor que os primeiros passos podem e devem ser trilhados pela jurisdição constitucional, notadamente pelo STF. Os próximos passos resultarão do diálogo com o legislador, com os juízes criminais, com a sociedade civil, e exigirão a avaliação qualitativa das primeiras intervenções do STF no sistema de justiça criminal.

Uma proposta adequada de atuação para a jurisdição constitucional no campo penal deve tentar fugir desse dilema contemporâneo de classificar as alternativas progressistas em utópicas ou triviais. O objeto é estabelecer premissas a partir das quais seja possível promover redefinições relevantes nesse setor – no âmbito do qual a inércia institucional tem resultado no progressivo aprofundamento das folhas e inconsistências da política criminal –, sem, entretanto, fazer da jurisdição constitucional um meio de imposição de teorias particulares, *e.g.*, abolicionismo,[53] minimalismo radical[54] etc.

Para certas correntes de pensamento críticas ao direito penal e à pena de prisão, a única mudança fundamental possível é a substituição completa do sistema atual por um outro, não punitivo, não vingativo, menos estatal, mais comunitário, enfim, algo que não seja o direito penal tal como o conhecemos hoje. Mas as mudanças fragmentárias ou parciais são igualmente fundamentais. A ideia abolicionista do direito penal – embora se sustente em louvável ideal humanista – pode produzir, no mundo real, o resultado oposto ao pretendido. Visto pela imensa maioria das pessoas, inclusive pelos juristas, como

---

[51] UNGER, Roberto Mangabeira. *The critical legal studies movement*: another time, a greater task. 3. ed. Londres: Verso Books, 2015. p. 104.

[52] Mangabeira Unger, a esse respeito, afirma que "os dois mais importantes aspectos da proposta são a definição da direção e a definição dos primeiros passos pelos quais, a partir de onde estamos agora, podemos nos mover naquela direção. Nós podemos formular qualquer proposta que valha a pena pensar sobre os pontos que são relativamente próximos de como as coisas são agora ou relativamente longe" (UNGER, Roberto Mangabeira. *The left alternative*. Londres: Verso, 2005. p. 21).

[53] A principal versão do abolicionismo no mundo é aquela propugnada por Louk Hulsman, que afirma, em síntese, que o sistema penal é um problema em si mesmo, e que a única forma de o superar é a sua definitiva abolição. V. HULSMAN, Louk; DE CELIS, Jacqueline Bernat. *Penas perdidas*: o sistema penal em questão. Tradução de Maria Lúcia Karam. Rio de Janeiro: Luam, 1993.

[54] Contudo, deve-se reconhecer que diversas propostas por mim defendidas coincidem, em substância, com premissas que orientam algumas versões do minimalismo penal. Em comum, é possível identificar, (i) a crítica à pena privativa de liberdade, (ii) a maciça violação a direitos fundamentais dos presos, (iii) a dissociação entre a execução das penas e a finalidade ressocializadora e (iv) a necessidade de reconexão entre o direito penal e as garantias constitucionais. Para uma visão geral da mais conhecida versão do minimalismo penal, v. FERRAJOLI, Luigi. *Direito e razão*: teoria do garantismo penal. 3. ed. rev. Tradução de Ana Paula Zomer, Fauzi Hassan Choukr, Juarez Tavares e Luiz Flávio Gomes. São Paulo: Revista dos Tribunais, 2002. Também se aproxima, em alguns de seus elementos, da versão de abolicionismo proposta por Juarez Tavares, nos seguintes termos: "Parece utópico pretender-se eliminar o poder de punir, o sistema penal. [...] O abolicionismo deve ser compreendido como um processo contínuo e ininterrupto de descentralização de poder, no sentido de seu preenchimento por organismos comunitários, com vistas solucionar os conflitos sem a interferência do aparato policial e judicial. O abolicionismo precisa, assim, ser conquistado todos os dias. Há muitos passos nessa conquista: a redução de danos ou justiça restaurativa, a ampliação dos casos de descriminalização, a eliminação da prisão por dívida, a substituição obrigatória da pena por medidas alternativas, a contenção da prisão preventiva, a restrição cada vez maior dos procedimentos acusatórios e também da judicialização coativa dos conflitos" (TAVARES, Juarez. *A crise de segurança e o sistema punitivo no capitalismo tardio (Pequeno ensaio em homenagem a Nilo Batista)*. [s.l.]: [s.n.], 2015. Mimeo).

uma utopia irrealizável, acaba produzindo um efeito paralisante sobre as necessárias iniciativas fragmentárias de transformação do falido sistema de justiça criminal.

Há, portanto, um paradoxo entre o propósito das ideias tidas como fundamentais – que propõem a substituição integral do sistema punitivo – e a apatia que elas geram no contexto atual em que vige certo tipo de realismo político e social.[55] As alternativas de transformação do insustentável estado de coisas vigente no sistema criminal brasileiro não são indivisíveis e tampouco exaustivas. É necessário, contudo, levar a sério a ideia de que a jurisdição constitucional pode contribuir, dentro do marco da legalidade e dos limites funcionais do Poder Judiciário, para a implementação de mudanças institucionais e estruturais relevantes, mas sempre fragmentárias e incompletas, no sistema de justiça criminal brasileiro.[56]

O sistema de justiça criminal brasileiro exige uma ampla revisão no seu modo de funcionamento que seja capaz de concretizar objetivos simples e amplamente aceitos pelo conhecimento jurídico convencional: (i) paralisar imediatamente (ou, quando menos, reduzir intensamente) a sistemática e gravíssima violação de direitos fundamentais dos presos; (ii) racionalizar o uso da pena de prisão para torná-la uma sanção de *ultima ratio*, contribuindo para o arrefecimento da *cultura do encarceramento* arraigada no sistema; (iii) impedir a generalização da prisão provisória como técnica de antecipação da punição,[57] especialmente nos casos em que a prisão cautelar se aplica a quem não recebe pena privativa de liberdade ao final do processo; (iv) impor um mínimo de rigor procedimental – exigindo estudos, debates, razões e prognósticos do legislador – para a

---

[55] UNGER, Roberto Mangabeira. *The left alternative*. Londres: Verso, 2005. p. 21-22.

[56] Não é estranha à cultura jurídica contemporânea a intervenção judicial estrutural, embora episódica, em determinados tipos de formações institucionais. A propósito, Mangabeira Unger lembra do desenvolvimento das decisões judiciais conhecidas nos Estados Unidos como *strutural injunctions* como formas de experimentalismo judicial de natureza estrutural: "Que força impede o desenvolvimento do pensamento jurídico de se mover da descoberta da indeterminação institucional do livre mercado, sociedades, e políticas para a exploração da sua diversidade de possíveis formas institucionais? Podemos lançar uma luz oblíqua, mas reveladora, sobre este enigma, reconsiderando-o na perspectiva do que veio a ser conhecido na lei americana como o problema da execução complexa e das injunções estruturais. Embora o dispositivo processual tenha se desenvolvido mais plenamente nos Estados Unidos do que em qualquer outro lugar, a oportunidade que explora na relação do direito com a sociedade está se tornando universal. O novo modo de intervenção processual parece ser uma extensão natural e instrumento da ideia central do direito contemporâneo. No entanto, as incongruências da sua teoria e prática tornam ainda mais surpreendente o desenvolvimento detido dessa ideia. Paralelamente ao estilo tradicional de adjudicação, com sua ênfase na atribuição de direitos estruturais entre os litigantes individuais, surgiu uma prática adjudicativa diferente, com agentes, métodos e objetivos diferentes dos do estilo tradicional. Os agentes desta prática alternativa são coletivos e não individuais, embora possam ser representados por litigantes individuais. O processo de ação de classe é a ferramenta mais direta dessa redefinição de agentes. O objetivo da intervenção é remodelar uma organização ou uma área de prática social localizada que frustra o gozo efetivo dos direitos. A circunstância característica da frustração é aquela em que a organização ou a prática sob escrutínio viram o aumento da desvantagem e da marginalização que suas vítimas são impotentes para escapar. A subjugação, localizada e, portanto, remediadora, é o mal paradigmático abordado pela intervenção reconstrutiva. O método e o esforço para avançar mais profundamente no contexto causal da vida social do que a adjudicação tradicional favoreceria, reformulando os arranjos encontrados de forma mais imediata e poderosamente responsável pelo mal questionado. Assim, o remédio pode exigir que um tribunal intervenha em uma escola, uma prisão, um sistema escolar ou um distrito de votação e para reformar e administrar a organização ao longo de um período de tempo. A aplicação complexa exigirá uma combinação mais íntima e sustentada de argumentos prescritivos e investigação causal do que caracterizou o raciocínio dos advogados" (UNGER, Roberto Mangabeira. Legal analysis as institutional imagination. *The Modern Law Review*, v. 59, n. 1, 1996. p. 4).

[57] Como afirmou o Ministro Gilmar Mendes em recente artigo, "[n]ão vamos resolver a impunidade ou a morosidade judicial antecipando penas, muitas vezes injustamente, mas apenas criar novos problemas" (MENDES, Gilmar. Em defesa do habeas corpus. *Folha de S. Paulo*, 19 jan. 2018. Disponível em: <http://www1.folha.uol.com.br/opiniao/2018/01/1951039-em-defesa-do-habeas-corpus.shtml>. Acesso em 12 mar. 2018).

aprovação de leis penais que criminalizem novas condutas ou elevem penas dos crimes já existentes. Esse conjunto de objetivos já se encontra submetido ao debate público, e não se apresenta sequer como original em seus aspectos principais.

6 A necessária superação da timidez judicial no processo de constitucionalização do sistema de justiça criminal

Nos últimos anos, após um crescimento vertiginoso da judicialização de políticas públicas no Brasil, cresceu a desconfiança sobre a capacidade do Poder Judiciário de contribuir de forma justa e eficaz para a fruição de direitos fundamentais. Os resultados da ampliação da participação dos juízes na formulação e execução de políticas públicas como a de distribuição de medicamentos ou de saneamento básico mostram uma tendência de redistribuição irracional e desordenada de recursos públicos, muitas vezes reforçando a desigualdade que essas políticas públicas deveriam enfrentar.[58] O papel que a jurisdição constitucional pode exercer no âmbito das políticas públicas em geral parece ser mais limitado do que se imaginou no auge da *euforia juricêntrica*: exigir o progressivo aperfeiçoamento, controlar a legitimidade dos parâmetros utilizados pelo legislador e pelo administrador e incentivá-los a corrigir equívocos evidentes (erros de prognóstico ou irracionalidades patentes) é melhor do que apostar na capacidade que os juízes têm de substituí-los na construção e execução das políticas públicas em geral.[59]

Mas a participação do Judiciário na política criminal é substancialmente diversa daquela usualmente verificada nas políticas públicas em geral. Para começar, no caso da política criminal, são os juízes os principais executores da política desenhada pelo legislador. Essa circunstância não pode ser subvalorizada, na medida em que juízes são executores particularmente criativos: a interpretação das normas penais contribui enormemente para a definição do próprio conteúdo da política criminal. Os juízes são, portanto, os principais atores da execução da política criminal. Essa execução envolve uma particular e extensa liberdade decisória por parte dos juízes.[60]

---

[58] Sobre o tema, V. SILVA, Virgílio Afonso da. *Taking from the poor to give to the rich*: the individualistic enforcement of social rights. Disponível em: <http://www.enelsyn.gr/papers/w13/ Paper%20by%20Prof.%20Virgilio%20 Afonso%20da%20Silva.pdf>. Acesso em: 2 nov. 2017. A propósito dos efeitos da judicialização na concretização do direito sanitário, v. BARCELLOS, Ana Paula de. Sanitation rights, public law litigation, and inequality: a case study from Brazil. *Health and Human Rights Journal*, v. 16, n. 2, p. 35-46, 2014.

[59] Para uma crítica pertinente a respeito do tema, v. SARMENTO, Daniel. A proteção judicial dos direitos sociais: alguns parâmetros ético-jurídicos. In: SOUZA NETO, Cláudio Pereira de; SARMENTO, Daniel (Org.). *Direitos sociais*: fundamentos, judicialização e direitos sociais em espécie. Rio de Janeiro: Lumen Juris, 2008. p. 533-586. Em direção semelhante, Virgílio Afonso da Silva defende que o Judiciário deveria "pensar os direitos sociais de forma global, respeitar as políticas públicas planejadas pelos poderes políticos, não fazer realocação irracional e individualista de recursos escassos e, sobretudo, realizar com maior eficiência os direitos sociais" (SILVA, Virgílio Afonso da. O Judiciário e as políticas públicas: entre transformação social e obstáculo à realização dos direitos sociais. In: SOUZA NETO, Cláudio Pereira de; SARMENTO, Daniel (Org.). *Direitos sociais*: fundamentos, judicialização e direitos sociais em espécie. Rio de Janeiro: Lumen Juris, 2008. p. 598).

[60] Essa percepção, embora não incorporada ao conhecimento convencional no Brasil, já está registrada em importantes trabalhos doutrinários. Isaac Sabbá Guimarães, por exemplo, captou essa realidade com precisão: "a desconstrução de antigos paradigmas e a construção de novos, plasmados na jurisprudência, orientarão as estratégias de controle do fenômeno criminal. A desconstrução de antigos paradigmas e a construção de novos, plasmados na jurisprudência, orientarão as estratégias de controle do fenômeno criminal" (GUIMARÃES, Isaac Sabbá. Ativismo, discricionariedade judicial e a problemática da política criminal. *Revista CEJ*, v. 18, n. 63, p. 52-53, maio/ago. 2014).

A jurisdição constitucional no campo penal, especialmente aquela desempenhada pela Corte constitucional, tem os juízes como interlocutores preferenciais. No mesmo sentido, Donini afirmou: "a excessiva valorização do direito penal como 'norma' e do princípio da divisão de poderes conduziu à infravalorização do significado do papel institucional da magistratura como fonte de direito", como "portadora de política interpretativa subordinada à lei e à Constituição, mas dotada de margens para tomar decisões autônomas". Tanto isso é verdade que, hoje em dia, não há "um operador prático (e tampouco teórico sério) que acredite 'conhecer o direito', sem 'conhecer a jurisprudência'".[61]

No contexto do controle das políticas públicas em geral, as dificuldades de harmonização entre o exercício da jurisdição constitucional e as competências dos órgãos Executivo e Legislativo – potencializadas pela diversidade de capacidades institucionais e pela dificuldade de lidar com questões de natureza multilateral nos processos judiciais – são amenizadas pelo fato de que o diálogo entre a magistratura e a Corte constitucional é facilitado não apenas por mecanismos institucionais, mas também pela cultura, ainda em consolidação no Brasil, de respeito aos precedentes do órgão de cúpula do Poder Judiciário.[62] Além disso, como advertiu Daniel Sarmento, "uma teoria atenta às capacidades institucionais dos juízes poderia recomendar, em determinados contextos, não uma postura deferente em relação às decisões dos outros poderes do Estado, mas exatamente o oposto",[63] como se dá nas questões que atinjam minorias estigmatizadas, entre as quais seguramente está a população carcerária.

Se o Brasil hoje enfrenta uma grave crise de superpopulação carcerária é porque, de um lado, o legislador tem apostado em reformas que, em geral, intensificam as sanções criminais,[64] mas, por outro, porque os juízes brasileiros têm aplicado a lei de modo a privilegiar a pena de prisão como sanção definitiva e a prisão preventiva como medida cautelar.[65] Mesmo quando o legislador modifica a lei com o objetivo de reduzir a população carcerária – como ocorreu com a recente criação de medidas cautelares alternativas à prisão preventiva –, a resistência dos juízes em substituir a persistente *cultura do encarceramento* pode impedir a concretização dos objetivos que informaram a criação da política pública.[66]

---

[61] DONINI, Massimo. *El derecho penal frente a los desafios de la modernidad*. Peru: ARA, 2010. p. 270, tradução livre do autor.

[62] Luís Roberto Barroso afirmou que "no Brasil dos últimos anos, o papel da jurisprudência teve tal expansão que alguns autores passaram a incluí-la no rol das fontes formais de direito. Independente de se aderir ou não a esta doutrina, é inegável o movimento no sentido de se valorizar o papel dos precedentes judiciais" (BARROSO, Luís Roberto. *Temas de direito Constitucional*. 2. ed. Rio de Janeiro: Renovar, 2009. t. IV. p. 270).

[63] SARMENTO, Daniel. Interpretação constitucional, pré-compreensão e capacidade institucional do intérprete. In: SOUZA NETO, Cláudio Pereira de; SARMENTO, Daniel; BINENBOJM, Gustavo (Coord.). *Vinte anos da Constituição Federal de 1988*. Rio de Janeiro: Lumen Juris, 2009. p. 312-313.

[64] Marcelo Neves ressalta a existência de um tipo de legislação simbólica, a legislação-álibi, no âmbito penal, seara em que "as reformas legislativas surgem muitas vezes como reações simbólicas à pressão pública por uma atitude estatal mais drástica contra determinados crimes" (NEVES, Marcelo. *A constitucionalização simbólica*. São Paulo: Martins Fontes, 2007. p. 34 e ss.).

[65] A magistratura brasileira não é simples coadjuvante no processo de sistemática violação aos direitos fundamentais dos presos, senão seu elemento propulsor à medida que contribui ativamente para um projeto de ampla encarcerização – acionando voluntariamente a ordem jurídica vigente para estender, por via interpretativa, a aplicação de penas privativas de liberdade e de prisões cautelares –, ao mesmo tempo em que consente, ainda que por omissão, a ofensa, por parte do Estado, aos direitos mais básicos dos presos.

[66] Um bom exemplo de que como a persistente cultura do encarceramento presente na magistratura brasileira pode ser identificada a partir do fracasso da Lei nº 12.403 – que criou medidas cautelares alternativas à

Não cabe ao Poder Judiciário formular, de forma abrangente, a política criminal.[67] Além da objeção democrática a esse tipo de atuação, o protagonismo judicial na construção mais abrangente da política criminal esbarra na falta de capacidade institucional do Judiciário para a realização de opções que envolvam conhecimentos técnicos fora da área jurídica, especialmente consideradas as limitações impostas pela própria técnica processual de solução de conflitos pelos juízes. É conhecida, entre nós, a resistência à formulação judicial de políticas públicas complexas, principalmente porque as variáveis de ordem fática e econômica fogem quase que completamente ao campo de visão dos juízes.[68] Como afirmou Luís Roberto Barroso, "temas envolvendo aspectos técnicos ou científicos de grande complexidade podem não ter no juiz de direito o árbitro mais qualificado, por falta de informação ou de conhecimento específico".[69]

Apesar da baixa capacidade institucional do Judiciário para formular ou construir programaticamente a política criminal, a participação judicial na concretização dessa política pública se dá de maneira particularmente intensa. *Em primeiro lugar*, a política criminal tem sua aplicação necessariamente mediada por juízes: as restrições de direitos fundamentais no campo penal estão estritamente submetidas à reserva de jurisdição. A aplicação de sanções criminais é tarefa que, por força do avanço civilizatório promovido pelas revoluções liberais, está reservada aos juízes. Até mesmo a execução das penas, embora exija a coparticipação da Administração Pública, é dirigida e supervisionada pelo Judiciário. Assim, se o desenho institucional da política criminal é dado pelo legislador, a sua concretização pelos juízes não é tarefa de simples execução.[70] O componente criativo presente no momento da interpretação e aplicação das normas penais é bastante abrangente, fazendo do Judiciário uma engrenagem fundamental do próprio conteúdo da política criminal concretamente experimentada no país. Essa coautoria do Judiciário na concretização da política criminal se torna especialmente relevante na medida em

---

prisão preventiva no Brasil –, que não atingiu o objetivo de redução do encarceramento preventiva em razão, principalmente, da resistência dos juízes em substituir a opção da prisão cautelar por outras medidas menos drásticas. V, sobre o tema, SOUSA FILHO, Ademar Borges de. Uma proposta de redução do encarceramento preventivo. *Jota*, 19 jan. 2017. Disponível em: <https://jota.info/colunas/constituicao-e-sociedade/uma-proposta-de-reducao-encarceramento-preventivo-19012017>. Acesso em: 12 jan. 2018.

[67] É bastante difundida no direito constitucional contemporâneo a ideia de que não cabe a juízes impor escolhas que lhes pareçam melhores, mas sim barrar opções inválidas e garantir desde logo direitos que não estejam à disposição das maiorias. V. BARAK, Aharon. *The judge in a democracy*. Princeton and Oxford: Princeton University Press, 2006. Especificamente em relação às disfuncionalidades do sistema de justiça criminal, a literatura norte-americana, em geral, tem documentado as possibilidades de reforma da justiça penal através de vias democráticas de litígio, legislação e ativismo que parecem sombrias. Segundo Janet Moore, a narrativa dominante tem boas razões para o ceticismo em relação à judicialização e ao ativismo como meios viáveis para amenizar o quadro dramático do sistema carcerário, e também como meio para obter maior transparência, justiça e *accountability* no processo de formação e implementação das leis penais e processuais penais. A desesperança, segundo essa autora, não está confinada a um grupo de teóricos e profissionais do sistema de justiça criminal: a mesma desesperança atinge também os movimentos mais amplos de justiça racial e econômica. V. MOORE, Janet. Democracy enhancement in criminal law and procedure. *Utah L. Rev.*, v. 543, 2014.

[68] Para uma crítica pertinente a propósito do tema: SARMENTO, Daniel. A proteção judicial dos direitos sociais: alguns parâmetros ético-jurídicos. In: SOUZA NETO, Cláudio Pereira de; SARMENTO, Daniel (Org.). *Direitos sociais*: fundamentos, judicialização e direitos sociais em espécie. Rio de Janeiro: Lumen Juris, 2008. p. 533-586.

[69] BARROSO, Luís Roberto. Constituição, democracia e supremacia judicial: direito e política no Brasil contemporâneo. *Revista de Direito do Estado*, v. 13, 2009.

[70] Existe longa produção doutrinária mostrando a relativa artificialidade na divisão estanque entre os conceitos de normatização, execução e aplicação das normas. Em todas essas fases, com diferentes graus, há algum componente criativo. V., por todos, MORTATI, Constantino. *Instituzioni di diritto pubblico*. 10. ed. Padova: Cedam, 1991. t. I. p. 303.

que se considera o dever imputado aos juízes de interpretar as normas penais conforme a Constituição. Esse esforço – em parte já realizado, ainda que insuficientemente, pela doutrina[71] e pela jurisprudência[72] desde a promulgação da Constituição de 1988 – de adaptar o direito penal às exigências impostas pela nova ordem constitucional tem produzido significativo impacto no funcionamento real do sistema de justiça criminal.

Em segundo lugar, convém chamar atenção para a circunstância de que o Judiciário, além da obrigação de interpretar as normas penais conforme a Constituição, tem o dever de controlar a constitucionalidade das normas nesse setor. Ainda que se parta da autocontida – e em certa medida irrealista –[73] ideia de que a jurisdição constitucional é atividade de pura *legislação negativa*, a anulação de normas penais em conflito com a Constituição possui aptidão para interferir gravemente na ordem jurídica. Apenas para exemplificar, as decisões do STF que declararam a inconstitucionalidade da vedação à progressão de regime nos crimes hediondos[74] e da vedação à substituição da pena no tráfico de drogas[75] tiveram grande repercussão no funcionamento do sistema de justiça criminal, impedindo que a *cultura do encarceramento* promovida pelo legislador continuasse a esvaziar o sentido de importantes conquistas civilizatórias como as garantias da individualização da pena, da proporcionalidade e da humanidade das penas.

Mais recentemente, e apesar do reconhecimento do *estado de coisas inconstitucional* do sistema prisional brasileiro pelo STF, as únicas duas medidas cautelares deferidas pelo Plenário do STF – contra o voto do ministro relator, Marco Aurélio, que deferia outras importantes medidas cautelares deduzidas naquela ADPF nº 347 – não produziram efeitos positivos no funcionamento do sistema. *Primeiro*, porque, como assinalado pelo autor da ADPF nº 347 em petição de aditamento à inicial, a ordem de liberação dos recursos do Funpen tem sido sistematicamente descumprida, apesar do esforço hercúleo do ministro relator, Marco Aurélio, para determinar à União a liberação dos recursos para todos os estados da Federação que compareceram aos autos para informar

---

[71] No início da vigência da Constituição, Juarez Tavares já chamava a atenção para o potencial transformador da Constituição para o direito penal brasileiro. V. TAVARES, Juarez. Inovações constitucionais no direito penal. *Revista de Direito da Defensoria Pública*, v. 3, n. 4, p. 51-72, 1990.

[72] A propósito, vale registrar, por todas, as seguintes decisões do STF: (i) reconhecimento da inconstitucionalidade da utilização da prisão preventiva como mecanismo de antecipação de pena (BRASIL. Supremo Tribunal Federal. HC nº 95009. Rel. Min. Eros Grau, Tribunal Pleno, j. 6.11.2008); (ii) a afirmação da inconstitucionalidade da imposição de responsabilidade penal objetiva (BRASIL. Supremo Tribunal Federal. AP nº 516. Rel. Min. Ayres Britto, Tribunal Pleno, j. 27.9.2010); (iii) reconhecimento da impossibilidade absoluta do uso de provas ilícitas, mesmo que por derivação (BRASIL. Supremo Tribunal Federal. RHC nº 90376. Rel. Min. Celso de Mello, Segunda Turma, j. 3.4.2007); (iv) a nulidade da prova colhida com violação ao direito constitucional ao silêncio (BRASIL. Supremo Tribunal Federal. HC nº 136331. Rel. Min. Ricardo Lewandowski, Segunda Turma, j. 13.6.2017).

[73] Sobre a questão da superação tanto na experiência jurisprudencial como na teoria constitucional do dogma da identificação do controle de constitucionalidade com a função de legislador negativo, v. SOUSA FILHO, Ademar Borges de. *Sentenças aditivas na jurisdição constitucional brasileira*. Belo Horizonte: Fórum, 2016.

[74] Após ter admitido a constitucionalidade da vedação à progressão de regime por mais de quinze anos, o STF reformou seu entendimento no ano de 2006 e decidiu o seguinte: "Conflita com a garantia da individualização da pena - artigo 5º, inciso XLVI, da Constituição Federal - a imposição, mediante norma, do cumprimento da pena em regime integralmente fechado. Nova inteligência do princípio da individualização da pena, em evolução jurisprudencial, assentada a inconstitucionalidade do artigo 2º, § 1º, da Lei nº 8.072/90" (BRASIL. Supremo Tribunal Federal. HC nº 82959. Rel. Min. Marco Aurélio, Tribunal Pleno, j. 23.2.2006).

[75] A decisão tomada pelo Plenário do STF quatro anos após a entrada em vigor da nova Lei de Tóxicos (Lei nº 11.343/06) declarou incidentalmente de inconstitucionalidade, com efeito *ex nunc*, da proibição de substituição da pena privativa de liberdade pela pena restritiva de direitos em relação ao crime de tráfico de entorpecentes, por ofensa ao princípio constitucional da individualização das penas. V. BRASIL. Supremo Tribunal Federal. HC nº 97256. Rel. Min. Ayres Britto, Tribunal Pleno, j. 1º.9.2010.

descumprimento da decisão. Prova maior de que a decisão de liberação dos recursos contingenciados não produziu efeitos positivos no sistema é a constatação empírica de que, embora a população carcerária tenha crescido em mais de cem mil presos no curto espaço de um ano e meio, o número de vagas se manteve praticamente estável.[76]

Por outro lado, a decisão cautelar que determinou aos Tribunais a realização de audiências de custódia para os presos em flagrante não impactou positivamente a enorme quantidade de presos provisórios no Brasil. O Mapa do Encarceramento no Brasil, publicado em 2015 pela Presidência da República, traçou um detalhado perfil da população carcerária e reconheceu que 38% da população prisional no país era formada por presos provisórios e 61% de presos condenados. De lá para cá, a situação piorou mais uma vez. O mais recente levantamento nacional sobre o sistema penitenciário, publicado em dezembro de 2017,[77] mostrou que 40% da população prisional no país é formada por presos provisórios e 60% por presos condenados. Houve, portanto, nos últimos dois anos, não só um aumento do número absoluto de presos provisórios no Brasil, mas também da sua proporção em relação ao total de encarcerados no sistema.

7 Conclusão: a identificação dos próximos passos do STF na direção da constitucionalização do direito penal brasileiro

A política criminal é, portanto, em grande medida construída interpretativamente pelo Judiciário. Tanto a adaptação do direito penal às exigências constitucionais – quando se mostrar possível diante dos limites gramaticais e semânticos do texto legal interpretado –[78] quanto o controle de constitucionalidade em sentido estrito – por meio da declaração de inconstitucionalidade de textos normativos ou de determinadas interpretações deles – fazem parte do modo regular de funcionamento do sistema de justiça criminal. Essas tarefas, embora só parcial e fragmentariamente incorporadas à experiência judicial brasileira, constituem exigências contínuas da boa aplicação das normas no campo penal. Por isso mesmo que a jurisdição constitucional – por meio de um contínuo processo de *filtragem constitucional* do direito penal – possa contribuir para a plena juridicização da política criminal, especialmente na contenção dos excessos punitivos e das práticas violadoras de direitos fundamentais, a dificuldade de delimitar as possibilidades e os limites da atuação da jurisdição constitucional no campo penal é certamente menos insuportável que a ausência de limites à livre gestão da política criminal por parte dos partidos políticos.[79]

O momento atual parece ser de amplo reconhecimento de um amplo *esgotamento* do modelo de funcionamento do sistema de justiça criminal brasileiro. As mais diversas

---

[76] BRASIL. Ministério da Justiça. *Levantamento Nacional de Informações Penitenciárias Infopen* – Dezembro de 2017. Brasília: Departamento Penitenciário Nacional, 2017. Disponível em: <http://www.justica.gov.br/noticias/mj-divulgara-novo-relatorio-do-infopen-nesta-terca-feira/relatorio-depen-versao-web.pdf>. Acesso em: 10 jan. 2018.

[77] BRASIL. Ministério da Justiça. *Levantamento Nacional de Informações Penitenciárias Infopen* – Dezembro de 2017. Brasília: Departamento Penitenciário Nacional, 2017. Disponível em: <http://www.justica.gov.br/noticias/mj-divulgara-novo-relatorio-do-infopen-nesta-terca-feira/relatorio-depen-versao-web.pdf>. Acesso em: 10 jan. 2018.

[78] V., sobre o tema, BARROSO, Luís Roberto. *Interpretação e aplicação da Constituição*: fundamentos de uma dogmática constitucional transformadora. 5. ed. São Paulo: Saraiva, [s.d.].

[79] V. DONINI, Massimo. *El derecho penal frente a los desafios de la modernidad*. Peru: ARA, 2010. p. 331.

concepções teóricas, em quase toda parte do mundo, compartilham a visão de que os sistemas punitivos centrados na pena de prisão fracassaram.[80] No Brasil, a intensa seletividade do sistema é tragicamente combinada com (i) procedimentos investigatórios e judiciais caracterizados, quando menos, pela injustiça e pela ausência de paridade de armas,[81] e (ii) com um modelo cruel, desumano e violento de cumprimento da pena privativa de liberdade, contexto em que a dignidade humana dos presos é reconhecida e gravemente ofendida diariamente, com a tolerância e complacência da sociedade e, o que é pior, do próprio Estado.

Não há dúvida de que os órgãos encarregados da jurisdição constitucional são institucionalmente preparados e filosoficamente legitimados para reduzir o grau de violência estatal contra os indivíduos. Se há um espaço de atuação racional e funcionalmente adequado para a jurisdição constitucional no enfrentamento dessa crise do sistema de justiça criminal, esse espaço deve ser ocupado. Não com arrogância, nem com messianismo. Essa função da jurisdição constitucional na constitucionalização do campo penal deve ser realizada com diálogo e abertura. Também não deve cair na tentação de reformular ou redesenhar toda a política criminal do país. Esse espaço de atuação deve ser concretizado fragmentariamente: (i) contendo os atos de violência que afetam a dignidade dos réus e apenados; (ii) participando de um processo complexo e dialógico de elevação do grau de racionalidade da legislação penal; (iii) contendo excessos punitivos; e (iv) identificando déficits de proteção em que incorra a legislação penal, sem assumir a função de legislador positivo no campo penal.

A política criminal praticada no país tem fracassado no cumprimento de seus principais objetivos: (i) a *função liberal clássica* de proteger eficazmente os direitos fundamentais dos indivíduos contra o arbítrio e abuso do poder punitivo estatal; e (ii) a *função social* de promoção de adequada proteção aos direitos e interesses das vítimas dos atos de violência tidos como penalmente relevantes. A pretexto de transformar o direito penal em instrumento de proteção social efetiva contra o delito – não há dúvida de que o Estado institucionalizou um modelo de aplicação de penas privativas de liberdade à margem da Constituição e da lei –, o sistema de justiça criminal tem fragilizado a função garantista de proteção às liberdades individuais, sem obter ganhos de funcionalidade na diminuição da violência e da criminalidade.

A recuperação dessas funções liberal e social do direito penal depende de um conjunto coordenado de esforços, mas passa, necessariamente, pela urgente constitucionalização do direito penal, tarefa para a qual a jurisdição constitucional deve contribuir progressiva e sistematicamente. Não é só o direito penal que está em xeque: o Estado constitucional de direito está gravemente fragilizado (i) pela institucionalização de práticas penais inconstitucionais, (ii) pelo desprezo pela dignidade humana daqueles

---

[80] Para uma visão geral acerca do tema, v. FERRAJOLI, Luigi. *Direito e razão*: teoria do garantismo penal. 3. ed. rev. Tradução de Ana Paula Zomer, Fauzi Hassan Choukr, Juarez Tavares e Luiz Flávio Gomes. São Paulo: Revista dos Tribunais, 2002; BATISTA, Nilo. *Introdução crítica ao direito penal*. 5. ed. Rio de Janeiro: Revan, 2001; BARATTA, Alessandro. *Criminologia crítica e crítica do direito penal*: introdução à sociologia do direito penal. 3. ed. Rio de Janeiro: Revan, 2002.

[81] Como resumiu Paulo Queiroz, o direito penal passou a "atuar ordinariamente à margem da legalidade – prisões provisórias forçadas e sem amparo legal, prisões além do prazo, tortura, execuções sumárias –, a revelar que, em boa parte, o poder real do sistema penal não é repressivo propriamente, mas 'configurador-disciplinário' (positivo, e não negativo), arbitrário e seletivo" (QUEIROZ, Paulo. *Funções do direito penal*. 2. ed. rev., atual. e ampl. São Paulo: Revista dos Tribunais, 2005. p. 78).

que passam por estabelecimentos prisionais, e (iii) pelo desprezo do sistema pela ideia republicana de aplicação igualitária da lei. Um novo pacto entre os ideais liberal (de contenção do poder punitivo) e republicano (de aplicação igualitária da lei penal) no campo do direito penal se faz necessário como condição de existência do Estado constitucional de direito.

Um primeiro importante passo no sentido da republicanização do sistema de justiça criminal foi dado pelo STF no recente julgamento da QO na AP nº 937, oportunidade em que se acolheu a proposta do Ministro Luís Roberto Barroso para afirmar a competência do STF para processar e julgar membros do Congresso Nacional exclusivamente quanto aos crimes praticados no exercício e em razão da função pública em questão. Essa decisão não apenas simboliza um avanço no sentido do tratamento igualitário entre as pessoas, mas possibilita que o STF se dedique com mais ênfase às suas principais funções constitucionais, entre elas o controle de constitucionalidade de leis e práticas penais.

É necessário associar esse relevantíssimo avanço republicano que o STF deu ao sistema de justiça criminal – restringindo amplamente o foro privilegiado de parlamentares – à intensificação do controle da legitimidade constitucional de normas e práticas criminais que atualmente implicam graves ofensas a direitos fundamentais. Pelo menos três intervenções do STF podem contribuir, no curto prazo, para reduzir o grau atual de degradação e inconstitucionalização do sistema de justiça criminal.

Primeiro, para superar o problema da utilização excessiva das prisões cautelares no Brasil, o STF deve acolher o pedido formulado na ADPF nº 347 no sentido de afirmar a necessidade de expressa fundamentação judicial, nas decisões que decretam prisões preventivas, para a não aplicação das medidas cautelares alternativas previstas no art. 319 do CPP, medida que pode ser acompanhada da interpretação conforme à Constituição do inc. I, art. 313, do CPP, no sentido de se condicionar a prisão preventiva aos casos em que seja provável a condenação de privação de liberdade superior a 4 (quatro anos), a fim de se garantir a satisfação do princípio da proporcionalidade na aplicação das medidas cautelares.

Segundo, o STF deve avançar no sentido de reconhecer que as restrições ilegítimas dos direitos fundamentais dos investigados, acusados e presos brasileiros devem repercutir na redução proporcional da quantidade e da qualidade de pena aplicada. É necessário agregar ao modelo de aplicação e execução das penas a realidade empírica concernente às condições concretas de cumprimento das sanções criminais. O acolhimento do pedido formulado na ADPF nº 347 para que os "juízes e tribunais – que considerem, fundamentadamente, o quadro dramático do sistema penitenciário brasileiro no momento de implemento de cautelares penais, na aplicação da pena e durante o processo de execução penal" representará o reconhecimento de que todas as restrições aos direitos fundamentais dos apenados que não decorram do estrito cumprimento da lei pelo Estado devem ser devidamente compensados no tempo e na modalidade de pena a ser cumprida. No mesmo sentido, se mostra necessário que o STF acolha o pedido formulado na ADPF no sentido de que se autorize o juiz da execução penal a abater, da pena, o tempo de prisão, se constatado que as condições de efetivo cumprimento foram significativamente mais severas do que as previstas na ordem jurídica. Essa proposta, já acolhida pela Suprema Corte de Israel, foi também defendida, de forma inédita, em voto proferido pelo Ministro Luís Roberto Barroso no julgamento do RE nº 580.252, oportunidade em que defendeu o estabelecimento de critério de detração da pena pela violação a direitos fundamentais causadores de danos pessoais a detentos em estabelecimentos carcerários.[82]

Terceiro, é urgente que o STF estabeleça um critério objetivo para distinguir consumo de tráfico de drogas. O elevadíssimo grau de imprecisão legislativa nesse campo dá espaço para uma aplicação seletiva, injusta e contraproducente da lei penal. Essa proposta também foi defendida pelo Ministro Luís Roberto Barroso no julgamento ainda não encerrado do RE nº 580.252.[83] O Tribunal deve aproveitar o julgamento da questão da constitucionalidade da criminalização do porte de drogas para consumo próprio – cujo resultado se espera coincida com a proposta defendida pelos ministros Gilmar Mendes e Luís Roberto Barroso no sentido de reconhecer a sua inconstitucionalidade –, para fixar esse parâmetro objetivo capaz de distinguir consumo pessoal e tráfico de drogas. Ainda que se entenda que uma decisão dessa natureza possui natureza aditiva – a atividade desenvolvida pela Corte constitucional, nessa hipótese, encerraria a elaboração de norma jurídica para a superação de uma situação de vazio normativo inconstitucional –, tal pronúncia estaria plenamente justificada pelo fato de que a ausência de uma regra legal objetiva nesse setor provoca patente violação aos preceitos constitucionais da isonomia, da segurança jurídica e da legalidade penal.[84]

Referências

ALMEIDA, F. N. R. de. *A nobreza togada*: as elites jurídicas e a política da Justiça no Brasil. Tese (Doutorado) – Universidade de São Paulo, São Paulo, 2010.

BADARÓ, Gustavo Henrique. *Processo penal*. São Paulo: Revista dos Tribunais, 2016.

BARAK, Aharon. *The judge in a democracy*. Princeton and Oxford: Princeton University Press, 2006.

BARATTA, Alessandro. *Criminologia crítica e crítica do direito penal*: introdução à sociologia do direito penal. 3. ed. Rio de Janeiro: Revan, 2002.

BARCELLOS, Ana Paula de. Sanitation rights, public law litigation, and inequality: a case study from Brazil. *Health and Human Rights Journal*, v. 16, n. 2, p. 35-46, 2014.

BARROSO, Luís Roberto. Constituição, democracia e supremacia judicial: direito e política no Brasil contemporâneo. *Revista de Direito do Estado*, v. 13, 2009.

BARROSO, Luís Roberto. *Interpretação e aplicação da Constituição*: fundamentos de uma dogmática constitucional transformadora. 5. ed. São Paulo: Saraiva, [s.d.].

BARROSO, Luís Roberto. Neoconstitucionalismo e constitucionalização do direito: o triunfo tardio do direito constitucional no Brasil. *Themis – Revista da ESMEC*, Fortaleza, v. 4, n. 2, p. 13-100, jul./dez. 2006.

BARROSO, Luís Roberto. *Temas de direito Constitucional*. 2. ed. Rio de Janeiro: Renovar, 2009. t. IV.

BARROSO, Luís Roberto; OSORIO, Aline. O Supremo Tribunal Federal em 2017: a República que ainda não foi.

---

[82] BRASIL. Supremo Tribunal Federal. RE nº 580252. Rel. Min. Teori Zavascki. Rel. p/ Acórdão: Min. Gilmar Mendes, Tribunal Pleno, j. 16.2.2017.

[83] V., íntegra do voto em RECONDO, Felipe. Leia o voto do ministro Barroso no julgamento das drogas. *Jota*, 10 set. 2015. Disponível em: <https://www.jota.info/justica/leia-o-voto-do-ministro-barroso-no-julgamento-das-drogas-10092015>. Acesso em: 4 maio 2018.

[84] Defendi essa ideia com maior profundidade em livro que trata especificamente do tema: SOUSA FILHO, Ademar Borges de. *Sentenças aditivas na jurisdição constitucional brasileira*. Belo Horizonte: Fórum, 2016.

Disponível em: <https://www.conjur.com.br/dl/retrospectiva-barroso-2017-parte.pdf>. Acesso em: 22 jan. 2018.

BATISTA, Nilo. *Introdução crítica ao direito penal*. 5. ed. Rio de Janeiro: Revan, 2001.

BOTTINO, Thiago. A inconstitucionalidade da condução coercitiva. *Boletim IBCCrim*, v. 24, n. 285, p. 4-6, ago. 2016.

BRASIL. Ministério da Justiça. Departamento Penitenciário Nacional. Sistema prisional – Informação e inteligência – Relatórios com informações estatísticas do sistema prisional de cada Estado da Federação. *Sistema Integrado de Informações Penitenciárias – Infopen*, 2007. Disponível em: <http://www.mj.gov.br/depen/>. Acesso em: 30 out. 2017.

BRASIL. Ministério da Justiça. *Levantamento Nacional de Informações Penitenciárias Infopen* – Junho de 2014. Brasília: Departamento Penitenciário Nacional, 2015. Disponível em: <http://www.justica.gov.br/noticias/mj-divulgara-novo-relatorio-do-infopen-nesta-terca-feira/relatorio-depen-versao-web.pdf>. Acesso em: 14 jul. 2015.

BRASIL. Ministério da Justiça. *Levantamento Nacional de Informações Penitenciárias Infopen* – Dezembro de 2017. Brasília: Departamento Penitenciário Nacional, 2017. Disponível em: <http://www.justica.gov.br/noticias/mj-divulgara-novo-relatorio-do-infopen-nesta-terca-feira/relatorio-depen-versao-web.pdf>. Acesso em: 10 jan. 2018.

BRASIL. Presidência da República. Secretaria Geral da Presidência da República e Secretaria Nacional de Juventude. *Mapa do encarceramento*: os jovens do Brasil. Brasília: Presidência da República, 2015.

BRASIL. Supremo Tribunal Federal. ADC nº 43 MC. Rel. Min. Marco Aurélio. Rel. p/ Acórdão: Min. Edson Fachin, Tribunal Pleno, j. 5.10.2016.

BRASIL. Supremo Tribunal Federal. ADPF nº 347 MC. Rel. Min. Marco Aurélio, Tribunal Pleno, j. 9.9.2015. Disponível em: <http://www.jota.info/wp-content/uploads/2015/05/ADPF-347.pdf>. Acesso em: 20 abr. 2018.

BRASIL. Supremo Tribunal Federal. Anotações de voto divulgadas pelo Ministro Luís Roberto Barroso no HC nº 152.752. Disponível em: <https://www.conjur.com.br/dl/anotacoes-manifestacao-oral-barroso.pdf>. Acesso em: 12 abr. 2018.

BRASIL. Supremo Tribunal Federal. AP nº 516. Rel. Min. Ayres Britto, Tribunal Pleno, j. 27.9.2010.

BRASIL. Supremo Tribunal Federal. AP nº 858. Rel. Min. Gilmar Mendes, Segunda Turma, j. 26.8.2014.

BRASIL. Supremo Tribunal Federal. AP nº 936. Rel. Ministro Roberto Barroso, j. 15.2.2017.

BRASIL. Supremo Tribunal Federal. *Grupo de trabalho liderado pela presidente do STF discute soluções para a questão penitenciária brasileira*. Brasília, 12 mar. 2018. Disponível em: <http://portal.stf.jus.br/noticias/verNoticiaDetalhe.asp?idConteudo=372073>. Acesso em: 16 mar. 2018.

BRASIL. Supremo Tribunal Federal. HC nº 136331. Rel. Min. Ricardo Lewandowski, Segunda Turma, j. 13.6.2017.

BRASIL. Supremo Tribunal Federal. HC nº 82959. Rel. Min. Marco Aurélio, Tribunal Pleno, j. 23.2.2006.

BRASIL. Supremo Tribunal Federal. HC nº 93368. Rel. Min. Luiz Fux, Primeira Turma, j. 9.8.2011.

BRASIL. Supremo Tribunal Federal. HC nº 95009. Rel. Min. Eros Grau, Tribunal Pleno, j. 6.11.2008.

BRASIL. Supremo Tribunal Federal. HC nº 97256. Rel. Min. Ayres Britto, Tribunal Pleno, j. 1º.9.2010.

BRASIL. Supremo Tribunal Federal. PET nº 7.123, Rel. Ministro Luís Roberto Barroso, decisão 12.9.2017.

BRASIL. Supremo Tribunal Federal. Questão de Ordem na Ação Penal nº 937, voto proferido em 31.5.2017.

BRASIL. Supremo Tribunal Federal. RE nº 580252. Rel. Min. Teori Zavascki. Rel. p/ Acórdão: Min. Gilmar Mendes, Tribunal Pleno, j. 16.2.2017.

BRASIL. Supremo Tribunal Federal. RHC nº 90376. Rel. Min. Celso de Mello, Segunda Turma, j. 3.4.2007.

CALLEGARI, André Luís; TEIXEIRA, Anderson Vichinkeski. Costituzione, diritto penale e politica criminale in Brasile tra convergenze e paradossi/Constitution, loi pénale et politiques en Brésil entre convergences et paradoxes/Constitution, criminal law and policies in Brazil between convergences and paradoxes. *Rivista di Criminologia*, v. 3, p. 17-30, 2013.

CARDOSO, Luciana Zaffalon Leme. *Uma espiral elitista de afirmação corporativa*: blindagens e criminalizações a partir do imbricamento das disputas do Sistema de Justiça paulista com as disputas da política convencional. Tese (Doutorado em Administração Pública e Governo) – Escola de Administração de Empresas de São Paulo, Fundação Getúlio Vargas, São Paulo, 2017.

DONINI, Massimo. *El derecho penal frente a los desafios de la modernidad*. Peru: ARA, 2010.

FERRAJOLI, Luigi. *Direito e razão*: teoria do garantismo penal. 3. ed. rev. Tradução de Ana Paula Zomer, Fauzi Hassan Choukr, Juarez Tavares e Luiz Flávio Gomes. São Paulo: Revista dos Tribunais, 2002.

FERREIRA, Helder; FONTOURA, Natália de O. Sistema de justiça criminal no Brasil: quadro institucional e um diagnóstico de sua atuação. *Ipea – Texto para Discussão*, Brasília, n. 1330, mar. 2008.

GRINOVER, Ada Pellegrini. Verdade real e verdade formal?: um falso problema. In: GRINOVER, Ada Pellegrini. *Verdade e prova no processo penal*: estudos em homenagem ao professor Michele Taruffo. Brasília: Gazeta Jurídica, 2016.

GUIMARÃES, Isaac Sabbá. Ativismo, discricionariedade judicial e a problemática da política criminal. *Revista CEJ*, v. 18, n. 63, p. 52-53, maio/ago. 2014.

HASSEMER, Winfried. *Direito penal*: fundamentos, estrutura, política. Tradução Adriana Beckman Meirelles. Porto Alegre: Sergio Antonio Fabris, 2008.

HIRSCHL, R. The political origins of the new constitutionalism. *Indiana Journal of Global Legal Studies*, v. 11, p. 71-108, 2004.

HULSMAN, Louk; DE CELIS, Jacqueline Bernat. *Penas perdidas*: o sistema penal em questão. Tradução de Maria Lúcia Karam. Rio de Janeiro: Luam, 1993.

INSTITUTO INTERAMERICANO DE DERECHOS HUMANOS (IIDH). *Sistemas penales y derechos humanos en América Latina*. Primer informe e informe final, documentos del programa de investigación desarrollado por el IIDH (1982-1986). Coordinador Profesor Doctor Eugenio Raúl Zaffaroni. Buenos Aires: Depalma, 1986.

KOVANDZIC, Tomislav V.; SLOAN III, John J.; VIEIRAITIS, Lynne M. Unintended consequences of politically popular sentencing policy: the homicide promoting effects of 'three strikes' in U.S. cities (1980-1999). *Criminology and Public Policy*, Malden, v. 1, n. 3, 2002.

LOFSTROM, M.; RAPHAEL, S. Incarceration and crime: Evidence from California's public safety realignment reform. *The Annals of the American Academy of Political and Social Science*, v. 664, n. 1, p. 196-220, mar. 2016.

MATHIESEN, Thomas. *Prison on trial*. 3. ed. Winchester: Waterslide Press, 2006.

MCLEOD, Allegra M. Decarceration courts: possibilities and perils of a shifting criminal law. *Geo. L.J*, v. 100, p. 1587, 2012.

MENDES, Gilmar. Em defesa do habeas corpus. *Folha de S. Paulo*, 19 jan. 2018. Disponível em: <http://www1.folha.uol.com.br/opiniao/2018/01/1951039-em-defesa-do-habeas-corpus.shtml>. Acesso em 12 mar. 2018.

MIR PUIG, Santiago. *Bases constitucionales del derecho penal*. Iustel: Madrid, 2011.

MOORE, Janet. Democracy enhancement in criminal law and procedure. *Utah L. Rev.*, v. 543, 2014.

MORTATI, Constantino. *Instituzioni di diritto pubblico*. 10. ed. Padova: Cedam, 1991. t. I.

NEVES, Marcelo. *A constitucionalização simbólica*. São Paulo: Martins Fontes, 2007.

NEVES, Marcelo. Luhmann, Habermas e o Estado de Direito. *Lua Nova*, n. 37, 1996.

O'DONNELL, Guillermo. Poliarquias e a (in) efetividade da Lei na América Latina: uma conclusão parcial. In: MÉNDEZ, Juan; O'DONNELL, Guillermo; PINHEIRO, Paulo Sérgio (Org.). *Democracia, violência e injustiça –* O não-estado de direito na América Latina. São Paulo: Paz e Terra, 2000.

ORGANIZAÇÃO DAS NAÇÕES UNIDAS. *Informe sobre la visita al Brasil del Subcomité para la Prevención de la Tortura y Otros Tratos o Penas Crueles, Inhumanos o Degradantes*. [s.l.]: [s.n.], [s.d.].

PAVARINI, Massimo. The new penology and politics in crisis: the Italian case. *The British Journal of Criminology*, v. 34, Issue S1, 1º jan. 1994.

PONTES, Felipe. Cármen Lúcia inspeciona presídios em Goiás onde ocorreram rebeliões. *Agência Brasil*, 8 jan. 2018. Agência Brasil. Disponível em: <http://agenciabrasil.ebc.com.br/direitos-humanos/noticia/2018-01/carmen-lucia-viaja-goias-para-inspecionar-presidios-onde-ocorreram>. Acesso em: 29 jan. 2018.

PRADO, Geraldo. *Limite às interceptações telefônicas e a jurisprudência do Superior Tribunal de Justiça*. Rio de Janeiro: Lumen Juris, 2006.

QUEIROZ, Paulo. *Funções do direito penal*. 2. ed. rev., atual. e ampl. São Paulo: Revista dos Tribunais, 2005.

RECONDO, Felipe. Leia o voto do ministro Barroso no julgamento das drogas. *Jota*, 10 set. 2015. Disponível em: <https://www.jota.info/justica/leia-o-voto-do-ministro-barroso-no-julgamento-das-drogas-10092015>. Acesso em: 4 maio 2018.

ROXIN, Claus. *A proteção de bens jurídicos como função do direito penal*. Tradução André Luís Callegari e Nereu José Giacomolli. Porto Alegre: Livraria do Advogado, 2006.

SANTOS, Juarez Cirino dos. *A criminologia radical*. 2. ed. Curitiba: ICPC Lumen Juris, 2006.

SANTOS, Rogério Dultra dos. Excesso de prisão provisória no Brasil: um estudo empírico sobre a duração da prisão nos crimes de furto, roubo e tráfico. *Série Pensando o Direito*, n. 54, p. 1-113, 2015. Disponível em: <http://participacao.mj.gov.br/pensandoodireito/wp-content/uploads/2015/05/rog%C3%A9rio_finalizada_web.pdf>. Acesso em 12 jan. 2018.

SARMENTO, Daniel. A proteção judicial dos direitos sociais: alguns parâmetros ético-jurídicos. In: SOUZA NETO, Cláudio Pereira de; SARMENTO, Daniel (Org.). *Direitos sociais*: fundamentos, judicialização e direitos sociais em espécie. Rio de Janeiro: Lumen Juris, 2008.

SARMENTO, Daniel. As masmorras medievais e o Supremo. *Jota*, 6 jan. 2015. Disponível em: <https://www.jota.info/stf/do-supremo/constituicao-e-sociedade-masmorras-medievais-e-o-supremo-06012015>. Acesso em: 2 nov. 2017.

SARMENTO, Daniel. Interpretação constitucional, pré-compreensão e capacidade institucional do intérprete. In: SOUZA NETO, Cláudio Pereira de; SARMENTO, Daniel; BINENBOJM, Gustavo (Coord.). *Vinte anos da Constituição Federal de 1988*. Rio de Janeiro: Lumen Juris, 2009.

SILVA, Virgílio Afonso da. O Judiciário e as políticas públicas: entre transformação social e obstáculo à realização dos direitos sociais. In: SOUZA NETO, Cláudio Pereira de; SARMENTO, Daniel (Org.). *Direitos sociais*: fundamentos, judicialização e direitos sociais em espécie. Rio de Janeiro: Lumen Juris, 2008.

SILVA, Virgílio Afonso da. *Taking from the poor to give to the rich*: the individualistic enforcement of social rights. Disponível em: <http://www.enelsyn.gr/papers/w13/Paper%20by%20Prof.%20Virgilio%20Afonso%20da%20Silva.pdf>. Acesso em: 2 nov. 2017.

SOUSA FILHO, Ademar Borges de. *Sentenças aditivas na jurisdição constitucional brasileira*. Belo Horizonte: Fórum, 2016.

SOUSA FILHO, Ademar Borges de. Uma proposta de redução do encarceramento preventivo. *Jota*, 19 jan. 2017. Disponível em: <https://jota.info/colunas/constituicao-e-sociedade/uma-proposta-de-reducao-encarceramento-preventivo-19012017>. Acesso em: 12 jan. 2018.

TAVARES, Juarez. *A crise de segurança e o sistema punitivo no capitalismo tardio (Pequeno ensaio em homenagem a Nilo Batista)*. [s.l.]: [s.n.], 2015. Mimeo.

TAVARES, Juarez. Inovações constitucionais no direito penal. *Revista de Direito da Defensoria Pública*, v. 3, n. 4, p. 51-72, 1990.

TRIBUNAL Europeu suspende extradição do Raul Schmidt para o Brasil. *Público*, 17 abr. 2018. Disponível em: <https://www.publico.pt/2018/04/17/sociedade/noticia/tribunal-europeu-suspende-extradicao-do-raul-schmidt-para-o-brasil-1810612>. Acesso em: 20 abr. 2018.

UNGER, Roberto Mangabeira. Legal analysis as institutional imagination. *The Modern Law Review*, v. 59, n. 1, 1996.

UNGER, Roberto Mangabeira. *O direito e o futuro da democracia*. Tradução de Caio Farah Rodriguez e Mario Soares Grandchamp. São Paulo: Boitempo, 2004.

UNGER, Roberto Mangabeira. *The critical legal studies movement*: another time, a greater task. 3. ed. Londres: Verso Books, 2015.

UNGER, Roberto Mangabeira. *The left alternative*. Londres: Verso, 2005.

VIEIRA, Oscar Vilhena. A desigualdade e a subversão do estado de direito. In: SARMENTO, Daniel; IKAWA, Daniela; PIOVESAN, Flávia (Org.). *Igualdade, diferença e direitos humanos*. Rio de Janeiro: Lumen Juris, 2008.

WPB. WORLD PRISON BRIEF. *World prison brief data*. Germany. Disponível em: <http://www.prisonstudies.org/country/germany>. Acesso em: 13 jan. 2018.

WPB. WORLD PRISON BRIEF. *World prison brief data*. Netherlands. Disponível em: <http://www.prisonstudies.org/country/netherlands>. Acesso em: 13 jan. 2018.

Informação bibliográfica deste texto, conforme a NBR 6023:2002 da Associação Brasileira de Normas Técnicas (ABNT):

BORGES, Ademar. O papel do Judiciário na concretização da política criminal: por um reposicionamento da jurisdição constitucional brasileira no campo penal. In: BARROSO, Luís Roberto; MELLO, Patrícia Perrone Campos (Coord.). *A República que ainda não foi*: trinta anos da Constituição de 1988 na visão da Escola de Direito Constitucional da UERJ. Belo Horizonte: Fórum, 2018. p. 605-635. ISBN 978-85-450-0582-7.

SOBRE OS AUTORES

Ademar Borges
Doutorando em Direito Público pela Universidade do Estado do Rio de Janeiro – UERJ. Mestre em Direito Constitucional pela Universidade Federal Fluminense – UFF. Procurador do Município de Belo Horizonte. Advogado.

Alexandre Santos de Aragão
Professor Titular de Direito Administrativo da Universidade do Estado do Rio de Janeiro – UERJ. Doutor em Direito do Estado pela Universidade de São Paulo – USP. Procurador do Estado do Rio de Janeiro. Advogado.

Aline Osorio
Professora de Direito Constitucional e Eleitoral do Centro Universitário de Brasília – UniCEUB. Mestre em Direito (LL.M.) pela Harvard Law School. Mestre em Direito Público pela Universidade do Estado do Rio de Janeiro – UERJ. Assessora-Chefe do Ministro Luís Roberto Barroso no Tribunal Superior Eleitoral.

Alonso Freire
Professor de Direito Constitucional na Universidade Ceuma, em São Luís, e no Centro Universitário Euroamericano – Unieuro, em Brasília. Doutor em Direito Público pela Universidade do Estado do Rio de Janeiro – UERJ. Mestre em Direito Constitucional pela Universidade Federal de Minas Gerais – UFMG. Assessor do Ministro Luís Roberto Barroso no Supremo Tribunal Federal.

Ana Paula de Barcellos
Professora Titular de Direito Constitucional da Faculdade de Direito da Universidade do Estado do Rio de Janeiro – UERJ. Doutora e Mestre em Direito Público pela UERJ. Pós-Doutora pela Universidade de Harvard.

Anderson Schreiber
Professor Titular de Direito Civil da Universidade do Estado do Rio de Janeiro – UERJ. Doutor e Mestre em Direito Civil pela UERJ. Procurador do Estado do Rio de Janeiro. Advogado.

André Cyrino
Professor Adjunto de Direito Administrativo da Universidade do Estado do Rio de Janeiro – UERJ. Doutor e Mestre em Direito Público pela UERJ. LL.M. pela Yale Law School (EUA).

Carina Lellis
Professora de Direito Constitucional da Pós-Graduação *Lato Sensu* do Centro Universitário de Brasília – UniCEUB. Graduada e Mestre em Direito Público pela Universidade do Estado do Rio de Janeiro – UERJ. Assessora do Ministro Luís Roberto Barroso no Supremo Tribunal Federal.

Carlos Alexandre de Azevedo Campos
Professor-Adjunto de Direito Financeiro e Tributário da Universidade do Estado do Rio de Janeiro – UERJ. Mestre e Doutor em Direito Público pela UERJ. Advogado.

Ciro Grynberg
Mestre em Direito Público pela UERJ. Procurador do Estado do Rio de Janeiro. Assessor do Ministro Luís Roberto Barroso no Supremo Tribunal Federal.

Cláudio Pereira de Souza Neto
Professor de Direito Constitucional da Universidade Federal Fluminense – UFF. Doutor em Direito Público pela Universidade do Estado do Rio de Janeiro – UERJ. Mestre em Direito Constitucional e Teoria do Estado pela Pontifícia Universidade Católica – PUC. Advogado.

Cristina Telles
Professora de Direito Constitucional. Doutoranda e Mestre em Direito Público pela Universidade do Estado do Rio de Janeiro – UERJ. Advogada.

Daniel Sarmento
Professor Titular de Direito Constitucional da Universidade do Estado do Rio de Janeiro – UERJ. Doutor pela UERJ e Pós-Doutor pela Yale Law School. Coordenador da Clínica de Direitos Fundamentais da UERJ. Advogado.

Diego Werneck Arguelhes
Professor Adjunto da FGV Direito Rio. Doutor em Direito pela Yale Law School (EUA). Mestre em Direito Público pela Universidade do Estado do Rio de Janeiro – UERJ. Foi Hauser Global Research Fellow na Universidade de Nova York (EUA).

Felipe de Melo Fonte
Professor da FGV Direito Rio. Doutor e Mestre em Direito Público pela Universidade do Estado do Rio de Janeiro – UERJ. Mestre em Direito (LL.M.) pela Harvard Law School.

Frederico Montedonio Rego
Mestre em Direito pelo Centro Universitário de Brasília – UniCEUB. Bacharel em Direito pela Universidade do Estado do Rio de Janeiro – UERJ. Juiz Federal Substituto. Atuou como Juiz Auxiliar do Ministro Luís Roberto Barroso, no Supremo Tribunal Federal (2013 a 2017).

Gabriel Accioly Gonçalves
Mestre em Direito Público pela Universidade do Estado do Rio de Janeiro – UERJ. Graduado em Direito pela UERJ. Servidor Público da Justiça Federal do Rio de Janeiro.

Gustavo Binenbojm
Professor Titular de Direito Administrativo da Faculdade de Direito da Universidade do Estado do Rio de Janeiro – UERJ. Doutor e Mestre em Direito Público pela UERJ. Master of Laws (LL.M.) pela Yale Law School. Advogado.

Jane Reis Gonçalves Pereira
Professora Adjunta de Direito Constitucional da Universidade do Estado do Rio de Janeiro – UERJ. Doutora em Direito Público pela UERJ. Mestre em Direito Constitucional e Teoria do Estado pela Pontifícia Universidade Católica do Rio de Janeiro – PUC-Rio. Juíza Federal.

João Pedro Accioly
Mestrando em Direito Público pela Universidade do Estado do Rio de Janeiro – UERJ. Graduado em Direito pela UERJ. Advogado.

José Vicente Santos de Mendonça
Professor Adjunto de Direito Administrativo da Universidade do Estado do Rio de Janeiro – UERJ. Doutor e Mestre em Direito Público (UERJ). Mestre em Direito (L.L.M.) pela Harvard Law School. Procurador do Estado do Rio de Janeiro.

Leandro Molhano Ribeiro
Professor Adjunto da FGV Direito Rio. Doutor e Mestre em Ciência Política pelo IUPERJ. Bacharel em Ciências Sociais pela Universidade Federal de Minas Gerais – UFMG.

Luís Roberto Barroso
Professor Titular de Direito Constitucional da Universidade do Estado do Rio de Janeiro – UERJ. Mestre pela Faculdade de Direito da Universidade de Yale. Doutor e Livre-Docente pela UERJ. Pós-Doutor pela Harvard Law School. Ministro do Supremo Tribunal Federal.

Marcelo Leonardo Tavares
Professor Adjunto da Faculdade de Direito Universidade do Estado do Rio de Janeiro – UERJ. Doutor em Direito Público pela UERJ/Université Paris II (FR). Pós-Doutor pela Université Lyon III (FR). Juiz Federal.

Patrícia Baptista
Professora Adjunta de Direito Administrativo da Universidade do Estado do Rio de Janeiro – UERJ. Doutora em Direito do Estado pela USP. Mestre em Direito Público pela UERJ. Procuradora do Estado do Rio de Janeiro.

Patrícia Perrone Campos Mello
Professora do Programa de Mestrado e Doutorado do Centro Universitário de Brasília – UniCEUB. Doutora e Mestre em Direito Público pela Universidade do Estado do Rio de Janeiro – UERJ. Assessora do Ministro Luís Roberto Barroso no Supremo Tribunal Federal. Procuradora do Estado do Rio de Janeiro.

Rodrigo Brandão
Professor Adjunto de Direito Constitucional da Universidade do Estado do Rio de Janeiro – UERJ. Doutor e Mestre em Direito Público pela UERJ. Procurador do Município do Rio de Janeiro. Advogado.

Simone Schreiber
Professora Associada de Direito Processual Penal da Faculdade de Direito da Unirio. Doutora pela Universidade do Estado do Rio de Janeiro – UERJ. Mestra em Direito Constitucional e Teoria do Estado pela Pontifícia Universidade Católica – PUC-Rio. Desembargadora Federal.

Thiago Magalhães Pires
Professor Convidado do Curso de Pós-Graduação em Direito Administrativo da EMERJ (2014/2015) e do Curso de Pós-Graduação em Direitos Fundamentais do IBCCrim em parceria com o Ius Gentium Conimbrigae (IGC) – Centro de Direitos Humanos da Universidade de Coimbra (Portugal). Mestre e Doutor em Direito Público pela Universidade do Estado do Rio de Janeiro – UERJ. Advogado.

Esta obra foi composta em fonte Palatino Linotype, corpo 10
e impressa em papel Offset 75g (miolo) e Supremo 300g (capa)
pela Gráfica Formato.